Kurzlehrbücher
für das juristische Studium

Medicus/Lorenz
Schuldrecht II
Besonderer Teil

Schuldrecht II
Besonderer Teil

Ein Studienbuch

von

Dr. Dr. h. c. Dr. h. c. Dieter Medicus
em. o. Professor an der Universität München

Dr. Stephan Lorenz
o. Professor an der Universität München
Mitglied des Bayerischen Verfassungsgerichthofs

16., neu bearbeitete Auflage

Verlag C. H. Beck München 2012

www.beck.de

ISBN 978 3 406 63265 5

Wilhelmstraße 9, 80801 München
Druck und Bindung: Druckhaus Nomos
In den Lissen 12, 76547 Sinzheim

Satz: ottomedien, 64295 Darmstadt

Gedruckt auf säurefreiem, alterungsbeständigem Papier
(hergestellt aus chlorfrei gebleichtem Zellstoff)

Vorwort

Wie schon in der Vorauflage hat mir mein Münchner Kollege *Stephan Lorenz* §§ 72 bis 116 sowie die Mühe mit den Registern abgenommen. Für diese wertvolle Mitwirkung bedanke ich mich auch an dieser Stelle sehr herzlich. Im Ganzen ist der Band jetzt auf dem Stand von Oktober 2011 mit einigen Nachträgen.

Abermals darf ich eine Bemerkung zur Benützung dieses Buches wiederholen: Der Student soll die vielen hier angegebenen Entscheidungen ebensowenig allesamt lesen wie die vermerkte Literatur; sonst würde das Studium endlos. Vielmehr dienen die Angaben mit ganz wenigen Ausnahmen nur zwei Zwecken: Soweit bei den Entscheidungen der Sachverhalt umschrieben wird, soll dadurch ein Einblick in den praktischen Anwendungsbereich der abstrakten Regelung vermittelt werden. Und soweit der Sachverhalt fehlt, sollen die Entscheidungs- wie auch die Literaturangaben dem an Einzelproblemen interessierten Leser den Weg zu einer Vertiefung zeigen. Das kommt zwar jeweils nur für einzelne Stellen in Betracht. Da ich aber nicht weiß, wohin das Interesse (etwa auch durch Hausarbeiten) gelenkt wird, müssen die Angaben umfassend sein. Stets gelesen werden sollen allein die Gesetzestexte!

Tutzing, im Oktober 2011 *Dieter Medicus*

Es ist eine große Ehre und Freude, diesen Band mit *Dieter Medicus* zu überarbeiten. Was kann es Schöneres geben, als an dem Buch, mit dem man als Student selbst gelernt hat, mitschreiben zu dürfen?

Insbesondere die Ausprägung des seit dem 1. 1. 2002 reformierten Kauf- und Werkvertragsrechts durch die höchstgerichtliche Rechtsprechung sowie der vermehrt relevante europarechtliche Hintergrund des deutschen Schuldrechts haben zu einem Anschwellen des Bandes geführt. Aus Platzgründen wurde an einigen Stellen auf Beispielsfälle verzichtet. Es finden sich deshalb Verweisungen auf das Übungsbuch *Köhler/Lorenz*, Schuldrecht II, Besonderer Teil aus der Reihe „Prüfe Dein Wissen". Die Darstellung ist mit diesen Übungsfällen abgestimmt. Da der Lernerfolg ganz entscheidend auch von der Übung am Beispielsfall abhängt, ist es jedenfalls ratsam, diese (oder andere) Übungsfälle parallel zum Studium des Lehrbuchs heranzuziehen.

Meinen Mitarbeitern *Franz Gärtner, Eva Herzog, Veronika Eichhorn, Alexandra Martens* und *Nicolai Thum* danke ich für wertvolle und nicht selten kontroverse Diskussionen sowie für die sorgsame Hilfe beim Korrekturlesen des Manuskripts und der Erstellung der Register.

Für Hinweise und Kritik aus dem Kreis der Leser bin ich jederzeit dankbar (mail@ stephan-lorenz.de).

Krailling, im Dezember 2011 *Stephan Lorenz*

Aus dem Vorwort zur ersten Auflage (1983)

Den Besonderen Teil des Schuldrechts, den ich jetzt (leider etwas später als vorausgesehen) vorlegen kann, habe ich in derselben Art zu schreiben versucht wie den Allgemeinen Teil des Schuldrechts: Ich habe mich bemüht, Grund und Zweck der geltenden Regeln sowie deren systematische Zusammenhänge hervortreten zu lassen. An das *Molitor'sche* Schuldrechtslehrbuch habe ich mich wiederum nicht angelehnt.

Als spezielle Problematik des Besonderen Schuldrechts ist mir während meiner Arbeit die außerordentliche Fülle des Stoffes immer deutlicher geworden. Denn hier geht es nicht bloß um die (auch im Allgemeinen Schuldrecht zu beobachtende) Überlagerung des Gesetzestextes durch Richterrecht. Vielmehr treten im Besonderen Schuldrecht noch die Einflüsse der Vertragspraxis hinzu. Diese hat die gesetzlichen Vertragstypen vielfach miteinander kombiniert oder durch Veränderungen für spezielle Bedürfnisse brauchbar zu machen gesucht. Das mußte in diesem Buch wenigstens an einigen Stellen angedeutet werden.

Zudem wird das Besondere Schuldrecht, wohl wegen der eben erwähnten Fülle seines Stoffes, in den Vorlesungen üblicherweise noch stärker „exemplarisch" behandelt als andere Rechtsgebiete: Insbesondere von den Typenverträgen werden neben dem Kauf oft nur wenige weitere vorgetragen. Das muß nach meiner Ansicht ein Lehrbuch auszugleichen versuchen, zumal viele andere Typenverträge dem Kauf eher unähnlich sind. Daher habe ich auch sie ausführlicher dargestellt. Zurückgehalten habe ich mich dagegen insbesondere bei dem Bereicherungsrecht der Dreipersonenverhältnisse: Der theoretische Aufwand, der hier bisweilen getrieben wird, dürfte in keinem angemessenen Verhältnis mehr zu der praktischen Bedeutung der fraglichen Fallgruppen stehen.

Dieter Medicus

Inhaltsverzeichnis

7. Teil. Typengemischte und typenfremde Verträge

8. Teil. Geschäftsführung ohne Auftrag

9. Teil. Ungerechtfertigte Bereicherung

10. Teil. Schuldverhältnisse auf Schadensersatzleistungen

Abkürzungsverzeichnis

a.A.	anderer Ansicht
a.a.O.	am angegebenen Ort
Abs.	Absatz
AbzG	Gesetz betreffend die Abzahlungsgeschäfte (Abzahlungsgesetz)
AcP	Archiv für die civilistische Praxis
a.E.	am Ende
a.F.	alte Fassung
AFG	Arbeitsförderungsgesetz (jetzt im SGB III)
AfP	Archiv für Presserecht
AGB	Allgemeine Geschäftsbedingungen
AGBG	Gesetz zur Regelung des Rechts der Allgemeinen Geschäftsbedingungen (AGB-Gesetz)
AktG	Aktiengesetz
Alt.	Alternative
AnfG	Gesetz über die Anfechtung von Rechtshandlungen eines Schuldners außerhalb des Insolvenzverfahrens
AP	Arbeitsrechtliche Praxis, Nachschlagewerk des Bundesarbeitsgerichts
ArchBürgR	Archiv für Bürgerliches Recht
AT	Allgemeiner Teil (wenn ohne Zusatz, dann der erste Teil dieses Werkes: *Medicus/Lorenz,* Schuldrecht I, Allgemeiner Teil, 19. Aufl., 2010)
AtomG	Gesetz über die friedliche Verwendung der Kernenergie (Atomgesetz)
Aufl.	Auflage
BAG	Bundesarbeitsgericht
BauGB	Baugesetzbuch
BauR	Baurecht (Zeitschrift)
Baur/Stürner	*Baur/Stürner,* Sachenrecht, 18. Aufl., 2009
BB	Betriebs-Berater
Bd.	Band
BFH(E)	Bundesfinanzhof (Sammlung seiner Entscheidungen)
BGB	Bürgerliches Gesetzbuch
BGBl.	Bundesgesetzblatt
BGH	Bundesgerichtshof
BGHZ	Entscheidungen des BGH in Zivilsachen, herausgegeben von den Mitgliedern des BGH und der Bundesanwaltschaft
BImSchG	Bundes-Immissionsschutzgesetz
BJagdG	Bundesjagdgesetz
BKR	Zeitschrift für Bank- und Kapitalmarktrecht
BMJ	Bundesminister der Justiz
BNotO	Bundesnotarordnung
Brox/Walker, BT	*Brox/Walker,* Besonderes Schuldrecht, 35. Aufl., 2011
BT-Drs.	Bundestags-Drucksache
BürgR	Bürgerliches Recht (vgl. *Medicus/Petersen,* BR)
BVerfG	Bundesverfassungsgericht
Canaris	*Canaris,* Handelsrecht, 24. Aufl., 2006
c.i.c.	culpa in contrahendo
CISG	United Nations Convention on Contracts for the International Sale of Goods (UN-Kaufrecht)
DAR	Deutsches Autorecht
DB	Der Betrieb (Zeitschrift)
ders., dies.	derselbe, dieselbe(n)
Diss.	Dissertation

DJT	Deutscher Juristentag
DNotZ	Deutsche Notar-Zeitschrift
DStR	Deutsches Steuerrecht
E	Entwurf (zum BGB)
EAG	Einheitliches Gesetz über den Abschluß von Kaufverträgen über bewegliche Sachen
EFZG	Gesetz über die Zahlung des Arbeitsentgelts an Feiertagen und im Krankheitsfall (EntgeltfortzahlungsG = Art. 56 SGB XI)
EGBGB	Einführungsgesetz zum BGB
EGMR	Europäischer Gerichtshof für Menschenrechte
ErbbauVO	Verordnung über das Erbbaurecht
EKG	Einheitliches Gesetz über den internationalen Kauf beweglicher Sachen
ErbStG	Erbschaft- und Schenkungsteuergesetz
Erman/*Bearbeiter*	*Erman,* Handkommentar zum BGB, 12. Aufl., 2008
Esser/Eike Schmidt	*Esser/Schmidt,* Schuldrecht I, Allgemeiner Teil, 8. Aufl., 1995/2000
Esser/Weyers	*Esser/Weyers,* Schuldrecht II, Besonderer Teil, 8. Aufl., 1998/2000
EuGH	Europäischer Gerichtshof
EVO	Eisenbahn-Verkehrsordnung
EWiR	Entscheidungen zum Wirtschaftsrecht
EWS	Europäisches Wirtschafts- und Steuerrecht
EZB	Europäische Zentralbank
f. (ff.)	folgende (mehrere folgende) Paragrafen oder Seiten
FamRZ	Ehe und Familie im privaten und öffentlichen Recht. Zeitschrift für das gesamte Familienrecht
FG	Festgabe
Fikentscher/Heinemann	*Fikentscher/Heinemann,* Das Schuldrecht, 10. Aufl., 2006
Fn.	Fußnote
FS	Festschrift
GBO	Grundbuchordnung
Gernhuber/Coester-Waltjen, FamR	*Gernhuber/Coester-Waltjen,* Lehrbuch des Familienrechts, 6. Aufl. 2010
gem.	gemäß
Ges. Schriften	Gesammelte Schriften
GewO	Gewerbeordnung
GG	Grundgesetz für die Bundesrepublik Deutschland
GoA	Geschäftsführung ohne Auftrag
GrdstVG	Gesetz über Maßnahmen zur Verbesserung der Agrarstruktur und zur Sicherung land- und forstwirtschaftlicher Betriebe (Grundstückverkehrsgesetz)
GS	Gedächtnisschrift
GWB	Gesetz gegen Wettbewerbsbeschränkungen
Hanau/Adomeit, ArbR	*Hanau/Adomeit,* Arbeitsrecht, 14. Aufl., 2006
HGB	Handelsgesetzbuch
h.M.	herrschende Meinung
HPflG	Haftpflichtgesetz
Hrsg.	Herausgeber
Hueck/Canaris	*Hueck/Canaris,* Recht der Wertpapiere, 12. Aufl., 1986
HWiG	Gesetz über den Widerruf von Haustürgeschäften und ähnlichen Geschäften
i.d.F.v.	in der Fassung vom
IherJb.	Iherings Jahrbücher der Dogmatik des bürgerlichen Rechts
InsO	Insolvenzordnung

JA	Juristische Arbeitsblätter
JR	Juristische Rundschau
Jura	Juristische Ausbildung
JurA	Juristische Analysen
JuS	Juristische Schulung
JW	Juristische Wochenschrift
JZ	Juristenzeitung
KG	Kommanditgesellschaft
Kittner	*Kittner,* Gesamtsystem Schuldrecht, 3. Aufl., 2003
KO	Konkursordnung
Köhler	*Köhler,* BGB Allgemeiner Teil, 35. Aufl., 2011
KSchG	Kündigungsschutzgesetz
KTS	Zeitschrift für Konkurs-, Treuhand- und Schiedsgerichtswesen
KVO	Kraftverkehrsordnung für den Güterfernverkehr mit Kraftfahrzeugen
Larenz, SBT II 1	*Larenz,* Lehrbuch des Schuldrechts II 1: Besonderer Teil, 1. Halbband 13. Aufl., 1986
Larenz/Canaris, SBT II 2	*Larenz/Canaris,* Lehrbuch des Schuldrechts: Besonderer Teil, 2. Halbband, 13. Aufl., 1994
Lit.	Literatur
Lit.-Verz	Literaturverzeichnis
LM	*Lindenmaier/Möhring,* Nachschlagewerk des BGH in Zivilsachen
Looschelders, BT	*Looschelders,* Schuldrecht – Besonderer Teil, 6. Aufl., 2011
LPartG	Lebenspartnerschaftsgesetz (G über gleichgeschlechtliche Lebenspartnerschaften)
LuftVG	Luftverkehrsgesetz
m.a.W.	mit anderen Worten
MDR	Monatsschrift für Deutsches Recht
m.E.	meines Erachtens
Medicus, BGB AT	*Medicus,* Allgemeiner Teil des BGB, 10. Aufl., 2010
Medicus/Petersen, BR	*Medicus/Petersen,* Bürgerliches Recht, 23. Aufl., 2011
MedR	Medizinrecht
Mot	Motive zum BGB
Mugdan	*Mugdan,* Die gesammten Materialien zum BGB, 1899/1900
MünchKomm/*Bearbeiter*	Münchener Kommentar zum BGB, 5. Aufl., 2006
m.w.N.	mit weiteren Nachweisen
NJW	Neue Juristische Wochenschrift
NJW-RR	NJW Rechtsprechungs-Report Zivilrecht
Nr.	Nummer
NZG	Neue Zeitschrift für Gesellschaftsrecht
NZM	Neue Zeitschrift für Mietrecht
NZV	Neue Zeitschrift für Verkehrsrecht
NZVwR	Neue Zeitschrift für Verwaltungsrecht
o.	oben
o.ä.	oder ähnliche(s)
OHG	Offene Handelsgesellschaft
OLG	Oberlandesgericht
Palandt/*Bearbeiter*	*Palandt,* BGB, 71. Aufl., 2012
PartGG	Partnerschaftsgesellschaftsgesetz
PatG	Patentgesetz
PdW	*Köhler/Lorenz,* Prüfe dein Wissen – Schuldrecht 2, 19. Aufl., 2011
PflVersG	Gesetz über die Pflichtversicherung für Kraftfahrzeughalter (Pflichtversicherungsgesetz)

ProdHaftG	Produkthaftungsgesetz
Prot.	Protokolle zum BGB
Prütting	*Prütting,* Sachenrecht, 34. Aufl., 2010
RabelsZ	Zeitschrift für ausländisches und internationales Privatrecht, begründet von Ernst Rabel
RdA	Recht der Arbeit
RG	Reichsgericht
RGZ	Entscheidungen des RG in Zivilsachen, herausgegeben von den Mitgliedern des Gerichtshofs und der Reichsanwaltschaft
RiLi	Richtlinie
RIW	Recht der internationalen Wirtschaft
Rn.	Randnummer
RVO	Reichsversicherungsordnung
S.	Seite; bei Gesetzeszitaten Satz
s.	siehe
SchG	Scheckgesetz
Schlechtriem/Schmidt-Kessel, SBT	*Schlechtriem/Schmidt-Kessel,* Schuldrecht Besonderer Teil, 6. Aufl., 2009
Schönfelder	Deutsche Gesetze, Sammlung des Zivil-, Straf- und Verfahrensrechts, begründet von *Heinrich Schönfelder*
SGB	Sozialgesetzbuch
SMG	Gesetz zur Modernisierung des Schuldrechts (Schuldrechtsmodernisierungsgesetz)
Staudinger/*Bearbeiter*	*J. von Staudingers* Kommentar zum BGB, 15. Aufl., 1992 ff., zudem einzelne Neubearbeitungen
StGB	Strafgesetzbuch
str.	streitig
StVG	Straßenverkehrsgesetz
StVO	Straßenverkehrs-Ordnung
StVZO	Straßenverkehrs-Zulassung-Ordnung
Tz.	Textzahl
u.	unten
u.a.	unter anderem
Überarbeitung	Gutachten und Vorschläge zur Überarbeitung des Schuldrechts, herausgegeben vom Bundesminister der Justiz, Band I und II (1981), Band III (1983)
UmweltHG	Gesetz über die Umwelthaftung
u.U.	unter Umständen
UWG	Gesetz gegen den unlauteren Wettbewerb
v.	von (vom)
VerbrGKrl.	Verbrauchsgüterkaufrichlinie
VerbrKrG	Verbraucherkreditgesetz
VersR	Versicherungsrecht (Zeitschrift)
Vgl.	vergleiche
VO	Verordnung
VOB	Verdingungsordnung für Bauleistungen
VVG	Gesetz über den Versicherungsvertrag (Versicherungsvertragsgesetz)
WG	Wechselgesetz
WHG	Wasserhaushaltsgesetz
WiB	Wirtschaftsrechtliche Beratung
WiStG	Gesetz zur weiteren Vereinfachung des Wirtschaftsstrafrechts (Wirtschaftsstrafgesetz)

WM	Wertpapiermitteilungen, Zeitschrift für Wirtschafts- und Bankrecht
WoBindB	Gesetz zur Sicherung der Zweckbestimmung von Sozialwohnungen (Wohnungsbindungsgesetz)
WpHG	Gesetz über den Wertpapierhandel (WertpapierhandelsG)
WRV	Weimarer Reichsverfassung
ZAkDR	Zeitschrift der Akademie für Deutsches Recht
ZBB	Zeitschrift für Bankrecht und Bankwirtschaft
ZBernJV	Zeitschrift des Bernischen Juristenvereins
ZEuP	Zeitschrift für Europäisches Privatrecht
ZfA	Zeitschrift für Arbeitsrecht
ZfBR	Zeitschrift für deutsches und internationales Baurecht
ZfS	Zeitschrift für Schadensrecht
ZGB	Zivilgesetzbuch
ZGR	Zeitschrift für Unternehmens- und Gesellschaftsrecht
ZGS	Zeitschrift für das gesamte Schuldrecht
ZHR	Zeitschrift für das gesamte Handels- und Wirtschaftsrecht
ZIP	Zeitschrift für Wirtschaftsrecht (früher: Zeitschrift für die gesamte Insolvenzpraxis, daher die Abkürzung)
ZLR	Zeitschrift für Luftrecht
ZMR	Zeitschrift für Miet- und Raumrecht
Zöllner/Loritz/Hergenröder, ArbR	*Zöllner/Loritz/Hergenröder,* Arbeitsrecht, 6. Aufl., 2008
ZPO	Zivilprozessordnung
ZRP	Zeitschrift für Rechtspolitik
ZS	Zivilsenat (des BGH)
ZVG	Gesetz über die Zwangsversteigerung und die Zwangsverwaltung

Paragrafen ohne Gesetzesangaben sind solche des BGB.

Einleitung

§ 72. Das Besondere Schuldrecht

I. Allgemeines und Besonderes Schuldrecht

1 Wie schon in AT Rn. 36 gesagt, unterscheidet man im Schuldrecht des BGB einen Allgemeinen und einen Besonderen Teil. Dabei bilden die Abschnitte 1 bis 7 des 2. Buches (§§ 241–432) das Allgemeine Schuldrecht; das Besondere Schuldrecht besteht aus dem erheblich umfangreicheren 8. Abschnitt (§§ 433–853). Das Allgemeine Schuldrecht enthält diejenigen Vorschriften, die für alle oder doch wenigstens für mehrere Typen von Schuldverhältnissen gelten. So können Forderungen aller Art durch Erfüllung oder deren Surrogate erlöschen (§§ 362 ff.); Verträge aller Art können auf eine anfänglich unmögliche Leistung gerichtet sein (§ 311a); bei allen gegenseitigen Verträgen taucht die Frage nach der Verbindung zwischen Leistung und Gegenleistung auf (§§ 320 ff.). Demgegenüber enthält das Besondere Schuldrecht Vorschriften über einzelne Schuldverhältnisse. Diese kann man in verschiedener Weise gliedern.

II. Der Entstehungsgrund

2 Schuldverhältnisse beruhen entweder auf Rechtsgeschäft oder auf Gesetz (vgl. AT Rn. 55 ff.). Das Besondere Schuldrecht enthält überwiegend rechtsgeschäftlich (fast stets vertraglich) begründete Schuldverhältnisse. Dazu tritt im Allgemeinen Schuldrecht als „rechtsgeschäftsähnlich" das Verschulden bei Vertragsverhandlungen (§ 311 II und III). Als gesetzliche Schuldverhältnisse finden sich im Besonderen Schuldrecht vor allem Geschäftsführung ohne Auftrag (§§ 677 ff.), ungerechtfertigte Bereicherung (§§ 812 ff.) und Delikt (§§ 823 ff.). Eine Zwischenstellung nehmen die Schuldverhältnisse aus der Einbringung von Sachen bei Gastwirten (§§ 701 ff.) und aus gemeinschaftlicher Rechtszuständigkeit (§§ 741 ff.) ein: Sie entstehen zwar kraft Gesetzes, hängen aber oft auch mit Verträgen zusammen. In den verschiedensten Zusammenhängen begegnet dagegen das – gleichfalls gesetzliche – Schuldverhältnis auf Vorlegung von Sachen (§§ 809–811); es spielt in der Ausbildung keine Rolle und soll hier nicht erörtert werden.

III. Der Inhalt rechtsgeschäftlicher Schuldverhältnisse

3 Die größte Gruppe bilden die **rechtsgeschäftlichen Schuldverhältnisse**. Sie danach einteilen zu wollen, ob sie auf einseitigem oder auf einem zweiseitigen Rechtsgeschäft (also auf einem Vertrag) beruhen, ist wenig zielführend. Denn fast alle rechtsgeschäftlichen Schuldverhältnisse haben Verträge zur Grundlage, was ja auch § 311 I als Regel ausspricht (vgl. AT Rn. 58 ff.). Ergiebiger sind dagegen zwei andere Einteilungskriterien.

1. Entgeltliche und unentgeltliche Verträge

4 Die meisten Schuldverträge sind **entgeltliche gegenseitige**: Der Leistungspflicht der einen Partei steht eine – oft, aber nicht notwendig auf Geld gerichtete – Leistungspflicht auch der anderen Partei gegenüber, so bei Kauf, Miete, Dienstvertrag und Werkvertrag. Andere Schuldverträge dagegen sind unentgeltlich, wie Schenkungsversprechen, Leihe und Auftrag. Wieder andere Typen können entgeltlich oder unentgeltlich auftreten, z. B. Darlehen, Verwahrung, Bürgschaft. Endlich ist auch eine andersartige Verknüpfung von Leistung und Gegenleistung möglich als die Gegenseitigkeit; sie findet sich etwa beim Maklervertrag (vgl. § 652 mit u. Rn. 896). Nicht jeder entgeltliche Vertrag ist daher auch gegenseitig.

5 Dabei haben die unentgeltlichen Verträge eine Gemeinsamkeit: Die §§ 320 ff. über gegenseitige Verträge sind auf sie unanwendbar. Die meisten unentgeltlichen Schuldverträge weisen auch noch weitere typische Eigenarten auf.[1] So ist etwa häufig (nicht immer!) die Haftung des unentgeltlich Handelnden gemildert (s. z. B. in §§ 521, 599, 690, nicht aber in §§ 662 ff, s. dazu Rn. 867a) und bisweilen kann auch seine Verpflichtung leichter wieder gelöst werden (s. z. B. §§ 528, 530, 605). Dahinter steht das sog. **Utilitätsprinzip**: Nur derjenige soll voll haften, dessen Nutzen (utilitas) der Vertrag dient. Dementsprechend ist auch der Erwerb aus Verfügungen aufgrund unentgeltlicher Verträge gegenüber Dritten in mehrfacher Hinsicht weniger beständig als ein aufgrund eines entgeltlichen Vertrags erfolgender Erwerb: Wer für seinen Erwerb kein Opfer erbracht hat, soll diesen unter Umständen an den Rechtsverlierer zurückübertragen müssen (vgl. im BGB §§ 816 I 2, 822, 988).

2. Die Art der versprochenen Leistung

6 Das wesentlichste und auch vom BGB für die Typenbildung in erster Linie befolgte Kriterium ist die **Art der versprochenen Leistung**. Gemeint ist bei unentgeltlichen Verträgen die einzige überhaupt versprochene oder gewährte Leistung. Und bei entgeltlichen Verträgen entscheidet diejenige Leistung, die nicht in Geld besteht (während die regelmäßig in Geld bestehende Gegenleistung für sich betrachtet farblos ist und nur zur Abgrenzung gegenüber den unentgeltlichen Geschäften dient). Danach ist das BGB zu den folgenden Gruppen von Verträgen gelangt, die auch der anschließenden Darstellung zugrunde liegen:

a) Dauerhafte Übertragung von Gegenständen

7 Besteht die vertragstypische Leistung in der **dauernden Übertragung** von Sachen, Rechten oder sonstigen Vermögensgütern auf den Vertragspartner, so ist das Geschäft regelmäßig schnell abzuwickeln; insbesondere entstehen bei ungestörtem Ablauf keine Rückübertragungspflichten. Hierhin gehören Kauf, Tausch und Schenkung, vgl. u. Rn. 21–410.

b) Vorübergehende Gebrauchsüberlassung

8 Ist ein Geschäft nicht auf eine dauernde Übertragung, sondern bloß auf eine **vorübergehende Überlassung** gerichtet, dauert die Abwicklung solcher Verträge regelmäßig geraume Zeit; da wenigstens die in der Überlassung liegende Leistung einen

[1] Vgl. *Grundmann,* AcP 198 (1998), 475 ff.

gewissen Zeitraum andauert, handelt es sich meist um **Dauerschuldverhältnisse** (vgl. AT Rn. 10 ff.). Und da die Überlassung nur vorübergehend sein soll, ist der Empfänger nach Vertragsende zur Rückgabe verpflichtet. Hierhin gehören Miete, Pacht, Leihe und mit Abweichungen auch das Darlehen; vgl. u. Rn. 411–610.

c) Tätigkeiten

Ist ein Vertrag auf eine Tätigkeit gerichtet, also z. B. eine ärztliche Behandlung, eine Taxifahrt oder einen Hausbau, so sollen **Dienste geleistet oder Erfolge herbeigeführt** werden.[2] Diese Leistungen können bisweilen rasch erledigt sein, in anderen Fällen aber auch durch ihre Dauer geprägt werden. Daher finden sich in dieser Gruppe auch Dauerschuldverhältnisse (vor allem beim Dienstvertrag). Unterschiede bestehen hinsichtlich der Bindung von vertraglichen Forderungen an die Person der Vertragsschließenden: Höchstpersönlichkeit besteht etwa beim Dienstvertrag (§ 613) und beim Auftrag (§ 664), fehlt hingegen beim Werkvertrag. Auch im Übrigen finden sich in dieser Gruppe, zu der etwa noch Auftrag, Maklervertrag und Verwahrung gehören, Verträge von großer Verschiedenheit. Vgl. zu ihnen u. Rn. 611–960. 9

d) Zusammenwirken von Personen

Ziel eines Schuldverhältnisses kann auch die Regelung des **Zusammenwirkens mehrerer Personen** sein. Das BGB kennt nur zwei dieser Schuldverhältnisse, nämlich Gesellschaft und Gemeinschaft (vgl. u. Rn. 962–997). Da es hier um die Verfolgung **gemeinsamer Interessen** geht, passen die Regeln über gegenseitige Verträge nicht ohne Weiteres; die Gemeinschaft entsteht zudem wenigstens meist anders als durch Vertrag. 10

e) Risikoverträge

Übernimmt jemand durch Vertrag ein Risiko, so kann dies ein Spiel darstellen; diese Verträge werden daher nur mit geminderten Rechtswirkungen ausgestattet (Spiel und Wette, § 762). Andererseits gehören hierhin aber auch ganz seriöse und deshalb voll verbindliche Geschäfte wie die Bürgschaft (§ 765) und das Versprechen einer lebenslänglichen Leibrente (§ 759). Endlich ist in dieser Gruppe noch der außerhalb des BGB, nämlich im VVG geregelte Versicherungsvertrag zu nennen. Vgl. u. Rn. 1032–1040. 11

f) Feststellungsverträge

Schließlich können Verträge auch der **Feststellung oder Mobilisierung von Forderungen** dienen. Schuldfeststellende Wirkung haben Vergleich (§ 779), Schuldversprechen (§ 780) und Schuldanerkenntnis (§ 781). Der Mobilisierung von Forderungen dagegen dienen diejenigen Verträge, die Forderungen an ein Papier binden („verbriefen"). Denn dieses Papier kann dann dem Inhaber die Geltendmachung der Forderung erleichtern, indem es ihn gegenüber dem Schuldner legitimiert und ihm die Durchsetzung der Forderung erleichtert; es kann auch dem Schuldner dienen, indem dieser durch die Leistung an den Inhaber befreit wird und folglich dessen Gläubigerstellung nicht weiter zu prüfen braucht; es kann endlich auch dem Erwer- 12

[2] Zur Unterscheidung zwischen erfolgsbezogenen und handlungsbezogenen Pflichten s. AT Rn. 121, 341 ff.

ber der verbrieften Forderung nutzen, wenn dessen guter Glaube an die Berechtigung seines durch den Papierbesitz ausgewiesenen Veräußerers geschützt wird. Vgl. u. Rn. 1042–1075.

IV. Vertragstypen und gemischte Verträge

1. Traditionelle Vertragstypen

13 Die im BGB ausdrücklich geregelten Verträge bezeichnet man als „Vertragstypen" oder auch als „typische" Verträge, weil sie vom Gesetzgeber ausdrücklich geregelt sind. Die meisten der eben genannten Vertragstypen sind sehr alt und gehen schon auf das römische Recht zurück. Denn sie befriedigen – wie etwa Kauf, Tausch, Miete und Dienstvertrag – sehr ursprüngliche Bedürfnisse. Zwar haben sich an manchen Stellen die Ansichten darüber, wie bestimmte Einzelfragen zu lösen sind, im Lauf der Zeit geändert. Aber im Ganzen drückt die gesetzliche Regelung dieser „alten" Verträge ein hohes Maß an Erfahrung und Sinn für die gerechte Regelung aus, selbst wenn diese dispositiv, also von den Parteien abdingbar und modifizierbar ist (AT Rn. 67). Daher findet sich hier auch vielfach das, was § 307 II Nr. 1 als „Grundgedanken der gesetzlichen Regelung" bezeichnet und in gewissem Umfang gegen eine Abänderung durch Allgemeine Geschäftsbedingungen schützt.

2. Keine Bindung an die Vertragstypen des Schuldrechts: Gemischte und atypische Verträge

14 Die Parteien sind jedoch angesichts der im Schuldrecht herrschenden Vertragsinhaltsfreiheit nicht an die vom Gesetz zur Verfügung gestellten Vertragstypen gebunden. Im Schuldrecht herrscht also (anders als etwa im Sachen-, Familien- und Erbrecht) **Vertragstypenfreiheit** (s. dazu AT Rn. 66). Die Parteien können Vertragstypen abändern oder mischen. So kann etwa eine **atypische Gegenleistung** vereinbart werden oder es können Elemente verschiedener Vertragstypen zu einer Einheit verschmolzen werden (sog. **typengemischten Verträge** oder **Kombinationsverträge**), s. dazu Rn. 1076 ff.

3. Typenneubildung

15 Gelegentlich nimmt der Gesetzgeber auch Entwicklungen der Praxis auf, wenn ein bestimmter typengemischter Vertrag im Rechtsverkehr „typisch" wird und sich deshalb rechtspolitisch ein Bedürfnis nach einer selbständigen gesetzlichen Regelung ergibt. Eine solche **Typenneubildung**, die vor ihrer gesetzlichen Regelung als typengemischter Vertrag behandelt wurde, ist etwa der Reisevertrag, den der Gesetzgeber 1979 in das BGB eingefügt hat (§§ 651a ff.). Auch die Vorschriften über den Verbrauchsgüterkauf (§§ 474 ff.) und die Wohnraummiete (§§ 549 ff.) bilden Ausgliederungen aus den allgemeinen Typen Kauf und Miete. Dagegen sind andere häufig verwendete Vertragsarten wie **Leasing**, **Factoring** oder der **Internetprovidervertrag** (s. dazu PdW Schuldrecht II **Fall** 175) bisher ohne gesetzliche Regelung geblieben. Doch stehen diese und einige weitere Verträge unter Umständen in Zusammenhang mit traditionellen Vertragstypen wie insbesondere Kauf, Miete, Dienst- oder Werkvertrag. Bisweilen kann man daher zweifeln, ob hier nicht bloß eine alte Einrichtung etwas neu „aufgeputzt" worden ist und dann auch einen modischen neuen Namen erhalten hat. S. auch dazu u. Rn. 1076 ff.

Unter dem Begriff „**Internetproviderverträge**" wird heute eine Vielzahl unterschiedlicher Vertragstypen zusammengefasst, bei denen es sich meist um atypische oder typengemischte Verträge handelt. Einige dieser Verträge lassen sich aber schwerpunktmäßig einem der im BGB geregelten Vertragstypen zuweisen.[3] Das gilt etwa für den „**Access-Provider-Vertrag**" (Zugang zum Internet), der dem Dienstvertrag zugeordnet wird (s. u. Rn. 619), während der „**Application-Service-Provider-Vertrag**" (ASP-Vertrag), der die online-Nutzung von Software zum Gegenstand hat, als Mietvertrag qualifiziert wird (s. u. Rn. 418). Gleiches gilt für weitere Verträge, die sich darauf beschränken, online-Speicherplatz zur Verfügung zu stellen (so etwa die Nutzung einer „cloud"). Der „**Web-Hosting-Vertrag**", durch welchen dem Kunden Speicherplatz für eine eigene Web-Seite zur Verfügung gestellt wird, weist dienst-, miet- und werkvertragliche Aspekte auf, wobei der Schwerpunkt meist beim Werkvertrag liegt. Der „**Web-Design-Vertrag**", durch den sich der Anbieter verpflichtet, für den Kunden eine Internetpräsenz zu erstellen, ist i. d. R. ein Werk- oder Werklieferungsvertrag, während Verträge über die Beschaffung und Registrierung eines **Domainnamens** als Werkvertrag in Form des Geschäftsbesorgungsvertrages (s. dazu u. Rn. 882) qualifiziert werden. Der „**Internet-System-Vertrag**", der ein ganzes Bündel solcher Leistungen enthält (etwa die Recherche und Anmeldung eines geeigneten Domainnamens, die Gestaltung einer individuellen Internetpräsenz und deren Bereitstellung [„hosten"] auf einem Server des Anbieters), wird wegen des Schwerpunkts der Leistung als Werkvertrag eingeordnet.[4]

4. Verbraucherverträge

Keinen einheitlichen Typ im Sinne der BGB-Einteilung bilden dagegen diejenigen Verträge, die zwischen einem Unternehmer (§ 14) und einem Verbraucher (§ 13) abgeschlossen worden sind **(Verbraucherverträge, § 310 III).** Diese können entweder zu nur einem einzigen Typ gehören: etwa §§ 474 ff. Verbrauchsgüterkauf, §§ 491 ff. Verbraucherdarlehen. Verbraucherverträge können aber auch so umschrieben sein, dass sie unabhängig vom Typus des Vertrags auf eine bestimmte Art und Weise des Vertragsschlusses abstellen, wie etwa in § 312 für Haustürgeschäfte und in § 312b für Fernabsatzverträge. Dementsprechend steht die Regelung teils im Allgemeinen und teils im Besonderen Schuldrecht. 16

[3] S. dazu den Überblick in BGHZ 184, 345 = NJW 2010, 1449 Tz. 17 ff. sowie dazu *Fritzemeyer*, NJW 2011, 2918 ff.

[4] BGHZ 184, 345 = NJW 2010, 1449; zur Kündigung eines solchen Vertrags nach § 649 s. *BGH* NJW 2011, 915 sowie *BGH* BeckRS 2011, 08034.

1. Teil. Verträge zu dauernder Überlassung

§ 73. Übersicht

I. Unterscheidung nach der Gegenleistung

Bei Verträgen zu dauernder Überlassung (vgl. o. Rn. 5) kann man zunächst danach unterscheiden, ob die Überlassung entgeltlich oder unentgeltlich ist: Bei Entgeltlichkeit liegt Kauf vor (§ 433), wenn als Gegenleistung Geld versprochen wird; bei andersartigen Gegenleistungen kann es sich um Tausch handeln (§ 480). Dagegen liegt bei vereinbarter Unentgeltlichkeit Schenkung vor (§ 516). Von gemischter Schenkung spricht man, wenn zwar eine Gegenleistung vereinbart wird, diese aber nach dem Willen der Parteien kein vollwertiges Äquivalent für den zu überlassenden Gegenstand bilden soll (z. B. eine Sache wird „halb geschenkt“). Dann fragt sich, inwieweit die Kauf- oder die Schenkungsregeln anwendbar sind (vgl. u. Rn. 1082). 16.1

II. Unterscheidungen nach dem zu überlassenden Gegenstand

1. Art des versprochenen Gegenstandes

Während eben nach der Gegenleistung unterschieden wurde, ist auf der Leistungsseite in erster Linie nach der Art des versprochenen Gegenstandes zu fragen: Das kann eine (bewegliche oder unbewegliche) Sache sein, ein Recht (z. B. eine Forderung), ein anderes vermögenswertes Objekt (z. B. eine Kundschaft oder ein Geheimverfahren) oder auch eine Gesamtheit. Die wichtigste derartige Gesamtheit, die regelmäßig aus Sachen, Rechten und bloßen Erwerbschancen besteht, ist das Unternehmen. 17

Im Folgenden wird diese Unterscheidung an dem praktisch wichtigsten Umsatzgeschäft durchgeführt, nämlich am Kauf: In den Rn. 21–362 wird zunächst der **Sachkauf** behandelt. Im Anschluss daran geht es um den Kauf von **Rechten und Unternehmen** (u. Rn. 363 ff.).

2. Stückschulden und Gattungsschulden

Nach dem Geschäftsgegenstand kann aber auch noch in anderer Weise unterschieden werden: Der Leistungsgegenstand kann schon im Vertrag derart individualisiert sein, dass eine **Stückschuld** entsteht. Das wird regelmäßig etwa bei Grundstücken oder gebrauchten Kraftfahrzeugen vorliegen, überhaupt immer dann, wenn der Verkäufer nur ein bestimmtes Stück anbietet oder der Käufer sich ein solches ausgesucht hat. Der Vertrag kann aber auch den geschuldeten Gegenstand zunächst bloß generell beschreiben; dann entsteht eine **Gattungsschuld.** Diese Art der Vereinbarung begegnet vor allem bei fabrikneuen Erzeugnissen der modernen Massenfabrikation: Wegen der Gleichartigkeit dieser Erzeugnisse hat der Gläubiger regelmäßig kein Interesse an einem bestimmten Stück; oft muss sich auch der Schuldner die zur Erfüllung nötige Ware erst beschaffen, so dass er schon deshalb nicht auf bestimmte Stücke festgelegt werden will.[1] Das BGB geht vom Modell des Stückkaufs aus: So spricht § 433 von 18

[1] S. dazu AT Rn. 197 ff.

„der“ (gekauften) Sache (vgl. AT Rn. 133). Besondere gesetzliche Regelungen über den Gattungskauf bestehen in den §§ 433 ff. nicht. Dennoch ergeben sich aus der Eigenart der Gattungsschuld auch im Kaufrecht bei der Rechtsanwendung Besonderheiten, so etwa bei der Frage des Inhalts des Nacherfüllungsanspruchs (s. dazu u. Rn. 125 ff.).

III. Besondere Ausgestaltungen des Kaufs

1. Eigentumsvorbehaltskauf, finanzierter Kauf, Verbrauchsgüterkauf, Vorkauf, Wiederkauf und Kauf auf Probe

19 Unabhängig von der Art der Bestimmung des versprochenen Gegenstandes kann der Kauf von den Parteien noch in anderer Weise besonders ausgestaltet werden. So kann sich der Verkäufer einer Sache das **Eigentum vorbehalten** (u. Rn. 283 ff.). Häufig begegnet auch, dass der Kaufpreis ganz oder zum Teil gestundet wird und in Raten gezahlt werden soll (**finanzierter Kauf, Teilzahlungskauf,** u. Rn. 297 ff.). Eine Sonderregelung betrifft den **Verbrauchsgüterkauf** (§§ 474 ff., vgl. u. Rn. 229 ff.). Vorstufen eines erst später abzuschließenden Kaufs sind **Wiederkauf und Vorkauf** (§§ 463 ff., 456 ff., vgl. u. Rn. 317 ff.). Schließlich kann dem Käufer vertraglich eine Erprobung der Kaufsache eingeräumt werden, bevor der Kauf endgültig sein soll (**Kauf auf Probe,** §§ 454 f.); vgl. u. Rn. 313 ff.

2. Grenzüberschreitende Kaufverträge

20 Gesetzlich besonders geregelt sind endlich bestimmte **grenzüberschreitende Kaufverträge,** also vor allem Im- und Exportgeschäfte. Hier kann die Ermittlung der für einen solchen Vertrag anzuwendenden nationalen Rechtsordnung erhebliche Schwierigkeiten machen: Unterliegt etwa ein auf ein Schweizer Bankkonto zu bezahlender Verkauf italienischer Kraftfahrzeuge nach Frankreich dem schweizerischen, dem italienischen oder dem französischen Recht? Diese wichtige Frage regelt das Internationale Privatrecht. Die Bedeutung dieser Materie für das reibungslose Funktionieren des Binnenmarkts zeigt sich an der Tatsache, dass sich nunmehr auch der Europäische Gesetzgeber dieser Frage angenommen hat: Die Frage, welche Rechtsordnung auf einen grenzüberschreitenden Kaufvertrag anwendbar ist, ist seit dem 17. 12. 2009 durch die „Rom I-Verordnung“ geregelt (dazu u. Rn. 356, 362). Das führt freilich zu keiner Vereinheitlichung des Kaufrechts als solchem, sondern sorgt nur dafür, dass im Falle eines Rechtsstreits vor den Gerichten aller Mitgliedsstaaten die gleiche Rechtsordnung angewendet wird und der Ausgang des Rechtsstreits damit nicht von der Zufälligkeit des Gerichtsorts abhängt. Daher würde die Frage nach der anzuwendenden Rechtsordnung am besten durch ein international einheitliches Kaufrecht vermieden. Diesem Zweck dienen insbesondere das UN-Kaufrecht (CISG) sowie die auf europäischer Ebene bestehenden langfristigen Bestrebungen nach einer Vereinheitlichung des Vertragsrechts (dazu u. Rn. 357 ff.).

1. Abschnitt. Der Sachkauf

Literatur: Umfassende Darstellungen bei *Eckert/Maifeld/Matthiessen*, Handbuch des Kaufrechts, 2007; *Grunewald*, Kaufrecht (= Handbuch des Schuldrechts, Bd. 6), 2006; *D. Reinicke/Tiedtke*, Kaufrecht, 8. Aufl., 2009; *Canaris*, Die Neuregelung des Leistungsstörungs- und des Kaufrechts – Grundstrukturen und Problemschwerpunkte, in: *E. Lorenz* (Hrsg.), Karlsruher Forum 2002: Schuldrechtsmodernisierung, 2003, 5; *Glöckner*, Die Umsetzung der Verbrauchsgüterkaufrichtlinie in Deutschland und ihre Konkretisierung durch die Rechtsprechung, JZ 2007, 652; *Harke*, Das neue Sachmängelrecht in rechtshistorischer Sicht, AcP 205 (2005) 67 ff; *S. Lorenz*, Fünf Jahre „neues" Schuldrecht im Spiegel der Rechtsprechung, NJW 2007, 1; *Mansel*, Kaufrechtsreform in Europa und Dogmatik des deutschen Leistungsstörungsrechts, AcP 204 (2004), 396; *Saenger/Klockenbring*, Das „neue" Kaufrecht in der Rechtsprechung 2002–2005, ZGS 2006, 61.

I. Die Umsetzung der Verbrauchsgüterkaufrichtlinie

Die systematische und inhaltliche Neuordnung des Kaufrechts beruht auf der Umsetzung der europäischen Verbrauchsgüterkaufrichtlinie (VerbrGKRl.)[2] in das deutsche Recht durch das am 1. 1. 2002 in Kraft getretene Schuldrechtsmodernisierungsgesetz. Der Gesetzgeber benutzte diese Gelegenheit zu (von der VerbrGKRl. nicht gebotenen) weitgehenden **systematischen Änderungen** im Allgemeinen Schuldrecht und im Kaufrecht.[3] Eines der Hauptziele des Gesetzes war es nämlich, die früher bestehende „Zweispurigkeit" des Leistungsstörungsrechts aufzuheben: Die Rechtsbehelfe eines Käufers im Falle der Mangelhaftigkeit der Kaufsache sollten sich anders als früher nicht mehr aus speziellen Gewährleistungsregeln, sondern im Wesentlichen aus dem allgemeinen Leistungsstörungsrecht, also aus den §§ 280 ff. ergeben.[4] Augenfälliger Beweis dafür ist die Hinweisnorm des § 437, die für die Rechtsbehelfe des Käufers Rechtsgrundverweisungen auf die Schadensersatz- und Rücktrittsregelungen des Allgemeinen Schuldrechts enthält. 21

Durch die Vorgaben der bis zum 1. 1. 2002 umzusetzenden VerbrGKRl. waren aber insbesondere **inhaltliche Änderungen** des Kaufrechts geboten. Diese schrieb u. a. die Einführung eines Nacherfüllungsanspruchs im Falle der Mangelhaftigkeit einer gekauften Sache sowie eine Mindestverjährung der Käuferrechte von 2 Jahren vor. Die VerbrGKRl. gilt freilich nur für Verträge zwischen Unternehmern als Verkäufern und Verbrauchern als Käufern beim Kauf beweglicher Sachen. In diesem Bereich unterliegt das deutsche Recht damit dem Gebot **richtlinienkonformer Auslegung** bzw. **richtlinienkonformer Rechtsfortbildung** (im Wege der Analogie oder teleologischer Reduktion).[5] 22

[2] Richtlinie 1999/44/EG vom 25. 5. 1999 zu bestimmten Aspekten des Verbrauchsgüterkaufs und der Garantien für Verbrauchsgüter, Abl. EG Nr. L 171 v. 7. 7. 1999 S. 12 ff.

[3] Zum damaligen rechtspolitischen Streit zwischen einer „kleinen Lösung" (Einführung eines Verbrauchsgüterkaufsgesetzes unter Beibehaltung der bisherigen gesetzlichen Regelung im Übrigen) und der letztlich durchgeführten „großen Lösung" (Neuordnung des Verjährungsrechts, des allgemeinen Schuldrechts sowie des Kauf- und Werkvertragsrechts) s. AT Rn. 47 sowie exemplarisch *Däubler-Gmelin*, NJW 2001, 2281 und die Reaktionen von *Knütel*, NJW 2001, 2519 sowie *Heldrich*, NJW 2001, 2521.

[4] S. dazu AT Rn. 344 ff.

[5] S. dazu allgemein nur *Köhler*, AT § 3 Rn. 40; speziell zum Kaufrecht zuletzt *BGH* NJW 2009, 427 = JuS 2009, 274 (*Faust*).

Von besonderer Bedeutung sind dabei die **Grenzen** einer solchen richtlinienkonformen Auslegung bzw. Rechtsfortbildung. Das Europarecht verpflichtet die mitgliedsstaatlichen Gerichte zu einer solchen nur im Rahmen deren innerstaatlicher Kompetenz. Deshalb verpflichtet das Gebot weder zu einer Auslegung bzw. Rechtsfortbildung *contra legem*[6], noch rechtfertigt es eine solche im deutschen Recht.[7] Zu beachten ist dabei allerdings, dass – wie schon die anerkannten Mechanismen der Analogie und der teleologischen Reduktion zeigen – der Wortlaut einer Norm keine absolute Grenze der Auslegung oder Rechtsfortbildung darstellt. Gestattet aber das nationale Recht keine entsprechende Korrektur, ist eine Norm des nationalen Rechts trotz ihrer Richtlinienwidrigkeit weiter anzuwenden und im Übrigen der Gesetzgeber gefordert.[8] Der BGH zieht den Spielraum der Gerichte allerdings relativ weit. Er hält eine richterliche Rechtsfortbildung im Sinne der Richtlinienvorgabe noch für möglich, wenn sich der Gesetzgeber zwar eindeutig und bewusst für eine bestimmte (richtlinienwidrige) Regelung entschieden hatte, dabei aber in konkreter Auseinandersetzung mit der Richtlinienvorgabe der irrigen Ansicht war, eine richtlinienkonforme Regelung zu erlassen. Ein solcher konkreter „Motivirrtum" des Gesetzgebers über die Richtlinienkonformität seiner Entscheidung begründe eine ausfüllungsfähige unbewusste Regelungslücke, die durch richterliche Rechtsfortbildung geschlossen werden könne.[9]

Da der Gesetzgeber einige sachliche Aspekte der VerbrGKRl. über den persönlichen Anwendungsbereich der Richtlinie, d. h. das Verhältnis Unternehmer/Verbraucher hinaus für rechtspolitisch wünschenswert hielt, hat er viele Elemente der Richtlinie auch in das **allgemeine Kaufrecht** (d. h. das zwischen allen Beteiligten am Rechtsverkehr, also auch zwischen Unternehmern oder zwischen Verbrauchern geltende Kaufrecht) umgesetzt. Man spricht insoweit von **„überschießender Umsetzung"** einer Richtlinie.[10] Das gilt etwa für den Mangelbegriff (§ 434), für den Nacherfüllungsanspruch (§ 439) sowie für die Verjährung der Gewährleistungsrechte (§ 438). Aus diesem Grund ist der Gesetzgeber für das eigentliche Verbrauchsgüterkaufrecht, das in den §§ 474 ff. geregelt ist, mit vergleichsweise wenigen Normen ausgekommen. Diese ergänzen lediglich das allgemeine Kaufrecht bzw. enthalten hiervon abweichende Spezialregelungen, wenn ein Kaufvertrag über eine bewegliche Sache zwischen einem Unternehmer als Verkäufer und einem Verbraucher als Käufer abgeschlossen wird (s. dazu u. Rn. 229 ff.). Da sich überdies die Rechtsbehelfe eines Käufers im Falle der Mangelhaftigkeit einer Sache weitgehend aus dem allgemeinen Leistungsstörungsrecht ergeben (dazu o. Rn. 21 und u. Rn. 67), sind nicht nur die Regelungen der §§ 474 ff. über das Verbrauchsgüterkaufrecht, sondern letztlich auch die Regelungen des allgemeinen Kaufrechts der §§ 433 ff. und die Regelungen des allgemeinen Leistungsstörungsrechts (§§ 280 ff.) **Transformationsnormen** der VerbrGKRl. und damit Gegenstand des Gebots richtlinienkonformer Auslegung und Rechtsfortbildung. Im o. g. überschießenden Bereich, d. h. dort, wo der Gesetzgeber ohne europarechtliche Verpflichtung, die Richtlinie als Vorbild für das allgemeine Kaufrecht genommen hat, besteht zwar keine Verpflichtung zu richtlinienkonformer Auslegung. Jedoch kann zumindest i. d. R. nicht davon ausgegangen werden, dass der Gesetzgeber ein und derselben Norm, je nachdem in welcher persönlichen Konstellation diese zur Anwendung kommt, einen unterschiedlichen Sinngehalt geben will (sog. „gespaltene Auslegung"). Daher kann auch in einem solchen Bereich der

[6] *EuGH* NJW 2006, 2465, 2467 („Adeneler").

[7] *BGH* NJW 2006, 3200 Tz. 15.

[8] Der Richtlinienverstoß wird auf europarechtlicher Ebene durch ein Vertragsverletzungsverfahren nach Art. 258 ff. AEUV sanktioniert und kann unter bestimmten weiteren Voraussetzung auch Schadensersatzansprüche der Betroffenen gegen den Staat auslösen, s. dazu etwa *EuGH* NJW 1992, 165 („Francovic").

[9] *BGH* NJW 2009, 427 („Quelle") = JuS 2009, 274 (*Faust*), s. dazu etwa *Pfeiffer*, NJW 2009, 412. Zum Gegenstand der Entscheidung s. Rn. 132.

[10] S. dazu etwa *BGH* NJW 2002, 1881, 1884 („Heininger").

Inhalt der Richtlinie als Element der auf den Gesetzgeberwillen abstellenden historischen Auslegung herangezogen werden. Im Zweifel soll es also keine „gespaltene Auslegung" ein und derselben Norm geben.[11] Man kann insofern in Abgrenzung zur richtlinienkonformen Auslegung auch von einer (europarechtlich nicht gebotenen, sondern allein im nationalen Recht wurzelnden) **richtlinienorientierten Auslegung** sprechen. Damit steht letztlich das gesamte Kaufrecht unter dem Einfluss der VerbrGKRl..

Das Gebot einheitlicher Auslegung gilt aber nur „im Zweifel". Hat sich der Gesetzgeber ganz bewusst für einen bestimmten Regelungsgehalt entschieden, ist eine notwendige richtlinienkonforme Auslegung oder Rechtsfortbildung auf das europarechtlich notwendige Maß, d. h. auf das Verhältnis Unternehmer/Verbraucher zu beschränken. Dann geht es nämlich nicht mehr um eine historische, d. h. auf den Gesetzgeberwillen zurückgehende Auslegung. Andernfalls würde man dem Gesetzgeber des BGB unterstellen, dynamisch auf eine Richtlinie in deren jeweiliger Auslegung durch den EuGH zu verweisen. Das aber kann – ganz abgesehen von der verfassungsrechtlichen Bedenklichkeit eines solchen Vorgehens – wohl kaum seinem Willen entsprechen.

Damit ist z. B. folgende Situation gemeint (s. u. bei Rn. 132): Der Gesetzgeber entscheidet sich bei einer Norm des allgemeinen Kaufrechts klar für einen bestimmten Regelungsgehalt, der sich später – etwa aufgrund einer bindenden Auslegung der Richtline durch ein Urteil des EuGH – im Verhältnis Unternehmer/Verbraucher als richtlinienwidrig herausstellt. Der Wortlaut der Norm ermöglicht allerdings eine richtlinienkonforme Auslegung bzw. es kann eine richtlinienkonforme Rechtsfortbildung erfolgen.[12] Hier ist die Norm im überschießenden Bereich, d. h. außerhalb des Verhältnisses Unternehmer/Verbraucher weiterhin im Sinne des nationalen Gesetzgebers auszulegen bzw. ist insoweit eine richtlinienkonforme Rechtsfortbildung nicht veranlasst. Es bleibt also bei einer „gespaltenen Auslegung", weil keine Zweifel am Willen des Gesetzgebers bestehen.

II. Gesetzessystematik

Das Kaufrecht ist in den §§ 433 – 479 geregelt. Die §§ 433 – 453 regeln als „Untertitel 1 – Allgemeine Vorschriften" die zentralen Fragen des Kaufrechts. Der „Untertitel 2" enthält in den §§ 454 – 473 darauf aufbauende Regelungen über „Besondere Arten des Kaufs" (Kauf auf Probe, §§ 454 f., Wiederkauf, §§ 456 ff. und Vorkauf, §§ 463 ff.). „Untertitel 3" regelt schließlich in den §§ 474 – 479 den Verbrauchsgüterkauf. 23

§ 74. Die Pflichten von Verkäufer und Käufer

I. Der Kaufvertrag als schuldrechtlicher gegenseitiger Vertrag

Der Kaufvertrag ist auf die dauernde Überlassung eines Gegenstandes gegen Entgelt gerichtet. Die jeweiligen Pflichten der Parteien sind in §§ 433 ff. geregelt. Der Kaufvertrag ist also ein **schuldrechtlicher** gegenseitiger (synallagmatischer) Vertrag.[1] Er bewirkt daher selbst noch keine Änderung in der Güterzuordnung, d. h. der Käufer 24

[11] So *BGH* NJW 2002, 1881, 1884.
[12] So im „Quelle"-Fall *BGH* NJW 2009, 427.
[1] Zum Begriff s. AT Rn. 115.

wird mit Abschluss des Kaufvertrages noch nicht Eigentümer der verkauften Sache. Hierzu bedarf es vielmehr eines weiteren, auf Übereignung gerichteten sog. dinglichen Rechtsgeschäftes, bei Sachen also einer Übereignung nach § 929 bzw. bei Grundstücken nach § 925. Es gelten also das **Trennungs- und Abstraktionsprinzip**.[2]

II. Pflichten des Verkäufers

1. Hauptpflichten

25 Die Hauptpflichten des Verkäufers sind in § 433 I beschrieben. Nach § 433 I 1 ist der Verkäufer einer individuell bestimmten Sache zunächst verpflichtet, diese dem Käufer zu übergeben und ihm das Eigentum zu verschaffen. Darüber hinaus ist er aber nach § 433 I 2 auch verpflichtet, dem Käufer die Sache **frei von Sach- und Rechtsmängeln** zu verschaffen.

a) Übergabe

26 Übergabe bedeutet regelmäßig die **Übertragung des unmittelbaren Besitzes** (§ 854). Dazu genügt es auch, dass der Verkäufer einen dritten Besitzer zur Übergabe an den Käufer veranlasst (sog. **„Geheißerwerb"**): Wesentlich ist nur, dass der Käufer den Besitz durch Veranlassung des Verkäufers erhält. Vereinbart kann auch werden, dass statt an den Käufer an einen Dritten übergeben werden soll (z. B. an jemanden, an den der Käufer weiterverkauft hat: sog. **Streckengeschäft**).

27 Die Einräumung **bloß mittelbaren Besitzes** (§ 868) erfüllt die Pflicht zur Übergabe regelmäßig noch nicht, wenn der Verkäufer selbst unmittelbarer Besitzer bleibt: Es möge etwa V eine in seinem Schaufenster stehende Vase an K verkaufen und dabei vereinbaren, diese solle erst nach dem Wechsel der Dekoration geliefert werden. Dann kann K schon sofort mittelbarer Besitzer werden; das ist sogar nötig, wenn ihm das Eigentum nach § 930 übertragen werden soll. Doch wird die Übergabepflicht des V in einem solchen Fall erst mit der späteren Lieferung erfüllt (wichtig wegen § 446, vgl. u. Rn. 51). Dagegen kann die Verschaffung mittelbaren Besitzes genügen, wenn ein **Dritter** unmittelbarer Besitzer ist. So erfüllt der Verkäufer eines verpachteten Grundstücks seine Übergabepflicht schon durch die Abtretung des Anspruchs gegen den Pächter als Dritten (§ 870), wenn der Käufer den Pachtvertrag übernehmen soll.

28 An die Übergabe knüpfen sich mehrere wichtige **Rechtsfolgen:** Bei beweglichen Sachen ist sie nach § 929 neben der Einigung über den Eigentumsübergang regelmäßig auch für den **Eigentumserwerb** erforderlich. Doch geht unabhängig davon nach § 446 S. 1 mit der Übergabe die **Preisgefahr** auf den Käufer über (vgl. u. Rn. 51). Zudem gebühren seit der Übergabe dem Käufer die **Nutzungen** (z. B. der Pachtzins) und er trägt die **Lasten der Sache** (z. B. die Grundsteuer), § 446 S. 2. Endlich hat die Übergabe Bedeutung für den maßgeblichen Zeitpunkt der **Sachmängelhaftung** (§ 434 I 1, vgl. u. Rn. 105).

[2] S. dazu *Köhler*, AT, § 5 Rn. 12 ff.

b) Eigentumsverschaffung

Der Verkäufer schuldet über die bloße Besitzverschaffung auch die **Verschaffung von Eigentum**. Das muss er nicht notwendig selbst tun, vielmehr ist wie bei der Übergabe ausreichend, dass der Verkäufer einen Dritten veranlasst, dem Käufer Eigentum zu verschaffen. Während der unmittelbare Besitz als tatsächliche Sachherrschaft und damit auch seine Übertragung sichtbar ist, ist **Eigentum** als rein geistiges Konstrukt **unsichtbar.** Zwar kann man sehen, ob der Verkäufer die zur Übereignung nötigen Handlungen vornimmt (bei Grundstücken §§ 873, 925, 925a BGB, 19, 20 GBO; bei Mobilien §§ 929 ff.). Aber ob diese Handlungen Erfolg haben, ist zunächst mehr oder weniger ungewiss (redlicher Erwerb vom Nichtberechtigten nach den §§ 932 ff., 892 gelingt nicht immer!). Daher bleibt die Gefahr, dass später noch ein Dritter ein eigenes Recht an der Sache behauptet und unter Berufung darauf vom Käufer deren Herausgabe fordert. 29

Während nach römischem Recht noch das sog. **Eviktionsprinzip** galt, wonach der Verkäufer regelmäßig nur zur Übertragung ungestörten Besitzes verpflichtet war und nur dann haftete, wenn dieser dem Käufer durch einen Dritten als Eigentümer tatsächlich streitig gemacht wurde, gilt also nach dem BGB das **Verschaffungsprinzip**: Der Verkäufer haftet schon, wenn er dem Käufer das Eigentum nicht verschafft hat, selbst wenn der Besitz als solcher ungestört ist, weil etwa der wahre Eigentümer die Sache vom Käufer nicht herausverlangt. 30

Verschafft der Verkäufer dem Käufer kein Eigentum, weil etwa die Sache einem Dritten gehört, der nicht zu Veräußerung an den Verkäufer oder den Käufer bereit ist, liegt nach Auffassung der Rspr. zumindest dann kein Rechtsmangel, d. h. keine Verletzung der Pflicht aus § 433 I 2, sondern ein allein im **allgemeinen Leistungsstörungsrecht** anzusiedelnder Fall (anfänglicher) **Unmöglichkeit** vor, wenn die Kaufsache noch nicht übergeben wurde.[3] In der Literatur wird überwiegend und zu Recht auch insoweit von einem Rechtsmangel ausgegangen. Von Bedeutung ist das für die Frage der Anwendbarkeit der Verjährungsregelung des § 438 I Nr. 1 a (s. dazu u. Rn. 117, 217). 31

c) Sach- und Rechtsmängelfreiheit

Da der Verkäufer nach § 433 I 2 auch verpflichtet ist, dem Käufer „die Sache frei von Sach- und Rechtsmängeln zu verschaffen", gehören die Sach- und Rechtsmängelfreiheit zu den **primären Leistungspflichten** des Verkäufers.[4] Erst dies macht es möglich, die Rechtsbehelfe des Käufers im Falle der Mangelhaftigkeit der Kaufsache aus dem allgemeinen Leistungsstörungsrecht herzuleiten, d. h. aus den in § 437 Nr. 1–3 aufgezählten Regelungen über Rücktritt und Schadensersatz: Liefert nämlich der Verkäufer eine mangelhafte Sache, verletzt er die aus § 433 I 2 resultierende Pflicht zur mangelfreien Leistung. Damit liegen sowohl eine Pflichtverletzung i. S. v. § 280 I als auch die Nichterbringung einer Leistung aus einem gegenseitigen Vertrag i. S. v. § 323 oder aber – wenn der Mangel unbehebbar ist – eine (teilweise) Unmöglichkeit vor (s. §§ 326 I 1, 326 V, 311a II). § 433 I 2 ist damit die entscheidende **systematische Schnittstelle** zwischen Kaufrecht und allgemeinem Leistungsstörungsrecht (eingehend dazu u. Rn. 61 ff. sowie AT Rn. 344). 32

[3] S. BGHZ 174, 61 = NJW 2007, 3777 Tz. 18.

[4] Zur Unterscheidung zwischen primären und sekundären Leistungspflichten s. AT Rn. 122.

2. Nebenpflichten

33 Nebenpflichten des Verkäufers können sich (ggf. im Wege ergänzender Auslegung, §§ 133, 157) aus dem Vertrag oder aus dem Gesetz, insbesondere aus Treu und Glauben (§ 242) ergeben. Als Nebenleistungspflicht kommt etwa die Verpflichtung in Betracht, über die rechtlichen oder tatsächlichen Verhältnisse der Kaufsache Auskunft zu geben. Daneben kann der Verkäufer noch weitere Pflichten wie etwa Verpackung, Absendung, Transport oder Montage der Kaufsache übernehmen. Die Übernahme solcher Pflichten kann sich insbesondere auch aus der Verkehrssitte ergeben (§§ 157, 242), also etwa wenn der Transport durch den Verkäufer üblich ist (fabrikneue Klaviere oder Heizöl).

34 Vor allem aus **Treu und Glauben** (gleichfalls §§ 157, 242) kommt ausnahmsweise auch eine Pflicht des Verkäufers in Betracht, den Käufer zu beraten sowie ihn über Gebrauch und Gefahren der Kaufsache oder über besondere Verwendungsvoraussetzungen wie etwa die notwendige besondere Qualifikation für deren Aufbau aufzuklären.[5] Das gilt insbesondere, wo der Verkäufer durch seine Reklame (z. B. als „Küchenberater") Vertrauen des Käufers in seine Sachkunde in Anspruch genommen hat. Doch bedürfen solche Pflichten einer besonderen Begründung: Das BGB versteht den Verkäufer regelmäßig nicht als jemanden, der in enger Beziehung zur Kaufsache steht. Jedenfalls aber besteht eine Hinweispflicht, wenn der Verkäufer die Beschaffenheit der von ihm hergestellten, schon früher an den Käufer gelieferten Ware ändert.[6] Die Verletzung solcher vorvertraglicher Pflichten führt dann zu Schadensersatzansprüchen aus *culpa in contrahendo* (§§ 280 I, 311 II, 241 II).[7]

35 Auch zu einer **Untersuchung der Kaufsache** auf ihre Tauglichkeit oder Fehlerfreiheit ist der Verkäufer regelmäßig nicht verpflichtet (siehe u. Rn. 173). Vielmehr wird mit Maßnahmen zum Schutz des Käufers gegen die Gefahren der Kaufsache eher deren Hersteller belastet (vgl. u. Rn. 334 ff.).

36 Gleichfalls nur unter besonderen Umständen schuldet der Verkäufer eine **Ersatzteilhaltung.** Dabei geht es einmal um die Möglichkeit zum Nachkauf (z. B. Porzellangeschirr), zum andern aber auch darum, dass teure technische Gebrauchsgüter nicht durch das Fehlen von Ersatz für Verschleißteile wertlos werden (z. B. ein bestimmtes Staubsaugermodell durch das Fehlen von Staubbeuteln oder Kollektoren).[8]

37 Daneben treffen den Verkäufer selbstverständlich auch die **nicht leistungsbezogenen Schutzpflichten** (Obhuts- und Rücksichtnahmepflichten) aus § 241 II.[9] Insbesondere trifft den Verkäufer die Nebenpflicht, Handlungen zu unterlassen, welche die von ihm erbrachte Leistung nachträglich schmälern könnten.

So kann auch ohne ausdrückliche vertragliche Regelung der Verkäufer einer Arztpraxis nach § 241 II daran gehindert sein, unmittelbar nach dem Verkauf in der Nähe erneut eine Praxis aufzumachen, wenn dies dazu führt, dass der verkauften Praxis die Klientel fehlt, s. PdW Schuldrecht II **Fall 4**).

---

[5] S. z. B. *BGH* NJW 2007, 3057: Erfordernis einer abgeschlossenen Berufsausbildung im Gas/Wasser-Installationshandwerk für den Aufbau einer Solaranlage.

[6] BGHZ 132, 175.

[7] S. dazu AT Rn. 103 ff., 109.

[8] S. dazu etwa *Kühne*, Die nachvertragliche Ersatzbelieferung, BB 1986, 1527; *Ulbrich/Ulbrich*, Das Bevorraten von Ersatzteilen, BB 1995, 371.

[9] S. dazu AT Rn. 123, 503 ff.

III. Pflichten des Käufers

1. Kaufpreiszahlung

§ 433 II verpflichtet den Käufer zunächst zur **Kaufpreiszahlung**. Die Verpflichtung ist also eine **Geldschuld.** Hierfür gilt das in AT Rn. 179 ff. über die Erfüllung einer solchen Pflicht Gesagte. Eine besondere **Verzinsungspflicht** gibt es für den Käufer nicht, diese Pflicht beginnt also regelmäßig erst mit dem Schuldnerverzug, §§ 286, 288. 38

2. Abnahme

Der Käufer ist zudem verpflichtet, die Kaufsache **abzunehmen**. Die Nichtabnahme zum geschuldeten Zeitpunkt stellt damit eine Pflichtverletzung i. S. v. § 280 I dar. Das führt dazu, dass der Käufer im Falle der von ihm zu vertretenden Verzögerung der Abnahme unter den Voraussetzungen des § 286 in **Schuldnerverzug** geraten kann und dann gemäß § 280 I, II den dadurch beim Verkäufer entstandenen Verzögerungsschaden zu ersetzen hat. 39

Diese Abnahmepflicht ist jedoch im Regelfall keine im Gegenseitigkeitsverhältnis stehende (synallagmatische) Pflicht, sondern lediglich eine **Nebenpflicht**: Dem Verkäufer wird es im Regelfall hauptsächlich auf die Kaufpreiszahlung ankommen. Das Bedürfnis, die Sache loszuwerden, wird zumindest nicht im Vordergrund stehen. Dennoch ist es im Einzelfall denkbar, dass der Verkäufer ein erkennbar gleich starkes oder gar noch stärkeres Interesse an der Abnahme als an der Zahlung hat (z. B. beim Verkauf des Inhalts eines Dachbodens „auf Räumung"). Dann ist die Abnahmepflicht zugleich eine im Gegenseitigkeitsverhältnis stehende Pflicht. Diese für das frühere Recht wichtige Qualifikation der Abnahmepflicht hat allerdings seit der Neuregelung des allgemeinen Leistungsstörungsrechts zum 1. 1. 2002 an Bedeutung verloren: Anders als die Vorgängerregelung (§ 326 BGB a. F.) verlangen weder § 323 (für den Rücktritt) noch § 281 (für den Schadensersatz statt der Leistung), dass es sich bei der verletzten Pflicht um eine synallagmatische Hauptpflicht handelt. Ist die Abnahmepflicht im Einzelfall freilich von vollkommen untergeordneter Bedeutung, können ein Rücktrittsrecht und ein Anspruch auf Schadensersatz statt der ganzen Leistung nach § 242 ausgeschlossen sein,[10] s. dazu PdW Schuldrecht II **Fall 5**. Häufig wird freilich die Abnahmeverweigerung von einer **Zahlungsverweigerung** begleitet sein, so dass ein Rücktrittsrecht des Verkäufers aus § 323 bereits wegen der Nichterfüllung dieser Pflicht gegeben sein wird. 40

Unterlässt der Käufer die Abnahme der (dem Vertrag entsprechenden) Kaufsache, kommt er überdies unter den Voraussetzungen der §§ 293 ff. in **Gläubigerverzug** (Annahmeverzug). Dabei kommt es auf Vertretenmüssen nicht an. Folgen des Gläubigerverzugs sind insbesondere der Übergang der **Preisgefahr** (Gegenleistungsgefahr) auf den Käufer (§ 326 II 1),[11] der Übergang der **Sachgefahr** (Leistungsgefahr) auch bei noch nicht konkretisierten Gattungssachen (§ 300 II)[12] sowie eine Haftungsmilderung für den Verkäufer (§ 300 I). 41

---

[10] Für eine analoge Anwendung von § 323 V S. 1 bzw. § 281 I S. 2 (Erfordernis des Interessefortfalls) etwa MünchKomm/*Ernst,* § 323 Rn. 232.

[11] S. dazu AT Rn. 436 ff.

[12] S. dazu AT Rn. 427, zur geringen Bedeutung von § 300 II s. AT Rn. 525.

3. Weitere Käuferpflichten

42 Weitere Pflichten hat der Käufer nur unter besonderen Umständen: § 352 HGB verpflichtet bei beiderseitigen Handelsgeschäften (§§ 344 f. HGB) den Käufer zur **Verzinsung** des Kaufpreises schon seit Fälligkeit. Nach den §§ 373, 374 ff. HGB gelten Sonderregeln bei Annahmeverzug des Käufers. Weitere Sondervorschriften finden sich in den §§ 375 (Bestimmungspflicht des Käufers), 376 (Fixhandelskauf), 377 (Untersuchungs- und Rügeobliegenheit des Käufers, s. Rn. 192) und 379 HGB (Pflicht des Käufers zur einstweiligen Aufbewahrung von beanstandeter Ware; nach § 242 ist aber eine ähnliche Pflicht auch für Nichtkaufleute anzunehmen). Wenn dem Käufer die Verpackung nicht übereignet wird („Leihflaschen“, Container), hat er diese aufzubewahren und zurückzugeben. Das sog. „Flaschenpfand“ erzeugt aber keine Rückgabepflicht, sondern stellt ein Vertragsangebot (an jedermann!) dar, die Flasche gegen Erstattung des angegebenen Betrages zurückzunehmen.[13] Auch hat der Käufer grundsätzlich keine Aufklärungspflicht über den Zweck, den er mit dem Erwerb der Sache verbindet wie z. B. eine Wiederverkaufsabsicht.[14]

IV. Die Verbindung zwischen Käufer- und Verkäuferpflichten

43 Der Kaufvertrag ist ein **gegenseitiger Vertrag** (vgl. AT Rn. 115 f.). Daher sind auf alle Leistungspflichten regelmäßig die §§ 320 ff. anzuwenden. Das betrifft insbesondere die Pflichten des Verkäufers zur mangelfreien Verschaffung von Besitz und Eigentum einerseits sowie die Pflicht des Käufers zur Kaufpreiszahlung und zur Abnahme andererseits. Daher beruht auch die **Mängeleinrede** bei einem behebbaren Sachmangel auf § 320: Der Käufer darf grundsätzlich die Zahlung des gesamten Kaufpreises verweigern, solange nicht eine mögliche Nacherfüllung erfolgt ist (s. AT Rn. 257 und u. Rn. 186 ff.).

§ 75. Die Gefahrtragung beim Kauf

Literatur: *S. Lorenz*, Leistungsgefahr, Gegenleistungsgefahr und Erfüllungsort beim Verbrauchsgüterkauf, JuS 2004, 105; *S. Lorenz/Bauer*, Rücktritt und Minderung bei erfolgreicher Nacherfüllung? – zugleich ein Beitrag zur Gefahrtragung während der Nacherfüllung, FS Kropholler, 2008, S. 59; *Oetker*, Versendungsverkauf, Frachtrecht und Drittschadensliquidation, JuS 2001, 833; *Stieper*, Gefahrtragung und Haftung des Verkäufers fehlerhaft verpackter Sachen, AcP 208 (2008) S. 818; *Wertenbruch*, Gefahrtragung beim Versendungskauf nach neuem Schuldrecht, JuS 2003, 625.

I. Sachgefahr

44 Die Gefahrtragung betrifft die Frage, welche an einem Schuldverhältnis beteiligte Person das Risiko zu tragen hat, dass die Leistung aufgrund eines von keiner Partei zu vertretenden Ereignisses ganz oder teilweise unmöglich wird. Die **Sachgefahr** (auch **Leistungsgefahr** genannt) trägt dabei beim **Stückkauf** nach den Regeln des **allgemeinen Leistungsstörungsrechts** stets der Käufer:[1] Geht die Sache unter, wird

[13] *BGH* NJW 2007, 2912 Tz. 9.
[14] S. *BGH* NJW 1992, 1222 = BGHZ 117, 280.
[1] S. dazu AT Rn. 427.

der Verkäufer – sogar unabhängig vom Vertretenmüssen – nach § 275 I von der Lieferpflicht befreit.

Beim Gattungskauf geht die Sachgefahr hingegen erst mit der **Konkretisierung** (§ 243 II) auf den Käufer über.[2] Der Zeitpunkt der Konkretisierung entscheidet also darüber, ob der Verkäufer bei Untergang oder Beschädigung des von ihm zur Erfüllung vorgesehenen Exemplars der Gattung erneut leisten muss oder nicht. 45

Da beim Versendungskauf i. d. R. eine sog. **Schickschuld** vorliegt (s. § 269 III), tritt die Konkretisierung mit Versendung der Sache ein. Geht diese auf dem Transport unter, wird der Verkäufer nach § 275 I von der Leistungspflicht befreit und muss nicht ein anderes Exemplar der Gattung liefern. Das gilt auch beim Verbrauchsgüterkauf, da die §§ 474 ff. insoweit keine abweichenden Regelungen enthalten (der in § 474 II vorgesehene Ausschluss von § 447 betrifft nur die **Preisgefahr**, s. dazu Rn. 53 sowie PdW Schuldrecht II **Fall** 7).[3] 46

Eine weitere, nur selten relevante Regelung der Sachgefahr enthält auch § 300 II für den Fall des **Annahmeverzugs** des Käufers.[4] 47

II. Preisgefahr

Die **Preisgefahr** (auch **Gegenleistungsgefahr**) betrifft das Schicksal der Kaufpreiszahlungspflicht im Falle der Realisierung der Sachgefahr: Wer trägt das Risiko, bei einem „zufälligen" (d. h. weder vom Käufer noch vom Verkäufer zu vertretenden) Untergang der Kaufsache den Kaufpreis nicht zu bekommen bzw. dennoch entrichten zu müssen? Eine wichtige Rolle spielt der Übergang der Preisgefahr auch für den **Zeitpunkt der Mangelfreiheit** der Kaufsache: Nach § 434 muss die Kaufsache erst und nur bei Gefahrübergang mangelfrei sein (s. dazu u. Rn. 105 ff.). 48

1. Grundregel

Die Grundregel ergibt sich auch hier aus dem **allgemeinen Leistungsstörungsrecht:** Geht der Kaufgegenstand vor Erfüllung der Verkäuferpflichten unter, entfällt gem. § 326 I 1 auch die Zahlungspflicht des Käufers.[5] Es gilt also im Grundsatz **„keine Ware – kein Geld!"** 49

2. Ausnahmetatbestände

a) Annahmeverzug

Eine Ausnahme hiervon findet sich aber bereits im **allgemeinen Leistungsstörungsrecht**: Nach § 326 II 1 Alt. 2 behält der Verkäufer den Kaufpreisanspruch, wenn sich der Käufer zum Zeitpunkt der Realisierung der Sachgefahr, also etwa des Untergangs der Kaufsache, im **Annahmeverzug** befand und der Verkäufer den Untergang nicht zu vertreten hat. § 446 S. 3 stellt dieses nochmals klar und kann deshalb insoweit 50

---

[2] S. dazu AT Rn. 206.

[3] *BGH* NJW 2003, 3341; *S. Lorenz*, ZGS 2003, 421.

[4] Die Regelung betrifft nur den Sonderfall, dass Annahmeverzug ohne vorherige Konkretisierung einer Gattungsschuld eintritt, s. dazu AT Rn. 525.

[5] S. AT Rn. 436.

auch als vorrangige lex specialis zu § 326 II 1 Alt. 2 angesehen werden. Freilich muss sich der Verkäufer nach dem weiterhin anwendbaren § 326 II 2 ersparte Aufwendungen (z. B. die Kosten einer von ihm vor Übergabe noch vorzunehmende Reparatur der Sache) anrechnen lassen.

Zu beachten ist in diesem Zusammenhang auch die **Haftungsmilderung** des § 300 I: Ist der Käufer im Annahmeverzug, haftet der Verkäufer für einfache Fahrlässigkeit nicht. Der Käufer muss dann den Kaufpreis auch entrichten, wenn die Kaufsache aufgrund einfacher Fahrlässigkeit des Verkäufers zerstört oder beschädigt wird, s. dazu AT Rn. 437 sowie PdW SchuldR I **Fall 23**.

b) Übergabe (§ 446)

51 Zwei weitere Ausnahmen finden sich im Kaufrecht: Nach der Regel des §§ 320, 323, 326 I, V müsste der Verkäufer alle von ihm geschuldeten Leistungen erbringen, um seinerseits einredefrei den Kaufpreis fordern zu können. Insbesondere würde die bloße Übergabe der Kaufsache nicht genügen, wenn diese später untergeht und daher dem Käufer nicht mehr übereignet werden kann. Damit träfen den Verkäufer auch die aus der Sphäre des Käufers stammenden Risiken. Diese unbillige Konsequenz wird durch § 446 S. 1 beseitigt: „Die Gefahr des zufälligen Untergangs und der zufälligen Verschlechterung" soll schon mit der **Übergabe der Kaufsache** auf den Käufer übergehen. Dabei meint „Gefahr" hier die **Gegenleistungsgefahr (Preisgefahr)**. Das ist vor allem beim **Kauf unter Eigentumsvorbehalt** von Bedeutung (dazu u. Rn. 283 ff.): Da der Käufer hier Eigentum erst mit Zahlung der letzten Kaufpreisrate erwirbt, die u. U. erst Jahre nach der Übergabe erfolgt, würde er nach § 326 I 1 im Falle des zufälligen Untergangs den Kaufpreis nicht mehr bezahlen müssen. § 446 S. 1 verhindert dies, indem er den Gegenstand dem Risikobereich des Käufers zuordnet: Der Käufer hat nach § 446 S. 2 den Nutzen der Sache, dann soll er auch die Risiken tragen. Die Übergabe an einen Dritten ist ausreichend, wenn sie im Vertrag vereinbart ist oder der Käufer ihr zustimmt.[6] Ausreichend für den Gefahrübergang ist auch die Übergabe aufgrund eines aufschiebend bedingten Kaufvertrages, sofern die Bedingung später eintritt (s. dazu PdW Schuldrecht II **Fall 6;** zum Kauf auf Probe s. Rn. 314).

Die Regelung sagt aber nicht nur, dass die Preisgefahr **schon** mit der Übergabe übergeht, sondern auch, dass diese **erst** mit der Übergabe übergeht. Wird also das Eigentum vor Übergabe übertragen (so etwa beim Grundstückskauf, bei welchem nach §§ 873, 925 der Eigentumsübergang unabhängig von der Übergabe erfolgt), bleibt die Gefahr bis zur Übergabe beim Verkäufer. § 446 S. 1 ist damit auch eine Ausnahme von der (ungeschriebenen) Regel, dass das Risiko des zufälligen Untergangs einer Sache stets deren Eigentümer trägt (*res perit domino*).

„Übergabe" i. S. v. § 446 S. 1 und damit Gefahrübergang liegen aber auch dann vor, wenn die verkaufte Sache im Besitz des Verkäufers verbleiben soll und die Übergabe durch ein Besitzkonstitut nach § 930 ersetzt wird. So etwa, wenn der Verkäufer im „sale and lease back-Verfahren" die verkaufte Sache aufgrund eines Mietvertrags mit dem Verkäufer behält. Geht sie nun unter, wird der Kaufpreis weiter geschuldet. Ist der Verkäufer aber zur Verschaffung des unmittelbaren Besitzes verpflichtet und wird ein Besitzkonstitut nur deshalb vereinbart, um die Sache schon vor der Übergabe zu übereignen (z. B. weil der Verkäufer sie noch vorübergehend verwahren soll), treten die Wirkungen des § 446 erst mit der Übergabe ein.

---

6 *OLG Hamm* NJW-RR 1987, 245.

Übergibt der Verkäufer eine **mangelhafte Sache**, so bleibt die Frage der Gefahrtragung solange in der Schwebe, wie der Käufer Nachlieferung (§§ 437 Nr. 1, 439 I Alt. 2) verlangen, vom Vertrag zurücktreten (§§ 437 Nr. 2, 1. Alt, 323 I, V 2, 326 V, 440) oder Schadensersatz statt der ganzen Leistung verlangen kann (§§ 437 Nr. 3, 280 I, III, 281 I 3 bzw. 311a II 3 i. V. m. 281 I 3). Denn der Käufer ist an der Geltendmachung dieser Rechtsbehelfe grundsätzlich nicht dadurch gehindert, dass der Kaufgegenstand nach Übergabe durch Zufall untergegangen, beschädigt oder sonstwie abhanden gekommen ist und muss auch keinen Wertersatz für den untergegangenen Kaufgegenstand leisten (vgl. §§ 437, 439 IV, 281 V, 283 S. 2, 311a II 3 i. V. m. §§ 346 III Nr. 3).[7] Die Preisgefahr „springt" also mit der (wirksamen) Erklärung des Rücktritts bzw. der (berechtigten) Geltendmachung von Schadensersatz statt der ganzen Leistung auf den Verkäufer zurück. 52

c) Versendungsverkauf

aa) Schickschuld

Auf ähnlichen Erwägungen der Abgrenzung von Risikosphären beruht der Übergang der Preisgefahr beim **Versendungsverkauf** gem. § 447:[8] Versendet der Verkäufer die Sache **auf Verlangen** des Käufers nach einem **anderen Ort als dem Erfüllungsort** (s. § 269), soll der Käufer die Preisgefahr tragen, sobald der Verkäufer die Sache der Transportperson ausgeliefert, also sie etwa bei der Post aufgegeben hat. § 447 gilt (analog) auch, wenn die Versendung innerhalb derselben politischen Gemeinde erfolgt (sog. **Platzgeschäft**).[9] Auch hier wechselt die Preisgefahr bereits mit der Übergabe an die Transportperson. 53

Die Regelung setzt damit eine **Schickschuld** voraus, weil nur in diesem Fall eine Versendung „nach einem anderen Ort als dem Erfüllungsort" vorliegt. Eine solche Schickschuld liegt aber im Zweifel auch dann vor, wenn der Verkäufer die Versandkosten übernimmt (§ 269 III). Liegt eine **Holschuld** vor und versendet der Verkäufer die Sache eigenmächtig, d. h. ohne ein Verlangen des Käufers, kommt es nicht zum Gefahrübergang. Ob die Regelung auch im Bereich des Versandhandels gilt, ist nicht unumstritten, richtigerweise aber zu bejahen.[10] Dieser Streit hat aber an Bedeutung verloren, da § 447 beim **Verbrauchsgüterkauf** gem. § 474 II 2 im Verhältnis Unternehmer/Verbraucher **nicht** anwendbar ist, s. dazu u. Rn. 235 sowie PdW Schuldrecht II **Fall** 7. 54

Nicht geregelt ist die Frage, **von wo** aus die Sache versandt werden muss. Wird sie nicht vom Erfüllungsort aus versandt (z. B. die Versendung des durch einen Zwischenhändler verkauften Dieselkraftstoffs direkt vom Tanklager an den Käufer), so geht die Gefahr jedenfalls dann über, wenn dies vertraglich vereinbart ist (etwa durch Klauseln wie „ab Werk X" oder „ab Lager Y") oder mit Einverständnis des Käufers geschieht.[11] Ist dies nicht der Fall, verneint die wohl h. M. den Gefahrübergang. Richtigerweise sollte man hier differenzieren: Die *ratio* des § 447 ist, solange die Versendung nicht von einem „exotischen" Versendungsort mit besonderen Transport- 55

[7] S. dazu AT Rn. 570 ff. sowie u. Rn. 131.
[8] S. dazu *Wertenbruch*, JuS 2003, 625 ff.
[9] S. dazu AT Rn. 175.
[10] S. Staudinger/*Beckmann*, § 447 Rn. 12 m. w. N.
[11] *Wertenbruch*, JuS 2003, 625, 627.

risiken erfolgt, jedenfalls auch dann einschlägig, wenn die Versendung von einem anderen Ort erfolgt, von welchem aus die Sache nicht typischerweise gefährlicher reist als vom Erfüllungsort selbst.[12]

bb) Verwirklichung der typischen Transportgefahr?

56 Str. ist, ob § 447 I voraussetzt, dass sich eine **typische Transportgefahr** (wie etwa ein Autounfall des Transporteurs oder Diebstahl) verwirklicht hat oder ob die Regelung auch in atypischen Situationen wie z. B. der hoheitlichen Beschlagnahme der Sache während des Transports anzuwenden ist. Die h. M. bejaht ersteres.[13] Richtigerweise lässt sich der Regelung eine solche Einschränkung aber nicht entnehmen. Da jedoch die h. M. von einem sehr weiten Begriff der Transportgefahr ausgeht, hat diese Meinungsdivergenz wenig praktische Bedeutung.

cc) Kein Vertretenmüssen des Verkäufers, Selbsttransport und Transport durch eigene Leute

57 Der Begriff der „Gefahr" in § 447 I nimmt auf § 446 Bezug, so dass die Regelung weiter voraussetzt, dass der Untergang oder die Verschlechterung der Sache auf dem Transport vom Verkäufer **nicht zu vertreten ist**. Dabei muss sich der Verkäufer ein Vertretenmüssen eines unabhängigen, von ihm beauftragten Transporteurs **nicht** nach § 278 zurechnen lassen: Da er bei Vorliegen einer Schickschuld nur das Absenden, nicht aber den Transport als solchen schuldet, handelt der Transporteur nicht „in Erfüllung einer Verbindlichkeit" des Verkäufers und ist daher kein Erfüllungsgehilfe i. S. v. § 278.

Str. ist, ob § 447 auch dann gilt, wenn der Verkäufer die Sache selbst oder durch eigene Leute transportiert (und nicht zugleich eine Bringschuld vorliegt!). Gegen eine Anwendung auf den Eigentransport durch den Verkäufer spricht zwar der Wortlaut der Norm, welche von der „Übergabe an eine Frachtperson" spricht. Die h. M. bejaht dennoch zutreffend die Anwendbarkeit beim Eigentransport oder beim Transport durch eigene Leute mit Hinweis auf den Gesetzeszweck: Der überobligatorisch handelnde Verkäufer (er schuldet ja den Transport nicht!) soll nicht auf eigene Gefahr handeln. Geht aber die Sache auf dem Transport durch ein **Verschulden** des Verkäufers unter, liegt kein „zufälliger Untergang" mehr vor mit der Folge, dass es bei der Grundregel des § 326 I 1 (Wegfall der Kaufpreiszahlungspflicht) bleibt. Das gilt auch dann, wenn der Untergang auf mangelhafte Verpackung der Sache zurückzuführen ist.[14] Gleiches gilt für das Verschulden eigener Leute beim Transport: Zwar schuldet der Verkäufer bei einer Schickschuld nicht den Transport als solchen, so dass „seine" Leute insofern keine Erfüllungsgehilfen i. S. v. § 278 sind, jedoch trifft den Verkäufer nach Absenden die Nebenpflicht i. S. v. § 241 II, die Sache nicht zu beschädigen. *Insofern* sind seine Leute weiter Erfüllungsgehilfen i. S. v. § 278, so dass er sich deren Verschulden zurechnen lassen muss. Nach h. M. ist daher auch in diesem Fall der Untergang oder die Beschädigung der Sache nicht „zufällig", so dass ebenfalls kein Gefahrübergang nach § 447 eintritt[15] (s. dazu PdW Schuldrecht II

[12] So auch *Wertenbruch* JuS 2003, 625, 627 m. w. N.
[13] S. etwa BGHZ 113, 106 = JuS 1991, 511; weitere Nachweise bei MünchKomm/*Westermann*, § 447 Rn. 19.
[14] *Stieper*, AcP 208 (2008), 818, 840 ff.
[15] MünchKomm/*Westermann*, § 447 Rn. 16.

Fall 8). Es bedarf also in diesem Fall gar nicht eines – denkbaren – „Umwegs" über einen Schadensersatzanspruch des Verkäufers nach §§ 280 I, 241 II, um den Kaufpreiszahlungsanspruch zum Wegfall zu bringen.

Vertretenmüssen des Verkäufers und damit kein „zufälliger" Untergang liegt nach Maßgabe von § 287 S. 2 auch vor, wenn sich der Verkäufer zum Zeitpunkt des Untergangs im Schuldnerverzug befand.

dd) Versendung mangelhafter Ware

Versendet der Verkäufer **mangelhafte Ware**, so kann im Rahmen einer Gattungs- 58
schuld Konkretisierung zunächst nicht eintreten, weil der Gegenstand nicht „mittlerer Art und Güte" (§ 243 II) ist. Gefahrübergang ist dann erst anzunehmen, wenn der Käufer den Gegenstand als Erfüllung annimmt. Dann kommt es zu demselben **vorläufigen Gefahrübergang** wie im Falle der Übergabe einer mangelhaften Sache (s. Rn. 52).

ee) Haftung Dritter, Drittschadensliquidation

Wird die Sache auf dem Transport zerstört und muss der Käufer nun wegen § 447 I 59
den Kaufpreis weiter entrichten, so stellt sich die Frage eines Ersatzanspruches des Käufers gegen einen dafür verantwortlichen Dritten (etwa den Transporteur oder einen bisher gänzlich unbeteiligten Verursacher eines Verkehrsunfalls). Das ist ein klassischer Fall der **Drittschadensliquidation** in Gestalt der **„obligatorischen Gefahrenentlastung"**.[16] Der versendende Verkäufer hat zwar dem Grunde nach Schadensersatzansprüche gegen den von ihm beauftragten Transporteur (nämlich aus einer Nebenpflichtverletzung des Transportvertrages, §§ 280 I, 241 II sowie, wenn die Sache sein Eigentum war, aus § 823 I), jedoch hat er – da er ja den Kaufpreis erhält und das Eigentum ohnehin verloren hätte – keinen Schaden erlitten. Der Käufer hingegen hat häufig keinen eigenen Anspruch gegen den Dritten, selbst wenn es sich dabei um den Transporteur handelt: Aus dem Transportvertrag kann er keine Rechte herleiten, weil er nicht Partei des Transportvertrages ist und dieser i. d. R. auch keine Schutzwirkung zu seinen Gunsten entfaltet.[17] Ein Anspruch aus § 823 I scheitert regelmäßig daran, dass der Käufer, bevor die Sache bei ihm ankommt, weder Besitz noch Eigentum an ihr erwirbt (§ 929 setzt ja Übergabe, d. h. den Erwerb unmittelbaren Besitzes voraus). Im Rahmen der Drittschadensliquidation wird dann „der Schaden zum Anspruch gezogen", d. h. dem Verkäufer wird gestattet, mit Hilfe seines dem Grund nach gegebenen Schadensersatzanspruch den Schaden des Käufers in Gestalt von Verlust oder Beschädigung der Sache geltend zu machen. Diesen Anspruch muss er nach § 285 als Surrogat an den Käufer abtreten bzw. das aus der Realisierung dieses Anspruchs Erhaltene an den Käufer herausgeben[18] (s. PdW SchuldR I **Fall 204**).

Für einen Teilbereich ist das Problem seit einiger Zeit spezialgesetzlich geregelt: Nach § 421 I 2 HGB kann im Falle eines Frachtvertrages der Empfänger die Ansprüche aus dem Frachtvertrag (s. dazu § 425 f. HGB) im eigenen Namen gegen den Frachtführer geltend machen. Da es sich dabei um eine strenge Haftung handelt, die nur dann wegfällt, wenn der Frachtführer nachweist, dass Verlust oder Beschädi-

[16] S. AT Rn. 650 ff.; speziell zur Fallgruppe der obligatorischen Gefahrenentlastung Rn. 655.
[17] Zum Vertrag mit Schutzwirkung für Dritte s. AT Rn. 817 ff.
[18] Zu § 285 s. AT Rn. 430 ff.

gung der Sache auch bei größter Sorgfalt nicht vermeidbar war (§ 426 HGB), sind damit auch Fälle des Drittverschuldens häufig abgedeckt. Auf den Selbsttransport durch den Verkäufer oder angestellte Fahrer ist diese Regelung jedoch nicht anwendbar. Auch im Übrigen ist der personelle Anwendungsbereich von § 447 wesentlich weiter: Als Transportpersonen kommen auch andere Personen als Frachtführer i. S. v. § 407 HGB in Betracht.

§ 76. Gewährleistungsrecht: Überblick und Systematik

Literatur: *Canaris*, Die Neuregelung des Leistungsstörungs- und des Kaufrechts – Grundstrukturen und Problemschwerpunkte, in: *E. Lorenz* (Hrsg.), Karlsruher Forum 2002: Schuldrechtsmodernisierung, 2003, S. 5; *Grigoleit/Herresthal*, Grundlagen der Sachmängelhaftung im Kaufrecht, JZ 2003, 118; *Harke*, Das neue Sachmängelrecht in rechtshistorischer Sicht, AcP 205 (2005), 67; *Looschelders*, Die neuere Rechtsprechung zur kaufrechtlichen Gewährleistung, JA 2007, 673; *S. Lorenz*, Schuldrechtsmodernisierung – Erfahrungen seit dem 1. Januar 2002, in: Egon Lorenz (Hrsg.), Karlsruher Forum 2005; *ders.*, Rücktritt, Minderung und Schadensersatz wegen Sachmängeln im neuen Kaufrecht: Was hat der Verkäufer zu vertreten? NJW 2002, 2497; *Schall*, Nochmals: Die Anwendbarkeit des Sachmangelrechts im Falle unbehebbarer Mängel der Kaufsache, NJW 2011, 343; *Schulze*, Falschlieferung beim Spezieskauf – Unzulänglichkeiten des Gesetzes?, NJW 2003, 1022; *Sutschet*, Probleme des kaufrechtlichen Gewährleistungsrechts, JA 2007, 161; *Tröger*, Grundfälle zum Sachmangel nach neuem Kaufrecht, JuS 2005, 503.

I. Gewährleistungsrecht als spezielles Leistungsstörungsrecht

60 Der Begriff des Gewährleistungsrechts bezeichnet das besondere Leistungsstörungsrecht des Kaufrechts, m.a.W. die Rechte des Käufers im Fall der Lieferung einer mangelhaften Sache.[1] Ein solcher Mangel kann, wie § 433 I 2 aufzeigt, in Form eines Sachmangels oder eines Rechtsmangels vorliegen. Diese beiden Begriffe werden dann in § 434 (Sachmangel) und § 435 (Rechtsmangel) näher definiert. § 437 listet in Form einer Rechtsgrundverweisung die verschiedenen Rechte des Käufers auf. Wie schon ein kurzer Blick auf die Vorschrift zeigt, verweist diese im Wesentlichen auf Rechtsbehelfe des allgemeinen Leistungsstörungsrechts, nämlich auf die Rücktrittsregelungen der §§ 323 und 326 V (§ 437 Nr. 2), auf die Schadensersatzregelungen der §§ 280–283 sowie auf § 311a und die Aufwendungsersatzregelung des § 284 (§ 437 Nr. 3). Die Rechte des Käufers ergeben sich daher grundsätzlich ebenfalls aus den Normen des allgemeinen Leistungsstörungsrechts.[2] Daneben verweist die Regelung aber auch auf genuin kaufrechtliche Rechtsbehelfe. So wird in § 437 Nr. 1 auf den Nacherfüllungsanspruch des § 439 und in § 437 Nr. 2 auf das Minderungsrecht des § 441 verwiesen. Auch im Übrigen werden die Regelungen des allgemeinen Leistungsstörungsrechts für den Fall einer mangelhaften Leistung gelegentlich modifiziert. Zum Teil finden sich solche Modifikationen bereits im allgemeinen Leistungsstörungsrecht selbst, wenn dieses Sonderregelungen für den Fall vorsieht, dass ein Schuldner die Leistung „nicht wie geschuldet“, d. h. mangelhaft bewirkt (s. etwa §§ 281 I 3, 323 V 2). Zudem gilt für die gewährleistungsrechtlichen Rechtsbehelfe des Käufers eine besondere Regelung der Verjährung (§ 438 BGB).

[1] Zum Begriff des Leistungsstörungsrechts s. AT Rn. 332.
[2] Zu den Konsequenzen hieraus für die Auslegung des Gesetzes s. o. Rn. 21 f.

II. Die Pflicht des Verkäufers zu sach- und rechtsmangelfreier Leistung als Schnittstelle zum Allgemeinen Leistungsstörungsrecht

Nach § 433 I 2 hat der Verkäufer sach- und rechtsmangelfrei zu leisten. Geschieht dies nicht, so sind hierfür zwei Gründe denkbar: Entweder der Verkäufer kann nicht mangelfrei leisten, weil es ihm (oder jedermann) unmöglich ist, die Kaufsache frei von Sach- und Rechtsmängeln zu übereignen, oder aber die mangelfreie Leistung ist zwar (weiterhin) möglich, er will aber nicht oder kann vorübergehend nicht leisten.[3] 61

Beispiel: Wird ein Gebrauchtfahrzeug als ein unfallfreies verkauft, hat es jedoch einen Unfallschaden, so mag zwar der Schaden selbst reparabel sein und insoweit ein behebbarer Sachmangel vorliegen. Allerdings begründet nicht nur der Unfallschaden als solcher, sondern bereits die Tatsache selbst, dass es sich um ein Unfallfahrzeug handelt, einen Sachmangel.[4] Insoweit liegt also ein unbehebbarer Sachmangel vor, sofern nicht Nacherfüllung im Wege der Lieferung einer anderen Sache möglich ist.[5]

1. Der behebbare Sachmangel als Fall teilweiser Verzögerung der Leistung (§ 323): „Qualitative Verspätung"

a) Begriff

Ist ein Sach- oder Rechtsmangel behebbar, ist der Verkäufer nicht nach § 275 I von der Pflicht aus § 433 I 2 zu mangelfreier Leistung befreit. Selbst wenn er also seine Pflichten aus § 433 I 1 zur Übergabe und zur Verschaffung von Eigentum erfüllt hat, liegt ein Fall **teilweiser Nichterfüllung** in Form der **Verspätung** der Leistung vor. Die teilweise Nichterfüllung bezieht sich hier aber nicht auf die Quantität der Leistung,[6] sondern auf deren **Qualität**. Da diese Form der Teilerfüllung bestimmten Sonderregelungen unterliegt (so wird insbesondere der Erfüllungsanspruch aus § 433 I 2 auf mangelfreie Leistung durch den Nacherfüllungsanspruch des § 439 I abgelöst, Rücktritt und Schadensersatz statt der ganzen Leistung werden an bestimmte Restriktionen gebunden, s. §§ 323 V 2, 281 I 3 und dazu u. Rn. 154, 180), kann man insoweit von **qualitativer Verspätung** der Leistung sprechen. 62

b) Überblick über die Rechtsbehelfe des Käufers

Erfüllt der Verkäufer seine Pflicht zur mangelfreien Leistung aus § 433 I 2 nicht, besteht durch die gem. §§ 437 Nr. 1, 439 angeordnete **Nacherfüllungspflicht** des Verkäufers (s. dazu Rn. 121 ff.) weiterhin eine **fällige Leistungspflicht** des Verkäufers. Diese kann der Käufer durchsetzen und daneben einen etwaigen Verspätungsschaden (§§ 280 I, II, 286) geltend machen.[7] Damit kann der Käufer gem. §§ 437 Nr. 2, 323 nach Setzung einer Nacherfüllungsfrist vom Vertrag zurücktreten (s. dazu Rn. 148 ff.) oder stattdessen den Kaufpreis im Wege der **Minderung** herabsetzen (§§ 437 Nr. 2, 441, s. dazu Rn. 164 f.). Anspruchsgrundlage für Schadensersatz statt der Leistung sind in diesem Fall die §§ 437 Nr. 3, 280 I, III, 281, welche ebenfalls den fruchtlosen Ablauf einer Nacherfüllungsfrist voraussetzen (s. dazu Rn. 172 ff.). In beiden Fällen kann die Fristsetzung aus den in § 323 II bzw. § 281 II genannten 63

[3] S. hierzu sowie zum folgenden Kurzüberblick die grafische Darstellung bei Rn. 72.

[4] S. *BGH* NJW 2008, 53.

[5] Zur Frage der Nacherfüllung beim Stückkauf s. u. Rn. 127.

[6] Zu den Folgen der Gleichstellung der Zuweniglieferung mit der mangelhaften Lieferung in § 434 III s. bei Rn. 99 ff.

[7] Zur Abgrenzung des Verspätungsschadens zum Mangelfolgeschaden s. u. Rn. 183 f.

Gründen entbehrlich sein. Der in § 437 Nr. 2 und 3 jeweils mitzitierte § 440 nennt drei weitere Gründe der Entbehrlichkeit einer Fristsetzung (Verweigerung, Fehlschlagen und Unzumutbarkeit der Nacherfüllung). S. zu dieser Systematik auch PdW Schuldrecht II **Fall 9.**

2. Der nichtbehebbare Sachmangel als Fall teilweiser Unmöglichkeit der Leistung (§ 275 I): „Qualitative Unmöglichkeit"

a) Begriff

64 Ist ein Sach- oder Rechtsmangel nicht im Wege der Nacherfüllung (§ 439) behebbar, kann der Verkäufer zwar die Pflicht aus § 433 I 1 (Verschaffung von Eigentum und Besitz), nicht aber diejenige aus § 433 I 2 zu mangelfreier Leistung erfüllen. Darauf reagiert § 275 I durch das Tatbestandsmerkmal „soweit": Der Verkäufer wird von der Pflicht zur Sach- und rechtsmangelfreien Leistung – und nur von dieser! – befreit. Die aus § 433 I 1 resultierende Pflicht zur Übereignung und Besitzverschaffung besteht hingegen weiter, denn ihre Erfüllung ist ihm ja weiterhin möglich. Damit liegt ein Fall teilweiser Unmöglichkeit vor, wobei sich die Unmöglichkeit allerdings nicht auf die Quantität der Leistung, sondern auf ihre **Qualität** bezieht. Da das Gesetz genau für diese Fälle einige Sonderregelungen enthält (z. B. § 326 I 2 sowie – über die Verweisungen der §§ 283 S. 2 und 311a II 3 bzw. § 326 V auch § 281 I 3 bzw. § 323 V 2), hat sich hierfür der Begriff der **qualitativen Unmöglichkeit** eingebürgert.[8]

b) Überblick über die Rechtsbehelfe des Käufers

65 An sich müsste nach den Regeln des allgemeinen Leistungsstörungsrechts über die Teilunmöglichkeit in einem solchen Fall zunächst einmal die geschuldete Gegenleistungspflicht nach § 326 I 1 Halbs. 2 automatisch anteilig wegfallen.[9] Diese Rechtsfolge schließt aber § 326 I 2 aus: Da § 326 I 1 „nicht gilt", bleibt – in einem ersten Gedankenschritt – die Pflicht des Käufers zur Zahlung des Kaufpreises **vollständig** aufrechterhalten. Der Käufer hat aber ein **Rücktrittsrecht** nach §§ 437 Nr. 2, 326 V i. V. m. § 323 mit der Maßgabe, dass eine Fristsetzung (zur Nacherfüllung) entbehrlich ist (s. dazu Rn. 159 ff.). Ein solches Erfordernis wäre ja auch gänzlich sinnlos, wenn der Mangel nicht behebbar ist. Die Verweisung in § 326 V ist deshalb einzig für die Rücktrittsausschlussgründe des § 323 V 2 und VI von Bedeutung. Liegen die Rücktrittsvoraussetzungen vor, kann der Käufer anstelle des Rücktritts den Kaufpreis im Wege der **Minderung** herabsetzen (§§ 437 Nr. 2, 441, s. dazu Rn. 164 ff.). Liegt der unbehebbare Mangel bereits bei Vertragsschluss vor, haftet der Verkäufer nach §§ 437 Nr. 3, 311a II auf **Schadensersatz statt der Leistung**, d. h. er muss zur Abwendung dieser Haftung darlegen und beweisen, dass er die Unbehebbarkeit des Mangels weder kannte noch seine diesbezügliche Unkenntnis zu vertreten hat. Ist der Mangel zwischen Vertragsschluss und Gefahrübergang entstanden oder unbehebbar geworden, ist Anspruchsgrundlage für Schadensersatz statt der Leistung §§ 437 Nr. 3, 280 I, III, 283 (s. dazu Rn. 170 ff.). Anstelle des Schadensersatzes statt der Leistung kann der Käufer jeweils auch Aufwendungsersatz nach §§ 437 Nr. 3, 284 verlangen (s. dazu u. Rn. 181 sowie AT Rn. 455).

[8] S. *S. Lorenz*, JZ 2001 742, 743. Gegen die unberechtigte Kritik an dieser Sichtweise durch *Heyers/Heuser*, NJW 2010, 3057 ff. s. zutreffend *Schall*, NJW 2011, 343 ff.

[9] Zu diesem Mechanismus des „funktionellen Synallagma" s. AT Rn. 435 ff.

3. Verletzungen des Integritätsinteresses („Mangelfolgeschäden")

Sowohl im Falle eines unbehebbaren als auch im Falle eines behebbaren Mangels kann der Käufer durch die Mangelhaftigkeit der Kaufsache Schäden an seinen sonstigen Rechtsgütern erleiden (sog. **Mangelfolgeschäden**): Der mangelhafte Dampfkochtopf explodiert und beschädigt die Küche des Verkäufers oder die gekaufte Maschine kann wegen eines Sachmangels nicht eingesetzt werden, so dass es zu Produktionsausfall kommt. Der durch solche, ebenfalls auf die Verletzung der Pflicht aus § 433 I 2 zurückzuführende Schaden ist als (einfacher) Schadensersatz „neben der Leistung" unmittelbar nach §§ 437 Nr. 3, 280 I ersetzbar. Es besteht also keine Notwendigkeit, den Schadensersatzanspruch auf eine – im Regelfall ebenfalls vorliegende – Verletzung einer nicht leistungsbezogenen Nebenpflicht aus § 241 II zu stützen. Die Verankerung auch dieses Anspruchs in § 437 Nr. 3, der ja nicht nur für den Schadensersatz statt der Leistung gilt, stellt klar, dass auch ein solcher Anspruch der kaufrechtlichen Sonderverjährung des § 438 untersteht, s. dazu PdW Schuldrecht II **Fall 57** sowie u. Rn. 211. 66

III. Zeitlicher Anwendungsbereich des Gewährleistungsrechts, Abgrenzung zum Allgemeinen Leistungsstörungsrecht

Da die in § 437 aufgezählten gewährleistungsrechtlichen Rechtsbehelfe diejenigen des allgemeinen Leistungsstörungsrechts modifizieren sowie weitere hinzufügen und einer besonderen Verjährungsregelung unterwerfen, ist das Verhältnis beider Regelungsbereiche zueinander von Bedeutung.[10] Dabei ist der genaue Zeitpunkt, ab welchem das Gewährleistungsrecht maßgeblich ist, umstritten. Überwiegend und zutreffend wird dabei auf den Zeitpunkt des **Gefahrübergangs** abgestellt, weil dies gem. § 434 I der für das Vorliegen eines Sachmangels maßgebende Zeitpunkt ist (dazu u. Rn. 105). Gemeint ist damit der Übergang der **Preisgefahr** (o. Rn. 48), beim Gattungskauf der Zeitpunkt, in welchem dieser eintreten würde, wenn das gelieferte Exemplar mangelfrei wäre (hypothetischer Gefahrübergang).[11] Eine andere Ansicht will auf den Zeitpunkt abstellen, in welchem der Käufer die Kaufsache als Erfüllung annimmt (§ 363) und beruft sich hierfür u. a. auf § 438 II, wo für den Verjährungsbeginn auf die „Ablieferung" bzw. bei unbeweglichen Sachen auf die Übergabe abgestellt wird.[12] 67

Liefert also der Verkäufer die verkaufte Sache nicht und tritt auch nicht Gefahrübergang nach §§ 326 II, 300 II (Annahmeverzug des Käufers) ein, so richten sich die Rechtsbehelfe des Käufers allein nach allgemeinem Leistungsstörungsrecht. Geht die Sache nach Vertragsschluss unter, entfällt der Kaufpreisanspruch des Verkäufers *ipso iure* nach § 326 I 1, der Käufer kann nach § 326 IV, 346 I Rückzahlung eines bereits geleisteten Kaufpreises sowie nach §§ 280 I, III, 283 Schadensersatz statt der Leistung verlangen. Verzögert sich die Lieferung, kann der Käufer unter den Voraussetzungen des § 323 zurücktreten und/oder nach §§ 280 I, III, 281 nach Fristsetzung Schadensersatz statt der Leistung oder nach § 280 I, II, 286 Ersatz des Verzögerungsschadens verlangen.[13] Die Verjährung dieser Ansprüche unterliegt den §§ 194 ff. (s. dazu PdW Schuldrecht II **Fall 9**). 68

---

[10] Zur Konkurrenzproblematik im Einzelnen s. u. Rn. 268 ff.

[11] MünchKomm/*Westermann,* § 437 Rn. 6 m. w. N.

[12] So etwa Bamberger/Roth/*Faust,* § 437 Rn. 6 m. w. N.

[13] Zu den Rechtsbehelfen des allgemeinen Leistungsstörungsrechts bei Unmöglichkeit und Verzögerung der Leistung s. AT Rn. 341 ff. (Überblick) und eingehend Rn. 412 ff.

69 Ist hingegen das Gewährleistungsrecht anwendbar, kommen also die Rechtsbehelfe des allgemeinen Leistungsstörungsrechts über die Rechtsgrundverweisung des § 437 zur Anwendung, ist diese Norm im **Gutachtenaufbau** stets mitzuzitieren (dazu u. Rn. 120).

IV. Die Rechte des Käufers vor Gefahrübergang

70 **Vor** Gefahrübergang hat der Käufer in Bezug auf die Mangelfreiheit der Sache den allgemeinen Erfüllungsanspruch aus § 433 I 2 und bei dessen Nichterfüllung die Rechtsbehelfe des **allgemeinen Leistungsstörungsrechts**:

Liegt ein **behebbarer Defekt** vor, kann der Käufer die Annahme einer mangelhaften Spezies- oder Gattungssache als nicht erfüllungstauglich ablehnen (§ 266) und die Zahlung des Kaufpreises nach § 320 vollständig verweigern. Gleiches gilt bei einer nach § 434 III dem Sachmangel gleichstehenden aliud-Lieferung oder Mankolieferung (s. Rn. 99). Der Käufer hat weiter seinen ursprünglichen Erfüllungsanspruch auf mangelfreie Leistung aus § 433 I 2, welcher – anders als der erst nach Gefahrübergang entstehende, den Erfüllungsanspruch modifizierende Nacherfüllungsanspruch (§ 439, s. dazu Rn. 121 ff.) – der **Regelverjährung** des § 195 bzw. beim Grundstückskauf der Verjährung des § 196 unterliegt. Erfüllt der Verkäufer diesen Anspruch nicht, kann der Käufer, solange sein Anspruch noch fällig und durchsetzbar, d. h. nicht verjährt ist, unabhängig vom Vertretenmüssen des Mangels durch den Verkäufer gem. § 323 vom Vertrag zurücktreten bzw. im Falle des Vertretenmüssens nach §§ 280, 281 Schadensersatz statt der Leistung verlangen. Daneben hat der Käufer die Möglichkeit, die mangelhafte Sache als Erfüllung anzunehmen und die dann mögliche Minderung zu erklären. Bereits vor Gefahrübergang kann er die Minderung einredeweise durch die Arglisteinrede („dolo petit-Einrede", s. dazu AT Rn. 148) geltend machen und so auch die Übereignung der Kaufsache Zug-um-Zug gegen Zahlung des geminderten Kaufpreises verlangen.

Beispiel: K bestellt bei V einen Neuwagen. Als dieser vom Werk bei V angeliefert wird, wird die Motorhaube beschädigt. K weigert sich, den Wagen zu übernehmen und verlangt Lieferung eines anderen Neufahrzeugs, V möchte lediglich die Motorhaube austauschen: Da es noch nicht zum Gefahrübergang gekommen ist, hat K lediglich den Erfüllungsanspruch aus § 433 I. Da das Gewährleistungsrecht und damit auch § 439 I (Wahlrecht des Käufers) noch nicht anwendbar ist, kann V den Defekt auf beliebige Weise beseitigen. K kann dem V aber nach § 323 eine Frist zur Lieferung eines mangelfreien Wagens setzen und nach deren fruchtlosen Ablauf nach § 323 I vom Vertrag zurücktreten, ohne dabei an die Restriktion des § 323 V 2 gebunden zu sein (Rücktrittsausschluss bei unerheblichem Mangel, s. dazu u. Rn. 154). Mindern (§ 441) kann er hingegen nicht, weil § 441 erst ab Gefahrübergang gilt. Freilich wird man ihm (nach Fristablauf) gestatten müssen, bereits vor Gefahrübergang die Minderung nach § 242 im Wege der Arglisteinrede („dolo petit-Einrede") geltend zu machen und so auch die Übereignung der Kaufsache Zug-um-Zug gegen Zahlung des geminderten Kaufpreises zu verlangen. Ist das Kfz hingegen übergeben (Gefahrübergang nach § 446), hat K den Anspruch aus § 439 und kann (vorbehaltlich einer Einrede des V gem. § 439 II) nach § 439 I zwischen Mängelbeseitigung und Neulieferung wählen.

71 Ist der Mangel hingegen unbehebbar, ist der Erfüllungsanspruch des Käufers aus § 433 I 2 in Bezug auf die Mangelfreiheit nach § 275 I ausgeschlossen. Es liegt deshalb auch keine Teilleistung vor, die der Käufer nach § 266 zurückweisen könnte. Der Käufer ist dann (vor Gefahrübergang) nach §§ 326 V 1, 323 zum sofortigen Rücktritt berechtigt, sofern der Mangel nicht unerheblich ist (§ 323 V 2). Nach §§ 311a II bzw. 280, 283 kann er im Falle des Vertretenmüssens Schadensersatz statt

der Leistung verlangen. Sämtliche Ansprüche vor Gefahrübergang unterliegen der Regelverjährung des § 195, d. h. § 438 (dazu u. Rn. 210 ff.) ist nicht anwendbar. Vor Ausübung des Rücktrittsrechts bzw. der Geltendmachung von Schadensersatz statt der Leistung, welche die Kaufpreisforderung zum Erlöschen bringen, kann er die Kaufpreiszahlung nach dem Grundsatz „dolo petit" verweigern. Ebenso wie im Fall des behebbaren Mangels kann der Käufer auch Übereignung der Kaufsache Zug-um-Zug gegen Zahlung des geminderten Kaufpreises verlangen.

72

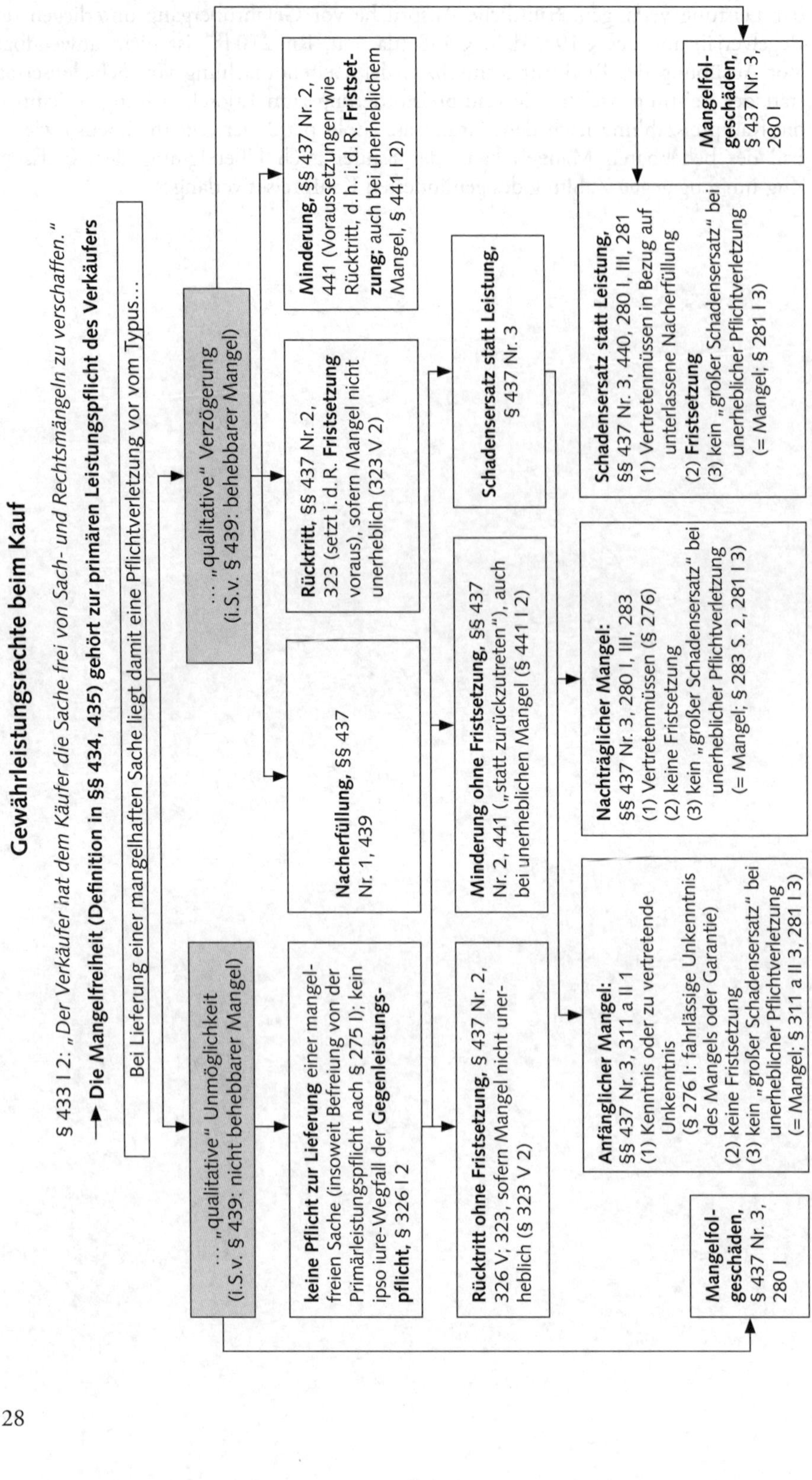
Gewährleistungsrechte beim Kauf
§ 433 I 2: „Der Verkäufer hat dem Käufer die Sache frei von Sach- und Rechtsmängeln zu verschaffen."
→ Die Mangelfreiheit (Definition in §§ 434, 435) gehört zur primären Leistungspflicht des Verkäufers
Bei Lieferung einer mangelhaften Sache liegt damit eine Pflichtverletzung vor vom Typus…
… „qualitative" Unmöglichkeit (i.S.v. § 439: nicht behebbarer Mangel)
… „qualitative" Verzögerung (i.S.v. § 439: behebbarer Mangel)
keine Pflicht zur Lieferung einer mangelfreien Sache (insoweit Befreiung von der Primärleistungspflicht nach § 275 I); kein ipso iure-Wegfall der Gegenleistungspflicht, § 326 I 2
Nacherfüllung, §§ 437 Nr. 1, 439
Rücktritt, §§ 437 Nr. 2, 323 (setzt i.d.R. Fristsetzung voraus), sofern Mangel nicht unerheblich (323 V 2)
Minderung, §§ 437 Nr. 2, 441 (Voraussetzungen wie Rücktritt, d.h. i.d.R. Fristsetzung; auch bei unerheblichem Mangel, § 441 I 2)
Rücktritt ohne Fristsetzung, § 437 Nr. 2, 326 V, 323, sofern Mangel nicht unerheblich (§ 323 V 2)
Minderung ohne Fristsetzung, §§ 437 Nr. 2, 441 („statt zurückzutreten"), auch bei unerheblichen Mangel (§ 441 I 2)
Schadensersatz statt Leistung, § 437 Nr. 3
Anfänglicher Mangel: §§ 437 Nr. 3, 311 a II 1
(1) Kenntnis oder zu vertretende Unkenntnis (§ 276 I: fahrlässige Unkenntnis des Mangels oder Garantie)
(2) keine Fristsetzung
(3) kein „großer Schadensersatz" bei unerheblicher Pflichtverletzung (= Mangel; § 311 a II 3, 281 I 3)
Nachträglicher Mangel: §§ 437 Nr. 3, 280 I, III, 283
(1) Vertretenmüssen (§ 276)
(2) keine Fristsetzung
(3) kein „großer Schadensersatz" bei unerheblicher Pflichtverletzung (= Mangel; § 283 S. 2, 281 I 3)
Schadensersatz statt Leistung, §§ 437 Nr. 3, 440, 280 I, III, 281
(1) Vertretenmüssen in Bezug auf unterlassene Nacherfüllung
(2) Fristsetzung
(3) kein „großer Schadensersatz" bei unerheblicher Pflichtverletzung (= Mangel; § 281 I 3)
Mangelfolgeschäden, § 437 Nr. 3, 280 I
Mangelfolgeschäden, § 437 Nr. 3, 280 I

§ 77. Sach- und Rechtsmängel

Literatur: S. die Hinweise zu § 76 sowie *Berger*, Der Beschaffenheitsbegriff des § 434 Abs. 1 BGB, JZ 2004, 276; *Brand*, Probleme mit der „IKEA-Klausel", ZGS 2003, 96; *Dauner-Lieb/ Arnold*, Die Falschlieferung beim Stückkauf, JuS 2002, 1175; *Grigoleit/Herresthal*, Die Beschaffenheitsvereinbarung und ihre Typisierungen in § 434 I BGB, JZ 2003, 233, 237; *Grigoleit/Riehm*, Grenzen der Gleichstellung von Zuwenig-Leistung und Sachmangel, ZGS 2002, 233; *Harke*, Das neue Sachmängelrecht in rechtshistorischer Sicht, AcP 205 (2005), 67; *Kasper*, Die Sachmangelhaftung des Verkäufers für Werbeaussagen, ZGS 2007, 172; *S. Lorenz*, Aliud, peius und indebitum im neuen Kaufrecht, JuS 2003, 36; *Meier*, Nutzungsherausgabe und Verjährung beim Verkauf gestohlener Sachen: Nichterfüllung oder Rechtsmangel?, JR 2003, 353; *Musielak*, Die Falschlieferung beim Stückkauf nach dem neuen Schuldrecht, NJW 2003, 89; *Ostendorf*, Die Grenzlinien des Mangelbegriffs …, JZ 2011, 822; *Pahlow*, Der Rechtsmangel beim Sachkauf, JuS 2006, 289; *Scheuren-Brandes*, Fehlendes Eigentum des Verkäufers – Rechtsmangel oder Unmöglichkeit?, ZGS 2005, 295; *Wertenbruch*, Gewährleistungsrechte des Käufers bei polizeilicher Beschlagnahme der Kaufsache, ZGS 2004, 367; *Thier*, Aliud- und Minus-Lieferung im neuen Kaufrecht des Bürgerlichen Gesetzbuches, AcP 203 (2003) 399; *Tiedtke/Schmitt*, Die Falschlieferung durch den Verkäufer, JZ 2004, 1092.

I. Der Sachmangel

Nachdem das System des Gewährleistungsrechts soeben dargestellt wurde, gilt es nunmehr, dieses im Einzelnen auszufüllen. § 433 I 2 verpflichtet den Verkäufer, dem Käufer die verkaufte Sache „frei von Sachmängeln" zu verschaffen. § 434 definiert dann, wann die Sache „frei von Sachmängeln" ist. Die in § 434 enthaltene Definition des Sachmangels geht wesentlich auf die entsprechende Regelung in Art. 2 VerbrGKRl. zurück. Deren Regelungsgehalt ist daher bei der Auslegung von § 434 zu berücksichtigen.[1] 73

1. Der Begriff der „Beschaffenheit"

Ein Sachmangel ist eine für den Käufer nachteilige Abweichung der tatsächlichen Beschaffenheit der Sache (**Istbeschaffenheit**) von der vertragsmäßig geschuldeten Beschaffenheit (**Sollbeschaffenheit**). Der Begriff der „**Beschaffenheit**" i. S. v. § 434 wird dabei ähnlich definiert wie derjenige der „Eigenschaft" i. S. v. § 119 II: Er erfasst die natürlichen (physischen) Eigenschaften der Sache, aber auch deren tatsächliche, wirtschaftliche, soziale und rechtliche Beziehungen zur Umwelt, sofern sie nach der Verkehrsanschauung für die Brauchbarkeit oder den Wert der Sache bedeutsam sind und von ihr selbst ausgehen (und nicht lediglich von außen auf sie einwirken). Aufgegeben hat die Rspr. das noch unter dem früheren Kaufrecht bestehende Erfordernis, dass diese Umstände tatsächlicher, wirtschaftlicher oder rechtlicher Art der Sache auf Dauer anhaften müssen, um eine Beschaffenheit darzustellen.[2] 74

Beschaffenheiten sind beispielsweise das Alter und die Herkunft einer Sache, die Urheberschaft eines Kunstwerks,[3] aber auch die Lage eines Grundstücks[4], die dadurch bedingten Geruchs- oder Lärmbelästigungen[5] oder die Höhe der erzielten Mieterträge und die Betriebskosten eines Grundstücks.[6] Auch kann

[1] Dazu o. Rn. 22.
[2] S. *BGH* NJW 2011, 1217.
[3] RGZ 135, 339 („Ruisdael"); BGHZ 63, 369 („Jawlensky").
[4] BGHZ 60, 319 („Seegrundstück").
[5] *BGH* NJW-RR 1988, 10 („Klärwerk").
[6] *BGH* NJW 2011, 1217 Tz. 12 ff.

bereits der bloße **Verdacht eines Sachmangels**, wenn er der Sache auf Dauer anhaftet und deshalb ihren Wert mindert, als soziale Beziehung zur Umwelt eine Beschaffenheit und damit einen Sachmangel darstellen.[7] **Kein** Beschaffenheitsmerkmal des verkauften Grundstücks (weil nicht von diesem selbst ausgehend) dürfte hingegen der „gute Ruf" einer darauf früher betriebenen Gaststätte sein,[8] ebensowenig begründet schikanöses Verhalten der Nachbarn eine Beschaffenheit eines verkauften Wohnhauses.[9]

75 Stellt eine bestimmte Eigenschaft keine „Beschaffenheit" dar, so bedeutet dies freilich nicht, dass der Verkäufer hierfür unter keinem Gesichtspunkt haftet. Es kommt dann etwa eine Haftung für vorvertragliche Aufklärungs- und Wahrheitspflichten aus §§ 280 I, 311 II, 241 II (Verschulden bei Vertragsverhandlungen) in Betracht (s. dazu Rn. 272). Eine solche kann zu einem Anspruch auf Vertragsaufhebung sowie zur einer Reduktion des Kaufpreises führen, s. dazu AT Rn. 109. Auch kann für das Vorhandensein solcher Eigenschaften im Wege eines (selbständigen) **Garantievertrages** gehaftet werden, s. dazu Rn. 206.

76 Unter dem vor dem 1. 1. 2002 geltenden Kaufrecht ist die Rspr. noch von einem relativ engen Begriff der Beschaffenheit ausgegangen. Der Grund hierfür bestand in bestimmten Unzulänglichkeiten des früheren Rechts, insbesondere in einer sehr kurzen Verjährungsregelung (§ 477 BGB a. F.: 6 Monate!) sowie in der Tatsache, dass das frühere Recht eine Schadensersatzhaftung des Verkäufers nur im Falle von Arglist oder Zusicherung, nicht aber für bloße Fahrlässigkeit vorsah (§ 463 BGB a. F.). Die Verengung des Beschaffenheitsbegriffs führte dann dazu, dass man eine Haftung des Verkäufers außerhalb der als abschließend betrachteten Regelungen des – dann ja mangels Sachmangels – nicht einschlägigen Kaufrechts etwa aus **Verschulden bei Vertragsverhandlungen** begründen konnte (dazu u. Rn. 272 ff.).

So wurde etwa in der Tatsache, dass ein Wäschetrockner wegen bestimmter baulicher Eigenschaften nicht in der Wäscherei des Käufers aufgestellt werden konnte, keine „Beschaffenheit" des Trockners gesehen.[10] Auch das Baujahr eines Kfz wurde nicht als Beschaffenheit angesehen.[11]

Nach der Neuregelung des Kaufrechts ist das Bedürfnis für einen solchermaßen verengten Beschaffenheitsbegriff weggefallen. Der Schutzzweck der §§ 434 ff. sowie die Verbrauchsgüterkaufrichtlinie, welcher die Formulierung des § 434 entstammt, sprechen vielmehr für eine **weite Auslegung** des Begriffs der Beschaffenheit.[12] Auch lässt sich angesichts der Tatsache, dass nach § 434 I 2 Nr. 1 u. a. auch dann ein Sachmangel vorliegt, wenn sich die Sache nicht für die nach dem Vertrag vorausgesetzte Verwendung eignet, nicht mehr sagen, die Verwendbarkeit der Sache für den Käufer gehe den Verkäufer nichts an. Daran ist zwar richtig, dass die mangelnde Verwendbarkeit der Kaufsache für den Käufer ohne besondere Vereinbarung grundsätzlich keinen Sachmangel begründet, wohl aber können die Parteien hierüber eine besondere Vereinbarung treffen.

Ist also im obigen Beispiel der Wäschetrockner nach der Vereinbarung der Parteien verkauft worden, um in den Räumen des Käufers betrieben werden zu können, handelt es sich auch insoweit um eine verein-

[7] S. etwa BGHZ 52, 51 (Verkauf von importierten Fleisch, das unter dem Verdacht des Salmonellenbefalls steht); *BGH* NJW-RR 2003, 772 (Verdacht von Hausschwamm).

[8] Offengelassen in *BGH* NJW 1992, 2564 („Stundenhotel"). Ist Kaufgegenstand hingegen nicht das Grundstück, sondern die Gaststätte als Unternehmen, so begründet dessen schlechter Ruf einen Sachmangel.

[9] *BGH* NJW 1991,1673.

[10] *BGH* NJW 1985, 2472.

[11] *BGH* NJW 1979, 160 (insoweit in BGHZ 72, 252 nicht abgedruckt).

[12] *BGH* NJW 2011, 1217; *Looschelders,* BT, Rn. 38; kritisch hierzu *Ostendorf,* JZ 2011, 822 ff.

barte „Beschaffenheit" der Sache, zumindest aber um die „nach dem Vertrag vorausgesetzte Verwendung" i. S. v. § 434 I 2 Nr. 1. Auch das Baujahr eines Fahrzeugs ist fraglos eine „Beschaffenheit".

2. Der subjektive Fehlerbegriff

a) Beschaffenheitsvereinbarung

Gem. § 434 I 1 ist eine Sache sachmangelfrei, wenn sie bei Gefahrübergang die „vereinbarte" Beschaffenheit aufweist. Die für den Fehlerbegriff maßgebliche vertragsmäßige Beschaffenheit richtet sich also primär nach dem Parteiwillen, der sog. **Beschaffenheitsvereinbarung**. Diese legt die geschuldete Qualität der Leistung fest und muss daher wie jede andere vertragliche Abrede Bestandteil einer (form)wirksamen vertraglichen Einigung geworden sein.[13] Einseitige Beschreibungen sind für eine Beschaffenheitsvereinbarung ebensowenig ausreichend wie einseitige Erwartungen des Käufers, selbst wenn diese für den Verkäufer erkennbar waren. Insbesondere bei positiven Beschreibungen seitens des Verkäufers wird jedoch das erforderliche Einverständnis des Käufers in der Regel konkludent erklärt werden. Eine konkludente Beschaffenheitsvereinbarung kann sich auch aus der Vorlage einer Probe oder eines Musters ergeben („Kauf nach Probe", dazu u. Rn. 314 ff.). Weil es hier allein auf den Parteiwillen und nicht auf objektive Eigenschaften ankommt, spricht man von einem **subjektiven Fehlerbegriff**. Beschaffenheitsvereinbarungen können **positiv** (es wird etwa ein Kfz „als unfallfrei"), aber auch **negativ** sein (ein wird Kfz „als Unfallfahrzeug" verkauft, eine Ware als „B-Ware").[14] Im Falle einer negativen Beschaffenheitsvereinbarung liegt wegen des Vorrangs des subjektiven Fehlerbegriffs auch dann kein Sachmangel vor, wenn sich die Sache wegen der entsprechenden Eigenschaft nicht zur „gewöhnlichen Verwendung" i. S. v. § 434 I 2 Nr. 2 eignet.[15] 77

Bei der **Auslegung** der Parteierklärungen gelten die allgemeinen Auslegungskriterien (§§ 133, 157). Wird also etwa zur Vermeidung einer Haftung des Verkäufers ein von beiden Parteien übereinstimmend zum Betrieb im Straßenverkehr bestimmtes Kfz als „Metallschrott" oder als „Bastlerfahrzeug"[16] verkauft, liegt lediglich eine unschädliche übereinstimmende Falschbezeichnung (falsa demonstratio) vor, so dass tatsächlich ein funktionsfähiges Fahrzeug geschuldet ist. 78

Dabei ist eine Beschaffenheitsvereinbarung in zweifacher Hinsicht abzugrenzen. Es darf sich nicht lediglich um eine **Wissensmitteilung** handeln, sondern es muss sich aus den Umständen ergeben, dass der Verkäufer in vertragsmäßig bindender Weise die Haftung für die Richtigkeit einer Angabe übernehmen will. 79

So hat z. B. *BGH* NJW 2008, 1517 in der Angabe „Unfallschäden lt. Vorbesitzer Nein" in einem Kaufvertrag über ein Kfz eine reine Wissensmitteilung über die Angabe des Vorbesitzers, weder aber eine positive Beschaffenheitsvereinbarung über die Unfallfreiheit noch eine negative Beschaffenheitsvereinbarung dahingehend gesehen, dass das Fahrzeug möglicherweise nicht unfallfrei ist. In BGHZ 170, 86 wurde hingegen die Angabe der Laufleistung eines Motorrads „lt. Tacho" nicht lediglich als Wissensmitteilung, sondern als Beschaffenheitsvereinbarung bezüglich der tatsächlichen Laufleistung gewertet.

[13] Zum Verhältnis der Beschaffenheitsvereinbarung zu einem vertraglichen Gewährleistungsausschluss s. u. Rn. 194.

[14] Zur besonderen Problematik solcher „negativer Beschaffenheitsvereinbarungen" beim Verbrauchsgüterkauf s. Rn. 239.

[15] *Looschelders*, BT, Rn. 46.

[16] *OLG Oldenburg* ZGS 2004, 75.

Das bedeutet freilich nicht, dass eine solche Wissensmitteilung rechtlich irrelevant wäre. Der Mitteilende haftet nach den Grundsätzen der *culpa in contrahendo* (§§ 280 I, 311 II, 241 II) dafür, dass er die Angaben des Vorbesitzers richtig und vollständig wiedergibt.

80 Abzugrenzen ist die Beschaffenheitsvereinbarung aber auch von einer **Beschaffenheitsgarantie** i. S. v. § 276 I 1 (s. auch § 444). Während die Beschaffenheits**vereinbarung** lediglich die geschuldete Qualität festlegt, geht die Beschaffenheits**garantie** einen wesentlichen Schritt weiter: Sie begründet über das nicht vom Vertretenmüssen abhängige Rücktritts- und Minderungsrecht (§§ 323, 326 V, 441 I) hinaus eine **verschuldensunabhängige** Schadensersatzverpflichtung des Verkäufers, weil dann das in § 280 I 2 bzw. § 311a II 2 vorausgesetzte **Vertretenmüssen** i. S. v. § 276 I auch ohne Verschulden, d. h. Vorsatz und Fahrlässigkeit gegeben ist. Eine solche Beschaffenheitsgarantie setzt über eine bloße Beschaffenheitsvereinbarung hinaus voraus, dass der Verkäufer in vertragsmäßig bindender Weise erklärt, für sämtliche Folgen des Fehlens der Beschaffenheit ohne Rücksicht auf Verschulden einstehen zu wollen. Das ist zwar auch konkludent möglich, darf aber keineswegs vorschnell angenommen werden, s. dazu u. Rn. 204 ff.

b) Eignung für die vertraglich vorausgesetzte Verwendung

81 Bei Fehlen einer Beschaffenheitsvereinbarung ist die Sache gem. § 434 I 2 Nr. 1 sachmangelfrei, wenn sie sich für die **nach dem Vertrag vorausgesetzte Verwendung** eignet. Das Gesetz will damit berücksichtigen, dass sich die Vorstellungen der Parteien häufig nicht auf bestimmte Beschaffenheiten der Sache im Einzelnen, sondern auf die Tauglichkeit für einen bestimmten Verwendungszweck richten. Denn die dafür erforderlichen Beschaffenheiten wird der Käufer u. U. gar nicht kennen.[17] Da die Verwendung „nach dem Vertrag" vorausgesetzt sein muss, müssen auch hier der Verwendungszweck oder zumindest die hierfür erforderliche Beschaffenheit[18] – ggf. konkludent – Gegenstand der vertraglichen Einigung geworden sein.[19] Auch § 434 I 2 Nr. 1 ist damit ein Fall des **subjektiven Fehlerbegriffs**.

Nur **einseitige Vorstellungen des Käufers** sind auch dann nicht ausreichend, wenn sie der Verkäufer erkannt hat. In Ausnahmefällen kann sich dann allerdings ein Schadensersatzanspruch aus §§ 280 I, 311 II, 241 II ergeben, wenn der Verkäufer eine ihn (nicht ohne Weiteres) treffende Pflicht verletzt, den Käufer über die Irrigkeit seiner Vorstellung aufzuklären. Im Einzelfall kann die unwidersprochene Hinnahme solcher ausdrücklich erklärter Verwendungsabsichten aber auch eine konkludente Zustimmung zu einer entsprechenden Beschaffenheitsvereinbarung darstellen.

82 Widersprechen sich Beschaffenheitsvereinbarung und vertraglich vorausgesetzte Verwendung, so ist im Wege der Auslegung zu ermitteln, welche der Vereinbarungen Vorrang hat. Vereinbaren die Parteien im Hinblick auf die Verwendungsabsicht des Käufers bestimmte Beschaffenheiten, die dann aber zur vertraglich vorausgesetzten Verwendung unzureichend sind, wird man i. d. R. der Vereinbarung über die Ver-

[17] Begr. des Regierungsentwurfes BT-Drs. 14/6040, S. 213.

[18] So *Canaris*, Karlsruher Forum 2002, 2003, S. 57: Es muss zwar keine rechtsgeschäftliche Vereinbarung hinsichtlich des Verwendungszwecks vorliegen, jedoch muss sich aus der Rolle, die der Verwendungszweck bei Vertragsschluss gespielt hat, im Wege der Auslegung eine vertraglich geschuldete Beschaffenheit herleiten lassen, die diesen Verwendungszweck gewährleistet; ebenso *Grigoleit/Herresthal*, JZ 2003, 233, 235.

[19] H. M., s. etwa *Looschelders*, BT, Rn. 47; Bamberger/Roth/*Faust* § 434 Rn. 50; a. A. etwa Palandt/*Weidenkaff* § 434 Rn. 20.

wendungsmöglichkeit den Vorrang geben müssen, wenn der Verkäufer diese Beschaffenheit im Hinblick auf den vereinbarten Verwendungszweck empfohlen hat. Besteht hingegen der Käufer auf einer bestimmten Beschaffenheit, die aber ungeeignet ist, den Verwendungszweck zu gewährleisten, hat die Beschaffenheitsvereinbarung Vorrang, d. h. der Käufer trägt dann das **Verwendungsrisiko**.[20]

Beispiel: K möchte einen Computer kaufen, mit dem er seine Urlaubsfilme bearbeiten kann. Er erklärt dies dem V, der daraufhin ein Modell mit einer bestimmten Grafikkarte empfiehlt. Im Nachhinein erweist sich, dass die Speicherleistung der empfohlenen Grafikkarte nicht ausreichend ist. Trotz der Tatsache, dass der Computer hier die aufgrund der Verwendungsabsicht vereinbarte Beschaffenheit aufweist, eignet er sich nicht zur vertraglich vorausgesetzten Verwendung, es liegt ein Sachmangel nach § 434 I 2 Nr. 1 vor.

3. Die objektive Verkehrserwartung (§ 434 I 2 Nr. 2)

a) Grundlagen

Liegen weder eine Beschaffenheitsvereinbarung noch ein vertraglich vereinbarter Verwendungszweck vor, ist die Sache gem. § 434 I 2 Nr. 2 mangelfrei, wenn sie sich für „die gewöhnliche Verwendung eignet und eine Beschaffenheit aufweist, die bei Sachen der gleichen Art üblich ist und die der Käufer nach der Art der Sache erwarten kann." Beide Voraussetzungen müssen **kumulativ** vorliegen. Selbst wenn sich also die Sache für die gewöhnliche Verwendung eignet, ist sie dennoch mangelhaft, wenn ihr eine übliche Beschaffenheit fehlt, die der Käufer erwarten darf. Maßgebend ist stets eine objektiv berechtigte Käufererwartung, die sich jedenfalls im Regelfall an der üblichen Beschaffenheit gleichartiger Sachen orientiert. 83

So begründet etwa der Vorunfall eines Gebrauchtwagens auch dann einen (i. d. R. unbehebbaren, s. Rn. 127) Sachmangel, wenn der Unfallschaden fachmännisch repariert wurde und damit die gewöhnliche Verwendung gewährleistet ist. Der Käufer darf nämlich angesichts der Tatsache, dass Unfallfahrzeuge auf dem Markt deutlich weniger wert sind, auch bei einem Gebrauchtwagen erwarten, dass dieser kein Unfallfahrzeug ist, sofern es sich nicht lediglich um einen Bagatellschaden gehandelt hat.[21] In Ermangelung anderweitiger Absprachen müssen verkaufte Waren auch **fabrikneu** sein.[22] Auch das Fehlen oder die Untauglichkeit einer Bedienungsanleitung stellt einen Sachmangel dar (siehe u. Rn. 94).

Deshalb ist eine Sache, welche die üblichen Beschaffenheiten von Sachen der gleichen Art aufweist, nicht schon deshalb mangelhaft, weil diese nicht den Erwartungen des Käufers entsprechen. Entspricht also etwa eine Sache dem Stand der Technik, ist sie nicht deshalb mangelhaft, weil der Stand der Technik hinter den Erwartungen des Käufers zurückbleibt: Der Käufer darf als „übliche Beschaffenheit" grundsätzlich nicht mehr erwarten, als dass die Kaufsache dem jeweiligen Stand der Technik entspricht.[23] Will er sich darüber hinausgehende Erwartungen sichern, muss er sie zum Gegenstand einer Beschaffenheitsvereinbarung machen. 84

Diese Art des Fehlerbegriffs wird weithin als „**objektiver Fehlerbegriff**" bezeichnet,[24] 85
man kann sie aber auch auf einen hypothetischen Parteiwillen zurückführen.[25] Jeden-

[20] Bamberger/Roth/*Faust*, § 434 Rn. 48.

[21] *BGH* NJW 2008, 53; 2008, 1517; s. aber auch *BGH* NJW 2009, 2807: Fehlende Originallackierung bei Gebrauchtwagen kein Sachmangel.

[22] Zu diesem Begriff vgl. etwa *BGH* NJW 2004, 160.

[23] S. *BGH* NJW 2009, 2056 (Notwendigkeit von Regenerierungsfahrten zur Reinigung des Partikelfilters bei Dieselfahrzeugen).

[24] So etwa *Brox/Walker*, BT, § 4 Rn. 13.

[25] So *Canaris*, Karlsruher Forum 2002, 2003, S. 58; *Looschelders*, BT, Rn. 48.

falls ist die Grenze zum vertraglich vorausgesetzten Gebrauch fließend. Dogmatisch treffender ist es aber zweifellos, § 434 als Einheit zu sehen, in welcher die letztlich maßgebende vertragsmäßige Sollbeschaffenheit in 3 Stufen im Wege der Vertragsauslegung zu ermitteln ist: Primär nach einer Beschaffenheitsvereinbarung, sekundär nach der vertraglich vorausgesetzten Verwendung und hilfsweise nach der üblichen Erwartung des Käufers. Als „**objektiv**" kann man diesen Fehlerbegriff aber deshalb bezeichnen, weil es sowohl für die „gewöhnliche Verwendung" als auch für die „übliche Beschaffenheit" nicht auf den Erwartungshorizont des jeweiligen Käufers, sondern auf denjenigen eines **vernünftigen Durchschnittskäufers**, d. h. auf die sog. „**objektive Verkehrserwartung**" ankommt, was freilich nach §§ 133, 157 ohnehin den allgemeinen Auslegungsregeln entspricht.[26] Vergleichsmaßstab ist also die Verwendbarkeit und Beschaffenheit von Sachen der gleichen Art.[27]

Wird etwa ein Gebrauchtwagen verkauft, so begründen typische Verschleißmängel von Gebrauchtwagen der gleichen Art (Typ und Alter) keinen Sachmangel.[28] Auch darf der Käufer keine „Idealware" erwarten. So hat der BGH bei einem Pferdekauf festgestellt, dass geringfügige Abweichungen von der „physiologischen Norm" selbst dann keinen Sachmangel darstellen, wenn „der Markt" darauf üblicherweise mit Preisabschlägen reagiert. Der Käufer könne redlicherweise nicht erwarten, dass er auch ohne besondere Vereinbarung ein Tier mit „idealen" Anlagen erhält, sondern müsse damit rechnen, dass das von ihm erworbene Tier physiologische Abweichungen vom Idealzustand aufweist, wie sie für Lebewesen dieser Art nicht ungewöhnlich sind.[29]

b) Die Rolle der Werbung und Kennzeichnung (§ 434 I 3)

86 Bereits vor der Einführung der gesetzlichen Regelung in § 434 I 3 war weithin anerkannt, dass die für den objektiven Fehlerbegriff maßgebliche objektive Verkehrserwartung entscheidend durch die Werbung oder Kennzeichnung (etwa durch Gütesiegel und dergl.) mitgeprägt wird.[30] So etwa, wenn für Kfz mit einem bestimmten Kraftstoffverbrauch oder mit besonderen serienmäßigen Sicherheitseinrichtungen (z. B. ABS) geworben wird. Darauf reagiert § 434 I 3: Zu den Beschaffenheiten nach § 434 I 2 Nr. 2 (und nur zu diesen!) gehören auch Eigenschaften, die der Käufer aufgrund bestimmter **öffentlicher Äußerungen** nicht nur des Verkäufers, sondern auch des Herstellers oder seines Gehilfen erwarten kann. „Öffentliche Äußerungen" sind dabei insbesondere die Werbung für ein Produkt sowie dessen Kennzeichnung z. B. auf dem Etikett, durch bestimmte Qualitäts- und Gütesiegel oder Beschreibungen in Katalogen und auf Webseiten.[31] Öffentlich ist eine Äußerung, wenn sie sich an eine unbestimmte Vielzahl von Personen richtet. Ist sie nicht öffentlich, sondern gegenüber dem Käufer selbst erfolgt, liegt i. d. R. bereits eine Beschaffenheitsvereinbarung nach § 434 I 1 vor. Die wesentliche praktische Bedeutung der Regelung liegt in der Tatsache, dass sich der Verkäufer auch Werbeäußerungen des Herstellers, auf die er regelmäßig keinen Einfluss hat, zurechnen lassen muss. Hinzu kommt, dass bezüglich des Begriffs des Herstellers auf den sehr weiten Begriff des § 4 I, II ProdHaftG verwiesen wird. Er erfasst auch den Hersteller von Teilprodukten sowie insbesondere den **Importeur** einer Ware. Ob sich der Begriff des **Gehilfen** auf den Verkäufer oder den

26 Darauf weist zu Recht *Canaris*, Karlsruher Forum 2002, 2003, S. 58 hin.

27 *BGH* NJW 2009, 2056 Tz. 9.

28 *BGH* NJW 2006, 434.

29 *BGH* NJW 2007, 1351.

30 S. z. B. *BGH* NJW 2007, 2111 (Herstellerangaben zum Benzinverbrauch eines Kfz).

31 S. z. B. *OLG München* NJW-RR 2005, 494: Herstellerangaben im Katalog zum Treibstofftyp eines Kfz; *BGH* NJW-RR 2010, 1329: Herstellerangaben im Katalog zur Qualität von Kunststoffkorken.

Hersteller bezieht, bleibt bei grammatikalischer Auslegung der Norm unklar. Es spricht jedoch teleologisch nichts dagegen, als „Gehilfen" jede Hilfsperson, anzusehen, die vom Verkäufer *oder* vom Hersteller damit betraut wurde, öffentliche Äußerungen der betreffenden Art abzugeben, also etwa auch eine selbständige Werbeagentur.[32]

Um die Verkehrserwartung prägen zu können, müssen diese öffentlichen Äußerungen unter Zugrundelegung eines objektiven Empfängerhorizonts geeignet sein, die Erwartung bestimmter Beschaffenheiten zu erwecken. Sie müssen sich also auf konkrete Beschaffenheiten beziehen. „Marktschreierische" Werbung oder reine Imagewerbung mit ersichtlich nicht ernst gemeinten Anpreisungen („*Red Bull verleiht Flügel*") bzw. reißerische Anpreisungen allgemeiner Art ohne Bezugnahme auf nachprüfbare Aussagen können daher – unabhängig von der Frage der wettbewerbsrechtlichen Zulässigkeit nach §§ 3 ff. UWG – keine objektive Verkehrserwartung begründen. Gleiches gilt für öffentliche Äußerungen von Dritten, die weder Verkäufer noch Hersteller oder deren Gehilfen sind (z. B. Warentests). 87

Der Verkäufer kann sich gegenüber öffentlichen Äußerungen des Herstellers durch den Nachweis entlasten, dass er diese weder kannte noch kennen musste. Nach der Legaldefinition des „Kennenmüssens" in § 122 II kann sich der Verkäufer also nur durch den Nachweis entlasten, dass seine Unkenntnis nicht auf Fahrlässigkeit beruht. Maßgeblich ist dabei allein Kennen bzw. Kennenmüssen der öffentlichen Äußerung und ihres Inhalts als solcher, nicht aber deren Unrichtigkeit. Angesichts der weiten Verbreitung von Werbung in den Medien wird es dem professionellen Verkäufer daher nur selten möglich sein, sich erfolgreich auf fehlendes Kennenmüssen der Werbung zu berufen. Auch hier wird man aber im Einzelfall differenzieren müssen (etwa danach, ob es sich um einen Vertragshändler oder Fachhändler handelt). Privatverkäufer haben aber i. d. R. keine Pflicht, sich von der Werbung des Herstellers Kenntnis zu verschaffen.[33] 88

Öffentliche Äußerungen der beschriebenen Art sind weiter dann irrelevant, wenn sie im Zeitpunkt des Vertragsschlusses in gleichwertiger Weise berichtigt waren oder die Kaufentscheidung des Käufers nicht beeinflussen konnten (§ 434 I 3 letzter Halbs.). Eine Berichtigung in gleichwertiger Weise verlangt dabei nicht eine tatsächliche Kenntnisnahme des Käufers, sondern lediglich eine in Umfang und Aufmachung vergleichbare öffentliche Äußerung, die freilich berichtigenden Charakter haben muss, indem sie die Unrichtigkeit der früheren Aussage kennzeichnet. Dem genügt z. B. nicht eine spätere Werbung, welche eine frühere unrichtige Aussage schlicht weglässt.[34] Nicht beeinflussen kann eine öffentliche Äußerung die Kaufentscheidung, wenn die Qualitätserwartung des Käufers im Einzelfall unterhalb der durch die öffentliche Äußerung begründeten objektiven Qualitätserwartung lag, weil der Käufer die Äußerungen nicht kannte, die Werbung erst nach Vertragsschluss erfolgte[35] oder aber ihm ihre mögliche Unrichtigkeit bekannt war. Dies erlaubt es dem Verkäufer, sich im Einzelfall einseitig von Werbeaussagen des Herstellers zu distanzieren bzw. eigene Werbeaussagen zu berichtigen und so das Entstehen berechtigten Vertrauens auf das Vorhandensein bestimmter Beschaffenheiten zu verhindern. Dies wird frei- 89

[32] So zutreffend *Looschelders,* BT, Rn. 51; *Grigoleit/Herresthal,* JZ 2003, 233, 237 f.
[33] *Looschelders,* BT, Rn. 53.
[34] Bamberger/Roth/*Faust,* § 434 Rn. 86; anders wohl *OLG München* NJW-RR 2005, 494.
[35] *BGH* NJW-RR 2010, 1329 Tz. 17.

lich nur in individueller Weise und nicht etwa durch pauschale Distanzierung von jeglichen öffentlichen Herstellerangaben möglich sein. Die Beweislast dafür, dass die Werbeaussage die Entscheidung des Käufers nicht beeinflussen konnte, trifft nach dem Wortlaut des Gesetzes („es sei denn ...") den Verkäufer.[36] Schon deshalb hat der Ausschlusstatbestand geringe praktische Bedeutung.

4. Montagefehler und fehlerhafte Montageanleitungen

a) Montagefehler

90 Nach § 434 II 1 steht es einem Sachmangel gleich, wenn die vereinbarte **Montage** durch den Verkäufer oder dessen Erfüllungsgehilfen unsachgemäß durchgeführt wird. Es muss sich also um einen Kauf mit Montageverpflichtung handeln, bei welchem die Montageverpflichtung i. d. R. als Nebenleistungspflicht des Verkäufers zu qualifizieren ist.

Liegt der Schwerpunkt des Vertrages hingegen nicht auf dem Warenumsatz, sondern auf der Tätigkeit selbst, liegt ein **Werkvertrag** (u. Rn. 687 ff.) vor, selbst wenn in diesem Zusammenhang bewegliche Sachen übereignet werden. So etwa, wenn bei der Reparatur eines Kfz Ersatzteile eingebaut werden, s. PdW Schuldrecht II **Fälle 143, 144** oder bei einem Vertrag zur Lieferung und Errichtung eines Fertighauses.[37]

91 Der Begriff der Montage ist **weit** zu verstehen. Er erfasst alle zum vertraglich vorausgesetzten Gebrauch der Sache notwendigen Handlungen, insbesondere Zusammenbau von Einzelteilen, Anschluss, Aufstellung und Aufbau sowie das Einfüllen von Flüssigkeiten. Auch die Installation von (Standard)Software ist „Montage" i. S. v. § 434 II, s. dazu PdW Schuldrecht II **Fall 144**. Auf bloße **Transportleistungen** ist die Regelung ebenfalls (zumindest analog) anzuwenden.[38]

So kann etwa unter der Geltung von § 434 II auch der **Benzintankfall** BGHZ 107, 249 (s. dazu PdW Schuldrecht II **Fall 23**) nach jetzt geltendem Recht als ein Fall des Montagefehlers angesehen werden: Ein Mineralölhändler hatte einem Fahrzeugentwickler Super- und Normalbenzin für dessen betriebseigene Tankstelle zu liefern. Beim Einfüllen des an sich mangelfreien Treibstoffs verwechselte er die Tanks. Weil der Käufer seine Testfahrzeuge deshalb falsch betankte, entstanden ihm Schäden. Während der BGH unter dem früher geltenden Recht einen Sachmangel zu Recht verneinte und dem Käufer Schadensersatz aus dem Gesichtspunkt einer positiven Forderungsverletzung (heute: §§ 280 I, 241 II) zusprach, ist darin nach jetzt geltendem Recht ein einem Sachmangel gleichstehender Montagefehler zu sehen. Folge ist, dass der Verkäufer nach §§ 437 Nr. 3, 280 I wegen der Verletzung der Pflicht aus § 433 I 2 haftet und dabei die Verjährungsregelung des § 438 I Nr. 3 zur Anwendung kommt.

92 Führt die fehlerhafte Montage zu einem Mangel der Kaufsache vor dem Gefahrübergang (wird z. B. die anzuschließende Waschmaschine durch einen fehlerhaften Anschluss beschädigt), liegt schon nach § 434 I ein Sachmangel vor (s. PdW Schuldrecht II **Fall 22**). Wird sie nach Gefahrübergang infolge der fehlerhaften Montage beschädigt, führt § 434 II zur Gleichstellung mit einem Sachmangel. Die Regelung erspart daher bei einer unsachgemäß durchgeführten Montage einer zunächst fehlerfrei gelieferten Sache die Abgrenzung zu denkbaren werkvertraglichen Elementen eines **Typenkombinationsvertrags** (dazu u. Rn. 1079) oder zur nach § 280 sanktionierten Neben- oder Hauptpflichtverletzung, indem der Sachverhalt insgesamt in das Gewährleistungsrecht verwiesen wird. Die fehlerhafte Montage steht aber einem

[36] *BGH* NJW-RR 2010, 1329 Tz. 17.
[37] BGHZ 165, 325.
[38] Zutr. Bamberger/Roth/*Faust*, § 434 Rn. 89.

Sachmangel auch dann gleich, wenn die Fehlerhaftigkeit der Montage nicht zu einem Mangel der gelieferten Sache selbst geführt hat (so z. B. wenn der gelieferte Küchenschrank schief aufgehängt wird, s. PdW Schuldrecht II **Fall 22**). Die Neuregelung führt also dazu, alle denkbaren Fallgestaltungen einheitlich dem kaufvertraglichen Gewährleistungsrecht zuzuordnen.

b) Fehlerhafte Montageanleitung; Bedienungsanleitung

Nach § 434 II 2 ist auch die Fehlerhaftigkeit einer Montageanleitung einem Sach- 93
mangel gleichzustellen, wenn die Sache zur Montage bestimmt war (sog. „**IKEA-Klausel**"). Fehlerhaft ist eine Montageanleitung dann, wenn sie für den durchschnittlichen Adressaten des jeweiligen Verkehrskreises unverständlich ist.

S. dazu etwa PdW Schuldrecht II **Fall 24**: Die Installationsanleitung eines Computerprogramms darf Fachausdrücke enthalten, die für den durchschnittlichen Computernutzer verständlich sind, muss sich also nicht am „blutigen Laien" orientieren.

Die Regelung ist eigentlich unnötig, weil die Fehlerhaftigkeit (oder das Fehlen) einer Montageanleitung bereits nach § 434 I 2 Nr. 2 einen Sachmangel darstellt. Die Bedeutung der Regelung liegt eher im Ausschlusstatbestand des 2. Halbsatzes: Konnte der Käufer die Sache trotz der fehlerhaften Montageanleitung fehlerfrei montieren, liegt **kein** Sachmangel vor. Das schließt aber nicht aus, dem Käufer in diesem Fall einen Erfüllungsanspruch auf Lieferung einer fehlerfreien Montageanleitung zu geben.[39] Liegt hingegen ein Sachmangel vor, weil es dem Käufer nicht gelungen ist, die Sache fehlerfrei zu montieren, hat er im Rahmen von § 439 I grundsätzlich (d. h. vorbehaltlich eines Verweigerungsrechts des Verkäufers aus § 439 III) einen Anspruch nicht nur auf Lieferung einer korrekten Montageanleitung, sondern auf Lieferung einer neuen Sache mit korrekter Montageanleitung. Das ist z. B. dann von Bedeutung, wenn die Sache beim Aufbauversuch beschädigt wurde.[40]

Eine fehlerhafte oder fehlende **Bedienungsanleitung** stellt einen Sachmangel nach 94
§ 434 I dar, wenn die Sache ohne Bedienungsanleitung für den vereinbarten Zweck nicht tauglich ist bzw. sich nicht für die gewöhnliche Verwendung eignet.[41] Auf sie ist der Ausschlusstatbestand des § 434 II 2 Hs. 2 nicht anzuwenden.

5. Falschlieferung und Mengenabweichungen (§ 434 III)

a) Falschlieferung (aliud-Lieferung)

§ 434 III stellt weiter die Falschlieferung (sog. **aliud**-Lieferung) einem Sachmangel 95
gleich. Durch diese Regelung wollte der Gesetzgeber primär die Abgrenzungsprobleme zwischen Sachmangel und Nichterfüllung beseitigen, die sich früher beim Gattungskauf ergaben:[42] Hier ist häufig unklar, ob es sich bei dem gelieferten Gegenstand um ein mangelhaftes Exemplar aus der geschuldeten Gattung oder aber um die Lieferung eines Gegenstandes aus einer anderen, nicht geschuldeten Gattung handelt (sog. „Qualifikations-*aliud*").[43] Im ersten Fall gälte Gewährleistungsrecht, im zweiten

[39] Das übersieht wohl Bamberger/Roth/*Faust*, § 434 Rn. 102.

[40] S. Bamberger/Roth/*Faust*, § 434 Rn. 103.

[41] *OLG München* MDR 2006, 1338.

[42] S. dazu *S. Lorenz*, JuS 2003, 36 ff.

[43] Paradigmatisch hierfür *BGH* NJW 1968, 640: Lieferung von Winterweizen anstelle von Sommerweizen.

Fall allgemeines Leistungsstörungsrecht. Die Gleichstellung in § 434 III erübrigt nun diese Abgrenzung. Der Käufer hat zwar dann nicht mehr den ursprünglichen Erfüllungsanspruch, wohl aber im Wege der Nacherfüllung (§ 439 I) Anspruch auf Lieferung der geschuldeten Ware. Dieser Anspruch unterliegt freilich infolge der Gleichstellung der kurzen Verjährung des § 438 I Nr. 3. Das dient dem Interesse des Verkäufers an möglichst frühzeitiger Klarstellung des Bestehens von Ansprüchen des Käufers.

96 Umstritten ist, ob die Gleichstellung auch für den **Stückkauf** gilt. Hier ist der geschuldete Gegenstand eindeutig bestimmt, so dass die Lieferung einer anderen als der geschuldeten Sache als sog. *Identitätsaliud* rechtlich klar festzustellen ist. Dennoch ist die Einbeziehung in das Gewährleistungsrecht auch hier zu bejahen. Dafür spricht neben dem Wortlaut des Gesetzes und dem Bestreben des Gesetzgebers, Stückkauf und Gattungskauf weitestgehend gleichzustellen, insbesondere die Tatsache, dass es auch beim Stückkauf ein Bedürfnis nach Rechtsklarheit gibt. Auch hier können tatsächliche Unsicherheiten auftreten, ob es sich bei dem gelieferten Gegenstand um den tatsächlich geschuldeten handelt (so etwa beim Stückkauf vertretbarer oder leicht verwechselbarer Sachen). Es besteht daher kein Anlass zu der in Teilen der Literatur befürworteten teleologischen Reduktion von § 434 III auf den Fall des Gattungskaufs.[44]

Beispiel: K wählt bei einem Verkäufer ein bestimmtes Möbelstück aus. Aufgrund eines Versandirrtums wird anstelle des ausgewählten Möbelstücks ein anderes geliefert. Auch hier liegt nach § 434 III ein Sachmangel vor (s. auch PdW Schuldrecht II **Fall 25**).

97 Voraussetzung der Gleichstellung von *aliud* und Sachmangel ist aber in allen Fällen, dass die Lieferung durch den Verkäufer **in Erfüllung seiner Verpflichtung** aus dem Kaufvertrag erfolgt, d. h. er eine entsprechende (einseitige) **Tilgungsbestimmung** setzt.[45] Er muss für den Käufer erkennbar zum Ausdruck bringen, dass die Lieferung in Erfüllung der Verpflichtung aus dem Kaufvertrag erfolgt.[46] Unter dieser (in der Praxis wohl selten erfüllten) Voraussetzung gilt die Gleichstellung auch bei krassen Identitätsabweichungen (sog. „**Totalaliud**": Der Verkäufer liefert statt des verkauften Möbelstücks einen Kanarienvogel).

98 Der Käufer kann die für ihn nur in Bezug auf die Verjährung nachteilige Gleichstellung verhindern, soweit er den Gefahrübergang verhindern kann. Weist er das als Erfüllung angebotene *aliud* nach § 320 als nicht erfüllungstauglich zurück, bleibt es bei dem unmodifizierten ursprünglichen Erfüllungsanspruch aus § 433 I, der auch der ursprünglichen 3-jährigen Regelverjährung des § 195 unterliegt. Zur Frage, ob der **Verkäufer** ein irrtümlich geliefertes aliud nach § 812 I 1 Alt. 1 zurückfordern kann s. u. Rn. 276 f.

b) Minderlieferung (Mankolieferung) und teilweise Mangelhaftigkeit

99 § 434 III stellt weiter die Lieferung einer zu geringen Menge (**Mankolieferung**) einem Sachmangel gleich. Auch hier ist erforderlich, dass der Verkäufer durch seine

[44] So etwa *Canaris*, Karlsruher Forum, 2002, 2003, S. 68 ff.; *Thier*, AcP 203 (2003), 399, 403 f.; wie hier Bamberger/Roth/*Faust*, § 434 Rn. 107 m. w. N.; *Dauner-Lieb/Arnold*, JuS 2002, 1175 (1176); *Looschelders*, BT, Rn. 71.

[45] S. dazu *S. Lorenz*, JuS 2003, 36, 37 f.

[46] S. etwa *OLG Hamm* MDR 2011, 472.

(konkludente) Tilgungsbestimmung zum Ausdruck bringt, dass er mit der Lieferung seine **gesamte** Schuld erfüllen will (sog. „**verdeckte Mankolieferung**"). Will er erkennbar nur eine Teilleistung erbringen („**offene Mankolieferung**"), erfolgt keine Gleichstellung mit dem Sachmangel. Ist der Verkäufer zu Teilleistungen nicht berechtigt, kann der Käufer die Teilleistung auch nach § 266 zurückweisen und seinen ursprünglichen Erfüllungsanspruch geltend machen oder nach einer Fristsetzung gem. § 323 vom gesamten Vertrag zurücktreten und nach § 280 I, III, 281 Schadensersatz statt der ganzen Leistung verlangen. Dabei ist er nicht an die Restriktionen des § 323 V 1 bzw. § 281 I 2 (Interessefortfall) gebunden.[47]

Beispiel (PdW Schuldrecht II **Fall 26**): K hat 120 Flaschen Wein gekauft, V liefert nur 96 Flaschen an. K kann die Annahme der 96 Flaschen grundsätzlich (Grenze: § 242 BGB) verweigern. Eine Gleichstellung mit einem Sachmangel kommt nicht in Betracht, da es nicht zum Gefahrübergang gekommen ist. K kann nach Fristsetzung nach § 323 vom (ganzen) Vertrag zurücktreten (§ 437 ist, da es noch nicht zum Gefahrübergang gekommen ist und daher eine Gleichstellung mit dem Sachmangel nach § 434 III nicht in Betracht kommt, nicht mitzuzitieren).

Nimmt der Käufer aber eine offene Mankolieferung an, kommt ein Gesamtrücktritt **100**
bzw. ein Anspruch auf Schadensersatz statt der ganzen Leistung nur unter der weiteren Voraussetzung des Interessefortfalls in Betracht (§ 323 V 1).

Beispiel: Im obigen Ausgangsbeispiel bietet V die 96 Flaschen als Teillieferung an. Wenn K die Teillieferung annimmt, kann er bezüglich der restlichen 24 Flaschen nach Fristsetzung gem. § 323 den Teilrücktritt erklären und Schadensersatz statt der Leistung verlangen. Gesamtrücktritt setzt nach § 323 V 1 **Interessefortfall** voraus, ebenso Schadensersatz statt der **ganzen** Leistung (s. § 281 I 2). V müsste also nachweisen, warum er mit den gelieferten 96 Flaschen nichts anfangen kann. § 434 III ist nicht einschlägig, da eine **offene Mankolieferung** vorlag.

Handelt es sich um eine **verdeckte Mankolieferung**, ist diese also nach § 434 III **101**
mit einem Sachmangel gleichzustellen, stellt sich die Frage, ob diese Gleichstellung nur für die § 434 ff. gilt oder auch im Rahmen von § 323 V bzw. § 281 I 2 und 3 Geltung beansprucht.[48] Dahinter verbirgt sich folgendes Problem: Steht die Mankolieferung auch im allgemeinen Leistungsstörungsrecht einer Schlechtleistung gleich, kann der Käufer (ggf. nach Fristsetzung) ohne Weiteres vom **ganzen** Vertrag zurücktreten oder Schadensersatz statt der **ganzen** Leistung verlangen, sofern nicht der Verkäufer nachweist, dass die Minderlieferung **unerheblich** ist (s. § 323 V 2 bzw. § 281 I 3). Geht man hingegen von einer Teilleistung aus, kann der Käufer vom ganzen Vertrag erst zurücktreten, wenn er selbst **Interessefortfall** nachweisen kann (§§ 323 V 1, 281 I 2), was ein wesentlich strengeres Kriterium unter abweichender Beweislast darstellt.

Beispiel: Wie o. Rn. 99, jedoch entdeckt K erst nach Lieferung, dass 24 Flaschen fehlen. Damit ist die Mankolieferung gem. § 434 III einem Sachmangel gleichzustellen. Gilt dies auch im Rahmen von § 323 V bzw. § 281 I S. 2, 3, liegt nun im rechtlichen Sinne keine Teilleistung vor, sondern V hat die Leistung mangelhaft („nicht vertragsgemäß") bewirkt. Das hätte zur Folge, dass K (nach Fristsetzung) vom gesamten Vertrag zurücktreten kann bzw. nach § 280 I, III, 281 I Schadensersatz statt der **ganzen** Leistung verlangen kann. Dabei müsste er nicht Interessefortfall nachweisen. (Gesamt-)Rücktritt bzw. Schadensersatz statt der **ganzen** Leistung wären nur ausgeschlossen, wenn die Minderlieferung **unerheblich** ist (§ 323 V 2 bzw. § 281 I 3). Das ist bei einem Manko von 20 % nicht der Fall. Verbleibt es hingegen dabei, die Mankolieferung im Rahmen dieser Vorschriften als Teilleistung zu qualifizieren, müsste K für einen Gesamtrücktritt **Interessefortfall** nachweisen.

[47] S. dazu AT Rn. 157 ff.
[48] S. dazu bereits AT Rn. 442.

102 Nach zutreffender Ansicht gilt letzteres, d. h. die Gleichstellung der Mankolieferung mit dem Sachmangel gilt nur für die Zwecke der §§ 434 ff. (also z. B. für die Verjährung oder für § 440), nicht aber für § 323 V und § 281 I 2, 3 (s. dazu u. Rn. 154, 180).[49] Andernfalls würde nämlich § 323 V 1 im Kaufrecht ein nur geringer Anwendungsbereich verbleiben, was schwerlich dem Willen des Gesetzgebers entsprechen dürfte. Weiter käme es zu schweren Wertungswidersprüchen zu Regelungsbereichen, in welchen eine solche Gleichstellung fehlt. Für die Zwecke von § 326 I 2 (s. dazu Rn. 65) gilt die Gleichstellung aber: Es kommt nicht etwa zu einer automatischen Minderung des Kaufpreises, sondern der Käufer hat die Wahl zwischen Rücktritt, Minderung und Schadensersatz statt der Leistung.

103 Gleiches muss folgerichtig zur Vermeidung von Wertungswidersprüchen auch im Falle nur **teilweiser Mangelhaftigkeit** gelten. Ist die Kaufsache teilbar und ist nur ein Teil der Leistung mangelhaft, ist damit **zweistufig** vorzugehen: Zunächst ist bezogen auf den mangelhaften Teil zu prüfen, ob der Mangel unerheblich ist (§§ 437 Nr. 2, 323 V 2). Ist er dies nicht, kann insoweit (sofern die weiteren Rücktritts- bzw. Schadensersatzvoraussetzungen vorliegen) zurückgetreten bzw. Schadensersatz statt der Leistung verlangt werden. In einem zweiten Schritt ist dann zu prüfen, ob infolge der teilweisen Mangelhaftigkeit auch das Interesse an dem mangelfreien Teil der Leistung weggefallen ist (§ 323 V 1 bzw. § 281 I 2). Nur wenn dies der Fall ist, kann insgesamt zurückgetreten oder Schadensersatz statt der ganzen Leistung verlangt werden. Aus der Sicht des Käufers macht es nämlich keinen Unterschied, ob ein Teil der Ware gar nicht geliefert wird oder mangelhaft ist.

Beispiel (PdW Schuldrecht II **Fall 27**): V liefert die von K gekauften 120 Flaschen Wein, von welchen allerdings 24 Flaschen vergoren sind: In Bezug auf den verdorbenen Wein ist K (bei Vorliegen der weiteren Voraussetzungen) zum Rücktritt berechtigt bzw. kann er insoweit Schadensersatz statt der Leistung verlangen, da der Mangel keineswegs unerheblich ist. Vom **gesamten** Vertrag zurücktreten bzw. Schadensersatz statt der **ganzen** Leistung verlangen kann er aber nur bei Nachweis von Interessefortfall an den verbliebenen 96 Flaschen.

c) Zuvielleistung

104 Die **Zuvielleistung** ist der Mankolieferung **nicht** gleichzustellen. Der Verkäufer kann das zuviel Gelieferte grundsätzlich nach § 812 I 1 Alt. 1 zurückfordern, sofern dies nicht etwa gem. § 241a oder § 814 ausgeschlossen ist. Einen Zahlungsanspruch hat er – vorbehaltlich einer (konkludenten) Vertragsänderung – nicht.[50]

6. Der maßgebliche Zeitpunkt

105 Nach § 434 I ist maßgeblicher Zeitpunkt für das Vorliegen eines Sachmangels und damit auch für die Geltung des § 437 der **Gefahrübergang**. Gemeint ist damit der Übergang der **Preisgefahr** (o. Rn. 48 ff.), d. h. im Regelfall die Übergabe (§ 446 S. 1), beim Versendungskauf die Aushändigung an die Transportperson (§ 447; s. aber Rn. 109) sowie der Eintritt von Annahmeverzug (§§ 326 II, 446 S. 3). Da beim Gattungskauf bei Lieferung/Versendung einer mangelhaften Sache mangels Konkre-

[49] Sehr str., zur Gegenansicht s. *Brox/Walker*, BT, § 4 Rn. 96; MünchKomm/*Ernst* § 323 Rn. 216; Bamberger/Roth/*Faust* § 434 Rn. 115 m. w. N.; wie hier etwa *Looschelders*, AT, Rn. 629; Palandt/*Weidenkaff* § 437 Rn. 22; *Heiderhoff/Skamel*, JZ 2006, 383, 388 f.

[50] *Looschelders*, BT, Rn. 77; zu weiteren Einzelheiten s. *S. Lorenz*, Karlsruher Forum 2005, 2006, S. 103 f.

tisierung (der Verkäufer hat nicht das „seinerseits Erforderliche" i. S. v. § 243 I, II getan) eigentlich kein Gefahrübergang eintritt, ist insoweit auf den Zeitpunkt abzustellen, in welchem die Gefahr übergehen würde, wenn die Sache mangelfrei wäre (**hypothetischer Gefahrübergang**).

Fällt der Sachmangel nach diesem Zeitpunkt **weg**, berührt dies grundsätzlich nicht 106
die bis dahin entstandenen Gewährleistungsrechte des Käufers. Insbesondere wird ein bereits erklärter Rücktritt hierdurch nicht unwirksam.[51] Grenze ist auch hier § 242. Zum für die Frage der (Un-)erheblichkeit des Sachmangels gem. § 281 I 3 bzw. § 323 V 2 maßgeblichen Zeitpunkt s. bei Rn. 154.

Erleidet der Kaufgegenstand **nach Gefahrübergang** einen Defekt, der – läge er bei 107
Gefahrübergang vor – einen Sachmangel begründen würde, so haftet der Verkäufer für diesen Umstand nicht. Sachmängelgewährleistung bedeutet eben gerade keine Garantie, dass der verkaufte Gegenstand auch nach Gefahrübergang für eine bestimmte Zeit mangelfrei bleibt.[52] Daran ändert auch die Verjährungsregelung des § 438 nichts (dazu u. Rn. 210 ff.). Sie besagt nur, wieviel Zeit dem Käufer bleibt, einen bei Gefahrübergang vorliegenden Sachmangel geltend zu machen. Freilich kann ein nach Gefahrübergang auftretender Defekt bloße Folge eines bereits bei Gefahrübergang vorliegenden Mangels sein. Das ist dann ein Problem der Beweislast (s. Rn. 110).

§ 434 ist aber auch in Bezug auf den maßgeblichen Zeitpunkt **dispositives Recht**, 108
d. h. die Parteien können vertraglich Abweichendes festlegen. Vereinbaren sie etwa, dass der Kaufgegenstand auch eine bestimmte Zeit nach Gefahrübergang mangelfrei bleiben soll, spricht man von einer „**Haltbarkeitsgarantie**" (s. die Legaldefinition in § 443), dazu u. Rn. 200.

Der nach § 434 maßgebliche Zeitpunkt gilt auch im Bereich des **Verbrauchsgüter-** 109
kaufrechts. Allerdings tritt hier der Gefahrübergang beim Versendungskauf gem. § 474 II 2, der § 447 für unanwendbar erklärt, ebenfalls erst mit Übergabe der Kaufsache oder Annahmeverzug ein (§ 446). Außerdem enthält § 476 eine besondere Beweislastregelung zugunsten des Käufers (s. Rn. 242 ff.).

7. Beweislast

Ausgangspunkt der Beweislast ist die ungeschriebene Regel, dass derjenige, der eine 110
ihm günstige Rechtsfolge behauptet, das Vorliegen der dafür erforderlichen Tatbestandsvoraussetzungen nachzuweisen hat. Damit hat zunächst der Käufer die Voraussetzungen der Gewährleistung wie etwa das Vorliegen einer bestimmten Beschaffenheitsvereinbarung nachzuweisen. Hinsichtlich der Konformität der Kaufsache in Bezug auf diese Kriterien gilt § 363: Wegen § 433 I 2 ist nämlich auch die mangelhafte Leistung eine „unvollständige Leistung". Sobald der Käufer die Kaufsache „als Erfüllung angenommen" hat, trägt er die Beweislast für das Vorliegen eines Sachmangels zum Zeitpunkt des Gefahrübergangs.[53] Annahme „als Erfüllung" ist dabei keineswegs mit Gefahrübergang gleichzusetzen. Sie setzt eine **tatsächliche Entgegennahme** der Leistung sowie den erkennbaren Willen voraus, diese als im Wesentlichen ordnungs-

[51] S. *BGH* NJW 2009, 508: Nachträgliche Beseitigung des Mangels ohne Einverständnis des Käufers.
[52] *BGH* NJW 2007, 759.
[53] *BGH* NJW 2004, 2299; 2006, 434.

gemäße Erfüllung gelten lassen zu wollen. Zur Beweislast für das Fortbestehen eines Mangels nach erfolgter Nacherfüllung u. Rn. 152.

So kann etwa auch beim Versendungskauf trotz des mit Versendung eingetretenen Gefahrübergangs (§ 447, s. Rn. 53) der Käufer die Annahme der Sache von der Transportperson verweigern. Bei verpackter Ware kann er dies auch noch zu einem späteren Zeitpunkt, denn die bloße Entgegennahme der Sache stellt als solche noch keine Billigung als im Wesentlichen vertragsgemäß dar. Der Verkäufer hat dann nachzuweisen, dass die Sache bei Gefahrübergang (also bei Auslieferung an die Transportperson) mangelfrei war.

111 Erschwert der Verkäufer dem Käufer zumindest fahrlässig die Beweisführung, indem er etwa ein ausgetauschtes Ersatzteil nicht aufbewahrt, können dem Käufer nach den prozessrechtlichen Grundsätzen der **Beweisvereitelung** im Einzelfall Beweiserleichterungen bis hin zu einer Beweislastumkehr zugute kommen.[54]

II. Der Rechtsmangel

112 Gem. § 433 I 2 hat der Verkäufer nicht nur sachmangelfrei, sondern auch rechtsmangelfrei zu leisten. Die Relevanz der manchmal nicht einfachen Unterscheidung zwischen Sach- und Rechtsmangel ist seit der Neuregelung des Kaufrechts zum 1. 1. 2002 deutlich gesunken, weil – was erklärtes Ziel des Gesetzgebers war – Sach- und Rechtsmängel durch das Gesetz in Bezug auf die sich daraus ergebenden Rechte des Käufers weitgehend gleichgestellt sind.

1. Begriff des Rechtsmangels

113 Nach § 435 ist eine Sache frei von Rechtsmängeln, wenn Dritte in Bezug auf die Sache keine oder nur die im Kaufvertrag übernommenen Rechte gegen den Käufer geltend machen können. Das sind vor allem beschränkte **dingliche** Rechte Dritter wie etwa Pfandrechte, Hypotheken und Grundschulden oder Dienstbarkeiten. Auch Immaterialgüterrechte oder Persönlichkeitsrechte wie insbesondere das Recht am eigenen Bild oder am eigenen Namen können Rechtsmängel begründen, wenn sie gegen den Käufer geltend gemacht werden können.

Beispiel (PdW Schuldrecht II **Fall 16**, BGHZ 110, 196): K möchte T-Shirts mit dem Aufdruck eines Bildes von Boris Becker und der Aufschrift „Boris Becker Superstar“ vertreiben. Er erwirbt zu diesem Zweck die entsprechenden Aufbügelmotive von V. Die damit hergestellten T-Shirts sind unverkäuflich, weil Boris Becker deren Vertrieb gerichtlich verbieten ließ, da die Verwendung seines Bildes und seines Namens ohne sein Einverständnis erfolgte. Hier liegt ein anfänglicher unbehebbarer Rechtsmangel vor, V haftet gem. §§ 437 Nr. 3, 311a II auf Schadensersatz statt der Leistung, sofern kein gesetzlicher Haftungsausschluss nach § 442 (Kenntnis oder grobfahrlässige Unkenntnis des Rechtsmangels seitens K) vorliegt.

114 Bloß **obligatorische** Rechte Dritter begründen im Regelfall deshalb keinen Rechtsmangel, weil sie grundsätzlich nur zwischen den Parteien, also zwischen dem Verkäufer und einem Dritten, nicht aber gegenüber dem Käufer wirken (**Relativität des Schuldrechts**).[55] Sofern aber ausnahmsweise gegen den Verkäufer gerichtete obligatorische Rechte Dritter auch gegenüber dem Käufer wirken, können diese Rechtsmängel begründen.

[54] S. etwa *BGH* NJW 2006, 434 für einen Fall der Beweisvereitelung durch den Käufer im Rahmen von § 476.

[55] S. dazu AT Rn. 30 ff.

Beispiel (PdW Schuldrecht II **Fall 12**): V verkauft sein an M vermietetes Hausgrundstück durch notariellen Kaufvertrag zunächst an M, dann an K. Er übereignet es (§ 925) anschließend an K. Erst als M sich unter Berufung auf den mit V geschlossenen Kaufvertrag sowie unter Hinweis auf den Mietvertrag weigert, das Haus zu räumen, erfährt K von der Vermietung. Der vorherige Verkauf an M begründet keinen Rechtsmangel, weil M seinen Anspruch auf Übereignung aus dem mit V geschlossenen Kaufvertrag (§ 433 I 1) nur gegenüber diesem geltend machen kann. Den zunächst nur gegenüber V bestehenden Anspruch aus dem Mietvertrag auf Gebrauchsüberlassung (§ 535 I) kann M aber gegenüber K geltend machen, weil dieser gem. § 566 I kraft Gesetzes Partei des Mietvertrags geworden ist, der M gegenüber K ein Besitzrecht i. S. v. § 986 I 1 gibt (dazu u. Rn. 496 ff.).

Im Unterschied zum Sachmangel setzt das Bestehen eines Rechtsmangels **nicht** voraus, dass die vertragliche oder gewöhnliche Verwendbarkeit der Sache beeinträchtigt ist. Allein das Bestehen des Rechts eines Dritten begründet den Rechtsmangel unabhängig davon, ob der Dritte dieses Recht tatsächlich geltend macht (s. schon o. Rn. 30 zum Eviktionsprinzip; anders im Mietrecht, s. Rn. 455). 115

2. Abgrenzung zum Sachmangel

Problematisch ist die Abgrenzung von Rechts- und Sachmängeln manchmal deshalb, weil, wie o. Rn. 74 dargelegt, ein Sachmangel auch in der **rechtlichen** Beziehung der Sache zur Umwelt begründet sein kann. Freilich muss dieser Umstand u. a. von der Sache selbst ausgehen. Das ist bei privaten Rechten Dritter wegen der grundsätzlich unbeschränkbaren Veräußerbarkeit von Gegenständen gerade nicht der Fall. So wird etwa die Unbebaubarkeit eines Grundstücks aus privatrechtlichen Gründen wie z. B. einer beschränkt persönlichen Dienstbarkeit zugunsten des Nachbarn (§ 1018 ff.) als Rechtsmangel qualifiziert. Öffentlich-rechtliche Benutzungsbeschränkungen sind dann ein Rechtsmangel, wenn sie nicht von der Sache selbst (also z. B. ihrer Lage) ausgehen. So ist etwa die Benutzungsbeschränkung einer aus Mitteln des sozialen Wohnungsbaus geförderten Wohnung ein Rechtsmangel,[56] ebenso die hoheitliche Beschlagnahme des Kaufgegenstandes.[57] Knüpfen öffentlich-rechtliche Beschränkungen hingegen an die Beschaffenheit eines Gegenstandes wie etwa die Lage eines Grundstücks an, so liegt ein Sachmangel vor. Das gilt etwa für die Unbebaubarkeit eines Grundstücks nach öffentlichem Baurecht. 116

3. Fehlende Eigentumsverschaffung als Rechtsmangel?

Kontrovers diskutiert wird, ob auch dann ein Rechtsmangel vorliegt, wenn der Verkäufer dem Käufer kein Eigentum verschaffen kann oder ob in diesem Fall ein allein im allgemeinen Leistungsstörungsrecht anzusiedelnder Fall der Nichterfüllung vorliegt, der allein nach Verspätungs- oder Unmöglichkeitsrecht zu behandeln ist. Praktisch bedeutsam ist diese Frage für die Verjährung sowie für das vom allgemeinen Leistungsstörungsrecht nicht vorgesehene Recht zur Minderung. Die wohl h. M. sieht in der fehlenden Eigentumsverschaffung einen Fall vollständiger Nichterfüllung, da hier schon die Pflicht aus § 433 I 1 (Pflicht zur Eigentumsverschaffung) und nicht erst diejenige aus § 433 I 2 (Pflicht zu rechtsmangelfreier Leistung) verletzt ist.[58] Der 117

[56] *BGH* NJW 2000, 1256.

[57] *BGH* NJW 1991, 915; 2004, 1802; *Wertenbruch*, ZGS 2004, 367.

[58] Bamberger/Roth/*Faust*, § 438 Rn. 14; Palandt/*Weidenkaff*, § 438 Rn. 6 m. w. N.; a. A. *OLG Karlsruhe* NJW 2005, 477; *Canaris*, JZ 2003, 831, 832; *Meier*, JR 2003, 353, 355; *Pahlow*, JuS 2006, 289, 292.

BGH ist dem gefolgt.[59] Hiergegen könnte die Verjährungsregelung des § 438 I Nr. 1 sprechen, die eine 30-jährige Verjährung vorsieht, wenn der Mangel „in einem dinglichen Recht eines Dritten besteht, auf Grund dessen Herausgabe der Kaufsache verlangt werden kann". Ein Herausgabeanspruch aus § 985 ist hierfür wohl der wichtigste Beispielsfall, den auch der Gesetzgeber im Auge gehabt haben dürfte.[60] Als ein solches Recht kommen freilich nicht nur das Eigentum eines Dritten sondern auch Erbbaurechte (§ 11 I 1 ErbbauVO), Nießbrauch (§ 1036 I), Wohnungsrechte (§§ 1036 I, 1093 I), Pfandrechte an beweglichen Sachen (§§ 985, 1227), Dauerwohn- und Nutzungsrechte (§ 31 III, 34 II WEG) in Betracht. Jedenfalls aber ist, wenn man das fehlende Eigentum des Verkäufers mit der h. M. nicht als Rechtsmangel begreift, auf die Verjährung der dann allein aus dem allgemeinen Leistungsstörungsrecht resultierenden Rechtsbehelfe des Käufers § 438 I Nr. 1 analog anzuwenden, d. h. die Ansprüche des Käufers gegen den Verkäufer verjähren in 30 Jahren.[61]

4. Besonderheiten des Grundstücksrechts

118 Grundsätzlich können nur **tatsächlich bestehende** Rechte Dritte einen Rechtsmangel darstellen. Es kann aber vorkommen, dass das Recht eines Dritten, obwohl es rechtlich nicht mehr besteht, weiterhin im Grundbuch eingetragen ist. Das ist vor allem bei sog. akzessorischen Sicherungsrechten der Fall: So erlischt eine Hypothek (§ 1113) automatisch mit Tilgung der gesicherten Forderung. Auch eine Auflassungsvormerkung (§ 883) erlischt, wenn der gesicherte Anspruch nicht (mehr) besteht. Solche bloßen „Buchrechte" beeinträchtigen die Rechtsposition des Erwerbers zwar nicht rechtlich, weil er nach § 894 deren Berichtigung verlangen kann, wohl aber faktisch. Dritte, welchen er das Grundstück weiterveräußern will, können ja nicht genau wissen, ob das eingetragene Recht tatsächlich besteht oder nicht. Die Rechtsstellung des Erwerbers wird weiter dadurch bedroht, dass ein unrichtig eingetragenes Recht u. U. nach § 892 von Dritten gutgläubig erworben werden kann. § 435 S. 2 stellt daher solche bloßen „Buchrechte" einem Rechtsmangel gleich.

Eine weitere Sonderregelung enthält § 436 für bestimmte **öffentliche Lasten** eines Grundstücks.

5. Zeitpunkt

119 Anders als bei der Definition des Sachmangels erwähnt das Gesetz in § 435 nicht den für das Bestehen eines Rechtsmangels maßgebenden Zeitpunkt. Richtigerweise ist unabhängig vom Gefahrübergang an den Zeitpunkt des **Eigentumsübergangs** bzw. an den Zeitpunkt, in welchem bei Abwesenheit des Rechtsmangels Eigentum übergegangen wäre, anzuknüpfen.[62] Beim Kauf unter **Eigentumsvorbehalt** (u. Rn. 283 ff.) kommt es damit auf den Zeitpunkt des Bedingungseintritts (§ 449 I) an, sofern nicht das Recht des Dritten bereits das Anwartschaftsrecht des Käufers beeinträchtigt.

---

[59] BGHZ 174, 61 = NJW 2007, 3777 Tz. 27.

[60] Begründung. des Regierungsentwurfs, BT-Drs. 14/6040, S. 227.

[61] *Looschelders*, BT, Rn. 79; Bamberger/Roth/*Faust*, § 438 Rn. 14; Palandt/*Weidenkaff*, § 438 Rn. 6 m. w. N.; offengelassen von *BGH* NJW 2007, 3777 Tz. 28.

[62] S. nur *Pahlow*, JuS 2006, 289, 290 f. m. w. N.

§ 78. Die Rechtsbehelfe des Käufers im Einzelnen

Literatur: S. die Hinweise zu § 76 sowie *Ackermann*, Die Nacherfüllungspflicht des Stückverkäufers, JZ 2002, 378; *Augenhofer/Appenzeller*, Nacherfüllungsort und Aus- und Einbaukosten JuS 2011, 680; *Canaris*, Die Einstandspflicht des Gattungsschuldners und die Übernahme eines Beschaffungsrisikos nach § 276 BGB, FS Wiegand, 2005, S. 179; *ders.*, Der Vertrag mit ersetzbarer Primärleistung als eigenständige Rechtsfigur und die Zentralprobleme seiner Ausgestaltung, FS Westermann, 2008, 137; *Dauner-Lieb*, Kein Kostenersatz bei Selbstvornahme des Käufers – Roma locuta, causa finita!?, ZGS 2005, 169; *Dauner-Lieb/Arnold*, Kein Rücktrittsrecht des Käufers bei von ihm verschuldeter Unmöglichkeit der Nacherfüllung?, FS Hadding, 2004, S. 26; *Ernst*, Sachmängelhaftung und Gefahrtragung, FS Huber, 2006, S. 165; *Gsell*, Kaufvertragliche Nacherfüllung in der Schwebe, FS Huber, 2006, S. 299; *dies.*, Beschaffungsnotwendigkeit und Ersatzlieferung beim Stück- und beim Vorratskauf, JuS 2007, 97; *dies.*, Nacherfüllungsort beim Kauf und Transportlast des Käufers, JZ 2011, 988; *Herresthal/Riehm*, Die eigenmächtige Selbstvornahme im allgemeinen und besonderen Leistungsstörungsrecht, NJW 2005, 1457; *U. Huber*, Die Schadensersatzhaftung des Verkäufers wegen Nichterfüllung der Nacherfüllungspflicht und die Haftungsbegrenzung des § 275 Abs. 2 BGB neuer Fassung, FS Schlechtriem, 2003, 521; *Kandler*, Kauf und Nacherfüllung, 2004; *Kohler*, Rücktrittsausschluß im Gewährleistungsrecht bei nachträglicher Nacherfüllungsunmöglichkeit, AcP 203 (2003) 530; *Looschelders*, Unerheblichkeit des Mangels und Arglist des Verkäufers, JR 2007, 309; *ders.*, Der Bezugspunkt des Vertretenmüssens bei Schadensersatzansprüchen wegen Mangelhaftigkeit der Kaufsache, FS Canaris, Bd. I, 2007, 737; *S. Lorenz*, Nacherfüllungsanspruch und Obliegenheiten des Käufers: Zur Reichweite des „Rechts zur zweiten Andienung", NJW 2004, 3020; *ders.*, Arglist und Sachmangel – Zum Begriff der Pflichtverletzung in § 323 V S. 2 BGB, NJW 2006, 1925; *ders.*, Fünf Jahre „neues" Schuldrecht im Spiegel der Rechtsprechung; *ders.*, Vertragserhaltung im Kaufrecht, FS Wolfsteiner, 2007, S. 121; *ders.*, Diagnoserisiko und Aufwendungsersatz bei nicht geschuldeter Nacherfüllung, 2. FS Medicus, 2009, S. 265; *ders.*, Die Reichweite der kaufrechtlichen Nacherfüllungspflicht durch Neulieferung, NJW 2009, 1633; *ders.*, Ein- und Ausbauverpflichtung des Verkäufers bei der kaufrechtlichen Nacherfüllung: Ein Paukenschlag aus Luxemburg und seine Folgen, NJW 2011, 2241 ff; *S. Lorenz/F. Bauer*, Rücktritt und Minderung bei erfolgreicher Nacherfüllung? Zugleich ein Beitrag zur Gefahrtragung während der Nacherfüllung, FS Kropholler, 2008, S. 59; *S. Lorenz/Stringari*, Mangelschaden und Mangelfolgeschaden im reformierten deutschen und griechischen Schuldrecht, FS Georgiades, 2005, S. 345; *T. Lorenz*, Das Nacherfüllungsrecht des Verkäufers, 2010; *Mankowski*, Die Anspruchsgrundlage für den Ersatz von „Mangelfolgeschäden" (Integritätsschäden), JuS 2006, 481; *ders.*, Hat der Verkäufer unter dem BGB ein Recht zur zweiten Andienung?, JZ 2011, 781; *ders.*, Nachbesserung und Verbesserung beim Kauf, NJW 2011, 1025; *Medicus*, Die unverhältnismäßig teure Nachbesserung beim Kauf, FS K. Schmidt, 2009, S. 1153; *Peters*, Die Erfüllungsgehilfen des Verkäufers neu hergestellter Sachen, ZGS 2010, 24; *H. Roth*, Zur Reichweite des Beschaffungsrisikos bei der Gattungsschuld, 2. FS Medicus, 2009, S. 371; *Schroeter*, Das Recht zur zweiten Andienung im System des Schuldrechts, AcP 207 (2007) S. 28; *Skamel*, Nacherfüllung beim Sachkauf, 2008; *ders.*, Teilleistung im Kaufrecht, JZ 2006, 383; *Stringari*, Die Haftung des Verkäufers für mangelbedingte Schäden, 2007; *Tröger*, Das Recht zur zweiten Andienung im System des Schuldrechts, AcP 207 (2007), 28; *Unberath/Cziupka*, Der Leistungsort der Nacherfüllung, JZ 2008, 867.

I. Die Rechtsgrundverweisung des § 437 als Ausgangspunkt

Wie bereits o. § 77 (Rn. 60 ff.) in einem Überblick über die Systematik des Gewährleistungsrechts dargelegt, resultieren die Rechtsbehelfe des Käufers im Falle eines Sach- oder Rechtsmangels zum Großteil aus dem allgemeinen Leistungsstörungsrecht. Allerdings werden diese Rechtsbehelfe teilweise modifiziert und durch weitere Rechtsbehelfe wie insbesondere den Nacherfüllungsanspruch (§ 439) und das Minderungsrecht (§ 441) ergänzt. Ausgangspunkt ist die in § 433 I 2 verankerte Pflicht zur mangelfreien Leistung. Überleitungsnorm zu den einzelnen Rechtsbehelfen ist § 437, der im Rahmen einer **Rechtsgrundverweisung** („...wenn die Voraussetzungen der folgenden Vorschriften vorliegen ...") katalogartig die in Betracht kommen- 120 den Rechtsbehelfe aufzählt. Dabei hat § 437 durchaus auch eigenständige Bedeutung: Er dient insbesondere als Anknüpfungspunkt für die Verjährungsregelung des § 438, die ausdrücklich auf die in § 437 bezeichneten Rechte Bezug nimmt. In der Fallbearbeitung ist die Vorschrift, wenn der Anwendungsbereich des Gewährleistungsrechts eröffnet ist, stets und exakt mitzuzitieren.

So sollte etwa, wenn es um das Rücktrittsrecht des Käufers wegen eines behebbaren Sachmangels geht, als Grundlage des Rücktrittsrecht nicht lediglich auf § 323, sondern auf §§ 437 Nr. 2, 323 abgestellt werden.

Weiter stellt sich die Frage, inwieweit die Aufzählung abschließend ist, d. h. andere, dort nicht aufgezählte Rechtsbehelfe ausschließt (s. dazu bei Rn. 268 ff.).

II. Der Nacherfüllungsanspruch (§ 439)

1. Überblick und Funktion

a) Dogmatische Natur

121 § 439 gibt dem Käufer ein Recht auf Nacherfüllung entweder in Form der Mängelbeseitigung oder durch Lieferung einer mangelfreien Sache. Dieser Nacherfüllungsanspruch ersetzt ab dem Zeitpunkt der Geltung des Gewährleistungsrechts den ursprünglichen Erfüllungsanspruch auf mangelfreie Leistung aus § 433 I 2. Er ist also eine Modifikation dieses ursprünglichen Anspruchs. Dass er mit ihm nicht identisch ist, ergibt sich schon aus dem abweichenden Anspruchsinhalt sowie aus der Tatsache, dass er der kürzeren gewährleistungsrechtlichen Verjährung des § 438 unterliegt.

b) Kein Vertretenmüssen

122 Wichtig ist weiter, dass der Nacherfüllungsanspruch **vom Vertretenmüssen unabhängig** ist. Er entsteht unmittelbar mit der Lieferung der mangelhaften Sache. Das ist mittelbar auch für Schadensersatzansprüche von Bedeutung: Hat der Verkäufer nämlich die Lieferung der mangelhaften Sache selbst, d. h. die Verletzung der Pflicht aus § 433 I 2 nicht zu vertreten, kann *diese* nicht Grundlage einer Schadensersatzpflicht auf der Basis von § 280 oder § 311a II sein. Dann aber kann der Verkäufer dennoch auf Schadensersatz haften, wenn er die Nichtvornahme der Nacherfüllung zu vertreten hat, in der eine erneute Pflichtverletzung i. S. v. § 280 I 1 zu sehen ist (dazu u. Rn. 173).

c) Vorrang der Nacherfüllung – das „Recht zur zweiten Andienung"

123 Die wichtigste Funktion des Nacherfüllungsanspruchs ergibt sich nicht aus § 439 selbst, sondern aus den Vorschriften über Rücktritt, Minderung und Schadensersatz statt der Leistung. Ist ein Mangel nämlich im Wege der Nacherfüllung behebbar, setzen alle diese weiteren Rechtsbehelfe des Käufers grundsätzlich voraus, dass der Käufer dem Verkäufer ergebnislos eine angemessene Frist zur Nacherfüllung gesetzt hat (s. § 437 Nr. 2 i. V. m. § 323 und § 441 sowie Nr. 3 i. V. m. § 281). Daraus ergibt sich reflexartig ein **„Recht" des Käufers zur zweiten Andienung**: Er hat die Chance, sich durch einen zweiten Erfüllungsversuch „sein Geld zu verdienen". Zugleich verwehrt das Fristsetzungserfordernis damit dem Käufer, sich aus sachfremden Motiven,

d. h. nur anläßlich des Mangels, von einem Kaufvertrag zu lösen, dessen Abschluss er eigentlich aus ganz anderen Gründen bereut.

Genau genommen kann man hier freilich nicht von einem „Recht" sprechen, denn der Verkäufer hat keinen durchsetzbaren Anspruch, die Nacherfüllung tatsächlich erbringen zu dürfen.[1] Es handelt sich vielmehr lediglich um eine **Obliegenheit**[2] des Käufers, dem Verkäufer einen Nacherfüllungsversuch einzuräumen: Tut er dies nicht, kann er die weiteren Rechtsbehelfe (Rücktritt, Minderung, Schadensersatz statt der Leistung) nicht geltend machen.

Der Vorrang der Nacherfüllung ist damit Ausdruck des **Grundsatzes der Vertragserhaltung**.[3] Dieser gilt natürlich nicht uneingeschränkt. Wo die Interessen des Käufers an der sofortigen Geltendmachung anderer Rechtsbehelfe überwiegen, befreit ihn das Gesetz von dem Fristsetzungserfordernis (s. den ebenfalls in § 437 Nr. 2 und Nr. 3 mitzitierten § 440). Überwiegen die Verkäuferinteressen, reagiert das Gesetz mit dem Recht, die Nacherfüllung zu verweigern (s. § 439 III), s. dazu die **grafische Übersicht** bei Rn. 147. 124

2. Inhalt

a) Mängelbeseitigung und Nachlieferung, Wahlrecht des Käufers

Der Käufer kann nach seiner Wahl Beseitigung des Mangels oder aber Lieferung einer mangelfreien Sache verlangen. Das Wahlrecht des Käufers ist dabei kein Gestaltungsrecht: Bis zur Erfüllung kann der Käufer eine einmal getroffene Wahl grundsätzlich ändern.[4] Auch kann der Käufer, wenn die Rücktrittsvoraussetzungen vorliegen, von seinem ursprünglichen Nacherfüllungsverlangen auf ein Rücktrittsrecht übergehen. Beidem setzt im Einzelfall allerdings § 242 Grenzen (wenn etwa der Verkäufer bereits mit aufwändigen Nacherfüllungsmaßnahmen begonnen hat).[5] 125

Macht der Käufer einen Anspruch auf **Mängelbeseitigung** geltend, so ist der Verkäufer verpflichtet, den Mangel selbst zu beseitigen oder ihn durch einen Dritten beseitigen zu lassen. Art und Weise der Beseitigung kann er selbst bestimmen. Die notwendigen **Kosten** einschließlich der Transportkosten hat er nach § 439 II zu tragen.[6] Diese Regelung ist nach der Lesart des BGH eine **Anspruchsgrundlage,** aufgrund derer der Käufer unabhängig vom Erfüllungsort der Nacherfüllungsverpflichtung (s. dazu Rn. 128) Kostenerstattung z. B. der Transportkosten verlangen kann.[7] Sie impliziert nach dem BGH sogar einen Anspruch auf einen entsprechenden Kostenvorschuss.[8] Wird die Sache im Wege der Mängelbeseitigung über die vertraglich geschuldeten Beschaffenheiten hinaus verbessert, hat der Käufer hierfür keinen Ausgleich zu leisten.[9] 126

[1] Zutr. *Canaris,* FS Kropholler, 2008, S. 3, 12; eingehend *Mankowski,* JZ 2011, 781 ff.; a. A. etwa *Schroeter,* AcP 207 (2007), 28, 33 f.

[2] Zu diesem Begriff s. AT Rn. 125.

[3] S. dazu AT Rn. 440 sowie *S. Lorenz,* FS Wolfsteiner, 2007, S. 121 ff.

[4] A. A. *Looschelders,* BT, Rn. 87.

[5] Im Ergebnis wie hier *Gsell,* FS Huber, 2006, S. 299 ff., die zwar von einer Wahlschuld (§ 262) ausgeht, ein ius variandi des Käufers aber bejaht, bis sich der Verkäufer in schützenswerter Weise auf den gewählten Rechtsbehelf eingestellt hat.

[6] Zur Gefahrtragung während der Mängelbeseitigung s. *Lorenz/Bauer* FS Kropholler, 2008, S. 59 ff.

[7] *BGH* NJW 2011, 2278 Tz. 37.

[8] BGH a.a. O..

[9] S. dazu im Einzelnen *Mankowski,* NJW 2011, 1025.

127 Wählt der Käufer **Lieferung einer mangelfreien Sache** (Neulieferung), so muss beim **Gattungskauf** ein erfüllungstaugliches (§ 243 I) Exemplar der geschuldeten Gattung geliefert werden. Die hierfür anfallenden **Kosten** trägt nach § 439 II ebenfalls der Verkäufer. Beim **Stückkauf** beschränkt sich das Schuldverhältnis von vorneherein auf einen individualisierten Gegenstand, so dass in diesem Fall Nacherfüllung durch Lieferung eines anderen Gegenstandes grundsätzlich nicht in Betracht zu kommen scheint. Freilich können die Parteien auch im Falle einer Stückschuld vereinbaren, dass die Nacherfüllung durch einen anderen vergleichbaren Gegenstand erfolgen kann. Ergibt sich im Wege der (ggf. ergänzenden) Vertragsauslegung ein solcher Parteiwille, ist es unproblematisch, auch im Falle einer ursprünglichen Stückschuld Nacherfüllung im Wege der Neulieferung zu gewähren. Entscheidend ist aber nicht alleine, ob eine gleichartige andere Sache existiert, sondern ob sich überdies dem Vertrag im Wege der Auslegung entnehmen lässt, dass eine solche nacherfüllungstauglich sein soll, d. h. der Verkäufer verpflichtet sein soll, eine solche zu liefern. Daher kann nicht pauschal darauf abgestellt werden, ob es sich um eine „vertretbare Sache“ i. S. v. § 91 handelt. Vielmehr muss die Sache „ersetzbar“ sein, was sich allein nach dem Parteiwillen richtet. Bei einem Privatverkauf einer Speziessache wird das regelmäßig zu verneinen sein, weil der Privatverkäufer sich erkennbar nicht verpflichten will, eine andere als die verkaufte Sache zu besorgen. Bei einem Verkauf durch einen Händler dürfte ein entsprechender Parteiwille hingegen häufiger vorliegen. *Canaris* spricht in diesem Zusammenhang von einem „Vertrag mit ersetzbarer Primärleistung“ als einer eigenständigen Rechtsfigur, auf welchen die Regeln über die Konkretisierung (§ 243 II) entsprechend anwendbar seien.[10]

Beispiel (PdW Schuldrecht II **Fall 30**): K möchte beim Autohändler V, einem Vertragshändler von VW, einen Pkw VW Sharan mit einem 96 kW Turbodieselmotor erwerben. V bietet ihm einen bereits vorhandenen Neuwagen an, der über einen solchen Motor verfügen soll. Nach Übergabe stellt sich heraus, dass der Motor lediglich eine Leistung von 66 Kw aufbringt. K verlangt Lieferung eines neuen Fahrzeugs, während V lediglich den Motor austauschen will: Zwar handelt es sich um einen Stückkauf, jedoch sollte sich das Schuldverhältnis nach dem Parteiwillen nicht ausschließlich auf diese Sache beschränken. Ursprünglich war ein Gattungskauf geplant, an dessen Stelle die Parteien nur deshalb einen Stückkauf gesetzt hatten, weil die vorhandene Sache vermeintlich den gewünschten Gattungsmerkmalen entsprach. Da V als Vertragshändler auch jederzeit ein anderes Fahrzeug besorgen kann, lässt sich im Wege (ergänzender) Vertragsauslegung ein entsprechender (hypothetischer) Parteiwille ermitteln. K kann daher im Wege der Nacherfüllung die Lieferung eines anderen Fahrzeugs verlangen.

Auch beim professionellen Verkäufer ist jedoch bei der Ermittlung des Parteiwillens auf die Umstände des Einzelfalls einzugehen. So wird etwa ein Händler beim Verkauf von „Restposten“ lediglich aus dem vorhandenen Vorrat nachliefern wollen, sich aber keineswegs verpflichten, entsprechende Ware auf dem Markt zu besorgen.

Beispiel: Im obigen Beispiel wurde V der Vertragshändlervertrag gekündigt. Er verkauft den Pkw als „Restposten“, da er keine weiteren Fahrzeuge besorgen kann oder will. K kann nicht Nacherfüllung im Wege der Neulieferung verlangen.

Ist der Mangel nicht zu beseitigen, ist der Mängelbeseitigungsanspruch nach § 275 I ausgeschlossen. Ist auch Neulieferung ausgeschlossen, liegt ein im rechtlichen Sinne **unbehebbarer** Mangel vor mit der Folge, dass sich die weiteren Rechtsbehelfe des Käufers nach den Regeln des **Unmöglichkeitsrechts**, d. h. den §§ 437 Nr. 2, 3 i. V. m. 326 V, 311a II, 280 I, III, 283 richten. Eine Fristsetzung ist dann nicht erforderlich.

[10] *Canaris,* FS Westermann, 2008, S. 137 ff.

b) Erfüllungsort

Äußerst kontrovers diskutiert wird die Frage des **Erfüllungsorts** des Nacherfüllungsanspruchs. Rspr. und Literatur standen bisher wohl mehrheitlich auf dem Standpunkt, dass der Erfüllungsort bzw. die Leistungsstelle für die Nacherfüllungspflicht **nicht** mit dem ursprünglichen Erfüllungsort der Lieferungspflicht identisch sind. Erfüllungsort sei vielmehr der Ort, an welchem sich die Sache „vertragsgemäß" befinde.[11] Begründet wurde dies im Wesentlichen mit Art. 3 II, IV VerbrGKRl.: Danach umfasst der Begriff der Unentgeltlichkeit „die für die Herstellung des vertragsgemäßen Zustands des Verbrauchsgutes notwendigen Kosten, insbesondere Versand-, Arbeits- und Materialkosten". Hieraus abzuleiten, Erfüllungsort für die Nacherfüllungsverpflichtung sei der Belegenheitsort der Sache, ist freilich keineswegs zwingend, lässt sich doch die Frage der Kostentragung von derjenigen des Erfüllungsortes durchaus trennen.[12] § 439 II beantwortet nämlich nicht zwingend die Frage des Erfüllungsorts, sondern ließe sich auf die Frage der Kostentragung reduzieren. Auch ist der Begriff der „vertragsgemäßen" Belegenheit irreführend, weil der Ort der Verwendung einer Kaufsache regelmäßig gerade *nicht* Gegenstand einer Parteivereinbarung ist. In der Literatur mehrten sich deshalb die Stimmen, welche den Erfüllungsort für die Nacherfüllungsverpflichtung mit dem ursprünglichen Erfüllungsort gleichsetzen, dennoch aber eine Kostentragungspflicht des Verkäufers für die dorthin anfallenden Transportkosten bejahen.[13] Der BGH hat schließlich klargestellt, dass die Frage des Erfüllungsorts in § 439 keine Regelung gefunden hat, sich insbesondere nicht aus der Kostenregelung des § 439 II ergibt. Da der Nacherfüllungsanspruch auch nicht mit dem ursprünglichen Erfüllungsanspruch identisch sei, sei der Erfüllungsort daher weder mit dem ursprünglichen Erfüllungsort identisch, noch befinde er sich an der „vertragsgemäßen" Belegenheit der Sache (die es ohnehin nicht gibt, weil die Belegenheit der Sache i. d. R. gerade nicht vertraglich vereinbart wird). Fehlt es damit an einer besonderen gesetzlichen Regelung, gilt die allgemeine Regel des § 269. Mangels einer (möglichen) vertraglichen Vereinbarung ist demnach primär auf die Umstände, insbesondere die Natur des Schuldverhältnisses abzustellen. Führt das nicht weiter, ist Erfüllungsort der Wohnsitz bzw. die Niederlassung (§ 269 II) des Verkäufers.[14] Für die Frage, ob sich der Erfüllungsort aus der „Natur des Schuldverhältnisses" ergibt, ist dabei primär auf die Verkehrsanschauung abzustellen. So wird man nach Ansicht des BGH etwa bei alltäglichen Ladengeschäften eine Verkehrsanschauung des Inhalts feststellen können, dass die Sache dort „umzutauschen" ist.[15] Bei Reparaturen von technischen Geräten werden Reparatur- und Diagnosearbeiten sinnvollerweise nur beim Verkäufer stattfinden können, so dass die Verkehrsanschauung ebenfalls für einen Erfüllungsort beim Verkäufer spricht.[16] Fehlt eine solche Verkehrsanschauung, ist Erfüllungsort der Wohnsitz bzw. die Niederlassung des Verkäufers. Das stehe im Verhältnis Unternehmer/Verbraucher auch mit der VerbrGKRl. im Einklang, da 128

[11] So *AG Menden* NJW 2004, 2171; *OLG München* NJW 2006, 449; *BGH* NJW-RR 2008, 724 Tz. 13; anders aber *OLG München* NJW 2007, 3214 (ursprünglicher Erfüllungsort); offengelassen in *BGH* NJW 2008, 2837 Tz. 27.

[12] S. insb. *Unberath/Cziupka*, JZ 2008, 867 ff.; *Reinking*, NJW 2008, 3608.

[13] *Ball*, NZV 2004, 217, 220 f.; *Unberath/Cziupka*, JZ 2008, 867, 871, 873 m. w. N.

[14] *BGH* NJW 2011, 2278 Tz. 29; s. dazu insbesondere die Kritik von *Gsell*, JZ 2011, 988, wonach der nach § 269 I zu bestimmende Erfüllungsort mit dem ursprünglichen Erfüllungsort identisch ist.

[15] Auch hierzu kritisch *Gsell*, JZ 2011, 988, 991.

[16] *BGH* a.a. O. Tz. 33.

diese in Art. 3 III nur vorschreibe, dass die Nacherfüllung ohne „erhebliche" Unannehmlichkeiten für den Käufer erfolge, dieser also bestimmte kleinere mit der Nacherfüllung verbundene Unannehmlichkeiten in Kauf nehmen müsse. Eine an diesen Maßstäben ausgerichtete Auslegung von § 269 sei damit jedenfalls richtlinienkonform.[17]

Beispiel (*BGH* NJW 2011, 2278): K kauft bei V einen Campinganhänger, der sich als mangelhaft erweist. Er fordert V unter Fristsetzung auf, den Anhänger bei ihm zur Reparatur abzuholen, nach fruchtlosem Fristablauf erklärt er den Rücktritt. Dieser ist nur wirksam, wenn die Fristsetzung ordnungsgemäß war. Da der Erfüllungsort der Nacherfüllungsverpflichtung des V gem. § 269 I bei V lag, war V nicht zur Abholung, sondern lediglich zum Ersatz der Transportkosten (einschließlich eines Vorschusses, s. dazu bei Rn. 126) verpflichtet. Damit liegt keine ordnungsgemäße Fristsetzung vor, so dass der Rücktritt des K nach §§ 437 Nr. 2, 323 unwirksam ist.[18]

129 Relevant ist dies vor allem für das sog. „**Diagnoserisiko**": Ist Erfüllungsort der Belegenheitsort, wendet der Verkäufer bei einem unberechtigten Nacherfüllungsverlangen Transportkosten auf, die er nur in Ausnahmefällen im Wege des Schadensersatzes erstattet verlangen kann (s. dazu Rn. 145). Ähnliches gilt für die Rücknahmekosten im Falle der Neulieferung (s. dazu Rn. 131).

c) Inhaltliche Reichweite des Nacherfüllungsanspruchs

130 Über die Frage des Erfüllungsorts hinaus stellt sich diejenige der inhaltlichen Reichweite des Nacherfüllungsanspruchs. Muss der Verkäufer dem Käufer im Falle der Neulieferung auch die Entfernung der mangelhaften Sache besorgen, sie also etwa ausbauen, wenn der Käufer sie bereits in eine andere Sache eingebaut hatte oder zumindest die dafür angefallenen Kosten tragen? Muss er die neu gelieferte Sache in einem solchen Fall wieder einbauen oder die dafür anfallenden Kosten tragen?

aa) Rücknahmepflicht

131 Im Zuge der Neulieferung kann der Käufer neben der Lieferung einer mangelfreien Sache auch ein Interesse daran haben, die mangelhafte Sache „loszuwerden". 439 IV gibt dem Verkäufer zwar einen Anspruch auf Rückgabe (s. dazu Rn. 131), jedoch ergibt sich daraus noch nicht zwingend ein Anspruch des Käufers auf Rücknahme. Dennoch kann der Käufer, wenn er ein schützenswertes Interesse daran hat, auch die Rücknahme der Sache verlangen. Das ergibt sich schon aus dem Begriff der Nacherfüllung durch Neulieferung: Zu dem vom Verkäufer herzustellenden vertragsgemäßen Zustand gehört eben auch, dass der Käufer nur einen Kaufgegenstand besitzt und nicht mit einem weiteren Gegenstand belastet ist, der seine Rechtsgüter gefährdet, kostspielig entsorgt werden muss oder sonst Mühen und Kosten verursacht.[19] Die Rücknahmepflicht besteht am Erfüllungsort der Nacherfüllungsverpflichtung (oben Rn. 128). Unabhängig von der Frage des Erfüllungsorts hat der Verkäufer allerdings nach § 439 II grundsätzlich die Kosten der Verbringung an den Erfüllungsort zu tragen. § 439 II wird insoweit nicht nur als Kostentragungsregelung, sondern auch als Anspruchsgrundlage aufgefasst (s. o. Rn. 126). Das dürfte angesichts der Entstehungsgeschichte der Vorschrift, die § 476a BGB a. F. ersetzen will, allge-

[17] Kritisch hierzu *Staudinger/Arzt,* NJW 2011, 3121, 3122 f. sowie *Gsell,* JZ 2011, 988, 997 wonach der BGH die Frage dem EuGH hätte vorlegen müssen.
[18] Zu diesen Begriffen s. AT Rn. 166.
[19] Vgl. *S. Lorenz,* NJW 2009, 1633, 1634 f.

mein, d. h. nicht nur im Verhältnis Unternehmer/Verbraucher gelten.[20] Da § 439 II aber nur die Verteilung der „erforderlichen Aufwendungen" regelt, fallen besondere Kosten, die sich aus einer außergewöhnlichen Verwendung der Sache durch den Käufer ergeben (etwa Verbringung ins Ausland) nicht dem Verkäufer zur Last.[21]

bb) Ausbau und Wiedereinbau

Mit der Bejahung einer solchen Rücknahmepflicht ist aber noch nicht die Frage beantwortet, ob der Verkäufer im Rahmen der Nacherfüllung auch dazu verpflichtet ist, die mangelhafte Sache auszubauen, wenn sie der Käufer (wie z. B. im Falle von Baumaterial) bereits bestimmungsgemäß in eine andere Sache eingebaut hat (z. B. durch Verlegen gekaufter Bodenfliesen) und die neu gelieferte Sache wieder einzubauen. 132

Rspr. und Literatur waren bislang mehrheitlich der Ansicht, dass eine solche Pflicht zum Ausbau nicht im Rahmen des (vom Vertretenmüssen unabhängigen!) Nacherfüllungsanspruchs, sondern nur im Rahmen eines Schadensersatzanspruchs nach § 437 Nr. 3, 280 I als Schadensersatz neben der Leistung in Betracht kommt.[22] Da die VerbrGKRl. im Verhältnis Unternehmer/Verbraucher aber einen weiteren Begriff der Nacherfüllung enthalten könnte, der auch den Ausbau oder die Übernahme der Ausbaukosten umfasst, hatte der BGH im sog. „Fliesen-Fall" schließlich die Frage dem EuGH vorgelegt.[23] Ähnlich verhielt es sich mit der Frage einer Pflicht zum Wiedereinbau. Auch insoweit stand die ganz h. M. bislang auf dem (zutreffenden) Standpunkt, dass der Nacherfüllungsanspruch inhaltlich nicht weitergehen könne als der ursprüngliche Erfüllungsanspruch. So könne etwa der Verkäufer von Fliesen nicht im Wege der Nacherfüllung zu deren Neuverlegung beim Käufer verpflichtet sein, wenn sich diese nach der Verlegung durch den Käufer als mangelhaft erweisen. Ein diesbezüglicher Ersatzanspruch kommt vielmehr ebenfalls nur im Wege eines (vom Vertretenmüssen abhängigen) Anspruchs auf Schadensersatz neben der Leistung aus §§ 437 Nr. 3, 280 I in Betracht.[24] Der BGH hielt dieses Ergebnis (im sog. „Parkettstäbe-Fall") offenbar für so eindeutig, dass er davon abgesehen hat, die Frage einer entsprechenden Auslegung der VerbrGKRl. dem EuGH vorzulegen. Das hat dann aber das Amtsgericht Schorndorf in einem ähnlich gelagerten Fall getan.[25]

Der EuGH hat daraufhin entschieden, dass der Begriff der Nachlieferung i. S. v. 132a
Art. 3 II, III VerbrGKRl. auch die Verpflichtung umfasse, die Sache auszubauen und die neu gelieferte Sache wieder einzubauen oder die entsprechenden Kosten zu tragen, wenn der Verbraucher die Sache ihrem Verwendungszweck entsprechend „gutgläubig" (gemeint ist wohl in nicht zu vertretender Unkenntnis der Mangelhaftigkeit) eingebaut hat.[26] Zwar gehörten die Ausbaukosten nicht zu den ausdrücklich in

[20] *Kaiser,* JZ 2011, 978, 985.
[21] *Kaiser,* JZ 2011, 978, 984.
[22] Zum bisherigen Meinungsstand s. etwa *Augenhofer/Appenzeller,* JuS 2011, 680.
[23] *BGH* NJW 2009, 1660.
[24] *BGH* NJW 2008, 2837 qualifiziert den Schaden zu Unrecht als Schadensersatz statt der Leistung, s. dazu *S. Lorenz,* NJW 2009, 1633; *Skamel,* NJW 2008, 2820.
[25] *AG Schorndorf,* ZGS 2009, 525 (Wiedereinbau einer defekten Spülmaschine).
[26] EuGH, verb. Rs. C-65/09 und C-87/10 (*Weber und Putz*), NJW 2011, 2269; anders noch die Schlussanträge des Generalanwalts, C-65/09, BeckRS 2010, 90583 und C-87/10, BeckRS 2010, 90583.

Art. 3 IV VerbrGKRl. genannten Kosten, jedoch verpflichte die Richtlinie den Verkäufer zur Herstellung des „vertragsgemäßen Zustands", d. h. er sei so zu stellen, wie wenn ihm eine mangelfreie Sache geliefert worden wäre. Allerdings hat es der EuGH für möglich gehalten, die Verpflichtung des Verkäufers zur Erstattung der Kosten für Aus- und Einbau auf einen Betrag zu beschränken, „der dem Wert, den das Verbrauchsgut hätte, wenn es vertragsgemäß wäre, und der Bedeutung der Vertragswidrigkeit angemessen ist".[27] In einem solchen Fall müsse dann aber dem Verbraucher die Möglichkeit zu Rücktritt und Minderung eröffnet werden, da der Umstand, dass er einen Teil der Ein- und Ausbaukosten selbst zu tragen hat, für ihn eine erhebliche Unannehmlichkeit darstellten.[28]

Die Entscheidung des EuGH ist auf starke Kritik, aber auch auf Zustimmung gestoßen. Bedenklich ist, dass der EuGH von der VerbrGKRl. nicht erfasste Schadensersatzansprüche mit dem Nacherfüllungsanspruch gleichsetzt.[29] Letztlich wendet der EuGH mit seinem Argument, der Verkäufer habe den Käufer so zu stellen, wie er im Falle der anfänglichen Lieferung einer mangelfreien Sache stünde, nämlich die nicht nur im deutschen Recht für Schadensersatzansprüche typische Differenzhypothese (§ 249 I) an. Tatsächlich aber zielt der Nacherfüllungsanspruch im deutschen Recht im Gegensatz zu einem Schadensersatzanspruch eben nur darauf ab, den **bei Gefahrübergang** geschuldeten Zustand herzustellen.

132b Trotz aller Kritik ist die Entscheidung für das Verhältnis Unternehmer/Verbraucher selbstverständlich bindend. Im Wege einer richtlinienkonformen Auslegung (s. dazu o. Rn. 22) kann sie entweder durch eine weite Auslegung des Begriffs der „Lieferung einer mangelfreien Sache" i. S. v. § 439 I (dann käme man zu einer Ausbaupflicht des Verkäufers)[30] oder durch eine entsprechende Auslegung des Begriffs der „Aufwendungen" i. S. v. § 439 II (mit der Folge einer Kostentragungspflicht des Verkäufers)[31] umgesetzt werden. Letzteres hat den Vorteil, dass man hier die vom EuGH belassene Möglichkeit, die Beteiligung des Verkäufers auf einen angemessenen Betrag zu reduzieren, besser umsetzen könnte. Das Erfordernis, dem Verbraucher im Falle einer Eigenbeteiligung die sofortige Minderung oder den sofortigen Rücktritt zu ermöglichen, lässt sich problemlos über eine Analogie zu § 440 S. 1 bewältigen (s. dazu Rn. 152).

132c Schon angesichts der Rechtsunsicherheit in Bezug auf die Rechtsfolgen (Ausbaupflicht des Verkäufers oder Selbstvornahmerecht des Käufers mit Kostenerstattung) ist hier dringend eine Klärung durch den Gesetzgeber veranlasst. Diese Klärung muss insbesondere auch die nunmehr höchst umstrittene Frage betreffen, ob eine so weitgehende Nacherfüllungsverpflichtung auf das Verhältnis Unternehmer/Verbraucher beschränkt bleiben soll. Diesen Weg ist der Gesetzgeber etwa bei der insoweit ähnlichen Problematik des Nutzungsersatzes gegangen (s. dazu Rn. 133). Bis zu einer solchen gesetzgeberischen Entscheidung ist jedenfalls eine entsprechende richtlinien-

[27] EuGH a.a.O, Tz. 74.

[28] EuGH a.a. O. Tz. 77.

[29] S. dazu *S. Lorenz*, NJW 2011, 2241 ff.; *Kaiser*, JZ 2011, 978.

[30] *S. Lorenz*, NJW 2011, 2241, 2243; *Purnhagen*, EuZW 2011,626, 627, 629; *Förster*, ZIP 2011, 1493, 1500; *Stöber*, ZGS 2011, 346, 350; a. A. *Kaiser*, JZ 2011, 978, 980, die keinen entsprechenden Anhaltspunkt im Wortlaut der Vorschrift sieht und auch eine entsprechende richtlinienkonforme Rechtsfortbildung deshalb für ausgeschlossen hält.

[31] So der Vorschlag von *Unberath/Cziupka*, JZ 2009, 313, 315; ebenso *Kaiser*, JZ 2011, 978, 984.

konforme Auslegung auf den persönlichen und sachlichen Anwendungsbereich des Verbrauchsgüterkaufs zu beschränken. Zwischen Unternehmern oder zwischen Privatverkäufern ist damit eine Verpflichtung zur Tragung der Ausbaukosten weiterhin nur im Wege eines vom Vertretenmüssen abhängigen Anspruchs auf Schadensersatz neben der Leistung (§ 437 Nr. 3, 280 I) gegeben. Eine „richtlinienorientierte Auslegung" (s. o. Rn. 22) auch außerhalb des Verbrauchsgüterkaufrechts kommt angesichts der klaren Rechtslage im deutschen Recht nicht in Betracht.[32]

Zweifelsohne nicht im Rahmen der Nacherfüllung ersetzbar sind die Kosten des **erstmaligen Einbaus** der mangelhaften Sache. Diese können allenfalls Gegenstand eines Anspruchs auf Schadensersatz statt der Leistung (§§ 437 Nr. 3, 280 I, III, 281 bzw. § 311a II) oder eines Anspruchs auf Aufwendungsersatz (§ 437 Nr. 3, 284) sein. Ein Ersatz dieser Kosten kommt also allenfalls dann in Betracht, wenn der Verkäufer eine ihm gesetzte Nacherfüllungsfrist ungenutzt hat verstreichen lassen oder im Falle eines unbehebbaren Mangels nach § 311a II haftet (Einzelheiten zu den Schadensersatzansprüchen u. Rn. 170ff.).

Beispiel: Verbraucher K kauft beim Unternehmer V Parkettstäbe, die er in seinem Haus verlegt. Später erweist sich das Parkett als mangelhaft. K kann von V aus § 439 I neben der Lieferung mangelfreier Parkettstäbe auch die Entfernung des verlegten Parketts und die Neuverlegung der mangelfreien Parkettstäbe verlangen, obwohl V ursprünglich nicht die Verlegung des Parketts geschuldet hatte. Ist K hingegen ebenfalls Unternehmer, kann er im Wege der Nacherfüllung weder die Entfernung und Neuverlegung noch einen entsprechenden Kostenersatz verlangen. Die angefallenen Kosten können nur als Schadensersatz gem. §§ 437 Nr. 3, 280 I geltend gemacht werden, wenn V die Lieferung der mangelhaften Sache zu vertreten hat, d. h. den Mangel kannte oder kennen musste. Die Kosten der erstmaligen Verlegung sind als Schadensersatz oder als Aufwendungsersatz nach §§ 437 Nr. 3, 280 I, III, 281, 284 ersetzbar, also nicht mit Nacherfüllung kombinierbar.[33]

d) Rückabwicklung und Nutzungsersatz bei Neulieferung

Liefert der Verkäufer im Wege der Nacherfüllung eine mangelfreie Sache, so hat der 133 Käufer gem. § 439 IV die gelieferte mangelhafte Sache nach den §§ 346 – 348 zurückzuerstatten. Das bedeutet insbesondere, dass der Verkäufer die mangelfreie Sache nur Zug-um-Zug gegen Herausgabe der mangelhaften Sache liefern muss (§§ 348, 320). Die Gefahr des zufälligen Untergangs sowie der zufälligen Verschlechterung „springt" dabei wie beim Rücktritt gem. § 346 III Nr. 3 auf den Verkäufer zurück (s. o. Rn. 52).[34] Die Verweisung auf § 346 bedeutet aber auch, dass der Käufer die Nutzungen und damit auch die Gebrauchsvorteile (s. § 100) der mangelhaften Sache herauszugeben bzw. hierfür Wertersatz zu leisten hat (§ 346 I, II Nr. 1).

Beispiel: Der Bauunternehmer K kauft beim Händler V eine Betonmischmaschine mit einem Mischvolumen von 1000 l. Bei der Nutzung der Maschine stellt er fest, dass das Mischvolumen nur 750 l beträgt. Er verlangt Nachlieferung, benutzt aber die Maschine insgesamt einen Monat. Nach § 439 IV i. V. m. § 346 I hat er Zug-um-Zug gegen Neulieferung die Maschine sowie die gezogenen Nutzungen herauszugeben. Dazu gehören gem. § 100 auch die gezogenen Gebrauchsvorteile. Insoweit ist, weil diese als solche nicht herausgabefähig sind, gem. § 346 II Nr. 1 Wertersatz zu leisten. Dieser berechnet sich nach der zeitanteiligen Wertminderung der Maschine im Verhältnis zum Kaufpreis einer solchen Maschine (sog. „Wertverzehr").

Diese Regelung ist in Bezug auf die Verpflichtung zum Nutzungsersatz rechtspolitisch sehr umstritten.[35] Nachdem der EuGH festgestellt hat, dass eine Verpflichtung

[32] *S. Lorenz,* NJW 2011, 2241, 2244; a. A. z. B. *Augenhofer/Appenzeller,* JuS 2011, 680, 684; *Faust,* JuS 2011, 744, 748.

[33] S. dazu *S. Lorenz,* NJW 2009, 1633.

[34] Zur Gefahrtragung während der Mängelbeseitigung s. *Lorenz/Bauer,* FS Kropholler, 2008, S. 59 ff.

[35] S. dazu schon *Gsell,* NJW 2003, 1969 ff.

zum Nutzungsersatz für den Bereich des Verbrauchsgüterkaufs (§§ 474 ff.) den Vorgaben der VerbrGKRl. widerspricht,[36] hat der BGH die Regelung dort im Wege **richtlinienkonformer Rechtsfortbildung** (dazu o. Rn. 22) unangewendet gelassen.[37] Der Gesetzgeber hat darauf schnell durch die Einfügung von § 474 II 1 reagiert. Danach ist ein Anspruch auf Nutzungs- bzw. Wertersatz (nur) im Verhältnis Unternehmer/Verbraucher ausgeschlossen (u. Rn. 234).

3. Ausschluss des Nacherfüllungsanspruchs

a) Unmöglichkeit (§ 275 I – III)

134 Der Nacherfüllungsanspruch ist ausgeschlossen, soweit die Nacherfüllung dem Verkäufer (oder einem von ihm zu beauftragenden Dritten) in keiner der denkbaren Varianten (Mängelbeseitigung oder Neulieferung) möglich ist (§ 275 I) oder gegenüber beiden Varianten die Einreden aus §§ 275 II, III in berechtigter Weise erhoben werden. In einem solchen Fall spricht man von einem **unbehebbaren Mangel**. Hierauf nimmt etwa § 326 I 2 Bezug, wenn dort für den Fall, dass der Schuldner „die Nacherfüllung nach § 275 Abs. 1 bis 3 nicht zu erbringen braucht", die Wirkung des § 326 I 1 (automatischer anteiliger Wegfall der Gegenleistungsverpflichtung) ausgeschlossen und durch ein Rücktrittsrecht nach § 326 V ersetzt wird (dazu u. Rn. 159).

135 Da § 275 Nacherfüllung nur insoweit ausschließt, als sie unmöglich ist, kann der Käufer Mängelbeseitigung grundsätzlich auch insoweit verlangen, als sie nicht zu einer vollständigen Mangelfreiheit der Sache führt. Der Verkäufer ist auf Wunsch des Käufers also auch zu bloßen „Verbesserungen" verpflichtet. Freilich kann im Einzelfall ein Verweigerungsrecht nach § 275 II oder § 439 II bestehen, wenn der hierfür erforderliche Aufwand unverhältnismäßig in Bezug auf den Nutzen des Käufers ist. Maßnahmen, die zu einem weiteren Sachmangel führen („Verschlimmbesserung"), sind jedoch nicht geschuldet.[38]

Meist wird ein unbehebbarer Mangel bereits zum Zeitpunkt des Vertragsschlusses unbehebbar sein. Freilich kann der Mangel auch zwischen Vertragsschluss und Gefahrübergang entstehen oder unbehebbar werden. Denkbar ist weiter, dass ein bei Gefahrübergang bestehender Mangel erst nach diesem Zeitpunkt unbehebbar wird. Das kann etwa der Fall sein, wenn bei einem Stückkauf der Gegenstand zerstört oder so beschädigt wird, dass der Mangel nicht mehr beseitigt werden kann und Neulieferung nach den o. bei Rn. 127 genannten Kriterien nicht geschuldet ist.

Um einen solchen Fall nachträglicher Unbehebbarkeit ging es etwa in *Fall BGH* NJW 2005, 2852: Der gekaufte, an einem Hüftschaden leidende Hund war aufgrund emotionaler Bindung zum „Familienhund" geworden und daher nicht durch einen anderen, „mangelfreien" (d. h. gesunden) Hund austauschbar. Da auch eine Operation nur zu einem weiteren Mangel geführt hätte, war auch Mängelbeseitigung nicht möglich. Freilich ging der BGH hier zu Unrecht von einem anfänglich unbehebbaren Mangel aus: Zwar bestand der Mangel der Kaufsache (§ 90a) bereits bei Gefahrübergang, jedoch ist die durch die emotionale Bindung an das individuelle Tier eingetretene Unbehebbarkeit durch Nachlieferung erst danach eingetreten. Anspruchsgrundlage für Schadensersatz wären also nicht §§ 437 Nr. 3, 311a II, sondern §§ 437 Nr. 3, 280 I, III, 283 gewesen.

[36] *EuGH* NJW 2008, 1433 („Quelle AG").
[37] *BGH* NJW 2009, 427; anders aber im Falle des Rücktritts, s. *BGH* NJW 2010, 148.
[38] S. *BGH* NJW 2005, 2852, 2854: Hüftoperation eines Dackels.

Schließlich kann Unmöglichkeit der Nacherfüllung auch dadurch eintreten, dass der Käufer selbst oder ein Dritter den Mangel beseitigt. Das gilt allerdings dann nicht, wenn Nacherfüllung im Wege der Neulieferung möglich war (also beim Gattungskauf): Die bloße Beseitigung des Mangels durch den Käufer oder einen Dritten führt noch nicht zur Unmöglichkeit der Nacherfüllung im Wege der Neulieferung.[39] Der Käufer hat dann Zug-um-Zug gegen Neulieferung den mittlerweile reparierten Gegenstand zurückgeben (§§ 439 IV, 346 I, 348, 320) und kann dabei gem. § 439 IV, 347 II Verwendungsersatz i. H. der Reparaturkosten verlangen. Auch eine bloße Ersatzbeschaffung durch den Käufer führt nicht zur Unmöglichkeit der Nacherfüllung, schon gar nicht die bloße Beschaffung eines Ersatzteils.[40] 136

b) Unverhältnismäßigkeit (§ 439 III)

Nach § 439 III kann der Verkäufer über die Fälle der §§ 275 II, III hinaus die vom Käufer gewählte Art der Nacherfüllung verweigern, wenn sie nur unter unverhältnismäßigen Kosten möglich ist. Dabei sind „der Wert der Sache in mangelfreiem Zustand, die Bedeutung des Mangels und die Frage zu berücksichtigen, ob auf die andere Art der Nacherfüllung ohne erhebliche Nachteile für den Käufer zurückgegriffen werden könnte". § 439 III hat damit eine ganz ähnliche Funktion wie § 275 II, III, soll aber eine „niedrigere Schwelle" für die Möglichkeit der Leistungsverweigerung setzen.[41] Vergleichsmaßstab für die Frage der Unverhältnismäßigkeit ist dabei (ebenso wie im Rahmen von § 275 II)[42] aber nicht der Nachbesserungsaufwand im Verhältnis zum Gewinn des Verkäufers, insbesondere also zum Kaufpreis. Die Unverhältnismäßigkeit kann sich vielmehr nur aus einer Relation zwischen dem Nacherfüllungsaufwand des Verkäufers und dem Nutzen der Nacherfüllung **für den Käufer** ergeben.[43] 137

Erhebt der Verkäufer die Einrede gegen eine (mögliche) Art der Nacherfüllung, also etwa gegen den Anspruch auf Neulieferung, bleibt der Anspruch des Käufers auf die andere Art der Nacherfüllung grundsätzlich unberührt. Die Einrede kann sich aber, wie § 439 III 3 Halbs. 2 klarstellt, auch für beide Arten der Nacherfüllung ergeben, so dass der Verkäufer diese dann **gänzlich verweigern** kann. Der Käufer kann dann gem. § 440 S. 1 bei Vorliegen der übrigen Tatbestandsvoraussetzungen unmittelbar, d. h. ohne Fristsetzung zurücktreten, mindern bzw. Schadensersatz statt der Leistung verlangen.

Dieses „Totalverweigerungsrecht" widerspricht nach Auffassung des EuGH allerdings Art. 3 III VerbrGKRl., der ein Verweigerungsrecht nur dann zulasse, wenn die gewählte Art der Nacherfüllung „verglichen mit der alternativen Abhilfemöglichkeit" unzumutbar ist.[44] Diese Richtlinienvorgabe lässt sich aufgrund der eindeutigen Entscheidung des deutschen Gesetzgebers für ein Totalverweigerungsrecht nicht im Wege richtlinienkonformer Auslegung oder Rechtsfortbildung (dazu o. Rn. 22) in das deutsche Recht umsetzen. Hier ist ein Eingreifen des Gesetzgebers erforderlich. Bis dahin ist auch im Verhältnis

---

[39] *S. Lorenz,* NJW 2006, 1175, 177; Bamberger/Roth/*Faust,* § 437 Rn. 36 m. w. N.

[40] S. *BVerfG* JuS 2007, 181 (*Faust*).

[41] Begr. BT-Drs. 14/6040, S. 232.

[42] S. dazu AT Rn. 424.

[43] S. *BGH* NJW 2005, 2852; *OLG Celle* ZGS 2006, 429.

[44] *EuGH,* verb. Rs. C-65/09 und C-87/10 („*Weber und Putz*"), NJW 2011, 2269 Tz. 71 auf Vorlage von *BGH* NJW 2009, 1660, s. dazu *S. Lorenz,* NJW 2009, 1633 ff. sowie *Unberath/Chiupka,* JZ 2009, 313 ff.

Unternehmer/Verbraucher weiterhin von der Möglichkeit einer „Totalverweigerung" wegen absoluter Unverhältnismäßigkeit auszugehen.[45]

Da § 439 III lediglich eine Einrede des Verkäufers begründet, bleibt es diesem unbenommen, auf deren Geltendmachung zu verzichten und die gewählte Art der Nacherfüllung dennoch zu erbringen. Erhebt er die Einrede nicht, muss der Käufer für die Geltendmachung von Rücktritt, Minderung und Schadensersatz statt der Leistung wiederum eine Frist zur Nacherfüllung setzen.[46] Ist die gesetzte Frist hingegen ergebnislos verstrichen und sind damit die genannten Rechtsbehelfe des Käufers bereits entstanden, kann die Einrede nicht mehr erfolgreich erhoben werden.[47]

c) Verantwortlichkeit des Käufers

138 Keine gesetzliche Regelung hat der (wohl seltene) Fall gefunden, dass der Käufer für den Sachmangel verantwortlich ist (weil er ihn etwa vor Gefahrübergang verursacht hat). Diese Lücke kann über eine analoge Anwendung von § 323 VI, der das Problem für das Rücktrittsrecht regelt (s. Rn. 158), geschlossen werden.[48] Auch hätte der Verkäufer in einem solchen Fall einen Schadensersatzanspruch aus §§ 280 I, 241 II oder (wenn der Sachmangel vom Käufer vor Vertragsschluss verursacht wird und die Gewährleistung dann nicht ohnehin schon nach § 442 I ausgeschlossen ist) aus § 280 I, 311 II, 241 II. Diesen kann er einem Nacherfüllungsanspruch nach § 273 I einredeweise entgegenhalten.

4. „Vereitelung", insbesondere Selbstvornahme der Nacherfüllung

139 Im Falle der Unmöglichkeit der Nacherfüllung entgeht dem Verkäufer die Möglichkeit, sich durch einen zweiten Nacherfüllungsversuch „sein Geld zu verdienen": Der Käufer kann unmittelbar vom Vertrag zurücktreten (§ 326 V), den Kaufpreis mindern (§ 441 I) und Schadensersatz statt der Leistung verlangen (§ 280 I, III, 283 oder § 311a II). Das ist gerecht, solange die Unbehebbarkeit des Mangels nicht dem Käufer zuzurechnen ist. Hat hingegen der Käufer die Unmöglichkeit der Nacherfüllung zu verantworten, hat er dem Verkäufer die Möglichkeit der Nacherfüllung genommen. Zu einer solchen „Vereitelung" der Nacherfüllung kann es etwa kommen, wenn Nacherfüllung nur im Wege der Mängelbeseitigung erfolgen kann und der Käufer die Kaufsache zerstört oder aber den Mangel selbst beseitigt oder beseitigen lässt, ohne vorher dem Verkäufer durch eine notwendige Fristsetzung die Gelegenheit zur Nacherfüllung gegeben zu haben.

Vorsicht: In diesen Fallgestaltungen ist daher zunächst sorgsam zu prüfen, ob nicht eine Fristsetzung nach §§ 281 II, 323 II oder 440 entbehrlich war.[49] Ist dies der Fall, so sind Rücktritts- oder Minderungsrecht bzw. Schadensersatzanspruch bereits entstanden. Das nachträgliche Schicksal der Sache ist dann für die Begründung dieser Rechte irrelevant, sondern allenfalls im Rahmen einer Rückabwicklung nach § 346 II, III von Bedeutung!

140 Liegt ein solcher Fall der Vereitelung vor, ist ein Rücktrittsrecht des Verkäufers nach §§ 437 Nr. 2, 326 V, 323 VI ausgeschlossen, wenn der Käufer zumindest für einen

---

[45] *S. Lorenz*, NJW 2011, 2241, 2244; *Kaiser*, JZ 2011, 978, 986.
[46] *BGH* NJW 2006, 1195; *S. Lorenz*, NJW 2006, 1175.
[47] *OLG Celle* ZGS 2006, 429; *S. Lorenz*, NJW 2007, 1, 5 f.
[48] Bamberger/Roth/*Faust*, § 439 Rn. 59.
[49] So etwa in *BGH* NJW 2005, 3211: Tierärztliche Behandlung des erkrankten Hundes.

Teil des Rücktrittsgrundes (Unmöglichkeit der Nacherfüllung) allein oder weit überwiegend „verantwortlich" ist (s. dazu u. Rn. 143, 160).[50] Deshalb scheidet auch Minderung (§ 441) aus, weil diese nach § 441 I ein Rücktrittsrecht voraussetzt (s. Rn. 166). Ein Schadensersatzanspruch aus §§ 437 Nr. 3, 280 I, III, 283 scheidet, wenn der Käufer für die Unmöglichkeit der Nacherfüllung verantwortlich ist, mangels Vertretenmüssen des Verkäufers aus (dazu u. Rn. 179).

Für den Verkäufer kann sich dies als „Glücksfall" erweisen: Er muss jetzt nämlich 141
die Nacherfüllung nicht mehr erbringen und erspart sich damit deren Kosten, die er nach § 439 II zu tragen gehabt hätte. Aus diesem Grund wird in der Literatur zu Recht gefordert, dass sich der Verkäufer diese ersparten Kosten auf seinen Kaufpreisanspruch anrechnen lassen muss bzw. insoweit den Wert ersparter eigener Aufwendungen zu erstatten hat. Als Lösungsweg hierfür bietet sich eine (direkte oder analoge) Anwendung von § 326 II 2 an: Hat nämlich der Käufer die Nacherfüllung zurechenbar unmöglich gemacht, liegt insoweit eine vom Gläubiger zu vertretende Unmöglichkeit i. S. v. § 326 II 1 vor. Der Anspruch auf die Gegenleistung (hier also auf den Kaufpreis) bleibt deshalb aufrechterhalten, jedoch muss sich der Schuldner (hier der Verkäufer) nach § 326 II 2 „dasjenige anrechnen lassen, was er infolge der Befreiung von der Leistung erspart" (bei einem unbehebbaren Mangel bleibt der Kaufpreisanspruch nach § 326 I S. 2 ohnehin zunächst erhalten, so dass § 326 II S. 1 hier eigentlich unnötig ist. Will man deshalb § 326 II S. 2 nicht direkt anwenden, muss die Vorschrift analog herangezogen werden). Damit hat sich der Verkäufer ersparte eigene Nacherfüllungsaufwendungen (die mit den Aufwendungen des Käufers nicht identisch sein müssen) anrechnen zu lassen. Ist der Kaufpreis bereits bezahlt, ist der Betrag nach §§ 326 IV, 346 zurückzuerstatten.[51] Manche wollen eine solche Anrechnungs- und Erstattungspflicht aus §§ 684, 818 II (Geschäftsführung ohne Auftrag)[52] oder aus § 812 I 1 Alt. 2 („Aufwendungskondition") herleiten.[53]

Der BGH ist dem jedoch **nicht** gefolgt. In ständiger Rspr. lehnt er (unter Zustim- 142
mung großer Teile der Literatur) jeden Anspruch des Käufers auf Ersatz ersparter Nacherfüllungsaufwendungen des Verkäufers kategorisch ab:[54] § 437 zähle die Ansprüche des Käufers abschließend auf. Anders als das Werkvertragsrecht (s. § 637, dazu u. Rn. 759 ff.) kenne das Kaufrecht gerade kein Recht auf Selbstvornahme.

Diese Argumente des BGH vermögen allerdings wenig zu überzeugen. Insbesondere ergäbe sich aus der hier befürworteten Lösung kein Selbstvornahmerecht des Käufers: Dieser kann nämlich nicht etwa eigene Nacherfüllungskosten, sondern lediglich diejenigen Kosten geltend machen, die sich der Verkäufer erspart hat. Diese Kosten werden regelmäßig divergieren. Auch das weitere Argument, der Käufer habe das

[50] Zu dem Begriff der „Verantwortlichkeit" s. AT Rn. 444 ff.

[51] S. *Lorenz*, NJW 2004, 1417 ff.; *ders.*, NJW 2005, 1321 ff.; *Braun*, ZGS 2004, 423 ff.; *Ebert*, NJW 2004, 1761 ff.; Bamberger/Roth/*Faust*, § 437 Rn. 33; *Katzenstein*, ZGS 2004, 300, 305; *P. Bydlinski*, ZGS 2005, 129 ff.; *Herresthal/Riehm*, NJW 2005, 1457, 1460; *Gsell*, ZIP 2005, 922 ff.; aus der Rspr. ebenso *OLG München* ZGS 2007, 80.

[52] So etwa *Oechsler*, NJW 2004, 1825 f.

[53] So etwa *Katzenstein*, ZGS 2005, 184 ff.

[54] BGHZ 162, 219 = NJW 2005, 1348; *BGH* NJW 2005, 3211; 2006, 988; 2006, 1195; 2007, 1534; zustimmend etwa *Dauner-Lieb/Arnold*, ZGS 2005, 10 ff.; MünchKomm/*Westermann*, § 439 Rn. 10; *Looschelders*, JA 2007, 673; *Looschelders*, BT, Rn. 98.

„Recht" des Verkäufers zur zweiten Andienung „vereitelt", trägt wertungsmäßig nicht. Abgesehen davon, dass es sich hier gerade nicht um ein echtes subjektives Recht des Verkäufers handelt (dazu oben Rn. 123), hat er dieses gem. § 439 II jedenfalls nur um den Preis der damit verbundenen Kosten.

143 Der BGH hatte aber auch Gelegenheit, seine Rechtsprechung zu differenzieren und dabei anerkannt, dass der Käufer nicht in jedem Fall, in welchem er durch Selbstvornahme oder in anderer Weise (etwa durch Weiterveräußerung oder Zerstörung der Kaufsache) die Nacherfüllung verhindert, seine Gewährleistungsrechte verliert. Dies setzt vielmehr voraus, dass er die dadurch verursachte Unmöglichkeit der Nacherfüllung i. S. v. § 323 VI **zu verantworten** hat, d. h. eine ihm zurechenbare **Obliegenheitsverletzung** vorliegt.[55] Für die „Vereitelungsfälle" bedeutet dies: Der Käufer muss dem Verkäufer Gelegenheit zur Nacherfüllung geben, wenn er damit rechnen muss, dass ein Defekt der Kaufsache einen Sachmangel i. S. v. § 434 darstellt. Das gilt insbesondere dann, wenn der Sachmangel innerhalb der ersten 6 Monate nach Gefahrübergang auftritt und dem Käufer die Vermutungswirkung des § 476 (u. Rn. 242 ff.) zugute kommt.[56] Muss er dies nicht, bleiben ihm trotz Selbstvornahme oder Zerstörung das Rücktritts- und Minderungsrecht erhalten.[57]

144 **Beispiel** (s. PdW Schuldrecht II **Fall 32**): K kauft von V einen gebrauchten Laptop. Kurz nach Übergabe und Bezahlung stellt sich heraus, dass das DVD-Laufwerk nicht funktioniert. Die Reparatur in einem Fachbetrieb kostet 100 EUR, V kann diese zum Selbstkostenpreis von 40 EUR vornehmen. Noch bevor K Reparatur verlangt, fällt ihm der Laptop aus Unachtsamkeit herunter und wird vollständig zerstört. Damit ist Nacherfüllung, die hier nur im Wege der Mängelbeseitigung möglich war, aufgrund der Verantwortlichkeit des K unmöglich geworden. Da zu diesem Zeitpunkt ein Rücktrittsrecht noch nicht entstanden war, ist Rücktritt (und damit auch Minderung, s. § 441 I) nach §§ 437 Nr. 2, 326 V, 323 VI ausgeschlossen. Ein Schadensersatzanspruch (nach §§ 437 Nr. 3, 280 I, III, 283) besteht ebenfalls nicht, da V die Unmöglichkeit der Nacherfüllung nicht zu vertreten hat. K kann aber nach hier vertretener Ansicht gem. § 326 II 2, 326 IV (analog) Herausgabe der dem V ersparten Nacherfüllungsaufwendungen i. H. v. 40 EUR verlangen.[58]

Abwandlung 1: K lässt das Laufwerk beim Fachbetrieb des D für 100 EUR reparieren, ohne dem V zuvor eine Frist zur Nacherfüllung gesetzt zu haben. Folgt man der Rspr. des BGH, hat K keine Ansprüche gegen V. Nach zutreffender Ansicht muss sich V auch hier die eigenen ersparten Aufwendungen i. H. v. 40 EUR (analog) § 326 II 2 anrechnen lassen und diese nach § 326 IV herausgeben. Nach Ansicht des BGH ist ein solcher Anspruch hingegen wegen „Vereitelung des Rechts zur zweiten Andienung" ausgeschlossen. Keinesfalls hat K einen Anspruch auf Ersatz der eigenen Nacherfüllungsaufwendungen i. H. v. 100 EUR!

Abwandlung 2: Wie Abwandlung 1, aber V hatte den K bei Vertragsschluss über den Defekt des Laufwerks arglistig getäuscht. Hier ist eine Fristsetzung gem. § 440 S 1. Alt. 2 (Unzumutbarkeit) oder § 323 II Nr. 3 sowohl für Rücktritt als auch für Schadensersatz statt der Leistung entbehrlich (s. dazu Rn. 153). Rücktrittsrecht und Schadensersatzanspruch sind also nach §§ 437 Nr. 2, 323 bzw. §§ 437 Nr. 3, 280 I, III, 281 unmittelbar mit Gefahrübergang entstanden. Die spätere Unmöglichkeit der Nacherfüllung hat darauf keinen Einfluss mehr, so dass K seine Reparaturaufwendungen i. H. v. 100 EUR im Wege des Schadensersatzes statt der Leistung ersetzt verlangen kann.

---

[55] *BGH* NJW 2006, 1195, s. dazu eingehend *S. Lorenz*, NJW 2006, 1175 ff.
[56] *BGH* NJW 2006, 1195.
[57] *S. Lorenz*, NJW 2006, 1175, 1178 f.
[58] Ebenso *OLG München* ZGS 2007, 80.

5. Unberechtigtes Nacherfüllungsverlangen

Nicht selten wird der Verkäufer, wenn er vom Käufer auf Nacherfüllung in Anspruch genommen wird, erst nachträglich feststellen, dass der geltend gemachte Defekt keinen Sachmangel darstellt, weil er erst nach Gefahrübergang entstanden ist. Sind ihm bis dahin Kosten durch die Diagnose oder die Behebung des Mangels entstanden, so kann er diese i. d. R. nicht auf vertraglicher Grundlage (etwa aus einem Werkvertrag) vom Käufer verlangen. In dem Verlangen der Nacherfüllung durch den Käufer kann nämlich schwerlich ein Angebot auf Abschluss eines Werkvertrages für den Fall des Nichtvorliegens eines Mangels gesehen werden. Hätte der Käufer jedoch erkennen können, dass der Defekt der Kaufsache keinen Sachmangel darstellt, sondern seine Ursache in seinem Verantwortungsbereich hat, so verletzt er eine Rücksichtnahmepflicht (§ 241 II) aus dem Kaufvertrag und schuldet dem Verkäufer im Wege des Schadensersatzes nach § 280 I Ersatz der Diagnose- oder Reparaturkosten. Das bedeutet aber nicht, dass der Käufer das Risiko einer Fehleinschätzung trägt und bei jedem unberechtigten Nacherfüllungsverlangen auf Schadensersatz haftet. Er muss „lediglich im Rahmen seiner Möglichkeiten sorgfältig überprüfen, ob sie auf eine Ursache zurückzuführen ist, die nicht dem Verantwortungsbereich des Verkäufers zuzuordnen ist".[59] Ist also ungewiss, ob wirklich ein Mangel vorliegt, darf der Käufer Mängelrechte geltend machen, ohne Schadensersatzpflichten befürchten zu müssen, wenn sich sein Verlangen letztlich als unberechtigt herausstellt. Liegt kein solches Verschulden des Käufers vor, kann der Verkäufer Wertersatz für seine Diagnose- und Reparaturaufwendungen aber aus § 812 I 1 Alt. 1 (Leistungskondiktion) oder aus Geschäftsführung ohne Auftrag (§§ 683, 670) unter dem (nicht unproblematischen) Aspekt des sog. „auch fremden Geschäfts" verlangen.[60] Hat der Verkäufer dem Käufer Transportkosten erstattet oder einen Vorschuss darauf geleistet (dazu o. Rn. 126), so können diese, da sie bei Nichtvorliegen eines Mangels nicht geschuldet sind, ebenfalls nach § 812 I 1 Alt. 1 zurückgefordert werden. Beseitigt der Verkäufer allerdings den Defekt in Kenntnis der Tatsache, dass es sich nicht um einen Sachmangel handelt, ist ein Bereicherungsanspruch nach § 814 insoweit ausgeschlossen. Auch Ansprüche aus Geschäftsführung ohne Auftrag (§§ 683, 670) kommen (im Verhältnis zwischen Unternehmer und Verbraucher) nach § 241a nicht in Betracht. Gleiches gilt für Verbesserungen des Gegenstandes, die über die Mängelbeseitigung hinausgehen.[61] 145

Hat der Verkäufer aufgrund eines Werkvertrages mit dem Käufer einen Defekt behoben und stellt sich nachträglich heraus, dass es sich um einen nacherfüllungspflichtigen Sachmangel handelte, kann der Käufer den gezahlten Werklohn nach einem Rücktritt gem. § 313 III (Geschäftsgrundlage) oder – je nach Fallgestaltung – nach § 812 I 1 Alt. 1 zurückverlangen.[62] 146

[59] *BGH* NJW 2008, 1147 m. Anm. *S. Lorenz*, LMK 2008, 258620.
[60] S. dazu *S. Lorenz*, FS Medicus, 2009, S. 265 ff.
[61] S. dazu *Mankowski*, NJW 2011, 1025 ff.
[62] Im letzteren Sinne *BGH* NJW 2009, 580, allerdings ohne Herleitung der Rechtsgrundlosigkeit, s. dazu die zutr. Kritik von *Fischinger*, NJW 2009, 563 ff.

147

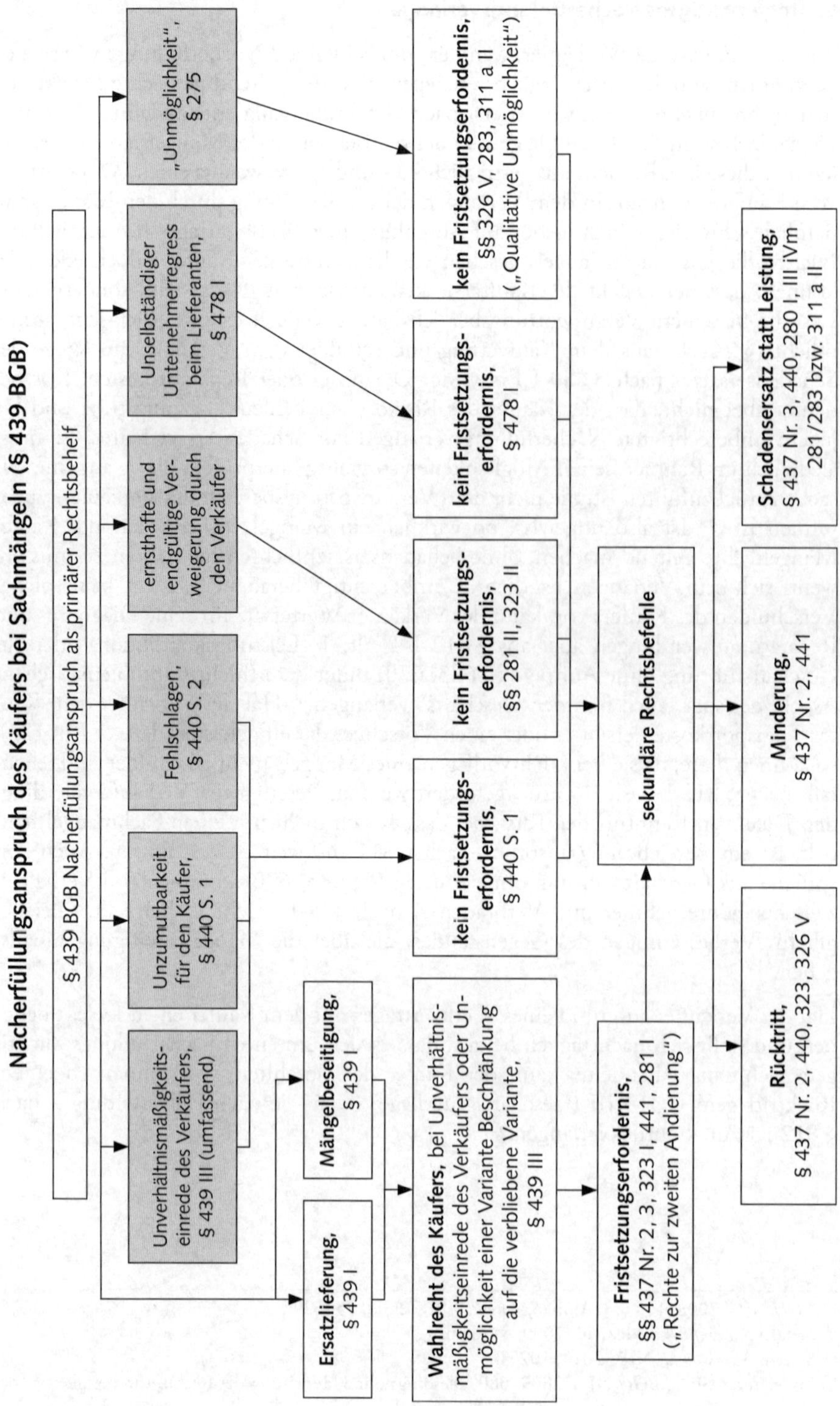
Nacherfüllungsanspruch des Käufers bei Sachmängeln (§ 439 BGB)
§ 439 BGB Nacherfüllungsanspruch als primärer Rechtsbehelf
Unverhältnismäßigkeitseinrede des Verkäufers, § 439 III (umfassend)
Unzumutbarkeit für den Käufer, § 440 S. 1
Fehlschlagen, § 440 S. 2
ernsthafte und endgültige Verweigerung durch den Verkäufer
Unselbständiger Unternehmerregress beim Lieferanten, § 478 I
„Unmöglichkeit", § 275
Ersatzlieferung, § 439 I
Mängelbeseitigung, § 439 I
Wahlrecht des Käufers, bei Unverhältnismäßigkeitseinrede des Verkäufers oder Unmöglichkeit einer Variante Beschränkung auf die verbliebene Variante, § 439 III
kein Fristsetzungserfordernis, § 440 S. 1
kein Fristsetzungserfordernis, §§ 281 II, 323 II
kein Fristsetzungserfordernis, § 478 I
kein Fristsetzungserfordernis, §§ 326 V, 283, 311 a II („Qualitative Unmöglichkeit")
Fristsetzungserfordernis, §§ 437 Nr. 2, 3, 323 I, 441, 281 I („Rechte zur zweiten Andienung")
sekundäre Rechtsbefehle
Rücktritt, § 437 Nr. 2, 440, 323, 326 V
Minderung, § 437 Nr. 2, 441
Schadensersatz statt Leistung, § 437 Nr. 3, 440, 280 I, III iVm 281/283 bzw. 311 a II

III. Rücktritt

1. Behebbarer Sachmangel: „Qualitative Verspätung"

Liegt ein i. S. v. § 439 behebbarer Sachmangel vor, stellt dies einen Fall teilweiser Verzögerung der Leistung in Bezug auf die Qualität der Leistung dar (**qualitative Verspätung**, s. o. Rn. 62). Der Käufer hat dann, sofern nicht der Verkäufer (berechtigterweise) die Nacherfüllung insgesamt nach § 275 II, III oder § 439 III i. V. m. § 440 verweigert, weiter einen fälligen Anspruch auf mangelfreie Leistung in Form des Nacherfüllungsanspruchs. Damit sind Grundlage eines Rücktrittsrechts die §§ 437 Nr. 2, 323. 148

a) Fristsetzung zur Nacherfüllung

Der Rücktritt setzt danach grundsätzlich den fruchtlosen Ablauf einer vom Käufer zu setzenden angemessenen Nacherfüllungsfrist voraus. Die Fristsetzung kann dabei zunächst nach den allgemeinen, in § 323 II genannten Gründen entbehrlich sein.[63] Im Verhältnis Unternehmer/Verbraucher ist dabei eine richtlinienkonforme Auslegung der Norm erforderlich (und möglich): Nach Art. 3 V der VerbrGKRl. sind für Rücktritt und Minderung zwar ein Nacherfüllungsverlangen des Käufers und die Nichtvornahme der Nacherfüllung binnen angemessener Frist, nicht aber eine Frist*setzung* durch den Verbraucher erforderlich. Danach muss also eine angemessene Frist abgelaufen sein, der Verbraucher muss diese aber nicht gesetzt haben (was er häufig nicht tun wird oder zumindest nicht wird beweisen können). § 323 II Nr. 3 bietet hier die Möglichkeit zu richtlinienkonformer Auslegung: Hat ein Verbraucher Nacherfüllung verlangt und erfolgt diese nicht innerhalb einer angemessenen Frist, kann er dennoch vom Vertrag zurücktreten (oder gem. § 441 den Kaufpreis mindern), s. dazu PdW Schuldrecht II **Fall 35**. 149

Im Übrigen stellt die Rspr. ohnehin geringe Anforderungen an die Fristsetzung. Diese setze nämlich nicht zwingend die Nennung eines bestimmten Endtermins voraus. So genüge etwa auch die Aufforderung, einen Mangel „umgehend" zu beseitigen. Dem Zweck des Fristsetzungserfordernisses, dem Verkäufer vor Augen zu führen, dass er die Leistung nicht zu einem beliebigen Zeitpunkt erbringen kann, werde damit hinreichend genügt.[64]

Die Fristsetzung muss dabei die **Nacherfüllung** als solche betreffen. Hat der Verkäufer zunächst gar nicht geliefert und dann innerhalb einer vom ihm deshalb vom Käufer nach § 323 gesetzten Frist eine mangelhafte Sache geliefert, so ist die für die Leistung gesetzte Frist nicht erfolglos verstrichen. Der Käufer muss, um zurücktreten zu können, erneut eine Frist, diesmal zur Nacherfüllung setzen.[65] Freilich muss der Käufer die mangelhafte Sache nicht annehmen (§ 266). Weist er sie zurück, entsteht mit Ablauf der gesetzten Frist ein Rücktrittsrecht nach § 323, d. h. nach allgemeinem Leistungsstörungsrecht, s. dazu PdW Schuldrecht II **Fall 36**. 150

Die **Beweislast** für die Erfolglosigkeit der Nacherfüllung trägt der Käufer unter denselben Voraussetzungen, unter welchen er gem. § 363 die Beweislast für das Vorliegen eines Sachmangels trägt (dazu o. Rn. 110).[66] Zur kaufmännischen Untersu- 151

[63] S. dazu AT Rn. 482.

[64] *BGH* NJW 2009, 3153.

[65] Str., wie hier MünchKomm/*Ernst*, § 323 Rn. 88; Palandt/*Grüneberg*, § 323 Rn. 16; a. A. *Canaris*, DB 2001, 1816; *Dauner*-Lieb, FS Canaris, Bd. I, 2007, S. 146 ff.

[66] *BGH* NJW 2009, 1341; *BGH* NJW 2011, 1664.

chungs- und Rügeobliegenheit (§ 377 HGB) im Anschluss an die Nacherfüllung siehe u. Rn. 192.

b) Entbehrlichkeit der Fristsetzung

152 Über die in § 323 II genannten Fälle hinaus sind die Fristsetzung oder der Fristablauf nach § 440 in drei weiteren Fällen entbehrlich: Zunächst dann, wenn der Verkäufer beide Arten der Nacherfüllung nach § 439 III (berechtigt) **verweigert.**[67] Dem ist im Wege der Analogie der sich aufgrund der jüngsten Rspr. des EuGH mögliche Fall gleichzustellen, dass der Verkäufer die Nacherfüllung nur gegen eine angemessene Kostenbeteiligung des Käufers vornehmen muss (s. o. Rn. 132a). Verweigert der Verkäufer die Nacherfüllung unberechtigt, aber ernsthaft und endgültig, liegt ein Fall von § 323 II Nr. 1 vor. Die Fristsetzung ist weiter entbehrlich, wenn die dem Käufer zustehende Art der Nacherfüllung **fehlgeschlagen** ist. Dabei ist ausreichend, dass **eine** vom Käufer im konkreten Fall zulässigerweise gewählte Art der Nacherfüllung scheitert.[68] Ist dies der Fall, darf der Verkäufer den Käufer also nicht auf eine andere Art der Nacherfüllung verweisen. Nach § 440 S. 2 gilt eine Nachbesserung nach zwei erfolglosen Versuchen als fehlgeschlagen, sofern sich nicht insbesondere aus der Art der der Sache, des Mangels oder den sonstigen Umständen etwas anderes ergibt.

Zu beachten ist, dass auch § 440 S. 2 dem Verkäufer nicht etwa das Recht zu zwei Nacherfüllungsversuchen gibt: Ist die gewählte Art Nacherfüllung innerhalb der Nacherfüllungsfrist nicht erfolgreich, ist ein Rücktrittsrecht entstanden. Auf § 440, der ja nur die Entbehrlichkeit einer Fristsetzung oder eines Fristablaufs regelt, kommt es dann gar nicht mehr an. Die Regelung ist also nur dann von Bedeutung, wenn Nacherfüllungsversuche zu einem Zeitpunkt scheitern, in welchem eine Frist noch nicht gesetzt oder noch nicht abgelaufen war (s. dazu PdW Schuldrecht II **Fälle 37, 56**).

153 Schließlich ist nach § 440 S. 1 die Fristsetzung auch entbehrlich, wenn dem Käufer die Nacherfüllung **unzumutbar** ist. Das kann etwa dann der Fall sein, wenn der Käufer, ohne dass zugleich die Voraussetzungen eines (relativen) Fixgeschäfts nach § 323 II Nr. 2 vorliegen, aufgrund konkreter Umstände des Einzelfalls nicht die zur Nacherfüllung notwendige Zeit abwarten kann oder aber das Vertrauensverhältnis zwischen Käufer und Verkäufer so gestört ist, der Käufer nicht mehr auf zuverlässige Nacherfüllung vertrauen kann. Letzteres kommt insbesondere im Falle arglistiger Täuschung über den Sachmangel in Betracht: Hier ist es für Käufer im Regelfall (aber keineswegs immer!) unzumutbar, sich auf Nacherfüllungsversuche des wenig vertrauenswürdigen Verkäufers einzulassen.[69] S. dazu PdW Schuldrecht II **Fall 32**. Hat der Käufer hingegen trotz Unzumutbarkeit eine Nacherfüllungsfrist gesetzt, ist er an dieses Verlangen bis zum Ablauf der Frist gebunden.[70]

c) Rücktrittsausschlussgründe (§ 323 V 2, VI)

154 Nach § 323 V 2 ist der Rücktritt (nicht aber die Minderung, s. § 441 I 2!) ausgeschlossen, wenn „die Pflichtverletzung" unerheblich ist (zur gleichen Problematik im Rahmen des Schadensersatzes statt der Leistung u. Rn. 180). Mit dieser Einschränkung soll verhindert werden, dass der Käufer einen unerheblichen Sachmangel zum

[67] Zur Richtlinienwidrigkeit eines solchen „Totalverweigerungsrechts" s. o. Rn. 137.

[68] Begr. des Regierungsentwurfs BT-Drs. 14/6040.

[69] *BGH* NJW 2007, 835; 2008, 1371, wo hierfür allerdings § 323 II Nr. 3 herangezogen wird, s. auch *S. Lorenz*, NJW 2006, 1925 ff.; *Gutzeit*, NJW 2008, 1359 ff.

[70] *BGH* NJW 2010, 1805 Tz. 10.

Anlass nimmt, sich von einem Kaufvertrag zu lösen, den er aus ganz anderen Gründen bereut. Das ist ebenso wie der grundsätzliche Vorrang der Nacherfüllung ein Ausdruck des **Grundsatzes der Vertragserhaltung** (dazu o. Rn. 124). Die **Beweislast** für die Unerheblichkeit liegt beim **Verkäufer**. Maßgeblicher **Zeitpunkt** für die Erheblichkeit ist derjenige der Rücktrittserklärung. Stellt sich also erst nach diesem Zeitpunkt heraus, dass die Ursache des als solchen nicht unerheblichen Mangels mit geringem Aufwand beseitigt werden kann, ist dies für die Wirksamkeit eines bereits erklärten Rücktritts irrelevant.[71]

„**Pflichtverletzung**" i. S. v. § 323 V 2 ist zunächst der Sachmangel selbst.[72] Für die 155
Erheblichkeit kommt es dabei allein auf die durch den Sachmangel herbeigeführte Minderung der Gebrauchstauglichkeit an. Ob der Aufwand für seine Beseitigung erheblich ist, spielt nach dem BGH nur dann eine Rolle, wenn die Mangelursache z. Zt. der Rücktrittserklärung bekannt ist (s. *BGH* NJW 2011, 3708).

Beispiel (*BGH* NJW 2009, 508): In dem von K gekauften Geländewagen tritt Wasser ein. Nach fruchtlosem Ablauf einer dem V gesetzten Nacherfüllungsfrist erklärt K den Rücktritt vom Vertrag. Später stellt sich heraus, dass sich der Wassereintritt durch das einfache Ersetzen eines Dichtungsgummis beheben lässt. Der Rücktritt des K nach §§ 437 Nr. 2, 323 war hier nicht nach § 323 V 2 ausgeschlossen, da die Minderung der Gebrauchstauglichkeit selbst nicht unerheblich ist.

Nach Ansicht der Rspr. sind bei der Frage der Unerheblichkeit aber auch **vorvertragliche Pflichtverletzungen** des Verkäufers wie etwa eine arglistige Täuschung über 156
den Sachmangel zu berücksichtigen. Damit soll auch ein unerheblicher Sachmangel zum Rücktritt berechtigen, wenn über dessen Vorliegen **arglistig getäuscht** wurde.[73] Das widerspricht nicht nur der Systematik (§ 323 betrifft Leistungspflichten!), sondern auch der *ratio* der Norm:[74] Sie soll den Käufer keineswegs rechtlos stellen (das Recht zur Minderung bleibt ihm ja nach § 441 I 2 erhalten!), sondern lediglich eine Vertragsauflösung in Fällen vermeiden, in welchen dem Käufer durch die Minderung ebenso gedient ist, die Vertragsauflösung also unverhältnismäßig wäre.[75] S. dazu PdW Schuldrecht II **Fall 10**.

§ 323 V 2 ist auf die **Mankolieferung** trotz deren Gleichstellung mit dem Sachman- 157
gel in § 434 III **nicht** anzuwenden. Hier bleibt es bei dem für den Käufer wesentlich strengeren § 323 V 1: Gesamtrücktritt ist nur im Falle von **Interessefortfall** möglich, den der **Käufer** darzulegen und zu beweisen hat, dazu o. Rn. 102 sowie PdW Schuldrecht II **Fall 26**.

Ist der **Käufer** für den zum Rücktritt berechtigenden Umstand (d. h. den Sachman- 158
gel oder die Nichtvornahme der Nacherfüllung) **allein oder weit überwiegend verantwortlich**[76] oder tritt dieser zu einem Zeitpunkt ein, in welchem der Käufer im **Annahmeverzug** ist, ohne dass Vertretenmüssen des Verkäufers vorliegt, ist der Rücktritt nach § 323 VI ebenfalls ausgeschlossen.[77] Bei einem behebbaren Mangel

[71] *BGH* NJW 2009, 508 Tz. 19; *BGH* NJW 2011, 1664 Tz. 18; *BGH* BeckRS 2011, 22417.

[72] S. z. B. *BGH* NJW 2007, 2111: Abweichung des Benzinverbrauchs eines Kfz von den Herstellerangaben um weniger als 10 % als unerheblicher Sachmangel.

[73] *BGH* NJW 2006, 1960.

[74] Kritik hieran s. *S. Lorenz*, NJW 2006, 1925 ff.; *ders*, FS Wolfsteiner, 2007, S. 121 ff.; *H. Roth* JZ 2006, 1026.

[75] S. nur MünchKomm/*Ernst*, § 323 Rn. 243; *Looschelders*, BT, Rn. 108, *ders*, JR 2007, 309 ff.

[76] Zum Begriff der „Verantwortlichkeit" des Gläubigers s. AT Rn. 444.

[77] Zum Ausschluss des Nacherfüllungsanspruchs in diesem Fall s. Rn. 138.

kann das etwa dann der Fall sein, wenn der Käufer selbst **vor Gefahrübergang** den Mangel verursacht hat oder selbst für die nicht rechtzeitige Vornahme der Nacherfüllung verantwortlich ist (weil er z. B. eine notwendige Mitwirkung wie die Herausgabe des zu reparierenden Gegenstandes verweigert). Tritt der Sachmangel nach Eintritt des Annahmeverzugs des Käufers ein, spielt § 323 VI im Falle eines Sachmangels allerdings ohnehin keine Rolle, weil es für die Frage des Vorliegens eines Sachmangels allein auf den Zeitpunkt des Übergangs der Preisgefahr ankommt, die gem. § 326 II 1 Alt. 2 mit Eintritt des Annahmeverzugs auf den Käufer übergeht (s. dazu Rn. 105). Bei Rechtsmängeln kann die Regelung aber relevant sein, weil es hier nicht auf den Zeitpunkt des Gefahrübergangs, sondern auf denjenigen der Übereignung ankommt (s. dazu Rn. 119).

2. Unbehebbarer Sachmangel: „Qualitative Unmöglichkeit"

a) Entbehrlichkeit der Fristsetzung

159 Ist der Verkäufer von der Nacherfüllungspflicht nach § 275 I befreit oder macht er diesbezüglich von seinem Leistungsverweigerungsrecht aus § 275 II, III Gebrauch, kann man von einem im rechtlichen Sinne unbehebbaren Sachmangel sprechen. Dogmatisch liegt damit ein Fall **teilweiser Unmöglichkeit** vor, da der Verkäufer dann zwar nicht von der Pflicht aus § 433 I 1, wohl aber von derjenigen zur mangelfreien Leistung aus § 433 I 2 befreit ist. Da diese Variante der Teilunmöglichkeit im Unmöglichkeitsrecht teilweise abweichend von den allgemeinen Regelungen behandelt wird, spricht man auch von „**qualitativer Unmöglichkeit**" (o. Rn. 64). Nach § 326 I 2 fällt in einem solchen Fall die Kaufpreiszahlungspflicht des Käufers auch nicht anteilig von Gesetzes wegen weg, sondern bleibt (zunächst!) vollständig aufrechterhalten. Damit soll aber der Käufer nicht rechtlos gestellt werden, sondern lediglich eine andernfalls eintretende automatische Minderung verhindert und dem Käufer ein Wahlrecht zwischen mehreren Rechtsbehelfen gegeben werden. So hat der Käufer u. a. ein **Rücktrittsrecht** nach §§ 437 Nr. 2, 326 V i. V. m. § 323 mit der Maßgabe, dass eine Fristsetzung (zur Nacherfüllung) entbehrlich ist. Ein solches Erfordernis wäre ja auch gänzlich sinnlos, wenn der Mangel gar nicht behebbar ist.

b) Rücktrittsausschlussgründe

160 Da sich § 323 I – IV ausschließlich mit Fragen der Fristsetzung bzw. mit dem Rücktritt vor Fälligkeit beschäftigen, ist die Verweisung des § 326 V auf § 323 einzig für die bei Rn. 154 ff. behandelten **Rücktrittsausschlussgründe** nach § 323 V 2 und VI von Bedeutung. Auch bei einem unbehebbaren Mangel ist der Rücktritt ausgeschlossen, wenn „die Pflichtverletzung" (d. h. nach hier vertretender Auffassung der Sachmangel) **unerheblich** ist (dazu o. Rn. 154).

161 Er ist weiter dann ausgeschlossen, wenn der Käufer für „den zum Rücktritt berechtigenden Umstand" **allein oder weit überwiegend verantwortlich** ist (§ 323 VI). Zum Rücktritt berechtigender Umstand ist im Falle des § 326 V sowohl der Sachmangel als auch die Unmöglichkeit seiner Behebung. Ist also der Käufer zwar nicht für den Sachmangel, wohl aber für die nach § 275 I – III zum Ausschluss des Nacherfüllungsanspruchs führenden Umstände, also für die Unmöglichkeit der Nacherfül-

lung „verantwortlich“, entfällt sein Rücktrittsrecht.[78] Das ist analog § 276 I dann der Fall, wenn er in Kenntnis oder fahrlässiger Unkenntnis des Vorliegens eines Sachmangels diesen selbst beseitigt oder aber die Kaufsache in zurechenbarer Weise zerstört und dadurch die Nacherfüllung durch den Verkäufer unmöglich macht (s. dazu o. Rn. 143 f.).[79]

Dabei wird man aber auch im Falle der Zerstörung der Kaufsache durch den Käufer neben einer Zurechenbarkeit der Zerstörung zusätzlich Kenntnis oder Kennenmüssen der Mangelhaftigkeit verlangen. Der Käufer hat nämlich keine Obliegenheit, die in seinem Eigentum stehende Kaufsache nicht zu zerstören, sondern lediglich eine solche, das Nacherfüllungsrecht des Verkäufers nicht zu vereiteln.[80] Damit erübrigt sich dann auch die in der Literatur vertretene analoge Anwendung der Haftungsprivilegierung des § 346 III Nr. 3,[81] weil ein Wertungswiderspruch zur Rechtslage bei einem anfänglich unbehebbaren Mangel dann nicht mehr besteht.

Nach hier vertretener Ansicht hat sich dann freilich der Verkäufer ersparte eigene 162
Nacherfüllungsaufwendungen auf den Kaufpreisanspruch gem. § 326 II 2 anrechnen zu lassen (s. dazu Rn. 140 ff.). Liegt keine solche Obliegenheitsverletzung vor, bleibt das Rücktrittsrecht erhalten. Dass der Käufer bei der Durchführung des Rücktritts die Kaufsache nicht gem. § 346 I in natura zurückgewähren kann, ist dann erst auf der Ebene des Rücktrittsfolgenrechts (§ 346) zu beachten. Eine Wertersatzpflicht gem. § 346 II Nr. 3 ist aber regelmäßig nach § 346 III Nr. 3 ausgeschlossen:[82] Die Gefahr des zufälligen Untergangs „springt“ auf den Verkäufer zurück (s. dazu o. Rn. 52, 131).

Beispiel (Abwandlung des Beispielfalls bei Rn. 144): Noch vor der Reparatur des gekauften gebrauchten Laptops und vor Setzung einer Nacherfüllungsfrist wird dieses dem K ohne sein Verschulden (unwiederbringlich) gestohlen. Damit ist die Nacherfüllung, die hier nur durch Mängelbeseitigung möglich war, nach § 275 I ausgeschlossen. K kann nach §§ 437 Nr. 2, 326 V, 323 ohne Fristsetzung zurücktreten. Der Rücktrittsausschlussgrund des § 323 VI findet keine Anwendung, da K nicht für die Unmöglichkeit der Nacherfüllung „verantwortlich“ ist. Er kann nach § 346 I den Kaufpreis zurückverlangen und ist seinerseits wegen § 346 III Nr. 3 von der Wertersatzpflicht nach § 346 II Nr. 3 befreit.

3. Ausübung und Rechtsfolgen des Rücktrittsrechts

Das Rücktrittsrecht ist ein **Gestaltungsrecht**, welches durch Erklärung gegenüber 163
dem Verkäufer ausgeübt wird (§ 349). Der Vertrag wandelt sich dann in ein **Rückgewährschuldverhältnis** um. Anspruchsgrundlage für einen Anspruch des Käufers auf Kaufpreisrückzahlung sind damit §§ 437 Nr. 2, 323 (bzw. § 326 V i. V. m. § 323), 346 I. Einzelheiten hierzu sind in AT Rn. 560 ff. ausführlich erläutert. Von besonderer Bedeutung ist hier das Problem der Gefahrtragung, d. h. die Privilegierung des Käufers nach § 346 III 1 Nr. 3, s. dazu bereits o. Rn. 52, 162 sowie ausführlich AT Rn. 570 ff. Nach § 325 schließt die Ausübung des Rücktrittsrechts die Geltendmachung von Schadensersatz statt der Leistung (unten Rn. 171 ff.) nicht aus. Das ist z. B. für das unten Rn. 184 geschilderte Problem des „rücktrittsbedingten Nutzungsausfalls“ von Bedeutung.

---

[78] A. A. *Dauner-Lieb/Arnold*, ZGS 2005, 10, 12; *dies.*, FS Hadding, 2009, S. 26 ff.; zweifelnd *Looschelders*, BT, Rn. 113.
[79] Bamberger/Roth/*Faust*, § 439 Rn. 60; MünchKomm/*Ernst*, § 323 Rn. 109.
[80] So zutreffend MünchKomm/*Ernst*, § 323 Rn. 109.
[81] *Looschelders*, BT, Rn. 113; *S. Lorenz*, Karlsruher Forum 2005, 2006, S. 69 f.
[82] S. dazu AT Rn. 570 ff.

IV. Minderung

1. Zweck und Berechnung

164 Nach § 441 I kann der Käufer anstelle des Rücktritts den Kaufpreis durch Erklärung gegenüber dem Verkäufer mindern. Ziel der Minderung ist es, den von den Parteien vereinbarten Kaufpreis dem minderen Wert der Kaufsache anzupassen. Es geht also um die Anpassung des Kaufpreises an das ursprünglich vereinbarte Preis-/Leistungsverhältnis. Eine Minderung kommt also selbstverständlich auch dann in Betracht, wenn der Käufer die Sache günstig, d. h. unter Wert gekauft hat und sie auch in mangelhaftem Zustand noch mehr wert ist als der vereinbarte Kaufpreis.[83] Die Herabsetzung des Kaufpreises erfolgt gem. § 441 III anteilig in dem Verhältnis, in welchem zur Zeit des Vertragsschlusses der Wert der Sache in mangelfreiem Zustand (**Soll-Wert**) zu dem wirklichen Wert (**Ist-Wert**) steht. Diese Werte (und nicht etwa das Berechnungsergebnis!) können (und müssen häufig) gem. § 441 I 2 durch Schätzung ermittelt werden. Durch die proportionale Herabsetzung sollen dem Käufer die Vorteile aus einem günstigen Geschäft und die Nachteile aus einem schlechten Geschäft erhalten bleiben. Daraus ergibt sich folgende Berechnungsweise: Geminderter Kaufpreis/vereinbarter Kaufpreis = Ist-Wert/Soll-Wert. Löst man diese Gleichung auf, ergibt sich folgende **Formel**:

$$\text{geminderter Kaufpreis} = \text{vereinbarter Kaufpreis} \times \frac{\text{Ist-Wert}}{\text{Soll-Wert}}$$

165 Dadurch unterscheidet sich die (gerade **nicht** vom Vertretenmüssen abhängige) Minderung vom Schadensersatz statt der Leistung: Dort ist – unabhängig von dem vereinbarten Kaufpreis – der **Minderwert** des Kaufgegenstandes zu ersetzen.

Beispiel (PdW Schuldrecht II **Fall 41**): K kauft von V ein bebautes Seegrundstück zum Preis von 1,8 Mio. Nach der Übereignung stellt sich heraus, dass der Uferstreifen nur zugemietet war und nicht verkäuflich ist. Der tatsächliche Verkehrswert beträgt daher nur 1,98 Mio., mit Uferstreifen hätte das Grundstück einen Verkehrswert von 2,2 Mio. gehabt. Im Wege der Minderung kann K anteilige Herabsetzung des Kaufpreises auf 1,62 Mio verlangen und damit gem. § 441 IV Rückzahlung i. H. v. 180.000.– verlangen. Dass der Wert des Grundstücks auch in mangelhaftem Zustand den vereinbarten Kaufpreis überschreitet, ist dabei irrelevant. Ein Anspruch auf Schadensersatz statt der Leistung wäre hingegen unabhängig vom vereinbarten Kaufpreis i. H. v. 220.000.– gegeben.

2. Voraussetzungen

166 § 441 I S. 1 knüpft das Minderungsrecht an das Rücktrittsrecht an. Zur Begründung eines Minderungsrechts müssen also die Voraussetzungen eines Rücktrittsrechts nach §§ 437 Nr. 2, 323 bzw. § 326 V i. V. m. § 323 vorliegen. Bei einem behebbaren Mangel setzt damit auch das Minderungsrecht grundsätzlich den fruchtlosen Ablauf einer Nacherfüllungsfrist voraus, bei einem unbehebbaren Mangel kann unmittelbar gemindert werden. Eine Ausnahme vom Erfordernis des Vorliegens der Rücktrittsvoraussetzungen macht lediglich § 441 I 2: Ein Minderungsrecht besteht auch dann, wenn ein Rücktrittsrecht nach §§ 437 Nr. 2, 323 V 2 (ggf. i. V. m. § 326 V) wegen Unerheblichkeit des Sachmangels ausgeschlossen ist. Hier soll nach dem Grundsatz der **Vertragserhaltung** lediglich die Vertragsauflösung, nicht aber die Minderung ausgeschlossen werden (s. o. Rn. 154). Im Fall des § 323 VI (alleinige oder überwiegende

[83] *BGH* NJW 2011, 2953 Tz. 9.

Verantwortlichkeit des Gläubigers) ist aber auch das Minderungsrecht ausgeschlossen, da § 441 I 2 diesen Fall nicht erfasst. Das gilt vor allem im o. bei Rn. 139 ff. behandelten Fall der Vereitelung der Nacherfüllung. Das ist keineswegs ein Redaktionsfehler,[84] sondern auch wertungsmäßig zutreffend, hat doch in dieser Situation der Käufer dem Verkäufer in zurechenbarer Weise die Möglichkeit zur zweiten Andienung (s. o. Rn. 132) genommen. Bei einem sonstigen, d. h. nicht weit überwiegenden Mitverschulden ist der Minderungsbetrag analog § 254 I herabzusetzen.[85]

3. Ausübung der Minderung, ius variandi

Das Minderungsrecht ist wie das Rücktrittsrecht (s. Rn. 163) ein **Gestaltungsrecht**, 167
das durch Erklärung gegenüber dem Verkäufer ausgeübt wird. Erst mit dem Zugang der Minderungserklärung wird der Kaufpreis herabgesetzt. Es kommt also – anders als etwa im Mietrecht (§ 536, u. Rn. 457) oder im Reisevertragsrecht (§ 651d, u. Rn. 831) – nicht zu einer automatischen Minderung des Kaufpreises. Einen solchen Automatismus zu verhindern ist auch Zweck von § 326 I 2 (s. o. Rn. 65, 159).

Als Gestaltungsrecht ist das ausgeübte Minderungsrecht **unwiderruflich**. Es kann 168
nicht neben dem Rücktritt ausgeübt werden, weil § 441 I es „anstelle" des Letzteren gewährt. Es kann aber mit all jenen Rechtsbehelfen kumuliert werden, die ihrerseits mit dem Rücktrittsrecht kombinierbar sind. Damit kann neben der Minderung insbesondere Schadensersatz, auch in Form des Schadensersatzes „statt der Leistung" (s. § 325) verlangt werden.[86]

Soweit der Käufer im Einzelfall den Kaufpreis gemindert hat, verringert dies selbstverständlich den durch die Lieferung einer mangelhaften Sache erlittenen Vermögensschaden. Hinsichtlich derselben Vermögenseinbuße schließen sich Minderung und Schadensersatz statt der Leistung also aus.[87] Ausgeschlossen ist im Falle der Minderung auch die Geltendmachung von Schadensersatz „statt der ganzen Leistung", d. h. die Rückgabe der erhaltenen Sache unter Liquidation des (hypothetischen) Wertes der Sache in mangelfreiem Zustand (unten Rn. 180). Dies würde nämlich wirtschaftlich eine Kombination von Schadensersatz und Rücktritt darstellen. Durch die Entscheidung für die Minderung ist dem Käufer aber ein Wechsel zum Rücktritt gerade verschlossen. Schadensersatz statt der Leistung ist neben der Minderung also wirtschaftlich nur dann von Bedeutung, wenn der Minderungsbetrag (wie im Beispiel bei Rn. 165) den Minderwert der Sache unterschreitet.

4. Rückforderung des zuviel Gezahlten

Hat der Käufer bereits mehr als den nach erfolgter Minderung geschuldeten Kauf- 169
preis bezahlt, kann er nach § 441 IV das zuviel Gezahlte zurückfordern. Durch diese **Anspruchsgrundlage** wird verhindert, den Käufer auf den „schwachen" Bereicherungsanspruch aus § 812 I 1 Alt. 1 zu verweisen, wie das etwa im Mietrecht der Fall ist (dazu u. Rn. 457 f.). Der Verkäufer hat den Betrag gem. 441 IV 2 unter den Voraussetzungen der §§ 346 I, 347 I zu **verzinsen**.

[84] So aber *Kohler*, AcP 203 (2003), 530, 572.
[85] BT-Drs. 14/6040, S. 235.
[86] Str., s. *BGH* NJW 2011, 1217 Tz. 34 m. w. N. sowie *BGH* NJW 2011, 2953; wie hier z. B. Bamberger/Roth/*Faust,* § 437 Rn. 173; MünchKomm/*Westermann,* § 437 Rn. 18.
[87] *BGH* NJW 2011, 2953 Tz. 16.

V. Schadensersatzansprüche

1. System der Schadensersatztatbestände: Anknüpfung an das allgemeine Leistungsstörungsrecht

170 Nach § 437 Nr. 3 kann der Käufer unter den Voraussetzungen der §§ 440, 280, 281, 283, 311a Schadensersatz bzw. nach § 284 Ersatz vergeblicher Aufwendungen verlangen. Sämtliche Schadensersatzansprüche ergeben sich damit aus dem **allgemeinen Leistungsstörungsrecht**. Schnittstelle hierzu ist, wie bereits o. bei Rn. 32, 61 ff. dargelegt, § 433 I 2: Ist der Verkäufer verpflichtet, sach- und rechtsmangelfrei zu leisten, so stellt die mangelhafte Leistung eine **Pflichtverletzung** dar. Als **Anspruchsgrundlagen** kommen daher nur § 280 und § 311a II in Betracht. Sämtliche Schadensersatzansprüche setzen **Vertretenmüssen** des Verkäufers voraus, das aber jeweils vermutet wird (§§ 280 I 2, 311a II 2).

2. Schadensersatz statt der Leistung

a) Qualifikation

171 Schadensersatz statt der Leistung ist derjenige Schaden, der sich aus dem endgültigen Ausbleiben der Leistung ergibt. Ist ein Schaden hingegen endgültig eingetreten und auch durch eine – gedachte – Nacherfüllung nicht mehr behebbar, so handelt es sich um Schadensersatz „neben" der Leistung, ggf. in Form eines Verzögerungsschadens (§ 280 II). Die Unterscheidung der Schadensarten, die in AT bei Rn. 351 ff. eingehend dargelegt ist, ist nicht nur entscheidend für die Wahl der richtigen **Anspruchsgrundlage**, sondern auch für die Frage der **Kombinierbarkeit** der verschiedenen Rechtsbehelfe des Käufers.

Beispiel (PdW Schuldrecht II **Fall 42):** Kneipenwirt K kauft beim Fachhändler V einen Videoprojektor, um seinen Gästen die Spiele der gerade beginnenden Fußball-WM vorzuführen und damit durch zahlreicheren Besuch seiner Gaststätte deren Umsatz zu steigern. Als er das gelieferte Gerät kurz vor dem Anpfiff des Eröffnungsspiels anschließen will, stellt er fest, dass es nicht funktioniert, weil S irrtümlich ein defektes Gerät geliefert hatte. Die Gäste verlassen daraufhin sein Lokal, um die Fernsehübertragung zu Hause zu verfolgen. K verlangt von V Ersatz für den erlittenen Verdienstausfall sowie den Kaufpreis für ein Ersatzgerät: Bei dem Kaufpreis für ein Ersatzgerät handelt es sich um Schadensersatz statt der Leistung, der grundsätzlich erst nach Ablauf einer Nacherfüllungsfrist ersetzbar ist (§§ 437 Nr. 3, 280 I, III, 281). Der Schaden in Gestalt des Verdienstausfalls ist hingegen als einfacher Schadensersatz unmittelbar nach §§ 437 Nr. 3, 280 I, 249 I ersetzbar (zur Abgrenzung zum Verspätungsschaden u. Rn. 183 f.).

b) Behebbarer Sachmangel: „Qualitative Verspätung"

aa) Grundlagen

172 Im Falle eines behebbaren Mangels besteht – wie im Falle des Rücktritts – ein fälliger Anspruch auf Nacherfüllung. Der Anspruch auf Schadensersatz statt der Leistung ergibt sich dann aus §§ 437 Nr. 3, 280 I, III, 281 unter dem Aspekt einer Verzögerung der (mangelfreien) Leistung. Damit setzt ein solcher Anspruch gem. § 281 I 1 wie im Falle des Rücktritts nach § 323 voraus, dass eine dem Verkäufer vom Käufer gesetzte angemessene Frist zur Nacherfüllung fruchtlos verstrichen ist.[88] Die Fristsetzung ist

[88] Das bei Rn. 149 erörterte Problem der Frist*setzung* und deren Richtlinienkonformität stellt sich dabei nicht, da die VerbrGKRl. Schadensersatzansprüche nicht regelt und damit dem nationalen Gesetzgeber in keiner Weise einschränkt.

nach § 281 II entbehrlich, wenn der Käufer die Nacherfüllung ernsthaft und endgültig verweigert oder „besondere Umstände" vorliegen, welche eine sofortige Geltendmachung des Schadensersatzanspruchs rechtfertigen. Im Übrigen gelten auch hier die bereits o. Rn. 152 f. beschriebenen Fälle der Entbehrlichkeit der Fristsetzung nach § 440.

bb) Maßgebliche Pflichtverletzung, Bezugspunkt des Vertretenmüssens

Fraglich ist, welche Pflichtverletzung Grundlage des Anspruchs auf Schadensersatz 173
statt der Leistung ist. In Betracht kommen hierfür die Verletzung der Pflicht aus § 433 I 2 zur mangelfreien Leistung, aber auch die Verletzung der Pflicht zur Nacherfüllung aus § 439. Wichtig ist diese nur auf den ersten Blick spitzfindig erscheinende Frage für das **Vertretenmüssen**. In Abwesenheit einer Beschaffenheitsgarantie (dazu o. Rn. 80) hat der Verkäufer die Verletzung der Pflicht aus § 433 I 2 nämlich nur dann zu vertreten, wenn er den Sach- oder Rechtsmangel (etwa als Hersteller) fahrlässig oder vorsätzlich verursacht hat oder aber den Sach- oder Rechtsmangel zum Zeitpunkt des Gefahrübergangs kannte oder sich darüber in fahrlässiger Unkenntnis befand, ihn also kennen musste. Da der Verkäufer, der nicht zugleich Hersteller ist, i. d. R. keine Untersuchungspflichten hat[89] und sich auch ein Verschulden des Herstellers nicht nach § 278 zurechnen lassen muss,[90] wird der von ihm nach § 280 I 2 zu führende Entlastungsbeweis nicht selten gelingen.[91] Das hindert freilich nicht das Entstehen des Nacherfüllungsanspruchs (§ 439), da dieser ein Vertretenmüssen des Mangels durch den Verkäufer gerade nicht voraussetzt. Unterlässt nun der Verkäufer die Nacherfüllung, verletzt er erneut eine Leistungspflicht, diesmal diejenige aus § 439. **Diese** Pflichtverletzung aber kann er (und wird er häufig) auch dann i. S. v. § 276 zu vertreten haben, wenn er die Verletzung der ursprünglichen Pflicht aus § 433 I 2 nicht zu vertreten hatte. Er kann sich dann nämlich nicht mit dem Argument entlasten, dass er den Mangel nicht kannte oder kennen musste. Er muss zu seiner Entlastung nach § 280 I 2 vielmehr darlegen und beweisen, dass die Nichtvornahme der Nacherfüllung weder vorsätzlich noch fahrlässig erfolgte. Das wird ihm nur höchst selten gelingen: Nimmt er sie deshalb nicht vor, weil er glaubt, dazu nicht verpflichtet zu sein, liegt ein Rechtsirrtum vor, der ihn nur in engen Ausnahmefällen, nämlich im Falle der Unvermeidbarkeit entlastet (s. AT Rn. 366). Verfügt er nicht über das notwendige Geld, die Nacherfüllung z. B. durch einen Dritten durchführen zu lassen, hat er diesen Geldmangel ebenfalls stets zu vertreten („Geld muss man haben", s. AT Rn. 403).

Für den **Schadensersatz statt der Leistung** ist es nach ganz unbestrittener Ansicht 174
ausreichend, wenn der Verkäufer die Nichtvornahme der Nacherfüllung innerhalb der ihm gesetzten angemessenen Frist zu vertreten hat. Ist dies der Fall, ist es in Bezug auf diesen Schadensposten (anders als bei den als Schadensersatz neben der Leistung zu qualifizierenden Folgeschäden) unbeachtlich, ob er bereits die Lieferung der mangelhaften Sache (Verletzung der Pflicht aus § 433 I 2) zu vertreten hatte.

Beispiel 1 (s. auch PdW Schuldrecht II **Fall 45**): V, Verkäufer von Spezialmaschinen, liefert dem K eine fehlerhafte Maschine. Der Sachmangel beruht auf einer Fahrlässigkeit in der Fertigung durch den Her-

[89] Ständige Rspr., s. etwa *BGH* NJW 1981, 1269, 1270.

[90] *BGH* NJW 2008, 2837 Tz. 29; 2009, 1660 Tz. 11; s. dazu auch AT Rn. 386; zur Gegenansicht s. *Peters*, ZGS 2010, 24.

[91] So etwa in *BGH* NJW 2008, 2837.

steller und war für V nicht erkennbar. K setzt V eine Frist zur Nacherfüllung in Form der Mängelbeseitigung. Diese verstreicht deshalb erfolglos, weil V wegen finanzieller Schwierigkeiten nicht in der Lage ist, die notwendigen Ersatzteile zu besorgen. Daraufhin tritt K vom Kaufvertrag zurück, beschafft sich anderweitig eine Maschine und verlangt von V Ersatz der Kosten für den Deckungskauf.[92] Hier ist ein (nach § 325 neben dem Rücktritt möglicher) Anspruch auf Schadensersatz statt der Leistung für den Deckungskauf gem. §§ 437 Nr. 3, 280 I, III, 281 klar zu bejahen: V hat den fälligen Anspruch des K auf Nacherfüllung aus § 439 I nicht innerhalb der gesetzten Frist erfüllt und hat **dies** auch gem. § 276 I zu vertreten.

175 Umstritten ist hingegen der – wohl seltene, aber denkbare – umgekehrte Fall, dass der Verkäufer zwar die Lieferung der mangelhaften Sache, nicht aber das Unterlassen der Nacherfüllung zu vertreten hat.

Die h. M. ist hier der Ansicht, dass der Verkäufer sich alleine mit dem Nachweis, das Unterlassen der Nacherfüllung nicht zu vertreten zu haben, nicht entlasten kann. Schadensersatz statt der Leistung wird danach also geschuldet, wenn der Verkäufer **entweder** die Verletzung der Pflicht aus § 433 I 2 **oder** die Verletzung der Pflicht aus § 439 zu vertreten hat.[93]

Richtigerweise sollte auch hier allein auf das Unterlassen der Nacherfüllung abgestellt werden. Dafür spricht zunächst der Wortlaut von § 281, der auf die Verletzung einer **fälligen** Pflicht abstellt. Weiter zeigt die Parallele zum Schadensersatz statt der Leistung beim unbehebbaren Mangel, wo sich das Vertretenmüssen ebenfalls auf die Unbehebbarkeit des Mangels und nicht etwa auf dessen Vorliegen bezieht, dass Bezugspunkt für das Vertretenmüssen für den Schadensersatz statt der Leistung allein die Nichtvornahme der Nacherfüllung innerhalb der Nacherfüllungsfrist sein muss.[94]

Beispiel 2 (PdW Schuldrecht II **Fall 45**): V, Hersteller von Spezialmaschinen, liefert dem K eine von ihm selbst herzustellende Maschine (Werklieferungsvertrag gem. § 651, s. u. Rn. 693), die sich als fehlerhaft erweist. Der Sachmangel beruht auf einer Fahrlässigkeit im Herstellungsprozess und wäre bei einer erforderlichen Endkontrolle für V erkennbar gewesen. K setzt V eine Frist zur Nacherfüllung. Diese verstreicht deshalb erfolglos, weil V wegen eines Streiks in der Zulieferindustrie die für die Mängelbeseitigung notwendigen Bauteile nicht besorgen kann. Nach h. M. wäre hier ein Anspruch auf Schadensersatz statt der Leistung (etwa für einen Deckungskauf) gem. §§ 437 Nr. 3, 280 I, III, 281 zu bejahen: V hat die Verletzung der Pflicht aus § 433 I 2 zu vertreten, eines Vertretenmüssens in Bezug auf die Pflicht aus § 439 bedarf es danach nicht. Folgt man der hier vertretenen Ansicht, so besteht ein Anspruch auf Schadensersatz statt der Leistung nicht, wohl aber sind durch die Verletzung der Pflicht aus § 433 I 2 bereits endgültig entstandene Schäden (wie etwa ein mangelbedingter Betriebsausfall) als Schadensersatz neben der Leistung (§ 280 I, II) zu ersetzen. Will K Schadensersatz statt der Leistung, muss er erneut eine Frist setzen. Ist V freilich mit der Nacherfüllung in Verzug (§ 286), haftet er nach § 287 S. 2 auch für Zufall.

176 Ist eine Fristsetzung im Einzelfall nach §§ 281 II, 440 entbehrlich, kommt es, sofern der Käufer nicht dennoch eine solche Frist setzt (was ihm unbenommen bleibt), allein auf das Vertretenmüssen der ursprünglich mangelhaften Leistung an. Liegt insoweit kein Vertretenmüssen vor, steht es dem Käufer frei, dennoch zunächst eine Frist zu setzen und damit den Boden für eine zweite, zu vertretende Pflichtverletzung seitens des Verkäufers in Gestalt der Nichtvornahme der Nacherfüllung zu bereiten.

[92] Allgemein zur Problematik des Deckungsgeschäfts s. AT Rn. 498.

[93] S. etwa *Huber* FS Schlechtriem, 2003, 528; *Gsell*, FS Canaris, Bd. 1, 2007, S. 340 ff.; *Looschelders*, FS Canaris, Bd. 1, 2007, S. 746 ff.; *Dauner-Lieb*, FS Konzen, 2006, S. 75; *Faust*, FS Canaris, Bd. 1, 2007, S. 225, 245; *Braun*, ZGS 2004, 423, 426; offen gelassen in *BGH* NJW 2005, 2852.

[94] S. dazu eingehend *S. Lorenz*, Karlsruher Forum 2005, 2006, S. 50; *ders.*, FS Huber, 2006, S. 423 ff.; ebenso Palandt/*Grüneberg* § 281 Rn. 16; MünchKomm/*Ernst*, § 281 Rn. 48; *Riehm*, FS Canaris, Bd. 1, 2007, S. 1093; Bamberger/Roth/*Unberath*, § 281 Rn. 12.

c) Unbehebbarer Sachmangel: „Qualitative Unmöglichkeit"

aa) Grundlagen

Die Haftung für einen unbehebbaren Sachmangel ist typologisch ein Fall der Haftung für teilweise (qualitative) Unmöglichkeit. Haftungsgrund ist nicht alleine der Sachmangel, sondern die Unmöglichkeit der Erfüllung der Pflicht zur sachmangelfreien Leistung in Form der Nacherfüllung. Anspruchsgrundlage sind damit für den Fall vertragsanfänglicher Unbehebbarkeit §§ 437 Nr. 3, 311a II, bei nachträglicher Unmöglichkeit §§ 437 Nr. 3, 280 I, III, 283. Maßgeblich ist hierfür nicht der Zeitpunkt des Sachmangels, sondern der Zeitpunkt, in welchem die Unmöglichkeit der Behebung des Defekts eintritt, der ab Gefahrübergang einen Sachmangel darstellt. In aller Regel wird ein unbehebbarer Mangel, der bereits bei Vertragsschluss vorlag, bereits auch in diesem Zeitpunkt unbehebbar sein. Es ist aber durchaus denkbar, dass erst zwischen Vertragsschluss und Gefahrübergang[95] ein unbehebbarer Sachmangel eintritt oder aber ein zum Zeitpunkt des Vertragsschlusses bereits vorliegender Mangel erst nach Vertragsschluss oder nach Gefahrübergang unbehebbar wird. 177

bb) Anfänglich unbehebbarer Mangel

Hat ein zum Zeitpunkt des Gefahrübergangs vorliegender Mangel bereits bei Vertragsschluss vorgelegen und war er auch bereits zu diesem Zeitpunkt unbehebbar, sind Grundlage für einen Anspruch des Käufers auf Schadensersatz statt der Leistung §§ 437 Nr. 3, 311a II. Der Verkäufer schuldet Schadensersatz statt der Leistung, wenn er nicht nachweist, dass er die Unbehebbarkeit des Mangels weder kannte noch seine Unkenntnis zu vertreten hat. Für das Vertretenmüssen ist also **nicht** ausreichend, dass der Verkäufer den Mangel kannte oder kennen musste, sondern er muss zusätzlich dessen **Unbehebbarkeit** gekannt haben oder gekannt haben müssen. Freilich wird im Regelfall derjenige, der die Unkenntnis des Mangels zu vertreten hat, auch die Unkenntnis in Bezug auf seine Behebbarkeit zu vertreten haben. Zwingend ist das aber keineswegs. 178

Beispiel 1 (PdW Schuldrecht II **Fall 44**): V verkauft K seinen Pkw. Ihm ist zwar bekannt, dass dieser dazu neigt, bei Geradeausfahrt nach links zu ziehen. Aufgrund einer Auskunft einer Fachwerkstatt geht V aber davon aus, dass es sich dabei um eine Bagatelle handelt, die durch Einstellen der Spurstangen behebbar ist. Nach Übergabe des Pkw stellt sich heraus, dass der Sachmangel tatsächlich nicht behebbar ist. K beschafft sich einen gleichwertigen mangelfreien Pkw und verlangt von V die dafür angefallenen Kosten: V haftet nicht auf Schadensersatz statt der Leistung, weil er zwar den Sachmangel, nicht aber das „Leistungshindernis" in Gestalt der Unmöglichkeit der Nacherfüllung kannte und diese Unkenntnis auch nicht zu vertreten hat.

cc) Nachträglich unbehebbarer Mangel

Tritt erst nach Vertragsschluss ein unbehebbarer Mangel auf oder wird ein Mangel erst nach diesem Zeitpunkt unbehebbar, liegt typologisch ein Fall nachträglicher (teilweiser) Unmöglichkeit vor. In diesem Fall haftet der Verkäufer auf Schadensersatz statt der Leistung nicht allein aufgrund der Kenntnis oder der Verursachung des Mangels (o. Rn. 173), sondern erst, wenn er auch die (nachträgliche) Unmöglichkeit der Nacherfüllung zu vertreten hat, vgl. §§ 437 Nr. 3, 280 I, III, 283. 179

[95] Für nach Gefahrübergang eintretende Mängel haftet der Verkäufer ja ohnehin nicht, sofern er nicht eine Haltbarkeitsgarantie (s. Rn. 200) gegeben hat.

Beispiel 2 (PdW Schuldrecht II **Fall 44**): Wie Beispiel 1 (Rn. 178), jedoch ist der Mangel tatsächlich durch Einstellen der Spurstangen behebbar. Nach Übergabe wird das Fahrzeug bei einem Unfall vollständig zerstört: Da der Sachmangel damit (nachträglich) unbehebbar geworden ist, hat K einen Anspruch auf Schadensersatz statt der Leistung aus § 437 Nr. 3, 280 I, II, 283, wenn V die Unmöglichkeit der Nacherfüllung zu vertreten hat. Da dies nicht der Fall ist, besteht ein solcher Anspruch nicht. Ob K den Unfall verschuldet hat, spielt keine Rolle, denn es geht nur um die Frage des Vertretenmüssens des V. Hatte K den V bereits vor dem Unfall zur Nacherfüllung aufgefordert, haftet er jedoch gem. § 287 S. 2 auch für Zufall, weil V dann mit der Nacherfüllung in Verzug war. Beruht der Unfall hingegen auf dem Sachmangel, liegt Vertretenmüssen des V vor, da er den Sachmangel kannte und damit die Ursache der Unmöglichkeit der Nacherfüllung zu vertreten hat.

d) Inhalt des Schadensersatzes: Schadensersatz „statt der ganzen Leistung"

180 Wie in AT Rn. 453 ff. im Einzelnen ausgeführt, kann Schadensersatz statt der Leistung grundsätzlich nach Wahl des Gläubigers in Form des sog. **„kleinen Schadensersatzes"** (der Gläubiger behält die Leistung und fordert Schadensersatz in Höhe der Wertdifferenz) oder in Form des **„großen Schadensersatzes"** (der Gläubiger gibt die erhaltene Leistung zurück und verlangt Geldersatz in Höhe des Gesamtwerts der geschuldeten Leistung) geltend gemacht werden. Letzteres nennt das Gesetz in § 281 I 2, 3 **„Schadensersatz statt der ganzen Leistung"**. Da diese Art des Schadensersatzes wirtschaftlich eine (nach § 325 zulässige) Kombination von Rücktritt und Schadensersatz darstellt, überträgt § 281 I 3 die für den Rücktritt bei einer mangelhaften Leistung geltende Beschränkung des § 323 V 2 auf den Schadensersatz statt der Leistung: Wenn der Käufer wegen der Unerheblichkeit des Mangels am Rücktritt gehindert ist (s. dazu o. Rn. 154), soll er auch Schadensersatz nur in Form des „kleinen Schadensersatzes" erhalten. Diese Einschränkung gilt über die Verweisungen der §§ 283 S. 2 und 311a II 3 auch im Falle eines unbehebbaren Mangels, s. dazu PdW Schuldrecht II **Fall 10** sowie AT Rn. 454.

3. Aufwendungsersatz (§ 284)

181 Nach §§ 437 Nr. 3, 284 kann der Käufer anstelle des Schadensersatzes statt der Leistung (aber in Kombination mit dem Ersatz anderer Schäden und Rücktritt) Ersatz derjenigen **vergeblichen Aufwendungen** verlangen, die er im Vertrauen auf den Erhalt einer mangelfreien Sache gemacht hat, sofern nicht der Verkäufer nachweist, dass diese Aufwendungen auch im Falle einer mangelfreien Leistung vergeblich gewesen wären, s. dazu eingehend AT Rn. 455 ff.

Beispiel (nach BGHZ 163, 381): Der Käufer eines mangelhaften Kfz „tunt" dieses aufwändig. Tritt er nunmehr wegen eines vom Verkäufer zu vertretenden Mangels vom Kaufvertrag zurück, kann er anstelle des Schadensersatzes statt der Leistung Ersatz der für das „Tuning" aufgewendeten Kosten verlangen.

4. Schadensersatz „neben" der Leistung (§ 280 I)

182 Der vom Käufer im Falle der Lieferung einer mangelhaften Sache erlittene Schaden kann aber über den Schaden, der im mangelbedingten Minderwert der Sache begründet ist (Mangelschaden), hinausgehen. Erleidet er etwa aufgrund der Mangelhaftigkeit des Gegenstandes Schäden an sonstigen Rechtsgütern, sind diese i. d. R. nicht Gegenstand des Schadensersatzes „statt der Leistung".

So fällt im o. bei Rn. 171 geschilderten **Beispielsfall** der durch den Mangel des Projektors entstandene Verdienstausfall nicht unter den Schadensersatz statt der Leistung. Da er auch nicht auf der Verzögerung der Leistung beruht, sondern allein auf der Schlechtleistung, handelt es sich auch nicht Schadensersatz wegen Verzögerung der Leistung, dessen Ersatzfähigkeit nach § 280 II von den zusätzlichen Voraussetzungen des § 286 (Verzug) abhinge.

Anspruchsgrundlage für den Ersatz solcher Folgeschäden sind damit allein §§ 437 Nr. 3, 280 I. Die Schadensersatzpflicht kann dabei unmittelbar auf die Verletzung der Pflicht zu mangelfreier Leistung aus § 433 I 2 gestützt werden. Ein Rückgriff auf eine i. d. R. ebenfalls verletzte (nicht leistungsbezogene) Schutzpflicht aus § 241 II ist insofern nicht notwendig, angesichts der freien Anspruchsgrundlagenkonkurrenz aber ohne Weiteres möglich (s. dazu o. Rn. 66, zu den verjährungsrechtlichen Konsequenzen u. Rn. 211). Eine solche Haftung setzt allerdings voraus, dass der Verkäufer die Vermutung des Vertretenmüssens gem. § 280 I 2 nicht widerlegen kann. Er haftet also nicht, wenn er darlegt und beweist, dass er den Sachmangel weder schuldhaft verursacht, gekannt hat oder kennen musste, noch eine Garantie für die Mangelfreiheit übernommen hat.

Nach zutreffender Ansicht ist auch der sog. „**mangelbedingte Betriebsausfall**", d. h. 183
der Folgeschaden, welchen der Käufer dadurch erleidet, dass er die Sache aufgrund des Mangels nicht benutzen kann, bis zum Rücktritt oder der Geltendmachung von Schadensersatz statt der Leistung als einfacher Schadensersatz „neben" der Leistung ersatzfähig (s. dazu bereits AT Rn. 469). Da dieser Schaden nicht oder zumindest nicht alleine auf die Verspätung der Leistung, sondern auf deren Mangelhaftigkeit zurückzuführen ist, ist er auch nicht als Verzögerungsschaden i. S. v. § 280 II zu qualifizieren. Seine Ersatzfähigkeit setzt damit **nicht** voraus, dass sich der Verkäufer im Verzug (§ 286) befindet.[96]

So ist im o. bei Rn. 171 geschilderten **Beispielsfall** der Verdienstausfall, den der Wirt dadurch erleidet, dass der Videoprojektor nicht funktioniert, auf die Mangelhaftigkeit der Kaufsache, d. h. auf die Verletzung der Pflicht aus § 433 I 2 zurückzuführen. Der Schaden ist – sofern nicht V den Nachweis fehlenden Vertretenmüssens führt – unmittelbar nach §§ 437 Nr. 3, 280 I, 249 I zu ersetzen.

Eine in der Lit. vertretene abweichende Ansicht sieht im mangelbedingten Betriebsausfallschaden hingegen einen Verzögerungsschaden i. S. v. § 280 II. Der Schwerpunkt der Pflichtverletzung liege nicht darin, dass der Verkäufer eine mangelhafte Sache geliefert habe, sondern dass er zu spät eine mangelfreie Sache geliefert habe. Es könne nicht angehen, dass der Verkäufer, der eine mangelhafte Sache liefert, schlechter stehe, als derjenige, der überhaupt nicht liefere und Ersatz verzögerungsbedingter Schäden daher nur unter den weiteren Voraussetzungen des § 286 schulde.[97] Danach komme ein Ersatz des mangelbedingten Betriebsausfalls erst ab dem Zeitpunkt in Betracht, in welchem sich der Verkäufer im Verzug befände.

Im o. bei Rn. 171 geschilderten **Beispielsfall** wäre damit nach dieser Ansicht der Betriebsausfallschaden nicht zu ersetzen, weil sich V mangels Mahnung noch nicht im Verzug (§ 286) befand.

Dem ist zu Recht – auch unter Hinweis auf den Willen des Gesetzgebers[98] – widersprochen worden:[99] Dem Käufer, welchem die Sache gar nicht geliefert wurde, ist es zuzumuten, den Verkäufer durch Mahnung in Verzug zu setzen, weil er die Tatsache

---

[96] *Canaris*, ZIP 2003, 321; *S. Lorenz*, NJW 2005, 1889, 1891; *Mankowski*, JuS 2006, 481. Aus der Rspr. s. *BGH* NJW 2009, 2674 m. w. N.

[97] So etwa Jauernig/*Berger*, § 437 Rn. 17; *Brox/Walker*, BT, § 4 Rn. 106; grundsätzlich auch *Grigoleit/Riehm*, JuS 2004, 745 ff., die aber eine Mahnung gem. § 286 II Nr. 4 für entbehrlich halten und damit im Ergebnis mit der h. M. übereinstimmen.

[98] S. BT-Drs. 14/6040, S. 225.

[99] S. dazu insbesondere *Canaris*, 2003, 321; sowie *BGH* NJW 2009, 2674 Tz. 12 ff.

der Nichtlieferung leicht feststellen kann. Im Falle einer mangelhaften Lieferung ist das gerade nicht der Fall. Verzögerungsschaden i. S. v. § 280 II ist nur derjenige Schaden, der alleine auf der Verspätung der Leistung beruht (s. dazu AT Rn. 469).

184 Besteht somit kein Verzugserfordernis für die Ersatzfähigkeit dieses Schadens, so bedeutet dies freilich nicht, dass sich der Käufer, wenn er die Mangelhaftigkeit erkannt hat, auf die „faule Haut" legen darf. Erhöht sich der Betriebsausfallschaden etwa deshalb, weil der Käufer den Verkäufer nicht rechtzeitig zur Nacherfüllung auffordert, wird sein Schadensersatzanspruch nach § 254 II entsprechend gemindert.[100] Je nach Lage des Falles kann damit den Käufer auch eine Obliegenheit treffen, den Kaufgegenstand auf seine Tauglichkeit hin zu überprüfen.

Wird etwa im o. bei Rn. 171 geschilderten **Beispielsfall** der Projektor 2 Tage vor dem Eröffnungsspiel geliefert, wäre es K zumutbar gewesen, diesen auf seine Funktion zu überprüfen. Versäumt er dies und wäre andernfalls eine rechtzeitige, den Betriebsausfall verhindernde Nacherfüllung möglich gewesen, kann der Schadensersatzanspruch gem. § 254 II 1 Alt. 2 auch gänzlich entfallen.

Tritt der Käufer aber nach Ablauf einer gesetzten Nacherfüllungsfrist vom Kaufvertrag zurück oder verlangt er Schadensersatz statt der Leistung, ist ein dann weiter entstehender Betriebsausfallschaden als Schadensersatz statt der Leistung nach §§ 437 Nr. 3, 280 I, III, 281 zu qualifizieren, da er auf das jetzt durch Rücktritt oder Schadensersatzverlangen (s. § 281 IV) **endgültige** Ausbleiben der Leistung zurückgeht (**rücktrittsbedingter Betriebsausfall**). Ein solcher Schadensersatzanspruch ist nach § 325 mit dem Rücktritt kombinierbar. Auch hier kommt aber eine Minderung des Schadensersatzanspruchs nach § 254 II 1 Alt. 2 in Betracht, wenn der Käufer mit einem Deckungskauf zu lange zuwartet und damit den Schaden vergrößert.[101]

Beispiel (nach *BGH* NJW 2010, 2426): K kauft von V ein Kfz, welches einen behebbaren Sachmangel aufweist, den V hätte kennen müssen. K setzt V eine Nacherfüllungsfrist und nimmt sich einen Mietwagen. Nach fruchtlosem Ablauf der Nacherfüllungsfrist tritt K gem. §§ 437 Nr. 2, 323 vom Vertrag zurück und nutzt den Mietwagen zunächst weiter. Erst eine Woche später kann er sich ein anderes Fahrzeug kaufen. Die bis zum Rücktritt entstandenen Mietwagenkosten sind als einfacher Schadensersatz gem. §§ 437 Nr. 3, 280 I verzugsunabhängig zu ersetzen (= mangelbedingter Betriebsausfall). Ab dem Rücktritt handelt es sich um Schadensersatz statt der Leistung (§§ 437 Nr. 3, 280 I, III, 281), weil der Schaden in Gestalt der weiteren Mietwagenkosten nunmehr auf das (wegen Rücktritts) endgültige Ausbleiben der Leistung zurückzuführen ist (= **rücktrittsbedingter Betriebsausfall**). Dieser Schadensersatz ist nach § 325 mit dem Rücktritt kombinierbar und wird daher durch diesen nicht ausgeschlossen. Verzögert K allerdings den Deckungskauf, kommt eine Minderung des Schadensersatzanspruchs nach § 254 II in Betracht.

5. Schadensersatz wegen Verzögerung der Leistung (§ 280 II): Verletzung der Nacherfüllungspflicht

185 Dass der mangelbedingte Betriebsausfall keinen Verzögerungsschaden darstellt, macht die Kategorie des Schadenersatzes wegen Verzögerung der Leistung im Gewährleistungsrecht aber nicht bedeutungslos. Praktisch relevant ist sie vielmehr unter dem Gesichtspunkt der **Verletzung der Nacherfüllungspflicht**, wenn der Verkäufer die Verletzung der Pflicht aus § 433 I 2, also die ursprüngliche Lieferung der mangelhaften Sache nicht zu vertreten hat und deshalb für **allein hieraus** entstandene Folgeschäden nicht haftet. Durch das Unterlassen der Nacherfüllung begeht der Verkäufer eine **weitere Pflichtverletzung** in Gestalt der Verletzung der Pflicht aus § 439

[100] Zustimmend *BGH* NJW 2009, 2674 Tz. 19.
[101] BGHZ 174, 290 = NJW 2008, 911; *BGH* NJW 2010, 2426.

(s. dazu im Zusammenhang mit dem Schadensersatz statt der Leistung bereits o. Rn. 173 ff.). Endgültig eingetretene, d. h. durch die spätere Vornahme der Nacherfüllung nicht mehr behebbare Schäden, die (auch) darauf beruhen, dass der Verkäufer die Nacherfüllung nicht rechtzeitig vorgenommen hat, sind daher unter dem Aspekt der Verletzung der Pflicht aus § 439 als **Schadensersatz wegen Verzögerung der Leistung** zu qualifizieren und nur unter den Voraussetzungen der §§ 437 Nr. 3, 280 I, II, 286 ersetzbar. Der Verkäufer muss sich also mit der Nacherfüllung in **Verzug** befunden haben. Nur ab diesem Zeitpunkt eingetretene Schäden sind ersatzfähig. Für das von § 280 I 2 vermutete Vertretenmüssen ist ausreichend, dass der Verkäufer die **Nichtvornahme der Nacherfüllung** zu vertreten hat. Deshalb kann man im Zusammenhang mit dem mangelbedingten Betriebsausfall auch von einer **Restfunktion** des Verzögerungsschadens sprechen.

Beispiel: In Abwandlung des o. bei Rn. 171 geschilderten **Beispielsfalls** hatte V den Projektor selbst vom Hersteller bezogen, der Projektor erweist sich als mangelhaft. K stellt den Mangel fest, verlangt aber erst 1 Woche danach Nachlieferung. Diese erfolgt schließlich nach einer weiteren Woche, da V wegen Zahlungsschwierigkeiten zunächst kein Ersatzgerät beschaffen kann. K verlangt Ersatz des in diesen zwei Wochen durch das Ausbleiben der Gäste erlittenen Verdienstausfalls: Unter dem Gesichtspunkt der Verletzung der Pflicht aus § 433 I 2 ist der gesamte Verdienstausfall als einfacher Schadensersatz neben der Leistung nach §§ 280 I, 249 I, 252 ersatzfähig. Da V insoweit aber den Entlastungsbeweis fehlenden Vertretenmüssens nach § 280 I 2 führen kann, haftet er nicht. Die weitere Pflichtverletzung in Gestalt der verspäteten Nacherfüllung hat V hingegen zu vertreten, da der Schuldner für seine finanzielle Leistungsfähigkeit immer einstehen muss (o. Rn. 173). Der daraus resultierende Schaden ist aber, da es insoweit um das *vollständige* Ausbleiben der Leistung (nämlich der Nacherfüllung) geht, **Verzögerungsschaden** i. S. v. § 280 II. Da sich V erst mit der Aufforderung zur Nacherfüllung (= Mahnung) im Verzug befand (§ 286), kann K Ersatz nur des ab diesem Zeitpunkt eingetretenen Verdienstausfalls, also für die zweite Woche verlangen (s. auch PdW Schuldrecht II **Fall 43**).

VI. Die Mängeleinrede

1. Einrede des nichterfüllten Vertrags (behebbarer Mangel)

Ist der gelieferte Kaufgegenstand mit einem behebbaren Mangel behaftet, kann der **186**
Käufer auch nach Gefahrübergang (zur Rechtslage vor Gefahrübergang o. Rn. 70) die Zahlung des Kaufpreises mit der Einrede des nichterfüllten Vertrages gem. § 320 vollständig verweigern: Solange der Käufer einen fälligen und durchsetzbaren Anspruch auf Nacherfüllung hat, hat der Verkäufer den Kaufvertrag nicht vollständig erfüllt, was den Käufer nach § 320 I zur Verweigerung der Kaufpreiszahlung in voller Höhe berechtigt. Nur bei geringfügigen Mängeln ist nach § 320 II von einem nur teilweisen Leistungsverweigerungsrecht auszugehen (s. auch PdW Schuldrecht II **Fall 9**).

2. Rücktritts- oder Minderungseinrede (unbehebbarer Mangel)

Ist der Mangel des gelieferten Kaufgegenstands i. S. v. § 439 unbehebbar, ist die Ein- **187**
rede des nichterfüllten Vertrags tatbestandlich ausgeschlossen, weil kein fälliger und durchsetzbarer Gegenanspruch des Käufers auf sachmangelfreie Leistung (mehr) besteht. Der Käufer kann dem gem. § 326 I 2 fortbestehenden Zahlungsanspruch des Verkäufers nur noch mit den Rechtsbehelfen aus § 437 Nr. 2 (Rücktritt bzw. Minderung) und Nr. 3 (Schadens- bzw. Aufwendungsersatz) begegnen. Erst nach der Verfristung von Rücktritt bzw. Minderung erlauben ihm § 438 IV und V, den Rücktritt

bzw. die Minderung einredeweise geltend zu machen (dazu u. Rn. 224). Daneben existiert keine allgemeine, aus § 242 abzuleitende Mängeleinrede. Der Käufer kann also vor Verjährung der Gewährleistungsansprüche gegen die Kaufpreisforderung des Verkäufers nicht etwa pauschal die Mangelhaftigkeit der Sache einwenden, sondern muss sich zwischen Rücktritts- oder Minderungserklärung entscheiden. Jede andere Lösung würde es ihm gestatten, den Verkäufer bis zur Verfristung bzw. Verjährung der Rechtsbehelfe aus § 437 Nr. 2 und 3 darüber im Unklaren zu lassen, welchen Rechtsbehelf er ausüben will, ohne dass der Verkäufer diesen Schwebezustand beenden könnte. Es ist aber kein Grund dafür ersichtlich, weshalb der Käufer einer mangelhaften Sache auch ohne Ausübung seiner Rechte aus § 437 Nr. 2 und 3 berechtigt sein sollte, den Kaufpreis solange zu verweigern, wie diese Rechte noch nicht verfristet bzw. verjährt sind. Insbesondere ist es nicht Sinn dieser Fristen, dem Käufer eine 2-jährige „Überlegungsfrist" über den gewünschten Rechtsbehelf oder gar die Möglichkeit einer Spekulation einzuräumen. Da das unmotivierte Hinauszögern der Geltendmachung der Rechtsbehelfe aus § 437 Nr. 2 und 3 selbst wider Treu und Glauben verstoßen kann, lässt sich eine „allgemeine Mängeleinrede" bei unbehebbaren Mängeln deshalb auch nicht aus § 242 ableiten (s. auch PdW Schuldrecht II **Fall 10**).

Spätestens im Kaufpreisprozess muss sich damit der Käufer für einen Rechtsbehelf entscheiden. Unterlässt er dies, muss der Klage vollumfänglich stattgegeben werden. Erklärt der Käufer nach Rechtshängigkeit (§ 261 ZPO) Rücktritt oder Minderung, kann der Verkäufer den Prozess durch (ggf. einseitige) Erledigungserklärung beenden und damit dem Käufer die Prozesskosten aufbürden (§§ 91, 91a ZPO). Erfolgt sie noch vor Rechtshängigkeit, kommt ein materiellrechtlicher Kostenerstattungsanspruch (Schadensersatzanspruch) des Verkäufers aus §§ 241 II, 280 I in Betracht, da die Weigerung des Käufers, sich für einen der Rechtsbehelfe zu entscheiden, pflichtwidrig sein kann. Das dürfte insbesondere dann der Fall sein, wenn der Verkäufer den Mangel anerkannt und den Käufer zur Ausübung seiner Rechte innerhalb einer angemessenen Frist aufgefordert hat.

VII. Ansprüche auf das Surrogat (§ 285)?

188 In seltenen Fällen kann sich die Frage stellen, ob im Falle eines unbehebbaren Sachmangels eine Verpflichtung des Verkäufers besteht, Surrogate i. S. v. § 285 herauszugeben.[102] Diese Situation kann eintreten, wenn der Verkäufer (etwa wegen eines wirksamen Gewährleistungsausschlusses oder der Verjährung der Rechtsbehelfe) vom Käufer wegen eines unbehebbaren Sachmangels nicht (mehr) in Anspruch genommen werden kann, seinerseits aber gegen einen Dritten, von dem er die Sache selbst zuvor gekauft hat, noch durchsetzbare Gewährleistungsansprüche hat. Da der Verkäufer in diesem Fall nach § 275 I von der Pflicht zur mangelfreien Leistung befreit ist, aber genau aufgrund dieses Umstandes (nämlich der Unbehebbarkeit des Mangels) einen Anspruch gegen den Dritten hat, sind die Tatbestandsvoraussetzungen des § 285 erfüllt: Er hat die Gewährleistungsansprüche abzutreten.[103] Dass § 285 im Katalog des § 437 nicht erwähnt ist, spricht nicht dagegen. Der Anspruch unterliegt auch nicht der Verjährungsfrist des § 438.[104]

[102] S. dazu *v. Olshausen*, ZGS 2002, 194; allgemein zu § 285 s. AT Rn. 430 ff.
[103] Ebenso *v. Olshausen*, ZGS 2002, 194 ff.; Bamberger/Roth/*Faust*, § 437 Rn. 147 ff.; Palandt/*Grüneberg*, § 285 Rn. 3.
[104] A. A. Bamberger/Roth/*Faust*, § 437 Rn. 149.

Beispiel (PdW Schuldrecht II **Fall 34**): V hat vom Gebrauchtwagenhändler H einen gebrauchten BMW als „Jahreswagen mit einer Laufleistung von 6000 km" erworben. Tatsächlich war der Wagen bereits 40 000 km gefahren, was H durch eine Manipulation des Tachometers vertuscht hatte. Nach 3 Monaten verkauft der ahnungslose V den Wagen – ebenfalls als „Jahreswagen mit einer Laufleistung von nunmehr 7000 km" – an K weiter. Über 2 weitere Jahre später stellt sich heraus, dass das Fahrzeug eine wesentlich größere Laufleistung hatte. V beruft sich gegenüber K auf Verjährung: Die Ansprüche des K gegenüber V sind nach § 438 I Nr. 3 verjährt (bzw. Rücktritt und Minderung sind nach § 438 IV, V i. V. m. § 218 unwirksam). V muss aber nach § 285 seine (wegen § 438 III noch unverjährten!) Gewährleistungsansprüche gegen H an K abtreten.

§ 79. Begrenzung und Erweiterungen der Gewährleistung

Literatur: S. die Nachweise zu § 78 sowie *Faust*, Garantie und Haftungsbeschränkung in § 444 BGB, ZGS 2002, 271; *Hammen*, Zum Verhältnis der Garantie zu den Mängelrechten, NJW 2003, 2588; *Harke*, § 444 BGB und die Beschaffenheitsgarantie: Verwechselung von Tatbestand und Rechtsfolge, JR 2003, 400; *Looschelders*, Beschaffenheitsvereinbarung, Zusicherung, Garantie, Gewährleistungsausschluss, in: Dauner-Lieb/Konzen/K. Schmidt, Das neue Schuldrecht in der Praxis, 2003, 395; *Mankowski*, Das Zusammenspiel der Nacherfüllung mit den kaufmännischen Untersuchungs- und Rügeobliegenheiten, NJW 2006, 865; *Stöber*, Beschaffenheitsgarantien des Verkäufers, 2006; *Stoppel*, Untersuchungspflichten auf Verkäuferseite im Zusammenspiel mit Untersuchungsobliegenheiten auf Käuferseite, ZGS 2006, 49.

I. Begrenzung der Gewährleistung

1. Gesetzlicher Ausschluss

Kraft Gesetzes ist die Haftung des Verkäufers für Sach- und Rechtsmängel nach § 442 I 1 ausgeschlossen, wenn der Käufer den Mangel bei Vertragsschluss[1] positiv kennt. Verkennt der Käufer ihn **grob fahrlässig**, ist die Haftung des Verkäufers nach § 442 I 2 ebenfalls ausgeschlossen, sofern er nicht nachweist, dass der Verkäufer den Mangel **arglistig verschwiegen** oder eine **Beschaffenheitsgarantie** (dazu u. Rn. 204) übernommen hatte. Einfache Fahrlässigkeit schadet dem Käufer also nie. 189

Eine weitere gesetzliche Einschränkung der Gewährleistung findet sich in § 445 für den Fall des **Pfandverkaufs in öffentlicher Versteigerung** (zum Begriff s. § 383 III). Hier soll im Interesse der Rechtssicherheit die Verwertung des Pfandrechts möglichst bestandskräftig sein. Grenze sind auch hier Arglist des Verkäufers oder das Vorliegen einer Beschaffenheitsgarantie. Diese Regelung findet allerdings gem. § 474 II 2 im Falle eines Verbrauchsgüterkaufs keine Anwendung (dazu u. Rn. 236). 190

Beim Verkauf auf Grund von **Zwangsvollstreckungsmaßnahmen** schließt § 806 ZPO die Gewährleistung generell aus.

Da es sich in all diesen Fällen um **gesetzliche** Haftungsausschlusstatbestände handelt, gelten die Grenzen, die das Gesetz (etwa durch § 309 Nr. 7, 8 oder § 475) für vertragliche Haftungsbeschränkungen zieht, nicht. So darf zwar ein Unternehmer gegenüber einem Verbraucher beim Kauf beweglicher Sachen die Gewährleistung nicht generell vertraglich ausschließen (s. § 475 und dazu u. Rn. 237 ff.), jedoch bleibt ihm unbenommen, durch Information über die Mängel vor Vertragsschluss die tat- 191

[1] Das gilt auch im Falle eines formunwirksamen, aber heilbaren Vertragsschlusses (§ 311b I). Die Kenntniserlangung des Käufers vom Mangel nach Vertragsschluss aber noch vor dem Zeitpunkt der Heilung ist dann unschädlich, s. überzeugend *BGH* NJW 2011, 2953 Tz. 12 ff.

sächlichen Voraussetzungen von § 442 zu schaffen und damit einen gesetzlichen Haftungsausschluss herbeizuführen.

2. Kaufmännische Untersuchungs- und Rügeobliegenheit (§ 377 HGB)

192 Ist der Kauf für beide Seiten ein **Handelsgeschäft** (§ 343 HGB), hat der Käufer gem. § 377 I HGB die Sache unverzüglich nach der Ablieferung auf Mängel zu untersuchen und diese dem Verkäufer unverzüglich anzuzeigen. Unterlässt er dies und wäre der Mangel bei der Untersuchung erkennbar gewesen (**offener Mangel**), so gilt die Ware als genehmigt (§ 377 II HGB) und der Käufer verliert seine Gewährleistungsrechte. Das gilt grundsätzlich auch nach einer Nacherfüllung seitens des Verkäufers.[2] War der Mangel nicht erkennbar (**verdeckter Mangel**), so hat der Käufer ihn anzuzeigen, sobald er ihn entdeckt. Tut er dies nicht, gilt die Ware insoweit nach § 377 III HGB ebenfalls als genehmigt. In jedem Fall genügt aber die rechtzeitige Absendung der Anzeige (§ 377 IV HGB). Im Falle arglistigen Verschweigens eines Mangels bleiben dem Käufer aber auch bei Verletzung der Untersuchungs- und Rügepflicht alle Rechte erhalten (§ 377 V HGB).

Die Untersuchungs- und Rügepflicht ist eine bloße **Obliegenheit**[3] des Käufers gegenüber dem Verkäufer, jedoch weder gegenüber diesem noch gegenüber Dritten eine echte Rechtspflicht. Verletzt also der Käufer diese Obliegenheit, begründet dies im Falle eines Weiterverkaufs an einen Endabnehmer für sich genommen noch kein Vertretenmüssen des Mangels mit der Folge einer Schadensersatzpflicht gegenüber seinem Käufer. Insofern trifft ihn in der Regel gerade **keine** Untersuchungspflicht (dazu auch o. Rn. 173).

3. Vertragliche Begrenzung der Gewährleistung

a) Grundsatz

193 Im Umkehrschluss lässt sich aus § 444 entnehmen, dass eine vertragliche Begrenzung oder ein vertraglicher Ausschluss der Gewährleistung grundsätzlich möglich ist. Nach § 444 kann sich der Verkäufer hierauf jedoch „nicht berufen", soweit er den Mangel arglistig verschwiegen oder eine Beschaffenheitsgarantie übernommen hat.

Nach der Rspr. setzt arglistiges Verschweigen eines Mangels das Bestehen einer entsprechenden Aufklärungspflicht voraus. Das wird aber bei wesentlichen Mängeln ohne Weiteres bejaht.[4] Die wohl überwiegende Ansicht in der Literatur hält die Prüfung einer Aufklärungspflicht hingegen für unnötig, da über bekannte wesentliche Mängel immer aufzuklären ist.[5] In subjektiver Hinsicht ist erforderlich, dass der Verkäufer es zumindest für möglich hält, dass der Käufer den Mangel nicht kennt und er bei Offenbarung den Vertrag nicht oder zumindest nicht mit dem vereinbarten Inhalt geschlossen hätte.[6]

Mit dem Begriff „nicht berufen" wird zum Ausdruck gebracht, dass der Vertrag im Übrigen wirksam ist, d. h. kein Fall von Teilnichtigkeit vorliegt, der nach § 139 zur Gesamtnichtigkeit des Vertrages führen könnte. § 444 bezieht sich gleichermaßen auf einen vollständigen Gewährleistungsausschluss wie auf sachliche oder zeitliche Begrenzungen, also etwa den Ausschluss nur bestimmter Rechtsbehelfe, die Verein-

[2] S. dazu eingehend *Mankowski*, NJW 2006, 865 ff.
[3] Zu diesem Begriff s. AT Rn. 125.
[4] S. etwa *BGH* NJW 2011, 3640 Tz. 7.
[5] Bamberger/Roth/*Faust*, § 438 Rn. 37 m. w. N.
[6] *BGH* NJW 2011, 3640 Tz. 19.

barung von gesetzlich nicht vorgesehenen Rügeobliegenheiten oder eine Verkürzung der Verjährung. Im Übrigen setzt die Unwirksamkeit eines vertraglichen Gewährleistungsausschlusses wegen arglistigen Verschweigens eines Mangels (anders als eine Anfechtung nach § 123 I) nicht voraus, dass das Verschweigen für den Kaufentschluss des Käufers kausal war. Schon der Wortlaut des § 444 verlangt das nicht, insbesondere aber sanktioniert § 444 allein die Unredlichkeit der Haftungsfreizeichnung durch den Verkäufer.[7] Die Beweislast für das Vorliegen der subjektiven und objektiven Voraussetzungen des § 444 trägt der Käufer, jedoch können ihm dabei bestimmte Beweiserleichterungen zugute kommen.[8]

Eine vertragliche Haftungsbegrenzung unterliegt wie jede vertragliche Abrede der 194
Auslegung. Enthält ein Kaufvertrag neben einer Beschaffenheitsvereinbarung (o. Rn. 77 ff.) auch einen Gewährleistungsausschluss, so ist letzterer regelmäßig dahingehend auszulegen, dass er keine Geltung für den Fall beansprucht, dass gerade die vereinbarte Beschaffenheit fehlt.[9] Erfolgt der Haftungsausschluss durch AGB, folgt dies bereits aus § 305b BGB (Vorrang der Individualabrede).

b) Haftungsbegrenzungen durch Allgemeine Geschäftsbedingungen

Über § 444 hinaus setzen die §§ 307 ff. gewährleistungsbeschränkenden Vereinba- 195
rungen in AGB weitere Grenzen. Zu beachten ist hier insbesondere § 309 Nr. 8b, der es bei Kaufverträgen über **neu hergestellte** Sachen verbietet, im Wege von AGB Gewährleistungsrechte insgesamt oder bezüglich bestimmter Teile auszuschließen (aa), die Ansprüche auf Nacherfüllung zu beschränken, ohne bei deren Scheitern das Rücktrittsrecht vorzubehalten (bb), die Kosten der Nacherfüllung abzuwälzen (cc), vor Nacherfüllung volle oder unverhältnismäßig hohe Entgeltzahlung vorzusehen (dd), Anzeigefristen von unter einem Jahr (ee) sowie Verjährungsbegrenzungen von unter einem Jahr (ff) zu vereinbaren.

Wichtig sind aber insbesondere auch § 309 Nr. 7a, b: Danach ist jede Begrenzung 196
der Haftung für Schäden aus der Verletzung von **Leben, Körper und Gesundheit** unwirksam. Für sonstige Schäden ist ein Haftungsausschluss nur für einfache Fahrlässigkeit möglich. Erfasst eine Freizeichnungsklausel auch diese Fälle, so ist sie wegen des AGB-rechtlichen Verbots der geltungserhaltenden Reduktion **insgesamt** unwirksam.[10] Das gilt über §§ 310 I, 307 I auch im unternehmerischen Verkehr.[11]

Beispiel (PdW Schuldrecht II **Fall 64**): V verkauft K einen gebrauchten Pkw. Im Formularvertrag ist vermerkt: „Gewährleistung: 1 Jahr". 13 Monate nach Übergabe des Fahrzeugs stellt sich heraus, dass der Kilometerzähler von einem Vorbesitzer manipuliert wurde und das Fahrzeug bereits eine deutlich größere als die im Vertrag vereinbarte Laufleistung von 60 000 km aufweist. V beruft sich gegenüber dem Rücktritt des K auf dessen Unwirksamkeit infolge von Verjährung nach §§ 438 IV, 218. Da die gesetzliche Verjährungsfrist des § 438 I Nr. 3 noch nicht abgelaufen ist, kann sich V nur dann auf Verjährung berufen, wenn die (nach §§ 202, 475 II Alt. 2 auch bei einem Verbrauchsgüterkauf zulässige) vertragliche Verkürzung der Gewährleistung wirksam ist. Die Klausel verstößt aber gegen § 309 Nr. 7 a und b, weil sie (in zeitlicher Hinsicht) auch die Verjährung etwaiger Schadensersatzansprüche des K aus der Verletzung von Leben, Körper und Gesundheit bzw. bei grobem Verschulden begrenzt. Wegen der Unzu-

---

7 So zutr. *BGH,* NJW 2011, 3640 Tz. 13; s. dazu *S. Lorenz,* LMK 2011, 323580.
8 S. dazu *BGH* NJW 2011, 1280.
9 BGHZ 170, 86 Tz. 30 f.
10 BGHZ 170, 31 Tz. 18 ff.
11 BGHZ 174, 1 Tz. 14 ff.

lässigkeit einer geltungserhaltenden Reduktion ist die Klausel daher insgesamt unwirksam, nach § 306 I bleibt der Vertrag im Übrigen wirksam, nach § 306 II gilt die gesetzliche Verjährungsregelung. V kann sich daher nicht auf Verjährung berufen.

c) Haftungsbegrenzungen im Verhältnis Unternehmer/Verbraucher

197 § 475 enthält für den Verbrauchsgüterkauf ein sehr weitreichendes Verbot haftungsbeschränkender Vereinbarung (auch) im Individualvertrag. Sie werden im Zusammenhang mit dem Verbrauchsgüterkauf erörtert (u. Rn. 237 ff.).

II. Erweiterungen der Gewährleistung – Garantien beim Kauf

198 Die gesetzlichen Gewährleistungsrechtsbehelfe des Käufers können selbstverständlich auch zu dessen Gunsten erweitert werden.

1. Selbständige und unselbständige Garantien

199 Eine Erweiterung der Rechte des Käufers ist einmal dadurch möglich, dass einzelne Tatbestandsvoraussetzungen der dargelegten Rechtsbehelfe zu seinen Gunsten modifiziert werden. Da in einem solchen Fall nicht neue (vertragliche) Ansprüche für den Fall der Mangelhaftigkeit der Kaufsache geschaffen werden, spricht man auch von einer **unselbständigen Garantie**. Werden hingegen – was nach der Vertragsfreiheit zulässig ist – neben den gesetzlichen Gewährleistungsrechten gesonderte vertragliche Ansprüche für den Fall der Mangelhaftigkeit begründet, spricht man von einem **selbständigen Garantievertrag**. Ein solcher ist z. B. dann zwingend erforderlich, wenn Rechte gegenüber einer Person begründet werden, die nicht zugleich der Verkäufer ist (so etwa im Falle der **Herstellergarantie**, u. Rn. 207). Teilfragen der Garantien sind für das Kaufrecht in § 443 sowie – speziell für den Verbrauchsgüterkauf – in § 477 geregelt.

2. Haltbarkeitsgarantie

200 Von praktischer Bedeutung ist insbesondere die in § 443 I legaldefinierte **Haltbarkeitsgarantie**. Sie stellt eine vertragliche Modifikation des für den Mangelbegriff maßgeblichen Zeitpunkts in § 434 dar: Der Verkäufer haftet dann nicht nur für einen zum Zeitpunkt des Gefahrübergangs vorliegenden Mangel, sondern auch für Mängel, die nach diesem Zeitpunkt bis zum Ablauf der Garantiefrist eintreten (s. dazu bereits o. Rn. 107 f.).

201 Inhalt und Reichweite einer solchen (unselbständigen) Garantie bleiben dabei vollständig der Privatautonomie überlassen. So kann die Garantie etwa auf bestimmte Arten von Mängeln oder Bauteile eingeschränkt werden und grundsätzlich auch von weiteren Bedingungen abhängig gemacht werden (z. B. von regelmäßigen Wartungsarbeiten durch bestimmte Fachwerkstätten).[12]

202 Ob eine solche Garantie vorliegt und welchen Inhalt sie hat, ist im Wege der Auslegung (§§ 133, 157) zu ermitteln. So stellen etwa bloße Beschaffenheitsvereinbarungen als solche noch keine Haltbarkeitsgarantie dar.

[12] S. dazu *BGH* NJW 2008, 214; zu den Grenzen s. *BGH* NJW 2009, 3714 sowie *BGH* NJW 2011, 3510.

Beispiel 1 (BGHZ 170, 67): Der Verkäufer eines Gebrauchtwagens übernimmt durch die Vereinbarung, dass das verkaufte Fahrzeug „fahrbereit" ist, noch nicht eine Haltbarkeitsgarantie dafür, dass das Kfz über einen längeren Zeitraum fahrbereit bleibt.

Wird eine Sache mit dem Hinweis „2 Jahre Gewährleistung" verkauft, ist hingegen davon auszugehen, dass der Verkäufer nicht lediglich die gesetzliche Regelung des § 438 I Nr. 3 deklaratorisch wiederholen, sondern den Käufer über das gesetzlich vorgeschriebene Maß hinaus begünstigen will, also eine Haltbarkeitsgarantie vereinbart ist. Auch im Fall einer die gesetzliche Gewährleistungsfrist übersteigenden Garantie ist i. d. R. von der Vereinbarung einer Haltbarkeitsgarantie und nicht lediglich von der Verlängerung der Gewährleistungsfrist des § 438 I Nr. 3 auszugehen (s. PdW Schuldrecht II **Fall 58**).[13]

Regelmäßig wird eine Haltbarkeitsgarantie auch nicht jedes Mangelrisiko abdecken. So wird der Verkäufer erkennbar nicht für Mängel haften wollen, die im Verantwortungsbereich oder der Risikosphäre des Käufers liegen.[14]

Beispiel 2 (PdW Schuldrecht II **Fall 59**): V verkauft K einen Gebrauchtwagen mit der Vereinbarung „2 Jahre Garantie". Das Fahrzeug wird nach Gefahrübergang durch Marderverbiss an der Elektronik beschädigt. Dieser Schaden ist durch die von V gewährte Haltbarkeitsgarantie nicht abgedeckt.

Ergänzt wird dies durch die **Beweislastregelung** in § 443 II: Tritt ein Sachmangel **203** während der Garantiezeit auf (was der Käufer zu beweisen hat), wird der Garantiefall vermutet, d. h. der Verkäufer muss dann nachweisen, dass die vertraglichen Voraussetzungen der Garantie nicht vorliegen, weil etwa der Käufer den Mangel selbst verursacht hat oder aber andere Garantievoraussetzungen (wie z. B. die Vornahme regelmäßiger Inspektionen) nicht erfüllt sind.

Im **Beispiel 2** muss also der Verkäufer beweisen, dass ein während der Garantiezeit auftretender Sachmangel vom Umfang der Garantie nicht gedeckt ist, weil etwa die Mängelursache im Verantwortungsbereich des Käufers liegt.

3. Beschaffenheitsgarantie

Eine Beschaffenheitsgarantie stellt einen Fall des Vertretenmüssens i. S. v. § 276 I 1 **204** Halbs. 2 dar: Der Verkäufer erklärt, für alle Folgen des Fehlens bestimmter Beschaffenheiten bzw. der Mängelfreiheit **verschuldensunabhängig** zu haften. Die Beschaffenheitsgarantie wird also relevant im Rahmen der Prüfung des Vertretenmüssens bei § 280 I 2 und § 311a II. Das Gesetz erwähnt sie auch in § 442 I 2, sowie in § 444. Eine solche Beschaffenheitsgarantie kann auch konkludent erteilt werden. Entscheidend ist, ob der Verkäufer **vertraglich** die Gewähr für das Vorhandensein der Eigenschaft übernimmt und damit seine Bereitschaft zu erkennen gibt, für alle Folgen aus dem Fehlen der Beschaffenheit verschuldensunabhängig einzustehen. Ob dies der Fall ist, muss durch Auslegung aus der Sicht des Käufers (§ 157) ermittelt werden. Dabei ist im Hinblick auf die weitreichenden Folgen Zurückhaltung geboten.[15] Insbesondere darf nicht vorschnell vom Vorliegen einer bloßen Beschaffenheitsvereinbarung auf eine Beschaffenheitsgarantie geschlossen werden (s. dazu o. Rn. 80).

S. dazu etwa **BGHZ 170, 86**: Die Angabe einer Laufleistung eines verkauften Motorrads führt zwar zu einer Beschaffenheitsvereinbarung, zumindest aber beim Privatverkauf nicht zu einer Beschaffenheitsgarantie.

[13] Bamberger/Roth/*Faust*, § 443 Rn. 24.
[14] *BGH* NJW 1996, 2504, 2506.
[15] BGHZ 170, 86 Tz. 20.

Im Verhältnis Unternehmer/Verbraucher war die Rspr. hingegen unter dem vor dem 1. 1. 2002 geltenden Kaufrecht mit der Annahme einer solchen Garantie (damals: zugesicherte Eigenschaft, § 463 BGB a. F.) großzügiger.[16] Hierfür besteht unter Geltung des neuen Kaufrechts keine Veranlassung mehr, da nunmehr – anders als früher – bereits bei bloß fahrlässiger Mängelunkenntnis des Verkäufers auf Schadensersatz gehaftet wird.[17]

205 Folge einer solchen Beschaffenheitsgarantie ist neben der verschuldensunabhängigen Schadensersatzhaftung die Unwirksamkeit eines vertraglichen Haftungsausschlusses (§ 444, o. Rn. 193) sowie die Aufrechterhaltung von Gewährleistungsansprüchen auch im Falle grobfahrlässiger Unkenntnis des Mangels seitens des Käufers (§ 442 I 2, o. Rn. 189).

206 Garantien für Umstände, die keine „Beschaffenheit" i. S. v. § 434 darstellen (s. dazu o. Rn. 74), können Gegenstand eines **selbständigen Garantievertrages** sein (so etwa die Garantie, dass ein verkauftes Haus bestimmte Mieteinnahmen erwirtschaften wird). Der Käufer hat dann im Garantiefall **vertragliche** Ansprüche aus dem Garantievertrag. Diese Selbstverständlichkeit sowie die Tatsache, dass dies als solches die gesetzlichen Ansprüche des Käufers unberührt lässt, drückt § 443 I aus.

4. Herstellergarantie und sonstige selbständige Garantien

207 Da der mit dem Verkäufer nicht identische Hersteller keine kaufvertraglichen Beziehungen zum Käufer hat, ist die Herstellergarantie notwendig eine **selbständige Garantie**. Inhaltlich herrscht hier grundsätzlich vollständige Vertragsfreiheit, da der Hersteller in keiner Weise verpflichtet ist, eine Garantie zu geben.[18] Das Zustandekommen des Garantievertrags erfolgt regelmäßig durch ein entsprechendes Vertragsangebot des Herstellers, das etwa durch das Beilegen einer Garantiekarte o.ä. erfolgt. Die Annahme dieses Angebots durch den Käufer kann hier gem. § 151 S. 1 regelmäßig ohne Erklärung gegenüber dem Hersteller erfolgen. Den auch im Rahmen von § 151 S. 1 erforderlichen Annahmewillen (§ 151 S. 1 erklärt nicht die Annahmeerklärung, sondern nur deren Zugang für entbehrlich) manifestiert der Käufer z. B. durch Aufbewahrung der Garantiekarte.

Neben der Herstellergarantie gibt es in der Praxis noch weitere selbständige Garantien. So sind etwa im Bereich des Gebrauchtwagenhandels selbständige Garantieverträge weit verbreitet.[19]

5. Transparenzanforderungen an Verbrauchergarantien

208 § 477 enthält einige ergänzende Regelungen für die Garantie gegenüber einem Verbraucher. Diese dienen sämtlich der Transparenz der Verbraucherrechte. So muss eine Garantie „einfach und verständlich abgefasst sein". Nach § 477 Nr. 1 muss sie weiter den Hinweis auf die gesetzlichen Rechte des Verbrauchers sowie darauf ent-

[16] S. z. B. *BGH* NJW 2003, 2824 (Bezeichnung „fabrikneu" als Zusicherung = Garantie).

[17] Offengelassen bei BGHZ 170, 86 Tz. 24.

[18] S. aber *BGH* ZIP 2011, 1719, wonach ein Kfz-Hersteller, der dem Käufer eine entgeltliche Garantie gibt, diese in seinen AGB gem. § 307 I nur dann von regelmäßigen Wartungen in einer Vertragswerkstatt abhängig machen darf, wenn er dem Käufer den Nachweis einräumt, dass die unterlassene Wartung für den Garantiefall nicht ursächlich war.

[19] S. dazu etwa *BGH* NJW 2008, 214.

halten, dass diese durch die Garantie nicht berührt werden. Hierdurch soll verhindert werden, dass rechtlich unerfahrene Verbraucher bei der Geltendmachung von Gewährleistungsansprüchen vom Verkäufer mit dem Hinweis auf die Herstellergarantie abgewiesen werden. § 477 Nr. 2 schreibt ebenfalls aus Gründen der Transparenz weitere notwendige Angaben vor. Nach Abs. 2 kann der Verbraucher die Mitteilung der Garantie in Textform (§ 126b) verlangen. Abs. 3 stellt schließlich klar, dass ein Verstoß gegen diese Verhaltensregeln seitens des Garantiegebers die Wirksamkeit der Garantie nicht beeinträchtigt.

Eine fahrlässige Fehlinformation über den Inhalt einer Verkäufergarantie im Vorfeld 209
des Vertragsschlusses kann aber als vorvertragliche Pflichtverletzung des Verkäufers nach §§ 280 I, 311 II, 241 II, 249 S. 1 im Extremfall, d. h. bei Ursächlichkeit der Fehlinformation für den Vertragsschluss, zu einem schadensersatzrechtlichen Anspruch auf Vertragsaufhebung führen. Nach § 280 I können auch Folgeschäden wie etwa Rechtsberatungs- und Rechtsverfolgungskosten ersatzfähig sein, die infolge einer unklar und intransparent formulierten Garantieerklärung bzw. der hierdurch verursachten Verspätung ihrer Geltendmachung entstehen. Verletzt ein Dritter, etwa ein Hersteller, als Garantiegeber eine Pflicht aus § 477 I und II, so kommt als nach § 280 I ersatzfähiger Schaden neben etwaigen Rechtsverfolgungskosten etwa der Schaden in Betracht, der dem Verbraucher dadurch entsteht, dass ihn eine den Anforderungen von Abs. 1 nicht genügende Garantieerklärung oder das Unterlassen der Mitteilung nach Abs. 2 daran hinderten, die Garantieansprüche oder aber Ansprüche gegen den Verkäufer (rechtzeitig) geltend zu machen. Im Übrigen können Verstöße gegen § 477 wettbewerbsrechtliche Folgen haben (§§ 3, 5 UWG), auch sind Unterlassungsansprüche nach dem UklaG denkbar.[20]

§ 80. Verjährung

Literatur: Vgl. die Nachweise zu § 76 sowie *Auktor*, Die Verjährung der Gewährleistungsrechte bei mangelhafter Nacherfüllung nach § 439 BGB, NJW 2003, 120; *Auktor/Mönch*, Nacherfüllung – nur noch auf Kulanz?, NJW 2005, 1686; *Gramer/Thalhofer*, Hemmung oder Neubeginn der Verjährung bei Nachlieferung durch den Verkäufer, ZGS 2006, 250; *Hofmann/Pammler*, Mängeleinrede beim Kauf – die Lage nach der Schuldrechtsreform, ZGS 2004, 293; *Leenen*, Die Verjährung von Mängelansprüchen, in: *Dauner-Lieb/Konzen/K. Schmidt*, Das neue Schuldrecht in der Praxis, 2003, 105; *Rühl*, Die Verjährung kaufrechtlicher Gewährleistungsansprüche, AcP 207 (2007), 614; *Wagner*, Die Verjährung gewährleistungsrechtlicher Rechtsbehelfe nach neuem Schuldrecht, ZIP 2002, 789; *ders.*, Mangel- und Mangelfolgeschäden im neuen Schuldrecht, JZ 2002, 475.

I. Grundlagen

Ein wesentliches Ziel des Schuldrechtsmodernisierungsgesetzes 2002 war neben der 210
Angleichung der Verjährungsfristen die Verlängerung der als zu kurz empfundenen kaufrechtlichen Gewährleistungsfrist des § 477 BGB a. F. von nur 6 Monaten. Die Neuregelung hat – über die Vorgaben der VerbrGKRl. hinausgehend – in § 438 die Gewährleistungsfristen für sämtliche Kaufverträge erheblich angehoben. Die kaufrechtlichen Gewährleistungsansprüche unterliegen aber (nach wie vor) einer besonderen, vom allgemeinen Verjährungsrecht der §§ 194 ff. abweichenden Regelung.

[20] Für Einzelheiten s. MünchKomm/*S. Lorenz*, § 477 Rn. 12 ff.

Die zentralen Unterschiede bestehen in der im Regelfall **kürzeren Frist** (§ 438 I Nr. 3: 2 Jahre gegenüber § 195: 3 Jahre) und in der abweichenden Regelung des **Fristbeginns** (s. § 438 II ggü. § 199).

II. Gegenstand der Verjährung

1. Nacherfüllungsanspruch und Schadensersatzansprüche

211 Gegenstand der Verjährung sind „die in § 437 Nr. 1 und 3 bezeichneten **Ansprüche**". § 438 gilt also zunächst nur für den Nacherfüllungsanspruch (§ 437 Nr. 1) sowie die in § 437 Nr. 3 genannten Schadensersatzansprüche einschließlich des Anspruchs auf Aufwendungsersatz. Da diese sämtlich das Vorliegen eines Sach- oder Rechtsmangels voraussetzen, gilt die kaufrechtliche Verjährung bei Sachmängeln erst ab Gefahrübergang, bei Rechtsmängeln ab dem Zeitpunkt des Eigentumserwerbs (o. Rn. 105, 119). Da die in § 437 Nr. 3 genannten Schadensersatzansprüche nicht nur den Schadensersatz statt der Leistung (**Mangelschaden**), sondern auch Schadensersatz „neben" der Leistung (**Mangelfolgeschaden**) betreffen, gilt die Verjährungsfrist des § 438 auch für letzteren.

Eine in der Lit. vertretene Gegenansicht will demgegenüber die Anwendung von § 438 auf die Verletzung des Äquivalenzinteresses, d. h. die Mangelschäden beschränken und im Falle der Verletzung eines auch durch § 823 I geschützten Rechtsguts die Regelverjährung anwenden.[1]

Das gilt auch dann, wenn man den Anspruch auch auf die Verletzung der Pflicht aus § 241 II stützen kann: Einer der „in § 437 Nr. 3 bezeichneten Ansprüche" liegt immer dann vor, wenn der Schaden auf den Sachmangel zurückzuführen ist, s. dazu PdW Schuldrecht II **Fall 57**.

212 Nach zutreffender Ansicht werden allerdings konkurrierende **deliktische Ansprüche** aus den §§ 823 ff. von § 438 Nr. 3 **nicht** erfasst, s. dazu u. Rn. 279.

2. Rücktritt und Minderung

213 Sinn der Verjährung ist es, dem Schuldner nach Ablauf der maßgebenden Frist die Möglichkeit zu geben, die Leistung einredeweise zu verweigern. Verjährung soll also weder von Amts wegen zu beachten sein, noch zum Erlöschen des Anspruchs führen. Gem. § 194 I sind aber nur **Ansprüche** der Verjährung unterworfen. Rücktritt und Minderung können hingegen als **Gestaltungsrechte** (s. o. Rn. 163, 167) im Rechtssinne nicht verjähren. Der Gesetzgeber kann aber auch die Ausübung von Gestaltungsrechten einer Ausschlussfrist unterwerfen. Diese ist dann aber von Amts wegen zu beachten und führt zum Wegfall des betroffenen Gestaltungsrechts (vgl. etwa §§ 122, 124). Das Gesetz bedient sich im Kaufrecht deshalb einer umständlichen Konstruktion, um für Rücktritt und Minderung *de facto* den Effekt einer Verjährung (nur auf Einrede zu beachtendes Leistungsverweigerungsrecht) zu erreichen: Nach § 438 IV 1 (deklaratorische Hinweisnorm!) i. V. m. § 218 I ist der Rücktritt im Falle „nicht vertragsgemäß erbrachter" (= mangelhafter) Leistung **unwirksam**, wenn der Nacherfüllungsanspruch verjährt ist und der Verkäufer sich „hierauf", d. h. wohl auf die Unwirksamkeit des Rücktritts, beruft. Ist der Mangel unbehebbar, besteht gem.

[1] *Canaris*, Karlsruher Forum 2002, 2003, S. 5, 98 f. sowie *Wagner*, JZ 2002, 479 f.; wie hier z. B. *Looschelders*, BT, Rn. 162.

§ 275 I kein Nacherfüllungsanspruch, so dass dieser auch nicht verjähren kann. Nach § 218 I 2 ist dann auf die **hypothetische Verjährung** eines fiktiven Nacherfüllungsanspruchs abzustellen (s. dazu PdW Schuldrecht II **Fall 50**).

Obwohl durch die Ankoppelung an die Verjährung des (fiktiven) Nacherfüllungsanspruchs und durch den Einredecharakter der Unwirksamkeit die Verjährung de facto auf das Rücktrittsrecht erstreckt wird, handelt es sich dogmatisch ähnlich wie bei der Ausübung eines Gestaltungsrechts um eine **rechtsvernichtende Einwendung**: Die Berufung auf die Verjährung des (fiktiven) Nacherfüllungsanspruchs führt zur rückwirkenden („… ist unwirksam…") Unwirksamkeit des erklärten Rücktritts und damit zum Wegfall der durch ihn begründeten Rückerstattungsansprüche aus § 346 I. Hat der Verkäufer allerdings trotz Unwirksamkeit des Rücktritts den Kaufpreis bereits zurückerstattet, kann er ihn gem. §§ 218 II, 214 II nicht unter Berufung auf die Unwirksamkeit zurückfordern. Die nachträgliche Unwirksamkeit des Rücktritts nach § 218 I ist damit wie die Verjährung ein bloßes **Abwehrmittel**, aber kein zur Rückforderung führendes Angriffsmittel. Entsprechendes gilt gem. § 438 V für das **Minderungsrecht**. 214

Die auf Einrede zu beachtende Ausschlussfrist des § 218 I gilt nur für Wirksamkeit der Erklärung von Rücktritt bzw. Minderung. Sind diese fristgerecht erklärt, so entsteht mit der Erklärung ein Anspruch auf (anteilige) Rückzahlung eines bereits bezahlten Kaufpreises (§ 346 I bzw. § 441 IV). Diese Ansprüche **aus** Rücktritt bzw. **aus** Minderung unterliegen der dreijährigen Regelverjährung des § 195. Die Verjährung beginnt gem. § 199 I mit dem Schluss des Jahres, in welchem Rücktritt bzw. Minderung **erklärt** wurden und die subjektiven Voraussetzungen des § 199 I Nr. 2 vorliegen.[2] 215

III. Verjährungsfristen

Nach § 438 I verjähren „die in § 437 Nr. 1 und 3 bezeichneten Ansprüche" in **30 Jahren** bei Rechtsmängeln, aufgrund derer die Herausgabe der Sache verlangt werden kann (Nr. 1 a) sowie bei **im Grundbuch eingetragenen Rechten** (Nr. 1 b), in **5 Jahren** bei **Bauwerken** sowie Sachen, die entsprechend ihrer üblichen Verwendungsweise für ein **Bauwerk verwendet** worden sind und dessen Mangelhaftigkeit verursacht haben (Nr. 2 a, b), im Übrigen in **2 Jahren** (Nr. 3). 216

1. Rechtsmängel (§ 438 I Nr. 1)

Die lange 30-jährige Verjährung für Rechtsmängel gilt insbesondere für Rechtsmängel in Gestalt von Erbbaurechten (§ 11 I 1 ErbbauVO), Nießbrauch (§ 1036 I), Wohnungsrechten (§§ 1036 I, 1093 I), Pfandrechten an beweglichen Sachen (§§ 985, 1227) sowie Dauerwohn- und Nutzungsrechten (§ 31 III, 34 II WEG). Wenn man das Eigentum eines Dritten mit der h. M. nicht als Rechtsmangel begreifen will, so ist auf die dann allein aus dem allgemeinen Leistungsstörungsrecht resultierenden Rechtsbehelfe des Käufers § 438 I Nr. 1 zumindest analog anzuwenden (o. Rn. 117 sowie PdW Schuldrecht II **Fall 51**). 217

[2] BGHZ 170, 31 Tz. 37; a. A. *Wagner*, ZIP 2002, 789, 790 ff.; *Mansel/Budzikiewicz*, Jura 2003, 1, 9.

2. Bauwerke und Baumaterialien (§ 438 I Nr. 2)

218 Die 5-jährige Verjährungsfrist des § 438 I Nr. 2 a) gilt sowohl für neue als auch für gebrauchte Bauwerke. Bauwerk ist eine unbewegliche, durch Verwendung von Arbeit und Material in Verbindung mit dem Erdboden hergestellte Sache.

219 § 438 I Nr. 2 b) soll eine Annäherung an die werkvertragliche Gewährleistung bei Bauverträgen (§ 634a I Nr. 2, dazu u. Rn. 781) bewirken und damit z. B. dem Bauunternehmer, der vom Bauherrn wegen Baumängeln in Anspruch genommen wurde, die Regressmöglichkeit gegenüber seinem Materiallieferanten zeitlich erleichtern. Die erforderliche Verwendung „für ein Bauwerk" liegt aber nur bei der Neuerrichtung eines Gebäudes oder aber bei solchen Umbauarbeiten vor, die für Konstruktion, Bestand, Erhaltung oder Benutzbarkeit von wesentlicher Bedeutung sind und bei welcher die eingebauten Teile mit dem Gebäude fest verbunden werden. Das ist beim bloßen Austausch von Einzelteilen nicht der Fall. Weiter setzt die 5-jährige Frist einen Kausalzusammenhang zwischen dem Mangel der gelieferten Sache und der Mangelhaftigkeit des gesamten Bauwerks voraus: Die fünfjährige Verjährungsfrist gilt nur bei denjenigen Sachen, deren Mangelhaftigkeit zugleich auch ursächlich für die Mangelhaftigkeit des Bauwerkes ist. Hat die Verwendung für ein Bauwerk erst nach Ablauf von 2 Jahren seit Ablieferung der Sache stattgefunden, kommt die Regelung ebenfalls nicht zur Anwendung: Eine mangels Einbau bereits nach § 438 I Nr. 3 eingetretene Verjährung kann durch einen nachträglichen Einbau nicht nach § 438 I Nr. 2 b verlängert werden.

3. Die übrigen Fälle (§ 438 I Nr. 3)

220 Die praktisch bedeutendste Frist ist damit die **Zweijahresfrist** des § 438 I Nr. 3. Sie gilt für den Kauf beweglicher Sachen (sofern kein Fall von Nr. 2 vorliegt), von Rechten sowie für den Kauf von (unbebauten) Grundstücken.

4. Arglist (§ 438 III)

221 Im Falle **arglistigen Verschweigens** eines Mangels unterliegen gem. § 438 III Mängelansprüche nach § 438 I Nr. 2 und 3 (für Nr. 1 kann es bei der 30-jährigen Frist verbleiben) der **regelmäßigen Verjährungsfrist**. Im Falle von § 438 I Nr. 2 tritt die Verjährung jedoch nicht vor Ablauf der dort geregelten Fristen ein (die im Einzelfall länger sein können als die regelmäßige Verjährungsfrist). Wichtigste Folge davon ist, dass in diesem Fall auch für den Verjährungsbeginn das **subjektive System** des allgemeinen Verjährungsrechts gilt, die Verjährung also erst mit Kenntnis bzw. Kennenmüssen des Mangels beginnt (§ 199 I), s. PdW Schuldrecht II **Fall 54**.

IV. Fristbeginn

222 Die Frist beginnt gem. § 438 II bei Grundstücken mit der **Übergabe**, im Übrigen mit der **Ablieferung** der Sache. Auf Kenntnis oder Kennenmüssen der Mangelhaftigkeit seitens des Käufers kommt es dabei nicht an. Anders als im Bereich der regelmäßigen Verjährung (s. § 199) gilt also kein subjektives, sondern ein **objektives** System (anders im soeben bei Rn. 221 erwähnten Fall arglistiger Täuschung).

„Ablieferung" setzt voraus, dass der Verkäufer die Sache aus seiner Verfügungsgewalt entlässt und diese in Erfüllung des Kaufvertrags so in den Machtbereich des Käufers verbracht wird, dass diesem nunmehr anstelle des Verkäufers die Verfügungsmöglichkeit zusteht und ihm ermöglicht wird, die Sache zu untersuchen. Beim Versendungskauf liegt dies dann vor, wenn dem Käufer die Sache vertragsgemäß am Bestimmungsort zur sofortigen Abholung zur Verfügung gestellt wird.[3] Bei der Hol- und der Bringschuld setzt Ablieferung i. d. R. Übergabe voraus. Annahmeverzug und Gefahrübergang ersetzen als solche nicht die Ablieferung.[4] Bei dem Sachmangel gleichgestellten Montagefehlern wird man die „Ablieferung der Montage" ähnlich der werkvertraglichen Abnahme (dazu u. Rn. 729) zu verstehen haben.

V. Hemmung und Neubeginn

Hemmung und Neubeginn der Verjährung unterliegen den allgemeinen Vorschriften (§§ 203 ff.). Von besonderer Bedeutung sind dabei die Hemmung nach § 203 (Verhandlungen) sowie der Neubeginn nach § 212 I Nr. 1 (Anerkennung). Untersucht ein auf Gewährleistung in Anspruch genommener Verkäufer den Kaufgegenstand, ohne seine Gewährleistungspflicht ausdrücklich zu verneinen, liegt darin ein Fall der Hemmung nach § 203. Nacherfüllungsmaßnahmen, die nicht erkennbar aus bloßer „Kulanz" erfolgen, stellen i. d. R. ein Anerkenntnis i. S. v. § 212 Nr. 1 dar, d. h. die Verjährung beginnt erneut.[5] Die Verjährung von Gewährleistungsrechten in Bezug auf Mängel, die nicht Gegenstand einer Mängelbeseitigung waren, beginnt mit Abschluss der Nacherfüllung jedoch nicht erneut.[6] Insofern kann weder von einem Anerkenntnis ausgegangen werden, noch besteht ein Bedürfnis, insoweit die Verjährungsfrist zu verlängern. Erfolgt Nacherfüllung im Wege der Neulieferung, beginnt die Verjährung insgesamt erneut.[7] S. dazu PdW Schuldrecht II **Fälle 56, 68**. 223

VI. Erhaltung der Mängeleinrede (§§ 438 IV, V)

Nach §§ 438 IV, V kann der Käufer trotz der „Verjährung" (Unwirksamkeit) des Rücktritts bzw. der Minderung nach § 218 I die Zahlung des Kaufpreises insoweit verweigern, als er auf Grund des Rücktritts oder der Minderung dazu berechtigt sein würde. Diese Regelung erhält bzw. gibt dem Käufer die Mängeleinrede über den Zeitpunkt der durch Verjährung des (fiktiven) Nacherfüllungsanspruchs bewirkten Unwirksamkeit des Rücktrittsrechts hinaus (zur Rechtslage vor Verjährung s. o. Rn. 187). Da allerdings Rücktritt und Minderung nach der Neuregelung grundsätzlich die Setzung einer Nacherfüllungsfrist erfordern, wird der Käufer vor endgültiger Verweigerung der Kaufpreiszahlung dem Verkäufer auch bei verjährtem Nacherfüllungsanspruch eine Nacherfüllungsfrist setzen müssen, sofern diese nicht aus den erörterten Gründen entbehrlich ist. 224

[3] *BGH* NJW 1995, 3381, 3382 f. m. w. N.
[4] *BGH* NJW 1995, 3381, 3382 f.
[5] BGHZ 164, 196, 205; *Auktor/Mönch*, NJW 2005, 1686 ff.
[6] BGHZ 164, 196, 206.
[7] *Auktor*, NJW 2003, 120 ff.; vorsichtiger BGHZ 164, 196, 206 („in der Regel").

225 Die Mängeleinrede ist aber lediglich ein **Abwehrrecht** gegen eine noch offene Kaufpreisforderung. Sie gibt dem Käufer nicht die Möglichkeit, den bereits gezahlten Kaufpreis nach § 813 zurückzufordern (s. §§ 218 II, 214 II 1).

226 Die **Rücktrittseinrede** (s. § 438 IV 2) berechtigt zur **vollständigen Zurückbehaltung** des noch nicht gezahlten Kaufpreises. Macht der Käufer die Einrede geltend, kann dann aber gem. § 438 IV 3 der **Verkäufer** vom Vertrag zurücktreten und so zumindest die mangelhafte Sache zurückfordern und gegebenenfalls Nutzungsersatz verlangen (§ 438 IV 2). Er muss dann freilich auch den vom Käufer bereits gezahlten Kaufpreisteil nach § 346 I zurückerstatten.

Das Rücktrittsrecht des Verkäufers ist damit für diesen wirtschaftlich nur dann von Interesse, wenn der Käufer den Kaufpreis noch nicht entrichtet hat oder der entrichtete Kaufpreisteil geringer ist als der tatsächliche Wert der Sache. Hat der Käufer mehr als den (geminderten) Kaufpreis entrichtet, ist es für den Verkäufer wirtschaftlich günstiger, ihm den Gegenstand zu belassen, s. PdW Schuldrecht II **Fall 50**.

227 Die **Minderungseinrede** (s. § 438 V) berechtigt den Käufer zur anteiligen Zurückbehaltung des Kaufpreises, gestattet ihm aber zugleich, die mangelhafte Sache zu behalten. In diesem Fall besteht kein Rücktrittsrecht des Verkäufers, der Käufer ist aber zur Zahlung des nach § 441 III geminderten Kaufpreises verpflichtet.

VII. Vertragliche Abreden

228 Wie sich im Umkehrschluss aus § 202 ergibt, kann die Verjährung auch Gegenstand vertraglicher Modifikationen zugunsten oder zulasten des Käufers sein. Das gilt sowohl für die Verjährungsfristen als auch für den Zeitpunkt des Verjährungsbeginns sowie weitere Abreden, wie etwa vertraglich vereinbarte Rügefristen. Individualvertragliche Grenzen setzt § 202 insoweit, als eine Erleichterung der Verjährung im Falle des Vorsatzes keine Gültigkeit hat und die Verjährung nicht über einen Zeitraum von 30 Jahren ab dem gesetzlichen Verjährungsbeginn erschwert werden darf. Im Bereich des Verbrauchsgüterkaufs gilt nach § 475 II eine noch strengere Grenze: Abreden, welche den Lauf der Verjährung insgesamt verkürzen, dürfen bezüglich Nacherfüllung, Rücktritt und Minderung nur bei gebrauchten Sachen getroffen werden und nicht zu einer Unterschreitung von einem Jahr ab dem gesetzlichen Verjährungsbeginn führen. Bei Schadensersatzansprüchen gelten auch hier die allgemeinen Regeln (§ 475 III). Erfolgt die Regelung durch AGB, sind darüber hinaus insbesondere § 309 Nr. 7a, b sowie Nr. 8b (ff) zu beachten (s. dazu o. Rn. 195).

§ 81. Besonderheiten des Verbrauchsgüterkaufs

Literatur: *Arnold*, Zur Reichweite des § 475 BGB, ZGS 2004, 64; *Bitterich*, Der Rückgriff des Letztverkäufers – Auslegungsprobleme der §§ 478, 479 BGB einschließlich internationaler Aspekte, JR 2004, 485; *Czaplinski*, Strohmanngeschäfte im Gebrauchtwagenhandel als Umgehung nach § 475 Abs. 1 Satz 2 BGB, ZGS 2007, 92; *Erhardt*, Vermeidung und Umgehung im Verbrauchsgüterkaufrecht, 2009; *Eichelberger*, Von neuen und gebrauchten Tieren – Zur Anwendbarkeit des § 475 Abs. 2 BGB auf den Tierkauf, ZGS 2007, 98; *Gsell*, Die Beweislast für den Sachmangel beim Verbrauchsgüterkauf, JuS 2005, 967; *dies.*, Sachmangelbegriff und Reichweite der Beweislastumkehr beim Verbrauchsgüterkauf, JZ 2008, 29; *Hofmann*, Agenturvertrag im Gebrauchtwagenhandel, JuS 2005, 8; *Höpfner*, Die Reichweite der Beweislastumkehr im Verbrauchsgüterkauf, ZGS 2007, 410; *Jacobs*, Der Rückgriff des Unternehmers nach § 478 BGB, JZ 2004, 225; *Katzenmeier*, Agenturgeschäfte im Gebrauchtwagenhandel, NJW 2004, 2632; *Kieselstein*, Die Rechtsprechung des BGH zu § 476 BGB, ZGS 2006, 170; *dies.*, Der Verbraucher im BGB, ZGS 2007, 54; *Kieselstein/Rückebeil*, Aktuelle Rechtsprechung zu einzelnen Problemen des Verbrauchsgüterkaufs, JA 2006, 423; *Klöhn*, Beweislastumkehr beim Verbrauchsgüterkauf (§ 476 BGB), NJW 2007, 2811; *Lepsius*, Obliegenheiten versus unternehmerische Dispositionsfreiheit als taugliche Prinzipien bei der gegenwärtigen und künftigen Interpretation der §§ 478, 479 BGB, AcP 207 (2007), 340; *Looschelders*, Die Rechtsfolgen der Gesetzesumgehung durch Agentur- und Strohmanngeschäfte beim Verbrauchsgüterkauf, JR 2008, 45 ff.; *S. Lorenz*, Sachmangel und Beweislastumkehr beim Verbrauchsgüterkauf – Zur Reichweite der Vermutungsregel in § 476 BGB, NJW 2004, 3020; *ders.*, Die Rechtsfolgen eines Verstoßes gegen das Umgehungsverbot im Verbrauchsgüterkaufrecht bei Agentur- und Strohmanngeschäften, FS H.P. Westermann, 2008, S. 415 ff.; *Nguyen*, Der Rückgriff des Unternehmers gegen seinen Lieferanten nach Umsetzung der Verbrauchsgüterkaufrichtlinie, Diss. Düsseldorf, 2004; *Raue*, Der mangelhafte „Ladenhüter" beim Verbrauchsgüterkauf – Zur Funktionsweise der Ablaufhemmung in § 479 II BGB, Jura 2007, 427; *Rühl*, Zur Vermutung der Mangelhaftigkeit beim Verbrauchsgüterkauf – Die Rechtsprechung des BGH in rechtsvergleichender Perspektive, RabelsZ 73 (2009) 912; *Saenger/Veltmann*, § 476 – Gesetzliche Haltbarkeitsgarantie?, ZGS 2005, 450; *Schroeter*, Probleme des Anwendungsbereichs des Verbrauchsgüterkaufrechts (§§ 474 ff. BGB), JuS 2006, 682; *Schumacher*, Der Lieferantenregress gemäß §§ 478, 479 BGB (2004); *Tröger*, Voraussetzungen des Verkäuferregresses im BGB, AcP 204 (2004), 115; *Witt*, Beweislastumkehr beim Verbrauchsgüterkauf nach § 476 BGB: Versuche einer Bestandsaufnahme, ZGS 2007, 386.

I. Grundlagen und Systematik

229 Das in den §§ 474 ff. geregelte Recht des Verbrauchsgüterkaufs ist keine abgeschlossene Sonderregelung des Kaufrechts, sondern baut – ähnlich wie das Recht des Handelskaufs (§§ 373 ff. HGB) – auf dem allgemeinen Kaufrecht auf: Nach § 474 I gelten im Falle eines Verbrauchsgüterkaufs die §§ 474 ff. „**ergänzend**". Da der Gesetzgeber die Regelungen der VerbrGKRl. zu einem großen Teil auch für das allgemeine Kaufrecht übernommen hat (s. dazu sowie zum Erfordernis richtlinienkonformer Auslegung und Rechtsfortbildung bereits o. Rn. 21 f.), konnte er sich in den §§ 474 – 479 mit vergleichsweise wenigen ergänzenden Sondervorschriften begnügen. Sie betreffen neben der **Definition des Anwendungsbereichs** (§ 474 I) insbesondere den **Nutzungsersatz** bei Nachlieferung sowie die **Gefahrtragung bei Versendungsverkauf** (§ 474 II), die stark eingegrenzte Möglichkeit **vertraglicher Haftungsbeschränkungen** (§ 475), die **Beweislastumkehr** in Bezug auf den Zeitpunkt des Mangels (§ 476) sowie Sonderbestimmungen für **Garantien** (§ 477). Nur mittelbar den Verbrauchsgüterkauf betreffen die Regelungen über den **Regress des gewerblichen Letztverkäufers** bei seinem Lieferanten im Falle eines Mangels (§§ 478 f.).

II. Anwendungsbereich

230 **Sachlich** gelten die §§ 474 ff. für den Kauf jeglicher (auch gebrauchter) **beweglicher Sachen** (einschl. Tiere, s. § 90a). Der Werklieferungsvertrag (u. Rn. 693) ist über § 651 S. 1 ebenfalls einbezogen. Der Begriff „Verbrauchsgüterkauf" ist damit eine eklatante Fehlbeschreibung: Es geht nicht um den Kauf eigentlicher „Verbrauchsgüter", sondern um den Kauf durch einen Verbraucher von einem Unternehmer.

231 **Persönlich** sind die §§ 474 ff. anwendbar für Kaufverträge zwischen einem **Unternehmer** (§ 14) als Verkäufer und einem **Verbraucher** (§ 13) als Käufer. Einzelheiten zum Unternehmer- und Verbraucherbegriff sind in AT Rn. 583 f. dargelegt. Zu beachten ist insbesondere, dass nach der Rspr. zumindest im Bereich des Verbrauchsgüterkaufs das Vorliegen eines Gewerbes und damit die Unternehmerstellung des

Verkäufers **keine Gewinnerzielungsabsicht** voraussetzen.[1] Auch muss das jeweilige Rechtsgeschäft nicht „branchentypisch" sein. Die §§ 474 ff. BGB erfassen also auch atypische Geschäfte, sofern sie nur mit der selbständigen beruflichen/gewerblichen Tätigkeit des Verkäufers in Zusammenhang stehen.[2]

232 **Ausgenommen** sind nach § 474 I 2 Kaufverträge über **gebrauchte Sachen**, die in einer **öffentlichen Versteigerung** verkauft werden, an der der Verbraucher persönlich teilnehmen kann. Gedacht ist hier seitens des Gesetzgebers insbesondere an die Versteigerung von Fundsachen (§ 979) oder an die Versteigerung nicht hinterlegungsfähiger Sachen (§ 383). Auch jeder andere freiwillige Verkauf gebrauchter Sachen in öffentlicher Versteigerung (z. B. bei Kunstauktionen) führt zum Ausschluss der §§ 474 ff. Der Begriff der „öffentlichen Versteigerung" ist dabei identisch mit der in § 383 III geregelten Legaldefinition.[3] Internetversteigerungen wie z. B. *ebay*, bei welchen es sich ohnehin nicht um Versteigerungen i. S. v. § 156 handelt,[4] fielen also auch wenn sie als Versteigerungen i. S. v. § 156 BGB organisiert würden, nicht unter den Ausnahmetatbestand. Die Anwendbarkeit der §§ 474 ff. ist also **nicht** nach § 474 I 2 ausgeschlossen.

Höchst unklar ist der Begriff der „**gebrauchten Sache**" (der auch noch in § 475 II von Bedeutung ist). Nach der ratio der Regelung sollte man darauf abstellen, ob die Sache bereits bestimmungsgemäß verwendet wurde und dadurch einem höheren Sachmängelrisiko unterliegt oder aber, wenn sie sich (wie etwa ein Kunstwerk) nicht physisch „abnutzen" kann, durch den Zeitraum, der seit ihrer Herstellung vergangen ist, in Bezug auf ihre Herkunft und Echtheit einem erhöhten Sachmängelrisiko ausgesetzt ist. Beim Tierkauf hat der BGH festgehalten, dass auch Tiere nicht generell als „gebraucht" anzusehen sind.[5] Im Übrigen ist der Begriff der gebrauchten Sache **objektiv** zu bestimmen. Eine ungebrauchte Sache kann also nicht „als gebraucht" verkauft werden.[6]

233 Die **Beweislast** für das Vorliegen eines Verbrauchsgüterkaufs trägt nach den allgemeinen Regeln der Käufer, der sich auf die ihm günstigen Regelungen der §§ 474 ff. beruft.[7]

III. Abweichungen vom allgemeinen Kaufrecht

1. Keine Verpflichtung zum Nutzungsersatz bei Nachlieferung

234 Nach § 474 II 1 hat ein Verbraucher, der im Falle der Nachlieferung im Austausch gegen die mangelhafte Sache eine mangelfreie Sache erhält, für eventuell aus der mangelhaften Sache gezogene Nutzungen keinen Ersatz gem. §§ 439 IV, 346 I, 100 zu leisten. Der Gesetzgeber hat mit dieser erst 2008 eingefügten Regelung auf die vom EuGH festgestellte Richtlinienwidrigkeit der gesetzlichen Regelung reagiert, s.

1 BGHZ 167, 40 Tz. 16.
2 *BGH* NJW 2011, 3435: Verkauf eines betrieblich genutzten Kfz durch eine GmbH.
3 *BGH* NJW 2006, 613.
4 *BGH* NJW 2002, 363, 364 f.
5 BGHZ 170, 31: 6-monatiges Hengstfohlen, welches weder als Reit- noch als Zuchttier benutzt wurde.
6 BGHZ 170, 31.
7 *BGH* NJW 2007, 2619 Tz. 13.

dazu o. Rn. 131 ff. Zur Reichweite des Nacherfüllungsanspruchs (Ein- und Ausbauverpflichtung) s. o. Rn. 132ff.

2. Gefahrübergang beim Versendungsverkauf

§ 474 II 2 schließt § 447 für den Bereich des Verbrauchsgüterkaufs aus. Beim Versendungsverkauf geht damit die Gefahr des zufälligen Untergangs (**Preisgefahr**) nicht bereits mit Absendung auf den Käufer über, sondern erst mit Übergabe bzw. Eintritt des Annahmeverzugs (§ 446, dazu o. Rn. 48 ff.). Für die Leistungsgefahr gilt § 474 II 2 nicht: Geht die versendete Gattungssache auf dem Transport unter, muss auch der Unternehmer nicht noch einmal leisten (dazu o. Rn. 46). 235

3. Keine gesetzliche Haftungsbegrenzung bei öffentlichen Versteigerungen

Die von § 445 vorgesehene Haftungsbegrenzung bei öffentlichen Versteigerungen (s. o. Rn. 189) findet gem. § 474 II 2 beim Verbrauchsgüterkauf keine Anwendung. Praktisch relevant ist diese Regelung nur bei der Versteigerung neuer Sachen, da sie bei der öffentlichen Versteigerung gebrauchter Sachen nach Abs. 1 S. 2 gar nicht anwendbar ist. Bei der öffentlichen Versteigerung **neuer Sachen** hat der Verbraucher die Rechte aus den §§ 437 ff., 474 ff. nicht nur bei arglistigem Verschweigen eines Mangels oder Übernahme einer Garantie. Erfolgt die Versteigerung allerdings im Wege der Zwangsvollstreckung, sind auch für Verbraucher Gewährleistungsansprüche nach § 806 ZPO ausgeschlossen. Das ist wegen Art. 1 II lit. b Sp. 1 VerbrGKRl. richtlinienkonform. 236

4. Einschränkung vertraglicher Haftungsbegrenzungen (§ 475 I – III)

a) Verbot von Gewährleistungsbeschränkungen

§ 475 schränkt in Umsetzung von Art. 7 I VerbrGKRl. die Privatautonomie zwischen Unternehmern und Verbrauchern in Bezug auf vertragliche Begrenzungen der Gewährleistung ganz erheblich ein. Nach § 475 I kann sich der Unternehmer auf eine vor Mitteilung des Mangels getroffene Vereinbarung, welche die Gewährleistungsrechte des Verbrauchers/Käufers einschränkt, „nicht berufen". Mit dem Terminus „nicht berufen können" wird dabei wie bei § 444 zum Ausdruck gebracht, dass der Vertrag abweichend von § 139 im Übrigen in jedem Fall wirksam bleibt. Gütliche Vereinbarungen, **nachdem** der Mangel vom Verbraucher mitgeteilt wurde, sollen hingegen nicht ausgeschlossen sein. § 475 betrifft weiter nicht **gesetzliche Gewährleistungsausschlüsse** (o. Rn. 189). So kann etwa ein Unternehmer den Verbraucher/Käufer vor Vertragsschluss über die konkrete Mängel der Sache in Kenntnis setzen und so die Voraussetzungen eines Gewährleistungsausschlusses nach § 442 I herbeiführen, s. dazu PdW Schuldrecht II **Fall 65**. 237

Lediglich die **Verjährung** von Gewährleistungsansprüchen kann gem. § 475 II Alt. 2 bei **gebrauchten Sachen** auf ein Jahr ab dem gesetzlichen Verjährungsbeginn verkürzt werden.

Diese Beschränkungen gelten aber gem. § 475 III nur für die nicht vom Vertretenmüssen abhängigen Gewährleistungsrechte des Käufers, d. h. für **Nacherfüllung** (§§ 437 Nr. 1, 439), **Rücktritt** (§§ 437 Nr. 2, 323, 326 V) und **Minderung** 238

(§§ 437 Nr. 2, 441). **Schadensersatzansprüche** (§ 437 Nr. 3) können hingegen nach § 475 III innerhalb der allgemeinen Grenzen, d. h. insbesondere auch unter Beachtung des AGB-Rechts, Gegenstand von vertraglichen Haftungsbeschränkungen auch in Bezug auf die Verjährung sein. Zu den AGB-Grenzen siehe o. Rn. 195 sowie PdW Schuldrecht II **Fall 64.**

b) Verbleibender Spielraum für die Privatautonomie

239 Dennoch bleibt der Parteiwille auch beim Verbrauchsgüterkauf nicht ohne Einfluss. Insbesondere steht es den Parteien auch bei einem Verbrauchsgüterkauf frei, die Sollbeschaffenheit der Sache so zu definieren, dass im Rahmen des subjektiven Fehlerbegriffs bereits das Vorliegen eines Mangels vermieden wird (o. Rn. 77 ff.). Wird etwa ein Kfz als „Bastlerauto" verkauft, haftet der Verkäufer nicht, wenn das Fahrzeug nicht verkehrstüchtig ist. Dabei ist aber nicht ausschließlich auf den Wortlaut einer solchen Beschaffenheitsvereinbarung, sondern auf den übereinstimmenden tatsächlichen Willen der Parteien abzustellen.

Beispiel: Die bloße Bezeichnung eines nach den übereinstimmenden Intentionen der Parteien als zum Betrieb durch den Käufer veräußerten Kraftfahrzeugs als „Bastlerfahrzeug" oder gar „Metallschrott" kann schon als bloße *„falsa demonstratio"* nicht zum Ausschluss der Mängelhaftung führen. Eines Rückgriffs auf das Umgehungsverbot des § 475 I S. 2 bedarf es hierfür gar nicht.[8]

Auch der Begriff der „gebrauchten Sache" i. S. v. § 475 II steht nicht zur Disposition der Parteien, so dass etwa ein an sich fabrikneues Kraftfahrzeug mit einer sog. „Tageszulassung" nicht als „Gebrauchtwagen" veräußert werden kann. Die entscheidende Grenze zwischen zulässigen Beschaffenheitsvereinbarungen bzw. haftungsausschließender Aufklärung (§ 442 I) und nach § 475 unzulässiger Haftungsbeschränkung liegt dort, wo der Käufer das Risiko eines nicht erkannten Mangels tragen soll.[9] Dieses dem Käufer – auch gegen entsprechenden Preisnachlass – zu übertragen, schließt § 475 I aus. So kann also etwa eine Sache auch nicht als „möglicherweise mangelhaft" veräußert werden.[10] Dass dem Verbraucher durch diesen massiven Eingriff in die Vertragsfreiheit zugleich die Möglichkeit sinnvoller und gewinnbringender Risikogeschäfte genommen wird, ist rechtspolitisch falsch, aber hinzunehmen, sofern man nicht (im Hinblick auf eine übermäßige Einschränkung der durch Art. 2 I GG geschützten Vertragsfreiheit) die Frage der Verfassungsmäßigkeit stellt.[11] S. zum Ganzen PdW Schuldrecht II **Fall 65**.

c) Umgehungsverbot

240 § 475 I 2 enthält das für das Verbraucherschutzrecht typische (s. etwa § 312f S. 2) **Umgehungsverbot**.[12] Ein Verstoß gegen das Umgehungsverbot liegt vor, wenn die rechtliche Beziehung zwischen den Parteien so gestaltet wird, dass die §§ 474 ff. bzw. einzelne zwingende Schutzvorschriften zugunsten des Verbrauchers tatbestandlich keine Anwendung finden, obwohl sie nach deren Schutzzweck eigentlich Anwen-

[8] MünchKomm/*S. Lorenz*, § 475 Rn. *8; AG Marsberg* ZGS 2003, 119 f.; *OLG Oldenburg* ZGS 2004, 75.

[9] Zu den Einzelheiten s. nur MünchKomm/*S. Lorenz* § 475 BGB Rn. 9 m. w. N.

[10] Offengelassen in *BGH* NJW 2008, 1517 Tz. 15.

[11] Zu berechtigten Zweifeln an der Verfassungsmäßigkeit sowie an der Vereinbarkeit mit dem EG-Vertrag (heute: EU-Vertrag) s. *Canaris*, AcP 200 (2000), S. 273, 362.

[12] S. dazu eingehend *Erhardt*, Vermeidung und Umgehung im Verbrauchsgüterkaufrecht, 2009.

dung finden müssten. Ein subjektiver Tatbestand in Form der Umgehungsabsicht ist dabei nicht erforderlich.[13] Eine Umgehung ist denkbar in Form der **Tatbestandsvermeidung** oder der **Tatbestandserschleichung**. Ersteres kommt in Betracht, wenn ein Vertrag bei „formaler" Betrachtungsweise keinen Verbrauchsgüterkauf darstellt, bei wirtschaftlicher Betrachtungsweise aber dessen Funktion erfüllt. Da die Tatbestandsmerkmale des § 474 ohnehin weitgehend objektiv bestimmt werden, ist ein Rückgriff auf das Umgehungsverbot insofern häufig gar nicht notwendig (so etwa, wenn ein Verkauf durch einen Unternehmer im Vertrag fälschlich als „Privatverkauf" deklariert wird oder eine neue Sache als gebraucht bezeichnet wird). Relevant ist das Umgehungsverbot hingegen bei anderen Manipulationen im Bereich des persönlichen und sachlichen Anwendungsbereichs. Zu beachten ist aber, dass die bloße „Geschäftsvermeidung", also das Unterlassen des Abschlusses eines Kaufvertrags und der Abschluss eines anderen Vertragstyps, auch wenn er letztlich der Befriedigung desselben Bedürfnisses dient, als solche noch keinen Verstoß gegen das Umgehungsverbot darstellt. So ist etwa der Abschluss eines **Leasingvertrages** (der als solcher nicht unter die §§ 474 ff. fällt) anstelle eines Kaufvertrages auch dann kein Umgehungsgeschäft, wenn er die sog. „leasingtypische Abtretungskonstruktion" (s. dazu Rn. 1093) enthält.[14] S. dazu PdW Schuldrecht II **Fall 67.**

Auch die im Gebrauchtwagenhandel gerade wegen § 475 wieder aufgekommenen **Agenturgeschäfte** stellen grundsätzlich keine Umgehung dar: Bei diesen Geschäften nimmt ein Autohändler, der einem Verbraucher einen Neuwagen verkauft, dessen Altfahrzeug nicht nach § 364 **an Erfüllungs statt** in Anrechnung auf den Kaufpreis in Zahlung, um es anschließend im eigenen Namen weiterzuveräußern. Würde er dann nämlich (wie häufig) an einen Verbraucher weiterveräußern, wäre der Anwendungsbereich der §§ 474 ff. eröffnet mit der Folge, dass ein vollständiger Gewährleistungsausschluss an § 475 I scheitern würde. Veräußert er das Altfahrzeug hingegen als Stellvertreter (§ 164) des bisherigen Eigentümers an einen Verbraucher weiter, ist der dann geschlossene Kaufvertrag ein solcher zwischen Verbrauchern. Die §§ 474 ff. sind dann unanwendbar mit der Folge, dass ein Gewährleistungsausschluss in den allgemeinen Grenzen möglich ist.[15] Das ist als bloße Geschäftsvermeidung grundsätzlich zulässig. Ein Verstoß gegen das Umgehungsverbot liegt erst dann vor, wenn bei wirtschaftlicher Betrachtungsweise der Unternehmer als der eigentliche Verkäufer des Fahrzeugs anzusehen ist, weil er etwa dem Verkäufer einen Fixpreis oder Mindestpreis garantiert und ihm bis zur Weiterveräußerung des Altwagens den Kaufpreis stundet und damit die wirtschaftlichen Vertragsrisiken trägt.[16] Äußerst umstritten sind allerdings die Rechtsfolgen eines solchen Umgehungsgeschäftes. Nach der Ansicht des BGH richten sich die Gewährleistungsansprüche des Verbrauchers dann gegen den Unternehmer, es wird also ein Vertragsschluss zwischen beiden fingiert. Ob daneben noch ein Vertragsverhältnis zum ursprünglichen Eigentümer (dem eigentlichen Verkäufer) besteht, lässt der BGH offen, da in diesem Verhältnis jedenfalls ein zwischen Verbrauchern zulässiger Gewährleistungsausschluss vorliege.[17] Nach der 241

[13] *BGH* NJW 2006, 1066, 1067.

[14] *BGH* NJW 2006, 1066, 1067.

[15] Bringt der Unternehmer dabei nicht hinreichend deutlich zum Ausdruck, im Namen eines Verbrauchers zu handeln, ist er nach § 164 II ohnehin selbst verpflichtet, so dass der persönliche Anwendungsbereich der §§ 474 ff. eröffnet ist.

[16] *BGH* NJW 2005, 1039; 2006, 1066; 2007, 759.

[17] *BGH* NJW 2007, 759.

(zutr.) Gegenansicht darf dem Verbraucher aber kein anderer Vertragspartner aufgedrängt werden. Als Folge der Umgehung ist vielmehr dem Verkäufer des Gebrauchtwagens die Unternehmereigenschaft des Händlers zuzurechnen mit der Folge, dass es bei den ursprünglichen Vertragsparteien bleibt, der Gewährleistungsausschluss aber gem. § 475 I unwirksam ist.[18] Manche wollen auf der Basis der hier vertretenen Ansicht dem Käufer zusätzlich Ansprüche gegen den Händler gewähren. Dieser sei nach § 242 daran gehindert, den Käufer auf Ansprüche gegen den Verkäufer zu verweisen.[19] S. dazu PdW Schuldrecht II **Fall 66.**

5. Beweislastumkehr (§ 476)

242 Nach § 363 trägt ab dem Zeitpunkt der **Entgegennahme** der Sache der **Käufer** die Beweislast für das Vorliegen eines Sachmangels (o. Rn. 110). § 476 enthält hierfür (in Umsetzung von Art. 5 III VerbrGKRl.) eine praktisch bedeutende, in ihrem Ausmaß umstrittene **Beweislastumkehr** zugunsten eines Verbrauchers. Danach wird, wenn sich innerhalb von 6 Monaten nach Gefahrübergang „ein Sachmangel" zeigt, **widerlegbar vermutet** „dass die Sache bereits bei Gefahrübergang mangelhaft war, es sei denn, diese Vermutung ist mit der Art der Sache oder des Mangels unvereinbar." Als „Sachmangel" ist in diesem Zusammenhang eine Beschaffenheitsabweichung zu verstehen, die, wenn sie bei Gefahrübergang vorgelegen hätte, einen Sachmangel i. S. v. § 434 (dazu o. Rn. 73 ff.) darstellen würde.

a) Reichweite der Vermutung

243 Auch im Bereich des Verbrauchsgüterkaufs ist gem. § 434 I maßgeblicher Zeitpunkt für das Vorliegen eines Sachmangels der **Gefahrübergang** (o. Rn. 105). Daran ändert als bloße Beweislastregelung auch § 476 nichts. Die Vorschrift stellt also **keine** gesetzliche Haltbarkeitsgarantie (dazu o. Rn. 200) dar, aufgrund derer der Verkäufer für jeden innerhalb der ersten 6 Monate nach Gefahrübergang eingetretenen Defekt haften würde. Nach der äußerst engen Sichtweise der Rspr. wirkt die Vermutung überdies nur in **zeitlicher Hinsicht**. Vermutet wird, dass ein innerhalb von 6 Monaten aufgetretener Sachmangel bereits bei Gefahrübergang vorlag. Das setzt aber voraus, dass der Verbraucher die Existenz eines Sachmangels nachweist, der **möglicherweise** bereits zu diesem Zeitpunkt vorgelegen hat. Ist der vom Verbraucher gerügte Defekt der Sache nachweislich erst nach Gefahrübergang eingetreten, so wird nach dieser Auffassung also nicht etwa zusätzlich vermutet, dass dieser Defekt lediglich das Symptom eines bereits bei Gefahrübergang vorliegenden anderen Mangels („Grundmangel") ist. Das bedeutet, dass der Verbraucher im Falle eines nachweislich erst nach Gefahrübergang auftretenden Defekts weiterhin nachweisen muss, dass bereits bei Gefahrübergang ein anderer Defekt vorlag.[20]

Beispiel (PdW Schuldrecht II **Fall 68**): K (Verbraucher) kauft beim Unternehmer V eine neue Espressomaschine. Nach einer Woche versagt das anfänglich funktionierende Gerät seinen Dienst: Die Funktionsunfähigkeit der Maschine ist als solche kein Sachmangel, da sie bei Gefahrübergang noch nicht vorlag. Dass die nachträglich aufgetretene Funktionsunfähigkeit ihre Ursache möglicherweise in einem bereits bei Gefahrübergang vorliegenden Mangel hat (z. B. mangelhafte Bauteile etc.), wird nach Auffas-

[18] MünchKomm/*S. Lorenz*, § 475 Rn. 36; eingehend *ders.*, FS Westermann, 2008, S. 415 ff.
[19] So z. B. *Looschelders*, BT, Rn. 268; *ders.*, JR 2008, 45 ff.
[20] St. Rspr., s. nur BGHZ 159, 215, 218; *BGH* NJW 2005, 3490, 3492; BGHZ 167, 40, 48; *BGH* NJW 2007, 2621; zuletzt implizit *BGH* NJW 2009, 580.

sung des BGH von § 476 nicht erfasst. K muss also die Ursachenkette des Betriebsausfalls bis zu einer Ursache nachweisen, die möglicherweise bereits bei Gefahrübergang vorgelegen hat und in diesem Fall einen Sachmangel darstellen würde. Dann muss V den Gegenbeweis führen, dass diese Ursache erst nach diesem Zeitpunkt aufgetreten ist.

Die vom BGH wiederholt abgelehnte Gegenansicht will hingegen die Vermutung 244
grundsätzlich (d. h. insbesondere vorbehaltlich des gleich zu erörternden Ausschlusses der Vermutung nach § 476 Halbs. 2) auch auf das Vorliegen eines solchen „Grundmangels" erstrecken. Dafür spricht zunächst die verbraucherschützende *ratio* von § 476: Es würde dem Verbraucher im Vergleich zum allgemeinen Kaufrecht wenig nützen und die nach der Gesetzesbegründung „ungleich besseren Erkenntnismöglichkeiten des Unternehmers"[21] kaum berücksichtigen, wenn der Verbraucher jeweils den „Grundmangel", der den später auftretenden primär sichtbaren Defekt verursacht hat, nachweisen müsste. Auch der Wortlaut von § 476 spricht für eine solche Sichtweise: Danach wird nämlich, wenn sich innerhalb von 6 Monaten nach Gefahrübergang „ein" (d. h.: irgendein!) Sachmangel zeigt, vermutet, dass *die Sache* bereits bei Gefahrübergang „mangelhaft" war. Es wird also nicht (nur) vermutet, dass gerade der auftretende Defekt bereits bei Gefahrübergang vorlag.[22]

b) Vermutungsausschluss

Nach § 476 Halbs. 2 greift die Vermutung nicht ein, wenn sie „mit der Art der Sache 245
oder des Mangels unvereinbar" ist. Hierbei handelt es sich um einen eng auszulegenden Ausnahmetatbestand.[23] Häufig wird sich die Unvereinbarkeit der Vermutung erst aus einer Gesamtschau beider Tatbestandselemente, d. h. der Art der Sache und des Mangels ergeben. So ist die Vermutung weder bei gebrauchten Sachen noch bei Tieren von vorneherein ausgeschlossen.[24] Vorrangig ist natürlich festzustellen, ob der geltend gemachte Defekt überhaupt einen Sachmangel i. S. v. § 434 darstellt, was etwa bei typischen Verschleißerscheinungen gebrauchter Sachen gerade nicht der Fall ist.[25] In Betracht kommt der Vermutungsausschluss etwa bei leicht verderblichen Waren. Im Übrigen ist aber im Rahmen einer **einzelfallbezogenen Gesamtschau** maßgeblich, ob der konkrete Mangel bei dem konkreten Kaufgegenstand mit hinreichender Wahrscheinlichkeit einen Rückschluss auf sein Vorliegen zum Zeitpunkt des Gefahrübergangs zulässt. Die bloße Tatsache, dass der Verbraucher selbst oder ein Dritter die Kaufsache eingebaut hat, führt noch nicht zu einem Vermutungsausschluss.[26] Bei **äußeren Defekten** ist die Vermutung wegen der „Art des Mangels" dann ausgeschlossen, wenn der Defekt auch dem fachlich nicht versierten Käufer bei der Übergabe hätte auffallen müssen.[27] Ob auch der Verkäufer den Sachmangel hätte erkennen können, ist hingegen irrelevant.[28] Damit gilt die Beweislastumkehr z. B. auch beim Vertrieb originalverpackter Ware, die vom Verkäufer über Stichproben hinaus nicht kontrolliert werden kann.

[21] Begr. des Regierungsentwurfs BT-Drs. 14/6040, S. 245.

[22] S. etwa *S. Lorenz*, NJW 2004, 3020; *Looschelders/Benzenberg*, VersR 2005, 233 f.; Bamberger/Roth/*Faust*, § 476 Rn. 21 m. w. N.; aus rechtsvergleichender Perspektive *Rühl*, RabelsZ 73 (2009) 912; differenzierend *Gsell*, JuS 2005, 967 ff.

[23] *Gsell*, JuS 2005, 967, 969.

[24] S. BGHZ 159, 215 ff.; *BGH* NJW 2005, 3490, 3492 (gebrauchte Sachen); BGHZ 167, 40 (Tiere).

[25] *BGH* NJW 2006, 434.

[26] *BGH* NJW 2005, 283, 284.

[27] *BGH* NJW 2005, 3490, 3492 (leicht nach innen verzogener Kotflügel eines Gebrauchtwagens).

[28] *BGH* NJW 2007, 2619 Tz. 11.

c) Beweislast

246 Die Beweislast dafür, dass ein „Sachmangel" i. S. v. § 476 vorliegt und sich dieser innerhalb der Sechsmonatsfrist gezeigt hat, trägt der Verbraucher. Die Beweislast für die tatsächlichen Umstände, welche die Unvereinbarkeit der Vermutung nach Halbs. 2 begründen, trägt nach der negativen Formulierung des Gesetzes („es sei denn") der Verkäufer.[29]

d) Rechtsfolge

247 Rechtsfolge von § 476 ist eine **widerlegbare Vermutung**. Der Verkäufer hat also den **vollen Beweis** zu führen, dass der geltend gemachte Sachmangel erst nach Gefahrübergang eingetreten ist. Nach der hier vertretenen weiten Auffassung (o. Rn. 244) hat er – sofern die Vermutung nicht nach § 476 Halbs. 2 ausgeschlossen ist – auch nachzuweisen, dass der später aufgetretene Mangel nicht auf einen bereits bei Gefahrübergang vorhandenen Grunddefekt zurückzuführen ist. Verhindert der Käufer den Beweis vorsätzlich oder fahrlässig, kommen dem Verkäufer nach den für die **Beweisvereitelung** geltenden Grundsätzen Beweiserleichterungen zumindest in der Form zugute, dass der nach dem Ergebnis der Beweisaufnahme wahrscheinlichste Geschehensablauf als vom Verkäufer bewiesen angesehen wird.[30]

6. Sonderregelungen für Garantien (§ 477)

248 Die besonderen Transparenzanforderungen an Verbrauchergarantien sind o. bei Rn. 208 f. im Zusammenhang mit den Garantien erörtert.

IV. Unternehmerregress (§§ 478, 479)

1. Grundlagen

a) Regelungszweck: Verhinderung der „Regressfalle"

249 Die Regelungen über den Unternehmerregress in den §§ 478, 479 sind nicht mehr eigentliches Verbrauchsgüterkaufrecht, sondern betreffen Kaufverträge **zwischen Unternehmern**. Sie stehen aber in engem Sachzusammenhang mit dem Verbrauchsgüterkauf: Wenn ein Unternehmer eine mangelhafte Sache an einen Endverbraucher liefert, ist er durch die §§ 474 ff. besonders strengen Regelungen unterworfen. Insbesondere verbietet ihm § 475 weitgehend, die Gewährleistung gegenüber dem Verbraucher vertraglich zu beschränken. Hat er die Sache seinerseits von einem Unternehmer (etwa vom Hersteller oder Zwischenhändler) gekauft, hat er aufgrund des mit diesem abgeschlossenen Kaufvertrages seinerseits die allgemeinen kaufrechtlichen Gewährleistungsansprüche des § 437, er kann also bei seinem Verkäufer grundsätzlich durch Nacherfüllung, Rücktritt oder Schadensersatz Regress nehmen.

250 Dieser Regress ist aber bestimmten Gefährdungen ausgesetzt. So wird etwa der Händler, der im Rahmen der Nacherfüllung von seinem Käufer (Verbraucher), die Sache zurücknehmen musste, wenig Interesse daran haben, zunächst von seinem

[29] Zur Beweislast für die Anwendbarkeit der §§ 474 ff. s. o. Rn. 233.

[30] S. dazu *BGH* NJW 2006, 434: Käufer eines Gebrauchtwagens lässt ein angeblich mangelhaftes Teil durch eine Werkstatt austauschen, ohne es aufzubewahren.

Lieferanten Nacherfüllung zu verlangen. Dann müsste er nämlich den nachgelieferten Gegenstand neu verkaufen. Sein Interesse geht vielmehr dahin, die Sache an seinen Lieferanten „durchzureichen" und den gezahlten Einkaufspreis wiederzuerlangen. Weiter ist denkbar, dass in dem Zeitpunkt, in welchem der Unternehmer vom Verbraucher auf Gewährleistung in Anspruch genommen wird, die Gewährleistungsansprüche gegen den Lieferanten bereits nach § 438 I Nr. 3 verjährt sind (sog. „Ladenhüter"-Problematik, u. Rn. 260). Mit einem Regress könnte er außerdem ausfallen, wenn der Lieferant ihm gegenüber vertraglich die Gewährleistung ausgeschlossen hat: Da der Kaufvertrag zwischen dem Lieferanten und dem Händler kein Verbrauchsgüterkauf ist, gelten ja die Beschränkungen des § 475 in diesem Verhältnis nicht. Diese Situation einer möglichen **Regressfalle** möchten die §§ 478, 479 zugunsten des Unternehmers weitestgehend vermeiden. Der nach (durchaus zweifelhafter) Ansicht des Gesetzgebers „meist schwächere" Händler soll so gegenüber dem als wirtschaftlich stärker erachteten Lieferanten besonders geschützt werden (s. dazu auch Rn. 265).[31] Indirekt dienen die Regelungen aber auch der praktischen Effizienz des Verbraucherschutzes, weil die verbesserte Regressmöglichkeit u. U. die Bereitschaft des Letztverkäufers steigert, Gewährleistungsansprüche von Verbrauchern zu erfüllen. S. dazu sowie zum Folgenden die **grafische Übersicht** bei **Rn. 267**.

b) Anwendungsbereich

251 Die §§ 478, 479 sind persönlich nur zwischen Unternehmern anwendbar. Das Gesetz bezeichnet in § 478 I den Letztverkäufer als „**Unternehmer**". Dieser muss eine **neu hergestellte bewegliche Sache** seinerseits von einem anderen Unternehmer (dem „**Lieferanten**") gekauft und **dieselbe Sache als eine solche** weiterverkauft haben. Ein bloßer Zulieferer einer Sache, die vom Unternehmer bei der Herstellung der dem Verbraucher verkauften Sache verwendet wird, ist damit von §§ 478, 479 nicht erfasst.[32]

c) Unselbständiger und selbständiger Regress

252 Primär modifizieren die §§ 478, 479 lediglich die allgemeinen Gewährleistungsansprüche des Unternehmers gegen den Lieferanten aus § 437 in Bezug auf das Fristsetzungserfordernis, die Beweislast, die Verjährung sowie die Wirksamkeit vertraglicher Haftungsbegrenzungen. Da somit keine neuartigen Anspruchsgrundlagen geschaffen werden, kann man auch von einem **unselbständigen Regress** sprechen. Lediglich § 478 II enthält eine in § 437 nicht erwähnte, **eigenständige Anspruchsgrundlage** in Bezug auf die Aufwendungen des Unternehmers zur Nacherfüllung. Insoweit kann man auch von einem **selbständigen Regress** sprechen.

d) Regressketten

253 § 478 V „verlängert" schließlich diese Regelungen auf das Verhältnis des vom Unternehmer in Anspruch genommenen Lieferanten gegenüber seinem Lieferanten (etwa in der Vertragskette Hersteller – Zwischenhändler – Einzelhändler – Verbraucher).

---

31 BT-Drs. 15/6040, S. 249.

32 MünchKomm/*S. Lorenz*, § 478 Rn. 15 m. w. N.; zur Gegensicht s. etwa *Tröger*, AcP 204 (2004), 115, 133 f.

Die (unselbständigen oder selbständigen) Regressansprüche bestehen aber in der Lieferkette nur **innerhalb der jeweiligen Vertragsbeziehung**. Ein Unternehmer, der von einem Zwischenhändler gekauft hat, hat auch aufgrund von § 478 f. keine vertraglichen Ansprüche gegen den Hersteller.

2. Erleichterungen im unselbständigen Regress (§ 478 I)

a) Grundvoraussetzungen

254 Grundvoraussetzung für die Anwendung von § 478 I ist, dass der Letztverkäufer die mangelhafte Sache „als Folge ihrer Mangelhaftigkeit" von einem Verbraucher zurücknehmen musste bzw. der Verbraucher den Kaufpreis gemindert hat. Der Wortlaut der Vorschrift („musste") stellt klar, dass die Erleichterungen des Regresses nur im Falle **berechtigter** gesetzlicher Ansprüche in Betracht kommen, nicht jedoch bei der Rücknahme aus anderen Gründen („Umtausch") bzw. einer freiwilligen Rücknahme aus Kulanz.[33] Damit bringt die Regelung auch zum Ausdruck, dass vertragliche Regelungen zwischen Unternehmer und Verbraucher nicht zu Lasten des Lieferanten gehen dürfen. Die Regresserleichterungen können deshalb auch dann nicht zum Zuge kommen, wenn der Unternehmer vom Verbraucher ausschließlich wegen einer den Verbraucher begünstigenden unselbständigen Garantie in Anspruch genommen werden kann.

255 Der Begriff der „Zurücknahme" erfasst jede Art der nach Gewährleistungsrecht in Frage kommenden Rücknahmeverpflichtung des Unternehmers. Eine solche kommt in Betracht als Folge eines Nachlieferungsanspruchs (§§ 437 Nr. 1, 439 IV), nach Rücktritt des Verbrauchers (§ 437 Nr. 2, 323) oder in Erfüllung eines Anspruchs des Verbrauchers auf „Schadensersatz statt der ganzen Leistung" (§ 437 Nr. 3, 311a II 3, 281 V). Dabei ist freilich nicht auf eine echte Rücknahmepflicht des Unternehmers abzustellen (s. dazu o. Rn. 131). Ausreichend ist vielmehr, dass der Unternehmer gegenüber dem Verbraucher Nacherfüllung in Form der Neulieferung geleistet hat oder im Wege des Rücktritts oder des Schadensersatzes statt der ganzen Leistung (berechtigt) in Anspruch genommen wird und dabei seinerseits die Sache zurückverlangen könnte, wenn er sie geliefert hätte und sie noch vorhanden wäre. § 478 I ist also auch dann erfüllt, wenn der Verbraucher die Sache schon vor der Übergabe als nicht erfüllungstauglich zurückweist (dazu o. Rn. 186 f.) oder die Sache aus den in § 346 II niedergelegten Gründen nicht zurückgeben muss. Der Fall des „kleinen Schadensersatzes" ist im Wege der Analogie demjenigen der Minderung gleichzustellen.[34]

b) Die Modifikationen im Einzelnen

aa) Wegfall des Fristsetzungserfordernisses (§ 478 I)

256 § 478 I befreit den Unternehmer aus den o. Rn. 250 genannten Gründen von einer sonst erforderlichen Fristsetzung. Damit entfällt insoweit der Vorrang der Nacherfüllung: Der Unternehmer kann die Sache an den Lieferanten „durchreichen" und bei Vorliegen der übrigen Tatbestandsvoraussetzungen unmittelbar Rücktritt oder Minderung erklären bzw. Schadensersatz statt der Leistung verlangen.

[33] Begr. BT-Drs. 14/6040, S. 248.
[34] S. zum Ganzen MünchKomm/*S. Lorenz*, § 478 Rn. 18.

bb) Vermutung der Mangelhaftigkeit z. Zt. des Gefahrübergangs (§ 478 III)

Dabei profitiert der Unternehmer nach § 478 III von der Vermutungsregelung des § 476: Es wird unter den Voraussetzungen des § 476 (dazu o. Rn. 242 ff.) vermutet, dass die Sache zum Zeitpunkt des Gefahrübergangs **auf den Unternehmer** mangelhaft war, wenn sich beim Weiterverkauf innerhalb von 6 Monaten nach Gefahrübergang **auf den Verbraucher** ein Sachmangel zeigt (s. dazu PdW Schuldrecht II **Fall 71**). 257

Keine Modifikation erfolgt aber in Bezug auf den **Fehlerbegriff** selbst. Es kommt infolge des subjektiven Fehlerbegriffs (§ 434 I 1, o. Rn. 73, 77 ff.) für die Begründung von Gewährleistungsansprüchen des Unternehmers gegenüber dem Lieferanten allein darauf an, ob in Bezug auf **dieses** Vertragsverhältnis ein Sachmangel vorliegt. Wenn also der Unternehmer von dem Verbraucher infolge abweichender Beschaffenheitsvereinbarungen in Anspruch genommen wird, hat er keine Regressmöglichkeit gegen den Lieferanten. 258

Beispiel (PdW Schuldrecht II **Fall 70**): Ein Jeanshersteller verkauft Hosen als „Fabrikresteware mit leichten Webfehlern" an einen Händler, der diese an die Endabnehmer als normale Ware weiterverkauft. Hier liegt zwar im Verhältnis Händler/Endabnehmer, nicht aber im Verhältnis Händler/Hersteller ein Sachmangel vor. Der Händler hat daher keine Gewährleistungsansprüche gegen den Hersteller, wenn er wegen der Webfehler Gewährleistungsansprüchen von Endabnehmern ausgesetzt ist.

Gleiches gilt gem. § 478 VI, wenn der Unternehmer gegen die Rügeobliegenheit aus § 377 HGB verstoßen hat. Begründet der Hersteller/Lieferant durch **Werbeaussagen** (§ 434 I 3, dazu o. Rn. 86 ff.) erst nach Gefahrübergang auf den Unternehmer die Mangelhaftigkeit der Sache im Vertragsverhältnis des Unternehmers zum Verbraucher, hat der Unternehmer ebenfalls keine Ansprüche aus dem Gesichtspunkt der Mängelgewährleistung. Der Hersteller/Lieferant haftet dem Unternehmer dann jedoch aus dem Gesichtspunkt der Nebenpflichtverletzung aus §§ 280 I, 241 II auf Schadensersatz. Weitere Händler in der Vertragskette sind in den Schutzbereich des Vertrages Hersteller/Unternehmer einbezogen und können daher ebenfalls solche Ansprüche gegen den Hersteller/Lieferanten geltend machen.[35] 259

cc) Ablaufhemmung der Verjährung (§ 479 II)

§ 479 II will eine Regressfalle durch Verjährung vermeiden helfen. Da die Verjährung der Gewährleistungsrechte des Unternehmers gegen den Lieferanten nach § 438 II mit der Ablieferung der Sache an den Unternehmer beginnt, könnten nämlich ohne eine Sonderregelung Gewährleistungsansprüche zum Zeitpunkt der Inanspruchnahme des Unternehmers durch den Verbraucher bereits verjährt sein, wenn zwischen Ankauf und Weiterverkauf durch den Unternehmer 2 Jahre verstrichen sind (sog. „Ladenhüter"-Fälle). Aus diesem Grund ordnet § 479 II eine **Ablaufhemmung** an: Die Verjährung endet frühestens zwei Monate nach dem Zeitpunkt der Erfüllung der Ansprüche des Verbrauchers durch den Unternehmer, **spätestens** aber nach Ablauf von **5 Jahren** seit der Ablieferung der Sache beim Unternehmer, s. dazu PdW Schuldrecht II **Fall 71**. 260

[35] S. dazu Begr. BT-Drs. 14/6040, S. 248; zum Vertrag mit Schutzwirkung für Dritte s. AT Rn. 817 ff.

3. Aufwendungsersatzanspruch des Unternehmers (selbständiger Regress, § 478 II)

a) Voraussetzungen

261 Im Gegensatz zu § 478 I stellt § 478 II eine **eigenständige Anspruchsgrundlage** dar. Danach kann der Unternehmer vom Lieferanten Ersatz der **Aufwendungen** verlangen, die er in Erfüllung des Nacherfüllungsanspruchs des Verbrauchers nach § 439 II „zu tragen hatte", sofern es sich um eine neu hergestellte Sache handelte und derselbe Mangel (s. dazu Rn. 258) bereits bei Gefahrübergang auf ihn vorlag. Letzteres wird gem. § 478 III unter den Voraussetzungen des § 476 (s. dazu o. Rn. 242 ff.) ebenso wie beim unselbständigen Regress vermutet, wenn der Sachmangel innerhalb von 6 Monaten nach Gefahrübergang **auf den Verbraucher** aufgetreten ist. Der Anspruch ist **unabhängig vom Vertretenmüssen des Lieferanten**. Die Formulierung „zu tragen hatte" gewährleistet, dass nur solche Aufwendungen zu erstatten sind, zu denen der Unternehmer gegenüber dem Verbraucher rechtlich **verpflichtet** war. Das gilt gleichermaßen für Aufwendungen zur Mängelbeseitigung wie für solche zu einer Nachlieferung. Damit kann der Unternehmer auch die Ausbau- und Wiedereinbaukosten, die er nach der neuesten Rspr. des EuGH im Verhältnis zum Verbraucher zu tragen hat (oben Rn. 132 ff.), auf den Lieferanten abwälzen. Abgesehen davon umfasst der Begriff der „Aufwendungen" aber keine darüber hinausgehende Vergütung des Unternehmers für sein Tätigwerden. Eine solche kann allenfalls im Wege eines (vom Vertretenmüssen abhängigen) **Schadensersatzanspruchs** des Unternehmers gegen den Lieferanten nach §§ 437 Nr. 3, 280 I verlangt werden. Übernimmt der Letztverkäufer aus Kulanz darüber hinaus Kosten, die ihn an sich zur Verweigerung der Nacherfüllung gemäß § 439 III berechtigen würden, so kann er diese nicht nach § 478 II vom Lieferanten ersetzt verlangen.[36]

262 Der Anspruch setzt aber nicht voraus, dass die Nacherfüllung durch den Unternehmer letztlich erfolgreich war. Auch wenn sie schließlich fehlschlägt, kann der Unternehmer vom Lieferanten Ersatz derjenigen Aufwendungen verlangen, die er ex ante für erforderlich halten durfte.[37]

b) Verjährung

263 Im Gleichlauf zu § 438 I Nr. 3 bestimmt § 479 I für die selbständigen Regressansprüche des Unternehmers eine zweijährige Verjährung ab dem Zeitpunkt der Ablieferung der Sache an den Unternehmer. Auch hier verhindert die in § 479 II geregelte Ablaufhemmung innerhalb von 5 Jahren eine vorzeitige Verjährung des Anspruchs (s. dazu Rn. 260).

c) Verhältnis zum unselbständigen Regress

264 Erfüllt der Lieferant den Anspruch aus § 478 II, steht dies einer Erfüllung seiner Nacherfüllungspflicht gegenüber dem Unternehmer gleich, wenn die Nacherfüllung des Unternehmers gegenüber dem Verbraucher erfolgreich war. Der Unternehmer kann dann gegenüber dem Lieferanten nicht mehr nach §§ 437, 478 I zurücktreten,

[36] Begr. BT-Drs. 14/6040, S. 249.

[37] Zu den Einzelheiten s. MünchKomm/*S. Lorenz*, § 478 Rn. 31.

mindern oder Schadensersatz statt der Leistung bzw. Aufwendungsersatz nach § 284 verlangen. Der Unternehmer ist jedoch nicht verpflichtet, den Anspruch aus § 478 II geltend zu machen. Auch wenn er gegenüber dem Verbraucher Nacherfüllung im Wege der Nachlieferung erbracht hat, kann er anstelle des Anspruchs aus § 478 II nach §§ 437 Nr. 2, 323, 478 I ohne Fristsetzungserfordernis zurücktreten oder den Kaufpreis mindern.

4. Wirtschaftlich zwingender Charakter der Regressregelungen (§ 478 IV)

Die (selbständigen und unselbständigen) Regressansprüche gehen auf ein Vertrags- 265
verhältnis zwischen Unternehmern zurück. Auf beiden Seiten des Vertrags stehen sich hier typischerweise geschäftskundige Kontrahenten ohne „Machtgefälle" gegenüber, so dass es – anders als bei den sonstigen Regelungen des Verbrauchsgüterkaufs – nicht der zwingenden Ausgestaltung der Haftung bedürfte. Dennoch ist aber nach § 478 IV eine vor Mitteilung des Mangels vereinbarte vertragliche Haftungsbeschränkung bzw. Erleichterung der Verjährung unwirksam, „wenn dem Rückgriffsgläubiger kein gleichwertiger Ausgleich eingeräumt wird".

Durch die Synchronisierung mit der im Verhältnis Unternehmer/Verbraucher geltenden Vorschrift des § 475 will der Gesetzgeber erreichen, dass dem Unternehmer gegenüber dem Lieferanten potentiell die gleichen Rechte zustehen, welche dem Verbraucher im Verhältnis zum Unternehmer zustehen.[38] Der Lieferant soll also im wirtschaftlichen Endergebnis die Haftung gegenüber dem Unternehmer grundsätzlich nur insoweit begrenzen dürfen, wie sie der Unternehmer seinerseits beim Weiterverkauf gegenüber dem Verbraucher begrenzen kann. Der Gesetzgeber hatte hier das Bild des „meist schwächeren" Einzelhändlers gegen den (vermeintlich) übermächtigen Lieferanten vor sich.[39] Das ist angesichts der Marktmacht der großen Einzelhandelsketten höchst fragwürdig. Durch das Erfordernis eines „gleichwertigen Ausgleichs" werden die Regressvorschriften de facto, d. h. im **wirtschaftlichen Endergebnis zwingendes Recht**. Diese (von der VerbGKRl. nicht vorgeschriebene) Einschränkung der Privatautonomie im unternehmerischen Rechtsverkehr ist nicht zu Unrecht Gegenstand vehementer rechtspolitischer Kritik und noch mehr als § 475 auch verfassungsrechtlichen Bedenken ausgesetzt.[40] Ebenso wie § 475 (s. o. Rn. 237 f.) gilt sie vorbehaltlich einer AGB-Prüfung nach § 307 nicht für Schadensersatzansprüche.

Unklar ist, wann ein vertraglicher Ausgleich „gleichwertig" ist. Der Gesetzgeber hat 266
dies bewusst nicht näher präzisiert, „um der Vielgestaltigkeit der Vertragsbeziehungen Rechnung zu tragen".[41] In der Praxis ist insbesondere an Verrechnungsvereinbarungen, Warengutschriften oder auch pauschale Abrechnungssysteme wie etwa pauschale Mehrlieferungen zu denken, bei welchen zwar Einzelansprüche des Händlers ausgeschlossen werden, die aber insgesamt auch „den berechtigten Interessen des Handels Rechnung tragen".[42] Dabei wird eine „**kalkulatorische Gleichwertigkeit**

[38] Beschlussempfehlung des Rechtsausschusses BT-Drs. 14/7052, S. 199.
[39] Begr. BT-Drs. 14/6040, S. 249.
[40] S. dazu die Nachweise. bei MünchKomm/*S. Lorenz*, § 478 Rn. 38.
[41] Begr. BT-Drs. 14/6040, S. 249.
[42] Begr. BT-Drs. 14/6040, S. 249.

267 **Unternehmerregress beim Verbrauchsgüterkauf nach §§ 478, 479**

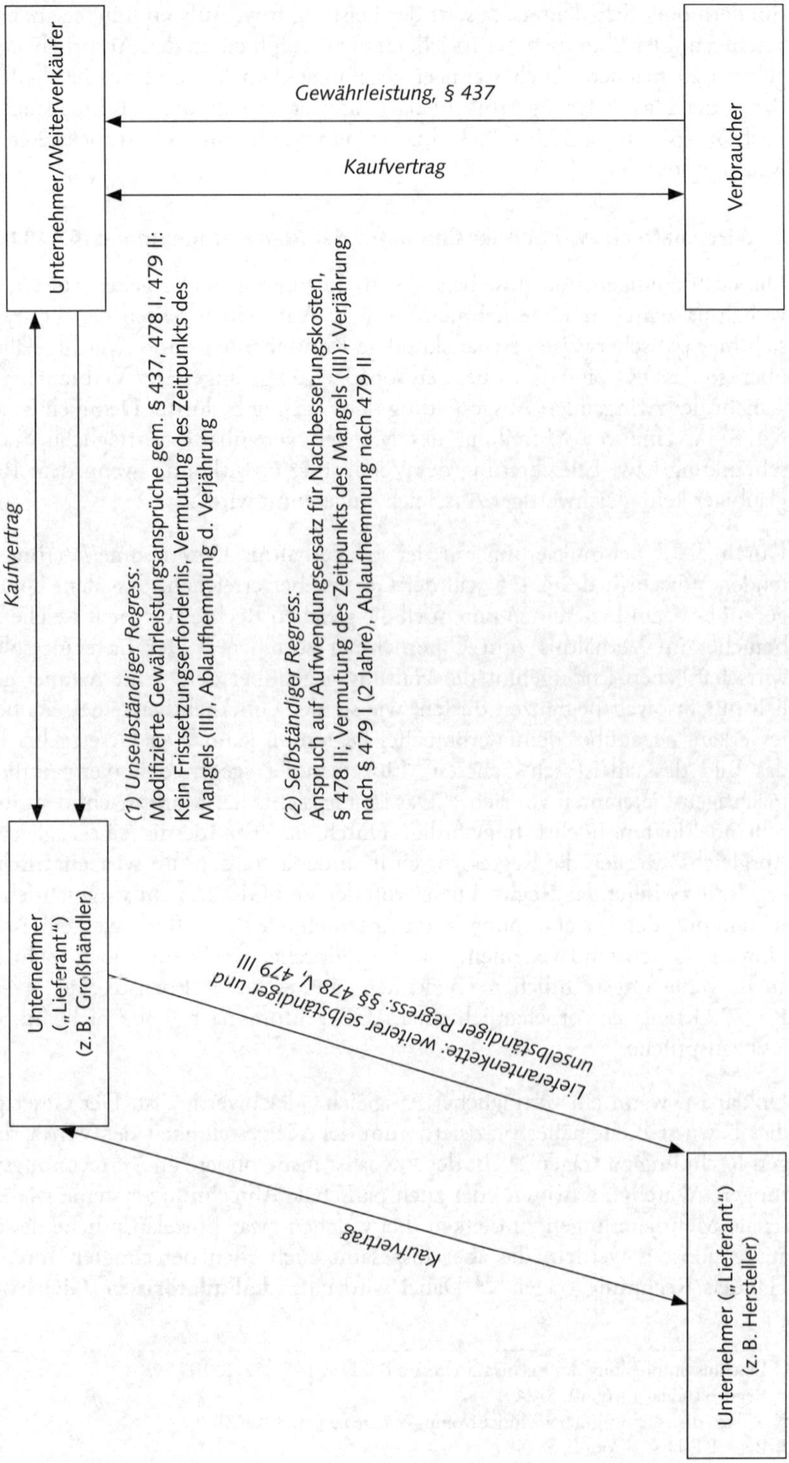

***ex ante*"** ausreichend sein, d. h. es ist nicht erforderlich, dass ein pauschales Abrechnungssystem jeden tatsächlichen Gewährleistungsfall erfasst.[43]

§ 82. Konkurrenzen

Literatur: S. die Nachweise zu § 76 sowie *Grigoleit*, Weiterfresserschäden und Mangelfolgeschäden nach der Schuldrechtsreform: Der mangelhafte Traktor, ZGS 2002, 78; *Häublein*, Der Beschaffenheitsbegriff und seine Bedeutung für das Verhältnis der Haftung aus culpa in contrahendo zum Kaufrecht, NJW 2003, 388; *P. Huber*, Die Konkurrenz von Irrtumsanfechtung und Sachmängelhaftung im neuen Schuldrecht, FS Hadding, 2004, 105; *Köster*, Konkurrenzprobleme im neuen Kaufmängelrecht, Jura 2005, 145; *S. Lorenz*, Aliud, peius und indebitum im neuen Kaufrecht, JuS 2003, 36; *Mertens*, Culpa in contrahendo beim zustande gekommenen Kaufvertrag nach der Schuldrechtsreform, AcP 203 (2003), 818 ff.; *G. Müller*, Abschied von der Haftung des Verkäufers aus culpa in contrahendo oder Wiedergeburt, FS Hadding, 2004, S. 199; *Schur*, Eigenschaftsirrtum und Neuregelung des Kaufrechts, AcP 204 (2004) 883; *Tettinger*, Wer frißt wen? Weiterfresser vs. Nacherfüllung, JZ 2006, 641.

I. Ausgangspunkt und Problemstellung

Im Schuldrecht herrscht grundsätzlich **Anspruchsnormenkonkurrenz**: Erfüllt ein Sachverhalt die Tatbestandsvoraussetzungen verschiedener Vorschriften, kann der Gläubiger seinen Anspruch auf jede dieser Normen stützen (s. dazu AT Rn. 407). Das Kaufrecht enthält aber, wie in den vorherigen Abschnitten dargelegt, ein differenziertes Haftungssystem. Deshalb ist zu klären, ob dieses durch konkurrierende Rechtsbehelfe in Frage gestellt werden darf. Die Anwendung außerkaufrechtlicher Rechtsbehelfe wie etwa Irrtums-, Täuschungs- und Drohungsanfechtung (§§ 119 ff.), die Haftung für *culpa in contrahendo* (§§ 280 I, 311 II, 241 II) oder das Deliktsrecht (§§ 823 ff.) könnte nämlich spezielle Schranken des Kaufrechts wie etwa Fristsetzungserfordernisse, Verjährungsregelungen oder gesetzliche Haftungsbeschränkungen umgehen. 268

II. Gewährleistung und Anfechtung wegen Willensmängeln

1. Inhalts- und Erklärungsirrtum (§ 119 I), arglistige Täuschung und rechtswidrige Drohung (§ 123)

Die Anfechtung wegen **Inhalts**- und **Erklärungsirrtums** nach § 119 I ist stets unabhängig vom Bestehen gewährleistungsrechtlicher Rechtsbehelfe zulässig, da die Fehlerquelle hier allein im rechtsgeschäftlichen Konsens und nicht im Vorliegen eines Mangels des Kaufgegenstandes liegt: Die für § 119 I relevanten Fehlleistungen des Erklärenden (Versprechen/Verschreiben bzw. die Fehlvorstellung über die Bedeutung des gewählten Erklärungszeichens) haben ja nichts mit dem Sachmangel zu tun. Gleiches gilt für die **Täuschungs**- und **Drohungsanfechtung**. Zwar kann es – etwa bei der arglistigen Täuschung über das Vorliegen eines Sachmangels – durchaus einen Deckungsbereich zum Gewährleistungsrecht geben, jedoch ist der arglistig täuschende oder rechtswidrig drohende Verkäufer in keiner Weise schützenswert.[1] Der 269

[43] *K. Schmidt*, in: Dauner-Lieb/Konzen/K. Schmidt, Das neue Kaufrecht in der Praxis, 2003, S. 427, 443.

[1] Ganz h. M., s. nur BGHZ 168, 64; *Looschelders*, BT, Rn. 177 m. w. N.

arglistig getäuschte Käufer kann also den Kaufvertrag unabhängig vom Bestehen eines Rücktrittsrechts, insbesondere ohne ein (nach § 440 S. 1 Var. 3 dann i. d. R. ohnehin nicht bestehendes) Fristsetzungserfordernis, in der Frist des § 124 anfechten, selbst wenn sein Rücktrittsrecht bereits nach §§ 438 IV, 218 an der Verjährung scheitern würde, s. dazu PdW Schuldrecht II **Fall 72.**[2]

2. Eigenschaftsirrtum (§ 119 II)

a) Anfechtung durch den Verkäufer

270 Ist dem Verkäufer die Mangelhaftigkeit des Kaufgegenstandes nicht bekannt, liegt, da sich die Begriffe der „Beschaffenheit" und der „verkehrswesentlichen Eigenschaft" weitgehend decken (o. Rn. 74), nicht selten zugleich ein Eigenschaftsirrtum nach § 119 II vor. Dieser würde u. U. den **Verkäufer** zur Anfechtung des Vertrages berechtigen. Damit könnte sich dieser infolge der mit einer Anfechtung verbundenen *ex tunc*-Vernichtung des Kaufvertrags (§ 142 I) der Gewährleistungshaftung entziehen. Ist dies der Fall, ist ihm eine Anfechtung verwehrt.[3] Dogmatisch handelt es sich hierbei aber genau genommen nicht um ein Konkurrenzproblem (weil dem Verkäufer nie Gewährleistungsansprüche zustehen), sondern um einen Fall des **Rechtsmissbrauchs.**[4] Dies erlaubt eine flexiblere Handhabung des Problems. Irrt der Verkäufer über eine Beschaffenheit, die keinen Sachmangel darstellt oder beabsichtigt der Käufer im konkreten Fall gar nicht, Gewährleistungsansprüche geltend zu machen, bleibt die Verkäuferanfechtung möglich. Maßgeblich ist also, ob sich der Verkäufer **im konkreten Einzelfall** durch die Anfechtung Gewährleistungsansprüchen des Käufers entziehen würde.

Beispiel (s. *BGH* NJW 1988, 2597 ff. sowie PdW Schuldrecht II **Fall 73**): Sammler V verkauft dem K ein Gemälde „Bildnis eines jungen Mannes", das laut Expertise von *Frank Duveneck* stammt. Kurze Zeit später stellt sich heraus, dass das Bild tatsächlich von *Wilhelm Leibl* stammt. K möchte das Bild dennoch gerne behalten. V, der das Bild gerne zurückhaben will, ficht den Vertrag wegen Eigenschaftsirrtums nach § 119 II an: Unabhängig von der Frage, ob die Tatsache, dass das Gemälde von *Leibl* stammt einen Sachmangel darstellt, ist hier die Anfechtung möglich: Einen Rechtsbehelf, den der Käufer nicht geltend zu machen gedenkt, kann der Verkäufer nicht treuwidrig vereiteln (so BGH a.a. O.).

b) Anfechtung durch den Käufer

271 Nach ganz h. M. in Rspr. und Lehre gehen die Vorschriften über die kaufrechtliche Sachmängelgewährleistung der Anfechtung des Käufers nach § 119 II im Konkurrenzwege vor, sofern sich der Irrtum des Käufers auf eine Eigenschaft bezieht, die zugleich eine (mögliche) Beschaffenheit i. S. v. § 434 darstellt.[5] Gestattete man nämlich dem Käufer die Anfechtung nach § 119 II wegen eines Irrtums über die Mangelfreiheit der Sache, könnte er sich unabhängig vom Ablauf der Verjährungsfrist des § 438 und auch im Falle grob fahrlässiger Unkenntnis (§ 442) oder eines (wirksamen) Ge-

---

[2] Zur Privilegierung des arglistig getäuschten Käufers im Rahmen des Gewährleistungsrechts s. bei Rn. 153 (Entbehrlichkeit der Fristsetzung), Rn. 156 (Erheblichkeit der Pflichtverletzung nach § 323 V 2), Rn. 193 (Unwirksamkeit des Gewährleistungsausschlusses) und Rn. 221 (Verjährung).

[3] Vgl. nur *BGH* NJW 1988, 2597 ff. und dazu *Köhler/Fritzsche*, JuS 1990, 16 ff.

[4] *BGH* NJW 1988, 2597 ff.

[5] Grundlegend bereits RGZ 61, 171 ff. (175 ff.); aus der Rspr. des BGH s. *BGH* NJW 1975, 970 („Jawlensky-Fall"); NJW 1979, 160 („Mercedes-Fall"); BGHZ 78, 216 („Mähdrescher-Fall"). Aus der Literatur s. nur die Nachweise bei Bamberger/Roth/*Faust* § 437 Rn. 177.

währleistungsausschlusses vom Vertrag lösen, wenn er nur die erst mit Kenntnis des Irrtums beginnende Anfechtungsfrist des § 121 wahrt. Auch könnte er das „Recht" des Verkäufers zur „zweiten Andienung", d. h. die Möglichkeit der Nacherfüllung vereiteln.[6] Richtigerweise gilt dies bereits vor Gefahrübergang[7] und gleichermaßen für Rechts- und Sachmängelhaftung. Das Gewährleistungsrecht regelt also als abgeschlossene Spezialmaterie nicht nur, wann der Verkäufer haftet, **sondern auch, wann er nicht haftet**. Deshalb kommt es auch nicht darauf an, ob die Eigenschaft, über die der Käufer geirrt hat, im konkreten Fall einen Sachmangel begründet, weil sie vereinbart wurde. Ausreichend ist vielmehr, dass die betreffende Eigenschaft Gegenstand einer **Beschaffenheitsvereinbarung** hätte sein können: Wer auf eine bestimmte Beschaffenheit Wert legt, die noch nicht im Rahmen des objektiven Fehlerbegriffs relevant ist, muss sie eben vereinbaren und hat bei Abweichungen die Rechtsbehelfe aus § 437. Unterlässt er dies oder gelingt ihm dies nicht, kann er seine einseitige Vorstellung über bestimmte Beschaffenheiten nicht zum Anlass nehmen, sich im Wege der Irrtumsanfechtung vom Vertrag zu lösen, weil ihm ein Rücktrittsrecht nicht zusteht. S. zum Ganzen PdW Schuldrecht II **Fall 72**.

Eine in der Lit. vertretene **Gegenansicht**[8] lässt hingegen die Käuferanfechtung nach § 119 II uneingeschränkt neben der Gewährleistung zu. Sie macht geltend, dass es sich um zwei selbstständige, nebeneinander stehende und in sich ausgewogene Sanktionensysteme handele. Insbesondere sei die Anfechtung nach § 119 II mit zahlreichen Rechtsnachteilen für den Käufer verbunden, so dass von einer einseitigen Begünstigung des Käufers keine Rede sein könne: Der Käufer habe den Vertrauensschaden zu ersetzen (§ 122), verliere mit der Anfechtung die Möglichkeit, vertragliche Ansprüche etwa auf Minderung oder Schadensersatz geltend zu machen und trage bei der Rückabwicklung das Risiko des zufälligen Untergangs der Sache auf Grund der bereicherungsrechtlichen Saldotheorie (dazu Rn. 1184 ff.).

III. Gewährleistung und Fehlen der Geschäftsgrundlage (§ 313)

Aus ganz ähnlichen Gründen wie eine Anfechtung nach § 119 II ist im Anwendungs- 271a
bereich des Gewährleistungsrechts auch eine Berufung auf das Fehlen (oder den Wegfall) der Geschäftsgrundlage nach § 313 (s. dazu AT Rn. 528 ff.) ausgeschlossen. Könnten sich Käufer oder Verkäufer nämlich unter Hinweis auf die von ihnen angenommene Mangelfreiheit der Sache auf § 313 berufen und Anpassung des Vertrages verlangen oder gar von ihm zurücktreten, würde die Risikoverteilung des Gewährleistungsrechts ebenso unterlaufen wie im Falle einer Anfechtung nach § 119 II. Das gilt auch und gerade dann, wenn die Voraussetzungen einer Mängelhaftung (z. B. wegen eines vereinbarten Haftungsausschlusses) im Einzelfall nicht vorliegen.[9] Anwendbar bleibt § 313 aber für solche Umstände, die – ohne zugleich einen Sachmangel zu begründen – Geschäftsgrundlage des Vertrages darstellen.[10]

[6] So auch Begr. BT-Drs. 14/6040, S. 210.

[7] A. A. *Brox/Walker*, BT, § 4 Rn. 134; MünchKomm/*Westermann*, § 437 Rn. 53; Palandt/*Weidenkaff*, § 437 Rn. 53; *Looschelders*, BT, Rn. 174, der dann allerdings § 442 im Rahmen der Irrtumsanfechtung analog anwenden will; wie hier Jauernig/*Berger* § 437 Rn. 32; Staudinger/*Matusche-Beckmann*, § 437 Rn. 27; offengelassen in Begr. BT-Drs. 14/6040, S. 210.

[8] Bamberger/Roth/*Faust*, § 437 Rn. 182 m. w. N.

[9] *BGH*, Urt. v. 30.9. 2011 – V ZR 17/11 Tz. 12.

[10] Etwa von einem Sachmangel unabhängige gemeinsame Vorstellungen über das Äquivalenzverhältnis von Leistung und Gegenleistung, s. *BGH* a.a. O. Tz. 13.

IV. Gewährleistung und Haftung aus culpa in contrahendo (§§ 280 I, 311 II, 241 II)

272 Vor Vertragsschluss hat der Verkäufer aus dem Schuldverhältnis der Vertragsanbahnung aus §§ 311 II, 241 II Wahrheits- und Aufklärungspflichten. Sofern sich diese Pflichten auf Umstände beziehen, die zugleich einen Sach- oder Rechtsmangel darstellen (z. B. der Verkäufer verschweigt **fahrlässig** das Vorliegen eines Aufklärungspflichtigen Mangels oder macht **fahrlässig** positive Falschangaben über Beschaffenheiten der Kaufsache), könnte der Käufer durch einen auf Vertragsaufhebung oder Reduzierung des Kaufpreises gerichteten Schadensersatzanspruch aus §§ 280 I, 311 II, 241 II (culpa in contrahendo – c.i.c.)[11] die besonderen Voraussetzungen und Schranken des Gewährleistungsrechts ebenfalls unterlaufen. Ansprüche wegen fahrlässiger Verletzung von vorvertraglichen Beratungspflichten sind daher nach zutreffender h. M. vom Gewährleistungsrecht verdrängt, wenn sie sich auf (mögliche) Beschaffenheiten der Kaufsache beziehen.[12] Beziehen sie sich auf Umstände, die nicht Gegenstand einer Beschaffenheitsvereinbarung sein können, ist die Geltendmachung solcher Ansprüche möglich.[13] Allerdings bleibt hierfür angesichts des **weiten Beschaffenheitsbegriffs** (o. Rn. 76) wenig Raum.[14] Nicht verdrängt werden aber Ansprüche aus c.i.c. gegen Dritte wie etwa einen Abschlussvertreter, der besonderes persönliches Vertrauen in Anspruch nimmt (§ 311 III), da gegenüber diesen ohnehin keine Gewährleistungsansprüche bestehen.[15] Die gegen den Dritten bestehenden Ansprüche aus c.i.c. können aber nach zweifelhafter Ansicht des BGH nicht weiter gehen als die gewährleistungsrechtlichen Ansprüche gegen den Verkäufer selbst.[16]

Beispiel (*BGH* NJW 1991, 1673): V verkauft dem K eine Doppelhaushälfte und verschweigt dabei fahrlässig, dass die Nachbarn seit Jahren die Nachtruhe durch absichtliches, böswilliges Lärmen die Wohnqualität erheblich stören: Diese Tatsache stellt keine „Beschaffenheit" des Hauses i. S. v. § 434 dar (s. dazu Rn. 74). V haftet daher aus §§ 280 I, 311 II, 241 II auf Schadensersatz. K kann nach § 249 I Auflösung des Vertrages oder Anpassung des Kaufpreises verlangen. Wäre Ursache der Einschränkung der mangelnde Schallschutz des Hauses, läge eine Beschaffenheit vor und Ansprüche wegen fahrlässiger c.i.c. wären durch das Gewährleistungsrecht verdrängt.

273 Ansprüche wegen vorsätzlicher *c.i.c.* werden durch das Gewährleistungsrecht mangels Schutzwürdigkeit des Verkäufers nicht verdrängt.[17] Sie unterliegen dann auch nicht (analog) § 438 der kurzen kaufrechtlichen Verjährung, sondern der Regelverjährung des § 195.[18]

---

[11] Zu diesen möglichen Rechtsfolgen einer Haftung aus c.i.c. s. AT Rn. 618.

[12] BGHZ 180, 205 = JuS 2009, 757 (*Faust*); *BGH* NJW 2010, 858; BeckRS 2010, 30815; *Looschelders*, BT, Rn. 178; grundsätzlich auch *Canaris*, Karlsruher Forum 2002, 2003, S. 5, 87 ff., der aber die Haftung aus c. i. c. dann nicht ausschließt, wenn die betr. Beschaffenheit im konkreten Fall nicht vereinbart wurde, dann jedoch für die Verjährung § 438 analog anwenden will; wie hier aber *BGH* BeckRS 2010, 30815.

[13] S. z. B. *OLG Hamm* NJW-RR 2003, 1360: Eigenschaft eines Neuwagens als Re-Importfahrzeug; offen gelassen in *BGH* NJW 2010, 858 (Herkunft eines Gebrauchtwagens von einem „fliegenden Zwischenhändler").

[14] Zu dem bei *Looschelders*, BT, Rn. 178 als Beispiel zitierten „Wäscherei-Fall" *BGH* NJW 1989, 2051 s. o. Rn. 76.

[15] *BGH* NJW 2010, 858.

[16] *BGH* JuS 2011, 457 (*Faust*).

[17] BGHZ 180, 205 Tz. 19; = JuS 2009, 757 (*Faust*); *BGH* NJW 2010, 858 Tz. 20; a. A. *Looschelders*, BT, Rn. 179; *Schulze/Ebers*, JuS 2004, 462, 463 m. w. N.

[18] *BGH* NJW 2010, 858 Tz. 22.

Eine in der Literatur vertretene **Gegenmeinung**[19] will die Haftung wegen vorvertraglicher Aufklärungspflichtverletzung hingegen uneingeschränkt, d. h. auch im Falle bloßer Fahrlässigkeit neben den §§ 434 ff. zulassen. Sie begründet dies zum einen mit den unterschiedlichen Haftungsvoraussetzungen (hier: Haftung für vorvertragliches Verschulden, dort: vertragliche Haftung ohne Verschulden), zum anderen mit der Verschiedenartigkeit der Schutzzwecke beider Rechtsinstitute (hier: Schutz enttäuschten Vertrauens, dort: Schutz des Äquivalenzinteresses). 274

Beispiel (PdW Schuldrecht II **Fall 74**): V verkauft an K ein „Seegrundstück". Tatsächlich ist dieses aber lediglich mit einem hinzugemieteten Uferstreifen von ein und derselben Hecke eingefriedet, so dass äußerlich der Eindruck eines Seegrundstücks entsteht, was V fahrlässig entgangen war. K verlangt 2½ Jahre nach der Übergabe des Grundstücks Rückzahlung des Kaufpreises: V beruft sich auf Verjährung. Hier wäre ein Rücktritt nach §§ 438 IV, 218 I unwirksam. Eine Anfechtung nach § 123 I mit der Folge eines Rückzahlungsanspruches aus § 812 I S. 1 Alt. 1 scheidet aus, da V nicht arglistig gehandelt hat. Eine **Anfechtung nach § 119 II** entfällt wegen des Vorrangs der §§ 434 ff. (o. Rn. 271). Die Haftung wegen fahrlässiger Verletzung einer vorvertraglichen Hinweispflicht aus §§ 280 I, 311 II, 241 II scheidet nach zutr. h. M. ebenfalls aus, da sich die fahrlässig unterlassenen Angaben auf eine Beschaffenheit der Kaufsache bezogen, deren Fehlen einen Sachmangel i. S. des § 434 begründet. V kann sich damit erfolgreich auf Verjährung berufen.

Ein Vorrang des Gewährleistungsrechts besteht aber dann nicht, wenn der Verkäufer nicht lediglich eine (sog. unselbständige) vorvertragliche Aufklärungspflicht aus der Anbahnung des Kaufvertrags verletzt, sondern neben der Vertragsanbahnung ein vom intendierten Kaufverhältnis zu unterscheidender, ggf. konkludent geschlossener, sog. **selbständiger Beratungsvertrag** besteht. Dann handelt es sich aber nicht um Schadensersatz wegen Verletzung einer vorvertraglichen Aufklärungs- oder Hinweispflicht, sondern um Schadensersatz aufgrund einer **Pflichtverletzung (§ 280 I) aus einem Beratungsvertrag**. 275

Beispiel (*BGH* NJW 1997, 3227; 1999, 3192; PdW Schuldrecht II **Fall 75**): K, ein Hersteller von Gartenmöbeln aus Tropenholz, möchte von V Lacke zur Herstellung von witterungsbeständigen Gartenmöbeln beziehen. Er gibt V daher eine Probe des verwendeten Tropenholzes, damit dieser ihn über die zu verwendende Lacksorte berät. V rät zu einem bestimmten Klarlack, den K daraufhin von V bezieht. 2½ Jahre nach Lieferung des Lacks stellt sich heraus, dass die damit von K behandelten Gartenmöbel nicht witterungsbeständig sind. K muss daher an seine Abnehmer verkaufte Gartenmöbel zurücknehmen. Daraufhin verlangt er von V, der sich u. a. auf Verjährung beruft, Schadensersatz für den entgangenen Gewinn: Hier sind **Gewährleistungsansprüche** nach § 438 I Nr. 3 verjährt. Ein Anspruch aus fahrlässiger vorvertraglicher Aufklärungspflichtverletzung ist durch die §§ 434 ff. verdrängt, da sich die verletzte Aufklärungspflicht auf eine vereinbarte „Beschaffenheit" i. S. v. § 434 I bezog. Da V jedoch eine über die normale Verkäuferberatung deutlich hinausgehende besondere Beratungspflicht übernommen hat, bestand neben dem Kaufvertrag ein von diesem zu unterscheidender Beratungsvertrag, für dessen Schlechterfüllung V nach § 280 I haftet. Dieser Anspruch ist – auch und gerade in Bezug auf die Verjährung – unabhängig von den §§ 434 ff. zu beurteilen. Vorliegend ist das Zustandekommen eines solchen Beratungsvertrages zu bejahen, da zunächst nur ein loser Zusammenhang der Beratungstätigkeit mit einem noch nicht konkret ins Auge gefassten Kaufvertrag bestand (s. zu diesen Kriterien im Einzelnen *BGH* a.a. O.). Da V die Vermutung des Vertretenmüssens (§ 280 I 2) nicht widerlegen kann, haftet er nach § 280 I wegen Schlechterfüllung eines Beratungsvertrages. Der Anspruch ist noch nicht verjährt (§§ 195, 199 I).

[19] *Medicus,* JuS 1998, 289, 292; *Flume,* AcP 193, 89, 113 f. m. w. N.; *Häublein,* NJW 2003, 388; Bamberger/Roth/*Faust,* § 437 Rn. 190; *Faust,* JuS 2009, 757 m. w. N.

V. Gewährleistung und Bereicherungsrecht (§§ 812 ff.)

276 Ein Berührungspunkt zwischen Gewährleistungsrecht und Leistungskondiktion (§ 812 I 1 Alt. 1, dazu u. Rn. 1125 ff.) ergibt sich durch die Gleichstellung von *aliud* und Sachmangel in § 434 III. Diese Gleichstellung ändert nämlich nichts daran, dass der ein *aliud* liefernde Verkäufer etwas nicht Geschuldetes leistet und es daher grundsätzlich nach § 812 I 1 Alt. 1 zurückfordern kann: Die Tatsache, dass § 434 III das *aliud* dem Sachmangel gleichstellt, schafft nämlich keinen Rechtsgrund i. S. v. § 812 I 1 Alt. 1. Ausgeschlossen ist eine Kondiktion nach § 814 nur im Falle einer bewussten *aliud*-Lieferung.

277 Da der Verkäufer selbst nie Gewährleistungsansprüche hat, handelt es sich ebenso wie bei der Frage der Verkäuferanfechtung nach § 119 II (s. Rn. 270) dogmatisch auch hier nicht um ein Konkurrenzproblem, sondern um eine Frage des **Rechtsmissbrauchs**. Maßgeblich ist, ob und inwieweit sich der Verkäufer durch eine Kondiktion (bereicherungsrechtliche Rückforderung) des gelieferten *aliud* Gewährleistungsansprüchen des Käufers entzieht oder sonst dessen Rechtsposition beeinträchtigt.[20]

278 Liefert der Verkäufer versehentlich ein wertvolleres *aliud*, entzieht er sich durch eine Kondiktion des Geleisteten nicht solchen Gewährleistungsregelungen, weil der Käufer dann weder mindern noch Schadensersatz verlangen kann. Die Rückforderung ist dann nicht rechtsmissbräuchlich, wenn der Verkäufer zugleich die geschuldete Leistung anbietet.[21] Auch § 241a steht dem nach seiner Zwecksetzung nicht entgegen,[22] jedenfalls aber müsste § 241a II entsprechend angewendet werden.[23]

Beispiel: V liefert statt des geschuldeten Möbelstücks ein anderes, höherwertiges Möbelstück. Er kann es nach § 812 I 1 Alt. 1 zurückfordern, wenn er zugleich das wirklich geschuldete Möbelstück anbietet (s. auch PdW Schuldrecht II **Fall 25**).

Bestehen im Falle eines minderwertigen *aliud* Gewährleistungsansprüche des Käufers und beabsichtigt dieser, solche geltend zu machen, hat der Käufer im Regelfall zunächst nur einen Anspruch auf Nacherfüllung (§ 439). Da die Nacherfüllung in diesem Fall i. d. R. ohnehin nur in Form der Neulieferung gegen Rückgabe des *aliud* möglich ist (§ 439 I, IV; dazu o. Rn. 131), entzieht sich der Verkäufer nicht der Gewährleistung, wenn er vor Ablauf einer solchen Frist das Geleistete zurückfordert und zugleich die geschuldete Leistung anbietet. Er realisiert so lediglich sein „Recht zur zweiten Andienung". Eine isolierte Kondiktion ohne gleichzeitiges Anbieten der geschuldeten Leistung wäre hingegen rechtsmissbräuchlich, weil dem Käufer damit die Möglichkeit der Fristsetzung mit dem Ziel der Minderung genommen würde. Mit Ablauf der Nacherfüllungsfrist kann zwar der Käufer weiter Nacherfüllung verlangen, jedoch verliert der Verkäufer die Möglichkeit zur zweiten Andienung, weil der Käufer nun unmittelbar zwischen den Rechtsbehelfen des § 437 wählen kann. Eine Rückforderung seitens des Verkäufers ist dann ausgeschlossen, weil dieser sich der Gewährleistung entziehen könnte. Gleiches gilt, wenn die Nachfristsetzung aus

[20] S. dazu *S. Lorenz*, JuS 2003, 36, 39.

[21] *S. Lorenz*, JuS 2003, 36, 38, 39 f.; ebenso *Lettl*, JuS 2002, 866, 869; *Looschelders*, BT, Rn. 74; im Ergebnis ebenso (nach Anfechtung der Tilgungsbestimmung) *Thier*, AcP 203 (2003), 399, 422 f.; Bamberger/Roth/*Faust*, § 437 Rn. 206.

[22] *S. Lorenz*, JuS 2003, 36, 40.

[23] So etwa *Looschelders*, BT, Rn. 75 m. w. N.

anderen Gründen (§§ 323 II, 440) entbehrlich ist, der Käufer also ebenfalls unmittelbar zwischen den Rechtsbehelfen des Gewährleistungsrechts wählen kann.

Beispiel (Abwandlung des Beispiels von Rn. 270): Sammler V verkauft dem K ein Gemälde von *Frank Duveneck,* liefert aber irrtümlich ein anderes Gemälde, das aus der Hand von *Wilhelm Leibl* stammt und auf dem Markt möglicherweise billiger gehandelt wird. K möchte das Gemälde gerne behalten, u. U. aber den Kaufpreis mindern: V kann das Gemälde unabhängig von der Frage, ob es sich um ein höherwertiges oder minderwertiges aliud handelt, nach § 812 I 1 Alt. 1 herausverlangen, wenn er im Gegenzug die Lieferung des Gemäldes von *Duveneck* anbietet. Da K ohne fruchtlose Setzung einer Frist zur Lieferung des Gemäldes von *Duveneck* gegen Rückgabe des Gemäldes von *Leibl* keine über die Nacherfüllung hinausgehenden Rechte hat, liegt Rechtsmissbrauch seitens des V nicht vor.

VI. Gewährleistung und Deliktshaftung (§§ 823 ff.)

1. Grundsatz

Vertragliche und deliktische Ansprüche können grundsätzlich nebeneinander geltend 279 gemacht werden. Wird etwa der Käufer durch die Mangelhaftigkeit der Kaufsache an einem durch § 823 I geschützten Rechtsgut verletzt, kann er unabhängig von den Voraussetzungen und Schranken des Gewährleistungsrechts Schadensersatz aus § 823 I verlangen. Hierfür gilt die Regelverjährung nach §§ 195, 199.[24]

Beispiel (nach BGHZ 67, 359; PdW Schuldrecht II **Fall 76**): V ist Hersteller von industriellen Reinigungsanlagen. K kauft eine solche Anlage. 2 ½ Jahre nach Auslieferung überhitzt die Anlage wegen eines von V verschuldeten Fabrikationsfehlers (Einbau eines defekten Schwimmerschalters) und gerät in Brand. Dabei werden die Warenvorräte des K vernichtet. V beruft sich auf Verjährung: Ansprüche des K aus §§ 437 Nr. 2, 280 I (Schadensersatz neben der Leistung, sog. Mangelfolgeschaden, s. dazu Rn. 66) sind verjährt (s. dazu Rn. 211). K hat aber in Bezug auf die zerstörten Warenvorräte einen Anspruch aus § 823 I wegen einer Verletzung seines Eigentums. Dieser Anspruch verjährt gem. § 195 in drei Jahren mit dem Verjährungsbeginn nach § 199 I und ist daher noch nicht verjährt.

2. Der „weiterfressende Mangel"

Eine hiervon zu unterscheidende Frage ist aber, wann eine Verletzung eines durch 280 § 823 I geschützten Rechtsguts vorliegt. Probleme bereitet dabei die Frage, ob und unter welchen Voraussetzungen Schäden, die an der Kaufsache selbst entstehen, eine **Eigentumsverletzung** darstellen. Eine solche setzt voraus, dass vorhandenes Eigentum des Käufers verletzt wird. Damit ist im Ausgangspunkt klar, dass allein die Lieferung einer mangelhaften Sache noch keine Verletzung von Käufereigentum darstellt: Es wird ja nicht vorhandenes Eigentum beschädigt, sondern minderwertiges Eigentum verschafft. Damit liegt keine Verletzung des durch § 823 allein geschützten **Integritätsinteresses**, sondern des **Äquivalenzinteresses**, d. h. der berechtigten Leistungserwartung aus dem Kaufvertrag vor. Dieses wird durch das Deliktsrecht nicht geschützt.[25] Nur ganz ausnahmsweise kann sich aus § 823 I (oder aus dem ProdHaftG, dazu unten Rn. 348 ff.) eine deliktische Pflicht des Verkäufers (und/oder des Herstellers) zur Mängelbeseitigung ergeben. Das setzt aber voraus, dass **alleine** durch eine Mängelbeseitigung Schädigungen an den in § 823 I geschützten Rechtsgütern des Käufers (oder Dritter) abgewehrt werden können. Ist der Schadenseintritt durch

[24] *Looschelders*, BT, Rn. 180; *Schulze/Ebers*, JuS 2004, 462, 465 m. w. N.; a. A. *Mansel*, NJW 2002, 89, 95.

[25] S. etwa BGHZ 179, 157 Tz. 12, 19.

ein mangelhaftes Produkt aber schon dadurch ohne weiteren Aufwand vermeidbar, dass der umfassend über die Gefährdung informierte Käufer auf die Benutzung der gefährlichen Sache verzichtet, kommt ein solcher deliktischer Anspruch nicht in Betracht (s. dazu u. Rn. 347).[26]

281 Insbesondere unter dem Eindruck der kurzen sechsmonatigen Verjährungsfrist des früheren Kaufrechts hat die Rechtsprechung deshalb die Kunstfigur des sog. „**weiterfressenden Mangels**" entwickelt: Wenn ein funktionell begrenztes Teil der Kaufsache mangelhaft ist und einen Schaden an der im übrigen mangelfreien Kaufsache verursacht (sich also in diese „weiterfrisst"), soll insoweit eine deliktische Schädigung des Eigentums des Käufers vorliegen. Diesem wurden also gleichsam eine mangelfreie Sache und ein mangelhaftes Einzelteil geliefert, so dass sein Eigentum an der mangelfreien „Restsache" Gegenstand einer Eigentumsverletzung sein kann.[27] Die Rechtsprechung hat dieses Kriterium dann mit demjenigen der „Stoffgleichheit" präzisiert:[28] Soweit sich der geltend gemachte Schaden mit dem Unwert, welcher der Sache wegen ihrer Mangelhaftigkeit von Anfang an schon bei ihrem Erwerb anhaftete, decke (also „stoffgleich" sei), sei er allein auf enttäuschte Leistungserwartung aus dem Vertrag zurückzuführen, so dass für deliktische Schadensersatzansprüche kein Raum bleibe. Der deliktische Anspruch erfasse nur Schäden, die mit dem ursprünglichen Mangel nicht „stoffgleich" seien. Dies sei dann der Fall, wenn sich der Mangel nicht **notwendig** auf die gesamte Kaufsache ausbreite. Im o. Rn. 279 genannten Beispiel des Schwimmerschalterfalls hat der BGH daher einen Anspruch auf Ersatz der zerstörten Maschine (mit Ausnahme des Schalters) aus § 823 I bejaht.

282 Diese Abgrenzung ist in hohem Maße unsicher und, wie dargelegt, letztlich ausschließlich durch die Inkohärenzen des früheren Verjährungsrechts geprägt: Da die kurze Verjährung gewährleistungsrechtlicher Rechtsbehelfe (§ 477 a. F.: 6 Monate!) häufig dazu führte, dass Rechte des Käufers wegen Mängeln der Sache bereits verjährt waren, hat man durch das Ausweichen auf das Deliktsrecht einen Weg gefunden, dem Käufer Ansprüche zu geben, die letztlich doch der Befriedigung seines Äquivalenzinteresses dienen sollten (und nach § 852 a. F. einer Verjährung von 3 Jahren unterlagen). Zwar bestehen auch heute noch bedeutende Unterschiede zwischen der Regelverjährung und der kaufrechtlichen Verjährung (dazu o. Rn. 210), jedoch sind die Fristen zumindest in einer Weise angeglichen, die schwere Wertungswidersprüche vermeidet. Auch kann eine solche Haftung das Recht des Verkäufers zur zweiten Andienung in Frage stellen. Die Kunstfigur des „weiterfressenden Mangels" sollte daher aufgegeben werden.[29] Die Gesetzesbegründung lässt diesen Weg zumindest offen.[30]

[26] BGHZ 179, 157 Tz. 24.
[27] So BGHZ 67, 359 („Schwimmerschalter").
[28] BGHZ 86, 256 („Gaszug").
[29] So auch *Tettinger*, JZ 2006, 641 ff.
[30] Begr. BT-Drs. 14/6040, S. 229.

§ 83. Der Kauf unter Eigentumsvorbehalt

Literatur: *A. Blomeyer*, Die Rechtsstellung des Vorbehaltskäufers, AcP 162 (1963) 193 ff.; *Flume*, Die Rechtsstellung des Vorbehaltskäufers, AcP 161 (1962) 385 ff.; *Fritsche/Würdinger*, Konkludenter Eigentumsvorbehalt beim Autokauf, NJW 2007, 1037; *Habersack/Schürnbrand*, Der Eigentumsvorbehalt nach der Schuldrechtsreform, JuS 2002, 833; *U. Huber*, Der Eigentumsvorbehalt im Synallagma, ZIP 1987, 750; *Leible/Sosnitza*, Grundfälle zum Recht des Eigentumsvorbehalts, JuS 2001, 341, 449, 556; *S. Lorenz*, Grundwissen Zivilrecht: Der Eigentumsvorbehalt, JuS 2011, 199; Schreiber, Anwartschaftsrechte, Jura 2001, 623; *Schulze/Kienle*, Kauf unter Eigentumsvorbehalt – eine Kehrtwende des Gesetzgebers?, NJW 2002, 2842; *Serick*, Eigentumsvorbehalt und Sicherungsübereignung I: Der einfache Eigentumsvorbehalt (1963); IV: Verlängerungs- und Erweiterungsformen des Eigentumsvorbehalts und der Sicherungsübereignung (1976).

I. Das Problem: Sicherung der vorleistenden Vertragspartei

Die wechselseitigen Hauptpflichten aus dem Kaufvertrag, d. h. Verschaffung von Besitz und Eigentum sowie Zahlung des Kaufpreises sind gem. § 320 I grundsätzlich Zug-um-Zug zu erfüllen. Leistet der Verkäufer, wie etwa bei einem Zahlungsaufschub oder Ratenkauf („Heute kaufen, morgen bezahlen") vor Zahlung des Kaufpreises, verliert er damit nicht nur ein Druckmittel („Kein Geld – keine Ware"), sondern riskiert überdies den Verlust der Kaufsache als Sicherheit: Hat er sie nämlich dem Käufer übereignet, kann dieser als Eigentümer über die Sache frei verfügen, Gläubiger des Käufers können im Rahmen der Zwangsvollstreckung oder der Insolvenz auf den Gegenstand zugreifen. Übereignet der Verkäufer die Sache noch nicht, sondern verschafft er dem Käufer zunächst einmal lediglich den Besitz an der Sache (§ 854), ist wiederum der Käufer ungesichert: Zahlt er nämlich z. B. bei einem Ratenkauf den Kaufpreis allmählich ab, ist die Kaufsache dennoch nicht in sein Eigentum gelangt, der Verkäufer kann weiter über sie verfügen (z. B. nach §§ 929, 931 übereignen), Gläubiger des Verkäufers können auf sie zugreifen. Der Eigentumsvorbehalt dient den Sicherungsinteressen beider Seiten. Er gewährleistet, dass der Käufer die Sache sofort nutzen kann, die Sicherungsinteressen des vorleistenden Verkäufers aber weitgehend gewahrt bleiben. 283

II. Funktionsweise und gesetzliche Regelung

Konstruktiv lässt sich dies durch die Kombination zwischen einem (unbedingten) Kaufvertrag und einer aufschiebend bedingten Übereignung (§§ 929, 158 I) erreichen: Zwischen den Parteien besteht ein vollwirksamer, unbedingter Kaufvertrag, aufgrund dessen der Käufer Übergabe und Eigentumsverschaffung (§ 433 I), der Verkäufer Zahlung des Kaufpreises verlangen kann (§ 433 II). Die Übereignung **beweglicher Sachen** nach §§ 929 ff. kann aber (ebenso wie die Übertragung von Forderungen beim Rechtskauf nach §§ 413, 398) unter einer Bedingung erfolgen: Die nach dem **Trennungsprinzip** erforderliche dingliche Einigung nach § 929 wird unter der aufschiebenden Bedingung der vollständigen Zahlung des Kaufpreises erklärt, die Sache wird übergeben. Mit Eintritt dieser **(Potestativ-)Bedingung**[1] erwirbt der Käufer automatisch Eigentum, ohne dass es weiterer Rechtsgeschäfte bedarf. Der 284

[1] Zu diesem Begriff s. nur *Köhler*, § 14 Rn. 17.

Eigentumsvorbehalt ist daher primär ein **sachenrechtliches Rechtsinstitut**. Da das **Immobiliarsachenrecht** eine bedingte Übereignung von Grundstücken verbietet (§ 925 II), ist er nur bei beweglichen Sachen sowie bei Forderungen möglich (wenngleich man bei letzteren zivilrechtlich nicht von „Eigentum“, sondern nur von Inhaberschaft sprechen kann).

285 Das **Schuldrecht** erwähnt den Eigentumsvorbehalt lediglich in § 449 I. Diese Vorschrift enthält sowohl eine Legaldefinition als auch eine Auslegungsregel: Bei Vereinbarung eines Eigentumsvorbehalts liegt im Zweifel eine **aufschiebend** (und eben nicht auflösend) bedingte Übereignung vor (§ 158). Bedingung ist die vollständige Zahlung des Kaufpreises.

IIII. Begründung des Eigentumsvorbehalts

286 Da der Eigentumsvorbehalt allein das dingliche Rechtsgeschäft betrifft, ist es ausreichend, dass er bei dessen Vornahme, d. h. bei der Übereignung vereinbart wird. Es ist keinesfalls erforderlich, dass bereits der (schuldrechtliche) Kaufvertrag eine entsprechende Klausel enthält. Übersendet etwa der Verkäufer die Ware mit dem üblichen Vermerk „Die Ware bleibt bis zur vollständigen Bezahlung unser Eigentum“, so macht er damit dem Käufer lediglich ein Angebot auf Abschluss eines aufschiebend bedingten dinglichen Rechtsgeschäfts, d. h. der Einigung i. S. v. § 929 BGB. Dieses kann der Käufer annehmen oder ablehnen. Erklärt er, die Übereignung nur unbedingt zu wollen, gilt dies nach § 150 II ebenfalls als Ablehnung. Selbst wenn der Verkäufer also aufgrund des Kaufvertrags zu unbedingter Übereignung verpflichtet wäre (was vor Zahlung des Kaufpreises nach § 320 I i. d. R. nicht der Fall ist), kann er dennoch einen Eigentumsvorbehalt erklären: Auch ein **vertragswidriger** Eigentumsvorbehalt ist sachenrechtlich wirksam.[2] Allerdings muss der Eigentumsvorbehalt spätestens bei der dinglichen Einigung erklärt werden, was aber auch konkludent erfolgen kann (etwa durch Zurückbehalten des Kfz-Briefes bei der Übereignung eines Pkw[3]). Auch eine Vereinbarung durch AGB ist möglich. Ein einseitig nach erfolgter unbedingter Übereignung erklärter Eigentumsvorbehalt scheidet aber aus. Stimmt der Käufer einem solchen **nachträglichen Eigentumsvorbehalt** zu, kann darin aber eine Rückübereignung gem. §§ 929 S. 1, 930 unter Vorbehalt der Anwartschaft des Käufers oder aber eine auflösend bedingte Sicherungsübereignung an den Verkäufer gesehen werden, s. dazu PdW Schuldrecht II **Fall 78**.

IV. Die Stellung des Vorbehaltskäufers: Anwartschaftsrecht

287 Der Vorbehaltskäufer erwirbt zunächst einmal Besitz an der Sache. Damit gehen die Nutzungen, aber auch die Preisgefahr nach § 446 auf ihn über (s. o. Rn. 51). Die Rechtsstellung des Vorbehaltskäufers in Bezug auf das **Eigentum** ist vor Eintritt der Bedingung zunächst nur eine nach §§ 160, 161 geschützte **Erwerbschance**. Diese kann aber als Vorstufe zum Volleigentum betrachtet werden, weil der Verkäufer den Eigentumserwerb nicht mehr einseitig verhindern kann: An die (bedingte) dingliche Einigung ist er nach § 929 gebunden, der Eintritt der Bedingung (Kaufpreiszahlung)

[2] S. z. B. *BGH* NJW 2006, 3488.
[3] *BGH* NJW 2006, 3488; s. auch BGHZ 64, 395.

liegt allein in der Hand des Käufers. Eine erneute Veräußerung durch den Verkäufer während der Schwebezeit, die wegen des unmittelbaren Besitzes des Käufers ohnehin nur nach §§ 929 S. 1, 931 möglich wäre, wird mit Eintritt der Bedingung (Kaufpreiszahlung) gem. § 161 I 1 unwirksam. Hier kommt allenfalls gutgläubiger Erwerb nach §§ 161 III, 934 in Betracht, der allerdings i. d. R. an einer analogen Anwendung von § 936 III scheitert.[4]

Diese verfestigte Position des Vorbehaltskäufers, die ihm nicht mehr ohne seinen Willen entzogen werden kann, wird als **Anwartschaftsrecht** bezeichnet. Der dogmatische Charakter dieses Rechts ist umstritten. Während die Rspr. es als „wesensgleiches Minus" zum Eigentum ansieht,[5] qualifiziert es die h. L. als eigenständiges dingliches Recht.[6] Jedenfalls aber herrscht Einigkeit darüber, dass das Anwartschaftsrecht Gegenstand von **Verfügungen** sein kann, insbesondere nach den gleichen Regeln wie das Vollrecht nach den §§ 929 ff. übertragen werden kann. Der Vorbehaltskäufer kann also über das Anwartschaftsrecht (nicht über das Eigentum!) nach §§ 929 ff. ohne Zustimmung des Eigentümers **als Berechtigter** verfügen. Mit Eintritt der Bedingung erwirbt dann **unmittelbar** der (Zweit-)Erwerber des Anwartschaftsrechts das Volleigentum an der Sache.[7] Veräußert der Eigentumsvorbehaltskäufer (als Nichteigentümer) die Sache selbst (und nicht lediglich das Anwartschaftsrecht), so kann – sofern keine Einwilligung des Verkäufers/Eigentümers gem. § 185 I vorliegt – ein Dritter Volleigentum nur im Wege des **gutgläubigen Erwerbs vom Nichtberechtigten** (§§ 932 ff.) erwerben. Scheitert dies, so muss die Übereignung zumindest in die Übertragung des Anwartschaftsrechts umgedeutet werden (§ 140), s. dazu PdW Schuldrecht II **Fall 80**. 288

Das Anwartschaftsrecht ist auch sonst dem Vollrecht Eigentum in vieler Hinsicht gleichgestellt: So kann es **verpfändet** und im Wege der Zwangsvollstreckung auch **gepfändet** werden (s. dazu PdW Schuldrecht II **Fall 81**) sowie Gegenstand gesetzlicher Pfandrechte wie z. B. des Vermieterpfandrechts nach § 562 (s. dazu u. Rn. 491) oder des Werkunternehmerpfandrechts nach § 647 sein (dazu u. Rn. 723 f.). Es kann auch **gutgläubig erworben** werden: Veräußert ein Nichtberechtigter eine Sache unter Eigentumsvorbehalt, so kann der Käufer das Anwartschaftsrecht unter den Voraussetzungen der §§ 932 ff. gutgläubig erwerben (**gutgläubiger Ersterwerb**). Dafür genügt es, dass er sich zum Zeitpunkt der bedingten Übereignung in gutem Glauben befindet, d. h. z. Zt. des Bedingungseintritts muss er nicht mehr gutgläubig sein. Auch ein **gutgläubiger Zweiterwerb** (Erwerb eines tatsächlich existierenden Anwartschaftsrechts vom Nichtberechtigten) ist analog §§ 932 ff. möglich.[8] Mangels Rechtsscheinträgers ausgeschlossen ist hingegen der gutgläubige Zweiterwerb eines **tatsächlich nicht existierenden** Anwartschaftsrechts (ein Nichtberechtigter überträgt ein nicht bestehendes Anwartschaftsrecht auf einen Dritten).[9] 289

---

4 Vgl. *Looschelders*, BT, Rn. 209.
5 BGHZ 28, 16, 21; 30, 374, 377; 34, 122, 124.
6 S. MünchKomm/*Westermann*, § 449 Rn. 42.
7 BGHZ 20, 88, 100 f.
8 Der Gutglaubensschutz erstreckt sich dabei aber nicht auf die Höhe der noch zu begleichenden Kaufpreisforderung, s. nur BGHZ 75, 221, 225.
9 *Baur/Stürner*, § 59 Rn. 40.

V. Die Stellung des Verkäufers/Eigentümers

290 Der Verkäufer bleibt bis zur Zahlung des Kaufpreises Eigentümer der Sache. Vollstreckt ein Gläubiger des Käufers in die Sache, kann der Verkäufer als Eigentümer durch Drittwiderspruchsklage nach § 771 ZPO die Vollstreckung verhindern. In der Insolvenz des Käufers kann er die Sache nach § 47 InsO aussondern, wenn der Insolvenzverwalter die Erfüllung des Kaufvertrages ablehnt (§ 103 I InsO). Gegen einen Herausgabeanspruch eines Dritterwerbers aus § 985 wird der Käufer vor Zahlung des Kaufpreises durch § 986 II geschützt (nach Zahlung ist der Dritterwerb nach § 161 I unwirksam). Gegenüber einem entsprechenden Herausgabeverlangen des Verkäufers ist der Käufer während dieser Zeit durch § 986 I geschützt, weil er diesem gegenüber aufgrund des Kaufvertrages zum Besitz berechtigt ist. Will der Verkäufer dieses Besitzrecht zerstören, muss er erst vom Kaufvertrag zurücktreten. Dies stellt § 449 II klar.

Ein solcher Rücktritt wegen Verspätung der Kaufpreiszahlung setzt nach § 323 I grundsätzlich den fruchtlosen Ablauf einer Nachfrist voraus. Auch ein Rücktritt nach § 324 ist denkbar, wenn etwa der Käufer die Sache unsachgemäß behandelt.[10] Bei einem **Teilzahlungskauf** zwischen Unternehmern und Verbrauchern wird der Rücktritt allerdings nach §§ 508 II 1, 498 I strengeren Voraussetzungen unterworfen (dazu u. Rn. 307).

291 Ist die Kaufpreisforderung bereits verjährt, wäre ein Rücktritt ausgeschlossen, weil § 323 eine fällige und **durchsetzbare** Forderung voraussetzt.[11] Der Verkäufer könnte dann weder erfolgreich den Kaufpreis einklagen noch die Sache herausverlangen. Dem wirkt § 216 II 2 entgegen: Sofern die übrigen Rücktrittsvoraussetzungen vorliegen, bleibt ein Rücktritt trotz Verjährung der Kaufpreisforderung möglich, s. dazu PdW Schuldrecht II **Fall 83**.

VI. Besondere Formen des Eigentumsvorbehalts

1. Der erweiterte Eigentumsvorbehalt

292 Nach § 449 I sichert der Eigentumsvorbehalt im Zweifel lediglich die konkrete Kaufpreisforderung. Den Parteien steht es aber grundsätzlich frei, eine abweichende Bedingung für den Eigentumsübergang festzulegen. So können sie etwa vereinbaren, dass das Eigentum erst übergehen soll, wenn sämtliche Forderungen des Verkäufers gegen den Käufer aus einer Geschäftsverbindung erfüllt sind. Dann spricht man von einem **Kontokorrentvorbehalt**. Ein solcher kann unter Kaufleuten auch in AGB wirksam vereinbart werden, gegenüber Nichtkaufleuten verstößt eine entsprechende AGB-Klausel wohl gegen § 307 II Nr. 2.[12] Im Einzelfall kommt auch Nichtigkeit nach § 138 I unter dem Gesichtspunkt der Übersicherung in Betracht, s. dazu PdW Schuldrecht II **Fall 84**.

293 Ausdrücklich **verboten** ist durch § 449 III der sog. **Konzernvorbehalt**: Die Vereinbarung eines Eigentumsvorbehalts ist nichtig, **soweit** sie den Eigentumsübergang davon abhängig macht, dass der Vorbehaltskäufer auch die Forderungen Dritter, ins-

[10] *Looschelders,* BT, Rn. 206.

[11] S. dazu AT Rn. 479.

[12] *Looschelders,* BT, Rn. 211; offengelassen bei BGHZ 145, 203, 224.

besondere mit dem Verkäufer verbundener Unternehmen erfüllt. Durch die Formulierung „soweit" ist klargestellt, dass der Eigentumsvorbehalt im Übrigen wirksam bleibt.

2. Der verlängerte Eigentumsvorbehalt (Verarbeitungsklausel, stille Sicherungszession)

294 Ist der Eigentumsvorbehaltskäufer seinerseits Händler oder stellt er mit der gekauften Sache eine andere Sache her, ist er darauf angewiesen, die Sache weiterzuveräußern oder zu verarbeiten und das Endprodukt zu verkaufen. Das ist auch im Interesse des Verkäufers, da der Käufer so das notwendige Geld verdient, um den Kaufpreis zu bezahlen. Deshalb ist mit dem Eigentumsvorbehalt häufig die Einwilligung des Verkäufers verbunden, die Sache im normalen Geschäftsgang weiterzuveräußern. Veräußert nun der Käufer die Sache an einen Dritten (Endkäufer) weiter, erwirbt dieser nach §§ 929, 185 I Eigentum. Um in diesem Fall weiterhin eine Sicherung für die Kaufpreisforderung zu haben, lässt sich der Verkäufer aber im Voraus die Forderung des Käufers aus diesem Weiterverkauf abtreten (§ 398).[13] Diese Abtretung erfolgt zur Sicherung seiner Kaufpreisforderung und wird dem Schuldner dieser Forderung, dem Endkäufer, nicht mitgeteilt (daher spricht man von einer **„stillen" Sicherungszession**).[14] Gleichzeitig ermächtigt der Verkäufer den Käufer, diese Forderung weiterhin im eigenen Namen geltend zu machen (**Einziehungsermächtigung**, s. dazu auch AT Rn. 769), so dass der Endkäufer den Kaufpreis weiterhin befreiend an den Käufer bezahlen kann (§§ 362 II, 185 I). Dadurch erhält der Käufer die notwendigen Mittel, seine Zahlungsverpflichtung aus dem Kaufvertrag mit dem Verkäufer zu erfüllen. Erst im „Krisenfall" wird der Verkäufer die Einziehungsermächtigung widerrufen, die Zession gegenüber dem Endkäufer aufdecken und Zahlung an sich selbst verlangen.[15] Damit ist dann auch ausgeschlossen, dass der Endkäufer gem. § 407 I befreiend an den Zedenten (d. h. den Käufer) leistet.

295 Stellt der Käufer aus der Sache eine andere Sache her, um diese anschließend zu veräußern, verliert der Verkäufer sein Eigentum allerdings häufig schon durch den Verarbeitungsvorgang (§ 950). Dann ist zu seiner Sicherung durch den gerade dargelegten verlängerten Eigentumsvorbehalt ein **Zwischenschritt** nützlich: Durch eine sog. **Verarbeitungsklausel** kann vereinbart werden, dass der Käufer die Sache für den Verkäufer verarbeitet, so dass mit der Verarbeitung dieser und nicht der Käufer nach § 950 Eigentum an dem Endprodukt erwirbt.[16] Der Verkäufer ist dann lückenlos geschützt: Erst ist er Eigentümer der verkauften Sache, dann des hergestellten Produkts und schließlich Inhaber der Forderung aus dessen Weiterverkauf.

296 Ein besonderes Problem ergibt sich beim Aufeinandertreffen von verlängertem Eigentumsvorbehalt und **Globalzession**: Hat der Käufer die künftigen Forderungen aus dem Weiterverkauf von Waren bereits an einen anderen Gläubiger (meist einen Geldkreditgeber zur Sicherung eines Geschäftskredits) im Voraus abgetreten, geht wegen des auch bei der Vorausabtretung geltenden **Prioritätsprinzips** die Abtretung an den Verkäufer ins Leere. Solche Globalzessionen sind aber wegen Sittenwidrigkeit

[13] Zur Zulässigkeit der Abtretung künftiger Forderungen s. AT Rn. 756.
[14] S. dazu AT Rn. 767, 785 sowie *S. Lorenz*, JuS 2009, 891.
[15] S. dazu sowie zur Möglichkeit nachträglicher Tilgungsbestimmungen BGHZ 167, 337.
[16] BGHZ 46, 117.

nach § 138 I unter dem Gesichtspunkt der Gläubigerbenachteiligung nichtig: Durch die totale Beanspruchung aller Forderungen des Käufers seitens der Bank wird der Käufer notwendig dazu gedrängt, seine Lieferanten, die nur unter verlängertem Eigentumsvorbehalt zu liefern pflegen, darüber zu täuschen, dass auch die künftigen Forderungen bereits abgetreten sind. Denn andernfalls könnte er nicht mit Belieferung rechnen.[17] Letztlich setzt sich dann also doch der verlängerte Eigentumsvorbehalt gegenüber der Globalzession durch. Etwas anderes gilt nur, wenn die Bank wegen Unüblichkeit eines Eigentumsvorbehalts in der betreffenden Branche eine Kollision der Sicherungsrechte für ausgeschlossen halten darf.[18] Auch kann zwischen Vorbehaltskäufer und Bank vereinbart werden, dass die vom verlängerten Eigentumsvorbehalt erfassten Forderungen der Globalzession nicht unterfallen sollen; s. dazu PdW Schuldrecht II **Fall 85**.

§ 84. Der Teilzahlungskauf

Literatur: Historisch *Benöhr*, Konsumentenschutz vor 80 Jahren, ZHR 138 (1974) 492.

I. Der Lebenssachverhalt

1. Kreditgewährung an den Käufer

a) Teilzahlungskauf

297 Häufig kann der Käufer bei wertvolleren Konsum- oder Investitionsgütern den Kaufpreis nicht sofort aufbringen, sondern möchte den Gegenstand schon vor vollständiger Zahlung des Kaufpreises nutzen. Er leistet auf den Kaufpreis daher u. U. nur eine Anzahlung, der danach verbleibende Rest wird in Raten gezahlt. Für den Verkäufer, der sich in solchen Fällen regelmäßig durch den soeben (s. Rn. 283 ff.) behandelten Eigentumsvorbehalt sichert, bedeutet dies eine **Vorleistungspflicht**.

Solche heute als Teilzahlungsgeschäfte (früher: Abzahlungsgeschäfte) bezeichneten Geschäfte kommen (ohne Eigentumsvorbehalt, § 925 II!) auch bei **Grundstücken** vor: Der Käufer zahlt etwa als Gegenleistung eine Leibrente an den Verkäufer. Und bei beweglichen Sachen begegnen Teilzahlungsgeschäfte nicht nur im Verkehr mit dem Letztverbraucher: Auch dem Händler kann von seinem Lieferanten Teilzahlung bewilligt werden, oder es wird der Preis für ganze Industrieanlagen in Raten beglichen. Allerdings wird bei Anlagen und anderen langlebigen Wirtschaftsgütern immer häufiger die Rechtsform des **Leasing** gewählt (vgl. u. Rn. 1089 ff.).

b) Finanzierter Kauf

298 Die Überlassung der Kaufsache vor vollständiger Preiszahlung bedeutet eine **Kreditgewährung** an den Käufer. Kredit gewähren kann aber bloß, wer selbst liquide ist, und nicht selten fehlt den Verkäufern diese Liquidität. Dann muss ein Dritter, der Liquidität hat, eingeschaltet werden, nämlich eine Bank (speziell eine Teilzahlungsbank): Sie gewährt dem Käufer dadurch ein Darlehen, dass sie den Kaufpreis an den Verkäufer zahlt. Dann schuldet der Käufer dem Verkäufer den Kaufpreis nicht mehr; im Verhältnis zwischen diesen Personen liegt Barkauf vor. Die Einschaltung eines

[17] BGHZ 72, 308, 310; *BGH* NJW 1999, 940.
[18] *BGH* NJW 1999, 940.

Kreditinstituts beim „finanzierten Kauf" hat für den Verkäufer den Vorteil, dass er den Kaufpreis sofort in voller Höhe erlangt, während dem Käufer die Möglichkeit der Ratenzahlung verbleibt: Er zahlt lediglich an Stelle von Kaufpreisraten an den Verkäufer Darlehensraten an die Bank. Während beim normalen Teilzahlungskauf der Verkäufer zugleich als Kreditgeber auftritt, werden also beim finanzierten Kauf Verkäufer- und Kreditgeberfunktion aufgespalten. Für den Käufer ergibt sich hierdurch ein spezifisches Risiko: Einerseits befreit ihn ein evtl. nach § 495 I möglicher Widerruf des Kreditvertrages gegenüber dem Kreditgeber nicht von der Pflicht zur Kaufpreiszahlung gegenüber dem Verkäufer, andererseits kann er dem Kreditgeber gegenüber nicht **Einwendungen aus dem Kaufvertrag** erheben (etwa bei Sachmängeln). Dieses sog. „**Aufspaltungsrisiko**", das der Käufer grundsätzlich selbst zu tragen hat, wird zugunsten von Verbrauchern durch §§ 358, 359 im Falle wirtschaftlicher Einheit beider Verträge („verbundene Verträge" i. S. des § 358 III) durch den sog. **Widerrufs**- und **Einwendungsdurchgriff** gemildert (s. dazu AT Rn. 606 sowie PdW Schuldrecht II **Fall 88**).

2. Die Problematik der Teilzahlungsgeschäfte

Teilzahlungsgeschäfte bergen die Gefahr, dass der Käufer seine künftige Leistungsfä- 299
higkeit überschätzt und sich zu Ratenzahlungen verpflichtet, die er später nicht einhalten kann. In solchen Fällen gerät der Käufer als Geldschuldner unabhängig von einem Verschulden in Schuldnerverzug (vgl. AT Rn. 403 f.). Der Verkäufer kann dann nach § 323 zurücktreten und ggf. Verzugszinsen (§ 288) fordern. Allerdings ist dem Verkäufer regelmäßig an einem solchen Rücktritt nicht gelegen. Aber wenn sich erst einmal ein Rückstand von mehreren Raten angesammelt hat, wird häufig voraussehbar sein, dass der Käufer mit der Zahlung überhaupt nicht mehr nachkommt. Dann bleibt dem Verkäufer nur der Rücktritt. Der Verkäufer wird also schon in den Vertragsbedingungen vorzusorgen suchen, dass er durch den Rücktritt keinen Schaden erleidet und möglichst sogar den aus dem Geschäft erhofften Gewinn behält. Wenn – wie meist – die Kaufsache durch den Gebrauch erheblich entwertet ist, kann das für den Käufer zu sehr drückenden Bedingungen führen: Er mag die Kaufsache und die schon geleisteten Zahlungen verlieren und zudem sogar noch einen Rest schuldig bleiben. Dieser Gefahr unterliegen vor allem Einkommensschwache und Unerfahrene: Sie neigen zu Teilzahlungsgeschäften, weil sie nicht bar zahlen können, und sie vermögen die Konsequenzen eines Zahlungsverzugs nicht richtig einzuschätzen. Werbung und allgemeine Konsumneigung tun das Übrige.

II. Die gesetzliche Regelung

1. Rechtsquellen

Eine gesetzliche Regelung der eben angedeuteten Probleme ist schon vor dem Erlass 300
des BGB als dringlich erschienen. Diesem Ziel diente das AbzG vom 16. 5. 1894. Ursprünglich sollte es den Käufer hauptsächlich für den Fall schützen, dass der Verkäufer wegen Nichtzahlung der Raten zurücktrat oder die Kaufsache an sich nahm. In den Jahren 1969 und 1974 ist diese Regelung aber durch zwei Novellen ergänzt worden: Vor allem sollte der Verkäufer den Käufer umfassend über die Belastung durch den Teilzahlungskredit aufklären, und der Käufer sollte ein Widerrufsrecht ha-

ben. Das AbzG wurde dann durch das auf eine EG-Richtlinie zurückgehende VerbrKrG vom 17. 12. 1990 ersetzt. Dessen Anwendungsbereich reichte weit über den Teilzahlungskauf hinaus: Es umfasste außer dem **Kreditvermittlungsvertrag** auch noch alle anderen **entgeltlichen Kreditverträge**. Im Zuge der Schuldrechtsmodernisierung 2002 wurden die Regelungen des VerbrKrG in die §§ 491 ff. BGB integriert. Die Vorschriften über den Teilzahlungskauf finden sich jetzt in den §§ 506 ff., die freilich weitgehend auf andere Vorschriften verweisen. Regelungen über den Einwendungs- und Widerrufsdurchgriff finden sich in den §§ 358, 359. Daher ist die Regelung wenig übersichtlich.

2. Anwendungsbereich

a) Persönlicher Anwendungsbereich

301 Der **Verkäufer** muss ein Unternehmer (§ 14) sein, § 506 I. Daher sind die §§ 506 ff. beispielsweise unanwendbar, wenn ein gebrauchtes Kraftfahrzeug ohne Einschaltung eines Händlers von dem nicht gewerblich oder berufsmäßig handelnden Vorbesitzer gegen Ratenzahlung verkauft wird.

Als **Käufer** kommt jede natürliche Person in Betracht, die nicht gewerblich oder berufsmäßig (und folglich als Verbraucher, § 13) auftritt. Ganz unanwendbar sind die §§ 506 ff. also auf Käufe juristischer Personen (obwohl etwa auch ein Verein durchaus schutzbedürftig sein kann). **Existenzgründer**, die Beruf oder Gewerbe erst aufnehmen (z. B. der Teilzahlungskauf der ersten Ladeneinrichtung) werden gem. § 512 erfasst, wenn der Barzahlungspreis 75.000 EUR nicht übersteigt.

b) Sachlicher Anwendungsbereich

302 Der Teilzahlungskauf muss eine **entgeltliche** Kreditierung über **mehr als drei Monate** enthalten, § 506 IV i. V. m. § 491 II. Daher gelten die §§ 506 ff. nicht, wenn zunächst ein Barzahlungspreis vereinbart und dieser dann auf Bitten des Käufers ohne Zuschlag gestundet wird. Zudem bestimmen § 506 IV i. V. m. § 491 II, III einige weitere **Ausnahmen.** Wichtig ist vor allem § 506 IV i. V. m. § 491 II Nr. 1 (Barzahlungspreis bis 200 EUR). Andererseits erfasst § 510 auch bestimmte Verträge über **Teilleistungen** und **wiederkehrende Leistungen**: Solche Geschäfte (wie Zeitschriftenabonnements oder die Mitgliedschaft in Buchgemeinschaften) begründen nämlich ähnlich wie Teilzahlungsgeschäfte wiederkehrende Verpflichtungen, deren Folgen von Unerfahrenen falsch eingeschätzt werden können. S. dazu PdW Schuldrecht II **Fall 93**. Zum **Mietkauf** s. u. bei Rn. 606.

c) Umgehungsverbot

303 § 511 S. 2 enthält das für Verbraucherschutzgesetze typische **Umgehungsverbot** (s. dazu schon bei Rn. 240). Dieses hat aber keine selbständige Bedeutung:[1] Im Grunde handelt es sich nur um eine „Angstklausel" des Gesetzgebers, der unvorhergesehene Erfindungen der Formularpraxis befürchtet.

---

[1] Vgl. *Medicus,* BGB AT, Rn. 660 f.

3. Form des Teilzahlungskaufs

Für Teilzahlungskäufe sieht § 506 I i. V. m. § 492 eine qualifizierte **Form** vor. Diese soll dem Käufer klarmachen, welche zusätzlichen Kosten ihm dadurch entstehen, dass er auf Abzahlung kauft, statt zunächst zu sparen und dann bar zu bezahlen. Neben der Schriftform (§ 506 I i. V. m. mit § 492 I 1) ist gem. § 507 II i. V. m. Art. 247 §§ 6, 12 und 13 EGBGB die Angabe bestimmter Daten, insbesondere des Barzahlungs- und des Teilzahlungspreises sowie des (sich aus dem Unterschied ergebenden) effektiven Jahreszinses erforderlich. Zweck dieser Regelung ist **Übereilungsschutz durch Aufklärung**. Diese Formerfordernisse lassen sich durch Individualverträge kaum erfüllen. Der Verkäufer wird also praktisch **Allgemeine Geschäftsbedingungen** verwenden müssen; auf Teilzahlungsgeschäfte sind folglich fast immer auch die §§ 305 ff. anwendbar. 304

Bei **Nichterfüllung der Formerfordernisse** insgesamt oder beim Fehlen nur einzelner Angaben ist der Vertrag zunächst **nichtig**, § 507 II 1 (als Spezialvorschrift gegenüber § 125 S. 1). Nach § 507 II 2 ff. wird er jedoch durch Übergabe der Kaufsache an den Käufer wirksam. Es ändert sich aber bei Fehlen von vorgeschriebenen Angaben des Verkäufers der **Vertragsinhalt** gegenüber dem vereinbarten: Vor allem soll höchstens der gesetzliche Zinssatz (§ 246) gefordert werden können. Der Käufer erhält die Sache also zu einem günstigeren Preis, als er annehmen konnte. 305

4. Widerruf des Käufers

Auch wenn das Teilzahlungsgeschäft formwirksam ist, soll der Käufer es noch nach § 506, 495 I, 355 binnen zweier Wochen schriftlich **widerrufen** können. Diese Frist beginnt gem. § 355 II erst, wenn der Verkäufer den Käufer in besonderer Form über das Widerrufsrecht belehrt hat. Das Widerrufsrecht kann nach § 508 I durch ein Rückgaberecht i. S. v. § 356 ersetzt werde. Die **Rechtsfolgen des Widerrufs bzw. der Rückgabe** sind in § 357 I 1 durch Verweisung auf das **Rücktrittsrecht** geregelt. Danach sind die schon ausgetauschten Leistungen zurückzugewähren; notfalls ist der Wert zu vergüten. Die Haftung des nicht über sein Widerrufsrecht belehrten Käufers (sonst: § 357 III 3) ist jedoch auf die Einhaltung der eigenüblichen Sorgfalt begrenzt, § 346 III 1 Nr. 3.[2] An dem **rechtspolitischen Nutzen** dieses Widerrufsrechts kann man zweifeln: Die Gefahren von Teilzahlungskäufen (und überhaupt von Kreditgeschäften) bestehen in der langfristigen Verschuldung und womöglich auch in der Häufung der Ratenverpflichtungen aus mehreren Geschäften. Diese Folgen dürften dem Schuldner aber in bloß zwei Wochen kaum deutlich werden. 306

5. Rücktritt des Verkäufers

Bei Nichtzahlung durch den Käufer ist der Verkäufer schon nach § 323 I zum Rücktritt berechtigt. Dieses Recht wird aber durch § 508 II 1 i. V. m. § 498 S. 1 beschränkt: Insbesondere muss der Rückstand eine bestimmte Höhe erreicht haben. Dass dort noch von einem Rücktritt „wegen Zahlungsverzugs“ die Rede ist, ist ein Redaktionsversehen bei der Integration des VerbrKrG in das BGB im Zuge der Schuldrechtsreform des Jahres 2002. Gemeint ist der Rücktritt nach § 323, der – weil 307

[2] Zu den Einzelheiten s. AT Rn. 595 ff.

vom Vertretenmüssen unabhängig – nicht Verzug i. S. v. § 286 voraussetzt. S. dazu PdW Schuldrecht II **Fall 90**.

Für die **Rücktrittsfolgen** gelten die §§ 346 ff. Doch soll der Käufer dem Verkäufer zusätzlich auch die Vertragskosten zu ersetzen haben, § 508 II 3. Überdies soll die vom Käufer regelmäßig geschuldete Nutzungsvergütung unter Berücksichtigung der inzwischen eingetretenen Wertminderung festgelegt werden, § 508 II 4. Dass die beiderseitigen Rückgewährpflichten Zug um Zug zu erfüllen sind, ergibt sich aus §§ 357 I, 348, 320.

308 Ein Rücktritt nimmt dem Verkäufer den aus dem Geschäft erhofften Gewinn. Das legt den Versuch nahe, ohne Rücktritt Druck auf den Käufer auszuüben. Dazu könnte der Verkäufer sein vorbehaltenes Eigentum verwenden wollen: Er verlangt die Sache ohne Rücktritt nach § 985 heraus. Diese Möglichkeit ist aber schon durch § 449 II ausgeschlossen (vgl. o. Rn. 290). § 508 II 5 **verschärft das noch durch eine Rücktrittsfiktion:** Der Käufer soll, wenn er die Kaufsache wieder an den Verkäufer verloren hat, nicht weiter zur Kaufpreiszahlung verpflichtet bleiben. Entsprechend der h. M. zu § 5 AbzG dürfte für die „Ansichnahme" durch den Verkäufer genügen, wenn dieser in die Kaufsache vollstreckt, selbst wenn sie von einem Dritten ersteigert wird.[3] Die Vollstreckung vernichtet also über die **Rücktrittsfiktion** von § 508 II die zu vollstreckende Kaufpreisforderung; der Käufer kann dann nach § 767 ZPO gegen die Vollstreckung vorgehen; s. dazu PdW Schuldrecht II **Fall 87**. Daher wird ein informierter Verkäufer den Gerichtsvollzieher anweisen, die Vollstreckung in die Kaufsache zu unterlassen oder wenigstens nicht bis zur Wegnahme dieser Sache fortzusetzen.

6. Weitere Vorschriften für den Teilzahlungskauf

a) Einwendungs- und Widerrufsdurchgriff

309 Die §§ 358, 359, § 508 II 6 behandeln den wichtigen Fall, dass ein Kauf **mit einem Kreditvertrag verbunden** ist, den der Käufer mit einem Dritten (meist einer Bank) abgeschlossen hat. Dann sollen Rechtsbehelfe, die aus dem Kauf stammen, auch dem dritten Darlehensgeber entgegengehalten werden können. Dies ist im Einzelnen in AT Rn. 606 ff. dargelegt, vgl. auch PdW Schuldrecht II **Fälle 89, 90**.

b) Erhalt der Aufrechnungsmöglichkeit

310 Wenn der Verkäufer seine Kaufpreisforderung an einen Dritten abtritt, behält der Käufer auch diesem Neugläubiger gegenüber seine Einreden und eine etwa vorhandene Aufrechnungsmöglichkeit, §§ 404, 406 (vgl. AT Rn. 729 f.; 738 f.). Hierauf soll er nach §§ 506, 496 I nicht verzichten können; die §§ 404, 406 werden also beim Verbraucherkredit zu (einseitig) zwingendem Recht.

c) Wechsel- und Scheckverbot

311 Die Verpflichtungen des Käufers dürfen nicht durch **Wechsel oder Scheck** gesichert werden, §§ 506, 496 III. Denn gegen eine Klage aus diesen Papieren im Urkundenprozess könnte sich der Käufer nach § 598 ZPO nur in den seltensten Fällen durch

[3] BGHZ 55, 59.

Einwendungen wehren; die hierdurch eintretende Verweisung des Käufers auf ein Nachverfahren soll verhindert werden.

d) Verzugszinsen, Zinseszinsen, Tilgungsreihenfolge

Im **Verzug mit der Kaufpreiszahlung** schuldet der Käufer dem Verkäufer Zinsen nach § 288 I, bei Immobiliardarlehen jedoch nur in Höhe von 2,5 Prozentpunkten über dem Basiszinssatz (vgl. § 247), §§ 506, 497, bzw. § 503 II. Doch darf im Einzelfall der Käufer den wirklichen Schaden als niedriger, aber auch der Verkäufer ihn als höher beweisen, §§ 506, 497 I 2. 312

Weitere Vorschriften wollen das Anwachsen der Schuld des Käufers durch **Zins und Zinseszins** verhindern: Nach §§ 506, 497 II müssen die nach Verzugseintritt anfallenden Zinsen auf einem besonderen Konto verbucht werden; auf sie entstehen also nach § 289 S. 1 keine weiteren Zinsen. Zudem soll insoweit Ersatz von Verzögerungsschaden (§ 289 S. 2) nur bis zur Höhe von 4 % (§ 246) verlangt werden können, also nur unrealistisch wenig.

Die §§ 506, 497 III 1 bestimmen eine Abweichung von § 367: Teilzahlungen des Käufers sollen erst in letzter Linie auf die (unverzinslichen) Zinsrückstände angerechnet werden, dagegen vorrangig auf die dem Käufer unangenehmeren Teile seiner Verpflichtung. Und nach § 497 III 2 darf der Verkäufer – abweichend von § 266 – solche Teilleistungen auch nicht zurückweisen. Nach § 497 III 3 endlich soll für die Verjährung dieser Zinsschuld keine abgekürzte Frist gelten: Der Verkäufer soll nicht zu einer Klage allein zu dem Zweck veranlasst werden, um die Verjährung zu unterbrechen. §§ 506, 500 geben dem Verbraucher das Recht zu **vorfälliger Zahlung**. Dadurch vermindert sich der Preis um die laufzeitabhängigen Kosten, die auf den Zeitraum der vorzeitigen Erfüllung entfallen.

§ 85. Besondere Arten des Kaufs

Literatur: *Burbulla,* Die Auslösung des Vorkaufsfalls durch kaufähnliche Verträge, Jura 2002, 687; *Burkert,* Die Reichweite des § 506 BGB, NJW 1987, 3157; *Mayer-Maly,* Beobachtungen und Gedanken zum Wiederkauf, FS Wieacker, 1978, S. 424; *Schermaier,* Die Umgehung des Vorkaufsrechts durch kaufähnliche Verträge, AcP 196 (1996) 256; *K. Schreiber,* Vorkaufsrechte, Jura 2001, 196; *Schurig,* Das Vorkaufsrecht im Privatrecht (1975); *Stock,* Die gesetzlichen Vorkaufsrechte nach dem Baugesetzbuch, ZfBR 1987, 10; *Stöber,* Vorkaufsrechte in der Zwangsversteigerung, NJW 1988, 3121 ff.; *Stoppel,* Das System des Wiederverkaufsrechts unter besonderer Berücksichtigung der Mängelhaftung durch den Wiederverkäufer, JZ 2007, 218.

I. Proben beim Kauf

Die §§ 454, 455 behandeln den **Kauf auf Probe**. Außerdem gibt es noch den **Kauf** 313
zur Probe. Trotz der Ähnlichkeit der Bezeichnung sind das sehr verschiedene Geschäfte, wie denn auch das Wort „Probe" in den genannten Namen Verschiedenes bedeutet. Nicht (mehr) gesetzlich geregelt ist der Kauf **nach Probe** (s. aber § 494 a. F.). Daher kann man auch die alte Regelung, derzufolge die Eigenschaften der Probe als zugesichert gelten sollten, nicht ohne Weiteres ins neue Recht übernehmen. Vielmehr ist durch Auslegung frei zu ermitteln, ob der Verkäufer wirklich die Übereinstimmung der gelieferten Ware mit der Probe garantieren wollte (§ 276 I 1).

1. Kauf auf Probe (§ 454 BGB)

314 Beim Kauf auf Probe (oder Besicht) geht es nicht um ein Muster für einen später zu liefernden Gegenstand. Vielmehr erhält der Käufer entweder sofort den Kaufgegenstand oder er darf diesen doch wenigstens untersuchen (§ 454 II); er soll ihn zunächst erproben und erst dann über den Kauf entscheiden dürfen. Dabei stellt § 454 I 1 die Entscheidung in das **Belieben** des Käufers: Er braucht diese also nicht zu begründen und darf insbesondere den Kauf auch dann noch ablehnen, wenn er das Kaufobjekt voll tauglich findet. Die Entscheidungsfrist richtet sich nach § 455.

Nach § 454 I 2 soll der Kauf auf Probe im Zweifel durch die Billigung des Käufers **aufschiebend bedingt** sein. Gegen diese Vorstellung wird aber eingewendet, da die Billigung im Belieben des Käufers stehe, sei dieser zunächst ungebunden. Daher sei die Billigungserklärung nicht eine bloß den Bedingungseintritt herbeiführende Mitteilung, sondern Willenserklärung.[1] Deshalb wird man für die Billigung die rechtsgeschäftlichen Wirksamkeitsvoraussetzungen verlangen müssen. Die Preisgefahr (vgl. o. Rn. 48 ff.) liegt hier trotz der Sachübergabe vor der Billigung ohnehin noch nicht beim Käufer. Dieser kann nämlich auch nach Untergang oder Beschädigung der Kaufsache seine Billigung versagen und damit das Zustandekommen eines Kaufvertrages verhindern: Dann braucht er den Kaufpreis schon deshalb nicht mehr zu zahlen, so dass § 446 (dazu o. Rn. 51) ohnehin keine Rolle spielt. Hat der Käufer ein verbraucherschützendes Widerrufsrecht, so beginnt die Widerrufsfrist (§ 355) frühestens mit dem Zeitpunkt der Billigung.[2] S. dazu PdW Schuldrecht II **Fall 95, 96**.

315 Vom Kauf auf Probe ist der Kauf mit **Umtauschvorbehalt** zu unterscheiden: Von ihm kann sich der Käufer nicht wieder befreien und insbesondere nicht den gezahlten Preis zurückverlangen. Vielmehr steht dem Käufer nur der Umtausch des zunächst gekauften Gegenstandes in einen anderen frei (z. B. bei nicht passenden Kleidungsstücken).

2. Kauf zur Probe (Erprobungskauf)

316 Beim (gesetzlich nicht geregelten) Kauf zur Probe wird unbedingt gekauft; die Erprobung des Kaufobjekts zur Entscheidung über weitere Käufe ist zunächst regelmäßig bloß unbeachtliches Motiv des Käufers. Freilich kann dieser bei späteren Käufen auf die zunächst erhaltene Ware Bezug nehmen. Bei Einverständnis des Verkäufers bestimmt die Beschaffenheit dieser Ware dann die **Sollbeschaffenheit** (o. Rn. 74) der noch zu liefernden.

II. Wiederkauf (§§ 456 ff.) und Wiederverkauf

317 Das Wiederkaufsrecht soll demjenigen, der einen Gegenstand verkauft hat, unabhängig vom späteren Willen des Käufers einen Rückkauf ermöglichen. Ausgeübt wird es durch eine empfangsbedürftige Willenserklärung, die nicht der für den Kaufvertrag bestimmten Form bedarf (§ 456 I). Die Parteien können hierfür eine Frist vereinba-

[1] *Larenz*, SBT II 1, § 44 S. 144; *Flume*, AT II, § 38, 2 d.
[2] *BGH* NJW-RR 2004, 1058.

ren, andernfalls gilt bei Grundstücken eine Frist von 30 Jahren, bei anderen Gegenständen eine solche von 3 Jahren (§ 462).

Das Wiederkaufsrecht ist damit ein **Optionsrecht** (s. u. Rn. 333): Der Wiederkäufer kann es unabhängig vom Willen des Wiederverkäufers ausüben und damit den (Wieder-)Kaufvertrag zustande bringen (im Geschäftsverkehr spricht man auch von einer „Call-Option"). Deshalb bedarf die vertragliche **Begründung** des Wiederkaufsrechts anders als dessen Ausübung auch der für den Kauf bestimmten Form (also etwa § 311b I bei einem Grundstücksgeschäft): Die Rechtsausübung durch den Wiederkäufer verpflichtet den Wiederverkäufer ja ohne dessen weiteres Zutun, so dass er nicht mehr durch einen später ansetzenden Formzwang geschützt werden kann.[3]

Der **Inhalt** des so zustande gekommenen (Wieder-)Kaufvertrages unterliegt primär 318
den Abreden der Parteien. § 456 II enthält insoweit eine Auslegungsregel in Bezug auf den Preis: Für beide Kaufverträge soll im Zweifel derselbe Preis gelten. Diese Regelung passt freilich nicht in eine Zeit ständiger Geldentwertung; angemessener ist daher die Vereinbarung des Wiederkaufs zum Schätzwert (§ 460). Da der Gegner des Wiederkaufsberechtigten mit der Rechtsausübung rechnen muss, hat er den Kaufgegenstand sorgsam zu behandeln und haftet bei Verschulden auf Schadensersatz, § 457 II 1. Dagegen berechtigt eine unverschuldete Verschlechterung nicht zur Minderung des Wiederkaufpreises, § 457 II 2. Zwischenzeitlich von ihm begründete Rechte Dritter hat der Wiederverkäufer nach § 458 zu beseitigen. Ist ihm dies nicht möglich, haftet er nach Maßgabe von § 457. Eine darüber hinausgehende **Gewährleistungspflicht nach § 437** trifft ihn nicht: § 457 legt die Pflichten des Wiederverkäufers abschließend fest, so dass ihn insbesondere keine Pflicht aus § 433 I 2 zur Lieferung einer sach- und rechtsmängelfreien Sache trifft.[4] Verwendungen sind ihm nach § 459 S. 1 zu ersetzen, wenn der Wert des Gegenstandes dadurch (noch) erhöht ist, hinzugefügte Einrichtungen kann der Käufer nach § 459 S. 2 wegnehmen; s. zum Ganzen auch PdW Schuldrecht II **Fall 97**.

Wird der Wiederkaufvertrag (etwa durch Rücktritt wegen Zahlungsverzögerung nach § 323) aufgelöst, so bleibt es bei dem ursprünglichen Kaufvertrag.[5]

Über die dogmatische Einordnung des Wiederkaufrechts besteht Uneinigkeit. Die 319
h. M. sieht darin einen **aufschiebend bedingten Kaufvertrag.**[6] Richtiger erscheint hingegen die Annahme eines Gestaltungsrechts.[7] Praktische Bedeutung hat diese Frage freilich nicht.

Keine gesetzliche Regelung gibt es für den nach der Vertragsfreiheit aber zulässigen 320
Wieder*ver*kaufsvertrag. Dabei handelt es sich um dieselbe Konstruktion mit „umgekehrten Vorzeichen": Er ermöglicht dem Käufer, den Rückkauf durch den Verkäufer zu bewirken, also ganz ähnlich wie bei Vereinbarung eines Rücktrittsrechts die Sache wieder „loszuwerden" (sog. „Put-Option").[8]

---

3 *BGH* NJW 1973, 37.
4 RGZ 126, 308, 313.
5 S. *BGH* NJW 2000, 1332, wo unnötiger Weise von einem „Wiederaufleben" die Rede ist.
6 *BGH* NJW 2000, 1332 m. w. N.
7 S. dazu nur die Nachweise bei MünchKomm/*Westermann*, § 456 Rn. 3 f.
8 S. dazu *Stoppel*, JZ 2007, 218 ff.

III. Vorkauf (§§ 463 ff.)

1. Zweck und Funktionsweise

321 Von praktisch größerer Bedeutung als das Wiederkaufsrecht ist das **Vorkaufsrecht**. Dadurch wird dem Berechtigten ermöglicht, durch Erklärung einen Kaufvertrag mit dem Verkäufer (dem „Verpflichteten") zustande zu bringen, wenn dieser mit einem Dritten einen Kaufvertrag über den betreffenden Gegenstand schließt. Im Gegensatz zum Wiederkauf steht es also nicht allein im Willen des Vorkaufsberechtigten, einen Kaufvertrag mit dem Verpflichteten zustande zu bringen. Er kann dies vielmehr erst dann, wenn sich dieser überhaupt zu einem Verkauf entschließt. Übt der Vorkaufsberechtigte sein Recht aus, übernimmt er aber nicht etwa den Vertrag, den der Verpflichtete mit einem Dritten geschlossen hat, sondern begründet einen eigenen, weiteren Kaufvertrag mit dem Verpflichteten. Dieser ist dann durch zwei Kaufverträge verpflichtet, von welchen er freilich nur einen erfüllen kann. Dieses Ergebnis, welches zu einer Unmöglichkeitshaftung (§§ 280 I, III, 283) des Verpflichteten führen würde,[9] wird häufig durch entsprechende vertragliche Regelungen verhindert, so dass letztlich doch der Vorkaufsberechtigte durch die Ausübung seines Rechts den dritten Käufer verdrängt (u. Rn. 328).

322 Während man früher, insbesondere in der Rechtsprechung, das Vorkaufsrecht als einen (durch den Verkauf an einen Dritten und die Ausübung des Vorkaufsrechts) **doppelt bedingten Kaufvertrag** qualifizierte, sieht man heute darin richtigerweise ein **Gestaltungsrecht**. Die Vorstellung eines doppelt bedingten Kaufvertrags versagt nämlich bei den wichtigen gesetzlichen Vorkaufsrechten (vgl. u. Rn. 326). Auch befremdet, dass der angeblich doppelt bedingte Verkauf zunächst noch keinen bestimmten Inhalt hat: Den erhält er ja erst durch den späteren Vertragsschluss zwischen dem Verpflichteten und einem Dritten (§ 464 II). Von Bedeutung ist der Streit jedenfalls nicht.

2. Begründung des Vorkaufsrechts

a) Rechtsgeschäft

323 Begründet werden kann ein Vorkaufsrecht erstens durch Rechtsgeschäft, regelmäßig durch **Vertrag.** Letzterer bedarf nach ständiger Rechtsprechung derselben Form wie ein Kaufvertrag über denjenigen Gegenstand, auf den sich das Vorkaufsrecht bezieht.[10] Insbesondere bei Grundstücken gilt danach die Form des § 311b I. Vom Normzweck her ist das freilich zweifelhaft. Denn die Einräumung des Vorkaufsrechts selbst verpflichtet den „Verpflichteten" noch nicht; dieser bleibt vielmehr (anders als beim Vorvertrag) in seinem Willen, das Grundstück zu verkaufen, noch frei. Gebunden wird der Wille erst durch den Verkauf an einen Dritten, und für diesen Vertrag besteht der Schutz des § 311b I ohnehin. Daher dürfte die das Formerfordernis bejahende Ansicht nur eine (verfehlte) Ableitung aus der Bedingungskonstruktion des Vorkaufsrechts darstellen, doch vgl. u. Rn. 330.

324 Der **Grund für die vertragliche Bestellung** eines Vorkaufsrechts ist typischerweise, dass dem Berechtigten am Erwerb eines Gegenstandes gelegen ist, den der Verpflich-

[9] S. z. B. *BGH* NJW-RR 2005, 1534.
[10] RGZ 72, 385.

tete noch nicht hergeben will: Der Mieter z. B. möchte das Mietgrundstück gern erwerben, der Vermieter dagegen will es zumindest einstweilen behalten. Dann bedeutet das Vorkaufsrecht einen Kompromiss: Der Mieter soll das Grundstück immerhin dann bekommen können, wenn der Vermieter es ohnehin verkauft. Bereits hierfür können die Parteien ein Entgelt vereinbaren.

Neben der vertraglichen Einräumung eines Vorkaufsrechts kommt auch eine Begründung durch **Vermächtnis** (§§ 2147 ff.) in Betracht. 325

b) Gesetz

Auch das Gesetz kann ein Vorkaufsrecht gewähren. Das tut das BGB in § 2034, wenn ein Miterbe seinen Erbteil an einen Dritten verkauft: Hier sollen die übrigen Miterben durch ihr Vorkaufsrecht das Eindringen dieses Dritten in die (oft nur aus Familienmitgliedern bestehende) Erbengemeinschaft verhindern können. 326

Andere wichtige gesetzliche Vorkaufsrechte sind diejenigen aus §§ 24 ff. BauGB und aus § 577. Das letztgenannte Vorkaufsrecht steht den Mietern zu, deren Wohnungen in Eigentumswohnungen umgewandelt werden: Die Mieter sollen so ihre Wohnungen behalten können.

3. Inhalt und Grenzen des Vorkaufsrechts

Unter welchen Voraussetzungen im Einzelnen das Vorkaufsrecht bestehen soll, kann bei den vertraglichen Vorkaufsrechten regelmäßig frei vereinbart werden. Eine Grenze bestimmt jedoch zwingend § 471: Beim Verkauf in der Zwangsvollstreckung oder aus einer Insolvenzmasse gilt das Vorkaufsrecht nicht, weil solche Verkäufe im Interesse der Gläubiger nicht behindert werden sollen. Nachgiebig ist dagegen § 470: Dass sich das Vorkaufsrecht im Zweifel nicht auf Verkäufe an die gesetzlichen Erben erstreckt, beruht auf den persönlichen Beziehungen zwischen diesen Personen und dem Verkäufer; solche Verkäufe können schon eine vorweggenommene Nachlassübertragung enthalten. Auch der Verkauf an bestimmte andere Personen kann durch Vereinbarung ausgenommen werden. Vereinbarungen sind endlich auch für die Übertragbarkeit und Vererblichkeit des Vorkaufsrechts möglich, § 473. Nicht zwingend ist weiter § 577 I 2 über Beschränkungen für das Vorkaufsrecht des **Wohnraummieters**. 327

4. Der Vorkaufsfall

Das Vorkaufsrecht kann ausgeübt werden, wenn der Verpflichtete einen **vollwirksamen Kaufvertrag** mit dem Dritten abgeschlossen hat. Eine spätere einverständliche Vertragsaufhebung lässt den bereits eingetretenen Vorkaufsfall dabei unberührt.[11] 328

Umstr. ist der Einfluss einer **Irrtumsanfechtung** durch die Parteien des Kaufvertrags auf den Eintritt des Vorkaufsfalls. Trotz der Rückwirkungsfiktion des § 142 I, die eigentlich für einen Wegfall des Vorkaufsrechts sprechen würde, vertritt die h. M. hier zu Recht eine differenzierte Lösung. Danach beseitigt eine Anfechtung den Vorkaufsfall nur, wenn sie die Entscheidung des *Verkäufers*, die Sache zu einem bestimmten Preis zu veräußern, tangiert. So lässt insbesondere eine Anfechtung durch den *Dritten* (d. h. den Käufer) den eingetretenen Vorkaufsfall unberührt. Eine Anfechtung durch den *Verkäufer* beseitigt

[11] *BGH* NJW 2010, 3774 Tz. 20.

hingegen i. d. R. den Vorkaufsfall, sofern nicht ausnahmsweise auch deren Grund nicht die Entscheidung betrifft, die Sache zu einem bestimmten Preis veräußern zu wollen (etwa bei einem täuschungsbedingten Irrtum über die Zahlungsfähigkeit des Dritten).[12]

Ist der Vertrag mit dem Dritten aufschiebend bedingt oder besteht ein Genehmigungserfordernis, so kann das Vorkaufsrecht erst ab Bedingungseintritt bzw. mit Erteilung der Genehmigung ausgeübt werden. Bis zu diesem Zeitpunkt können der Verkäufer und der Dritte den Kaufvertrag willkürlich aufheben und damit das Vorkaufsrecht gegenstandslos machen, denn der Vorkaufsberechtigte hat kein Recht auf Eintritt des Vorkaufsfalls.[13]

Allerdings könnte der Verpflichtete so das Vorkaufsrecht „ausschalten", indem er den Vertrag mit den Dritten unter der aufschiebenden Bedingung schließt, dass das Vorkaufsrecht nicht ausgeübt wird: Übt dann nämlich der Vorkaufsberechtigte sein Vorkaufsrecht aus, fällt auch die Bedingung aus und damit ein Kaufvertrag als Voraussetzung des Vorkaufsrechts. Aus diesem Grund erklärt § 465 eine solche Vereinbarung zwischen dem Verpflichteten und dem Dritten (nur) gegenüber dem Vorkaufsberechtigten für unwirksam. Zwischen dem Verpflichteten und dem Berechtigten bleibt sie weiter wirksam und ist höchst sinnvoll. Denn auf diese Weise wird verhindert, dass der Verkäufer gegenüber zwei Käufern zugleich verpflichtet wird (o. Rn. 321): Übt der Berechtigte sein Vorkaufsrecht aus, besteht nur zwischen diesem und dem Verpflichteten ein Kaufvertrag, der Vertrag zwischen dem Verpflichteten und dem Dritten ist wegen des Bedingungsausfalls unwirksam. Im Ergebnis verdrängt so der Kaufvertrag mit dem Berechtigten denjenigen mit dem Dritten.

5. Ausübung des Vorkaufsrechts

329 Ausgeübt wird das Vorkaufsrecht durch **einseitige empfangsbedürftige Erklärung** des Berechtigten gegenüber dem Verpflichteten, § 464 I 1. Diese Erklärung ist als Ausübung eines Gestaltungsrechts bedingungsfeindlich: Der Verpflichtete soll sicher wissen, woran er ist. Die Ausübung durch eine Mehrheit von Berechtigten regelt § 472.

330 Nach § 464 I 2 bedarf die Ausübungserklärung keiner für den Kauf etwa vorgeschriebenen Form. Das verträgt sich nicht mit dem Formzweck des § 311b I, seit dort auch die Erwerbsverpflichtung genannt wird: Die Ausübungserklärung verpflichtet den Berechtigten ja zur Zahlung des Kaufpreises, der womöglich seine ganzen Ersparnisse aufzehrt und ihn für viele Jahre mit Schulden belastet. Einen gewissen Ausgleich für die verfehlte Formlosigkeit der Ausübungserklärung bildet freilich die (von der h. M. allerdings unrichtig hergeleitete, vgl. o. Rn. 323) Formbedürftigkeit der Begründung des Vorkaufsrechts. Das hilft freilich nichts bei gesetzlichen Vorkaufsrechten. Dennoch hat sich die Rechtsprechung hier nicht in der Lage gesehen, § 464 I 2 im Wege einer teleologischen Reduktion unangewendet zu lassen.[14] Rechtspolitisch besser wäre jedenfalls die umgekehrte Regelung: Formfreiheit der Begründung, Formbedürftigkeit der Ausübung (bei der ja auch erst der vom Vorkaufsberechtigten zu zahlende Kaufpreis feststeht).

[12] S. dazu nur Bamberger/Roth/*Faust,* § 463 Rn. 28 m. w. N.; aus der Rspr. vgl. *BGH* NJW 1987, 890, 893.

[13] *BGH* NJW 2010, 3774 Tz. 20.

[14] BGHZ 144, 357.

Damit der Berechtigte über die Ausübung seines Rechts entscheiden kann, muss er zunächst den Kaufvertrag zwischen dem Verpflichteten und dem Dritten erfahren. Deshalb bestimmt § 469 I eine **Mitteilungspflicht**. Und § 469 II lässt mit dem Empfang dieser Mitteilung eine Frist für die Ausübung beginnen, deren Dauer aber abweichend von den gesetzlichen Fristen vereinbart werden kann. 331

Voraussetzung für den Fristbeginn ist jedoch die vollständige und richtige Mitteilung. Gibt der Verpflichtete etwa den Kaufpreis zu hoch an, um den Berechtigten vom Vorkauf abzuhalten, so läuft die Frist noch nicht. Auch die Erklärung des Berechtigten, sein Recht nicht ausüben zu wollen, ist dann ohne Weiteres (insbesondere auch ohne Anfechtung nach § 123) wirkungslos: Sie bezieht sich ja, dem Empfänger erkennbar, nicht auf den wirklich abgeschlossenen Vertrag.

6. Folgen der Ausübung

Durch die Ausübung kommt zwischen dem Berechtigten und dem Verpflichteten ein Kaufvertrag mit demselben Inhalt zustande, wie ihn der Verpflichtete mit dem Dritten vereinbart hat, § 464 II. Einige Vertragsklauseln sind davon ausgenommen: Neben dem bereits o. Rn. 328 erwähnten Fall des § 465 regeln die §§ 466–468 einige andere Vertragsklauseln, die sich auf den Vorkaufsberechtigten nicht ohne Weiteres übertragen lassen: § 466 betrifft Nebenleistungen, die der Berechtigte nicht erbringen kann; § 467 regelt den Verkauf des dem Vorkaufsrecht unterliegenden Gegenstandes zusammen mit anderen Sachen; § 468 endlich behandelt die (von der Kreditwürdigkeit des Käufers abhängige) Kaufpreisstundung. 332

Die Ausübung verschafft dem Berechtigten nur eine Forderung auf Übertragung des dem Vorkaufsrecht unterliegenden Gegenstandes. Dann kann der Verpflichtete die Erfüllung noch dadurch vereiteln, dass er den Gegenstand an den Drittkäufer oder gar an eine vierte Person veräußert. Der Berechtigte ist somit regelmäßig auf einen Anspruch auf Schadensersatz statt der Leistung gegen den Verpflichteten aus §§ 280 I, III, 283 beschränkt (s. PdW Schuldrecht II **Fall 98**). Bei Grundstücken erlauben die §§ 1094 ff. jedoch eine **Verdinglichung des Vorkaufsrechts**: Dieses wirkt dann gegen einen Dritterwerber wie eine Vormerkung, §§ 1098 II, 883 II, 888: Es kann also auch dem Dritten gegenüber durchgesetzt werden, dem das Grundstück übereignet worden ist.

7. Abgrenzungen

Das Vorkaufsrecht ist gegenüber einigen ähnlichen Erscheinungen abzugrenzen: Beim **Vorvertrag** besteht kein Gestaltungsrecht, sondern ein Anspruch auf Abschluss des Hauptvertrages.[15] Bei der **Option** kann der Berechtigte zwar einseitig einen Vertrag zustande bringen.[16] Doch ist dieses Recht unabhängig vom Verkauf an einen Dritten; auch wird der Vertragsinhalt schon in der Option selbst bestimmt. Ein gesetzlicher Anwendungsfall ist der Wiederkauf (o. Rn. 317 ff.). Eine **Vorhand** schließlich bedeutet bloß die Pflicht, den betreffenden Gegenstand zunächst dem Vorhandberechtigten anzubieten, wenn überhaupt ein Verkauf beabsichtigt ist. Eine zu vertretende Pflichtverletzung erzeugt dann einen Schadensersatzanspruch. 333

[15] S. dazu AT Rn. 75.
[16] S. dazu AT Rn. 76.

§ 86. Käufer und Hersteller

Literatur: Grundlegend *Kullmann/Pfister,* Produzentenhaftung (Loseblatt seit 1980); *Rolland,* Produkthaftungsrecht, 1990; *Graf von Westphalen* (Hrsg.), Produkthaftungshandbuch, Bd. I 2. Aufl., 1999, dazu *Arens,* Zur Beweislastproblematik im heutigen deutschen Produkthaftungsprozeß, ZZP 104 (1991) 123; *Bodewig,* Der Rückruf fehlerhafter Produkte, 1999; *Canaris,* Die Produzentenhaftung in dogmatischer und rechtspolitischer Sicht, JZ 1968, 494; *Diederichsen,* Die Haftung des Warenherstellers, 1967 (dazu *Weitnauer,* AcP 168 [1968], 207); *Franzen,* Deliktische Haftung für Produktionsschäden, JZ 1999, 702; *Gsell,* Substanzverletzung und Herstellung, 2003; *G. Hager,* Zum Schutzbereich der Produzentenhaftung, AcP 184 (1984), 413; *Katzenmeier,* Produkthaftung und Gewährleistung des Herstellers teilmangelhafter Sachen, NJW 1997, 486; *ders.,* Entwicklungen des Produkthaftungsrechts, JuS 2003, 943; *Knapp,* Die US-amerikanische Produkthaftung in der Praxis der deutschen Automobilindustrie, 1997; *R. Koch,* „Mängelbeseitigungsansprüche“ nach den Grundsätzen des Produzenten/Produkthaftung, AcP 203 (2003), 603; *Kullmann,* Produkthaftungsgesetz, 6. Aufl., 2010; *Mankowski,* Ein Zulieferer ist kein Hersteller, DB 2002, 2419; *Medicus,* Der Verbraucher im allgemeinen Produkthaftungsrecht, FS Rolland, 1999, S. 251; *Molitoris,* „Kehrtwende“ des BGH bei Produktrückrufen? – Keine generelle Verpflichtung zur kostenfreien Nachrüstung/Reparatur von mit sicherheitsrelevanten Fehlern behafteten Produkten, NJW 2009, 1049.

I. Das Problem

334 Häufig schränken Mängel der Kaufsache – also negative Abweichungen von der vertraglichen Sollbeschaffenheit – nicht bloß die Brauchbarkeit ein. Vielmehr führen sie zu einer **Gefährlichkeit der Sache:** Diese vermag Schäden anzurichten. Das tut sie meist erst bei demjenigen, der sie verwendet, also beim „Verbraucher“ (z. B. der gekaufte Reifen platzt, wenn er zum ersten Mal mit hoher Geschwindigkeit gefahren wird). „Verbraucher“ in diesem Sinn braucht nicht der „kleine Mann“ zu sein, der oft als Galionsfigur des **Verbraucherschutzes** vorgezeigt wird (§ 13). Vielmehr kommen bei der deliktischen Produkthaftung, die ja den „Verbraucher“ des § 13 nicht kennt, als Verwender auch andere Hersteller, also Unternehmer in Betracht, die z. B. eine Maschine für ihre eigene Produktion gekauft und dann aus der Gefährlichkeit dieser Maschine Schäden erlitten haben (so in dem berühmten Schwimmerschalterfall von BGHZ 67, 359; s. dazu o. Rn. 279, 281 sowie u. Rn. 351).

Dieser Verwender hat häufig nicht direkt vom Hersteller der gefährlichen Sache gekauft, sondern von einem **Händler,** der seinerseits von dem Hersteller gekauft hat (womöglich steht sogar noch ein Großhändler oder Importeur dazwischen). Regelmäßig hat man also eine Kette von wenigstens zwei Kaufverträgen.

Vertragliche Schadensersatzansprüche hat der Letztkäufer in dieser Kette regelmäßig nur gegen seinen Verkäufer, also den Händler. Diese Ansprüche setzen aber beim Fehlen von Garantien voraus, dass der Händler den Mangel zu vertreten hat, § 280 I 2. Der dem Händler auferlegte Entlastungsbeweis wird dabei nicht selten gelingen (vgl. o. Rn. 173). Zu einem Verschulden des Händlers gelangt man dann nur, wenn man ihm ein Verschulden des Herstellers über § 278 wie eigenes zurechnet. Aber gerade das lehnt die h. M. ab, weil der Händler eben die Herstellung nicht geschuldet und sich folglich dazu auch nicht des Herstellers bedient hat (vgl. o. Rn. 173 sowie AT Rn. 386). Danach bliebe nur ein **verschuldensunabhängiger** vertraglicher Ersatzanspruch des Letztkäufers gegen den Händler. Ein solcher Anspruch kann sich zwar aus einer **Beschaffenheitsgarantie** ergeben, aber daran wird es angesichts der sehr strengen Kriterien meist fehlen (vgl. o. Rn. 204 ff.).

Auch **deliktische Schadensersatzansprüche** des Verbrauchers gegen den Händler scheitern, wenn diesen kein Verschulden trifft. Daher ist der Letztkäufer regelmäßig auf Ersatzansprüche gegen den Hersteller angewiesen. Solche Ansprüche können, nachdem der BGH andere Begründungsversuche (z. B. aus einer Analogie zu § 122) abgelehnt hat, nur aus Vertrag oder Delikt stammen.[1]

II. Vertragliche Ansprüche gegen den Hersteller

1. Herstellergarantie

Ein vertraglicher Anspruch gegen den Hersteller kann sich aus einer (selbständigen) 335 **Herstellergarantie** ergeben (dazu o. Rn. 207). Regelmäßig übernimmt der Hersteller mit dieser aber bloß eine Pflicht zur Nachlieferung fehlerfreier Ware oder zur Nachbesserung, nicht aber eine Schadensersatzhaftung für Folgeschäden aus seinem Produkt. Das ist selbst nach den §§ 307 ff. grundsätzlich nicht zu beanstanden (allenfalls kommt ein Verstoß gegen das Transparenzgebot des § 307 III 2 in Betracht): Da der Hersteller gegenüber dem Verbraucher an sich überhaupt keine Vertragspflichten hat, kann er auch beliebig eingeschränkte übernehmen. Für die Verjährung ist die gewöhnliche Frist von § 195 anzunehmen (§ 438 I nennt § 443 nicht); auch der Beginn ist der regelmäßige nach § 199 I.

2. Ansprüche aus dem Vertrag Hersteller/Händler

Ansprüche des Letztkäufers gegen den Hersteller aus dem Vertrag zwischen diesem und dem Händler lassen sich auf zwei Wegen denken.

a) Vertrag mit Schutzwirkung für Dritte

Erstens kann sich aus diesem Vertrag eine **Schutzwirkung** für den Letztkäufer 336 ergeben. Eine solche vertragliche Schutzwirkung für Dritte erfordert aber regelmäßig eine Nähebeziehung zwischen dem Vertragsgläubiger und dem Dritten.[2] Daran fehlt es im Verhältnis zwischen dem Händler (= Vertragsgläubiger) und dem Letztkäufer (= Dritten) fast immer. Deshalb wird die Annahme, der Letztkäufer befinde sich im Schutzbereich des Kaufvertrages zwischen dem Händler und dem Hersteller, ganz überwiegend mit Recht abgelehnt.[3]

b) Drittschadensliquidation

Zweitens könnte man auch daran denken, dass der Händler aus seinem Kaufvertrag 337 mit dem Hersteller von diesem den Schaden des Verwenders ersetzt verlangen darf (**Drittschadensliquidation**).[4] Das ergäbe zwar zunächst keinen eigenen Anspruch des Letztkäufers, sondern nur einen solchen des Händlers. Dieser Anspruch könnte durch Abtretung an den Verwender gelangen. Aber die Drittschadensliquidation bildet im Schadensersatzrecht eine eng zu begrenzende Ausnahme von dem Grundsatz, dass der Ersatzgläubiger nur seinen eigenen Schaden ersetzt verlangen kann. Sie setzt

[1] BGHZ 51, 91, 98 ff.
[2] Vgl. AT Rn. 817 ff.
[3] S. etwa BGHZ 51, 91, 95 f.
[4] Vgl. AT Rn. 650 ff.

insbesondere eine aus der Warte des Schuldners **zufällige Schadensverlagerung** voraus. Das ist im Verhältnis Hersteller/Händler gerade nicht der Fall, weil der Schaden durch die Verwendung des Produkts typischerweise erst beim Verwender eintreten kann. Daher hilft auch die Drittschadensliquidation dem Letztkäufer nicht.[5]

III. Deliktische Ansprüche gegen den Hersteller

1. Der Deliktstatbestand

338 Dass der Hersteller die Verwender seiner Produkte **vorsätzlich und sittenwidrig** schädigt (§ 826), kommt kaum vor und ist überdies schwer zu beweisen. Vorschriften über Herstellung und Erprobung von Produkten, die **Schutzgesetze** für Verwender sein könnten, gab es weithin nicht (§ 823 II). Daraus ergibt sich zunächst eine wichtige Einschränkung: Bloße **Vermögensverletzungen** durch einen Produktmangel genügen nicht (vgl. u. Rn. 1236). So hat der Letztkäufer z. B. nicht deshalb Schadensersatzansprüche, weil das gekaufte Auto streikt und deshalb Geschäftsabschlüsse verloren gehen oder ein Ersatzwagen gemietet werden muss. Vielmehr muss der Verwender an seinen durch § 823 I geschützten Rechtsgütern oder Rechten verletzt werden. In Betracht kommen vor allem Leben, Körper, Gesundheit und Eigentum. So möge beim Platzen des gekauften Reifens das Auto des Verwenders von der Fahrbahn geraten und dabei Personen- und Sachschaden entstehen: Das fällt unter den objektiven Tatbestand des § 823 I.

Andererseits erfasst § 823 I aber auch Verletzungen Dritter, die nicht selbst Käufer der gefährlichen Sache gewesen sind, z. B. mitfahrende Angehörige oder Freunde des Käufers, aber auch den Eigentümer eines anderen Autos, das bei dem Schleudervorgang beschädigt worden ist. Mit dem Abstellen auf § 823 I werden eben die Beschränkungen des Vertrages und des vertraglichen Schutzbereichs ganz verlassen.

2. Beweisschwierigkeiten des Geschädigten

339 Regelmäßig muss der Anspruchssteller, also im Prozess der Kläger, alle Merkmale des Tatbestands derjenigen Norm beweisen, die seinen Anspruch stützen soll. In Fällen wie dem geschilderten steht aber zunächst nur fest, dass der Kläger an einem durch § 823 I geschützten Rechtsgut oder Recht durch ein Produkt des Beklagten verletzt worden ist. § 823 I fordert aber weiter **Rechtswidrigkeit** und **Verschulden**.

a) Rechtswidrigkeit

340 Wie bei der Darstellung des Deliktsrechts (u. Rn. 1242) noch zu begründen sein wird, genügt es bei den hier vorliegenden sog. mittelbaren Verletzungen für die Indikation der **Rechtswidrigkeit** nicht, dass der Beklagte eine Ursache für die Verletzung des Klägers gesetzt hat. Das wird etwa an dem Reifenbsp. deutlich: Ohne die Produktion wäre der Reifen nicht geplatzt und damit auch die Verletzung des Klägers ausgeblieben. Aber für dieses Platzen kommen außer einem Produktionsfehler auch noch andere Umstände in Betracht, etwa falsche Lagerung beim Händler, Überbeanspruchung durch den Fahrer oder ein Hindernis auf der Fahrbahn. Aber selbst wenn sich solche Umstände ausschließen lassen, kann man aus dem Platzen noch nicht

[5] BGHZ 51, 91, 93 ff.

ohne Weiteres auf die Rechtswidrigkeit der Reifenherstellung schließen: Allgemein wird nun einmal eine gewisse Gefährlichkeit von Produkten in Kauf genommen. So sind insbesondere mit der Benutzung von Kraftfahrzeugen Gefahren verbunden, die als Preis für die mit dem Kraftfahrzeug verbundenen Vorteile hingenommen werden müssen. Daher kann eine Rechtswidrigkeit der Produktion nur bejaht werden, wenn diese die Gefährlichkeit der Produkte nicht in wirtschaftlich vertretbarem Umfang gering gehalten, insbesondere nicht den anerkannten Regeln der Technik entsprochen hat. Mit anderen Worten: Die Rechtswidrigkeit bedarf besonderer Begründung aus der Verletzung einer Verkehrssicherungspflicht (vgl. u. Rn. 1244 ff.). Abweichungen vom Stand der Technik (der lex artis) können schon bei der Konstruktion des Produkts unterlaufen, so dass alle derart hergestellten Produkte fehlerhaft sind (sog. „**Konstruktionsfehler**", z. B. es wird die Verwendung eines nicht dauerhaft haltenden Klebstoffs vorgesehen). Es können aber bei mangelfreier Konstruktion auch einzelne Stücke mangelhaft hergestellt werden (sog. „**Fabrikationsfehler**", z. B. bei einem einzelnen Stück wird zu wenig Klebstoff aufgetragen). Weiter kommen Anleitungsfehler in Betracht: Das Produkt ist zwar in Ordnung, doch genügt die Anleitung für seine Verwendung nicht (sog. „**Instruktionsfehler**", z. B. es wird nicht darauf hingewiesen, dass sich die Klebestellen durch den Einfluss von Benzin lösen, oder es wird ein ausreichender Hinweis auf Explosionsgefahr unterlassen, vgl. *BGH* DB 1987, 286). Endlich ist noch an Fehler bei der **Produktbeobachtung** zu denken: Der Hersteller hätte (z. B. durch Reklamationen) bemerken können, dass ein zunächst rechtmäßig oder doch schuldlos hergestelltes Produkt sich nachträglich als gefährlich erweist (vgl. u. Rn. 346 ff.). All dies sind Ursachen aus der Sphäre des Herstellers, die für den Käufer i. d. R. nur schwer nachzuweisen sind.

b) Verschulden

Für das **Verschulden** kehrt § 831 I 2 die Beweislast um, soweit es um die Schädi- 341
gung durch einen Verrichtungsgehilfen geht: Hier muss der verklagte Unternehmer beweisen, dass er seine Gehilfen ordentlich ausgewählt und – wo nötig – auch angeleitet und beaufsichtigt hat (vgl. u. Rn. 1351 f.). Aber diese Vermutung greift nur ein, wenn die Schädigung überhaupt auf einen Verrichtungsgehilfen zurückgeht. Wo dagegen ein Organ des Herstellers versagt hat, also im Anwendungsbereich des § 31 (vgl. AT Rn. 383), enthält das BGB keine entsprechende Verschuldensvermutung. Der Kläger müsste also, um die Beweislastumkehr des § 831 ausnutzen zu können, zunächst die Möglichkeit eines Organverschuldens ausschließen. Das ist aber für einen Außenstehenden, der die innere Organisation des Herstellers nicht kennt, nahezu unmöglich. Es wäre auch sinnwidrig, wenn für Delikte bloßer Gehilfen schärfer gehaftet werden müsste als für diejenigen von Organen.

3. Die Hilfen der Rechtsprechung

a) Entwicklung der deliktischen Produkthaftung nach dem BGB

Angesichts dieser Beweisschwierigkeiten ist der BGH dem Endabnehmer erstmals im 342
Jahre 1968 in der berühmten „Hühnerpestentscheidung" entgegengekommen.[6] Dort waren die Hühner der Klägerin, die eine Hühnerfarm betrieb, mit dem von der Be-

[6] BGHZ 51, 91.

klagten hergestellten Impfstoff gegen Hühnerpest geimpft worden. Dieser Impfstoff enthielt jedoch nicht abgetötete Hühnerpest-Viren, so dass die geimpften Hühner erkrankten und starben. Wie es zu dem Mangel des Impfstoffes gekommen war, ließ sich nicht aufklären.

Der BGH hat hier von dem geschädigten Verbraucher bloß den Nachweis verlangt, der Produktmangel sei „im Organisationsbereich des Herstellers, und zwar durch einen objektiven Mangel oder Zustand der Verkehrswidrigkeit" entstanden.[7] Dagegen soll der Hersteller beim Vorliegen solcher Mängel „noch nicht dadurch als entlastet angesehen werden, dass er Möglichkeiten aufzeigt, nach denen der Fehler des Produkts auch ohne ein in seinem Organisationsbereich liegendes Verschulden entstanden sein kann". Dabei hat sich der BGH auf die Rechtsähnlichkeit zu der Regelung in den §§ 836–838 gestützt (vgl. u. Rn. 1358 ff.).

Im Ergebnis werden danach bei Vorliegen eines Produktmangels eine für diesen kausale objektive **Pflichtverletzung** und ein **Verschulden** des Herstellers **vermutet**. Der Hersteller kann die Vermutung nur entweder durch den Nachweis widerlegen, dass bei ihm Produktion und Kontrolle dem Stand der Technik entsprechen und dass seine bei der Produktion beschäftigten Leute ordentlich ausgesucht, angeleitet und überwacht sind. Oder der Hersteller müsste nachweisen, dass die bei ihm vermutlich vorgefallenen Pflichtverletzungen den Produktmangel nicht kausal herbeigeführt haben, s. dazu PdW Schuldrecht II **Fall 76.**

Diese auf Vermutungen gegründete Herstellerhaftung ist zwar dem Namen nach noch Verschuldenshaftung. In der Sache nähert sie sich aber durch die strengen Sorgfaltsanforderungen und die Verlagerung des Beweisrisikos eher einer **Gefährdungshaftung** an.[8]

b) Fortentwicklung der Rechtsprechung

Der BGH hat diese scharfe Haftung inzwischen noch in verschiedener Hinsicht **erweitert**:

343 Zum einen soll die Beweislastumkehr nicht bloß gegen den Hersteller selbst gelten, sondern auch gegen einen „Produktionsleiter in herausgehobener und verantwortlicher Stellung" (den als Geschäftsleiter tätigen Kommanditisten der Hersteller-KG).[9] Dies ist jedoch abzulehnen: Ein leitender Mitarbeiter nimmt nicht ohne Weiteres am Gewinn teil, er organisiert regelmäßig auch nicht allein die Produktion und er braucht auch nicht über alle Beweismittel zu verfügen, die der Hersteller selbst hat.[10]

Weiter hat der BGH die Sonderregeln über die deliktische Produzentenhaftung auch dann angewendet, wenn der geschädigte Verwender direkt vom Hersteller gekauft hatte.[11] Hier kommt es aber gar nicht mehr auf die zunächst maßgebliche Umverteilung der Beweislast an (nach Vertragsrecht muss sich der Hersteller-Verkäufer ohnehin entlasten, vgl. § 280 I 2). Vielmehr ist hier die deliktische Verjährung nach

[7] BGHZ 51, 91, 105.
[8] S. dazu AT Rn. 397.
[9] *BGH* NJW 1975, 1827.
[10] Vgl. *Medicus/Petersen*, BR, Rn. 650 a.
[11] BGHZ 67, 359.

§ 852 a. F. dazu benutzt worden, den missliebigen § 477 a. F. auszuschalten. Das gehört in den größeren Zusammenhang der Ungereimtheiten des Verjährungsrechts;[12] auch jetzt ist die (durch das Deliktsrecht überlagerte) Verjährung nach § 438 I immer noch kürzer als diejenige nach den §§ 195, 199 (vgl. o. Rn. 210 ff.).

Nach mehreren Entscheidungen soll die verschärfte Produzentenhaftung auch dann gelten, wenn durch den Mangel eines Einzelteils der selbst mangelfreie Rest des Produkts zerstört wird (sog. **Weiterfresserschaden**, s. dazu o. Rn. 280 ff.). Hier nähert sich die Deliktshaftung letztlich demjenigen Bereich, der regelmäßig zur Vertragshaftung gehört (nämlich dem Ersatz des Äquivalenzinteresses, s. o. Rn. 280), was zu einer heftigen Diskussion in der Literatur geführt hat.[13] 344

Der BGH hat die Produzentenhaftung weiter über die bloßen Begleitschäden eines Produkts hinaus auch auf die Schäden aus dessen **Wirkungslosigkeit** erstreckt: Ein Spritzmittel gegen Apfelschorf war durch die Ausbildung eines neuen, resistenten Pilzes unwirksam geworden. Ein durch den Verlust seiner Ernte geschädigter Obstbauer verlangte Schadensersatz, weil der Hersteller ihn nicht durch eine rechtzeitige Warnung zur Verwendung eines anderen Produkts veranlasst hatte. Hier hat der BGH im Grundsatz eine Pflicht des Herstellers bejaht, die Verbraucher vor der Wirkungslosigkeit eines schuldlos in den Verkehr gebrachten Mittels zu warnen.[14] 345

Aus dem eben Gesagten ergibt sich eine fortwährende Pflicht des Herstellers zur **Produktbeobachtung** (vgl. schon o. Rn. 341 a. E.). Diese Pflicht wird vom BGH bisweilen außerordentlich streng gehandhabt. So hat der BGH die deutsche Vertriebsgesellschaft von Honda-Motorrädern nicht nur für verpflichtet gehalten, die Motorräder selbst zu beobachten. Vielmehr sollte sich die Pflicht auch auf Gefahren erstrecken, die sich für die Stabilität der Maschinen durch die vom Kunden angebrachte Lenkerverkleidung eines anderen Herstellers ergab.[15] Im „Milupa-Fall" hat der BGH zusätzlich das Erfordernis einer deutlichen Warnung betont (dort: hinsichtlich der Kariesgefahr durch das Dauernuckeln eines gesüßten Kindertees).[16] S. dazu PdW Schuldrecht II **Fall 242**. 346

Diese Beobachtungspflicht enthält eine **Gefahrenbeseitigungspflicht.** Darauf beruhen z. B. die Rückrufaktionen der Kraftfahrzeughersteller zur Beseitigung gefährlicher Mängel.[17] Eine generelle Pflicht des Herstellers zur **Nachbesserung** lässt sich aber aus dem Deliktsrecht zumindest nicht generell herleiten: Die Nachbesserung schützt ja nicht bloß das **Integritätsinteresse**, sondern in erster Linie das nur vom Vertrag erfasste **Leistungsinteresse**. Zu Recht hat der BGH deshalb klargestellt, dass die deliktische Herstellerhaftung nicht darauf gerichtet ist, dem Erwerber oder Benutzer eine mangelfreie Sache zur Verfügung zu stellen, sondern lediglich auf den Schutz der in § 823 I genannten Rechtsgüter bezogen ist: Der Hersteller muss also (z. B. durch Warnungen) dafür Sorge tragen, dass bereits ausgelieferte gefährliche Produkte möglichst effektiv aus dem Verkehr gezogen oder nicht mehr benutzt wer- 347

[12] Vgl. *Medicus*, BGB AT, Rn. 105.

[13] Vgl. *Gsell*, Substanzverletzung und Herstellung, 2003, S. 29 ff.

[14] BGHZ 80, 186; 80, 199.

[15] BGHZ 99, 167.

[16] BGHZ 116, 60; ähnlich *BGH* NJW 1994, 932 (Alete), s. auch *BVerfG* NJW 1997, 249 und *BGH* NJW 1999, 2815 (Verletzung von Fingern durch Papierreißwolf).

[17] Vgl. *Grote*, VersR 1997, 1066.

den, nicht aber Produktmängel beseitigen (s. dazu bereits o. Rn. 280).[18] Eine solche Pflicht kann sich allenfalls als *ultima ratio* ergeben, wenn die durch die Benutzung der Sache drohenden Gefahren nicht anders abgewendet werden können. Ansonsten kann sich der Hersteller mit Warnungen oder aber dem klaren Hinweis an die Verbraucher begnügen, das gefährliche Produkt nicht weiter zu verwenden.[19] Anders liegt es natürlich, wenn der Hersteller zugleich als Verkäufer eine eigene Nachbesserungspflicht übernommen hat oder diese nach § 267 für den Verkäufer erfüllen will (was bei den Kfz-Herstellern in Betracht kommt). In der Praxis werden freilich Hersteller von Markenartikeln schon aus Imagegründen freiwillig Fehler beseitigen oder Produkte austauschen.

Eine weitere, in ihren Konsequenzen nur schwer abzuschätzende Verschärfung der Produzentenhaftung hat BGHZ 104, 323 gebracht:[20] Ein Kind war durch das Bersten einer Mehrweg-Limonadenflasche verletzt worden. Es ließ sich nicht feststellen, dass ein Fehler der Flasche im Bereich des verklagten Limonadenherstellers entstanden war. Der BGH hat eine Verkehrssicherungspflicht des Beklagten angenommen, „das Produkt auf seine einwandfreie Beschaffenheit zu überprüfen und den Befund zu sichern"; bei Verletzung dieser Pflicht komme eine Beweislastumkehr in Frage.[21] Hier sollen letztlich auch Zweifel an der Kausalität überwunden werden. Dagegen wird die Haftung verneint, wenn sich der Fehler auch bei sorgfältiger Prüfung nicht feststellen ließ.

Die meisten Entscheidungen des BGH zur Produzentenhaftung betrafen kompliziertere industrielle Produktionsvorgänge. Offengeblieben war daher zunächst, ob die Beweislastumkehr auch für einfache handwerkliche Herstellungsverfahren gelten sollte. Auch diese Frage ist bejaht worden: In einer kleinen Gaststätte waren Salmonellen in den Nachtisch eines Hochzeitsessens geraten; die folgende Erkrankung vieler Gäste hatte die Feier verdorben. Der BGH hat außer der Rückzahlung der für das Essen bezahlten Vergütung (als Minderung, damals §§ 651 I 2, 634 a. F.) auch Schadensersatz zugebilligt:[22] Selbst bei einfachen Produktionsverfahren fehle dem Verwender der Einblick, so dass der Grund für die Beweislastumkehr auch hier gegeben sei.

4. Die Produkthaftung auf Grund des ProdHaftG

a) Europarechtlicher Hintergrund

348 Die Produzentenhaftung bildet für die haftenden Unternehmer einen nicht unerheblichen Kostenfaktor. Nationale Unterschiede dieser Haftung können daher den Wettbewerb verfälschen. Deshalb hat die (damalige) EG (heute: EU) am 25. 7. 1985 eine Richtlinie zur Vereinheitlichung der nationalen Regelungen der Produkthaftung erlassen. Diese Richtlinie hat die Mitgliedstaaten der (damaligen) EG verpflichtet, binnen drei Jahren entsprechendes nationales Recht zu schaffen.

[18] *BGH* NJW 2009, 1080 und dazu *Molitoris*, NJW 2009, 1049 ff. sowie *G. Wagner*, JZ 2009, 908 ff.

[19] *Molitoris*, NJW 2009, 1049, 1052; kritisch *G. Wagner*, JZ 2009, 908 ff.

[20] Dazu *Reinelt*, NJW 1988, 261; *Foerste*, VersR 1988, 958; *Giesen*, JZ 1988, 969; *Winkelmann*, MDR 1989, 16, einschränkend *BGH* NJW 2007, 762, dazu *H. Roth*, ebda., S. 741.

[21] Bestätigt durch *BGH* NJW 1993, 528; BGHZ 129, 353.

[22] BGHZ 116, 104.

In Ausführung dieser Verpflichtung ist am 1. 1. 1990 (also verspätet) das deutsche Gesetz über die Haftung für fehlerhafte Produkte (ProdHaftG) in Kraft getreten (s. dazu auch PdW Schuldrecht II **Fall 242**). Dessen Inhalt liegt durch die EG-Richtlinie wenigstens als Minimum des Schutzes weithin fest.

b) Wesentlicher Inhalt

aa) Gefährdungshaftung für Produktfehler

349 Für Verletzungen von Leben, Körper, Gesundheit oder Eigentum durch **Fehler** eines Produkts sollen der Hersteller und der ihm unter den Voraussetzungen des § 4 II ProdHaftG gleichgestellte Importeur **verschuldensunabhängig** haften (§ 1 ProdHaftG). Der Begriff des „Fehlers" wird in § 3 I ProdHaftG definiert: Ein solcher liegt vor, wenn das Produkt nicht die Sicherheit bietet, die unter Berücksichtigung aller Umstände berechtigterweise erwartet werden kann. Hierfür kommen **Konstruktions-**, **Fabrikations-** und **Instruktionsfehler** in Betracht. Maßgebend sind allerdings nicht die subjektiven Sicherheitserwartungen des konkret Geschädigten, sondern diejenigen des Personenkreises, an den sich der Hersteller mit seinem Produkt wendet oder die mit dem Produkt in Berührung kommen. Ist eine Ware für den Endverbraucher bestimmt, kommt es auf die Erwartung des durchschnittlichen Konsumenten an. Vollständige Sicherheit vor allen denkbaren Gefahren darf aber nicht erwartet werden. Auch ergibt sich allein aus der Tatsache, dass später ein verbessertes Produkt in den Verkehr gebracht wurde, noch kein „Fehler" (§ 3 II ProdHaftG).

So hat z. B. *BGH* NJW 2009, 1669 einen Produktfehler verneint, wenn bei einem Gebäckstück mit Kirschfüllung („Kirschtaler") noch ein vereinzeltes Kirschkernstück zurückbleibt und zu einer Zahnverletzung des Verbrauchers führt. Dessen Sicherheitserwartungen könne nicht berechtigterweise darauf gerichtet sein, dass ein solches Gebäckstück keinerlei Kernbestandteile enthält.

350 Die Ersatzpflicht ist nach § 1 II ProdHaftG nur ausgeschlossen, wenn der Hersteller nachweist, dass er das Produkt nicht in den Verkehr gebracht hat (Nr. 1), nach den Umständen davon auszugehen ist, dass das Produkt den Fehler zum Zeitpunkt des Inverkehrbringens noch nicht hatte (Nr. 2), er das Produkt weder für den Verkauf oder eine andere Form des Vertriebs mit wirtschaftlichem Zweck hergestellt noch im Rahmen seiner beruflichen Tätigkeit hergestellt oder vertrieben hat (Nr. 3), der Fehler darauf beruht, dass das Produkt in dem Zeitpunkt, in dem der Hersteller es in den Verkehr brachte, zwingenden Rechtsvorschriften entsprochen hat (Nr. 4), oder der Fehler nach dem Stand der Wissenschaft und Technik in dem Zeitpunkt, in dem der Hersteller das Produkt in den Verkehr brachte, nicht erkannt werden konnte (Nr. 5). Angesichts dieser Entlastungsmöglichkeiten ist der Unterschied zu der von der Rechtsprechung entwickelten **deliktischen Produzentenhaftung** aus vermutetem Verschulden (o. Rn. 342 ff.) nicht allzu groß.

bb) Umfang der Haftung; Verjährung; zwingender Charakter

351 Auch der **Haftungsumfang** entspricht in vielen Punkten dem Recht des BGB. Allerdings gelten insoweit einige wichtige Abweichungen, derentwegen ein Rückgriff auf das konkurrierende Recht des BGB weiter nötig bleiben wird:

(1) Ein Ersatz von **Sachschäden** ist nur vorgesehen, wenn der Schaden nicht das fehlerhafte Produkt selbst betrifft und die Sache für den **privaten Ge- oder Verbrauch**

bestimmt ist, § 1 I 2 ProdHaftG. Das ProdHaftG würde also weder den Hühnerpestfall (o. Rn. 342) noch den Schwimmerschalterfall (o. Rn. 279, 281) erfassen. Ein Anspruch auf Mängelbeseitigung am Produkt selbst kommt i. d. R. ebenfalls nicht in Betracht, s. o. Rn. 347.

(2) Sachschäden werden überdies nur ersetzt, soweit der Schaden 500 EUR übersteigt (§ 11 ProdHaftG);

(3) für **Körperschäden** aus demselben Produktfehler (der sich ja bei vielen Personen auswirken kann) gilt umgekehrt der Haftungshöchstbetrag von 85 Millionen EUR, § 10 ProdHaftG.

(4) Bis zum Jahre 2002 ergab sich aus dem ProdHaftG im Falle der Körperverletzung kein Anspruch auf das sog. „Schmerzensgeld", so dass aus diesem Grund häufig ein Rückgriff auf die deliktische Produkthaftung notwendig war. Das ist nunmehr entbehrlich: Nach § 8 S. 2 ProdHaftG ist auch für Nichtvermögensschäden Schadensersatz zu leisten. Im Übrigen entspricht der Umfang der Ersatzpflicht bei Tötung und bei Körperverletzung (§§ 7 – 9 ProdHaftG) im Wesentlichen den entsprechenden Regelungen des BGB (§§ 843 ff.).

352 Die **Verjährung** ist in §§ 12, 13 ProdHaftG geregelt. Die Ansprüche verjähren gem. § 12 ProdHaftG in drei Jahren von dem Zeitpunkt an, in welchem der Ersatzberechtigte vom Schaden, dem Fehler und der Person des Ersatzpflichtigen Kenntnis erlangt hat, jedoch erlischt der Anspruch gem. § 13 ProdHaftG nach Ablauf von 10 Jahren nach Inverkehrbringen des Produkts durch den Hersteller. Im Übrigen wird auf die Verjährungsvorschriften des BGB verwiesen (§ 12 III ProdHaftG). Markantester Unterschied zur Regelverjährung ist damit der **taggenaue Beginn** der Verjährung (vgl. demgegenüber § 199 I: Jahresendverjährung) und die unterschiedliche objektive Frist: Sie ist nicht als Verjährungsfrist, sondern als von Amts wegen zu beachtende **Ausschlussfrist** ausgestaltet und – bei Körperverletzungen – überdies deutlich kürzer als die objektive Maximalfrist des BGB (vgl. § 199 II: 30 Jahre). All diese Restriktionen der Haftung dienen insbesondere der **Versicherbarkeit** des Haftungsrisikos durch den Hersteller.

353 Anders als die deliktische Haftung ist diejenige nach dem ProdHaftG auch **zwingendes Recht** (§ 14 ProdHaftG).

cc) Fortbestehende Bedeutung der deliktischen Produkthaftung

354 Insgesamt hat damit das ProdHaftG die schon mit § 823 I erreichte Haftung des Produzenten nur wenig verschärft. Zumindest wegen der Haftungsbeschränkungen des ProdHaftG wird die gem. § 15 II ProdHaftG nicht verdrängte Haftung aus dem BGB weiter Bedeutung behalten: Die Hühnerpestentscheidung des BGH (o. Rn. 342) war um vieles wichtiger als das Inkrafttreten des ProdHaftG. Daher kann auch von einer wirklichen Vereinheitlichung der Produkthaftung innerhalb der EU keine Rede sein: Die deutsche Haftung ist strenger als die in mehreren anderen Staaten.

5. Das Geräte- und Produktsicherheitsgesetz

Das ProdHaftG wird flankiert durch das **Geräte- und Produktsicherheitsgesetz**. 355
Auch dieses beruht auf einer EG-Richtlinie. Doch enthält es in erster Linie öffentliches Recht: Behörden sollen durch ein umfangreiches Instrumentarium zur Produktinformation und Produktüberwachung, das bis zur Warnung vor gefährlichen Produkten und dem Rückruf reicht, verhindern, dass unsichere Produkte in den Verkehr gelangen oder dort bleiben. Inwieweit eine Verletzung dieser Pflichten Ansprüche geschädigter Verbraucher aus § 823 II (gegen Hersteller und Händler) oder aus Amtshaftung (wegen der Säumnis der Überwachungsbehörden oder unrichtiger Warnungen) begründet, lässt sich noch kaum absehen.[23]

§ 87. Der internationale Kauf

Literatur: *v. Hoffmann/Thorn*, Internationales Privatrecht, 9. Aufl., 2007; *Karollus*, Der Anwendungsbereich des UN-Kaufrechts im Überblick, JuS 1993, 378; *Kegel/Schurig*, Internationales Privatrecht, 9. Aufl. (2004); *Kropholler*, Internationales Privatrecht, 6. Aufl., 2006; *Leible/Lehmann*, Die Verordnung über das auf vertragliche Schuldverhältnisse anwendbare Recht, RIW 2008, 528 ff.; *Pfeiffer*, Neues Internationales Vertragsrecht – Zur Rom I-Verordnung, EuZW 2008, 622; *Schlechtriem*, Internationales UN-Kaufrecht, 4. Aufl., 2007; *Schlechtriem/Schwenzer*, Kommentar zum Einheitlichen UN-Kaufrecht (CISG), 4. Aufl., 2004; *Woopen/Clausnitzer*, Internationale Vertragsgestaltung, – Die neue EG-Verordnung für grenzüberschreitende Verträge, BB 2008, 1798.

I. Internationales Privatrecht und Internationales Einheitsrecht

Nicht nur Verträge zwischen Unternehmern, sondern – begünstigt durch den Han- 356
del über das Internet – auch Verbraucherverträge werden zunehmend „über die Grenze" geschlossen. Dann stellt sich die Frage des anwendbaren Rechts. Hier entscheidet regelmäßig das **Internationale Privatrecht (IPR)**, welches Recht auf die Rechtsbeziehungen zwischen Käufer und Verkäufer anzuwenden ist (s. Art. 3 EGBGB). Die Regeln des internationalen Privatrechts enthalten keine materiellen Regelungen des Kaufrechts, sondern bestimmen lediglich, welches nationale Kaufrecht im Einzelfall auf einen Kaufvertrag Anwendung findet. Da diese Regelungen aber von Staat zu Staat divergieren können, spielt die **internationale Zuständigkeit** von Gerichten eine wesentliche Rolle: Man kann durch geschickte Wahl des Gerichtsstandes u. U. das Ergebnis eines Rechtsstreits beeinflussen, indem man eine Klage vor den Gerichten desjenigen Staates erhebt, dessen IPR das im Einzelfall günstigere Recht beruft. Dieses Phänomen des sog. **„forum shopping"** wird vermieden, wenn das IPR der verschiedenen Staaten vereinheitlich ist: Wenn auf ein und denselben Vertrag vor den Gerichten aller in Betracht kommender Staaten dasselbe Recht angewendet wird, ist die Wahl des Gerichtsstandes zumindest theoretisch nicht mehr entscheidend für die rechtliche Beurteilung eines Kaufvertrages. Aus diesem Grund ist die Vereinheitlichung des Internationalen Privatrechts gerade auf dem Gebiet des Vertragsrechts weit vorangeschritten: Bereits bisher beruhten die Art. 27–37 EGBGB auf einem Internationalen Übereinkommen, seit dem 17. 12. 2009 gilt in der EU die VO (EG) Nr. 593/2008 des Europäischen Parlaments und

[23] Vgl. dazu *Treml/Nolte*, NJW 1997, 2265 ff.; *Treml/Luber*, NJW 2005, 1745 ff.

des Rates v. 17. 6. 2008 über das auf vertragliche Schuldverhältnisse anzuwendende Recht (sog. **Rom I-VO**).

Für das Kaufrecht ist man allerdings schon viel früher einen anderen Weg gegangen: Man hat für den grenzüberschreitenden Kauf einheitliches **materielles** Recht zu schaffen versucht. Die ersten Ergebnisse dieser Bemühungen waren das „Einheitliche Gesetz über den Abschluss von internationalen Kaufverträgen über bewegliche Sachen" und das „Einheitliche Gesetz über den internationalen Kauf beweglicher Sachen". Beide Gesetze, abgekürzt als EAG und EKG bezeichnet, beruhen auf einem Haager Übereinkommen von 1964. Sie sind in Deutschland am 17. 7. 1973 als nationale Gesetze verkündet worden und am 16. 4. 1974 in Kraft getreten. Später sind EAG und EKG durch das am 11. 4. 1980 in Wien abgeschlossene „**Übereinkommen der Vereinten Nationen über Verträge über den internationalen Warenkauf**" (**Convention on Contracts for the International Sale of Goods, CISG** oder „**UN-Kaufrecht**") abgelöst worden. Dieses Übereinkommen umfasst einige Regeln über den Abschluss (Art. 14–24 CISG) und zahlreiche Regeln über die Ausführung (Art. 25–88 CISG) internationaler Warenkäufe. Dieses Werk ist deutlich besser gelungen als die wenig beliebten EAG und EKG, die nur Anwendung fanden, wenn die Parteien dieses Recht gewählt hatten (sog. **„opt in"-Modell**), was selten der Fall war. Einiges daraus hat auch als Vorbild für die Verbrauchsgüterkaufrichtlinie und die deutsche Schuldrechtsreform gedient. Die systematischen Unterschiede zwischen dem CISG und dem deutschen Kaufrecht sind dadurch geringer geworden, was die „Scheu" vor dem CISG vielleicht ein wenig zu lindern vermag. Das Übereinkommen ist durch die Hinterlegung der Ratifikationsurkunden von zehn Unterzeichnerstaaten wirksam geworden und am 1. 10. 1988 in Kraft getreten; in Deutschland gilt es seit dem 1. 1. 1991. Es findet heute weltweit in über 70 Staaten Anwendung, davon in den meisten Mitgliedstaaten der EU (nicht in Portugal, England, Irland und Malta), in den USA und in Russland.

Auf der Ebene der EU ist die Einführung eines **einheitlichen europäischen Kaufrechts** geplant, das – im Gegensatz zu dem nur zwischen gewerblich Tätigen anwendbaren CISG – vornehmlich zwischen Unternehmern als Verkäufern und Verbrauchern Anwendung finden soll. Anders als das CISG soll es allerdings nur aufgrund einer Rechtswahl anwendbar sein (sog. **„opt in"-Modell**).[1]

II. Zum Inhalt des UN-Kaufrechts

1. Geltungsbereich

357 Das CISG gilt im Wesentlichen für den Warenverkauf, also **bewegliche körperliche Sachen,** zwischen Parteien mit Niederlassung in verschiedenen Vertragsstaaten (Art. 1 CISG), nach Art. 3 CISG ebenso für bestimmte Werklieferungsverträge (zum Begriff s. u. Rn. 693). Es gilt nicht, wenn es sich bei dem Vertrag erkennbar um ein Privatgeschäft handelt. Das CISG ist also letztlich ein Sonderrecht für den **Handelskauf**. Die Parteien können das UN-Kaufrecht aber ausschließen (Art. 6 CISG, sog. **„opt out"-Modell**); dann ist das anwendbare nationale Recht nach den Kollisionsregeln des IPR zu ermitteln.

[1] S. dazu den Vorschlag der EU-Kommission vom 11. 10. 2011 für eine Verordnung über ein Gemeinsames Europäisches Kaufrecht, KOM (2991) 635 endg. sowie *Staudenmayer,* NJW 2011, 3491.

2. Vertragsschluss

Sachlich beschränken sich die Vorschriften über den Vertragsabschluss im Wesentlichen auf den Mechanismus von Antrag (dort als „Angebot" bezeichnet) und Annahme (Art. 14–24 CISG). Insbesondere die Unwirksamkeitsgründe richten sich dagegen weiter nach nationalem Recht. 358

3. Leistungsstörungen

Die Vorschriften über die Vertragserfüllung befassen sich vor allem mit den Leistungsstörungen. Das CISG differenziert weniger stark als das Kaufrecht des BGB/HGB zwischen der Art der Leistungsstörung (Unmöglichkeit oder Verspätung), sondern operiert generell mit dem Begriff der **Vertragsverletzung** (*breach of contract*), an welchem sich der deutsche Gesetzgeber durch den Zentralbegriff der **Pflichtverletzung** (§ 280 I BGB)[2] orientiert hat. Eine Vertragsverletzung berechtigt den anderen Teil aber nur zur Aufhebung des Vertrages, wenn sie **wesentlich** (*fundamental*) ist, s. Art. 25, 49 64 CISG. Eine erfolglose Fristsetzung berechtigt nur bei vollständigem Ausbleiben der Leistung zur Vertragsaufhebung. Bei Sachmängeln hat der Käufer eine Obliegenheit zur Untersuchung und Mängelrüge (Art. 38, 39 I CISG). Spätestens zwei Jahre nach der Übergabe erlöschen die Mängelrechte (Art. 39 II CISG). Wichtigster Unterschied zum deutschen Recht ist, dass für Schadensersatzansprüche **nicht** (wie nach § 276) das **Verschuldensprinzip** gilt. Vielmehr soll der Schuldner sich nur durch den Nachweis entlasten dürfen, „dass die Nichterfüllung auf einem außerhalb (seines) Einflussbereichs liegenden Hinderungsgrund beruht und dass von (ihm) vernünftigerweise nicht erwartet werden konnte, den Hinderungsgrund bei Vertragsschluss in Betracht zu ziehen oder den Hinderungsgrund oder seine Folgen zu vermeiden oder zu überwinden" (Art. 79 I CISG).[3] Etwa geschuldeter Schadensersatz ist aber auf den bei Vertragsschluss voraussehbaren Betrag beschränkt (Art. 74 CISG). 359

4. Lücken

Das CISG enthält wesentliche Regelungslücken. Nicht geregelt sind insbesondere die Frage des Eigentumsübergangs, Willensmängel, die Inhaltskontrolle, Schadensersatz wegen Körperverletzung, die Vertretungsmacht, Aufrechnung, Abtretung, Zinshöhe und Verjährung. Diese zum großen Teil bewussten Lücken sind aber keine Schwäche des CISG, sondern sollten seine internationale Akzeptanz durch möglichst viele Beitrittsstaaten erhöhen. Zur Füllung dieser Lücken ist wiederum auf das nach den Regelungen des IPR anwendbaren Rechts zurückzugreifen. Das CISG macht das IPR also keineswegs vollständig entbehrlich. 360

5. Vorteile des CISG

Auch das CISG war bisher, wenngleich wesentlich erfolgreicher als EAG/EKG, zumindest in Deutschland vergleichsweise unbeliebt und wurde in vielen grenzüberschreitenden Verträgen im Wege des „opt-out" (Art. 6 CISG, o. Rn. 357) abbedungen. Das mag seinen Grund darin gehabt haben, dass die Parteien ihm als wenig 361

[2] S. dazu AT Rn. 335 ff.
[3] S. dazu BGHZ 141, 129, 132 ff.

vertrautes Recht skeptisch gegenüberstanden. Ein überragender Vorteil des CISG gegenüber dem Kaufrecht des BGB ist allerdings die dort vollständig gewährte **Vertragsfreiheit**. Einschränkungen der Privatautonomie zwischen Unternehmern, wie sie das deutsche Recht in den §§ 478, 479 enthält (o. Rn. 249 ff.; 265), kennt das CISG jedenfalls nicht. Bei grenzüberschreitenden Kaufverträgen kann es damit für einen Unternehmer durchaus ratsam sein, das CISG nicht vertraglich abzubedingen.

III. Internationales Privatrecht: Die Rom I-VO der EU

362 Ist das CISG nicht anwendbar oder gilt es, Lücken des CISG zu füllen, ist das auf den Kaufvertrag anwendbare Recht über die Regeln des IPR zu bestimmen. Das internationale Vertragsrecht ist mit Wirkung vom 17. 12. 2009 in der Rom I-VO (o. Rn. 356) geregelt. Diese ist universell, d. h. auch gegenüber Nicht-Mitgliedstaaten der EU anwendbar (Art. 2 Rom I-VO). Danach gilt der Grundsatz der **Rechtswahlfreiheit**, d. h. die Parteien können das anwendbare Recht durch Vertrag bestimmen (Art. 3 Rom I-VO). In Abwesenheit einer solchen Rechtswahl findet auf Kaufverträge über **bewegliche Sachen** nach Art. 4 I lit. a Rom I-VO das Recht des Staates Anwendung, in welchem der **Verkäufer** seinen gewöhnlichen Aufenthalt (Art. 19 Rom I-VO) hat, Kaufverträge über **unbewegliche Sachen** unterliegen dem Belegenheitsrecht (Art. 4 I lit. c Rom I-VO). Sonderregelungen bestehen für den Verkauf beweglicher Sachen im Wege der Versteigerung (Art. 4 I lit. g Rom I-VO: Versteigerungsort, sofern bestimmbar). Für andere Kaufverträge (etwa den Rechtskauf) gilt nach Art. 4 II das Recht des Staates, in welchem die Partei, welche die vertragscharakteristische Leistung erbringt, ihren gewöhnlichen Aufenthalt hat. Das führt ebenfalls zum Recht des gewöhnlichen Aufenthalts des Verkäufers. Eine Sonderregelung enthält Art. 6 Rom I-VO für **Verbraucherverträge**. Sofern der Unternehmer seine berufliche oder gewerbliche Tätigkeit im Staat des gewöhnlichen Aufenthalts des Verbrauchers ausübt oder seine Tätigkeit sonst auf diesen Staat ausrichtet (z. B. durch websites), ist bei fehlender Rechtswahl das Recht dieses Staates anzuwenden (Art. 6 I Rom I-VO). Eine (auch hier mögliche) Rechtswahl darf nach Art. 6 II Rom I-VO aber nicht dazu führen, dass dem Verbraucher der Schutz derjenigen Regelungen entzogen werden, die nach dem Recht seines gewöhnlichen Aufenthaltes vertraglich nicht abbedungen werden dürfen (z. B. verbraucherschützende Widerrufsrechte).

Beispiel: Der in Deutschland wohnende K kauft über eine u. a. in deutscher Sprache betriebene Web-Seite eines türkischen Anbieters einen Orientteppich. Der Vertrag enthält eine (wirksame) Rechtswahl zugunsten türkischen Rechts. Kennt das türkische Recht kein § 312d entsprechendes Widerrufsrecht, kann K seine Willenserklärung dennoch nach § 312d widerrufen.

2. Abschnitt. Der Kauf von Rechten und sonstigen Gegenständen

Bisher war nur vom Sachkauf die Rede. Verkauft werden können aber auch unkörperliche Gegenstände (Forderungen, Rechte) und sogar Dinge, die nicht einmal Rechte darstellen (z. B. die Beziehungen zu den Kunden oder das Wissen um ein Geheimverfahren – „know how“). Hier soll noch kurz auf zwei solche wichtigen Kaufobjekte eingegangen werden, nämlich auf Rechte und Unternehmen.

§ 88. Der Rechtskauf

Literatur: *Brink*, Forfaiting und Factoring im Licht der Schuldrechtsreform, WM 2003, 1355; *Eidenmüller*, Die Verjährung beim Rechtskauf, NJW 2002, 1625; *Haedicke*, Rechtskauf und Rechtsmängelhaftung, 2003; *Pahlow*, Grundfragen der Gewährleistung beim Rechtskauf, JA 2006, 385.

I. Rechtskauf und Forderungskauf

Der Rechtskauf begegnet am häufigsten als Kauf einer (gesicherten oder ungesicherten) Forderung (vgl. noch u. Rn. 1095 ff. zum **Factoring**). Kaufgegenstand können aber auch andere übertragbare Rechte sein, z. B. Gesellschaftsanteile oder Patente und jetzt auch Umwelt-Emissionsrechte.[1] Bloß das Eigentum (auch das Miteigentum) scheidet hier aus: Da Eigentum nur an Sachen besteht, ist sein Kauf Sachkauf. 363

II. Der Rechtskauf im Allgemeinen

1. Verweisung auf das Kaufrecht

Gesetzlicher Ausgangspunkt für den Rechtskauf ist § 453, der die für den Kauf von Sachen geltenden Vorschriften für entsprechend anwendbar erklärt. Dieser Vorschrift kann man entnehmen, dass der Verkäufer das verkaufte Recht entsprechend § 433 I 1 auf den Käufer zu übertragen hat. Was dazu gehört, ergibt sich aus der Art des verkauften Rechts: Forderungen sind nach den §§ 398 ff. zu übertragen, eine Grundschuld nach den §§ 1192 I, 1154 (Briefgrundschuld) oder § 873 (Buchgrundschuld). Zudem ergibt §§ 433 I 2, 435, dass an dem verkauften Recht keine Rechte Dritter bestehen dürfen, und dass andernfalls ein Rechtsmangel i. S. v. § 435 vorliegt. 364

Im Übrigen aber bleibt man ziemlich ratlos: Welche Eigenschaften muss etwa die verkaufte Geldforderung haben außer der einen, dass sie besteht? Darf sie einredebehaftet sein? Ist die Leistungsfähigkeit des Schuldners erheblich? Auf welchen Zeitpunkt ist dafür abzustellen: auf den Kaufabschluss, auf die Abtretung oder auf die (den Käufer ja hauptsächlich interessierende) Fälligkeit? Auf alle diese Fragen gibt § 434 keine deutliche Antwort, nicht einmal in entsprechender Anwendung.

2. Veritätshaftung

Existiert die verkaufte Forderung oder das verkaufte Recht nicht, so liegt, da es einen gutgläubigen Erwerb nicht existenter Forderungen grundsätzlich nicht gibt,[2] stets ein Fall anfänglicher Unmöglichkeit vor. Der Verkäufer haftet dann ebenso wie beim Sachkauf unmittelbar, d. h. ohne Einschaltung des Gewährleistungsrechts (s. dazu o. Rn. 117) nach § 311a II. Sein Kaufpreisanspruch scheitert an § 326 I 1. Der Verkäufer eines Rechts haftet daher für dessen tatsächliches Bestehen (sog. **Veritätshaftung**). Gleiches gilt, wenn das Recht zwar besteht, aber nicht übertragbar ist (etwa im Fall des § 399). 365

[1] S. dazu *Wertenbruch*, ZIP 2005, 516.

[2] Der Ausnahmefall des § 1138 betrifft nur die Fiktion der Forderung zur Aufrechterhaltung einer Hypothek.

3. Bonitätshaftung

366 Doch auch eine existierende Forderung oder ein existierendes Recht wie etwa eine Aktienbeteiligung kann nicht durchsetzbar sein, weil der Schuldner sie nicht erfüllen kann oder der Aktienkurs niedrig ist. Das ist, da das Recht ja als solches besteht und auch frei von Rechten Dritter ist, kein Rechtsmangel i. S. v. § 435. Damit stellt sich die Frage, ob die fehlende Werthaltigkeit eines Rechts einen „Sachmangel" i. S. v. §§ 453, 434 darstellen kann. Das ist generell zu verneinen: Ein unkörperlicher Gegenstand kann schon keine „Beschaffenheit" i. S. v. § 434 aufweisen (dazu o. Rn. 74). Jedenfalls gehören die Einbringlichkeit der Forderung bzw. die Werthaltigkeit des Rechts nicht zu deren „gewöhnlicher Beschaffenheit" im Sinne des objektiven Fehlerbegriffs. Es besteht damit keine gesetzliche Haftung des Verkäufers für die Werthaltigkeit des verkauften Rechts (sog. **Bonitätshaftung**). Das bedeutet freilich nicht, dass der Verkäufer einer Forderung bzw. eines Rechts nicht vertraglich für dessen Werthaltigkeit einstehen kann. Hierzu bedarf es aber einer (selbständigen) **Garantievereinbarung** etwa für die Einbringlichkeit einer Forderung. Ist die Forderung uneinbringlich oder das Recht nicht werthaltig, hat der Käufer einen vertraglichen Anspruch gegen den Verkäufer aus der Garantieabrede. S. dazu PdW Schuldrecht II **Fälle 14, 15**.

4. Die Bedeutung von Sachen beim Rechtskauf

367 Beim Rechtskauf können Sachen in zweifacher Hinsicht Bedeutung erlangen:

Wenn das verkaufte Recht zum **Besitz einer Sache** berechtigt (wie z. B. ein Erbbaurecht zum Besitz des Grundstücks), soll der Verkäufer nach § 453 III auch zur Übergabe dieser Sache verpflichtet sein, und zwar frei von Rechts- und Sachmängeln. Ist die Sache mangelhaft, kann es also zur (direkten) Anwendung der Sachmängelhaftung nach §§ 437 ff. kommen.

Das gekaufte Recht kann auch dadurch mit einer Sache verbunden sein, dass es **in einer Urkunde verkörpert** ist. Dann soll die Urkunde (z. B. eine Aktie oder Theaterkarte) den Inhaber für die Geltendmachung des Rechts legitimieren (vgl. u. Rn. 1066 ff.). In solchen Fällen ist zwar das Papier als Sache mitgekauft. Mangelhaft kann es aber nur sein, soweit es seine Legitimationsaufgabe nicht zu erfüllen vermag, z. B. weil die Urkunde unleserlich geworden oder die Theaterkarte eingerissen ist. Dann greifen nach richtiger Ansicht die Vorschriften über Rechtsmängel ein: Entscheidend ist hier nämlich, dass der Käufer wegen des Mangels des Papiers sein Recht nicht ausüben kann.

§ 89. Der Kauf von sonstigen Gegenständen

Literatur: *U. Adam*, Unternehmenskauf, Verkäuferhaftung und Vertragsgestaltung, 2004; *Eidenmüller*, Rechtskauf und Unternehmenskauf, ZGS 2002, 290; *ders.*, Die Verjährung beim Unternehmenskauf, NJW 2002, 1625; *Goldschmidt*, Wissenszurechnung beim Unternehmenskauf, ZIP 2005, 1305; *Hölters* (Hrsg.), Handbuch Unternehmenskaufs, 7. Aufl., 2010; *Holzapfel/Pöllath*, Unternehmenskauf in Recht und Praxis, 14. Aufl., 2010; *U. Huber*, Die Praxis des Unternehmenskaufs im System des Kaufrechts, AcP 202 (2002), 179; *Kindl*, Unternehmenskauf und Schuldrechtsmodernisierung, WM 2003, 409; *Kleinhenz/Junk*, Die Haftung des Verkäufers für Falschangaben beim Unternehmenskauf, JuS 2009, 787; *Knolt/Mielke*, Unternehmenskauf, 3. Aufl., 2008; *S. Lorenz*, Der Unternehmenskauf nach der Schuldrechtsreform, FS *Heldrich*, 2005 S. 305; *K. V. Müller*, Einfluß der due diligence auf die Gewährleistungsrechte des Käufers beim Unternehmenskauf, NJW 2004, 2196; *Rittmeister*, Gewährleistungshaftung beim Unternehmenskauf, 2005; *Weitnauer*, Der Unternehmenskauf nach neuem Kaufrecht, NJW 2002, 2511; *Schröcker*, Unternehmenskauf und Anteilskauf nach der Schuldrechtsreform, ZGR 2005, 63; *Wertenbruch*, Gewährleistung beim Unternehmenskauf, in: Dauner-Lieb/Konzen/K. Schmidt, Das neue Schuldrecht in der Praxis, 2003, 493; *Wessels*, Unternehmenskauf im Vorfeld der Verkäuferinsolvenz, ZIP 2004, 1237 ff.; *M. Wolf/Kaiser*, Die Mängelhaftung beim Unternehmenskauf nach neuem Recht, DB 2002, 411.

I. Sonstige Gegenstände

§ 453 betrifft nicht nur den Rechtskauf, sondern erwähnt auch „sonstige Gegenstände". Dazu gehören alle **unkörperlichen Gegenstände**, die weder Forderungen noch Rechte sind, aber Gegenstand des Rechtsverkehrs sein können, d. h. übertragbar sind. Hierunter fallen etwa Energie in Form von Elektrizität und Wärme oder Immaterialgüter wie z. B. Fabrikationsgeheimnisse, know-how, Werbeideen, Kundenstämme, insbesondere aber auch Sach- und Rechtsgesamtheiten wie Unternehmen, Arzt- oder Anwaltspraxen. 368

Umstritten ist der Kauf von **Software**. Die Rechtsprechung neigt dazu, auf einem Datenträger verkörperte Software generell als **bewegliche Sache** anzusehen. Dabei kommt es wohl auch nicht auf den Übertragungsweg an, sondern allein auf die notwendige Verkörperung selbst: Unabhängig davon, ob der Käufer die Software auf einem Datenträger erwirbt oder unmittelbar (bei der Übertragung durch „download" im Internet) auf einen eigenen Datenträger überspielt, gehe es ähnlich wie bei einem Buch um eine **verkörperte geistige Leistung**.[1] Folgt man dieser Ansicht, sind auf den Softwarekauf die §§ 433 ff. unmittelbar, d. h. ohne die Verweisung des § 453 I Alt. 2 anwendbar. Folgt man dem nicht, ist über § 453 I 2 Kaufrecht anzuwenden. Letzteres war wohl auch die Ansicht des Gesetzgebers.[2] Praktische Bedeutung hat diese Unterscheidung für das Kaufrecht jedenfalls nicht.[3] S. dazu PdW Schuldrecht II **Fälle 24, 144**. 369

Von der dem Anwender zur Nutzung des Computerprogramms überlassenen Verkörperung ist das **urheberrechtlich geschützte Werk** selbst zu trennen. Für ein geschütztes Programm bedarf es zusätzlich der urheberrechtlich erforderlichen vertraglichen Vereinbarungen, wie der Erlaubnis zur Vervielfältigung, Übersetzung, Verbreitung gemäß § 69 c UrhG. Fehlt diese (etwa beim Verkauf einer illegalen Kopie), liegt ein **Rechtsmangel** vor. Für die Rechtsnatur des Softwareüberlassungsvertrages spielt das aber keine Rolle. Denn der mit dem Softwareüberlassungsvertrag verfolgte Zweck geht dahin, dem Anwender die Nutzung eines Computerprogramms zu ermöglichen, sei es urheberrechtlich geschützt oder ungeschützt.[4]

Str. ist die rechtliche Qualifikation von Verträgen über den Erwerb von individuell programmierter Software (**Individualsoftware**). Überwiegend werden sie dem Werkvertragsrecht zugeordnet, jedoch findet dann über § 651 wiederum weitestgehend Kaufrecht Anwendung.

1 *BGH* NJW 2007, 2394 Tz. 15; BGHZ 143, 307.
2 S. BT-Drs. 14/6040 S. 242.
3 In *BGH* NJW 2007, 2394 ging es um die Anwendbarkeit von Mietrecht auf einen sog. „ASP"-Vertrag, s. dazu u. Rn. 418.
4 *BGH* NJW 2007, 2394 Tz. 17.

II. Der Unternehmenskauf

370 Eine wirtschaftlich überragende Rolle spielt der **Unternehmenskauf**. Nicht nur national, sondern auch international werden Unternehmen und Unternehmensteile an Investoren oder andere Unternehmer verkauft. Auf dem Markt dieses sog. **„M&A"-Geschäfts** (M&A = *„mergers and acquisitions"* = Fusionen und Unternehmensübernahmen) werden weltweit Milliarden umgesetzt, hochspezialisierte internationale Anwaltskanzleien spielen hier eine bedeutende Rolle. Dabei geht es nicht nur um kaufrechtliche, sondern insbesondere auch um komplexe gesellschaftsrechtliche, arbeitsrechtliche, steuerrechtliche und kartellrechtliche Fragen. Dies und die Finanzierung dieser häufig millionenschweren Geschäfte durch international agierende Investmentbanken haben dazu geführt, dass sich hier im Sprachgebrauch zahlreiche Anglizismen eingebürgert haben, hinter welchen sich allerdings meist bekannte Rechtsinstitute verbergen. Der Unternehmenskauf betrifft aber nicht nur diese Großgeschäfte, sondern kommt auch in kleinerem Ausmaß vor: Der Verkauf einer Arztpraxis, einer Anwaltskanzlei oder eines kleinen Ladengeschäfts ist ebenfalls der Kauf eines Unternehmens.

1. Der Begriff des Unternehmens: Abgrenzung zum Kauf von Einzelgegenständen

371 Ein Unternehmen als solches ist kein einheitliches Rechtsobjekt. Vielmehr besteht es regelmäßig aus einer Vielzahl von Sachen, Rechten und anderen Gütern: aus Grundstücken, Maschinen, Vorräten, Forderungen, Patenten, Marken, aus der Firma, aus Fachwissen über Produktionsverfahren und aus den Beziehungen zu der Kundschaft. Es handelt sich also gleichsam um einen **„lebenden Organismus"**,[5] der als solcher Gegenstand des Rechtsverkehrs sein kann. Wer lediglich bestimmte Gegenstände aus einem Unternehmen kauft, also etwa eine Baumaschine, ein Grundstück oder bestimmte Forderungen, kauft diesen Einzelgegenstand und nicht etwa das Unternehmen als solches. Ist der gekaufte Gegenstand mangelhaft, bestehen diesbezüglich die gesetzlichen Gewährleistungsansprüche. Wer nur Anteile an einem Unternehmen (Aktien, GmbH-Anteile etc.) kauft, kauft Rechte, aber nicht das Unternehmen als solches. Ein Unternehmenskauf liegt erst dann vor, wenn Gegenstand des **schuldrechtlichen Vertrages** nicht nur einzelne Wirtschaftsgüter sind, sondern eine Gesamtheit von Sachen, Rechten und sonstigen Vermögenswerten übertragen werden soll und der Erwerber dadurch in die Lage versetzt wird, das Unternehmen als solches weiterzuführen.[6] Ist dies der Fall, liegt der Kauf eines „sonstigen Gegenstandes" i. S. v. § 453 I Alt. 2 vor. Diese Abgrenzung ist entscheidend für die **Gewährleistung**: Wird ein Einzelgegenstand aus einem Unternehmen (z. B. eine Baumaschine) verkauft, so hat der Käufer bereits dann Gewährleistungsansprüche, wenn dieser eine Gegenstand mangelhaft ist. Wird aber ein Unternehmen verkauft, das z. B. über zahlreiche Baumaschinen verfügt, so stellt die Mangelhaftigkeit einer dieser Baumaschinen nicht zwingend einen Mangel des Unternehmens als solchen i. S. v. § 434 dar. Es kann nämlich durchaus noch zur gewöhnlichen Beschaffenheit eines Betriebs gehören, dass einzelne der betriebszugehörigen Gegenstände defekt sind.

[5] *Canaris*, Handelsrecht, 23. Aufl., 2000, § 8 Rn. 24.
[6] *BGH* NJW 2002, 1042.

2. Die Vollzugsform

Von der schuldrechtlichen Frage der **Verpflichtung** zur Übertragung eines Unternehmens ist die **Vollzugsform** zu unterscheiden. Da ein Unternehmen aus einer Vielzahl von Einzelgegenständen (Grundstücken, beweglichen Sachen, Forderungen, sonstigen Gegenständen) besteht, kann es nicht als solches Gegenstand eines dinglichen oder schuldrechtlichen Verfügungsgeschäfts sein. Für die Erfüllung der Verpflichtung, ein Unternehmen zu übertragen, sind daher zwei verschiedene Wege denkbar.

a) Die Übertragung der Einzelgegenstände („asset deal")

Der Unternehmenskauf kann einmal dadurch vollzogen werden, dass alle zum Unternehmen gehörenden Einzelgegenstände nach den jeweils für sie geltenden Regeln übertragen werden. Dies wird auch als *„asset deal"* (von engl. *asset* = Vermögensgegenstand) bezeichnet. Bewegliche Sachen sind nach §§ 929 ff., Grundstücke nach § 925 zu übereignen. Forderungen sind nach §§ 398 ff. abzutreten, Schulden oder ganze Verträge sind nach §§ 414 ff. (analog) zu übernehmen. Fachwissen muss durch Mitteilung, der Kundenstamm durch Empfehlungen und die Unterlassung von Wettbewerb übertragen werden etc. 372

b) Die Übertragung der Anteile an der unternehmenstragenden Gesellschaft („share deal")

Diese Übertragung von Einzelgegenständen ist bei größeren Unternehmen zeitraubend und kostenintensiv. Ist das zu übertragende Unternehmen bereits als solches als juristische Person, etwa als GmbH organisiert, ist es wesentlich einfacher, wenn der Käufer die Anteile an dieser juristischen Person und damit mittelbar „auf einen Schlag" das gesamte Unternehmen erwirbt. An der Rechtsinhaberschaft der einzelnen Vermögensgegenstände ändert sich hierdurch nichts. Sie sind weiter im Eigentum der Gesellschaft, die aber als solche den Inhaber gewechselt hat. Da auf diesem Wege der Unternehmenskauf im Wege des Anteilskaufs erfolgt, spricht man auch von einem *„share deal"* (von engl. *share* = Anteil). Wird nur ein Teil eines Unternehmens verkauft, muss dieser vorweg auf eine neu gegründete juristische Person ausgegliedert werden (sog. *„spin-off"*). 373

Dieser **Unternehmenskauf in Form des Anteilskaufs** ist abzugrenzen vom bloßen **Anteilskauf**: Wer lediglich eine geringe Aktienbeteiligung an einem Unternehmen oder einen Minderheitenanteil an einer GmbH oder einer Personengesellschaft erwirbt, kauft kein Unternehmen, sondern ein Recht. Da in einem solchen Fall, wie o. bei Rn. 365 f. dargelegt, lediglich eine **Veritätshaftung** in Frage kommt, begründen Mängel des Unternehmens, dessen Anteile erworben werden, keine Gewährleistungsansprüche des Anteilskäufers. In Betracht kommt dann allerdings eine Haftung aus **culpa in contrahendo** (§§ 280 I, 311 II, 241 II) unter dem Gesichtspunkt einer vorvertraglichen Aufklärungspflichtverletzung.[7] 374

Ein Unternehmenskauf in Form des *share deal* kann nur vorliegen, wenn im wirtschaftlichen Sinne eine Übernahme des von der Gesellschaft betriebenen Unternehmens mit allen Chancen und Risiken vorliegt. Das setzt neben einem auf den Ver-

[7] S. z. B. *BGH* NJW 2001, 2163.

kauf „des Unternehmens" gerichteten Willen der Parteien voraus, dass es die übernommenen Anteile dem Erwerber auch tatsächlich gestatten, das Unternehmen zu führen. Die Rspr. zieht hier seit jeher enge Grenzen, indem sie – trotz abweichender Stimmen in der Literatur – nur solche Anteilskäufe dem Unternehmenskauf gleichstellt, bei denen der übernommene Anteil fast 100 % der Gesamtanteile beträgt.[8] Eine bloße Mehrheitsbeteiligung soll hingegen selbst dann nicht ausreichen, wenn der Erwerber damit bestimmenden Einfluss auf die Tätigkeit des Unternehmens erwirbt.[9] Die in anderen Händen verbliebenen Anteile dürfen „die Verfügungsbefugnis des Erwerbers über das Unternehmen nicht entscheidend beeinträchtigen".[10] S. dazu PdW Schuldrecht II **Fall 17**.

3. Die Gewährleistung

375 Liegt ein Unternehmenskauf in der Vollzugsform des „asset deal" oder des „share deal" vor, so begründen Mängel einzelner unternehmenszugehöriger Gegenstände erst dann einen Mangel des Unternehmens als solchen, wenn sie sich auf dessen gewöhnliche oder vereinbarte Beschaffenheit negativ auswirken, d. h. „durchschlagen" (z. B. die Buchführung ist so unordentlich, dass das Finanzamt Schwierigkeiten macht; oder ein für die Produktion wichtiges Patent wird vernichtet; oder der angegebene Umsatz stimmt nicht). Das ist im Wesentlichen eine Frage des Einzelfalls. Sind etwa im Fuhrpark des verkauften Unternehmens einzelne Fahrzeuge defekt, mag dies bei einem größeren Unternehmen (etwa bei ein Mietwagen- oder Taxiunternehmen) vollkommen normal sein, bei einem kleineren Unternehmen aber einen Sachmangel des Unternehmens darstellen, weil es sich auf dessen Funktionsfähigkeit auswirkt (wenn etwa bei einem Bauunternehmen der einzige Kran defekt ist). Jedenfalls begründet ein Sachmangel eines einzelnen unternehmenszugehörigen Gegenstandes keine eigenständigen Gewährleistungsansprüche, weil dieser als solcher nicht Gegenstand eines Kaufvertrages war.

376 Freilich kommt es in den wenigsten Fällen eines Unternehmenskaufs auf die gesetzlichen Gewährleistungsregelungen an. Die Gewährleistung ist vielmehr i. d. R. Gegenstand besonderer, individuell ausgehandelter limitierter **Garantievereinbarungen** unter Ausschluss der Gewährleistung im Übrigen. Das ist nach § 444 zulässig („soweit"). Üblicherweise werden hier das Unternehmen genau beschrieben und bestimmte Mindest- und Höchsthaftungssummen für den Fall eines Mangels vereinbart (sog. „de minimis"-Klauseln und „caps"). Häufig gibt der Verkäufer im Vorfeld des Vertragsschlusses dem Käufer zu diesem Zweck die Möglichkeit, sich über die Einzelheiten des Unternehmens durch Einsichtnahme in dessen Unterlagen selbst ein Bild zu machen (das ist die sog. *„due diligence"*).[11]

377 Eine der umstrittensten Frage ist in diesem Zusammenhang die Konkurrenz der Gewährleistungshaftung zur Haftung aus **culpa in contrahendo** (§§ 280 I, 311 II, 241 II), wenn der Verkäufer im Zuge der Vertragsverhandlungen schuldhaft unrichtige oder unvollständige Angaben über das verkaufte Unternehmen gemacht hat. Hier gilt das o. bei Rn. 272 ff. zu Konkurrenzproblematik Ausgeführte: Sofern sich die

[8] S. etwa BGHZ 138, 195, 204; *BGH* NJW 2001, 2163; 2002, 1042.
[9] S. dazu *S. Lorenz* FS Heldrich, 2007, S. 305 ff.; anders etwa *Weitnauer*, NJW 2002, 2511.
[10] So BGHZ 65, 246, 251.
[11] S. dazu sowie zu den Rechtsfolgen *Fleischer/Körber*, BB 2001, 841 ff.

Aufklärungspflichtverletzung auf einen Umstand bezieht, der zugleich einen Sachmangel des Unternehmens darstellt, ist die Haftung aus fahrlässiger culpa in contrahendo verdrängt. Ansprüche wegen vorsätzlicher Aufklärungspflichtverletzung bleiben aber ebenso wie die Möglichkeit einer Anfechtung wegen arglistiger Täuschung (§ 123 I) vorbehalten (und können auch nicht vertraglich ausgeschlossen werden, s. § 276 III). Wird ein Mangel arglistig verschwiegen, bleibt auch die gesetzliche Gewährleistung möglich (§ 444). Deshalb kommt es hier häufig auf die **Reichweite der Offenbarungspflichten** des Verkäufers an.[12]

3. Abschnitt. Weitere Verträge zu dauernder Übertragung

§ 90. Der Tausch

Literatur: *Fehrenbacher*, Der Tausch, ZVglRWiss 101 (2002) 89.

I. Definition und Abgrenzung

Der Tausch wird vom BGB nicht definiert, sondern in § 480 vorausgesetzt: Er ist ein gegenseitiger Vertrag, gerichtet auf den Austausch von Sachen, Rechten oder ähnlichen Vermögenswerten gegen andere Sachen, Rechte oder Vermögenswerte (vgl. o. Rn. 16). Nur darf eine Leistung weder in Geld bestehen (sonst Kauf), noch in Leistungen, die nicht Gegenstand eines Kaufs sein können (z. B. Dienstleistungen, dann gemischter Vertrag, vgl. u. Rn. 1078 ff.). Dabei ist auch eine Mischung zwischen Tausch und Kauf möglich, nämlich wenn eine Wertdifferenz zwischen beiden Leistungen in Geld ausgeglichen werden soll: Es möge etwa ein älteres Ehepaar, dessen Kinder fortgezogen sind, sein nun zu groß gewordenes Reihenhaus gegen eine Eigentumswohnung tauschen und zum Wertausgleich noch eine Rente erhalten. 378

Kein mit Kauf gemischter Tausch liegt aber vor, wenn beim Kauf eines neuen Kfz ein altes in Zahlung gegeben wird: Hier hat der Händler, der den Gebrauchtwagen in Zahlung nimmt, an dieser Inzahlungnahme regelmäßig kein Interesse; ihm wäre mit Geld mindestens ebenso gut gedient. Es handelt sich hierbei vielmehr um die Ausübung einer **Ersetzungsbefugnis** des Käufers, einen Teil des Kaufpreises an Erfüllungs statt (§ 364) durch Übereignung seines Altfahrzeugs zu leisten (s. dazu auch o. Rn. 241 und AT Rn. 290).

II. Die Regelung

Man kann sich den Tausch vorstellen als zwei Kaufverträge, bei denen eine Person jeweils gegenüber der anderen zugleich als Käufer und als Verkäufer auftritt, und bei denen die Preiszahlungspflichten gegeneinander aufgehoben sind. Dementsprechend regelt § 480 den Tausch durch die Verweisung auf Kaufrecht. Jeder Partner schuldet also die von ihm versprochene Leistung nach § 433 I; bei Leistungsstörungen gelten 379

[12] S. dazu etwa *BGH* NJW 2001, 2163; 2002, 1042; *Kleinhenz/Junk*, JuS 2009, 787 ff.

wie beim Kauf die Vorschriften über die Mängelhaftung (§§ 434 ff.).[1] Zudem hat jeder Partner die Leistung des anderen abzunehmen (§ 433 II). Für den Schadensersatz statt der Leistung (§§ 280, 281) gibt die h. M. beim Tausch dem Gläubiger der gestörten Leistung die Wahl zwischen der **Surrogations-** und der **Differenztheorie** (s. dazu AT Rn. 452, 499). Der Gläubiger kann also entweder die von ihm selbst geschuldete Gegenleistung noch erbringen und dann den vollen Wert der gestörten Leistung verlangen. Oder er kann seine Leistung behalten und bloß für die Differenz Ersatz fordern.

Beispiel 1 (PdW SchuldR I **Fall 38**): A tauscht sein Gemälde (Wert: 9.000 EUR) gegen eine antike Vase des B (Wert: 10.000 EUR). Nach Vertragsschluss wird die Vase durch ein Verschulden des B zerstört. A hat nach § 280 I, III, 283 Anspruch auf Schadensersatz statt der Leistung. Diesen kann er entweder dergestalt geltend machen, dass er das Gemälde übereignet bzw. dem B belässt und im Gegenzug Schadensersatz in Höhe des Wertes der ihm ursprünglich geschuldeten Leistung i. H.v 10.000 EUR liquidiert (**Surrogationstheorie**) oder aber das Gemälde behält bzw. nach §§ 326 IV, 346 zurückfordert und Schadensersatz i. H. des entgangenen Gewinns von 1.000 EUR verlangen (**Differenztheorie**).

380 Probleme ergeben sich bei der **Minderung**: Eine Herabsetzung seiner Gegenleistung, wie es § 441 III vorsieht, ist hier wegen der Unteilbarkeit der Gegenleistung i. d. R. ausgeschlossen. Daher wird dem Berechtigten ein Ausgleichsanspruch in Geld zugebilligt. Er berechnet sich allerdings, anders als der Schadensersatz nach der Differenztheorie, nicht aus der Differenz zwischen Wert der Sache in mangelfreiem und mangelhaftem Zustand. Vielmehr ist entsprechend § 441 III das Verhältnis beider Werte auf die Gegenleistung zu übertragen.[2]

Beispiel 2 (s. auch PdW Schuldrecht II **Fall 100**): Wie Beispiel 1, jedoch wird die Vase nicht zerstört. Nach Übereignung der jeweiligen Gegenstände stellt sich aber heraus, dass es sich um eine Nachahmung handelt, die lediglich einen Wert von 2.000 EUR hat. Dies war auch für B nicht erkennbar. A kann wegen dieses (unbehebbaren) Sachmangels gem. §§ 480, 437 Nr. 2, 326 V, 441 I mindern. Zur Berechnung der Ausgleichszahlung ist § 441 III analog anzuwenden: An die Stelle des Kaufpreises tritt der Wert des von A geleisteten Gegenstandes. Nach der o. Rn. 164 erläuterten Minderungsformel ergibt sich dann ein Minderungsbetrag von 7.200 EUR. Analog § 441 IV 1 kann A Zahlung dieses Betrags verlangen.

§ 91. Die Schenkung

Literatur: *G. Boehmer,* Schenkung von Todes wegen und Schenkung unter Lebenden, ZAkDR 1939, 610; *Böhr,* Beweislastprobleme bei der Schenkung, NJW 2001, 2059; *Brox,* Die unentgeltliche Aufnahme von Kindern in eine Familien-Personengesellschaft, FS Bosch, 1976, S. 75; *Crezelius,* Erbschaft- und Schenkungsteuer in zivilrechtlicher Sicht, 1979; *Erman,* Zur dando- und promittendo-Schenkung, AcP 137 (1933), 335; *Grundmann,* Zur Dogmatik der unentgeltlichen Rechtsgeschäfte, AcP 198 (1998), 457; *Herrmann,* Vollzug von Schenkungen nach § 518 II BGB, MDR 1980, 883; *A. Hueck,* Schenkung von Beteiligungen an Handelsgesellschaften und Widerruf wegen groben Undanks, DB 1966, 1043; *Keim,* Entgeltlicher Vertrag oder belohnende Schenkung?, FamRZ 2004, 1081; *Kollhosser,* Zum Bereicherungsanspruch des bedürftigen Schenkers, ZEV 2003, 206; *Krauß,* Der Rückforderungsanspruch wegen Verarmung des Schenkers im Kontext des Sozialhilferechts, ZEV 2001, 417; *Kühne,* Schenkungen unter Ehegatten, insbes. ihre Rückabwicklung nach der Scheidung, FamRZ 1969, 371; *W. Lorenz,* Entgeltliche und unentgeltliche Geschäfte, FS Rheinstein, 1969, S. 547; *D. Mayer,* Schenkungswiderruf bei Gesellschaftsanteilen –, ZGR 1995, 93; *Migsch,* Die sogenannte Pflichtschenkung, AcP 173 (1973), 46; *Muscheler,* Stiftung und Schenkung, AcP 203 (2003), 469; *D. Reinicke,* Die Bewirkung der schenkweise versprochenen Leistung, NJW 1970, 1447; *Schlinker,* Sachmängelhaftung bei gemischter Schenkung, AcP 206 (2006), 28; *K. Schmidt,* Die Schenkung von Personengesellschaftsanteilen durch Einbuchung,

[1] S. z. B. *BGH* NJW 2006, 988 (Tausch von Reitpferden).
[2] RGZ 73, 152.

BB 1990, 1992; *ders.*, Formfreie Schenkung von stillen Beteiligungen und Unterbeteiligungen, DB 2002, 829; *Schramm,* Die Rechtsnatur der Handschenkung, MDR 1962, 961; *Tiedtke,* Unentgeltliche Beteiligung eines Kindes als stiller Gesellschafter, DB 1977, 1064; *Wiedemann/Heinemann,* Der Widerruf der Schenkung einer Gesellschaftsbeteiligung, DB 1990, 1649; *Zeranski,* Der Rückforderungsanspruch des verarmten Schenkers, 1998.

I. Schenkung und Schenkungsversprechen

Die einleitende Norm des Schenkungsrechts, nämlich § 516, unterscheidet sich auffällig von den Einleitungsnormen der meisten anderen Schuldverträge. Denn § 516 sagt nicht, wozu der Schenker verpflichtet ist (wie es etwa § 433 I für den Verkäufer ausspricht). Vielmehr gibt § 516 nur an, unter welchen Voraussetzungen eine Zuwendung eine Schenkung darstellt. Damit bezieht sich die Vorschrift nur auf die **ausgeführte Schenkung (Handschenkung)**. Dagegen erscheint das verpflichtende **Schenkungsversprechen** erst in den §§ 518–520. 381

Dass das BGB die Schenkung in erster Linie als Rechtsgrund regelt, hat historische Gründe. Doch entspricht es auch heute noch der statistischen Wirklichkeit: Die meisten Schenkungen werden ausgeführt, ohne dass ihnen ein (sei es auch bloß formnichtiges) Schenkungsversprechen vorausgeht. Das gilt insbesondere für fast alle **Gelegenheitsgeschenke** (zu Weihnachten usw.). Die wirtschaftlich wichtigen Schenkungen dagegen werden vielfach notariell beurkundet und erst danach vollzogen. Sie betreffen **Vermögensübertragungen**, meist der Eltern auf die Kinder oder Enkel, und sollen die **Erbfolge vorwegnehmen.**[1] Bei solchen Übertragungen werden oft Einschränkungen (z. B. der Vorbehalt von Wohn- oder Verwaltungsrechten) oder Auflagen für den Beschenkten vereinbart (z. B. bei einer Hofübertragung Zahlungen an die Geschwister des Beschenkten, vgl. § 330 mit AT Rn. 811). Schon um diese Modifikationen festzuhalten, ist die notarielle Beurkundung regelmäßig sinnvoll. Zudem sind häufig Grundstücke im Spiel, so dass die notarielle Form nach §§ 20 GBO, 311b, 925a ohnehin nötig ist. 382

Die häufige Verwendung der Schenkung für die Vorwegnahme der Erbfolge hat auch eine **steuerrechtliche Entsprechung**: Erbrechtlicher Erwerb und Schenkungserwerb werden in gleicher Weise besteuert. Daher kann die **Erbschaftsteuer** grundsätzlich nicht dadurch vermieden werden, dass der Erblasser Nachlassteile noch zu seinen Lebzeiten verschenkt. Immerhin können aber die Freibeträge mehrfach ausgenutzt werden, wenn zwischen der Schenkung und dem Erbfall jeweils mehr als zehn Jahre vergangen sind. 383

II. Inhalt und Abgrenzung

1. Sonderregelungen

Die Schenkung ist zwar notwendig unentgeltlich, doch stellt nicht auch umgekehrt jedes unentgeltliche Geschäft eine Schenkung dar. Vielmehr unterfallen einige wichtige unentgeltliche Geschäfte anderen Normen. So ist die unentgeltliche Überlassung des Sachgebrauchs Leihe (§ 598) und keine Schenkung, selbst wenn sie einen erheblichen Vermögenswert darstellt (vgl. u. Rn. 555). Die unentgeltliche Übereignung 384

[1] Vgl. *Kollhosser,* AcP 194 (1994), 231.

mit einer Rückübereignungsverpflichtung für gleichartige Sachen stellt ein **unverzinsliches Darlehen** dar, §§ 488, 607. Unentgeltliche Geschäftsbesorgungen sind **Aufträge**, § 662. Auch eine **Verwahrung** kann unentgeltlich sein (§§ 688, 690), und die **Bürgschaft** (§ 765) erfordert gleichfalls kein Entgelt. Für alle diese Geschäfte ist Schenkungsrecht unanwendbar. S. dazu PdW Schuldrecht II **Fall 101**.

2. Gegenstand der Schenkung

a) Zuwendung

385 Das Gesetz beschreibt die Schenkung als „Zuwendung“ aus dem Vermögen des Schenkers, die zu einer Bereicherung des Beschenkten führt. Schenkung setzt also eine Zuwendung voraus, durch die der Schenker die Substanz seines Vermögens vermindert und das Vermögen des Beschenkten entsprechend vermehrt. Gegenstand der Schenkung kann damit nur ein **vermögenswerter Vorteil** sein. In Betracht kommen neben der Übereignung von Sachen auch die Übertragung von Forderungen und Rechten, aber auch die Begründung einer abstrakten Verbindlichkeit wie etwa ein Schuldversprechen (§ 781) oder eine Wechselforderung. Die Zuwendung materieller Güter stellt auch dann eine Schenkung dar, wenn ihnen ein Vermögenswert fehlt (z. B. ein Gegenstand, an welchem der Beschenkte lediglich ein Affektionsinteresse hat). Auch dem Erlass einer Forderung (§ 397) kann als abstraktes Verfügungsgeschäft[2] eine Schenkung zugrunde liegen. Dienstleistungen oder Gebrauchsüberlassungen können dagegen keine Schenkung sein, da sie nicht zu einer Vermögensminderung führen. Allerdings kann dann der Verzicht auf die Vergütung eine Schenkung darstellen.[3]

b) Mittelbare und unmittelbare Schenkung

386 Schenkung ist aber auch nicht jede unentgeltliche Zuwendung, die nach Abzug der eben genannten Geschäfte übrigbleibt. Vielmehr verlangt § 516 I eine Zuwendung **„aus dem Vermögen“ des Schenkers**. § 517 erläutert das: Der bloße Verzicht auf einen Vermögenserwerb (z. B. auf den Abschluss eines günstigen Vertrages) stellt noch keine Schenkung an den dadurch Begünstigten dar. Selbst der Verzicht auf ein bereits angefallenes, aber noch nicht endgültig erworbenes Recht und insbesondere die Ausschlagung von Erbschaft oder Vermächtnis stellen keine Schenkung dar. Dass hier eine Schenkung verneint wird, soll vor allem die Rückforderungsrechte nach §§ 528 ff. ausschließen. Dieser Zweck steht auch im Vordergrund, wenn § 1624 bestimmte Ausstattungen der Eltern an ihre Kinder vom Schenkungsrecht ausnimmt. „Aus dem Vermögen“ des Schenkers bedeutet jedoch nicht zwingend, dass Identität zwischen der Entreicherung des Schenkers und der Bereicherung des Beschenkten bestehen muss. Der verschenkte Gegenstand selbst muss also nicht **unmittelbar** dem Vermögen des Schenkers entstammen (**unmittelbare Schenkung**). Ausreichend ist, dass er mit Mitteln seines Vermögens erworben wird (**mittelbare Schenkung**). Stellt also etwa der Schenker dem Beschenkten einen Geldbetrag zur Verfügung, damit dieser einen Gegenstand erwirbt, kann es sich dabei um eine (unmittelbare) Schenkung von Geld (unter Auflage, § 525) oder aber um eine mittelbare Schenkung des zu erwerbenden Gegenstandes handeln. Maßgebend ist insoweit der nach §§ 133,

[2] S. dazu AT Rn. 323.
[3] *BGH* NJW 1987, 2816.

157 zu ermittelnde **Parteiwille**. S. dazu PdW Schuldrecht II **Fall 103**. Von Bedeutung ist dies insbesondere im Fall von Rückforderung und Widerruf (s. dazu Rn. 399).

3. Das Einigsein über die Unentgeltlichkeit

Endlich verlangt § 516 I, beide Teile müssten über die Unentgeltlichkeit der Zuwen- 387
dung einig sein. Daran fehlt es etwa, wenn der Empfänger einen Anspruch auf die Zuwendung behauptet hatte, selbst wenn dieser rechtlich nicht durchsetzbar war. Auch wer z. B. Spielschulden (§ 762) bezahlt, schenkt nicht.

Aber selbst außerhalb solcher unvollkommener Verbindlichkeiten braucht nicht allemal der beiderseitige Wille zur Unentgeltlichkeit vorzuliegen. Er fehlt insbesondere bei der freiwillig gegebenen **Gratifikation**: Diese soll vielmehr geleistete Dienste zusätzlich vergüten oder auch weitere Dienste veranlassen. Auch ist das Versprechen einer Prämie bei Erreichung eines bestimmten Erfolges keine Schenkung.[4] Gleiches gilt für Trinkgelder. Allerdings kann hier die Abgrenzung von den belohnenden Schenkungen (sog. **remuneratorische Schenkung**) im Einzelfall unsicher sein.[5]

III. Das Zustandekommen der Schenkung

Die Schenkung bedarf in jedem Fall – also als Handschenkung wie als Schenkungs- 388
versprechen – der vertraglichen **Einigung** nicht bloß über die Unentgeltlichkeit, sondern auch über das Zustandekommen und den Gegenstand: Selbst einen Vorteil soll niemand ohne seinen Willen erhalten (§ 311 I). Doch trägt § 516 II dem Erfahrungssatz Rechnung, dass Schenkungen regelmäßig willkommen sind: Der Schenker kann dem Beschenkten eine Ablehnungsfrist setzen; deren Verstreichenlassen gilt dann als Annahme. Doch schließt diese Regelung die – viel häufiger vorkommende – Annahmeerklärung durch konkludentes Verhalten (z. B. durch den Gebrauch der geschenkten Sache) nicht aus. Auf den Zugang dieser Erklärung wird der Schenker, selbst wenn er Dank erwartet, regelmäßig verzichten (§ 151 S. 1).

Beim **Schenkungsversprechen** bedarf nach § 518 I (nur) die Erklärung des Schen- 389
kers der **notariellen Beurkundung**. Die Erklärung des Beschenkten bedarf hingegen keiner Form, sofern sich dies nicht (wie häufig) aus anderen Vorschriften wie z. B. §§ 311b I, 2371, 2385 ergibt. Das Formerfordernis bezweckt einen Übereilungsschutz für den Versprechenden. Dieser Schutz wird aber nach der gesetzlichen Wertung unnötig, wenn der Versprechende erfüllt, weil er dann sieht, was er verliert. Deshalb heilt nach § 518 II die **Bewirkung der versprochenen Leistung** den Formmangel. Solche Bewirkung liegt deutlich in der Übereignung der versprochenen Sache[6] oder der Zahlung der versprochenen Geldsumme. Weniger deutlich, weil ohne sichtbares Opfer, sind die Verhältnisse bei Zession und Erlass, doch dürften beide für § 518 II noch ausreichen.[7] Nicht genügen lässt das Gesetz dagegen ein **abstraktes Schuldversprechen oder Schuldanerkenntnis** (§§ 780, 781, vgl. u. Rn. 1042 ff.,

---

[4] S. dazu *BGH* NJW 2009, 2737 (= JZ 2009, 1120 mit krit. Anm. *Kleinschmidt*): Versprechen einer Meisterschaftsprämie für einen Sporttrainer.

[5] S. dazu *BGH* NJW 1982, 436 sowie *Keim,* FamRZ 2004, 1081 ff.

[6] *Wacke,* AcP 201 (2001) 256 verlangt hier mit guten Gründen zusätzlich die Aushändigung.

[7] Vgl. *OLG Stuttgart* NJW 1987, 782.

1050): Bei ihnen muss ja die eigentliche Leistung erst noch erbracht werden, d. h. es tritt kein aktueller Vermögensverlust mit „Warnfunktion" ein. Daher überspringt § 518 I 2 hier die Konsequenzen der Abstraktheit und unterwirft in diesem Fall das Versprechen oder das Anerkenntnis selbst gleichfalls dem Erfordernis der notariellen Beurkundung: Heilung soll eben nur eintreten, wenn ein reales Vermögensopfer erbracht und nicht nur ein Versprechen durch ein Versprechen erfüllt wird. Andernfalls würde der Schutz der Formvorschrift (es wird ja nur ein Versprechen durch ein anderes ersetzt) ins Leere gehen. Das gilt entsprechend für den schenkweise begebenen Wechsel oder Scheck.[8] S. dazu PdW Schuldrecht II **Fall 102**.

IV. Die Haftung des Schenkers

1. Systematik

390 Im Zuge der Schuldrechtsreform des Jahres 2002 hat es der Gesetzgeber versäumt, das schenkungsrechtliche Gewährleistungsrecht ebenso wie das kaufrechtliche auf die allgemeinen Prinzipien des Leistungsstörungsrechts zurückzuführen. Die §§ 523 ff. enthalten damit ein **eigenes, vom allgemeinen Schuldrecht abweichendes Haftungssystem**. Grundgedanke dieser Regelung ist, dass der altruistisch handelnde Schenker nach dem sog. **Utilitätsprinzip** (vgl. o. Rn. 5) grundsätzlich milder haften soll („Dem geschenkten Gaul schaut man nicht ins Maul"). Aus diesem Grund besteht über die Sonderregelungen der Gewährleistung in den §§ 523 f. hinaus eine allgemeine Haftungsmilderung in § 521, die sich so oder ähnlich auch bei anderen (nicht allen!) unentgeltlichen Verträgen findet: So etwa § 599 für die Leihe (u. Rn. 558), ähnlich § 690 für die unentgeltliche Verwahrung (u. Rn. 947), nicht aber im Auftragsrecht (§§ 662 ff., u. Rn. 846 ff.), s. dazu o. Rn. 5. Der Schenker soll auch außerhalb der in §§ 523 f. geregelten Fälle nur für Vorsatz und grobe Fahrlässigkeit haften. Das gilt unstreitig hinsichtlich des eigentlichen **Erfüllungsinteresses**, also für die Haftung wegen Unmöglichkeit (§ 311a II oder § 280 I, III, 283) oder verzögerter Leistung (§§ 280 I, II, 286 bzw. §§ 280 I, III, 281). Ob die Haftungsmilderung darüber hinaus auch für Begleitschäden gilt, ist überaus str. (s. dazu Rn. 395).

2. Rechtsmängel (§ 523)

391 Nach § 523 I haftet der Schenker für **Rechtsmängel** nur im Fall arglistigen Verschweigens. Der Begriff des Rechtsmangels ist dabei mit demjenigen des Kaufrechts (o. Rn. 113 ff.) identisch. Das ergibt sich aus der Verweisung in § 523 II 2, die auf § 523 I entsprechend anzuwenden ist.[9] Der Schenker haftet wegen eines Rechtsmangels aber nur auf den „daraus entstehenden Schaden". Damit ist das **negative Interesse** gemeint, d. h. der Schenker hat nur denjenigen Schaden zu ersetzen, den der Beschenkte dadurch erleidet, dass er auf die Rechtsmängelfreiheit vertraut hat.[10] Nur wenn der Schenker den versprochenen Gegenstand erst erwerben sollte, ist die Haftung nach § 523 II schärfer (dass dort einmal nur von „Sache" gesprochen wird, ist ungenau):[11] Der Schenker haftet dann auf **„Schadensersatz**

---

8 *BGH* NJW 1975, 1881; MünchKomm/*Koch*, § 518 Rn. 7.
9 MünchKomm/*Koch*, § 523 Rn. 2.
10 *U. Huber*, ZIP 2000, 1372, 1373 m. w. N.
11 Vgl. dazu BGHZ 144, 118 mit *U. Huber*, ZIP 2000, 1372.

wegen Nichterfüllung" (d. h. auf das **positive Interesse**)[12] auch bei grober Fahrlässigkeit.

§ 523 gilt freilich erst ab Übergabe des geschenkten Gegenstandes. Bis zu diesem Zeitpunkt ist das allgemeine Leistungsstörungsrecht anwendbar. Kann der Schenker schon kein Eigentum verschaffen, weil er etwa nicht verfügungsberechtigt ist, liegt ein Fall anfänglicher Unmöglichkeit vor. Der Schenker haftet dann nach § 311a II auf das **positive Interesse**, hat dabei allerdings nach § 521 abweichend von § 276 I nur Vorsatz und grobe Fahrlässigkeit zu vertreten. Veräußert er den Gegenstand nach Abschluss eines (form)wirksamen Schenkungsvertrages, haftet er nach §§ 280 I, III, 283 wegen nachträglicher Unmöglichkeit der Leistung. 392

Stellt das fehlende **Eigentum des Schenkers** wie im Kaufrecht (s. dazu o. Rn. 117) keinen Rechtsmangel, sondern einen Fall anfänglicher Unmöglichkeit dar,[13] so liegt, sofern es dem Schenker (subjektiv) unmöglich ist, den versprochenen Gegenstand zu verschaffen, auch nach Übergabe kein Fall von § 523 vor. Der Schenker haftet dann vielmehr aus § 311a II mit dem Haftungsmaßstab des § 521. Sieht man hingegen in der fehlenden Eigentumsverschaffung zumindest nach Übergabe der Sache einen Fall des Rechtsmangels, haftet der Schenker nur nach § 523 I, s. dazu PdW Schuldrecht II **Fall 105**. 393

3. Sachmängel

a) Mangelschaden

Eine ähnliche Unterscheidung findet sich in § 524 auch **für Sachmängel**: Ihretwegen wird regelmäßig nur bei **Arglist** und ebenfalls nur auf das **negative Interesse** gehaftet (§ 524 I). Der Schenker hat also weder Nacherfüllung zu leisten noch den eigentlichen Mangelschaden auszugleichen. Er muss den Beschenkten so stellen, wie dieser stünde, wenn er den Mangel gekannt hätte. Schärfer haftet jedoch, wer eine **gattungsmäßig bestimmte Sache** zu beschaffen verspricht: Nach § 524 II haftet der Schenker schon bei grober Fahrlässigkeit auf Lieferung einer fehlerfreien Sache und im Falle der Arglist auch auf das positive Interesse. Für den Begriff des Sachmangels gilt im Übrigen § 434 entsprechend, § 524 II 3. 394

b) Mangelfolgeschäden (Verletzungen des Integritätsinteresses)

Überaus str. ist, ob § 524 auch den sog. **Mangelfolgeschaden**, d. h. Verletzungen des **Integritätsinteresses** des Beschenkten umfasst und damit eine Haftung aus dem Gesichtspunkt der Nebenpflichtverletzung aus §§ 280 I, 241 II **verdrängt**. Dies entspricht der Ansicht des BGH und Teilen der Literatur und hat zur Folge, dass der Schenker für solche Folgeschäden ebenfalls nur im Falle des Vorsatzes haftet. Andere wiederum wollen § 524 als „Fremdkörper" im Haftungssystem nur auf das **Leistungsinteresse** anwenden und im Falle von Folgeschäden ausschließlich §§ 280 I, 241 II anwenden, wobei wiederum streitig ist, ob in diesem Zusammenhang die Haf- 395

[12] Der Begriff des Schadensersatzes wegen Nichterfüllung ist im Allgemeinen Schuldrecht und im Kauf- und Werkvertragsrecht durch den Begriff des Schadensersatzes „statt der Leistung" ersetzt worden und entspricht ihm im Wesentlichen.

[13] So konsequent *Looschelders*, BT, Rn. 318.

tungsprivilegierung des § 521 Anwendung finden soll mit der Folge, dass der Schenker jedenfalls für einfache Fahrlässigkeit nicht haftet.[14]

Richtigerweise sollte wie folgt unterschieden werden (s. dazu bereits AT Rn. 510):

(1) Für Schäden, die **unmittelbar auf einen Mangel zurückzuführen** sind, gilt ausschließlich § 524 I. Eine Haftung aus §§ 280 I, 241 II ist verdrängt. Der Schenker haftet danach nur für Vorsatz, d. h. arglistiges Verschweigen des Mangels.[15] Sieht man § 524 nicht als eine abschließende Regelung an, ist auf einen Anspruch aus §§ 280 I, 241 II jedenfalls die Haftungsmilderung des § 521 anzuwenden: Denn gerade hinsichtlich solcher Begleitschäden von kaum vorhersehbarem Umfang bedarf der Schenker der Haftungsmilderung besonders dringend. Es ist dem Beschenkten auch zumutbar, sich auf die Ungefährlichkeit einer geschenkten Sache weniger verlassen zu dürfen als auf die Ungefährlichkeit einer gekauften.[16]

(2) Ist der Schaden nicht auf einen Mangel des geschenkten Gegenstandes zurückzuführen, steht er aber mit dessen Eigenschaften in einem **Sachzusammenhang**, ist § 524 nicht einschlägig, so dass die Haftung aus §§ 280 I, 241 II nicht verdrängt ist. Auf diesen Anspruch ist aber dann ebenfalls die Haftungsprivilegierung des § 521 anzuwenden.[17]

(3) Steht die Pflichtverletzung nicht in einem Sachzusammenhang mit dem geschenkten Gegenstand, haftet der Schenker nach §§ 280 I, 241 II, 276 I hingegen für **jede Fahrlässigkeit**.

(4) Liegt zugleich eine Verletzung eines durch § 823 I geschützten Rechtsguts vor, ist die Haftung nach § 823 I nicht durch § 524 verdrängt, jedoch ist auch hier die Haftungsprivilegierung des § 521 auf den konkurrierenden Deliktsanspruch zu erstrecken, wenn die deliktische Schädigung wie bei (2) im Sachzusammenhang mit dem geschenkten Gegenstand steht.[18]

Beispiel (PdW Schuldrecht II **Fall 106**): Hobbyradrennfahrer R schenkt seinem Nachbarn N sein gebrauchtes Rennrad. Dessen Gabel ist angebrochen, was R fahrlässig übersehen hatte. N stürzt deshalb mit dem Rad und verletzt sich. Er verlangt Schadensersatz für die Heilungskosten: Da ein Sachmangel vorliegt, haftet R auch für den Folgeschaden vertraglich nur nach § 524. Mangels Arglist besteht kein Anspruch aus § 524. Ein Anspruch aus §§ 280 I, 241 II ist durch § 524 verdrängt. Auf den konkurrierenden Anspruch aus § 823 I (Körperverletzung) ist § 521 entsprechend anzuwenden, so dass R nicht haftet, da er nur leicht fahrlässig gehandelt hat.

Abwandlung 1: Das Rad ist nicht defekt, jedoch vergisst R leicht fahrlässig, den ahnungslosen N darauf hinzuweisen, dass das Rad mit besonders effektiven und daher vorsichtig zu bedienenden Bremsen ausgestattet ist. N stürzt wegen einer besonders abrupten Bremsung und verletzt sich: Da kein Sachmangel vorliegt, ist § 524 nicht einschlägig. Die §§ 280 I, 241 II sind damit anwendbar, jedoch ist § 521 entsprechend anzuwenden, da die Schädigung im Sachzusammenhang mit dem geschenkten Gegenstand steht. Gleiches gilt für den konkurrierenden Anspruch aus § 823 I. R haftet daher nicht.

Abwandlung 2: Als N das Rad abholen will, rutscht er in der Garage des R auf einem Ölfleck aus und verletzt sich, weil R leicht fahrlässig vergessen hatte, auf die Rutschgefahr hinzuweisen: Die Schädigung

[14] Bejahend *Looschelders*, BT, Rn. 320; verneinend MünchKomm/*Koch*, § 521 Rn. 7; *Grundmann*, AcP 198 (1998), 457, 465 ff.

[15] So BGHZ 93, 23, 28; Palandt/*Weidenkaff*, § 524 Rn. 4.

[16] Vgl. *Medicus*, FS Odersky, 1996, S. 589.

[17] So BGHZ 93, 23 im berühmten „Kartoffelpülpe-Fall" für die Gefahren von Kartoffelabfällen („Pülpe"), die als Viehfutter geschenkt worden waren, s. dazu AT Rn. 506, 510.

[18] BGHZ 93, 23 („Kartoffelpülpe").

ist weder auf einen Sachmangel des geschenkten Gegenstandes zurückzuführen noch steht sie mit diesem in einem Sachzusammenhang. R haftet daher aus §§ 280 I, 241 II sowie aus § 823 I auch für einfache Fahrlässigkeit.

4. Verzugszinsen, Verspätungsschaden

Verzugszinsen (§ 288) braucht der Schuldner eines auf Geld gerichteten Schenkungsversprechens nach § 522 nicht zu zahlen. Nicht ausgeschlossen ist dagegen der Anspruch auf Ersatz des **Verspätungsschadens** nach §§ 280 I, II, 286 (wobei aber der Haftungsmaßstab des § 521 gilt!). 396

V. Die erleichterte Lösbarkeit der Schenkung

Neben der eingeschränkten Haftung (o. Rn. 390) ist ein weiteres Charakteristikum unentgeltlicher Verträge eine im Vergleich zu entgeltlichen Verträgen gelockerte Vertragsbindung (**Utilitätsprinzip**, s. Rn. 5). 397

1. Einrede des Notbedarfs (§ 519)

Gegen einen noch nicht erfüllten Anspruch aus dem Schenkungsversprechen hat der Schenker nach § 519 die **Einrede des Notbedarfs:** Er braucht nicht zu erfüllen, soweit sein eigener angemessener (nicht bloß notdürftiger) Unterhalt sowie die Erfüllung seiner gesetzlichen Unterhaltspflichten gefährdet würden. Zudem sind die „sonstigen Verpflichtungen" des Versprechenden zu berücksichtigen: Solche aus entgeltlichen Geschäften gehen dem Schenkungsversprechen vor, und bei mehreren Schenkungsversprechen hat das frühere den Vorrang. In § 519 wirkt die alte Regel *nemo liberalis nisi liberatus*: Freigiebig soll nur sein, wer seine Schulden bezahlt hat. Überdies erlischt nach § 520 ein Rentenversprechen im Zweifel mit dem Tod des Schenkers, es verpflichtet also den Erben nicht zu weiteren Zahlungen. 398

2. Rückforderung wegen Verarmung (§ 528)

Während sich § 519 auf das noch nicht erfüllte Schenkungsversprechen bezieht, trifft § 528 eine ähnliche Regelung für die bereits **ausgeführte Schenkung:** Diese soll unter bestimmten Voraussetzungen nach Bereicherungsrecht **zurückgefordert** werden können. Das bedeutet eine **Rechtsfolgenverweisung** auf die §§ 818 ff. (vgl. u. Rn. 1163 ff.), und zwar auch auf die Dritthaftung nach § 822.[19] 399

Bei der Frage, was der Beschenkte herausgeben muss, kommt es entscheidend auf den **Gegenstand der Schenkung** an. Wird etwa eine Geldsumme zur Anschaffung eines Hauses geschenkt und hat dieses mittlerweile eine Wertsteigerung erfahren, ist maßgebend, ob eine **unmittelbare** Schenkung des Geldbetrages vorlag (dann ist nur dieser Geldbetrag zurückzuzahlen) oder aber eine **mittelbare** Schenkung des Hauses (zu dieser Unterscheidung o. Rn. 386). Dann ist das Haus zu übereignen, eine eventuelle Wertsteigerung fällt dem Schenker zu, s. dazu PdW Schuldrecht II **Fall 103**. Zur Problematik der gemischten Schenkung s. u. bei Rn. 407.

Allerdings sind die Voraussetzungen des Rückforderungsrechts nach § 528 etwas **strenger** als diejenigen des Leistungsverweigerungsrechts nach § 519. Das Vertrauen, einen erhaltenen Gegenstand behalten zu dürfen, wird stärker geschützt als das Vertrauen auf Erfüllung eines Versprechens: Die Notlage des Schenkers muss

[19] *BGH* NJW 1989, 1478; 2004, 1314.

nicht bloß drohen, sondern schon **vorliegen**. Wann sie eingetreten ist, ist hingegen unbeachtlich.[20] Andere Pflichten des Schenkers als seine gesetzlichen Unterhaltspflichten bleiben unberücksichtigt. Zudem ist die Rückforderung noch aus mehreren Gründen ausgeschlossen: nach § 529 I, wenn der Schenker grob schuldhaft bedürftig geworden ist (ein „Aussteiger" kann also nicht davon leben, dass er seine früher gemachten Schenkungen wieder einsammelt!) oder wenn bei Eintritt der Bedürftigkeit seit der Ausführung der Schenkung[21] mindestens zehn Jahre verstrichen waren. Nach § 529 II ist die Rückforderung weiter ausgeschlossen, wenn der Beschenkte durch die Rückgabe selbst bedürftig würde; und nach § 534, wenn die Schenkung einer sittlichen Pflicht oder auf den Anstand zu nehmenden Rücksicht entsprochen hat.

Bei den Ausschlusstatbeständen des § 529 einschließlich der 10-Jahresfrist, die von der sogleich zu behandelnden Verjährungsfrist eines entstandenen Rückforderungsanspruchs zu unterscheiden ist, handelt es sich nach h. M. trotz des auf eine Ausschlussfrist hindeutenden Gesetzeswortlauts („…ist ausgeschlossen …") um bloße **Einreden**. Auch der Fristablauf muss also vom Beschenkten **geltend gemacht** werden und ist nicht von Amts wegen zu beachten.[22]

Der Anspruch besteht allerdings nur, *soweit* der Schenker nach Vollzug der Schenkung außerstande ist, seinen angemessenen Unterhalt zu bestreiten oder bestimmte gesetzliche Unterhaltspflichten zu erfüllen. Ist der Unterhaltsbedarf geringer als der Wert des Geschenkes, ist das Geschenk daher nur teilweise herauszugeben. Wenn dies – wie etwa bei einer Grundstücksschenkung – wegen der Unteilbarkeit des Gegenstandes nicht möglich ist, hat der Beschenkte (Teil-)Wertersatz in Form einer Ausgleichszahlung zu leisten (§ 818 II über die Rechtsfolgenverweisung des § 528 I 1).[23] Die Rspr. erlaubt es ihm aber, stattdessen auch einfach den gesamten Gegenstand herauszugeben.[24] Einen Wertausgleich zum tatsächlichen Unterhaltsbedarf des Schenkers erhält er dann jedoch nicht. Der Beschenkte kann aber auch nach § 528 I 2 die Rückgabe des Geschenks durch Zahlung des für den Unterhalt nötigen Betrages abwenden.

In der Praxis wird der Anspruch aus § 528 häufig nicht vom Schenker selbst geltend gemacht, sondern von Sozialhilfeträgern, die zur Kostenerstattung für Sozialleistungen (z. B. Heimunterbringung) Ansprüche des Leistungsempfängers auf sich überleiten und dann im eigenen Namen gegen den Beschenkten geltend machen können (s. z. B. § 93 SGB XII).[25]

Der Rückforderungsanspruch entsteht mit dem Eintritt der Bedürftigkeit. Er unterliegt ab diesem Zeitpunkt dem **allgemeinen Verjährungsrecht** (§§ 194 ff.). Grundsätzlich gilt daher die Regelverjährung (§§ 195, 199). War Gegenstand der Schenkung ein Grundstück, gilt die zehnjährige Frist der §§ 196, 200), und zwar auch dann, wenn anstelle der Herausgabe des Grundstücks Teilwertersatz nach § 818 II zu leisten ist.[26]

[20] *BGH* NJW 2007, 60.
[21] Zum Fristbeginn bei Grundstücksschenkungen s. *BGH* NJW 2011, 3082.
[22] Vgl. MünchKomm/*Koch* § 529 Rn. 6 m. w. N. auch zur Gegenansicht.
[23] *BGH* NJW 2011, 218.
[24] *BGH* NJW 2010, 2655 Tz. 16.
[25] Zu den Einzelheiten s. MünchKomm/*Koch*, § 528 Rn. 28 ff.
[26] S. *BGH* NJW 2011, 218.

3. Widerrufsrecht (§§ 530 ff.)

Anders als die eben genannten Rechte nach §§ 519, 528 erklärt sich das auch für Schenkungen unter Ehegatten geltende[27] **Widerrufsrecht** nach den §§ 530 ff. (das nichts mit dem verbraucherschützenden Widerruf nach den §§ 355 ff. zu tun hat). Denn dieses beruht nicht auf der bedrängten Lage des Schenkers, sondern auf dem **Verhalten des Beschenkten**: Schenkungen erfolgen zwar nicht in der Erwartung einer Gegenleistung, wohl aber in der erkennbaren Erwartung, der Beschenkte werde sich nicht nachträglich „unwürdig" erweisen. Aus diesem Grund besteht nach § 530 ein Widerrufsrecht, wenn sich der Beschenkte durch eine schwere Pflichtverletzung des **groben Undanks** gegen den Schenker oder einen nahen Angehörigen desselben schuldig macht. Das setzt neben einer **objektiv** schweren Verfehlung des Beschenkten voraus, dass diese „Ausdruck einer Gesinnung des Beschenkten ist, die in **erheblichem Maße** die Dankbarkeit vermissen lässt, die der Beschenkte erwarten kann".[28] Solche schwere Verfehlungen können etwa sein: Bedrohung des Lebens, schwere körperliche Misshandlungen, bewusst grundlose Strafanzeigen[29] oder Betreuungsanträge, schwere Beleidigungen, oder auch die hartnäckige Weigerung, einen Anspruch, den sich der Schenker vorbehalten hat, zu erfüllen.[30] Es handelt sich dabei um einen gesetzlich geregelten Sonderfall des Wegfalls der Geschäftsgrundlage (§ 313), der einen Rückgriff auf § 313 für unterhalb dieser sehr hohen Schwelle liegende Umstände nicht zulässt.[31] Dabei betrifft das Widerrufsrecht sowohl noch nicht ausgeführte Schenkungsversprechen wie auch ausgeführte Schenkungen. 400

Das Widerrufsrecht stellt ein grundsätzlich (Ausnahme § 530 II) **höchstpersönliches Gestaltungsrecht** dar, auf das nicht im Voraus verzichtet werden kann (§ 533). Es wird durch Erklärung gegenüber dem Beschenkten ausgeübt, § 531 I, und zwar binnen eines Jahres seit der Kenntnis vom Vorliegen seiner Voraussetzungen, § 532 S. 1. Ausgeschlossen wird es außer durch den Ablauf dieser Frist auch durch den Tod des Beschenkten (§ 532 S. 2) und durch Verzeihung (§ 532 S. 1). Kein Widerrufsrecht besteht bei Pflicht- und Anstandsschenkungen, § 534. 401

Der wirksame Widerruf beseitigt das Schenkungsversprechen als Anspruchsgrund oder als Rechtsgrund für die ausgeführte Schenkung. Die Leistung des Geschenks kann daher nach § 812 I 2 Alt. 1 zurückgefordert werden, was § 531 II als bloße **Rechtsgrundverweisung** zusätzlich klarstellt. Damit beginnt die verschärfte Haftung des Beschenkten nach §§ 819 I, 818 IV erst mit dem Widerruf und nicht schon mit dem Undank selbst.[32] Auch kann im Einzelfall ein Rückforderungsanspruch etwa nach § 817 S. 2 ausgeschlossen sein. Beim **Gegenstand** der Rückerstattungspflicht ist ebenso wie o. beim Rückforderungsanspruch zwischen einer mittelbaren und einer unmittelbaren Schenkung zu unterscheiden (s. o. Rn. 399). 402

[27] *BGH* NJW 1983, 1611.
[28] *BGH* NJW 1992, 183.
[29] BGHZ 112, 40.
[30] *BGH* NJW 1993, 1577.
[31] S. *BGH* NJW-RR 2006, 699, 700.
[32] Staudinger/*S. Lorenz*, Vorbem. zu §§ 812 ff. BGB Rn. 34 m. w. N.; BGHZ 140, 275, 281 (str.).

VI. Sonstige „Schwächen" des unentgeltlichen Erwerbs

403 Soeben wurde aufgezeigt, dass der Beschenkte in seinem Vertrauen auf das Behaltendürfen der Zuwendung durch die erleichterte Lösbarkeit weniger geschützt wird als derjenige, der aufgrund eines entgeltlichen Vertrages erwirbt. Dies rechtfertigt sich rechtspolitisch durch das fehlende Vermögensopfer des Beschenkten. Diese typische „Schwäche" des unentgeltlichen Erwerbs zeigt sich auch in anderen Bereichen außerhalb des Schenkungsrechts: So muss etwa derjenige, der eine Sache durch die wirksame Verfügung eines Nichtberechtigten nach §§ 929, 932 gutgläubig erwirbt, diese (nur) im Fall eines unentgeltlichen Erwerbs an den früheren Eigentümer herausgeben (§ 816 I 2, s. dazu u. Rn. 1194 sowie PdW Schuldrecht II **Fall 210**). Sein Vertrauen auf das Behaltendürfen und auf den bestehenden Rechtsgrund gegenüber dem Verfügenden wird nicht geschützt, weil er selbst kein Vermögensopfer gebracht hat („wie gewonnen, so zerronnen").

Ähnlich verpflichtet § 822 einen Dritten, der von einem Bereicherungsschuldner etwas unentgeltlich erworben hat, zur Herausgabe an den Gläubiger des Bereicherungsanspruchs, wenn der Bereicherungsschuldner durch die unentgeltliche Verfügung nach § 818 III gegenüber dem Gläubiger frei geworden ist, s. dazu u. Rn. 1182 f. sowie PdW Schuldrecht II **Fall 225**.

Schließlich muss nach § 988 der nichtberechtigte Besitzer einer Sache auch vor Rechtshängigkeit gezogene Nutzungen herausgeben, wenn er den Besitz unentgeltlich erlangt hat.

VII. Schenkung unter Auflage

1. Abgrenzung zum entgeltlichen Vertrag

404 Nicht selten erstrebt der Zuwendende auch eigenen Nutzen, indem er seinerseits bestimmte Leistungen des Empfängers erwartet (z. B. Zuwendung eines Grundstücks gegen Pflege im Alter). Solche Leistungen können zum Inhalt einer **echten Gegenleistungspflicht** des Empfängers gemacht werden: Dann liegt keine Schenkung vor, sondern ein gegenseitiger Vertrag nach §§ 320 ff. Eine schwächere Form der Verknüpfung ist die **Auflage**: Deren Vollziehung kann der Schenker erst verlangen, wenn er seinerseits geleistet hat, § 525 I. Bei öffentlichem Interesse an der Vollziehung hat nach dem Tod des Schenkers auch die Behörde einen Anspruch, § 525 II (z. B. bei der Auflage, das geschenkte Parkgrundstück öffentlich zugänglich zu halten).

Freilich grenzt das eben genannte Kriterium allein die Auflagenschenkung noch nicht deutlich vom gegenseitigen Vertrag ab: Auch bei diesem kann ja der eine Teil zur Vorleistung verpflichtet werden. Daher kommt es zusätzlich auf die **Wertvorstellungen der Parteien** an: Bei der Auflagenschenkung ist typischerweise beabsichtigt, dass die Kosten der Leistung des Empfängers aus dem zugewendeten Gegenstand bestritten werden sollen. Hiervon geht auch § 526 aus, der bestimmte Fälle eines Irrtums über das Wertverhältnis zwischen der Zuwendung und der Belastung durch den Auflagenvollzug regelt. Auch dies ist ein gesetzlich geregelter Sonderfall der Geschäftsgrundlage (§ 313).

2. Erfüllungsanspruch

Wenn der Beschenkte die Auflage nicht vollzieht, hat der Schenker (oder die Behörde) zunächst den **Erfüllungsanspruch.** Darüber hinaus eröffnet § 527 dem Schenker eine Möglichkeit, **das Geschenk** insoweit **zurückzufordern,** als es zur Vollziehung der (nicht auch von einem anderen zu beanspruchenden, § 527 II) Auflage hätte verwendet werden müssen: § 527 I verweist nämlich auf das „Rücktrittsrecht bei gegenseitigen Verträgen" (obwohl die Auflagenschenkung kein solcher Vertrag ist!). Das meint die §§ 323 ff.: Der Beschenkte hat also die Auflage trotz Nachfristsetzung oder bei deren Entbehrlichkeit nicht vollzogen (§ 323 I, II), er hat eine Schutzpflicht in einer für den Schenker unzumutbaren Weise verletzt (§ 324), oder es liegt ein Fall von § 326 V vor. Ein Vertretenmüssen des Beschenkten ist dafür nicht erforderlich. Doch haftet der Beschenkte nach § 527 I bloß nach Bereicherungsrecht; auch das bedeutet eine Rechtsfolgenverweisung auf die §§ 818 ff. (vgl. u. Rn. 1163 ff.). 405

VIII. Die gemischte Schenkung

Eine Zuwendung kann auch nur **teilweise unentgeltlich** erfolgen. Dann spricht man von einer **gemischten Schenkung**. Sie liegt nicht bereits bei einem Verkauf unter Wert vor, denn es steht den Parteien eines Kaufvertrages frei, die vertragliche Gegenleistung unabhängig von der objektiven Äquivalenz der ausgetauschten Leistungen festzulegen. Wer ein „Schnäppchen" macht, erhält keine gemischte Schenkung, sondern schließt einen wirtschaftlich günstigen Kaufvertrag. Eine teilweise Schenkung liegt erst dann vor, wenn sich die Parteien darüber einig sind, dass der Mehrwert der einen Leistung gegenüber der Gegenleistung unentgeltlich zugewendet werden soll. Eine solche Einigung über eine teilweise Unentgeltlichkeit wird nach der Rspr. vermutet, wenn zwischen den Leistungen der einen und der anderen Seite objektiv ein auffälliges, grobes Missverhältnis besteht, das den Vertragsschließenden nicht verborgen geblieben sein kann.[33] Wenn die höherwertige Leistung **teilbar** ist (so etwa, wenn bewusst ein überhöhter Kaufpreis in der Absicht gezahlt wird, den Überbetrag schenkweise zuzuwenden), lässt sich das Geschäft rechtlich mühelos in einen unentgeltlichen und einen entgeltlichen Teil aufspalten, der jeweils eigenen Regeln unterliegt. So gilt hinsichtlich der Form nur für den unentgeltlichen Teil § 518. Ist der unentgeltliche Teil des Vertrages danach formnichtig, beurteilt sich das Schicksal des entgeltlichen Teils nach § 139. 406

Beispiel: K vereinbart mit V mündlich, dessen Kfz für das doppelte des Verkehrswertes zu kaufen, die Überzahlung soll unentgeltlich zugewendet werden. K will dann doch nur den Verkehrswert bezahlen, V verlangt den vereinbarten „Kaufpreis". Der Vertrag ist, soweit eine Schenkung vorliegt, nach §§ 518 I, 125 S. 1 nichtig. Im Zweifel ergreift diese Nichtigkeit nach § 139 den Vertrag im Ganzen.

Ist die höherwertige Leistung **unteilbar**, liegt ein **typengemischter Vertrag** vor (s. dazu o. Rn. 14 sowie u. Rn. 1078 ff.), dessen Behandlung umstr. ist. Während die Rechtsprechung insbesondere im Rahmen der Rückforderung und des Widerrufs darauf abstellt, ob der entgeltliche oder unentgeltliche Charakter des Geschäftes objektiv überwiegt, will die im Schrifttum herrschende sog. **Zweckwürdigungstheorie** diejenigen Normen anwenden, welche dem von den Parteien verfolgten Zweck am besten dienen. Im Ergebnis liegen beide Ansichten nahe beieinander: So weit es mög- 407

[33] *BGH* NJW 2002, 2469, 2470; BGHZ 183, 242 Tz. 48.

lich ist, werden auf den entgeltlichen und den unentgeltlichen Teil nach der **Trennungstheorie** (s. dazu u. Rn. 1080) die für den jeweiligen Vertragstypus geltenden Regelungen angewendet. Im Übrigen ist auf den Schwerpunkt des Geschäfts abzustellen, den die Rspr. vorzugswürdigerweise nach objektiven Kriterien bestimmt.

Beispiel (PdW Schuldrecht II **Fall 104**, s. auch **BGHZ 30, 120; 107, 156**): A veräußert sein Grundstück im Wert von 150.000 EUR für 30.000 EUR an seinen Neffen, um diesen beim Hausbau zu unterstützen. Man ist sich einig, dass der Mehrwert unentgeltlich zugewendet wird. Nachdem sich N grob undankbar verhält, widerruft A die Schenkung nach §§ 530, 531. Das Grundstück hat zwischenzeitlich einen Verkehrswert von 200.000 EUR. Widerrufbar ist nach der Trennungstheorie nur der unentgeltliche Teil. Da der Schwerpunkt auf der Schenkung liegt, hat N Zug-um-Zug gegen eine Ausgleichszahlung von 30.000 EUR das Grundstück herauszugeben, die Wertsteigerung kommt also dem A zugute.

408 Bei der Haftungserleichterung des § 521 ist bei **unteilbaren Leistungen** ebenfalls auf den Schwerpunkt des Geschäfts abzustellen. Besonders kompliziert und umstritten ist die Frage der Gewährleistung. Während die Leistung z. T. nach der **Trennungstheorie** in einen entgeltlichen und einen unentgeltlichen Teil aufgespalten wird und nur auf den Schenkungsteil die §§ 523, 524, 526 angewandt werden,[34] stellt die Gegenauffassung auch hier auf den **Schwerpunkt** des Vertrags ab und unterwirft ihn dann einheitlich dem Schenkungs- oder dem Kaufrecht.[35] Diese „Alles-oder-Nichts"-Lösung ist aber wenig sachgerecht.

IX. Zuwendungen unter Ehegatten und in nichtehelichen Lebensgemeinschaften

409 Im Wesentlichen durch das Familienrecht bedingte Besonderheiten gelten für **unentgeltliche Zuwendungen unter Ehegatten**. Selbstverständlich gibt es auch unter Ehegatten gewöhnliche (und außergewöhnliche!) Schenkungen. Eine solche Schenkung setzt voraus, dass die Zuwendung unentgeltlich im Sinne echter Freigiebigkeit erfolgt und nicht an die Erwartung des Fortbestehens der Ehe geknüpft, sondern zur freien Verfügung des Empfängers geleistet wird. Häufig kommt es aber zwischen Ehegatten oder Partnern einer nichtehelichen Lebensgemeinschaft zur Zuwendung vermögenswerter Gegenstände, für die zwar keine Gegenleistung erwartet wird, die aber zugleich nicht „unentgeltlich" sein sollen, weil sie den gemeinsam verfolgten Zwecken der Lebensgemeinschaft dienen. Ihnen liegt die Vorstellung zu Grunde, dass die Lebensgemeinschaft Bestand haben wird oder sie bezwecken, zur Verwirklichung oder Ausgestaltung der Lebensgemeinschaft beizutragen.[36] So etwa, wenn ein Ehegatte mit erheblichen Mitteln und Arbeitskraft das dem anderen Ehegatten gehörende Haus ausbaut,[37] weil dieses das Familienheim sein soll oder ein Ehegatte im Betrieb des anderen unentgeltlich mitarbeitet, um die wirtschaftlichen Grundlagen des Zusammenlebens mit zu sichern. Diese Zuwendungen erfolgen weder unentgeltlich noch wirklich entgeltlich, werden aber von der Rspr. auch nicht den §§ 812 ff. unterstellt. Die Rechtsprechung hat diese Zuwendungen im Anschluss an *Lieb*[38] als

[34] So z. B. Palandt/*Weidenkaff*, § 516 Rn. 17; zu den Einzelheiten s. *Schlinker*, AcP 206 (2006), 28 ff.

[35] S. dazu die Nachweise bei MünchKomm/*Koch*, § 516 Rn. 44.

[36] S. zuletzt *BGH* NJW 2008, 3277 Tz. 15 m. w. N.

[37] BGHZ 84, 361.

[38] Ehegattenmitarbeit im Spannungsfeld zwischen Rechtsgeschäft, Bereicherungsausgleich und gesetzlichem Güterstand, 1990.

ehebezogene Geschäfte eigener Art[39] oder als **unbenannte Zuwendungen**[40] bezeichnet. Ihre Besonderheit besteht im dem **Fehlen einer Einigung über die Unentgeltlichkeit,** so dass sie zumindest zwischen den Parteien nicht als Schenkung zu qualifizieren sind.[41] Eine solche Zuwendung kann also etwa nicht wegen groben Undanks nach § 530 widerrufen werden.[42]

Problematisch ist insbesondere ein **Ausgleich bei Scheidung der Ehe**, vor allem inwieweit dieser durch das Ehegüterrecht und namentlich den Zugewinnausgleich ausgeschlossen ist. Weiter kann die Abgrenzung gegenüber einer **Ehegatten (bzw. Lebenspartner)-Innengesellschaft** fraglich sein.[43] Die Rechtsprechung überlässt den Ausgleich solcher Zuwendungen bei Auflösung der Ehe den gesetzlichen Regeln über den Güterausgleich im Falle der Scheidung. Die Vermögensverschiebungen werden dann im Rahmen des Zugewinnausgleichs kompensiert, wenn sie das ausgleichpflichtige Endvermögen (§ 1375) des Begünstigten erhöhen. Nur wenn hiernach kein Ausgleich erfolgen kann, weil etwa Gütertrennung vereinbart war oder mangels Eheschließung ein güterrechtlicher Ausgleich nicht erfolgt, wendet die Rspr. subsidiär die Grundsätze des Wegfalls der Geschäftsgrundlage (§ 313) an. Die Lage wird dadurch weiter verkompliziert, dass diese Zuwendungen im Verhältnis zu Dritten (etwa bei § 2325 oder bei § 822) dennoch als Schenkungen behandelt werden.[44] 410

Auf die Zuwendung von Schwiegereltern (wenn etwa der Schwiegervater dem Schwiegersohn Zuwendungen zum Ausbau des Familienheims macht) sind die Grundsätze der „unbenannten Zuwendung" hingegen nicht anzuwenden. Es bleibt hier bei der Qualifikation als Schenkung und einer Anwendung von § 313 (Wegfall der Geschäftsgrundlage) unabhängig von den ehegüterrechtlichen Verhältnissen der Ehegatten.[45]

Die Rechtsprechung hat sich lange geweigert, diese Grundsätze des Ausgleichs unbenannter Zuwendungen auch auf **nichteheliche Lebensgemeinschaften** anzuwenden. Erst BGHZ 183, 242 hat diese Beschränkung aufgegeben.

---

[39] So etwa BGHZ 84, 361.
[40] So etwa BGHZ 116, 167, 170.
[41] *BGH* NJW 2008, 3277 Tz. 15 m. w. N.
[42] *BGH* NJW 2006, 2330.
[43] Vgl. etwa BGHZ 142, 137 sowie zuletzt *BGH* NJW 2008, 3277 Tz. 18 ff.
[44] *BGH* NJW 2000, 134 (zu § 822); BGHZ 116, 167 (zu § 2325).
[45] So BGHZ 184, 190 = JuS 2010, 732 (*Wellenhofer*) unter Aufgabe von *BGH* NJW 2003, 510.

2. Teil. Verträge zur Überlassung auf Zeit

§ 92. Übersicht

Literatur: Grundlegend *Gitter,* Gebrauchsüberlassungsverträge, 1988.

I. Dauerschuldverhältnisse

Bei den bisher seit Rn. 16 behandelten Verträgen sollten eine Sache oder ein Recht 411
auf eine andere Person übertragen werden und dann bei dieser verbleiben. Zu einer Rückgabe kommt es hier also nur in Störungsfällen (insbesondere bei Rücktritt, vgl. o. Rn. 148 ff.). Diese Verträge können daher als Umsatzgeschäfte regelmäßig durch den Austausch von Leistung und Gegenleistung abgewickelt werden, ohne dass der Zeitablauf den Umfang der Leistung beeinflusst.

Bei den im Folgenden zu behandelnden Verträgen dagegen soll eine Sache oder ein Gegenstand der anderen Partei zu Besitz (bei **Miete, Pacht und Leihe**) oder sogar zu Eigentum (beim **Darlehen**) auf beschränkte Zeit überlassen werden. Hier dauert die Leistung des Überlassenden ebenso lang wie die Überlassung selbst; die Leistung erschöpft sich also nicht in einem einfachen Geben. Sofern eine **Gegenleistung** vereinbart wird (nämlich bei Miete, Pacht und verzinslichem Darlehen), ist diese meist an der Dauer der Überlassung orientiert. Das zeigt sich regelmäßig daran, dass die Gegenleistung zwar nicht dauernd, aber doch wiederkehrend erbracht wird: Miete und Pacht werden oft monatlich bezahlt, der Darlehenszins häufig vierteljährlich. Solche Schuldverhältnisse nennt man Dauerschuldverhältnisse (vgl. AT Rn. 10).

II. Unterscheidung nach der Gegenleistung

Innerhalb der Verträge zur Überlassung auf Zeit kann man nach der **Entgeltlichkeit** 412
unterscheiden: Miete (§ 535 II) und Pacht (§ 581 I 2) sind notwendig entgeltlich und zugleich gegenseitige Verträge (vgl. AT Rn. 115 ff.). Dagegen ist die Leihe (§ 598) das unentgeltliche Gegenstück zur Miete. Beim Darlehen (§§ 488, 607) gehört die Entgeltlichkeit hingegen nicht zur Definition: Es gibt ein unentgeltliches und ein entgeltliches (verzinsliches, vgl. §§ 488 II, 609) Darlehen.

In allen Fällen sind hier ebenso wie bei den Verträgen zu dauernder Übertragung **Mischformen** zwischen Entgeltlichkeit und Unentgeltlichkeit denkbar, etwa wenn eine Wohnung einem Bekannten „zum Freundespreis" auf Zeit überlassen wird. Zu solcher Typenmischung vgl. u. Rn. 1078 ff.

III. Unterschiede hinsichtlich der Überlassung

1. Gegenstand der Überlassung

Hinsichtlich **dessen, was überlassen wird,** unterscheiden sich Miete, Leihe und 413
Darlehen einerseits sowie die **Pacht** andererseits. Denn in den §§ 535, 598, 607 ist bloß von „Sachen" die Rede und in § 488 I von Geld, während § 581 I 1 von einem

„Gegenstand" spricht. Verpachtet werden können also außer Sachen auch Rechte (vgl. § 90). Eine solche Rechtspacht begegnet vor allem als **Lizenzvertrag** (gerichtet auf die Nutzung eines Patents, eines anderen Urheberrechts oder einer Marke) oder als **Verlagsvertrag** (primäre Überlassung der Nutzung eines Urheberrechts). Auch enthalten diese Verträge Elemente, die über das Pachtrecht hinausreichen; insbesondere werden sie mit dinglicher Wirkung vollzogen. Der Verlagsvertrag ist im VerlagsG ausführlich geregelt.

2. Art der Überlassung

414 Weiter ist hinsichtlich der **Art der Überlassung** zu unterscheiden: Da der zur Nutzung überlassene Gegenstand letztlich wieder an den Überlassenden zurückgelangen soll, wird er dem Vertragspartner bei Miete, Pacht und Leihe nicht voll übertragen. Vielmehr behalten Vermieter, Verpächter und Verleiher einer Sache das Eigentum (sofern es ihnen überhaupt zusteht): Sie übertragen nur die **Gebrauchsmöglichkeit**, was i. d. R. durch die Einräumung von **unmittelbarem Besitz** erfolgt (dazu u. Rn. 419, 557). Vermieter, Verpächter usw. werden dann selbst mittelbare Besitzer (vgl. § 868). Damit sind sie insbesondere gegen den Zugriff von Gläubigern des Überlassungsempfängers (z. B. des Mieters) geschützt: Sie können solche Vollstreckungsmaßnahmen nach § 771 ZPO abwehren.

Hiervon unterscheidet sich das **Darlehen:** Dessen Gegenstand sind nach den §§ 488 ff., 607 Geld oder vertretbare Sachen. Bei ihnen kommt es dem Überlassenden wegen der Vertretbarkeit auf die Individualität der zurückzuleistenden Stücke nicht an. Umgekehrt wäre die Überlassung für den Empfänger fast wertlos, wenn er gerade die ihm überlassenen Stücke zurückgeben müsste: Der Darlehensnehmer dürfte dann etwa die empfangenen Geldscheine nicht ausgeben, weil er nicht sicher sein könnte, sie zur Rückzahlung rechtzeitig wiederbeschaffen zu können. Beim Sachdarlehen (§ 607) wird dies noch deutlicher: Wer sich vom Nachbarn zum Backen eines Kuchens Mehl borgt, will dieses verbrauchen und anderes Mehl gleicher Art und Güte zurückgeben, nicht aber dasselbe Mehl. Daher wird beim Darlehen das zu Überlassende nicht bloß übergeben, sondern auch übereignet: Der Darlehensgeber verliert jede sachenrechtliche Beziehung zu den überlassenen Sachen (Eigentum, Besitz), der Darlehensnehmer darf die Sache verbrauchen, d. h. das Geld ausgeben oder das Mehl verbacken. Darum sind diese Sachen dem Zugriff der anderen Gläubiger des Darlehensnehmers ausgesetzt, und hieraus ergibt sich das Problem einer Sicherung der Rückzahlung (mit den Instrumenten der Kreditsicherung, vgl. AT Rn. 857 ff.).

3. Umfang der Überlassung

415 Endlich kann man noch nach dem **Umfang der dem Empfänger eingeräumten Befugnis** unterscheiden: Bei Miete und Leihe ist das nur der Gebrauch der Sache, also etwa das Wohnen in dem Haus oder das Fahren mit dem Kraftwagen (§§ 535 S. 1, 598). Dagegen erwähnt § 581 I 1 für die **Pacht** noch zusätzlich den Genuss derjenigen Früchte, die nach den Regeln einer ordnungsmäßigen Wirtschaft als Ertrag anzusehen sind (vgl. § 99). Dementsprechend begegnet die Pacht vor allem bei landwirtschaftlichen Grundstücken: Hier steht dem Pächter insbesondere auch die Ernte zu.

IV. Terminologie

Die oben Rn. 411 und 412 ff. geschilderten Unterschiede bleiben im allgemeinen Sprachgebrauch häufig unbeachtet. So wird nicht selten von „Leihe" gesprochen, obwohl eine Gegenleistung erbracht werden soll („Leihwagen", „Leihski"). Dann sind die gewählten Ausdrücke für die rechtliche Einordnung ohne Bedeutung: Allein maßgeblich ist, unter welche **Definitionsnorm** (vgl. AT Rn. 136) der Vertrag fällt. So kann, wenn ein Einfamilienhaus mit einem Obstgarten „vermietet" worden ist, hinsichtlich des Gartens gleichwohl Pacht vorliegen: Entscheidend ist allein, ob sich der Überlassende die Ernte des Obstes vorbehalten wollte (dann Miete) oder nicht (dann Pacht). Auch wenn sich jemand von seinem Wohnungsnachbarn drei Eier zum Kuchenbacken „leiht", ist das rechtlich nicht Leihe, sondern (Sach-)Darlehen (§ 607): Eine Pflicht zur Rückgabe *derselben* Eier entspricht offenbar nicht dem Parteiwillen. Endlich liegt hinsichtlich von „Leihwagen" und „Leihski" Miete vor, wenn eine Gegenleistung versprochen oder erbracht wird. Diese Gegenleistung kann übrigens auch in einem anderen Entgelt enthalten sein. Wenn etwa ein Hotel seinen Gästen Liegestühle „verleiht", ist das auch dann Miete, wenn für die Stühle kein besonderes Entgelt verlangt wird: Deren Überlassung wird durch den Hotelpreis mitentgolten. Wichtig kann dies für die Haftung sein: Verletzt sich der Gast an einem defekten Liegestuhl, richtet sich die Haftung nach § 536a (verschuldensunabhängige Haftung, dazu u. Rn. 460) und nicht etwa nach § 599 (Haftung nur für grobe Fahrlässigkeit und Vorsatz, dazu u. Rn. 558). 416

1. Abschnitt. Die Miete

Literatur: (zur Miete im Allgemeinen; Speziellere vgl. u. vor Rn. 487 und 508): *Ahrens*, Mietrechtliche Garantiehaftung – Widersprüchlichkeiten im neuen Schuldrecht, ZGS 2003, 134; *Artz*, Das Selbstbeseitigungsrecht des Mieters im Lichte des modernisierten Schuldrechts, FS Blank, 2006, 5; *Beyer*, Schönheitsreparaturen: Was ist den Vermietern nach den „BGH-Tornados" noch geblieben?, NJW 2008, 2065; *Blank*, Das Gebot der Rücksichtnahme nach § 241 II im Mietrecht, ZGS 2004, 104; *Börstinghaus*, Auswirkungen der Schuldrechtsreform auf das Mietrecht, ZGS 2002, 102; *Derleder*, Mängelrechte des Wohnraummieters nach Miet- und Schuldrechtsreform, NZM 2002, 676; *Emmerich*, Mietrechtsreform 2000, JuS 2000, 1051; *ders.*, Neues Mietrecht und Schuldrechtsmodernisierung, NZM 2002, 362; *Gsell*, Schadensersatz und Aufwendungsersatz im Mietrecht, NZM 2010, 71; *Hau*, Schuldrechtsmodernisierung 2001/2002 – Reformiertes Mietrecht und modernisiertes Schuldrecht, JuS 2003, 130; *Herrler*, Abwälzung von Schönheitsreparaturen durch Allgemeine Geschäftsbedingungen bei der Wohnraummiete –, Jura 2008, 248; *S. Lorenz*, Geschäftsführung ohne Auftrag und Bereicherungsausgleich bei Vornahme nicht geschuldeter Schönheitsreparaturen, NJW 2009, 2576; *Rolfs*, Geklärte und ungeklärte Fragen der Mietrechtsreform, ZGS 2003, 289; *M. Schwab*, Neues Schuldrecht: Ende des Mieterschutzes? Wider die Theorie vom Zwangskauf an den bei Mietende nicht weichenden Mieter, NZM 2003, 50; *Timme*, Mietminderung wegen Mängeln trotz Weiterzahlung der Miete?, NZM 2002, 685; *ders.*, Anfängliche Mängel der Mietsache – immer noch ungelöst?, NZM 2003, 703; *ders.*, Rechtsfolgen vorbehaltloser Mietzahlung in Mangelkenntnis – Mehr als bloß eine Etappe beim BGH?, NJW 2003, 3099; *Unberath*, Mietrecht und Schuldrechtsreform, ZMR 2004, 309.

§ 93. Die Miete im Allgemeinen

I. Erscheinungsformen der Miete und Systematik

1. Gegenstand des Mietvertrags

417 Durch den Mietvertrag wird der Vermieter verpflichtet, dem Mieter den **Gebrauch** der Mietsache zu gewähren (§ 535 I). Gegenstand kann also nur eine (bewegliche oder unbewegliche) Sache i. S. v. § 90 sein. Andere Gegenstände wie z. B. Rechte kann man nicht mieten, sondern lediglich pachten (dazu o. Rn. 413). Miete kommt in großer Mannigfaltigkeit vor. Bei Grundstücken etwa kann das ganze Grundstück einschließlich der darauf stehenden Gebäude vermietet sein, bloß eine Wohnung, ein einzelner Raum oder auch nur eine Fläche (etwa zum Aufstellen eines Verkaufsstandes oder eine Wandfläche zum Anbringen von Plakaten). Auch bei beweglichen Sachen begegnen die verschiedensten Mietobjekte: etwa ganze Industrieanlagen (dann allerdings meist als Leasing, vgl. u. Rn. 1089 ff.), Computer, Telefonanlagen, Kraftfahrzeuge, Fernsehgeräte, Filme, Bücher und Zeitschriften.

418 Auch im Rahmen des Mietrechts wird **Software** von der Rechtsprechung als „Sache" behandelt (zum Kaufrecht s. o. bei Rn. 369). So wird auch ein Vertrag, der die online-Nutzung einer auf dem Computer (Server) des Anbieters gespeicherten Software zum Gegenstand hat, dem Mietrecht unterstellt (sog. „Application Service Provider [ASP]"-Vertrag).[1]

419 Die Gebrauchsüberlassung erfolgt zwar in der Regel durch die Einräumung von **unmittelbarem Besitz** (der Vermieter bleibt **mittelbarer Besitzer**, § 868), jedoch ist dies keineswegs begriffsnotwendig. Ist eine Besitzverschaffung für den vertragsgemäßen Gebrauch nicht erforderlich, wie z. B. bei der online-Nutzung von Software oder eines Großrechners,[2] so genügt es für die Gebrauchsgewährung, wenn dem Mieter der Zugang zur Mietsache verschafft wird, der auch „online" erfolgen kann.[3]

420 Das Gesetz denkt zwar nur an den Mietvertrag über individuell bestimmte Sachen, der zu einer **Stückschuld des Vermieters** führt; eine die Gattungsmiete betreffende Vorschrift fehlt. Gleichwohl kann die Mietsache unzweifelhaft auch **gattungsmäßig bestimmt** werden, so z. B. bei Bestellung eines Hoteldoppelzimmers mit Dusche für 200 EUR (wenn das Hotel nicht nur ein einziges solches Zimmer hat, vgl. AT Rn. 197 ff.). Dann sind die gesetzlichen Regeln über die Stückmiete nur sinngemäß anwendbar. So kann es z. B. für den Schadensersatzanspruch aus § 536a I (vgl. u. Rn. 460) nicht darauf ankommen, ob der Mangel schon beim Vertragsschluss vorliegt (dann ist ja noch offen, welche konkrete Sache der Mieter bekommt!). Entscheiden muss dann vielmehr der Zeitpunkt der Konkretisierung (§ 243) durch den Vermieter.

421 Nach der Rechtsprechung des BVerfG genießt das Besitzrecht des Mieters einer Wohnung den **Eigentumsschutz des Art. 14 I GG**, und zwar auch gegenüber dem Eigentümer (s. dazu u. Rn. 527).[4] Das bedeutet nicht, dass das Eigentum des Ver-

[1] *BGH* NJW 2007, 2394.
[2] *BGH* NJW-RR 1993, 178.
[3] *BGH* NJW 2007, 2394 Tz. 19.
[4] *BVerfG* NJW 1993, 2035 ff.

mieters nicht ebenfalls den Schutz des Art. 14 GG genießt und stets hinter die Interessen des Mieters zurückzutreten hat. Vielmehr ist der auf beiden Seiten bestehende Grundrechtsschutz im Rahmen sog. **praktischer Konkordanz** gegeneinander abzuwägen.[5]

2. Dauer

Große Unterschiede zeigen sich auch bei der **Dauer der Miete:** Die Überlassung 422
kann – wie bei einem nur für eine Nacht gemieteten Hotelzimmer – auf ganz kurze Zeit befristet sein. Andererseits kann es sich aber auch um Verträge handeln, die für sehr lange Zeit oder sogar auf Lebenszeit einer Person geschlossen werden (vgl. § 544). Wo der Vertrag für eine Partei wesentliche Bedeutung hat, nämlich bei der Wohnungsmiete, fördert das Gesetz seinen Fortbestand sogar durch die Anordnung der Unwirksamkeit einer Befristung und die Beschränkung der Kündigungsmöglichkeit (vgl. u. Rn. 518 ff.). Auch zeichnet sich dieser Bereich durch eine große Anzahl weiterer Schutzvorschriften für den Mieter aus, die weitestgehend als zwingendes Recht ausgestaltet sind.

3. Systematik der gesetzlichen Regelung und Aufbau der Darstellung

Die gesetzliche Regelung berücksichtigt diese auch in ihrer existentiellen Bedeutung 423
unterschiedlichen Gegenstände des Mietvertrages: Die Materie ist (zusammen mit der Pacht) in **Titel 5** des BGB (§§ 535 – 597) geregelt. Der **Untertitel 1** (§§ 535 – 548) enthält allgemeine, für alle Mietverträge geltende Vorschriften. **Untertitel 2** (§§ 549 – 577a) enthält Sondervorschriften über die **Wohnraummiete**. **Untertitel 3** (§§ 578 – 580a) sieht schließlich weitere Sondervorschriften für besondere Mietgegenstände vor (**Grundstücke** und **Räume**, die keine Wohnräume sind, eingetragene Seeschiffe und bewegliche Sachen). S. dazu PdW Schuldrecht II **Fall 107**.

Die jetzige Fassung des Gesetzes geht auf das **Mietrechtsreformgesetz 2001** zurück.[6] 424
Dieses (unabhängig von der Schuldrechtsreform geschaffene) Gesetz hat neben einer Änderung der **Terminologie** auch eine Änderung der **Systematik** des Mietrechts mit sich gebracht. Im alten BGB hatte es in den §§ 535–580 a. F. keine Untergliederung gegeben. Insbesondere war das besonders wichtige Recht der Wohnungsmiete über viele Einzelvorschriften verstreut. Oft war dort auch von „Grundstück" die Rede, und die Beziehung zur Raummiete ist erst über § 580 a. F. hergestellt worden. Dagegen nimmt im neuen Recht die Wohnungsmiete eine beherrschende Stellung ein. Die in den §§ 578 ff. stehenden Vorschriften zu den „Mietverhältnissen über andere Sachen" beschränken sich vielfach auf Verweisungen. Aber auch der die Wohnraummiete betreffende Untertitel enthält nicht alle Vorschriften über diesen Gegenstand, ist also keine vollständig abgeschlossene Regelung. Vielmehr steht schon gleich in dem zweiten Paragrafen der Allgemeinen Vorschriften, nämlich in § 536 IV, eine Sondervorschrift für die Wohnraummiete. Sachlich ist der Untertitel über die Wohnraummiete weiter unterteilt: Er regelt nacheinander Allgemeines, die Miete, das Vermieterpfandrecht, den Wechsel der Vertragsparteien, die Beendigung der Miete und die Bildung von Wohnungseigentum. Die folgende Darstellung wird entgegen der Reihenfolge des Gesetzes, aber wie auch sonst im BGB vom Allgemeinen über die

[5] *BVerfG* NJW 1993, 2035 ff.

[6] S. dazu etwa *Emmerich*, JuS 2000, 1051 sowie die Nachweise im Literaturverzeichnis vor § 93.

Grundstücksmiete (u. § 94) zur Wohnraummiete (u. § 95) fortschreiten. Auch dieser Aufbau wird einen Schwerpunkt bei der Wohnraummiete ergeben.

425 Die Mietrechtsreform hat auch zahlreiche **sachliche Änderungen** gebracht, nämlich vor allem weitere Vergünstigungen für den Wohnraummieter und dessen Angehörige. Das führt zu der unter Rn. 542 f. dargelegten Problematik. Im Ganzen aber bleibt das Mietrecht wegen der vielen Verweisungen und auch wegen der nötigen Ergänzung aus dem Allgemeinen Teil und dem Allgemeinen Schuldrecht schwierig; die Hoffnung auf ein auch dem Laien verständliches Wohnungsmietrecht dürfte sich nicht erfüllt haben (vgl. etwa §§ 549, 556 f., 558). Zur Verwirrung bei der Lektüre von Rechtsprechung und Literatur aus der Zeit vor der Mietrechtsreform trägt bei, dass zahlreiche sonst unverändert gebliebene Vorschriften nun eine andere Paragrafennummer haben. Häufig hilft hier nur eine **Synopse** von altem und neuem Mietrecht weiter.[7]

II. Abschluss des Mietvertrages

426 Der Mietvertrag ist ein gewöhnlicher Konsensualvertrag, der durch zwei übereinstimmende Willenserklärungen zustande kommt. Erforderlich ist eine Einigung über die *essentialia negotii*, d. h. die Mietsache und die zu zahlende Miete. Eine Gültigkeitsform ist nicht vorgesehen (zu § 550, 578 s. u. Rn. 507).

427 Im Rahmen der Vermittlung eines Mietvertrages über Wohn- und Geschäftsräume wird häufig ein **Maklervertrag** geschlossen (s. dazu Rn. 894 ff.). Vor bestimmten anderen (versteckten) Vermittlungsentgelten schützt das **Wohnraumvermittlungsgesetz**. Danach darf etwa kein Entgelt für die Vermittlung von Wohnraum durch dessen Eigentümer, Verwalter, Vermieter oder Mieter gefordert werden (§ 2 WoVermittG) und kann mit dem Vormieter keine Räumungsprämie (oder überhöhte Ablöseprämien für Inventar) vereinbart werden (§ 4a WoVermittG). Zahlungen können nach § 5 WoVermittG ohne den problematischen Umweg über das Bereicherungsrecht (§ 814, vgl. Rn. 1147 f.) zurückgefordert werden.

428 Bei der Wohnungsmiete wird von dem Mieter oft eine **Kaution** zur Sicherung künftiger Ansprüche des Vermieters gefordert. Hierfür enthält § 551 zwingend einschränkende Bestimmungen.

III. Die Pflichten des Vermieters

1. Überlassung der Mietsache

429 Zunächst muss der Vermieter dem Mieter die Sache überlassen, § 535 I 2, d. h. ihm regelmäßig den **unmittelbaren Besitz verschaffen** (s. aber o. Rn. 419). Tut er dies nicht oder entzieht er ihm (teilweise) den vertragsgemäßen Gebrauch, so liegt für diesen Zeitraum stets ein Fall von Unmöglichkeit (§ 275 I) vor, weil die Gebrauchsüberlassung eine nicht nachholbare Dauerverpflichtung ist und insofern absoluten Fixschuldcharakter hat. Der Vermieter haftet für den dadurch eingetretenen Schaden nach §§ 280 I, III, 283 bzw. § 311a II. Vermietet er die Sache an einen Dritten wei-

[7] Z. B. bei *Schmidt-Futterer*, Mietrecht, 9. Aufl., 2007 (Anhang).

ter und überlässt er sie diesem, kann der Mieter überdies (ohne Rücksicht auf Vertretenmüssen) die so erlangte Miete gem. § 285 I als Surrogat (s. dazu AT Rn. 430 ff.) herausverlangen.[8]

Dabei muss die Sache in einem „**zu dem vertragsgemäßen Gebrauch geeigneten** 430
Zustand" sein. In erster Linie legen also die Vertragsparteien durch eine **Beschaffenheitsvereinbarung** den geschuldeten Zustand fest.[9] Fehlt eine solche konkrete Beschaffenheitsvereinbarung, ergibt sich der vertragsgemäße Gebrauch aus dem von den Parteien vereinbarten **Nutzungszweck**, welchen Zustand die vermietete Sache spätestens bei Überlassung an den Mieter und von da ab während der gesamten Vertragsdauer aufweisen muss.[10] Ein Mangel liegt vor, wenn die „Ist-Beschaffenheit" des Mietobjekts von der so bestimmten „Soll-Beschaffenheit" der Mietsache abweicht.[11] Diese Formulierung ähnelt der des § 434 I 1 und 2 für den Kauf (vgl. o. Rn. 73 ff.).

Ganz ähnlich wie dort können sowohl tatsächliche als auch rechtliche Umstände „Beschaffenheiten" darstellen, wobei letztere nur dann einen Sachmangel begründen, wenn sie auf den physischen Eigenschaften der Mietsache beruhen. So sind insbesondere öffentlich-rechtliche Gebrauchsbeschränkungen nur dann ein Sachmangel, wenn sie auf der konkreten Beschaffenheit der Mietsache beruhen und nicht in persönlichen oder betrieblichen Umständen des Mieters ihre Ursache haben.[12]

Da das Mietrecht anders als z. B. das Kaufrecht (s. § 439) keine besonders ausgestaltete Nacherfüllungspflicht kennt, hat der Mieter bei Vorliegen eines Mangels in erster Linie einen **Erfüllungsanspruch:** Der Vermieter muss die Mietsache in den vertragsgemäßen Zustand versetzen, wenn sie davon abweicht. Ist eine solche Herstellung unmöglich, so kommt vor Übergabe der Mietsache ein Schadensersatzanspruch des Mieters aus §§ 280 I, III, 283 bzw. § 311a II in Betracht (§ 536a ist erst nach Übergabe der Mietsache einschlägig).[13] S. dazu PdW Schuldrecht II **Fall 110.**

Dieser Erfüllungsanspruch wird in der die **Mängelkenntnis des Mieters** behandeln- 431
den Vorschrift des § 536b nicht erwähnt. Daher kann der Mieter (anders als ein Käufer, vgl. § 442) regelmäßig auch die Beseitigung solcher Mängel verlangen, die er gekannt oder grob fahrlässig nicht gekannt hat.[14] Doch wird sich aus den dem Mieter bekannten Mängeln nicht selten ergeben, dass überhaupt nur ein beschränkter Gebrauch geschuldet sein soll und damit gar kein Mangel vorliegt: Wer etwa ein sicht- oder hörbar in einer Einflugschneise gelegenes Haus mietet, kann bei Fehlen besonderer Absprachen keine Maßnahmen des Vermieters gegen den Fluglärm (etwa den Einbau von Schallschutzfenstern) verlangen.[15]

---

[8] S. dazu sowie zu den Grenzen der Surrogatherausgabepflicht BGHZ 167, 312 = JuS 2006, 935 (*Emmerich*), dazu auch AT Rn. 423 a. E.
[9] Zu den Anforderungen an eine konkludente Beschaffenheitsvereinbarung s. *BGH* NZM 2009, 855.
[10] *BGH* NZM 2009, 855.
[11] *BGH* NZM 2006, 572.
[12] S. dazu z. B. *BGH* NJW 2011, 3151 (für die Pacht): Gesetzliches Rauchverbot stellt keinen Mangel der gepachteten Gaststätte dar.
[13] BGHZ 136, 102; *BGH* NJW 1999, 635.
[14] *BGH* NJW-RR 2007, 1021 = JuS 2008, 86 (*Faust*).
[15] S. auch *BGH* NZM 2006, 572 (Vermietung eines unsanierten Altbaus) sowie *BGH* NJW-RR 2007, 1021.

2. Instandhaltung der Mietsache

432 Nach § 535 I 2 muss der Vermieter die Mietsache nicht bloß in vertragsmäßigem Zustand übergeben. Bei der Miete existiert auch keine dem § 446 S. 1 entsprechende Vorschrift, die dem Mieter die Gefahr des Schicksals der Mietsache seit der Übergabe zuweist. Vielmehr muss der Vermieter die Mietsache während der ganzen Mietzeit in demjenigen Zustand erhalten, der sie zu dem vertragsmäßigen Gebrauch geeignet macht. Der Mieter kann also die **Beseitigung später auftretender Mängel** verlangen, ohne dass es auf ein Verschulden des Vermieters an diesen Mängeln ankommt. Der Anspruch ist während der Mietzeit unverjährbar.[16] Nur aus Mängeln, die der Mieter selbst in einer ihn zum Ersatz verpflichtenden Weise herbeigeführt hat (vgl. u. Rn. 443), können keine Ansprüche gegen den Vermieter hergeleitet werden. Nicht verlangt werden kann regelmäßig auch die Wiederherstellung der ganz vernichteten Mietsache, z. B. der Wiederaufbau des abgebrannten Hauses: Dann liegt regelmäßig Unmöglichkeit nach § 275 I vor, d. h. der Vermieter ist von der Pflicht zur Gebrauchsüberlassung befreit (und verliert natürlich nach § 326 I 1 den Anspruch auf die Miete).[17] Auch kann hinsichtlich einer an sich möglichen Mängelbeseitigung ein Verweigerungsrecht des Vermieters nach § 275 II bestehen, wenn ein krasses Missverhältnis zwischen dem Mängelbeseitigungsaufwand und dem Nutzen für den Mieter besteht.[18] S. dazu PdW Schuldrecht II **Fall 108.**

433 Abweichend von § 535 I 2 wird aber die Instandhaltungspflicht des Wohnraumvermieters häufig eingeschränkt, indem die sog. **Schönheitsreparaturen** dem Mieter aufgebürdet werden. Diese Überwälzung ist derart üblich und zudem in mancher Hinsicht zweckmäßig, dass sie auch durch Allgemeine Geschäftsbedingungen des Vermieters (z. B. gedruckte Mietvertragsformulare) zulässig ist; § 307 steht dem nicht grundsätzlich entgegen: Die Abwälzung der Schönheitsreparaturen wird bei der Kalkulation der Miete berücksichtigt und ist mittlerweile auch Verkehrssitte geworden. Dabei umfassen die Schönheitsreparaturen den Anstrich und ggf. das Tapezieren sowie die Sorge für den Fußboden, beschränkt jeweils auf das Innere der Wohnung. In den letzten Jahren hatte der BGH häufig über die Wirksamkeit formularmäßiger Schönheitsreparaturklauseln zu entscheiden. In vielen Fällen wurden bislang übliche Formulierungen als unangemessene Benachteiligung des Mieters angesehen (§ 307) und die betreffenden Klauseln für unwirksam erklärt.[19] So können „starre" Fristen für die Reparaturen unwirksam sein, weil sie die konkrete Notwendigkeit einer Reparatur nicht berücksichtigen.[20] Klauseln über die Farbwahl von Wänden und Tapeten können ebenso unwirksam sein[21] wie intransparente Abgeltungsklauseln für nicht vorgenommene Schönheitsreparaturen.[22] Auch sollen durch AGB eine Pflicht zu turnusmäßigen Reparaturen (sog. „Kleinreparaturklauseln") und eine Pflicht zur Endrenovierung nicht gehäuft werden dürfen.[23] Die Judikatur ist mittlerweile sehr unübersichtlich geworden, zumal es nicht selten zu Änderungen der Rspr. kommt.

[16] *BGH* NJW 2010, 1292.

[17] BGHZ 116, 334 (zur Pacht).

[18] S. z. B. *BGH* NJW 2005, 3284; zu § 275 II s. AT Rn. 423 ff.

[19] S. etwa *Beyer*, NJW 2008, 2065 ff.; *Herrler*, Jura 2008, 248 ff.

[20] *BGH* NJW 2004, 2586; das gilt auch für die Vermietung von Gewerberäumen, s. *BGH* NJW 2008, 3772; zu Endrenovierungsklauseln s. *BGH* NJW 2007, 3776 sowie *BGH* NJW-RR 2009, 947.

[21] *BGH* NJW 2008, 2499.

[22] *BGH* NJW 2008, 1438.

[23] *BGH* NJW 2003, 3192; NJW 2006, 2116.

Für Vermieter bedeutet dies ein erhebliches Risiko, da im Regelfall eine zu weit gehende Schönheitsreparaturklausel wegen des AGB-rechtlichen Verbots geltungserhaltender Reduktion zur Gänze nichtig ist.[24]

Nimmt ein Mieter aufgrund einer unwirksamen Klausel nicht geschuldete Schönheitsreparaturen vor, so hat er einen auf **Wertersatz** gerichteten **Bereicherungsanspruch** gegen den Vermieter (§§ 812 I 1 Alt. 1, 818 II). Hat der Mieter die Reparaturen in eigener Person erbracht, bemisst sich der Wertersatzanspruch nach (zweifelhafter) Auffassung des BGH nur nach dem, was der Mieter billigerweise neben einem Einsatz an freier Zeit als Kosten für das notwendige Material sowie als Vergütung für die Arbeitsleistung seiner Helfer aus dem Verwandten- und Bekanntenkreis aufgewendet hat oder hätte aufwenden müssen.[25] Der Anspruch unterliegt der kurzen Verjährung des § 548 (dazu u. Rn. 445).[26]

Wenn der Mieter auszieht, ohne die geschuldeten Reparaturen ausgeführt zu haben, 434
schuldet er zunächst weiter **Erfüllung**. Der Vermieter kann nach §§ 280 I, III, 281 Schadensersatz statt der Leistung verlangen. Ist dieser Schadensersatzanspruch entstanden (beachte das Fristsetzungserfordernis in § 281 I!), entfällt er auch nicht dadurch, dass der Nachmieter die Reparaturen bzw. die Schönheitsreparaturen ausführt oder die Kosten gegenüber dem Vermieter übernimmt, s. dazu PdW Schuldrecht II **Fall 113**.[27] Wird eine Endrenovierung sinnlos, weil das Haus ohnehin totalrenoviert oder abgerissen wird, gibt die Rspr. dem Vermieter im Wege **ergänzender Vertragsauslegung** einen Zahlungsanspruch in Höhe der vom Mieter ersparten Kosten. Das beruht auf dem Gedanken, dass die vereinbarten Schönheitsreparaturen letztlich **Entgeltcharakter** haben, d. h. Teil der geschuldeten Miete sind, s. dazu PdW Schuldrecht II **Fall 113**.[28] Umstritten ist, ob das auch dann gilt, wenn der Vermieter vor Ablauf einer dem Mieter gesetzten Frist die Schönheitsreparaturen selbst vornimmt.[29]

3. Weitere Vermieterpflichten

Unter besonderen Umständen kommen noch weitere Vermieterpflichten in Be- 435
tracht: Nach § 535 I 3 hat der Vermieter die Lasten der Mietsache zu tragen (z. B. Grundsteuer, Anliegerkosten); die Abwälzung auf den Mieter kann aber vereinbart werden. Nach §§ 536a II, 539 muss der Vermieter dem Mieter bestimmte **Verwendungen** auf die Mietsache ersetzen (überaus kurze Verjährung nach § 548 II). Der Ersatz nicht mangelbedingter Aufwendungen des Mieters nach § 539 erfolgt freilich nur nach §§ 683, 684, also unter Rücksicht auf den Willen des Vermieters. Nach § 539 II muss der Vermieter unter bestimmten Voraussetzungen die Wegnahme von Einrichtungen dulden, mit denen der Mieter die Mietsache ausgestattet hat. Dem entspricht ein nach § 258 auszuübendes Wegnahmerecht des Mieters. Wenn die vom Mieter hinzugefügte Einrichtung (insbesondere trotz § 95 II) wesentlicher Bestandteil der Mietsache geworden ist, umfasst das Wegnahmerecht auch das Recht zur Aneignung des wieder abgetrennten (und zunächst immer noch dem Eigentümer der Mietsache gehörenden) Bestandteils. § 552 erlaubt aber dem Vermieter bei

24 S. z. B. *BGH* NJW 2008, 3772.

25 *BGH* NJW 2009, 2590; kritisch dazu *S. Lorenz*, NJW 2009, 2576; *Gsell*, NZM 2010, 71, 76; *Flatow*, NZM 2010, 641, 646 f.; befürwortend etwa *Blank*, NZM 2010, 97.

26 *BGH* NJW 2011, 1866.

27 Vgl. etwa BGHZ 49, 56; 77, 301; 92, 363 (dazu *Emmerich*, JuS 1986, 16); 96, 141; *Medicus/Petersen*, BR Rn. 858 und ausführlich *Rückert*, AcP 184 (1984), 105.

28 *BGH* NJW 2005, 425.

29 Bejahend *Herresthal/Riehm*, NJW 2005, 1457, 1461 (aus § 812 bzw. § 326 II 2) m. w. N.

Wohnraum die oft wirtschaftlich sinnvolle Abwendung des Wegnahmerechts durch das Angebot einer angemessenen Entschädigung.

436 Schließlich trifft auch den Vermieter als vertragliche Nebenpflicht die allgemeine **Fürsorgepflicht** nach § 241 II (zur entsprechenden Pflicht des Mieters u. Rn. 443 f.), Störungen des Mieters und Beschädigungen der von diesem eingebrachten Sachen zu unterlassen. Verletzt er diese, ist er nach § 280 I zum Schadensersatz verpflichtet. Diese Haftung ist dann von Bedeutung, wenn die Schädigung des Mieters entweder nicht auf einen Mangel der Mietsache zurückzuführen ist oder aber eine Mängelhaftung an § 536b scheitert und § 536a (dazu u. Rn. 460 ff.) daher keine Anwendung findet.[30] Zur Beweislast s. u. Rn. 444.

IV. Die Pflichten des Mieters

1. Zahlung der Miete

437 Nach § 535 II hat der Mieter die vereinbarte Miete zu zahlen.

Vor der Mietrechtsreform des Jahres 2000 sprach das Gesetz noch – sprachlich korrekter – von „Mietzins“. Der Gesetzgeber hat sich im Zuge der Reform dem allgemeinen Sprachgebrauch gebeugt und ist zu dem Begriff „Miete“ übergegangen.

§ 556b I sieht für die **Wohnraummiete** Zahlung im Voraus *(praenumerando)* vor (anders gem. § 579 für andere Mietsachen). § 556b II erhält dem Wohnraummieter ein Aufrechnungs- oder Zurückbehaltungsrecht wegen einer Forderung aus den §§ 536a, 539 und wegen überzahlter Miete auch entgegen einer abweichenden vertraglichen Regelung. Die Höhe der Miete ist grundsätzlich der freien Vereinbarung der Parteien überlassen. Neben den allgemeinen Grenzen (insbes. § 138 II) gilt bei Wohnraum noch die Grenze von § 5 WiStG (dazu u. Rn. 541). Hier ist auch Mietwucher strafbar (§ 291 I Nr. 1 StGB).

Nach § 537 I wird der Mieter von seiner Zahlungspflicht **nicht** befreit, wenn er den **Mietgebrauch** aus einem in seiner Person liegenden Grund (z. B. Krankheit) **nicht ausüben kann:** Der Vermieter braucht dem Mieter eben nur die **Möglichkeit** zum Gebrauch zu verschaffen; die Ausnutzung ist Angelegenheit und Risiko des Mieters. Nur wenn der Vermieter aus der Nichtausübung Ersparnisse oder anderweitig Vorteile erlangt hat, muss er sich diese auf seinen Mietanspruch anrechnen lassen. Und solange der Vermieter die Mietsache einem anderen überlässt, kann er die Miete selbst dann nicht verlangen, wenn dieser andere weniger zahlt, § 537 II.

BGHZ 122, 163 hat aber mit Recht die Anwendung dieser Regel eingeschränkt: Sie kann nach § 242 (Treu und Glauben) nicht eingewendet werden, wenn der Mieter endgültig ausgezogen ist, die Mietzahlung verweigert und der Vermieter daraufhin zum Marktpreis anderweitig vermietet: Der Mieter muss die Differenz zwischen der von ihm versprochenen und vom Vermieter erzielten Miete ersetzen. Die schadensmindernde (und daher womöglich auch analog § 254 gebotene) Neuvermietung darf nämlich dem Vermieter nicht schaden.

Der Fortfall der Mietzahlungspflicht gilt entsprechend, wenn der Vermieter die Mietsache selbst nutzt. Die Anrechnung auch böswillig unterlassenen Erwerbs (wie nach § 326 II 2) wird in § 537 I 2 zwar nicht bestimmt. Doch kann die Verweigerung solchen Erwerbs (z. B. durch Abweisung eines vom Mieter gestellten einwandfreien Ersatzmieters) im Einzelfall gegen Treu und Glauben verstoßen.

[30] S. *BGH* NJW 2009, 142 (Verursachung eines Brandes durch den Vermieter).

Wenn der Mieter die Miete **nicht zahlt,** kommt er zunächst in **Schuldnerverzug** 438
mit den Folgen aus §§ 280 I, II, 286, 288. Daneben entsteht für den Vermieter ein Recht zur **fristlosen Kündigung,** wenn der Zahlungsverzug einen gewissen Umfang erreicht hat, § 543 II 1 Nr. 3. Für die Wohnraummiete bestimmt § 569 III zwingend weitere Einschränkungen des Kündigungsrechts. Insbesondere kann nach Nr. 2 die schon wirksame Kündigung nachträglich wieder unwirksam werden, wenn der Vermieter befriedigt wird oder sich eine „öffentliche Stelle" (z. B. die Sozialhilfebehörde) zur Zahlung verpflichtet. Wenn die Voraussetzungen der fristlosen Kündigung nach § 543 nicht vorliegen, kommt aber bei Wohnraum noch die **befristete Kündigung** nach § 573 II in Betracht (vgl. u. Rn. 525). Die Vorschriften über den Rücktritt nach § 323 sind daneben **unanwendbar**.

2. Einhaltung der Grenzen des vertragsgemäßen Gebrauchs

a) Inhalt des vertragsgemäßen Gebrauchs

Der Mieter ist zum **vertragsgemäßen Gebrauch** (und nur zu diesem!) **berechtigt,** 439
nicht aber verpflichtet. Eine **Benutzungspflicht** kann ausnahmsweise bestehen, wo der Nichtgebrauch der Mietsache schadet (z. B. einem Reitpferd oder einem wertvollen Musikinstrument). Wenn der Mieter den Gebrauch macht, muss er aber die vertraglichen Grenzen einhalten. Abnutzungen oder Verschlechterungen der Mietsache, die sich lediglich durch vertragsgemäßen Verbrauch ergeben (z. B. Verschleiß eines Teppichbodens in der Mietwohnung), sind durch die Mietzahlung abgegolten. Vorbehaltlich anderweitiger vertraglicher Vereinbarungen (wie z. B. die bei Rn. 433 behandelten Schönheits- und Kleinreparaturklauseln) hat der Mieter hierfür keinen Ersatz zu leisten. Es ist vielmehr Bestandteil der Vermieterpflicht zur Instandhaltung der Sache, solche Schäden zu beheben. § 538 stellt das klar, wobei die Vorschrift ungenau formuliert, wenn sie darlegt, dass der Mieter solche Veränderungen nicht „zu vertreten hat": Es fehlt hier schon an einer Pflichtverletzung (s. dazu AT Rn. 360).

Die **Bestimmung dieser Grenzen** bereitet insbesondere bei der Wohnungsmiete 440
Schwierigkeiten: Darf der Mieter vorübergehend oder dauernd fremde Personen aufnehmen?[31] Darf er in der Wohnung als „Tagesmutter" fremde Kinder betreuen? Darf er Haustiere halten? Wie lange darf er abends musizieren? Darf er eine Parabolantenne montieren?[32] Hierfür kommt es in erster Linie auf die **getroffenen Vereinbarungen** an; in zweiter Linie ist eine Abwägung zwischen Vermieter- und Mieterinteressen nötig. Danach sind im Zweifel Tätigkeiten des Mieters erlaubt, die den Vermieter nicht wesentlich beeinträchtigen. Hierfür haben aber auch mittelbare Beeinträchtigungen Bedeutung, die sich aus begründeten Beschwerden oder Ansprüchen anderer Mieter ergeben. Doch kann selbst eine ausdrücklich vereinbarte Beschränkung unwirksam sein, wenn sie den Mieter in seiner Lebensführung unzumutbar einengt (so soll sich ein Verbot der Tierhaltung nicht auch auf Fische in einem Aquarium oder Hamster in Käfigen beziehen[33]). Dabei sind auch objektive Wertentscheidungen des Grundgesetzes wie insbesondere Art. 5, 6 I GG zu beachten.[34] Die Grenzen der Überlassung an Dritte, insbesondere der Weiter- und Untervermietung regeln die §§ 540, 553 (dazu u. Rn. 481 ff.).

[31] S. z. B. BGHZ 157, 1: Aufnahme eines Lebensgefährten nur mit Zustimmung des Vermieters.
[32] S. hierzu zuletzt *BGH* NJW 2008, 216.
[33] S. dazu *BGH* NJW 2008, 218.
[34] S. etwa *BVerfG* NJW-RR 2005, 661 zur Parabolantenne.

b) Folgen der Überschreitung

Überschreitet der Mieter die Grenzen des vertragsgemäßen Gebrauchs, so kommen drei Reaktionen des Vermieters in Betracht:

aa) Unterlassungsanspruch

441 Nach § 541 kann er auf **Unterlassung klagen,** wenn er den Mieter erfolglos abgemahnt hat. Ob den Mieter an der Pflichtverletzung ein Verschulden trifft, ist hier ohne Bedeutung.

bb) Kündigung

442 Nach § 543 II 1 Nr. 2 kann der Vermieter **fristlos kündigen,** wenn eine Abmahnung erfolglos geblieben ist und der vertragswidrige Gebrauch die Rechte des Vermieters in erheblichem Maße verletzt. Bei **Wohnraum** kommt außerdem eine befristete Kündigung nach § 573 II Nr. 1 in Betracht, und zwar unter erleichterten Voraussetzungen (vgl. u. Rn. 525).

cc) Schadensersatz

443 Endlich kann der Vermieter aus Pflichtverletzung (§ 280 I) **Schadensersatz** verlangen, wenn der Mieter den vertragswidrigen Gebrauch zu vertreten und dieser dem Vermieter Schaden zugefügt hat. Aus der ungeschickten Formulierung von § 538 (o. Rn. 439) darf man aber nicht mit einem Gegenschluss folgern, alle durch objektiv vertragswidrigen Gebrauch herbeigeführten Verschlechterungen seien ohne Weiteres zu vertreten. Vielmehr ist für die Schadensersatzpflicht Verschulden (§§ 276, 278) nötig. Dabei haftet der Mieter nach § 278 auch für diejenigen Personen, denen er die Einwirkung auf die Rechtsgüter des Vermieters ermöglicht hat (vgl. AT Rn. 388 sowie u. Rn. 485 zum Untermieter).[35] Wird die Mietsache nicht durch vertragswidrigen „Gebrauch" geschädigt (etwa im Fall des Diebstahls oder der Zerstörung durch Dritte), kommt eine Haftung des Mieters (nur) aus dem Gesichtspunkt einer Obhutspflichtverletzung nach § 241 II in Betracht (dazu u. Rn. 453).[36]

444 Freilich gerät der Vermieter hier in **Beweisnot**, da er nach § 280 I zwar nicht das Vertretenmüssen, wohl aber die **Pflichtverletzung** des Mieters nachzuweisen hat. Da der Mieter nicht die unbeschädigte Rückgabe als Erfolg schuldet, kommt nämlich nur eine **verhaltensbezogene Pflichtverletzung** in Betracht (zu dieser Unterscheidung s. AT Rn. 121). Da es sich dabei aber um Vorgänge handelt, die den Erkenntnismöglichkeiten des Vermieters i. d. R. schwer zugänglich sind, greift hier nach der Rspr. eine **Beweislastverteilung nach Gefahrenbereichen**: Steht fest, dass als Schadensursache nur eine solche aus dem Obhuts- und Gefahrenbereich des Mieters in Betracht kommt, muss sich dieser nicht nur hinsichtlich des Vertretenmüssens, sondern auch hinsichtlich der **objektiven Pflichtwidrigkeit** entlasten. Entsprechendes gilt im Rahmen der o. Rn. 436 dargelegten Haftung des Vermieters.[37]

---

[35] S. z. B. RGZ 106, 133: Beschädigung einer Treppe durch Möbellieferanten des Mieters.

[36] BGHZ 116, 278, 289 f.

[37] BGHZ 125, 124, 127; 131, 95, 103 f.; *BGH* ZMR 2005, 520; zu Fürsorgepflichtverletzungen durch den Vermieter s. *BGH* NJW 2009, 142.

Der Ersatzanspruch des Vermieters wegen Veränderungen oder Verschlechterung der Mietsache **verjährt** gem. § 548 in jedem Fall in sechs Monaten seit Rückerhalt der Sache.[38] Zweck dieser überaus kurzen Verjährung ist es, möglichst schnell Rechtssicherheit zu schaffen. Der Anwendungsbereich dieser Frist ist durch die Rechtsprechung sogar noch **in fünf Richtungen erweitert worden:** (1) auf konkurrierende Deliktsansprüche, insbesondere aus § 823 I wegen Eigentumsverletzung;[39] (2) auf Schäden, die nicht den gemieteten Grundstücksteil selbst betreffen, sondern andere Grundstücksteile;[40] (3) auf Deliktsansprüche gegen Hilfspersonen des Mieters, die so in den **Schutzbereich des Vertrages** einbezogen werden;[41] (4) auf den Fall, dass das teilweise zerstörte Mietobjekt dem Vermieter bei fortbestehendem Mietverhältnis bloß kurzzeitig zur Reparatur zurückgegeben worden ist, so dass die kurze Frist schon dann beginnt;[42] (5) die Verjährung soll sogar dann mit der Rückgabe der Mietsache beginnen, wenn der Schadensersatzanspruch erst später entsteht.[43] Andererseits ist § 203 zu bedenken: Solange Vermieter und Mieter über den Schadensersatzanspruch verhandeln, ist die Verjährung gehemmt. § 548 greift aber nicht ein, wenn die Beeinträchtigung durch den Mieter die Mietsache **vernichtet** hat (so dass auch eine Rückgabe unterbleibt)[44] oder dem Schaden ein hinreichender Bezug zum Mietobjekt fehlt (Bsp.: Auf dem Mietgrundstück läuft aufgrund eines Verschuldens des Mieters Öl aus, so dass in den entfernt liegenden Teichen eines Dritten die Fische sterben, wofür der Vermieter dem Dritten haftet. Für den Regressanspruch gegen den Mieter gilt § 548 I nicht).[45] 445

3. Rückgabe der Mietsache

a) Rückgabepflicht

Nach § 546 I hat der Mieter die Mietsache nach der Beendigung des Mietverhältnisses zurückzugeben. Bei Grundstücken und Wohnraum bedeutet dies, dass der Mieter zur Räumung verpflichtet ist. Dazu gehört auch die Wegnahme von Einrichtungen, die der Mieter nach dem Vertrag zu beseitigen hat.[46] Bei einer Mehrheit von Mietern bleibt auch derjenige zur Rückgabe verpflichtet, der selbst schon geräumt hat.[47] Nach § 570 steht dem Grundstücksmieter nicht einmal ein Zurückbehaltungsrecht wegen etwaiger Gegenansprüche zu (z. B. aus § 539; das BGB hält diese Ansprüche regelmäßig für vergleichsweise geringfügig). Nach § 546 II richtet sich der Herausgabeanspruch **auch gegen Dritte,** denen der Mieter den Sachgebrauch über- 446

[38] *Kandelhard,* NJW 2002, 3291.

[39] S. etwa BGHZ 104, 6, 17; allgemein zur Problematik der Erstreckung der Verjährung auf konkurrierende Ansprüche s. AT Rn. 411.

[40] Z. B. BGHZ 61, 227: Vermietet ist zum Verkauf von Speisen und Getränken eine Fläche vor dem Haus; bei einer Gasexplosion wird aber das Haus selbst beschädigt. Ähnlich *BGH* NJW 2006, 2399 (Brand von nicht mitvermieteten Gebäudeteilen).

[41] In BGHZ 61, 227 gegen den angestellten Verkäufer des Mieters, der das Ventil der Propangasflasche nicht geschlossen hatte; in *BGH* NJW 2006, 2399 gegen die Kinder des Mieters, die einen Brand verursacht hatten. Zum Vertrag mit Schutzwirkung für Dritte s. AT Rn. 817 ff. sowie speziell AT Rn. 377.

[42] BGHZ 98, 59.

[43] BGHZ 162, 30.

[44] *BGH* DB 1988, 2452.

[45] BGHZ 124, 186.

[46] BGHZ 104, 285.

[47] BGHZ 131, 176.

lassen hat: Das ist einer der Ausnahmefälle eines Vertragsanspruchs gegen einen Dritten. Praktisch bedeutsam ist das, wenn der Vermieter nicht zugleich Eigentümer ist (so etwa bei der Untermiete oder der gewerblichen Zwischenvermietung) und daher gegen den Dritten keinen Herausgabeanspruch aus § 985 hat.

447 Die Mietsache ist grundsätzlich nur in dem Zustand zurückzugeben, in dem sie sich z. Zt. der Beendigung des Mietverhältnisses befindet.[48] Schadensersatzansprüche aus § 280 I wegen der Verletzung der Pflicht zum vertragsgemäßen Gebrauch oder der allgemeinen Obhutspflicht nach § 241 II (o. Rn. 443 f.) bleiben hiervon natürlich unberührt.

b) Verzug mit der Rückgabepflicht

448 Die nicht rechtzeitige Erfüllung der Rückgabepflicht würde den Mieter regelmäßig den Rechtsfolgen des **Schuldnerverzugs** aussetzen (§§ 280, 286, 287). Doch werden diese in doppelter Weise **modifiziert:** Erstens kann der Vermieter nach § 546a I als **Mindestschaden** die Fortzahlung der vereinbarten Miete verlangen; ob dem Vermieter dieser Betrag wirklich entgangen ist (§ 252), spielt also keine Rolle. Die in § 546a II dem Vermieter vorbehaltene „Geltendmachung eines weiteren Schadens" bestimmt sich nach den §§ 280 ff. Dabei wird der **Wohnraummieter** aber auch geschützt: Nach § 571 I 1 kann seine Ersatzpflicht nach einer Vermieterkündigung nicht über das Vertretenmüssen hinaus verschärft werden; auch ist die Schadensersatzpflicht nach Billigkeit begrenzt. Und nach § 571 II braucht der Mieter weiteren Schaden nicht zu ersetzen, wenn ihm eine Räumungsfrist nach §§ 721, 794a ZPO gewährt worden ist.

449 Str. ist, ob und in welcher Form der Vermieter vom Mieter gem. § 280 I, III, 281 **Schadensersatz statt der Leistung** wegen Verzögerung der Rückgabe verlangen kann, wenn er ihm erfolglos eine Frist zur Rückgabe gesetzt hat. Wenn Schadensersatz statt der Leistung bedeuten würde, dass der Vermieter dann statt der Leistung (= Rückgabe) Schadensersatz i. H. des Wertes des Mietgegenstandes verlangen könnte (und analog § 255 diesen zu übereignen hätte), käme das einem „Zwangskauf" durch den Mieter gleich. Um diesen Effekt zu vermeiden, wird in der Literatur vorgeschlagen, in diesem Fall bei der Nachfristsetzung einen Hinweis auf diese mögliche Rechtsfolge zu verlangen.[49] Nach Ansicht des Gesetzgebers kann dem Anspruch im Einzelfall § 242 entgegenstehen.[50] Nach a. A. ist im Wege des Schadensersatzes statt der Leistung nicht der Wert der Mietsache, sondern der kapitalisierte Restnutzungswert zu ersetzen, was zu einer Art „Zwangsmiete" der Sache für die voraussichtliche Restnutzungszeit führt.[51] S. dazu PdW Schuldrecht II **Fall 121**.

c) Unmöglichkeit der Rückgabe

450 Ist dem Mieter die Rückgabe der Mietsache unmöglich (etwa weil sie zerstört oder gestohlen wurde), ist er nach § 275 I von der Rückgabepflicht befreit. Er haftet dann nach §§ 280 I, III, 283 auf Schadensersatz statt der Leistung, wenn er die Vermu-

[48] BGHZ 86, 204, 209 ff.
[49] MünchKomm/*Ernst*, § 281 Rn. 116.
[50] BT-Drs. 14/6040, S. 138.
[51] Dafür mit beachtlichen Gründen *M. Schwab*, NZM 2003, 50, dagegen *Unberath*, ZMR 2004, 309, 314.

tung des Vertretenmüssens in § 280 I 2 nicht widerlegen kann. Für Zufall haftet er allerdings grundsätzlich nicht (anders im Verzug, § 287 S. 2).

4. Weitere Mieterpflichten

a) Anzeigepflicht

Nach § 536c I hat der Mieter dem Vermieter **Mängel der Mietsache oder Gefahren** 451
für diese unverzüglich anzuzeigen, die im Lauf der Mietzeit sichtbar werden. Bei (so ist zu ergänzen: schuldhafter) Unterlassung schuldet der Mieter Schadensersatz und verliert seine Mängelrechte, § 536c II (vgl. u. Rn. 466).

b) Duldung von Erhaltungsmaßnahmen

Nach § 554 muss der Mieter von Wohnräumen **Erhaltungsmaßnahmen dulden,** 452
ebenso bestimmte **Verbesserungsmaßnahmen.**[52] Bei der **Wohnraummiete** bilden diese Duldungspflichten einen gewissen Ausgleich dafür, dass das Kündigungsrecht des Vermieters weitgehend ausgeschlossen ist (vgl. u. Rn. 524 ff.): Ohne die Duldungspflicht des Mieters wäre der Vermieter vielfach an Instandsetzungs- und Modernisierungsmaßnahmen gehindert.

c) Sonstige Pflichten

Unter besonderen Umständen kommen noch andere als die bisher genannten Mie- 453
terpflichten in Betracht. So hat der Mieter etwa eine allgemeine **Obhutspflicht**, die Mietsache vor Schäden zu bewahren (§ 241 II), bei deren Verletzung er nach § 280 I haftet (s. schon o. Rn. 443). In den Schutzbereich dieser Pflicht können auch Dritte (etwa andere Mieter) einbezogen sein.[53] Nach Treu und Glauben muss der Mieter dulden, dass der Vermieter sich in angemessenen Abständen vom ordnungsgemäßen Zustand der Mietsache überzeugt. Auch darf der Vermieter diese Sache den Interessenten für eine Nachfolgemiete zeigen, wenn das Ende des Mietverhältnisses bevorsteht.

V. Gewährleistung

1. Systematik und zeitliche Anwendbarkeit

Das Mietrecht enthält – anders als das Kaufrecht – eine eigenständige Regelung des 454
Gewährleistungsrechts, die bei Mängeln der Mietsache keinen Rückgriff auf das allgemeine Leistungsstörungsrecht erfordert. Diese Regelung gilt zeitlich ab dem Zeitpunkt der Einräumung der Gebrauchsmöglichkeit (i. d. R. also mit der Übergabe) und lässt nach h. M. ab diesem Zeitpunkt keinen Rückgriff auf die §§ 280 ff. zu, sofern es sich bei der Leistungsstörung um einen Rechts- oder Sachmangel handelt.[54] Kommt es aber gar nicht zur Übergabe der Mietsache, sind z. B. im Falle von Unmöglichkeit die §§ 280 ff. anwendbar (s. bereits o. Rn. 429).

[52] Vgl. BGHZ 117, 217.

[53] S. etwa *BGH* ZMR 2005, 520 (Brand eines Wohnwagens schädigt den Wohnwagen auf dem danebenliegenden Stellplatz eines anderen Mieters).

[54] S. dazu BGHZ 167, 312 ff, wo dies für die Anwendbarkeit von § 285 offengelassen wurde.

Beispiel (PdW Schuldrecht II **Fall 110**): D vermietet K Räume zum Betrieb einer Zahnarztpraxis. Nach Vertragsschluss, aber noch vor Übergabe stellt sich heraus, dass das Gebäude unter Denkmalschutz steht und dort eine Arztpraxis nicht betrieben werden kann. K muss sich andere Räume suchen und verlangt von D den wegen Verzögerung eingetretenen Verdienstausfall. § 536a I (Verschuldensunabhängige Haftung für anfängliche Mängel) ist mangels Übergabe nicht anwendbar. D haftet hier aus § 311a II aus dem Gesichtspunkt der anfänglichen (rechtlichen) Unmöglichkeit, wenn er nicht nachweist, dass er das Leistungshindernis weder kannte noch kennen musste.

2. Rechtsmängelhaftung

455 Da der Vermieter dem Mieter nur die Gebrauchsüberlassung und nicht auch das Eigentum schuldet, liegt die Problematik der Rechtsmängelhaftung bei der Miete anders als beim Kauf (vgl. o. Rn. 112 ff.). Die §§ 536 III–536c stellten nämlich darauf ab, dass dem Mieter der vertragsmäßige Gebrauch der Mietsache ganz oder zum Teil **tatsächlich entzogen** wird. Damit liegt ein Rechtsmangel nicht bereits dann vor, wenn ein Dritter die Sache (z. B. als Eigentümer nach § 985) herausverlangen oder kraft einer Dienstbarkeit (§§ 1018 ff.) oder aufgrund öffentlich-rechtlicher Vorschriften (z. B. baurechtliche Nutzungsverbote) bestimmte Handlungen des Mieters verbieten *kann*. Der vertragsmäßige Gebrauch ist vielmehr erst dann eingeschränkt, wenn ein solches Recht auch **tatsächlich geltend gemacht** wird.[55] Dann sollen die Vorschriften über die **Sachmängelhaftung** entsprechend angewendet werden. Der Mieter hat (nach Gebrauchsüberlassung) Schadensersatzansprüche nach § 536a I und kann überdies das Mietverhältnis nach § 543 II 1 Nr. 1 fristlos kündigen, wenn ihm der Mietgebrauch nicht gewährt oder wieder entzogen wird. Dieser Kündigung muss aber regelmäßig ein Abhilfeverlangen des Mieters mit Fristsetzung vorausgehen, § 543 III 1. Hat dieser den Mangel zu vertreten, so ist seine Kündigung ausgeschlossen.[56]

3. Sachmängelhaftung

456 Mängel der Mietsache muss der Vermieter im Rahmen des Möglichen beseitigen (vgl. o. Rn. 432). Bis zu dieser Beseitigung hat der Mieter nicht den vollen vertragsmäßigen Gebrauch. Zum Ausgleich stehen ihm neben diesem nur für die Zukunft wirkenden **Erfüllungsanspruch** auf Beseitigung einige weitere Rechte zu.

a) Minderung

457 Nach § 536 I braucht der Mieter **nicht die volle Miete zu zahlen**, sofern nicht die Minderung der Tauglichkeit unerheblich ist (§ 536 I 3). Dem Wohnraummieter kann dieses Recht nicht einmal durch Individualvereinbarung entzogen werden, § 536 IV.[57]

Zwischen dieser Minderung und derjenigen im Kaufrecht (vgl. o. Rn. 164 ff.) bestehen erhebliche Unterschiede: Die mietrechtliche Minderung braucht nicht erst durch die Ausübung eines Gestaltungsrechts vollzogen zu werden. Vielmehr setzt § 536 **selbst die Miete herab,** so dass der Mieter nur den geringeren Betrag (oder bei gänzlicher Unbrauchbarkeit der Mietsache überhaupt nichts) schuldet. Daher unterliegt die Minderung anders als im Kaufrecht (vgl. o. Rn. 213) als solche auch nicht mittel-

[55] *BGH* NJW 2009, 3421.
[56] *BGH* NJW 1998, 594; NJW-RR 2005, 235.
[57] Zur Wirksamkeit im Rahmen von AGB bei gewerblicher Raummiete s. *BGH* WM 2008, 1758.

bar einer Verjährung. Wenn der Mieter trotzdem den vollen Betrag gezahlt hat, kann er das zuviel Gezahlte grundsätzlich nach § 812 I 1 Alt.1 zurückverlangen. Dieser Rückforderungsanspruch in Bezug auf zuviel gezahlte Miete unterliegt dann der Regelverjährung der §§ 195, 199.

Wenn der Mieter in Kenntnis der Minderung die volle Miete weiterzahlt, scheitert 458
sein Rückforderungsanspruch allerdings an § 814 (Kenntnis der Nichtschuld). Das kann er verhindern, indem er unter Vorbehalt der Rückforderung zahlt (dazu u. Rn. 1148). Für die Zukunft wird die Minderung durch eine (auch vorbehaltslose) Weiterzahlung nicht berührt, sofern nicht im Einzelfall in der vorbehaltslosen Zahlung ein Verzicht oder Verwirkung (s. dazu AT Rn. 151) zu sehen sind.[58] S. dazu PdW Schuldrecht II **Fall 112.**

b) Fristlose Kündigung

An die Stelle des Rücktritts beim Kauf (vgl. o. Rn. 148 ff.) tritt bei der Miete nach 459
erfolglosem Abhilfeverlangen das **Recht zur fristlosen Kündigung** nach § 543 III (diese Vorschrift gilt also bei Sach- wie bei Rechtsmängeln gleichermaßen!).

c) Schadensersatz

Weiter kann der Mieter nach § 536a auch **Schadensersatz** verlangen. Dabei unter- 460
scheidet die Vorschrift zwischen schon bei Vertragsabschluss vorhandenen und erst später eingetretenen Mängeln: Für den Schaden aus **anfänglichen Mängeln** soll der Vermieter schlechthin und **ohne Rücksicht auf Verschulden** haften. Für Schäden aus **nachträglichen Mängeln** haftet der Vermieter dagegen nur, wenn er diese zu vertreten hat oder mit ihrer Beseitigung im Schuldnerverzug war (was nach §§ 280 I 2, 286 IV gleichfalls Vertretenmüssen voraussetzt).

Beim **Umfang des zu ersetzenden Schadens** wird nicht zwischen Mangel- und 461
Mangelfolgeschäden unterschieden. Vielmehr sollen nach § 536a **alle adäquat auf den Mangel zurückgehenden Schäden** ersatzfähig sein: etwa dem Mieter (oder den in den Schutzbereich des Vertrages einbezogenen Personen wie z. B. Angehörigen oder auch Arbeitnehmern des Vermieters[59]) entstandene Körper- und Sachschäden; oder die nach der Kündigung notwendig gewordenen Umzugskosten; oder die Kosten für eine andere Unterbringung des Mieters bis zur Behebung des Mangels, s. dazu PdW Schuldrecht II **Fall 108.**

Die Garantiehaftung des Vermieters für anfängliche Mängel ist – insbesondere angesichts ihres großen Umfangs – besonders hart. Ihr innerer Grund liegt wohl darin, dass der Vermieter die Möglichkeit hat, die Sache vor der Vermietung zu überprüfen und auf einen **vertraglichen Haftungsausschluss** hinwirken (denn § 536a ist – auch im Wohnraummietrecht – **dispositives Recht**)[60] oder das übernommene Risiko versichern kann. Andererseits soll sich der Mieter darauf verlassen können, die Mietsache ohne Sorge um seine Integrität in Gebrauch nehmen zu können. Das überzeugt rechtspolitisch ebensowenig wie der pauschale Verweis des Mietrechtsreformgesetzgebers auf das „Interesse des Mieterschutzes".[61]

---

[58] BGHZ 155, 380.

[59] S. dazu etwa *BGH* NJW 2010, 3152 Tz. 18 ff.; allgemein zum Vertrag mit Schutzwirkung für Dritte vgl. AT Rn. 817 ff.

[60] Zum Haftungsausschluss durch AGB s. o. Rn. 196 sowie *BGH* NJW 2002, 673 (Unwirksamkeit eines Haftungsausschlusses für einfache Fahrlässigkeit auch für Sachschäden) und *BGH* NJW 2010, 3152 Tz. 21 ff. (Verstoß gegen § 305c).

[61] BT-Drs. 14/6857, S. 66.

Jedenfalls vermag die strengere Haftung im Vergleich zur verschuldensabhängigen Haftung eines Verkäufers für anfängliche Mängel (§§ 437 Nr. 3, 311a II) kaum einzuleuchten.[62]

462 Den Schadensersatz kann der Mieter **neben** der Minderung und der Kündigung verlangen. Geht der Schaden nicht auf einen Mangel, sondern auf eine Fürsorgepflichtverletzung des Vermieters zurück, kommt eine (vom Vertretenmüssen abhängige) Haftung aus §§ 280 I, 241 II in Betracht (dazu o. Rn. 436).

d) Selbstbeseitigung

463 Nach § 536a II kann der Mieter einen Mangel **selbst beseitigen** und vom Vermieter den Ersatz der dafür nötigen Aufwendungen verlangen, wenn der Vermieter mit der Mängelbeseitigung im Verzug ist oder die umgehende Beseitigung des Mangels zur Erhaltung oder Wiederherstellung der Mietsache erforderlich ist. Der Anspruch unterliegt der kurzen Verjährung des § 548 II. Umstritten ist, ob das Selbstbeseitigungsrecht in § 536a II **abschließend** geregelt ist, d. h. ob bei Fehlen der Voraussetzungen auf §§ 683, 670 (Geschäftsführung ohne Auftrag), § 812 I 1 Alt. 2 (Verwendungskondiktion) zurückgegriffen werden kann (s. auch § 539). Richtigerweise ist die Regelung grundsätzlich als abschließend zu betrachten, da sonst ihre engen tatbestandlichen Voraussetzungen letztlich hinfällig wären.[63]

464 Aus der Obhutspflicht des Mieters kann sich auch eine **Verpflichtung** ergeben, Schäden bei Gefahr im Verzug selbst zu beseitigen (etwa bei einem Wasserrohrbruch des vermieteten Hauses).

e) Zurückbehaltungsrecht

465 Nach der Rechtsprechung hat der Mieter sogar noch einen weiteren Rechtsbehelf: Er soll bei Mängeln auch den nicht schon durch die Minderung nach § 536 weggefallenen Teil der Miete **nach § 320 zurückhalten** können (mit der Folge, dass er insoweit zur Zahlung nur Zug um Zug gegen die Beseitigung der Mängel verurteilt wird, § 322).[64]

f) Ausschluss der Gewährleistung

466 Der **Ausschluss der Gewährleistung** ist in § 536b bei der Miete ähnlich geregelt wie beim Kauf (§ 442). Doch ergeben sich bei der Miete zwei Abweichungen: Erstens kann der Wohnungs- und Grundstücksmieter gem. § 569 I 2 auch bei Kenntnis der Mängel oder bei Verzicht auf seine Mängelrechte noch nach § 569 I 1 („Wanzenparagraf") fristlos kündigen, wenn die Benutzung des gemieteten Wohnraums die menschliche Gesundheit erheblich gefährdet: Ein gewisser Mindeststandard an Hygiene und Sicherheit soll jedenfalls gewahrt bleiben. Und zweitens sind umgekehrt die Mängelrechte nach § 536c II ausgeschlossen, wenn der Mieter den Mangel dem Vermieter pflichtwidrig (vgl. o. Rn. 451) nicht angezeigt und dadurch eine Abhilfe verhindert hat.

---

[62] S. dazu auch *Hau*, JuS 2003, 130, 131.
[63] S. nur Staudinger/*Emmerich*, § 536a (2006) Rn. 41 m. w. N.
[64] Vgl. etwa BGHZ 84, 42, 44 f. mit umfassenden Nachweisen.

467

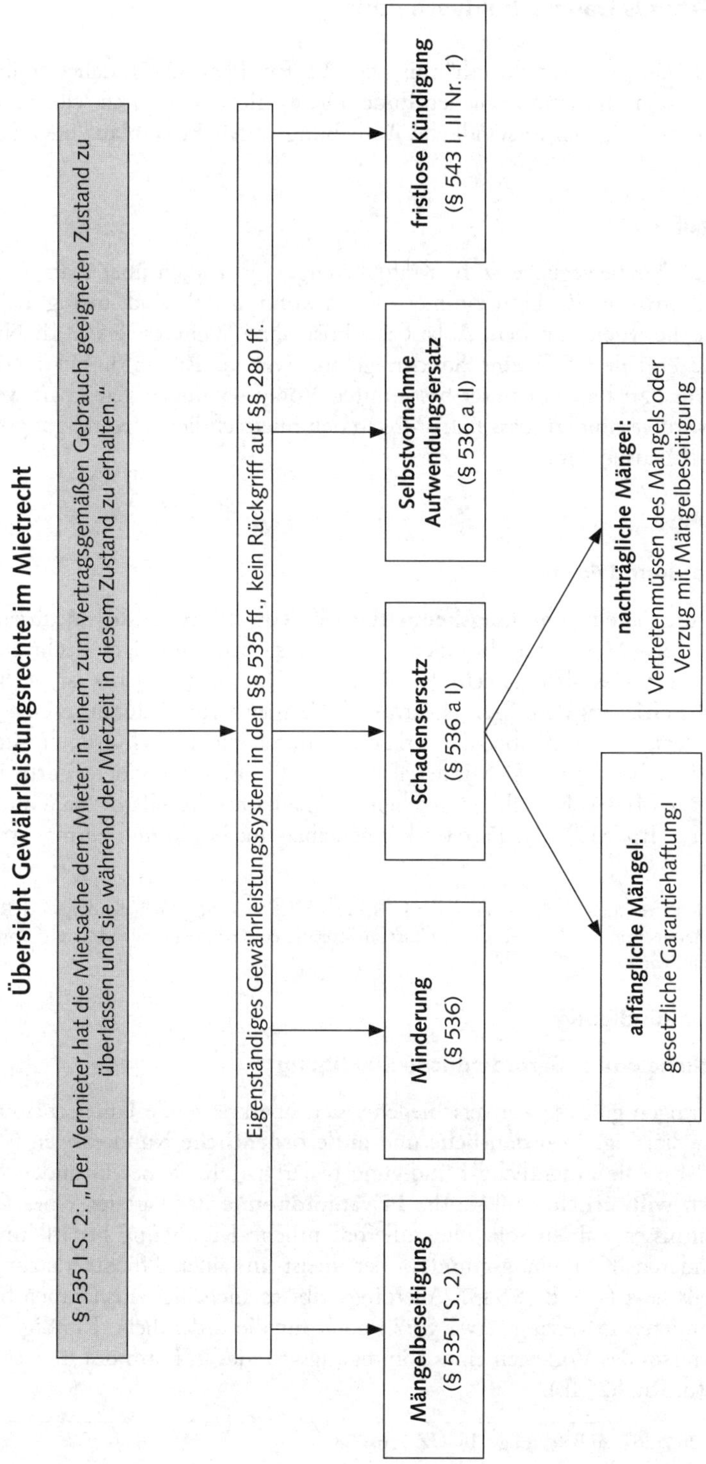
Übersicht Gewährleistungsrechte im Mietrecht
§ 535 I S. 2: „Der Vermieter hat die Mietsache dem Mieter in einem zum vertragsgemäßen Gebrauch geeigneten Zustand zu überlassen und sie während der Mietzeit in diesem Zustand zu erhalten."
Eigenständiges Gewährleistungssystem in den §§ 535 ff., kein Rückgriff auf §§ 280 ff.
Mängelbeseitigung (§ 535 I S. 2)
Minderung (§ 536)
Schadensersatz (§ 536 a I)
Selbstvornahme Aufwendungsersatz (§ 536 a II)
fristlose Kündigung (§ 543 I, II Nr. 1)
anfängliche Mängel: gesetzliche Garantiehaftung!
nachträgliche Mängel: Vertretenmüssen des Mangels oder Verzug mit Mängelbeseitigung

VI. Die Miete als Dauerschuldverhältnis

468 Die Miete ist ein Dauerschuldverhältnis (vgl. AT Rn. 11; 562 ff.); daher ergibt sich für sie die Frage nach ihrem zeitlichen Ende. Dieses tritt außer durch selbstverständlich jederzeit zulässige einverständliche Aufhebung durch **Fristablauf** oder **Kündigung** ein, § 542.

1. Fristablauf

469 Mietverträge über bewegliche (z. B. Kraftfahrzeuge), aber auch über manche unbeweglichen Sachen (z. B. Hotelzimmer, Ferienwohnungen) sind häufig befristet. Dann endet die Miete mit dem Ablauf der Frist ohne Weiteres, § 542 II. Nur für Wohnräume enthält § 575 eine Sonderregelung (vgl. u. Rn. 535): Ein befristetes Mietverhältnis darf hier nur unter bestimmten Voraussetzungen vereinbart werden. Hierdurch wird verhindert, dass Befristungen den mietrechtlichen Kündigungsschutz (u. Rn. 524 ff.) aushöhlen.

2. Kündigung

a) Rechtsnatur und Form

470 Die Kündigung ist eine **empfangsbedürftige Willenserklärung**, die mit ihrem Zugang (§ 130) den Mietvertrag beendet. Damit ist sie ein einseitiges Rechtsgeschäft und zugleich ein **Gestaltungsrecht** (s. AT Rn. 615). Als ein solches ist sie **bedingungs- und befristungsfeindlich**, sofern eine Vertragspartei dadurch in eine ungewisse Lage versetzt wird.[65] Bei der Erklärung durch einen Stellvertreter sind die §§ 174, 180 zu beachten, bei Minderjährigen § 111. Eine besondere **Form** ist für das **allgemeine Mietrecht** nicht vorgesehen, wohl aber für die Miete von Wohnraum (§ 568, dazu u. Rn. 518). Die Parteien können aber eine bestimmte Form vertraglich vereinbaren.

Vereinbaren die Parteien eine Kündigung durch Einschreibebrief, handelt es sich allerdings i. d. R. lediglich um eine Beweisform, so dass bei nachgewiesenem Zugang eine Kündigung in anderer Form (Bsp.: Telefax) ebenfalls wirksam ist.[66]

b) Arten der Kündigung

aa) Ordentliche und außerordentliche Kündigung

471 Für Kündigungen gibt es zwei verschiedene, sich überkreuzende Unterscheidungen. Die erste ist diejenige in **ordentliche** und **außerordentliche** Kündigungen (s. dazu AT Rn. 611 f.): Die ordentliche Kündigung bedarf i. d. R. keines Grundes. Sie ist grundsätzlich **willkürlich**, weil sie die **Privatautonomie** der Parteien eines Dauerschuldverhältnisses wahren soll. Die außerordentliche Kündigung bedarf hingegen eines besonderen Kündigungsgrundes, der meist in einer Pflichtverletzung des anderen Teils liegt (s. z. B. § 543). Allerdings gibt es auch hier Ausnahmen bei der Wohnraummiete. So verlangt etwa § 573 auch für die ordentliche Kündigung des Mietverhältnisses das Vorliegen eines Kündigungsgrundes in Form des „berechtigten Interesses" (u. Rn. 525 ff.).

[65] BGHZ 97, 263, 267; zu Befristung s. BGHZ 156, 328.
[66] *BGH* NJW 2004, 1320.

bb) Befristete und fristlose Kündigung

472 Die zweite Unterscheidung ist diejenige zwischen **befristeter** und **fristloser** Kündigung: Die befristete Kündigung wirkt erst nach Ablauf einer Frist, dagegen wirkt die fristlose sofort. Vgl. dazu AT Rn. 611 f. Ordentliche Kündigungen sind meist befristet, während außerordentliche i. d. R. unbefristet sind.

c) Gegenstand der Kündigung

aa) Befristete Mietverhältnisse

473 Ist ein Mietverhältnis auf bestimmte Zeit geschlossen worden, so endet es gem. § 542 II mit Ablauf der vertraglich vereinbarten Zeit, sofern es nicht vertraglich verlängert wird. Hierzu bedarf es weder einer ordentlichen Kündigung, noch ist eine solche möglich. Der Mieter hat damit durch die vertragliche Vereinbarung Rechtssicherheit: Er darf sich grundsätzlich auf die vereinbarte Dauer verlassen und bedarf, da er den Endtermin kennt, auch keiner Kündigungsfrist, um sich auf das Ende des Mietverhältnisses einstellen zu können. Daher ist bei einem solchen Mietverhältnis lediglich eine außerordentliche Kündigung möglich. Da diese i. d. R. einen dem Kündigungsgegner zurechenbaren wichtigen Grund voraussetzt (s. etwa § 543 II), bedarf es keiner Kündigungsfrist für den dann nicht schutzwürdigen Kündigungsgegner.

bb) Unbefristete Mietverhältnisse

474 Unbefristete Mietverhältnisse können hingegen ordentlich (und außerordentlich) gekündigt werden (§ 542 I). Die grundsätzliche Befristung ordentlicher, d. h. willkürlicher Kündigungen schützt dabei die Interessen des Mieters. Er soll Zeit haben, sich auf die neue Rechtslage einzustellen (also sich eine andere Wohnung zu suchen).

d) Die ordentliche Kündigung

475 Die **ordentliche Kündigung** beendet **unbefristete Mietverhältnisse**. Bei beweglichen und unbeweglichen Sachen wird die Länge der Kündigungsfristen in § 580a von den Zahlungsfristen für die Miete abhängig gemacht: Je länger die hierfür verabredete Frist ist, umso länger ist auch die Kündigungsfrist. Bei Wohnraum besteht eine Sonderregelung der Kündigungsfrist in § 573c (vgl. u. Rn. 520). Die ordentliche Kündigung kann – auch bei Wohnraum – für eine bestimmte Zeit ausgeschlossen werden (s. dazu § 557a III).

e) Die außerordentliche Kündigung

476 Die außerordentliche Kündigung dient bei befristeten Mietverhältnissen deren Beendigung vor Fristablauf, bei unbefristeten Mietverhältnissen deren fristloser Beendigung. Bei der **Wohnraummiete** ist sogar die ordentliche Kündigung für den Vermieter an das Vorliegen eines Kündigungsgrundes gebunden, vgl. u. Rn. 524 ff.

Von den **Gründen** für eine außerordentliche Kündigung sind die folgenden schon erörtert worden: die fristlose Kündigung des Mieters wegen Rechts- oder Sachmängeln (§ 543 III, vgl. o. Rn. 455; 459); die fristlose Kündigung des Vermieters wegen Zahlungsverzugs (§ 543 II Nr. 3, vgl. o. Rn. 438) und wegen vertragswidrigen Gebrauchs der Mietsache (§ 543 II Nr. 2, vgl. o. Rn. 442). Die Gründe für die befristete Vermieterkündigung bei Wohnraum sind u. Rn. 524 ff. noch zu behandeln.

Zudem gibt es noch die folgenden Gründe zur **fristlosen Kündigung:** Von beiden Seiten kann ein Mietverhältnis nach § 543 I gekündigt werden, wenn der andere Teil seine Pflichten schuldhaft derart verletzt hat, dass dem Kündigenden die Fortsetzung des Mietverhältnisses nicht mehr zuzumuten ist. Diese Regelung ist lex specialis zu der bei jedem Dauerschuldverhältnis gegebenen **Kündigung aus wichtigem Grund** in § 314. Die im Mietrecht geregelten außerordentlichen Kündigungsgründe sind allerdings abschließend, d. h. ein Rückgriff auf § 314 ist nicht möglich (und meist auch nicht erforderlich).

Befristet kann **der Mieter** außerordentlich kündigen nach § 540 I 2 (bei Verweigerung der Erlaubnis zur Untervermietung, vgl. u. Rn. 482), zudem bei Wohnräumen nach § 561 (nach Mieterhöhung) und der **Rechtsnachfolger des Mieters** nach §§ 563a II, 564 S. 2, wenn er nach dem Tod des Mieters das Mietverhältnis nicht fortsetzen will.

Der **Vermieter** von Wohnräumen kann **befristet außerordentlich kündigen** gegenüber dem Rechtsnachfolger des Mieters nach §§ 563 IV, 564 S. 2: Der Vermieter soll diesen Nachfolger nicht ohne Weiteres als neuen Mieter hinnehmen müssen. Gemäß § 573d I ist hierfür allerdings bei der Kündigung gegenüber gem. § 563 in den Mietvertrag eintretenden Haushaltsangehörigen des Mieters (nicht gegenüber den subsidiär eintretenden Erben, § 564) zusätzlich ein berechtigtes Interesse des Vermieters nach § 573 I erforderlich.

3. Fortsetzung des Mietverhältnisses

477 Nicht selten endet ein Mietverhältnis durch Fristablauf oder Kündigung, ohne dass der Mieter die Mietsache zurückgibt, insbesondere die Wohnung räumt. Für diesen Fall soll nach § 545 das Mietverhältnis als **auf unbestimmte Zeit verlängert** gelten, wenn nicht ein Vertragsteil dem anderen seinen entgegenstehenden Willen binnen zweier Wochen erklärt. Diese Vorschrift kann vor allem bei der Wohnungsmiete sehr unerwartete und zweifelhafte Folgen haben: Ein Vermieter möge endlich ein vollstreckbares Räumungsurteil erstritten haben, dann aber den Mieter zunächst aus Rücksicht noch widerspruchslos wohnen lassen. Dann scheint das Mietverhältnis neu zu entstehen, und die ganze Mühe um die Kündigung scheint vergeblich zu sein. Auch ist das Unterlassen eines Widerspruchs nicht etwa mit der Begründung anfechtbar, der Unterlassende habe die Folge aus § 545 nicht gekannt (§ 119): Das wäre ein unbeachtlicher Rechtsfolgenirrtum. Daher ist § 545 erheblich einzuschränken: Der Vermieter kann seinen Widerspruch gegen die Erneuerung des Mietverhältnisses bereits vor dem Beginn der Zweiwochenfrist erklären; eine solche Erklärung kann auch schon in dem Rückgabeverlangen oder der Zustellung der Räumungsklage liegen (str.). Im Übrigen ist die Regelung – auch durch AGB – sogar bei der Vermietung von Wohnraum abdingbar.[67]

[67] *BGH* NJW 1991, 1750.

4. Tod einer Partei

a) Tod des Vermieters

478 Der **Tod des Vermieters** berührt das Mietverhältnis nicht, wenn nichts anderes vereinbart worden ist: Nach § 1922 I treten die Erben ein.

b) Tod des Mieters

479 Der **Tod des Mieters** hat regelmäßig gleichfalls die erbrechtlichen Folgen von § 1922: Die Erben werden im Wege der Universalsukzession Partei des Mietvertrags. Anders ist es bei der **Wohnungsmiete**: Hier bewirkt der Tod des Mieters gem. § 563 I, II regelmäßig den **Eintritt** in den Mietvertrag durch bestimmte **Angehörige des Mieters**, die mit diesem in einem gemeinsamen Haushalt gelebt haben. Der Vermieter hat dann aber das o. Rn. 476 erwähnte **außerordentliche befristete Kündigungsrecht** nach § 563 IV. Umgekehrt kann der Eingetretene den Eintritt rückgängig machen, indem er seinen Willen zur Nichtfortsetzung erklärt, § 563 III. War eine dieser Personen ebenfalls Partei des Mietvertrags (z. B. der Ehegatte des verstorbenen Mieters), so wird das Mietverhältnis nach § 563a mit ihm alleine fortgesetzt. Er kann aber das Mietverhältnis innerhalb einer Monatsfrist **außerordentlich** (d. h. auch dann, wenn es befristet war) **mit der gesetzlichen Frist** kündigen (etwa, weil die Wohnung für ihn alleine zu groß ist).

480 Dieser Eintritt in den Mietvertrag bzw. dessen Fortsetzung ist unabhängig von einem Erbrecht des Eintretenden. In den Wohnungsmietvertrag findet also eine **Sondernachfolge** statt. Daraus ergeben sich Probleme für das Verhältnis zum Vermieter, aber auch zu den Erben und Nachlassgläubigern des verstorbenen Mieters. Aus diesem Grund enthält § 563b eine detaillierte Haftungs- und Ausgleichsregelung für den Fall von Verbindlichkeiten und Mietvorauszahlung durch den Verstorbenen.

IV. Die Untermiete

481 Da ein Vermieter nicht Eigentümer der Mietsache zu sein braucht, kann auch ein Mieter weitervermieten. Man bezeichnet dieses Verhältnis als Untermiete. Untermiete kann vorkommen als vollständige Weitervermietung, aber auch – insbesondere bei Wohnraum – als Weitervermietung nur eines Teils der Mietsache (also etwa eines Zimmers).

1. Erlaubnis zur Untervermietung

482 Nach § 540 I 1 darf der Mieter die Sache nicht ohne Erlaubnis des Vermieters dem Gebrauch eines Dritten überlassen, insbesondere sie weiter vermieten. Die Vorschrift findet freilich keine Anwendung, wenn die Gebrauchsüberlassung bereits Bestandteil des vertragsgemäßen Gebrauchs der Sache ist (so etwa bei der Aufnahme eines Ehe- oder Lebenspartners in die gemietete Wohnung[68]). Regelmäßig hat der Mieter auf diese Erlaubnis keinen Anspruch; wird sie grundlos verweigert, ist er aber zu einer **außerordentlichen befristeten Kündigung** berechtigt, § 540 I 2.

[68] Nicht aber bei Aufnahme eines nichtehelichen Lebensgefährten, die unter § 553 fällt, s. BGHZ 157, 1 = JuS 2004, 625 (*Emmerich*).

483 Anders ist es nach § 553 bei der **Wohnraummiete**. Hier tritt häufig folgende Situation ein: Eine Familie mit Kindern wohnt in einer ausreichend großen Mietwohnung. Dann werden die Kinder selbständig und ziehen weg; vielleicht stirbt auch ein Ehegatte. Nun ist die Wohnung viel zu groß; der Umzug in eine passende kleinere Wohnung scheitert aber. An solche Fälle denkt § 553 I 1, der dem Wohnraummieter einen **Anspruch** auf die Erlaubnis zur Untervermietung gewährt. § 553 gilt aber nur für die Untermiete eines **Teils** des Wohnraums, nicht für eine vollständige Weitervermietung und setzt weiter voraus, dass **nach** Abschluss des Mietvertrages ein **berechtigtes Interesse** des Mieters an der Untervermietung entsteht.[69] Ein solches kann etwa im Interesse des Mieters an der Aufnahme eines nichtehelichen Lebensgefährten,[70] der Bildung einer Wohngemeinschaft[71] oder in beruflichen Veränderungen liegen.[72]

Doch kann der Vermieter seinerseits unter Umständen seine Einwilligung von einer **Erhöhung der Miete** abhängig machen, § 553 II.

Selbst wenn der Mieter einen Anspruch auf Erteilung der Erlaubnis zur Untervermietung hat, stellt es eine Überschreitung des vertragsgemäßen Gebrauchs und damit eine Pflichtverletzung dar, wenn er diese ohne Erlaubnis vornimmt. Dies kann u. U. sogar eine ordentliche Kündigung nach § 573 II Nr. 1 rechtfertigen.[73]

2. Ansprüche des Vermieters wegen des Untermieters

a) Herausgabeansprüche

484 Gegen den Untermieter selbst hat der Vermieter zunächst keine Ansprüche, weil zwischen diesen Personen kein Vertrag besteht. Daher gibt auch die Untermiete dem Untermieter regelmäßig kein selbständiges Recht zum Besitz (§ 986) gegenüber dem Vermieter als Eigentümer. Dieser kann also die Mietsache vom Untermieter nach § 985 herausverlangen, sobald das Hauptmietverhältnis beendet ist, davor kann er Herausgabe an den Mieter verlangen (§ 986 I 2). Zudem gibt § 546 II noch einen eigentumsunabhängigen Herausgabeanspruch (vgl. o. Rn. 446). Der Untermieter von Wohnraum genießt im Falle einer gewerblichen Zwischenvermietung (z. B. der Eigentümer vermietet einen ganzen Wohnblock an ein Unternehmen, das seinerseits die einzelnen Wohnungen weitervermietet) nach § 565 einen besonderen Bestandsschutz sowohl gegenüber dem Eigentümer als auch gegenüber einem neuen Zwischenmieter.

b) Schadensersatzansprüche

485 Beschädigt der Untermieter die Mietsache, so haftet er dem Vermieter regelmäßig aus § 823 I (sog. Fremdbesitzerexzess, vgl. u. Rn. 1280). Zudem hat der Vermieter hieraus auch Vertragsansprüche gegen den Mieter: Nach § 540 II hat dieser ein Verschulden des Untermieters wie eigenes zu vertreten. Diese Rechtsfolge ergibt sich schon aus § 278 (s. o. Rn. 443), § 540 II stellt nur (unnötigerweise) klar, dass die

[69] S. dazu zuletzt *BGH* NJW 2006, 1200 ff.
[70] BGHZ 157, 1 = JuS 2004, 625 (*Emmerich*).
[71] BGHZ 92, 213.
[72] *BGH* NJW 2006, 1200.
[73] S. dazu *BGH* NJW 2011, 1065 (nicht, wenn die Erlaubnis rechtzeitig erbeten wurde).

Einwilligung des Vermieters zur Gebrauchsüberlassung an Dritte hieran nichts ändert. Ist die Gebrauchsüberlassung nicht gestattet (und nicht Bestandteil des vertragsgemäßen Gebrauchs), haftet der Mieter ohne Rücksicht auf Verschulden des Untermieters wegen (eigener) Überschreitung des vertragsgemäßen Gebrauchs. Diese „Zufallshaftung" (tatsächlich ist sie keine, denn es geht um ein schuldhaftes Verhalten des Mieters!) setzt allerdings voraus, dass der Schaden ohne die unbefugte Gebrauchsüberlassung an den Dritten nicht entstanden wäre.[74]

Beispiel: M mietet ein Auto als „Selbstfahrer". Vertraglich ist ihm untersagt, das Führen des Autos einem anderen zu überlassen. Auf einer längeren Fahrt lässt er seinen Beifahrer B ans Steuer. Es kommt zu einem Verkehrsunfall, den allein ein Dritter verschuldet hat und den auch M nicht hätte verhindern können: Ein nach § 278 zurechenbares Vertretenmüssen des B liegt nicht vor. Die Verletzung der Pflicht des M aus § 540 I hat er zwar zu vertreten, jedoch scheitert eine Haftung aus §§ 280 I, 540 I am Fehlen der Kausalität der Pflichtverletzung für den eingetretenen Schaden.

c) Keine Herausgabe der vom Mieter durch die unberechtigte Weitervermietung erlangten Miete

Herausgabe des vom Mieter durch eine unerlaubte Weitervermietung erzielten Erlöses kann der Vermieter hingegen aus keinem rechtlichen Gesichtspunkt verlangen: 486
Ein Schadensersatzanspruch wegen Überschreitung des vertragsgemäßen Gebrauchs (o. Rn. 443 ff.) oder aus §§ 989, 990, 823 I scheitert am Fehlen eines Schadens, da der Vermieter, weil er ja zur Gebrauchsüberlassung an den Mieter verpflichtet ist, selbst auch nicht ein weiteres Mal hätte vermieten dürfen. Ein Anspruch aus § 816 I (s. dazu u. Rn. 1190 ff.) scheidet aus, weil die Vermietung keine „Verfügung" i. S. jener Vorschrift darstellt. Ein Anspruch aus der allgemeinen Eingriffskondiktion (Bereicherung „in sonstiger Weise" i. S. v. § 812 I Alt. 2) kommt nicht in Betracht, weil der Erwerb der Miete nicht „auf Kosten" des Vermieters erfolgt (u. Rn. 1205), weshalb auch eine analoge Anwendung von § 816 I ausgeschlossen ist. Schließlich ist auch ein Anspruch auf Erlösherausgabe aus (angemaßter) Geschäftsführung ohne Auftrag (§§ 687 II 1, 681, 667, dazu u. Rn. 1102 ff.) ausgeschlossen, denn die (weitere) Vermietung durch den Mieter ist kein „Geschäft" des Vermieters.[75]

Anders ist das aber zu beurteilen, wenn der Mieter zur Herausgabe an den Vermieter verurteilt ist: Ab Rechtshängigkeit des Herausgabeanspruchs haftet er gem. § 292 nach den Regeln des Eigentümer-Besitzer-Verhältnisses, d. h. den §§ 987 ff. Damit ist er nach § 987 I auch zum Nutzungsersatz verpflichtet. Die erzielten Einnahmen sind Nutzungen i. S. v. § 99 III (sog. „mittelbare Sachfrüchte").[76]

§ 94. Die Miete von Grundstücken und Räumen

Literatur: *Fritz*, Gewerberaummietrecht, 5. Aufl., 2012; *ders.*, Die Entwicklung des Gewerberaummietrechts (jährlich, zuletzt NJW 2010, 1048); *Gramm*, Zusammentreffen von Sicherungsübereignung und Vermieterpfandrecht, NJW 1992, 2806; *Lindner-Figura/Oprée/Stellmann*, Geschäftsraummiete, 2. Aufl., 2008; *Michalski*, Das Schriftformerfordernis bei langfristigen Mietverträgen, WM 1998, 1993; *Nicolai*, Vermieterpfandrecht und (Raum)Sicherungsübereignung, JZ 1996, 219.

[74] Nach allgemeiner Ansicht liegt die Beweislast für die fehlende Kausalität beim Mieter, vgl. etwa Staudinger/*Emmerich*, § 540 Rn. 38 m. w. N.

[75] S. zum Ganzen BGHZ 131, 297. Zur Doppelvermietung durch den Vermieter s. BGHZ 167, 312 sowie AT Rn. 432.

[76] *BGH* NZM 2009, 701.

487 Für die Miete von **Grundstücken** und Räumen, die keine Wohnräume sind (insbesondere **Geschäftsräume**) gelten bestimmte Sondervorschriften. Sie ergeben sich aus der Verweisung in § 578. Bei § 578 sind auch Wandflächen (z. B. Vermietung zur Anbringung einer Reklame oder eines Automaten) unterzubringen. Nicht unter § 578 fällt dagegen die Miete von Wohnwagen, auch nicht ein vom Mieter errichtetes und dem Eigentümer nach § 95 gehörendes Gebäude.[1] Da § 578 für diese Mietverhältnisse auch auf bestimmte Regelungen des **Wohnraummietrechts** verweist, werden diese Regelungen des Wohnraummietrechts bereits hier miterläutert.

I. Das Vermieterpfandrecht

488 Nach § 562, 578 I hat der Vermieter für seine Forderungen aus dem Mietverhältnis an den eingebrachten, pfändbaren Sachen des Mieters ein **gesetzliches Pfandrecht**, und zwar auch bei **Wohnräumen**.

1. Rechtspolitisches

489 Das Vermieterpfandrecht richtet sich nicht so sehr gegen den Mieter als vielmehr gegen dessen **Gläubiger**. Denn an den pfändbaren Sachen des Mieters (vgl. §§ 811, 812 ZPO), auf die sich das Pfandrecht beschränkt, könnte der Vermieter ein Pfandrecht auch durch Pfändung im Wege der Zwangsvollstreckung erwerben. Die Besonderheiten des Vermieterpfandrechts bestehen demgegenüber darin, dass es ohne Weiteres entsteht und einen Vorrang gegen andere Gläubiger vermittelt. Der Vermieter kann wegen seines Pfandrechts gegenüber Pfändungen anderer Gläubiger nach § 805 ZPO vorzugsweise Befriedigung aus dem Sacherlös verlangen. Ein solcher Vorrang ist vor allem deshalb legitim, weil der Vermieter die Räumung gegen einen die Miete nicht zahlenden Mieter oft erst nach langer Zeit durchsetzen kann. Für diesen Zeitraum wird der Vermieter zur Kreditgewährung an den Mieter gezwungen, und hierfür kann das Pfandrecht einen gewissen Ausgleich bieten.

Speziell bei der **Wohnungsmiete** bedeutet das Pfandrecht jedoch oft nur eine geringe Sicherheit: Der Hausrat des Mieters ist meist unpfändbar oder aber erbringt in der Zwangsversteigerung nur einen geringen Erlös. Und bei Geschäftsräumen ist das Vermieterpfandrecht wertlos, wenn die dort lagernden Waren unter Eigentumsvorbehalt der Lieferanten stehen. Darum fordern viele Vermieter vom Mieter beim Abschluss des Mietvertrages einen Geldbetrag als Kaution; vgl. dazu o. Rn. 428 und § 551.

2. Entstehung und Inhalt des Pfandrechts

a) Einbringung von Sachen

490 Das Pfandrecht entsteht mit der Einbringung der Sachen in die Mieträume. Dabei bedeutet „Einbringung", dass die Sachen mit dem (nicht notwendig rechtsgeschäftlichen) Willen des Mieters zu einem nicht bloß vorübergehenden Zweck dorthin verbracht werden.

[1] *BGH* NJW 1984, 2878, dazu *Sonnenschein*, JZ 1985, 45.

b) Eigentum des Mieters

Die Sachen müssen solche des Mieters sein, also diesem regelmäßig gehören. Ein gutgläubiger Pfandrechtserwerb vom Nichtberechtigten (vgl. § 1207) ist hier selbst dann nicht möglich, wenn man entgegen der h. M.[2] im Allgemeinen einen gutgläubigen Erwerb gesetzlicher Pfandrechte zulässt: Für einen gutgläubigen Erwerb müsste der Erwerber Besitzer sein, während das Vermieterpfandrecht besitzlos entsteht (Besitzer der eingebrachten Sachen ist allein der Mieter!). Dass Sachen dem Ehegatten des Mieters gehören, genügt nicht, wenn der Ehegatte nicht auch selbst Mieter ist (und daher nach § 427 für die Miete mithaftet). Bei Miteigentum entsteht das Pfandrecht an der Quote des Mieters. 491

Hat der Mieter eine Sache unter Eigentumsvorbehalt erworben, so besteht das Vermieterpfandrecht an dem **Anwartschaftsrecht** (o. Rn. 287 ff.) des Mieters.[3] Doch hat auch das nur geringe Bedeutung: Wer seine Miete nicht zahlt, bleibt häufig auch die noch ausstehenden Kaufpreisraten schuldig. Wenn der Verkäufer dann vom Kauf zurücktritt (§ 323), erlischt das Anwartschaftsrecht des Mieters: Jetzt kann ja die Bedingung für den Eigentumserwerb nicht mehr eintreten, nämlich die Zahlung der letzten Kaufpreisrate. Folglich erlischt zugleich das Pfandrecht an dem Anwartschaftsrecht.

c) Gesicherte Forderungen

Das Pfandrecht sichert nur die Forderungen des Vermieters aus dem Mietverhältnis. 492
Dabei wird die Geltendmachung **künftiger Forderungen** durch § 562 II beschränkt. Gegenüber den Pfändungspfandrechten anderer Gläubiger begrenzt § 562 d auch die Haftung für die Miete der zurückliegenden Zeit. Gegenüber einer **Sicherungsübereignung** hat das Vermieterpfandrecht jedoch regelmäßig **Vorrang**: Gewerbetreibende sind nicht selten zur Sicherung der Betriebsmittelkredite auf die Sicherungsübereignung der Vorräte und Warenlager angewiesen. Das geschieht meist durch sog. „Raumsicherungsübereignungsverträge", d. h. die in einem bestimmten Raum befindlichen Gegenstände werden vorab dem Kreditgeber zur Sicherung übereignet. Befindet sich das Warenlager in gemieteten Räumen, so entstehen bei der Lieferung der Ware das Sicherungseigentum des Kreditgebers und das Vermieterpfandrecht gleichzeitig. Dabei kommt nach der Auffassung der Rspr. dem Vermieterpfandrecht der Vorrang zu.[4]

3. Erlöschen des Pfandrechts

a) Entfernung

Nach § 562a erlischt das Pfandrecht, wenn die Sachen mit Wissen und ohne Wider- 493
spruch des Vermieters von dem Grundstück entfernt werden. Regelmäßig kann der Vermieter also durch seinen Widerspruch das Erlöschen verhindern. Nach § 562b I („auch ohne Anrufen des Gerichts") hat der Vermieter sogar ein (von den engen Voraussetzungen des § 229 unabhängiges) **Selbsthilferecht**: Er darf die Entfernung der

---

[2] BGHZ 34, 153.
[3] *BGH* NJW 1965, 1475.
[4] BGHZ 117, 200; *BGH* NJW-RR 2004, 772; weitere Nachweise bei MünchKomm/*Artz*, § 562 Rn. 18.

Sachen gewaltsam verhindern und diese beim Auszug des Mieters in Besitz nehmen (vgl. AT Rn. 20). Dieses Recht gewährt einen gewissen Ausgleich dafür, dass das Vermieterpfandrecht besitzlos und deshalb besonders gefährdet ist; trotzdem kann man die rechtspolitische Weisheit der Erlaubnis zur Selbsthilfe bezweifeln. Sind die Sachen schon entfernt worden, so kann der Vermieter nach § 562b II (gerichtlich) die **Rückschaffung** verlangen. Hierfür besteht aber nach S. 2 eine Ausschlussfrist von nur einem Monat seit Kenntniserlangung.

b) Ausschluss des Widerspruchsrechts

494 Gäbe es nur die eben dargestellte Regelung, so könnte der Vermieter durch ständigen Widerspruch die Lebens- und Geschäftsführung des Mieters beinahe zum Erliegen bringen. Daher darf nach § 562a S. 2 Alt. 1 der Vermieter einer Entfernung von Sachen nicht widersprechen, wenn sie den **gewöhnlichen Lebensumständen** entspricht. Dieser Ausschluss des Widerspruchsrechts bedeutet zugleich, dass das Pfandrecht mit der Entfernung **erlischt**. Gleiches gilt, wenn der Vermieter durch die zurückbleibenden Sachen offenbar gesichert ist (§ 562a S. 2 Alt. 2) oder der Mieter sonst Sicherheit leistet (§ 562c, vgl. §§ 232 ff.).

Nach h. M. erlischt das Pfandrecht auch bei einer bloß vorübergehenden Entfernung, z. B. wenn der Pkw oder der Pelzmantel des Mieters zur Reparatur gebracht werden.[5] Danach geht dem Pfandrecht des Reparaturunternehmers (§ 647, vgl. u. Rn. 723 f.) kein Vermieterpfandrecht vor.

c) Veräußerung

495 Wenn der Mieter eine Sache veräußert, kann das daran bestehende Vermieterpfandrecht auch nach § 936 erlöschen. Dazu darf der Erwerber dieses Pfandrecht weder kennen noch bloß infolge grober Fahrlässigkeit nicht kennen; er muss also gutgläubig sein (§§ 936 II, 932 II). Erfolgt die Übereignung nach § 930 durch Besitzkonstitut (etwa im Falle einer Sicherungsübereignung durch den Mieter an einen Dritten), geschieht das aber erst mit Übergabe (§ 936 I 3). Dabei neigt die Rechtsprechung zur **Erhaltung** des Vermieterpfandrechts: Der Erwerber von Sachen, die in Mieträumen stehen, handle grob fahrlässig, wenn er sich in Kenntnis des Mietverhältnisses nicht nach dem Vermieterpfandrecht erkundige.[6] Doch dürfte diese Formulierung etwas zu weit reichen: Beim Erwerb nicht sehr wertvoller Sachen dürfte eine Erkundigungspflicht des Erwerbers zu verneinen sein.

II. „Kauf bricht nicht Miete"

1. Das Problem

496 Die Miete wirkt als Schuldverhältnis grundsätzlich nur zwischen den Vertragsparteien. Wenn der Vermieter die Mietsache an einen Dritten veräußert, hätte der Mieter diesem gegenüber also kein Recht zum Besitz. Vielmehr könnte der Dritterwerber die Sache von dem Mieter vindizieren (§ 985); dieser wäre auf Ersatzansprüche aus § 536a (dazu o. Rn. 460) gegen seinen Vermieter angewiesen. So war die Rechtslage

[5] Sehr str., s. MünchKomm/*Artz*, § 562a Rn. 5 m. w. N. auch zur Gegenansicht.
[6] *BGH* NJW 1972, 43, 44.

in der Tat nach römischem und gemeinem Recht; man hat für sie den Satz geprägt „Kauf bricht Miete". Dieser Satz (und entsprechend auch der umgekehrte „Kauf bricht nicht Miete") ist jedoch aus zwei Gründen ungenau: Erstens wird die Miete nicht „gebrochen", sondern das Mietverhältnis besteht, nunmehr auf Schadensersatz (§ 536a) gerichtet, zwischen den ursprünglichen Parteien fort; geändert hat sich also nur sein **Inhalt**. Und zweitens beruht diese Änderung auch nicht auf dem obligatorischen Kauf. Vielmehr macht erst die diesem regelmäßig folgende (dingliche) **Übereignung** an den Käufer den Vermieter zu der primär geschuldeten Gebrauchsüberlassung unvermögend. Richtiger sollte es als heißen: „**Veräußerung bricht (nicht) Miete**".

Die §§ 566 ff., 578 I treffen jedoch im Interesse des Mieters die **entgegengesetzte Regelung**: Der Mietvertrag wirkt unter bestimmten Voraussetzungen auch für und gegen den Dritterwerber des Mietgrundstücks und einige andere Sondernachfolger des Vermieters (vgl. u. Rn. 506). Man kann hierin eine gewisse „Verdinglichung" der Miete sehen: Die Wirkung gegen Dritte bringt den Besitz des Mieters in die Nähe eines dinglichen Rechts.

2. Die Regelung in § 566

a) Voraussetzungen

§ 566 setzt voraus, dass das Mietgrundstück **nach der Überlassung** an den Mieter vom Vermieter an einen Dritten veräußert wird. Dabei soll das Erfordernis der vorherigen Überlassung an den Mieter den Erwerber schützen: Der Mietvertrag lässt sich ja aus dem Grundbuch nicht erkennen; daher soll der Erwerber wenigstens durch den (sichtbaren) Besitz des Mieters gewarnt werden. Ein Erwerb vor Überlassung an den Mieter bindet den Erwerber nach § 567a nur, wenn dieser gegenüber dem Vermieter die Erfüllung der Pflichten aus dem Mietverhältnis übernommen hat. Vermieter lassen sich ein solches Versprechen nicht selten geben, um ihren Mietern nicht ersatzpflichtig zu werden. Die Besonderheit des § 567a besteht darin, dass dieses bloß dem Vermieter gegebene Versprechen auch zugunsten des Mieters wirkt. 497

Unerheblich ist der **Rechtsgrund der Veräußerung**. Dieser muss entgegen der ungenauen (amtlichen!) Überschrift der Regelung nicht zwingend ein Kauf zugrunde liegen. § 566 findet etwa auch dann Anwendung, wenn ein Grundstück zur Erfüllung eines Vermächtnisses (§ 2174) an einem Vermächtnisnehmer oder aufgrund einer gesetzlichen Verpflichtung übereignet wird (wenn etwa ein Bereicherungsschuldner ein Grundstück zurückzuübereignen hat, das er in der Zwischenzeit vermietet hatte). Die Regelung gilt überdies analog, wenn keine rechtsgeschäftliche Eigentumsübertragung vorliegt, sondern der Erwerber kraft Gesetzes Eigentum erwirbt.[7] 498

b) Rechtsfolgen

aa) Gesetzliche Vertragsübernahme

Nach § 566 tritt der Erwerber der Mietsache an Stelle des Veräußerers in die Rechte und Pflichten aus dem Mietverhältnis ein. Es handelt sich hier also um einen Fall der **gesetzlichen Vertragsübernahme** (vgl. AT Rn. 796). Da der Erwerber vollständig in 499

[7] *BGH* NJW 2008, 2773 Tz. 10 ff.

die Position des bisherigen Vermieters eintritt, haftet er auch für anfängliche Mängel der Mietsache nach § 536a I verschuldensunabhängig (o. Rn. 460) und hat für Zusicherungen des Vermieters einzustehen (s. dazu PdW Schuldrecht II **Fall 122**). Da der Mieter nicht bloß einen neuen Gläubiger (was er schon nach §§ 398 ff. hinnehmen muss), sondern auch einen **neuen Schuldner** erhält, kann diese Auswechslung nicht ohne Weiteres gelten (vgl. §§ 414 f.). Daher lässt § 566 II 1 den Vermieter zunächst wie einen selbstschuldnerischen Bürgen für den Erwerber als den neuen Schuldner haften. Nur wenn der Vermieter dem Mieter die Veräußerung mitteilt und dieser dann nicht zum nächstmöglichen Termin kündigt, wird der Vermieter nach § 566 II 2 aus seiner Mithaftung entlassen.

bb) Einzelfragen

500 Die §§ 566a ff. regeln noch einige mit dem Vertragsübergang zusammenhängende Fragen: § 566a beschränkt die Haftung des Erwerbers für die vom Mieter dem Vermieter gegebenen **Sicherheiten** (auch Kautionen, vgl. o. Rn. 428). § 566b regelt, inwieweit **Vorausverfügungen** des Vermieters über die Miete gegen den Erwerber wirken, z. B. wenn der Vermieter seine Mietforderung im Voraus an einen Dritten abgetreten hat: Für welchen Zeitraum ist dem Erwerber die Mietforderung entzogen, so dass der Mieter nicht an diesen zu zahlen braucht?[8] § 566c betrifft insbesondere Rechtsgeschäfte zwischen dem Vermieter und dem Mieter: Inwieweit wirkt z. B. eine **Mietvorauszahlung** gegen den Erwerber? Doch werden die §§ 566b, c regelmäßig nicht auf schon im Mietvertrag vereinbarte Vorausverfügungen angewendet: Solche Verfügungen sollen gegen den Erwerber ohne zeitliche Grenze gelten, weil dieser ja nur die Rechte aus dem Mietvertrag erwirbt. Das hatte Bedeutung insbesondere für die früher häufigen Baukostenzuschüsse des Mieters an den Vermieter.[9]

501 § 566d schützt ähnlich wie § 406 (vgl. AT Rn. 783 f.) eine für den Mieter gegen den Vermieter entstandene **Aufrechnungslage**. § 566e schließlich lässt ähnlich wie § 409 auch eine **sachlich unrichtige Anzeige** einer Veräußerung gegen den Zedenten gelten (vgl. AT Rn. 782).

3. Erweiterungen des § 566

a) Weiterveräußerung durch den Erwerber

502 § 566 regelt nur die rechtsgeschäftliche Veräußerung des Mietgrundstücks durch den **Vermieter**. Doch wird der Vertragsübergang auf mehrere ähnliche Fälle einer Änderung der Rechtslage an dem vermieteten Grundstück erweitert (zur analogen Anwendung bei **gesetzlichem Eigentumsübergang** s. o. Rn. 498):

§ 567 b behandelt den Fall, dass der Erwerber weiterveräußert: Dann geht der Mietvertrag auf den Zweiterwerber über; die Bürgenhaftung trifft aber nicht den veräußernden Ersterwerber, sondern wieder den **ursprünglichen Vermieter**.

[8] Vgl. dazu BGHZ 137, 106 und *Emmerich*, NZM 1999, 44.
[9] Vgl. aber BGHZ 37, 346, 352; *BGH* NJW 1967, 555.

b) Belastungen des Mietgrundstücks

§ 567 regelt **Belastungen des Mietgrundstücks** durch den Vermieter. Dieser kann solche Belastungen zwar frei vornehmen. Wenn aber die Ausübung des belastenden Rechts dem Mieter den Gebrauch entziehen würde, gelten die §§ 566 ff. entsprechend. Danach geht der Mietvertrag z. B. auf den späteren Erwerber eines Erbbaurechts oder eines Nießbrauchs über. Beschränkt dagegen die Ausübung des belastenden Rechts den Mieter bloß in seinem Gebrauch (z. B. eine beschränkte Dienstbarkeit), so muss der Dritte die Rechtsausübung insoweit unterlassen. Hier kann der Dritte kraft seines beschränkten Rechts vom Mieter keine Miete verlangen; er muss sich vielmehr an denjenigen halten, der ihm das mangelhafte Recht bestellt hat. 503

c) Vermietung durch Nießbraucher

Weiter gelten die §§ 566 ff. entsprechend bei Vermietung durch den **Nießbraucher** (§ 1056), den Vorerben (§ 2135) und den Erbbauberechtigten (§ 30 ErbbauVO): Erlischt hier das (ja zeitlich begrenzte) Recht des Vermieters vor dem Ende des Mietvertrages, so geht dieser auf den neuen Berechtigten (regelmäßig den Grundstückseigentümer) über. 504

d) Zwangsversteigerung

Endlich gehören hierhin die §§ 57–57b ZVG: Sie betreffen den Erwerb des Mietgrundstücks durch Zuschlag in der Zwangsversteigerung, also durch Staatsakt. Auch in diesem Fall geht der Mietvertrag auf den Ersteher über, doch hat dieser unter Umständen ein außerordentliches Kündigungsrecht unter Einhaltung der gesetzlichen Frist, § 57a ZVG. 505

e) Zwischenvermietung

Ein Sonderproblem stellt der Wegfall bzw. Wechsel eines **Zwischenvermieters** dar. Wenn etwa der Vermieter den Vertrag mit dem Mieter kündigt, ist der Untermieter ihm gegenüber schutzlos: Gegenüber dem Räumungsverlangen des Vermieters aus §§ 985 oder § 546 II (vgl. o. Rn. 446) hat der Untermieter keine vertraglichen Ansprüche gegen den Vermieter, sondern lediglich gegen seinen Vertragspartner, den sog. Hauptmieter (Zwischenvermieter). Gleiches gilt, wenn der Zwischenvermieter wechselt. Hierauf ist § 566 nicht anwendbar, da bei einer Kündigung des Mietvertrags oder bei einem Wechsel des Zwischenvermieters keine „Veräußerung" stattfindet.[10] Auf diesen Missstand hat der Gesetzgeber durch § 565 (nur) für den Bereich der **gewerblichen Zwischenvermietung** reagiert: Der Vermieter tritt bei Beendigung des Mietverhältnisses mit seinem Mieter (dem gewerblichen Zwischenvermieter) in das von diesem geschlossene Mietverhältnis mit dem „Dritten", d. h. dem Schlussmieter ein. Wechselt er den Zwischenvermieter, so tritt dieser in die Mietverhältnisse ein. So wird verhindert, dass ein Eigentümer durch Einschaltung eines Zwischenvermieters zwingende Mieterschutzvorschriften, insbesondere den gesetzlichen Kündigungsschutz, umgeht. 506

[10] BGHZ 107, 315, 319 ff.

III. Form langdauernder Grundstücksmietverträge

507 Nach § 566 und den ihm parallelen Vorschriften treten Personen in einen Vertrag ein, den sie nicht selbst abgeschlossen haben. Daher sollen sie wenigstens einigermaßen zuverlässig dessen Inhalt erfahren können, wenn dieser sie für längere Zeit bindet. Deshalb bestimmt § 550 für **Wohnungsmietverträge**, die auf längere Zeit als ein Jahr geschlossen werden, die Schriftform (§ 126). Gleiches gilt nach § 578 auch für Mietverträge über Grundstücke und andere Räume als Wohnräume.

Doch soll nach §§ 550 S. 2, 578 bei Nichteinhaltung der Form nicht die in § 125 S. 1 vorgesehene Nichtigkeit eintreten. Vielmehr genügt hier dem Normzweck eine mildere Sanktion: Der Vertrag gilt als für unbestimmte Zeit geschlossen und kann folglich von dem Erwerber gekündigt werden, allerdings nur für die Zeit nach dem ersten Jahr. Damit wird erreicht, dass der Erwerber nicht länger als ein Jahr an den formlosen Vertrag gebunden ist. Bei der Wohnraummiete vereitelt freilich inzwischen der Kündigungsschutz (vgl. u. Rn. 518 ff.) diesen Mechanismus: Seinetwegen kann der Erwerber unter Umständen ohne zeitliche Begrenzung gebunden sein.

§ 95. Die Miete von Wohnräumen

Literatur (allgemeinere vgl. o. vor Rn. 417 und 487): *Blank*, Tierhaltung in Eigentums- und Mietwohnungen, NJW 2007, 729; *Börstinghaus*, „Gefühltes Mietrecht“: Von „Kahlschlag“ bis „Interessenrechtsprechung“ – Einige objektive Zahlen zur Rechtsprechung des BGH in Wohnraummietsachen, NZM 2008, 225; *Bruns*, Die Zwangsräumung von Wohnraum, NJW 1988, 1362; *Derleder/Bartels*, Der Vermieterwechsel bei der Wohnraummiete, JZ 1997, 981; *Gärtner*, Wohnungsmiete und Bürgerliches Recht, JZ 1984, 565; *ders.*, Wovon handelt das Wohnungsmietrecht?, JZ 1991, 477; *Hämmerlein*, Die unternehmerische Wohnungswirtschaft (1988); *Herrlein*, Rechtsprechungsüberblicke zur Wohnraummiete (halbjährlich), zuletzt NJW 2011, 2858; *Horst*, Wohnraummietrecht, 3. Aufl., 2012; *H. Honsell*, Privatautonomie und Wohnungsmiete, AcP 186 (1986), 115; *Paschke*, Das Dauerschuldverhältnis der Wohnraummiete, 1991 (dazu *Gärtner* JZ 1992, 518); *Roellecke*, Das Mietrecht des BVerfG – Kritik einer Argumentationsfigur, NJW 1992, 1649; *Schmidt-Futterer/Blank*, Mietrecht, 10. Aufl., 2011; *Schüren*, Mietrechtlicher Kündigungsschutz für Wohngemeinschaften, JZ 1989, 358; *Wolter*, Mietrechtlicher Bestandsschutz, 1984 (dazu *Lammel*, JZ 1986, 832 ff.; *Tonner*, AcP 188 [1988], 429).

I. Die Regelung

508 Den speziellsten Anwendungsbereich unter den mietrechtlichen Vorschriften haben diejenigen über die Miete von **Wohnraum** (§§ 549 – 577a). Nach § 549 I gelten insoweit zunächst die allgemeinen Regelungen über die Miete, sofern sich nicht aus den §§ 549 ff. abweichende oder ergänzende Regelungen ergeben. Teilweise gelten diese Sondervorschriften, wie o. bei Rn. 487 dargelegt, gem. § 578 auch für die Miete von Grundstücken und anderen, d. h. nicht Wohnzwecken dienenden Räumen. Bei bestimmten, in § 549 II, III genannten speziellen Wohnraummietverträgen sowie bei **Werkmietwohnungen** (§ 576 ff.) wiederum finden bestimmte (nicht alle!) Mieterschutzvorschriften keine Anwendung (s. u. Rn. 519).

509 Diese Sondervorschriften sind dem BGB erst nach dem 2. Weltkrieg eingefügt worden, und zwar durch mehrere Novellen vor allem zwischen 1960 und 1974 sowie von 2001. Äußerlich erkannte man diese später eingefügten Vorschriften meist an der Beifügung eines Buchstabens zu der Paragrafenzahl. Durch die Mietrechtsreform von 2001 ist das vielfach durch Neunummerierungen begradigt worden.

Technisch waren diese neueren Vorschriften teils von schlechtester Qualität, zumal sie meist in kurzer Zeit und ohne Vorbilder entstehen mussten. Aber auch sachlich weisen sie trotz einer richtigen Grundtendenz (vgl. u. Rn. 543) erhebliche Mängel auf. Das erklärt sich unter anderem daraus, dass die Neuerungen von unterschiedlichen parlamentarischen Mehrheiten stammen und daher verschiedene sozialpolitische Standpunkte ausdrücken. Das hat sich auch bei der letzten Mietrechtsreform von 2001 gezeigt. Überdies sind manche Bestimmungen das Ergebnis eines parteipolitischen Kompromisses und entbehren deshalb einer klaren Linie. So ist das „soziale Mietrecht" des BGB für den Laien überwiegend unverständlich und zur Domäne weniger Fachleute geworden.[1] 510

Überdies enthält das BGB **keine vollständige Regelung** des Rechts der Wohnraummiete. Allerdings ist das meiste von dem Wohnungsnotrecht, das sich zunächst außerhalb des BGB gebildet hatte, inzwischen ins BGB aufgenommen worden. Aber auch heute noch gibt es wichtige – teils zum öffentlichen Recht tendierende – mietrechtliche Vorschriften in anderen Gesetzen. Dazu gehören vor allem das WohnungsbindungsG (WoBindG) in der Fassung vom 31. 10. 2006 über Sozialwohnungen (vgl. u. Rn. 515) und das WohngeldG (WoGG) in der Fassung vom 28. 3. 2009 über die Zahlung eines Wohngeldes (Mietzuschusses) an schlecht verdienende Mieter (vgl. u. Rn. 516). 511

II. Die Entwicklung des Wohnungsmietrechts

1. Die Entwicklung seit dem 2. Weltkrieg: Mietpreisbindung

Die eben angedeutete verwirrende Vielfalt bei der Regelung der Wohnungsmiete wird erst durch einen Blick auf die Entwicklung verständlich. Dabei hatte das BGB zunächst Vermieter und Mieter im Wesentlichen gleichgestellt. Das ist durch Notrecht schon während des 1. Weltkrieges geändert worden. Doch soll hier nur die Zeit nach dem 2. Weltkrieg geschildert werden. 512

Seit etwa 1943 kam es zu einem ständig sich verschärfenden Wohnungsmangel. Denn zum einen ruhte während des Krieges der Wohnungsbau, und auch zur Erhaltung der alten Wohnungen geschah allenfalls das Nötigste. Zum anderen wurden besonders in den Städten viele Wohnungen durch Luftangriffe zerstört. Außerdem endlich mussten nach Kriegsende viele Millionen von Flüchtlingen im verbliebenen Reichsgebiet zusätzlich untergebracht werden. Wäre hier die Mietpreisbildung den Gesetzen des Marktes – also von Angebot und Nachfrage – überlassen worden, so wären die Mieten stark gestiegen. In den Genuss der hohen Miete wären diejenigen gekommen, die ihre Häuser behalten hatten, die also ohnehin schon besser standen. Umgekehrt hätten die hohe Miete gerade diejenigen zahlen müssen, die nichts hatten. Das war sozialpolitisch untragbar. Daher ist der Preis für Mietwohnungen begrenzt worden (**Mietpreisrecht**). 513

2. Öffentliche Förderung

Dieser **Eingriff in den Markt** hatte aber in doppelter Hinsicht unliebsame Folgen: 514
Erstens minderte die künstliche Niedrighaltung der Mietpreise die Bereitschaft zur

[1] Vgl. hierzu vor allem *H. Honsell*, AcP 186 (1986), 115.

(Unter)Vermietung: Insbesondere auch viele Mieter wollten lieber allein in „ihren“ Wohnungen bleiben als diese für wenig Geld mit Fremden teilen. Daher musste der Wohnraum staatlich zugeteilt werden (Wohnraumbewirtschaftung). Diese Bewirtschaftung des Mangels oblag den Wohnungsämtern, die den Abschluss von Mietverträgen erzwingen und notfalls auch ersetzen konnten. Zweitens musste die Niedrighaltung der Mietpreise aber auch den Neubau von Wohnungen verhindern: Ein solcher wäre zu den für die Vermietung alter Wohnungen geltenden Höchstpreisen überaus verlustreich gewesen. Demgegenüber hat der Staat zwei Mittel angewendet, deren Spuren noch heute sichtbar sind:

a) Wohnungsbauförderung: Förderung des Vermieters und Mietpreisbindung

515 Einmal wurde der Wohnungsbau nämlich aus **öffentlichen Mitteln** gefördert. Die so verbilligt entstandenen **Sozialwohnungen** unterliegen dem WoBindG: Sie dürfen nur zu gebundenen Preisen und an bestimmte Personen (Sozialmieter) vermietet werden. Freilich gelangten viele Familien, die als Sozialmieter begonnen hatten, sehr bald zu höheren Einkommen. Sie blockierten dann die billigen Sozialwohnungen, zumal sie sich schnell daran gewöhnten, nur einen kleinen Teil ihres Einkommens für die Miete auszugeben. Das ist das wegen unangebrachter Rücksichten bisher noch immer ungelöste Problem der fehlbelegten Sozialwohnungen. Eine (mittlerweile in vielen Bundesländern aus bevölkerungspolitischen Gründen abgeschaffte) Fehlbelegungsabgabe glich den Unterschied zwischen der künstlich verbilligten und der sich am freien Markt ergebenden Miete nur unzulänglich aus. Dass ausgerechnet diese maßvolle Abgabe (zum Glück erfolglos) als verfassungswidrig angegriffen worden ist,[2] zeugt besonders deutlich für ein fehlgeleitetes Besitzstandsdenken.

b) Mietpreisfreigabe und Förderung der Mieter

516 Zum anderen wurde der Mietpreis für nicht öffentlich geförderte Neubauwohnungen **freigegeben**. Daraus folgten zwar Impulse für den Wohnungsbau, aber auch ein gespaltener Wohnungsmarkt: Neben billigen Altbau- gab es teure Neubauwohnungen. Dabei waren die Altbauwohnungen oft fest in den Händen älterer Personen, die ohnehin meist besser verdienten und – wenn die Kinder aus dem Haus waren – geringere Lasten zu tragen hatten. Zeitweise bildete sich auch (noch ausgeprägter übrigens in Österreich) ein Handel mit solchen Wohnungen: Der weichende Mieter ließ sich von seinem Nachfolger eine (oft als „Ablöse“ für zurückgelassene Einrichtung getarnte) Abfindung dafür zahlen, dass er diesem zu einer billigen Altbauwohnung verhalf. Solche Vereinbarungen sind nach § 4a WoVermittG unwirksam (dazu o. Rn. 427). Auf die teuren Neubauwohnungen dagegen waren meist junge Familien angewiesen, die nicht viele Jahre lang auf eine Sozialwohnung warten wollten. Diese Familien verdienten aber vielfach schlechter und waren durch ihre Kinder höher belastet. Daher musste der Staat ihnen mit einem Wohngeld helfen.[3] Im Ergebnis musste also auch hier der Staat einspringen, aber nicht – wie beim sozialen Wohnungsbau – durch Leistungen an den Vermieter, sondern an den **Mieter**. Der Vorteil dieser zweiten Lösung besteht darin, dass eine der Fehlbelegung entsprechende Problematik vermieden bleibt: Sobald die Mieter mehr verdienen oder nur geringere Lasten zu tragen haben, mindert sich ihr Anspruch auf das Wohngeld oder er entfällt ganz.

[2] *BVerfG* JZ 1989, 387 mit Anm. *Karpen*.
[3] Vgl. *Steinmeyer*, AcP 187 (1987), 178.

Die Freigabe des Wohnungsmarkts wurde aber begleitet von den o. Rn. 509 erwähnten Änderungen des BGB. Diese beabsichtigten im Ganzen einen Schutz des Mieters gegen eine Kündigung des Vermieters. Dabei ist insbesondere das ursprünglich nach dem BGB geltende Prinzip gleicher Kündigungsmöglichkeiten für Vermieter und Mieter aufgegeben worden. Die Mietrechtsreform von 2001 (vgl. o. Rn. 424) hat diese Tendenz noch verstärkt (vgl. u. Rn. 518 ff.).

3. Einfluss des Allgemeinen Gleichbehandlungsgesetzes (AGG)

Eine **Sonderstellung** nimmt die Wohnraummiete auch nach dem AGG ein: Für sie 517
soll nach § 19 III AGG das Diskriminierungsverbot nicht gelten, wenn seine Durchbrechung der Schaffung und Erhaltung „sozial stabiler Bewohnerstrukturen und ausgewogener Siedlungsstrukturen sowie ausgeglichener wirtschaftlicher, sozialer und kultureller Verhältnisse" dient. Das lässt sehr verschiedene Deutungen zu und entspricht der Unklarheit anderer Vorschriften des AGG. Zudem soll die Wohnungsvermietung nach § 19 V 3 AGG von § 19 I Nr. 1 AGG (Massen- und ähnliche Geschäfte) ausgenommen sein, wenn der Vermieter insgesamt nicht mehr als 50 Wohnungen vermietet. Der nur die Oberstockwohnung vermietenden Witwe bleibt also die Einschränkung ihrer Privatautonomie erspart: Sie darf ihre persönlichen Vorlieben und Abneigungen ohne Rücksicht auf *political correctness* durchsetzen.

III. Der Bestandsschutz des Mietverhältnisses durch das „soziale Mietrecht"

1. Die (qualifizierte) Form der Kündigung

Nach § 568 I bedarf die Kündigung eines Mietverhältnisses über Wohnraum der 518
Schriftform. Das dient zunächst dem Interesse an Klarheit und nutzt damit Mieter und Vermieter gleichermaßen. Ungleichheiten ergeben sich aber schon aus Abs. 2, weil dieser dem Vermieter gegenüber dem Mieter Aufklärungspflichten auferlegt: Er „soll" zugleich auf Möglichkeit, Form und Frist eines Widerspruchs gegen die Kündigung hinweisen (vgl. u. Rn. 534). Weiter soll das Kündigungsschreiben sowohl bei der außerordentlichen als auch bei der ordentlichen Kündigung die Kündigungsgründe angeben (§§ 569 IV, 573 III 1). Bei der **ordentlichen Kündigung** gilt die Begründungspflicht nur für den Vermieter, denn der Mieter bedarf ja im Gegensatz zu diesem gar keines Grundes für eine ordentliche Kündigung (vgl. o. Rn. 471). Ein Verstoß führt nach § 573 III 2 dazu, dass bei der Frage der Wirksamkeit der Kündigung im Prozess im Kündigungsschreiben vom Vermieter nicht angegebene Gründe nicht berücksichtigt werden, sofern sie nicht nachträglich entstanden sind (sog. **materiellrechtliche Präklusion**). Bei der **außerordentlichen Kündigung** ist hingegen die in § 569 IV vorgeschriebene Angabe des Grundes für beide Teile **Wirksamkeitsvoraussetzung** für die Kündigung.[4]

Der genannte Mieterschutz gilt aber nach § 549 II und III weithin nicht in mehreren 519
Fallgruppen, die auch sonst mehrfach als **Ausnahmen vom Mieterschutz** begegnen. Ausgenommen ist nämlich erstens Wohnraum, „der nur zu **vorübergehendem Gebrauch** vermietet ist". Dabei handelt es sich z. B. um Ferienwohnungen und regel-

[4] *BGH* WuM 2005, 584.

mäßig auch um Studentenzimmer, nämlich wenn der Mieter nach dem Studium an einen anderen Ort gehen will, also insbesondere wenn er einen anderen „1. Wohnsitz" behält. Die zweite Ausnahme ergibt sich aus der Verweisung in § 549 II Nr. 2. Das sind diejenigen möblierten Zimmer in der vom Vermieter (auch Untervermieter) selbst bewohnten Wohnung, die nicht zu dauerndem Gebrauch einer Familie überlassen worden sind. Die Einschränkung des Mieterschutzes beruht in dieser Fallgruppe darauf, dass es innerhalb einer einzigen Wohnung besonders leicht zu Meinungsverschiedenheiten und Streitigkeiten kommt und man sich dort schwer „aus dem Weg" gehen kann. Dann soll der Vermieter „seine" Wohnung verhältnismäßig leicht von dem lästigen Mieter freimachen können. § 549 III endlich will verhindern, dass Wohnraum in Studenten- und Jugendwohnheimen zweckwidrig lange besetzt bleibt.

2. Verlängerung der Kündigungsfristen

520 Nach § 573c unterscheiden sich die vom Vermieter zu beachtenden Fristen für **ordentliche** Kündigung der Wohnraummiete nach dem Zeitraum, während dessen das Mietverhältnis bis zur Kündigung schon bestanden hat. Die kürzeste Frist umfasst drei Monate minus drei Tage zum Monatsende. Nach fünf und acht Jahren seit der Überlassung verlängert sich diese Frist noch um jeweils drei Monate; die längste Frist beträgt also neun Monate minus drei Tage. Diese Ausrichtung der Frist an der Dauer des Nutzungsverhältnisses soll berücksichtigen, dass der Mieter mit seiner Wohnung und ihrem Ambiente (Nachbarschaft, Einkaufsmöglichkeiten usw.) immer stärker verwächst; er soll dann durch die lange Kündigungsfrist entweder von einer ordentlichen Kündigung ganz verschont bleiben oder doch die Gelegenheit erhalten, sich in derselben Gegend eine andere Wohnung zu suchen. Ganz ähnlich verlängert sich auch die Kündigungsfrist für ein Arbeitsverhältnis, wenn dieses länger besteht (§ 622 II).

521 Bis zur letzten Mietrechtsreform hatte sich diese Kündigungsfrist in gleicher Weise auch für den Mieter verlängert. Das gilt jetzt nicht mehr; für den Mieter bleibt es also bei § 573c I 1 (drei Monate minus drei Tage). Nach einem Gesetz, das am 1. 6. 2005 in Kraft getreten ist, gilt diese Regelung auch für Altverträge mit einer nur formularmäßigen Vereinbarung der alten Fristen.

522 Die lange Kündigungsfrist nach § 573c I hat aber die in § 573c II, III sowie in § 576 (Werkdienstwohnungen) bezeichneten Ausnahmen. Bei einer **befristeten Miete** ist die ordentliche Kündigung gänzlich ausgeschlossen, § 542 II lässt hier nur eine **außerordentliche** Kündigung zu, und § 573 betrifft nur die ordentliche Kündigung.

3. Die außerordentliche fristlose Kündigung

523 Wie andere Dauerschuldverhältnisse (vgl. § 314) kann auch die Wohnraummiete aus wichtigem Grund fristlos gekündigt werden. Hierfür bestimmt § 569 **zwingend** (Abs. 5) Einzelheiten: Für den Mieter soll es allemal einen wichtigen Grund bilden, dass der gemietete Wohnraum zu einer erheblichen Gefährdung der Gesundheit führt, § 569 I 1 (der entsprechende § 544 a. F. wurde plastisch als „Wanzenparagraf" bezeichnet). Ein weiterer wichtiger Grund ist nach § 569 II die nachhaltige Störung des Hausfriedens. § 569 III ergänzt § 543 II 1 Nr. 3 über **Mietrückstände**: Diese müssen bei der Wohnraummiete bestimmte Grenzen überschreiten.

4. Die ordentliche befristete Kündigung

a) Das Erfordernis eines Kündigungsgrundes auf Seiten des Vermieters

Von den eben genannten wichtigen Kündigungsgründen ist die normale Kündigung des auf unbestimmte Zeit laufenden Mietvertrages zu unterscheiden. Sie ist in den §§ 573 ff. sehr ausführlich geregelt. Dabei ist vorauszuschicken: Regelmäßig bedarf es für die **ordentliche Kündigung** eines Dauerschuldverhältnisses keines Grundes, sie ist „willkürlich“ (o. Rn. 471). Das ist bei der Wohnraummiete (und beim Arbeitsvertrag) anders: Hier kann der Vermieter nur kündigen, wenn er ein **berechtigtes Interesse** an der Beendigung der Miete hat, § 573 I 1. Das Interesse an einer höheren Miete ist dabei nicht anerkannt: § 573 I 2 verbietet nämlich eine Kündigung zum Zwecke der Mieterhöhung (sog. **Änderungskündigung**: Kündigung, verbunden mit dem Angebot auf Abschluss eines neuen Mietvertrags mit höherer Miete). Denn zur Mieterhöhung gibt es ein eigenes Verfahren, §§ 557 ff. (vgl. u. Rn. 536 ff.), das nicht durch eine solche Änderungskündigung unterlaufen werden soll. Vor der Umgehung dieser Schutzvorschriften durch den Abschluss befristeter Mietverträge schützt § 575 (o. Rn. 469). S. dazu PdW Schuldrecht II **Fall 124, 125.** 524

b) Berechtigtes Interesse

Ein berechtigtes Interesse des Vermieters soll nach § 573 II mit § 573b I insbesondere (also nur Regelbeispiele!) in vier Fallgruppen anzunehmen sein.

aa) Pflichtverletzungen des Mieters (§ 573 II Nr. 1)

Der Mieter muss seine Pflichten aus dem Mietvertrag nicht unerheblich **schuldhaft** verletzt haben. Dabei braucht die Vertragsverletzung nicht so schwer zu wiegen wie bei den außerordentlichen Kündigungsgründen nach § 569: § 573 gewährt ja im Gegensatz zu der außerordentlichen Kündigung nur eine befristete Kündigung. So kann etwa bei vertragswidrigem Gebrauch die Abmahnung entbehrlich sein oder beim Zahlungsverzug mag schon die wiederholte Säumnis mit geringen Beträgen genügen. Vor einer Räumungsklage wegen rückständiger Miete braucht nicht erst auf Zahlung geklagt zu werden.[5] 525

bb) Eigenbedarf (§ 573 II Nr. 2)

Eigenbedarf rechtfertigt eine ordentliche Kündigung, wenn der Vermieter die Räume als Wohnung für sich, die zu seinem Hausstand gehörenden Personen oder seine Familie benötigt. Dabei darf man entgegen manchen Gerichtsentscheidungen[6] keine Notlage des Vermieters verlangen. Ausreichend ist auch ein „selbstgeschaffener Bedarf“ des Vermieters etwa dadurch, dass dieser seinen Wohnort dorthin verlegt, wo sich sein Haus befindet: Der Vermieter soll grundsätzlich in seinem eigenen Haus wohnen dürfen (oder begünstigte Personen dort wohnen lassen). Ein Eigenbedarf des Eigentümers scheidet also z. B. nicht schon deshalb aus, weil dieser in einem Wohnheim „angemessen und würdig“ untergebracht sei.[7] Die Entscheidung des Eigentü- 526

[5] *BVerfG* NJW 1989, 1917.
[6] Nachweise bei MünchKomm/*Häublein*, § 573 Rn. 68 ff.
[7] *BVerfG* JZ 1985, 528, 530.

mers, die seinen Eigenbedarf schafft, ist schon verfassungsrechtlich (Art. 14 GG) „grundsätzlich zu achten". Sie darf nur daraufhin geprüft werden, ob sie auf vernünftigen, nachvollziehbaren Gründen beruht.[8] Das BVerfG hat das immer wieder bestätigt. Allerdings muss der Vermieter die Eigennutzung auch ernsthaft beabsichtigen, worüber Beweis erhoben werden kann.[9] Andererseits darf er aber auch nicht auf ein bisher gewerblich genutztes Alternativobjekt verwiesen werden.[10] Selbstverständlich war auch das unverschämte Verlangen des gekündigten Mieters zurückzuweisen, der Vermieter möge seinen Kinderwunsch durch einen Schwangerschaftstest bestätigen.[11]

527 Den genannten und vielen weiteren Entscheidungen des BVerfG, die das Eigentum des Vermieters betonen, steht freilich BVerfG NJW 1993, 2035 gegenüber: Auch der Mieter habe Eigentum im Sinne des Art. 14 GG. Dabei ist sicherlich zutreffend, dass das dem Mieter zustehende Besitzrecht (§ 986) unter Art. 14 GG fällt. Diese Einordnung sagt aber noch nichts darüber aus, wann und aus welchen Gründen das „Eigentum" beendet werden kann.

528 Unter dem Gesichtspunkt drohenden Eigenbedarfs sind diejenigen Mieter begünstigt, deren Vermieter eine juristische Person ist, die als solche keinen Eigenbedarf haben kann.[12] Doch hat der Mieter kein Recht auf die Beibehaltung dieses Zustands: Wenn z. B. eine Wohnungsgesellschaft das Hausgrundstück an eine wohnungsbedürftige natürliche Person veräußert (die damit nach § 566 Vermieter wird, vgl. o. Rn. 496 ff.), ergibt deren Bedarf einen Kündigungsgrund. § 577a I bestimmt ausnahmsweise eine Wartefrist von drei (oder in Gemeinden mit besonderem Wohnungsmangel bis zu zehn, § 577a II) Jahren.

529 Ein stark umstrittenes Problem ergibt sich bei späterem **Wegfall des Eigenbedarfs** (z. B. der Vater des Vermieters, der in der Wohnung untergebracht werden sollte, stirbt): Was wird dann aus der (zunächst wirksamen) Kündigung? Nach der Rspr. soll ein solcher Wegfall nur berücksichtigt werden, wenn er vor dem Ablauf der Kündigungsfrist und damit vor Beendigung des Vertragsverhältnisses eingetreten ist; dann soll auch der Vermieter zu einer Information des Mieters verpflichtet sein. Eine **nachvertragliche Treuepflicht** als Grundlage für eine Verpflichtung des Vermieters, den Mieter von dem Wegfall des Eigenbedarfs auch nach Beendigung des Vertragsverhältnisses zu unterrichten, um ihm einen Verbleib in der Wohnung zu ermöglichen, besteht daher nicht.[13]

530 **Täuscht** der Vermieter den Eigenbedarf lediglich vor, ist die Kündigung **unwirksam**. Hat der Mieter den Wohnraum aufgrund der Kündigung geräumt, kann er vom Vermieter nach § 280 I, 241 II **Schadensersatz** verlangen, z. B. für Rechtsberatungskosten oder Aufwendungen im Zusammenhang mit dem Verlassen der zu Unrecht gekündigten Wohnung. Schadensersatz statt der Leistung (z. B. für die Mehrkosten einer anderen Wohnung) kommt nach §§ 280 I, III, 281 in Betracht. Die Kündi-

8 BGHZ 103, 91 und *BVerfG* NJW 1988, 1075; 1989, 970.
9 *BVerfG* NJW 1990, 3259; 1993, 2165.
10 *BVerfG* NJW 1990, 309.
11 *BVerfG* NJW 1995, 1480.
12 S. aber *BGH* NJW 2007, 2845 Tz. 18 zum Eigenbedarf eines Gesellschafters einer vermietenden BGB-Gesellschaft.
13 BGHZ 165, 75, bestätigt durch *BVerfG* NJW-RR 2003, 1164; *BGH* NJW 2007, 2845 (Tod des Vermieters nach Ablauf der Kündigungsfrist).

gung stellt i. d. R. eine Erfüllungsverweigerung i. S. v. § 281 II dar, so dass eine Aufforderung des Mieters, den Gebrauch der Wohnung weiter zu überlassen, meist entbehrlich ist.[14] Dies gilt auch dann, wenn es aufgrund der Täuschung gar nicht erst zu einer wirksamen Kündigung gekommen ist, weil sich etwa der Mieter angesichts der vorgetäuschten Kündigungsgründe auf einen Aufhebungsvertrag eingelassen hat oder die aus anderen Gründen (etwa wegen Verstoßes gegen die Begründungspflicht des § 573 III) unwirksame Kündigung akzeptiert hat.[15]

cc) Angemessene wirtschaftliche Verwertung (§ 573 II Nr. 3)

Eine ordentliche Kündigung ist weiter berechtigt, wenn der Vermieter ohne diese an 531
einer **angemessenen wirtschaftlichen Verwertung** des Grundstücks gehindert wird und dadurch **erhebliche Nachteile** erleidet. Hierhin gehört etwa der Fall, dass der Vermieter ein unwirtschaftlich gewordenes Gebäude abreißen muss oder bei einem Verkauf nur für das geräumte Hausgrundstück einen angemessenen Preis erzielen kann. Freilich ist die Absicht einer Mieterhöhung in § 573 I 2, II Nr. 3 als Kündigungsgrund ausgenommen; hierfür muss der Vermieter das u. Rn. 536 ff. dargestellte Verfahren wählen.

dd) Teilkündigung zur Schaffung von Wohnraum (§ 573b)

Schließlich kann der Vermieter eine Teilkündigung von nicht zum Wohnen be- 532
stimmten Nebenräumen vornehmen, wenn er hierdurch weiteren Wohnraum zur Vermietung schaffen will (etwa die Kündigung eines Speichers zum Zweck des Dachgeschossausbaus).

c) Ausnahmen vom Kündigungsschutz

Bereichsausnahmen vom Anwendungsbereich des § 573 finden sich in § 573a und in § 549 II und III (s. dazu o. Rn. 519). § 573a nimmt dabei ähnlich wie § 549 II Nr. 2 auf die räumliche Nähe zwischen Vermieter und Mieter Rücksicht.

5. Widerspruch des Mieters (§§ 574 ff.)

a) Zweck

Nach § 574 ist für die ordentliche Kündigung ein berechtigtes Interesse des Vermie- 533
ters nötig. Fehlt ein solches, so ist die Kündigung unwirksam. Aber auch wenn ein solches Interesse vorliegt, ist der Mieter bei Fehlen eines wichtigen Grundes zur außerordentlichen Kündigung (§ 574 I 2) noch nicht schutzlos: Er kann durch einen **Widerspruch** nach § 574 erreichen, dass seine eigenen Interessen und die bestimmter weiterer Personen gegen das berechtigte Interesse des Vermieters **abgewogen** werden. Dazu gehört insbesondere auch, dass angemessener Ersatzwohnraum zu zumutbaren Bedingungen nicht beschafft werden kann, § 574 II. Überwiegen die Interessen des Mieters, so kann dieser eine Verlängerung der Miete verlangen, § 574 I 1, und zwar so lange, „wie dies unter Berücksichtigung aller Umstände angemessen ist“. Dabei kann möglicherweise die Miete erhöht werden, § 574a I. Wenn sich die Par-

[14] MünchKomm/*Häublein*, § 573 Rn. 103.
[15] *BGH* NJW 2009, 2059.

teien über die Fortsetzung oder die veränderten Bedingungen nicht einigen, entscheidet nach § 574a II das Gericht.

Eine weitere Fortsetzung nach Ablauf dieser Zeit ist nur unter den strengeren Voraussetzungen des § 574c möglich. Dem Mieter bleibt dann nur noch der Räumungsschutz im Rahmen der **Zwangsvollstreckung** des Räumungsurteils: §§ 721, 794a ZPO erlauben unter bestimmten Voraussetzungen die Gewährung einer **Räumungsfrist** durch das Vollstreckungsgericht. Letzter „Notanker" ist dann noch **Vollstreckungsschutz** nach § 765a ZPO, der aber nur unter engen Voraussetzungen („sittenwidrige Härte") möglich ist, etwa bei erheblicher Gesundheitsgefahr für den Mieter oder einen seiner nahen Angehörigen.[16]

b) Form und Frist

534 Der Widerspruch ist nach § 574b I 1 **schriftlich** zu erklären. Er braucht nicht die Gegeninteressen des Mieters zu benennen; § 574b I 2 verpflichtet den Mieter nur, hierüber auf Verlangen des Vermieters „unverzüglich Auskunft zu erteilen". Der Widerspruch muss in einer Frist von zwei Monaten vor der Beendigung der Miete erklärt werden, außer wenn der Vermieter den Mieter nicht über den Widerspruch belehrt hat. Dann kann ihn der Mieter noch im ersten Termin des Räumungsrechtsstreits erklären, § 574 II 2.

c) Umgehungsschutz

535 Weiter abgesichert wird die Rechtsposition des Mieters durch die §§ 575, 575a: Die §§ 573 ff., die nur für Mietverträge gelten, die auf unbestimmte Zeit abgeschlossen sind, sollen nicht durch Zeitmietverträge umgangen werden können. Daher soll ein zeitlich befristeter Mietvertrag nur unter bestimmten Voraussetzungen möglich sein, § 575 I. Auch hat der Mieter vor Fristablauf einige besondere Rechte, §§ 575 II, III. Insbesondere kann er, wenn der Befristungsgrund nicht mehr besteht, eine Verlängerung des Mietvertrags auf unbestimmte Zeit verlangen.

IV. Mieterhöhungen

1. Notwendigkeit einer Sonderregelung

536 Das BGB benötigte ursprünglich keine Sonderregelung für Veränderungen der Miethöhe durch den Vermieter oder den Mieter: Da musste derjenige, der eine andere Miete herbeiführen wollte, eine **Änderungskündigung** (dazu o. Rn. 524) aussprechen. Allerdings riskierte der Kündigende, dass der andere Teil auf den neuen Vertragsschluss nicht einging, so dass nur die Kündigung wirksam wurde und kein neuer Vertrag zustande kam.

Diese Regelung konnte jedoch nicht mehr funktionieren, seit die ordentliche Vermieterkündigung weitgehend ausgeschlossen war (und eine Änderungskündigung zum Zwecke der Mieterhöhung nach § 573 I 2 unzulässig ist). Andererseits wäre eine langdauernde Bindung des Vermieters an die einmal vereinbarte Miete zumal angesichts der ständigen Geldentwertung verfassungsrechtlich bedenklich gewesen (Art. 14 GG). Daher enthält das BGB in den §§ 557 ff. eine sehr ausführliche Re-

[16] S. z. B. *BVerfG* NJW-RR 2001, 1523; *BGH* NJW 2005, 1859 (Selbstmordgefahr).

gelung, die eine Erhöhung der Miete ohne eine Kündigung des Mietvertrages erlaubt.

Die Möglichkeit zur Änderung der Geldleistungspflicht ohne Vertragsauflösung findet wieder eine Parallele im Arbeitsrecht: Auch dort lässt ja die fast alljährlich übliche (und schon wegen der Geldentwertung grundsätzlich gerechtfertigte) Kündigung der Lohn- und Gehaltstarife durch die Gewerkschaften den Bestand der einzelnen Arbeitsverhältnisse unberührt.

2. Die Möglichkeiten einer Mieterhöhung

Die Regelung über die Miethöhe (abgesehen von den Betriebskosten, zu ihnen §§ 556, 556a) findet sich an den §§ 557–560. Die Möglichkeiten einer Mieterhöhung sind in § 557 aufgezählt:

a) Vertragliche Vereinbarung

Zunächst kann eine Mieterhöhung vertraglich vereinbart werden, § 557 I. Eine 537
Grenze bildet nur § 5 WiStG, vgl. u. Rn. 541.

b) Laufende Anpassung

aa) Staffelmiete

Für eine laufende Anpassung der Miete kann eine gestaffelte Miete vereinbart werden 538
(**Staffelmiete**). Diese ändert sich also zu vorausbestimmten Zeitpunkten um bestimmte Beträge. Doch darf diese Veränderung frühestens nach jeweils einem Jahr eintreten, § 557a II 1.

bb) Indexmiete

Weiter ist die Bestimmung der Miete nach dem vom Statistischen Bundesamt ermit- 539
telten Preisindex für die Lebenshaltung aller privaten Haushalte in Deutschland möglich (**Indexmiete**), § 557b. Auch hier muss die Miete für mindestens ein Jahr unverändert bleiben, § 557b II 1. Eine Erhöhung muss der Vermieter jedoch mit näheren Angaben in Textform (§ 126b) geltend machen, § 557b III.

c) Mieterhöhung zur örtlichen Vergleichsmiete

Weiter kann der Vermieter frühestens nach jeweils 15 Monaten die Zustimmung des 540
Mieters zu einer (nicht im Voraus vereinbarten) Mieterhöhung bis zur ortsüblichen Vergleichsmiete verlangen, § 558 I. Diese Vergleichsmiete bestimmt sich aus den üblichen Entgelten, die während der letzten vier Jahre für vergleichbaren Wohnraum vereinbart worden sind, § 558 II. Hilfen zur Ermittlung dieses Betrages bilden ein Mietspiegel (§§ 558c, d), eine Mietdatenbank (§ 558e), ein Sachverständigengutachten (§ 558a II Nr. 3) oder die Entgelte für vom Vermieter anzugebende vergleichbare (mindestens drei) Wohnungen (§ 558a II Nr. 4). Dabei hat jedoch der qualifizierte Mietspiegel (§ 558d I) einen gewissen Vorrang, § 558a III.

Die Höhe der so erreichbaren Steigerung ist auf **20 %** begrenzt (sog. **Kappungsgrenze**), § 558 III, und zwar innerhalb von drei Jahren.

Ein Erhöhungsverlangen ist nach § 559b **besonders begründet und in Textform** geltend zu machen. Der Mieter schuldet eine Erhöhung frühestens erst für den dritten Monat seit dem Zugang des Erhöhungsverlangens, § 559b II 1. Zudem hat er ein besonderes außerordentliches Kündigungsrecht, das den Eintritt der Mieterhöhung verhindert, § 561.

V. Die Anfangsmiete

541 Wegen der Schwierigkeiten bei der Kündigung (vgl. o. Rn. 518 ff.) und der Mieterhöhung (vgl. o. Rn. 536 ff.) wird der Vermieter versuchen, wenigstens am Beginn des Mietverhältnisses eine möglichst hohe Gegenleistung zu vereinbaren. Nach dem BGB fände das eine Grenze nur in § 138 (Sittenwidrigkeit, insbesondere Wucher). Doch greift auch hier wieder eine Sondervorschrift ein: Nach § 5 WiStG handelt ordnungswidrig, wer vorsätzlich oder leichtfertig für die Vermietung von Wohnräumen ein „unangemessen hohes" Entgelt vereinbart. Die Grenze liegt gem. § 5 II WiStG bei 20 % über dem üblichen Entgelt. Folge eines (auch nur objektiven, d. h. nicht schuldhaften) Verstoßes ist nach § 134 die (Teil-)Nichtigkeit nur der Preisvereinbarung, soweit sie die ortsübliche Vergleichsmiete um mehr als 20 % übersteigt, nicht aber des Mietvertrags im Übrigen.[17]

VI. Zur Beurteilung des „sozialen" Mieterschutzes

1. Die gesetzliche Regelung

542 Der eben vereinfachend (!) dargestellte Schutz des Wohnungsmieters war bis zur Mietrechtsreform 2001 rechtstechnisch miserabel geregelt: Die Vorschriften waren auf mehrere Gesetze verteilt; auch Vorschriften über denselben Gegenstand (z. B. den Kündigungsschutz) standen nicht nebeneinander; die einzelnen Normen waren weitschweifig und teils unbeholfen formuliert. Insoweit lag also nur Flickwerk vor, das selbst dem Juristen schwer verständlich war; eine Neufassung war dringend nötig.

Ob diese durch die Mietrechtsreform gelungen ist, muss man bezweifeln. Einem positiven Urteil steht vor allem die unverhältnismäßige Länge der Regelung entgegen: Das neue Mietrecht braucht insgesamt 89 §§, während das eigentliche Kaufrecht mit 29 §§ (also mit weniger als einem Drittel!) auskommt. Diese Ausführlichkeit des Mietrechts lässt das Bestreben erkennen, jeder Verbandsforderung irgendwie Rechnung zu tragen. Dazu kommen Ungeschicklichkeiten im Ausdruck: Was bedeutet z. B. die „Ausstattung mit Grundstücksteilen" in § 573b I Nr. 2? Sind damit Gartenanlagen oder Flächen zum Parken gemeint? Warum wird das nicht verständlich gesagt? Aber auch sachlich gibt es Beanstandungen: Warum soll der Mieter nach § 573b IV eine „angemessene Senkung der Miete" nur verlangen können, während sich nach § 536 I die Miete von selbst mindert?

2. Rechtspolitische Wertung

543 Differenzierter muss das Urteil über den **rechtspolitischen Wert** der dargestellten Vorschriften ausfallen: Im Ansatz ist es sicherlich richtig, dass die formale Gleichstel-

[17] *BGH* NZM 2006, 291.

lung von Vermieter und Mieter aufgehoben worden ist, weil sie nicht der sozialen Realität entspricht: Eine Kündigung trifft nun einmal den Mieter empfindlicher und existentieller als den Vermieter. Daher ist der Schutz gegen eine grundlose Vermieterkündigung nötig und gerecht. Freilich dürfte nicht bloß der Wohnraummieter solchen Schutz verdienen, sondern unter bestimmten Umständen auch der Geschäftsraummieter: Ihn kann die Notwendigkeit eines Umzugs noch zusätzlich seine Kunden kosten.

Vorteilhaft ist es auch, dass die Möglichkeit zur Mieterhöhung von der Kündigung des Mietverhältnisses getrennt worden ist. Schon die Geldentwertung erfordert eine solche Trennung.

Nicht unkritisch zu beurteilen sind dagegen die formalistischen Schwierigkeiten, die das Gesetz (und teils noch darüber hinaus die Rechtsprechung) einer angemessenen Erhöhung der Miete bereiten. Zu denken ist etwa an die erheblichen Verzögerungen nach den §§ 554 III 1, 559b II. Durch diese Regeln kann die übliche Miete weithin unter denjenigen Betrag gedrückt werden, der die Kosten des Vermieters decken könnte. Frei finanzierte Neubauten zur Vermietung werden daher häufig nur zu gewerblichen Zwecken oder mit steuerlichen Kunststücken („Bauherrenmodell", vgl. u. Rn. 802) und wegen der Erwartung einer weiteren Geldentwertung errichtet („Betongold"). Mit derart niedrig gehaltenen Mieten werden dann teils Personen subventioniert, die das nicht nötig haben.[18] Diese Personen werden so unter Umständen davon abgehalten, selbst zu bauen, weil sie zur Miete viel billiger wohnen.

Welche Folgen eine nicht kostendeckende Miete auf die Dauer auch und gerade für die Mieter hat, ist in der damaligen DDR eindrucksvoll demonstriert worden: Die alten Wohnhäuser waren verfallen, weil Reparaturen unbezahlbar geworden waren; ganze Straßenzüge konnten so verwahrlosen. Das verträgt sich nicht mit dem auch hier passenden Gebot eines nachhaltigen, also nicht künftige Generationen belastenden Wirtschaftens.

Demgegenüber sollte man die Belastung durch eine kostendeckende Miete in Kauf nehmen. Die dann zum Ausgleich nötigen Hilfen sollten beim Mieter angeknüpft werden, und zwar stärker in Abhängigkeit vom Familienstand und insbesondere der Kinderzahl: Nicht der verdienende „Single", sondern Eltern kinderreicher Familien brauchen typischerweise Hilfe. Diese Hilfe gerade dahin und nur dahin zu bringen, wo sie gebraucht wird, kann aber nicht durch eine allgemeine Senkung oder Niedrighaltung der Mieten gelingen. Vielmehr bedarf es dazu familienbezogener Beihilfen und eines familiengerechten Steuersystems.

Insgesamt lässt sich aber feststellen, dass sowohl der Gesetzgeber als auch die Rechtsprechung über die Jahre hinweg zu einem angemessenen Interessenausgleich zwischen Vermieter und Mieter gekommen sind. Dass auch Gewinninteressen der Vermieterseite legitim sind, muss dabei zur Aufrechterhaltung eines angemessenen Wohnungsmarktes beachtet werden. Eine besondere „Einseitigkeit" der Rechtsprechung zu Lasten der Vermieter- oder Mieterseite lässt sich jedenfalls nicht konstatieren.[19]

[18] Vgl. kritisch auch *Adomeit*, NJW 1981, 2168 f.
[19] S. dazu *Börstinghaus*, NZM 2008, 225 ff.

2. Abschnitt. Weitere Verträge zur Überlassung auf Zeit

§ 96. Die Pacht

Literatur: *Cebulla,* Die Pacht nichtsächlicher Gegenstände, 1999; *Faßbender/Hötzel/Lukanow,* Landpachtrecht (Kommentar), 3. Aufl., 2005; *Knoppe,* Pachtverhältnisse gewerblicher Betriebe im Steuerrecht; Betriebsverpachtung, Betriebsaufspaltung, 8. Aufl., 2005; *Kroeschell,* Deutsches Agrarrecht, 1983; *Lange/Wulff/Lüdtke-Handjery,* Landpachtrecht, 4. Aufl., 1997; *Michalski,* Abgrenzung von Gewerberaummiete und Pacht, GS Sonnenschein, 2003, S. 383; *Mittelbach,* Gewerbliche Miet- und Pachtverträge in steuerlicher Sicht, 4. Aufl., 1979; *Pagenberg/Beier,* Lizenzverträge, 6. Aufl., 2008; *Pahlow,* Lizenz und Lizenzvertrag im Recht des geistigen Eigentums, 2006; *Pfaff,* Rechtsgrundlagen für Lizenzverträge, 1992; *ders.,* Der Lizenzvertrag (1999); *Pikalo,* Landpachtrecht in der notariellen Praxis, DNotZ 1981, 276; *ders.,* Das neue Landpachtrecht, NJW 1986, 1472; *Schubert/Küting,* Pacht- und Überlassungsverträge – Analyse einer unternehmenspolitischen Gestaltungsform –, DB 1976 Beilage 7; *Groß,* Der Lizenzvertrag, 10. Aufl., 2011; *Voelskow,* Zur Abgrenzung von Miete und Pacht, NJW 1983, 910; *Wolf/Eckert/Ball,* Handbuch des gewerblichen Miet-, Pacht und Leasingrechts, 10. Aufl., 2009.

I. Gegenstand der Pacht

1. Abgrenzung zur Miete

544 Die Pacht ist ebenso wie die Miete ein entgeltlicher, gegenseitiger Vertrag zur Überlassung auf Zeit. Aber in zwei Richtungen geht die Pacht über die Miete hinaus (vgl. o. Rn. 413, 415): Erstens umfasst sie außer dem Gebrauch des Pachtgegenstandes auch den **Genuss derjenigen Früchte,** die nach den Regeln einer ordnungsmäßigen Wirtschaft als Ertrag anzusehen sind. Und zweitens beschränkt sie sich nicht auf Sachen, sondern erfasst auch **Rechte** (§ 581 I 1 spricht von „Gegenstand"); überdies wird sie noch auf andere Vermögensgüter erstreckt.

2. Anwendungsbereich

545 Danach ergeben sich für die Pacht vor allem **zwei Anwendungsbereiche:** Pacht muss vorliegen, wenn derjenige Vertragspartner, dem eine Sache auf Zeit überlassen wird, außer deren Gebrauchsvorteilen auch deren **Früchte** erhalten soll. Das sind nach § 99 die Erzeugnisse der Sache und deren sonstige Ausbeute. Um Erzeugnisse, also um organisch Gewachsenes, geht es vor allem bei der Pacht von landwirtschaftlichen Grundstücken, Wäldern und Gärten. Dagegen handelt es sich insbesondere bei Bergwerken, Kiesgruben und Brunnen um die (anorganische) Ausbeute. Dabei richtet sich der **Eigentumserwerb** des Pächters nach § 956 I 1 Alt. 1: Dieser erwirbt das Eigentum an Früchten und Erzeugnissen, weil er sich im Besitz der Muttersache befindet, schon mit der Trennung. Daher gehört z. B. der Apfel, sobald er sich vom Baum auf dem Pachtgrundstück löst, also eine selbständige Sache zu sein beginnt, dem Pächter.

Pacht muss zweitens auch vorliegen, wenn etwas anderes als eine Sache überlassen werden soll. Dabei geht es außer um die **Rechtspacht** (z. B. Jagdpacht als Überlassung des Jagdrechts; Lizenz) vor allem um die **Pacht von Unternehmen:** Diese bilden ja regelmäßig eine Gesamtheit von Sachen (z. B. Maschinen), Rechten (z. B. Firma) und sonstigen Vermögenswerten (z. B. Kundschaft, know-how), vgl. schon o. Rn. 371. Gerade für die Unternehmenspacht ist aber auf die Abgrenzung zur Miete zu achten: Wer nur Sachen übernimmt, z. B. nur Geschäftsräume, um dort unter eigener Firma mit selbst geworbener Kundschaft ein Gewerbe zu betreiben, ist bloß Raummieter, nicht Unternehmenspächter.

II. Die Regelung im BGB

1. Die Pacht im Allgemeinen

a) Verweisung auf das Mietrecht

Die Regelung der Pacht geht in § 581 II von einer **Verweisung auf das Mietrecht** 546 aus. Danach muss der Verpächter den Pachtgegenstand nicht nur in vertragsgemäßen Zustand überlassen, sondern ihn auch darin erhalten. Bei Sach- oder Rechtsmängeln gelten die §§ 536 ff. Umgekehrt muss der Pächter den Pachtzins zahlen und den Pachtgegenstand mit Sorgfalt behandeln, schließlich ihn nach dem Ende der Pacht zurückgeben. Dieses Ende wird ebenso wie bei der Miete regelmäßig durch den Eintritt eines verabredeten Endzeitpunkts oder durch Kündigung herbeigeführt.

Vertragsgemäß überlassen wird bei der Pacht nur die **abstrakte Nutzungsmöglichkeit,** nicht ein konkreter Nutzen. Daher liegt das **Ertragsrisiko** regelmäßig beim Pächter.[1] Durch besondere Abreden kann aber auch der Verpächter an diesen Risiken beteiligt werden: so etwa, wenn sich der Pachtzins nach der Höhe des Umsatzes richten oder einen Anteil vom Gewinn des Pächters bilden soll (sog. **partiarische Pacht,** vgl. u. Rn. 1082). Solche (zulässigen) Abreden schützen bei langer Laufzeit des Vertrages zugleich den Verpächter vor den Folgen der Geldentwertung.

b) Sonderregelungen

Doch enthalten die §§ 584–586 gegenüber dem Mietrecht einige **Sonderregeln:** Der 547 Pächter wirtschaftet meist in Perioden, etwa in Erntejahren. Daher lässt § 584 I die **ordentliche Kündigung** im Zweifel nur für den Schluss des (mit dem Erntejahr regelmäßig zusammenfallenden) Pachtjahres zu; nach § 584 II gilt das bei der Grundstücks- und Rechtspacht sogar für die außerordentliche Kündigung unter Einhaltung der gesetzlichen Frist. § 584a schränkt bei der Pacht die **außerordentliche Kündigung ein:** Der Pächter soll nicht nach § 540 kündigen können, wenn ihm die Erlaubnis zur Unterverpachtung verweigert wird. Umgekehrt kann der Verpächter beim Tod des Pächters nicht nach § 580 kündigen, wohl aber dürfen das die Erben des Pächters (die ja auch womöglich die Pacht gar nicht fortführen können). § 584b endlich enthält eine Abweichung von § 546a I: Bei **verspäteter Rückgabe des Pachtgegenstandes** ist der Pachtzins verhältnismäßig nach der Nutzungsmöglichkeit weiterzuzahlen. Damit wird berücksichtigt, dass zumal bei landwirtschaftlichen Grundstücken die Nutzungen nicht gleichmäßig über das Jahr verteilt anfallen, sondern in der Ernte kumulieren.

2. Die Pacht eines Grundstücks mit Inventar

Die §§ 582–583a betreffen die Pacht eines Grundstücks (nicht notwendig eines 548 landwirtschaftlichen) mit Inventar. Dabei sind mit „Inventar“ die dem Zweck des Grundstücks dienenden Sachen gemeint, also Zubehör und ggf. auch Bestandteile.

[1] S. zuletzt *BGH* NJW 2011, 3151 Tz. 9 (Folgen des Nichtraucherschutzes für den Gaststättenpächter).

Dieses Inventar muss der Pächter pflegen; insoweit treffen den Verpächter also **keine Erhaltungspflichten**, § 582 I (Abweichung von § 535). Da die Lebensdauer vieler Inventarstücke kürzer ist als die Pachtdauer, muss der Verpächter aber regelmäßig Ersatz leisten, § 582 II; nur den gewöhnlichen Abgang von Vieh muss der Pächter selbst aus dem Nachwuchs ersetzen. Auch hat der Pächter nach § 583 an den in seinen Besitz gelangten Inventarstücken ein **Pfandrecht** wegen seiner sich auf das Inventar beziehenden Forderungen (z. B. aus § 582 II 1). Dieses Pfandrecht erfasst auch Inventarstücke im Eigentum Dritter:[2] Es soll den Pächter gerade davor schützen, in der Nutzung des Inventars durch Herausgabeansprüche oder Pfändungen Dritter beeinträchtigt zu werden.

549 § 582a betrifft eine besondere **Abrede über das Inventar:** Der Pächter übernimmt dieses zum **Schätzpreis** und verpflichtet sich zur Rückgabe ebenfalls zum Schätzungswert. Hat also der Pächter z. B. Inventar im Wert von 50.000 EUR übernommen, so muss er regelmäßig Inventar im gleichen Wert zurückgeben; Unterschiede werden durch Geldzahlungen ausgeglichen, § 582a III 3. Allerdings wird ein solcher Wertvergleich durch die **Geldentwertung** um so stärker gestört, je länger Beginn und Ende der Pacht auseinanderliegen. Daher hat die Rechtsprechung den Vergleich bei starken Störungen durch das Herausrechnen der Geldentwertung korrigiert.[3]

Der Pächter darf zwar in den Grenzen einer ordnungsgemäßen Wirtschaft über das Inventar verfügen (z. B. Vieh veräußern), § 582a I 2. Dieses bleibt aber bis zu einer solchen Verfügung Eigentum des Verpächters; dieser erwirbt sogar das Eigentum an vom Pächter neu angeschafften Stücken durch „Einverleibung", § 582a II 2. Überflüssige oder zu wertvolle Stücke kann der Verpächter aber ablehnen; diese fallen dann wieder an den Pächter zurück, § 582a III 2. Die Sachgefahr hinsichtlich der Inventarstücke liegt beim Pächter, § 582a I 1.

3. Die Landpacht

550 Ursprünglich hatte das BGB über die Landpacht nur wenige Vorschriften enthalten. Das ist durch ein Gesetz vom 8. 11. 1985 geändert worden: Die Landpacht – nämlich die Grundstückspacht zum Betrieb der Landwirtschaft (Definition in § 585 I 2) – wird jetzt in den §§ 585–597 recht ausführlich geregelt. Hierbei gilt die subsidiäre Verweisung auf das Mietrecht (§ 581 II) nicht; die §§ 585 ff. sollen also eine **geschlossene Regelung** darstellen. Deshalb finden sich in den §§ 585 ff. viele Vorschriften, die Normen des Mietrechts mit allenfalls leichten Änderungen wiederholen (z. B. §§ 588, 589, 590a, b, 596). Doch hat der Gesetzgeber wegen mancher Einzelheiten auch speziell ins Mietrecht verwiesen (z. B. §§ 586 II, 593b, 594e I).

Die Einzelheiten des Landpachtrechts sollen hier nicht ausgebreitet werden; sie ergeben sich einigermaßen deutlich aus dem ausführlichen Gesetzestext. Hingewiesen sei nur auf einige Besonderheiten: Der landwirtschaftliche Pächter ist zum Gebrauch (also zur Bewirtschaftung) nicht nur berechtigt, sondern auch **verpflichtet**, § 586 I 3. Zudem muss er die gewöhnlichen Ausbesserungen auf seine Kosten durchführen, § 586 I 2. Umgekehrt hat der Pächter aber auch eine gewisse Freiheit hinsichtlich der Nutzungsart, § 590 II. Auch berücksichtigt das Gesetz den Wunsch des Pächters zur Fortsetzung der Pacht, § 595. Sowohl dem Pächter wie auch dem Verpächter

[2] BGHZ 34, 153, 157.
[3] RGZ 104, 394; *BGH* LM § 589 BGB Nr. 1.

kann § 593 nützen: Wenn infolge einer nachhaltigen Änderung der Verhältnisse seit Abschluss des Pachtvertrages Leistung und Gegenleistung in ein grobes Missverhältnis zueinander geraten, soll der Vertrag – notfalls durch Entscheidung des Landwirtschaftsgerichts – angepasst werden. Das bildet eine Spezialregelung des Wegfalls der Geschäftsgrundlage in Form der Äquivalenzstörung (vgl. AT Rn. 528 ff.).

III. Regelungen außerhalb des BGB

Für einige Spezialfälle der Pacht gelten (hier bloß kurz zu erwähnende) Sonderregeln außerhalb des BGB: 551

Neben der ausführlichen Regelung in den §§ 585 ff. kommen bei der **Pacht landwirtschaftlicher Grundstücke** Regelungen über behördliche Vertragskontrolle nach dem LandpachtverkehrsG zur Anwendung. Danach sind Abschluss und Änderung von Landpachtverträgen der nach Landesrecht zuständigen Behörde anzuzeigen. Diese kann den Vertrag beanstanden, wenn eine „ungesunde Verteilung der Bodennutzung" vorliegt, Grundbesitz unwirtschaftlich aufgeteilt wird oder wenn der Pachtzins unangemessen ist. Über die Rechtmäßigkeit einer solchen Beanstandung entscheidet im Streitfall das **Landwirtschaftsgericht,** das selbst gestaltend in den Vertrag eingreifen kann. Auch für die **Kleingartenpacht** bestehen Sonderregelungen im BundeskleingartenG.

Die **Jagdpacht** ist in den §§ 11 ff. BJagdG sowie ergänzend durch Landesrecht geregelt. Diese Vorschriften bezwecken vor allem eine sachkundige und kontinuierliche Ausübung der Jagd auf einer ausreichend großen Fläche. Andererseits soll aber auch die Konzentration der Jagd bei wenigen Personen verhindert werden; dem dient die Festsetzung von Höchstflächen (§ 11 III BJagdG). Für die Jagdpachtverträge besteht nach § 12 BJagdG eine ähnliche behördliche Kontrolle wie bei landwirtschaftlichen Pachtverträgen. 552

Schließlich ist ein Sonderfall der Unternehmenspacht, nämlich **Apothekenpacht,** geregelt im ApothekenG. Dort wird die Zulässigkeit der Verpachtung eng beschränkt: Apotheken sollen regelmäßig nur einem approbierten Apotheker verpachtet werden können. 553

§ 97. Die Leihe

Literatur: *Grundmann,* Zur Dogmatik der unentgeltlichen Rechtsgeschäfte, AcP 198 (1998), 457; *Kuhlenbeck*, Der Leihvertrag, JW 1904, 226; *Loschelder,* Die Dauerleihgabe, NJW 2010, 705.

I. Anwendungsbereich und Abgrenzung

1. Unentgeltliche Gebrauchsüberlassung

Nach § 598 muss der Verleiher dem Entleiher den **Sachgebrauch unentgeltlich gestatten**. Ebenso wie die Schenkung das unentgeltliche Gegenstück zum Kauf ist, ist die Leihe damit das **unentgeltliche Gegenstück zur Miete**. Deshalb finden sich dort auch bestimmte, für unentgeltliche Rechtsgeschäfte typische Regelungen wie etwa eine allgemeine Haftungsmilderung (s. § 599), eingeschränkte Mängelhaftung (s. 554

§ 600) sowie eine im Vergleich zu entgeltlichen Geschäften erleichterte Vertragslösungsmöglichkeit (s. § 605).[1] Im Übrigen entspricht die Struktur der Leihe und ihrer gesetzlichen Regelung dem Mietrecht.

Vertragsgegenstand der Leihe sind nach dem Gesetzeswortlaut nur **Sachen** (§§ 90, 90a). Die unentgeltliche Überlassung von **Rechten** ist zwar selten, kommt aber etwa im Bereich gewerblicher Schutzrechte (z. B. Urheberrechte) vor. Ihre Behandlung ist umstritten. Der Gesetzgeber hat das Problem angesichts der geringen praktischen Relevanz bewusst ungeregelt gelassen.[2] Die h. M. wendet deshalb die §§ 598 ff. analog an und schließt Lücken im Wege **ergänzender Vertragsauslegung**.

2. Keine (analoge) Anwendung von Schenkungsrecht

555 Obwohl die Leihe aufgrund des mit ihr verbundenen unentgeltlichen Vermögensopfers auch mit einer Schenkung strukturverwandt ist, sind angesichts der speziellen gesetzlichen Regelung in den §§ 598 ff. die Regelungen über die Schenkung auf die Leihe nicht (analog) anwendbar. Insbesondere unterfällt das **Versprechen einer Leihe** nicht der Form des § 518. Der Gesetzgeber hält nämlich das mit der Leihe verbundene Vermögensopfer für weniger schwerwiegend als dasjenige bei der Schenkung. Diese Wertung trifft typischerweise zu: Wer nur den Sachgebrauch (also den unmittelbaren Besitz) auf Zeit weggibt, bringt ein geringeres Opfer als derjenige, der die Sache auf Dauer übereignet. Das gilt auch dann, wenn die Überlassung des bloßen Sachgebrauchs ein **erhebliches Opfer** bedeutet, nämlich wenn die Sache wertvoll ist und auf lange Zeit überlassen wird. So war im Fall von BGHZ 82, 354 eine ganze Wohnung unentgeltlich für die Lebenszeit des Empfängers überlassen worden. Bei solchen untypisch wertvollen Leistungen hatte die Literatur die entsprechende Anwendung von Schenkungsrecht erwogen. Der *BGH* hat das jedoch zu Recht abgelehnt: Das Gesetz beschränkt die Regelung der Leihe nicht auf kurzfristige Gebrauchsüberlassungen, außerdem stellt § 517 klar, dass der Verzicht auf einen Vermögenserwerb (hier: Mieteinnahmen) keine Schenkung darstellt. Dem Verleiher ist insbesondere durch die Kündigungsmöglichkeit nach § 605 Nr. 1 (vgl. u. Rn. 560) ein ausreichender Schutz gewährleistet. Hierin liegt in der Tat ein wesentlicher Unterschied zur Schenkung.[3] S. dazu PdW Schuldrecht II **Fall 101**.

II. Die Pflichten des Verleihers

556 Dass die Leihe das unentgeltliche Gegenstück zur Miete darstellt, darf nicht so verstanden werden, als habe der Verleiher alle Pflichten eines Vermieters und als fehle ihm lediglich der Anspruch auf die Mietzahlung. Vielmehr trägt das Gesetz der Unentgeltlichkeit der Leihe Rechnung, indem es die Verleiherpflichten gegenüber denjenigen eines Vermieters wesentlich abschwächt.

1. Pflichten hinsichtlich der verliehenen Sache

557 Der Verleiher ist ebenso wie der Mieter zur Gebrauchsüberlassung verpflichtet. Diese geschieht i. d. R. durch die Einräumung unmittelbaren Besitzes. Auch hier kann aber

[1] Zu den entsprechenden Regelungen im Schenkungsrecht s. o. Rn. 397 ff.
[2] Mot. II S. 444.
[3] S. dazu eingehend *Nehlsen-von Stryk*, AcP 187 (1987), 552.

ebenso wie bei der Miete (o. Rn. 419) die Einräumung vom Besitz entbehrlich sein, wenn der Gebrauch auch ohne unmittelbaren Besitz möglich ist.[4] Anders als bei der Miete (§ 535) ist die Sache aber nur in dem Zustand verliehen, in dem sie sich befindet: Der Verleiher braucht sie also weder in einen besseren Zustand zu versetzen noch sie zu erhalten. Auch eine dem § 536 entsprechende Minderung kommt nicht in Betracht, weil der Entleiher keine Gegenleistung schuldet, die er mindern könnte. Und eine Kündigung entsprechend § 543 II 1 Nr. 2 ist bei der Leihe vollends sinnlos, weil sie dem Entleiher bloß den Gebrauch der mangelhaften Sache entzöge, ohne ihm Vorteile zu bringen.

2. Schadensersatzpflichten

Es bleibt nur eine Haftung des Verleihers auf Schadensersatz. Aber auch sie ist gegenüber der allgemeinen Verschuldenshaftung (§ 276 I 1) erheblich abgeschwächt: Nach § 599 haftet der Verleiher nur für **Vorsatz** und **grobe Fahrlässigkeit**, und nach § 600 entsteht aus dem Verschweigen von Sach- und Rechtsmängeln eine Schadensersatzpflicht sogar nur bei Arglist. 558

An diese Vorschriften knüpft sich der gleiche Streit wie bei der Schenkung an § 521. Richtigerweise gilt hier das dazu Ausgeführte für § 599 entsprechend (s. o. Rn. 395): Die Haftungsprivilegierung gilt auch für Begleitschäden und auch für konkurrierende Ansprüche aus §§ 823 ff., sofern die Pflichtverletzung im Sachzusammenhang mit der verliehenen Sache steht.[5] Die volle Haftung nach § 276 gilt bloß für Schäden, die nicht mit der verliehenen Sache zusammenhängen, etwa wenn der Entleiher beim Abholen der Sache auf der eisglatten Treppe des Verleihers stürzt. S. dazu PdW Schuldrecht II **Fall 126**.

Liegt eine bloße „Gefälligkeitsleihe“ ohne Rechtsbindungswillen vor (zur Abgrenzung s. auch PdW Schuldrecht II **Fall 126**), ist § 599 nicht entsprechend anwendbar. Der „Verleiher“ haftet dann zwar mangels Schuldverhältnis ohnehin nicht nach § 280 I für Schäden durch den geborgten Gegenstand, allerdings haftet er im Rahmen von § 823 für jede Fahrlässigkeit.[6] 559

3. Dauer der Überlassung

Auch hinsichtlich der **Dauer der Überlassung** kommt das Gesetz dem Verleiher weit entgegen. In erster Linie gilt zwar (ebenso wie nach § 542 I bei der Miete) eine **Zeitvereinbarung**. Bei ihrem Fehlen kann der Verleiher die Sache aber schon zurückfordern, sobald der Entleiher den zweckentsprechenden Gebrauch hätte machen können, § 604 II. Und bei Unergiebigkeit auch dieses Kriteriums kann die Sache sogar jederzeit zurückverlangt werden, § 604 III. 560

Darüber hinaus kann der Verleiher die Leihe unter bestimmten Umständen auch **vorzeitig kündigen**, § 605. Das gilt außer bei Vertragsverletzungen durch den Entleiher und bei dessen Tod auch dann, wenn der Verleiher die verliehene Sache **unvorhergesehen** selbst benötigt, § 605 Nr. 1. Damit soll der Verleiher vor unerwarteten Nachteilen geschützt werden.

---

4 *BGH* JuS 2005, 70 (*Emmerich*).

5 *BGH* NJW 1992, 2474, 2475; ebenso *Looschelders*, BT, Rn. 528; Staudinger/*Reuter*, § 599 Rn. 2; *Medicus*, FS Odersky, 1996, 596 f. jeweils m. w. N.

6 S. dazu *BGH* NJW 1992, 2474: Kurzzeitige Überlassung eines Reitpferdes aus Gefälligkeit.

4. Verwendungsersatz

561 Auch hinsichtlich seiner Verwendungen steht der Entleiher etwas ungünstiger als nach den §§ 536a II, 539 der Mieter: Der Entleiher muss nach § 601 I die gewöhnlichen Erhaltungskosten selbst tragen (also etwa das Benzin für den entliehenen Pkw). Und für andere Verwendungen (z. B. die Kosten einer Reparatur des entliehenen Pkw) besteht eine Ersatzpflicht des Verleihers stets nur nach den Vorschriften über die **Geschäftsführung ohne Auftrag**, also bloß in Abhängigkeit vom Willen und Interesse des Verleihers (vgl. u. Rn. 1116). Die danach gegebenen Ansprüche des Entleihers **verjähren** nach §§ 606, 548 I 2 in sechs Monaten ab Rückgabe der Sache (s. dazu PdW Schuldrecht II **Fall 126**).

III. Die Pflichten des Entleihers

562 Der Entleiher hat schon den Vorteil der Unentgeltlichkeit. Ihn noch darüber hinaus gegenüber dem Mieter zu begünstigen besteht kein Anlass. Deshalb darf auch der Entleiher nur den **vertragsmäßigen Gebrauch** von der Leihsache machen und diese regelmäßig weder unterverleihen noch -vermieten, § 603.[7] Die Rückgabepflicht nach dem Ende der Leihe ist in § 604 ähnlich geregelt wie die entsprechende Pflicht des Mieters in § 546. Dabei werden die §§ 570, 578 I auf die Grundstücksleihe analog anzuwenden sein.

563 Für Ersatzansprüche des Verleihers wegen Veränderung oder Verschlechterung der Leihsache bestimmt § 606 (wie bei der Miete § 548) die kurze **Verjährung** in sechs Monaten. Das gilt (ebenso wie bei der Miete, vgl. o. Rn. 445) auch für konkurrierende Deliktsansprüche wegen Eigentumsverletzung (§ 823 I).[8] Anders als die Haftungsprivilegierung des § 599 und die „Zufallshaftung" bei Gebrauchsüberlassung an Dritte (§ 603 S. 2)[9] ist § 606 auf kurzzeitige Gebrauchsüberlassungen aus Gefälligkeitsverhältnissen oder vorvertraglichen Schuldverhältnissen[10] entsprechend anzuwenden. Ein Widerspruch liegt hierin nicht, denn § 606 verfolgt mit der kurzen Verjährung andere Regelungszwecke als § 599: Während § 599 den Verleiher privilegiert, weil er sich *unentgeltlich* zur Gebrauchsüberlassung *verpflichtet* (und deshalb etwa im Mietrecht keine Parallele hat), verfolgt § 606 vor allem Zwecke der Rechtssicherheit (weshalb die Regelung in Gestalt von § 548 bei der Miete trotz deren Entgeltlichkeit eine Parallele hat).[11]

Ebenso wie bei der Miete (s. o. Rn. 445) gilt die Regelung auch für deliktische Ansprüche **gegen Dritte** (etwa Hilfspersonen des Entleihers), wenn diese in den Schutzbereich des Vertrages einbezogen sind.[12]

---

[7] Zur entsprechenden Regelung im Mietrecht (§ 540 I) s. o. Rn. 481 ff.
[8] BGHZ 54, 264, 267.
[9] S. dazu die Ausführungen zum Mietrecht bei Rn. 485.
[10] S. z. B. *BGH* NJW 1964, 1225: Beschädigung eines Kfz bei einer Probefahrt durch einen Kaufinteressenten.
[11] Zutr. MünchKomm/*Häublein*, § 606 Rn. 5.
[12] BGHZ 49, 264, 267.

§ 98. Darlehensverträge

Literatur: *Bodenbenner,* Rechtsfolgen sittenwidriger Ratenkreditverträge, JuS 2001, 1172; *Budzikiewicz,* Die Verjährung im neuen Darlehensrecht, WM 2003, 264; *Bülow/Artz,* Verbraucherkreditrecht 7. Aufl., 2011; *Bülow,* Verbraucherkreditrecht im BGB, NJW 2002, 1145; *Coester-Waltjen,* Der Darlehensvertrag, Jura 2002, 675; *Derleder,* Schadensersatzansprüche der Banken bei Nichtabnahme der Darlehensvaluta, JZ 1989, 165; *Freitag,* Der Darlehensvertrag in der Insolvenz, ZIP 2004, 2368; *Genzmer,* Zur Lehre vom verzinslichen Darlehen, AcP 137 (1933), 194; *Hahn,* Zins- und Tilgungsvereinbarungen im Darlehensvertrag, BB 1994, 1236; *Köndgen,* Darlehen, Kredit und finanzierte Geschäfte nach neuem Schuldrecht – Fortschritt oder Rückschritt?, WM 2001, 1637; *Mülbert,* Das verzinsliche Darlehen, AcP 192 (1992), 447; *ders.,* Die Auswirkungen der Schuldrechtsmodernisierung im Recht des „bürgerlichen" Darlehensvertrags, WM 2002, 465; *Omlor,* Finanzierungsleasing unter der neuen Verbraucherkreditrichtlinie, NJW 2010, 2694; *Saur-Wittemann,* Einführung in das deutsche und europäische Verbraucherkreditrecht, Jura 2005, 8; *Schmitz,* Zinsneuberechnung im formfehlerhaften Verbraucherkreditvertrag, NJW 2007, 332; *Schnauder,* Der Realkreditvertrag in der Sackgasse, JZ 2006, 1049; *Schön,* Gibt es partiarische Darlehen?, ZGR 22 (1993), 210; *Skusa,* Anwendbarkeit der Verbraucherschutzvorschriften auf Leasing- und Mietkaufverträge, NJW 2011, 2993.

I. Überblick und Struktur der gesetzlichen Regelung; europarechtlicher Hintergrund

Das Darlehensrecht ist durch das Schuldrechtsmodernisierungsgesetz 2002 grundlegend neu strukturiert worden. Diese Neustrukturierung bestand einerseits aus einer Aufspaltung der gesetzlichen Regelung in das (praktisch wichtigste) **Gelddarlehen** (§§ 488 ff.) und das **Sachdarlehen** (§ 607 ff.), andererseits in einer Integration der bis dahin im Verbraucherkreditgesetz (VerbrKrG) geregelten Vorschriften über Verbraucherdarlehen, Finanzierungshilfen und Ratenlieferungsverträge in das BGB. 564

Die Regelungen des Verbraucherdarlehensrechts beruhen auf mehreren **EG-Richtlinien**, die in das deutsche Recht umgesetzt wurden. Zuletzt ist dies aufgrund der Richtlinie 2008/48/EG vom 23. 4. 2008 über Verbraucherkreditverträge und zur Aufhebung der Richtlinie 87/102/EWG durch das Gesetz zur Umsetzung der Verbraucherkreditrichtlinie, des zivilrechtlichen Teils der Zahlungsdiensterichtlinie sowie zur Neuordnung der Vorschriften über das Widerrufs- und Rückgaberecht (BGBl. 2009 I S. 2355) geschehen. Die das Verbraucherdarlehensrecht betreffenden Regelungen dieses Gesetzes sind am 11. 6. 2010 in Kraft getreten und haben neben inhaltlichen Änderungen auch zu einer Veränderung der Paragrafenziffern geführt. Die Systematik ist im Wesentlichen gleich geblieben.

1. Gelddarlehen

Gelddarlehen sind im 1. Untertitel in den §§ 488 – 498 geregelt: Die §§ 488 – 490 enthalten **allgemeine Vorschriften** über das Gelddarlehen (s. Rn. 569 ff.). Die daran anschließenden §§ 491 – 505 enthalten Sonderregelungen für Darlehensverträge zwischen einem Unternehmer als Darlehensgeber und einem Verbraucher als Darlehensnehmer, also den **Verbraucherdarlehensvertrag** (s. die Legaldefinition in § 491 I).[1] Hier finden sich insbesondere die für das Verbraucherschutzrecht typischen **Informationspflichten**, **Formvorschriften** und **Widerrufsrechte** (s. dazu auch AT Rn. 581 ff.). Dies wird ergänzt durch die auch für **Finanzierungshilfen** und **Ratenlieferungsverträge** geltenden allgemeinen Regelungen im 4. Untertitel (§§ 511, 512), welche das für das Verbraucherschutzrecht typische Verbot abweichender Ver- 565

[1] Zum Unternehmer- und Verbraucherbegriff nach §§ 13, 14 s. AT Rn. 583 f.

einbarungen sowie das Umgehungsverbot (§ 511) und die Anwendbarkeit der Regelung auf sog. **Existenzgründer** enthalten (§ 512), s. dazu Rn. 591 ff.

Wichtig sind in diesem Zusammenhang auch die §§ 358 – 359a über den **Widerrufs- und Einwendungsdurchgriff** bei sog. **verbundenen Verträgen**. Diese sind in AT bei Rn. 606 ff. eingehend erläutert.

2. Finanzierungshilfen

566 Im zweiten Untertitel (§§ 506 – 509) finden sich Regelungen über Zahlungsaufschub und sonstige Finanzierungshilfen. Es geht vor allem um **Teilzahlungsgeschäfte** (die man auch als **Warenkredite** bezeichnen kann), um das **Finanzierungsleasing** und andere Arten des **entgeltlichen Zahlungsaufschubs**. Die Regelungen gelten ausschließlich zwischen Unternehmern und Verbrauchern, es handelt sich also um spezifisches **Verbraucherschutzrecht**. Das Gesetz verweist hier insbesondere für Formfragen und Widerrufsrechte auf die entsprechenden Regelungen des Verbraucherdarlehensvertrags, s. dazu Rn. 603 ff.

3. Ratenlieferungsverträge

567 Der dritte Untertitel (§ 510) regelt schließlich mit den **Ratenlieferungsverträgen** (z. B. Zeitungsabonnements) Verträge, welchen zwar wirtschaftlich keine Darlehensfunktion zukommt, die aber ebenso wie Darlehensverträge längerfristige Zahlungsverpflichtungen zur Folge haben und damit die Gefahr der Überschuldung für den Verbraucher in sich bergen, dazu u. Rn. 607 ff.

4. Sachdarlehen

568 Das Sachdarlehen ist schließlich in den §§ 607 – 609 geregelt, s. dazu Rn. 589 f.

II. Das Gelddarlehen allgemein

1. Begriff und Abgrenzung

569 Gegenstand des Darlehensvertrags ist die Zurverfügungstellung eines Geldbetrages (der sog. **Darlehensvaluta**) für eine bestimmte Zeit durch den Darlehensgeber. Der Darlehensnehmer verpflichtet sich demgegenüber zur Zahlung eines „geschuldeten" Zinses sowie zur Zurückerstattung des Darlehenskapitals am Ende der Laufzeit.

570 Das Verhältnis dieser Leistungspflichten zueinander ist dasselbe wie bei der Miete: Ebenso wie sich bei der Miete Überlassungspflicht und Mietzahlungspflicht als synallagmatische Leistung und Gegenleistung gegenüberstehen und die Rückgabepflicht des Mieters aus § 546 I (s. Rn. 446) lediglich der Abwicklung nach Vertragsbeendigung dient, ist auch die Rückzahlung des Darlehens keine (synallagmatische) Gegenleistungspflicht für den Gebrauch des überlassenen Kapitals. Die Gegenleistung für die geschuldete Nutzung ist vielmehr allein der Zins. Wirtschaftlich betrachtet kann man das Gelddarlehen daher auch als „**Kapitalmiete**" bezeichnen. Die strukturelle Parallele wird besonders klar, wenn man sich vor Augen führt, dass das Gesetz früher im Zusammenhang mit der Zahlungspflicht des Mieters nicht (wie heute) von der „Miete" (s. § 535 II), sondern von dem „Miet*zins*" sprach (s. o. Rn. 437).

Von Bedeutung ist dies insbesondere bei der **Rückabwicklung wucherischer Darlehen**: Ist ein solcher Darlehensvertrag nach § 138 II nichtig, so sind grundsätzlich die erhaltenen Leistungen nach § 812 I 1 Alt. 1 (Leistungskondiktion) zurückzuerstatten. Allerdings kann nach § 817 S. 2 der sittenwidrig Handelnde die von ihm gewährte „Leistung" nicht zurückverlangen (s. dazu u. Rn. 1151 ff.). Dadurch ist der Darlehensgeber aber nicht gehindert, das Darlehenskapital zurückzuverlangen: Seine vertragliche Leistung besteht nämlich nicht in der dauerhaften Überlassung von Geld, sondern in der Überlassung für einen bestimmten Zeitraum. Das bedeutet, dass § 817 S. 2 den wucherischen Darlehensgeber nur daran hindert, das Darlehenskapital **vor Ablauf der vereinbarten Laufzeit** zurückzufordern. Der Darlehensnehmer, der wegen der Unwirksamkeit des Vertrages aber keinen Zins schuldet, kommt damit de facto in den Genuss eines zinsfreien Darlehens, s. dazu PdW Schuldrecht II **Fall 130**.[2]

Von Miete, Pacht und Leihe grenzt sich der Darlehensvertrag dadurch ab, dass es bei 571 ihm nicht um die Überlassung von **Sachen** geht. Denn selbst wenn das Darlehen in bar ausgezahlt wird, werden die Geldzeichen auf Dauer übereignet, der Darlehensnehmer muss nur den Geldwert zurückerstatten. Eine gewisse Nähe besteht hingegen zur **unregelmäßigen Verwahrung** (§ 700, dazu u. Rn. 951). Deshalb verweist § 700 insoweit weitgehend auf die Regelungen des Darlehensvertrags. Im Unterschied insbesondere zum Sachdarlehensvertrag (dazu Rn. 589) erfolgt dort die Übergabe der Sache regelmäßig im Interesse des Hinterlegers an einer sicheren Verwahrung. So enthält etwa der Girovertrag mit der Bank, bei welchem Guthaben nicht verzinst werden, Elemente der unregelmäßigen Verwahrung (s. u. Rn. 952). Ein **Sparvertrag** ist hingegen als Darlehen (des Sparers an die Bank) zu qualifizieren.

2. Zustandekommen

a) Konsensualvertrag

Wie jeder andere Vertrag kommt auch der Darlehensvertrag als verpflichtender Ver- 572 trag durch Angebot und Annahme zustande. Ältere Theorien, welche den Darlehensvertrag in der Tradition des römischen und des gemeinen Rechts noch als sog. **Realvertrag** ansahen, dessen Zustandekommen zusätzlich die Auszahlung des Darlehens voraussetzte, sind spätestens nach der Neuregelung des Darlehensrechts im Zuge der Schuldrechtsmodernisierung 2002 endgültig obsolet geworden.

b) Vereinbarungsdarlehen

Ein Schuldner, der aus einem anderen Rechtsgrund (z. B. als Kaufpreis) Geld schul- 573 det, kann mit dem Gläubiger vereinbaren, dass das Geld als Darlehen geschuldet werden soll. In einem solchen Fall spricht man von einem Vereinbarungsdarlehen. Eine Verpflichtung des Darlehensgebers, den Darlehensbetrag zur Verfügung zu stellen, muss hier also nicht mehr begründet werden. Früher war diese Konstellation im Gesetz ausdrücklich geregelt (§ 607 II a. F.). Sie ist auch nach geltendem Recht aufgrund der Vertragsfreiheit zweifellos zulässig. In der Regel stellt eine solche Vereinbarung nach dem Parteiwillen aber keine Schuldumschaffung (**Novation**, s. AT Rn. 330), sondern lediglich einen sog. **Schuldabänderungsvertrag** dar: Die Parteien einigen sich darüber, dass die in ihrer Identität im Übrigen unangetastete Forderung zukünftig den Regeln des Darlehensrechts unterliegen soll. Das hat gegenüber einer Novation oder anderen möglichen rechtlichen Konstruktionen (wie etwa die Begründung eines abstrakten Schuldversprechens, §§ 780, 781) den Vorteil, dass für die Forderung bestehende Sicherheiten bestehen bleiben und auch Einwendungen aus

[2] BGHZ 99, 333, 338 f.

dem ursprünglichen Schuldverhältnis (z. B. die Mängeleinrede aus einem Kaufvertrag) fortbestehen.[3]

c) Form

574 Der Darlehensvertrag kann grundsätzlich formfrei abgeschlossen werden. Für einen Verbraucherdarlehensvertrag ist (auch wenn dieser der Existenzgründung dient, s. § 512) allerdings durch §§ 492 ff. eine (qualifizierte) Schriftform vorgesehen (dazu u. Rn. 594 f.).

3. Die Pflichten der Vertragsparteien

a) Pflichten des Darlehensgebers

575 Der Darlehensgeber hat nach § 488 I 1 die Pflicht, den vereinbarten Geldbetrag „zur Verfügung zu stellen" und für die vereinbarte Dauer zu belassen. Das kann durch die Übereignung von Geldzeichen, aber auch in anderer Form, insbesondere durch Buchgeld (Banküberweisung, Gutschrift auf dem Konto, s. AT Rn. 182 ff.) geschehen. Der Darlehensgeber kann diese Pflicht auch dadurch erfüllen, dass er den Geldbetrag auf Veranlassung des Darlehensnehmers einem Dritten zur Verfügung stellt oder dieser die Auszahlung an einen Dritten nachträglich genehmigt (§§ 362 II, 185). Ohne entsprechende Vereinbarung darf der Darlehensgeber diese Schuld nicht im Wege der Aufrechnung (§ 387) erfüllen, weil Sinn und Zweck des Darlehens ja gerade darin besteht, dass der Darlehensnehmer über den Geldbetrag tatsächlich verfügen kann.[4]

576 Erfüllt der Darlehensgeber diese Pflicht nicht, hat der Darlehensnehmer die Rechtsbehelfe des **allgemeinen Leistungsstörungsrechts**, d. h. er kann nach § 323 (regelmäßig nach Fristsetzung) zurücktreten und/oder unter den Voraussetzungen des §§ 280 I, II, 286 Ersatz des Verzögerungsschadens sowie nach §§ 280 I, III, 281 Schadensersatz statt der Leistung verlangen. Beruht die Nichtauszahlung auf Geldmangel, so hat der Darlehensgeber dies nach § 276 stets zu vertreten.[5]

577 Daneben treffen den Darlehensgeber auch vertragliche und vorvertragliche **Schutzpflichten** aus §§ 311 II, 241 II. Zwar gibt es keine allgemeine Beratungs-, Warn- oder Aufklärungspflicht eines Kreditinstituts gegenüber einem Kunden z. B. in Bezug auf das **Verwendungsrisiko** des Darlehens. Ausnahmen hiervon sind aber anerkannt, wenn der Darlehensgeber in Bezug auf von ihm als wesentlich erkannte Umstände des Kreditgeschäfts gegenüber dem Kreditnehmer einen **konkreten Wissensvorsprung** hat und dies auch erkennen kann. Das ist etwa dann der Fall, wenn das Kreditinstitut weiß oder damit rechnet, dass das vom Darlehensnehmer mit dem Kredit finanzierte Vorhaben scheitern wird oder dass wesentliche dafür bedeutsame Umstände durch Manipulation verschleiert wurden oder dass der Kreditnehmer von den Geschäftspartnern arglistig getäuscht wurde.[6] Verletzt der Darlehensgeber eine solche Schutzpflicht, ist er nach § 280 I zum **Schadensersatz** verpflichtet. Dieser kann nach § 249 I darin bestehen, dass der Darlehensgeber den Darlehensnehmer von der

[3] S. dazu BGHZ 28, 164, 166 f.; MünchKomm/*Berger*, § 488 Rn. 20 f.
[4] BGHZ 71, 19, 20 f.; s. auch AT Rn. 311.
[5] S. dazu AT Rn. 403.
[6] *BGH* NJW 2008, 2576; grundlegend BGHZ 168, 1.

Rückzahlungspflicht gegen Übertragung der aus dem finanzierten Geschäft erhaltenen Vorteile freizustellen hat.

b) Pflichten des Darlehensnehmers

aa) Rückzahlung der Darlehensvaluta

(1) Fälligkeit

Der Darlehensnehmer hat gem. § 488 I 2 den zur Verfügung gestellten Geldbetrag 578
am Ende der Laufzeit zurückzuerstatten. Bereits o. bei Rn. 570 wurde darauf hingewiesen, dass es sich hierbei um eine **kraft Gesetzes** entstehende Pflicht handelt, die als bloßer Abwicklungsanspruch nicht in einem synallagmatischen Verhältnis zu den Pflichten des Darlehensgebers steht. Der Anspruch entsteht nach h. M. bereits mit der Zurverfügungstellung des Geldbetrages aufgrund eines wirksamen Darlehensvertrages, wird aber erst zum Ende der Laufzeit **fällig** (betagter Anspruch). Ist eine Laufzeit nicht vereinbart, so hängt die Fälligkeit von einer **Kündigung** einer der Vertragsparteien ab (§ 488 III 1). Die regelmäßige Kündigungsfrist beträgt für beide Parteien gem. § 488 III 2 drei Monate. Abweichend von § 271 II (s. dazu AT Rn. 177) darf der Darlehensnehmer nur bei einem **unverzinslichen Darlehen** bereits vor Fälligkeit zurückzahlen, § 488 III 3.

Dass der Darlehensnehmer bei einem verzinslichen Darlehen das Kapital grundsätzlich nicht vorzeitig 579
zurückzahlen darf, hat seinen Grund darin, dass dadurch insoweit die Zinszahlungspflicht, die sich ja nach dem Darlehenskapital richtet, wegfallen würde, dem Darlehensgeber also Einnahmen entgehen. Freilich können Darlehensgeber und Darlehensnehmer vertraglich eine vorzeitige Rückzahlung des Darlehens vereinbaren. Der Darlehensgeber erlangt damit zwar sein Kapital zurück, u. U. entgehen ihm aber Einnahmen, wenn er das Geld etwa (wegen gesunkener Marktzinsen) nicht zu demselben Zinssatz weiterverleihen oder anderweitig anlegen kann. Häufig wird daher der Darlehensgeber nur gegen Entschädigung für den durch die vorzeitige Rückzahlung erlittenen Zinsverlust zu einer solchen Vereinbarung bereit sein. Das ist die sog. **Vorfälligkeitsentschädigung** (s. § 502; s. dazu Rn. 600).

(2) Kündigungsrechte

§ 489 enthält bestimmte Sonderregelungen für die **ordentliche Kündigung** seitens 580
des **Darlehensnehmers**: Nach § 489 I besteht eine Kündigungsmöglichkeit von Darlehen mit Zinsbindung über einen festen Zeitraum nach Ablauf der Zinsbindung (Nr. 1), bei nicht grundpfandgesicherten Darlehen an Verbraucher (Nr. 2) sowie nach Ablauf von 10 Jahren nach Auszahlung der Darlehensvaluta (Nr. 3).[7] Nach § 489 II kann ein Darlehensnehmer weiter einen Darlehensvertrag mit einem **veränderlichen Zinssatz** auch im Falle einer fest vereinbarten Laufzeit mit einer Frist von 3 Monaten kündigen. Die Wirksamkeit einer solchen Kündigung setzt aber nach § 489 III weiter voraus, dass der Darlehensnehmer den geschuldeten Betrag innerhalb von 2 Wochen nach Wirksamkeit der Kündigung zurückzahlt. Die Kündigungsmöglichkeiten sind weiter gem. § 489 IV grundsätzlich **zwingendes Recht**. Ausgenommen sind bestimmte Kreditaufnahmen **durch** die öffentliche Hand.

Ein besonderes **außerordentliches** Kündigungsrecht für den **Darlehensnehmer** 581
sieht § 490 II vor. Danach kann er ein Darlehen mit Zinsbindung, das grundpfandrechtlich gesichert ist, unter den Voraussetzungen des § 489 I Nr. 2 mit einer Frist von 3 Monaten kündigen, wenn sein „berechtigtes Interesse" dies gebietet. Nach

[7] Nr. 2 fällt zum 11. 6. 2010 weg. s. dazu den Hinweis bei Rn. 600.

dem gesetzlichen Regelbeispiel in S. 2 ist das insbesondere dann der Fall, wenn „der Darlehensnehmer ein Bedürfnis nach einer anderweitigen Verwertung der zur Sicherung des Darlehens beliehenen Sache hat." Im Regelfall geht es hier um Darlehen, die dem Erwerb von Immobilien oder dem Hausbau dienen: Hier kann der Darlehensnehmer, wenn er etwa aus beruflichen oder privaten Gründen umziehen muss, ein berechtigtes Interesse an der Wiedererlangung seiner wirtschaftlichen Handlungsfreiheit haben. Kündigt der Darlehensnehmer, so hat er gem. § 490 II 3 eine **Vorfälligkeitsentschädigung** (s. Rn. 579) zu leisten.[8]

582 Der **Darlehensgeber** kann gem. § 490 I (fristlos) kündigen, wenn die Rückerstattung des Darlehens nach Vertragsschluss durch eine tatsächliche oder drohende wesentliche Verschlechterung in den Vermögensverhältnissen des Darlehensnehmers oder in der Werthaltigkeit einer Sicherheit gefährdet wird. Vor Auszahlung des Darlehens kann er dies im Zweifel stets, nach Auszahlung nur „in der Regel". Schließlich kann der Darlehensgeber nach § 314 kündigen (s. § 490 III). Das gilt vor allem im Fall des Zahlungsverzugs des Darlehensnehmers (s. dazu Rn. 587).

bb) Zahlung von Zinsen

583 Nach § 488 I 2 hat der Darlehensnehmer als Gegenleistung für die Überlassung des Geldbetrags einen „geschuldeten Zins" zu zahlen. Ob und in welcher Höhe der Darlehensnehmer einen Zins schuldet, ergibt sich aus dem Vertrag selbst. Die Zinszahlungspflicht ist damit kein Definitionsmerkmal des Darlehensvertrags. Es kann auch zinslos, d. h. unentgeltlich gewährt werden.

Die Zinszahlungspflicht ist die Gegenleistung des Darlehensnehmers für die vorübergehende Überlassung des Kapitals. Nach dem gesetzlichen Modell sind Zinsen jährlich zu entrichten.

cc) Modus der Rückzahlung, Tilgungsvereinbarung

584 Über die Rückzahlung des Darlehens und die Zahlung der Zinsen werden i. d. R. aber detaillierte Vereinbarungen getroffen. In der Praxis wird meist eine Rückzahlung sowie eine Zinszahlung in regelmäßigen, gleich hohen Raten vereinbart (sog. **Annuitätendarlehen**). Auch im Übrigen unterliegen Art und Weise der Rückerstattung der Parteivereinbarung. So werden etwa häufig **Tilgungsvereinbarungen** getroffen, in welchen abweichend von § 367 vertraglich geregelt wird, inwieweit Ratenzahlungen des Darlehensnehmers auf das Darlehenskapital und auf die Zinsen angerechnet werden. Häufig werden auch **Sondertilgungsrechte** (meist in bestimmter Höhe zu bestimmten Zeitpunkten) vereinbart. Für den Darlehensnehmer ist das von großer Bedeutung: Zahlt er auf das Darlehenskapital, verringern sich die in Zukunft geschuldeten Zinsen, wenn sie in einem Prozentsatz von der noch offenen Rückzahlungsverpflichtung berechnet werden. Damit hat der Darlehensnehmer grundsätzlich ein Interesse, Zahlungen zunächst auf das geschuldete Kapital zu verrechnen, während das Interesse des Darlehensgebers typischerweise eher darauf gerichtet ist, dass zunächst die Zinsschuld beglichen wird. Tilgungsverrechnungsklauseln in AGB können daher in einer Inhaltskontrolle nach § 307 I 2 unwirksam sein, wenn sie den Darlehensnehmer unangemessen benachteiligen.[9]

[8] Zu den Einzelheiten ihrer Berechnung s. MünchKomm/*Berger*, § 490 Rn. 33 ff.

[9] S. dazu die Nachweise bei MünchKomm/*Berger*, § 488 Rn. 199 ff.

dd) Abnahmepflicht, Bestellung von Sicherheiten

Bei einem verzinslichen Darlehen wird sich im Wege der Vertragsauslegung regelmäßig auch eine Nebenpflicht des Darlehensnehmers zur Abnahme des Darlehens ergeben. Zur Bestellung von Sicherheiten (etwa eines Bürgen oder einer Grundschuld oder Hypothek) ist der Darlehensnehmer nur verpflichtet, wenn dies besonders vereinbart wird. Stellt der Darlehensnehmer dennoch eine solche Sicherheit, so kann sie nach § 812 I 1 Alt. 1 zurückgefordert werden.[10] 585

ee) Folgen von Pflichtverletzungen des Darlehensnehmers, außerordentliche Kündigung

Kommt der Darlehensnehmer seiner Pflicht zur Zahlung von Zinsen oder seiner Rückzahlungspflicht nicht nach, so kann der Darlehensgeber nach §§ 280 I, II, 286 Ersatz des **Verzögerungsschadens** verlangen. In Bezug auf die Rückzahlungspflicht kann er weiter nach § 288 I **Verzugszinsen** verlangen. Verzugszinsen auf rückständige Zinszahlungen sind wegen des **Zinseszinsverbotes** (§ 289) ausgeschlossen. 586

Weiter kann der Darlehensgeber im Zahlungsverzug des Darlehensnehmers unter den Voraussetzungen des § 314 (s. § 490 III) **außerordentlich kündigen**.[11] Dieses Kündigungsrecht ersetzt ab Auszahlung des Darlehens das Rücktrittsrecht nach § 323. Neben der Setzung einer Zahlungsfrist (§ 314 II) setzt ein solches Kündigungsrecht das Vorliegen eines **wichtigen Grundes** voraus. Hierfür ist eine einmalige Zahlungsverzögerung aber nicht ausreichend: In Anlehnung an § 543 II Nr. 3a und § 498 I Nr. 1 wird im Regelfall verlangt, dass der Darlehensnehmer mit mindestens zwei vollen, aufeinander folgenden Zins- bzw. Ratenzahlungen in Verzug gerät. Im Einzelfall ist es aber durchaus denkbar, dass es bereits die einmalige Nichtzahlung dem Darlehensgeber unzumutbar macht, am Vertrag festzuhalten (so etwa bei einem hohen gewerblichen Kredit oder einer ernsthaften Erfüllungsverweigerung seitens des Darlehensnehmers). Folge einer solchen Kündigung ist die **sofortige Fälligkeit** der **gesamten** Rückzahlungsverpflichtung. 587

III. Der Krediteröffnungsvertrag

Der **Krediteröffnungsvertrag** ist eine besondere Art des Darlehensversprechens durch eine Bank: Diese verpflichtet sich, dem Kunden auf Abruf Kredit zu bestimmten Bedingungen bis zu einem Höchstbetrag zu gewähren. Schon für diese Zusage schuldet der Kunde regelmäßig eine Gegenleistung, die sog. **Bereitstellungsprovision:** Die Bank muss ja auch schon seit der Zusage Mittel für die Erfüllung bereithalten. Das Recht zur außerordentlichen Kündigung nach § 490 ist auch auf einen solchen Krediteröffnungsvertrag anwendbar, s. dazu PdW Schuldrecht II **Fall 128**. 588

[10] Sehr str.; vom BGH verneint für den Fall eines abstrakten Schuldversprechens, s. BGHZ 177, 345; *BGH* BeckRS 2009, 10670.

[11] Allgemein zum Kündigungsrecht nach § 314 s. AT Rn. 613.

IV. Das Sachdarlehen

589 Das in den §§ 607 – 609 geregelte **Sachdarlehen** unterscheidet sich vom Gelddarlehen durch seinen Gegenstand. Der Darlehensgeber ist nach § 607 I 1 verpflichtet, eine **vertretbare Sache** (§ 91) zu überlassen, der Darlehensnehmer hingegen ist nach § 607 I 2 verpflichtet, bei Fälligkeit (§ 608) **Sachen gleicher Art und Güte** zurückzuerstatten und spätestens bei Rückerstattung (§ 609) ein Darlehensentgelt zu entrichten. Trotz der gegenüber § 488 I abweichenden Formulierung, wo von einem „geschuldeten" Zins die Rede ist, kann auch das Sachdarlehen unentgeltlich sein, geschuldet ist also auch hier nur ein **vereinbartes** Entgelt. Von der Leihe bzw. der Miete grenzt sich der Sachdarlehensvertrag dadurch ab, dass nicht zwingend die überlassene Sache selbst, sondern Sachen gleicher Art, Güte und Menge zurückzuerstatten sind. § 607 II stellt klar, dass für das Gelddarlehen ausschließlich die Regelungen der §§ 488 ff. Anwendung finden. Zur Abgrenzung von der **unregelmäßigen Verwahrung** (§ 700) o. Rn. 571.

590 Große praktische Bedeutung kommt den Regelungen über das Sachdarlehen nicht zu. Die wirtschaftlich bedeutenden Fälle des Sachdarlehens, nämlich die sog. „Wertpapierleihe"[12] sowie bestimmte Verträge über die Überlassung von wiederverwendbaren Verpackungs- und Transportmitteln (z. B. Container, Transportpaletten) sind ohnehin Gegenstand der Kautelarpraxis, d. h. entsprechender Standardverträge. Und der private Bereich (die „Leihe" einer Tasse Mehl vom Nachbarn) hätte wohl kaum einer gesetzlichen Regelung bedurft. Der Gesetzgeber hat sich deshalb auch bewusst auf eine nur rudimentäre, einfach strukturierte Regelung beschränkt.[13]

V. Besonderheiten des Verbraucherdarlehens

1. Begriff und Anwendungsbereich

591 Im Aufbau ähnlich wie das Verbrauchsgüterkaufrecht enthalten die §§ 491 ff. das allgemeine Darlehensrecht **ergänzende Sonderregelungen** für den Fall eines **entgeltlichen** Darlehensvertrags zwischen einem Unternehmer als Darlehensgeber und einem Verbraucher als Darlehensnehmer, s. § 491 I. Es handelt sich also um spezifisches **Verbraucherschutzrecht** (zum europarechtlichen Hintergrund s. o. Rn. 564). Typisch hierfür sind der **zwingende Charakter** der Regelungen zugunsten des Verbrauchers sowie das **Umgehungsverbot** (§ 511). Der Verbraucherbegriff des § 13 wird dabei durch § 512 erweitert: Die §§ 491 – 511 gelten auch für sog. **Existenzgründer**. Das sind natürliche Personen, die ein Darlehen, einen Zahlungsaufschub oder eine sonstige Finanzierungshilfe **unterhalb** eines Betrages von 75.000 EUR zum Zwecke der Aufnahme einer unternehmerischen Tätigkeit aufnehmen, d. h. eigentlich bereits Unternehmer i. S. v. § 14 sind. Das Gesetz nimmt hier darauf Rücksicht, dass diese Personen i. d. R. ähnlich geschäftsunerfahren und daher ebenso schutzbedürftig sind wie Verbraucher.

592 Die Sonderregelungen über Verbraucherkredite gelten auch für einen **Schuldbeitritt** zu einem Darlehensvertrag sowie für eine befreiende Schuldübernahme, nicht jedoch

[12] Die in der Vertragspraxis nur teilweise als Darlehen, im Übrigen aber als Kauf mit Rückkaufsverpflichtung (sog. „repo agreement") konstruiert werden, s. nur *Köndgen*, WM 2001, 1637, 1641 m. w. N.

[13] S. Begr. des Regierungsentwurfs BT-Drs. 14/6040, S. 258 f.

für eine Bürgschaft.[14] Nach dem Grundsatz der **Einzelbetrachtung** kommt es dabei für die Frage der Verbrauchereigenschaft allein auf die Person des Beitretenden/Übernehmers an. Auch der Schuldbeitritt eines Verbrauchers zu einem gewerblichen Kredit unterliegt also den §§ 491 ff.[15]

§ 491 II enthält einige Ausnahmen vom sachlichen Anwendungsbereich. So sind 593
u. a. **Kleinkredite** mit einem Nettodarlehensbetrag von bis zu 200 EUR, **Arbeitgeberkredite** mit vergünstigtem Zinssatz sowie bestimmte **öffentlich geförderte Kredite** mit vergünstigtem Zinssatz vom Anwendungsbereich der §§ 491 ff. ausgenommen. Weitere Anwendungsbeschränkungen enthält § 491 III.

2. Form des Vertrages

a) Qualifizierte Schriftform

§ 492 sieht für den Verbraucherdarlehensvertrag eine qualifizierte Schriftform mit 594
besonderen Rechtsfolgen bei deren Verletzung vor. Der Vertrag bedarf gem. § 492 I der Schriftform, ein Abschluss in elektronischer Form (§ 126a) ist ausgeschlossen. Die vom Verbraucher zu unterzeichnende Erklärung unterliegt dabei nach § 492 II i. V. m. Art. 247 §§ 6 – 13 EGBGB detaillierten inhaltlichen Voraussetzungen, die alle dem Zweck der **Information des Verbrauchers** dienen. Diesem soll die wirtschaftliche Belastung des Darlehensvertrages durch Information über die Höhe des auszuzahlenden Betrages, die Kosten, die Modalitäten der Rückzahlung, die Zinsbelastung etc. klar vor Augen geführt werden. Dies alles soll den Verbraucher vor unüberlegten und voreiligen Vertragsschlüssen schützen. Weiter bestehen auch während des Vertragsverhältnisses fortlaufende Informationspflichten (§ 493).

Für **Überziehungskredite** von Banken enthalten die §§ 504, 505 aus Praktikabilitätserwägungen bestimmte Modifikationen in Bezug auf Formerfordernisse und Informationspflichten.

Der Formzwang ergreift gem. § 492 IV auch die von einem Verbraucher zum Ab- 595
schluss eines Verbraucherdarlehensvertrags erteilte **Vollmacht**. Nur so kann im Falle der Stellvertretung gewährleistet werden, dass der Verbraucher tatsächlich **persönlich** informiert wird. Allerdings gilt dies gem. § 492 IV 2 nicht im Falle einer notariell beurkundeten Vollmacht. Hier soll eine ausreichende Information des Verbrauchers bereits durch die notariellen Belehrungspflichten, insbes. § 17 IIa BeurkG, gewährleistet sein.

b) Folgen von Formmängel

Die Rechtsfolgen von Formmängeln sind in § 494 abweichend von § 125 S. 1 gere- 596
gelt. Nach § 494 I ist der Vertrag (oder eine zu dessen Abschluss erteilte Vollmacht) **nichtig**, wenn die Schriftform insgesamt oder eine der in Art. 247 §§ 6, 9 – 13 EGBGB vorgeschriebenen Pflichtangaben fehlt. Empfängt aber der Darlehensnehmer das Darlehen oder nimmt er es in Anspruch, so wird der Vertrag nach § 494 II 1 nachträglich gültig, d. h. der Formmangel wird **geheilt**. Dabei ändert sich aber der **Vertragsinhalt**: Fehlen bestimmte Angaben über den Zinssatz, so schuldet der Verbraucher lediglich den gesetzlichen Zinssatz (§ 246: 4 %!). Nicht angegebene Kosten

[14] Zum Schuldbeitritt sowie zur Abgrenzung zur Bürgschaft s. AT Rn. 860 f.

[15] BGHZ 165, 43 (Schuldbeitritt eines GmbH-Geschäftsführers zu einem Darlehen der GmbH).

werden ebenfalls nicht berücksichtigt. Ist der effektive Jahreszins zu niedrig angegeben, ist nur ein dieser Angabe entsprechender Zins geschuldet (§ 494 III).

Ein „Empfangen" oder „Inanspruchnehmen" durch den Darlehensnehmer setzt voraus, dass das Darlehen an ihn oder auf seine Weisung hin an einen Dritten (etwa an einen Verkäufer zur Tilgung einer Kaufpreisschuld, zu deren Zweck das Darlehen aufgenommen wurde) ausgezahlt wird. Nicht ausreichend ist die bloße Gutschrift auf dem Bankkonto des Verbrauchers (wohl aber etwa die Weiterüberweisung durch den Verbraucher).

3. Widerrufsrecht und Widerrufsdurchgriff

597 § 495 I räumt dem Verbraucher ein Widerrufsrecht nach § 355 ein. § 495 II enthält dabei einige auf das Darlehensrecht angepasste Modifikationen der §§ 355 – 359a. § 495 III nimmt schließlich bestimmte Verträge vom Widerrufsrecht aus. Die Einzelheiten zu diesem Widerrufsrecht sind in AT Rn. 585 ff. ausführlich erläutert. Von besonderer Bedeutung ist dabei der in §§ 358, 359a geregelte **Widerrufsdurchgriff** bei sog. **verbundenen Verträgen**, der im Einzelnen in AT Rn. 606 ff. erläutert ist: Danach schlagen unter bestimmten Voraussetzungen der Widerruf des durch das Darlehen finanzierten Vertrags auf den Verbraucherdarlehensvertrag oder umgekehrt der Widerruf des Verbraucherdarlehensvertrages auf das durch ihn finanzierte Geschäft durch. Der Darlehensgeber tritt dann in die Rechte und Pflichten des Vertragspartners aus dem finanzierten Geschäft ein (§ 358 IV 3). Das hat zur Folge, dass der Verbraucher die gezahlten Darlehensraten einschließlich der Zinsen zurückverlangen und sich anstelle der Rückzahlung des erhaltenen Darlehens durch die Rückgabe des aus dem finanzierten Geschäft Erlangten (also etwa der gekauften Sache) an den Darlehensgeber entlasten kann, zu den Einzelheiten s. AT Rn. 608 sowie PdW Schuldrecht II **Fall 89**.

4. Einwendungsdurchgriff

598 Bei den verbundenen Verträgen kann der Verbraucher unter den Voraussetzungen des § 359 gegen die Rückzahlung des Darlehens auch Einwendungen aus dem durch dieses finanzierten Geschäft entgegenhalten, s. dazu im Einzelnen AT Rn. 609 sowie PdW Schuldrecht II **Fall 91**. Sowohl der Widerrufsdurchgriff als auch der Einwendungsdurchgriff schützen den Verbraucher vor dem sog. **Aufspaltungsrisiko**, d. h. der Trennung des für ihn wirtschaftlich einheitlichen Erwerbsvorgangs (etwa des Kaufs einer Sache) in einen Austauschvertrag (z. B. einen Kaufvertrag) und einen Darlehensvertrag. In einem solchen Fall trägt der Verbraucher damit auch nicht das sonst stets beim Darlehensnehmer liegende **Verwendungsrisiko** eines Darlehens (s. dazu bereits o. Rn. 577).

5. Gesamtfälligstellung bei Teilzahlungsdarlehen

599 § 498 enthält eine Sonderregelung für die außerordentliche Kündigung des Darlehensgebers bei Zahlungsverzug des Darlehensnehmers. Der Darlehensgeber darf erst kündigen, wenn der Darlehensnehmer mit zwei aufeinanderfolgenden Zahlungen und einem bestimmten Mindestanteil des Darlehensbetrages (5 % oder 10 %) in Verzug ist und der Darlehensgeber ihm erfolglos eine zweiwöchige Zahlungsfrist mit Androhung der Geltendmachung der gesamten Restforderung gesetzt hat. Im Falle einer Kündigung reduziert sich gem. § 498 II die Restschuld um die auf den Rest der Laufzeit entfallenden Zinsen und Kosten.

§ 498 verdrängt in seinem Anwendungsbereich, d. h. für den Fall der verspäteten Zahlung der Zins- und Tilgungsraten, als *lex specialis* die Kündigungsmöglichkeit nach § 314. Mögliche andere Gründe einer außerordentlichen Kündigung (z. B. wegen Falschangaben oder der Nichtbestellung vereinbarter Sicherheiten) können aber weiterhin nach § 314 zur Kündigung berechtigen.

6. Kündigungsrechte

Die §§ 499 – 502 n. F. sehen modifizierte Regelungen über das Kündigungsrecht 600
des Darlehensgebers sowie des Verbrauchers vor. Insbesondere besteht ein Recht des Verbrauchers zu vorfälliger Rückzahlung unter gesetzlicher Beschränkung der Höhe einer Vorfälligkeitsentschädigung (dazu o. Rn. 579).

VI. Finanzierungshilfen an Verbraucher

1. Problemstellung, persönlicher Anwendungsbereich

Ein (Geld-)Darlehensvertrag stellt für den Verbraucher ein besonderes Risiko dar, 601
die übernommenen Verpflichtungen nicht zutreffend zu überschauen und sich durch langfristige Zahlungsverpflichtungen wirtschaftlich zu übernehmen. Aus diesem Grund enthält das Gesetz für Verbraucherdarlehensverträge die soeben dargestellten Schutzvorschriften, insbesondere Informationspflichten und das Widerrufsrecht. Ein Verbraucher ist aber in einer ganz ähnlichen Gefährdungslage, wenn ihm der Erwerb einer Sache nicht durch ein bei einer Bank aufgenommenes Darlehen, sondern dadurch ermöglicht wird, dass er z. B. von einem Verkäufer direkt einen **Zahlungsaufschub** erhält („Heute kaufen – morgen bezahlen!“) oder mit diesem Ratenzahlung, also ein sog. **Teilzahlungsgeschäft** vereinbart. Er erhält dann zwar kein Gelddarlehen, aber einen **Warenkredit**. Ähnliches gilt für **Finanzierungsleasingverträge**. Aus diesem Grund enthalten die §§ 506 ff. hierfür (z. T. modifizierte) Verweisungen auf die Vorschriften über Verbraucherdarlehensverträge. Das gilt insbesondere für die **Informationspflichten** des Unternehmers sowie für das **Widerrufsrecht** des Verbrauchers.

Die Vorschriften gelten ebenso wie die §§ 491 ff. **persönlich** nur zwischen Unter- 602
nehmern und Verbrauchern (einschließlich der Existenzgründer, s. dazu o. Rn. 591). Es handelt sich also auch hier um spezifisches **Verbraucherschutzrecht**.

2. Zahlungsaufschub und sonstige Finanzierungshilfen

Nach § 506 finden die Regelungen der §§ 358- 359a, 491a – 502, d. h. also die 603
wichtigsten Regelungen des Verbraucherdarlehensrechts auch Anwendung, wenn dem Verbraucher ein **entgeltlicher Zahlungsaufschub** von **mehr als drei Monaten** oder eine **sonstige Finanzierungshilfe** gewährt wird. Unter die „sonstigen entgeltlichen Finanzierungshilfen“ fallen insbesondere die **Teilzahlungsgeschäfte** und (unter bestimmten Voraussetzungen) die **Finanzierungsleasingverträge.** Keinen Zahlungsaufschub oder Finanzierungshilfe stellt hingegen die bloße Gebrauchsüberlassung durch Miete oder Pacht dar.

a) Entgeltlicher Zahlungsaufschub

604 Zahlungsaufschub ist das Hinausschieben der Fälligkeit (s. § 271 I) zugunsten des Verbrauchers bei früherer Leistungspflicht des Unternehmers. Eine Ratenzahlungsvereinbarung ist hierfür nicht zwingend erforderlich. **Entgeltlich** ist ein Zahlungsaufschub dann, wenn der Unternehmer bei sofortiger Zahlung einen niedrigeren Preis verlangt hätte. In entsprechender Anwendung von § 507 III geht die Rspr. dabei von einer **widerleglichen Vermutung** der Entgeltlichkeit eines Zahlungsaufschubs aus.

Kreditkartenverträge werden dabei jedenfalls nicht als entgeltlicher Zahlungsaufschub qualifiziert. Die vom Karteninhaber zu entrichtende Jahresgebühr stellt nämlich ein Entgelt für die vom Kartenunternehmen zu erbringende Geschäftsbesorgung dar, nicht aber ein solches für eine etwaige Stundung des Aufwendungsersatzanspruchs des Kreditkartenunternehmens.

Wird ein solcher Zahlungsaufschub nachträglich vereinbart, betrifft das Widerrufsrecht nach §§ 506 I, 495 nur die Vereinbarung über den Zahlungsaufschub, nicht aber das ganze Geschäft.

b) Teilzahlungsgeschäfte

605 Teilzahlungsgeschäfte sind nach der Legaldefinition des § 506 III Verträge über die Lieferung einer Sache oder die Erbringung anderer Leistungen gegen **Teilzahlungen**. Sie sind damit ein speziell geregelter Unterfall des Zahlungsaufschubs: Charakteristisch ist auch hier, dass der Verbraucher die gesamte Leistung des Unternehmers sofort erhält, das Entgelt aber nachträglich in Raten abzahlt (zur Abgrenzung zu den **Ratenlieferungsverträgen** s. Rn. 608). Für diese Geschäfte schränkt § 507 die allgemeine Verweisung des § 506 I auf die Verbraucherdarlehensregelungen ein: Es gelten nur die Vorschriften über die verbundenen Verträge (§§ 358 f.), die Formvorschriften des § 492 I 1 – 4, das Widerrufsrecht (§ 495 I) sowie die §§ 496 – 498 über die Anrechnung von Teilleistungen und die Gesamtfälligstellung (dazu o. Rn. 599). Für die erforderlichen Angaben und die Rechtsfolgen von **Formmängeln** enthält § 507 II eine spezielle, auf den Teilzahlungskauf zugeschnittene Regelung, die in ihrer Struktur aber den in der Verweisung des § 507 I ausgenommenen §§ 494 Abs. 1 – 3, 6 S. 3 entspricht (dazu o. Rn. 594 ff.). Hauptanwendungsfall ist der **Teilzahlungskauf**, der eingehend o. bei Rn. 297 ff. behandelt wurde. Die Regelung gilt aber auch für Verträge über **Dienst-** und **Werkleistungen**.

c) Finanzierungsleasingverträge; Mietkaufverträge

606 Auch das Finanzierungsleasing (zu den Einzelheiten des Leasingvertrages s. u. Rn. 1089 ff.) birgt für den Verbraucher ähnliche Gefahren wie ein Teilzahlungskauf: Der Leasingnehmer übernimmt eine dauernde Zahlungsverpflichtung für die sofortige Nutzung einer Sache, die nach Ablauf der Leasingdauer entweder in sein Eigentum übergehen soll oder bezüglich derer er zum Ausgleich des Restwerts verpflichtet ist. Wenn die Zahlungsverpflichtung des Leasingnehmers im Zusammenhang mit einer Erwerbspflicht oder einer Pflicht zum Wertausgleich das vom Leasinggeber eingesetzte Kapital sowie dessen Gewinn abdeckt (sog. „**Vollamortisation**"), kommt das Finanzierungsleasing wirtschaftlich einem Teilzahlungskauf sehr nahe.[16] Diese Fälle beschreibt § 506 II (ohne dabei den Begriff „Finanzierungsleasing" zu benut-

[16] Anders das sog. „Operating-Leasing", das als Mietvertrag nicht dem Anwendungsbereich des § 506 II unterfällt.

zen).[17] § 506 II sieht für diese Fälle dieselbe eingeschränkte Verweisung auf das Verbraucherdarlehensrecht vor wie die §§ 506 I, III, 507 für Teilzahlungsgeschäfte. Es gelten also die Regelungen über den Einwendungs- und Widerrufsdurchgriff sowie über das Widerrufsrecht. Weiter sind die besonderen Formvorschriften der §§ 492 I, II, III einschließlich der dort verwiesenen Informationspflichten sowie die §§ 496-498 zu beachten.

Davon zu unterscheiden ist der sog. „**Mietkauf**". Ein solcher Vertrag kombiniert miet- und kaufvertragliche Elemente: Eine Sache wird entgeltlich zum Gebrauch überlassen (insoweit Miete), dem Mieter wird aber das Recht eingeräumt, die Mietsache innerhalb einer bestimmten Frist zu kaufen (Kaufoption), wobei dann bereits gezahlte Miete (ganz oder teilweise) auf den Kaufpreis angerechnet wird. Solche Verträge fallen, wenn keine Erwerbsverpflichtung und auch keine Restwertausgleichpflicht des Mieters besteht, nicht unter § 506 II (andernfalls sind sie tatsächlich Finanzierungsleasingverträge oder zumindest wie solche zu behandeln). Es liegt grundsätzlich auch kein Teilzahlungsgeschäft (§ 506 III) vor, da bei Vertragsschluss noch offen ist, ob sich der Mieter für den Ankauf entscheidet. Im Einzelfall kommt aber (über das Umgehungsverbot des § 511 S. 2) die Gleichstellung mit einem Teilzahlungskauf in Betracht (etwa dann, wenn die Mietzahlung so hoch ist, dass es jeder wirtschaftlichen Vernunft widerspräche, wenn der Verbraucher sein Ankaufsrecht nicht ausüben würde).[18]

VII. Ratenlieferungsverträge mit Verbrauchern

Ein Ratenlieferungsvertrag liegt nach § 510 I Nr. 1 vor, wenn ein Vertrag zwischen einem Unternehmer und einem Verbraucher die Lieferung mehrerer als zusammengehörend verkaufter Sachen in Teilleistungen zum Gegenstand hat und das Entgelt für die Gesamtheit in Teilleistungen zu entrichten ist. Es geht also um einen sog. **Sukzessivlieferungsvertrag** über Sachen. Paradebeispiel hierfür ist etwa der Erwerb eines mehrbändigen Lexikons, bei welchem jeder Band nach Erscheinen geliefert und bezahlt werden soll. Keine Anwendung findet die Regelung auf die (seltener vorkommenden) Ansparverträge, bei welchen der Kaufpreis in Teilbeträgen anzusparen und zu zahlen, aber erst danach die (gesamte) Kaufsache zu übergeben ist. § 510 I Nr. 2 erfasst demgegenüber **Kauf- oder Werklieferungsverträge** (zu letzteren s. u. Rn. 693) über regelmäßig zu liefernde Sachen in einer fest bestimmten (Mindest-) Menge, ohne dass es sich dabei um eine Gesamtsache handelt. Paradebeispiel ist etwa das Zeitschriftenabonnement. Grundsätzlich unbeachtlich ist, ob der Kaufpreis auf einmal oder abschnittsweise zu entrichten ist. Für die Erbringung von **Dienstleistungen** gilt die Regelung im Gegensatz zu § 507 **nicht**. So werden insbesondere Pay-TV-Verträge oder Telekommunikationsverträge (Internetzugang, Mobilfunkverträge) nicht erfasst, auch eine Analogie scheidet aus.[19] § 510 I Nr. 3 erfasst schließlich Rahmenverträge, die zum regelmäßigen Abschluss von Kaufverträgen verpflichten. Ein Beispiel hierfür sind etwa die „Mitgliedschaft" in sog. „Buchclubs", aber auch 607

[17] So noch die Vorläuferregelung in § 499 a. F.; zu den Einzelheiten des sachlichen Anwendungsbereichs s. *Omlor,* NJW 2010, 2694. So fallen etwa Leasingverträge über Fahrzeuge mit Kilometerabrechnung nicht unter § 506 II.

[18] *Bülow/Artz,* Verbraucherkreditrecht, § 506 Rn. 80; *Skusa,* NJW 2011, 2993, 2998.

[19] *BGH* NJW 2003, 1932.

Bierlieferungs- und Franchiseverträge, u. Rn. 1100. Bei letzteren sind insbesondere der persönliche Anwendungsbereich sowie § 512 (Anwendung auf Existenzgründer, o. Rn. 591) zu beachten; s. dazu PdW Schuldrecht II **Fall 92.**

608 Von den bisher unter dem Aspekt des Verbraucherschutzes erläuterten Vertragsarten unterscheidet sich der Ratenlieferungsvertrag durch die fehlende **Kreditfunktion**: Anders als etwa bei einer Finanzierungshilfe erhält der Verbraucher keine Vorleistung durch den Unternehmer. Da der Verbraucher aber ebenso wie bei Darlehensverträgen oder sonstigen Finanzierungshilfen eine dauernde Zahlungsverpflichtung eingeht, besteht wiederum die Gefahr des „Verniedlichungseffekts" kleinerer, aber dauerhaft zu zahlender Entgelte. Aus diesem Grund enthält § 510 ähnliche verbraucherschützende Regelungen, die gem. § 510 I 2, 3 allerdings nicht anwendbar sind, wenn es sich um ein Bagatellgeschäft mit einem Wert bis 200 EUR handelt oder ein anderer Ausschlusstatbestand des § 491 II, III vorliegt.

609 Nach § 510 II bedarf der Ratenlieferungsvertrag grundsätzlich der **Schriftform**. Sie ist nur dann entbehrlich, wenn der Verbraucher die Möglichkeit hat, die Vertragsbestimmungen einschließlich eventueller AGB abzurufen und zu speichern und ihm der Vertragsinhalt in Textform (§ 126b) mitgeteilt wird, §510 I 2, 3. Wird die Form nicht gewahrt, ist der Vertrag nach § 125 S. 1 unheilbar nichtig.

610 § 510 I räumt dem Verbraucher (einschließlich dem Existenzgründer bei Verträgen bis 75.000 EUR, s. § 512) ein **Widerrufsrecht** nach § 355 ein, s. dazu PdW Schuldrecht II **Fall 93.**

3. Teil. Verträge zu Dienst- und Werkleistungen

§ 99. Übersicht

Verträge zu Dienst- oder Werkleistungen sind inhaltlich besonders mannigfaltig (vgl. schon o. Rn. 9). Daher finden sich dort Typen mit einer sehr allgemeinen Regelung, sozusagen als **Grundtypen.** Das sind zwei gegenseitige Verträge (**Dienst- und Werkvertrag,** §§ 611–630, 631–650) und ein unentgeltlicher (**Auftrag,** §§ 662–674). Die Allgemeinheit dieser Regelung erfasst eine Vielzahl von lebenstypischen Vorgängen. Dem steht freilich der Nachteil gegenüber, dass bisweilen die konkrete Bedeutung der Regeln zweifelhaft bleibt: Wie unterscheidet sich z. B. die Leistung von Diensten (§ 611 I) von der Herstellung eines Erfolgs (§ 631 I); soll nicht etwa ein Arzt dem Patienten sowohl Dienste leisten wie zu einem Erfolg (der Gesundung) verhelfen? Oder wann kann eine Dienst- oder Werkleistung nach den Umständen nur gegen eine Vergütung erwartet werden (§§ 612 I, 632 I)? Oder unter welchen konkreten Voraussetzungen ist „nach der Beschaffenheit des Werkes die Abnahme ausgeschlossen" (§ 640 I)? Kann man z. B. eine Taxifahrt abnehmen? Und wie soll das geschehen? 611

In mancher Hinsicht hat das BGB selbst die Nachteile dieser Allgemeinheit behoben. So hat es mehrere Verträge als **eigene Typen** ausgestaltet, die bei Fehlen einer Sonderregelung unter die allgemeinen Typen Dienst- oder Werkvertrag oder Auftrag fallen würden; das sind vor allem **Reisevertrag, Maklervertrag und Verwahrung** sowie einige **Verträge mit Kreditinstituten** (§§ 675c ff.). Und dem Dienstvertragsrecht ist sein wichtigster Teil, nämlich das Recht der abhängigen Arbeit, weithin entzogen worden; daraus ist das eigene Rechtsgebiet **„Arbeitsrecht"** entstanden (dazu sogleich bei Rn. 616). Andere lebenstypische Verträge, wie der **Arztvertrag** und der **Bauvertrag**, haben es zwar nicht zu einer eigenen gesetzlichen Regelung gebracht. Aber hier haben das **Richterrecht** oder die **Vertragspraxis** inzwischen Regeln geschaffen, die den Eigenarten solcher Verträge Rechnung tragen. 612

Rechtstechnisch gehen solche Sonderregeln den allgemeinen Regeln vor. Ehe man das Recht von Dienstvertrag, Werkvertrag oder Auftrag anwendet, muss man also stets fragen, ob nicht ein anderer, speziellerer Typ vorliegt. Doch kann man sich bisweilen zur Auslegung oder Ergänzung besonderer Regeln mit Nutzen daran erinnern, welchem allgemeineren Typen der speziellere entstammt. 613

1. Abschnitt. Der Dienstvertrag

§ 100. Dienstvertrag und Arbeitsrecht

Literatur: Vgl. die Lehrbücher des Arbeitsrechts, etwa mit didaktischer Richtung: *Dütz/Thüsing,* Arbeitsrecht, 16. Aufl., 2011; *Junker,* Grundkurs Arbeitsrecht, 10. Aufl., 2011; *Lieb/Jacobs,* Arbeitsrecht (Schwerpunkte), 9. Aufl., 2006; *Löwisch,* Arbeitsrecht, 8. Aufl., 2007; *Wollenschläger,* Arbeitsrecht, 3. Aufl., 2010; *Zöllner/Loritz/Hergenröder,* Arbeitsrecht, 6. Aufl., 2008. Ferner bestimmte Fehlentwicklungen glossierend *Adomeit,* Das Arbeitsverhältnis – alternativ, NJW 1984, 1337. Zur Entwicklung *ders.,* Der Dienstvertrag des BGB und die Entwicklung zum Arbeitsrecht, NJW 1996, 1710. Grundsätzlich

Boemke, Schuldvertrag und Arbeitsverhältnis, 1999; *Däubler,* Die Auswirkungen der Schuldrechtsmodernisierung auf das Arbeitsrecht, NZA 2001, 1329; *Henssler,* Arbeitsrecht und Schuldrechtsreform, RdA 2002, 129; *Hromadka,* Schuldrechtsmodernisierung und Vertragskontrolle im Arbeitsrecht, NJW 2002, 2523; *Thüsing,* Arbeitsrecht als Arbeitsplatzschutzrecht, NJW 2003, 1919; *Zachert,* Gedanken zur Vertragsfreiheit im Arbeitsrecht aus rechtsvergleichender Sicht, FS Richardi, 2007, S. 1111.

I. Die „soziale Farblosigkeit" des Dienstvertragsrechts

1. Arten der Dienstleistungen

614 Nach § 611 II können Gegenstand des Dienstvertrags „Dienste jeder Art" sein. Daher umfasst der Dienstvertrag ganz verschiedenartige Lebensverhältnisse.

Ein Dienstvertrag kann sich in einer bloß einmal und binnen kurzer Zeit zu leistenden Arbeit erschöpfen: so etwa der Dienst des Schuhputzers oder die einmalige Beratung durch einen Arzt oder Anwalt. Ein Dienstvertrag kann aber auch auf Dauer angelegt sein und zu ständig wiederkehrenden Dienstleistungen verpflichten: so insbesondere der gewöhnliche Arbeitsvertrag. Nach richtiger Ansicht begründet nur die zweite Art von Dienstverträgen ein Dauerschuldverhältnis mit den solchen Verhältnissen eigentümlichen Problemen (Kündigung usw.).

Der Dienstverpflichtete kann abhängige Arbeit schulden, nämlich wenn ihm Arbeitszeit und -ort im Wesentlichen vorgeschrieben sind und wenn er auch für die Einzelheiten seiner Arbeit Anweisungen befolgen muss. Das ist wieder kennzeichnend für den Arbeitsvertrag. Die geschuldete Arbeit kann aber auch selbständig zu leisten sein wie vor allem dann, wenn der Gläubiger nichts von der ihm geschuldeten Tätigkeit versteht und auf diese gerade deshalb angewiesen ist. So liegt es etwa im Verhältnis des Patienten zum Arzt. Die Dienstleistung kann sogar leitend sein, weil nämlich der Dienstverpflichtete zugleich den Dienstberechtigten repräsentiert. Hierhin gehören etwa der für eine GmbH angestellte Geschäftsführer oder der Vorstand einer AG.

In einem noch etwas anderen Sinn kann man auch zwischen höheren und niederen Diensten unterscheiden. Das fällt weithin mit der Unterscheidung in selbständige und abhängige Arbeit zusammen, weil die höheren Dienste häufig nicht angeleitet werden können. Bisweilen laufen beide Einteilungen aber doch auseinander: So leistet der in einem Krankenhaus angestellte Assistenzarzt zwar höhere Dienste, ist aber doch den Weisungen seiner Vorgesetzten unterworfen.

2. Das unterschiedliche Schutzbedürfnis

615 In einem Gemeinwesen, das sich dem Gebot der **Sozialstaatlichkeit** verpflichtet hat (Art. 20 I GG), muss die gesetzliche Regelung eines Rechtsverhältnisses offenbar von der typischen Machtverteilung zwischen den Beteiligten abhängen: Wer relativ schwach ist, muss von der Rechtsordnung gegen eine unbillige Machtausübung durch seinen Gegner geschützt werden. Eine solche typische Machtverteilung lässt sich nun aber für den ganzen Anwendungsbereich des Dienstvertrags nicht angeben: Aushilfskellner und Arzt, Fabrikarbeiter und Anwalt, Schuhputzer und Vorstand lassen sich nur auf den einzigen gemeinsamen Nenner bringen, dass sie „Dienste schulden". Dagegen ist die Machtverteilung zwischen ihnen und dem Dienstgläubiger ganz unterschiedlich. Daher sind auch einheitliche Angaben über das typische

Schutzbedürfnis unmöglich. Normen, die jede Art von Dienstvertrag erfassen wollen, müssen also hinsichtlich eines sozial motivierten Schutzes indifferent sein.

II. Das Arbeitsrecht

1. Arbeitsrecht außerhalb des BGB

Die eben geschilderte Situation erlaubte zwei Auswege: Entweder es bildeten sich außerhalb des BGB Normen für denjenigen Bereich, in dem eine Partei typischerweise des Schutzes bedarf, oder solche Normen wurden ins BGB selbst aufgenommen. 616

Die Entwicklung ist hauptsächlich auf dem ersten Weg fortgeschritten: Für die unselbständige Arbeit hat sich außerhalb des BGB als eigenes Rechtsgebiet mit eigener Gerichtsbarkeit das **Arbeitsrecht** gebildet.[1] Es besteht aus einem individualrechtlichen und einem kollektivrechtlichen Teil. Dieser zweite Teil verwendet die Schlüsselbegriffe Arbeitgeberverbände, Gewerkschaften, Betriebsrat, Tarifvertrag, Betriebsvereinbarung, Streik und Aussperrung; er ist vom Schuldrecht des BGB weit entfernt. Überdies besteht eine Vielzahl von Gesetzen, die nur für den Fachmann überschaubar ist. Das immer wieder ins Auge gefasste Projekt eines Arbeitsgesetzbuches ist schon aus politischen Gründen in weite Ferne gerückt. Aber auch in dem individualrechtlichen Teil haben sich (nicht immer überzeugend begründete) Abweichungen vom Schuldrecht ergeben. Einen ersten Ausdruck finden sie schon darin, dass nicht mehr vom Arbeitsvertrag gesprochen wird, sondern vom **Arbeitsverhältnis**.[2] Für die Darstellung des Arbeitsrechts außerhalb des BGB muss hier auf die eigenen Lehrbücher dieses Rechtsgebiets verwiesen werden. In der vorliegenden Darstellung wird nur vereinzelt auf arbeitsrechtliche Besonderheiten bestimmter grundsätzlicher Fragen hingewiesen.

2. Arbeitsrecht und Dienstvertragsrecht des BGB

Andererseits macht aber der Gesetzgeber zunehmend auch im Dienstvertragsrecht 617
des BGB Unterscheidungen. Insbesondere beziehen sich dort mehrere Vorschriften ausdrücklich auf die Begriffe Arbeitsverhältnis, Arbeitgeber, Arbeitnehmer. Das sind die §§ 612a, 613a, 622, 623 und die Beweislastumkehr nach § 619a (vgl. AT Rn. 340 sowie u. Rn. 635). Damit stehen spezifisch arbeitsrechtliche Vorschriften jetzt auch im BGB. Doch betreffen diese Vorschriften nur einzelne Aspekte ziemlich willkürlich ausgewählter Punkte; ein einigermaßen geschlossenes Bild ergeben sie daher nicht. Deshalb soll bei der folgenden Darstellung des Dienstvertragsrechts auf diese arbeitsrechtlichen Vorschriften nur kurz hingewiesen werden. Dargestellt wird also nur das Dienstvertragsrecht ohne das Arbeitsrecht. Dabei ist freilich zu beachten, dass jeder Arbeitsvertrag zugleich einen Dienstvertrag bildet. Daher unterliegt er auch den Vorschriften des Dienstvertragsrechts (und des Allgemeinen Schuldrechts), soweit das Arbeitsrecht keine Sonderregeln enthält. Zu diesen gehören jetzt auch große Teile des gegen bestimmte Diskriminierungen gerichteten AGG, insbesondere die §§ 6 ff. (dort unter dem Oberbegriff „Beschäftigte").

[1] Mit Recht kritisch *Adomeit*, NJW 2003, 2356.

[2] Vgl. *Hanau/Adomeit*, Arbeitsrecht, 14. Aufl., 2006, Rn. 850.

§ 101. Der Dienstvertrag nach dem BGB

Literatur: *R. Bruns,* Das Synallagma des Dienstvertrages, AcP 178 (1978), 34 ff.; *Canaris,* Die Problematik der Minderung beim Dienstvertrag, FS K. Schmidt, 2009, S. 177 ff.; *Deutsch/Taupitz* (Hrsg.), Haftung der Dienstleistungsberufe, 1993 (rechtsvergleichend); *Fabricius,* Leistungsstörungen im Arbeitsverhältnis, 1970; *Fahrendorf,* Vertragliche Anwaltspflichten – überspanntes Haftungsrisiko?, NJW 2006, 1911 ff.; *Hirte,* Berufshaftung, 1996; *V. Lang,* Berufsrecht, Berufspflicht, Berufshaftung, AcP 201 (2001), 451 ff.; *Medicus,* BVerfG und Anwaltshaftung, Anwaltsblatt 2004, 257 ff.; *Odersky* und *U. Hübner,* Die Berufshaftung – ein zumutbares Berufsrisiko?, NJW 1989, 1 ff.; 5 ff.; *Picker,* Fristlose Kündigung und Unmöglichkeit, Annahmeverzug und Vergütungsgefahr im Dienstvertragsrecht, JZ 1985, 641 ff.; 693 ff.; *Rohe,* Gründe und Grenzen beruflicher Haftung, AcP 201 (2001), 117 ff.; *W.-H. Roth,* Der Vergütungsanspruch bei schlechter Leistung im Recht der freien Berufe, VersR 1979, 494 ff.; *Schiemann,* Der freie Dienstvertrag, JuS 1983, 649 ff.; *P. Schwerdtner,* Fürsorgetheorie und Entgelttheorie im Recht der Arbeitsbedingungen, 1970; *Söllner,* „Ohne Arbeit kein Lohn“, AcP 167 (1967), 132 ff.; *Tillmanns,* Strukturfragen des Dienstvertrages, 2007; *Ullrich,* Lohngewähr oder Mängelgewährleistung, NJW 1984, 585 ff.; *Walker,* Die eingeschränkte Haftung des Arbeitnehmers unter Berücksichtigung der Schuldrechtsmodernisierung, JuS 2002, 736; *Wendehorst,* Das Vertragsrecht der Dienstleistungen im deutschen und künftigen europäischen Recht, AcP 206 (2006), 205 ff.; *Wiedemann,* Das Arbeitsverhältnis als Austausch- und Gemeinschaftsverhältnis, 1966; *Zugehör,* Anwaltsverschulden, Gerichtsfehler und Anwaltshaftung, NJW 2003, 3225 ff.

I. Charakteristik und Abgrenzung

618 Die §§ 611–630 regeln den Vertrag auf **Leistung von Diensten** gegen Entgelt. Das ist der Dienstvertrag einschließlich des Arbeitsvertrages, für den freilich die gerade (o. Rn. 617) erwähnten Sonderregeln vorgehen. Der Gläubiger der Dienstleistung (beim Arbeitsvertrag der Arbeitgeber) heißt im BGB **Dienstberechtigter**, der Schuldner (beim Arbeitsvertrag der Arbeitnehmer) heißt **Dienstverpflichteter**.

619 Vom **Werkvertrag** (u. Rn. 687 ff.) grenzt sich der Dienstvertrag dadurch ab, dass lediglich eine **Tätigkeit** versprochen wird, während der Werkvertrag auf die Herstellung eines Erfolgs (§ 631 I) gerichtet ist. So klar diese Abgrenzung in der Theorie ist, so schwierig kann ihre Umsetzung gelegentlich in der Praxis sein (s. u. Rn. 691). Umstritten ist insbesondere die Qualifikation von sog. „Access-Provider-Verträgen“ (Zugang zum Internet), welche die h. M. als Dienstverträge qualifiziert (dazu o. Rn. 15).[1] Gleiches gilt für Festnetz- und Mobilfunkverträge, die von der h. M. ebenfalls als Dienstverträge eingeordnet werden.[2] Zu den Partnervermittlungsverträgen s. u. Rn. 921.

620 Der Dienstvertrag umfasst nur die **entgeltliche** Dienstleistung. Dagegen sind **unentgeltliche** Dienstleistungen, sofern sie überhaupt auf rechtsgeschäftlicher Grundlage erbracht werden, Gegenstand des **Auftrags** (vgl. u. Rn. 846 ff.).

621 Einige **spezielle Dienst**- oder **Werkleistungen** sind von BGB oder HGB als Gegenstand eigener Verträge geregelt. Das sind vor allem **Maklervertrag** (§§ 652 ff., u. Rn. 894 ff.), **Verwahrung** (§§ 688 ff., u. Rn. 939 ff.), **Kommission** (§§ 383 ff. HGB), das **Frachtgeschäft** (§§ 407 ff. HGB), das **Speditionsgeschäft** (§§ 453 ff. HGB) und das **Lagergeschäft** (§§ 467 ff. HGB). Ergänzende Regeln über den Fernunterricht enthält das **FernunterrichtsschutzG**.

---

[1] Zur vorzeitigen Kündigung eines solchen Vertrages wegen Umzugs des Gläubigers s. *BGH* NJW-RR 2011, 916.

[2] S. BGHZ 158, 201; *BGH* NJW 2007, 438.

Nicht als eigener Vertragstyp geregelt, aber streng vom Dienstvertrag zu unterscheiden ist der **Dienstverschaffungsvertrag:** Mit ihm verspricht der Schuldner nicht eigene, sondern die Verschaffung fremder Dienste. Er schuldet also nicht die Dienstleistung selbst, so dass er für Fehler desjenigen, den er für die Dienstleistung besorgt hat, nicht nach § 278 einstehen muss; seine Haftung beschränkt sich vielmehr auf **eigenes Auswahlverschulden**. Eine bloße Dienstverschaffungspflicht liegt z. B. regelmäßig vor, wenn der Vermieter von Baumaschinen auch das Bedienungspersonal zu stellen übernimmt. Soll dieses nach den Anweisungen des Mieters arbeiten, haftet der Vermieter für Fehler seines ordentlich ausgesuchten Personals nicht (vgl. AT Rn. 387).[3] 622

Kein eigener Vertragstyp, sondern eine besondere Form des Dienstvertrags (oder Werkvertrags) ist hingegen der in den §§ 675 ff. geregelte **Geschäftsbesorgungsvertrag**. Die §§ 675 f. verweisen hier nur zusätzlich auf bestimmte Regelungen des Auftragsrechts (dazu u. Rn. 882 ff.). 623

II. Pflichten des Dienstschuldners

1. Die Dienstleistungspflicht

a) Gegenstand

Die Dienstleistungspflicht ist die (einzige) Hauptpflicht des Dienstschuldners, § 611 I. Dabei kommen **Dienste jeder Art** in Betracht, § 611 II (vgl. o. Rn. 614). Von der Art der Dienste hängt es ab, inwieweit von dem Dienstschuldner selbständige Entscheidungen verlangt werden. So muss z. B. der Dolmetscher gerade die ihm vorgelegten Texte übersetzen, oder der Arbeiter am Fließband muss genau den ihm zugewiesenen Handgriff vornehmen. Andererseits haben z. B. Arzt und Rechtsanwalt den richtigen Weg zum Ziel regelmäßig erst selbst zu finden. Soweit sie von dem Dienstgläubiger Anweisungen erhalten, die ihnen unrichtig zu sein scheinen (z. B. eine Amputation zu unterlassen oder keinen Vergleich zu schließen), haben sie diesen zunächst zu belehren und zu warnen.[4] Wenn das nicht hilft, müssen sie jedoch entweder die Weisung befolgen oder kündigen, § 627. Der Dienstschuldner schuldet also „denkenden Gehorsam". 624

b) (Doppelt) Höchstpersönlicher Charakter

Die Dienstleistungspflicht ist nach § 613 S. 1 im Zweifel **in Person zu erfüllen**. Denn regelmäßig hat der andere Teil den Dienstschuldner nach dessen Fähigkeiten ausgesucht; dem widerspräche es, wenn dieser durch andere Personen erfüllen könnte (sog. **Substitution**, s. AT Rn. 387). So darf der Chefarzt, der selbst liquidieren will, außer in Eil- und Notfällen nicht durch seinen Oberarzt leisten.[5] Nicht durch § 613 S. 1 ausgeschlossen wird dagegen die **Heranziehung von Hilfspersonen:** Der Arzt braucht die Laborarbeiten so wenig selbst zu erledigen, wie der Anwalt seine Schriftsätze selbst tippen muss. 625

[3] Eingehend *Walker*, AcP 194 (1994), 295.
[4] *BGH* NJW 1985, 42.
[5] *BGH* NJW 2008, 987; *OLG Koblenz* NJW 2008, 1679.

626 Nach § 613 S. 2 soll im Zweifel auch der **Anspruch auf die Dienste nicht übertragbar** sein. Das folgt schon aus § 399 Alt. 1, wenn die Dienste an der Person des Gläubigers zu leisten sind: Hier ändert sich mit der Person des Gläubigers auch der Inhalt der Dienste (z. B. bei Unterricht oder ärztlicher Behandlung). Doch hängt gerade die unselbständige Arbeitsleistung häufig weniger an einer Person als an dem Betrieb (dem „Arbeitsplatz"). Daher lässt der in den Einzelheiten überaus schwierige § 613a die Arbeitsverhältnisse auf den rechtsgeschäftlichen Erwerber eines Betriebs oder Betriebsteils übergehen. Das gehört ins Arbeitsrecht und ist hier nicht weiter zu erörtern (vgl. AT Rn. 798, 801).

2. Andere Pflichten

627 Weitere Pflichten des Dienstschuldners können sich aus § 241 II, aus Spezialregeln oder aus **Treu und Glauben** ergeben. Sie kommen vor allem beim Arbeitsvertrag in Betracht (Mehrarbeit in Notfällen, Unterlassung von Wettbewerb, Verschwiegenheit usw.). Abhängig von der Art des durch die Dienstverpflichtung begründeten Vertrauensverhältnisses können den Dienstverpflichteten insbesondere Aufklärungs- und Verschwiegenheitsverpflichtungen treffen. Letztere sind z. T. auch strafrechtlich sanktioniert (s. § 203 I StGB). Bei der ärztlichen Behandlung (s. u. Rn. 672 ff.) sind die Aufklärungspflichten auch mittelbar relevant. Insbesondere im Bereich des Arbeitsrechts können sich aus § 241 II auch Konkurrenz- oder Wettbewerbsverbote ergeben (die aber – auch als nachvertragliche Wettbewerbsverbote – häufig Gegenstand spezieller vertraglicher Vereinbarungen sind, s. dazu etwa § 74 HGB, § 110 GewO).

628 Sofern der Dienstvertrag **Geschäftsbesorgungscharakter** hat (s. u. Rn. 883), hat der Dienstberechtigte die weiteren Pflichten aus § 675 I, d. h. insbesondere die auftragsrechtlichen Auskunftspflichten aus § 666 sowie die Herausgabepflicht aus § 667 (dazu u. Rn. 662 ff.). Aber auch bei einem Dienstvertrag ohne Geschäftsbesorgungscharakter, insbesondere im Arbeitsrecht, ist § 667 entsprechend anzuwenden.[6]

3. Haftung des Dienstverpflichteten bei Schlechterfüllung

a) Allgemeines Leistungsstörungsrecht

629 Auffälligerweise enthalten die §§ 611 ff. im Gegensatz zu der Regelung bei den meisten anderen Vertragstypen **keine Normen über die mangelhafte Leistung** (vgl. etwa §§ 434 ff. beim Kauf, §§ 536 ff. bei der Miete, §§ 633 ff. beim Werkvertrag). Damit gilt bei einer Pflichtverletzung des Dienstverpflichteten das **allgemeine Leistungsstörungsrecht**. Man kann das auch nicht damit erklären, beim Dienstvertrag werde eben kein Erfolg geschuldet. Allerdings hat es für die Dienstleistung keine Bedeutung, wenn der Erfolg ausbleibt, dessentwegen sich der Gläubiger die Dienste hat versprechen lassen: Der Patient stirbt trotz guter Behandlung; der Prozess wird trotz aller Sorgfalt des Anwalts verloren. Aber es kann ja schon die Dienstleistung selbst mangelhaft sein: Der Arzt tut infolge einer Fehldiagnose nichts gegen die wirklich vorliegende Krankheit; der Anwalt versäumt es, sachdienliche Beweisanträge zu stellen oder versäumt eine Frist; der Arbeiter produziert nicht haltbare oder unrichtige Lötverbindungen. Dass deswegen der Vergütungsanspruch zu mindern oder Schadensersatz zu leisten wäre, sagt das Gesetz nicht ausdrücklich. Daraus darf man aber

[6] *BAG* NJW 2006, 3808 (Herausgabepflicht von „Bonusmeilen").

nicht folgern, die schlechte Dienstleistung sei voll zu vergüten.[7] Richtig ist vielmehr Folgendes:[8]

Nach § 614 ist der Dienstschuldner regelmäßig **vorleistungspflichtig.** Solange er nicht vertragsgemäß und insbesondere nicht vollständig[9] geleistet hat, ist also sein Vergütungsanspruch noch nicht fällig. Vielmehr kann der Dienstgläubiger seinerseits Erfüllung verlangen, also die vertragsgemäße Leistung. Wenn die Dienstleistung **unmöglich** wird (z. B. der simultan zu übersetzende Vortrag ist vorbei), führt das regelmäßig zur Befreiung des Dienstgläubigers von seiner Vergütungspflicht nach § 326 I.[10] 630

Soweit der Dienstgläubiger ausnahmsweise **vorzuleisten hat** oder ohne Rechtspflicht vorgeleistet hat, bleibt ihm nach der schlechten Dienstleistung zunächst auch hier der Erfüllungsanspruch. Ist die Dienstleistung inzwischen unmöglich, scheitert dieser Anspruch an § 275 I. Dann kann die Vergütung nach §§ 326 I 1 oder V, 346 ff. zurückverlangt werden. Ist die Dienstleistung teilweise unmöglich, mindert sich die Vergütung anteilig nach § 326 I 1 Halbs. 2.[11] 631

Schadensersatzansprüche wegen Schlechtleistung sind die gewöhnlichen aus Pflichtverletzung (§ 280, vgl. AT Rn. 335 ff.). Voraussetzung ist also **Vertretenmüssen** des Dienstschuldners, welches nach § 280 I 2 grundsätzlich vermutet wird. Verschuldensunabhängige Ansprüche kommen nur aus einer Garantie in Betracht, die aber gerade beim Dienstvertrag praktisch selten sein wird. Soweit die Pflichten des Dienstschuldners allerdings nur tätigkeitsbezogen und nicht erfolgsbezogen sind, ist die praktische Auswirkung gering: Da die Pflichtverletzung nicht bereits im Ausbleiben eines Erfolges gesehen werden kann, hat der Dienstgläubiger mit der (nicht selten schwer nachzuweisenden) Pflichtverletzung i. d. R. auch das Verschulden nachgewiesen (s. dazu AT Rn. 338). 632

Schadensersatz statt der Leistung nach §§ 280 I, III, 281 wird bei der Schlechterfüllung eines Dienstvertrags (anders bei der vollständigen Nichterfüllung) kaum in Betracht kommen, da der Dienstverpflichtete keinen Erfolg schuldet und das Dienstvertragsrecht anders als das Kauf- und Werkvertragsrecht auch keinen Nacherfüllungsanspruch vorsieht.[12] Schadensersatz statt der Leistung wegen Verletzung einer Schutz- und Sorgfaltspflicht unter den Voraussetzungen des § 282 ist hingegen denkbar (s. dazu AT Rn. 511). 633

Die **Verjährung** von Schadensersatzansprüchen unterliegt mangels eine Spezialregelung der Regelverjährung der §§ 195, 199: Ansprüche wegen Schlechterfüllung verjähren innerhalb von 3 Jahren mit dem subjektiven Verjährungsbeginn des § 199. 634

---

[7] So aber wohl überwiegend die Rechtsprechung, vgl. BGHZ 159, 376 (Architekt); *BGH* NJW 2004, 2817 (Anwalt); *OLG Frankfurt a.M.* MDR 1992, 347, auch *OLG Koblenz* VersR 2003, 1255 (Anwalt), andererseits aber *Ullrich,* NJW 1984, 585, *Servatius,* Jura 2005, 838, überdies für den GmbH-Geschäftsführer *BGH* DB 1988, 387 und für den Detektiv *BGH* NJW 1990, 2549.

[8] Zur Vertiefung der Problematik s. *Canaris,* FS K. Schmidt, 2009, S. 177 ff.

[9] S. hierzu BGHZ 159, 376.

[10] A. A. *Canaris,* FS K. Schmidt, 2009, S. 177, 181: Vorrang der §§ 626 f.

[11] S. dazu *BGH* NJW 1990, 2549.

[12] *Looschelders,* BT, Rn. 580.

b) Besonderheiten im Bereich des Arbeitsrechts

aa) Nachweis des Vertretenmüssens

635 Im Arbeitsrecht wird gem. § 619a entgegen der allgemeinen Regel des § 280 I 2 das Vertretenmüssen nicht zu Lasten des Dienstschuldners vermutet. Der Arbeitgeber hat vielmehr Pflichtverletzung und Vertretenmüssen des Arbeitnehmers nachzuweisen. Von praktischer Bedeutung ist das, wie gerade bei Rn. 632 dargelegt, nur bei einzelnen erfolgsbezogenen Pflichten wie etwa der Herausgabepflicht analog § 667 (o. Rn. 628). Eine solche Herausgabepflicht setzt aber voraus, dass der Dienstverpflichtete tatsächlich Besitzer und nicht lediglich Besitzdiener der ihm vom Dienstgläubiger überlassenen bzw. bei der Ausübung der Dienste erlangten Sachen wird.[13]

So hat etwa ***BAG* NJW 1999, 1049** die Haftung eines angestellten Kassierers eines Spielcasinos für Kassenfehlbestände nicht auf §§ 280 I, 283 (Unmöglichkeit einer analog § 667 Alt. 2 geschuldeten Herausgabe), sondern auf die (vom Arbeitgeber nachzuweisende) Verletzung einer Nebenpflicht (§ 241 II) gestützt. Ginge man von einer Herausgabepflicht analog § 667 aus, läge bereits in der unterbliebenen Herausgabe eine Pflichtverletzung i. S. v. § 280 I, jedoch hätte abweichend von § 280 I 2 nach § 619a der Arbeitgeber das Vertretenmüssen des Arbeitnehmers nachzuweisen.

bb) Haftungserleichterung bei betrieblicher Tätigkeit – innerbetrieblicher Schadensausgleich

636 Eine weitere, durch die Rechtsprechung des BAG entwickelte und auf den Rechtsgedanken des § 254 gestützte Besonderheit besteht in einer Haftungserleichterung für Arbeitnehmer bei „betrieblich veranlasster Tätigkeit". Sie beruht auf dem Gedanken, dass eine Haftung des Arbeitnehmers gegenüber dem Arbeitgeber für jede noch so geringe Fahrlässigkeit angesichts der dem Arbeitgeber aus der Tätigkeit des Arbeitnehmers erwachsenden Vorteile nicht angemessen wäre. Die ursprünglich nur für sog. „gefahrengeneigte Arbeit" geltende Haftungsmilderung hat das BAG im Laufe der Jahre auf jede betriebliche Tätigkeit ausgedehnt.[14] Dabei wird zwischen drei verschiedenen Stufen des Verschuldens unterschieden:[15] Bei „leichtester Fahrlässigkeit" haftet der Arbeitnehmer überhaupt nicht, bei „leichter und mittlerer" Fahrlässigkeit haftet der Arbeitnehmer aufgrund einer Einzelfallabwägung nur anteilig. In diese kann dann neben anderen Kriterien wie z. B. Höhe des Schadens, Dauer der Betriebszugehörigkeit, etc. die besondere Gefahrengeneigtheit der Tätigkeit einbezogen werden. Im Falle **grober Fahrlässigkeit** haftet der Arbeitnehmer grundsätzlich unbeschränkt, lediglich in Ausnahmefällen (etwa bei einem groben Missverhältnis zwischen Arbeitsverdienst und Höhe des entstandenen Schadens) kann es auch hier zu einer Haftungserleichterung kommen.[16] Bei **Vorsatz** haftet der Arbeitnehmer aber stets in vollem Umfang. Die Beweislast für den Verschuldensgrad trägt nach § 619a der Arbeitgeber.[17]

Beispiel (nach *BAG* NZA 2003, 37): Der Arbeitnehmer N beschädigt bei einem von ihm fahrlässig verursachten Unfall den von ihm zu bedienenden Gabelstapler. Da diese Tätigkeit betrieblich veranlasst ist (anders etwa bei einer bloßen „Spaßfahrt", s. *BAG* a.a. O.), haftet N nicht.

---

[13] S. dazu *BAG* NJW 1999, 1049.

[14] *BAG* NJW 1995, 210.

[15] Zu den Einzelheiten s. etwa MünchKomm/*Henssler*, § 619a Rn. 5 ff.

[16] *BAG* NJW 1999, 966 (Rotlichtverstoß eines Berufskraftfahrers), s. auch *BAG* JuS 2003, 510 m. Anm. *Boemke*.

[17] S. dazu näher *BAG* NZA 2011, 406 Tz. 51.

Gegenüber unbeteiligten Dritten gilt diese Haftungserleichterung nicht.[18] Unter den Voraussetzungen der Haftungserleichterung bei betrieblicher Tätigkeit kommt hier aber ein Freistellungsanspruch gegen den Arbeitgeber in Betracht (s. u. Rn. 650). 637

III. Pflichten des Dienstgläubigers

1. Die Vergütungspflicht

Der Dienstleistungspflicht des Dienstschuldners steht die Vergütungspflicht des Dienstgläubigers gegenüber, § 611 I.

Nach § 612 I gilt eine Vergütung als **stillschweigend vereinbart**, soweit die Dienstleistung den Umständen nach nur entgeltlich zu erwarten war. Damit wird verhindert, dass ein Dienstvertrag am Dissens über die Entgeltlichkeit scheitert; ausgeschlossen wird wohl auch eine Anfechtung wegen Irrtums (§ 119 I) über die Entgeltlichkeit. Doch können umgekehrt die Umstände eine Vergütungspflicht nach § 612 I auch ausräumen: etwa bei kleineren Dienstleistungen an Freunde und Verwandte. Das Bestehen einer gesetzlichen Dienstleistungspflicht (z. B. nach § 1619) schließt den § 612 I allemal aus. 638

Vor allem das *BAG* hat den § 612 I bisweilen über Wortlaut und Sinn hinaus erweitert:[19] Die Vorschrift soll auch in Fällen der **fehlgeschlagenen Vergütungserwartung** gelten, z. B. wenn in Erwartung einer zusätzlichen Leistung (etwa einer Erbeinsetzung oder Heirat) eine unterwertige Vergütung vereinbart worden ist. Hiergegen bestehen starke Zweifel, vgl. u. Rn. 1144. 639

Wenn die **Höhe der Vergütung** nicht bestimmt ist, hilft § 612 II durch die Verweisung auf Taxen und die Üblichkeit. Hierdurch soll die Nichtigkeit des Vertrages wegen Unbestimmtheit vermieden werden. 640

Fällig wird die Vergütung nach § 614 S. 1 grundsätzlich erst nach der Dienstleistung, wenn sie nach Zeitabschnitten bemessen ist (also etwa nach Monaten) nach Ende des jeweiligen Zeitabschnitts. Im Bereich des Arbeitsrechts wird dies aber häufig durch Tarifverträge oder Betriebsvereinbarungen abweichend geregelt. 641

2. Vergütungspflicht ohne Dienstleistung

In Abweichung vom Allgemeinen Schuldrecht gibt das Dienstvertragsrecht dem Dienstschuldner seinen Vergütungsanspruch in zwei Fallgruppen auch, wenn die Dienste nicht geleistet werden.

a) Annahmeverzug

Nach § 615 muss die Vergütung auch im **Annahmeverzug des Dienstgläubigers** gezahlt werden; der Dienstschuldner braucht sich nur anrechnen zu lassen, was er durch das Unterbleiben seiner Leistung erspart oder zu ersparen böswillig unterlassen hat. Das entspricht für den Fall, dass die Dienstleistung während des Annahmeverzugs unmöglich geworden ist, der allgemeinen Regel von § 323 VI (z. B. das zu reinigende Haus ist inzwischen abgebrannt). Aber § 615 geht darüber hinaus, 642

[18] *BAG* NJW 1994, 852.

[19] S. dazu die Nachweise bei MünchKomm/*Müller-Glöge*, § 612 Rn. 13 ff.

weil der Dienstschuldner **zur Nachleistung nicht verpflichtet** sein soll: Die Vergütung soll also auch dann zu zahlen sein, wenn die Leistung noch möglich ist.[20] Danach kann also der Nachhilfelehrer sein Honorar verlangen, wenn er umsonst auf seinen erkrankten Schüler gewartet hat (Gläubigerverzug setzt ja kein Vertretenmüssen voraus, vgl. AT Rn. 513 ff.). Der durch das SchuldrechtsmodernisierungsG 2002 eingeführte § 615 S. 3 erweitert für das Arbeitsrecht die Vergütungspflicht auf die Fälle, „in denen der Arbeitgeber das Risiko des Arbeitsausfalls trägt". Das ist nicht viel mehr als ein Hinweis auf die im Arbeitsrecht entwickelten Grundsätze des sog. „Betriebsrisikos", dessen Zuordnung durch § 615 S. 3 selbst nicht geregelt wird.[21]

b) Kurzzeitige Verhinderung

643 Noch wichtiger ist **§ 616:** Der Dienstschuldner soll seinen Vergütungsanspruch nicht verlieren, wenn er **ohne sein Verschulden** für eine **verhältnismäßig nicht erhebliche Zeit** durch einen in seiner Person liegenden Grund an der Dienstleistung verhindert war; auch hier sind freilich Ersparnisse anzurechnen. Damit muss der Dienstgläubiger den Dienstschuldner vor allem im Krankheitsfall **versorgen.**

644 Trotz dieser „sozialen" Begründung beschränkt sich § 616 ausdrücklich weder auf Arbeitsverhältnisse noch auch nur (wie § 617) auf dauernde Dienstverhältnisse. Eine wesentliche Einschränkung ergibt sich aber aus dem Erfordernis der „verhältnismäßig nicht erheblichen Zeit": Bei einer einmaligen oder schnell abzuwickelnden Dienstleistung ist eben auch schon eine kurzzeitige Verhinderung verhältnismäßig erheblich. Daher braucht der Dienstgläubiger nicht etwa seinen erkrankten Arzt oder Anwalt zu alimentieren. Der Ausfall eines für sechs Aufführungen engagierten Opernsängers (Dienstvertrag, nicht Werkvertrag!) für eine Aufführung wurde hingegen als „nicht erhebliche Zeit" erachtet.[22]

645 Der Verhinderungsgrund muss **in der Person des Dienstschuldners** liegen. Das trifft etwa zu für Krankheit, Geburten, Todesfälle oder Hochzeiten, unter Umständen auch solche von nahen Angehörigen. Dagegen fehlt das persönliche Element bei Ereignissen, die viele betreffen, z. B. wenn der Arbeitsplatz wegen eines Verkehrsstaus oder einer Straßensperrung infolge heftigen Schneefalls nicht erreicht werden kann.[23] Unter § 615 mit der Folge der Lohnzahlungspflicht des Dienstgläubigers fällt es dagegen, wenn der Dienstschuldner zwar in den Betrieb kommt, dort aber wegen der Kälte nicht arbeiten kann.[24]

646 Die Verhinderung muss weiter **unverschuldet** sein. Hierzu gibt es eine umfangreiche, im Ganzen sehr dienstschuldnerfreundliche Rechtsprechung. Das BAG verlangt hierfür einen „gröblichen Verstoß gegen das von einem verständigen Menschen im eigenen Interesse zu erwartende Verhalten, dessen Folgen auf den Arbeitgeber abzuwälzen unbillig wäre".[25] So sollen Verletzungen aus der Teilnahme an gefährlichen Sportarten und sogar aus einem Selbstmordversuch unverschuldet sein. Andererseits

[20] Zur Abgrenzung zwischen § 615 und § 326 II s. *Richardi*, NZA 2002, 1004, 1008.
[21] S. dazu im Einzelnen etwa MünchKomm/*Henssler*, § 615 Rn. 93 ff.
[22] *BAG* NZA 2007, 1072.
[23] *BAG* NJW 1983, 1078.
[24] *BAG* NJW 1983, 2159.
[25] *BAG* NJW 1984, 1704.

werden aber Verletzungen aus dem Nichtanlegen des Sicherheitsgurts für verschuldet gehalten.[26]

Wichtige **Sondervorschriften** enthält für Arbeiter, Angestellte und zur Berufsausbildung Beschäftigte das EntgeltfortzahlungsG v. 26. 5. 1994. Es regelt die Entgeltfortzahlung nicht nur bei Krankheit, sondern auch an Feiertagen. Bei Krankheit soll das Entgelt bis zu sechs Wochen lang fortgezahlt werden, § 3 I EFZG. In Abs. 1 S. 2 wird zudem die bisher umstrittene Frage geregelt, was bei wiederholter Arbeitsunfähigkeit infolge derselben Krankheit gelten soll. 647

3. Andere Pflichten des Dienstgläubigers

Auch der Dienstgläubiger hat Schutzpflichten aus Treu und Glauben. Einige von ihnen sind gesetzlich konkretisiert. Freilich haben sie überwiegend für Arbeitsverträge Bedeutung und sollen daher im Folgenden nur kurz aufgeführt werden: 648

a) Aufwendungsersatz

Ebenso wie § 667 ist auch § 670 (Aufwendungsersatzanspruch des Beauftragten) im Dienstvertragsrecht entsprechend anzuwenden. Sofern der Dienstvertrag Geschäftsbesorgungscharakter hat, ergibt sich das aus der Verweisung des § 675 I. Insbesondere im Arbeitsrecht ist aber auch darüber hinaus eine analoge Anwendung anerkannt.[27] Darüber hinaus wird § 670 nicht nur für Aufwendungen im eigentlichen Sinne (freiwillige Vermögensopfer, s. dazu Rn. 869), sondern analog auch auf bestimmte Schäden angewendet, die der Arbeitnehmer bei betrieblich veranlasster Tätigkeit erleidet und die nicht durch den Lohn abgedeckt sind (dazu u. Rn. 872). Liegt ein Verschulden des Arbeitnehmers vor, werden die o. bei Rn. 636 dargestellten Grundsätze des innerbetrieblichen Schadensausgleichs entsprechend herangezogen. 649

Beispiel 1 (nach *BAG* NZA 2011, 406): Arbeitnehmer N liefert auf Anweisung des Arbeitgebers G mit seinem privaten Pkw Waren aus. Auf einer Fahrt wird das Fahrzeug aufgrund eines von ihm leicht fahrlässig verursachten Unfalls zerstört. N kann diesen Schaden analog § 670 als Aufwendungsersatz von G ersetzt verlangen. Hat er den Unfall aufgrund „mittlerer“ Fahrlässigkeit verursacht, kann er analog § 670 anteilig Ersatz verlangen, bei grober Fahrlässigkeit entfällt der Anspruch. Die Beweislast für das Fehlen grober Fahrlässigkeit trägt dabei der Arbeitnehmer (*BAG* a.a. O. Tz. 39).

Für Schäden, die der Arbeitnehmer im Rahmen seiner Tätigkeit **einem Dritten** zufügt, kann sich hieraus ein **Freistellungsanspruch** (§ 257, s. dazu AT Rn. 214) gegen den Arbeitgeber ergeben.[28] 650

Beispiel 2: Wie Beispiel 1, jedoch wird bei dem durch N verursachten Unfall der Passant D verletzt. N haftet gegenüber D nach § 823 I selbstverständlich unbeschränkt (Außenhaftung), kann jedoch im Innenverhältnis zu G von diesem Freistellung von der Schadensersatzverbindlichkeit gegenüber D verlangen.

b) Beschäftigungsanspruch

Der Dienstberechtigte ist grundsätzlich **nicht** dazu verpflichtet, die Dienstleistung tatsächlich in Anspruch zu nehmen. Der Dienstverpflichtete ist insoweit durch das 651

[26] Vgl. etwa die Nachweise bei MünchKomm/*Henssler*, § 616 Rn. 56 ff.
[27] *BAG* NJW 2004, 2036.
[28] Zu den Einzelheiten s. MünchKomm/*Müller-Glöge*, § 611 Rn. 907 ff.

Fortbestehen seines Vergütungsanspruchs (§ 615, o. Rn. 642) ausreichend geschützt. Im **Arbeitsrecht** ist hingegen im Hinblick auf die Würde und das allgemeine Persönlichkeitsrecht des Arbeitnehmers (Art. 1, 2 GG) ein aus § 242 hergeleiteter Beschäftigungsanspruch anerkannt.[29] Das muss insbesondere dann gelten, wenn die Beschäftigung zur Erhaltung der Arbeitsfähigkeit notwendig ist.

c) Versorgung und ärztliche Behandlung

652 Nach §§ 617, 619 muss der Dienstgläubiger einem dauernd beschäftigten, in seinen Haushalt aufgenommenen Dienstschuldner die **Versorgung sowie ärztliche Behandlung** auch bei Krankheit gewähren. Diese Pflicht ist aber hinter Versicherungsleistungen subsidiär, § 617 II, und hat dadurch ihre Bedeutung weithin verloren.

d) Schutzmaßnahmen

653 Nach §§ 618, 619 muss der Dienstgläubiger bestimmte **Fürsorgemaßnahmen** zum Schutz des Dienstschuldners treffen. Für den Fall der (zu vertretenden) Pflichtverletzung bestimmt § 618 III einen eigenen **Schadensersatzanspruch,** der einen Spezialfall der Schutzpflichtverletzung (§§ 241 II, 282) betrifft. Das Besondere an § 618 III ist aber die Verweisung auf die §§ 842–846, also ins Deliktsrecht. So bewirkt § 844 II eine Versorgung der Hinterbliebenen des getöteten Dienstschuldners.

654 Aber auch § 618 ist weithin bedeutungslos geworden: Sein Abs. 1 wird von den Normen des technischen Arbeitsschutzes überlagert. Und die Ersatzpflicht des Abs. 2 wird durch den mit der **gesetzlichen Unfallversicherung** verbundenen weitreichenden Ausschluss der Eigenhaftung des Arbeitgebers in §§ 104 ff. SGB VII verdrängt.[30]

e) Freistellung zur Arbeitsplatzsuche

655 Gemäß § 629 muss dem Dienstschuldner nach der Kündigung eines dauernden Dienstverhältnisses auf Verlangen angemessene **Zeit für die Suche nach einem neuen Arbeitsplatz** gewährt werden. Hier wird eine (freilich abdingbare) Vergütungspflicht nach (aber bestenfalls analog) § 616 angenommen.[31]

f) Zeugniserteilung

656 Nach § 630 hat beim Ende eines dauernden Dienstverhältnisses der Dienstgläubiger dem Dienstschuldner auf Verlangen ein **Zeugnis** zu erteilen.[32] Dabei hat der Dienstschuldner die Wahl zwischen einem einfachen Zeugnis, das nur die Art des Dienstverhältnisses und dessen Dauer bescheinigt („– hat hier von – bis – als – gearbeitet"), und dem **qualifizierten Zeugnis**: Dieses erstreckt sich auch „auf die Leistungen und die Führung im Dienste".

657 Die Zeugnisse der zweiten Art sollen den Dienstschuldner bei der Suche nach einer neuen Arbeit ausweisen. Dabei hat sich eine sehr wohlwollende Art der Abfassung eingebürgert: Beanstandungen werden, um Streit zu vermeiden, häufig allenfalls durch das Weglassen von Lob angedeutet. Auch im Übrigen hat sich eine ganz eigene

[29] Krit. dazu *Weber/Weber*, RdA 2007, 344 ff. m. w. N.

[30] S. etwa *Waltermann*, JuS 2009, 193 ff.

[31] MünchKomm/*Henssler*, § 629 Rn. 24 f.

[32] S. dazu etwa dazu *Schleßmann,* Das Arbeitszeugnis, 18. Aufl., 2007.

„Zeugnissprache" entwickelt, die dazu führt, dass für den Nichtfachmann positiv klingende Beurteilungen tatsächlich einen äußerst negativen Inhalt haben können.

So verbirgt sich z. B. hinter der Formulierung „Er führte die ihm übertragenen Aufgaben mit großem Fleiß und Interesse durch" in Wirklichkeit ein vernichtendes Urteil: Der Arbeitnehmer hat sich bemüht, aber im Ergebnis nichts geleistet. Ähnliches gilt auch für verhaltensbezogene Äußerungen („war sehr gesellig" = trinkt gerne und viel).[33]

Damit entsteht die Gefahr einer **Täuschung** dessen, der den Arbeitssuchenden im Vertrauen auf das irreführende Zeugnis eingestellt hat. Dann kommt eine Haftung des Ausstellers nach § 826 in Betracht (dazu u. Rn. 1332). Zudem nimmt die Rspr. eine Pflicht zur Berichtigung des erst später als im Kern unrichtig erkannten Zeugnisses an.[34] 658

IV. Die Beendigung des Dienstvertrages

1. Tod des Dienstschuldners

Das Dienstverhältnis endet mit dem **Tod des Dienstschuldners,** § 613 S. 1. Dagegen bildet der Tod des Dienstgläubigers für sich allein keinen Endigungsgrund. Wenn die Dienstleistung auf die Person des Gläubigers bezogen ist (z. B. Unterricht, ärztliche Behandlung), führt der Tod aber zur **Unmöglichkeit** (§ 275 I). 659

2. Zeitablauf

Weiter endet der auflösend befristete Dienstvertrag durch **Zeitablauf,** § 620 I. Bei Arbeitsverhältnissen über eine auf längere Zeit vorzunehmende Tätigkeit ist eine kürzere Befristung, die den Kündigungsschutz (vor allem nach dem KündigungsschutzG) ausschalten könnte, gem. § 620 III nur nach Maßgabe des **Teilzeit- und Befristungsgesetzes** (TzBfG) zulässig. Dieses verlangt – ähnlich wie § 575 für das Wohnungsmietrecht (s. dazu Rn. 469) – für die Befristung eines Arbeitsverhältnisses das Vorliegen eines sachlichen Grundes und enthält zudem bestimmte Maximalfristen (s. §§ 14 ff. TzBfG). 660

3. Erfüllung

Wenn nur eine begrenzte Tätigkeit geschuldet wird (z. B. eine Operation oder die Vorbereitung auf ein Examen), endet die Dienstleistungspflicht auch durch **Erfüllung.** 661

4. Kündigung

Bei einem zeitlich unbegrenzten Dienstvertrag und zur vorzeitigen Beendigung begrenzter Dienstverträge bedarf es der **Kündigung.** Diese kann ähnlich wie im Mietrecht ordentlich oder außerordentlich, befristet oder fristlos sein (vgl. o. Rn. 611 ff. sowie AT Rn. 611 f.). Einzelheiten regeln die §§ 621–628. Von diesen Vorschriften betreffen die §§ 622, 623 ausschließlich Arbeitsverhältnisse und bleiben hier deshalb außer Betracht. 662

---

[33] S. hierzu etwa die Formulierungsbeispiele bei MünchKomm/*Henssler*, § 630 Rn. 95 ff. sowie *Löw*, NJW 2005, 3605 ff.

[34] BGHZ 74, 281, 287 ff.

a) Ordentliche Kündigung

663 Die ordentliche Kündigung von Dienstverhältnissen, die keine Arbeitsverhältnisse sind, bedarf keines rechtfertigenden Grundes. § 621 regelt lediglich die Kündigungsfristen in Anlehnung an die Zeitabschnitte, nach denen die Vergütung bemessen ist.

b) Außerordentliche Kündigung

aa) Langfristige Dienstverhältnisse

664 Gem. § 624 hat der Dienstschuldner ein befristetes außerordentliches Kündigungsrecht bei Dienstverträgen auf Lebenszeit oder auf eine längere Zeit als fünf Jahre. Dieses Recht soll den Dienstschuldner vor einer allzu **langdauernden Beschränkung seiner Freiheit** schützen; es ist deshalb unabdingbar, obwohl das nicht im Gesetz steht.

bb) Wichtiger Grund

665 Nach § 626 können Dienstschuldner und Dienstgläubiger jederzeit **aus wichtigem Grund** kündigen. Das ist ein nicht abdingbares Recht zur außerordentlichen Kündigung. Dabei leitet § 626 I die Wichtigkeit des Grundes aus der Unzumutbarkeit der Fortsetzung des Dienstverhältnisses her. § 626 II bestimmt für das Kündigungsrecht eine sehr kurze Ausschlussfrist von zwei Wochen seit Kenntnis des Kündigungsgrundes.

cc) Dienste höherer Art, Vertrauensstellung

666 § 627 endlich betrifft nur eine begrenzte Gruppe von Dienstverhältnissen, nämlich solche, die ein besonderes Vertrauen voraussetzen und zugleich kein dauerndes Dienstverhältnis mit festen Bezügen darstellen, d. h. deren Fortbestand typischerweise nicht die Existenzgrundlage des Dienstschuldners berührt.[35] Hierunter fallen regelmäßig etwa Behandlungsverträge mit Ärzten und Heilpraktikern, Verträge mit Rechtsanwälten, Steuerberatern, Wirtschaftsprüfern, Architekten; str. ist die Anwendung auf Unterrichtsverträge. Die § 627 unterfallenden Geschäfte sollen jederzeit **auch ohne Vorliegen eines wichtigen Grundes** gekündigt werden können.

667 Das **Hauptmotiv** für dieses Kündigungsrecht ist, dass ein Vertrauen erforderndes Rechtsverhältnis nach dem – auch bloß einseitigen und unbegründeten – Wegfall dieses Vertrauens nicht soll fortgesetzt werden müssen. In Betracht kommt aber auch, dass der Dienstgläubiger es sich bloß einfach „anders überlegt" hat: Der Patient z. B. will sich nicht mehr operieren lassen oder der Mandant den Prozess nicht mehr führen. Insofern schützt § 627 auch die Entschließungsfreiheit des Dienstgläubigers. Eine besondere Rolle spielt die Regelung insbesondere bei **Partnerschaftsvermittlungs(dienst)verträgen** (dazu u. Rn. 921).[36]

668 § 627 ist **dispositives Recht**, d. h. die Kündigungsmöglichkeit kann individualvertraglich abbedungen werden. Ein Ausschluss des Kündigungsrechts durch **AGB** verstößt jedoch gegen § 307 I, II Nr. 1.[37]

[35] S. dazu näher *BGH* NJW 2011, 3575.
[36] S. z. B. *BGH* NJW 2005, 2543.
[37] Grundlegend *BGH* NJW 1989, 1479, s. auch *BGH* NJW 2005, 2543 (zugleich zum Begriff des „Aushandelns" i. S. v. § 305 I 3).

c) Rechtsfolgen

Rechtsfolge einer wirksamen Kündigung ist zunächst die Beendigung der Dienstleistungspflicht. Doch können Ansprüche auf Vergütung bestehenbleiben und solche auf Schadensersatz entstehen. 669

Für **Vergütungsansprüche** bei einer Kündigung nach §§ 626, 627 gilt § 628 I: Regelmäßig kann der Dienstschuldner die Vergütung **der schon geleisteten Dienste** fordern. Doch ist dieser Anspruch ausgeschlossen, soweit die Dienste gerade infolge der Kündigung für den Gläubiger nicht mehr von Interesse sind und der Dienstschuldner entweder grundlos selbst gekündigt oder vertragswidrig die Kündigung durch den Gläubiger veranlasst hat. Für die Zukunft fällt der Vergütungsanspruch jedenfalls weg. 670

Hierin liegt ein bedeutender Unterschied zum Werkvertragsrecht: Dort besteht zwar nach § 649 S. 1 ebenfalls ein jederzeitiges Kündigungsrecht, jedoch bleibt der Vergütungsanspruch gem. § 649 S. 2 grundsätzlich vollständig erhalten (dazu u. Rn. 702). Auch aus diesem Grund kann die Abgrenzung von Dienst- und Werkvertrag von großer Bedeutung sein.[38]

Schadensersatz schuldet nach § 628 II, wer in zu vertretender Weise (so ist zu ergänzen) vertragswidrig die Kündigung des anderen Teils veranlasst hat (sog. **Auflösungsverschulden**).[39] Und nach § 627 II 2 hat Schadensersatz auch der Dienstschuldner zu leisten, der den Vertrag ohne wichtigen Grund zur Unzeit gekündigt hat. Beides sind letztlich Spezialfälle der Pflichtverletzung. 671

§ 102. Besonderheiten bei Verträgen auf ärztliche Behandlung

Literatur: *Deutsch*, Die Medizinhaftung nach dem neuen Schuldrecht und dem neuen Schadensrecht, JZ 2002, 588 ff.; *Deutsch/Spickhoff*, Medizinrecht, 6. Aufl., 2008; *Giesen*, Arzthaftungsrecht, 5. Aufl., 2009; *Katzenmeier*, Arzthaftung, 2002 (dazu *Hart*, AcP 203 [2003], 142); *ders.*, Schuldrechtsmodernisierung und Schadensersatzrechtsänderung – Umbruch in der Arzthaftung, VersR 2002, 1066; *F. J. Kaufmann*, Die Beweislastproblematik im Arzthaftungsprozeß, 1984; *Kleimann*, Die Rechtsnatur der Beziehungen der gesetzlichen Krankenkassen zu den Leistungserbringern im Gesundheitswesen, NJW 1985, 1367; *Laufs/Katzenmeier/Lipp*, Arztrecht, 6. Aufl., 2009; *Laufs/Kern*, Handbuch des Arztrechts, 4. Aufl., 2010; *G. Reinicke*, Gerichtliche Kontrolle von Chefarztverträgen, NJW 2005, 3383; *Schramm*, Der Schutzbereich der Norm im Arzthaftungsrecht (1992); *Spickhoff*, Medizinrecht, 1. Aufl. 2011; *ders.*, Medizin und Recht zu Beginn des neuen Jahrhunderts, NJW 2001, 1757; *ders.*, Die Entwicklung des Arztrechts (jährliche Berichte), zuletzt NJW 2011, 1651; *ders.* Das System der Arzthaftung im reformierten Schuldrecht, NJW 2002, 2530; *ders.*, Grober Behandlungsfehler und Beweislastumkehr, NJW 2004, 2345; *Spindler/Rieckers*, Die Auswirkungen der Schuld- und Schadensrechtsreform auf das Arztrecht, JuS 2004, 272.

Ärztliche Behandlung kann isoliert oder in dem größeren Rahmen einer Krankenhausaufnahme erfolgen. In beiden Fallgruppen sind zudem die Überlagerungen oder Verdrängungen des Privatrechts durch das Sozialrecht zu bedenken, nämlich wenn – wie in der großen Mehrzahl der Fälle – „auf Krankenschein" behandelt wird. Im Folgenden soll zunächst das Privatrecht und erst danach (u. Rn. 684) das überlagernde Sozialrecht dargestellt werden.

---

[38] S. *BGH* NJW 1989, 1479 (Partnerschaftsvermittlung).

[39] S. dazu *BGH* NJW 1994, 443; *Weiß*, JuS 1985, 593; *R. Krause*, JuS 1995, 291.

I. Die privatrechtliche Seite

1. Der Arztvertrag

a) Dienstvertrag

672 Der Arztvertrag ist regelmäßig als **Dienstvertrag** zu qualifizieren, denn der Arzt verspricht i. d. R. nicht den Heilungserfolg, sondern bloß das (fachgerechte) Bemühen darum. Dennoch können auf einzelne technische Komponenten einer komplexen ärztlichen Behandlung (etwa die Herstellung einer Zahnprothese im Rahmen einer zahnärztlichen Behandlung) die werkvertraglichen Gewährleistungsregeln entsprechend angewendet werden.[1]

b) Vertragsschluss

673 Der Vertragsschluss erfolgt (auch bei Kassenpatienten) regelmäßig zwischen dem Arzt und dem Patienten. Nicht selten erfolgt der Vertragsschluss aber auch in Form eines (echten) Vertrags zugunsten Dritter (§ 328). So etwa, wenn Eltern ihre minderjährigen Kinder behandeln lassen. Auch kann ein ärztlicher Behandlungsvertrag **Schutzwirkung für Dritte** entfalten.

So kann etwa ein Vertrag über die Vornahme empfängnisverhütender Maßnahmen, die wegen eines Behandlungsfehlers wirkungslos waren, Schutzwirkung zugunsten des Vaters des gezeugten Kindes haben mit der Folge, dass der Arzt (auch) dem Vater nach § 280 I Ersatz des Unterhaltsschadens schuldet.[2]

674 Behandelt der Arzt **ohne einen Vertragsschluss** (so etwa bei der Notfallbehandlung eines Bewusstlosen oder der Behandlung eines Minderjährigen ohne Einwilligung der Eltern) kommt kein Vertrag zustande. Honoraransprüche des Arztes können sich dann aber aus Geschäftsführung ohne Auftrag (§§ 683, 670) ergeben (s. dazu u. Rn. 1102 ff.). Honoraransprüche gegen den Ehegatten oder Lebenspartner des Vertragspartners können sich auch aus § 1357 I (bei Lebenspartnern i. V. m. § 8 II LPartG), der sog. „**Schlüsselgewalt**" ergeben: Die notwendige medizinische Behandlung eines Ehegatten oder eines Kindes ist zugleich ein Geschäft zur „angemessenen Deckung des Lebensbedarfs *der Familie*".[3]

c) Pflichten des Arztes

675 Der Arzt schuldet Behandlung nach **den Regeln der Wissenschaft**, also regelmäßig Diagnose und therapeutische Behandlung. Wenn die eigenen Fähigkeiten des Arztes nicht ausreichen, muss er den Patienten an einen Spezialisten überweisen. Selbstverständlich muss auch und gerade der Arzt die Leistung im Zweifel **persönlich** erbringen (s. o. Rn. 625).[4] Wer also etwa Chefarztbehandlung vereinbart hat, schuldet das Honorar nicht, wenn die geschuldete Operation von dessen Assistenten vorgenommen wird, selbst wenn sie erfolgreich war.[5] Da der Arztvertrag auf einem Vertrauensverhältnis beruht, kann er von beiden Seiten nach § 627 ohne Weiteres mit den Folgen von § 628 gekündigt werden (vgl. o. Rn. 666, 670).

[1] BGHZ 63, 306.
[2] *BGH* NJW 2007, 989.
[3] BGHZ 163, 42 m. w. N.
[4] Zur Zulässigkeit von Vertretungsklauseln in AGB s. *BGH* NJW 2008, 987 ff.
[5] *OLG Koblenz* NJW 2008, 1679. Ein Bereicherungsanspruch (§ 812 I S. 1 Alt. 1) des Arztes scheitert dabei an § 814.

Die **Behandlungspflicht** beinhaltet eine Pflicht zur Beratung und zur **Aufklärung** über die zu treffenden Maßnahmen und deren Risiken. Diese Aufklärungspflicht ist nicht nur Bestandteil der Behandlungspflicht, sondern sichert auch die Selbstbestimmung des Patienten. Nur aufgrund einer hinreichenden Aufklärung kann dieser eine wirksame Einwilligung zu einer bestimmten Behandlung erteilen. Erfolgt etwa eine Operation ohne eine wirksame Einwilligung, stellt dies selbst dann eine Körperverletzung i. S. v. § 823 I dar, wenn sie nach den Regeln der Wissenschaft erfolgte und erfolgreich war. 676

Daneben trifft den Arzt eine **Dokumentationspflicht**. Diese dient primär medizinischen Zwecken, d. h. der Gewährleistung einer ordnungsgemäßen Behandlung des Patienten, hat aber auch Bedeutung für die **Beweisführung** bei Verletzungen der Behandlungspflicht: Hat der Arzt die Behandlung nicht ordnungsgemäß dokumentiert, kann dies für ihn nachteilige beweisrechtliche Konsequenzen haben.[6] 677

Der Arzt hat weiter eine **Schweigepflicht**, die strafrechtlich nach § 203 I Nr. 1 StGB sanktioniert ist. Verträge, welche diese Schweigepflicht verletzen (z. B. der Verkauf einer Arztpraxis einschließlich der Patientenkartei ohne Einwilligung der Patienten), sind nach § 134 nichtig.[7]

Verletzt der Arzt eine dieser Pflichten, so schuldet er nach § 280 I Schadensersatz. Dabei hat der Patient die **Pflichtverletzung** nachzuweisen, während der Arzt sich nach § 280 I 2 in Bezug auf das Vertretenmüssen (§ 276) entlasten muss. Da die ärztliche Behandlungspflicht nicht auf einen Erfolg bezogen ist, genügt für den Nachweis einer Pflichtverletzung allerdings nicht das Ausbleiben einer Heilung. Der Patient hat vielmehr einen **Behandlungsfehler** nachzuweisen (s. zu dieser Unterscheidung AT Rn. 121, 338). Ist dieser nachgewiesen, bleibt für den vom Arzt zu führenden Entlastungsbeweis fehlenden Vertretenmüssens (§ 280 I 2) wenig Raum (s.o. Rn. 632). 678

Gleiches gilt für einen Anspruch aus § 823 I oder § 823 II i. V. m. § 222 StGB. Wenn dieser häufig schwierige Nachweis nicht gelingt, weichen die Geschädigten oft auf eine andere Argumentation aus: Der Arzt habe sie über das mit der Behandlung verbundene **Risiko nicht ausreichend aufgeklärt.** Daher habe er, der Patient, in die Behandlung nicht wirksam eingewilligt. Folglich seien die mit der Behandlung verbundenen Eingriffe in seine körperliche Integrität rechtswidrig (und zugleich schuldhaft). Der Arzt haftet also sogar dann, wenn der Eingriff selbst ordentlich durchgeführt worden sei. 679

Die hier auftauchende Frage nach dem Grad der nötigen Aufklärung ist zu einem **Hauptstreitpunkt zwischen Medizinern und Juristen** geworden. Manche Entscheidungen haben die Anforderungen an den Arzt wohl übertrieben. Die meisten Krankenhäuser haben die Aufklärung des Patienten daher auf umfangreiche, vom Patienten zu unterschreibende Formulare verlagert. Doch kann eine solche allzu sehr auf haftungsrechtliche Sicherheit des Arztes bedachte und noch dazu ganz unpersönliche Aufklärung den Patienten womöglich ängstigen und ihn durch die Häufung der geschilderten Schrecknisse von der Einwilligung in die sachgerechte Behandlung abhalten. Daher dürfte eine (mündliche) **Aufklärung in Stufen** vorzugswürdig (aber 680

[6] Zu den Einzelheiten s. etwa MünchKomm/*Wagner*, § 823 Rn. 818 ff.

[7] BGHZ 116, 268.

nicht unbedingt nötig[8]) sein: Der Arzt braucht den Patienten zunächst bloß in groben Zügen auf Risiken hinzuweisen und muss erst dann auf Einzelheiten eingehen, wenn der Patient danach fragt.

Jedenfalls zu verlangen ist aber: Der Arzt hat möglichst rechtzeitig vor dem Eingriff aufzuklären. Aufzuklären ist insbesondere auch über verschiedene mögliche Behandlungsmethoden.[9] Auf schwere Nebenwirkungen eines verordneten Medikaments muss der Arzt trotz der Erwähnung im Beipackzettel noch besonders hinweisen.[10] Bei bloß kosmetischen Operationen oder freiwilligen Blutspenden müssen die Risiken besonders eindringlich dargestellt werden.[11] Größerer Eindringlichkeit bedarf es auch, wenn sehr schlimme Folgen drohen, z. B. eine Hepatitis- oder AIDS-Infektion durch die Transfusion von Fremdblut.[12] In solchen Fällen kann der Arzt sogar seine **Schweigepflicht durchbrechen** müssen.[13]

Ähnliche Beweisschwierigkeiten ergeben sich häufig hinsichtlich der **Kausalität**: Hätte z. B. der Patient auch bei richtiger Behandlung noch gerettet werden können? Hier kommt die Rechtsprechung dem Geschädigten mit auf § 242 gestützten Beweiserleichterungen bis hin zur vollen Umkehr der Beweislast entgegen:[14] Bei groben Behandlungsfehlern[15] kann Kausalität für diejenigen Schadensfolgen vermutet werden, zu deren Herbeiführung der Fehler generell geeignet war.[16] Entsprechendes gilt, wenn der Arzt die Nichtaufklärbarkeit verschuldet hat.[17]

2. Der Vertrag über die Krankenhausaufnahme

a) Totaler Krankenhausvertrag

681 Im Krankenhaus bildet die ärztliche Behandlung regelmäßig bloß einen Teil der dem Patienten geschuldeten umfassenderen Leistungen: Zu diesen gehört etwa auch die Unterbringung, Ernährung und Pflege. Regelmäßig werden alle diese Leistungen in einem einzigen Vertrag versprochen, in dem dann Elemente verschiedener Vertragstypen kombiniert sind (vgl. u. Rn. 1079 f.). Da bei diesem sog. **totalen Krankenhaus(aufnahme)vertrag** der Träger des Krankenhauses die ärztliche Behandlung selbst schuldet, haftet er für Fehler des Arztes (wie auch des übrigen Personals) nach § 278. Der Arzt selbst kann (auch bei bloßer Untätigkeit) nach § 823 I haften.

b) Gespaltener Krankenhausvertrag

682 Den Gegensatz dazu bildet der sog. **gespaltene Krankenhaus(aufnahme)vertrag.** Hier wird die Behandlung bloß von dem Arzt geschuldet, mit dem der Patient also einen eigenen Vertrag hat. Der Krankenhausträger dagegen schuldet nur die übrigen Leistungen und haftet auch nicht für ein Verschulden des Arztes. Ein gespaltener

[8] BGHZ 144, 1, 5 ff.
[9] *BGH* NJW 2005, 1718.
[10] *BGH* NJW 2005, 1716.
[11] BGHZ 166, 336; *BGH* NJW 1991, 2349.
[12] BGHZ 116, 379, dazu *Deutsch,* JZ 1992, 423.
[13] S. z. B. *OLG Frankfurt a.M.* NJW 2000, 875, dazu *Spickhoff,* ebenda S. 848.
[14] Zur Grundlage der Beweiserleichterung s. zuletzt *BGH* v. 6. 10. 2009 – VI ZR 24/09 (juris).
[15] S. etwa *BGH* NJW 2001, 2794: „Schlechterdings unverständliches Fehlverhalten".
[16] BGHZ 132, 47; 138, 1; 159, 48; *BGH* NJW 2004, 2011.
[17] BGHZ 85, 212; *BGH* NJW 1987, 1482.

Krankenhausvertrag begegnet insbesondere, wenn ein Belegarzt die ambulant begonnene Behandlung stationär fortsetzt. Da hier der Krankenhausträger die ärztliche Behandlung nicht schuldet, haftet er weder nach § 278 noch nach § 831 für ein Verschulden des Arztes. Große Schwierigkeiten kann bei dieser Gestaltung aber die Frage bereiten, wer nach § 278 für das Verschulden von Hilfspersonen (z. B. Assistenzärzten, Operationsschwestern) einzustehen hat: der Krankenhausträger oder der Arzt.[18] Einen Vertrag mit dem selbst liquidierenden Chefarzt schließt regelmäßig auch der die Ambulanz eines Krankenhauses aufsuchende Privatpatient. Hier haftet der abwesende Chefarzt für den diensthabenden Oberarzt nach § 278.[19]

c) Arztzusatzvertrag

Gewissermaßen zwischen den beiden eben genannten Gestaltungen liegt der **totale Krankenhaus(aufnahme)vertrag mit Arztzusatzvertrag:** Hier schließt bei der Gestaltung von o. Rn. 681 der Patient noch zusätzlich einen Vertrag mit dem behandelnden Arzt ab, etwa um die Behandlung gerade durch den Chefarzt zu erreichen. Dann erhält dieser Arzt, auch wenn er Angestellter des Krankenhauses ist, ein eigenes Liquidationsrecht. Für Behandlungsfehler haftet dann neben dem Arzt auch der Träger des Krankenhauses.[20] 683

II. Die sozialrechtliche Komponente

Für die soziale Krankenversicherung gilt nach § 2 II 1 SGB V das sog. **Sachleistungsprinzip:** Der Versicherungsträger, nämlich die Krankenkasse, schuldet nicht etwa vorschussweise Geld oder die Erstattung der zunächst vom Versicherten aufzuwendenden Behandlungskosten. Vielmehr schuldet die Kasse ärztliche Behandlung. Jedoch unterhalten die Kassen kaum eigene Anstalten zur Gewährung dieser Behandlung. Daher muss der Versicherte einen Arzt oder ein Krankenhaus aufsuchen (bei grundsätzlich freier Wahl, § 76 I SGB V). Dadurch wird der Versicherte aber regelmäßig nicht zur Zahlung einer Vergütung verpflichtet. Vielmehr soll der Arzt oder Krankenhausträger diese letzten Endes von der Krankenkasse bekommen (soweit nicht eine Selbstbeteiligung des Versicherten vorgesehen ist). 684

Der Gesetzgeber hat es aber nicht bei dem noch individualrechtlich erfassbaren **Dreiecksverhältnis** Patient (= Versicherter) – Arzt oder Krankenhausträger – Krankenkasse belassen. Vielmehr muss der Arzt (die Krankenanstalten sollen im Folgenden außer Betracht bleiben) zunächst als **Kassenarzt** zugelassen werden, § 95 I SGB V. Dadurch wird er ohne Weiteres Mitglied der für seinen Kassenarztsitz zuständigen **Kassenärztlichen Vereinigung,** § 95 III SGB V (das ist eine rechtsfähige Körperschaft des öffentlichen Rechts). Die Kassenärztlichen Vereinigungen schließen mit den Verbänden der Krankenkassen **Gesamt- oder Mantelverträge.** Auch sind diese Vereinigungen zur Entgegennahme der von den Krankenkassen geschuldeten Vergütung zuständig, § 85 SGB V. Die Vereinigungen verteilen die Vergütung unter ihre Mitglieder; diese wiederum sind kraft ihrer Mitgliedschaft zur ärztlichen Versorgung der Versicherten verpflichtet. 685

---

[18] S. BGHZ 23, 319, auch *BGH* NJW 1962, 1763.
[19] BGHZ 105, 189.
[20] BGHZ 95, 63, 68.

686 Offen ist danach nur noch die **Beziehung zwischen dem Kassenarzt und dem Patienten.** Hierbei handelt es sich nach h. M. um einen **privatrechtlichen Behandlungsvertrag**, der neben das öffentlich-rechtliche Abrechnungsverhältnis tritt. Dieser Vertrag ist auf eine für den Patienten kostenfreie Behandlung gerichtet.[21] Besteht entgegen der gemeinsamen Vorstellung der Parteien kein Versicherungsschutz durch eine gesetzliche Krankenkasse, ist dieser Vertrag nach § 313 (Fehlen der Geschäftsgrundlage) anzupassen.[22] Überdies bestimmt § 76 IV SGB V: „Die Übernahme der Behandlung verpflichtet den an der kassenärztlichen Versorgung teilnehmenden Arzt dem zu Behandelnden gegenüber zur Sorgfalt nach den Vorschriften des bürgerlichen Vertragsrechts." Auch bei einer öffentlich-rechtlichen Qualifikation des Verhältnisses zwischen Kassenarzt und Patient ist hinsichtlich der Rechte (nicht der Pflichten!) des Versicherten gegenüber dem Kassenarzt jedenfalls das Recht des Dienstvertrags maßgeblich. Der Kassenpatient steht damit haftungsrechtlich nicht schlechter als ein Privatpatient. Daher hat er insbesondere bei schlechter Behandlung gleichfalls die o. Rn. 678 f. geschilderten Ansprüche.

2. Abschnitt. Der Werkvertrag

Literatur: *Büdenbender*, Der Werkvertrag, JuS 2001, 625; *Leistner*, Die „richtige" Auslegung des § 651 BGB im Grenzbereich von Kaufrecht und Werkvertragsrecht, JA 2007, 81; *Mankowski*, Werkvertragsrecht – Die Neuerungen durch § 651 und der Abschied vom Werklieferungsvertrag, MDR 2003, 854; *Mehring*, Der Anspruch auf großen Schadensersatz im Werkvertragsrecht, ZGS 2009, 310; *Meub*, Schuldrechtsreform: Das neue Werkvertragsrecht, DB 2002, 131; *Mezger*, Der neue § 651 BGB, AcP 204 (2004), 231; *Reinkenhof*, Das neue Werkvertragsrecht, Jura 2002, 433; *Reischl*, Grundfälle zum neuen Schuldrecht. 4. Teil: Neuerungen im Kauf- und Werkvertragsrecht, JuS 2003, 1076; *Schudnagies*, Das Werkvertragsrecht nach der Schuldrechtsreform, NJW 2002, 396; *Schuhmann*, Werkvertrag oder Kaufvertrag? – § 651 BGB im Lichte der Verbrauchsgüterkaufrichtlinie, ZGS 2005, 250; *Teichmann*, Schuldrechtsmodernisierung 2001/2002: Das neue Werkvertragsrecht, JuS 2002, 417; *Wertenbruch*, Die Anwendung des § 275 BGB auf Betriebsstörungen beim Werkvertrag, ZGS 2003, 53.

§ 103. Charakteristik und Abgrenzung

I. Die Verpflichtung zur Herbeiführung eines Erfolges

687 Entscheidendes Merkmal des in §§ 631 ff. geregelten Werkvertrags ist die (entgeltliche) Verpflichtung zur „Herstellung" des versprochenen Werkes. Anders als beim Dienstvertrag wird also nicht lediglich eine Tätigkeit, sondern die Herbeiführung eines **Erfolges** geschuldet. Den Schuldner dieser Leistung bezeichnet das Gesetz als „**Unternehmer**", den Gläubiger als „**Besteller**". Dabei ist der Begriff des „Unternehmers" nicht mit demjenigen i. S. des Verbraucherschutzrechts (§ 14) gleichzusetzen. Auch ein Verbraucher (§ 13) kann „Unternehmer" i. S. der §§ 631 ff. sein.

688 Nach § 631 II kann Gegenstand des Werkvertrages neben der **Herstellung oder Veränderung einer Sache** jeder andere „durch Arbeit oder Dienstleistung herbeizuführende **Erfolg** sein". Es kann sich um körperliche Werke (z. B. Arbeiten an Sachen,

[21] BGHZ 163, 42, 46.
[22] BGHZ 163, 42, 49 ff.

Reparaturen) oder Erfolge an der Person des Bestellers handeln (z. B. ein Haarschnitt). Auch die Herstellung von Sachen wie etwa der Bau eines Hauses ist Werkvertrag (s. aber § 651, dazu u. Rn. 693). Gegenstand eines Werkvertrags kann aber auch eine rein geistige oder künstlerische Leistung sein (z. B. eine Beratung, die Erstellung eines Gutachtens, die Aufführung eines Konzerts etc.).

Speziell geregelte Werkverträge finden sich außerhalb des BGB: So etwa der Kommissionsvertrag (§§ 383 ff. HGB), der Frachtvertrag (§§ 407 ff. HGB) sowie der Speditionsvertrag (§§ 453 ff. HGB). 689

Einen **europarechtlichen Hintergrund** hat das Werkvertragsrecht als solches nicht. Insbesondere bestehen auf diesem Gebiet keine EU-Richtlinien, die – wie im Kaufrecht (s. dazu Rn. 21 f) – die Auslegung des Werkvertragrechts beeinflussen könnten. Lediglich der **Werklieferungsvertrag** (s. Rn. 693) wird von der VerbrKGRl. erfasst. 689a

II. Die Abgrenzung zum Dienstvertrag

Die gedankliche Abgrenzung zwischen Werk- und Dienstvertrag ist deutlich: Wie § 631 II zeigt, kann die Werkleistung auch Dienstleistungen umfassen, geht aber deutlich darüber hinaus: Der Unternehmer erfüllt erst durch den Erfolgseintritt und trägt damit ein höheres Risiko als der Dienstschuldner beim Dienstvertrag. Tritt nämlich der geschuldete Erfolg nicht ein, erhält er keinen Werklohn, selbst wenn seine Tätigkeit als solche vollkommen fehlerlos war. 690

Ein deutliches Beispiel bildet etwa die **Errichtung eines Gebäudes**: Hier besteht zwischen dem Bauherrn und dem Bauunternehmer ein Werkvertrag, während zwischen dem Bauunternehmer und seinen Bauarbeitern Dienstverträge (in der Form von Arbeitsverträgen) vorliegen. Wird der fast fertige Bau durch Zufall zerstört, so beeinträchtigt das die Lohnforderungen der Bauarbeiter gegen den Unternehmer in keiner Weise: Sie haben ja die geschuldeten Dienste erbracht und folglich erfüllt. Dagegen kann der Bauunternehmer vom Bauherrn regelmäßig nicht einmal eine Teilvergütung für die geleistete Arbeit und das aufgewendete Material verlangen: Der Erfolg – nämlich Fertigstellung mit Abnahme (vgl. u. Rn. 737 ff.) – ist ja ausgeblieben. Zu den Besonderheiten des Bauvertrags s. u. Rn. 789 ff.

Obwohl die theoretische Abgrenzung zwischen Werkvertrag und Dienstvertrag klar ist, kann es im Einzelfall durchaus zweifelhaft sein, ob ein Erfolg oder nur ein Tätigwerden versprochen wurde (s. dazu bereits o. Rn. 619). Ein Indiz für die Ermittlung des Parteiwillens kann dabei die den Parteien bewusste **Ungewissheit** des Erfolgseintritts sein. Sie spricht eher für das Vorliegen eines Dienstvertrags als für das Vorliegen eines Werkvertrags. Zwar kann man sich auch zur Erreichung eines Erfolges verpflichten, dessen Eintritt ungewiss ist, jedoch ist es aus dem Empfängerhorizont des Bestellers insbesondere bei sehr aufwändigen Tätigkeiten i. d. R. fernliegend, dass sich der Schuldner zur Erreichung eines höchst unsicheren Erfolges verpflichten will.[1] So wird z. B. bei Übernahme einer ärztlichen Behandlung stets Dienstvertrag,[2] bei Übernahme der Prozessführung durch einen Anwalt Dienstvertrag, bei Anfertigung eines Gutachtens zu einer bestimmten Rechtsfrage dagegen Werkvertrag anzunehmen sein.[3] Auch der **Architektenvertrag** ist Werkvertrag.[4] Doch auch bei Vorlie- 691

[1] BGHZ 151, 330, 333 (Forschungsauftrag).

[2] *BGH* NJW 1980, 1452.

[3] *BGH* NJW 1967, 719; s. auch *BGH* JuS 2002, 923 m. Anm. *Emmerich*: Buchhaltungsarbeiten als Werkvertrag.

[4] *BGH* NJW 2003, 287.

gen eines Werkvertrages kann im Einzelfall fraglich sein, was der nach dem Vertrag geschuldete Erfolg ist: Wird ein Pkw zur Reparatur gebracht, so verdient der Unternehmer keinen Werklohn, wenn er zwar den Fehler diagnostiziert, die Reparatur aber nicht zustandebringt. Anders ist das zu beurteilen, wenn nach der vertraglichen Abrede bereits die Diagnose als solche ein geschuldeter Erfolg sein sollte. Letztlich geht es bei der Abgrenzung zwischen Dienst- und Werkvertrag also um die Frage der **Risikoübernahme** für den vertraglichen Erfolg. Aber auch im Rahmen eines Werkvertrages ist eine vertragliche Risikoübernahme des Bestellers für bestimmte Aspekte des Erfolgs der Werkleistung möglich.

Beispiel (*BGH* NJW 2003, 287): Die Planung eines Architekten ist Werkvertrag. Dieser schuldet nicht nur eine technisch durchführbare, sondern eine zugleich baurechtlich genehmigungsfähige Planung. Dieses Risiko kann aber vertraglich auf den Bauherrn übertragen werden.

692 Nicht immer klar ist die Abgrenzung zwischen Dienst- und Werkvertrag auch beim Engagement von **Künstlern**: Wird ein Opernsänger für eine einzige Aufführung engagiert, so handelt es sich um einen Werkvertrag. Tritt der Künstler, etwa wegen einer Erkrankung, nicht auf, tritt der geschuldete Erfolg (Auftritt) nicht ein und er verdient seinen Werklohn nicht. Wird er aber für eine ganze Spielzeit oder eine unbestimmte Serie von Aufführungen engagiert, liegt ein Dienstvertrag vor mit der Folge, dass die Erkrankung bei einer einzigen von mehreren Aufführungen nach § 616 ohne Einfluss auf den Vergütungsanspruch bleibt.[5] Neben der Dauer der Tätigkeit kann ein weiteres Abgrenzungsmerkmal zwischen Dienst- und Werkvertrag auch die Weisungsunterworfenheit des Schuldners sein.[6] Von Bedeutung ist die Abgrenzung auch in Bezug auf die Möglichkeit zur Kündigung, s. dazu u. Rn. 702 sowie PdW Schuldrecht II **Fall 131**.

III. Die Abgrenzung zum Kaufvertrag

1. Werklieferungsvertrag

693 Der Kaufvertrag betrifft nicht die Herstellung einer Sache, sondern deren Übereignung. Da der Verkäufer nicht die Herstellung der zu übereignenden Sache schuldet, ist der Hersteller auch nicht sein Erfüllungsgehilfe, dessen Verschulden er sich nach § 278 I zurechnen lassen müsste (o. Rn. 173). Hat der Schuldner hingegen die zu liefernde Sache zunächst auch herzustellen, liegt grundsätzlich ein Werkvertrag in Form eines sog. **Werklieferungsvertrags** vor. Im Falle von **beweglichen Sachen** unterstellt § 651 solche Verträge dem Kaufrecht (einschließlich dem Verbrauchsgüterkaufrecht, s. dazu auch Art. 1 IV VerbrGKRl.). Das gilt, wie sich aus einem Umkehrschluss aus § 651 S. 2 ergibt, selbst dann, wenn das zur Herstellung notwendige Material allein vom Besteller bereitgestellt wird. Ist eine **nicht vertretbare Sache** herzustellen, sind nach § 651 S. 3 bestimmte werkvertragliche Regelungen zusätzlich anwendbar.

Beispiel: Ein Schreiner soll aus vom Besteller bereitgestelltem Holz einen nach Maß gefertigten Einbauschrank herstellen. Mit der Herstellung erwirbt der Schreiner nach § 950 (originär) Eigentum an der neu hergestellten Sache, die er nach §§ 651 S. 1, 433 I 1 an den Besteller zu übereignen hat. Für Sachmängel

[5] *BAG* NZA 2007, 1072 (o. Rn. 644), wo zusätzlich auf die Weisungsunterworfenheit abgestellt wurde.
[6] S. etwa *BGH* NJW 2002, 595 (Engagement eines „Lichtdesigners“ für die Tournee einer Musikgruppe als Dienstvertrag).

haftet er gem. § 651 S. 1 nach Kaufrecht (§ 437). Ist der Schrank wegen eines Fehlers des Holzes mangelhaft, entfällt seine Gewährleistungspflicht aber nach §§ 651 S. 2, 442. Da es sich um eine nicht vertretbare Sache handelt, finden zusätzlich die in § 651 S. 3 genannten Vorschriften des Werkvertragsrechts Anwendung. Soll der Schreiner hingegen lediglich einen vorhandenen Einbauschrank zum Einbau in einer anderen Wohnung anpassen, liegt ein reiner Werkvertrag nach §§ 631 ff. vor.

Das gilt auch dann, wenn mit der Herstellung der Sache eine gewisse **planerische** 694
Leistung verbunden ist. Steht die planerische Leistung aber **vollständig im Vordergrund** (etwa die planerische Entwicklung eines Produkts verbunden mit der Herstellung eines Prototyps), ist allein Werkvertragsrecht anwendbar.[7]

Bei der Herstellung **unbeweglicher Sachen**, also insbesondere beim **Bauvertrag**, 695
bleibt es vollständig bei der Anwendung von Werkvertragsrecht. Das gilt auch dann, wenn ein Altbau verkauft wird und sich der Verkäufer dabei zu umfassenden Renovierungsmaßnahmen verpflichtet hat.[8] Wird hingegen eine bewegliche Sache hergestellt, die vom Besteller in ein Bauwerk eingebaut werden soll, verbleibt es bei der Qualifikation als Werklieferungsvertrag.[9]

2. Verträge über neu errichtete Gebäude

Ausschließlich Kaufrecht sollte hingegen anwendbar sein, wenn ein Grundstück mit 696
einem bereits errichteten Gebäude veräußert wird. Die Rechtsprechung zu dem vor dem 1. 1. 2002 geltenden Schuldrecht hatte Verträge über die Übereignung von neu errichteten Gebäuden, auch wenn diese schon vom Verkäufer eine bestimmte Zeit selbst genutzt wurden, stets rein werkvertraglich qualifiziert. Hintergrund war dabei insbesondere, dass die werkvertraglichen Rechtsbehelfe (Nacherfüllung) sowie die Verjährungsregelungen des Werkvertragsrechts als angemessener empfunden wurden als das damalige Kaufrecht.[10] Nach der Angleichung der Rechtsbehelfe des Kaufrechts an diejenigen des Werkvertragsrechts besteht für eine solche aus dem Gesetz nicht herleitbare Konstruktion allerdings kein Anlass mehr. Denn als Unterschiede zwischen der kaufrechtlichen und der werkvertragsrechtlichen Gewährleistung verbleiben nur noch das Unternehmerwahlrecht beim *modus* der Nacherfüllung (vgl. § 439 I mit § 635 I) sowie das Recht zur Selbstvornahme (§ 637), das im Kaufrecht keine Entsprechung findet. Ersteres ist aber für Kaufverträge über Immobilien ohne praktische Bedeutung, da hier im Kaufrecht Nacherfüllung zumindest im Regelfall nur durch Mängelbeseitigung möglich ist (s. dazu Rn. 127) und letzteres wird durch einen Anspruch auf Schadensersatz statt der Leistung nach §§ 437 Nr. 3, 280 I, III, 281 ebenfalls erreicht. Verträge über die Übereignung bereits errichteter Gebäude sollten deshalb ausschließlich dem Kaufrecht unterstellt werden.[11]

3. Kauf mit Montageverpflichtung

Vollständig dem Kaufvertragsrecht unterfällt auch der **Kauf mit Montageverpflich-** 697
tung (§ 434 II 1). Wie o. bei Rn. 90 dargelegt liegt ein solcher jedoch nur vor, wenn die Montageverpflichtung als bloße Nebenleistungspflicht zu qualifizieren ist. Liegt

[7] *BGH* NJW 2009, 2877 Tz. 25.
[8] *BGH* NJW 2007, 3275.
[9] *BGH* NJW 2009, 2877 Tz. 14 ff.
[10] S. etwa *BGH* NJW-RR 2007, 895; *BGH* NJW 2007, 3275.
[11] Offen gelassen in BT-Drs. 14/6040, S. 95; tendenziell für die Anwendung von Werkvertragsrecht hingegen *BGH* NJW 2007, 3275 Tz. 19.

der Schwerpunkt des Vertrages in der Werkleistung, liegt ein Werkvertrag vor (s. dazu PdW Schuldrecht II **Fälle 143, 144**).[12]

IV. Die Systematik der gesetzlichen Regelung

698 Die Systematik der §§ 631 – 651 ähnelt stark derjenigen des Kaufrechts. Das gilt insbesondere für das werkvertragliche Gewährleistungsrecht, das ebenso wie das kaufrechtliche auf dem allgemeinen Leistungsstörungsrecht aufbaut (s. dazu o. Rn. 60 ff.). Die entsprechenden Vorschriften sind in weiten Bereichen wortgleich (vgl. etwa § 633 mit § 434, § 634 mit § 437, § 635 mit § 439, § 636 mit § 440, § 638 mit § 441, § 639 mit § 444). S. dazu die **grafische Übersicht** bei Rn. 788.

699 Anders als das Kaufrecht (s. dazu Rn. 22) hat das Werkvertragsrecht aber keinen europarechtlichen Hintergrund. Lediglich Werklieferungsverträge werden von der VerbrGKRl. nach deren Art. 1 IV erfasst. § 651 dient also ebenso wie die §§ 433 ff. der Umsetzung der VerbrGKRl. und ist daher richtlinienkonform auszulegen.

§ 104. Zustandekommen und Beendigung des Werkvertrags

I. Der Werkvertrag als schuldrechtlicher gegenseitiger Vertrag

700 Der Werkvertrag ist ebenso wie der Kaufvertrag ein schuldrechtlicher gegenseitiger Vertrag, der durch Einigung über die *essentialia negotii*, d. h. über die Parteien, den Gegenstand und die dafür zu entrichtende Gegenleistung zustande kommt. Er bedarf grundsätzlich keiner Form.

II. Die Beendigung des Werkvertrags

701 Auch die Beendigung des Werkvertrages unterliegt den allgemeinen Regeln. Die Verpflichtungen können also etwa durch Erfüllung (§ 362), aber auch durch Unmöglichkeit (§§ 275, 326 I 1) oder durch Rücktritt bzw. das Verlangen nach Schadensersatz statt der ganzen Leistung (§ 281 IV) erlöschen. Das Werkvertragsrecht enthält aber auch spezifische Beendigungsgründe.

1. Die Kündigung durch den Besteller

702 Nach § 649 S. 1 kann der Besteller den Werkvertrag bis zur Vollendung des Werkes jederzeit kündigen, ohne dass hierfür ein besonderer Grund vorliegen müsste. Der Unternehmer hat also grundsätzlich kein Recht darauf, das Werk tatsächlich auszuführen. Damit wird die persönliche Handlungsfreiheit des Bestellers aufrechterhalten und berücksichtigt, dass der Unternehmer in der Regel kein schützenswertes Interesse hat, das Werk wirklich auszuführen, sofern nur sein Lohnanspruch erhalten bleibt:[1] Wer einen Friseurtermin vereinbart, ist nicht verpflichtet, sich die Haare schneiden zu lassen. Die Kündigung wirkt *ex nunc*, d. h. sie hebt den Vertrag mit Wirkung für die Zukunft auf. Im Unterschied zur dienstvertraglichen Regelung in § 627, die bei der

[12] S. z. B. BGHZ 165, 325 (Vertrag über Lieferung und Aufbau eines „Ausbauhauses“ als Werkvertrag).
[1] Zur Kritik an dieser *ratio* s. nur MünchKomm/*Busche*, § 649 Rn. 3.

Leistung „höherer Dienste" ebenfalls ein willkürliches Kündigungsrecht einräumt, bleibt aber im Falle einer Kündigung nach § 649 S. 1 der Gegenleistungsanspruch des Unternehmers grundsätzlich in voller Höhe aufrechterhalten.

Insoweit kann es im Einzelfall von entscheidender Bedeutung sein, ob ein Vertrag als Werk- oder Dienstvertrag zu qualifizieren ist. Praktisch wichtig ist das insbesondere bei Partnerschaftsvermittlungsverträgen (s. o. Rn. 667) oder bei der Anstellung von Künstlern, s. PdW Schuldrecht II **Fall 131.**

Der Unternehmer muss sich aber nach § 649 S. 2 ersparte Aufwendungen und dasjenige anrechnen lassen, was er durch die anderweitige Verwendung seiner Arbeitskraft erwirbt oder böswillig zu erwerben unterlässt.

Die ersparten Aufwendungen orientieren sich dabei nicht ohne Weiteres an den vereinbarten Zahlungsmodalitäten. Werden z. B. die Hauptleistungen bereits vor der Kündigung erbracht und amortisiert sich der Werkvertrag für den Unternehmer nur durch seine Dauer, können die ersparten Aufwendungen deutlich geringer sein als die noch offenen Werklohnforderungen.[2] Der Unternehmer muss aber vortragen, welcher Anteil der vertraglichen Vergütung auf die bereits erbrachten und die noch nicht erbrachten Leistungen entfällt und welche Kosten er hinsichtlich der nicht erbrachten Leistungen erspart hat.[3] Nach § 649 S. 3 wird allerdings vermutet, dass ihm zumindest 5% des auf den noch nicht erbrachten Teil der Werkleistung entfallenden Lohns zustehen.

Das Kündigungsrecht nach § 649 S. 1 ist allerdings dispositives Recht. Hat der Unternehmer ein Interesse, das Werk auch tatsächlich auszuführen, muss er das Kündigungsrecht vertraglich abbedingen.[4]

Verweigert der Besteller lediglich notwendige Mitwirkungshandlungen ohne zugleich den Vertrag nach § 649 S. 1 zu kündigen, kann der Unternehmer die Werkleistung nicht erbringen und damit keinen vollen Werklohnanspruch herbeiführen. Er kann seinerseits zwar nach § 643 I kündigen. Das hat aber zur Folge, dass er gem. § 645 I 2 lediglich anteiligen Werklohn sowie nach § 642 I Ersatz seiner Vorhaltekosten, nicht aber den vollen Werklohn verlangen kann (s. dazu sogleich bei Rn. 706). Damit wäre es für den Besteller wesentlich günstiger, anstelle der Kündigung nach § 649 S. 1 schlicht die Mitwirkung zu verweigern und den Unternehmer zu einer Kündigung nach § 643 zu treiben. Um dies zu verhindern, ist § 649 analog anzuwenden, indem man die endgültige Verweigerung einer notwendigen Mitwirkung des Bestellers einer Kündigung nach § 649 gleichstellt.[5] Zu demselben Ergebnis gelangt man, wenn man in der unterlassenen Mitwirkung eine den Besteller nach § 280 I, 241 II zum Schadensersatz verpflichtende Nebenpflichtverletzung sieht.[6] S. dazu PdW Schuldrecht II **Fall 132.** 703

Die Möglichkeit einer **außerordentlichen Kündigung aus wichtigem Grund** wird von § 649 S. 1 nicht verdrängt. Sie ist, da der Werkvertrag kein Dauerschuldverhältnis im eigentlichen Sinne ist, auf eine Analogie zu § 314 (s. dazu AT Rn. 613) zu stützen.[7] Der Unternehmer kann dann jedenfalls nur einen den bereits erbrachten Leistungen entsprechenden Teil der Vergütung verlangen, § 649 S. 2 ist also nicht anwendbar.[8] 704

2 *BGH* NJW 2011, 915 zum „Internet-System-Vertrag".
3 *BGH* BeckRS 2011, 08034.
4 Zur Abbedingung durch AGB s. *BGH* NJW 1999, 3261.
5 Bamberger/Roth/*Voith*, § 642 Rn. 8; Staudinger/*Peters/Jacoby*, § 643 Rn. 18.
6 So BGHZ 11, 80, 83; 50, 175, 179; ähnlich auch *BGH* NJW 2005, 1650, 1651.
7 *Looschelders*, BT, Rn. 710 m. w. N.; MünchKomm/*Busche*, § 649 Rn. 31; für eine analoge Anwendung von § 649 S. 1 Bamberger/Roth/*Voith*, § 649 Rn. 21.
8 *BGH* NZBau 2001, 621.

705 Liegt dem Vertrag ein (unverbindlicher) **Kostenanschlag** zugrunde, so kann der Besteller gem. § 650 I kündigen, wenn sich herausstellt, dass das Werk nicht ohne wesentliche Überschreitung des Kostenanschlags ausgeführt werden kann. Auch in diesem Fall kann der Unternehmer nach §§ 650 I, 645 I nur anteilige Vergütung verlangen. Bei einem verbindlichen Kostenanschlag (Fixpreisabrede) stellt sich das Problem nicht, weil der Unternehmer das Werk zu dem vereinbarten Preis ausführen muss.

2. Die Kündigung durch den Unternehmer

706 Der Unternehmer kann aus werkvertragsspezifischen Gründen kündigen, wenn der Besteller eine Mitwirkungsobliegenheit aus § 642 verletzt (§ 643). Hierzu muss sich der Besteller im Annahmeverzug befinden und der Unternehmer muss ihm eine Frist zur Nachholung der Mitwirkungshandlung verbunden mit einer Ankündigung der Kündigung setzen. Verstreicht die Frist fruchtlos, gilt der Vertrag als aufgehoben. Es bedarf dann keiner weiteren Kündigungserklärung, allerdings erlischt auch der Erfüllungsanspruch. Der Unternehmer hat dann nach § 645 I 2 wiederum nur einen anteiligen Vergütungsanspruch und daneben einen Entschädigungsanspruch nach § 642 II (dazu u. Rn. 732). Einen Spezialfall der Kündigung regelt daneben noch § 648a V. Danach kann der Unternehmer bei Verweigerung einer Bauhandwerkersicherungshypothek unter den dort genannten näheren Voraussetzungen ebenfalls zurücktreten. Daneben steht auch dem Unternehmer das bei Rn. 704 genannte Recht zur **außerordentlichen Kündigung aus wichtigem Grund** zu.

§ 105. Die Pflichten von Unternehmer und Besteller

I. Die Pflichten des Unternehmers

1. Hauptpflichten

707 Der Unternehmer ist nach § 631 I Alt. 1 verpflichtet, das Werk herzustellen. Anders als der Dienstverpflichtete (s. § 613 S. 1 und o. Rn. 625) hat der Unternehmer die Werkleistung grundsätzlich **nicht in eigener Person** zu erbringen. Er darf sich also ganz oder teilweise anderer Personen (z. B. eines Subunternehmers) bedienen, für deren Verschulden er dann aber nach § 278 haftet (s. u. Rn. 790). Selbstverständlich kann aber vertraglich eine höchstpersönliche Leistungspflicht vereinbart werden. Häufig wird sich dies auch ohne ausdrückliche Vereinbarung aus Sinn und Zweck des Vertrages ergeben, wenn die Person des Unternehmers im Vordergrund steht, so z. B. beim Engagement eines Künstlers für eine künstlerische Darbietung oder die Herstellung eines Kunstwerks.

708 Der Unternehmer ist nach § 633 I weiter verpflichtet, dem Besteller das Werk frei von **Sach- und Rechtsmängeln** zu verschaffen. Wie im Kaufrecht gehören also die Sach- und Rechtsmängelfreiheit zu den **primären Leistungspflichten** des Unternehmers. Damit kann – wie im Kaufrecht – für die Rechtsbehelfe des Bestellers im Falle einer mangelhaften Werkleistung auf die Rechtsbehelfe des allgemeinen Leistungsstörungsrechts zurückgegriffen werden. Wie § 437 Nr. 2 und 3 enthalten deshalb auch § 634 Nr. 3 und 4 entsprechende Verweisungen auf die Regelungen des Allgemeinen Schuldrechts über Rücktritt, Schadens- und Aufwendungsersatz (s. dazu o. Rn. 32, 61 ff.)

2. Nebenpflichten

Wie jeder andere Schuldner hat auch der Werkunternehmer nach Treu und Glauben (§ 242) Nebenpflichten, insbesondere auch die Schutz- und Obhutspflichten aus § 241 II. Diese spielen gerade beim Werkvertrag eine besondere Rolle, weil der Besteller (etwa bei Reparaturen) nicht selten eigene Sachen in die Obhut des Unternehmers gibt. 709

So verletzt etwa der Mechaniker, der bei der Reparatur des Kfz des Bestellers dessen Polster verschmutzt, eine Pflicht aus § 241 II, s. dazu AT Rn. 123.

Aus § 241 II ergibt sich aber auch eine allgemeine Pflicht des Unternehmers zur Rücksichtnahme auf die Vermögensinteressen des Bestellers. So muss der Unternehmer, wenn er eine Vergütung nach Stundensätzen vereinbart hat, auf eine wirtschaftliche Betriebsführung achten, d. h. er darf zu Lasten des Bestellers keinen zu aufwändigen Herstellungsweg beschreiten, wenn eine kostengünstigere Herstellung des Werkes möglich ist.[1] 710

3. Folgen einer Pflichtverletzung; Abgrenzung von allgemeinem Leistungsstörungsrecht und Gewährleistungsrecht

Verletzt der Unternehmer eine Leistungspflicht oder eine Nebenpflicht, so schuldet er nach den allgemeinen Vorschriften, d. h. nach §§ 280, 311a II, Schadensersatz. Wird das Werk überhaupt nicht ausgeführt, kann der Besteller nach Maßgabe der §§ 280 I, III, 281 bzw. 283, oder nach § 311a II Schadensersatz statt der Leistung oder Aufwendungsersatz i. S. v. § 284 verlangen und/oder nach § 323 vom Vertrag zurücktreten. Ist die Ausführung (rechtlich oder tatsächlich) **unmöglich**, wird der Unternehmer nach § 275 I von der Leistungspflicht frei und verliert nach § 326 I 1 den Anspruch auf den Werklohn. 711

Unmöglichkeit i. S. v. § 275 I ist beim Werkvertrag neben der praktisch selteneren tatsächlichen Unmöglichkeit vor allem aus rechtlichen Gründen (z. B. Fehlen einer Baugenehmigung für das zu errichtende Haus) vorstellbar. Auch kann im Einzelfall Unmöglichkeit durch Ablauf des Erfüllungszeitraums eintreten (absolutes Fixgeschäft, s. dazu AT Rn. 420).[2] Ein weiterer praktisch relevanter Fall der Unmöglichkeit ist auch derjenige der **Zweckerreichung**: Das stehengebliebene Kfz springt wieder an, bevor der bestellte Abschleppdienst sein Werk verrichten kann (s. dazu AT Rn. 414).

Ist der Besteller hingegen für die Unmöglichkeit allein oder weit überwiegend „verantwortlich", behält der Unternehmer diesen Anspruch nach § 326 II unter Anrechnung ersparte Aufwendungen und böswillig unterlassenem anderweitigen Erwerb. 712

Eine zentrale Rolle spielt hierbei der Begriff der „Verantwortlichkeit" (s. dazu AT Rn. 444). Nach h. M. werden hier die §§ 276, 278 im Sinne eines „Verschuldens gegen sich selbst" entsprechend angewendet. So liegt etwa Verantwortlichkeit des Bestellers vor, wenn er für die Werkleistung notwendige Vorarbeiten endgültig nicht erbringen lässt.[3] In Betracht kommt aber auch eine **vertragliche Risikoübernahme** (s. PdW SchuldR I **Fall 25**).[4] Problematisch sind in diesem Zusammenhang auch die genannten **Zweckerreichungsfälle** (s. PdW SchuldR I **Fall 26**). Hier ist richtigerweise mit einer Analogie zu § 645 zu arbeiten. Eine allgemeine Sphärentheorie lässt sich daraus aber wohl nicht ableiten, s. dazu AT Rn. 445a sowie u. Rn. 744.

---

1 *BGH* NJW 2009, 2199 und dazu *Bauer*, JZ 2010, 181 ff.

2 So etwa in *BGH* NJW 2002, 595; s. aber *BGH* NJW 2009, 2743 (Flugbeförderungsvertrag i. d. R. kein absolutes Fixgeschäft).

3 BGHZ 178, 110 Tz. 27 f. = JuS 2008, 464 (*Faust*).

4 S. dazu *BGH* NJW 2002, 595 sowie eingehend AT Rn. 444.

713 Bei **verspäteter Ausführung** hat der Besteller nach §§ 280 I, II, 286 Anspruch auf Ersatz seines Verzögerungsschadens. Schäden aus der Verletzung von Nebenpflichten sind nach § 280 I zu ersetzen, nach §§ 280 I, III, 282 bzw. § 324 können Nebenpflichtverletzungen auch zu einem Anspruch auf Schadensersatz statt der Leistung und/oder zu einem Rücktrittsrecht des Bestellers führen (s. dazu AT Rn. 510 f. sowie PdW SchuldR I **Fälle 68, 70**). Diese Rechtsbehelfe des allgemeinen Leistungsstörungsrechts gelten bis zum Zeitpunkt der Abnahme (§ 640), oder des Eintritts eines der einer Abnahme gleichgestellten Umstände (§§ 640 I 3, 646). Ab diesem Zeitpunkt unterliegen Ansprüche, sofern sie auf einen Sach- oder Rechtsmangel zurückgehen, den Regeln des werkvertraglichen Gewährleistungsrechts (§ 634). Gehen sie nicht auf einen solchen Mangel zurück, bleibt es bei der Anwendung von allgemeinem Leistungsstörungsrecht.[5] Es verhält sich also bei der Konkurrenz von allgemeinem Leistungsstörungsrecht zum Gewährleistungsrecht grundsätzlich wie im Kaufrecht (dazu o. Rn. 70).

II. Die Pflichten und Obliegenheiten des Bestellers

1. Vergütungspflicht

a) Vereinbarte Vergütung, Fixpreisabrede und Kostenanschlag

714 Nach § 631 I Alt. 2 hat der Besteller die **vereinbarte** Vergütung zu entrichten.

Ist die Vergütung nicht pauschal, sondern nach einem Stundensatz bemessen, schuldet der Besteller die danach berechnete Summe auch dann, wenn der Unternehmer einen zu aufwändigen Herstellungsweg beschritten und deshalb für das Werk mehr Zeit gebraucht hat, als eigentlich notwendig gewesen wäre. Er ist dann aber dem Besteller insoweit nach §§ 280 I, 241 II zum Schadensersatz verpflichtet (s. Rn. 710). Von Bedeutung ist das für die Beweislast: Der Unternehmer hat lediglich den tatsächlichen Stundenaufwand nachzuweisen, der Besteller hingegen hat zu beweisen, dass die tatsächlich aufgewendete Zeit unwirtschaftlich war.[6]

715 Ein **Kostenanschlag**, der nach § 632 III im Zweifel nicht zu vergüten ist, ist dabei im Gegensatz zur sog. **Fixpreisabrede** nicht verbindlich. Liegt eine Fixpreisabrede vor, ist der Unternehmer verpflichtet, das Werk zu dem vereinbarten Lohn herzustellen, d. h. Kalkulationsrisiken gehen, sofern nicht z. B. ein Fall von § 275 II oder § 313 (Geschäftsgrundlage) vorliegt, zu seinen Lasten. Ob es sich bei einer entsprechenden Abrede um einen unverbindlichen Kostenanschlag oder aber um eine Fixpreisabrede handelt, ist im jeweiligen Einzelfall durch Auslegung zu ermitteln.

716 Liegt lediglich ein unverbindlicher Kostenvoranschlag vor, so hat der Unternehmer dem Besteller nach § 650 II unverzüglich **Anzeige** zu machen, wenn eine wesentliche Überschreitung (Faustregel: Mehr als 10 %) zu erwarten ist. Damit wird zunächst das Kündigungsrecht des Bestellers nach § 650 I (o. Rn. 705) gewährleistet. Bei einem Verstoß gegen die Anzeigepflicht ist der Unternehmer nach § 280 I zum Schadensersatz verpflichtet. Der Besteller ist dann nach § 249 S. 1 so zu stellen, wie er im Falle rechtzeitiger Mitteilung gestanden haben würde. Das zieht schwierige Kausalitäts- und Beweisfragen sowie schadensersatzrechtliche Fragen nach sich: Steht etwa fest, dass der Besteller auch bei rechtzeitiger Anzeige nicht gekündigt hätte, entfällt die Schadensersatzverpflichtung, hätte er hingegen von seinem Kündigungsrecht Ge-

[5] *BGH* NJW 2009, 2743 (verspätete Flugbeförderung).
[6] *BGH* NJW 2009, 2199, zugleich zur „sekundären Behauptungslast“ des Unternehmers.

brauch gemacht, besteht sein Schaden in der Vergütung, die er dann nach §§ 650 I, 645 I nicht mehr hätte zahlen müssen. Ist das Werk allerdings vollendet worden, wird er sich den dadurch erlangten Vorteil im Wege der **Vorteilsausgleichung** (s. dazu AT Rn. 646) anrechnen lassen müssen.[7] S. dazu PdW Schuldrecht II **Fall 147**.

b) Vergütungspflicht bei Fehlen einer ausdrücklichen Vereinbarung

Ist eine Vergütung, wie häufig bei Werkleistungen des täglichen Lebens (etwa bei Bestellung eines Handwerkers), nicht ausdrücklich vereinbart worden, so gilt sie doch nach § 632 I als vereinbart, wenn nach den Umständen nur eine entgeltliche Leistung zu erwarten ist. Die **Höhe** richtet sich dann nach § 632 II nach der hoheitlich durch Gebührenordnungen festgelegten („taxmäßigen“) Vergütung (z. B. HOAI), hilfsweise nach der **üblichen Vergütung**. Lässt sich eine Üblichkeit nicht feststellen, kann eine ergänzende Vertragsauslegung helfen, widrigenfalls sind die §§ 315, 316 entsprechend anzuwenden.[8] 717

c) Fälligkeit der Vergütung

Nach § 641 I wird die Vergütung grundsätzlich erst mit der **Abnahme** fällig. Damit ist der Unternehmer u. U. zu erheblichen Vorleistungen verpflichtet. Dem kann er zunächst durch eine vertragliche Vereinbarung über die Teilabnahme (§ 641 I 2) begegnen, die zur einer abschnittsweisen Fälligkeit der Vergütung führt. Verweigert der Besteller die Abnahme, hilft dem Unternehmer auch die Abnahmefiktion des § 640 I 3.[9] Nach der Abnahme kann die Zahlung des Werklohns wegen Mängeln der Werkleistung nach Maßgabe von § 641 III verweigert werden (s. dazu bei Rn. 773). 718

Nach der Rspr. wird die Werklohnforderung aber auch fällig, wenn der Besteller die Abnahme zu Unrecht **endgültig verweigert** (Rechtsgedanke des § 323 II Nr. 1, s. PdW Schuldrecht II **Fall 145**). Dies gilt auch und gerade dann, wenn noch keine Abnahmefiktion nach § 640 I 3 eingetreten ist, die eine fruchtlose Fristsetzung zur Abnahme voraussetzt (dazu u. Rn. 730).[10] 719

Darüber hinaus gibt § 632a dem Unternehmer das Recht, für in sich abgeschlossene Teile des Werkes oder für angefertigte oder angelieferte Baustoffe **Abschlagszahlungen** zu verlangen. Bei Materialien gilt dies nur, wenn er dem Besteller hieran Eigentum verschafft hat oder er hierfür Sicherheit leistet.[11] Hierdurch soll den Liquiditätsschwierigkeiten begegnet werden, in die insbesondere ein Bauunternehmer durch seine Vorleistungen geraten kann. 720

Nach § 641 II wird allerdings der Werklohnanspruch eines **Subunternehmers** (u. Rn. 790) spätestens (also u. U. auch schon vor einer Abnahme) fällig, wenn und soweit der **Generalunternehmer**, der den Subunternehmer seinerseits beauftragt hatte, von seinem Besteller (z. B. vom Bauherren) die Vergütung für den vom Subunternehmer ausgeführten Teil des Werks erhalten hat (Nr. 1), der Besteller das Werk des 721

---

[7] Sehr str., s. die Nachweise bei MünchKomm/*Busche*, § 650 Rn. 18.

[8] BGHZ 167, 139.

[9] Im privaten Baurecht gilt nach § 16 Nr. 3 VOB/B (s. hierzu o. Rn. 794 ff.) eine besondere Regelung, s. dazu *Looschelders*, BT, Rn. 644.

[10] BGHZ 174, 110 Tz. 29 m. w. N.

[11] Wobei über den Wortlaut hinaus ausreichend ist, dass er z. B. durch Einbau einen Eigentumsübergang nach §§ 946 ff. bewirkt hat, s. *Looschelders*, BT, Rn 645 m. w. N.

Generalunternehmers abgenommen hat oder es als abgenommen gilt (Nr. 2) oder der Subunternehmer dem Generalunternehmer erfolglos eine Frist zur Auskunft über diese Umstände bestimmt hat (Nr. 3). So soll insbesondere in der Baubranche verhindert werden, dass der Generalunternehmer vom Bauherren „kassiert", seinerseits aber gegenüber den Subunternehmern unter Hinweis auf (manchmal nur vorgebliche) Mängel, für die er selbst gar nicht in Anspruch genommen wird, die Zahlung verweigert oder verzögert. Daraus erklärt sich auch die Regelung in § 641 II 2 über die Sicherheitsleistung.

2. Die Sicherung des Vergütungsanspruchs

722 Da der Vergütungsanspruch regelmäßig erst mit Abnahme (§ 641 I) oder Vollendung (§ 646) des Werks fällig wird, muss der Unternehmer vorleisten. Er läuft also Gefahr, die fällige Vergütung trotz eigener Leistung nicht zu erhalten. Hier bieten die §§ 647, 648, 648a eine gewisse Hilfe.

a) Werkunternehmerpfandrecht (§ 647)

723 Der Unternehmer hat nach § 647 an den von ihm hergestellten oder ausgebesserten beweglichen Sachen, die in seinen Besitz gelangt sind, ein **gesetzliches Pfandrecht**. Ebenso wie die entsprechende Regelung im Mietrecht (§ 562, dazu o. Rn. 488 ff.) besteht dieses Pfandrecht aber nur an Sachen **des Bestellers**. Wichtigster Fall ist das Pfandrecht des Werkstattinhabers an den von ihm ausgebesserten Fahrzeugen. Gerade hier kommt es aber häufig vor, dass das Fahrzeug dem Besteller der Werkleistung nicht gehört, insbesondere weil er es unter Eigentumsvorbehalt erworben und noch nicht voll bezahlt hat. Wenn jetzt – wie oft in solchen Fällen – die Kaufpreisraten nicht weiterbezahlt werden, kann der Verkäufer nach § 323 vom Kauf zurücktreten. Dann wird er das Fahrzeug nach § 985 vom Reparaturunternehmer herausverlangen. Wenn dieser die Reparatur schon ausgeführt hat, wird er der Herausgabeforderung seinen Vergütungsanspruch entgegenhalten wollen. Als Mittel dazu würde sich das dingliche (und daher auch gegen den Verkäufer wirkende) Pfandrecht nach § 647 eignen.

724 Entgegen gewichtigen Stimmen in der Literatur hat die Rspr. jedoch die Möglichkeit eines gutgläubigen Erwerbs gesetzlicher Pfandrechte vom Nichtberechtigten abgelehnt: § 1257 setze ein kraft Gesetzes bereits **entstandenes** Pfandrecht voraus und verweise daher nicht auf den diese Entstehung regelnden § 1207.[12] Statt eines gesetzlichen Pfandrechts hat die Rspr. dem Werkunternehmer ein durch Zurückbehaltung (§ 1000) gesichertes Recht auf Verwendungsersatz nach §§ 994, 996 zugesprochen.[13] Das ist jedoch sehr fraglich, wenn die Reparatur noch vor dem Rücktritt vom Kauf und daher außerhalb einer Vindikationslage ausgeführt worden ist.[14] Die Praxis hilft sich, indem sie in die Reparaturverträge eine Verpfändungsklausel aufnimmt: Diese ergänzt das gesetzliche Pfandrecht durch eine vertragliche Verpfändung, auf die § 1207 sicher anwendbar wird und damit einen gutgläubigen Erwerb des vertraglichen Pfandrechts zulässt. Die Rechtsprechung hat das anerkannt und ist überdies bei der Bejahung des guten Glaubens äußerst großzügig: So muss etwa ein Kfz-Repa-

[12] BGHZ 34, 122; 34, 153; *BGH* NJW 1983, 2140; a. A. *Baur/Stürner*, § 55 C II 2 a.
[13] BGHZ 34, 122.
[14] Dazu ausführlich *Medicus/Petersen*, BR, Rn. 587 ff.

raturunternehmer keinen Blick in den Fahrzeugbrief werfen, um ein vertragliches Pfandrecht vom Besteller, der nicht Eigentümer des Kfz ist, nach §§ 1207, 932 gutgläubig zu erwerben.[15] S. dazu auch PdW Schuldrecht II **Fall 146**.

b) Sicherungshypothek des Bauunternehmers (§ 648)

Bei Bauarbeiten hat der Unternehmer nach § 648 wegen seiner Vergütungsforderung den (durch AGB regelmäßig nicht abdingbaren)[16] Anspruch auf Einräumung einer Sicherungshypothek am Baugrundstück des Bestellers. Diese Hypothek entsteht aber – anders als das Pfandrecht nach § 647 – nicht schon kraft Gesetzes, sondern erst mit der Eintragung ins Grundbuch. Und dazu braucht der Unternehmer die Zustimmung und die formelle Bewilligung des Bestellers (§§ 873 BGB, 19 GBO) oder ein rechtskräftiges Urteil auf Eintragung. Beides kommt regelmäßig viel zu spät. Schneller kann der Unternehmer mit einer einstweiligen Verfügung die Eintragung einer rangwahrenden Vormerkung für die Sicherungshypothek erlangen, §§ 885, 883 III. Doch kommt meist auch das zu spät, weil das Baugrundstück oft schon vor Baubeginn mit Grundschulden für die Geldgeber voll belastet ist. Dagegen kann sich der Bauunternehmer nur dadurch helfen, dass er die Gesamtvergütung in viele jeweils nach Baufortschritt zu zahlende Raten aufteilt (vgl. § 641 I 2). 725

c) Bauhandwerkersicherung (§ 648a)

§ 648a gibt dem Bauunternehmer in bestimmten Fällen wenigstens auch einen Anspruch auf Sicherheitsleistung. Allerdings kann der Unternehmer die Sicherheit nicht einklagen, sondern im Falle ihres Ausbleibens lediglich die Leistung verweigern oder den Vertrag kündigen (§ 648a V).[17] Wohl günstiger ist insoweit der o. bei Rn. 720 geschilderte Anspruch auf Abschlagszahlungen (§ 632a). 726

3. Abnahmepflicht

Nach § 640 I ist der Besteller zur Abnahme des vertragsgemäß hergestellten, d. h. des mangelfreien Werks verpflichtet. Hierbei handelt es sich nicht etwa um eine Obliegenheit, sondern (anders als bei der Abnahmepflicht des Käufers aus § 433 II, dazu o. Rn. 40 f.) um eine **Hauptpflicht** des Bestellers. 727

a) Bedeutung

Die Abnahme ist dabei in vielfacher Hinsicht von Bedeutung. Zunächst bewirkt sie, wie bei Rn. 718 dargelegt, nach § 641 I die **Fälligkeit** des Vergütungsanspruchs. 728

Hat der Besteller ein mangelfreies Werk nicht abgenommen, hat damit der Unternehmer mangels Fälligkeit noch keinen Anspruch auf das geschuldete Entgelt. Sofern die Abnahme nicht entbehrlich ist oder fingiert wird (s. Rn. 729 f.), muss der Unternehmer also zunächst durch die Durchsetzung der Abnahme die Fälligkeit herbeiführen. Er muss also auf „Abnahme und Zahlung" und nicht lediglich auf „Zahlung" klagen.

Die Abnahme markiert gem. § 644 weiter den für den **Gefahrübergang** (Vergütungsgefahr) maßgeblichen Zeitpunkt. Die Abnahme ist auch, obwohl in § 633 II

[15] BGHZ 68, 323; *BGH* NJW 1992, 2570, 2574.
[16] BGHZ 91, 139.
[17] Zur entsprechenden Anwendung der Regelung auf den Nacherfüllungsanspruch s. BGHZ 157, 335; *BGH* NJW-RR 2009, 892.

nicht ausdrücklich geregelt, der für das Vorliegen eines **Sach- oder Rechtsmangels** maßgebliche Zeitpunkt und damit auch maßgeblich für die **Beweislast** bezüglich des Vorliegens eines Mangels.[18] Mit der Abnahme beginnt nach § 634a II weiter die **Verjährung von Gewährleistungsansprüchen**. Von Bedeutung ist sie auch für den gesetzlichen Ausschluss von Gewährleistungsrechten im Falle der **Kenntnis des Mangels** (§ 640 II, dazu u. Rn. 775). Ab dem Zeitpunkt der Abnahme ist die Vergütung nach § 641 IV mit dem gesetzlichen Zinssatz (§ 246: 4 %) zu **verzinsen**.

b) Begriff der Abnahme, Voraussetzungen der Abnahmepflicht

729 Abnahme i. S. v. § 640 ist die **körperliche Entgegennahme des Werkes** verbunden mit der Erklärung des Bestellers, dass das Werk **im Wesentlichen vertragsgemäß** erbracht ist.[19] Letzteres unterscheidet die Abnahme von derjenigen des Kaufrechts (§ 433 II). Die Abnahme stellt dabei aber weder eine Anerkennung der vollständigen Mängelfreiheit noch einen Verzicht auf Gewährleistungsansprüche dar. Wenn eine körperliche Entgegennahme nicht möglich ist (z. B. Malerarbeiten an einem Haus), ist die bloße Billigung als im Wesentlichen vertragsgemäße Leistung ausreichend. Ist auch letzteres nicht möglich bzw. nach der Verkehrssitte nicht zu erwarten, wird die Abnahme nach § 646 durch die **Vollendung** des Werkes ersetzt.

Eine **Pflicht** zur Abnahme besteht gem. § 640 I 1 jedoch nur bei einer **vertragsgemäßen** Leistung. Bei lediglich **unerheblichen** Mängeln kann die Abnahme nicht verweigert werden (§ 640 I 2). Hierdurch soll insbesondere im Baugewerbe eine „Hinhaltetaktik" der Besteller verhindert werden. Nach der negativen Formulierung des Gesetzes trägt die Beweislast für die Unerheblichkeit allerdings der Unternehmer. S. dazu PdW Schuldrecht II **Fall 145**.

c) Verletzung der Abnahmepflicht

730 Kommt der Besteller seiner Abnahmepflicht nicht nach, gerät er unabhängig vom Vertretenmüssen in **Annahmeverzug** (§§ 293 ff.). Da die Annahmepflicht eine echte Rechtspflicht ist, gerät er aber – sofern Vertretenmüssen vorliegt – unter den Voraussetzungen des § 286 zugleich in **Schuldnerverzug**. Der Unternehmer hat insoweit sämtliche Rechtsbehelfe des allgemeinen Leistungsstörungsrechts, d. h. er kann weiterhin Abnahme und daneben Ersatz des Verspätungsschadens (§§ 280 I, II, 286) verlangen. Unter den Voraussetzungen des §§ 280 I, III, 281 und § 323 kann er auch Schadensersatz statt der Leistung verlangen bzw. vom Vertrag zurücktreten. Diese beiden Optionen dürften jedoch im Regelfall nicht interessengerecht sein, weil der Unternehmer durch **Fristsetzung** schon nach § 640 I 3 die **Fiktion einer Abnahme** und damit die Fälligkeit seines Vergütungsanspruchs herbeiführen kann. Da er dann ja seine Leistung bereits erbracht haben muss, ist ihm mit der Durchsetzung des Vergütungsanspruchs i. d. R. besser gedient.[20] S. dazu PdW Schuldrecht II **Fall 145**.

[18] *BGH* NJW 2009, 360.
[19] BGHZ 48, 257, 262; *BGH* NJW 1993, 1972, 1974.
[20] *Looschelders*, BT, Rn. 650.

4. Schutz- und Fürsorgepflichten

Führt der Unternehmer die zur Herstellung des Werkes notwendigen Tätigkeiten in Räumlichkeiten des Bestellers durch oder nutzt er von diesem gestellte Gerätschaften, so ist auf Schutz- und Fürsorgepflichten des Bestellers § 618 analog anzuwenden.[21] Wichtig ist das insbesondere für Ansprüche von **Angehörigen** nach §§ 618 III, 844 (dazu o. Rn. 653). Anders als im Dienstvertragsrecht (§ 619) ist die Vorschrift im Werkvertragsrecht **dispositiv**, d. h. die Fürsorgepflicht kann **vertraglich abbedungen** werden.[22] 731

5. Mitwirkungsobliegenheit des Bestellers

Um die geschuldete Werkleistung tatsächlich erbringen zu können, ist der Unternehmer häufig auf die Mitwirkung des Bestellers angewiesen. So muss etwa der Besteller einem Handwerker, der Reparaturarbeiten erbringen soll, Zugang zu Räumlichkeiten gewähren, notwendige Vorarbeiten durchgeführt haben oder den zu reparierenden Gegenstand zur Verfügung stellen. Der Besteller eines Gutachtens muss dem Unternehmer die notwendigen Informationen zur Verfügung stellen, der Besteller einer Individualsoftware muss ein Leistungsprofil erstellen, d. h. den gewünschten Funktionsumfang festlegen.[23] Zwar besteht, wie auch § 649 zeigt, grundsätzlich kein Recht des Unternehmers, das Werk tatsächlich auszuführen, jedoch schränkt das Hinauszögern der notwendigen Mitwirkung die wirtschaftliche Bewegungsfreiheit des Unternehmers ein. § 642 gibt daher dem Unternehmer einen vom Vertretenmüssen unabhängigen Anspruch auf eine **angemessene Entschädigung**, wenn der Besteller durch die unterlassene Mitwirkung in Annahmeverzug (§§ 293 ff.) gerät. Die Vorschrift ergänzt § 304, der in einem solchen Fall Anspruch auf Ersatz der annahmeverzugsbedingten **Mehraufwendungen** gibt. Die Höhe der Entschädigung bemisst sich nach § 642 II nach der Dauer des Verzugs, der Höhe der Vergütung und der Ersparnis des Unternehmers durch anderweitige Verwendung seiner Arbeitskraft. Der Entschädigungsanspruch erlaubt also nur einen summarischen Geldausgleich, nicht aber vollen Schadensersatz. Der Unternehmer kann allerdings nach einer Fristsetzung zur Mitwirkung gem. § 643 den Vertrag kündigen und sich so wieder volle Dispositionsfreiheit verschaffen (dazu o. Rn. 706). 732

Sofern im Einzelfall eine **Mitwirkungspflicht** des Bestellers als Vertragspflicht vereinbart wurde (s. o. Rn. 702), kann darüber hinaus nach §§ 280 I, II, 286 der Ersatz des vollen Verzögerungsschadens verlangt werden. 733

§ 106. Die Gefahrtragung beim Werkvertrag

Wie auch beim Kaufvertrag basiert die Gefahrtragung beim Werkvertrag auf den Regeln des **allgemeinen Leistungsstörungsrechts**, d. h. § 275 ist Ausgangspunkt für die Leistungsgefahr, § 326 derjenige für die Gegenleistungsgefahr, s. dazu o. Rn. 44 ff.). 734

[21] BGHZ 26, 365, 371.
[22] BGHZ 56, 269 ff.
[23] *BGH* NJW-RR 1988, 1396; weitere Beispiele bei MünchKomm/*Busche*, § 642 Rn. 8 ff.

I. Leistungsgefahr und Herstellungsrisiko

735 Die Leistungsgefahr betrifft nach üblichem Verständnis die Frage, wer im Falle der Unmöglichkeit der Leistung das Risiko trägt, diese nicht zu erhalten. Nach der allgemeinen, auch im Werkvertragsrecht geltenden Regel des § 275 I (s. AT Rn. 427) ist das stets der Gläubiger, im Werkvertragsrecht also der **Besteller**: Ist die Herstellung des geschuldeten Erfolges **unmöglich**, verliert er den Leistungsanspruch. Da der Unternehmer aber nicht nur ein Tätigwerden, sondern einen Erfolg schuldet, beinhaltet die Leistungsgefahr **nicht** das sog. **Herstellungsrisiko**: Der Unternehmer muss grundsätzlich so lange tätig werden, bis sich der Erfolg einstellt oder seine Erreichung unmöglich wird (§ 275 I) bzw. ihm ein Leistungsverweigerungsrecht nach § 275 II, III zusteht (s. dazu AT Rn. 426). Geht das Werk also vor der Abnahme unter oder verschlechtert es sich, hat der Unternehmer es neu zu errichten, solange die Neuerrichtung noch möglich ist. Begrenzt man hingegen den Begriff der Leistungsgefahr nicht auf die Fälle der Unmöglichkeit, sondern erstreckt ihn auf die Frage, ob der Unternehmer bei einem vergeblichen Leistungsversuch nochmals leisten muss, kann man auch sagen, dass der **Unternehmer** bis zur Abnahme die Leistungsgefahr trägt:[1] Beim zufälligen Untergang der Werkleistung vor der Abnahme muss er sie erneut erbringen, sofern sie noch möglich ist. S. dazu PdW Schuldrecht II **Fall 133**.

Beispiel: Brennt die von U aufgrund eines Werkvertrages mit B neu errichtete Scheune wegen eines Blitzschlags vor der Abnahme ab, hat U diese neu zu errichten. Eine besondere Vergütung erhält er hierfür nicht. Hat sich U lediglich verpflichtet, das Dach der Scheune neu zu decken, so tritt Unmöglichkeit (§ 275 I) ein, da die Leistung jetzt wegen des Wegfalls des Leistungssubstrates nicht mehr erbracht werden kann.

736 Von diesem Herstellungsrisiko wird der Unternehmer erst befreit wenn das Werk abgenommen ist (§ 640 I 1), die geschuldete Abnahme trotz Fristsetzung nicht erfolgt ist (§ 640 I 3) oder ein nicht abnahmefähiges Werk vollendet wird (§ 646). Dann hat der Unternehmer nämlich erfüllt und ist nach § 362 I durch Erfüllung von seiner Leistungspflicht befreit.

Beispiel: Hatte im Beispielsfall U die Scheune fertiggestellt und dem B erfolglos eine angemessene Frist zur Abnahme gestellt, die vor deren Zerstörung abgelaufen war, muss er diese nicht neu errichten: Nach § 640 I 3 gilt das Werk mit Ablauf der Frist als abgenommen. Der Anspruch des B ist nach § 362 I erloschen.

II. Gegenleistungsgefahr (Vergütungsgefahr)

737 Die Gegenleistungsgefahr trägt nach §§ 644 I 1 bis zur **Abnahme** ebenfalls der Unternehmer: Geht ein ganz oder teilweise fertiggestelltes Werk vor der Abnahme **zufällig** (d. h. aufgrund eines weder vom Unternehmer noch vom Besteller zu vertretenden Umstands) unter, so kann der Unternehmer für die bis zum Untergang erbrachten Werkleistungen keinen Werklohn verlangen. Nach § 644 I 2 geht die Gefahr des zufälligen Untergangs des Werkes bereits vor der Abnahme auf den Besteller über, wenn dieser in **Annahmeverzug** gerät (§ 293, zur Haftungsmilderung des § 300 I s. die entsprechenden Ausführungen zum Kaufrecht bei Rn. 50). Das gilt nicht nur für den Annahmeverzug des fertiggestellten Werkes, sondern auch im Falle des Annahmeverzugs durch Unterlassen einer Mitwirkungshandlung

[1] So etwa MünchKomm/*Busche*, § 644 Rn. 10.

(§ 642).[2] Gleiches gilt bei der Versendung des Werkes auf Verlangen des Bestellers (**Versendungswerkvertrag**, § 644 II i. V. m. § 447, zu den Einzelheiten s. o. Rn. 53 ff.).

Zwar gilt § 644 nach h. M. nur für die **Gegenleistungsgefahr**, jedoch ist in den dort genannten Fällen der Unternehmer auch von der **Leistungspflicht** befreit: Immer dann, wenn der Besteller trotz zufälligen Untergangs oder zufälliger Verschlechterung des Werkes die Vergütungsgefahr trägt, wird das werkvertragliche Verhältnis so behandelt, als habe der Unternehmer ordnungsgemäß erfüllt. Der Besteller trägt dann also auch die **Leistungsgefahr** einschließlich des Herstellungsrisikos.[3] 738

Erspart sich der Unternehmer Aufwendungen, weil das Werk während des Annahmeverzuges zerstört oder beschädigt wird (z. B. Transportkosten oder Kosten für die Einweisung des Bestellerpersonals in die Bedienung des Werks), so ist sein nach § 644 I fortbestehender Vergütungsanspruch analog § 326 II 2 zu kürzen, um eine ungerechtfertigte Begünstigung des Unternehmers zu vermeiden.[4] 739

Beispiel: Befand sich B im Beispielsfall (o. Rn. 735) zum Zeitpunkt des Brandes im Annahmeverzug, so behält U nach § 644 I 2 den vollen Vergütungsanspruch. Er muss die Scheune auch nicht neu errichten. Hat er sich aber durch die jetzt nicht mehr erforderliche Abnahme Kosten und Zeit erspart, muss er sich die daraus resultierenden Vermögensvorteile analog § 326 II 2 anrechnen lassen.

III. Sachgefahr

§ 644 I 2 stellt klar, dass der Unternehmer für den **zufälligen** Untergang des vom Besteller gelieferten Stoffes nicht verantwortlich ist. Hat er den Untergang zu vertreten, haftet er nach §§ 280 I, 241 II. 740

Beispiel: Das zu reparierende Kfz des B wird in der Werkstatt des U bei einem Brand zerstört. Hat U den Brand zu vertreten, haftet er nach §§ 280 I, 241 II auf Schadensersatz (daneben kommt selbstverständlich eine deliktische Haftung nach §§ 823 ff. in Betracht).

IV. Vertretenmüssen und Verantwortlichkeit des Bestellers

1. Vertretenmüssen des Bestellers

Hat sich das Werk vor Abnahme aufgrund eines vom Bestellers zu vertretenden Umstandes verschlechtert oder ist es untergegangen, so ist zu unterscheiden: Soweit die Werkleistung damit **unmöglich** geworden ist, wird der Unternehmer nach § 275 I von der Leistungspflicht befreit, sein Vergütungsanspruch bleibt nach § 326 II unter Abzug ersparter Aufwendungen bzw. Anrechnung anderweitigen Erwerbs aufrechterhalten. Ist die Ausführung des Werkes hingegen nicht unmöglich geworden, hat der Unternehmer das Werk neu zu errichten. Für die Mehrkosten haftet der Besteller dann nach §§ 280 I, 241 II (s. auch § 645 II).[5] U.U. kann die Pflichtverletzung des Bestellers aber auch ein Recht zur außerordentlichen Kündigung seitens des Unternehmers begründen (dazu o. Rn. 706) 741

[2] *Looschelders*, BT, Rn. 657; MünchKomm/*Busche*, § 644 Rn. 8; a. A. Bamberger/Roth/*Voith*, § 644 Rn. 15.

[3] MünchKomm/*Busche*, § 644 Rn. 10.

[4] MünchKomm/*Busche*, § 644 Rn. 9; *Looschelders*, BT, Rn. 657.

[5] Staudinger/*Peters/Jacoby* (2008), § 644 Rn. 11.

Beispiel: Brennt im Beispielsfall (o. Rn. 735) die von U aufgrund eines Werkvertrages mit B neu errichtete Scheune wegen einer von B achtlos weggeworfenen Zigarette vor der Abnahme ab, hat U diese neu zu errichten. Die Mehrkosten kann er nach §§ 280 I, 241 II von B ersetzt verlangen.

2. Verantwortlichkeit des Bestellers (§ 645)

742 Keinen Fall des Vertretenmüssens, sondern einer objektiven Verantwortlichkeit regelt § 645. Danach kann der Unternehmer, wenn das Werk vor der Abnahme infolge eines Mangels des vom Besteller gelieferten Stoffes oder einer Anweisung des Bestellers untergegangen ist, verschlechtert oder unausführbar wurde, ohne dass er dies (mit) zu vertreten hat, einen der geleisteten Arbeit entsprechenden Teil seiner Vergütung und Ersatz der darin nicht enthaltenen Auslagen verlangen. Grund dieser von den §§ 326 I, 644 abweichenden Billigkeitsregelung ist, dass der Besteller in diesen Fällen der Gefahr für das Werk näher steht als der Unternehmer.[6]

Ein den Anspruch ausschließendes mitwirkendes Vertretenmüssen des Unternehmers kann dabei insbesondere dann vorliegen, wenn der Unternehmer nicht (im Rahmen des ihm Zumutbaren) den vom Besteller gelieferten Stoff auf seine Tauglichkeit untersucht bzw. Bedenken gegen Anweisungen des Bestellers nicht mitgeteilt hat.

743 Von der Leistungspflicht wird der Unternehmer in diesem Fall ebenfalls **nicht** befreit, sofern nicht ein Fall von Unmöglichkeit eingetreten ist. Er muss das Werk gegen die vereinbarte Vergütung erstellen, bekommt aber zusätzlich die Entschädigung nach § 645. Im Einzelfall kann freilich auch hier ein Grund zur außerordentlichen Kündigung bestehen (s. Rn. 704).

744 Fraglich ist, ob der dieser Regelung zugrundeliegende **Risikogedanke** verallgemeinert werden kann. Teilweise wurde vorgeschlagen, § 645 I 1 dahin auszudehnen, dass der Besteller generell das Risiko von Leistungsstörungen aus seiner Sphäre zu tragen hat (sog. **Sphärentheorie**). Die h. M. folgt dem mit zutreffenden Gründen nicht (s. dazu bereits AT Rn. 445a).[7] Es gibt keinen Grundsatz des Inhalts, dass jeder für die Schäden, die aus seinem Gefahrenbereich herrühren, aufzukommen hat. Dies liefe auf eine allgemeine Gefährdungshaftung hinaus. Auch bei den Gesetzgebungsarbeiten zu § 645 wurde die Aufnahme der Sphärentheorie in das Gesetz ausdrücklich abgelehnt.[8] Die Ablehnung einer allgemeinen Sphärentheorie schließt jedoch eine analoge Anwendung des § 645 I in Einzelfällen nicht aus. Eine solche wird zutreffend bejaht, wenn das Werk vor Abnahme aus Gründen untergeht, die in der Person des Bestellers liegen oder auf Handlungen des Bestellers zurückgehen.[9] S. dazu PdW Schuldrecht II **Fall 134**.

Beispiel (BGHZ 40, 71): Brennt im Beispielsfall (o. Rn. 735) die von U errichtete Scheune vor der Abnahme ab, weil sich von B bereits eingebrachtes Heu selbst entzündet hat, ohne dass B dies zu vertreten hat, ist § 645 I nicht direkt anwendbar, weil der Untergang des Werks weder auf einen von B gelieferten Stoff noch auf eine Anweisung zurückzuführen ist. B hat aber durch eine ihm zurechenbare Handlung das Risiko des Brandes erhöht. § 645 I ist daher analog anzuwenden, U kann einen entsprechenden Teil seiner Vergütung verlangen. Er ist aber weiter verpflichtet, die Scheune gegen das vereinbarte Entgelt zu errichten (welches er **zusätzlich** zur Entschädigung nach § 645 erhält).

---

6 BGHZ 40, 71; 60, 14; 77, 320; 78, 355.

7 S. etwa MünchKomm/*Busche*, § 645 Rn. 15 m. w. N.

8 Vgl. Prot. II S. 234 sowie BGHZ 40, 71, 74.

9 BGHZ 40, 71, 75; 136, 303, 308; aus der Literatur s. *Looschelders*, BT, Rn. 722; MünchKomm/*Busche*, § 645 Rn. 16 m. w. N.

§ 107. Gewährleistung für Sach- und Rechtsmängel

Literatur: *Mundt*, Baumängel und der Mängelbegriff des BGB-Werkvertragsrechts nach dem Schuldrechtsmodernisierungsgesetz, NZBau 2003, 73; *Teichmann*, Schuldrechtsmodernisierung 2001/2002 – Das neue Werkvertragsrecht, JuS 2002, 417.

I. Systematik

1. Anlehnung an die kaufrechtliche Gewährleistung

Ist das Werk mangelhaft erbracht, hat der Besteller die Rechtsbehelfe aus den §§ 633 – 639. Die Systematik dieser gesetzlichen Regelung entspricht im Grundsatz derjenigen des kaufrechtlichen Gewährleistungsrechts, die o. bei Rn. 60 ff. eingehend dargelegt wurde und deren Kenntnis in den folgenden Ausführungen vorausgesetzt wird: Charakteristisch ist auch hier die **Rückführung der Rechtsbehelfe auf das allgemeine Leistungsstörungsrecht**. Die entsprechende Regelung in § 634 ist in weiten Teilen **wortlautidentisch** mit § 437. Schnittstelle ist auch hier die Pflicht des Werkunternehmers zu sach- und rechtsmangelfreier Leistung (§ 633 I). Ist das Werk mangelhaft, so liegt im Falle eines behebbaren Mangels ein Fall **„qualitativer Verspätung"** (s. Rn. 62 f.) vor: Der Besteller kann zunächst Nacherfüllung verlangen (§§ 634 Nr. 1, 635), nach § 323 unter vorheriger Fristsetzung zurücktreten (§§ 634 Nr. 3, 323) und/oder Schadensersatz statt der Leistung oder Aufwendungsersatz i. S. v. § 284 verlangen (§§ 634 Nr. 4, 280 I, III, 281). Ist der Mangel hingegen unbehebbar, liegt ein Fall **„qualitativer Unmöglichkeit"** (s. Rn. 62 f.) vor. Der Besteller kann dann nach §§ 634 Nr. 3, 326 V **ohne Fristsetzung** zurücktreten und/oder nach §§ 634 Nr. 4, 280 I, III, 283 bzw. § 311a II Schadensersatz statt der Leistung oder Aufwendungsersatz i. S. v. § 284 verlangen. S. dazu PdW Schuldrecht II **Fall 135** sowie die **grafische Übersicht** bei Rn. 788. 745

2. Verbleibende Unterschiede im Überblick

Die Übereinstimmung in der Systematik bedeutet freilich keine vollständige Identität. Unterschiede bestehen in einer knapperen Definition des **Sachmangels** (§ 633 II enthält keine Bezugnahme auf Werbeaussagen, s. Rn. 749), im anders geregelten **Wahlrecht** bei der Art und Weise der Nacherfüllung (§ 635 I, dazu u. Rn. 755), in dem im Kaufrecht nicht existierenden **Selbstvornahmerecht** (§§ 634 Nr. 2, 637, u. Rn. 759 ff.) sowie in einer abweichenden Regelung der **Verjährungsfristen** (§ 634a, u. Rn. 778 ff.). 746

II. Der Sachmangel

1. Abweichung der „Istbeschaffenheit" von der „Sollbeschaffenheit"; Abgrenzung vom allgemeinen Leistungsstörungsrecht

Den Begriff des Sachmangels definiert das Werkvertragsrecht in § 633 II weitestgehend wortlautgleich wie das Kaufrecht in § 434: Sachmangel ist auch hier eine für den Besteller negative Abweichung der **Istbeschaffenheit** von der **Sollbeschaffenheit**. Der Begriff der Beschaffenheit entspricht dabei demjenigen des Kaufrechts (dazu o. Rn. 74).[1] 747

[1] MünchKomm/*Busche*, § 633 Rn. 11.

Keinen Sachmangel stellt es damit dar, wenn das Werk lediglich verspätet errichtet wird, ohne dass hierdurch die Gebrauchstauglichkeit als solche beeinträchtigt wird. In einem solchen Fall unterliegen die Ansprüche des Bestellers dem allgemeinen Leistungsstörungsrecht, d. h. unter den Voraussetzungen der §§ 280 I, II, 286 hat er einen Anspruch auf Ersatz des Verspätungsschadens, sofern nicht durch die Verspätung Unmöglichkeit eingetreten ist (absolutes Fixgeschäft, s. AT Rn. 420). Ein Minderungsrecht ist aber ausgeschlossen.

Beispiel (*BGH* NJW 2009, 2743): Der von B gebuchte Flug verspätet sich mit der Folge, dass B einen Anschlussflug nicht erreicht und eine Nacht in einem Hotel verbringen muss. Die Verspätung stellt keinen Sachmangel dar, da der geschuldete Erfolg (Ankunft am Zielort) eingetreten ist und i. d. R. auch keine Unmöglichkeit in Form eines absoluten Fixgeschäfts vorliegt. Es liegt daher eine nach §§ 280 I, II, 286 zu beurteilende Verspätung der Leistung vor (anders im Falle eines Reisevertrags, dazu u. Rn. 807). B kann damit keine Minderung (§ 638), sondern nur einen eingetreten Verspätungsschaden (Übernachtungskosten) geltend machen. Ein Sachmangel läge z. B. vor, wenn der B nicht in der gebuchten „Business-Class", sondern nur in der „Economy-Class" befördert worden wäre.

2. Subjektiver Fehlerbegriff

748 Vorrangig gilt auch im Werkvertragsrecht gem. § 633 II 1, 2 Nr. 1 der **subjektive Fehlerbegriff**, d. h. das Werk ist sachmangelfrei, wenn es die vertraglich vereinbarte Beschaffenheit aufweist oder sich für die nach dem Vertrag vorausgesetzte Verwendung eignet. Bezüglich der Anforderungen an die hierfür notwendige **Beschaffenheitsvereinbarung** gilt das zum Kaufrecht Ausgeführte (o. Rn. 77 ff.). Welche Beschaffenheiten die Parteien vereinbart haben, ergibt sich aus einer Auslegung des Werkvertrags. Zur vereinbarten Beschaffenheit gehört nicht nur die zur Erreichung des Erfolgs vereinbarte Leistung und Ausführungsart, sondern der Erfolg selbst, d. h. die **Funktion**, die das Werk nach dem Parteiwillen erfüllen soll. Ist die Funktionstauglichkeit für den vertraglich vorausgesetzten oder gewöhnlichen Gebrauch vereinbart und ist dieser Erfolg mit der vertraglich vereinbarten Ausführungsart oder den anerkannten Regeln der Technik nicht zu erreichen, schuldet der Unternehmer dennoch die vereinbarte Funktionstauglichkeit. Damit ist eine Werkleistung auch dann mangelhaft, wenn das Werk zwar fachmännisch nach den anerkannten Regeln der Technik ausgeführt ist, den vereinbarten Erfolg aber dennoch nicht herbeiführt.[2] Das gilt auch, wenn die Nichterreichung des Erfolgs auf unzureichenden Vorleistungen oder bestimmten Anweisungen des Bestellers zur Ausführungsart beruht. Der Unternehmer ist dann aber nach § 242 nicht für den Mangel seines Werks verantwortlich, wenn dieser auf verbindliche Vorgaben des Bestellers, von diesem gelieferte Stoffe oder Bauteile oder Vorleistungen anderer Unternehmer zurückzuführen ist und der Unternehmer seine **Prüfungs- und Hinweispflicht** erfüllt hat, d. h. den Besteller auf Bedenken gegenüber der Erreichbarkeit des Erfolges unter diesen Voraussetzungen hingewiesen hat. Die Beweislast für das Vorliegen bestimmter Anweisungen des Bestellers sowie für die Erfüllung der Hinweispflicht trägt dabei der Unternehmer.[3]

Beispiel (BGHZ 174, 110 = JuS 2008, 464 [*Faust*]): U verpflichtet sich zur Errichtung einer Heizungsanlage im Haus des B. Die eingebaute Anlage entspricht genau den Vorgaben im vertraglichen Leistungsverzeichnis und ist an sich auch funktionstauglich, erbringt aber die erforderliche Heizleistung nicht, weil

[2] *BGH* NJW-RR 1995, 472; BGHZ 174, 110 = JuS 2008, 464 (*Faust*); *BGH* NJW 2011, 3780 Tz. 11.

[3] *BGH* NJW 2011, 3780 Tz. 14.

das zur Energieversorgung von B anderweitig in Auftrag gegebene Blockheizkraftwerk die für den vereinbarten Heizungstyp erforderliche Energiezufuhr nicht zu leisten vermag: Es liegt ein Sachmangel vor, weil die vereinbarte Funktion des Werks nicht erfüllt ist. Nach § 242 ist U von der Gewährleistung befreit, wenn er B auf diese Gefahr hingewiesen hat. Der BGH zieht für diese Lösung auch die §§ 13 Nr. 2 und § 4 Nr. 3 VOB/B (dazu u. Rn. 794) heran, die er als Konkretisierung von Treu und Glauben (§ 242) versteht.

3. Objektiver Fehlerbegriff

749 Liegen weder eine Beschaffenheitsvereinbarung noch eine vertraglich vorausgesetzte Verwendung vor, gilt nach § 633 II 2 Nr. 2 der **objektive Fehlerbegriff**, d. h. die Werkleistung muss sich für die gewöhnliche Verwendung eignen und zugleich eine Beschaffenheit aufweisen, die bei Werken der gleichen Art üblich ist und die der Besteller nach der Art des Werkes erwarten kann. Auch hier ist also ebenso wie im Kaufrecht die **objektive Verkehrserwartung** maßgeblich.

Anders als in § 434 I 3 hat der Gesetzgeber allerdings in § 633 II **Werbeaussagen** bewusst nicht erwähnt, da die Regelung in § 434 I 3 auf den Verkauf von Massenware zugeschnitten ist, die typischerweise Gegenstand von Herstellerwerbung ist, was bei Werkleistungen nicht der Fall sei.[4] Sofern jedoch im Einzelfall standardisierte Werkleistungen (z. B. „carglass") Gegenstand einer Werbung durch den Unternehmer oder durch einen Dritten (z. B. einen Franchisegeber) sind, kann diese auch ohne eine entsprechende gesetzliche Regelung die objektive Verkehrserwartung prägen. Eine Analogie zu § 434 I 3 ist daher gar nicht notwendig.[5] Jedenfalls kann aus der ohnehin deklaratorischen Regelung des § 434 I 3 (s. dazu o. Rn. 86) nicht der Umkehrschluss gezogen werden, dass Werbung für den werkvertraglichen Sachmangelbegriff keine Rolle spielen kann. Eigene Werbung des Unternehmers dürfte im Regelfall ohnehin bereits unter den **subjektiven Fehlerbegriff** fallen.[6]

4. Aliud- und Mankoleistung

750 In Übereinstimmung mit § 434 III stellt § 633 II 3 die Erbringung einer anderen als der geschuldeten Werkleistung (aliud-Leistung) sowie die Mankoleistung dem Sachmangel gleich. Auch insoweit gilt das bei Rn. 95 ff. zum Kaufrecht Ausgeführte.

5. Beweislast

751 Die Beweislast für die Sachmangelfreiheit trifft gem. § 363 bis zur Abnahme den Unternehmer, nach der (vorbehaltlosen) Abnahme den Besteller.[7] Dies gilt grundsätzlich selbst dann, wenn der Besteller vor der Abnahme im Wege berechtigter Selbstvornahme (§ 637, dazu u. Rn. 759 ff.) den Mangel beseitigt hat. Allerdings kann es dann nach den (prozessrechtlichen) Grundsätzen der Beweisvereitelung je nach Lage des Einzelfalls zu Beweiserleichterungen bis zu einer Beweislastumkehr kommen, wenn der Besteller bei der Selbstvornahme vorhandene Beweismittel vernichtet, indem er etwa ausgetauschte Teile, die für die Beweisführung des Unternehmers von Bedeutung sind, nicht verwahrt (s. dazu bereits o. Rn. 111, 247).[8]

---

[4] BT-Drs. 14/6040, S. 261.
[5] Für eine solche *Oetker/Maultzsch*, § 8 Rn. 32.
[6] S. dazu *Looschelders*, BT, Rn. 732.
[7] *BGH* NJW 2009, 360 Tz. 14 m. w. N.
[8] *BGH* NJW 2009, 360 Tz. 20.

III. Der Rechtsmangel

752 Auch der Begriff des Rechtsmangels wird in § 633 III wortlautgleich zur entsprechenden Regelung des Kaufrechts (§ 435 S. 1) definiert. Das Werk muss so hergestellt werden, dass Dritte in Bezug darauf keine oder nur die im Vertrag übernommenen Rechte gegen den Besteller geltend machen können. Als solche Rechte Dritter kommen insbesondere gewerbliche Schutzrechte wie Urheberrechte oder Patentrechte, aber auch das Allgemeine Persönlichkeitsrecht in Betracht.[9]

Beispiel (*BGH* NJW-RR 2003, 1285, PdW Schuldrecht II **Fall 136**): U soll für B einen Fernseh-Werbespot produzieren. Dabei benutzt er urheberrechtlich geschützte Musik des Komponisten D. Nach Ausstrahlung muss B dem D nach § 812 I 1 Alt. 2 (Eingriffskondiktion) die übliche Lizenzgebühr zahlen. Es liegt ein Rechtsmangel vor, U hat dem B gem. §§ 634 Nr. 3, 280 I Schadensersatz i. H. der Lizenzgebühr zu leisten, sofern er nicht die Vermutung des Vertretenmüssens (§ 280 I 2) widerlegen kann.

IV. Der maßgebliche Zeitpunkt

753 Anders als § 434 legt § 633 II den für das Vorliegen eines Mangels maßgeblichen Zeitpunkt nicht ausdrücklich fest. Dennoch ist wie im Kaufrecht (dazu o. Rn. 105, 119) auch im Werkvertragsrecht sowohl für Sachmängel als auch für Rechtsmängel auf den Zeitpunkt des **Gefahrübergangs** (bzgl. der Gegenleistungsgefahr), d. h. im Regelfall auf die **Abnahme** abzustellen (§ 644, s. dazu o. Rn. 737 ff.).[10] Vor diesem Zeitpunkt gilt ausschließlich das allgemeine Leistungsstörungsrecht: Der Besteller hat den (der Regelverjährung unterliegenden) Erfüllungsanspruch, im Falle der Nichterfüllung die Rechte aus §§ 280 ff., 311a II, 323 und 326.[11]

V. Die Rechtsbehelfe des Bestellers

1. Die Rechtsgrundverweisung des § 634 als Ausgangspunkt

754 Ebenso wie im Kaufrecht § 437 ist im Werkvertragsrecht die weitgehend wortlautgleiche Regelung des § 634 Ausgangspunkt der Gewährleistung. Die Vorschrift ist ebenso wie § 437 eine **Rechtsgrundverweisung**, die katalogartig die Rechtsbehelfe des Bestellers im Falle einer mangelhaften Leistung aufzählt. Von § 437 unterscheidet sie sich lediglich durch die dort nicht vorgesehene Möglichkeit der Selbstvornahme (§ 634 Nr. 2). Im Übrigen aber verweist sie auf dieselben Regelungen des allgemeinen Leistungsstörungsrechts über die Verspätung und die Unmöglichkeit der Leistung. Die in § 634 Nr. 3 und Nr. 4 verwiesene Regelung des § 636 (Entbehrlichkeit der Fristsetzung) entspricht funktional der in § 437 Nr. 2, 3 genannten Regelung des § 440. Eigenständige Bedeutung erlangt § 634 ebenso wie § 437 im Kaufrecht als Anknüpfungspunkt für die Verjährungsregelung in § 634a (s. dazu o. Rn. 120).

2. Nacherfüllungsanspruch (§§ 634 Nr. 1, 635)

755 Ist der Mangel des Werks behebbar, kann der Besteller zunächst Nacherfüllung verlangen. In Bezug auf die Rechtsnatur dieses (eigenständigen) Anspruchs gilt das zum Kaufrecht Ausgeführte. Die Nacherfüllung kann grundsätzlich durch **Beseitigung**

[9] S. dazu etwa *BGH* NJW 2010, 1533 (Installation einer Überwachungskamera).

[10] *BGH* NJW-RR 2003, 1285 (zum früheren Recht); *Looschelders*, BT, Rn. 736; MünchKomm/*Busche*, § 633 Rn. 7; Staudinger/*Peters/Jacoby* (2008), § 634 Rn. 11.

[11] *BGH* NJW 2010, 2200 Tz. 15.

des Mangels oder durch **Neuerrichtung** des Werks erfolgen. Anders als im Kaufrecht, wo das Wahlrecht gem. § 439 I dem Käufer zusteht, kann der **Unternehmer** zwischen beiden Arten der Nacherfüllung wählen.

Die Abweichung erklärt sich aus der unterschiedlichen Interessenlage im Werkvertragsrecht: Der Werkunternehmer ist viel enger als ein Verkäufer mit dem Herstellungsprozess befasst und kann daher die geeignete Art der Nacherfüllung i. d. R. besser beurteilen als der Besteller.

Dabei kann der Unternehmer im Wege der Nacherfüllung grundsätzlich auch zur vollständigen Neuerrichtung verpflichtet sein, wenn eine Mängelbeseitigung nur auf diese Weise möglich ist. S. dazu PdW Schuldrecht II **Fall 139**.

Erfüllungsort bzw. **Leistungsstelle** der Nacherfüllungsverpflichtung ist nach bishe- 756
riger Rspr. nicht der ursprüngliche Erfüllungsort, sondern der Ort, an welchem sich das Werk „vertragsgemäß befindet".[12] Ob dies angesichts der diesbezüglichen Änderung der Rechtsprechung zum Erfüllungsort der kaufrechtlichen Nacherfüllung aufrechterhalten werden kann (s. dazu o. Rn. 128), ist allerdings fraglich. Richtigerweise ist der Erfüllungsort nicht anders als dort nach § 269 zu bestimmen.

Ebenso wie im Kaufrecht hat der Unternehmer die **Kosten der Nacherfüllung** zu 757
tragen (vgl. § 635 II mit § 439 II) sowie im Falle der Neuerrichtung einen Anspruch auf **Rückgewähr des mangelhaften Werks** (vgl. § 635 IV mit § 439 IV).

Ausgeschlossen ist der Nacherfüllungsanspruch im Falle der **Unmöglichkeit** der 758
Nacherfüllung, d. h. bei einem **unbehebbaren Mangel** (§ 275 I; z. B. wenn das mangelhaft reparierte Kfz zerstört wird), in den Fällen des §§ 275 II, III sowie im Falle der Unverhältnismäßigkeit der Kosten im Vergleich zum Nutzen der Nacherfüllung für den Besteller (§ 635 III). Diese Vorschrift ist ebenso wie die Parallelvorschrift § 439 III als ein Fall von § 275 II mit einer „niedrigeren Schwelle" zu verstehen (s. o. Rn. 137).

Im Falle eines **unberechtigten Nacherfüllungsverlangens** gilt das zum Kaufrecht 758a
Ausgeführte entsprechend (s. o. Rn. 145 f). Jedenfalls darf der Unternehmer die Mängelbeseitigung nicht davon abhängig machen, dass der Besteller eine Kostenübernahme für den Fall des Nichtvorliegens eines Mangels abgibt.[13]

3. Selbstvornahme (§§ 634 Nr. 2, 637); Vereitelung der Nacherfüllung

Keine Parallele im Kaufrecht (wohl aber im Mietrecht, s. § 536a II und o. Rn. 463) 759
hat das in § 637 geregelte Recht des Bestellers zur **Selbstvornahme der Mängelbeseitigung**. Hat er dem Unternehmer erfolglos eine angemessene Frist zu Nacherfüllung gesetzt, so kann er den Mangel selbst beseitigen und Ersatz der **ihm dadurch entstandenen Kosten** (und nicht etwa nur der dem Unternehmer ersparten Aufwendungen) verlangen. § 637 III gibt dem Besteller in diesem Fall überdies einen Anspruch auf die Zahlung eines Vorschusses. Dieser ist – anders als Schadensersatz statt der Leistung – zweckgebunden zu verwenden und zurückzuzahlen, wenn der Besteller die Mängelbeseitigung nicht binnen angemessener Frist vorgenommen hat. Der Anspruch ergibt sich dabei aus einer Nebenpflicht aus dem Werkvertrag.[14]

---

12 *BGH* NJW-RR 2008, 724 mit krit. Anm. *Unberath*, LMK 2008, 258846.

13 *BGH* NJW 2010, 3649.

14 *BGH* NJW 2010, 1192; zur Verjährung des Rückzahlungsanspruchs s. *BGH* NJW 2010, 1195 (Regelverjährung nach § 195).

Nach § 637 II ist die Fristsetzung unter den Voraussetzungen des § 323 II, d. h. aus denselben Gründen wie beim Rücktritt entbehrlich.

Beseitigt der Besteller den Mangel selbst, kann er auch für den Einsatz seiner Arbeitskraft Geldersatz verlangen. Dieser orientiert sich an dem üblichen Arbeitslohn der jeweiligen Branche.[15]

Selbstverständlich setzt das Selbstvornahmerecht einen Anspruch auf Nacherfüllung voraus, so dass es nicht besteht, wenn der Mangel unbehebbar oder die Nacherfüllung auch nur dem Unternehmer subjektiv unmöglich ist, § 275 I[16], oder er die Nacherfüllung nach §§ 275 II, III oder § 635 III (berechtigt) verweigert hat. Das bloße Bestehen eines Verweigerungsrechts ist hingegen nicht ausreichend.

Der Fall der Selbstvornahme bei subjektiver Unmöglichkeit der Nacherfüllung durch den Unternehmer dürfte kaum praktische Bedeutung haben. Da der Unternehmer die Nacherfüllung nicht persönlich durchführen muss, sind kaum Fälle vorstellbar, in welchen ihm die Nacherfüllung unmöglich ist, der Besteller aber zugleich zu einer Selbstvornahme in der Lage ist.

760 Nach zutreffender Auffassung ist das Selbstvornahmerecht nach § 637 ebenso wie die entsprechende Vorschrift im Mietrecht (§ 536a II, dazu o. Rn. 463) grundsätzlich **abschließend**. Sind die Voraussetzungen von § 637 nicht gegeben, kann für einen Anspruch auf Ersatz der vom Besteller getätigten Aufwendungen nicht auf andere denkbare Rechtsinstitute wie etwa GoA oder Bereicherungsrecht zurückgegriffen werden.[17] S. dazu PdW Schuldrecht II **Fall 137**.

761 Nicht präjudiziert ist damit aber die auch im Kaufrecht ausführlich diskutierte Frage, ob der Besteller im Falle einer **unberechtigten Selbstvornahme** oder sonstigen **Vereitelung der Nacherfüllung** nach § 326 II 2 Ersatz bzw. Anrechnung der dem Unternehmer hierdurch **ersparten Kosten** (s. § 635 II) verlangen kann. Die sind nämlich mit den von § 637 erfassten Aufwendungen des Bestellers keineswegs identisch, so dass eine Umgehung der Tatbestandsvoraussetzungen des § 637 gerade nicht im Raum steht. Das ist ebenso str. wie im Kaufrecht, richtigerweise aber zu bejahen (dazu eingehend o. Rn. 139 ff. sowie PdW Schuldrecht II **Fall 137**).[18]

4. Rücktritt (§§ 634 Nr. 3, 323, 326 V)

a) Behebbarer Mangel: „Qualitative Verzögerung"

762 Ist der Mangel behebbar, kann der Besteller gem. §§ 634 Nr. 3, 323 ebenso wie ein Käufer zurücktreten, wenn er dem Unternehmer erfolglos eine Frist zur Nacherfüllung gesetzt hat. Die Fristsetzung ist wie im Kaufrecht unter den Voraussetzungen des § 323 II entbehrlich. Sie ist nach § 636 weiter entbehrlich, wenn der Unternehmer die Nacherfüllung (berechtigt) nach § 635 III verweigert oder diese **fehlgeschlagen** oder dem Besteller **unzumutbar** ist. § 636 entspricht also vollständig der entsprechenden kaufrechtlichen Regelung in § 440, so dass das hierzu bei Rn. 153 Ausgeführte hier nicht zu wiederholen ist. Im Unterschied zu § 440 enthält § 636 allerdings keine Vermutung des Fehlschlagens der Nacherfüllung nach dem zweiten

[15] BGHZ 59, 328.

[16] *Looschelders*, BT, Rn. 742.

[17] BGHZ 46, 242; 70, 398, 389; MünchKomm/*Busche*, § 637 Rn. 7, 16; Bamberger/Roth/*Voit* § 637 Rn. 17; Staudinger/*Peters/Jacoby*, § 634 Rn. 40 f.

[18] *Herresthal/Riehm*, NJW 2005, 1457, 1460; *Katzenstein*, ZGS 2004, 300, 305; Bamberger/Roth/*Voit*, § 637 Rn. 17; a. A. MünchKomm/*Busche*, § 637 Rn. 16; Palandt/*Sprau*, § 637 Rn. 1; Staudinger/*Peters/Jacoby*, § 634 Rn. 43; *Dauner-Lieb/Dötsch*, NZBau 2004, 233, jeweils m. w. N.

Nacherfüllungsversuch. Angesichts der Verschiedenartigkeit und der möglichen Komplexität von Werkleistungen wäre hier eine solche Regelung unangemessen gewesen.

Nach § 323 V 2, VI ist der Rücktritt ebenso wie im Kaufrecht ausgeschlossen, wenn 763
der Mangel **unerheblich** oder der Besteller für die Nichtvornahme der Nacherfüllung „allein oder weit überwiegend verantwortlich" ist (s. dazu Rn. 154 f.).

Auch hinsichtlich der Ausübung des Rücktrittsrechts, des *ius variandi* des Bestellers 764
und der Rücktrittsfolgen gilt das zum Kaufrecht in diesem Zusammenhang Ausgeführte (dazu o. Rn 148 ff.).

b) Unbehebbarer Mangel: „Qualitative Unmöglichkeit"

Im Falle eines unbehebbaren Werkmangels kann der Besteller ebenso wie ein Käufer 765
nach §§ 634 Nr. 3, 326 V, 323 zurücktreten. Mit Ausnahme des Fristsetzungserfordernisses gilt für dieses Rücktrittsrecht dasselbe wie für das Rücktrittsrecht im Falle eines behebbaren Mangels im Kaufrecht (dazu o. Rn. 159 ff.).

5. Minderung (§§ 634 Nr. 3, 638)

Die Minderung ist in § 638 nahezu wortlautidentisch zur kaufrechtlichen Regelung 766
in § 441 formuliert. Ebenso wie dort knüpft das Minderungsrecht an ein bestehendes Rücktrittsrecht an, besteht jedoch nach § 638 I 2 anders als dieses auch bei einem unerheblichen Mangel. Im Falle eines behebbaren Mangels setzt also die Minderung ebenfalls grundsätzlich den fruchtlosen Ablauf einer Nacherfüllungsfrist voraus (§ 323), im Falle eines unbehebbaren Mangels ist dies nicht erforderlich (§ 326 V). Berechnung, Ausübung und Rechtsfolgen der Minderung entsprechen denjenigen der kaufrechtlichen Minderung: Die Minderung ist ein **Gestaltungsrecht**, das zur anteiligen Herabsetzung des Werklohns führt, s. zum Ganzen die Ausführungen bei Rn. 164 ff.

6. Schadensersatzansprüche (§§ 634 Nr. 4; 280, 281, 283, 311a II)

a) Übereinstimmung mit dem kaufrechtlichen System

Nach § 634 Nr. 4 kann der Besteller unter den Voraussetzungen der §§ 636, 280, 767
281, 283, 311a Schadensersatz bzw. nach § 284 Ersatz vergeblicher Aufwendungen verlangen. Sämtliche Schadensersatzansprüche ergeben sich damit wie im Kaufrecht (s. die parallele Regelung in § 437 Nr. 3) aus dem Allgemeinen Leistungsstörungsrecht (s. dazu Rn. 170). Sie sind abhängig vom Vertretenmüssen des Werkunternehmers, das jedoch nach § 280 I 2 bzw. § 311a II 2 vermutet wird. Durch die Integration der Garantie in den Begriff des Vertretenmüssens ist auch die Möglichkeit einer verschuldensunabhängigen Haftung eröffnet (s. dazu die Ausführungen zum Kaufrecht bei Rn. 204 ff.).

b) Abgrenzung der Schadensarten

Auch die Abgrenzung zwischen den verschiedenen Schadensarten im Rahmen von 768
§ 280 I – III und § 311a II (einfacher Schadensersatz, Schadensersatz wegen Verzögerung der Leistung und Schadensersatz statt der Leistung) entspricht derjenigen des

Kaufrechts: Schadensersatz „neben" der Leistung ist auch hier der durch die Mangelhaftigkeit der Werkleistung endgültig eingetretene Schaden, der durch eine (gedachte) Nacherfüllung nicht behoben würde. Damit ist insbesondere der sog. Mangelfolgeschaden nach §§ 634 Nr. 4, 280 I, 249 ohne die weiteren in § 280 II, III genannten Voraussetzungen ersetzbar. Maßgebliche Pflichtverletzung ist die Verletzung der Pflicht aus § 633 I, ein Rückgriff auf § 241 II ist insoweit nicht notwendig (s. dazu Rn. 66).

Beispiel (s. *BGH* NJW 1993, 932; PdW Schuldrecht II **Fall 143**): Werkunternehmer U schließt bei der Wartung eines Privatflugzeugs des B eine dabei neu einzubauende Tankanzeige fahrlässig falsch an. Aufgrund von dadurch verursachten Fehlinformationen über den Treibstoff muss B notlanden, wobei das Flugzeug beschädigt wird. B lässt den Schaden reparieren, dabei wird auch die Tankuhr korrekt angeschlossen. B verlangt Schadensersatz der gesamten Reparaturkosten sowie den Ersatz während der Reparaturzeit entgangener Mieteinnahmen. U ist gem. §§ 634 Nr. 4, 280 I, 249 wegen Verletzung der Pflicht aus § 633 I zum Ersatz der Reparaturkosten und des Verdienstausfalls verpflichtet (Schadensersatz neben der Leistung). Die Kosten für einen korrekten Anschluss der Tankanzeige stellen hingegen Schadensersatz statt der Leistung dar, d. h. sie sind nach §§ 634 Nr. 4, 280 I, III, 281 grundsätzlich erst ersetzbar, wenn B dem U vergeblich eine angemessene Nacherfüllungsfrist gesetzt hat. Im konkreten Fall liegt es angesichts des Sicherheitsrisikos aber nahe, eine Fristsetzung nach § 636 wegen Unzumutbarkeit für entbehrlich zu halten.

769 Auch für die Problematik des „mangelbedingten Betriebsausfalls" gilt das zum Kaufrecht bei Rn. 183 Ausgeführte entsprechend: Er ist nicht als Schadensersatz wegen Verzögerung der Leistung (§ 280 II), sondern als „einfacher" Schadensersatz neben der Leistung zu qualifizieren.[19]

Beispiel: Entgehen dem B im obigen Beispielsfall Mieteinnahmen, weil er das Flugzeug wegen eines Fehlers des U bei den Wartungsarbeiten nicht nutzen kann, kann er hierfür gem. §§ 634 Nr. 4, 280 I verzugsunabhängig Ersatz verlangen.

Eigenständige Bedeutung hat der Verzögerungsschaden bei Werkmängeln daher wie im Kaufrecht nur unter dem Gesichtspunkt der Verzögerung der Nacherfüllung. Das ist aber nur dann relevant, wenn der Unternehmer die ursprünglich mangelhafte Leistung nicht, wohl aber die Verzögerung der Nacherfüllung zu vertreten hat (s. dazu Rn. 185). Da der Werkunternehmer allerdings anders als ein Käufer die Herstellung schuldet, wird ihm der Entlastungsbeweis nach § 280 I 2 deutlich seltener gelingen als einem Käufer.

c) Voraussetzungen des Schadensersatzes statt der Leistung

770 Schadensersatz statt der Leistung kann der Besteller im Falle eines **behebbaren Mangels** unter den Voraussetzungen der §§ 634 Nr. 4, 280 I, III, 281 grundsätzlich erst nach fruchtlosem Ablauf einer dem Unternehmer gesetzten Nacherfüllungsfrist verlangen. Die Fristsetzung ist unter den Voraussetzungen der §§ 281 II, 636 entbehrlich. Hierfür sowie für die Frage des Bezugspunkts des Vertretenmüssens gelten die zum Kaufrecht gemachten Ausführungen entsprechend, s. dazu o. Rn. 172 ff.

Ist der Mangel unbehebbar, kommt es (nur!) für die Frage des Schadensersatzes statt der Leistung darauf an, ob die Unbehebbarkeit des Mangels bereits vor Vertragsschluss bestand oder erst nachträglich eingetreten ist. Im ersten Fall ergibt sich der Anspruch aus §§ 634 Nr. 4, 311a II, im zweiten aus §§ 634 Nr. 1, 280 I, III, 283.

[19] A. A. *Looschelders*, BT, Rn. 691.

Da das Werk ja erst nach Vertragsschluss herzustellen ist, ist ein **anfänglich unbehebbarer** Mangel in diesem Sinne nur dann vorstellbar, wenn das geschuldete Werk (aus tatsächlichen oder rechtlichen Gründen) zwar ausführbar, aber objektiv nicht mit den vereinbarten Eigenschaften herstellbar ist. Auch hier ist die praktische Bedeutung der Haftung nach §§ 634 Nr. 4, 311a II gering.[20] Im Regelfall dürfte es dann gar nicht zur Abnahme kommen, so dass der Fall dann allein im allgemeinen Leistungsstörungsrecht zu lösen ist. § 311a II ist dann direkt anzuwenden (s. dazu o. Rn. 753). Kann das Werk nur subjektiv nicht mangelfrei ausgeführt werden, liegt ein unbehebbarer anfänglicher Mangel nur bei **höchstpersönlicher Leistungsverpflichtung** vor. Der Unternehmer haftet dann nach §§ 634 Nr. 4, 311a II auf Schadensersatz statt der Leistung, sofern er nicht nachweist, dass er die Unmöglichkeit bzw. (bei höchstpersönlichen Leistungsverpflichtungen) seine Unfähigkeit, das Werk mangelfrei herzustellen weder kannte noch fahrlässig verkannt hat.

Beispiel: Kunstmaler M verpflichtet sich gegenüber B zur Herstellung eines Deckengemäldes (Fresko) in einer neu errichteten Kirche. Da er die Fresko-Maltechnik nicht beherrscht, wird das Gemälde mangelhaft erstellt. Ein mangelfreies Fresko aus der Hand des M hätte den Wert des Gebäudes um 30.000 EUR erhöht. Der Besteller kann nach §§ 634 Nr. 4, 311a II Schadensersatz statt der Leistung verlangen, sofern U nicht nachweist, dass er seine Unfähigkeit weder kannte noch kennen musste.

Eher vorstellbar ist die Konstellation eines nachträglich unbehebbaren Mangels: Der mit einer Reparatur beauftragte Werkunternehmer zerstört den zu reparierenden Gegenstand während der Vornahme der Nacherfüllung. In einem solchen Fall unterliegt der Anspruch auf Schadensersatz statt der Leistung §§ 634 Nr. 4, 280 I, III, 283, d. h. eine Fristsetzung ist nicht erforderlich.

d) Inhalt des Schadensersatzanspruchs

Bezüglich des **Inhalts des Schadensersatzanspruches** gelten die allgemeinen Regeln. 771
Insbesondere ist **Schadensersatz statt der ganzen Leistung** („großer Schadensersatz") bei einem nur unerheblichen Mangel nach § 281 I 2, 3 (ggf. über die Verweisungen in § 283 S. 2 und § 311a II 3) ausgeschlossen, s. Rn. 180, zu den Einzelheiten s. AT Rn. 454. Der Schadensersatzanspruch ist von vorneherein auf Geldersatz gerichtet („statt der Leistung"), Naturalrestitution kommt also nicht in Betracht (s. dazu AT Rn. 499). Der Besteller kann nach seiner Wahl entweder Ausgleich des mangelbedingten Minderwerts des Werkes oder Ersatz der zur Beseitigung des Mangels erforderlichen Kosten verlangen.[21] Anders als den Vorschuss nach § 637 III (dazu o. Rn. 759) kann er diesen Betrag aber beliebig verwenden.[22]

7. Aufwendungsersatz (§§ 634 Nr. 4, 284)

Anstelle des Schadensersatzes statt der Leistung kann der Besteller ebenso wie ein 772
Käufer nach §§ 634 Nr. 4, 284 Ersatz der Aufwendungen verlangen, die er im Vertrauen auf den Erhalt eines mangelfreien Werkes gemacht hat (s. dazu oben Rn. 181 sowie eingehend AT Rn. 455 ff.). In Betracht kommen hier etwa vergebliche Vorbereitungskosten des Bestellers.

---

[20] So auch *Looschelders*, BT, Rn. 694.

[21] BGHZ 186, 330 Tz. 11.

[22] Wobei dieser nach BGH a.a. O. die Umsatzsteuer nur einschließt, wenn die Mängelbeseitigung tatsächlich vorgenommen wird.

8. Mängeleinrede (§ 641 III)

773 Nach § 641 III kann der Besteller, wenn er die „Beseitigung des Mangels" (gemeint ist Nacherfüllung i. S. v. § 635) verlangen kann, **nach der Abnahme** die Zahlung eines „angemessenen Teils der Vergütung verweigern", i. d. R. in Höhe des Doppelten der dafür erforderlichen Kosten (sog. „Druckzuschlag"). Die Regelung ist *lex specialis* zu § 320, der im Kaufrecht die Mängeleinrede des Käufers begründet (s. o. Rn. 186). Der „Druckzuschlag" soll den Unternehmer zu der ihm häufig lästigen Nacherfüllung bei kleineren Mängeln anhalten. § 641 III konkretisiert insoweit die Regelung des § 320 II.

Im Falle eines nicht durch Nacherfüllung i. S. v. § 635 behebbaren Mangels entfällt dieses Recht gem. § 275 I. Hinsichtlich des Leistungsverweigerungsrechts gilt dann ebenfalls das zum Kaufrecht Ausgeführte entsprechend: Der Besteller muss sich zwischen Rücktritt, Minderung und Schadensersatz entscheiden, solange seine Gewährleistungsansprüche noch nicht verjährt bzw. verfristet sind (s. o. Rn. 187). Eine eigenständige Rücktritts- bzw. Minderungseinrede existiert nach § 634a IV 2, V ebenso wie im Kaufrecht (§ 438 IV und V) erst nach Verjährung bzw. Verfristung der Gewährleistungsansprüche.

774 Zu beachten ist aber, dass der Besteller bei einer mangelhaften Werkleistung ohnehin die Abnahme verweigern kann, sofern der Mangel nicht unwesentlich ist (s. Rn. 729). Dann wird der Werklohnanspruch gem. § 641 I schon nicht fällig, so dass der Besteller auch ohne besondere Mängeleinrede die Zahlung (vollständig!) verweigern darf.

VI. Begrenzungen und Erweiterungen der Gewährleistung

1. Begrenzungen

a) Gesetzlicher Ausschluss

775 Nach § 640 II verliert der Besteller die in § 634 Nr. 1–3 genannten Rechte, d. h. den Anspruch auf Nacherfüllung, das Recht zu Selbstvornahme, Rücktritt und Minderung und damit auch die Mängeleinrede nach § 641 III (s. Rn. 773), wenn er das Werk in Kenntnis des Mangels **abnimmt**, sofern er sich nicht bei der Abnahme seine Gewährleistungsrechte vorbehält. Das Gesetz verlangt aber **positive** Kenntnis, d. h. auch grobe Fahrlässigkeit schadet dem Besteller nicht. Das vom Vertretenmüssen abhängige Recht auf Schadensersatz und Aufwendungsersatz nach § 634 Nr. 4 verliert er jedoch durch die Abnahme keinesfalls. Macht der Besteller, der nach § 640 II das Recht auf Nacherfüllung verloren hat, wegen eines behebbaren Mangels einen Anspruch auf Schadensersatz der Leistung geltend, hat er aber dennoch durch Fristsetzung gem. §§ 634 Nr. 4, 280 I, II, 281 dem Unternehmer Gelegenheit zur Nacherfüllung zu geben, denn § 640 II bezweckt insoweit keine Besserstellung des Bestellers.[23]

b) Vertragliche Begrenzung der Gewährleistung

776 Auch ein vertraglicher Ausschluss oder eine Begrenzung der Gewährleistung ist, wie sich im Umkehrschluss aus § 639 ergibt, grundsätzlich möglich. Ebenso wie im

[23] *Looschelders*, BT, Rn. 698.

Kaufrecht (s. die gleich formulierte Regelung in § 444, dazu o. Rn. 193) kann sich der Unternehmer aber auf die Begrenzung nicht berufen, soweit er den Mangel arglistig verschwiegen oder eine Beschaffenheitsgarantie übernommen hat.

Im Übrigen sind bei einem Ausschluss oder einer (auch nur zeitlichen) Beschränkung der Gewährleistung im Wege **Allgemeiner Geschäftsbedingungen** ebenso wie im Kaufrecht insbesondere die §§ 309 Nr. 7 a, b zu beachten (s. dazu o. Rn. 195).

2. Erweiterungen: Garantien

Ebenso wie das Kaufrecht lässt auch das Werkvertragsrecht Raum für Garantieübernahmen des Unternehmers. I.d.R. dürfte es sich dabei um (unselbständige) **Beschaffenheitsgarantien** handeln, d. h. um die Übernahme einer Garantie i. S. v. § 276 I. Auch Haltbarkeitsgarantien sind selbstverständlich möglich. Gleiches gilt für selbständige Garantien Dritter (wie etwa die Herstellergarantie im Kaufrecht), wenngleich sie praktisch seltener sein dürften, s. zum Ganzen o. Rn. 198 ff. 777

VII. Verjährung der Gewährleistungsrechte

1. Systematik der gesetzlichen Regelung, Gegenstand der Verjährung

Auch im Werkvertragsrecht war die Neuregelung der Verjährung ein wesentliches inhaltliches Ziel der Schuldrechtsmodernisierung 2002. Ebenso wie das Kaufrecht verfügt auch das werkvertragliche Gewährleistungsrecht über ein eigenes, vom System der Regelverjährung (§§ 194 ff.) abweichendes Verjährungsregime. Gegenüber diesem zeichnet es sich insbesondere durch i. d. R. **kürzere Fristen** und einen **objektiven**, d. h. kenntnisunabhängigen **Beginn der Verjährung** aus. 778

Die gesetzliche Regelung in § 634a weist dabei systematisch deutliche Parallelen zur entsprechenden kaufrechtlichen Regelung in § 439 auf (s. PdW Schuldrecht II **Fall 141**): Gegenstand der Verjährung sind unmittelbar nur die in § 634 Nr. 1, 2 und 4 bezeichneten Ansprüche, d. h. der Anspruch auf Nacherfüllung, Aufwendungsersatz nach Selbstvornahme und Schadensersatzansprüche. Bei Schadensersatzansprüchen gilt die Verjährungsregel unabhängig von der Schadensart für alle Schäden, die auf die Mangelhaftigkeit des Werkes zurückzuführen sind, d. h. auch für **Mangelfolgeschäden**, selbst wenn man diese (unnötigerweise) auf eine Verletzung der Pflicht aus § 241 II zurückführt. Sie gilt aber **nicht** für konkurrierende Deliktsansprüche, s. dazu die Ausführungen zum Kaufrecht bei Rn. 211 f. sowie PdW Schuldrecht II **Fall 142, 143**. 779

Bei **Rücktritt** und **Minderung** (§ 634 Nr. 3) besteht ebenso wie im Kaufrecht das konstruktive Problem, dass diese Gestaltungsrechte als solche nicht der Verjährung unterliegen können. § 634a IV und V gehen daher denselben Umweg über § 218 wie § 439 IV und V: Die Berufung auf die Verjährung eines (ggf. fiktiven) Nacherfüllungsanspruchs führt zur Unwirksamkeit des erklärten Rücktritts bzw. der erklärten Minderung, s. dazu eingehend o. Rn. 213 ff. 780

2. Verjährungsfristen

a) Arbeiten an einer Sache oder einem Bauwerk

781 Nach § 634a I Nr. 1 verjähren die in § 634 genannten Gewährleistungsansprüche bei Werkleistungen, deren geschuldeter Erfolg in der Herstellung, Wartung oder Veränderung einer Sache oder in der Erbringung eine Planungs- oder Überwachungsleistung hierfür besteht, in **zwei Jahren**. Besteht die Werkleistung in der Erstellung eines Bauwerks oder einer Planungs- oder Überwachungsleistung hierfür, beträgt die Verjährungsfrist gem. § 634a I Nr. 2 **fünf Jahre**.

782 Gemeint sind hier insbesondere Planungs- und Überwachungsleistungen von Architekten, Statikern und Bauleitern. Die Synchronisierung der Mängelverjährung für die gegenständliche Werkleistung und die dafür erforderlichen Planungs- oder Überwachungsleistung gewährleistet, dass Gewährleistungsansprüche, insbesondere Schadensersatzansprüche gegen den Bauunternehmer und den Architekten nicht unterschiedlichen Verjährungsfristen unterliegen, was auch beim Gesamtschuldnerausgleich zwischen diesen Personen zu Regressproblemen geführt hätte.

Regressprobleme mildert auch die Tatsache, dass kaufrechtliche Gewährleistungsansprüche eines Bauunternehmers gegen seinen Baustofflieferanten ebenfalls einer fünfjährigen Verjährung unterliegen, wenn die Mängel des Baustoffs zu einem Mangel des Bauwerks geführt haben (§ 438 I Nr. 2 b, dazu o. Rn. 219).

783 Die Frist **beginnt** in diesen Fällen gem. § 634a II mit der **Abnahme**. Der Fristbeginn ist also ebenso wie im kaufrechtlichen Gewährleistungsrecht aus Rechtssicherheitsgründen **objektiv** bestimmt: Es kommt nicht darauf an, ob der Besteller den Mangel kannte oder erkennen konnte.

Im o. bei Rn. 768 genannten Beispiel sind damit Gewährleistungsrechte einschließlich der Ansprüche auf den Ersatz von Mangelfolgeschäden verjährt, wenn die Notlandung des Privatflugzeugs über 2 Jahre nach Abnahme der Werkleistung erfolgt. Ansprüche aus § 823 I sind aber unverjährt (s. PdW Schuldrecht II **Fall 143**).

784 Im Falle **arglistigen Verschweigens** eines Mangels unterliegt die Verjährung gem. § 634a III der **Regelverjährung**, jedoch tritt im Falle von § 634a I Nr. 2 (Bauwerk) die Verjährung nicht vor Ablauf der dort geltenden 5-Jahresfrist ein (die im Einzelfall länger sein kann als die regelmäßige Verjährungsfrist). Wichtigste Folge ist, dass in diesem Fall auch für den Verjährungsbeginn das **subjektive System** des allgemeinen Verjährungsrechts gilt, die Verjährung also erst mit Kenntnis bzw. Kennenmüssen des Mangels beginnt (§ 199 I). Dabei ist zu beachten, dass für Arglist auch bedingter Vorsatz ausreichend ist. Die Rechtsprechung stellt darüber hinaus bei arbeitsteilig erbrachten Werkleistungen eine **Organisationspflichtverletzung** des Unternehmers der Arglist gleich: Der Hilfspersonen einschaltende Unternehmer muss die organisatorischen Voraussetzungen schaffen, um sachgerecht beurteilen zu können, ob das Werk mangelfrei ist. Unterlässt er dies und wäre der Mangel bei richtiger Organisation entdeckt worden, verjähren Gewährleistungsansprüche des Bestellers nach § 242 wie bei arglistigem Verschweigen des Mangels.[24]

[24] BGHZ 174, 32 ff.; *BGH* NJW 2005, 893.

b) Sonstige (insbesondere geistige) Werkleistungen

Gem. § 634a I Nr. 3 gilt „im übrigen" die regelmäßige Verjährungsfrist. Erfasst werden damit alle Werkleistungen, die nicht auf einen körperlich-gegenständlichen Erfolg bzw. dessen Planung oder Überwachung i. S. v. § 634a I Nr. 1 und 2 ausgerichtet sind. Das sind vor allem **rein geistige Werkleistungen** (etwa wissenschaftliche Gutachten, Expertisen und Testate von Unternehmensberatern), aber auch Werkleistungen am menschlichen Körper (z. B. Schönheitsoperationen oder Tätowierungen).[25] Es gilt dann die regelmäßige 3-jährige Verjährungsfrist (§ 195) mit ihrem von subjektiven Faktoren abhängigen Beginn (§ 199), s. PdW Schuldrecht II **Fall 144**. 785

Die ganz erhebliche Privilegierung körperlich-gegenständlicher Werkleistungen und hierauf bezogener geistiger Werkleistungen gegenüber rein geistigen Werkleistungen hat ihren Grund darin, dass sich nach Auffassung des Gesetzgebers bei ersteren Mängel und Mangelfolgeschäden üblicherweise innerhalb der kürzeren objektiven 2-jährigen bzw. 5-jährigen Frist zeigen bzw. ihre Feststellung mit geringeren Schwierigkeiten verbunden ist, während dies bei geistigen Werken nicht typisch ist.[26] Deshalb soll in diesem Bereich verhindert werden, dass Schadensersatzansprüche insbesondere in Bezug auf Mangelfolgeschäden bereits vor ihrem Entstehen verjährt sind. In Grenzbereichen wird freilich die Abgrenzung zwischen körperlichen und unkörperlichen Werkleistungen nicht immer ganz eindeutig zu ziehen sein. 786

Beispiel (nach BGHZ 115, 32): U verpflichtet sich gegenüber B zur Installation einer Alarmanlage in dessen Juweliergeschäft. Über 2 Jahre nach Abnahme kommt es zu einem Einbruch, bei welchem die Alarmanlage wegen eines Installationsfehlers versagt. B verlangt von U Ersatz für den gestohlenen Schmuck. Legt man hier den Schwerpunkt des Vertrages nicht auf die Installation der Anlage selbst, sondern auf die konzeptionelle Planung des Alarmsystems, liegt eine Werkleistung i. S. v. § 634a I Nr. 3 vor mit der Folge, dass der Anspruch des B aus §§ 634 Nr. 4, 280 I, 249 nicht verjährt ist.[27]

Ein weiterer Vorteil der Geltung der Regelverjährung für unkörperliche Werkleistungen ist, dass diese mit der Verjährung von Schadensersatzansprüchen aus Dienstverträgen übereinstimmt. Dies kann die gelegentlich fragliche Abgrenzung zwischen Dienst- und Werkvertrag im Ergebnis entbehrlich machen, weil auch im Dienstvertragsrecht die Regelverjährung gilt (s. o. Rn. 634). So wird etwa die Schadensersatzhaftung eines Anwalts, der einen Prozess führt (Dienstvertrag) und ein Gutachten erstellt (Werkvertrag über ein „unkörperliches" Werk) verjährungsrechtlich nach denselben Maßstäben behandelt. Auch spielt die Frage, ob man etwa eine Schönheitsoperation als Werk- oder Dienstvertrag qualifiziert, verjährungsrechtlich keine Rolle: Es gilt jedenfalls die regelmäßige Verjährungsfrist.

3. Vertragliche Vereinbarungen

Das Werkvertragsrecht lässt ebenso wie das Kaufrecht gem. § 202 II eine vertragliche Verlängerung oder Verkürzung von Verjährungsfristen zu. Im Falle von AGB ist allerdings § 309 Nr. 8 b ff. zu beachten (s. dazu die Ausführungen zum Kaufrecht bei Rn. 228 ff.). 787

[25] *Looschelders*, BT, Rn. 705.
[26] Kritisch hierzu schon *Zimmermann/Leenen/Mansel/Ernst*, JZ 2001, 684, 690.
[27] So *Zimmermann/Leenen/Mansel/Ernst*, JZ 2001, 684, 690.

788

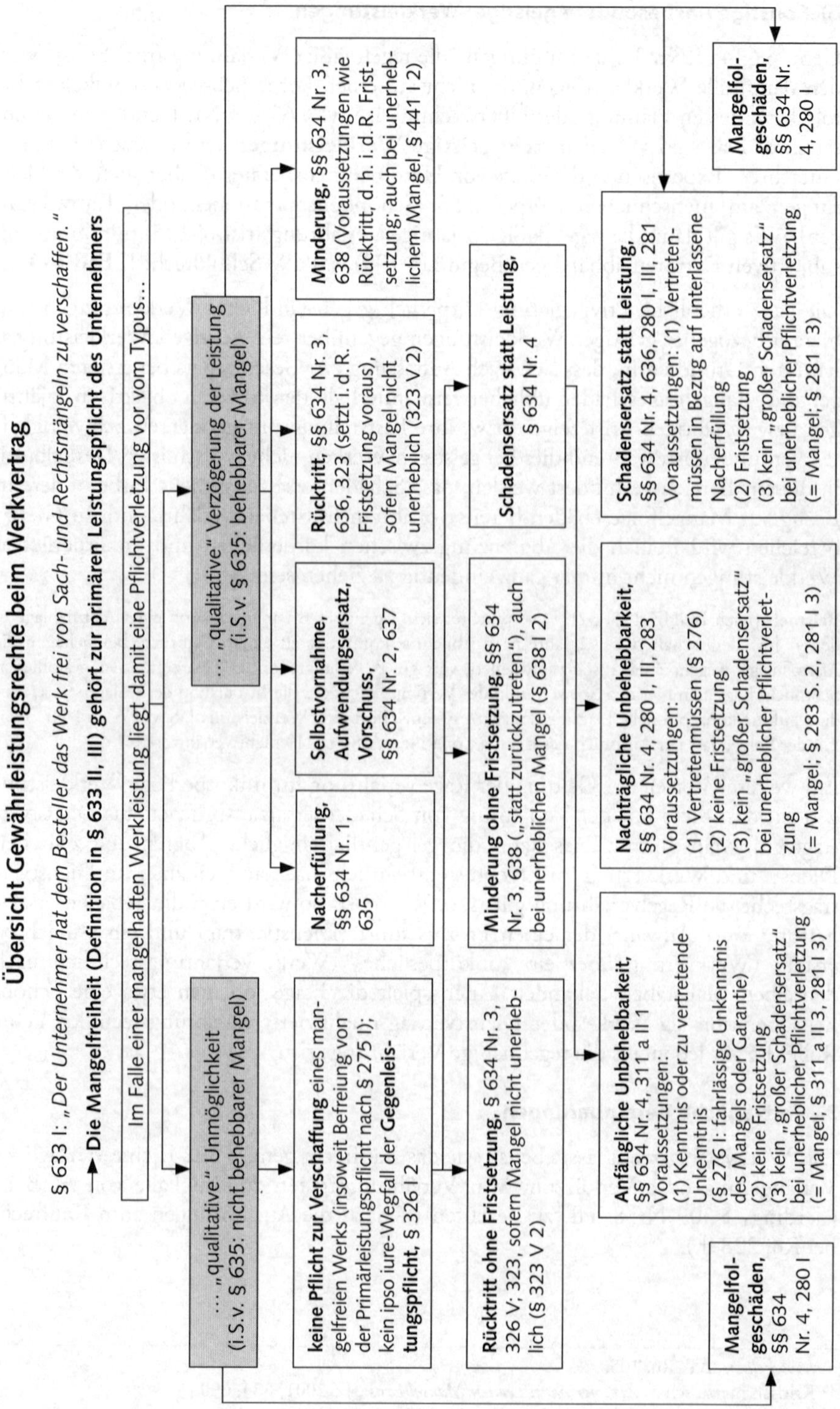
Übersicht Gewährleistungsrechte beim Werkvertrag
§ 633 I: „Der Unternehmer hat dem Besteller das Werk frei von Sach- und Rechtsmängeln zu verschaffen."
Die Mangelfreiheit (Definition in § 633 II, III) gehört zur primären Leistungspflicht des Unternehmers
Im Falle einer mangelhaften Werkleistung liegt damit eine Pflichtverletzung vor vom Typus…
… „qualitative" Unmöglichkeit (i.S.v. § 635: nicht behebbarer Mangel)
… „qualitative" Verzögerung der Leistung (i.S.v. § 635: behebbarer Mangel)
keine Pflicht zur Verschaffung eines mangelfreien Werks (insoweit Befreiung von der Primärleistungspflicht nach § 275 I); kein ipso iure-Wegfall der Gegenleistungspflicht, § 326 I 2
Nacherfüllung, §§ 634 Nr. 1, 635
Selbstvornahme, Aufwendungsersatz, Vorschuss, §§ 634 Nr. 2, 637
Rücktritt, §§ 634 Nr. 3, 636, 323 (setzt i. d. R. Fristsetzung voraus), sofern Mangel nicht unerheblich (323 V 2)
Minderung, §§ 634 Nr. 3, 638 (Voraussetzungen wie Rücktritt, d. h. i. d. R. Fristsetzung; auch bei unerheblichem Mangel, § 441 I 2)
Rücktritt ohne Fristsetzung, § 634 Nr. 3, 326 V; 323, sofern Mangel nicht unerheblich (§ 323 V 2)
Minderung ohne Fristsetzung, §§ 634 Nr. 3, 638 („statt zurückzutreten"), auch bei unerheblichen Mangel (§ 638 I 2)
Schadensersatz statt Leistung, § 634 Nr. 4
Anfängliche Unbehebbarkeit, §§ 634 Nr. 4, 311 a II 1
Voraussetzungen:
(1) Kenntnis oder zu vertretende Unkenntnis
(§ 276 I: fahrlässige Unkenntnis des Mangels oder Garantie)
(2) keine Fristsetzung
(3) kein „großer Schadensersatz" bei unerheblicher Pflichtverletzung (= Mangel; § 311 a II 3, 281 I 3)
Nachträgliche Unbehebbarkeit, §§ 634 Nr. 4, 280 I, III, 283
Voraussetzungen:
(1) Vertretenmüssen (§ 276)
(2) keine Fristsetzung
(3) kein „großer Schadensersatz" bei unerheblicher Pflichtverletzung (= Mangel; § 283 S. 2, 281 I 3)
Schadensersatz statt Leistung, §§ 634 Nr. 4, 636, 280 I, III, 281
Voraussetzungen: (1) Vertretenmüssen in Bezug auf unterlassene Nacherfüllung
(2) Fristsetzung
(3) kein „großer Schadensersatz" bei unerheblicher Pflichtverletzung (= Mangel; § 281 I 3)
Mangelfolgeschäden, §§ 634 Nr. 4, 280 I
Mangelfolgeschäden, §§ 634 Nr. 4, 280 I

§ 108. Verträge über Bauleistungen

Literatur: Für Studenten grundlegend *Locher,* Das private Baurecht, 8. Aufl., 2012; *Brück/Boisserée,* Die Entwicklung des privaten Bauvertragsrechts (BGB und VOB/B) seit 2009, NJW 2010, 3617; *Pause,* Bauträgerkauf und Baumodelle, 5. Aufl., 2011; *Hartung,* Die Abnahme im Baurecht, NJW 2007, 1099; *Schliemann,* Mängelansprüche im Bauvertrag, 2003; *Werner/Pastor,* Der Bauprozess, 13. Aufl., 2011.

Das **Bauvertragsrecht** ist in seinem Ausgangspunkt reines Werkvertragsrecht, hat 789
sich aber wegen der spezifischen Probleme im Baubereich in der Praxis zu einer Spezialmaterie entwickelt (sog. **privates Baurecht** in Abgrenzung zum **öffentlichen Baurecht**, d. h. dem Bauordnungsrecht, das im BauGB und den Baugesetzen der Länder geregelt ist): Auf Bauleistungen gerichtete Verträge sind schon wegen der hohen Werte, um die es bei ihnen häufig geht, besonders wichtige Anwendungsfälle des Werkvertrags. Zudem sind Bauwerke nur selten ganz fehlerfrei.

I. Der Bau auf eigenem Grundstück

1. Einfache vertragliche Gestaltungen

Im einfachsten Fall schließt der Bauherr, dem das Grundstück bereits gehört, die nö- 790
tigen Verträge selbst: Regelmäßig einen Werkvertrag mit einem **Architekten** (vgl. o. Rn. 691) und mindestens einen weiteren Werkvertrag mit einem **Bauunternehmer**. Dieser kann, wenn er ein entsprechend weit gefächertes Unternehmen hat, alle nötigen Bauleistungen selbst erbringen. Häufig sind aber wenigstens für einzelne Leistungen andere Unternehmer nötig. Die Verträge mit ihnen kann entweder der Bauherr selbst schließen oder das kann im eigenen Namen der erste Unternehmer tun. Dann nennt man diesen ersten Unternehmer den **Generalunternehmer**, die von diesem eingeschalteten anderen Unternehmer heißen **Nachunternehmer** (auch **Subunternehmer**). Sie haben keinen Vertrag mit dem Bauherrn; im Verhältnis zwischen diesem und dem Generalunternehmer sind sie Erfüllungsgehilfen (vgl. o. Rn. 707; zur Fälligkeit des Werklohnanspruchs des Subunternehmers s. Rn. 721).

Statt vom Bauherrn selbst können die Bauverträge auch in dessen Namen **von dem** 791
Architekten abgeschlossen werden. Die nötige Vollmacht hat der Architekt aber regelmäßig nicht ohne Weiteres aus dem Architektenvertrag.

2. Besonderheiten beim Vertragsschluss

Vor allem bei größeren Bauvorhaben begegnen für den Vertragsschluss oft zwei Besonderheiten:

Erstens wird das Bauvorhaben im ganzen oder in einzelnen Teilen (Losen) **ausge-** 792
schrieben. Rechtlich bedeutet das eine Aufforderung, binnen der Ausschreibungsfrist Anträge zu machen. Der ausschreibende Bauherr bleibt regelmäßig bei seiner Entscheidung über die Annahme frei; insbesondere hat derjenige, der zu dem niedrigsten Preis anbietet, keinen Anspruch auf die Auftragserteilung. Für öffentliche Aufträge findet sich eine Sonderregelung in den §§ 97 ff. GWB.

Und zweitens tun sich oft mehrere Bauunternehmer zusammen, um sich gemeinsam 793
zu bewerben und den Vertrag dann auch gemeinsam auszuführen. Eine solche

Arbeitsgemeinschaft (abgekürzt ARGE) bildet eine BGB-Gesellschaft (vgl. u. Rn. 963). Sie findet sich vor allem beim Bau von Großprojekten wie Flughäfen, Kanälen, Autobahnen oder U-Bahnen, für den Maschinenpark und Personal eines einzelnen Unternehmens nicht ausreichen.

3. Die Vergabe- und Vertragsordnung für Bauleistungen (VOB)

794 Die Verträge zwischen dem Bauherrn und den Bauunternehmern (oder zwischen dem Generalunternehmer und seinen Subunternehmern) richten sich mangels abweichender Vereinbarung nach dem Werkvertragsrecht des BGB. Schon seit 1926 gibt es jedoch ein den besonderen Erfordernissen des Baurechts besser entsprechendes Vertragsmuster, nämlich die seitdem noch mehrfach geänderte **Vergabe und Vertragsordnung für Bauleistungen – VOB** (bis 2002: Verdingungsordnung für Bauleistungen).

795 Diese enthält 3 Teile (A, B und C). Die VOB/A enthält allgemeine Bestimmungen für die Vergabe von Bauleistungen durch **öffentliche Auftraggeber**. Die VOB/C regelt allgemeine technische Standards für Bauleistungen. Für das Vertragsrecht von Bedeutung ist insbesondere die VOB/B, welche **allgemeine Vertragsbedingungen** für Bauleistungen behandelt. Dabei handelt es sich nicht um eine gesetzliche Regelung, sondern um **Allgemeine Geschäftsbedingungen**, welche spezielle Bedürfnisse des Baurechts, die durch die gesetzliche Regelung des Werkvertragsrechts nicht abgedeckt werden, berücksichtigen. Als AGB muss die Geltung der VOB/B daher vereinbart werden. Sie unterliegen grundsätzlich auch der Einbeziehungs- und Inhaltskontrolle nach den §§ 305 ff, werden dort aber bezüglich bestimmter Klauseln privilegiert (s. §§ 308 Nr. 5, 309 Nr. 8b ff.). Auch im Übrigen werden die VOB/B, wenn sie als Ganzes vereinbart sind, von der Rspr. als angemessene Regelung betrachtet.[1] S. dazu PdW Schuldrecht II **Fall 148**.

796 Insgesamt ist die Anwendung der VOB/B weithin üblich und auch zweckmäßig. Sie enthält den Erfordernissen des Bauens besser angepasste und auch mehr in die Einzelheiten gehende Regeln als die §§ 631 ff. Dabei kommt die VOB/B **nicht einseitig** den Bauunternehmern entgegen. So ist zwar einerseits der Rücktritt ganz ausgeschlossen. Andererseits kann der Bauherr aber den Lauf der Verjährungsfrist schon durch schriftliche Mängelrüge unterbrechen (statt wie nach § 204 I Nr. 1 durch Klageerhebung eine Hemmung herbeiführen). Gewohnheitsrecht stellt die VOB/B aber trotz ihrer weiten Verbreitung weder im Ganzen noch auch bloß teilweise dar.

4. Die Baubetreuung

797 Auch wenn der Bauherr schon Eigentümer des Grundstücks ist, können doch im Zusammenhang mit dem Bauvorhaben viele Verträge zu schließen sein: Außer mit dem Architekten und den Bauunternehmern auch etwa mit Versicherungsgesellschaften sowie mit Banken oder Sparkassen zur Beschaffung der nötigen Mittel. Hier setzt der Baubetreuungsvertrag als **Werkvertrag mit Geschäftsbesorgungscharakter** an (§ 675 I, vgl. u. Rn. 882 ff.): Der Baubetreuer entlastet den Bauherrn von allen diesen Vertragsabschlüssen. Denn er schließt die nötigen Verträge selbst ab, und zwar regelmäßig namens des Bauherrn und für dessen Rechnung. Doch sind die Grenzen

[1] S. dazu *BGH* NJW 2004, 1597 (volle Inhaltskontrolle bei Abweichung in Einzelpunkten).

zu einer umfassenden Generalunternehmerschaft fließend: nämlich wenn der „Baubetreuer" einen Festpreis garantiert und dann die Bauverträge im eigenen Namen abschließt.

II. Der Bau auf einem noch zu erwerbenden Grundstück

Die Rechtsverhältnisse verkomplizieren sich, wenn – wie häufig – der Bauherr das Grundstück, auf dem gebaut wird, erst noch erwerben muss.

1. Kauf oder Werkvertrag

Bereits o. Rn. 696 wurde darauf hingewiesen, dass die Rechtsprechung zum vor dem 1. 1. 2002 geltenden Recht Verträge über den Erwerb von Grundstücken mit zu errichtenden oder bereits neu errichtete Gebäuden nicht als Kauf, sondern als Werkverträge qualifiziert hat. Dies sollte aus den dort genannten Gründen für das jetzt geltende Recht nicht aufrechterhalten werden. **798**

2. Der Bauträgervertrag

Regelmäßig gehört das Grundstück gerade demjenigen, der dann auch für die Errichtung des Gebäudes (und häufig zudem für die Finanzierung) sorgen soll. Man spricht hier von einem Bauträger.[2] Dieser steht mit dem Bauherrn/Käufer in einem Rechtsverhältnis, das noch mehr umfasst als der o. Rn. 797 dargestellte Baubetreuungsvertrag: Zusätzlich geschuldet wird ja insbesondere auch die Übereignung des Grundstücks. **799**

Ganz anders als bei der Betreuung des Baus auf einem dem Bauherrn schon gehörenden Grundstück sind insbesondere auch die **Insolvenzrisiken** verteilt: Wenn dem Bauherrn das Grundstück gehört, fließen seinem Vermögen ohne Weiteres (§§ 946, 93, 94) auch alle Bauleistungen zu. Er kann sie also – abgesehen von der Gefahr von Baumängeln – ohne Risiko bezahlen. Dagegen nutzen die Bauleistungen dem Bauherrn unmittelbar nichts, solange das Grundstück dem Bauträger gehört. Selbst eine **Auflassungsvormerkung** schützt den Käufer nicht zuverlässig, wenn ihr – wie oft – eine Grundschuld für einen vom Bauträger aufgenommenen Kredit im Rang vorgeht. Daher ist der Partner des Bauträgers bei dessen Zusammenbruch überaus gefährdet: Ihm droht der „Verlust" des Hausgrundstücks, dessen er sich schon sicher glaubte und in dem häufig die Ersparnisse eines ganzen Arbeitslebens stecken. **800**

Hier hat der Gesetzgeber mit **Gewerberecht** eingegriffen: Nach § 34 c GewO bedürfen Bauträger (wie überhaupt Baubetreuer) für die Berufsausübung einer behördlichen Erlaubnis. Und die auf Grund des § 34 c GewO erlassene **Makler- und Bauträger-VO** beeinflusst auch den Inhalt der vom Bauträger abzuschließenden zivilrechtlichen Verträge. Insbesondere werden Vorauszahlungen des Bauherrn/Käufers vor dessen dinglicher Sicherstellung erheblich eingeschränkt. **801**

3. Bauherrenmodelle

Als „Bauherrenmodelle" bezeichnet man diejenigen Vertragswerke über die Errichtung von Häusern oder (so meist) Eigentumswohnungen, die vor allem **steuerliche** **802**

[2] Zur Entwicklung *Reithmann,* WM 1986, 377.

Gesichtspunkte berücksichtigen: Einerseits sollen dem Erwerber zwar möglichst viele Mühen und Risiken des Grundstückserwerbs, des Baus und der Finanzierung abgenommen werden. Andererseits soll er aber steuerrechtlich noch als Bauherr (und nicht als Erwerber eines fertigen Baus) erscheinen, damit ihm die bei dieser Vertragsgestaltung zu erzeugenden hohen **Werbungskosten** (z. B. für Gutachten, Reklame, Prospekte, Finanzierung, Abschreibungen) zugute kommen. Dabei wurden nicht selten Verlustzuweisungen erzielt, die das Doppelte der vom Erwerber zu leistenden Anzahlung ausmachten. Bei einem Spitzensteuersatz von 50 % sparte der Erwerber dann bei den Steuern so viel, wie er anzahlen musste; er brauchte also zunächst keine eigenen Mittel einzusetzen. Solche Gestaltungen sind jedoch inzwischen wegen Änderungen im Steuerrecht nur noch mit sehr erheblichen Einschränkungen möglich.

Jedenfalls aber muss der Erwerber die **persönliche Haftung** für die (meist sehr hohen) Kredite übernehmen, die für den Grundstückserwerb und den Bau **aufgenommen worden sind.** Auch verteuern die Werbungskosten und die Vielzahl der eingeschalteten Personen die im „Bauherrnmodell" durchgeführten Bauvorhaben oft erheblich. Dabei wird gerade die Höhe der hierdurch ermöglichten Verlustzuweisungen als positives Werbeargument verwendet. Bisher sind freilich viele so fertiggestellte Objekte trotzdem in die Rentabilität hineingewachsen, und zwar wegen der steigenden Grundstücks- und Baukosten: Das vor zwanzig Jahren teuer errichtete Objekt war eben regelmäßig noch billiger als ein später billig errichtetes. Soweit diese Kostensteigerungen aufgehört haben, können die zu teuer errichteten Häuser aber nicht mehr kostendeckend vermietet werden.

3. Abschnitt. Der Reisevertrag

Literatur: ADAC-Tabelle zur Reisepreisminderung, *Schattenkirchner,* NJW 2005, 2506; *Coester-Waltjen,* Die Rechte des Reisenden bei mangelhaften Leistungen im Reisevertragsrecht, Jura 1995, 329; *Eckert,* Die Anforderungen der Rechtsprechung an die Verkehrssicherungspflicht der Reiseveranstalter und ihre Auswirkungen auf die Haftung, RRa 2007, 113; *Führich,* Reiserecht, 6. Aufl., 2010; *ders.,* Basiswissen Reiserecht, 2. Aufl., 2011; *ders.,* Reisevertrag nach modernisiertem Schuldrecht, NJW 2002, 1082; *Kaller,* Reiserecht, 2. Aufl., 2005; *Lettmaier/Fischinger,* Grundfälle zum Reisevertragsrecht, JuS 2010, 14; *Neuner,* Der Reisevermittlungsvertrag, AcP 193 (1993), 1; *Tempel,* Stornoklauseln im Reisevertrag und neues Schuldrecht, NJW 2002, 2005; *Tonner,* Der Reisevertrag, 5. Aufl., 2007; *ders.,* Auswirkungen von Krieg, Epidemie und Naturkatastrophen auf den Reisevertrag, NJW 2003, 2783.

§ 109. Entwicklung des Reiserechts

I. Der rechtliche Ausgangspunkt

803 Charakteristikum des Reisevertrages ist nach der Definition in § 651a I, dass der Schuldner (**Reiseveranstalter**) dem Gläubiger (dem **Reisenden**) eine „Gesamtheit von Reiseleistungen" (**Reise**) erbringt. Jede einzelne dieser Leistungen würde, wenn sie für sich alleine Gegenstand einer vertraglichen Verpflichtung wäre, einem anderen Vertragstypus zuzuordnen sein. So ist etwa der Flug zu einem bestimmten Ziel ein Werkvertrag,[1] der Vertrag über die Unterbringung im Hotel ein Typenkombina-

[1] S. etwa *BGH* NJW 2009, 2743, o. Rn. 711 mit Fn. 2.

tionsvertrag (dazu u. Rn. 1079 ff.) mit mietvertraglichen, dienstvertraglichen und werkvertraglichen Elementen (Beherbergungsvertrag). Man kann aber auch die Reise, die sich aus diesen Leistungen insgesamt zusammensetzt, als einen einheitlichen Werkvertrag begreifen: Geschuldet ist eben nicht ein zusammenhangloses Bündel von Einzelleistungen, sondern der **Gesamterfolg** einer gelungenen Reise. Damit ließen sich grundsätzlich auch Probleme des Reisevertrags allein durch die Anwendung von Werkvertragsrecht lösen. Wegen der hohen Abstraktion des Werkvertragsrechts enthält dieses aber für viele Spezialfragen, die sich nur oder in besonderem Maße bei Reiseverträgen stellen, keine angemessenen Lösungen.

II. Das Reisevertragsrecht als spezielles Werkvertragsrecht

1. Die Kodifizierung in den §§ 651a ff.

Dies und die Tatsache, dass sich die organisierte Pauschalreise ab den 1960er Jahren zu einem Massenphänomen entwickelt hat, haben den Gesetzgeber im Jahre 1979 dazu bewogen, den Reisevertrag in den §§ 651a ff. in demselben Titel wie den Werkvertrag unter einem eigenen Untertitel gesetzlich zu regeln. **804**

Obwohl es beim Reisevertrag in der Praxis in den allermeisten Fällen um Verträge zwischen Unternehmern und Verbrauchern gehen wird, und sich dort verbraucherschutztypische Regelungen finden (wie etwa das Verbot abweichender Vereinbarung zu Lasten des Reisenden in § 651 m), ist das Reisevertragsrecht dennoch **kein spezifisches Verbraucherschutzrecht**: In seinem persönlichen Anwendungsbereich ist es nicht auf das Verhältnis Unternehmer/Verbraucher beschränkt(s. u. Rn. 813 f).

Im Unterschied zum Werkvertragsrecht ist das Reisevertragsrecht vom **Schuldrechtsmodernisierungsgesetz 2002** weitgehend unangetastet geblieben. Das Reisevertragsrecht enthält damit weiterhin eine **eigene Regelung der Leistungsstörungen**, greift also im Falle eines Reisemangels anders als das Werkvertragsrecht nicht auf Rechtsbehelfe des allgemeinen Leistungsstörungsrechts zurück. Besonders bedauerlich ist, dass dabei Rechtsbegriffe aus dem früheren Leistungsstörungsrecht stehengeblieben sind, die sich so heute nicht mehr finden. So erscheinen dort etwa noch der dem Kauf- und Werkvertragsrecht nicht mehr bekannte Begriff der „zugesicherten Eigenschaft" (§ 651c I) oder der im allgemeinen Leistungsstörungsrecht nicht mehr verwendete Begriff des „Schadensersatzes wegen Nichterfüllung" (§ 651 f). Geändert wurde allerdings die **Verjährungsregelung** (§ 651g II). 805

2. Europarechtlicher Hintergrund

Die gesetzliche Regelung hat mittlerweile auch einen europarechtlichen Hintergrund. So hat die Umsetzung der EG-Pauschalreiserichtlinie[2] im Jahre 1994 zu einer Änderung des Gesetzes geführt. Inhalt der Richtlinie sind insbesondere zahlreiche Informationspflichten, ein Kompromiss zwischen verschuldensunabhängiger und verschuldensabhängiger Haftung des Reiseveranstalters sowie die obligatorische Absicherung des Insolvenzrisikos des Veranstalters (§ 651k). **806**

[2] ABl. EG Nr. L 158/59 vom 23. 6. 1990.

§ 110. Anwendungsbereich der §§ 651a ff., Vertragsschluss und Pflichten der Parteien

I. Begriff des Reisevertrags

807 § 651a I versteht als Reisevertrag die entgeltliche Verpflichtung eines **Reiseveranstalters**, einem **Reisenden** eine **Gesamtheit von Reiseleistungen** zu erbringen. Es muss sich also um mindestens zwei Leistungen (z. B. Transport und Unterbringung) handeln, wobei völlig untergeordnete Leistungen (z. B. der Gepäcktransport bei der Beförderung) unberücksichtigt bleiben. Auch der mit einem Hotel abgeschlossene Vertrag über Unterbringung und Verpflegung dürfte nach der Entstehungsgeschichte des Gesetzes noch keine Reise darstellen. Unmittelbar anwendbar sind die §§ 651a ff. somit nur auf die sog. **Pauschalreise**. Wer dagegen seine Reise selbständig organisiert und etwa einen Flug bucht, ein Hotel reserviert und vor Ort ein Auto mietet, schließt hierfür eigenständige, voneinander unabhängige Verträge ab (sog. **Individualreise**).[1]

808 Die Rechtsprechung wendet jedoch die §§ 651a ff. analog auf Verträge über einzelne Reiseleistungen an, wenn die einzelne Reiseleistung den Urlaub maßgebend prägt, Vertragsgegenstand also letztlich nicht die einzelne Leistung ist, sondern die Pflicht, „die Reise erfolgreich zu gestalten".[2] So wurde auf einen Mietvertrag über ein Ferienhaus mit einem Reiseveranstalter das Reiserecht trotz selbst organisierter Anreise entsprechend angewendet, weil dieses im Katalog des Veranstalters angeboten wurde und der Reisende davon ausgehen durfte, dass der Veranstalter die Leistung in eigener Verantwortung erbringt.[3]

809 Eine von einigen Vorschriften des Reisevertragsrechts abweichende Regelung besteht für den hier nicht zu vertiefenden Reisevertrag über **Gastschulaufenthalte** (s. § 651 l). Sie berücksichtigt die spezifischen Zwecke und Informationsbedürfnisse dieses Reisetypus und erleichtert im Vergleich zum allgemeinen Reisevertragsrecht die Kündigungsmöglichkeiten für den Reisenden.

II. Parteien und weitere Beteiligte

1. Reiseveranstalter und Reisebüro

810 Schuldner der Reiseleistung ist der **Reiseveranstalter**. Das ist derjenige, der aus der maßgeblichen Sicht eines durchschnittlichen Reisekunden als Vertragspartei eine Gesamtheit der Reiseleistungen in eigener Verantwortung (sei es auch unter Einschaltung Dritter als Leistungsträger, u. Rn. 814) zu erbringen verspricht. Wer hingegen lediglich Reiseverträge oder Verträge über einzelne Leistungen **vermittelt** (so etwa das **Reisebüro**), ist nicht Reiseveranstalter. Das gilt selbst dann, wenn das Reisebüro dem Kunden eine individuelle Reisemöglichkeit aufzeigt und die dafür notwendigen Einzelleistungen (z. B. Flüge, Hotelbuchungen) vermittelt.[4] Nach § 651a II ist aber eine entsprechende Klausel in einem Vertrag unbeachtlich, wenn nach den sonstigen

[1] S. aber *EuGH* EuZW 2002, 402 m. Anm. *Tonner*: Zusammenstellung von Einzelleistungen (Flug und Hotel) durch ein Reisebüro als Reisevertrag (mit dem Reisebüro!).
[2] BGHZ 130, 128 (verneint für die Charter einer Segelyacht).
[3] *BGH* NJW 1985, 906; bestätigt durch BGHZ 119, 152, 161 m. w. N.
[4] *BGH* NJW 2011, 599 Tz. 11.

Umständen (insbesondere etwa Werbung oder Katalogangaben) der Eindruck erweckt wird, der Vertragspartner erbringe die Leistung in eigener Verantwortung. Das gilt auch für am Urlaubsort gebuchte Zusatzleistungen (z. B. Ausflugsmöglichkeiten), wenn der Reiseveranstalter den Eindruck einer Eigenleistung erweckt hat.[5]

Str. ist, ob zwischen dem **Reisebüro** und dem Reisenden ein Vertragsverhältnis besteht. Während ein Teil der Literatur hier einen Geschäftbesorgungsvertrag i. S. v. § 675 I bejahen will (Reisevermittlungsvertrag),[6] aus welchem sich eigenständige Beratungspflichten vor Buchung der Reise, d. h. bei der Auswahlentscheidung ergeben, ist die Rspr. eher skeptisch:[7] Da das Reisebüro lediglich als Handelsvertreter (§ 84 I 1 HGB) des Veranstalters agiere, bestehe kein Grund für ein besonderes Vertragsverhältnis. Wichtig kann das für die Folge von Beratungsfehlern sein. Bei Verneinung einer Vertragsbeziehung können diese Ansprüche allenfalls auf §§ 280 I, 311 II, III, 241 II gestützt werden (*culpa in contrahendo*-Haftung Dritter, s. dazu AT Rn. 110 f.).[8] Ab dem Vertragsschluss mit dem Reiseveranstalter agiert das Reisebüro bei weiteren Tätigkeiten als dessen Erfüllungsgehilfe (§ 278), so dass wesentliche Schutzlücken nicht entstehen.

Das Gesetz verlangt nicht, dass der Reiseveranstalter professionell handeln muss, 811
d. h. Unternehmer i. S. v. § 14 sein muss. Auch der bloße **Gelegenheitsveranstalter** ohne Gewinnerzielungsabsicht wird damit von den §§ 651a ff. erfasst (jedoch von bestimmten Pflichten freigestellt, s. § 651k VI Nr. 1, § 11 BGB-InfoVO). Wenn also etwa ein Kegelverein für seine Mitglieder einen Ausflug organisiert und dabei mehr als eine Leistung anbietet (also etwa ein mehrtägiger Ausflug mit Busfahrt und Übernachtung), ist er Reiseveranstalter i. S. der §§ 651a ff.

2. Der Reisende

Vertragspartner des Reiseveranstalters ist der **Reisende**. Dieser muss die Reise für sich 812
und/oder andere Reiseteilnehmer im eigenen Namen buchen, nicht aber notwendig selbst an der Reise teilnehmen: Bucht ein Anmelder nur in eigenem Namen eine Reise für sich und Dritte oder auch ausschließlich für Dritte, so ist der lediglich Mitreisende nicht Vertragspartner des Reisevertrags und damit nicht Reisender im Rechtssinne, auch wenn ihm gleichwohl deliktische Schadensersatzansprüche zustehen können (dazu u. Rn. 843).[9] In der Regel liegt allerdings bei einem Vertrag für mehrere Reisende entweder eine gemeinsame Berechtigung und Verpflichtung aller Personen vor oder aber diese sind im Wege eines Vertrages zugunsten Dritter (§ 328) mitberechtigt (so insbesondere Familienangehörige).[10]

Der Reisende muss nicht zwingend Verbraucher i. S. v. § 13 sein, die §§ 651a ff. er- 813
fassen also auch Dienstreisen.

3. Der Leistungsträger

Der Veranstalter muss nicht (und kann im Regelfall auch nicht) jede der geschulde- 814
ten Reiseleistungen selbst erbringen. Diejenigen Personen, derer er sich zur Erbringung der einzelnen Leistungen bedient (z. B. eine Fluggesellschaft zum Transport des Reisenden oder ein Hotel zu dessen Unterbringung) sind dann seine **Erfüllungsgehilfen** im Verhältnis zum Reisenden. Diese sind aufgrund einer vertraglichen Ver-

[5] *BGH* NJW-RR 2007, 1501; s. auch *EuGH* EuZW 2002, 402.
[6] Palandt/*Sprau* Vor § 651a Rn. 4; *Looschelders*, BT, Rn. 721 m. w. N.
[7] S. *BGH* NJW 2006, 2321 m. w. N., wo die Frage aber letztlich offengelassen wurde.
[8] Im konkreten Fall verneinend *BGH* NJW 2006, 2321.
[9] *BGH* NJW 2002, 2238 m. w. N.
[10] *BGH* NJW 2010, 2950 Tz. 14; *Looschelders*, BT, Rn. 727 f.

pflichtung gegenüber dem Reiseveranstalter verpflichtet, dem Reisenden die jeweiligen Leistungen zukommen zu lassen. Das Reiserecht nennt sie **Leistungsträger** (s. z. B. § 651a II). Für deren Handlungen haftet der Veranstalter nach § 278 I.[11] Es besteht aber keine direkte vertragliche Verbindung zwischen dem Reisenden und dem Leistungsträger. Auch entfaltet der Vertrag zwischen dem Reiseveranstalter und dem Leistungsträger keine **Schutzwirkung** für den Reisenden und ggf. dessen Familienangehörigen. Hierfür fehlt es insbesondere am erforderlichen **Schutzbedürfnis**, da der Reisende bereits eigene vertragliche Ansprüche gegen den Veranstalter hat (s. dazu AT Rn. 817 ff.).[12]

815 Allerdings hat die Rechtsprechung die vertragliche Beziehung zwischen dem Reiseveranstalter und dem Leistungsträger als **(echten) Vertrag zugunsten Dritter** qualifiziert, so dass der Reisende gegenüber dem Leistungsträger einen eigenen **Anspruch** auf Erbringung der jeweiligen Leistung hat. Die Rspr. ist dabei noch einen (nicht unbedenklichen) Schritt weiter gegangen, indem sie dem Leistungsträger gegenüber dem Reisenden entgegen der Regel des § 334 eine Berufung auf Einreden aus dem Rechtsverhältnis zum Reiseveranstalter versagt hat. § 334 sei in diesen Fällen konkludent abbedungen (s. dazu AT Rn. 811 und 814).

Beispiel (BGHZ 93, 271; PdW Schuldrecht II **Fall 150**): Die vom Reiseveranstalter V mit dem Transport des Reisenden R beauftragte Fluggesellschaft F verweigert letzterem den Rückflug vom Urlaubsort, weil ihr der Reiseveranstalter den hierfür geschuldeten Preis nicht bezahlt hat. R hat hier keine direkte vertragliche Beziehung zu F, die lediglich Leistungsträger des V ist. Allerdings ist der zwischen V und F geschlossene (Werk-)Vertrag ein Vertrag zugunsten des R i. S. v. § 328 I, so dass R einen eigene Beförderungsanspruch gegen F hat. Allerdings könnte F dem R gem. § 334 das ihr gegenüber V zustehende Zurückbehaltungsrecht nach § 320 I geltend machen. Nach Auffassung des BGH hat F aber hierauf (konkludent) vertraglich verzichtet, so dass R nach §§ 631 I, 328 I Beförderung verlangen kann.

Diese Konstruktion wird in der Literatur allerdings zunehmend in Zweifel gezogen. Zum einen dürfte die Annahme einer konkludenten Abbedingung von § 334 dem tatsächlichen Parteiwillen wohl nicht stets entsprechen, zum anderen besteht nach Einführung der besonderen Sicherung für den Fall der Insolvenz des Reiseveranstalters durch § 651k (dazu u. Rn. 826) keine Notwendigkeit mehr, hierdurch einen Schutz des Reisenden zu bewirken.[13]

816 Mangels Weisungsunterworfenheit und eines Abhängigkeitsverhältnisses sind die Leistungsträger zumindest im Regelfall **keine Verrichtungsgehilfen** des Veranstalters, für deren Handeln dieser nach § 831 auch deliktisch haften würde.[14] Schutzlücken bestehen hierdurch freilich angesichts der weitreichenden eigenen deliktischen Verkehrssicherungspflichten des Reiseveranstalters (s. dazu Rn. 843) nicht.

III. Internationaler Anwendungsbereich des deutschen Reisevertragsrechts

817 Reisen, insbesondere Urlaubsreisen sind häufig Auslandsreisen. In diesem Fall stellt sich die dem **internationalen Privatrecht** zuzuordnende Frage der Anwendbarkeit deutschen (oder ausländischen) Reisevertragsrechts. Nach Art. 6 der **Rom I-VO** (o.

[11] S. dazu eingehend AT Rn. 384 ff.
[12] *Looschelders*, BT, Rn. 725.
[13] So *Looschelders*, BT, Rn. 725; Staudinger/*Eckert*, § 651a Rn. 56 m. w. N.
[14] BGHZ 103, 298, 303.

Rn. 356, 362) unterliegen Pauschalreiseverträge, wenn sie – wie i. d. R. – zwischen einem Verbraucher als Reisendem und einem Unternehmer als Reiseveranstalter geschlossen werden, dem Recht des Landes, in welchem der Reisende seinen gewöhnlichen Aufenthalt hat, sofern der Reiseveranstalter seine gewerbliche Tätigkeit im Gebiet dieses Staates ausübt oder darauf (z. B. durch Internetangebote) ausrichtet (Art. 6 I Rom I-VO). In Deutschland ansässige Verbraucher kommen unter diesen Voraussetzungen damit auch gegenüber ausländischen Reiseveranstaltern in den Genuss des deutschen Reiserechts. In einem solchen Fall darf auch durch eine (grundsätzlich mögliche) Rechtswahl nicht von dessen nach § 651 m zwingenden Regelungen abgewichen werden (Art. 6 II Rom I-VO). Im Übrigen findet das Recht des Staates Anwendung, in welchem der Reiseveranstalter seinen Sitz bzw. seine Niederlassung hat (Art. 4 I lit. b, 19 I, II Rom I-VO). Da sämtliche große Reiseveranstalter über einen inländischen Sitz verfügen und über diesen ihre Reisen vertreiben, ist deutsches Reiserecht also i. d. R. anwendbar, wenn der Reisende bei Vertragsschluss seinen gewöhnlichen Aufenthalt im Inland hat.

Gleiches gilt für **deliktische Ansprüche** gegen den Reiseveranstalter aus dem Gesichtspunkt der Verkehrssicherungspflichtverletzung (s. Rn. 843). Sofern der Reisende seinen gewöhnlichen Aufenthalt im Inland hat, unterliegen diese gegenüber einem Reiseveranstalter mit inländischer Niederlassung gem. Art. 4 II der EG-VO über das auf außervertragliche Schuldverhältnisse anzuwendende Recht vom 11. 7. 2007 (**Rom II-VO**) ebenfalls deutschem Recht.

IV. Zustandekommen des Vertrags, Informations- und Dokumentationspflichten

Der Reisevertrag ist ein gewöhnlicher Konsensualvertrag, der keiner besonderen Form bedarf. Der professionelle Reiseveranstalter (s. § 11 BGB-InfoVO) hat jedoch umfangreiche Informations- und Dokumentationspflichten (s. dazu §§ 4–10 BGB-InfoVO): So muss er vor Vertragsschluss über bestimmte Formalitäten wie Visa- und Einreisebestimmungen informieren (s. § 651a III 2, § 5 BGB-InfoVO). Für einen Reiseprospekt sind detaillierte inhaltliche Angaben vorgeschrieben, die grundsätzlich bindend sind (s. § 4 BGB-InfoVO). Nach § 651a III 1 hat der Reiseveranstalter weiter bei Vertragsschluss oder unverzüglich danach eine schriftliche Reisebestätigung zur Verfügung zu stellen, deren Inhalt von der BGB-InfoVO detailliert vorgeschrieben ist (s. § 6 BGB-InfoVO). Allgemeine Geschäftsbedingungen müssen (in Abweichung von § 305 II Nr. 2) **vollständig** übermittelt werden (§ 6 III BGB-InfoVO). Schließlich muss der Veranstalter den Reisenden rechtzeitig vor Beginn der Reise über Reisedetails wie Abfahrt- und Ankunftszeiten etc. unterrichten (§ 8 BGB-InfoVO). 818

V. Die Bindung an den Reisevertrag: Vertragsänderungen, Vertragsübertragung und Rücktritts- und Kündigungsrechte

1. Vertragsänderungen

Wie jeder andere Vertrag ist auch der Reisevertrag für die Parteien bindend und kann grundsätzlich nur mit Zustimmung beider Vertragsparteien geändert oder aufgehoben werden. Das allgemeine Vertragsrecht lässt aber Klauseln, welche eine einseitige 819

Änderung des Vertragsinhalts durch eine Partei vorsehen, grundsätzlich zu (s. §§ 315 ff.). Dem setzen zunächst die §§ 308 Nr. 4 für die Leistung, § 309 Nr. 1 für die Gegenleistung Grenzen, sofern ein solches Recht durch AGB eingeräumt wird. Für das Reisevertragsrecht besteht eine weitere spezifische Grenze in Gestalt von § 651a IV, V: Nach § 651a IV kann eine Erhöhung des Reisepreises vertraglich nur für bestimmte Fälle (z. B. Erhöhung der Beförderungskosten, bestimmter Abgaben, Wechselkurse) und in bestimmten zeitlichen Grenzen wirksam vereinbart werden. Dies sowie eine zulässige einseitige Änderung der Reiseleistung hat der Veranstalter nach § 651a V unverzüglich mitzuteilen. Bei einer Preisänderung über 5 % oder einer erheblichen Änderung einer Reiseleistung hat der Reisende dann ein **Rücktrittsrecht** und unter bestimmten Voraussetzungen das Recht auf Teilnahme an einer Ersatzreise.

2. Vertragsübertragung

820 Der Reisende kann gem. § 651b I **bis zum Reisebeginn** den Eintritt eines Dritten in die Rechte und Pflichten des Reisevertrags verlangen (**Ersetzungsbefugnis**). Nur unter den engen Voraussetzungen des § 651b I 2 kann der Veranstalter dem widersprechen. Hierbei handelt es sich nach h. M. um eine **Vertragsübernahme** (s. dazu AT Rn. 796), d. h. der Eintretende wird Partei des Reisevertrags.[15] Für den Reisepreis sowie die durch die Übertragung entstehenden Mehrkosten haften der Reisende und der Übernehmer gem. § 651b II als **Gesamtschuldner**.

Das Ersetzungsverlangen ist ein **Gestaltungsrecht**, das durch Erklärung gegenüber dem Reiseveranstalter ausgeübt wird. Mit deren Zugang wird der Dritte, dessen Einverständnis selbstverständlich notwendig ist, Partei des Reisevertrags, ohne dass es noch einer Zustimmung des Veranstalters bedarf.[16] Liegt das Einverständnis des Dritten nicht vor, ist das Verlangen gegenstandslos.

3. Rücktrittsrecht des Reisenden vor Reisebeginn

821 Nach § 651i I kann der Reisende **vor Reisebeginn** den Vertrag jederzeit ohne Angabe von Gründen kündigen. Anders als bei dem ebenfalls willkürlichen Kündigungsrecht des Werkvertrags (§ 649 S. 2, dazu o. Rn. 702) verliert der Veranstalter dabei den Anspruch auf den Reisepreis. Er kann jedoch eine „angemessene Entschädigung“ verlangen, die sich nach dem Reisepreis unter Abzug des Wertes ersparter Aufwendungen sowie anderweitiger Verwertung von Reiseleistungen bestimmt. Nach § 651i III kann hierfür als Pauschale ein bestimmter Prozentsatz des Reisepreises vertraglich vereinbart werden (**Stornopauschale**). In der Praxis ist letzteres regelmäßig der Fall, so dass die Frage der Berechnung der „angemessenen Entschädigung“ meist keine Rolle spielt. Üblich sind gestaffelte Prozentsätze je nach Zeitraum vor Reisebeginn.[17] Reisende sichern sich hiergegen häufig durch eine **Rücktrittskostenversicherung** ab. Reiseveranstalter haben nach § 6 II Nr. 9 BGB-InfoVO auf diese Möglichkeit hinzuweisen. Bei Verletzung dieser Hinweispflicht besteht ein Schadensersatzanspruch des Reisenden nach § 280 I, der nach § 249 I zum Wegfall der Stornopauschale führen kann.

---

[15] Str., wie hier *Looschelders*, BT, Rn. 735 m. w. N.; a. A. (Vertrag zugunsten Dritter) MünchKomm/*Tonner*, § 651b Rn. 5.

[16] Bamberger/Roth/*Geib*, § 651b Rn. 3.

[17] S. dazu die Beispiele bei MünchKomm/*Tonner*, § 651i Rn. 16 ff.

4. Kündigung wegen höherer Gewalt

Nach § 651j können sowohl der Reiseveranstalter als auch der Reisende den Vertrag (auch noch nach Reisebeginn) kündigen, wenn die Reise infolge nicht voraussehbarer höherer Gewalt „erheblich erschwert, gefährdet oder beeinträchtigt wird“. Höhere Gewalt sind dabei von außen kommende, unabwendbare und unverschuldete Ereignisse wie z. B. Kriege, innere Unruhen oder Naturkatastrophen ohne Bezug zum Betrieb des Reiseveranstalters.[18] Allgemeine Gefährdungslagen wie etwa die Gefahr einzelner terroristischer Anschläge sind hierfür noch nicht ausreichend. Den sog. „Reisewarnungen“ des Auswärtigen Amtes kommt dabei bedeutende Indizfunktion zu. Die Gerichte bejahen dann i. d. R. das Vorliegen höherer Gewalt. 822

Die Kündigung erfolgt durch (formlose) **empfangsbedürftige Willenserklärung**. Nach § 651j II i. V. m. § 651e II 1, 2 verliert der Reiseveranstalter infolge der Kündigung den Anspruch auf den Reisepreis, kann aber Entschädigung für die erbrachten und noch zu erbringenden Reiseleistungen verlangen. Er schuldet, sofern dies Gegenstand des Reisevertrags war, auch den Rücktransport, dessen Mehrkosten von den Parteien je zur Hälfte zu tragen sind. Andere Mehrkosten trägt der Reisende alleine (§ 651 j II i. V. m. § 615e IV 1). 823

Die Regelung ist, wie sich aus ihrem Wortlaut ergibt („allein nach Maßgabe dieser Vorschrift“) **abschließende *lex specialis*** gegenüber § 651e, d. h. der Reisende kann in einem solchen Fall die Kündigung nicht auf einen Reisemangel stützen (s. dazu u. Rn. 832), um in den Genuss der ihm günstigeren Rechtsfolgen des § 651e zu kommen. 824

VI. Die Pflichten der Parteien

1. Pflichten des Reiseveranstalters

Hauptleistungspflicht des Reiseveranstalters ist nach § 651a I 1 die **Erbringung der Reise**. Die einzelnen Leistungen darf er durch **Leistungsträger** erbringen (o. Rn. 814). Weiter hat er die Reise **mangelfrei** zu erbringen (§ 651c I). Auch die o. bei Rn. 818 genannten Informationspflichten des Reiseveranstalters sind nach h. M. Bestandteil seiner Hauptleistungspflichten.[19] Daneben treffen den Reiseveranstalter wie jeden anderen Schuldner auch die **Schutz- und Obhutspflichten** nach § 241 II. Diese spielen jedoch insofern eine geringe Rolle, als sämtliche Rechtsgutsverletzungen, die auf einen Reisemangel zurückzuführen sind, abschließend von § 651 f erfasst werden (s. dazu u. Rn. 833). 825

2. Pflichten des Reisenden

Der Reisende hat nach § 651 I 2 den vereinbarten Reisepreis zu zahlen. **Fälligkeitszeitpunkt** ist in Analogie zu § 641 I die Beendigung der Reise, den Reiseveranstalter trifft also grundsätzlich eine Vorleistungspflicht.[20] In der Praxis wird (durch AGB) 826

[18] *BGH* NJW 1987, 1938, 1939; s. zum Ganzen auch *Tonner*, Auswirkungen von Krieg, Epidemie und Naturkatastrophe auf den Reisevertrag, NJW 2003, 2783 ff.

[19] *Looschelders*, BT, Rn. 731 m. w. N.

[20] BGHZ 100, 157.

freilich stets eine Vorleistungspflicht des Reisenden vereinbart.[21] Dem dadurch dem Reisenden zufallenden **Insolvenzrisiko** des Reiseveranstalters wirkt allerdings § 651k entgegen. Nach § 651k IV dürfen vorfällige Zahlungen des Reisenden nur gefordert werden, wenn dem Reisenden ein **Sicherungsschein** übergeben wurde. Dabei handelt es sich um die Beurkundung eines direkten Anspruchs des Reisenden gegen einen sog. „Kundengeldabsicherer" (s. § 651k II) für den Fall der Zahlungsunfähigkeit des Reiseveranstalters.

§ 111. Haftung für Reisemängel

I. Anwendungsbereich der §§ 651c ff.

827 Die Rechtsbehelfe des Reisenden wegen eines Reisemangels sind in den §§ 651c ff. geregelt. Diese enthalten ein eigenständiges Gewährleistungsrecht, welches einen Rückgriff auf das allgemeine Leistungsstörungsrecht nicht zulässt (s. dazu die **grafische Übersicht** bei Rn. 845). Die Regelungen sind nach der Rspr. nicht erst dann anwendbar, wenn einzelne Reiseleistungen ausfallen oder mangelhaft erbracht werden. Sie gelten vielmehr bereits dann, wenn wegen eines nicht in der Person liegenden Umstandes die gesamte Reise ausfällt, diese also erst gar nicht angetreten werden kann.[1] Faktisch gelten die §§ 651c ff. damit bereits **ab Vertragsschluss**. Das ist entgegen der in der Literatur geäußerten Kritik[2] angemessen, weil die speziellen Rechtsbehelfe der §§ 651c ff. auch bei vollständigem Ausfall der Reise interessengerechter sind als die sonst (wegen des Fixschuldcharakters der Reise) anwendbaren Unmöglichkeitsregelungen (§§ 275, 280, 283, 326).[3] Das gilt zugunsten des Reisenden etwa für das Recht zur Selbstabhilfe (§ 651c), den Anspruch auf Ersatz des immateriellen Schadens in Gestalt nutzlos aufgewendeter Urlaubszeit (§ 651f II, u. Rn. 835), aber auch zugunsten des Veranstalters in Gestalt der kurzen Ausschlussfrist des § 651g I (u. Rn. 836). S. dazu PdW Schuldrecht II **Fall 150**.

II. Begriff des Reisemangels

Ein Reisemangel liegt nach § 651c I vor, wenn die Reise nicht die **zugesicherten Eigenschaften** aufweist oder mit **Fehlern** behaftet ist.

1. Fehler

828 Ein Fehler liegt nach § 651c I vor, wenn der Wert oder die Tauglichkeit der Reise zu dem gewöhnlichen oder nach dem Vertrag vorausgesetzten Nutzen aufgehoben oder gemindert ist. Auch im Reiserecht ist damit vorrangig von einem **subjektiven Fehlerbegriff** auszugehen. Von entscheidender Bedeutung für die vertraglich vereinbarten Beschaffenheiten einer Reise sind dabei die Angaben im Reisekatalog, da sie regelmäßig die einzige Informationsquelle des Reisenden sind. Nach § 4 II BGB-

[21] Zur Wirksamkeit solcher Vorleistungsklauseln s. die Nachweise bei Bamberger/Roth/*Geib* § 651a Rn. 33.

[1] S. etwa BGHZ 97, 255 (Ausfall des Zubringerflugs); *BGH* NJW 2005, 1047 (Überbuchung des Hotels am Urlaubsort).

[2] Staudinger/*J. Eckert*, Vorbem. zu §§ 651c-g Rn. 19 ff.

[3] Zutr. *Looschelders*, BT, Rn. 762.

InfoVO kommt ihnen Bindungswirkung zu. Daneben spielen aber auch die Reisebestätigung sowie der Reisepreis eine Rolle für die Frage, welche berechtigten Erwartungen der Reisende von der Qualität der Reise haben darf. Wer etwa eine billige „All-inclusive-Reise" bei einem Reisediscounter bucht, darf keinen übertriebenen Luxus erwarten.

Bei den **Katalogangaben** hat sich dabei – ähnlich wie bei Arbeitszeugnissen (o. Rn. 657 f.) – eine typische, für den Laien sehr häufig beschönigend wirkende „Geheimsprache" entwickelt. So muss etwa mit Lärm rechnen, wer ein Hotel in einem „aufstrebenden Ferienzentrum" oder in „zentraler Lage" oder ein „verkehrsgünstig gelegenes Hotel" bucht. Wird ein Hotelzimmer mit „zweckmäßiger Einrichtung" beschrieben, so darf Komfort nicht erwartet werden. Bei einem „familienfreundlichen Hotel" ist mit vermehrtem Kinderlärm zu rechnen. „Direkt am Meer" bedeutet i. d. R. Lage an einer Steilküste oder Hafen, nicht aber am Strand usw.

Keine Fehler begründen alle Umstände, die unter das **allgemeine Lebensrisiko** fallen, wie etwa Diebstahl im Hotel, Zusammensetzung und Herkunft anderer Hotelgäste etc.[4] Auch bloße **Unannehmlichkeiten** wie z. B. normaler Kinderlärm begründen als solche keinen Reisemangel.

So sind etwa vereinzelte Insekten oder andere Tiere insbesondere in tropischen Ländern bloße Unannehmlichkeiten.[5] Gleiches gilt für geringfügige Abflugverspätungen. Aber auch nicht vorhersehbare Terroranschläge fallen unter das allgemeine Lebensrisiko.[6]

2. Zugesicherte Eigenschaft

Im Unterschied zum Fehler setzt die Haftung des Veranstalters für das Fehlen einer 829
zugesicherten Eigenschaft nicht voraus, dass deren Fehlen die Tauglichkeit der Reise beeinträchtigt. Eine Zusicherung führt überdies zu einer **verschuldensunabhängigen Haftung** des Reiseveranstalters auf Schadensersatz, weil dann eine „Garantie" i. S. v. § 276 I vorliegt.[7] Zugesichert ist eine Eigenschaft dann, wenn der Reisende die Angaben des Reiseveranstalters nach Treu und Glauben als **verbindlichen Vertragsbestandteil** verstehen durfte. Darüber hinaus muss wegen der aus einer Zusicherung folgenden **Garantiehaftung** ein **Garantiewille** vorliegen: Über die verbindliche Vereinbarung bestimmter Eigenschaften hinaus muss der Wille des Veranstalters erkennbar sein, für die Folgen des Fehlens der jeweiligen Eigenschaft verschuldensunabhängig haften zu wollen. Daran sind wie bei der **Beschaffenheitsgarantie** im Kauf- und Werkvertragsrecht (s. dazu Rn. 204, 777 sowie AT Rn. 400) **strenge Anforderungen** zu stellen.[8]

III. Gewährleistungsrechte des Reisenden

1. Abhilfe und Selbstabhilfe (§ 651c II, III)

Liegt ein Reisemangel vor, so kann der Reisende gem. § 651c II 1 zunächst **Abhilfe** 830
verlangen. Dieser Anspruch entspricht dem werkvertraglichen Nacherfüllungsanspruch (§ 635), d. h. es handelt sich um einen modifizierten Erfüllungsanspruch. Die

[4] S. aber z. B. *LG Frankfurt a. M.* NJW-RR 1993, 951: Karibik-Kreuzfahrt mit ausschließlich schweizerischem Folklore-Unterhaltungsprogramm als Reisemangel.

[5] S. z. B. *LG Frankfurt a. M.* NJW-RR 2000, 786 (Bienenschwarm in Hotelanlage).

[6] *OLG Celle* NJW 2005, 3647 (Terroranschlag auf Djerba).

[7] S. dazu AT Rn. 400 ff.

[8] Palandt/*Sprau*, § 651c Rn. 2; *Weishaupt*, JuS 2005, 241, 243; *Looschelders*, BT, Rn. 741.

Art und Weise der Abhilfe bestimmt dabei der Reiseveranstalter, jedoch muss eine etwa angebotene Ersatzleistung (z. B. Unterbringung in einem anderen Hotel) gleichwertig und zumutbar sein. Der Veranstalter kann gem. § 651c II 2 die Abhilfe verweigern, wenn sie einen unverhältnismäßig hohen Aufwand verlangt. Für die Frage der Verhältnismäßigkeit kommt es (wie bei §§ 275 II, 439 III und 635 III) auf das Verhältnis zwischen dem Aufwand des Veranstalters und dem Nutzen des Reisenden, nicht aber auf das Verhältnis zwischen Reisepreis und Abhilfeaufwand an. Die **Kosten** der Abhilfe trägt in analoger Anwendung von § 635 II der Reiseveranstalter.

In Parallele zum Selbstvornahmerecht des Bestellers (§ 637) kann sich gem. § 651c III auch der Reisende nach Ablauf einer von ihm zu setzenden angemessenen Abhilfefrist **selbst Abhilfe schaffen** und **Ersatz der erforderlichen Kosten** verlangen. Unter den in § 651c III 2 bestimmten Voraussetzungen ist die Fristsetzung entbehrlich.

2. Minderung (§ 651d)

831 Nach § 651d I kommt es für die Dauer eines Reisemangels zu einer **Minderung** des Reisepreises. Wie im Mietrecht (s. o. Rn. 457) tritt diese Minderung *ipso iure* und ohne das Erfordernis einer vorherigen Fristsetzung ein, d. h. anders als im Kauf- und Werkvertragsrecht bedarf es insbesondere keiner rechtsgestaltenden Erklärung des Reisenden. Die Minderung tritt allerdings nach § 651d II nicht ein, soweit der Reisende eine Mängelanzeige **schuldhaft** unterlassen hat. Dann nämlich hat er dem Veranstalter die Möglichkeit genommen, Abhilfe zu schaffen. Die Minderung berechnet sich wie im Werkvertragsrecht (s. § 651d I 1 i. V. m. § 638 III, dazu o. Rn. 766). Im Einzelfall ist die Ermittlung der bei der Minderung anzusetzenden Werte freilich schwierig. Sollwert und Istwert sind daher häufig nach § 651d I 1 i. V. m. § 638 III 2 durch Schätzung zu ermitteln. In der Praxis bieten hier (inoffizielle) Tabellen wie insbesondere die vom (wegen des Sitzes der Reiseveranstalter häufig mit Klagen befassten) LG Frankfurt/Main entwickelte, mittlerweile aber wohl veraltete „Frankfurter Tabelle“[9] oder die „ADAC-Tabelle zur Reisepreisminderung“[10] einen gewissen Anhaltspunkt.[11] Bei besonders gravierenden Mängeln ist auch eine „Minderung auf Null“ denkbar. Einen **Rückzahlungsanspruch** des aufgrund der Minderung zuviel gezahlten Reisepreises gewährt § 651d I 2 i. V. m. § 638 IV.

3. Kündigung (§ 651e)

832 In Parallele zum werkvertragsrechtlichen Rücktrittsrecht (§ 634 Nr. 3) gewährt § 651e I dem Reisenden ein **Kündigungsrecht**. Voraussetzung ist aber, dass der Mangel entweder eine **erhebliche Beeinträchtigung** der Reise bewirkt oder dem Reisenden die Teilnahme an der Reise aus einem wichtigen, dem Reiseveranstalter erkennbaren Grund **unzumutbar** macht. Dabei ist die erste Alternative generalisierend zu verstehen (z. B. fehlende Wasserversorgung des Hotels) und die zweite individualisierend (z. B. das Fehlen eines Lifts in dem Hotel, wenn der Reisende gehbehindert ist). Weiter setzt die Kündigung regelmäßig eine **Fristsetzung** voraus, § 651 e II. Der Reisende kann schon vor Reiseantritt kündigen, aber auch noch danach (insbesondere wenn sich der Mangel erst während der Reise zeigt).

---

[9] NJW 1985, 113 und NJW 1994, 1639.
[10] Wiedergegeben bei *Schattenkirchner*, NJW 2005, 2506 ff.
[11] S. dazu sowie zu anderen Tabellen *Schmid*, NJW 2005, 2945, der zu Recht zur Vorsicht mahnt.

Die Kündigung **beseitigt** den Anspruch des Veranstalters auf den Reisepreis. Der Veranstalter kann bloß diejenigen Leistungen bezahlt verlangen, die dem Reisenden wirklich zugute gekommen sind, § 651 e III. Auch hat der Reiseveranstalter nach § 651e IV eine vertraglich geschuldete Rückbeförderung zu übernehmen und die Mehrkosten hierfür zu tragen.

Besteht zugleich ein Kündigungsrecht nach § 651j wegen **höherer Gewalt**, so geht dieses vor. Der Reisende kann also, wenn der die höhere Gewalt begründende Umstand zugleich einen Reisemangel darstellt, nicht auf die ihm günstigere Regelung des § 651e zurückgreifen (s. o. Rn. 824).

4. Schadensersatz wegen Nichterfüllung, vertane Urlaubszeit (§ 651f)

a) Haftungsbegründung

Nach § 651 f I kann der Reisende schließlich (auch neben der Minderung und der Kündigung) **Schadensersatz wegen Nichterfüllung** verlangen, wenn der Veranstalter den Reisemangel **zu vertreten** hat. Neben eigenem Vertretenmüssen ist hier insbesondere das über § 278 I dem Veranstalter zurechenbare Vertretenmüssen seiner **Leistungsträger** von Bedeutung. Wie auch im Rahmen von § 280 I wird das Vertretenmüssen **vermutet** („–es sei denn –"), d. h. der Veranstalter muss darlegen und beweisen, dass der Mangel auf einem Umstand beruht, den weder er noch einer seiner Leistungsträger zu vertreten hat. Die Anforderungen an den Entlastungsbeweis entsprechen jenen des § 280 I 2: Der Veranstalter muss nicht in jedem Fall speziell den Umstand beweisen, der die Schadensursache herbeigeführt hat. Auch rein abstrakte Möglichkeiten, für die es keinen Anhaltspunkt gibt, braucht er nicht zu widerlegen. Der Nachweis umfasst aber sämtliche ernstlich in Betracht kommende Verschuldenstatbestände, insbesondere die vom Reisenden aufgezeigten.[12] Als ungeschriebene Tatbestandsvoraussetzung verlangt die Rechtsprechung auch bei § 651 f eine **Mängelanzeige** (§ 651d II analog) oder ein fruchtloses **Abhilfebegehren** (§ 651e II analog). Dies soll verhindern, dass der Reisende einen Mangel stillschweigend in Kauf nimmt, um hieraus Schadensersatzansprüche abzuleiten.[13] Das ist aber dann entbehrlich, wenn der Schaden bereits endgültig eingetreten ist, oder auch bei einem Abhilfeverlangen eingetreten wäre.[14] 833

b) Haftungsausfüllung

Der aus dem Leistungsstörungsrecht vor der Schuldrechtsreform 2002 stammende Begriff „Schadensersatz wegen Nichterfüllung", den der Gesetzgeber bedauerlicherweise nicht angepasst hat, umfasst sowohl den eigentlichen **Mangelschaden** (Minderwert der Reise) als auch **sämtliche Mangelfolgeschäden**, d. h. sowohl das **Erfüllungs-** als auch das **Integritätsinteresse** des Reisenden. Damit sind auch mangelbedingte Körper- und Gesundheitsschäden erfasst. Ein Rückgriff auf §§ 280 I, 241 II ist weder erforderlich noch möglich. Wichtig ist das für die Einschränkungen des Anspruchs nach § 651g und die Möglichkeit von vertraglichen Haftungsbeschränkungen (§ 651h). 834

Beispiel (*BGH* NJW 2005, 1420): Der Reisende R kann den gebuchten Rückflug, der Bestandteil der beim Veranstalter V gebuchten Reise ist, wegen Überbuchung nicht antreten. Am Flugschalter wird er auf-

[12] *BGH* NJW 2005, 418.
[13] BGHZ 92, 177; zur Gegenansicht s. die Nachweise bei MünchKomm/*Tonner*, § 651 f Rn. 27.
[14] BGHZ 92, 177, 179 ff.

gefordert, sich schnellstens an einen anderen Schalter zu begeben, um einen möglichen Ersatzflug noch zu erreichen. Bei dem dadurch notwendigen Dauerlauf durch die Abflughalle stürzt R und verletzt sich: Der Ausfall des gebuchten Fluges stellt einen Reisemangel dar, für das Vertretenmüssen der Fluggesellschaft hat der Veranstalter nach § 278 I einzustehen. Da der Schaden schließlich auch (adäquat) kausal auf den Reisemangel zurückzuführen ist, haftet V auf Schadensersatz einschl. Schmerzensgeld (§ 253 II).

835 Nach § 651 f II kann der Reisende überdies auch für „**nutzlos aufgewendete Urlaubszeit**" eine angemessene Entschädigung in Geld verlangen, wenn die Reise durch den vom Veranstalter zu vertretenden Sachmangel vereitelt oder erheblich beeinträchtigt wurde. Dabei kommt es nach Ansicht des BGH im Fall der Vereitelung nicht darauf an, wie der Reisende die Urlaubszeit verbracht hat, ob er also statt dessen gearbeitet hat, zu Hause geblieben ist oder anderweitig Urlaub gemacht hat. Mit der Vereitelung einer Reise stehe vielmehr die vertane Urlaubszeit fest.[15] Maßstab für die **Höhe** der Entschädigung ist dabei nicht das Arbeitseinkommen des Reisenden, da es sich um einen Ersatz des **immateriellen Schadens** i. S. v. § 253 handelt.[16] Damit haben auch nicht Erwerbstätige (Schüler, Studenten, Arbeitslose, Hausmänner und Hausfrauen) einen entsprechenden Entschädigungsanspruch. Abzustellen ist auf den Reisepreis sowie auf das Ausmaß der Beeinträchtigung. Beides erfordert naturgemäß eine Abwägung des jeweiligen Einzelfalls. Zur analogen Anwendung von § 651 f II auf einzelne Reiseleistungen vgl. o. Rn. 808.

5. Ausschlussfrist und Verjährung (§ 651g)

836 Sämtliche Gewährleistungsrechte des Reisenden sind nach § 651g I innerhalb einer (von Amts wegen zu beachtenden) **Ausschlussfrist** von einem Monat nach dem vertraglich vorgesehenen Ende der Reise gegenüber dem Reiseveranstalter geltend zu machen, sofern nicht der Reisende ohne sein Verschulden an der Wahrung der Frist gehindert war. Zweck der Regelung ist es, dem Reiseveranstalter gerade bei Auslandsreisen eine Aufklärung des Sachverhalts und eine sachgerechte Abwehr von Ansprüchen, insbesondere die Widerlegung der Verschuldensvermutung nach § 651 f I zu ermöglichen, Regressansprüche gegen seine Leistungsträger geltend zu machen und Versicherungen zu benachrichtigen. Für die Geltendmachung ist es daher ausreichend, dass der Reisende erklärt, dass er den betreffenden Vorfall nicht auf sich beruhen lassen wolle und ausreichende Angaben zu dem Mangel macht, die es dem Veranstalter erlauben, seine Interessen zu wahren.[17] Gibt der Reisende die Erklärung gegenüber dem örtlichen Reiseleiter des Veranstalters ab, darf er darauf vertrauen, dass diese weitergeleitet wird. Eine Geltendmachung gegenüber dem Reisebüro (s. Rn. 810) ist als solche nicht ausreichend, jedoch fristgerecht, wenn das Reisebüro diese an den Veranstalter weiterleitet.[18]

Die Geltendmachung ist zwar kein (einseitiges) Rechtsgeschäft, jedoch eine **geschäftsähnliche Handlung**.[19] Damit sind die Vorschriften über die Willenserklärung einschließlich derjenigen über die Stellvertretung entsprechend anwendbar.[20]

837 Nach § 651g II **verjähren** sämtliche Gewährleistungsansprüche des Reisenden in zwei Jahren ab dem Zeitpunkt des vertraglich vorgesehenen Reiseendes.

[15] *BGH* NJW 2005, 1047.
[16] *BGH* NJW 2005, 1047.
[17] *BGH* NJW 2005, 1420; s. auch *BGH* NJW 2004, 3777.
[18] *BGH* NJW 2004, 3777 und *BGH* NJW 2005, 1420.
[19] Zum Begriff s. *Köhler*, AT § 5 Rn. 7.
[20] *BGH* NJW 2010, 2950 Tz. 17 ff (zur Vertretung ohne Vertretungsmacht).

Weder die Ausschlussfrist des § 651g I noch die Verjährungsfrist des § 651g II gelten für **konkurrierende Deliktsansprüche** aus §§ 823 ff. Da Ansprüche wegen Mängeln der Reise nicht notwendiger Weise zugleich deliktische Ansprüche begründen und § 651g damit nicht „praktisch bedeutungslos" wird, besteht kein Grund für eine analoge Anwendung (s. dazu allgemein AT Rn. 411; zur abweichenden Rechtslage bei Miete und Leihe s. o. Rn. 445, 563). 838

6. Zulässige Haftungsbeschränkungen, zwingender Charakter

Nach § 651h kann der Reiseveranstalter seine Haftung für Schäden, die nicht Körperschäden sind, für den Fall einfacher Fahrlässigkeit sowie für (jedes) Verschulden eines Erfüllungsgehilfen auf den dreifachen Reisepreis beschränken. Für **Körperschäden** ist eine vertragliche Haftungsbegrenzung also nicht möglich. 839

Im Übrigen sind die reisevertragsrechtlichen Vorschriften nach § 651 m 1 grundsätzlich **zwingend**, d. h. von ihnen kann sogar durch Individualvereinbarung nicht zu Lasten des Reisenden abgewichen werden. Lediglich für die Verjährung von Ansprüchen lässt § 651 m S. 2 die Verkürzung auf ein Jahr zu. 840

Str. ist, ob auf eine solche Vereinbarung, wenn sie – wie regelmäßig – in Form von AGB erfolgt, auch § 309 Nr. 7b Anwendung findet. Dann wäre eine nach § 651h zulässige Beschränkung der Haftung auch für grobes Verschulden eines Erfüllungsgehilfen unwirksam. Der BGH hat (noch zum früheren AGB-Recht) § 651h für eine die AGB-Inhaltskontrolle verdrängende Sondervorschrift gehalten. Der eindeutige Wille des Gesetzgebers, eine Haftungsbeschränkung auf den dreifachen Reisepreis zuzulassen, lasse für eine Anwendung der AGB-rechtlichen Inhaltskontrolle insoweit keinen Raum.[21] In der Tat wäre die Regelung insoweit praktisch bedeutungslos, da solche Vereinbarungen im Massengeschäft kaum je als Individualvereinbarungen geschlossen werden. Eine Inhaltskontrolle nach § 309 Nr. 7b findet damit nicht statt.[22]

7. Deliktische Haftung des Reiseveranstalters, insbes. Verkehrssicherungspflichten

a) Praktische Relevanz

Wird der Reisende aufgrund eines Reisemangels oder sonstiger Ereignisse während der Reise an einem durch § 823 I geschützten Rechtsgut, insbesondere an Leben, Körper oder Gesundheit verletzt, kommt neben der Haftung aus § 651 f eine Haftung des Reiseveranstalters aus §§ 823 ff. in Betracht. Praktisch bedeutsam ist das zum einen, wenn die Verletzung eines solchen Rechtsguts nicht auf einen Reisemangel zurückzuführen ist. 841

Beispiel (*BGH* NJW 2006, 3268): In einer Hotelanlage steht eine vom Reiseveranstalter V nicht in den Reisekatalog aufgenommene Wasserrutsche, für deren Benutzung der Hoteleigentümer ein eigenes Entgelt erhebt. Das Kind des Reisenden R ertrinkt bei der Benutzung der Rutsche wegen eines nicht hinreichend abgesicherten Ansaugrohrs. Hier schuldete der Reiseveranstalter nicht das Vorhandensein einer Wasserrutsche, so dass insoweit kein Reisemangel vorlag. Es kommt aber eine Haftung aus § 823 I (im konkreten Fall für die Schockschäden der Eltern des getöteten Kindes) in Betracht.

Von Bedeutung ist die Haftung weiter für bestimmte Schäden, die durch das Reisevertragsrecht (§ 651f) nicht abgedeckt werden wie z. B. der Unterhaltsschaden Dritter bei Tötung eines Reisenden, der bei einer Haftung aus § 823 I nach § 844 II

[21] BGHZ 100, 157.
[22] Zum Streitstand s. Staudinger/*J. Eckert*, § 651h Rn. 21 m. w. N.

ersetzbar ist. Weiter gelten die Ausschluss- und Verjährungsfrist nach § 651g sowie die Möglichkeit der Haftungsbeschränkung auf den dreifachen Reisepreis ebenfalls nicht für deliktische Ansprüche. Schließlich schützt eine deliktische Haftung nicht nur den Reisenden selbst, sondern auch Mitreisende, ohne dass es insoweit auf die engen Voraussetzungen des Vertrags mit Schutzwirkung für Dritte ankäme.[23]

b) Haftungsbegründung

842 In den allermeisten Fällen beruht die Verletzung eines Reisenden nicht unmittelbar auf einer Handlung des Reiseveranstalters, sondern auf einer solchen eines Leistungsträgers. Da dieser mangels sozialer Abhängigkeit und Weisungsunterworfenheit im Regelfall nicht Verrichtungsgehilfe i. S. v. § 831 ist, haftet der Reiseveranstalter für dessen Tun oder Unterlassen nicht.

Im obigen **Beispielsfall** (Rn. 841) kommt damit eine Haftung des V für die mangelhafte Konstruktion oder Überwachung der Rutschenanlage durch den Hotelier H nach § 831 nicht in Betracht.

843 Eine Eigenhaftung des Reiseveranstalters aus § 823 I kommt aber aus dem Gesichtspunkt der **Verletzung einer Verkehrssicherungspflicht** in Betracht (zu den Verkehrssicherungspflichten eingehend u. Rn. 1244 ff.). Die Verkehrssicherungspflichten des Reiseveranstalters werden von der Rspr. äußerst weit gezogen. So muss ein Reiseveranstalter bei der Auswahl und der Überwachung seiner Leistungsträger die legitimen Sicherheitserwartungen der Reisenden sowie deren Begleitpersonen erfüllen. Dazu gehört nicht nur die sorgfältige Auswahl der Leistungsträger (z. B. eines Vertragshotels), sondern auch deren fortlaufende Überwachung. Damit ist der Reiseveranstalter z. B. für die Sicherheit eines Hotels selbst mitverantwortlich. Nimmt er ein Hotel unter Vertrag, muss er sich zuvor vergewissern, dass es einen ausreichenden Sicherheitsstandard bietet und es regelmäßig durch einen sachkundigen und pflichtbewussten Beauftragten daraufhin überprüfen lassen, ob der ursprüngliche Zustand und Sicherheitsstandard noch gewahrt ist.[24] Tut er dies nicht, liegt ein dem eigenen Tun gleichstehendes Unterlassen vor, das ihn nach § 823 I zum Schadensersatz verpflichtet, wenn hierdurch ein Schaden an einem der dort genannten Rechtsgüter eintritt.

Beispiel (BGHZ 103, 298): Reisender R verletzt sich im Vertragshotel des Reiseveranstalters V durch einen Sturz vom Balkon, weil sich ein Balkongeländer gelöst hatte. V haftet nach § 823 I, weil er regelmäßige Prüfungen des baulichen Zustands des Hotels unterlassen hat.

844 Verkehrssicherungspflichten obliegen dem Reiseveranstalter jedoch nicht nur in Bezug auf Gegenstände, die er nach dem Reisevertrag schuldet, sondern können durchaus auch weiter gehen. Das ergibt sich aus dem Grundgedanken der Verkehrssicherungspflicht, dass derjenige, der eine Gefahrenlage für Dritte schafft oder auch nur eröffnet, grundsätzlich verpflichtet ist, eine Schädigung anderer möglichst zu verhindern, indem er in seinem Verantwortungsbereich die zumutbaren Maßnahmen zur Gefahrenabwehr trifft (s. u. Rn. 1244 ff.). So haftet etwa der Reiseveranstalter auch für die Sicherheit der ganzen Hotelanlage, auch wenn sich dort Einrichtungen befinden, deren Vorhandensein er selbst nicht schuldete.

Im o. Rn. 841 genannten tragischen **Wasserrutschenfall** (*BGH* NJW 2006, 3268) hat der BGH daher eine Haftung des Reiseveranstalters nach § 823 I bejaht, obwohl das Vorhandensein der Wasserrutsche im Reisekatalog nicht erwähnt war und der Hotelier für deren Benutzung selbst Entgelte verlangt hatte.

---

[23] S. dazu AT Rn. 817 ff.

[24] BGHZ 103, 298; *BGH* NJW 2006, 3268 Tz. 21.

845

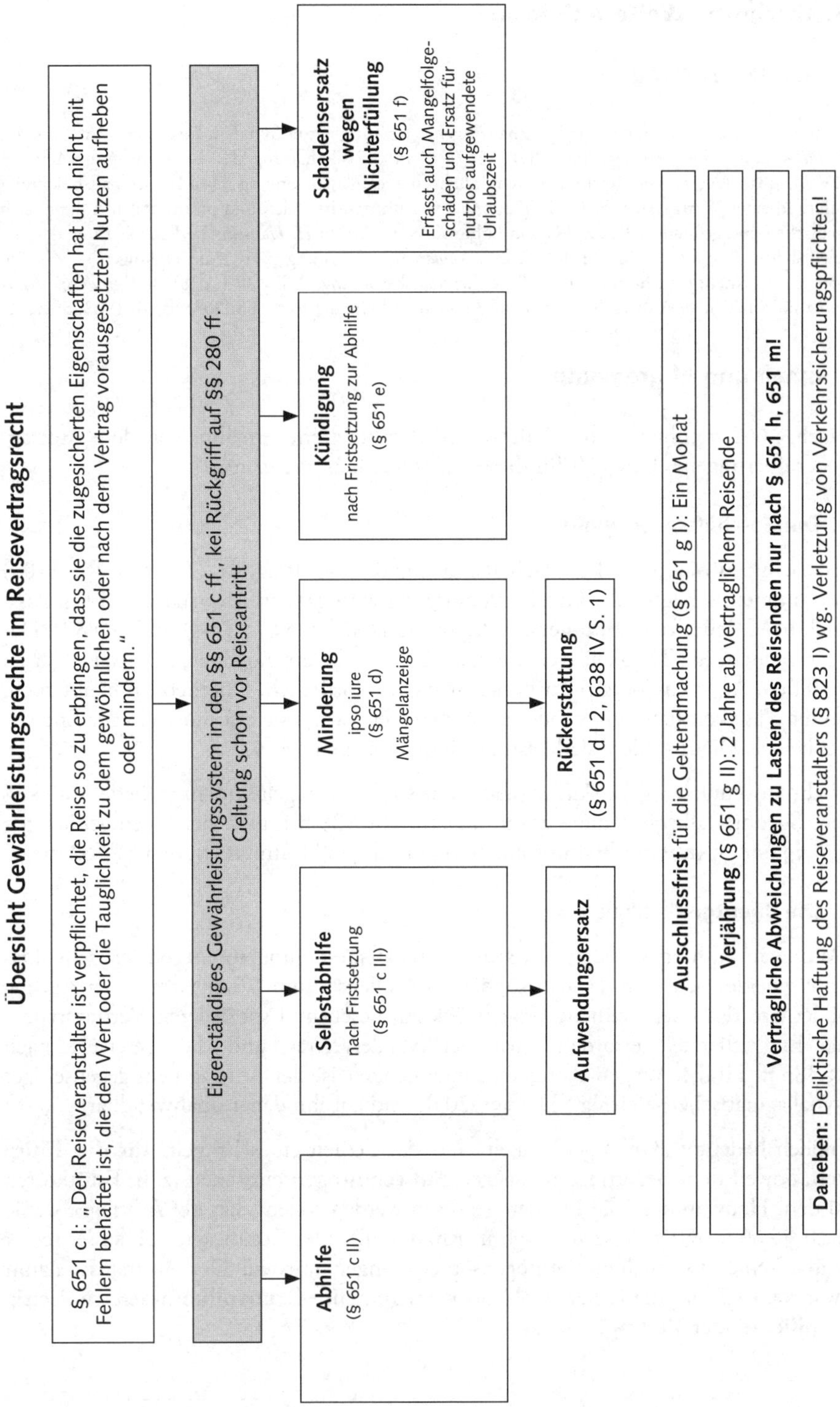
Übersicht Gewährleistungsrechte im Reisevertragsrecht
§ 651 c I: „Der Reiseveranstalter ist verpflichtet, die Reise so zu erbringen, dass sie die zugesicherten Eigenschaften hat und nicht mit Fehlern behaftet ist, die den Wert oder die Tauglichkeit zu dem gewöhnlichen oder nach dem Vertrag vorausgesetzten Nutzen aufheben oder mindern."
Eigenständiges Gewährleistungssystem in den §§ 651 c ff., kei Rückgriff auf §§ 280 ff. Geltung schon vor Reiseantritt
Abhilfe (§ 651 c II)
Selbstabhilfe nach Fristsetzung (§ 651 c III)
Minderung ipso iure (§ 651 d) Mängelanzeige
Kündigung nach Fristsetzung zur Abhilfe (§ 651 e)
Schadensersatz wegen Nichterfüllung (§ 651 f)
Erfasst auch Mangelfolgeschäden und Ersatz für nutzlos aufgewendete Urlaubszeit
Aufwendungsersatz
Rückerstattung (§ 651 d I 2, 638 IV S. 1)
Ausschlussfrist für die Geltendmachung (§ 651 g I): Ein Monat
Verjährung (§ 651 g II): 2 Jahre ab vertraglichem Reisende
Vertragliche Abweichungen zu Lasten des Reisenden nur nach § 651 h, 651 m!
Daneben: Deliktische Haftung des Reiseveranstalters (§ 823 I) wg. Verletzung von Verkehrssicherungspflichten!

4. Abschnitt. Weitere Verträge

§ 112. Der Auftrag

Literatur: *Canaris,* Risikohaftung bei schadensgeneigter Tätigkeit in fremdem Interesse, RdA 1966, 41; *Coester-Waltjen,* Der Auftrag, Jura 2001, 567; *Genius,* Risikohaftung des Geschäftsherrn, AcP 173 (1973), 481; *Giesen,* Das Recht der fremdnützigen Geschäftsbesorgung (Teil 1: Geschäftsbesorgung aufgrund eines Vertrages), Jura 1994, 352; *Harder,* Zum transmortalen und postmortalen Auftrag nach römischen und geltendem Recht, FG von Lübtow, 1970, S. 515; *H. Honsell,* Die Risikohaftung des Geschäftsherrn, FG von Lübtow, 1980, S. 485; *Köhler,* Arbeitsleistungen als „Aufwendungen"?, JZ 1985, 359; *Lenel,* Unentgeltliche und entgeltliche Geschäftsbesorgung, AcP 129 (1928), 1; *Steindorff,* Wertersatz für Schäden als Aufwendungsersatz im Arbeits- und Handelsrecht, FS Dölle, Bd. I, 1963, S. 273.

I. Inhalt und Abgrenzung

846 Nach § 662 verpflichtet der Auftrag den Beauftragten, „ein ihm von dem Auftraggeber übertragenes Geschäft für diesen unentgeltlich zu besorgen".

1. Die Geschäftsbesorgung

847 Der beim Auftrag (und der Geschäftsführung ohne Auftrag, § 677, vgl. u. Rn. 1109) vorkommende Begriff der Geschäftsbesorgung wird ganz weit verstanden: Er umfasst nach h. M. **jede fremdbezogene Tätigkeit** (anders bei § 675 I, vgl. u. Rn. 883). Danach braucht die Tätigkeit weder längere Zeit zu dauern noch ein Rechtsgeschäft zu betreffen. Auch ein Vermögensbezug ist nicht erforderlich. Unerheblich bleibt auch, ob die Tätigkeit handlungs- oder erfolgsbezogen ist, ob sie also im Falle der Entgeltlichkeit als Dienst- oder Werkleistung zu qualifizieren wäre.

Nicht anwendbar ist das Auftragsrecht auf speziell geregelte unentgeltliche Tätigkeiten. So unterfällt etwa die Verwahrung (u. Rn. 939 ff.) auch bei Unentgeltlichkeit den §§ 688 ff. (mit der Haftungsmilderung nach § 690) und nicht den §§ 662 ff.

2. Die Unentgeltlichkeit

848 Damit ein Auftrag vorliegt, muss die Geschäftsbesorgung **unentgeltlich** sein. Das unterscheidet den Auftrag insbesondere von Dienst- und Werkvertrag: Der Auftrag bildet also das unentgeltliche Gegenstück zu diesen und spezielleren Vertragstypen, die Entgeltlichkeit erfordern (wie der Maklervertrag und die Geschäfte nach §§ 383 ff. HGB). Wegen dieser Unentgeltlichkeit ist der Auftrag kein gegenseitiger (synallagmatischer) Vertrag.[1] Die §§ 320 ff. sind auf ihn daher unanwendbar.

849 Freilich bedeutet „Unentgeltlichkeit" nur das Fehlen eines Entgelts **für die Tätigkeit.** Soweit dem Beauftragten dagegen **Aufwendungen** entstehen (z. B. Fahrtkosten zu dem Haus, in dem die Blumen gegossen werden sollen), hat der Auftraggeber sie nach §§ 669, 670 zu ersetzen (vgl. u. Rn. 868 ff.): Der Beauftragte soll außer seiner Mühe keine zusätzlichen Vermögensopfer bringen müssen. Der Auftrag ist damit zwar kein synallagmatischer, wohl aber ein (potentiell) **unvollkommen zweiseitig verpflichtender Vertrag**.

[1] Vgl. hierzu AT Rn. 115.

Doch ist diese Regelung nachgiebig: Aus dem Vertrag kann sich ergeben, dass der Beauftragte diese Aufwendungen selbst zu tragen bereit ist (z. B. weil er vom Auftraggeber bei Gelegenheit ein gleiches Entgegenkommen erwartet, vgl. auch § 1620). Das ändert am Vorliegen eines Auftrags nichts. Dagegen wäre die Verabredung eines Tätigkeitsentgelts mit dem Auftragsrecht (außer bei § 675 I) unvereinbar: Ein solcher Vertrag wäre Dienst- oder Werkvertrag. 850

3. Abgrenzungen

a) Weisungen innerhalb eines Vertragsverhältnisses

Im täglichen Sprachgebrauch werden vielfach auch **einzelne Weisungen** im Rahmen eines bestehenden Schuldverhältnisses als „Auftrag" bezeichnet. So spricht man von dem Auftrag, den ein Arbeitgeber seinem Arbeitnehmer gibt. Hier liegt aber kein Auftrag im Sinne der §§ 662 ff. vor. Der Unterschied wird besonders daran deutlich, dass der Arbeitnehmer den „Auftrag" gar nicht mehr anzunehmen braucht: Er ist zu seiner Befolgung schon aus dem Arbeitsvertrag verpflichtet. Die Weisung bedeutet hier also die Konkretisierung einer ohnehin bestehenden Leistungspflicht im Rahmen eines Leistungsbestimmungsrechts des Gläubigers (§ 315). Im Arbeitsrecht spricht man insoweit von einem „Direktionsrecht". Zum „Überweisungsauftrag" s. u. bei Rn. 889. 851

b) Auftrag und Vollmacht

Auch Auftrag und Vollmacht werden im täglichen Sprachgebrauch gelegentlich gleichgesetzt. Dabei handelt es sich aber um grundverschiedene Rechtsinstitute: Vollmacht ist die rechtsgeschäftlich erteilte Vertretungsmacht (§ 166 II). Diese gibt dem Bevollmächtigten die **Möglichkeit**, Willenserklärungen mit unmittelbarer Wirkung für und gegen den Vollmachtgeber abzugeben. Eine Vollmacht (die ein einseitiges Rechtsgeschäft ist, zu deren Erteilung der Bevollmächtigte also nicht zustimmen muss!) verpflichtet den Bevollmächtigten aber noch nicht, in irgendeiner Weise tätig zu werden. Eine solche Pflicht kann sich erst aus einem schuldrechtlichen Grundverhältnis ergeben. Das ist häufig, aber keineswegs zwingend, ein Auftrag. Die Vollmacht ist allerdings abstrakt, d. h. vom Bestehen eines solchen Grundverhältnisses grundsätzlich unabhängig. Eine gewisse Verbindung schafft § 168 S. 1: Mit dem Erlöschen eines Auftrags erlischt auch eine zu dessen Ausführung erteilte Vollmacht. 852

c) Gefälligkeiten ohne Rechtsbindungswillen

Zu unterscheiden ist der Auftrag als Rechtsgeschäft aber auch von den **außerrechtsgeschäftlich erwiesenen Gefälligkeiten** des täglichen Lebens. Diese Unterscheidung ist vor allem für die Haftung wichtig: Der Beauftragte schuldet ordentliche Ausführung und haftet bei einer zu vertretenden Verletzung dieser Pflicht nach §§ 280 ff. auf Schadensersatz. Dagegen schuldet der bloß Gefällige nichts; er haftet auch regelmäßig nur, wenn er ein Delikt begeht, also z. B. rechtswidrig und schuldhaft fremdes Eigentum verletzt (§ 823 I). 853

Diese Gefälligkeiten betreffen ebenso wie der Auftrag unentgeltliche Tätigkeiten. Der Unterschied besteht aber darin, dass für das Rechtsgeschäft „Auftrag" **Rechtsbindungswille** vorliegen muss, oder bestimmte andere objektive Kriterien für die 854

Annahme einer rechtlichen Bindung erfüllt sein müssen. Das ist eine Frage der allgemeinen Rechtsgeschäftslehre und insbesondere der Auslegung des Parteiverhaltens.[2] Speziell unter dem Gesichtspunkt des Auftragsrechts liegt die Annahme eines Rechtsgeschäfts dann nahe, wenn ein erkennbares Interesse des Auftraggebers an einer rechtlichen Bindung vorliegt oder die Tätigkeit auf Seiten des Beauftragten mit erheblichen Aufwendungen verbunden ist. Dann liegt es nämlich nahe, dass die Parteien eine Pflicht zu Ausführung des Auftrags und zugleich Ersatzansprüche aus den §§ 669, 670 begründen wollen.

II. Parteien, Zustandekommen und Beendigung des Auftrags

1. Zustandekommen, Form

855 Der Auftrag ist ein grundsätzlich formlos durch Antrag und Annahme zustande kommender Konsensualvertrag zwischen dem **Auftraggeber** und dem **Beauftragten**. Nach § 663 muss ein zu Beauftragender die **Ablehnung eines Antrags anzeigen**, wenn er zur Besorgung von gewissen Geschäften öffentlich bestellt ist oder sich dazu öffentlich oder dem Antragenden gegenüber erboten hat. Diese Vorschrift spielt aber allenfalls mit ihrer letzten Alternative für den unentgeltlichen Auftrag eine Rolle, weil sich wohl niemand zu *unentgeltlicher* Geschäftsbesorgung öffentlich bestellen lässt oder öffentlich erbietet. Bedeutung hat § 663 daher fast nur über die Verweisung in § 675 I für entgeltliche Geschäfte (vgl. u. Rn. 884). Eine zu vertretende Zuwiderhandlung verpflichtet nach § 280 I zum Ersatz des **negativen Interesses**. Der Antragende kann dann also Ersatz desjenigen Schadens verlangen, der ihm durch das Vertrauen darauf entstanden ist, sein Antrag sei angenommen worden (§ 151!) und folglich ein Vertrag zustande gekommen.

856 Der Auftrag ist grundsätzlich **formfrei**. Er kann, sofern ein entsprechender Rechtsbindungswille feststellbar ist, auch konkludent zustande kommen.[3] Eine Formbedürftigkeit kann sich aber im Einzelfall aus den allgemeinen Vorschriften ergeben. Verpflichtet sich der Beauftrage etwa dazu, im eigenen Namen ein formbedürftiges Rechtsgeschäft abzuschließen, kann auch der Auftrag selbst einer gesetzlichen Form unterliegen.

Beispiel (nach BGHZ 127, 168 ff.): A beauftragt den B, im eigenen Namen, aber für ihn, von C ein Grundstück treuhänderisch zu erwerben. Sofern hierdurch eine Verpflichtung des B zum Erwerb von Grundstückeigentum verbunden ist, ist der Auftrag daher nach § 311b I 1 formbedürftig. Der Formmangel wird allerdings nach § 311b II 2 geheilt, wenn B das Grundstück erworben hat. Die Pflicht des B, das Grundstück an A weiterzuübereignen (§ 667 Alt. 2) ergibt sich aus dem Gesetz (und nicht aus dem Vertrag), so dass der Auftrag unter diesem Aspekt nicht formbedürftig ist.

2. Beendigung des Auftrags

a) Widerruf und Kündigung

857 Nach § 671 I kann der Auftrag von beiden Seiten jederzeit ohne Vorliegen eines besonderen Grundes, d. h. willkürlich, beendet werden. Die unterschiedliche Terminologie (**Widerruf** durch den Auftraggeber, **Kündigung** durch den Beauftragten) hat

[2] Vgl. etwa *Medicus*, BGB AT, Rn. 191 ff.
[3] Vgl. etwa *BGH* NJW 2009, 840 Tz. 15.

dabei nur historische Gründe. Der Sache nach handelt es sich in beiden Fällen um eine Kündigung. Diese erleichterte Vertragslösung ist typisch für unentgeltliche Verträge (**Utilitätsprinzip**, s. Rn. 5). Aufgrund dieser Unentgeltlichkeit werden durch die Widerrufsmöglichkeit schützenswerte Interessen des **Beauftragten** im Falle einer Kündigung durch den Auftraggeber im Regelfall nicht berührt. Der **Beauftragte** darf allerdings nicht zur Unzeit kündigen, sofern nicht ein **wichtiger Grund** vorliegt. Kündigt er ohne einen solchen wichtigen Grund zur Unzeit, ist die Kündigung aber dennoch wirksam. Der Beauftragte hat aber den daraus entstehenden Schaden zu ersetzen (§ 671 II).

Die Regelung ist **dispositives Recht**. So kann insbesondere die Kündigung durch 858
den Beauftragten mit Ausnahme derjenigen aus wichtigem Grund vertraglich ausgeschlossen werden (§ 671 III). Das kann auch konkludent geschehen. Ein solcher stillschweigender Verzicht wird nach Lage des Einzelfalls insbesondere in der Annahme eines Auftrags über eine bestimmte Zeit liegen. Ein Ausschluss des Widerrufsrechts des Auftraggebers wird nur dann für zulässig gehalten, wenn der Auftrag zumindest auch im Interesse des Beauftragten (oder eines Dritten) erteilt wurde. Auch dann kann aber der Auftraggeber jedenfalls bei Vorliegen eines wichtigen Grundes kündigen.[4]

b) Tod

Nach § 673 S. 1 erlischt der Auftrag im Zweifel durch den **Tod des Beauftragten.** 859
§ 673 S. 2 verpflichtet aber den **Erben des Beauftragten,** dem Auftraggeber unverzüglich den Tod anzuzeigen und nötigenfalls die Geschäftsbesorgung einstweilen fortzusetzen. Dass insoweit der Auftrag „als fortbestehend gilt" (so § 673 am Ende), will dem Erben den Anspruch aus § 670 sichern. Insoweit besteht der Auftrag also faktisch fort.

Ob der Auftrag mit dem **Tod des Auftraggebers** endet, richtet sich zuvörderst nach 860
seinem Inhalt. Im Zweifel erlischt der Auftrag aber nach § 672 S. 1 **nicht** bei Tod oder Geschäftsunfähigkeit des **Auftraggebers**. Hier gibt das Gesetz dem Interesse an der Ausführung des Auftrags den Vorrang vor der persönlichen Vertrauensbindung, obwohl nach § 664 II auch die Berechtigung aus dem Auftrag im Zweifel nicht soll übertragen werden können. Praktisch nicht selten sind Aufträge, die ihre Bedeutung überhaupt erst **nach dem Tod des Auftraggebers** erhalten, nämlich mit Nachlassstücken in bestimmter Weise zu verfahren (z. B. ein Sparbuch des Erblassers an dessen Nichte auszuhändigen). Das Fortbestehen des Auftrags führt dann auch zum Fortbestehen einer dem Beauftragten erteilten Vollmacht (§ 168 S. 1). Der Bevollmächtigte vertritt dann die (oft ahnungslosen) Erben.

Solche **postmortalen** Aufträge und Vollmachten können in Konflikt zum Erbrecht geraten. Denn durch die Ausführung wird dem Nachlaß Vermögen entzogen, ohne dass die erbrechtlichen Formen gewahrt wären. Diese Problematik gehört ins Erbrecht.

Erlischt der Auftrag nach seinem Inhalt ausnahmsweise doch mit dem Tod oder der 861
Geschäftsunfähigkeit des Auftraggebers, muss der Beauftragte die Geschäftsbesorgung **nötigenfalls fortsetzen** (§ 672 S. 2), und er darf das auch mit allen Rechten und Pflichten aus dem Auftrag, bis er dessen Erlöschen kennt oder kennen muss

[4] S. die Nachweise bei MünchKomm/*Seiler*, § 671 Rn. 7.

(§ 674). Doch gilt eine mit dem Auftrag verbundene, nach §§ 674, 168 S. 1 fortbestehende **Vollmacht** nach § 169 nicht zugunsten eines Dritten, der das Erlöschen kennt oder kennen muss.

III. Die Pflichten des Beauftragten

1. Ausführung, Weisungsunterworfenheit

862 Der Beauftragte hat das übernommene Geschäft auszuführen, § 662. Nach § 664 S. 1 ist ihm ebenso wie dem Dienstverpflichteten (s. Rn. 625) die Übertragung auf einen Dritten (**Substitution**) verwehrt. Das schließt selbstverständlich die Zuziehung von Erfüllungsgehilfen nicht aus. Für deren Verschulden hat er dann, wie § 664 I 3 klarstellt, nach § 278 einzustehen. **Zulässig** ist eine Substitution, wenn sie vertraglich gestattet ist. In Einzelfällen kann sie auch nach § 665 S. 1 zulässig sein. In diesen Fällen haftet der Beauftragte für den Substituten **nicht** nach § 278, sondern nur für eigenes Auswahlverschulden (§ 664 I 2, s. dazu AT Rn. 387).

863 Bei der Ausführung muss der Beauftragte regelmäßig die **Weisungen des Auftraggebers** befolgen. Wenn sich neue Umstände ergeben, muss der Beauftragte diese dem Auftraggeber mitteilen und dessen Entscheidung abwarten, § 665 S. 2. Nur wenn mit dem so entstehenden Aufschub Gefahr verbunden ist, darf und muss der Beauftragte von den ihm erteilten Weisungen abweichen; er schuldet also **„denkenden" Gehorsam**, § 665 S. 1. Auch dann darf der Beauftragte aber nicht nach eigenem Gutdünken entscheiden, sondern er muss sich nach dem **mutmaßlichen Willen** des Auftraggebers richten: In diesem Sinn stellt § 665 S. 1 darauf ab, ob der Beauftragte annehmen darf, der Auftraggeber werde die Abweichung billigen. Wer z. B. zur Kreditgewährung an einen Dritten beauftragt ist (§ 778), darf den Kredit regelmäßig nicht auszahlen, wenn der Dritte in Vermögensverfall gerät. Dagegen bleibt die Auszahlung geschuldet, wenn der Auftraggeber dem Dritten gerade in seiner Not helfen wollte; dass dem Auftraggeber hieraus Schaden entsteht, berechtigt den Beauftragten dann zu keiner Abweichung.

2. Herausgabe

864 Nach § 667 muss der Beauftragte dem Auftraggeber sowohl das, was er zur Erfüllung des Auftrags erhalten hat (§ 667 Alt. 1), als auch das, was er „aus der Geschäftsbesorgung erlangt hat" (§ 667 Alt. 2), herausgeben. Die Herausgabepflicht ist insoweit ausgeschlossen, als der Beauftrage den Gegenstand **bestimmungsgemäß verwendet** hat (wofür er die Beweislast trägt).[5] „Herausgabe" ist dabei ein weiter, nicht auf Sachen beschränkter Begriff: Der Beauftragte hat jede erlangte Rechtsposition auf den Auftraggeber zu übertragen. Das kann bei Sachen die bloße Besitzübergabe oder auch die Übereignung bedeuten. Bei Forderungen kommt eine Zession in Betracht, bei anderen Rechten deren Übertragung (§ 413). Auch bloße **Information** kann Gegenstand einer Herausgabepflicht sein.

So muss der zum Blumengießen Beauftragte die ihm übergebenen Wohnungsschlüssel und den Rest des ihm für Fahrtkosten vorgeschossenen Geldes herausgeben. Der zum Einkauf einer Sache Beauftragte schuldet nach Erledigung des Auftrags Übereignung der beschafften Sache, der zum Verkauf einer Sache

[5] *BGH* NJW 2009, 840; zur Beweislast s. *BGH* NJW-RR 2004, 927.

Beauftragte schuldet die Herausgabe des erhaltenen Kaufpreises oder die Abtretung der erlangten Forderung. Wer mit der Beschaffung einer Information beauftragt ist, hat diese weiterzugeben, wer mit der Anmeldung eines Domainnamens beauftragt war, hat diesen zu übertragen oder umzuschreiben.[6]

Nicht von § 667 Alt. 2 erfasst wird hingegen, was der Beauftragte nur „bei Gelegenheit" (und nicht „aus") der Geschäftsbesorgung erlangt hat (z. B. Trinkgelder).

Erhält der Beauftragte Geld zur Ausführung des Auftrags oder erlangt er in Ausführung des Auftrags Geld, so handelt es sich auch insoweit um eine „Herausgabeschuld" (**Geldherausgabeschuld**) und nicht um eine Geldwertschuld:[7] Geht das Geld verloren, so tritt Unmöglichkeit (§ 275 I) ein mit der Folge, dass der Beauftragte von der Herausgabepflicht befreit wird.[8] Nur wenn er die Unmöglichkeit zu vertreten (was aber nach § 280 I 2 zu vermuten ist), haftet er nach §§ 280 I, II, 283 auf Schadensersatz in Höhe der jeweiligen Geldsumme.[9] Das **Verlustrisiko** trägt also der Auftraggeber. 865

Aus diesem beschränkten Zweck der Norm ergibt sich auch, dass auf die Geldherausgabeschuld im Übrigen bestimmte Regelungen über die Geldschuld entsprechend angewendet werden können. So kann etwa mit einer Geldherausgabeschuld gegen eine Geldschuld trotz fehlender Gleichartigkeit aufgerechnet werden (§ 387). Analog § 288 I ist auch eine Geldherausgabeschuld zu verzinsen.[10]

§ 667 erlangt als **Anspruchsgrundlage** ebenso wie der Aufwendungsersatzanspruch des Beauftragten nach § 670 überragende praktische Bedeutung vor allem durch die zahlreichen Verweise auf diese Vorschrift aus anderen (vertraglichen oder gesetzlichen) Schuldverhältnissen, deren Gegenstand ebenfalls eine Geschäftsbesorgung beinhaltet. Das gilt etwa für entgeltliche Geschäftsbesorgungsverträge (s. § 675 I), für die Geschäftsführung ohne Auftrag (§§ 681, 683, dazu u. Rn. 1118 ff.), und für geschäftsführende Gesellschafter (§ 713, dazu u. Rn. 979). Auch im Arbeitsrecht ist § 667 entsprechend anzuwenden (s. o. Rn. 628). So ist etwa ein Arbeitnehmer nach § 667 Alt. 2 zur Herausgabe der auf Dienstreisen erlangten Rabattvorteile („Bonusmeilen") verpflichtet.[11] 866

3. Weitere Pflichten

Damit der Auftraggeber seine Ansprüche aus § 667 auch tatsächlich geltend machen kann, ist der Beauftragte nach § 666 zu **Auskunft** und **Rechenschaft** verpflichtet (s. dazu §§ 259 – 261). Hinzu kommt nach § 668 eine **Verzinsungspflicht**, wenn der Beauftragte dem Auftraggeber gebührendes Geld für sich selbst verwendet. 867

4. Folgen von Pflichtverletzungen; Haftungsmaßstab

Bei **Nichterfüllung** oder **Schlechterfüllung** der sich aus dem Auftragsverhältnis ergebenden Pflichten haftet der Beauftragte wie ein Dienstschuldner nach **allgemeinem Leistungsstörungsrecht**, d. h. aus den §§ 280 ff. (s. o. Rn. 629 ff.). Bei Nichtausführung oder Schlechtausführung des Auftrags kommt auch ein Anspruch auf Schadensersatz statt der Leistung nach §§ 280 I, III, 281 in Betracht. In Einzelfällen ist auch 867a

[6] Zu Letzterem s. *BGH* NJW 2010, 3440.
[7] S. dazu AT Rn. 188.
[8] *BGH* NJW 2005, 3709.
[9] BGHZ 165, 298.
[10] *BGH* NJW 2005, 3709.
[11] *BAG* NJW 2006, 3803.

eine Haftung wegen nachträglicher Unmöglichkeit (§§ 280 I, III, 283) denkbar, etwa wenn der Auftrag den Charakter eines absoluten Fixgeschäfts hatte (s. dazu AT Rn. 429). Ein **Rücktritt** nach § 323 ist mangels Vorliegen eines gegenseitigen Vertrages nicht möglich, angesichts der jederzeitigen Widerrufsmöglichkeit (§ 671 I, o. Rn. 857) aber auch nicht erforderlich. Erleidet der Auftraggeber Schäden an seinen sonstigen Rechtsgütern, ergibt sich ein Schadensersatzanspruch aus §§ 280 I, 241 II.

Auch für das **Vertretenmüssen** gelten die allgemeinen Vorschriften der §§ 276, 278. Der Beauftragte haftet dabei auch für einfache Fahrlässigkeit. Trotz der Unentgeltlichkeit des Auftrags besteht also **keine Haftungsprivilegierung**, wie sie bei anderen unentgeltlichen Rechtsgeschäften typisch ist (s. §§ 521, 599 und § 690 sowie o. Rn. 5, 390).

Dies hat seinen Grund darin, dass der Beauftragte fremde Angelegenheiten wahrnimmt und der Auftraggeber deshalb darauf vertrauen dürfen soll, dass der Beauftragte den Auftrag sorgsam ausführt. Deshalb kommt auch eine analoge Anwendung dieser Haftungsmilderungen nicht in Betracht.[12]

Auch sind weder § 619a (Umkehr der Beweislast bzgl. des Vertretenmüssens, o. Rn. 635) noch die im Arbeitsrecht anerkannten Haftungsmilderungen bei betrieblicher Tätigkeit (o. Rn. 636) entsprechend anzuwenden.[13] Diese finden ihre Rechtfertigung nämlich in der besonderen Natur des Arbeitsverhältnisses und sind daher auf das Auftragsrecht nicht übertragbar. Anerkannt ist allerdings eine analoge Anwendung von § 680: Auch der Beauftrage haftet also für einfache Fahrlässigkeit nicht, wenn seine Tätigkeit der Abwehr einer dem Auftraggeber drohenden dringenden Gefahr dient (s. dazu Rn. 1119).[14]

Zu prüfen ist aber immer eine – mögliche – vertragliche Begrenzung der Haftung auf grobe Fahrlässigkeit und Vorsatz, die auch konkludent erfolgen kann.[15] In Einzelfällen mag auch eine entsprechende **ergänzende Vertragsauslegung** möglich sein. Manchmal kann man der Problematik auch schon bei der Frage begegnen, ob überhaupt ein Auftrag zustandegekommen ist oder nur eine Gefälligkeit ohne Rechtsbindungswillen vorliegt (s. o. Rn. 853). Mit diesen „Kunstgriffen" darf aber nicht die grundsätzliche Entscheidung des Gesetzgebers ausgehebelt werden, den Beauftragten für jede Fahrlässigkeit haften zu lassen.

Beispiel (nach BGHZ 21, 102): Spediteur S stellt dem Spediteur K auf dessen Bitten für einen wichtigen Transport kostenlos einen Fahrer zur Verfügung, weil bei K ein Fahrer ausgefallen ist. Der Fahrer erweist sich als unzuverlässig und verursacht einen Unfall, bei welchem der LKW des K zerstört wird. Angesichts der Bedeutung des Rechtsgeschäfts für K ist hier von einem Auftrag und nicht lediglich von einer bloßen Gefälligkeit auszugehen. Da S einen unzuverlässigen Fahrer ausgewählt hat, haftet er nach § 280 I für den daraus entstandenen Schaden, wenn er nicht nachweisen kann, dass er bei der Auswahl des Fahrers nicht fahrlässig gehandelt hat. Es kommt weder eine analoge Anwendung des Rechtsgedankens der §§ 521, 599, 690 in Betracht, noch kann angesichts der wirtschaftlichen Bedeutung des Geschäfts von einer bloßen Gefälligkeit oder einem konkludenten Haftungsausschluss für einfache Fahrlässigkeit ausgegangen werden.

---

[12] A. A. *Medicus/Petersen*, BürgR Rn. 369 für unentgeltliche Tätigkeiten ohne Treuhandcharakter; wie hier *Looschelders*, BT Rn. 809.

[13] Zu entsprechenden Vorschlägen s. MünchKomm/*Seiler*, § 662 Rn. 53 ff. m. w. N.

[14] *Looschelders*, BT, Rn. 810; Jauernig/*Mansel*, § 662 Rn. 14.

[15] S. etwa *BGH* NJW 1979, 414: Stillschweigender Haftungsausschluss für einfache Fahrlässigkeit gegenüber dem Beifahrer.

IV. Die Pflichten des Auftraggebers

1. Aufwendungsersatz

Nach § 670 hat der Auftraggeber dem Beauftragten diejenigen Aufwendungen zu ersetzen, die dieser den Umständen nach für erforderlich halten durfte. § 670 ist ebenso wie § 667 zentrale Anspruchsgrundlage nicht nur für das Auftragsrecht, sondern vor allem durch die zahlreichen Verweisungen auf die Vorschrift von überragender Bedeutung (s. z. B. §§ 675, 683, 713, 994, 1835 sowie § 110 HGB). Auch im Dienstvertragsrecht und speziell im **Arbeitsrecht** findet § 670 analoge Anwendung (dazu o. Rn. 649). 868

a) Begriff der Aufwendung

aa) Freiwillige Vermögensopfer

Aufwendungen sind **freiwillige Vermögensopfer**, die der Beauftragte in Ausführung des Auftrags erbringt.[16] Das ist etwa der Fall, wenn der Beauftragte Geld auslegt oder eigenes Material verbraucht. So kann z. B. der mit einem Einkauf Beauftragte nach § 670 nicht nur das verauslagte Geld, sondern auch die aufgewendeten Fahrtkosten ersetzt verlangen. Besteht die Aufwendung in der Eingehung einer Verbindlichkeit, so kann der Beauftragte Befreiung von dieser verlangen (§ 257).[17] 869

bb) Vergütung für das Tätigwerden

Keine Aufwendung i. S. v. § 670 ist im Auftragsrecht hingegen die Tätigkeit des Beauftragten als solche. Er kann also nach § 670 **keine Vergütung für seine Tätigkeit** verlangen. Zwar stellt – wenn etwa der Beauftragte dieselbe Tätigkeit auch gegen Vergütung verrichtet – der Einsatz eigener Arbeitskraft ein Vermögensopfer dar, jedoch würde eine solche Vergütung der für den Auftrag charakteristischen **Unentgeltlichkeit** widersprechen. 870

Wenn § 670 hingegen nicht direkt, sondern im Wege der **Verweisung** aus anderen Rechtsinstituten wie insbesondere der Geschäftsführung ohne Auftrag (über § 683) anzuwenden ist, die zwar nicht entgeltlich im Rechtssinne sind, denen aber doch die spezifische Unentgeltlichkeit des Auftrags fehlt, kann auch die bloße Tätigkeit eine „Aufwendung" darstellen. Dann kann der zum Aufwendungsersatz Berechtigte auch für das bloße Tätigwerden Aufwendungsersatz i. H. des üblichen Honorars verlangen, wenn die entsprechende Tätigkeit von ihm gewöhnlich nur gegen Entgelt durchgeführt wird, sie also zu seiner beruflichen Tätigkeit gehört (u. Rn. 1118).[18] Einen gesetzlichen Ausdruck hat dieser Rechtsgedanke in § 1835 III für den Aufwendungsersatzanspruch des Vormunds gefunden. 871

cc) Schäden und Schadensersatzverpflichtungen

Schäden, die der Beauftragte bei Ausführung des Auftrags erleidet, sind i. d. R. keine **freiwilligen** Vermögensopfer. Rspr. und Literatur haben hier aber den Aufwen- 872

[16] *BGH* NJW 1989, 1284, 1285.
[17] Zu den Einzelheiten des Befreiungsanspruchs s. AT Rn. 214.
[18] BGHZ 65, 384, 389 f.; 143, 9, 16 (zur GoA).

dungsbegriff erweitert: Auch Schäden des Beauftragten sind vom Auftraggeber als Aufwendungen (und damit **verschuldensunabhängig**!) zu ersetzen, wenn sich darin das **tätigkeitsspezifische Risiko** des jeweiligen Auftrags (und nicht nur etwa ein **allgemeines Lebensrisiko**) verwirklicht hat.[19] Nach neuerer Auffassung folgt diese Zufallshaftung des Auftraggebers aus dem Grundsatz der **Risikozurechnung bei schadensgeneigter Tätigkeit** im fremden Interesse (Rechtsgedanke von § 110 I HGB).[20] Obwohl es sich hierbei dogmatisch nicht um einen Schadensersatzanspruch handelt, werden jedoch einige schadensersatzrechtliche Regelungen analog angewendet. So muss sich der Beauftragte insbesondere ein **eigenes Mitverschulden** analog § 254 anspruchsmindernd zurechnen lassen. Auch die §§ 844 – 846 sind entsprechend anzuwenden.

Beispiel (PdW Schuldrecht II **Fall 157**): A, der sich verletzt hat, bittet den B, ihn in das Krankenhaus zu fahren. Beim eiligen Einparken vor der Ambulanz des Krankenhauses beschädigt B sein Kfz. Im Wartezimmer, in welches A den B begleitet hat, wird ihm die Geldbörse gestohlen: Bei der Beschädigung des Kfz hat sich ein tätigkeitsspezifisches Risiko verwirklicht, so dass A insoweit nach § 670 Ausgleich des erlittenen Schadens in Form von Aufwendungsersatz verlangen kann. Sein Mitverschulden wäre zwar analog § 254 I zu berücksichtigen, dürfte aber hier situationsbedingt unberücksichtigt bleiben. Beim Diebstahl der Geldbörse hat sich hingegen ein allgemeines Lebensrisiko verwirklicht, so dass B insoweit keinen Ersatz verlangen kann.

Im **Arbeitsrecht** spielt das im Rahmen der dort möglichen analogen Anwendung von § 670 (o. Rn. 868) eine nicht unbedeutende Rolle: So kann ein Arbeitnehmer, der weisungsgemäß seinen eigenen Pkw für **betrieblich veranlasste Tätigkeiten** verwendet, für Unfallschäden aus § 670 Aufwendungsersatz von seinem Arbeitgeber verlangen, wobei nach den Grundsätzen des innerbetrieblichen Schadensausgleichs sein (leichtes) Mitverschulden sogar unberücksichtigt bleiben kann (dazu o. Rn. 649).

873 Fügt der Beauftragte bei der Ausführung des Auftrags **Dritten** Schäden zu, so ist auch seine daraus resultierende **Schadensersatzpflicht gegenüber Dritten** unter denselben Voraussetzungen wie selbst erlittene Schäden unter § 670 zu fassen. Er hat dann insoweit einen **Freistellungsanspruch** gegen den Auftraggeber (s. dazu o. Rn. 650).[21]

b) Erforderlichkeit

874 Für den Ersatzanspruch genügt nicht schon, dass der Beauftragte Aufwendungen wirklich gemacht hat; vielmehr musste er diese auch **für erforderlich halten dürfen.** Die Erforderlichkeit wird nach der Situation des Beauftragten im Zeitpunkt der Entscheidung über die Aufwendung beurteilt (subjektives Element), jedoch vom Standpunkt eines verständigen Beobachters aus (objektives Element). Unter diesen Voraussetzungen sind dann aber auch nutzlose oder objektiv unnötige Aufwendungen zu ersetzen. Doch ist hier stets an die §§ 665 S. 2, 666 zu denken: Wenn der Beauftragte vom Auftraggeber nicht vorhergesehene Aufwendungen für nötig hält, hat er regelmäßig zunächst anzufragen.

[19] BGHZ 33, 251 (zur GoA); s. auch *BGH* NJW 1992, 498.
[20] S. dazu MünchKomm/*Seiler*, § 670 Rn. 14 m. w. N.
[21] BGHZ 89, 153.

2. Weitere Pflichten

Nach § 669 hat der Auftraggeber dem Beauftragten für die voraussehbaren Aufwendungen auf Verlangen **Vorschuss** zu leisten: Der Beauftragte soll nicht erst aus eigenen Mitteln in Vorlage gehen müssen. 875

Darüber hinaus kommen noch weitere, im Gesetz nicht ausdrücklich geregelte **Fürsorgepflichten** des Auftraggebers in Betracht. So wird er den Beauftragten regelmäßig auf diesem nicht bekannte Gefahren hinweisen müssen, die sich aus der Ausführung des Auftrags ergeben können (z. B. auf die Explosionsgefahr durch Gasflaschen in dem brennenden Haus).

V. Rat oder Empfehlung

Nach § 675 II begründen Rat oder Empfehlung als solche, d. h. „unbeschadet der sich aus einem Vertragsverhältnis oder einer unerlaubten Handlung ergebenden Verantwortlichkeit" keine Verpflichtung zum Schadensersatz. Diese Aussage des § 675 II ist selbstverständlich und letztlich nur als Hinweis zu verstehen. Eine Haftung für Rat und Auskunft kann sich damit in drei Situationen ergeben (s. dazu auch PdW Schuldrecht II **Fall 161**): 876

1. Selbständiger Auskunfts- oder Beratungsvertrag

Über die Beratung kann ein selbständiger Vertrag geschlossen werden, der im Regelfall als Werkvertrag zu qualifizieren ist. Eine falsche Auskunft oder ein falscher Rat (etwa durch einen Rechtsanwalt oder einen Steuerberater) sind dann eine nach §§ 634 Nr. 4, 280 I zum Schadensersatz verpflichtende Schlechterfüllung des Vertrages. Ob ein solcher Vertrag ggf. konkludent durch die Erteilung der Auskunft zustande kommt oder ob die Auskunft nur im Rahmen eines Gefälligkeitsverhältnisses und damit „ohne Gewähr" erfolgt, ist eine Frage des Einzelfalls. Hat die Auskunft erkennbar hohe wirtschaftliche Bedeutung für den Auskunftsuchenden, wird man auch bei unentgeltlicher Auskunftserteilung Rechtsbindungswillen bejahen müssen (so etwa bei der telefonischen Auskunft eines Steuerberaters[22] oder bei Auskünften eines Anlagevermittlers[23]). Auch Dritte können – allerdings unter sehr engen Voraussetzungen – in den Schutzbereich eines solchen Vertrags einbezogen sein.[24] Ein selbständiger Beratungsvertrag kann auch im Vorfeld eines anderen, noch zu schließenden Vertrags geschlossen werden, s. dazu o. Rn. 275. 877

2. Verletzung einer vertraglichen Nebenpflicht (unselbständiger Beratungsvertrag)

Weiter kommt eine Haftung für falschen Rat und Auskunft als Verletzung einer **vertraglichen Nebenpflicht** zur Beratung im Rahmen eines bestehenden Schuldverhältnisses in Betracht. 878

[22] *BGH* NJW 2009, 1141.
[23] *BGH* NJW 2007, 1362.
[24] *BGH* NJW 2009, 512; allgemein zum Vertrag mit Schutzwirkung für Dritte s. AT Rn. 817.

3. Verletzung einer vorvertraglichen Pflicht (culpa in contrahendo) – Vertrauenshaftung

879 Eine Haftung für falschen Rat und Auskunft kann sich aber auch aus **rechtsgeschäftlichem Kontakt**, d. h. aus §§ 280 I, 311 II Nr. 3 oder § 311 III 2 ergeben. Das betrifft insbesondere die Haftung von Sachverständigen und Experten. Während die Rspr. Fälle dieser Art weitestgehend mit der Annahme stillschweigend geschlossener Auskunftsverträge mit Schutzwirkung für Dritte löst,[25] stützt die Literatur die Haftung hier auf eine allgemeine Vertrauenshaftung.[26]

4. Delikt

880 Schließlich können unrichtiger Rat oder eine unrichtige Empfehlung ein **Delikt** darstellen. Dann richtet sich die Haftung nach Deliktsrecht. Da § 823 I allerdings das Vermögen als solches nicht schützt und es in den allermeisten Fällen um nach § 823 I nicht ersatzfähige **primäre Vermögensschäden** geht (dazu u. Rn. 1234), kommen bei Vorsatz insbesondere § 823 II (mit § 263 StGB, Betrug) und § 826 in Betracht.[27] Im Falle von Fahrlässigkeit ist insbesondere eine Haftung aus § 823 II i. V. m. mit einem Schutzgesetz relevant. Schließlich bestehen in Spezialbereichen noch besondere Haftungsregelungen für falsche Auskünfte, so etwa in §§ 37b und 37c WpHG für **falsche Kapitalmarktinformationen.**

5. Kausalitätsprobleme – Vermutung aufklärungsrichtigen Verhaltens

881 Bei jeder Art der Haftungsbegründung für falschen Rat und Auskunft stellt sich das Kausalitätsproblem: Der Gläubiger müsste zur Haftungsbegründung neben dem Beratungsfehler eigentlich weiter nachweisen, dass er einem zutreffenden Rat und einer zutreffenden Auskunft gefolgt wäre und deshalb der erlittene Schaden nicht eingetreten wäre. Um dem Geschädigten diesen Nachweis zu erleichtern, arbeitet die Rspr. seit langem mit einer **Vermutung aufklärungsrichtigen Verhaltens.**[28]

§ 113. Die entgeltliche Geschäftsbesorgung

Literatur: *Canaris,* Bankvertragsrecht, 3. Aufl., 1988; *Coing,* Rechtsformen der privaten Vermögensverwaltung ..., AcP 167 (1967), S. 99; *ders.,* Die Treuhand kraft privaten Rechtsgeschäfts, 1973; *Grundmann,* Der Treuhandvertrag, 1997; *ders.,* Das neue Recht des Zahlungsverkehrs, WM 2009, 1109 und 1157; *Hüffer,* Haftungsfragen im Bankrecht, 1987; *Koller,* Das Haftungsprivileg des Geschäftsbesorgers gem. §§ 664 Abs. 1 Satz 2, 675 BGB, ZIP 1985, 1243; *Köndgen,* Das neue Recht des Zahlungsverkehrs, JuS 2011, 481; *Kötz,* Trust und Treuhand, 1963; *Liebrich,* Treuhand und Treuhänder im Wirtschaftsrecht, 1966; *Weidemann,* Der Begriff des Geschäfts in den §§ 662, 675, 677, 1932.

I. Die Funktion von § 675 I

882 Nach § 675 I sollen bestimmte Vorschriften des Auftragsrechts auf solche Dienst- oder Werkverträge Anwendung finden, „die eine Geschäftsbesorgung zum Gegenstand haben". Der Geschäftsbesorgungsvertrag ist damit **kein eigenständiger Ver-**

[25] S. z. B. *BGH* NJW 1998, 1059.
[26] S. dazu insbesondere *Canaris,* JZ 1998, 603 ff.
[27] BGHZ 175, 276.
[28] S. dazu etwa *BGH* NJW 2002, 2703.

tragstypus, sondern eine Variante von Dienst- oder Werkvertrag. Vom Auftrag grenzt er sich durch die **Entgeltlichkeit** ab.

Diese Regelungstechnik erklärt sich aus der **Gesetzgebungsgeschichte des Auftrags.** Denn nach dem E 1 des BGB sollte für den Beauftragten eine Vergütung vereinbart werden können, und bei Üblichkeit wurde das sogar vermutet (§ 586 E 1, vgl. Mot. II 527 f. = *Mugdan* II 295). Damit galt Auftragsrecht ohne Weiteres auch für entgeltliche Geschäftsbesorgungen. Als später im E 2 der Auftrag notwendig unentgeltlich wurde, sollte § 675 dem Auftragsrecht einen Teil seines alten Anwendungsbereichs wahren.

II. Der Begriff der „Geschäftsbesorgung"

Der Begriff der Geschäftsbesorgung in § 675 I muss notwendigerweise eine engere Bedeutung haben als der weite Geschäftsbesorgungsbegriff i. S. v. § 662. Legt man nämlich letzteren zugrunde („jede fremdbezogene Tätigkeit", o. Rn. 847), wäre jeder Dienst- und Werkvertrag immer auch ein Geschäftsbesorgungsvertrag und die gesetzliche Sonderregelung in § 675 I sinnlos. Die von der Rspr. entwickelte Definition lautet daher: Geschäftsbesorgung sei „eine **selbständige Tätigkeit wirtschaftlicher Art**, für die ursprünglich der Geschäftsherr selbst zu sorgen hatte, die ihm aber durch einen anderen (den Geschäftsführer) abgenommen wird".[1] Diese Definition ist zwar gewiss nicht sehr aussagekräftig, lässt aber doch einige wesentliche Merkmale hervortreten: Nur eine **wirtschaftliche** Tätigkeit rechtfertigt die Anwendung der im Wesentlichen vermögensbezogenen Normen des Auftragsrechts (daher fällt z. B. die ärztliche Behandlung nicht unter § 675 I). Aus ähnlichen Gründen kommt es auch auf eine gewisse **Selbständigkeit** an: Für eine vom Geschäftsherrn im Einzelnen angeleitete Tätigkeit genügen regelmäßig die Normen des Dienst- oder Werkvertragsrechts. Zudem ist auch plausibel, dass es sich um eine Tätigkeit aus **dem Bereich des Geschäftsherrn** handeln soll: Dadurch treffen ihre Folgen den Geschäftsherrn, und dem trägt das Auftragsrecht Rechnung. 883

Beispiele für Verträge, die unter § 675 fallen, bilden etwa die Vermögensverwaltung (auch bloß eines einzigen bedeutsamen Vermögensstücks, z. B. Grundstück oder Gesellschaftsanteil), die Prozessführung, die Besorgung von Steuerangelegenheiten, der Bankvertrag über Errichtung und Führung eines Kontos (beim Girokonto „Girovertrag" genannt, dazu jetzt § 675f, u. Rn. 893) oder Wertpapierdepots, der Baubetreuungsvertrag (o. Rn. 797), und der Bauträgervertrag (o. Rn. 799).

III. Rechtsfolge

Rechtsfolge des § 675 I ist, dass die dort aufgeführten **Vorschriften des Auftragsrechts** zusätzlich zu den Vorschriften des Dienst- oder Werkvertragsrechts anzuwenden sind. Wichtig sind hier insbesondere die §§ 666, 667, 670. Dabei nennt § 675 I den § 671 deshalb nicht, weil die dort bestimmte erleichterte Auflösbarkeit für einen entgeltlichen Vertrag nicht ohne Weiteres passt (vgl. o. Rn. 857). Die Entgeltlichkeit der Geschäftsbesorgung ist auch bei der entsprechenden Anwendung des § 670 zu bedenken: Hier ist zu fragen, ob die Aufwendungen des Geschäftsführers nicht schon durch das Entgelt abgegolten sein sollen (z. B. die Telefon- und Portokosten des Vermögensverwalters). 884

[1] BGHZ 45, 223, 229.

IV. Bankverträge

885 Durch das Überweisungsgesetz v. 21. 7. 1999 sind mehrere Rechtsverhältnisse geregelt worden, an denen Kreditinstitute beteiligt sind. Es waren dies Einzelfragen des **Übertragungsvertrages** (§ 676), der **Überweisungsvertrag** (§§ 676a ff.), der **Zahlungsvertrag** (§§ 676d ff.) sowie der **Girovertrag** (§§ 676f ff.).[2] Diese Regelungen beruhten z. T. auf der Umsetzung von EG-Richtlinien. Sie waren im BGB unter dem Untertitel 2 zusammen mit dem Geschäftsbesorgungsvertrag geregelt. Mit Wirkung vom 31. 10. 2009 sind diese Vorschriften in Umsetzung der EG-Zahlungsdiensterichtlinie[3] durch die §§ 675c -676c ersetzt worden. Diese Normen regeln jetzt in einem eigenständigen Untertitel 3 die sog. „**Zahlungsdienste**".[4]

1. Übertragung von Wertpapieren in Systemen (§ 675b)

886 Der Übertragungsvertrag ist ein Geschäftsbesorgungsvertrag, welcher die Weiterleitung von Wertpapieren oder Ansprüche auf deren Herausgabe durch ein depotführendes Unternehmen zum Gegenstand hat. § 675b enthält eine von § 649 abweichende Sonderregelung für die Kündigung solcher Verträge. Die Kündigung ist danach nur wirksam, wenn sie dem depotführenden Unternehmen des durch die Weiterleitung Begünstigten so rechtzeitig angezeigt wird, dass die Verbuchung auf dessen Depot noch verhindert werden kann. Zweck der Regelung ist eine angemessene Verteilung des Insolvenzrisikos.[5]

2. Zahlungsdienste (§§ 675c – 676c)

887 Den Begriff des Zahlungsdienstes definiert § 675d I. Durch ihn verpflichtet sich der Schuldner (**Zahlungsdienstleister**), z. B. eine Bank, gegenüber dem Gläubiger (**Zahlungsdienstenutzer**), als Zahler oder Zahlungsempfänger einen **Zahlungsvorgang** (s. § 675f III; z. B. eine Überweisung oder eine Lastschrift, aber auch eine Abhebung) durchzuführen. Der Zahlungsdienstenutzer hat dafür das vereinbarte Entgelt zu entrichten (§ 675f IV). Auch hier handelt es sich also um einen (i. d. R. entgeltlichen) **Geschäftsbesorgungsvertrag**. Nach § 675c I sind daher die auftragsrechtlichen Vorschriften der §§ 663, 665 bis 670 und §§ 672 – 675 ebenfalls entsprechend anzuwenden.

888 Die Regelungen betreffen aber nicht nur die **Banküberweisung** und vom Empfänger veranlasste Abbuchungen (**Lastschriften**), sondern auch Zahlungsvorgänge über **Geldkarten**, **Kreditkarten** und andere elektronische Zahlungsarten wie z. B. die im Internet gebräuchlichen Zahlungsvorgänge über „paypal" und andere Dienste über die Nutzung von „elektronischem Geld" (s. § 675c II).

889 Diese Vorgänge können als **Einzelzahlungsvertrag** (§ 675f I) oder innerhalb eines „**Zahlungsdiensterahmenvertrags**" (§ 675f II) erfolgen, der (wie z. B. der **Girovertrag**, u. Rn. 893) den Zahlungsdienstleister (z. B. die Bank) dazu verpflichtet, ein Konto zu führen und einzelne Zahlungsaufträge durchzuführen. Der einzelne Über-

[2] S. dazu die Beiträge von *Habersack, Schimansky* und *H. Weber*, in: Bankrechtstag 2002, 2003, 3 ff.
[3] Richtlinie 2007/64/EG über Zahlungsdienste im Binnenmarkt, Abl. EU Nr. L 319 S. 1 ff.
[4] S. dazu etwa *Grundmann*, WM 2009, 1109 ff. und 1157 ff. sowie *Köndgen*, JuS 2011, 481 ff.
[5] *Looschelders*, BT, Rn. 831.

weisungsauftrag ist dann kein eigenständiger Vertrag, sondern eine einseitige Weisung (i. S. v. § 665) im Rahmen des Zahlungsdiensterahmenvertrags (also etwa des Girovertrags).

Die einzelnen, sehr kompliziert formulierten Vorschriften betreffen neben detaillier- 890
ten Informationspflichten insbesondere die **Änderung der AGB** des Zahlungsdiensterahmenvertrags (also etwa eines Girovertrages, § 675g) sowie die Möglichkeit seiner **ordentlichen Kündigung** (§ 675h). Dabei werden wiederum für bestimmte „Kleinbetragsinstrumente" (z. B. die gebräuchliche Geldkarte), sowie für elektronisches Geld aus Praktikabilitätsgründen bestimmte Ausnahmen gemacht (§ 675i).

Die §§ 675j ff. regeln die Zustimmung zu und den Widerruf von Zahlungsvorgän- 891
gen, die Pflichten der Parteien in Bezug auf die Authentifizierung (etwa durch Chipkarten, PIN-Codes und dergleichen), die Ablehnung eines Zahlungsauftrags, das Versendungsrisiko, den Zeitpunkt der Wertstellung, sowie die **Haftung bei Missbrauch** solcher Zahlungsinstrumente. Von Bedeutung sind hier insbesondere die Pflichten des Nutzers zur Sicherung der „Zahlungsauthentifizierungsinstrumente" (z. B. Chipkarten, Codes) vor unbefugtem Gebrauch durch Dritte (z. B. durch Geheimhaltung der PIN-Nummern) und Anzeigepflichten bei deren Verlust (§ 675 l). Die Haftung des Zahlers bei Missbrauch eines verlorengegangenen oder gestohlenen „Zahlungsauthentifizierungsinstruments" oder bei fehlerhafter Aufbewahrung der personalisierten Sicherheitsmerkmale (z. B. sog. TAN-Nummern bei elektronischen Überweisungen) wird durch § 675v auf einen Betrag von 150 EUR beschränkt, sofern der Zahler nicht in betrügerischer Absicht gehandelt oder grob fahrlässig oder vorsätzlich gegen eine Pflicht aus § 675 l oder eine vereinbarte Vertragspflicht gehandelt hat. Dann haftet er auf den gesamten Schaden (§ 675v II). Für Schäden, die nach Erfüllung seiner Anzeigepflicht eintreten, haftet er nicht (§ 675v III), sofern er nicht in betrügerischer Absicht gehandelt hat (§ 675v III).

§ 675u regelt die Haftung des Zahlungsdienstleisters für die Ausführung nicht auto- 892
risierter Zahlungsvorgänge, also etwa einer irrtümlichen Überweisung ohne Überweisungsauftrag oder einer versehentlichen Doppelüberweisung. Nach § 675u S. 2 sind solche Beträge zurückzubuchen.[6] § 675x regelt schließlich einen **Erstattungsanspruch** des Zahlers (Kontoinhabers) bei nicht von ihm ausgelösten Zahlungsvorgängen. Damit sind von Zahlungsempfängern herbeigeführte Abbuchungen im Rahmen von **Lastschriften** und **Einzugsermächtigungen** gemeint.[7] § 675y regelt die Haftung des Zahlungsdienstleisters (Bank) bei nicht erfolgter oder fehlerhafter Ausführung eines Zahlungsauftrags, insbesondere die Pflicht zur Rückbuchung. § 676b enthält eine Anzeigepflicht des Zahlungsdienstenutzers in Bezug auf nicht autorisierte oder fehlerhaft ausgeführte Zahlungsvorgänge. So muss etwa ein Kontoinhaber seine Bank über eine unberechtigte Abbuchung eines Dritten im Wege eines Abbuchungsauftrags innerhalb von 13 Monaten nach der Abbuchung unterrichten. Unterlässt er dies, sind Ansprüche auf Rückbuchung ausgeschlossen.

[6] Der Anspruch ersetzt einen entsprechenden Bereicherungsanspruch des Kontoinhabers, lässt aber solche der überweisenden Bank gegen den Zahlungsempfänger unberührt, s. dazu zuletzt *BGH* NJW 2011, 66 = JuS 2010, 918 (*K. Schmidt*) sowie u. Rn. 1221.

[7] Zu den Einzelheiten des Lastschriftverfahrens s. *Köndgen*, JuS 2011, 481, 488 f.

3. Girovertrag

893 Mit dem Begriff des „**Zahlungsdiensterahmenvertrags**“ in § 675 f ist vor allem der klassische **Girovertrag** mit einer Bank gemeint. Dieser ist ein **Geschäftsbesorgungsvertrag** mit dienstvertraglichen Elementen, auf den grundsätzlich § 675 I Anwendung findet.[8] Das Kreditinstitut wird durch ihn verpflichtet, eingehende Zahlungen auf dem Konto gutzuschreiben und Überweisungen und andere Zahlungsvorgänge wie z. B. Lastschriften zu Lasten dieses Kontos abzuwickeln. Der Girovertrag begründet also für die Vertragsparteien ein ganzes Bündel von Rechten und Pflichten, zu denen unter anderem auch die Pflicht der Bank oder Sparkasse gehört, für ihren Kunden ein Girokonto zu führen, in welches seine Forderungen und Verbindlichkeiten eingestellt und in regelmäßigen zeitlichen Abständen saldiert werden. Die Befugnis zur Lastschrift bei Überweisungen ergibt sich aus §§ 675 I, 670 (Aufwendungsersatz). Ein Haben-Saldo des Kunden stellt eine Forderung aus **unregelmäßiger Verwahrung** im Sinne des § 700 i.V. mit §§ 488 ff. dar.[9]

§ 114. Der Maklervertrag

Literatur: *Althammer,* Der Maklervertrag nach § 652 I BGB, JA 2006, 594; *Burghart,* Die Treupflicht des Grundstücksmaklers, AcP 140 (1935), 81; *Brandt,* Das Recht des Immobilienmaklers, 11. Aufl., 2003; *D. Fischer,* Nachweis- und Vermittlungsleistung im Lichte der maklerrechtlichen Rechtsprechung, NJW 2007, 183; *ders.,* Die Entwicklung des Maklerrechts (zweijährliche Berichte in NJW, zuletzt NJW 2011, 3277); *Knieper,* Der Maklervertrag im System des BGB, NJW 1970, 1293; *Krüger/Doyé,* Der Alleinauftrag im Maklerrecht, 1977; *Mäschle,* Maklerrecht (Lexikon) 2. Aufl., 2002; *Martinek,* Der Maklervertrag als wucherähnliches Geschäft?, JZ 1994, 1048; *H. Möller,* Wesen und Arten der Vermittlungsverträge, FS Raape, 1948, S. 341; *Pauly,* Zur Frage der treuwidrigen Vereitelung des Hauptvertrages beim Maklervertrag, JR 1998, 353; *Petri/Wieseler,* Handbuch des Maklerrechts, 2. Aufl., 2007; *Schäfer,* Der Maklerwerkvertrag – ein ungeeigneter Vertragstyp, NJW 1989, 209; *ders.,* Schadensersatzansprüche des Maklers –, BB 1990, 2275; *Scheibe,* Der Provisionsanspruch des Maklers bei Vertragsabschluß mit einem mit dem Auftraggeber nicht identischen Dritten, BB 1988, 849; *P. Schwerdtner/Hamm,* Maklerrecht, 6. Aufl., 2012; *Tonner,* Die Reform des Maklervertragsrechts, BB 1984, 241; *Waibel/Reichstädter,* Maklerrecht im Überblick, Jura 2002, 649; *Weishaupt,* Der Maklervertrag im Zivilrecht, JuS 2003, 1166.

I. Die Problematik der gesetzlichen Regelung

1. Begriff des Maklervertrages

894 Typisch für den Maklervertrag ist nach § 652 ein **Dreipersonenverhältnis**: Maklervertrag ist der zwischen einem Kunden und dem Makler geschlossene Vertrag, durch welchen sich der Kunde zur Zahlung einer Provision verpflichtet, wenn aufgrund der Vermittlungstätigkeit des Maklers ein Vertrag mit einem Dritten zustande kommt. Das BGB enthält in §§ 652 – 655 allgemeine Regeln über den Maklervertrag, in den §§ 655a – 655e Regelungen über den **Darlehensvermittlungsvertrag** und schließlich in § 656 eine Regelung über die **Heiratsvermittlung**.

[8] *BGH* NJW-RR 2009, 979.
[9] *BGH* NJW-RR 2009, 979. Tz. 11.

2. Handels- und Zivilmakler

Das HGB enthält in den §§ 93–104 ins Einzelne gehende Vorschriften über den **Handelsmakler**. Demgegenüber ist die Regelung in den §§ 652 bis 656 BGB überaus dürftig. Denn mehrere dieser Vorschriften (§§ 655, 655a–655e, 656) betreffen nur Maklerverträge über besondere Gegenstände (die Dienst-, die Darlehens- und die Heiratsvermittlung, vgl. u. Rn. 921). So bleiben als allgemeine, auch als Grundlage für den Handelsmakler geltende Vorschriften nur die §§ 652–654. Sie enthalten für den nicht dem HGB unterfallenden Makler (den sog. **Zivilmakler**; das BGB sagt „Mäkler") die einzigen Regeln im BGB. 895

Dieser Zivilmakler hat erhebliche Bedeutung. Denn § 93 HGB beschränkt das Tätigkeitsfeld des Handelsmaklers auf „Waren oder Wertpapiere, Güterbeförderungen, Schiffsmiete oder sonstige Gegenstände des Handelsverkehrs". Dagegen sind **unbewegliche Sachen**, also **Grundstücke** sowie **Geschäfts**- und **Wohnräume**, nach § 93 II HGB ausdrücklich von der Geltung des HGB ausgeschlossen.

3. Die Eigenart des Maklervertrages

Die Dürftigkeit der BGB-Regeln für den Maklervertrag wäre wenig störend, wenn man ergänzend auf die Regeln eines anderen Typs zurückgreifen könnte, etwa auf den Dienst- oder den Werkvertrag. Das ist aber deswegen allenfalls ganz beschränkt möglich, weil § 652 den Maklervertrag sehr eigenartig gestaltet hat: Dieser ist nämlich weder ein gegenseitiger (wie Dienst- und Werkvertrag) noch ein unentgeltlicher Vertrag (wie der Auftrag). Vielmehr ist nach § 652 der Makler zu einer Tätigkeit **nicht verpflichtet**. Verpflichtet wird durch den Maklervertrag nur der andere Teil (regelmäßig „Auftraggeber" genannt, obwohl ein Auftrag im Sinn der §§ 662 ff. gerade nicht vorliegt). Dieser schuldet nämlich die „Entrichtung des Lohnes" (§ 652 I 1). Doch steht seine Verpflichtung unter der Bedingung, dass der vom Auftraggeber erstrebte Vertrag durch die Tätigkeit des Maklers zustande gekommen ist. Der Makler erhält also seinen Lohn nur, wenn er einen Erfolg zustande bringt; er ist dazu aber nicht verpflichtet. 896

Die Eigenart dieser Regelung ist weithin nicht in das allgemeine Rechtsbewusstsein eingedrungen. Auch wird vielfach eine Regelung für zweckmäßiger gehalten, die den Makler zum Tätigwerden verpflichtet. Daher und wegen der nach dem BGB sehr schlechten Position des Maklers haben im Maklerrecht **Allgemeine Geschäftsbedingungen** weiteste Verbreitung gefunden. Ihnen gegenüber stößt jedoch die Billigkeitskontrolle nach § 307 auf zwei Schwierigkeiten:[1] Erstens lässt sich hier die „Leitbildfunktion" der wenig geglückten gesetzlichen Regelung kaum verwenden (§ 307 II Nr. 1). Und zweitens ist auch die „Natur des Vertrages" (§ 307 II Nr. 2) eher zweifelhaft. Insbesondere lässt sich gegen eine Gestaltung, die dem Makler seinen Vergütungsanspruch zu sichern sucht, ihn aber andererseits auch zum Tätigwerden verpflichtet, nichts einwenden (vgl. u. Rn. 906). 897

Daher wird eine gesetzliche Neuregelung des Maklerrechts von vielen für nötig gehalten. Es gibt auch schon seit längerem einen Gesetzesentwurf der Bundesregierung, der jedoch im Rahmen der Schuldrechtsmodernisierung 2002 nicht aufgegriffen wurde.

[1] Vgl. MünchKomm/*H. Roth*, § 652 Rn. 5 ff.

4. Gewerberecht

898 Einstweilen ist in die geschilderten Lücken des Zivilrechts öffentliches Recht eingedrungen, und zwar hauptsächlich als Gewerberecht. So bedürfen gewerbsmäßige Wohnungsmakler nach § 34 c GewO weithin einer Erlaubnis. In der Makler- und BauträgerVO sind für bestimmte Makler Berufspflichten vorgeschrieben. Zudem enthält das **WohnraumvermittlungsG** für den Nachweis und die Vermittlung von Wohnraum eine weithin zwingende Regelung, die z. T. auch auf den zivilrechtlichen Maklervertrag wirkt (s. dazu o. Rn. 427).[2] Angesichts der unterschiedlichen Schutzrichtungen führt aber ein Verstoß gegen gewerberechtliche Vorschriften nicht ohne Weiteres nach § 134 zur Nichtigkeit des Maklervertrages.[3]

II. Zustandekommen des Maklervertrags; Form

1. Einigung

899 Der Maklervertrag kommt, wie jeder andere Vertrag, durch Antrag und Annahme zustande. Wer sich selbst an einen gewerbsmäßigen Makler wendet und ihm einen Suchauftrag erteilt, gibt ein Angebot auf Abschluss eines Nachweismaklervertrages ab, welches der Makler durch Aufnahme seiner Tätigkeit konkludent nach § 151 S. 1 annimmt. Im Übrigen wird der Vertragsschluss häufig formularmäßig klargestellt. Auch pflegen sich gewerbliche Makler als solche zu bezeichnen (Zusatz „Imm." in Immobilienanzeigen), so dass nach § 653 I eine Vergütung als vereinbart gelten kann. Doch genügt das allein regelmäßig noch nicht.[4] Denn auch wer weiß, dass er es mit einem Makler zu tun hat, braucht daraus nicht ohne Weiteres zu schließen, der Makler wolle gerade für ihn tätig werden und daher mit ihm einen Maklervertrag schließen. Vielmehr kann z. B. der Kaufinteressent für ein Grundstück auch annehmen, der Makler sei von dem Verkaufsinteressenten beauftragt und werde von diesem bezahlt. In solchen Fällen muss daher der Makler stets deutlich machen, gerade der andere Teil solle sein Auftraggeber sein. Es bedarf also eines **eindeutigen Provisionsverlangens**.[5]

Das gilt insbesondere bei sog. **Doppelaufträgen**, also wenn der Makler für beide Vertragsparteien tätig sein und von beiden eine Vergütung beziehen will. Das Gesetz verbietet ihm das nicht. Wohl aber kann der Vertrag mit dem ersten Auftraggeber ein solches Verbot enthalten. Dann verliert der Makler nach § 654 seine Ansprüche aus diesem Vertrag, wenn er verbotswidrig auch für den anderen Teil tätig geworden ist.

900 Liegt ein eindeutiges Provisionsverlangen vor, so ist die tatsächliche Inanspruchnahme der Maklerleistung durch einen Interessenten aus dem maßgeblichen Empfängerhorizont des Maklers als Annahme eines Antrags auf Abschluss eines Maklervertrages zu werten. Ein etwaiger davon abweichender innerer Wille des Interessenten ist nach § 116 unbeachtlich.[6] Widerspricht der Interessent hingegen ausdrücklich dem Provi-

---

[2] Zu den öffentlich-rechtlichen Vermittlungsverboten s. den Überblick bei MünchKomm/*H. Roth*, § 652 Rn. 75.

[3] S. etwa BGHZ 78, 269, 271: Keine Nichtigkeit des Maklervertrages bei fehlender Gewerbeerlaubnis; *BGH* NJW 2002, 3015: Keine Nichtigkeit bei Verstoß gegen § 6 WoVermG (auftragsloses Anbieten von Wohnraum).

[4] *BGH* NJW 1984, 232; 2005, 3779 m. w. N.

[5] BGHZ 95, 393; *BGH* NJW 2002, 1945.

[6] *BGH* NJW-RR 2007, 400.

sionsverlangen, so kommt auch bei Inanspruchnahme der Leistung kein Maklervertrag zustande.[7]

2. Form

901 Der Maklervertrag ist grundsätzlich formfrei. Bei Immobilienmaklern bekämpft die Rechtsprechung aber einen **indirekten Abschlusszwang**: Der Maklervertrag soll unter § 311b I fallen, falls der Auftraggeber einen Teil der Provision auch zahlen soll, wenn er den Abschluss des vom Makler vermittelten Grundstückskaufvertrags verweigert (s. dazu auch u. Rn. 915).[8]

III. Die Tätigkeit des Maklers

902 Wegen der eben (o. Rn. 896) dargestellten Eigenart der gesetzlichen Regelung des Maklervertrages können – anders als bei gegenseitigen Verträgen – nicht die Pflichten des Maklers und diejenigen des Auftraggebers einander gegenübergestellt werden. Vielmehr geht es hier zunächst um diejenige nicht geschuldete Tätigkeit, durch die der Makler seinen Lohn verdienen kann.

1. Nachweis- und Vermittlungsmakler

903 § 652 I 1 umschreibt die Tätigkeit des Maklers als „Nachweis der Gelegenheit zum Abschluss eines Vertrags" und „Vermittlung eines Vertrags". Demgemäß unterscheidet man den **Nachweismakler**, der einen bisher unbekannten Interessenten für das erstrebte Geschäft benennt, und den **Vermittlungsmakler**, der die **Abschlussbereitschaft** dieses Interessenten herbeiführt, also regelmäßig an den Vertragsverhandlungen fördernd teilnimmt. In der Praxis trifft beides häufig zusammen: Der Makler benennt zunächst einen Interessenten und fördert dann den Abschluss mit diesem, weil er daran selbst interessiert ist: Auch der Nachweismakler verdient ja die Vergütung erst mit dem Vertragsabschluss (vgl. u. Rn. 910 f.).

2. Verbesserungen der Rechtsstellung des Maklers

a) Alleinauftrag

904 Nach der BGB-Regelung kann ein Interessent, ohne vertrags- oder treuwidrig zu handeln, beliebig viele Makler zugleich beauftragen.[9] Daher läuft jeder von ihnen Gefahr, dass seine Mühe vergeblich bleibt, weil der Auftraggeber schließlich mit einer Person abschließt, die ein anderer Makler beigebracht hat. Deshalb versuchen Makler häufig, einen **Alleinauftrag** zu erhalten, der die Beauftragung anderer Makler ausschließt. Doch bleibt dem Auftraggeber dann immer noch die Möglichkeit, ohne Vermittlung eines Maklers selbst zu kontrahieren. Freilich kann auch dies ausgeschlossen werden. Kommt während der Laufzeit des Alleinauftrags ein Abschluss durch Vermittlung eines anderen Maklers oder durch ein Eigengeschäft zustande, so entsteht nach h. M. dennoch kein Provisionsanspruch des Maklers.[10] Dieser erwirbt

[7] *BGH* NJW-RR 1986, 1496; 2002, 817.
[8] *BGH* NJW 1980, 1622; 1987, 54; vgl. AT Rn. 98.
[9] Vgl. *BGH* NJW 1967, 198.
[10] Vgl. Palandt/*Sprau*, § 652 Rn. 80; *BGH* NJW 1967, 1225.

lediglich einen Schadensersatzanspruch aus § 280 I, der ggf. den (vom Makler zu beweisenden!) entgangenen Gewinn umfasst (§ 252), s. dazu PdW Schuldrecht II **Fall 152**.

b) Festauftrag

905 Die §§ 652 ff. sagen nichts über die Dauer des Maklervertrages. Daraus wird die **jederzeitige Kündbarkeit** durch den Auftraggeber abgeleitet (der Makler ist an einer Kündigung kaum interessiert, weil er ja zu keiner Leistung verpflichtet ist). Hieraus ergibt sich für den Makler die Gefahr, durch eine vor dem Erfolg seiner Bemühungen ausgesprochene Kündigung um seinen Lohn gebracht zu werden oder doch wenigstens in Beweisschwierigkeiten zu kommen. Daher wird das Kündigungsrecht des Auftraggebers vielfach für eine bestimmte Zeit oder bei Fehlen einer Zeitbestimmung für angemessene Dauer ausgeschlossen (sog. **Festauftrag**).

c) Kombination von Allein- und Festauftrag, Tätigkeitspflicht

906 Alleinauftrag und Festauftrag können miteinander verbunden werden. Wenn dann auch noch das Recht des Auftraggebers zum maklerfreien Abschluss ausgeschlossen wird, ist der Auftraggeber auf die Dienste des Maklers angewiesen. In solchen Fällen wird zum Ausgleich eine **Tätigkeitspflicht** des Maklers angenommen: Er soll sich seinerseits redlich für die Belange seines Auftraggebers einsetzen müssen. Tut er dies nicht, verwirkt er seinen Provisions- oder Schadensersatzanspruch, wenn der Auftraggeber nun anderweitig abschließt.[11] Auch kann der Auftraggeber den Vertrag nach § 314 **außerordentlich kündigen**. Der Makler kann also nicht einfach untätig bleiben und nach Jahren seine längst abgelegten Aufträge daraufhin überprüfen, ob einer seiner Auftraggeber in der Zwischenzeit einen Vertrag abgeschlossen hat.

Im Ergebnis ist hiermit neben das gesetzliche Leitbild des Maklervertrages ein anderes gestellt worden. Danach hat der Makler bei entsprechender Vereinbarung zwar vermehrte Rechte, aber auch eine Pflicht zum Tätigwerden. Ein derartiger Maklervertrag nähert sich dem gegenseitigen Dienst- oder Werkvertrag an.

3. Treuepflichten

907 In jedem Fall hat der Makler nach § 242 Treuepflichten. Er muss also seinen Auftraggeber beraten und vor Schaden bewahren. Eine allgemeine Pflicht des Maklers zur Sorge für einen angemessenen und zweckmäßigen Inhalt des mit seiner Hilfe abgeschlossenen Vertrages lässt sich hieraus aber nicht ableiten.

IV. Pflichten des Auftraggebers

1. Keine Abschlusspflicht

908 Es scheint nahezuliegen, dass der Auftraggeber die Mühe des Maklers nicht nach Belieben vergeblich werden lassen darf. Dem würde es entsprechen, dass der Auftraggeber zum Abschluss verpflichtet ist, wenn der Makler die Möglichkeit zu einem Vertragsabschluss schafft, der allen berechtigten Interessen genügt. Wenigstens könnte man an die Anwendung von § 162 I (Bedingungsvereitelung) denken, wenn der Auf-

[11] *BGH* NJW 1966, 1405, 1406; NJW-RR 1987, 944.

traggeber einen solchen ihm möglichen Abschluss verweigert. Aber so verhält es sich nicht. Vielmehr behält der Auftraggeber zur Wahrung seiner Privatautonomie die **volle Freiheit** zur Verweigerung von Vertragsabschlüssen. § 162 I wird nur angewendet, wenn der Auftraggeber beim Vertragsabschluss die Entstehung eines Vergütungsanspruchs des Maklers **treuwidrig** verhindert hat.[12]

Eine **Nichtabschlussklausel**, nach der die Provision auch bei Verweigerung des 909
Abschlusses geschuldet werden soll, wird in Allgemeinen Geschäftsbedingungen für unwirksam gehalten.[13] Ein Anspruch auf Aufwendungsersatz für den Fall des Nichtabschlusses soll in Allgemeinen Geschäftsbedingungen nur „als mäßiger Höchstbetrag", aber nicht als Prozentanteil des Kaufpreises (dort: 0,4 %) vereinbart werden können.[14] Zur Anwendung von § 311b I bei Immobilienmaklerverträgen s. o. Rn. 901.

2. Vergütungspflicht

Nach § 652 I hat der Auftraggeber die vereinbarte, taxmäßige oder übliche (§ 653 II) 910
Vergütung (sie wird regelmäßig als Provision nach dem Vertragswert berechnet) unter zwei Voraussetzungen zu zahlen:

a) Zustandekommen des Hauptvertrages

Der Auftraggeber muss einen Vertrag **der erstrebten Art** (sog. „**Kongruenzerfordernis**") wirksam **mit einem Dritten** abgeschlossen haben. Letzteres ist dann nicht der 911
Fall, wenn der Makler mit dem Dritten zu einer **wirtschaftlichen Identität verflochten** ist.[15] Auf die Vornahme eines Erfüllungsgeschäfts kommt es vorbehaltlich einer abweichenden Vereinbarung nicht an.[16]

Alle Umstände, die einen wirksamen Abschluss des Hauptvertrags **verhindern** oder 912
ihn als **von Anfang an unwirksam** erscheinen lassen (Formnichtigkeit, Gesetzwidrigkeit, Sittenwidrigkeit, Anfechtung wegen Irrtums oder arglistiger Täuschung, auch nicht erfüllte Genehmigungserfordernisse z. B. nach § 1643 I, 1821 I Nr. 4) schließen eine Provisionspflicht ebenfalls aus. Ein nachträglicher Wegfall der Leistungspflichten berührt den Provisionsanspruch nur dann, wenn der Vertrag wegen einer im Vertragsschluss selbst (und nicht seiner Erfüllung) liegenden Unvollkommenheit beseitigt wird. Das ist etwa bei Ausübung eines (unbedingten) **vertraglichen Rücktrittsrechts** der Fall. Dagegen lassen Umstände, die ohne eine im Vertragsschluss selbst liegende Unvollkommenheit den Vertrag oder die daraus resultierenden Leistungspflichten beseitigen (wie Unmöglichkeit, Kündigung, Rücktritt und Schadensersatz wegen Leistungsstörungen oder einverständliche Vertragsaufhebung), den Provisionsanspruch regelmäßig unberührt.[17] Hier liegt die Fehlerquelle nicht im Zustandekommen, sondern in der **Durchführung** des Vertrags und damit **außerhalb des Verantwortungsbereichs des Maklers**. Doch kann sich unter besonderen Um-

[12] S. MünchKomm/*S. Roth*, § 652 Rn. 114.
[13] *BGH* NJW 1967, 1225.
[14] BGHZ 99, 374.
[15] Palandt/*Sprau*, § 652 Rn. 30 f.
[16] *BGH* NJW 1997, 1581 = JuS 1997, 753.
[17] *BGH* NJW 2009, 2810; s. aber *BGH* NJW 2001, 966 = JuS 2001 *(K. Schmidt)*, 506 für den Sonderfall, dass der Auftraggeber anstelle einer Anfechtung nach § 123 I die Wandelung (heute: Rücktritt) wegen eines Sachmangels erklärt.

ständen durch Auslegung des Maklervertrages Abweichendes ergeben.[18] Beim Vertragsabschluss unter einer aufschiebenden Bedingung kann die Vergütung erst mit Bedingungseintritt verlangt werden, § 652 I 2.

b) Kausalität der Vermittlungstätigkeit des Maklers

913 Weiter muss der Vertragsabschluss gerade „infolge des Nachweises oder infolge der Vermittlung des Mäklers" zustande gekommen, die Tätigkeit des Maklers also für den Vertragsabschluss **kausal** geworden sein. Dafür ist zunächst erforderlich, dass der Auftraggeber spätestens bei Vertragsschluss Kenntnis von der Tätigkeit des Maklers hatte. Für den **Nachweismakler** (o. Rn. 903) ist im Übrigen Mitursächlichkeit ausreichend, sofern eine für das Zustandekommen des Vertrages wesentliche Maklerleistung vorliegt, durch die der Auftraggeber den Anstoß bekommen hat, sich konkret um den Vertragsabschluss über das in Rede stehende Objekt zu bemühen.[19] Der **Vermittlungsmakler** muss zusätzlich die Abschlussbereitschaft des Dritten gefördert haben.[20]

914 Hierüber entsteht besonders häufig Streit. Innerhalb gewisser zeitlicher Grenzen wird daher von der Rspr. die Kausalität vermutet.[21] Denn nicht selten will der Auftraggeber den Vergütungsanspruch des Maklers mit der Behauptung abwehren, er habe die nachgewiesene Möglichkeit ohnehin schon gekannt. Hier kann dem Makler geholfen werden, indem man dem Auftraggeber für eine solche Vorkenntnis die Beweislast für die Kausalität zuschiebt.[22] Die Makler suchen sich häufig zusätzlich durch sog. **Vorkenntnisklauseln** zu schützen: Der Auftraggeber soll seine Vorkenntnis binnen einer sehr kurzen Frist (z. B. drei Tage) seit dem Nachweis geltend machen müssen. Doch steht der BGH solchen Klauseln in Allgemeinen Geschäftsbedingungen sehr skeptisch gegenüber.[23]

c) Abweichende Vereinbarungen

915 § 652 ist dispositives Recht. Insbesondere können die Parteien abweichend von der gesetzlichen Regelung durch Individualvereinbarung einen erfolgsunabhängigen Provisionsanspruch einräumen. Ein solches **„selbständiges Provisionsversprechen"** kann dabei etwa eine Vergütung für bereits geleistete, nicht provisionspflichtige Dienste darstellen, ist also nicht ohne Weiteres eine nach § 518 I beurkundungsbedürftige Schenkung.[24] Die Vereinbarung eines erfolgsunabhängigen Maklerlohns durch **AGB** ist wegen eines Verstoßes gegen das gesetzliche Leitbild des Maklervertrags gem. § 307 II Nr. 1 unwirksam.[25] Zur **Nicht-Abschlussklausel** s. Rn. 909.

3. Aufwendungsersatz

916 Aufwendungen (etwa für Zeitungsanzeigen oder Besichtigungsreisen) sind dem Makler nach § 652 II nur zu ersetzen, wenn das besonders vereinbart ist. Denn wenn ein Anspruch auf die Provision entsteht, sind die Aufwendungen regelmäßig schon mit

---

[18] *BGH* JZ 1997, 119, 120.
[19] BGHZ 141, 40.
[20] Palandt/*Sprau*, § 652 Rn. 51.
[21] S. *BGH* NJW 2006, 3062 Tz. 18: Bis zu einem Jahr.
[22] *BGH* NJW 1971, 1133, 1135; MünchKomm/*H. Roth*, § 652 Rn. 190.
[23] S. *BGH* NJW 1976, 2345; Einzelheiten bei Staudinger/*Reuter*, § 653 Rn. 252 f.
[24] *BGH* NJW-RR 2007, 55.
[25] BGHZ 99, 374, 382.

dieser abgegolten. Aber auch bei Erfolglosigkeit seiner Tätigkeit erhält der Makler nach dem BGB keinen Aufwendungsersatz. Diese Regelung kann zwar abbedungen werden, nach richtiger Ansicht auch durch Allgemeine Geschäftsbedingungen.[26] Dahinter darf sich aber keine verschleierte Vereinbarung über eine erfolgsunabhängige Provision verbergen (s. Rn. 915). So kann nur der **tatsächliche Aufwand** berücksichtigt werden, Pauschalierungen sind nur bis zu einem „mäßigen Höchstbetrag" zulässig.[27]

V. Darlehensvermittlung

1. Begriff und Problematik

Der in § 655a definierte **Darlehensvermittlungsvertrag** ist eine Sonderform des Maklervertrages. Es geht um die entgeltliche Vermittlung eines Verbraucherdarlehensvertrags i. S. v. § 491 durch einen **Unternehmer** für einen **Verbraucher** einschließlich eines **Existenzgründers** (s. § 655e II sowie o. Rn. 591). Die gesetzliche Regelung steht damit in engem Sachzusammenhang mit den verbraucherschützenden Regelungen über den Verbraucherdarlehensvertrag i. S. v. § 491 (dazu o. Rn. 591 ff.). Auch auf den Darlehensvermittlungsvertrag finden die § 652 ff. Anwendung. Im Falle einer gewerblichen Darlehensvermittlung gelten zusätzlich die §§ 93 ff. HGB. 917

Zweck der gem. § 655e zugunsten des Auftraggebers **zwingenden Regelungen** in §§ 655a – 655e ist ein mit den §§ 491 ff. abgestimmter Schutz des Verbrauchers.

2. Die Schutzvorschriften im Einzelnen

Der Darlehensvermittlungsvertrag bedarf nach § 655b I einer qualifizierten, d. h. mit Informationspflichten verbundenen **Schriftform**, bei deren Nichteinhaltung der Vertrag (nicht aber der vermittelte Darlehensvertrag!) nach § 655b II **nichtig** ist. 918

Nach § 655c I 1 darf eine Vergütung über § 652 I hinaus nur verlangt werden, wenn der Darlehensbetrag auch **ausgezahlt** ist und der Verbraucher aufgrund Fristablaufs kein Widerrufsrecht nach § 355 (dazu o. Rn. 597) mehr hat. Sofern das vermittelte Darlehen mit Wissen des Maklers der **Umschuldung** (d. h. der Ablösung eines anderen Darlehens) dient, entsteht ein Vergütungsanspruch nach S. 2 nur, wenn sich der effektive Jahreszins oder der anfängliche effektive Jahreszins nicht erhöht. 919

Eine Vereinbarung von **Nebenentgelten** ist nach § 655d S. 1 unwirksam, lediglich die Erstattung von Auslagen kann vereinbart werden. 920

VI. Ehe- und Partnervermittlung

Für die Heiratsvermittlung schließlich lässt § 656 den Vergütungsanspruch des Ehemäklers nur als **Naturalobligation** gelten (vgl. AT Rn. 24). Das hat zur Folge, dass der Ehemäkler seine Provision nicht einklagen, eine bezahlte Provision aber nicht mit der Begründung nach § 812 I 1 Alt. 1 zurückgefordert werden kann, eine Verbindlichkeit habe nicht bestanden. 921

---

[26] MünchKomm/*H. Roth*, § 652 Rn. 213 m. w. N.

[27] BGHZ 99, 374, 384.

Die Rspr. wendet die Regelung nicht nur auf die (heute praktisch wohl weniger relevante) erfolgsabhängige Ehevermittlung, sondern auch auf die **Partnervermittlung** im weiteren Sinne an. Des Weiteren wird sie analog angewendet auf sog. **Partnerschaftsvermittlungs-Dienstverträge**, bei welchen erfolgsunabhängig lediglich die Erstellung von „Partnerschafts-Profilen" oder die Vermittlung von Kontaktmöglichkeiten geschuldet wird.[28] Solche Verträge sind ihrer Rechtsnatur nach **Dienstverträge** (und nicht Werkverträge), so dass insbesondere auch § 627 (jederzeitige fristlose Kündigung) anwendbar ist (s. dazu o. Rn. 666).[29] Ein aus einer solchen Kündigung resultierender Rückforderungsanspruch vorausbezahlten Honorars ist durch § 656 ebensowenig ausgeschlossen wie im Falle einer Täuschungsanfechtung.[30] S. dazu PdW Schuldrecht II **Fall 153**.

§ 115. Auslobung, Preisausschreiben und Gewinnmitteilung

Literatur: *Baldus*, Gewinnzusagen: Kann sich dem objektiven Empfängerhorizont etwas aufdrängen?, ZGS 2004, 297; *Dörner*, Haftung für Gewinnzusagen, FS Kollhosser, 2004, S. 75; *Dreiocker*, Zur Dogmengeschichte der Auslobung, Diss. Kiel, 1969; *Eberty*, Die Verbindlichkeit der Preisrichterentscheidung, ArchBürgR 39 (1913) 82; *Kleinschmidt*, Unilateral contract und einseitiges Versprechen, Jura 2007, 249; *Kohler*, Auslobung und Wette, ArchBürgR 25 (1905), 1; *Kuhlenbeck*, Die Auslobung, JW 1908, 645; *S. Lorenz*, Gewinnmitteilungen aus dem Ausland: kollisionsrechtliche und international-zivilprozessuale Aspekte von § 661a BGB, NJW 2000, 3305; *von Mayr*, Die Auslobung, 1905; *Meller-Hannich*, Bestandsaufnahme und Bewertung der Ansprüche aus Gewinnzusagen, NJW 2006, 2516; *Schäfer*, Lässt sich die Gewinnzusage nach § 661a BGB in das System des Bürgerlichen Rechts einordnen?, JZ 2005, 981; *Schneider*, Erfüllungszwang bei Gewinnzusagen – verfassungsmäßig?, BB 2002, 1653; *Schröder/Thiessen*, Gewinnzusagen beim Wort genommen – zur Verfassungsmäßigkeit von § 661a BGB, NJW 2004, 719.

I. Auslobung (§§ 657 ff.)

1. Begriff

922 Bei der Auslobung (§§ 657–661) wird für die Vornahme einer Handlung (oder eines Unterlassens), insbesondere für die Herbeiführung eines Erfolgs, **öffentlich** eine Belohnung versprochen. Der Auslobende schuldet diese dann demjenigen, der die Handlung vorgenommen hat. Anwendungsfälle sind etwa Versprechen für die Wiederbeschaffung verlorener oder gestohlener Sachen oder entlaufener Tiere; für Angaben zur Aufklärung eines Unfalls oder zur Ergreifung eines Straftäters.

2. Zustandekommen und Rechtsnatur

923 Nach § 657 entsteht die Verpflichtung des Auslobenden durch eine öffentliche Bekanntmachung. Diese kann auf beliebige Weise erfolgen, also etwa durch Zeitungsanzeigen, web-sites, Rundfunkdurchsagen, Plakate oder andere Anschläge.

Da nach § 657 das Entstehen des Anspruchs nicht davon abhängt, dass der Handelnde in Kenntnis der Auslobung gehandelt hat, ist die Auslobung kein **Vertrag**, sondern ein **einseitiges Rechtsgeschäft** (s. dazu AT Rn. 60). Es kommt durch eine **nicht empfangsbedürftige Willenserklärung** zustande.

[28] S. zuletzt *BGH* NJW 2010, 150 („Video-Partnerportal").
[29] Vgl. BGHZ 106, 341, 343 ff.; 112, 122, 123 sowie zuletzt *BGH* NJW 2010, 150.
[30] Zu letzterer im Falle eines sog. „Lockvogelangebots" s. *BGH* NJW 2008, 982.

Als Vertrag wäre die Auslobung nämlich nur konstruierbar, wenn der Handelnde mit Rücksicht auf die Auslobung oder zumindest in deren Kenntnis gehandelt hätte. Nur dann nämlich könnte man die Auslobung als ein Vertragsangebot *ad incertas personas* qualifizieren, das durch die Vornahme der Handlung konkludent angenommen wird.

Die Handlung selbst ist damit ein reiner **Realakt**, der insbesondere auch keine Geschäftsfähigkeit voraussetzt. Auch das 5-jährige Kind, das etwa einen entlaufenen Hund findet, erwirbt damit den Anspruch gegen denjenigen, der für dessen Fund eine Belohnung versprochen hat, s. dazu PdW Schuldrecht II **Fall 154**. 924

Da die Auslobung aber auf ein tätigkeits- oder erfolgsbezogenes Handeln gerichtet ist, hat sie der Gesetzgeber im Zusammenhang mit den Tätigkeitsverträgen geregelt.

3. Abgrenzung

Vom **Dienst- oder Werkvertrag** unterscheidet sich die Auslobung durch die fehlende Verpflichtung des Handelnden (die ja einen Vertrag voraussetzen würde). Von der **Wette** (§ 762) unterscheidet sich die Auslobung durch ihre Zweckrichtung: Der Auslobende will die Handlung erreichen, der Wettende die Richtigkeit seiner Behauptung bekräftigen.[1] Überdies ist die Wette ein gegenseitiger Vertrag, bei welchem auf beiden Seiten ein Wetteinsatz gebracht wird, s. u. Rn. 1000. Von der (bedingten) **Schenkung** oder anderen entgeltlichen Verträgen grenzt sich die Auslobung dadurch ab, dass erstere an eine bestimmte Person oder zumindest an einen bestimmbaren Personenkreis gerichtet ist und in der Regel auch nicht durch öffentliche Bekanntmachung erfolgt. 925

So liegt etwa keine Auslobung vor, wenn der Mäzen einer Fußballmannschaft für das Erreichen der Meisterschaft oder den Klassenerhalt den Spielern die Zahlung einer Geldsumme verspricht.[2] Freilich dürfte es sich hier auch nicht um eine (formpflichtige) Schenkung,[3] sondern um ein entgeltliches Rechtsgeschäft *sui generis* (Prämienversprechen) handeln,[4] s. dazu o. Rn. 387.

4. Widerruf

Bei der Auslobung muss der die Handlung Vornehmende gewissermaßen vorleisten. 926
Daher besteht die Gefahr, dass sich der Auslobende seiner Leistungspflicht entziehen will, nachdem sein Interesse befriedigt ist. Dem beugen die §§ 658–660 vor: § 658 schränkt den Widerruf der Auslobung ein; dieser ist insbesondere nach der Vornahme der Handlung ausgeschlossen. Und die §§ 659, 660 regeln die Verteilung der Belohnung, wenn die Handlung mehrmals vorgenommen worden ist oder mehrere zu dem Erfolg mitgewirkt haben. Dabei soll den Vorrang haben, wer die Handlung zuerst vorgenommen hat. Bei Fehlen eines solchen Vorrangs soll die Belohnung geteilt werden; erst notfalls soll das Los entscheiden (§§ 659 II 2, 660 III).

II. Preisausschreiben (§ 661)

Das Preisausschreiben ist nach § 661 eine besondere Form der Auslobung, nämlich 927
eine sog. **relative Auslobung**, bei welcher die Preisvergabe nicht nur von der Vor-

[1] *Kleinschmidt*, JZ 2009, 1121 m. w. N.
[2] *OLG München* NJW 1983, 759.
[3] So aber *OLG München* NJW 1983, 759.
[4] *BGH* NJW 2009, 2737.

nahme einer Handlung, sondern darüber hinaus von einer **wertenden Betrachtung** abhängt. Seine Eigenart besteht weiter darin, dass es auf eine möglichst große Zahl von Mitwirkenden angelegt ist, die zueinander in **Wettbewerb** treten sollen: Ziel ist das für den Auslobenden günstigste Ergebnis. Diesem Bild entsprechen sehr deutlich etwa Architektenwettbewerbe für ein bestimmtes Bauvorhaben, aber auch Preisausschreiben wissenschaftlicher Akademien zu einem bestimmten Thema und Sportwettkämpfe.[5]

928 Bei solchen Preisausschreiben wird die Bewertung der eingereichten Arbeiten zum entscheidenden Problem: Welche Arbeiten entsprechen überhaupt der gestellten Aufgabe, und welche ist unter ihnen die beste? Die Entscheidung hierüber ist nach § 661 II 1 in erster Linie von der in der Auslobung bezeichneten Person (dem Preisrichter, auch einem Kollegium) zu treffen. Wenn hierfür kein Dritter bestimmt ist, hat der Auslobende selbst zu entscheiden. Unter mehreren Bewerbern gleicher Würdigkeit soll nach § 661 III der Preis geteilt oder bei Unteilbarkeit verlost werden.

929 Nach § 661 II 2 ist diese Entscheidung „für die Beteiligten verbindlich". Das bedeutet im Gegensatz zu § 319 I 1, dass die Entscheidung gerichtlich nicht einmal auf offenbare Unbilligkeit geprüft werden kann. Daher hat der BGH die Stellung der Preisrichter eher mit der von Schiedsrichtern als von Schiedsgutachtern verglichen (vgl. AT Rn. 225 f.).[6] Immerhin hat der BGH eine Überprüfung des **Verfahrens** für möglich gehalten; insoweit bezeichne § 1059 ZPO eine nicht zu überschreitende Grenze. Auch kann gerichtlich überprüft werden, ob das Preisgericht einen Bewerber zu Unrecht von der Teilnahme ausgeschlossen hat.[7]

930 Die danach noch verbleibende sachliche Unüberprüfbarkeit kann jedoch vor allem dann zu kaum erträglichen Härten führen, wenn eine ablehnende Entscheidung vom Auslobenden selbst oder von seinen Leuten stammt. In solchen Fällen muss aber doch über § 826 auch eine gewisse sachliche Überprüfung offenstehen (vgl. § 1059 II Nr. 2 b ZPO). Aber regelmäßig muss die Entscheidung der Preisrichter hingenommen werden: Es braucht sich ja auch niemand an einem solchen Preisausschreiben zu beteiligen (daher wohl der in Preisausschreiben häufig anzutreffende, ansonsten unsinnige Standardsatz „Der Rechtsweg ist ausgeschlossen"). § 661 IV stellt noch klar, dass der Auslobende regelmäßig nicht das Eigentum an den eingereichten Sachen (Schriftstücken, Modellen) verlangen kann. Wenn er es trotzdem will, muss er diese dem Bewerber also abkaufen.

930a Zwar entsteht ein Anspruch auf Auskehr des ausgelobten Preises erst mit der Entscheidung des Wettbewerbs (§ 661 II), jedoch bestehen zwischen dem Auslobenden und den Teilnehmern bereits vorher Sorgfaltspflichten nach § 241 II aus einer schuldrechtlichen Sonderbeziehung (§ 311 II Nr. 3) hinsichtlich der sorgfältigen und ordnungsgemäßen Vorbereitung und Durchführung des Wettbewerbs und hinsichtlich des Schutzes der Teilnehmer vor Gefahren. So haftet etwa der Ausschreiber eines Architektenwettbewerbs aus § 280 I, wenn er das vom Architekten eingereichte Modell beschädigt. Diese Sorgfaltspflichten können nach § 311 III auch Schutzwirkung für Dritte (s. AT Rn. 817 ff.) entfalten.

---

[5] *BGH* NJW 2011, 139 Tz. 11 ff. („Reitturnier") = BGHZ 187, 86 Tz. 11 ff.

[6] BGHZ 17, 366, 373 f.

[7] *BGH* NJW 1983, 442.

Beispiel (nach *BGH* NJW 2011, 139 = BGHZ 187, 86, sehr lehrreich!): Reitverein R veranstaltet ein offenes Reitturnier, das er in einer Fachzeitschrift ausschreibt. In der Ausschreibung wird jegliche Haftung für Schäden der Teilnehmer ausgeschlossen. T nimmt mit einem ihrem Vater V gehörenden Pferd an diesem Turnier teil. Durch ein unsachgemäß aufgestelltes Hindernis verletzt sich das Pferd schwer. V hat aus §§ 280 I, 311 II, III, 241 II einen Anspruch auf Schadensersatz gegen R, der nach § 278 I für seine Hilfspersonen haftet. Der Haftungsausschluss ist nach §§ 309 Nr. 7a, b, 305c II unwirksam.

Neben diesen von Aufgabe und Preis her gewichtigen Wettbewerben gibt es in weit 931
größerer Zahl auch weniger gewichtige. Vor allem sind Preisausschreiben zu einem häufig verwendeten Mittel der Werbung geworden. Dabei geht es dem Veranstalter nur recht selten um die eingesendeten Werke, z. B. um die Erlangung von Werbesprüchen. Häufiger sollen die Bewerber bloß veranlasst werden, sich mit dem Angebot des Auslobenden zu beschäftigen. So etwa, wenn die gestellten Fragen durch Lektüre einer mitgesandten Werbeanzeige oder eines Werbekataloges für jedermann unschwer zu beantworten sind, d. h. für die Preisverteilung von vornherein auf eine Losentscheidung (s. § 659 II 2) abgezielt wird (vgl. u. Rn. 1000). Solche „Preisausschreiben" sind dann als Spiel oder Wette unverbindlich (§ 762). Man spricht dann auch von **Gratisverlosungen**, **Gewinnspielen** oder **„unechten Preisausschreiben"**.[8] Hier kommen auch steuerrechtliche (Lotteriesteuer!), strafrechtliche (§ 287 StGB) und wettbewerbsrechtliche (§ 3 UWG) Gesichtspunkte ins Spiel.

III. Gewinnmitteilung (§ 661a)

1. Das Problem

Die Unklagbarkeit der soeben behandelten Gratisverlosungen und Gewinnspiele hat 932
insbesondere im Bereich des unseriösen Versandhandels und der „Kaffeefahrten"-Branche zu einem erheblichen Missbrauch geführt. Durch die Vorspiegelung, bereits als Gewinner eines Preises auserkoren zu sein, wurden (und werden weiterhin!) Verbraucher zum Abschluss von Verträgen oder zur Teilnahme an Verkaufsveranstaltungen (sog. „Kaffeefahrten") verleitet. Wettbewerbsrechtlich war dies zwar seit jeher unzulässig (Verstoß gegen § 3 UWG unter dem Aspekt des „Kundenfangs"), jedoch führte das wettbewerbswidrige Verhalten in der Regel zu keinem Erfüllungsanspruch des Verbrauchers: Für einen Anspruch nach § 657 (Auslobung) fehlte es bei diesen sog. **Gratisverlosungen** schon an einer öffentlichen Bekanntmachung, für § 661 (Preisausschreiben) an einer wirklichen Leistung des Beworbenen. Damit handelte es sich – je nach Ausgestaltung – um unverbindliche Ausspielungen (§ 762 BGB) oder um formnichtige Schenkungsversprechen (§ 518). Auch berührte das wettbewerbswidrige Verhalten der Unternehmer als solches noch nicht ohne Weiteres die Wirksamkeit der infolge dieses Anreizes geschlossenen Kaufverträge von Verbrauchern über meist minderwertige und überteuerte Waren.[9]

U.U. kann ein solcher sog. „Folgevertrag" allerdings nach § 123 I wegen arglistiger Täuschung anfechtbar sein. Nach Ansicht des BGH kommt unter besonderen Umständen auch Nichtigkeit nach § 138 I unter dem Aspekt einer „systematischen Schwächung der Entscheidungsfreiheit" in Betracht.[10]

Um dem effektiv abzuhelfen, wurde im Jahr 2000 ein **Erfüllungsanspruch** für Ver- 933
braucher eingeführt. Der Unternehmer wird also gegen seinen Willen, aber entspre-

[8] S. etwa *OLG Düsseldorf* NJW 1997, 2122.
[9] *BGH* NJW-RR 2001, 1547.
[10] *BGH* NJW 2005, 2991.

chend dem von ihm erzeugten Anschein „beim Wort genommen". Der Gesetzgeber erhoffte sich damit eine Verhinderung solcher Geschäftspraktiken. Die Norm hat also primär **generalpräventive Ziele**. Das ist jedenfalls nicht verfassungswidrig.[11]

Ob die Regelung ihr Ziel tatsächlich erreicht hat, darf bezweifelt werden. Die Branche des unseriösen Versandhandels ist schnell zu anderen Geschäftsmodellen übergegangen oder versendet Gewinnmitteilungen aus dem Ausland. Mittlerweile ist allerdings von EuGH und BGH geklärt, dass im Inland ansässige Verbraucher, die von einem ausländischen Anbieter eine Gewinnmitteilung erhalten, im Inland am Verbrauchergerichtsstand (Art. 15 I lit. c EuGVO) klagen können[12] und § 661a anwendbar ist.[13] Dennoch sind solche Klagen letztlich kaum erfolgversprechend: Sie richten sich meist gegen vermögenslose ausländische juristische Personen, eine Zwangsvollstreckung ist i. d. R. nicht erfolgversprechend.[14]

2. Die Tatbestandsvoraussetzungen im Einzelnen

934 Zunächst verlangt die Norm, dass die Gewinnmitteilung von einem **Unternehmer** (§ 14) ausgeht und an einen **Verbraucher** (§ 13) gerichtet ist.

935 Die Zusendung muss weiter durch ihre Gestaltung den Eindruck erwecken, der Verbraucher habe einen Preis gewonnen. Dabei kann es sich um einen Geldpreis, einen Sachpreis oder andere Preise (z. B. eine Reise) handeln. Es ist ein objektiver Maßstab anzulegen, d. h. es kommt allein auf die **generell-abstrakte** Eignung der Mitteilung an, bei einem durchschnittlichen Verbraucher den Eindruck eines (bereits erfolgten) Preisgewinns zu erwecken.[15] Es ist also nicht erforderlich, dass der Empfänger dem Schreiben tatsächlich Glauben schenkt. Auch der Verbraucher, der die Gewinnzusage als bloßes Werbemittel durchschaut oder durchschauen könnte, kann nach § 661a die Leistung des (angeblich) gewonnenen Preises verlangen. § 116 S. 2 findet also keine Anwendung.[16] Unerheblich ist, ob die Auskehr des Gewinns von formalen Voraussetzungen oder einer Warenbestellung abhängig gemacht wird.[17]

936 Dogmatisch handelt es sich bei der Gewinnmitteilung daher um ein **gesetzliches Schuldverhältnis**, das an eine Erklärung (und nicht an den Willen!) des Senders anknüpft. Sie ist damit eine **geschäftsähnliche Handlung**, auf welche die Vorschriften über die Willenserklärungen entsprechende Anwendung finden.[18]

937 Die abstrakte Eignung setzt voraus, dass die Mitteilung sprachlich zum Ausdruck bringt, dass der individuelle Empfänger bereits einen Preis gewonnen hat. Üblicherweise sind solche Mitteilungen personalisiert, d. h. mit einer (über EDV-Serienbrieffunktionen leicht herstellbaren) persönlichen Anrede versehen und durch ständige wiederholte namentliche Anredeformeln im Schreiben pseudo-personalisiert. Bereits dies soll beim Verbraucher den Eindruck einer individuellen Auswahl erwecken. Die Erklärungen sind scheinbar eindeutig („– gehören Sie, lieber Herr X, jetzt schon zu den glücklichen Gewinnern eines Vermögens von –…"). Versteckte Hinweise, dass es sich um ein „unverbindliches Gewinnspiel" handelt, dass „§ 762 BGB Anwendung

---

11 *BGH* NJW 2003, 3620, bestätigt durch *BVerfG* NJW 2004, 762.
12 S. zuletzt *EuGH* EuZW 2009, 489 (Ilsinger).
13 BGHZ 165, 172; *S. Lorenz/Unberath*, IPRax 2005, 219 m. w. N.
14 Was aber keinen Einfluss auf die Deckungspflicht einer Rechtsschutzversicherung hat, s. *BGH* NJW 2006, 2548.
15 *BGH* NJW 2004, 1652.
16 BGHZ 165, 172.
17 *BGH* NJW 2006, 2548.
18 BGHZ 165, 172; *S. Lorenz*, NJW 2000, 3305, 3307.

findet“ oder es sich lediglich um eine Gewinnchance handelt, vermögen die abstrakte Eignung solcher Mitteilungen, den Eindruck eines bereits gewonnenen Preises zu erwecken, in keiner Weise mildern. Dagegen sind Schreiben vom Typus: „Vielleicht gehören Sie, lieber Herr X bereits zu den glücklichen Gewinnern eines Porsche Cabrio“ zwar nicht minder lästig, vermitteln aber nach dem objektiven Empfängerhorizont nicht den Eindruck eines bereits gewonnenen Preises.

3. Rechtsfolge

§ 661a ordnet an, dass „der Unternehmer“ dem Verbraucher den Preis zu leisten hat. 938
Anspruchsgegner ist also diejenige natürliche oder juristische Person, die ein durchschnittlicher Verbraucher in der Lage des Empfängers als Versprechenden ansieht. Als Sender einer Gewinnzusage nach § 661a können ferner solche Unternehmer in Anspruch genommen werden, die Verbrauchern unter nicht existierenden oder falschen bzw. fremden Namen, Firmen, Geschäftsbezeichnungen oder Anschriften Gewinnmitteilungen zukommen lassen.[19] Das ist nicht zwingend der Unternehmer, bei dem der Verbraucher zu einer Bestellung veranlasst werden soll.[20] Auch kommt eine persönliche Haftung etwa des Geschäftsführers einer GmbH (leider) **nicht** in Betracht.[21] S. auch PdW Schuldrecht II **Fall 155**.

§ 116. Verwahrung und Einbringung von Sachen bei Gastwirten

Literatur: *Canaris*, Bankvertragsrecht, 2. Aufl., 1981, Rn. 1163; *Häublein*, Der Pferdeeinstellvertrag zwischen Miet- und Verwahrungsrecht ..., NJW 2009, 2982; *Hohloch*, Grundfälle zur Gastwirtshaftung, JuS 1984, 357; *Kuhlenbeck*, Der Verwahrungsvertrag, JW 1909, 649; *ders.*, Der unregelmäßige Verwahrungsvertrag, JW 1910, 641; *Lindemeyer*, Zur Haftung des Hotelwirts ..., BB 1983, 1504; *K. Schmidt*, Die Haftung des Schank- und Speisewirts für Garderobe, JuS 1980, 608; *Schünemann*, Vertragstypen im Sicherheitsgewerbe, NJW 2003, 1689; *Medicus*, Zur Haftung für untergestellte Kraftfahrzeuge, in: 25 Jahre Karlsruher Forum, 1983 S. 171; *Schwintowski/Schäfer*, Bankrecht, 1997, § 11 C.

I. Der Verwahrungsvertrag

1. Gegenstand

Nach § 688 ist der Verwahrer verpflichtet, eine ihm vom Hinterleger übergebene be- 939
wegliche Sache aufzubewahren. Der Verwahrer wird also regelmäßig unmittelbarer Fremdbesitzer, der Hinterleger erhält mittelbaren (meist Eigen)Besitz (vgl. § 868).

Das entspricht den Besitzverhältnissen bei Miete und Leihe (vgl. o. Rn. 419). Doch unterscheidet sich die Interessenlage: Bei Miete und Leihe ist derjenige an der Sachüberlassung interessiert, der den unmittelbaren Besitz erhält, also der Mieter oder Entleiher; er darf ja auch die Sache benutzen. Das Interesse an der Verwahrung liegt dagegen bei demjenigen, der den unmittelbaren Besitz weggibt, also beim Hinterleger: Er ist der Last der Aufbewahrung enthoben, während der Verwahrer kein Benutzungsrecht erlangt. Daher hat bei Entgeltlichkeit (vgl. u. Rn. 949) auch der **Hinterleger** die Vergütung zu zahlen, nicht der den unmittelbaren Besitz erhaltende Verwahrer.

---

[19] *BGH* NJW 2004, 3555; 2005, 827; NJW-RR 2005, 1365.
[20] *BGH* NJW 2004, 3555.
[21] *BGH* NJW 2004, 3039.

a) Abgrenzung zu Miete und Leihe

940 Zweifelhaft kann die Abgrenzung zur Miete (Leihe) aber in anderer Hinsicht sein, nämlich wenn ein Raum oder eine Fläche zur Unterbringung einer Sache überlassen werden: Ist der Überlassende hier Vermieter des Raums (der Fläche) oder ist er Verwahrer der untergebrachten Sache? Anwendungsfälle dieser Problematik ergeben sich vor allem bei Bank- oder Gepäckschließfächern sowie bei der Unterstellung von Kraftfahrzeugen in Garagen oder auf Parkplätzen von Hotels oder Kaufhäusern. Der Unterschied zwischen beiden Rechtsformen ist wichtig, weil sich die **Haftung** unterscheidet: Der Vermieter haftet nur für die Eignung des überlassenen Raums (insoweit freilich für anfängliche Mängel verschuldensunabhängig, § 536a I, vgl. o. Rn. 460). Dagegen treffen den Verwahrer auch Obhutspflichten hinsichtlich der ihm übergebenen Sache.

Beispiel: Das von E im Parkhaus des K eingestellte Kfz wird gestohlen. Sofern es sich um einen Verwahrungsvertrag handelt, haftet K wegen der Unmöglichkeit der Rückgabe (§ 696) nach §§ 280 I, III, 283 auf Schadensersatz statt der Leistung, wenn er nicht nachweist, dass er den Verlust des Fahrzeugs nicht zu vertreten hat (s. u. Rn. 946). Hat er lediglich den Parkplatz vermietet oder (im Falle eines unentgeltlichen Kundenparkplatzes) verliehen, haftet er nur wegen eines von E nachzuweisenden Mangels der Mietsache (§ 536a I bzw. § 600) oder einer ebenfalls von E nachzuweisenden Sorgfaltspflichtverletzung nach §§ 280 I, 241 II.

941 Unter diesen Gesichtspunkten liegt bei Schließfächern aller Art bloß Miete vor: Der das Fach Überlassende kommt ja an den Inhalt nicht heran und kann (und soll) sich daher um diesen nicht kümmern.[1] Miete oder Leihe werden auch bei der Benutzung unbewachter Parkplätze vorliegen, weil hier keine Obhut übernommen werden soll.[2] Dagegen ist eine untypische (weil ohne Übergabe erfolgende) Verwahrung immer dann zu bejahen, wenn Obhutspflichten übernommen werden. Dafür sprechen das Vorhandensein von Kontrollpersonal und die Ausgabe legitimierender Marken. In Betracht kommt dann auch ein aus Verwahrung und Miete gemischter Vertrag.[3]

b) Verwahrung im Rahmen anderer Rechtsverhältnisse

942 Sehr häufig sind im Rahmen eines primär auf andere Ziele gerichteten Rechtsverhältnisses auch fremde Sachen aufzubewahren: so beim auf Reparatur gerichteten Werkvertrag die zu reparierende Sache; im Rahmen eines gesetzlichen Verhältnisses haben die Eltern Sachen ihrer Kinder zu verwahren. Hier entstammt die Obhutspflicht diesem anderen Rechtsverhältnis und nicht einem Verwahrungsvertrag. Doch mögen einzelne Vorschriften des Verwahrungsrechts (z. B. § 694) entsprechend anzuwenden sein. Es kommt aber regelmäßig ein neben dem Hauptvertrag herlaufender eigener Verwahrungsvertrag zustande, wenn für die Aufbewahrung ein besonderes Entgelt genommen wird (z. B. Theatergarderobe).

c) Handelsrechtliche Sondervorschriften

943 Handelsrechtlich besonders geregelt ist das Lagergeschäft, also die **gewerbsmäßige** Lagerung und Aufbewahrung von Gütern, §§ 467–475h HGB. Und die **Verwahrung von Wertpapieren** durch die Banken war Gegenstand des sog. **DepotG** (Gesetz über die Verwahrung und Anschaffung von Wertpapieren, Schönfelder Nr. 59).

1 Vgl. RGZ 141, 99.
2 BGHZ 63, 333 für einen Hotelparkplatz, aber mit ungenauer Begründung.
3 Das meint wohl BGHZ 63, 333.

2. Pflichten des Verwahrers

a) Aufbewahrung

944 In erster Linie hat der Verwahrer die ihm übergebene Sache **aufzubewahren**, § 688. Im Zweifel darf er das nicht bei einem Dritten tun, § 691; für die Substitution gilt also Gleiches wie beim Auftrag (§ 664 I, vgl. o. Rn. 862). Auch für die Änderung der Aufbewahrung bestimmt § 692 Ähnliches wie § 665 beim Auftrag, nämlich „denkenden Gehorsam" (vgl. o. Rn. 863). Was der Verwahrer im Rahmen seiner Aufbewahrungspflicht im Einzelnen zu tun hat, wird im BGB nicht gesagt; es muss sich also aus den Umständen ergeben. Maßgeblich sind z. B. die erkennbare Pflegebedürftigkeit der hinterlegten Sache (Tierpension!), die erkennbare Fähigkeit des Verwahrers zu Fürsorgemaßnahmen, die Höhe des Entgelts.

Nach § 696 kann der Verwahrer bei einem auf unbestimmte Zeit abgeschlossenen Vertrag vom Hinterleger jederzeit die **Rücknahme** verlangen. Dagegen ist bei einer für bestimmte Zeit vereinbarten Verwahrung für ein vorzeitiges Rücknahmeverlangen ein wichtiger Grund nötig. In beiden Fällen ähnelt das Verlangen der (ordentlichen oder außerordentlichen) Kündigung, die ein Dauerschuldverhältnis beendet.

b) Rückgabe

945 Nach dem Ende der Verwahrung hat der Verwahrer die hinterlegte Sache dem Hinterleger **zurückzugeben**, und zwar am Aufbewahrungsort, § 697. Dabei kann der Hinterleger nach § 695 die Rückgabe **jederzeit**, also auch vor einem vereinbarten Termin verlangen. Dazu bedarf es auch keines wichtigen Grundes, weil die Aufbewahrung als solche (wegen der Gegenleistung vgl. § 699 II) nur dem Hinterleger dient (der Verwahrer darf ja anders als ein Mieter oder Entleiher die Sache nicht nutzen) und daher von diesem ohne Weiteres soll beendet werden können. S. dazu PdW Schuldrecht II **Fall 169**.

c) Haftung des Verwahrers

946 Die Haftung des Verwahrers unterliegt den Regelungen des **allgemeinen Leistungsstörungsrechts**. Der Verwahrer haftet daher für die Unmöglichkeit der Herausgabe nach §§ 280 I, II, 283. Für eine verspätete Herausgabe haftet er nach §§ 280 I, II, 286 auf den **Verspätungsschaden** und nach §§ 280 I, III, 281 auf **Schadensersatz statt der Leistung**. Für Beschädigungen haftet er nach §§ 280 I, 241 II. Daneben kommen auch Ansprüche aus **Deliktsrecht**, insbesondere aus § 823 I (Eigentumsverletzung) in Betracht.

947 Der **Haftungsmaßstab** hängt von der **Entgeltlichkeit** der Verwahrung ab (vgl. u. Rn. 949): Bei Entgeltlichkeit gelten die allgemeinen Regeln, also insbesondere die Haftung für jedes Verschulden nach den §§ 276, 278. Bei Unentgeltlichkeit findet sich dagegen die für unentgeltliche Verträge typische Milderung des Haftungsmaßstabs (**Utilitätsprinzip**, dazu o. Rn. 5): Der Verwahrer ist zwar (anders etwa als der Schenker nach § 521 oder Verleiher nach § 599) nicht generell von der Haftung für einfache Fahrlässigkeit befreit, er haftet aber nach § 690 nur für die **Sorgfalt, die er in eigenen Angelegenheiten anzuwenden pflegt**. Er soll also regelmäßig für die hinterlegten Sachen nicht mehr Sorgfalt anzuwenden brauchen als für seine eigenen; nur grobfahrlässig darf er nach § 277 nicht sein (vgl. AT Rn. 371). Das gilt auch für **kon-**

kurrierende Deliktsansprüche. Keine (analoge) Anwendung findet die Haftungsmilderung allerdings, wenn die unentgeltliche Verwahrung nur Nebenpflicht aus einem anderen entgeltlichen Rechtsverhältnis ist (o. Rn. 942).[4]

948 **Hinterlegtes Geld** hat der Verwahrer zu **verzinsen**, wenn er es (insbesondere auch vertragswidrig) für sich verwendet, § 698 (vgl. § 668 beim Auftrag).

3. Pflichten des Hinterlegers

a) Zahlung des Entgelts

949 Die Hauptpflicht des Hinterlegers betrifft die Zahlung des vereinbarten Entgelts. Doch ist Entgeltlichkeit für den Vertragstyp „Verwahrung" nicht notwendig. Nach § 689 gilt freilich – ebenso wie bei Dienst- und Werkvertrag (§§ 612 I, 632 I) – eine Vergütung als stillschweigend vereinbart, wenn nur eine entgeltliche Verwahrung zu erwarten ist. Die Fälligkeit und die Verteilung der Vergütung auf die Verwahrungszeit werden in § 699 geregelt. Entgeltlichkeit kann auch vorliegen, wenn für die Verwahrungsleistung zwar kein besonderes Entgelt vereinbart, diese aber in Verbindung mit einem entgeltlichen Vertrag erbracht wird. Das gilt etwa für die Unterbringung eines Kraftfahrzeugs auf einem Kundenparkplatz oder in der Garage des Hotels, sofern man hier überhaupt Verwahrung neben einer Miete annimmt (vgl. o. Rn. 942).

b) Weitere Pflichten

950 Weitere Pflichten des Hinterlegers ergeben die §§ 693, 694: Dieser muss dem Verwahrer wie einem Beauftragten (§ 670, vgl. o. Rn. 868 ff.) seine **Aufwendungen** ersetzen. Bei entgeltlicher Verwahrung ist freilich zu fragen, ob die Aufwendungen nicht schon mit der Vergütung abgegolten sind (z. B. das Futter bei einer Tierpension). Auch muss der Hinterleger dem Verwahrer eine diesem nicht schon ohnehin bekannte Gefährlichkeit der Sache mitteilen (z. B. die Bissigkeit oder eine ansteckende Krankheit des zu verwahrenden Hundes). Dagegen besteht zur Mitteilung des besonderen Werts der hinterlegten Sache (z. B. eines Pelzmantels) nur eine unter § 254 fallende Obliegenheit (vgl. AT Rn. 718).

4. Unregelmäßige Verwahrung

951 Bei der gewöhnlichen Verwahrung kann der Hinterleger gerade diejenige konkrete Sache zurückverlangen, die er hingegeben hat; auch an den Eigentumsverhältnissen ändert sich nichts. Anders liegt es bei der unregelmäßigen Verwahrung nach § 700, dem *depositum irregulare* des römischen Rechts (daher die Bezeichnung „Depositenkasse"). Hier geht das Eigentum sofort (§ 700 I 1) oder durch Aneignung (§ 700 I 2) auf den Verwahrer über. Dann gelten nach § 700 I regelmäßig die Vorschriften über das **Darlehen**. Danach kann also der Hinterleger nur gleichartige (nicht dieselben) Sachen zurückverlangen. Andererseits trägt hier aber der Verwahrer die **Sachgefahr**; er ist also zur Rückgewähr auch dann verpflichtet, wenn die in sein Eigentum gelangten Stücke des Hinterlegers durch Zufall untergegangen sind.

952 Vom echten Darlehen unterscheidet sich die unregelmäßige Verwahrung aber durch die **Interessenlage**: Das Darlehen soll dem Darlehensnehmer die Nutzung verschaf-

[4] MünchKomm/*Henssler*, § 690 Rn. 5.

fen; die Sach- oder Geldüberlassung dient daher dessen Interessen. Dagegen sollen bei der unregelmäßigen Verwahrung dem Hinterleger Last und Gefahr der Aufbewahrung abgenommen werden; hier steht folglich das Interesse des Hinterlegers im Vordergrund. Diesem Unterschied entspricht es, dass sich nach § 700 I 3 Zeit und Ort der Rückgabe im Zweifel nach Verwahrungsrecht richten sollen: Insbesondere kann also nach § 695 der Hinterleger die Rückgewähr jederzeit (und nicht erst nach Kündigung, § 609) verlangen. Häufigste Anwendungsfälle sind die sog. Sichteinlagen vor allem auf einem **Girokonto** (dazu o. Rn. 893):[5] Von diesem sind – anders als von Spar- oder Festgeldkonten – Abhebungen jederzeit und ohne vorherige Kündigung in beliebiger Höhe möglich.

II. Einbringung von Sachen bei Gastwirten

1. Entstehung und Funktion der Gastwirtshaftung

Im antiken Rom galten die Gast- und Stallwirte (wie auch die Schiffer) als böse Leu- 953
te, die sogar mit Dieben gemeinsame Sache machten. Daher hat der Prätor für sie neben der gewöhnlichen Vertragshaftung noch eine zusätzliche, kein Verschulden voraussetzende Haftung bestimmt.[6] Diese Haftung hat sich bis heute in den §§ 701 – 704 gehalten. Dabei stammt die geltende Fassung dieser Vorschriften von 1966. Sie geht zurück auf eine Konvention des Europarats über die Gastwirtshaftung; daher gelten derzeit in vielen europäischen Ländern ähnliche Vorschriften wie im BGB.

Der geschilderte Ursprung der Gastwirtshaftung setzt sich noch in deren heutigem Verständnis fort: Danach bestimmen die §§ 701 ff. nicht etwa den Inhalt des zwischen dem Gast und dem Wirt bestehenden Vertrages (wie z. B. die §§ 651a ff. den Inhalt des Vertrages zwischen dem Reisenden und dem Reiseveranstalter regeln). Vielmehr folgt aus den §§ 701 ff. eine **gesetzliche Haftung des Wirts**, die von einem wirksamen Vertrag **unabhängig** ist. Eine Vertragshaftung soll also noch neben der gesetzlichen bestehen können.[7] Begründet wird die verschärfte gesetzliche Gastwirtshaftung heute mit den besonderen Diebstahlsgefahren wegen der Vielzahl von Personal und Gästen sowie mit der Beweisnot des geschädigten Gastes.

2. Haftungsvoraussetzungen

a) Herbergswirt

Zunächst muss es sich um einen Gastwirt handeln, der „gewerbsmäßig Fremde zur 954
Beherbergung aufnimmt", § 701 I. Die verschärfte Haftung gilt also nur für Hotels, Pensionen und Gasthäuser, **nicht** für bloße **Schank- und Speisewirtschaften**: Nur in Hotels usw. ist der Gast ja gezwungen, seine Sachen längere Zeit ohne Aufsicht zu lassen. Nicht angewendet werden die §§ 701 ff. z. B. auf Sanatorien und Krankenhäuser, weil die Beherbergung dort nur Nebenleistung zur ärztlichen Behandlung ist,[8] auch nicht auf den Inhaber eines Campingplatzes.[9] Strittig, aber doch wohl zu

[5] *BGH* NJW-RR 2009, 979.

[6] Vgl. *Kaser*, Römisches. Privatrecht I, 2. Aufl. 1971 § 136 III 3.

[7] H. M., etwa BGHZ 63, 333, 336; MünchKomm/*Henssler*, § 701 Rn. 5, vgl. auch *BGH* NJW 1963, 1449.

[8] RGZ 112, 58.

[9] *OLG Koblenz* NJW 1966, 2017.

verneinen ist die Anwendung auf Schlafwagengesellschaften: Auch hier ist die Beherbergung nur Nebenleistung zur Beförderung.[10]

In Schank- und Speisewirtschaften kann sich eine Haftung für die abgelegte Garderobe des Gastes also nur aus dem **Bewirtungsvertrag** ergeben. Hier bejaht die Rechtsprechung eine Nebenpflicht des Wirtes zur Verwahrung aber nur ausnahmsweise, nämlich wenn der Wirt „Abgabe und Aufbewahrung dergestalt verlangt, dass der Gast seine Kleidung billigerweise nicht beaufsichtigen kann".[11] Für eine Beschränkung dieser Haftung durch die üblichen Anschläge gilt aber § 309 Nr. 7 b.

b) Aufgenommener Gast

955 Gehaftet wird nur dem in das Hotel o.ä. **aufgenommenen** Gast, also nicht z. B. auch demjenigen, der bloß in dem Hotelrestaurant isst. Ein wirksamer Vertrag über die Aufnahme ist unnötig. „Gäste" sind also auch mitreisende Familienangehörige usw. Die „Aufnahme" ist dabei ein reiner Realakt ohne rechtsgeschäftliche Bedeutung.

c) Eingebrachte Sachen

956 Die gesetzliche Haftung gilt für die von dem aufgenommenen Gast eingebrachten Sachen (also nicht für Personenschäden!) ohne Rücksicht darauf, in wessen Eigentum sie stehen. Wann „Einbringung" vorliegt, wird in § 701 II näher bestimmt; nach Nr. 2 genügt z. B. schon die Übernahme des Gepäcks durch Leute des Gastwirts am Bahnhof. Nur auf Fahrzeuge samt Inhalt und auf lebende Tiere erstreckt sich die Haftung nicht, § 701 IV; daher wird hier die Vermieter- oder Verwahrerhaftung (o. Rn. 940, 946 f.) besonders wichtig.

d) Der Haftungsgrund

957 Den eigentlichen Haftungsgrund bilden Verlust, Zerstörung oder Beschädigung eingebrachter Sachen. Dabei kommt es auf ein Verschulden des Gastwirts oder seiner Leute nicht an. Entlasten kann sich der Wirt nur durch den Nachweis, dass der Schaden durch den Gast oder dessen Leute, durch die Beschaffenheit der Sachen oder durch höhere Gewalt entstanden ist, § 701 III. Höhere Gewalt ist ähnlich eng zu verstehen wie in § 1 HaftpflG (vgl. u. Rn. 1383); insbesondere fallen Diebstahl, Raubüberfall und Hotelbrand nicht darunter.

3. Haftungsumfang und -einschränkungen

958 Den **Haftungsumfang** regelt § 702: Regelmäßig tritt eine durch Höchstbeträge beschränkte Haftung ein, Abs. 1. Nach Abs. 2 ist die Haftung jedoch unbeschränkt bei einem (nachzuweisenden) Verschulden des Gastwirts oder seiner Leute sowie für Sachen, die der Wirt zur Aufbewahrung besonders angenommen (Schmuck, Geld) oder deren Annahme er gesetzwidrig (§ 702 III) verweigert hat.

§ 702a regelt dann zusätzlich, inwieweit diese Haftung im Voraus erlassen werden kann: Das geht nur bei Wahrung einer besonderen Schriftform (Abs. 2) und unter engen Voraussetzungen bis zu den Höchstbeträgen von § 702 I (Abs. 1).

[10] MünchKomm/*Henssler*, § 701 Rn. 15 m. w. N.
[11] *BGH* NJW 1980, 1096.

Außerdem trifft den Gast nach § 703 eine Obliegenheit zur **Anzeige** des entdeckten 959
Schadens an den Gastwirt; bei deren Versäumung erlischt in bestimmten Fällen der Ersatzanspruch.

4. Gesetzliches Pfandrecht

Nach § 704 hat der Gastwirt an den eingebrachten Sachen des Gastes ein **gesetzliches Pfandrecht**. 960
Dieses entspricht weitgehend dem Vermieterpfandrecht nach den §§ 562 ff. (vgl. o. Rn. 488 ff.). Abweichend von § 562a S. 2 darf aber der Wirt der Mitnahme des Gepäcks durch den Gast bei dessen Auszug widersprechen (und sie nach § 562b I 1 gewaltsam verhindern), obwohl eine solche Mitnahme den „gewöhnlichen Lebensverhältnissen" entspricht: Sonst wäre das Pfandrecht beinahe wertlos.

4. Teil. Schuldverhältnisse zum Zusammenwirken

Bei den bisher behandelten Schuldverhältnissen stehen sich regelmäßig zwei Parteien mit verschiedenen Interessen gegenüber: Der Käufer z. B. will zu einem möglichst niedrigen Preis kaufen, während der Verkäufer möglichst teuer verkaufen will. Ein solcher **Interessengegensatz** steht bei den beiden im folgenden zu erörternden Schuldverhältnissen, nämlich Gesellschaft und Gemeinschaft, zumindest nicht im Vordergrund (vgl. o. Rn. 10): Die Gesellschafter wollen einen gemeinsamen Zweck erreichen (§ 705), und auch die Gemeinschafter sind primär am Gedeihen des gemeinschaftlichen Gegenstandes interessiert (§ 741). Darum können an diesen Schuldverhältnissen auch ohne Weiteres **mehr als zwei Personen** teilnehmen. Vor allem die §§ 320 ff. über gegenseitige Verträge passen bei der Gemeinschaft überhaupt nicht (schon weil diese kaum je auf Vertrag beruht, vgl. u. Rn. 990); bei der Gesellschaft passen sie allenfalls mit großen Einschränkungen (vgl. u. Rn. 968). 961

§ 117. Die BGB-Gesellschaft

Literatur: Vgl. die Lehrbücher des Gesellschaftsrechts, etwa *Flume,* Allgemeiner Teil, Bd. I/1: Die Personengesellschaft, 1977; *Eisenhardt,* Gesellschaftsrecht, 13. Aufl., 2007; *Grunewald,* Gesellschaftsrecht, 8. Aufl., 2011; *Hopt/Hehl,* Gesellschaftsrecht – Juristische Studienkurs, 4. Aufl., 1996; *G. Hueck/Windbichler,* Gesellschaftsrecht, 22. Aufl., 2009; *Hüffer,* Gesellschaftsrecht, 6. Aufl., 2006; *Kraft/Kreutz,* Gesellschaftsrecht, 11. Aufl., 2000; *Klunzinger,* Grundzüge des Gesellschaftsrechts, 14. Aufl., 2006; *Kübler/Aßmann,* Gesellschaftsrecht, 6. Aufl., 2006; *Maiberg,* Gesellschaftsrecht, 7. Aufl., 1990; *Reinhard/Schultz,* Gesellschaftsrecht, 2. Aufl., 1981; *H. Westermann,* Personengesellschaftsrecht I: Grundlagen, 1980; *Wiedemann,* Gesellschaftsrecht, Bd. I, 1980; Bd. II, 2004. Außerdem etwa *Armbrüster,* Nachschusspflicht im Personengesellschaftsrecht, ZGR 38, 2009, 1; *Ballerstedt,* Der gemeinsame Zweck als Grundbegriff des Rechts der Personengesellschaften, JuS 1963, 253; *Behr,* Die Vollstreckung in Personengesellschaften, NJW 2000, 1137; *Beuthien,* Setzt die Rechtsfähigkeit der GbR besondere Organisationselemente voraus?, ZIP 2011, 1589; *Brügge,* Haftung in der Sozietät – Effektiver Gläubigerschutz bei berufl. Haftungsfällen, NJW-aktuell 2011 Heft 16, 16; *Drygalla,* Anwendbarkeit des AGBG auch auf Gesellschaftsverträge?, ZIP 1997, 968; *Fikentscher,* Zu Begriff und Funktion des „gemeinsamen Zwecks" im Gesellschafts- und Kartellrecht, FS H. Westermann, 1974, S. 87; *Gehrlein,* Neue Tendenzen zum Verbot der Herauskündigung eines Gesellschafters, NJW 2005, 1969; *Grundmann,* Die Struktur des Europäischen Gesellschaftsrechts von der Krise zum Boom, ZIP 2004, 2401; *Giefers,* Die Gesellschaft bürgerlichen Rechts als Unternehmensform, 1992; *Guggenberger,* Rechtsklarheit vs. Rechtswahrheit. Lehre von der fehlerhaften Gesellschaft, ZGS 2011, 397; *Habermeier,* Grundfragen des Gesellschaftsrechts, JuS 1998, 865; *Habersack,* Die Haftungsverfassung der Gesellschaft bürgerlichen Rechts, JuS 1993, 1; *Heermann,* Haftungsbeschränkungen in der BGB-Außengesellschaft, BB 1994, 2421; *Henssler,* Anwaltsgesellschaften, NJW 1993, 2137; *Höfler,* Die actio pro socio, JuS 1992, 388; *Hopt,* Europäisches Gesellschaftsrecht und deutsche Unternehmensverfassung, ZIP 2005, 461; *Hüffer,* 100 Bände BGHZ: Personengesellschaftsrecht, ZHR 151 (1987), 1972 396; *Kornblum,* Die Haftung der Gesellschafter für Verbindlichkeiten von Personengesellschaften, 1972; *Kowalski,* Zur Bereicherungshaftung in Gesellschaften bürgerlichen Rechts, NJW 1991, 3183; *Kummer,* Die Grundzüge der fehlerhaften Gesellschaft bürgerlichen Rechts, Jura 2006, 321; *Langenfeld,* Die Gesellschaft bürgerlichen Rechts, 4. Aufl., 1996; *Leipold,* Einige Bemerkungen zur Rechts- und Parteifähigkeit der BGB-Gesellschaft, FS Canaris, 2007, Bd. 2 221; *Lettl,* Die Anpassung von Personengesellschaftsverträgen, AcP 202 (2002), 3; *Loritz,* Vertragsfreiheit und Individualschutz im Gesellschaftsrecht, JZ 1986, 1073; *Lüke,* Prozeßführung bei Streitigkeiten im Innenverhältnis der BGB-Gesellschaft, ZGR 23 (1994), 266; *Markgraf/Kießling,* Gesellschaften als Parteien im Zivilprozess, JuS 2010, 312; *Müller/Graf,* Haftungsrecht und Gesellschaftsrecht, AcP 191 (1991), 475; *Nicklisch,* Rechtsprobleme des Konsortialvertrages, BB 1999, 325; *J. Petersen,* Die rechtsfähige Personengesellschaft, Jura 2004, 683; *T. Raiser,* Das Recht der Gesellschafterklagen, ZHR 153 (1989), 1; *ders.,* Gesamthand und juristische Person im Licht des neuen Umwandlungsrechts, AcP 194 (1994), 495;

Reiff, Die Haftungsverfassungen nichtrechtsfähiger unternehmenstragender Verbände, 1996; *Reuter,* Neuere Rechtsprechung zum Personengesellschaftsrecht, Teil 2, JZ 1986, 72; *ders.,* Die Verbände in der Privatrechtsordnung, in: 50 Jahre BGH, FG aus der Wissenschaft Bd. II, 2000, S. 211; *Herb. Roth,* Pfändung und Verpfändung von Gesellschaftsanteilen, ZGR 29 (2000), 187; *Schäfer,* Das bedingte Austrittsrecht nach § 139 HGB in der GbR, NJW 2005, 3665; *Scherer,* Neuregelung für Grundstücksgeschäfte einer GbR, NJW 2009, 3063; *K. Schmidt,* Zur Vermögensordnung der Gesamthands-BGB-Gesellschaft, JZ 1985, 909; *ders.,* Zur„Außenhaftung der Innengesellschaft", JuS 1988, 444; *ders.,* Partnerschaftsgesetzgebung zwischen Berufsrecht, Schuldrecht und Gesellschaftsrecht, ZIP 1993, 633; *ders.,* Personengesellschaften im Grundstücksrecht, ZIP 1998, 2; *ders.,* Anwachsung: Was ist das und gibt es das noch?, FS Huber (2006) 969 ff.; *ders.,* Schwierigkeiten mit dem Prozessrecht der GbR, oder: Steine statt Brot?, NJW 2008, 1841; *ders.,* Mehrheitsbeschlüsse in Personengesellschaften, ZGR 37, 2008, 1; *K. Schreiber,* Geschäftsführungsbefugnis und Vertretungsmacht in der BGB-Gesellschaft, Jura 2001, 346; *Schünemann,* Grundprobleme der Gesamthandsgesellschaft, 1975; *Schulze-Osterloh,* Das Prinzip der gesamthänderischen Bindung, 1972; *ders.,* Das Auseinandersetzungsguthaben des ausscheidenden Gesellschafters –, ZGR 1986, 545; *Segna,* Neues zur Haftung des Eintretenden für Altverbindlichkeiten der GbR, NJW 2006, 1566; *Steffek,* Die GbR im Grundbuch, ZIP 2009, 1445; *Sudhoff* u. a. Familienunternehmen, 2. Aufl., 2005; *ders.*,, Personengesellschaften, 8. Aufl., 2005; *P. Ulmer,* Vertretung und Haftung bei der Gesellschaft bürgerlichen Rechts, FS R. Fischer, 1979, S. 785; *ders.,* Das Streichquartett – eine Gesellschaft bürgerlichen Rechts, FS K. Schmidt, 2009, S. 1625 f; *Vetter,* Rechtsprobleme der Organisation des Konsortiums bei Großprojekten, ZIP 2000, 1041; *Walter,* Der Gesellschafter als Gläubiger seiner Gesellschaft, JuS 1982, 81; *Ralph Weber,* Die Gesellschaft bürgerlichen Rechts – Begriff, Voraussetzungen, JuS 2000, 313; *Weber-Grellet,* Die Gesamthand ein Mysterienspiel?, AcP 182 (1982), 316; *Weimar,* Einmann-Personengesellschaften – ein neuer Typ des Gesellschaftsrechts?, ZIP 1997, 1769; *H. P. Westermann,* Vertragsfreiheit und Typengesetzlichkeit im Recht der Personengesellschaften, 1970; *Wiedemann,* Der Gesellschaftsvertrag der Personengesellschaft, WM 1990 Beilage Nr. 8; *ders.,* Zur Selbständigkeit der BGB-Gesellschaft, FS Kellermann, 1991, S. 529; *ders.,* Die Personengesellschaft – Vertrag oder Organisation?, ZGR 25 (1996), 286; *Wiedemann/Frey,* Begrenzte Nachhaftung ehemaliger BGB-Gesellschafter analog § 159 HGB, DB 1989, 1809; *Ernst Wolf,* Grundlagen des Gemeinschaftsrechts, AcP 173 (1973), 97 („Gemeinschaft" wird dort weiter verstanden als in § 741); *Wüst,* Die Gemeinsamkeit der Interessen, JZ 1985, 1077. Vgl. zudem noch die Kommentierung von *P. Ulmer,* in: MünchKomm §§ 705 ff., auch selbständig erschienen, sowie die Angaben u. Rn. 973 a und *Luka,* Rechtsnatur und Haftungsverfassung der GbR, Diss., 2004.

I. Die Bedeutung der §§ 705 ff.

962 **1.** Die §§ 705 ff. haben **zunächst Bedeutung als „Unterbau"** für die Regelung der beiden **Personengesellschaften des Handelsrechts:** § 105 III HGB verweist für die OHG ergänzend auf die Vorschriften über die BGB-Gesellschaft, und § 161 II HGB verweist für die KG ergänzend auf das Recht der OHG, also auch auf die §§ 105 III HGB, 705 ff. BGB.

963 **2.** Daneben gibt es aber noch einen weiten Bereich, in dem die §§ 705 ff. **primär anwendbar** sind, in dem also eine BGB-Gesellschaft vorliegt. Beispiele bilden die Zusammenschlüsse von Angehörigen der freien Berufe (z. B. Sozietäten von Anwälten oder Steuerberatern, Gemeinschaftspraxen der Ärzte,[1] jedoch auch das PartGG – dazu sogleich), von Landwirten oder Kleingewerbetreibenden; die vor allem in der Bauwirtschaft häufigen Arbeitsgemeinschaften, soweit nicht § 105 II 1 HGB (Eintragung ins Handelsregister) eingreift (vgl. o. Rn. 793); endlich die Konsortien zur Emission von Aktien oder Schuldverschreibungen und überhaupt zur Finanzierung von Großvorhaben oder zur einheitlichen Stimmrechtsausübung.[2] Zu diesen Gesellschaften mit erheblicher wirtschaftlicher Bedeutung kommen noch kleinere, z. B.

[1] Vgl. *K. Schmidt,* ZIP 1993, 633.
[2] Vgl. *BGH* ZIP 2009, 216 Tz. 14.

Fahr- oder Wohngemeinschaften. Mitunter wird auch die Grenze zum bloßen Gefälligkeitsverhältnis erreicht oder unterschritten, z. B. bei Lottospielgemeinschaften.[3] Zu den gleichfalls als BGB-Gesellschaften organisierten Fußballspieler-Beteiligungsfonds vgl. *H. P. Westermann,* ZIP 1991, 705.

Seit dem 1. 7. 1995 gilt das Gesetz über **Partnerschaftsgesellschaften Angehöriger Freier Berufe** (PartGG) vom 25. 7. 1994. Es regelt, teilweise in Anlehnung an das Recht der OHG, eine besondere Kooperationsform für bestimmte Freiberufler, die kein Gewerbe betreiben und daher nicht unter das HGB fallen.[4] Grundlage auch der Partnerschaftsgesellschaften ist das Recht der BGB-Gesellschaft, § 1 IV PartGG. Im Verhältnis zu Dritten wird die Partnerschaftsgesellschaft aber erst durch die Eintragung in das dem Handelsregister ähnliche Partnerschaftsgesellschaftsregister wirksam, § 7 I PartGG.

3. Die §§ 705 ff. haben also erhebliche praktische Bedeutung. Da sie aber regelmäßig 964
schon im Zusammenhang mit den Handelsgesellschaften erörtert werden (als **„Gesellschaftsrecht"**), beschränke ich mich hier auf die knappe Behandlung von vier Fragenkreisen: dem Gesellschaftsvertrag (u. Rn. 965 ff.), dem Gesellschaftsvermögen (u. 970 ff.) sowie der Verwaltung (u. 974 ff.) und der Auflösung der Gesellschaft (u. Rn. 984 ff.).

II. Der Gesellschaftsvertrag

1. Durch den Gesellschaftsvertrag **verpflichten** sich die Gesellschafter, die Errei- 965
chung eines gemeinsamen Zwecks in bestimmter Weise zu fördern. Nötig sind also die Einigung über den Zweck sowie darüber, wie jeder Gesellschafter zu dessen Erreichung beitragen soll (vgl. § 706 I). Meist regelt der Gesellschaftsvertrag zwar auch noch viele andere Fragen, etwa Geschäftsführung, Vertretung und die Verteilung von Gewinn und Verlust. Aber nötig sind Absprachen hierüber nicht, weil das Gesetz für alle diese Punkte dispositive Regeln bereithält.

2. Der gemeinsame Zweck kann ein vorübergehender (z. B. beim Emissionskonsor- 966
tium die Unterbringung der Aktien aus einer Kapitalerhöhung) oder ein dauernder sein (z. B. bei einer Anwaltssozietät). Im ersten Fall spricht man von einer **Gelegenheitsgesellschaft.**

In Betracht kommt jeder erlaubte, nicht sittenwidrige Zweck, gleich ob wirtschaftlich oder ideell. Möglich ist auch, dass derselbe Zweck von einem Gesellschafter aus wirtschaftlichen und von einem anderen aus ideellen Gründen verfolgt wird. Nur der Betrieb eines Handelsgewerbes (§ 1 HGB) scheidet als Zweck für die BGB-Gesellschaft aus, weil dieser Betrieb die Gesellschaft zur OHG macht.

3. Einer Form bedarf der Gesellschaftsvertrag grundsätzlich nicht. Doch kann sich 967
ein Formerfordernis aus einem besonderen Inhalt ergeben, insbesondere wenn sich ein Gesellschafter zur Einbringung eines Grundstücks verpflichtet, § 311b I.

[3] Vgl. *BGH* NJW 1974, 1705 ff.

[4] Vgl. dazu *Seibert,* Die Partnerschaft, 1994; *ders.,* DB 1994, 2381; *K. Schmidt,* NJW 1995, 1; *Coester-Waltjen,* Jura 1995, 666; *Sotiropoulos,* ZIP 1995, 1879; *Arnold,* BB 1996, 597.

968 **4.** Der Gesellschaftsvertrag ist **kein unentgeltlicher Vertrag:** Selbst wenn eine Beteiligung unentgeltlich zugewendet wird, bleibt doch die Verpflichtung jedes Gesellschafters zur Förderung des gemeinsamen Zwecks. Der Gesellschaftsvertrag ist aber auch nicht **ohne Weiteres gegenseitig** im Sinne der §§ 320 ff. Das zeigt sich besonders deutlich bei Gesellschaften mit mehr als zwei Gesellschaftern. Wenn hier etwa A seine Einlage schon erbracht hat, kann B die seine nicht problemlos deshalb nach § 320 verweigern, weil die Einlage des C noch ausstehe: Diese Verweigerung träfe ja auch den vertragstreuen A. Zudem finden sich in den §§ 705 ff. mehrfach Spezialregelungen, neben denen für die §§ 320 ff. kein Raum bleibt. So regelt § 723 I 2 Nr. 1 Pflichtverletzungen eines Gesellschafters und die Unmöglichkeit der Leistung. Endlich können Leistungen aus dem Gesellschaftsvertrag regelmäßig überhaupt nicht durch einen einzelnen Gesellschafter verlangt werden, sondern nur durch die Gesellschaft. Daher passen die §§ 320 ff. allenfalls entsprechend und mit erheblichen Einschränkungen. Insbesondere stehen Verpflichtungen mehrerer Gesellschafter gegenüber der Gesellschaft untereinander in keinem Gegenseitigkeitszusammenhang.[5]

969 **5.** Besondere Schwierigkeiten entstehen bei der Frage nach dem Vorliegen einer **Gesellschaft zwischen Ehegatten oder den Partnern einer nichtehelichen Lebensgemeinschaft.**[6] Hier wird nach einer Trennung nicht selten versucht, über Gesellschaftsrecht (§§ 730 ff.) zu einem Ausgleich des Zugewinns eines Partners zu kommen, wo keine Zugewinngemeinschaft (§§ 1363 ff.) vorliegt. Zwar kann auch unter Ehegatten oder den Partnern einer nichtehelichen Lebensgemeinschaft ohne Weiteres eine BGB-Gesellschaft zur Verfolgung eines Zweckes vereinbart werden, der über die Ehe oder das Zusammenleben hinausreicht. Beispiele bilden der gemeinsame Betrieb eines kleineren Ladens oder Handwerksunternehmens. Doch ist in solchen Fällen ein Wille zum Vertragsabschluss oft schwer nachzuweisen. Und die Lehre von der **faktischen Gesellschaft,** nach der eine Gesellschaft auch ohne Vertragsabschluss durch bloße faktische Zusammenarbeit entstehen kann, ist heute aufgegeben: Man ist nur noch bereit, bei einer Gesellschaft auf fehlerhafter Vertragsgrundlage (aber nicht ohne solche Grundlage) über einzelne Unwirksamkeitsgründe hinwegzusehen.[7]

Vereinzelt hat freilich der *BGH* die §§ 730 ff. zur Ermöglichung eines Zugewinnausgleichs für entsprechend anwendbar gehalten, wo zwischen den Ehegatten, die in Gütertrennung gelebt haben, kein Gesellschaftsvertrag bestanden hatte (BGHZ 84, 361). Das ist aber sehr zweifelhaft.

III. Das Gesellschaftsvermögen

970 **1.** Dass **überhaupt ein Gesellschaftsvermögen** gebildet wird, ist für die BGB-Gesellschaft nicht notwendig: Es fehlt z. B. regelmäßig bei den Fahrgemeinschaften. Meist aber ist ein solches Vermögen vorhanden. Es entsteht durch die Beiträge der Gesellschafter (§ 706) und durch Erwerb in Geschäftsführung für die Gesellschaft, § 718 I. Dazu kommen noch die Surrogate dieses primären Gesellschaftsvermögens, § 718 II.

[5] Vgl. MünchKomm/*P. Ulmer,* § 705 Rn. 165 ff.; *Windbichler,* § 6 Rn. 3 ff.

[6] Vgl. *BGH* NJW 1999, 2962; und jetzt NJW 2008, 32277 ff.; *Hausmann,* Die Lebensgemeinschaft, 1990; *Krause,* JuS 1989, 455; *Messerle,* JuS 2001, 28.

[7] Vgl. MünchKomm/*P. Ulmer,* § 705 Rn. 342 ff.; ebenso letztens *BGH* ZIP 2011, 1358 Tz. 11 zum (ebenso zu behandelnden) fehlerhaften Beitritt zu einer Gesellschaft.

2. Das Gesellschaftsvermögen steht aber nach älterer und auch noch nicht völlig aufgegebener Lehre **nicht einfach der Gesellschaft** zu. Diese bilde nämlich keine juristische Person und habe daher keine eigene Rechtsfähigkeit (vgl. u. Rn. 981). Als Rechtsträger kommen dann nur die Gesellschafter in Betracht. Doch wäre es ganz unzweckmäßig, wenn diesen die einzelnen Gegenstände des Gesellschaftsvermögens nach Bruchteilen zustünden, also nach §§ 741 ff. (vgl. u. Rn. 988 f.). Dem entspräche dann nämlich auch ein Verfügungsrecht des einzelnen Gesellschafters (§ 747 S. 1), durch dessen Ausübung Anteile an Gegenständen des Gesellschaftsvermögens an einen Gesellschaftsfremden kämen. 971

Daher hat **§ 719** eine andere Lösung gewählt: Das Gesellschaftsvermögen steht den Gesellschaftern derart gemeinschaftlich zu, dass sie weder darüber verfügen noch Teilung verlangen können. Auch die Gläubiger eines einzelnen Gesellschafters (im Gegensatz zu den Gläubigern der Gesellschaft) können eine solche Verfügung nicht bewirken, indem sie gegen eine Gesellschaftsforderung aufrechnen, § 719 II. Und die Einbringung einer Forderung in das Gesellschaftsvermögen wird von § 720 wie eine Zession behandelt. Auch die Übertragung eines Grundstücks von einem Gesellschafter in das Gesellschaftsvermögen bedarf übrigens der Auflassung und Eintragung.

Man nennt die in § 719 bestimmte Bindung von Vermögen für eine Personenmehrheit **gesamthänderisch:** Dem einzelnen Teilhaber an einer solchen Gesamthand steht kein verfügbarer Anteil an den einzelnen Gegenständen zu, sondern nur ein Anteil am Gesamtvermögen. Daher können über die einzelnen Gegenstände nur alle Teilhaber gemeinsam als Berechtigte verfügen. Zusätzlich entzieht § 719 I auch den Anteil an dem gesamten Gesellschaftsvermögen der Verfügungsmacht des einzelnen Gesellschafters. Entsprechend kann ein Gesellschafter-Gläubiger den Anteil nicht durch Pfändung und Überweisung übernehmen. Vielmehr kann ein Anteil eines Gesellschafters an einzelnen Gegenständen des Gesellschaftsvermögens von einem Gläubiger dieses Gesellschafters überhaupt nicht gepfändet werden, § 859 I 2 ZPO. Der Anteil am Gesamtvermögen unterliegt zwar der Pfändung, § 859 I 1 ZPO. Nutzbar wird dadurch aber für den Gläubiger zunächst nur der Gewinnanteil seines Schuldners, § 725 II. Will der Gläubiger auch die Substanz verwerten, so muss er die Gesellschaft kündigen; dann erhält er die Einlage seines Schuldners und den bei der Auseinandersetzung auf diesen entfallenden Überschuß, § 734. 972

Dabei ist zu § 719 I umstritten, ob der Teilhaber **überhaupt Anteile an den einzelnen Gegenständen** des Gesellschaftsvermögens hat (was nach dem Gesetzeswortlaut naheliegt). Jedenfalls aber können solche Anteile auch durch Vereinbarung nicht verfügbar gemacht werden. Dagegen können die Gesellschafter eine Verfügung über die Anteile am Gesamtvermögen durch Vereinbarung unter der Voraussetzung möglich machen, dass diese Anteile mit der Gesellschafterstellung verbunden bleiben: Diese Stellung kann nämlich einschließlich der an ihr hängenden Vermögensbeteiligung übertragbar gestaltet werden. Insofern ist § 719 I teils zwingend und teils nachgiebig.

3. Eine vom Gesellschaftsrecht ausgehende neue („Gruppen"-)Lehre[8] erkennt in Abweichung von dem eben Gesagten vielen BGB-Gesellschaften eine **Teilrechtsfähigkeit** zu, die etwa derjenigen von OHG und KG entspricht (§§ 124, 161 II HGB). 973

[8] *Flume,* ZHR 136, 1972, 177.

Das soll unter drei Voraussetzungen gelten: Die Gesellschaften müssen überhaupt ein Gesellschaftsvermögen haben (vgl. o. Rn. 970); sie müssen durch ihre Organe am Rechtsverkehr teilnehmen; ihnen muss endlich eine eigene „Identitätsausstattung" zukommen (z. B. Name und Sitz).[9]

Diese Lehre lässt sich zwar nicht auf die vom Gesetzgeber neu geschaffene Möglichkeit der Umwandlung verschiedener Gesellschaftsformen ineinander stützen.[10] Dagegen lässt sich mit der neuen Lehre manches einfacher darstellen, z. B. die von *BGH* NJW 1997, 2754 anerkannte Scheckfähigkeit der BGB-Gesellschaft oder die nach der h. M. bestehende Haftungslage. Auch die Beständigkeit von Dauerschuldverhältnissen gegenüber einem Wechsel von Gesellschaftern erklärt sich so einfacher. Andererseits schafft die neue Lehre aber eine dem BGB fremde Differenzierung innerhalb der BGB-Gesellschaften; auch einige Vorschriften des BGB (wie § 54 S. 1) passen kaum zu der neuen Vorstellung. Endlich ist fraglich, ob nach der Teilrechtsfähigkeit wirklich noch ein praktisches Bedürfnis besteht.[11] Diese Probleme können hier nur angedeutet und nicht ausdiskutiert werden.[12]

Inzwischen hat der *BGH* jedoch die **neue Lehre im wesentlichen akzeptiert**.[13] Die BGB-Gesellschaft sei, soweit sie (durch ihre Organe) „eigene Rechte und Pflichten begründet, (ohne juristische Person zu sein) **rechtsfähig**". Daher habe ein Gesellschafterwechsel keinen Einfluss auf den Fortbestand der mit der Gesellschaft verbundenen Rechtsverhältnisse. Auch sei die BGB-Gesellschaft **voll parteifähig** nach § 50 ZPO. Das Fehlen der Registerfähigkeit könne zwar Schwierigkeiten machen, hindere aber die Teilrechtsfähigkeit nicht.[14] Doch hat BGHZ 150, 1 für als BGB-Gesellschaften organisierte **Immobilienfonds** aus Gründen des Vertrauensschutzes weitreichende Ausnahmen gemacht.[15] Andererseits hat *BGH* NJW 2003, 1445 die persönliche Haftung der Gesellschafter auch für **gesetzlich begründete Verbindlichkeiten** regelmäßig bejaht (vgl. u. Rn. 982). *BVerfG* NJW 2002, 353 hält die BGB-Gesellschaft für **grundrechtsfähig.**

Aus der Rechtsfähigkeit der BGB-Gesellschaft folgt logisch auch deren „Grundbuchfähigkeit". Im Gegensatz zu früher muss also die BGB-Gesellschaft auch als Eigentümerin ins Grundbuch eingetragen werden können. Das ist jedoch auf Bedenken gestoßen, weil für sie ein öffentliches Register fehlt, das (wie für Handelsgesellschaften das Handelsregister) eine Individualisierung erlaubt.[16] Daher ist durch Gesetz vom 11. 8. 2009 dem § 47 GBO ein Abs. 2 angefügt worden. Danach sind beim Rechtserwerb außer der BGB-Gesellschaft auch deren Gesellschafter einzutragen. Ergänzend soll nach dem zugleich mit § 47 II GBO eingeführten § 899a BGB „in Ansehung des eingetragenen Rechts" auch vermutet werden, nur die nach § 47 II 1 GBO eingetragenen Personen seien Gesellschafter, und die §§ 892 bis 899 sollten entsprechend gelten.

---

9 Vgl. dazu *Ulmer,* AcP 198 (1998) 113; *Mühlbert,* AcP 199 (1999), 38; mit Recht kritisch *R. Stürner,* JZ 2012, 1016.

10 So zutreffend *Ulmer,* AcP 198 (1998), 119 ff. gegen *T. Raiser,* AcP 194 (1994), 495; *Timm,* NJW 1995, 3209, 3214.

11 Verneinend *Cordes,* JZ 1998, 545, auch *Berndt/Boin,* NJW 1998, 2854.

12 Vgl. abwägend vor allem *Hueck,* FS Zöllner, Bd. I, 1998, S. 275.

13 BGHZ 142, 315 (zur Haftung der Gesellschafter), 146, 341 (zur Teilrechtsfähigkeit).

14 BGHZ 146, 341 ff.

15 Einschränkend *BGH* ZIP 2006, 82.

16 Vgl. BGHZ 179, 102 Tz. 20 ff.

Hieran ist heftige Kritik geübt worden: Mit § 899a habe der Gesetzgeber sich „zwischen die Stühle" der alten und der neuen Auffassung des Gesamthandvermögens gesetzt; die Norm sei „dogmatisch unbrauchbar".[17] Und § 47 II 1 GBO passe nur dann zu der neuen Auffassung, wenn man materielles und Grundbuchverfahrensrecht als selbständige Rechtsgebiete mit womöglich verschiedenen Anforderungen verstehe.[18] So werden auch Schwierigkeiten aus dem Nachweiserfordernis von § 29 GBO vermieden.[19] Keinesfalls erlaubt übrigens § 899a Schlüsse auf die schuldrechtliche Seite, insbesondere auf das Vorliegen von Vertretungsmacht. Dagegen spricht schon die Stellung der Norm im Sachenrecht. Bei Mängeln der Vertretungsmacht können also außer § 179 nur die Regeln über die Duldungsvollmacht (und nach h. M. auch der Anscheinsvollmacht) helfen.[20]

IV. Die Verwaltung der Gesellschaft

1. Geschäftsführungsbefugnis

a) Bei den meisten Gesellschaften kann man unterscheiden zwischen dem **Innenverhältnis** der Gesellschafter untereinander und dem **Außenverhältnis** zu Dritten. Um das Innenverhältnis geht es z. B. bei der Leistung der Beiträge (§ 706) oder der Verteilung von Gewinn und Verlust (§§ 721 ff.). Dagegen ist das Außenverhältnis vor allem beim Abschluss von Geschäften mit Dritten und bei der Haftung diesen gegenüber berührt. 974

Ausnahmsweise gibt es freilich auch Gesellschaften, die nicht nach außen hervortreten, sondern sich auf das Innenverhältnis beschränken. So wird z. B. bei einer Fahrgemeinschaft zwischen Arbeitskollegen (vgl. o. Rn. 963) der Fahrer den nötigen Kraftstoff nicht namens der Gesellschaft kaufen, sondern im eigenen Namen; er wird lediglich die entstandenen Kosten auf die Mitfahrer verteilen. Man spricht hier von **Innengesellschaften.**

b) Soweit nicht bloß eine solche Innengesellschaft vorliegt, ist also zwischen dem Innen- und dem Außenverhältnis zu unterscheiden. Dabei geht es im Innenverhältnis vor allem um die Frage, in welchem Ausmaß die einzelnen Gesellschafter auf die Verwaltung der Gesellschaft Einfluss nehmen dürfen. Das ist die **Geschäftsführungsbefugnis.** Für sie stellt das BGB mehrere Modelle zur Wahl, ohne aber damit andere Gestaltungen auszuschließen: 975

aa) Bei Fehlen einer besonderen Vereinbarung gilt § 709 I: Die Geschäftsführung ist **gemeinschaftlich;** jedes Geschäft bedarf der Zustimmung aller Gesellschafter.

bb) Statt dessen kann der Gesellschaftsvertrag **Mehrheitsentscheidungen** vorsehen.[21] Dann soll nach § 709 II die Mehrheit im Zweifel nach der Zahl der Gesellschafter zu berechnen sein, also jeder gleiches Stimmrecht haben. Damit soll es nicht 976

[17] So zusammenfassend *Altmeppen*, NJW 2011, 1905, 1909; ähnlich ZIP 2011, 1937, 1941 f.; kritisch aber *Ulmer*, ZIP 2011, 1689, 1693.

[18] Dies tut letztens *BGH* NJW 2011, 1958 Tz. 26.

[19] Dazu BGH (vorige Fn.) Tz. 15 ff. mit umfangreichen Nachweisen.

[20] So etwas *Kessler*, NJW 2011, 1909, 1913 f.; *Ulmer*, ZIP 2011, 1689, 1695 ff.; *Altmeppen*, ZIP 2011, 1937, 1941 f.

[21] Dazu *K. Schmidt*, ZKR 37 (2008) 1.

auf die Höhe der Einlage oder einen anderen „kapitalistischen" Gesichtspunkt ankommen.

977 cc) Endlich sieht § 710 **die Übertragung der Geschäftsführung auf einen Gesellschafter** oder auf einige der Gesellschafter vor. Das soll dann nicht nur bedeuten, dass diese Gesellschafter allein oder gemeinschaftlich handeln dürfen. Vielmehr sollen die übrigen Gesellschafter von der Geschäftsführung ausgeschlossen sein, § 710 S. 1. Ihnen bleiben aber die Kontrollrechte nach § 716.

Können bei der Regelung nach § 710 mehrere Gesellschafter allein handeln, so soll nach § 711 S. 1 jeder Geschäftsführungsbefugte ein **Widerspruchsrecht** gegen die Geschäftsführung des anderen haben. Bei einem solchen Widerspruch muss das Geschäft unterbleiben, § 711 S. 2. Das Widerspruchsrecht bedeutet also ein Vetorecht, für das es auf eine Stimmenmehrheit nicht ankommt.

978 c) Wenn über die Geschäftsführung keine Einigung gelingt oder wenn die Maßnahmen eines Gesellschafters ständig durch den Widerspruch eines anderen lahmgelegt werden, bleibt letztlich die Kündigung der Gesellschaft. Als mildere Maßnahme sieht jedoch § 712 I eine **Entziehung der Geschäftsführungsbefugnis** aus wichtigem Grund vor. Dafür ist ein einstimmiger Beschluss der übrigen Gesellschafter oder, wenn der Gesellschaftsvertrag Mehrheitsentscheidungen vorsieht, die Stimmenmehrheit dieser übrigen Gesellschafter erforderlich. Zudem kann der zur Geschäftsführung Befugte diese Befugnis (und die damit verbundene Pflicht zur Geschäftsführung) auch seinerseits durch Kündigung aus wichtigem Grund beenden, § 712 II.

Nach einer über § 712 herbeigeführten Änderung der vertraglich vorgesehenen Geschäftsführungsverhältnisse braucht nicht allemal Gesamtgeschäftsführung nach § 709 I einzutreten (str.). Vielmehr ist das vertraglich Vorgesehene soweit als möglich aufrechtzuerhalten;[22] nur muss nach der Änderung noch eine funktionsfähige Geschäftsführung übrigbleiben.

979 d) Wegen des Verhältnisses der geschäftsführenden Gesellschafter zur Gesellschaft verweist § 713 auf **Auftragsrecht,** nämlich auf die §§ 664–670. Danach muss insbesondere der Geschäftsführer die übrigen Gesellschafter auf dem Laufenden halten, § 666. Auch kann er von der Gesellschaft diejenigen Aufwendungen ersetzt verlangen, die er zur Geschäftsführung für erforderlich halten durfte, § 670.

2. Vertretungsmacht

980 a) Während die Geschäftsführungsbefugnis das Dürfen im Innenverhältnis bestimmt, betrifft die Vertretungsmacht das **Können nach außen:** Die Vertretungsmacht bedeutet die Fähigkeit, das Gesamthandsvermögen der Gesellschaft (und unter Umständen auch die Gesellschafter mit ihrem übrigen Vermögen, vgl. u. Rn. 981) nach außen durch Rechtsgeschäft zu binden.

Die Vertretungsmacht kann im Gesellschaftsvertrag abweichend von der Geschäftsführungsbefugnis geregelt werden. So kann etwa vorgesehen sein, dass Entscheidungen im Innenverhältnis durch Mehrheit (§ 709 II) zu treffen sind, nach außen aber von einem einzelnen Gesellschafter rechtsgeschäftlich ausgeführt werden sollen. Bei Fehlen einer solchen Sonderregelung bindet jedoch § 714 die **Vertretungsmacht**

[22] MünchKomm/*P. Ulmer,* § 712 Rn. 20.

im Zweifel an die Geschäftsführungsbefugnis. Auch die Entziehung der Vertretungsmacht wird durch § 715 der Entziehung der Geschäftsführungsbefugnis angeglichen.

b) Die wichtigste Frage für das Außenverhältnis lautet: Haftet für die durch Vertre- 981
tung begründeten Verbindlichkeiten nur das Gesellschaftsvermögen (vgl. o. Rn. 971) oder **auch jeder Gesellschafter persönlich,** d. h. auch mit seinem gesellschaftsfreien Vermögen?

Das kann nicht einfach aus § 427 im Sinne einer gesamtschuldnerischen Haftung aller Gesellschafter beantwortet werden. Denn diese Vorschrift sagt nur, *wie* mehrere Personen haften, *wenn* sie überhaupt haften; die Frage ist aber gerade, *ob* die Gesellschafter persönlich haften. Das ist nach meiner Ansicht durchaus offen, wenn man der BGB-Gesellschaft mit der vorgedrungenen Meinung eine **Teilrechtsfähigkeit** zuerkennt, wie das BGHZ 146, 341 getan hat, vgl. o. Rn. 973. Aber auch wenn man das ablehnt, ist doch denkbar, dass die Gesellschafter nur mit dem Gesellschaftsvermögen haften sollen. Entsprechendes begegnet ja auch beim nichtrechtsfähigen Verein, wenn dort die Haftung der Mitglieder auf das Vereinsvermögen beschränkt wird.[23]

In neuerer Zeit hatten sich zur Haftung der Gesellschafter zwei Ansichten herausgebildet:[24] Nach der ersten Meinung sollte der handlungsbefugte Gesellschafter regelmäßig nicht nur das Gesellschaftsvermögen vertreten können, sondern auch die Gesellschafter persönlich (**Theorie der Doppelverpflichtung,** so BGHZ 74, 240). Da aber die Vertretungsmacht bei der BGB-Gesellschaft nicht zwingend geregelt ist, muss diese persönliche Verpflichtung durch eine entsprechende Beschränkung der Vertretungsmacht vermieden werden können. Demgegenüber lässt die andere Ansicht (entsprechend wie bei der OHG nach § 128 HGB) neben der Gesamthandsschuld der Gesellschaft ohne Weiteres auch eine persönliche Haftung der Gesellschafter entstehen (**Akzessorietätstheorie,** hiergegen noch *Hommelhoff,* ZIP 1998, 8). BGHZ 146, 341/358 f. hat sich dann für diese Theorie entschieden (freilich mit dem mir eher unverständlichen Argument, das ergebe sich „in Konsequenz der Anerkennung der beschränkten Rechtsfähigkeit", S. 358). Die Diskussion hierüber muss dem Gesellschaftsrecht überlassen bleiben.[25] Das führt nach neuerer Rechtsprechung auch zu einer Haftung eines neu eintretenden Gesellschafters für Altverbindlichkeiten.[26]

3. Die Haftung außerhalb von Rechtsgeschäften

Außerhalb von Rechtsgeschäften und insbesondere für Delikte haftet regelmäßig der 982
handelnde Gesellschafter persönlich. Dagegen ist eine Haftung der übrigen Gesellschafter nach **§ 831** zumindest in aller Regel verneint worden, weil der handelnde Gesellschafter den übrigen nicht untergeordnet sei. *BGH* NJW 2003, 1445,

[23] Vgl. etwa *Medicus,* BGB AT, Rn. 1154.

[24] Vgl. MünchKomm/*P. Ulmer,* § 714 Rn. 24 ff.; *ders.,* ZIP 1999, 509; 554; *Habersack,* BB 1999, 61; *Reiff,* ZIP 1999, 517; 1329.

[25] Vgl. aber etwa *BGH* ZIP 2005, 391; *Altmeppen,* NJW 2004, 1563 (Verfassungswidrigkeit?); *Hasenkamp,* Die Haftungsbeschränkungen bei der Gesellschaft bürgerlichen Rechts, 2003; *Armbrüster,* ZGR 2005, 34; *Lingl,* JuS 2005, 595; *Funke/Falkner,* Jura 2004, 721; zuletzt *BGH* ZIP 2011, 1657 Tz. 34 ff.

[26] *BGH* NJW 2003, 1803.

1446 f.[27] hat aber auch insoweit die Annäherung der BGB-Gesellschaft an die OHG fortgeführt: Diese Annäherung fordere die analoge Anwendung von **§ 31** auch auf mit der Geschäftsführung zusammenhängende Delikte der geschäftsführenden BGB-Gesellschafter. Gleiches gelte auch für andere gesetzliche Verbindlichkeiten. Das verlange der Gläubigerschutz. Eine solche Analogie sei auch für die übrigen Gesellschafter zumutbar, weil sie regelmäßig Auswahl und Tätigkeit der Geschäftsführer lenken könnten. Neben dem Gesellschaftsvermögen sollen dann regelmäßig (Ausnahme BGHZ 150, 1, vgl. o. Rn. 973) analog § 128 HGB auch alle Gesellschafter persönlich und gesamtschuldnerisch haften. Ausnahmen werden jetzt freilich von *BGHZ 177, 108* Tz. 17 erwogen. Für Steuerschulden der Gesellschaft hat *BFH* ZIP 1990, 643 eine unbeschränkte persönliche Haftung der Gesellschafter aus der „gemeinsamen Tatbestandsverwirklichung" hergeleitet. Das war zweifelhaft,[28] entspricht aber jetzt der vom *BGH* angenommenen zivilrechtlichen Haftungslage. Dagegen verneint BGH ZIP 2008, 1317 Tz. 18 eine persönliche Gesellschafterhaftung für eine Bereicherungsschuld der Gesellschaft. Die Begründung hierfür stellt aber speziell auf den Schutzzweck der die Unwirksamkeit begründenden Norm ab. Eine Gesellschafterhaftung für gesetzliche Ansprüche im Allgemeinen wird auch hier bejaht.

4. Die Haftung gegenüber einem Mitgesellschafter

983 Besondere – auch durch die Lehre von der Teilrechtsfähigkeit nicht bezweifelte – Regeln gelten für die Haftung der Gesellschafter untereinander für die aus dem Gesellschaftsvertrag stammenden Ansprüche (sog. **Sozialansprüche**), z. B. auf Aufwendungsersatz nach §§ 713, 670: Hier gibt es regelmäßig keine persönliche Haftung der Mitgesellschafter. Vielmehr muss sich der Gesellschafter als Gläubiger allein an die Gesellschaft halten. Denn wenn er bei deren Zahlungsunfähigkeit seine Mitgesellschafter persönlich in Anspruch nehmen könnte, liefe das auf eine Verlustdeckung hinaus, die nach § 707 gerade nicht geschuldet wird.

Eine **Ausnahme** gilt nur, wenn ein Gesellschafter von einem Dritten wegen einer Gesellschaftsschuld persönlich in Anspruch genommen worden ist: Auch dann muss sich der Gesellschafter zwar zunächst an die Gesellschaft halten. Aber soweit deren Vermögen nicht ausreicht, soll er sofort von seinen Mitgesellschaftern verhältnismäßig Ausgleich verlangen können.[29] Das erklärt sich aus § 426: Der Ausgleich unter gesamtschuldnerisch haftenden Gesellschaftern stammt ja nicht erst aus dem Gesellschaftsvertrag, so dass insoweit auch keine Rücksicht auf § 707 genommen zu werden braucht.

V. Die Auflösung der Gesellschaft

984 Die §§ 723–740, also mehr als die Hälfte der Vorschriften über die BGB-Gesellschaft, sind der Auflösung der Gesellschaft oder dem Ausscheiden eines Gesellschafters gewidmet. Wegen der Ausführlichkeit dieser Regelung fasse ich mich hier ganz kurz.

[27] Dazu *Flume,* DB 2003, 1775, vgl. *Casper,* Jura 2003, 77; *Unberath,* JuS 2004, 662.
[28] Vgl. *Rasenack,* BB 1990, 2456.
[29] So BGHZ 37, 299 für die OHG.

1. Auflösungsgründe

Auflösungsgründe sind Kündigung durch einen Gesellschafter, §§ 723 f. (und zwar jederzeit aus wichtigem Grund, § 723 I 2); Kündigung durch den Pfändungspfandgläubiger eines Gesellschafters (vgl. o. Rn. 972), § 725; Erreichen oder Unmöglichwerden des Gesellschaftszwecks, § 726; Tod eines Gesellschafters, § 727; Eröffnung des Insolvenzverfahrens gegen die Gesellschaft oder einen Gesellschafter, § 728. 985

2. Abwicklung und Beendigung

Der Eintritt eines Auflösungsgrundes beendet die Gesellschaft nicht sofort. Vielmehr tritt diese zunächst in ein **Abwicklungsstadium** ein, §§ 730 ff.; voll beendigt wird die Gesellschaft erst mit der Beendigung der Abwicklung. Bei dieser sind zunächst die Gesellschaftsschulden zu berichtigen und die Einlagen zurückzuerstatten, §§ 732 ff. Ein Überschuß ist unter die Gesellschafter zu verteilen, und zwar nach dem Verhältnis ihrer Anteile am Gewinn, § 732. Umgekehrt müssen die Gesellschafter verhältnismäßig Nachschüsse leisten, wenn das Gesellschaftsvermögen zur Berichtigung der Verbindlichkeiten nicht ausreicht, § 735 (nachgiebiges Recht!). Spätestens bei der Auflösung werden dann also regelmäßig auch die Sozialansprüche erledigt (vgl. o. Rn. 983). 986

3. Ausscheiden und Ausschluss

Das (freiwillige) **Ausscheiden** eines Gesellschafters (§ 736) und der (zwangsweise) **Ausschluss** (§ 737) führen zu einer **Auseinandersetzung** nach den §§ 738–740. Insbesondere verliert der die Gesellschaft verlassende Gesellschafter seinen Anteil am Gesellschaftsvermögen; dieser wächst den übrigen Gesellschaftern zu, § 738 I 1. Zum Ausgleich dafür erhält der die Gesellschaft Verlassende aber einen Anspruch auf das **Auseinandersetzungsguthaben:** Das ist dasjenige, was dem Gesellschafter bei einer Auflösung der Gesellschaft zustünde, § 738 I 2 am Ende. Bei Unzulänglichkeit des Gesellschaftsvermögens kommt auch hier entsprechend § 735 eine Nachschußpflicht in Betracht, § 739. 987

§ 118. Die Gemeinschaft nach Bruchteilen

Literatur: *G. Dietz,* Offene Fragen und Perspektiven der Bruchteilsgemeinschaft (2002); *Langen,* Die Interessengemeinschaft, 1929; *C. Hilbrandt,* Der Bruchteil bei der Bruchteilsgemeinschaft, AcP 202 (2002) 631; *Larenz,* Zur Lehre von der Rechtsgemeinschaft, *IherJb.* 83 (1933), 83; *K. Schmidt,* Prozeß- und Vollstreckungsprobleme der Gemeinschaftsteilung, JR 1979, 317; *Schubert,* Zur schuldrechtlichen Seite der Rechtsgemeinschaft, JR 1975, 363; *Würdinger,* Theorie der schlichten Interessengemeinschaft, 1934; *Wüst,* Die Gemeinschaftsteilung als methodisches Problem (1956); *ders.,* Die Interessengemeinschaft, ein Ordnungsprinzip des Privatrechts, 1958.

I. Allgemeines

1. Bruchteilsgemeinschaft und Gesamthandsvermögen

a) § 741 beschreibt den Anwendungsbereich der Vorschriften über die Gemeinschaft nach Bruchteilen (§§ 742–758) dadurch, dass „ein **Recht mehreren gemeinschaftlich zusteht**“. Es kann also z. B. mehreren eine Sache gehören (dann gelten für das 988

Miteigentum ergänzend die §§ 1008 bis 1011) oder eine Forderung zustehen (vgl. zur Gläubigermehrheit AT Rn. 826 ff.). Dann regeln die §§ 743–748 die Verwaltung des gemeinschaftlichen Gegenstandes (vgl. u. Rn. 992 ff.) und die §§ 749–758 die Aufhebung der Gemeinschaft.

Nicht direkt unter die §§ 741 ff. fällt die Gemeinschaft bloßer Interessen. Doch können auf solche **Interessengemeinschaften** (vgl. etwa MünchKomm/*K. Schmidt,* § 741 Rn. 71) einige dieser Vorschriften entsprechend anzuwenden sein.

989 b) Nach § 741 sollen die Gemeinschaftsregeln nur gelten, „soweit sich nicht aus dem Gesetz ein anderes ergibt". Das trifft vor allem dann zu, wenn die Zuständigkeit nicht nach Bruchteilen aufgespalten, sondern **gesamthänderisch gebunden** ist. Die drei Gesamthandsgemeinschaften des BGB sind das Vermögen der BGB-Gesellschaft (§ 719, vgl. o. Rn. 971, aber auch Rn. 973), das Gesamtgut der ehelichen Gütergemeinschaft (§ 1419) und der Nachlass der Erbengemeinschaft (§ 2033 II).

Der **Hauptunterschied** zwischen Bruchteilsgemeinschaft und Gesamthandsvermögen besteht darin, dass es bei dem letzteren keinen verfügbaren Anteil des Teilhabers an den einzelnen Vermögensgegenständen gibt, sondern nur einen Anteil an der Gesamthand im Ganzen. So hat z. B. der Miterbe einen seiner Erbquote entsprechenden Anteil an der Erbengemeinschaft im Ganzen, aber keinen verfügbaren Anteil an einem zum Nachlass gehörenden Grundstück. Dieser Unterschied zwischen Bruchteilsgemeinschaft und Gesamthand zeigt sich deutlich an der **Grundbucheintragung** nach § 47 GBO: Bei einer Bruchteilsgemeinschaft werden etwa eingetragen „A und B als Miteigentümer je zur Hälfte", bei einer Gesamthand dagegen „A und B in ungeteilter Erbengemeinschaft" (die Erbquoten erscheinen nicht hier, sondern erst in dem sich auf den ganzen Nachlass beziehenden Erbschein, § 2353).

Hinter diesem Unterschied steht folgender Zweck: Die Gesamthandsvermögen sollen zusammengehalten werden, nämlich zur Sicherung der materiellen Grundlage einer Gesellschaft oder Ehe oder zum Schutz der Nachlassgläubiger. Dagegen fehlt bei der Bruchteilsgemeinschaft ein gleiches „**Bündelungsinteresse**". Vielmehr ist diese überhaupt nicht auf ein Gesamtvermögen angelegt, sondern bezieht sich primär bloß auf einen einzelnen Gegenstand.

2. Die Entstehung der Bruchteilsgemeinschaft

990 Nach dem gerade Gesagten können die Gemeinschaftsregeln direkt nur in einem engen Bereich Anwendung finden. Denn der wichtigste Fall, in dem das Gesetz die Zuständigkeit mehrerer Personen anordnet, ist die Erbengemeinschaft und damit eine Gesamthand. Und die rechtsgeschäftliche **Verabredung** einer Gemeinschaft ist regelmäßig mit der Vereinbarung eines Zwecks verbunden: Dann aber liegt eine Gesellschaft und damit wieder eine Gesamthand (oder ein teilrechtsfähiges Gebilde) vor (vgl. o. Rn. 966).

Danach bleiben als **gesetzliche Entstehungsgründe** im BGB im Wesentlichen die Fälle der §§ 947 I, 948 (Verbindung, Vermischung, Vermengung), § 963 (Vereinigung von Bienenschwärmen) und § 984 (Schatzfund auf fremdem Grundstück), unter Umständen auch §§ 921–923 (Grenzeinrichtungen). Zudem können mehrere gemeinsam einen originären Erwerbstatbestand verwirklichen, z. B. verarbeiten (§ 950) oder – außerhalb des BGB – erfinden (§ 6 S. 2 PatG). Rechtsgeschäftlich entsteht eine Bruchteilsgemeinschaft, wenn bei gemeinsamem Erwerb kein Zweck verabredet wird, der eine Gesellschaft begründet. Das dürfte insbesondere beim Erwerb durch Eheleute vorliegen, wenn diese keinen über die eheliche Gemeinschaft hinausgehenden Zweck verfolgen.

Außerdem ist Gemeinschaftsrecht bisweilen kraft besonderer gesetzlicher **Verweisung** anwendbar, so nach §§ 731 S. 2, 1477 I, 2038 II, 2042 II, 2044 I.

3. Funktion der Bruchteilsgemeinschaft

Auch bei rechtsgeschäftlicher Entstehung der Gemeinschaft ergibt sich das Rechts- 991
verhältnis zwischen den Gemeinschaftern unabhängig von deren darauf gerichtetem Willen aus dem Gesetz. Die Gemeinschaft bedeutet also in jedem Fall den Entstehungsgrund eines gesetzlichen Schuldverhältnisses.[1] Doch können die Gemeinschafter ihre Beziehungen durch Vertrag auch abweichend regeln.[2]

II. Nutzung, Verwaltung und Verfügungen

1. Für die Nutzung und Verwaltung des gemeinschaftlichen Gegenstandes ist in ers- 992
ter Linie die **Höhe der Anteile maßgeblich.** So bestimmt diese die Verteilung der Früchte (§ 743 I) sowie der Kosten und Lasten (§ 748). Wem also z. B. eine Forderung zu drei Vierteln zusteht, der erhält drei Viertel der eingehenden Zinsen, er muss sich aber auch mit der gleichen Quote an den Beitreibungskosten beteiligen.

Gebrauch und Verwaltung des gemeinschaftlichen Gegenstandes sind zwar von Gesetzes wegen nicht quotal geteilt, §§ 743 II, 744 I. Doch werden im Streitfall Verwaltung und Benutzung **durch Beschluss geregelt,** und hierbei richtet sich die Stimmenmehrheit nach der Größe der Anteile, § 745 I. Ein solcher Beschluss wirkt nach § 746 auch gegen Sondernachfolger, also gegen diejenigen, an die ein Anteil veräußert worden ist (vgl. u. Rn. 994). Gesamtnachfolger (insbesondere Erben) brauchten in § 746 nicht genannt zu werden, weil sie ohnehin in alle Rechte und Pflichten ihres Vorgängers einrücken.

2. Demgegenüber finden sich aber auch **„mehrheitsfeste" Positionen** jedes einzel- 993
nen Teilhabers. Insbesondere kann nach § 745 III 2 das Recht auf einen der Quote entsprechenden Anteil an den Nutzungen (einschließlich des Sachgebrauchs, § 100) nicht ohne die Zustimmung des Betroffenen beeinträchtigt werden: Wer z. B. einen Anteil von 51 % hat, kann also nicht etwa mit Mehrheit beschließen, dass er die Nutzungen allein erhält. Auch darf nach § 744 II jeder Teilhaber allein die nötigen Erhaltungsmaßnahmen treffen und im Voraus die Einwilligung der übrigen verlangen.

3. Über seinen Anteil kann nach § 747 S. 1 jeder Teilhaber allein **verfügen**. Die üb- 994
rigen Teilhaber müssen es also hinnehmen, dass ihnen durch Sondernachfolge ein neuer aufgedrängt werden kann: Ihnen steht nicht einmal ein gesetzliches Vorkaufsrecht zu (wie Miterben nach §§ 2034 ff.). Die Gemeinschaft hat eben im Gegensatz zur Gesellschaft (§ 719 I) keinen personenrechtlichen Charakter; sie ist ja oft auch bloß zufällig entstanden. Die Verfügung über den Anteil folgt denjenigen Vorschriften, die für Verfügungen über den gemeinschaftlichen Gegenstand selbst gelten. So

[1] BGHZ 62, 243, 246; MünchKomm/*K. Schmidt*, § 741 Rn. 3.
[2] BGHZ 62, 243, 246.

wird ein Forderungsanteil nach §§ 398 ff. und ein Eigentumsanteil an einer beweglichen Sache nach §§ 929 ff. übertragen.

Dass nach § 747 S. 2 über den **gemeinschaftlichen Gegenstand im ganzen** die Teilhaber nur gemeinschaftlich verfügen können, ist im Grunde selbstverständlich. Denn diese Verfügung bedeutet „eine koordinierte Verfügung aller Teilhaber über ihre Bruchteile",[3] und das erfordert die Mitwirkung eines jeden.

III. Die Aufhebung

995 **1.** Nach § 749 I kann regelmäßig jeder Teilhaber **jederzeit die Aufhebung** der Gemeinschaft verlangen. Dieses Recht kann zwar durch Vertrag ausgeschlossen oder beschränkt werden, und das ist häufig auch zweckmäßig. Aber nach § 750 soll ein solcher Ausschluss im Zweifel mit dem Tod eines Teilhabers außer Kraft treten. Und nach § 749 II, III bleibt das Recht zum – nötigenfalls fristlosen – Aufhebungsverlangen aus wichtigem Grund auf jeden Fall erhalten. Endlich vermag nach § 751 S. 2 ein Gläubiger eines Teilhabers die Aufhebung der Gemeinschaft allemal zu verlangen, wenn er einen nicht bloß vorläufig vollstreckbaren Schuldtitel hat. Durch die Vereinbarung einer unkündbaren Gemeinschaft soll eben der Gläubigerzugriff auf das Schuldnervermögen nicht erschwert werden können.

Nach § 758 ist der Aufhebungsanspruch **unverjährbar:** Damit soll verhindert werden, dass sich ein Teilhaber bloß durch das Drohen der Verjährung zu dem Auflösungsverlangen gedrängt sieht.

996 **2.** Für die **Art der Aufhebung** bestimmt § 752 in erster Linie die Teilung in Natur. Voraussetzung ist aber, dass sich der gemeinschaftliche Gegenstand ohne Wertminderung in Teile zerlegen lässt, die den Quoten der Teilhaber entsprechen. Daran fehlt es fast immer bei einem bebauten Grundstück: Die aufstehenden Gebäude können meist nicht geteilt werden. Aber auch ein unbebautes Grundstück kann wirtschaftlich unteilbar sein, etwa wenn die Teile eines baureifen Grundstücks so klein wären, dass sie unbebaubar sind.

Bei Unteilbarkeit ist der gemeinschaftliche Gegenstand nach § 753 zu verkaufen und dann der Erlös zu teilen. Dieser Verkauf erfolgt bei beweglichen Sachen nach den Vorschriften über den Pfandverkauf (§§ 1228 ff.), also regelmäßig durch öffentliche Versteigerung, § 1235 I (Definition in § 383 III, vgl. AT Rn. 301). Bei Grundstücken tritt die Zwangsversteigerung nach §§ 180 ff. ZVG ein; diese setzt hier also ausnahmsweise keinen Titel voraus. Fällige Forderungen sollen nach § 754 nicht verkauft, sondern eingezogen werden; verkauft oder geteilt wird dann das durch die Einziehung Erlangte.

Öffentliche Versteigerung und Zwangsversteigerung bringen häufig nur einen unter dem Marktpreis liegenden Erlös. Daher kann es zweckmäßig sein, dass sich die Teilhaber auf eine **andere Art der Verwertung** einigen. Hierfür kommt insbesondere auch die Zuweisung des gemeinschaftlichen Gegenstandes an einen der Teilhaber in Betracht, der dann den übrigen Ausgleichszahlungen zu leisten hat. In diesem Fall haften diese übrigen Teilhaber bei Sach- oder Rechtsmängeln wie Verkäufer, § 757.

[3] MünchKomm/*K. Schmidt,* § 747 Rn. 25.

3. Häufig hängen mit der Gemeinschaft auch **Schulden** zusammen (z. B. unbezahlte Steuern oder Reparaturrechnungen für das gemeinschaftliche Haus). Dann kann nach § 755 jeder als Gesamtschuldner (z. B. aus § 427) für eine solche Verbindlichkeit haftende Teilhaber verlangen, dass diese vor der Verteilung des Aktivvermögens berichtigt wird: Kein Teilhaber soll Gefahr laufen, bloß einen Teil des Aktivvermögens zu erhalten, aber für die ganze Schuld zu haften. 997

Forderungen eines Teilhabers gegen einen anderen sind auf Verlangen des Gläubigers aus dem Anteil des Schuldners zu berichtigen, wenn sie sich auf die Gemeinschaft gründen, § 756: Auch insoweit soll also die Aufhebung der Gemeinschaft die Bereinigung der Schulden umfassen.

5. Teil. Verträge über ein Risiko

Die Verträge über ein Risiko lassen sich nicht einheitlich bewerten (vgl. schon o. Rn. 11): Manche bedeuten bloß ein Spiel mit dem Risiko (vgl. u. Rn. 998 ff.), andere verfolgen durchaus seriöse Ziele (vgl. u. Rn. 1003 – 1040). Daher unterscheidet sich auch die rechtliche Regelung erheblich: Nur die Geschäfte der zweiten Art sind voll verbindlich.

§ 119. Spiel und Wette

Literatur: *Adams/Tolkemitt,* Das staatliche Lotterieunwesen, ZRP 2001, 511; *Diegmann/C. Hoffmann,* „Der Tanz um's (sic!) goldene Lotto-Kalb" ..., NJW 2004, 2642; *Duderstadt*, Spiel, Wette und Differenzgeschäft ..., (2007); *S. Ernst,* Das TV-Zuschauerquiz zwischen Auslobung und Spiel, NJW 2006, 186; *Gebhardt/Güsser-Sinopoli*, Glücksspiel in Deutschland, 2008; *Henssler,* Risiko als Vertragsgegenstand, 1994, S. 417–730; *T. D. Horn,* Zum Recht der gewerblichen Veranstaltung und Vermittlung von Sportwetten, NJW 2004, 2047; *Janz,* Rechtsfragen der Vermittlung von Oddset-Wetten, NJW 2003, 1649; *Nelle/Beckmann,* Glücksspielmonopol und europäischer Wettbewerb, ZIP 2005, 887; *F. Peters,* Die Spieleverordnung, ZRP 2011, 134; *Schimmel,* Der Schutz des Spielers vor sich selbst, NJW 2006, 958; *Schlund,* Das Zahlenlotto, 1972; *Sterzinger*, Zulässigkeit von Hausverlosungen im Internet ..., NJW 2009, 3690; *Tolkemitt,* Die deutsche Glücksspielindustrie, 2001; *A. Volk,* Glücksspiel im Internet, 2006.

I. Die rechtliche Unverbindlichkeit

Die Gemeinsamkeit von Spiel und Wette besteht darin, dass durch sie regelmäßig „eine Verbindlichkeit nicht begründet" wird, § 762 I 1. Solche Geschäfte erzeugen also **keinen Erfüllungsanspruch.** Andererseits soll aber das gleichwohl Geleistete nicht deshalb zurückgefordert werden können, weil eine Verbindlichkeit nicht bestanden hat, § 762 I 2 (wohl aber aus anderen Gründen, z. B. wegen einer Täuschung, also wegen „Mogelns", vgl. Mot. II 646 = *Mugdan* II 361). Spiel und Wette bilden also, wenn ihnen kein weiterer Mangel anhaftet, einen hinlänglichen Grund für das Behaltendürfen. Man nennt solche kraft Gesetzes nur unvollkommen wirksamen Schuldverhältnisse **Naturalobligationen** (vgl. AT Rn. 24). 998

§ 762 II erweitert den Ausschluss des Erfüllungsanspruchs auf die zur Erfüllung einer Spiel- oder Wettschuld eingegangenen **abstrakten Verbindlichkeiten,** etwa aus einem Wechsel oder Scheck. Insoweit wird die Abstraktheit dieser Schuldversprechen also aufgehoben (vgl. u. Rn. 1048). Auch Sicherheiten können für Naturalobligationen nicht wirksam bestellt werden.

II. Abgrenzungsfragen

1. Spiel und Wette werden in § 762 gleich behandelt. Daher brauchen sie nicht rechtlich gegeneinander abgegrenzt zu werden (vgl. Mot. II 643 = *Mugdan* II 359). Nach dem allgemeinen Sprachgebrauch bedeutet „Wetten" den (auch bloß einseitigen, sehr str.) Einsatz zur ernstlichen Bekräftigung einer Behauptung (z. B. „Morgen wird gutes Wetter sein. Wenn es trotzdem regnet, bekommst du 100 EUR"). Dagegen geht es beim „Spiel" mehr um Unterhaltung, insbesondere auch durch das 999

Messen von Körperkräften und Geschicklichkeit. Dabei unterscheidet § 762 nicht zwischen Glücks- und Geschicklichkeitsspielen.

1000 2. **Abzugrenzen** sind Spiel und Wette aber gegen die rechtlich voll verbindliche **Auslobung** (vgl. o. Rn. 922). Bei dieser wird die Belohnung typischerweise für die Herbeiführung eines Erfolgs versprochen, an welchem dem Auslobenden gelegen ist. Darunter kann man auch den für sportliche Leistungen (z. B. beim Tennis) ausgesetzten Preis rechnen, weil dort der für das Spiel kennzeichnende Unterhaltungszweck eher im Hintergrund steht. Ganz zweifelhaft wird die Abgrenzung aber, wenn z. B. auf einem Jahrmarkt demjenigen 100 EUR versprochen werden, der den „starken Mann" besiegt: Hier will der Versprechende ja gerade nicht, dass „sein Mann" besiegt wird. Trotzdem nimmt etwa *Larenz,* SBT II 1 § 55 S. 406 hier eine wirksame Auslobung an (und zwar schon deshalb folgerichtig, weil er keine einseitige Wette anerkennt). Ich neige zur Gegenansicht, und zwar zumindest wegen der geringen Seriosität des Gegenstandes.[1]

Eher Spiel dürfte auch vorliegen, wenn die Lösung eines als „Preisausschreiben" (§ 661) bezeichneten Wettbewerbs so einfach ist, dass sie keine nennenswerte Mühe verursacht und mit einer großen Zahl richtiger Einsendungen zu rechnen ist (dazu o. Rn. 931). Denn dann entscheidet praktisch allein das Los, und das geht wohl über § 659 II 2 hinaus. Ein Glücksspiel (§ 284 ff. StGB) bilden nach ständiger Rechtsprechung auch die Sportwetten, obwohl dort der Informationsstand eine gewisse Rolle spielen kann.[2] Das gilt auch für Wetten mit festen Gewinnquoten (sog. „Oddset-Wetten"). Doch vgl. § 661a: Wer als Unternehmer gegenüber einem Verbraucher den Eindruck erweckt, dieser habe einen Preis gewonnen, muss den Preis auch wirklich leisten, dazu o. Rn. 932 ff.

1001 3. Ausnahmsweise kennt das BGB jedoch auch einen **gültigen Lotterie- oder Ausspielvertrag.** Beim **Lotterievertrag** verpflichtet sich die eine Partei (der Spieler) regelmäßig unbedingt zur Zahlung eines Einsatzes, während die Verpflichtung der anderen Partei zur Zahlung eines Gewinns nur bedingt ist. Der **Ausspielvertrag** unterscheidet sich davon nur insofern, als der Gewinn nicht in Geld besteht, sondern in Sachen (vgl. § 286 II StGB). Solche Verträge dürften schon als Spiel nach § 762 unverbindlich sein; jedenfalls setzt § 763 die regelmäßig eintretende Unverbindlichkeit voraus. Anders soll es sich jedoch bei Vorliegen einer **staatlichen Genehmigung** verhalten: Diese begründe berechtigtes Vertrauen in die reguläre Abwicklung des Geschäfts (Mot. II 647 = *Mugdan* II 362; freilich ändert sie nichts an dem Überwiegen der regelmäßig gar nicht erwähnten Beinahe-Gewissheit eines Verlustes). Solche staatlich genehmigten Veranstaltungen sind die beiden Klassenlotterien (Nordwestdeutsche und Süddeutsche, auf Staatsverträgen der Länder beruhend), Fußballtoto und Zahlenlotto, die Rennwetten, Gewinnspiele zu wohltätigen Zwecken, die Spielbanken und zugelassenen Spielautomaten. Besondere Rechtsquellen hierzu sind das Rennwett- und LotterieG v. 8. 4. 1922 (RGBl. I 393), das Gesetz über die Zulassung öffentlicher Spielbanken v. 14. 7. 1938 (RGBl. I 955) sowie die §§ 33 c, f GewO (über Spielautomaten). Nach *BGH* ZIP 1998, 2006 soll § 763 bei staatlich genehmigten Sportwetten wenigstens entsprechend gelten.

[1] Vgl. MünchKomm/*Seiler,* § 657 Rn. 24.
[2] Vgl. etwa *BGH* JZ 2003, 858 mit Anm. *Wohlers.*

Für die besonders einträglichen **Sportwetten** (vgl. die Zahlen in NJW 2004, 2642) gibt es in einigen Bundesländern ein **staatliches Monopol.** Dieses ist vor dem *BVerfG* mit der Begründung in Frage gestellt worden, es verstoße gegen die Berufsfreiheit (Art. 12 I GG). *BVerfG* NJW 2006, 1261 hat das zwar im Prinzip bejaht. Doch dürfe dieses Monopol dazu verwendet werden, die Wettleidenschaft zu bekämpfen; mit dieser Zielrichtung sei es verfassungskonform.[3] Seitdem wird zwar die Werbung für Sportwetten (einstweilen) zurückhaltender gestaltet. Doch bleibt es paradox, dass der Staat ausgerechnet durch die Veranstaltung von Wetten die Wettleidenschaft bekämpfen soll. 1002

§ 120. Die Bürgschaft

Literatur: *Bauer/Mengelberg,* Bürgschaft, Schuldübernahme und Garantievertrag, 1930; *Bayer,* Der Ausgleich zwischen Höchstbetragsbürgen, ZIP 1990, 1523; *Berninghaus,* Der Umfang der Haftung aus formularmäßigen Bankbürgschaften, BB 1986, 206; *Bolten,* Die Verjährung der Bürgschaftsschuld ..., ZGS 2006, 140; *Bülow,* Recht der Kreditsicherheiten, 4. Aufl., 2003, S. 242; *P. Bydlinski,* Verjährung und Abtretbarkeit von Bürgschaftsansprüchen, ZIP 1989, 953; *Coester-Waltjen,* Die Bürgschaft, Jura 2001, 742; *Dähn,* Die Wirksamkeit von Globalbürgschaften von Gesellschaftern und Geschäftsführern für Verbindlichkeiten der Gesellschaft, ZBB 2000, 61; *Derleder,* Die unbegrenzte Kreditbürgschaft, NJW 1986, 97; *G. Fischer,* Aktuelle höchstrichterliche Rechtsprechung zur Bürgschaft und zum Schuldbeitritt, WM 2001, 1055; 1093; *Geißler,* Der Befreiungsanspruch des Bürgen ..., JuS 1988, 453; *Giesen,* Grundsätze der Konfliktlösung im Besonderen Schuldrecht: Die Bürgschaft, Jura 1997, 64; 122; *Hadding,* Bürgschaft und Verjährung, FS Wiegand, 2005, S. 299; *Horn,* Zur Zulässigkeit der Globalbürgschaft, ZIP 1997, 525; *ders.,* Bürgschaftsrecht 2000, ZIP 2001, 93; *Knütel,* Zur Frage der sog. Diligenzpflichten des Gläubigers gegenüber dem Bürgen, FS Flume, Bd. I, 1978 559; *ders.,* Probleme des Bürgenregresses, JR 1985, 6; *Graf Lambsdorff/Skora,* Handbuch des Bürgschaftsrechts (1994); *Lettl,* Akzessorietät contra Sicherungszweck, Rechtsfragen bei der Gestaltung von Bürgschaftserklärungen, WM 2000, 1316; *S. Lorenz,* Innenverhältnis und Leistungsbeziehungen bei der Bürgschaft, JuS 1999, 1145; *Medicus,* Die Bedeutung von Erwartungen des Gläubigers bei Abschluß der Bürgschaft, FS Fikentscher, 1998 S. 267; *ders.,* Entwicklungen im Bürgschaftsrecht, JuS 1999, 833; *Michalski,* Bürgschaft auf erstes Anfordern, ZBB 1994, 289; *Reinicke,* Bürgschaft und Gesamtschuld, NJW 1966, 2141; *Reinicke/Tiedtke,* Kreditsicherung, 4. Aufl., 2000, S. 25; *dies.,* Bürgschaft für eine Verbindlichkeit aus laufender Rechnung, ZIP 1988, 545; *dies.,* Rückgriffsansprüche des Bürgen bei Zahlung als Sicherheit, JZ 1990, 327; *dies.,* Bürgschaftsrecht, 2. Aufl., 2000; *dies.,* Bestimmtheitserfordernis und weite Sicherungsabrede im Bürgschaftsrecht, DB 1995, 2301; *Riehm,* Aktuelle Fälle zum Bürgschaftsrecht, JuS 2000, 138; 241; 343; *Schmolke,* Grundfälle zum Bürgschaftsrecht, JuS 2009, 585; 784; *C. Schreiber,* Die Verteidigungsmittel des Bürgen, Jura 2007, 730; *Schwarz,* Bürgenschutz durch deutsches und europäisches Verbraucherschutzrecht, 2001; *Stötter/Stötter,* Die Möglichkeiten der Risikobegrenzung bei der Übernahme einer Kreditbürgschaft, DB 1987, 1621; *Tiedtke,* Die Regreßansprüche des Nachbürgen, WM 1976, 174; *ders.,* Die Rechtsprechung des *BGH* zum Bürgschaftsrecht seit 1980, ZIP 1986, 69; 150; dasselbe seit 1986, ZIP 1990, 413; dasselbe seit 1990, ZIP 1995, 521; dasselbe seit 1997, NJW 2001, 1015; dasselbe seit 2001, NJW 2003, 1359; dasselbe seit 2003, NJW 2005, 2498; *ders.,* Gesamtschuldklausel und Sicherungsklausel im Bürgschaftsrecht, JZ 1987, 491; *ders.,* Bürgschaft für ein nichtiges Darlehen, JZ 1987, 853; *ders.,* Enge und weite Bürgschaftsverpflichtungen, ZIP 1994, 1237; *Vogel/Schmitz,* Zahlungsverzug des selbstschuldnerischen Bürgen, NJW 2011, 2096; *Hansjörg Weber,* Die Bürgschaft, JuS 1971, 553; *ders.,* Die Regreßansprüche zwischen Bürgen und Ausfallbürgen, BB 1971, 333; *ders.,* Sonderformen der Bürgschaft und verwandte Sicherungsgeschäfte, JuS 1972, 9; *ders.,* Sicherungsgeschäfte, 8. Aufl., 2006, S. 3; *Weitzel,* Die Bürgschaft, JuS 1981, 112; *ders.,* Höchstbetragsbürgschaft und Gesamtschuld, JZ 1985, 825; *H. P. Westermann,* Die Bürgschaft, Jura 1991, 449; 561; *Weth,* Bürgschaft und Garantie auf erstes Anfordern, AcP 189 (1989), 303; *Graf von Westphalen,* Die Bankgarantie im internationalen Handelsverkehr, 1982; *ders.,* Die Neufassung der HERMES-Bedingungen, ZIP 1986, 1479; *Wolf,* Mitbürgen als Gesamtschuldner und Nebenschuldner, NJW 1987, 2472; *Zulegg,* Öffentlichrechtliche Bürgschaften?, JuS 1985, 106 Vgl. zudem *Larenz/Canaris,* SBT II 2, § 60.

[3] Dazu *Pestalozza,* NJW 2006, 1711.

I. Allgemeine Kennzeichnung

1. Funktion der Bürgschaft

1003 Die Bürgschaft ist im BGB das typische Mittel der personalen Kreditsicherung: Der Gläubiger erhält außer dem Zugriff auf das Vermögen seines primären Schuldners auch den Zugriff auf das Vermögen des Bürgen (vgl. AT Rn. 858). Der Wert dieser Sicherung hängt von dem **Wert des Bürgenvermögens** ab. So bringt insbesondere eine Bankbürgschaft sehr starke Sicherheit, und gleiches gilt für die häufig als Mittel der Wirtschaftspolitik verwendete Staatsbürgschaft. Dagegen ist die Bürgschaft einzelner Privatpersonen in ihrem Wert oft zweifelhaft, weil Bestand und Erhaltung des Bürgenvermögens unsicher sind. Da dasselbe Bedenken auch gegen die anderen Arten personaler Sicherheit durchgreift, sind diese insbesondere bei langfristigen Krediten gegenüber den realen Sicherheiten (vor allem Sicherungsübereignung, Hypothek, Grundschuld) etwas in den Hintergrund getreten. Trotzdem spielt die Bürgschaft insgesamt noch eine bedeutende Rolle, etwa derzeit beim Einsatz von Staatsbürgschaften für die Rettung von Unternehmen zum Erhalt von Arbeitsplätzen.

2. Beteiligte Personen

1004 Die Bürgschaft kommt zwar durch einen Vertrag zwischen dem **Bürgen** und dem **Gläubiger** zustande, § 765 I. Da sie aber eine Forderung des Gläubigers gegen einen Dritten sichern soll, ist in einem weiteren Sinn auch dieser Dritte an der Bürgschaft beteiligt; er heißt der **Hauptschuldner.** Da er regelmäßig letzten Endes die Last der Erfüllung tragen soll, muss dem zahlenden Bürgen gegen ihn ein Rückgriff eröffnet werden. Daher spielen im Zusammenhang mit der Bürgschaft drei verschiedene Rechtsverhältnisse eine Rolle:

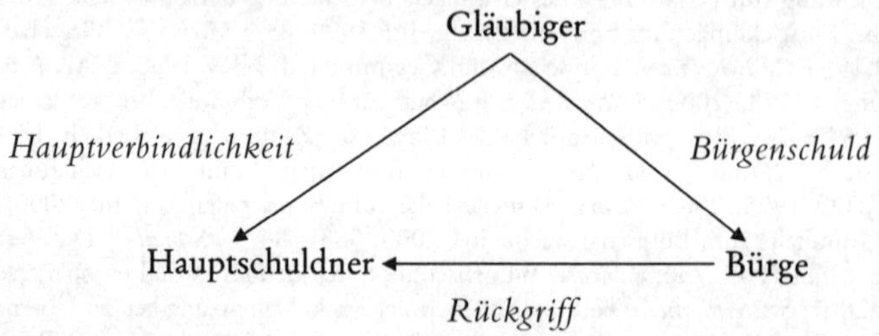

II. Der Bürgschaftsvertrag

1. Inhalt

1005 a) Durch den Bürgschaftsvertrag verpflichtet sich der Bürge gegenüber dem Gläubiger, für die Erfüllung der Hauptschuld einzustehen, § 765 I. Warum dieses Versprechen erteilt wird, hat für den Vertragstyp „Bürgschaft" keine Bedeutung. Insbesondere kann die Bürgschaft auch **gegen ein Entgelt** gegeben werden, so etwa die Bankbürgschaft. Allerdings wird das Entgelt hier regelmäßig zwischen dem Bürgen und dem Hauptschuldner vereinbart und daher außerhalb des eigentlichen Bürgschaftsvertrages, der ja mit dem Gläubiger abgeschlossen wird. Die Belastung des Hauptschuldners mit der Entgeltsforderung beruht darauf, dass dieser regelmäßig das Hauptinteresse an der Bürgschaft hat: Diese soll ihm ja zu dem Kredit des Gläubigers verhelfen. Dass sich umgekehrt der Gläubiger eine Sicherung für einen von ihm zu gewährenden Kredit „erkauft", begegnet bei der Kreditversicherung.

Dagegen wird eine Bürgschaft ohne Entgelt meist im Familien- oder Freundeskreis erteilt. Auch ihr liegt jedoch regelmäßig ein Rechtsverhältnis zwischen dem Bürgen und dem Hauptschuldner zugrunde: Der Hauptschuldner beauftragt den Bürgen zu der Bürgschaftsübernahme. Das hat Bedeutung für den Rückgriff des Bürgen (vgl. u. Rn. 1020).

b) Für die Anwendbarkeit des Widerrufsrechts nach dem **HWiG** (heute nach § 312) **1006**
ist die Frage aufgetaucht, ob die Leistung des Bürgen eine „entgeltliche" im Sinne von § 1 HWiG (jetzt nach § 312 I) darstellt. BGHZ 113, 287 ff. hat das zunächst verneint, und zwar sogar dann, wenn der Gläubiger wegen der Bürgschaft dem (dem Bürgen nahestehenden) Hauptschuldner einen Vorteil gewährt, z. B. eine Stundung. Später ist der *BGH* jedoch zur regelmäßigen Anwendbarkeit des HWiG gelangt: Auch der Bürge, der keine Gegenleistung erhalte, sei schutzbedürftig; zudem fordere eine EG-Richtlinie eine großzügige Zulassung des Widerrufs.[1] Dann hat der ***EuGH*** (NJW 1998, 1295) auf Vorlage durch den *BGH* (NJW 1996, 930) entschieden: Der Bürge werde dann nicht durch das HWiG geschützt, wenn die Hauptschuld aus einer Erwerbstätigkeit stamme. Damit wird – unter Berufung auf die Akzessorietät – die Schutzbedürftigkeit des Bürgen ebenso beurteilt wie diejenige des Hauptschuldners. Das befriedigt in Begründung und Ergebnis kaum.[2] Daher hat *BGH* NJW 2006, 845 überzeugend allein darauf abgestellt, ob **der Bürge** als Verbraucher in einer Haustürsituation gehandelt hat, s. dazu auch PdW Schuldrecht II **Fall 179**.

Sehr umstritten war auch die **Anwendbarkeit der Sondervorschriften über den Verbraucherkredit** (heute der §§ 499 ff.) auf die Bürgschaft.[3] Endgültig hat der *EuGH* durch Urteil v. 23. 3. 2000 entschieden, ein Bürgschaftsvertrag falle nicht unter die EG-Richtlinie über den Verbraucherkredit.[4]

c) Heftig umstritten war die Frage nach der **Sittenwidrigkeit** (§ 138) von Bürgschaf- **1007**
ten, die das Leistungsvermögen des Bürgen möglicherweise weit übersteigen. Der *BGH* hatte zunächst streng gegen den Bürgen entschieden.[5] Das BVerfG hat das beanstandet.[6] Daraufhin ist die Rechtsprechung des *BGH* bürgenfreundlicher geworden, vor allem bei Bürgschaften durch **nahe Angehörige** des Hauptschuldners: Hier sei bei „krasser Überforderung" des Bürgen regelmäßig Sittenwidrigkeit zu bejahen.[7] Auch die durch die InsO geschaffene Möglichkeit einer Restschuldbefreiung habe

[1] *BGH* NJW 1993, 1594.

[2] Vgl. etwa *S. Lorenz,* NJW 1998, 2937; *Reinicke/Tiedtke,* ZIP 1998, 893; *Hasselbach,* JuS 1999, 329.

[3] Vgl. dazu etwa *Edelmann,* BB 1998, 1017; *Kabisch,* WM 1998, 534; *Zahn,* DB 1998, 353; *Drexl,* JZ 1998, 1046; *Bülow/Artz,* ZIP 1998, 629; *Scherer/Mayer,* DB 1998, 1217; *Bülow,* ZIP 1999, 1613; *G. Fischer,* ZIP 2000, 828; *Zahn,* ZIP 2006, 1069.

[4] *EuGH* ZIP 2000, 574, dazu *Ulmer,* JZ 2000, 781 ff.; *Holznagel,* Jura 2000, 578 ff.

[5] Etwa *BGH* NJW 1989, 1602.

[6] BVerfGE 89, 214 = NJW 1994, 36.

[7] Vgl. etwa BGHZ 120, 272; 125, 206; 135, 66; 136, 47, weiter *BGH* NJW 1999, 1182 sowie den Vorlagebeschluss NJW 1999, 2584 zu Differenzen zwischen dem IX. und dem XI. ZS, auch *Gernhuber,* JZ 1995, 1086 ff.; *Albers/Frenzel,* Die Mithaftung naher Angehöriger für Kredite des Hauptschuldners, 1996; *H. F. Müller,* DZWir 1998, 447; *Odersky,* ZGR 27 (1998), 169 ff.; *Medicus,* JuS 1999, 833; *Tiedtke,* JuS 1999, 1209; *Aden,* NJW 1999, 3763; *Tonner,* JuS 2000, 17; *Kulke,* ZIP 2000, 952, weiter *Nobbe/Kirchhof,* BKR 2001, 5; *Holznagel,* Bürgenschutz mit System, 2002; *Schnabl,* WM 2006, 706.

daran nichts geändert.[8] Doch hält *BGH* NJW 2001, 2466 einen Bürgen noch nicht für „krass überfordert", wenn er durch die Bürgschaft sein selbst bewohntes Eigenheim verliert. *BGH* ZIP 2005, 432 bringt eine Zusammenfassung des zu Ehegattenbürgschaften entwickelten Richterrechts.

Die Problematik reicht aber tief in die allgemeine Rechtsgeschäftslehre hinein („Ungleichgewichtslage" und ähnliches, vgl. *Medicus,* BGB AT, Rn. 706c und BürgR Rn. 254); sie kann hier nicht vertieft werden. Jedenfalls betont *BGH* ZIP 2002, 1615 mit Recht, die Rechtsprechung zum Schutz bei Angehörigenbürgschaften beruhe nicht auf Verfassungsrecht. Sittenwidrig kann übrigens auch eine Bürgschaft eines Arbeitnehmers für seinen Arbeitgeber sein, die den Arbeitsplatz sichern soll.[9]

Unzweifelhaft kommen aber zudem Gegenansprüche des Bürgen gegen den Gläubiger aus Verschulden bei Vertragsverhandlungen in Betracht, wenn der Gläubiger das **Bürgenrisiko** schuldhaft **bagatellisiert** hat (bei Arglist auch § 123). Bei Bürgschaften, die aus einem **bestimmten Anlass** gegeben werden, beschränkt die Rechtsprechung die Haftung des Bürgen auf diesen Anlasskredit in dem bei der Verbürgung bestehenden Umfang.[10] Zudem soll § 307 eingreifen, wenn die Bürgschaft formularmäßig **global** für alle jetzigen und künftigen Forderungen des Gläubigers gegen den Hauptschuldner gegeben wird.[11]

2. Form

1008 a) Nach § 766 S. 1 bedarf die Bürgschaftserklärung (also nur die Erklärung des Bürgen, nicht auch deren Annahme durch den Gläubiger) der **Schriftform.** Dabei denkt das Gesetz in erster Linie an den unentgeltlich handelnden Bürgen: Dieser soll vor Übereilung geschützt werden, weil eine Bürgschaft oft in der leichtfertigen Erwartung übernommen wird, der Hauptschuldner werde selbst zahlen und daher der Bürge nicht zu zahlen brauchen. Entsprechend diesem Schutzzweck muss die Bürgenerklärung die wesentlichen Umstände enthalten, also insbesondere die Person des Gläubigers und diejenige des Hauptschuldners, den Verbürgungswillen sowie die Bezeichnung der Hauptverbindlichkeit.[12] Angegeben werden muss auch ein etwa vereinbarter Höchstbetrag; dagegen soll auf die Unbeschränktheit der Bürgschaft nicht förmlich hingewiesen werden müssen.[13] BGHZ 132, 119 verneint mit guten Gründen die Möglichkeit einer Blankobürgschaft eines Nichtkaufmanns, also dass ein vom Bürgen unterschriebenes Blankett später vom Gläubiger vervollständigt wird: Damit sei der Schutzzweck von § 766 nicht zu erreichen.[14]

Der Schutzzweck des Formgebots ist dem Gesetzgeber als erfüllt erschienen, soweit **der Bürge gezahlt** hat. Daher soll eine solche Zahlung den Mangel der Form selbst dann heilen, wenn der Bürge sich irrtümlich zur Leistung verpflichtet glaubte, § 766 S. 3. Allerdings enthält das Gesetz hier einen sprachlichen Fehler: Der Bürge erfüllt regelmäßig nicht „die Hauptverbindlichkeit", wie § 766 S. 3 sagt, sondern seine

[8] Vgl. *Kapitza,* ZGS 2005, 133; *Homann/Maar,* JuS 2011, 774.
[9] BGHZ 156, 302, dazu *A. Seifert,* NJW 2004, 1707.
[10] Etwa BGHZ 142, 213 mit Anm. *Ehricke,* JZ 2000, 466.
[11] BGHZ 142, 213.
[12] *BGH* NJW 1984, 798, zu Einzelheiten *BGH* NJW 1989, 1484; 1993, 724.
[13] *BGH* NJW 1986, 928, dazu *Reinicke/Tiedtke,* JZ 1986, 426.
[14] Vgl. dazu, überwiegend kritisch, *Bülow,* ZIP 1996, 1694; *Keim,* NJW 1996, 2774; *Pawlowski,* JZ 1997, 309; *G. Fischer,* JuS 1998, 205; *Benedikt,* Jura 1999, 78.

eigene Bürgenschuld: Sonst müsste er ja als Dritter nach § 267 auf fremde Schuld zahlen, was ihm fast immer fernliegen wird, weil er andernfalls beim Rückgriff (vgl. u. Rn. 1019 f.) Nachteile hat.

Nach §§ 350, 351 HGB findet das **Formgebot** des § 766 S. 1 **keine Anwendung,** wenn sich die Bürgschaftsübernahme als Handelsgeschäft (§§ 343 f. HGB) eines Kaufmanns darstellt. In diesen Fällen erscheint ein Übereilungsschutz unnötig. Bisweilen wird es sich bei solchen Bürgschaften ohnehin um entgeltliche handeln, bei denen das Bürgenrisiko schon bei der Bemessung des Entgelts erwogen und durch dieses abgegolten wird. **1009**

c) Die Formbedürftigkeit der Bürgschaft erfordert deren Abgrenzung von dem gleichfalls als personales Kreditsicherungsmittel verwendeten, aber formlosen **Schuldbeitritt.** Hierfür ist mit der h. M. das schon in AT Rn. 860 erläuterte wirtschaftliche Abgrenzungskriterium anzuwenden: Der Schuldbeitritt erfordert ein eigenes unmittelbares wirtschaftliches Interesse des Beitretenden an dem Zustandekommen der Hauptschuld (s. dazu PdW Schuldrecht II **Fall 176**). Wo ein solches Interesse fehlt, liegt ohne Rücksicht auf die von den Parteien gewählten Worte Bürgschaft vor. Nach §§ 766 S. 1, 125 S. 1 nichtig sein kann also auch eine Erklärung, mit der jemand altruistisch einer fremden Schuld „beigetreten“ ist. **1010**

d) Außerdem ist noch an einige andere bürgschaftsähnliche Geschäfte zu denken, die ebenfalls nicht formbedürftig sind und deshalb von der Bürgschaft abgegrenzt werden müssen: Ein **Garantievertrag** wird nur ausnahmsweise angenommen, nämlich wenn der Dritte dem Gläubiger schlechthin für den Eingang des Geldes einstehen und damit strenger haften will als der bloß akzessorisch schuldende Bürge (vgl. u. Rn. 1012 ff. sowie PdW Schuldrecht II **Fall 177**). *Larenz/Canaris,* II 2 § 64 III 3 b wollen hier gegen die h. M. das Formerfordernis von § 766 analog anwenden. – Beim **Kreditauftrag** tritt zwar nach § 778 eine Haftung nach Bürgschaftsrecht ein. Doch wird hier der Beauftragte im Unterschied zum Gläubiger bei der Bürgschaft zur Gewährung des Kredits verpflichtet. – Endlich kann dem Gläubiger auch durch **echten Vertrag zugunsten Dritter** (vgl. AT Rn. 803 ff.) zwischen dem Hauptschuldner und einer anderen Person ein Anspruch gegen diese andere Person eingeräumt werden. Doch vermutet § 329 für eine Verpflichtung zur Befriedigung des Gläubigers gerade umgekehrt, dass der Gläubiger hieraus keinen Anspruch erwerben soll. Auch ist der Gläubiger hier – anders als bei der Bürgschaft – nicht am Vertragsabschluss beteiligt. **1011**

III. Die Bürgenschuld

1. Akzessorietät

a) Die Bürgenschuld ist rechtlich so ausgestaltet, dass sie ihren Zweck, nämlich die Hauptschuld zu sichern, möglichst gut erfüllen kann. Deshalb ist die Bürgenschuld an diese Hauptschuld „angelehnt“; sie ist dieser gegenüber akzessorisch (von lat. *accessio* = Nebensache, Nebenverpflichtung, vgl. AT Rn. 846). Dabei kann man mehrere Stufen der Akzessorietät unterscheiden.[15] **1012**

[15] Vgl. *Medicus,* JuS 1971, 497.

aa) Zufolge der **Entstehungsakzessorietät** besteht die Bürgenschuld nur, soweit auch die Hauptschuld entstanden ist. Zwar kann nach § 765 II eine Bürgschaft auch für eine künftige oder (aufschiebend) bedingte Verbindlichkeit übernommen werden, doch wird hier der Bürge erst nach der Entstehung der Hauptschuld verpflichtet. Bei Nichtigkeit der Hauptschuld haftet der Bürge im Zweifel auch nicht für eine statt der Hauptschuld etwa entstandene Bereicherungsverbindlichkeit (z. B. bei nichtigem Darlehen, str.).

1013 bb) Zweitens ist die Bürgenschuld auch **inhaltsakzessorisch:** Sie bestimmt sich nach dem „jeweiligen Bestand der Hauptverbindlichkeit", § 767 I 1. Daher kann sich die Bürgenschuld insbesondere erweitern, z. B. um Verzugszinsen oder sogar um die Kosten der Rechtsverfolgung gegen den Hauptschuldner (§ 767 II). Auch kann die Bürgenschuld ihren Inhalt ändern, etwa wenn sich die Hauptschuld in eine Verbindlichkeit auf Schadensersatz statt der Leistung verwandelt.[16] Nur ein späteres *Rechtsgeschäft* zwischen dem Hauptschuldner und dem Gläubiger vermag die Bürgenschuld nicht zu erweitern (§ 767 I 3): Andernfalls wäre der Bürge ja dem fremden Willen ausgeliefert.

Insbesondere Schadensersatzansprüche können nach § 767 die Belastung des Bürgen erheblich und unkalkulierbar vermehren. Doch ist diese Regel dispositiv; sie wird oft durch die Vereinbarung eines bestimmten Höchstbetrags für die Bürgenschuld abgemildert.

1014 cc) Drittens ist die Bürgenschuld auf der Gläubigerseite **zuständigkeitsakzessorisch:** Wenn der Gläubiger die Hauptforderung nach § 398 abtritt, geht nach § 401 I auch die Forderung gegen den Bürgen auf den neuen Gläubiger über (vgl. AT Rn. 765). Dagegen überlebt die Bürgschaft eine Auswechslung des Hauptschuldners nach §§ 414 f. regelmäßig nicht: Da das Bürgenrisiko letztlich von der Leistungsfähigkeit des Hauptschuldners abhängt, kann dem Bürgen nicht ohne sein Einverständnis ein neuer Hauptschuldner unterschoben werden. Überhaupt können Hauptschuld und Bürgschaft nicht durch Abtretung voneinander getrennt werden.[17]

1015 dd) Viertens ist auch die **Durchsetzbarkeit** der Bürgenschuld von derjenigen der Hauptschuld abhängig: Der Bürge kann nach § 768 I 1 regelmäßig die dem Hauptschuldner zustehenden Einreden geltend machen. So kann sich der Bürge etwa darauf berufen, dass der Gläubiger dem Hauptschuldner die Forderung gestundet hat oder dass diese verjährt ist (§ 214 I, dazu *F. Peters,* NJW 2004, 1430) oder ohne rechtlichen Grund erlangt war (§ 821). Dem Bürgen schadet es auch nicht, wenn der Hauptschuldner auf eine solche Einrede verzichtet, § 768 II.

§ 770 erweitert die Durchsetzbarkeitsakzessorietät auf die Fälle, in denen der Hauptschuldner seine Verbindlichkeit durch die **Ausübung eines Gestaltungsrechts** (Anfechtung oder Aufrechnung) beseitigen kann. Dann wird dem Bürgen zwar nicht die Ausübung des fremden Gestaltungsrechts ermöglicht. Doch soll der Bürge die Befriedigung des Gläubigers verweigern dürfen, also eine Einrede haben, solange dem Hauptschuldner das Gestaltungsrecht noch zusteht. Geht dieses verloren (z. B. durch Fristablauf nach § 122), so erlischt freilich auch die Einrede des Bürgen.

Andererseits soll sich aber der Bürge nach dem Tod des Hauptschuldners nicht auf die Beschränkung der Haftung berufen dürfen, die dessen Erbe gemäß §§ 1975 ff. auf den Nachlass herbeiführt, § 768 I 2. Diese **Ausnahme von der Akzessorietät**

[16] Vgl. *BGH* NJW 1988, 907.
[17] BGHZ 115, 177.

erklärt sich aus dem Zweck der Bürgschaft. Denn mit der Beschränkung der Erbenhaftung wird die Unzulänglichkeit des Schuldnervermögens geltend gemacht, und gerade gegen sie soll die Bürgschaft sichern. Darum darf diese Haftungsbeschränkung dem Bürgen nicht zugute kommen. Entsprechendes gilt nach § 254 II InsO für die Herabsetzung der Hauptschuld im Insolvenzverfahren.

ee) Fünftens endlich **erlischt** die Bürgenschuld mit der Hauptschuld, §§ 765 I, 767 II. Daher wird insbesondere der Bürge frei, soweit der Hauptschuldner erfüllt: Dann ist der Sicherungszweck erledigt. 1016

b) Die eben geschilderte Akzessorietät unterscheidet das Verhältnis Hauptschuldner – Bürge von dem **Verhältnis zwischen Gesamtschuldnern** nach §§ 421 ff. Zwar soll der Gläubiger auch von Hauptschuldner und Bürgen die Leistung nur insgesamt einmal erhalten, wie das § 421 für Gesamtschuldner ausspricht. Aber die Forderungen des Gläubigers gegen den Hauptschuldner und gegen den Bürgen sind nicht einander gleichrangig, so dass jede (wie nach § 425) ihr eigenes rechtliches Schicksal haben könnte. Vielmehr ist die Forderung gegen den Hauptschuldner die führende; sie bestimmt regelmäßig im Rahmen der Akzessorietät auch das Schicksal der Forderung gegen den Bürgen (vgl. AT Rn. 846). 1017

2. Subsidiarität

Dem Sicherungszweck der Bürgschaft entspricht weiter, dass der Bürge regelmäßig bloß subsidiär haften soll. Die §§ 771–773 erreichen das, indem sie dem Bürgen die **Einrede der Vorausklage** gewähren: Dieser soll regelmäßig (Ausnahme § 773) die Leistung verweigern können, solange nicht der Gläubiger zunächst die Vollstreckung in das Vermögen des Hauptschuldners versucht hat. Allerdings kann ein solches Verlangen dem Bürgen Nachteil bringen, weil er nach § 767 II auch für die Kosten dieser vergeblichen Zwangsvollstreckung haftet. Daher ist das Verlangen rechtstechnisch als Einrede gestaltet: So kann der Bürge selbst entscheiden, ob er die Vorausklage und -vollstreckung erzwingen will. Die Verjährung des Anspruchs aus der Bürgschaft ist dann gehemmt, § 771 S. 2. 1018

Vor allem Banken pflegen ihre Bürgen schon von vornherein zum Verzicht auf diese Einrede zu veranlassen (sog. **selbstschuldnerische Bürgschaft,** § 773 I Nr. 1).[18] Und dem Kaufmann steht die Einrede bereits nach § 349 HGB nicht zu, wenn die Bürgschaft für ihn ein Handelsgeschäft darstellt.

IV. Der Rückgriff des Bürgen

Die Bürgschaft soll bloß den Gläubiger sichern, aber nicht auch den Hauptschuldner von der Last der Leistung befreien. Daher muss der Bürge gegen den Hauptschuldner Rückgriff nehmen können, soweit er den Gläubiger befriedigt hat. Für diesen Rückgriff gibt es zwei Wege (s. dazu auch PdW Schuldrecht II **Fall 178**). 1019

1. Die Legalzession, § 774

Der erste Weg ergibt sich aus dem Bürgschaftsrecht selbst; er ist also unabhängig davon, ob zwischen dem Bürgen und dem Hauptschuldner ein besonderes Rechtsver-

[18] Dazu *Lindacher,* FS W. Gerhardt, 2004, S. 587.

hältnis besteht: Nach § 774 I 1 erlischt mit der Leistung des Bürgen die Forderung des Gläubigers gegen den Hauptschuldner nicht, sondern sie geht auf den Bürgen über. Damit wird der Bürge neuer Gläubiger des Hauptschuldners und erwirbt grundsätzlich (freilich wegen § 774 I 2 im Rang erst hinter dem Gläubiger, BGHZ 110, 41) auch die für die Forderung sonst bestehenden Sicherheiten, §§ 412, 401.

Schwächen dieses Rückgriffswegs gibt es vor allem hinsichtlich der **Verjährung:** Die Forderung war ja schon vor dem Übergang auf den Bürgen entstanden, so dass nach § 199 I auch die Verjährung bereits läuft. Unter Umständen kann die Forderung also schon kurz nach dem Übergang auf den Bürgen verjährt sein.

2. Besondere Rückgriffsansprüche

1020 Gerade in dieser Hinsicht kann der zweite Rückgriffsweg helfen. Er folgt daraus, dass eine Bürgschaft regelmäßig nicht spontan übernommen wird, sondern auf Veranlassung durch den Hauptschuldner. Diese Veranlassung stellt dann häufig einen **Auftrag oder einen Geschäftsbesorgungsvertrag** nach § 675 I dar (letzteres bei Entgeltlichkeit). In beiden Fällen kann der Bürge vom Hauptschuldner nach § 670 Ersatz der Aufwendungen verlangen, die er nach den Umständen für erforderlich halten durfte (vgl. o. Rn. 869 ff.). Zum selben Ergebnis kommt man über §§ 683, 670 auch bei Bürgschaftsübernahme in **berechtigter Geschäftsführung ohne Auftrag.** Dabei umfasst der Aufwendungsersatz den Betrag, den der Bürge an den Gläubiger zahlen musste. Doch wird der Anspruch durch die funktionsgleiche Bürgenhaftung nach § 767 II verdrängt, soweit diese reicht (*BGH* ZIP 2009, 799).

Dieser Anspruch stammt nicht vom Gläubiger. Vielmehr entsteht er erst mit der Leistung des Bürgen. Hiermit erhält der Bürge also ausreichend Zeit für seinen Rückgriff. Allerdings wird dieser Anspruch nicht nach §§ 412, 401 gesichert.

Die genannten beiden Regresswege bei der Bürgschaft unterscheiden sich ähnlich wie die Regresswege bei der Gesamtschuld nach den beiden Absätzen des § 426, vgl. dazu AT Rn. 850 f.

V. Randfragen der Bürgschaft

1. Der Befreiungsanspruch

1021 Der eben geschilderte Rückgriff des Bürgen greift ein, wenn dieser bereits geleistet hat. Vordringlich ist der Bürge aber daran interessiert, erst gar nicht leisten zu müssen. Dazu könnte er aus seinem Innenverhältnis zum Hauptschuldner von diesem nach §§ 670, 257 Befreiung von seiner Bürgenschuld verlangen wollen. Zu dieser Befreiung müsste der Hauptschuldner aber regelmäßig seine Schuld beim Gläubiger erfüllen. Damit verlöre er jedoch praktisch den Kredit, zu dem ihm die Bürgschaft verhelfen sollte. Daher schränkt § 775 den Befreiungsanspruch des Bürgen ein: Dieser Anspruch soll erst entstehen, wenn sich die Situation des Hauptschuldners verschlechtert hat (§ 775 I Nr. 1 und 2) oder wenn der Sicherungsfall nahegerückt ist (§ 775 I Nr. 3 und 4). Über den Wortlaut des § 775 hinaus muss nach dessen Sinn auch der Anspruch des beauftragten Bürgen auf Vorschuß (§ 669) ausgeschlossen sein.

2. Obliegenheiten des Gläubigers

Für den Bürgenregress nach § 774 I 1 gelten die §§ 412, 401 (vgl. o. Rn. 1019). Die Lage des Bürgen verschlechtert sich also, wenn eine der anderen Sicherheiten verlorengeht. Einer solchen Verschlechterung durch den Gläubiger begegnet § 776: Der Bürge wird frei, soweit der Gläubiger den Rückgriff durch das **Aufgeben einer anderen Sicherheit** beeinträchtigt hat. Dieses Recht des Bürgen kann nach *BGH* NJW 2000, 1566 nicht durch Allgemeine Geschäftsbedingungen eingeschränkt werden. 1022

Manche sehen hinter § 776 die allgemeine Regel, der unbeschränkt persönlich haftende Bürge verdiene beim Rückgriff den Vorzug vor dem Eigentümer der mit einem Pfandrecht belasteten Sache. Danach soll bei einer durch Bürgschaft und Pfandrecht gesicherten Forderung zwar der zahlende Bürge gegen den Eigentümer der Pfandsache Rückgriff nehmen können, nicht aber auch umgekehrt der zahlende Eigentümer gegen den Bürgen. Ich halte das nach wie vor (*Medicus/Petersen,* BR, Rn. 941) nicht für überzeugend. Vielmehr sollten im Rückgriff **mehrere Sicherungsgeber** auch dann (wie Mitbürgen nach §§ 774 II, 426, vgl. u. Rn. 1024) **gleichberechtigt** sein, wenn die Sicherheiten verschiedenartig sind.[19] Danach können bei der durch Bürgschaft und Pfandrecht gesicherten Forderung der Bürge und der Eigentümer der Pfandsache gegeneinander Rückgriff nehmen. Der Umfang des Rückgriffs bestimmt sich im Zweifel nach Kopfteilen, also beim Zusammentreffen zweier Sicherheiten je die Hälfte. Doch können Unterschiede bei der Risikoübernahme berücksichtigt werden. Dem ist jetzt auch der BGH gefolgt.[20] Bei mehreren Höchstbetragsbürgschaften soll das Verhältnis der Höchstbeträge maßgeblich sein.[21]

Bei der zeitlich beschränkten Bürgschaft **(Zeitbürgschaft)** muss der Gläubiger nach § 777 bestimmte Maßnahmen ergreifen, damit nicht die Bürgschaft durch Zeitablauf erlischt. 1023

VI. Sonderformen der Bürgschaft

1. Mitbürgschaft

Von Mitbürgschaft spricht man, wenn sich mehrere für dieselbe Verbindlichkeit verbürgen. Wenn sie das gemeinschaftlich tun, haften sie dem Gläubiger schon nach § 427 als Gesamtschuldner. § 769 erstreckt diese Haftung auch auf den Fall, dass die mehreren Personen sich unabhängig und vielleicht sogar ohne Wissen voneinander verbürgt haben. Für den Rückgriff von Mitbürgen gilt nach § 774 II die Gleichverteilungsregel von § 426 I (vgl. AT Rn. 848 sowie PdW Schuldrecht II **Fall 180**). 1024

2. Ausfallbürgschaft

Die Ausfallbürgschaft bildet gewissermaßen den Gegensatz zur selbstschuldnerischen Bürgschaft. Sie lässt nämlich nicht wie diese die Einrede der Vorausklage entfallen (vgl. o. Rn. 1018), sondern verstärkt umgekehrt die Stellung des Bürgen: Bei der Ausfallbürgschaft ist es eine vom Gläubiger zu beweisende Anspruchsvoraussetzung, 1025

[19] Ebenso *Larenz/Canaris,* SBT II 2, § 60 IV 3 a; *Esser/Weyers,* Bd. II, § 40 IV 3 sowie BGHZ 108, 179; *BGH* NJW 1992, 3228.

[20] *BGH* NJW 2009, 437.

[21] *BGH* NJW 1998, 894, dazu *Glöckner,* ZIP 1999, 821.

dass dieser die Leistung vom Hauptschuldner trotz sorgsamen Vorgehens nicht hat erhalten können.[22] S. dazu auch PdW Schuldrecht II **Fall 182**.

3. Nachbürgschaft

1026 Die Nachbürgschaft sichert nicht die Forderung des Gläubigers gegen den Hauptschuldner, sondern diejenige gegen den Bürgen. Hier stehen also für den Gläubiger zwei Bürgschaften hintereinander: Wenn der Vor- oder Hauptbürge nicht leistet, kann der Gläubiger sich an den Nachbürgen halten. Wenn dieser dann den Gläubiger befriedigt, erwirbt er über §§ 774, 412, 401 in vollem Umfang auch die Forderung des Gläubigers gegen den Vorbürgen (anders als bei Mitbürgen nach §§ 774 II, 426, str.). S. dazu auch PdW Schuldrecht II **Fall 182**.

4. Rückbürgschaft

1027 Die Rückbürgschaft sichert nicht eine Forderung des Gläubigers, sondern die künftigen (§ 765 II) Rückgriffsansprüche des Bürgen gegen den Hauptschuldner. Wenn der Rückbürge den Bürgen befriedigt, hat er nach § 774 I 1 den Rückgriff gegen den Hauptschuldner. S. dazu auch PdW Schuldrecht II **Fall 182**.

5. Bürgschaft auf erstes Anfordern

1028 Bei der regulären Bürgschaft braucht der Bürge nicht zu leisten, wenn und solange der Hauptschuldner nicht zu leisten braucht. Demgegenüber ist die Bürgschaft auf erstes Anfordern **strenger**.[23] Hier muss der Bürge schon auf „erstes Anfordern" des Gläubigers zahlen, nämlich wenn dieser angibt, der Bürgschaftsfall sei eingetreten:[24] Diese Bürgschaftsart soll dem Gläubiger sofort liquide Mittel zuführen. Die Akzessorietät zeigt sich hier erst in Rückforderungsansprüchen, die dem Bürgen zustehen, wenn eine Zahlungspflicht des Hauptschuldners fehlte. Abwehren kann der Bürge seine Inanspruchnahme nur bei offensichtlichem Rechtsmissbrauch.[25] Nach *BGH* ZIP 1990, 1186 (abschwächend jedoch *BGH* NJW 1997, 1435; 1998, 2280) kann eine solche Bürgschaft durch AGB nur von einem Kreditinstitut übernommen werden; eine entsprechende Individualvereinbarung kann nach *BGH* NJW 1992, 1446 als gewöhnliche Bürgschaft auszulegen sein.[26] S. dazu PdW Schuldrecht II **Fall 181**.

VII. Anhang: Die Patronatserklärung

Literatur: *von Bernuth,* Harte Patronatserklärungen in der Klauselkontrolle, ZIP 1999, 1501; *Fleischer,* Gegenwartsprobleme der Patronatserklärung …, WM 1999, 666; *Habersack,* Patronatserklärungen ad incertas personas, ZIP 1996, 257; *Hauck/von Ruhmohr,* Haftung aus einer harten Patronatserklärung, NJW 2010, 2093 *Kiethe,* Haftungs- und Ausfallrisiken bei Patronatserklärungen, ZIP 2005, 646; *J.*

[22] *BGH* NJW 1989, 1484, 1485.

[23] Dazu *Michalski,* ZBB 1994, 289; *Canaris,* ZIP 1998, 493; *Hahn,* MDR 1999, 839; *Gröschler,* JZ 1999, 822; *Bolten,* ZGS 2006, 140; *Karst,* NJW 2004, 2053.

[24] BGHZ 74, 244.

[25] *BGH* NJW 1988, 2610; ZIP 1989, 1108, dazu *P. Bydlinski,* WM 1990, 1401, auch AcP 190 (1990), 165.

[26] Vgl. dazu *Karst,* NJW 2004, 2059; *Looschelders,* BT Rn. 974; zur ähnlichen Bankgarantie auf erstes Anfordern auch *R. Schröder,* Regreß und Rückabwicklung, 2003; *F. Graf von Westphalen,* ZIP 2004, 1433.

Koch, Die Patronatserklärung, 2005; *Maier-Reimer/Etzbach,* Die Patronatserklärung, NJW 2011, 1110; *Mosch,* Patronatserklärungen deutscher Konzernmuttergesellschaften und ihre Bedeutung für die Rechnungslegung, 1978; *von Rosenberg,* Patronatserklärungen ... in der Unternehmenskrise, BB 2003, 641; *Schneider,* Patronatserklärungen gegenüber der Allgemeinheit, ZIP 1989, 619; *Schnellecke,* Wirksamkeit und Inhaltskontrolle harter Patronatserklärungen, 2005; *Jan Schröder,* Die „harte" Patronatserklärung – verschleierte Bürgschaft/Garantie oder eigenständiger Kreditsicherungstyp?, ZGR 1982, 552 (dort 552 Fn. 1 weitere Literatur); *Stecher,* „Harte" Patronatserklärungen, rechtsdogmatische und praktische Probleme, 1978; *Thiekötter,* Die Patronatserklärung ad incertas personas, 1999; *C. U. Wolf,* Die Patronatserklärung, 2005.

Etwa seit 1965 breitet sich in der Wirtschaft – auch grenzüberschreitend – ein neues 1029
Mittel der Kreditsicherung aus: Eine Kreditgewährung wird dadurch eingeleitet, dass ein Dritter (der „Patron") dem Kreditgeber erklärt, er werde den Kreditnehmer (den „Protégé") bei der Rückzahlung unterstützen. Dabei ist der Patron regelmäßig an dem Protégé beteiligt (insbesondere als Muttergesellschaft des Konzerns) und deshalb auch selbst an der Kreditgewährung interessiert.

Solche Patronatserklärungen können juristisch unverbindlich **(„weich")** formuliert sein, z. B. „Es gehört zu unseren Geschäftsprinzipien, für die Bonität unserer Tochtergesellschaften zu sorgen"; hieraus schuldet der Patron nicht einmal Schadensersatz.[27] Erheblich sind dagegen die **„harten Patronatserklärungen"**, z. B. „Wir werden unsere Tochtergesellschaft mit den zur Rückzahlung des Kredits nötigen Mitteln ausstatten". Die für die Bürgschaft kennzeichnende Übernahme einer eigenen Rückzahlungsverpflichtung gegenüber dem Gläubiger wird dabei vermieden, meist wohl, um der Pflicht zur Angabe von Bürgschaften in der Jahresbilanz (§ 251 HGB) zu entgehen.

Ob solche Erklärungen entgegen ihrem Wortlaut als Bürgschaft/Garantie oder gemäß ihrem Wortlaut als eine Art Ausstattungsversprechen anzusehen sind, ist umstritten. Hier dürften die besseren Gründe für die zweite Ansicht sprechen. Eine weitere Frage ist dann freilich, ob man so wirklich der Pflicht zur Angabe in der Jahresbilanz entkommen kann. Jedenfalls soll der Patron nicht nur subsidiär haften.[28] *LG München* I ZIP 1998, 1956 hält „harte" Patronatserklärungen nach § 138 und § 307 überhaupt für unwirksam (unzutreffend). Jedenfalls beseitigt eine solche Erkärung die Insolvenz des Protégé nicht.[29]

§ 121. Die Leibrente

Literatur: *Petzold,* Geschäfts- und Grundstücksveräußerung auf Rentenbasis, 7. Aufl., 1994; *G.* und *K. Heubeck,* Verrentung von Kaufpreisen – Kapitalisierung von Renten, DNotZ 1978, 643; 1985, 469; 606; *Maas,* Stammrecht und Einzelansprüche bei wiederkehrenden Leistungen ... Diss. Bonn 1968; *Reinhart,* Zum Begriff der Leibrente im bürg. Recht, FS *Wahl,* 1973, S. 261

I. Die gesetzliche Regelung

Die Verpflichtung zur Gewährung einer Leibrente erstreckt sich im Zweifel auf die 1030
Lebenszeit des Gläubigers, § 759 I. Wirtschaftlich dient die Leibrente also der **Versorgung des Gläubigers.** Damit übernimmt der Schuldner das aus der Ungewissheit

[27] *OLG Karlsruhe* ZIP 1992, 1394; auch *OLG Frankfurt/M.* ZIP 2007, 2316.
[28] BGHZ 117, 127.
[29] *BGH* ZIP 2011, 1111.

über die Lebensdauer des Gläubigers folgende Risiko. Deswegen verlangt § 761 für das Leibrentenversprechen (nicht auch für dessen Annahme) mindestens **Schriftform.** Häufig aber wird nach anderen Vorschriften sogar notarielle Beurkundung nötig sein, so wenn die Leibrente die Gegenleistung für eine Grundstücksübereignung darstellt (§ 311b I) oder wenn sie schenkweise versprochen wird (§ 518 I).

Die weiteren Regeln des BGB befassen sich mit der Höhe (§ 759 II) und der Zahlungsweise der Leibrente (§ 760). Diese Vorschriften sind klar. Probleme ergeben sich außerhalb der BGB-Regelung hinsichtlich der gerade bei Leibrentenversprechen häufigen Wertsicherungsklauseln; vgl. dazu AT Rn. 195.

II. Selbständigkeit des Rentenversprechens?

1031 Trotz der Einfachheit der gesetzlichen Regelung gibt es über die Leibrente einen Streit. Die Rechtsprechung hat nämlich die Leibrente schon früh unter Berufung auf die „rechtsgeschichtliche Entwicklung“ in eigenartiger Weise aufgespalten in ein durch abstraktes Schuldversprechen zu begründendes Stammrecht und die einzelnen daraus folgenden Rentenansprüche: „Die Leibrente besteht nicht aus einer Mehrzahl einzelner, selbständiger Ansprüche mit fortschreitend aufeinander folgenden Fälligkeitsterminen, sondern sie ist ein in sich geschlossenes einheitliches Recht. ... Der Erwerber des Leibrentenrechts erwirbt in allen Fällen ... ein diesem Rentenkapitale entsprechendes Stammrecht. Und dieses Stammrecht bringt den jedesmaligen Anspruch des Leibrentenempfängers auf die Einzelgefälle durch sein Bestehen allein hervor“.[1]

Diese Auffassung lässt unklar, worauf sich das Formerfordernis des § 761 beziehen soll.[2] Zudem erzeugt sie insbesondere dann Schwierigkeiten, wenn die Leibrente als Gegenleistung (z. B. für ein Grundstück) versprochen wird: Ein solcher Vertrag soll nach RGZ 67, 204, 211 „nicht erst durch die Einzelleistung, sondern schon durch die Bestellung des Leibrentenrechts erfüllt“ werden. Danach wären dann die gezahlten Rentenbeträge nach Auflösung des Grundvertrages (etwa durch Rücktritt) nicht direkt nach § 346 zurückzufordern, sondern nur auf dem Umweg über Bereicherungsansprüche.

Mit der neueren Lehre (vor allem *Reinhart* nach Lit.-Verz., auch *Looschelders,* BT Rn. 922) ist diese künstliche Konstruktion der Leibrente jedoch abzulehnen. Denn gewiss kann zwar die Verpflichtung zu einer Leibrente (ebenso wie zu jeder anderen Leistung) durch abstraktes Schuldversprechen begründet werden. Aber notwendig ist das keineswegs, und man darf auch nicht ohne konkrete Anhaltspunkte einen hierauf gerichteten Parteiwillen annehmen. Daher ist das Versprechen der Leibrente regelmäßig **zugleich das Versprechen der einzelnen Rentenleistungen;** beides braucht nicht voneinander getrennt zu werden.

Freilich verliert man so auch die Möglichkeit, die Anwendung des § 761 auf abstrakte Leibrentenversprechen zu beschränken und folglich andere Versprechen formfrei zuzulassen. Doch kann man den Anwendungsbereich des § 761 durch andere Erwägungen einschränken: Vor allem passt die Vorschrift nicht, wenn die Parteien eine Rentenpflicht nicht erst begründen, sondern bloß eine schon entstandene nach Art und Umfang regeln wollen. Das betrifft insbesondere Renten nach Unterhalts-

[1] RGZ 67, 204, 210 f.
[2] Vgl. RGZ 67, 204, 211.

recht (doch beachte hier § 1614 I) und nach Schadensersatzrecht (z. B. § 843). Und mit Dienstverhältnissen verbundene Versprechen einer Alters- oder Hinterbliebenenversorgung dürften schon gewohnheitsrechtlich nicht unter § 761 fallen.

§ 122. Der Versicherungsvertrag

Literatur: *Bruck,* Das Privatversicherungsrecht, 1930; *Bruck, Möller* und andere, Kommentar zum VVG, 8. Aufl., 1971 ff.; *Deutsch,* Versicherungsvertragsrecht, ein Grundriß, 3. Aufl., 1993; *Dreher,* Die Versicherung als Rechtsprodukt (1991); *F. Ebel,* Zur Einführung: Privatversicherungsrecht, JuS 1983, 260; *Ehrenzweig,* Deutsches (Österreichisches) Versicherungsvertragsrecht, 1952; *Gärtner,* Neuere Entwicklungen der Vertragsgerechtigkeit im Versicherungsrecht, 1991; *J. von Gierke,* Versicherungsrecht, Bd. I (1937), Bd. II (1947); *Hähnchen,* Obliegenheiten und Nebenpflichten (2010); *Hartwig/Möhrle,* Der Versicherungsvertrag als Geschäftsbesorgungsvertrag …, VersR 2001, 35; *Hedderich,* Pflichtversicherung, 2011;*Hofmann,* Privatversicherungsrecht, 4. Aufl., 1998; *Holzhausen,* Versicherungsvertragsrecht, 1999; *Langheid,* Auf dem Weg zu einem neuen Versicherungsvertragsrecht, NJW 2006, 3317; *Langheid/Müller-Frank,* Rechtsprechungsübersicht zum Versicherungsvertragsrecht, NJW 2010, 344; auch NJW 2011, 355; *H. Möller,* Versicherungsvertragsrecht, 3. Aufl., 1977; *J. Petersen,* Versicherungsunternehmensrecht, 2003; *ders.,* Die Lebensversicherung im Zivilrecht, AcP 204 (2004), 832; *Prölls,* Das versicherungsrechtliche Alles- oder Nichtsprinzip in der Reformdiskussion, VersR 2003, 669; *Prölss/Martin,* Kommentar zum VVG, 28. Aufl., 2010; (dazu *Rixecker,* NJW 2011, 1197) *Schimikowski,* Versicherungsvertragsrecht, 2. Aufl., 2001; *W. B. Schünemann,* Rechtsnatur und Pflichtenstruktur des Versicherungsvertrages, JZ 1995, 430; *ders.,* Der Versicherungsvertrag, das unbekannte Wesen, JuS 1995, 1062; *Schwintowski,* Die Rechtsnatur des Versicherungsvertrages, JZ 1996, 702; *G. Wagner,* Haftung und Versicherung als Instrumente der Techniksteuerung, VersR 1999, 1441; *Wandt,* Versicherungsrecht, 5. Aufl., 2010; *Wussow,* Obliegenheiten in der privaten Unfallversicherung, VersR 2003, 1481 – *Henssler,* Risiko als Vertragsgegenstand, 1994 behandelt den Versicherungsvertrag seltsamerweise nicht (vgl. *Dreher,* AcP 194 [1994], 605, 609).

I. Die Regelung

1. Versicherungsvertragsgesetz

Die privaten Erstversicherer in der Bundesrepublik Deutschland hatten 2004 Prämieneinnahmen von 158 Milliarden – brutto (davon etwa 68 Mrd. aus der Lebensversicherung und 59 Mrd. aus der Schadens- und Haftpflichtversicherung); Die Lebensversicherer verwalteten ein Vermögen von fast 650 Mrd. –. Die wirtschaftliche Bedeutung des Typs „Versicherungsvertrag" ist also schon aus diesem Grund riesengroß. Zudem ist hier auch die rechtliche Regelung besonders wichtig. Denn eine Versicherung soll erst in der (vielleicht sehr fernen) Zukunft Leistungen erbringen; in der Gegenwart stellt der „Versicherungsschutz" bloß ein unkörperliches Produkt der Rechtsordnung dar, dessen Qualität ganz durch seine rechtliche Regelung bestimmt wird. Trotzdem enthält das BGB über den Versicherungsvertrag keine Bestimmungen (Ausnahme § 330 S. 1). 1032

Vielmehr war das Versicherungsvertragsrecht zur Zeit der Entstehung des BGB landesrechtlich geregelt; Art. 75 EGBGB hatte diese Normen aufrechterhalten. Freilich war man zunächst davon ausgegangen, eine neue reichsrechtliche Regelung auch des Versicherungsrechts (ebenso wie des Handelsrechts) werde schon mit dem BGB in Kraft treten können (Mot. I 149 = *Mugdan* I 18). Doch ist das Reichsgesetz über den Versicherungsvertrag (VVG, *Schönfelder* Nr. 62) dann erst 1908 verkündet worden. Seit 2008 gilt ein neues VVG vom 23. 11. 2007. Es hat vor allem das System verfeinert und manche harten Anspruchsausschlüsse abgemildert, auch weitere Versicherungszweige einbezogen.

2. Sonderregeln

1033 Außerhalb der Regelung des VVG steht das öffentliche Versicherungsrecht, nämlich dasjenige der **Sozialversicherung** und nach Landesrecht auch vielfach das der **Feuerversicherung.** Von den privaten Versicherungen bleiben außerhalb des VVG (§ 209 VVG) die **Seeversicherung** (§§ 778 ff. HGB) und die gesetzlich nicht geregelte **Rückversicherung** (bei ihr versichert ein Erstversicherer die von ihm selbst übernommene Gefahr bei einem oder mehreren Rückversicherern: Auf diese Weise können auch Großrisiken untergebracht werden, wie z. B. aus einem Zusammenstoß von Großflugzeugen oder einem Erdbeben).

3. Staatliche Versicherungsaufsicht

1034 Neben dem Versicherungsvertragsrecht steht endlich die Regelung der staatlichen Versicherungsaufsicht. Sie ist enthalten in dem Gesetz über die Beaufsichtigung der Versicherungsunternehmen i. d. F. vom 15. 12. 2004 (VersicherungsaufsichtsG, VAG). Diese Aufsicht ist schon deshalb gerechtfertigt, weil die Versicherer (ähnlich wie die Bausparkassen) erhebliche Vermögen ansammeln. So hatte 1998 das Vermögen der privaten Versicherer einen Buchwert von 1469 Milliarden DM, davon etwa 907 Mia. bei den Lebensversicherern (1983 hatten diese Vermögen erst 390 bzw. 240 Mia. DM betragen). Da diese Vermögen der Deckung der versicherten Risiken dienen sollen, wird ihre Erhaltung (wie auch sonst das finanzielle Gebaren der Versicherer) überwacht. Freilich findet seit 1994 aufgrund einer Vorgabe der (damaligen) EG eine Vorabkontrolle der Allgemeinen Versicherungsbedingungen nicht mehr statt („Deregulierung"), doch bleibt die „Missstandskontrolle" nach § 81 VAG.

II. Grundbegriffe des Versicherungsrechts

1035 **1. Beteiligt** sind an einem Versicherungsverhältnis mindestens zwei Personen, nämlich die beiden Parteien des Versicherungsvertrages: Versicherer und Versicherungsnehmer. Doch kann die Versicherung auch für fremde Rechnung genommen werden (so die Ausdrucksweise der §§ 43 ff. VVG; in Wahrheit liegt ein Vertrag zugunsten Dritter vor, § 328). Dann kommt als Begünstigter noch eine weitere Person hinzu, nämlich der Versicherte. Bei der Lebensversicherung gibt es den Bezugsberechtigten (vgl. §§ 159 ff. VVG).

1036 **2.** Der Versicherungsvertrag ist ein **gegenseitiger** schuldrechtlicher Vertrag. Für ihn gelten außer den AVB (vgl. u. Rn. 1037) und dem VVG ergänzend die Bestimmungen des BGB (z. B. die Vorschriften über die Geschäftsfähigkeit). Die Hauptpflicht des Versicherers besteht in der Gewährung von Versicherungsschutz; der Versicherungsnehmer schuldet in erster Linie die Prämienzahlung. Regelmäßig handelt es sich um ein Dauerschuldverhältnis.

1037 **3.** Der Versicherungsschutz konkretisiert sich beim **Eintritt des Versicherungsfalles,** also wenn sich das versicherte Risiko verwirklicht. Dabei unterscheiden sich die Versicherungszweige nach der Art dieses Risikos, z. B. Haftpflicht-, Unfall-, Kranken-, Lebens-, Feuer-, Diebstahl-, Reisegepäck-, Reiserücktrittskosten-, Rechtsschutz-, Transportversicherung.

Entscheidend für den Umfang des Versicherungsschutzes ist die genaue **Beschreibung des versicherten Interesses.** Diese erfolgt weithin nicht durch das VVG selbst, sondern durch die (standardisierten) Allgemeinen Versicherungsbedingungen (das sind AGB, vgl. § 309 Nr. 9). Sie gibt es für die verschiedenen Versicherungszweige. So müssen etwa die Allgemeinen Einbruchdiebstahlversicherungsbedingungen (AEB) festlegen, was ein „Einbruchsdiebstahl" sein soll (z. B. auch bei Einschleichen, bei Verwendung richtiger oder falscher Schlüssel?), welche Sachen geschützt sind (auch diejenigen, die der Dieb nicht mitnimmt, sondern bloß zerstört oder beschädigt?, Bargeld in welcher Höhe?) und gegen welche Personen geschützt werden soll (auch gegen Angehörige oder Angestellte des Versicherungsnehmers?). Weiter können in den Versicherungsbedingungen besondere **Obliegenheiten** des Versicherungsnehmers vorgeschrieben sein (etwa zu besonders sorgfältiger Verwahrung von Schmuck oder zur Benachrichtigung der Polizei). Insofern regeln die AVB neben der Prämienhöhe und dem Beginn des Versicherungsschutzes weitere Hauptpunkte des Versicherungsvertrages.

III. Arten der Versicherung

1. Das VVG enthält drei Arten von Vorschriften: Zunächst die allgemeinen, für alle Versicherungszweige geltenden (§§ 1 bis 73). Es folgen Sondervorschriften für die Schadensversicherung (§§ 74 bis 191) und schließlich Vorschriften über die einzelnen Versicherungszweige, beginnend mit der Haftpflichtversicherung (ab § 100). Es folgen Rechtsschutzversicherung (§§ 125 bis 129), die Transportversicherung (§§ 130 bis 141), die Gebäudefeuerversicherung (§§ 142 bis 149), die Lebensversicherung (§§ 150 bis 171), die Berufsunfähigkeitsversicherung (§§ 172 bis 177), die Unfallversicherung (§§ 178 bis 191) und die Krankenversicherung (§§ 192 bis 208). **1038**

Dabei zeigt sich ein Gegensatz: Bei der **Schadensversicherung** soll der Versicherer dem Versicherungsnehmer nach Eintritt des Versicherungsfalls den dadurch verursachten Vermögensschaden ersetzen. Den Gegensatz dazu bildet die **Summenversicherung:** Bei ihr wird vertraglich eine bestimmte Versicherungssumme festgelegt, die dem Versicherungsnehmer bei Eintritt des Versicherungsfalls unabhängig von einem konkreten Vermögensschaden geleistet werden soll. Diese Gestaltung eignet sich vor allem, wenn der Versicherungsfall keinen oder nur einen schwer bezifferbaren Vermögensschaden bedeutet (so vor allem bei der Lebensversicherung).

Der Unterschied zwischen Schadens- und Summenversicherung zeigt sich im Schuldrecht vor allem bei **§ 86 VVG** (vgl. AT Rn. 742): Dass nach dieser Vorschrift ein Schadensersatzanspruch des Versicherungsnehmers gegen einen Dritten auf den leistenden Versicherer übergehen soll, gilt nur für die **Schadensversicherung.** Daher kann z. B. der Lebensversicherer (Summenversicherung!) nicht über § 86 VVG Rückgriff gegen einen Dritten nehmen, der den Versicherungsnehmer getötet (und so den Versicherungsfall herbeigeführt) hat. Vielmehr erhalten die Geschädigten die Versicherungssumme *neben* dem nach §§ 844 f. vom Drittschädiger geschuldeten Schadensersatz (vgl. AT Rn. 708): Die Lebensversicherung bildet eben eine besonders gestaltete Art der Kapitalansammlung zugunsten des Bezugsberechtigten. Übrigens kommt sie dem Schädiger auch nicht über die Vorteilsausgleichung zugute (vgl. AT Rn. 646 ff.).

1039 **2.** Für die Schadensversicherung ist außer der Höhe des Schadens (§§ 249 ff., 842 ff.) auch die vertragliche **Versicherungssumme** maßgeblich (nach der sich auch die Höhe der zu zahlenden Prämie richtet). Bei Vorliegen einer **Überversicherung** (die Versicherungssumme übersteigt den Wert des versicherten Interesses = Versicherungswert erheblich) kann der Versicherer die Herabsetzung auf den Versicherungswert verlangen, § 74 I VVG. So wird vermieden, dass der Versicherte aus dem Versicherungsfall Vorteile zieht. Liegt umgekehrt eine **Unterversicherung** vor, wird die Leistungspflicht des Versicherers entsprechend gemindert, § 75 VVG.

Bsp.: Der versicherte Hausrat war 5.000 EUR wert, die Versicherungssumme betrug aber nur 3.000 EUR. Dann schuldet der Versicherer bei völliger Vernichtung bloß 3.000 EUR und bei Vernichtung der Hälfte bloß 1.500 EUR. Dabei gilt als Versicherungswert nach § 88 VVG regelmäßig der Wiederbeschaffungswert, der aber um einen Abschlag gemindert ist. Möglich ist aber auch eine **Neuwertversicherung** durch Vereinbarung einer **Wiederbeschaffungsklausel**, § 93 VVG.

1040 **3.** Besondere Bedeutung hat die **Pflichthaftpflichtversicherung,** die vor allem für Kraftfahrzeughalter vorgeschrieben ist (durch das PflichtVersG, vgl. AT Rn. 81). Hierfür und für andere Pflichtversicherungen (z. B. die Berufshaftpflichtversicherung der Notare, § 19a BNotO) finden sich in den §§ 113 ff. VVG ergänzende Bestimmungen.

6. Teil. Verträge zur Feststellung oder Mobilisierung von Forderungen

Forderungen sind im Gegensatz zu (körperlichen) Sachen unsichtbar. Daher eignen sie sich nicht ohne Weiteres als Gegenstände des Rechtsverkehrs: Der Erwerber sieht nicht, was er bekommt und wofür er möglicherweise bezahlen soll. Wenn man Forderungen handelbar machen („mobilisieren") will, muss man also diese Ungewissheiten zu beseitigen suchen. Das gelingt insbesondere, indem die **Forderung in einem Papier** oder in einem anderen Zeichen **„verbrieft"** und damit zugleich ihr Inhalt festgelegt wird (vgl. u. Rn. 1051–1064). Aber auch wenn keine Veräußerung beabsichtigt ist, kann zwischen den ursprünglichen Partnern eines Rechtsverhältnisses die streitvermeidende Festlegung des Forderungsinhalts nützlich sein. Hiervon soll zunächst gesprochen werden. 1041

§ 123. Vergleich, Schuldversprechen, Schuldanerkenntnis

Literatur: *O. Bähr,* Die Anerkennung als Verpflichtungsgrund, 3. Aufl., 1894 (Neudruck 1970); *W. Baumann,* Das Schuldanerkenntnis, 1992; *Brütt,* Die abstrakte Forderung, 1908; *M. Coester,* Probleme des abstrakten und kausalen Schuldanerkenntnisses, JA 1982, 579; *Erik Ehmann,* Schuldanerkenntnis und Vergleich, 2005; *Fischer,* „Anerkenntnisse" im materiellen Recht und im Prozeßrecht, JuS 1999, 998; 1214; *Kübler,* Feststellung und Garantie, 1967 (dazu *Brecher,* AcP 168 [1968], 536); *Marburger,* Das kausale Schuldanerkenntnis als einseitiger Feststellungsvertrag (1971); *Michalski,* Das Schuldanerkenntnis in der Praxis, insbesondere als Mittel der Kreditsicherung, ZBB 1995, 260; *Schmidt-Burg/Ludwig,* Abstrakte Schuldversprechen in der Bankpraxis und die Reform des Verjährungsrechts, DB 2003, 1046; *Schnauder,* Der kausale Schuldvertrag im System der Güterbewegung, JZ 2002, 1080; *von Tuhr,* Zur Lehre von den abstrakten Schuldverträgen nach dem BGB, 1903; zudem *Larenz/Canaris,* SBT II 2, § 61.

I. Der Vergleich

Der Vergleich ist schon in AT Rn. 325 ff. im Zusammenhang mit Erlass und Novation behandelt worden: Er beseitigt im Wege gegenseitigen Nachgebens Streit oder Ungewissheit über ein Rechtsverhältnis, § 779 I. Ein Vergleich kann also insbesondere auch das Bestehen und den Inhalt einer Forderung klarstellen. S. dazu auch PdW Schuldrecht II **Fälle 183–185** 1042

II. Schuldversprechen und Schuldanerkenntnis

1. Das selbständige Schuldversprechen

a) Leistungsversprechen kommen im Schuldrecht allenthalben vor: So verspricht der Verkäufer die Lieferung der Kaufsache und der Käufer die Zahlung des Kaufpreises, der Darlehensnehmer verspricht die Rückzahlung der empfangenen Summe und womöglich auch Zinsen. Alle genannten Versprechen stehen **im Zusammenhang bestimmter Schuldverhältnisse.** Diese ergeben zugleich auch den wirtschaftlichen Sinn des Versprechens: Das Kaufpreisversprechen etwa soll dem Verkäufer das Entgelt für die verkaufte Sache verschaffen; das Rückzahlungsversprechen des Darlehens- 1043 nehmers macht den Darlehensgeber erst zur Auszahlung bereit. Wegen der Einbettung in solche Zusammenhänge kann man alle genannten Versprechen als „**unselbständig**" bezeichnen.

Demgegenüber betrifft § 780 den Fall, dass vertraglich „eine Leistung in der Weise versprochen wird, dass das Versprechen die Verpflichtung **selbständig** begründen soll". Freilich stehen auch solche selbständigen Versprechen nicht außerhalb jedes Zusammenhangs: Niemand wird einfach „bloß so" eine Leistung versprechen; wenigstens wird er das Zustandekommen einer Schenkung beabsichtigen (§ 516 I). Aber rechtlich ist das selbständige Versprechen des § 780 von solchen Zusammenhängen gelöst: Die versprochene Geldsumme wird nicht „als Kaufpreis" oder „als Darlehensrückzahlung" geschuldet, sondern **einfach aus dem Versprechen.** Anders ausgedrückt: Anspruchsgrundlage ist nicht § 433 II oder § 488 I, sondern § 780.

1044 b) Diese Betrachtungsweise von der Anspruchsgrundlage her zeigt zugleich den Zweck **einer Verselbständigung** von Schuldversprechen: Die prozessuale Situation des Gläubigers wird verbessert. Denn wer z. B. aus § 433 II den Kaufpreis einklagt, muss das Zustandekommen des Kaufvertrags beweisen, also die Einigung über Ware und Preis und womöglich (§ 154 I) über noch weitere Umstände; zudem muss er wegen § 320 zur Lieferung der Kaufsache bereit und imstande sein. Demgegenüber genügt für die auf § 780 gestützte Klage der Nachweis des (schriftlichen, vgl. u. Rn. 1050) Versprechens; auch ein Nachgeben des Versprechensempfängers ist – anders als beim Vergleich – unnötig.

1045 c) **In der Praxis** finden sich selbständige Schuldversprechen etwa bei der Kreditsicherung: Der Kreditnehmer bestellt eine Hypothek nicht für seine Verpflichtung zur Darlehensrückzahlung, sondern für diejenige aus einem zusätzlich von ihm abgegebenen Schuldversprechen. Ähnlich kann ein solches Schuldversprechen auch mit einer Sicherungsgrundschuld verbunden werden.[1] Weiter begegnen selbständige Schuldversprechen häufig im Wertpapierrecht, so bei der Inhaberschuldverschreibung (vgl. u. Rn. 1061 ff.), beim kaufmännischen Verpflichtungsschein (§ 363 I 2 HGB) und bei einigen Sonderformen des Wechsels.

Die Verpflichtung aus dem selbständigen Schuldversprechen wird **im Zweifel erfüllungshalber** übernommen; sie tritt also neben die „unselbständige" Verpflichtung des Versprechenden aus Kauf, Darlehen o. ä. (§ 364 II, vgl. AT Rn. 286). Zu dem Fall, dass diese andere Verpflichtung fehlt (z. B. das Darlehen ist nicht ausgezahlt worden) oder dass ihr eine Einrede entgegensteht (z. B. die Kaufsache ist mangelhaft), vgl. u. Rn. 1047.

2. Das selbständige Schuldanerkenntnis

1046 Dem in § 780 geregelten Schuldversprechen ähnelt das Schuldanerkenntnis von § 781: Auch hieraus ergibt sich eine selbständige Verpflichtung des Anerkennenden. Der Unterschied zum Schuldversprechen besteht nur in der Formulierung; man kann beide Formen als „selbständige Schuldverträge" zusammenfassen. Die praktisch wichtigste Art des Schuldanerkenntnisses ist das **Saldoanerkenntnis im** Rahmen eines Kontokorrentverhältnisses (= laufende Rechnung, vgl. § 355 HGB): Die Rechnungsabschlüsse (nicht schon die bloßen Tagesauszüge, BGHZ 50, 277) schaffen

[1] Vgl. MünchKomm/*Habersack,* § 780 Rn. 32.

mit novierender Wirkung einen neuen Schuldgrund.[2] S. dazu auch PdW Schuldrecht II **Fall 186**.

3. Gemeinsame Probleme der selbständigen Schuldverträge

Für Schuldversprechen und Schuldanerkenntnis ergeben sich vor allem drei gemein- 1047
same Probleme. Diese betreffen die Kondizierbarkeit, die Auslegung und die Form.

a) Nach den §§ 780, 781 wird zwar eine selbständige Verpflichtung begründet. Jedoch wird diese mit Hilfe des **Bereicherungsrechts** wieder in einen wirtschaftlichen Zusammenhang gestellt. Denn das Schuldversprechen bedeutet gewiss eine Leistung im Sinne von § 812 I; und dass auch das Schuldanerkenntnis eine Leistung darstellt, sagt § 812 II ausdrücklich (vgl. u. Rn. 1165). Um kondiktionsfest zu sein, bedarf eine Leistung aber eines Rechtsgrundes. Und diesen Rechtsgrund sieht die h. M. in dem „materiellen Schuldgrund". Das Schuldversprechen oder das Schuldanerkenntnis sind also nur mit rechtlichem Grund gegeben, soweit der Versprechende oder Anerkennende wirklich etwas schuldig war. Fehlt es an einer solchen Schuld von Anfang an oder fällt sie später weg, so können Schuldversprechen oder Schuldanerkenntnis nach § 812 I herausverlangt werden, und bei einer Entkräftung durch dauernde Einrede gilt § 813. Die Bereicherungsansprüche können der Klage aus dem Schuldversprechen oder Schuldanerkenntnis auch einredeweise entgegengesetzt werden (vgl. § 821). Voraussetzung ist freilich, dass die Bereicherungsansprüche nicht an den §§ 813 I 2, II, 814, 815 scheitern.[3] § 821 kann durch AGB nicht ausgeschlossen werden, § 307 I.[4]

Die danach gegebene Rechtslage ähnelt derjenigen bei einer Übereignung: Auch diese ist zwar zunächst unabhängig davon wirksam, ob der Veräußerer wirklich zur Übereignung verpflichtet war. Aber das wirksam übertragene Eigentum kann regelmäßig nach §§ 812 I, 813 zurückgefordert werden, wenn die Verpflichtung nicht bestanden hat, später weggefallen ist oder wenn sie mit einer dauernden Einrede behaftet war. Dieses Verhältnis zwischen Verpflichtung und Verfügung richtet sich nach dem **Abstraktionsprinzip** (vgl. *Medicus,* BGB AT, Rn. 224 ff.). Daher bezeichnet man Verfügungen als „abstrakt". In gleicher Weise kann man auch Schuldversprechen und Schuldanerkenntnis nach §§ 780, 781 „abstrakt" nennen, und das geschieht häufig. Das BGB selbst spricht freilich nur von „selbständig".

Erst diese Korrektur selbständiger (abstrakter) Schuldverträge durch das Bereicherungsrecht macht deren Zulassung durch das BGB (die in den §§ 780, 781 vorausgesetzt wird) überhaupt erträglich. Denn dass ein Versprechen oder Anerkenntnis völlig unabhängig von allen wirtschaftlichen Zusammenhängen sollte Bestand haben können, müsste als ungerecht erscheinen. Überhaupt sind die **selbständigen Schuldverträge ein Relikt der Rechtsgeschichte,** das seinen ursprünglichen Sinn verloren hat. Denn im römischen Recht war die selbständig verpflichtende *stipulatio* noch nötig, weil nicht alle wirtschaftlich erforderlichen Verpflichtungen unselbständig begründet werden konnten: Die Konsensual- und Realverträge umfaßten eben nur einen beschränkten Kreis von Geschäften. Das ist heute anders. Als Sinn selbständiger Schuldverträge ist daher nur die Beweiserleichterung übriggeblieben (vgl. o. Rn. 1044), die aber etwas anders auch unselbständig erreicht werden kann.

b) Damit ergibt sich sofort die **Auslegungsfrage**: Wann darf man annehmen, die 1048
Parteien hätten durch ein Versprechen oder Anerkenntnis eine selbständige An-

[2] Im einzelnen vieles str., vgl. etwa *Canaris,* § 25 IV; *K. Schmidt,* Handelsrecht, 5. Aufl., 1999, § 21.
[3] *Larenz/Canaris,* SBT II 2, § 61 I 5.
[4] *BAG* NJW 2005, 3164.

spruchsgrundlage schaffen wollen? Ein solcher Wille wird nur dann einigermaßen deutlich, wenn eines der typischerweise selbständigen Geschäfte gewählt (z. B. Wertpapier, Saldoanerkenntnis) oder wenn das Geschäft rechtskundig und professionell formuliert worden ist (im Bankverkehr). Dagegen ist sich der Laie (und oft auch im täglichen Leben der Jurist) des feinen Unterschieds zwischen unselbständigen und selbständigen Geschäften kaum bewusst. So kann die schriftliche Erklärung eines Darlehensnehmers, er schulde zum 1. 7. die Rückzahlung von 1.000 EUR, zweierlei bedeuten:[5] nämlich entweder bloß einen Schuldschein über den Rückzahlungsanspruch aus § 488 oder ein selbständiges Geschäft nach §§ 780, 781. Die Unterscheidung fällt besonders schwer, weil letztlich auch der Schuldschein fast dieselbe Wirkung hat wie ein selbständiges Geschäft (vgl. o. Rn. 1043): Auch er erleichtert dem Gläubiger – freilich in etwas anderer Weise – den Beweis.

Als Indiz für das Vorliegen eines selbständigen Schuldvertrages wird oft angegeben, dass eine **konkrete Bezeichnung des Schuldgrundes** fehlt (z. B. „als Kaufpreis" oder „aus Darlehen"). Doch ist dieses Kriterium keineswegs sicher. Denn bei einer unselbständig gewollten Verpflichtung kann sich dieses Fehlen einfach daraus erklären, dass der Schuldgrund den Parteien als selbstverständlich erschien (etwa weil zwischen ihnen kein anderer in Betracht kam). Und umgekehrt kann auch bei einem als selbständig gewollten Geschäft ein Schuldgrund wegen der bereicherungsrechtlichen Verknüpfung (vgl. o. Rn. 1047) oder einfach aus Verbuchungsgründen angegeben werden. Ich selbst möchte im Zweifel gegen eine selbständige Verpflichtung entscheiden: Für die Annahme einer zusätzlichen Verpflichtung des Schuldners sollten deutliche Anhaltspunkte vorliegen. *Larenz/Canaris,* SBT II 2, § 66 II 2 a wollen dagegen insbesondere ein **Schuldanerkenntnis nach einem Unfall** regelmäßig dem § 781 unterstellen. S. dazu auch PdW Schuldrecht II **Fall 187**.

1049 Speziell beim Anerkenntnis ergibt sich noch ein weiteres Auslegungsproblem: Bei Verneinung eines selbständigen Anerkenntnisses fragt sich, ob der Anerkennende durch das deklaratorische Anerkenntnis **auf Einwendungen** gegen seine Verpflichtung **hat verzichten wollen.** Kann z. B. noch auf den Einwand des Mitverschuldens zurückkommen, wer nach einem Verkehrsunfall seine Zahlungspflicht anerkannt hat? Oder: Eine Sparkasse möge vor der Kreditgewährung an einen Bauunternehmer bei dem Bauherrn angefragt haben, ob die der Kasse als Sicherheit zedierte Vergütungsforderung (§ 631 I) des Unternehmers gegen den Bauherrn in Ordnung gehe. Darf der Bauherr, nachdem er das bejaht hat, der Kasse noch entgegenhalten, der Bau sei nicht oder nur mangelhaft fertiggestellt worden? Die Rechtsprechung hält sich in solchen Fällen mit der Annahme eines (ja nicht mehr kondizierbaren!) Einwendungsverzichts zutreffend zurück.[6] Zu Einzelheiten solcher Feststellungsverträge *Coester* nach Lit.-Verz.; *Lindacher,* JuS 1973, 79; *Künell,* VersR 1984, 706; *Medicus/Petersen,* BR Rn. 772 ff. S. auch PdW Schuldrecht II **Fall 187**.

1050 c) Die einzige Regelung, die in den §§ 780, 781 ausdrücklich getroffen wird, gilt der **Formfrage:** Die Erklärung desjenigen, der sich selbständig verpflichtet oder der selbständig anerkennt, soll regelmäßig der Schriftform bedürfen. Das dient nach BGHZ 121, 114 (dazu *Dehn,* WM 1993, 2115; *Baumann,* ZBB 1993, 171) „der Rechts-

[5] Vgl. *BGH* DB 1985, 2402.

[6] Vgl. *BGH* NJW 1984, 799 (dazu *Schlund,* JR 1984, 327) und *BGH* NJW 1999, 2889 (dort „kausales Anerkenntnis" genannt).

sicherheit durch Schaffung klarer Beweisverhältnisse" (zweifelhaft, anders *Larenz/ Canaris,* SBT II 2, § 61 I 1 b), bewirkt aber wenigstens zugleich einen gewissen Übereilungsschutz. Doch gibt es von dem Schriftformerfordernis Ausnahmen in beide Richtungen.

Einerseits ist die **Schriftform** nach § 782 **entbehrlich,** wenn Versprechen oder Anerkenntnis „auf Grund einer Abrechnung oder im Wege des Vergleichs erteilt" werden. Dabei meint „Abrechnung" jede unter Mitwirkung von Gläubiger und Schuldner erfolgte Festlegung eines Rechnungsergebnisses,[7] und der „Vergleich" ist in § 779 definiert. Zudem bedarf es nach § 350 HGB der Schriftform nicht, wenn das Versprechen oder das Anerkenntnis auf der Seite des Schuldners ein Handelsgeschäft (§§ 343 ff. HGB) darstellt.

Andererseits kann auch eine andere, strengere Form vorgeschrieben sein. Das gilt etwa nach § 311 b I, wenn die Übereignung eines Grundstücks versprochen wird. Und ein schenkweise erteiltes Versprechen oder Anerkenntnis wird durch § 518 I 2 prinzipwidrig, aber sinnvoll der Form des Schenkungsversprechens unterworfen (vgl. o. Rn. 389).

§ 124. Die Inhaberschuldverschreibung

Literatur: Lehrbücher des Wertpapierrechts von *Brox/Henssler,* (Handelsrecht) 20. Aufl., 2009; *A. Hueck/ Canaris,* 12. Aufl., 1986; *Locher,* 1949; *Meyer-Cording/Drygala,* 3. Aufl., 1995; *Richardi,* 1987; *H. Schumann* (Handelsrecht II 2: Wertpapiere), 1951,; *Sedatis,* Einführung in das Wertpapierrecht, 1988; *E. Ulmer,* 1938; *Zöllner,* 14. Aufl., 1987; wichtig auch *ders.,* Die Wirkung von Einreden aus dem Grundverhältnis gegenüber Wechsel und Scheck in der Hand des ersten Nehmers, ZHR 148 (1984), 313 sowie *Canaris,* Das Verhältnis zwischen dem wechsel- und scheckrechtlichen Einwendungsausschluß und der Lehre vom Einwendungsdurchgriff kraft Rechtsmißbrauchs, ZHR 151 (1987), 517; vgl. weiter *Schnauder,* Einreden aus dem Grundverhältnis gegen den ersten Wechsel- und Scheckgläubiger, JZ 1990, 1046; *Müller-Christmann/Schnauder,* Grundfälle zum Wertpapierrecht, JuS 1990, 899 mit vielen Fortsetzungen (bis JuS 1992, 752); sowie *Einsele,* Wertpapierrecht als Schuldrecht. Funktionsverlust von Effektenurkunden …, 1995.

Die Inhaberschuldverschreibung (§§ 793–806) gehört mit der Anweisung (§§ 783– 1051
792, vgl. u. Rn. 1069 ff.) und weiteren in den §§ 807, 808 geregelten Papieren und Zeichen (vgl. u. Rn. 1065 ff.) ins **Wertpapierrecht**. In dessen Mittelpunkt stehen jedoch andere Papiere, die außerhalb des BGB geregelt sind, nämlich vor allem Wechsel, Scheck und die kaufmännischen Orderpapiere des § 363 HGB. Daher würde eine umfassende Darstellung des Wertpapierrechts den Rahmen des BGB-Schuldrechts weit überschreiten. Doch soll im Folgenden wenigstens eine kurze Übersicht gegeben werden, die den Standort der im BGB geregelten Papiere und Zeichen erkennen lässt.

I. Überblick zu den Wertpapieren

1. Unterscheidung nach der Art des verbrieften Rechts

„Wertpapier" bedeutet annäherungsweise die Verbindung eines Papiers mit einem 1052
Recht. Daraus ergibt sich eine erste Unterscheidung nach der Art des verbundenen Rechts.

[7] RGZ 95, 18.

a) Dieses Recht kann ein **Mitgliedschaftsrecht** sein, also ein Anteil an einer Körperschaft oder Gesellschaft. Das wichtigste Beispiel hierfür ist die Aktie. Solche Papiere gehören ins Gesellschaftsrecht.

b) Das verbundene Recht kann auch ein **Sachenrecht** sein. Beispiele sind Hypotheken-, Grund- und Rentenschuldbrief (§§ 1116, 1192 I, 1199 I); sie werden im Sachenrecht behandelt. Übrigens gehören in diese Gruppe auch bestimmte Investmentzertifikate, die in erster Linie den Miteigentumsanteil an dem Sondervermögen des Fonds verbriefen.

c) Endlich bleiben die – für das Schuldrecht allein interessanten – **forderungsrechtlichen Papiere**: Hier ist mit dem Papier eine Forderung verbunden.

2. Die möglichen Legitimationswirkungen

1053 Die Verbriefung einer Forderung in einem Papier soll den Umlauf und die Geltendmachung der Forderung erleichtern: Das sichtbare Papier erzeugt einen Rechtsschein für die unsichtbare Forderung (vgl. o. Rn. 1041). Dieser Schein kann mit vier verschiedenen Legitimationswirkungen verbunden werden:[1]

a) **Zugunsten des Schuldners** kann bestimmt sein, dass dieser durch die Leistung an den Inhaber des Papiers frei wird.

1054 b) **Zugunsten des Papierinhabers** kann bestimmt sein, dieser werde als Gläubiger der Forderung vermutet: Dann muss der Schuldner an den Inhaber leisten, wenn er nicht dessen Nichtberechtigung nachweist.

1055 c) **Zugunsten des Erwerbers** kann vermutet werden, der an ihn veräußernde Inhaber sei der Berechtigte. Diese Vermutung erleichtert den Erwerb und damit den Umlauf der mit dem Papier verbundenen Forderung.

1056 d) Endlich kann bestimmt sein, der Schuldner brauche nur an den Inhaber des Papiers (regelmäßig gegen dessen Aushändigung) zu leisten. Das begünstigt erstens **den Schuldner:** Er darf jeden wegschicken, der das Papier nicht vorweisen kann. Es begünstigt aber auch den **späteren Erwerber** (Zessionar) der verbrieften Forderung: Er braucht nicht zu fürchten, dass der von der Zession nicht benachrichtigte Schuldner noch nach § 407 durch Leistung an den Zedenten frei wird. Denn wenn der Schuldner nur an den Inhaber des Papiers zu leisten braucht, besteht kein Anlass, ihn nach § 407 bei Leistung an einen Nichtinhaber zu schützen.

3. Die Legitimationsvoraussetzungen

1057 a) In dem eben Gesagten waren die Legitimationswirkungen einfach an die Innehabung des Papiers geknüpft worden. Diese Regelung gilt in der Tat für die sog. **Inhaberpapiere** (z. B. Inhaberschuldverschreibung, Inhaberaktie, Pfandbrief). Da bei ihnen jede Festlegung auf eine bestimmte Person als Gläubiger vermieden wird, eignen sie sich besonders gut für den Umlauf. Allerdings ist bei ihnen die Missbrauchsgefahr groß: Als Inhaber ist eben z. B. auch der Dieb legitimiert (aber berechtigt ist er nicht!).

[1] Vgl. *A. Hueck/Canaris*, Wertpapierrecht, 12. Aufl., 1986, § 1 II 2.

b) Den Gegensatz dazu bilden die **Namenspapiere** (**Rektapapiere,** z. B. der Hypothekenbrief, außerhalb des Wertpapierrechts auch der Schuldschein): Sie geben den Namen einer bestimmten Person an und bezeichnen diese als den Berechtigten. Damit wird zwar die Forderung nicht in dem Sinne höchstpersönlich, dass sie nicht mehr auf einen anderen übertragen werden oder übergehen könnte. Aber die besonderen wertpapierrechtlichen Legitimationswirkungen bleiben auf den namentlich Genannten beschränkt. Jeder andere Inhaber muss seine Berechtigung nachweisen; dafür helfen beim Hypothekenbrief ggf. die §§ 1154, 1155, 891. Diese Namenspapiere eignen sich zwar kaum für den Umlauf, sie sichern aber andererseits den namentlich als Berechtigten Genannten regelmäßig vor einem Missbrauch des Papiers. 1058

c) Zwischen den Inhaber- und den Namenspapieren stehen die **Orderpapiere** (vor allem regelmäßig Wechsel und Scheck). Denn diese nennen zwar eine bestimmte Person als Berechtigten. Aber sie geben dieser zugleich die Möglichkeit, durch einen besonderen Vermerk auf dem Papier (die Order) ihre Legitimation auf eine andere Person zu übertragen. Damit vereinigen die Orderpapiere einen guten Teil der Umlaufsfähigkeit des Inhaberpapiers mit der Sicherheit des Namenspapiers. 1059

4. Die Technik der Übertragung

An sich wird die Forderung durch Zession übertragen (§§ 398 ff.), das Papier als bewegliche Sache dagegen nach §§ 929 ff. Beide Übertragungsarten unterscheiden sich vor allem dadurch, dass nach §§ 929 ff. zwar Übergabe nötig, andererseits aber auch gutgläubiger Erwerb möglich ist; für § 398 trifft beides nicht zu. Wegen dieser Unterschiede könnten sich die Inhaberschaft an der Forderung und das Eigentum am Papier leicht trennen. Diese Misslichkeit lässt sich auf zwei Wegen vermeiden: Entweder man gibt **dem Sacheigentum** die maßgebliche Bedeutung und lässt ihm die Forderung folgen („Das Recht aus dem Papier folgt dem Recht am Papier"). Das ist für Inhaberpapiere die Regel. Oder aber man lässt die **Zessionsnormen maßgeblich** sein und das Eigentum am Papier dem jeweiligen Gläubiger der Forderung zustehen („Das Recht am Papier folgt dem Recht aus dem Papier"). Das gilt nach § 952 I für den Schuldschein und nach § 952 II für bestimmte andere Papiere (übrigens z. B. auch für das Sparbuch). Einen Mittelweg geht § 1154 mit § 1153: Danach folgt zwar die Hypothek der Forderung (§ 1153 I). Deren Abtretung wird aber mit der Übergabe des Briefs (oder der Eintragung ins Grundbuch) verbunden, § 1154. 1060

II. Inhaberschuldverschreibung

1. Die rechtliche Qualifikation

In die gerade geschilderten Kategorien lässt sich die Inhaberschuldverschreibung nach den §§ 793 ff. wie folgt einordnen: 1061

a) Sie ist **Inhaberpapier.** Sie nennt also keinen bestimmten Berechtigten; alle bei ihr vorkommenden Legitimationswirkungen knüpfen sich an die Innehabung.

b) Bei der Inhaberschuldverschreibung finden sich alle vier bei o. Rn. 1053 ff. genannten **Legitimationswirkungen:** 1062

(1) Nach § 793 I 2 wird der Aussteller (also der Schuldner) auch durch Leistung an einen nicht zur Verfügung berechtigten Inhaber befreit, also insbesondere auch an jemanden, der nicht Gläubiger ist.

(2) Nach § 793 I 1 kann der Inhaber die Leistung verlangen, „es sei denn, dass er zur Verfügung über die Urkunde nicht berechtigt ist". Das bedeutet eine (widerlegliche) Vermutung, der Inhaber sei der Berechtigte (also der Eigentümer des Papiers und der Gläubiger der Forderung).

(3) Nach § 796 hat der Aussteller gegenüber dem Inhaber Einreden nur aus drei Gründen: aus der Unwirksamkeit der Ausstellung, aus dem Inhalt der Urkunde und aus seinem persönlichen Verhältnis zum Inhaber (z. B. dass ihm dieser Stundung gewährt habe). Damit werden insbesondere die Einreden aus dem Verhältnis zwischen dem Aussteller und allen Sonderrechtsvorgängern des Inhabers ausgeschlossen. Und § 794 erklärt noch zusätzlich bestimmte Umstände als unerheblich für die Wirksamkeit der Ausstellung. Dies schützt insbesondere spätere Erwerber der Inhaberschuldverschreibung.

(4) Endlich braucht der Aussteller nach § 797 S. 1 nur gegen Aushändigung der Urkunde zu leisten. Damit tritt eine zusätzliche Legitimationswirkung zugunsten von Schuldner und Erwerber ein (vgl. o. Rn. 1056). Freilich soll der Berechtigte seine Forderung durch den Verlust der Urkunde nicht allemal endgültig einbüßen. Daher treffen die §§ 798 ff., 804 eine Regelung für Ersatz und Kraftloserklärung.

1063 c) Schließlich gehört die Inhaberschuldverschreibung zu denjenigen Papieren, die **nach §§ 929 ff. übertragen** werden, bei denen also die Forderung dem Papiereigentum folgt (vgl. o. Rn. 1060). Das ergibt sich schon daraus, dass in §§ 793 I, 797 S. 2 auf die Berechtigung oder das Eigentum an der Urkunde (und nicht auf die Gläubigerstellung bezüglich der Forderung) abgestellt wird.

2. Wirtschaftliche Bedeutung

1064 Die wirtschaftliche Bedeutung der Inhaberschuldverschreibung ist riesengroß; die sog. **Rentenpapiere** sind durchweg Inhaberschuldverschreibungen: nämlich die Urkunden über die Anleihen der öffentlichen Hand und ihrer Sondervermögen (Bund, Länder, Kommunen sowie früher auch Bundesbahn und -post) und Industrie (Industrieobligationen) sowie die Pfandbriefe der Hypothekenbanken (Pfandbriefe sind also nicht etwa Hypothekenbriefe; vielmehr sind diejenigen Bankforderungen, welche die Pfandbriefe decken, durch Grundpfandrechte gesichert). Die massenhafte Ausgabe von Inhaberschuldverschreibungen wird durch § 793 II insofern erleichtert, als dort die gewöhnliche Schriftform (§ 126) modifiziert wird.

Die Verwendung von Inhaberschuldverschreibungen bringt für denjenigen, der Kredit aufnehmen will, **zwei Vorteile**: Erstens kann auch eine insgesamt sehr hohe Kreditsumme in kleine Beträge zerlegt werden, etwa wenn die einzelnen Schuldverschreibungen bloß auf 100 EUR lauten: Dadurch kann auch der kleine Sparer an solchen Krediten beteiligt werden. Und zweitens ermöglicht es die (meist noch durch den Börsenhandel erhöhte) Verkehrsfähigkeit sozusagen, langfristigen Kredit in kurzfristigen umzuwandeln: Der Aussteller braucht regelmäßig erst nach einer längeren Zeit (etwa nach zehn Jahren) zurückzuzahlen. Demgegenüber kann sich der Gläubiger schon vorher aus seiner Rolle als Kreditgeber lösen, indem er die Schuldverschreibung verkauft: Dann tritt der Erwerber in die Rolle des Kreditgebers ein.

§ 125. Andere forderungsrechtliche Papiere und Zeichen des BGB

Literatur: Vgl. wieder die Lehrbücher des Wertpapierrechts (o. vor Rn. 1051).

Außer der Inhaberschuldverschreibung (vgl. o. Rn. 1051 ff.) und der durch ein Dreipersonenverhältnis gekennzeichneten Anweisung (vgl. u. Rn. 1069 ff.) gibt es im bürgerlichen Recht noch weitere Fälle der Verbindung zwischen einem Papier (oder einem ähnlichen Zeichen) und einer Forderung. Man denke nur an Einzelfahrkarten, Zeitkarten, Theaterkarten, Rabattmarken, Garderobenmarken und Sparkassenbücher. Ein guter Teil dieser Erscheinungen wird von den §§ 807, 808 erfasst. **1065**

I. Inhaberkarten und -marken

1. § 807 behandelt Karten, Marken oder ähnliche Urkunden, die keinen bestimmten **1066** Gläubiger bezeichnen und den Inhaber als Gläubiger legitimieren sollen. Mit diesen Eigenschaften entsprechen sie der Inhaberschuldverschreibung. § 807 betont diese Ähnlichkeit, indem er auch die übrigen Vorschriften über die Legitimation aus Inhaberschuldverschreibungen für anwendbar erklärt (vgl. o. Rn. 1062). Der Unterschied zwischen den Zeichen von § 807 und den Inhaberschuldverschreibungen ergibt sich demgegenüber aus den Regelungen, die nach § 807 nicht anwendbar sein sollen: Es sind dies die Form von § 793 II sowie die Vorschriften über Ersatz, Aufgebot und Zinsscheine (§§ 798–806).

Danach sollen die typischen Urkunden nach § 807 zwar eine vollständige Legitimation des Inhabers bewirken, also im Verkehrsinteresse jede Prüfung der Berechtigung erübrigen. Andererseits entbehren sie aber der Förmlichkeit und der technischen Feinheiten von Inhaberschuldverschreibungen. Deshalb eignen sich die Urkunden nach § 807 insbesondere für **kleinere Werte und für kürzere Geltungszeiten** (so dass die Verzinsung keine Rolle spielt). Hierhin gehören die meisten Fahrkarten (vor Antritt der Fahrt; danach sind sie unübertragbar, vgl. u. Rn. 1067), fast alle Eintrittskarten für Theater, Konzerte, Kinos usw. sowie Rabattmarken, zudem Briefmarken.[1]

2. Davon sind **andere Papiere** zu unterscheiden, die zwar gleichfalls den Berechtigten **1067** nicht nennen, aber im Gegensatz zu § 807 **keine Legitimationswirkung zugunsten des Inhabers** haben sollen. Doch will der Schuldner auch hier durch Leistung an den Inhaber befreit werden, also dessen Berechtigung nicht zu prüfen brauchen. Dahin gehören Gepäck- oder Garderobenmarken, auch Fahrkarten nach Antritt der Fahrt. Auf diese Urkunden sind die Vorschriften über Inhaberschuldverschreibungen unanwendbar. Insbesondere fehlt hier auch ein Grund, die Übertragung des verbrieften Rechts zu erleichtern (wenn sie nicht überhaupt ausgeschlossen ist wie bei Fahrkarten nach Antritt der Fahrt). Daher wird hier die Forderung nicht nach sachenrechtlichen Regeln übertragen, sondern nach Zessionsrecht (mit § 399 bei der Fahrkarte). So muss z. B. der Anspruch auf Rückgabe der hinterlegten Garderobe nach § 398 zediert werden. Das Recht an der Garderobenmarke folgt dann nach § 952. Vgl. o. Rn. 1060.

[1] BGHZ 164, 268, dazu *Gehrlein,* JZ 2006, 371.

II. Namenspapiere mit Inhaberklausel

1068 Die in § 808 geregelten Papiere unterscheiden sich von der Inhaberschuldverschreibung und ähnlichen Urkunden deutlich dadurch, dass sie eine bestimmte Person als Gläubiger nennen. Insofern handelt es sich um Namenspapiere, die nur den namentlich Genannten legitimieren (vgl. o. Rn. 1058). Doch tragen die Papiere des § 808 zusätzlich die sog. **Inhaberklausel:** Der Schuldner soll auch durch Leistung an jeden Inhaber freiwerden. Danach bezieht sich also die o. Rn. 1053 genannte Legitimationswirkung – abweichend von den übrigen Legitimationswirkungen – nicht auf den als Gläubiger Genannten, sondern auf den Inhaber. Hierdurch bewahrt die Klausel den Schuldner davor, an einen nichtberechtigten Inhaber ohne befreiende Wirkung zu leisten, also auf die §§ 407 ff. angewiesen zu sein.

Diese Papiere stehen in der Wirkung also zwischen Inhaber- und Namenspapieren. Deshalb nennt man sie **qualifizierte Legitimationspapiere** oder (weniger treffend) hinkende Inhaberpapiere. Ihre Umlaufsfähigkeit soll ebenso wenig gesteigert werden wie die der o. Rn. 1067 genannten Papiere. Daher folgt auch hier die Übertragung nicht dem Sachenrecht, sondern dem Zessionsrecht; das Recht am Papier geht nach § 952 auf den Erwerber der Forderung über.

Wichtigster Anwendungsfall des § 808 ist das **Sparbuch** von Banken, Sparkassen oder Postbank.[2] Freilich kann hier die befreiende Wirkung der Leistung an jeden Inhaber (und damit die Verlustgefahr für den Berechtigten) durch die Vereinbarung eines Kennworts eingeschränkt werden. Weiter werden für diese Gruppe die auf Namen ausgestellten Abonnements oder Zeitkarten genannt. Nicht hierhin gehört dagegen der gewöhnliche Schuldschein, für den § 808 II nicht passt: Seine Aushändigung kann nach § 371 durch das öffentlich beglaubigte Anerkenntnis ersetzt werden, die Schuld sei erloschen (vgl. AT Rn. 280); er ist daher nach h. M. auch kein Wertpapier.

§ 126. Die Anweisung

Literatur: *Kupisch,* Der Gedanke des „als ob“: Zur wirtschaftlichen Betrachtungsweise bei der Anweisung, in: Rechtsgeschichte und Rechtsdogmatik, 1999, S. 431; *Meder,* Die Kreditkartenzahlung als Anweisungsgeschäft, AcP 198 (1998), 72; *Schnauder,* Die Rechtsnatur der Anweisung, JZ 2009, 1092; *von Tuhr,* Zur Lehre von der Anweisung, IherJb. 48 (1904), 1; *E. Ulmer,* Akkreditiv und Anweisung, AcP 126 (1926), 129, 257, zudem die Lehrbücher des Wertpapierrechts (vgl. o. vor Rn. 1051) sowie *Larenz/Canaris,* SBT II 2, § 62.

I. Die Bedeutungen von „Anweisung“

1069 In der Rechtssprache hat das Wort „Anweisung“ drei verschiedene Bedeutungen.

1. Im weitesten Sinn meint es eine **Anordnung an einen anderen,** die dieser befolgen soll. So spricht § 447 II von einer Anweisung des Käufers an den versendenden Verkäufer und § 645 I 1 von einer Anweisung des Bestellers an den Unternehmer. Besondere Regeln für derartige Anweisungen gibt es nicht.

[2] Vgl. *Welter,* WM 1987, 1117; *M. Lange,* BB 1993, 1677.

2. In einem engeren Sinn wird „Anweisung" als ein Mittel zur **Erleichterung von Leistungen in Dreipersonenverhältnissen** verstanden (wie die *delegatio* des römischen Rechts): Eine Person weist eine andere an, einem Dritten Geld auszuzahlen oder gutzuschreiben. Ein praktischer Anwendungsfall ist etwa die Postanweisung. Regelmäßig wird der Angewiesene einer solchen Anweisung nur folgen, wenn er seinerseits von dem Anweisenden einen Ausgleich (Deckung) erhält (also bei der Postanweisung: wenn der Anweisende das Geld eingezahlt hat). Andererseits wird auch der Anweisende den Dritten nicht ohne Grund bereichern wollen, also diesem gegenüber einen Zweck verfolgen. Man kommt so ähnlich wie beim Vertrag zugunsten Dritter zu drei Rechtsverhältnissen (vgl. AT Rn. 803–816): 1070

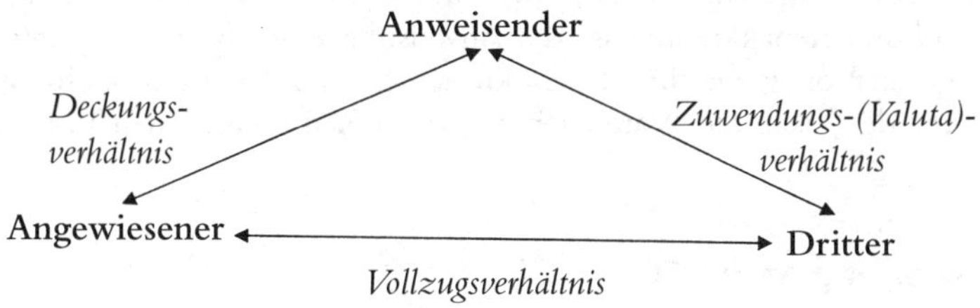

Diese Mehrzahl von miteinander verbundenen Rechtsverhältnissen führt zu Problemen, wenn wenigstens eines von ihnen unwirksam ist. Darauf muss im Bereicherungsrecht zurückgekommen werden (vgl. u. Rn. 1219 ff.).

3. Endlich hat „Anweisung" auch einen noch **engeren, technischen Sinn,** und in diesem Sinn erscheint sie in den §§ 783–792: Danach ist die Anweisung eine Urkunde, die zunächst nicht etwa an den Angewiesenen gelangt, damit dieser die Anweisung ausführe. Vielmehr wird die Urkunde nach § 783 dem Dritten ausgehändigt (der dann Anweisungsempfänger heisst, vgl. etwa § 784 I). Der Dritte soll mit der Urkunde die Leistung „bei dem Angewiesenen im eigenen Namen erheben"; der Dritte weist also die Urkunde dem Angewiesenen vor und erbittet im eigenen Namen (nicht als Vertreter des Anweisenden) die Leistung. 1071

II. Funktion und Sonderformen der Anweisung

1. Die Bedeutung des eben geschilderten, auf den ersten Blick umständlich erscheinenden Verfahrens wird klar, wenn man an die praktisch häufigste Sonderform der Anweisung denkt, nämlich an den **Scheck**: Mit diesem weist der Aussteller die bezogene Bank an, der namentlich genannten Person oder einem anderen Inhaber des Schecks (sog. **Inhaberklausel**) eine bestimmte Geldsumme zu zahlen. Damit will der Aussteller regelmäßig an den Empfänger des Schecks (den Schecknehmer) eine Schuld bezahlen **(Valutaverhältnis).** Die Bank wiederum erhält vom Aussteller Deckung entweder aus dessen aktivem Kontostand oder durch einen dem Aussteller gewährten Kredit **(Deckungsverhältnis).** Ohne Zuhilfenahme des Schecks käme man nicht mit der einen Zahlung von der Bank an den Schecknehmer aus. Vielmehr wären zwei Zahlungen nötig: Der Kontoinhaber müsste zunächst bei seiner Bank Bargeld abheben und dieses dann an seinen Gläubiger zahlen. 1072

In ganz ähnlicher Weise wirkt auch die zweite praktisch überaus wichtige Sonderform der Anweisung, nämlich der **gezogene Wechsel** (= Tratte von lat. *trahere* = ziehen): Hier weist der Aussteller den Bezogenen an, an den Wechselnehmer (Remittenten) oder dessen Order eine bestimmte Geldsumme zu zahlen. Dabei lautet der Wechsel (im Gegensatz zu dem auf sofortige Zahlung angelegten Scheck) auf einen späteren Termin; typisch ist der Dreimonatswechsel. Damit dient er der Kreditgewährung. Deshalb wird der Wechsel bis zur Fälligkeit oft noch auf weitere Personen übertragen: Dann kann er eine ganze Kette von Zahlungen durch eine einzige ersetzen, nämlich durch diejenige von dem Bezogenen an den letzten Inhaber.

1073 **2.** Eine **Sonderform der Anweisung** bildet neben Wechsel und Scheck auch die **kaufmännische Anweisung** (§ 363 I 1 HGB). Dagegen gehören die **Giroüberweisung** (von Konto zu Konto) und das **Dokumentenakkreditiv** eher in den weniger technischen Bedeutungsbereich von „Anweisung" (im Sinne von o. Rn. 1070 sowie Rn. 889). Dokumentenakkreditiv ist die Anweisung eines Käufers an seine Bank, diese möge gegen Vorlage bestimmter Dokumente (etwa des Frachtbriefdoppels, das die Absendung der gekauften Ware nachweist) den Kaufpreis an den Verkäufer zahlen.

III. Die Anweisung nach BGB

1074 Die Anweisung nach BGB hat gegenüber den genannten Sonderformen nur eine ganz geringe Bedeutung: *Hueck/Canaris,* Wertpapierrecht, 12. Aufl., 1986, § 4 II 1 nennen als Beispiel für eine BGB-Anweisung den Kreditbrief, der aber seinerseits weithin durch andere Einrichtungen ersetzt worden ist. Für die Sonderformen der Anweisung dagegen wird die BGB-Regelung vielfach durch teils umfangreiche eigene Regeln verdrängt, nämlich insbesondere durch das WechselG und das ScheckG. Daher sollen im Folgenden die §§ 783 ff. nur ganz kurz dargestellt werden.

1. Der Angewiesene wird allein durch die Anweisung noch nicht verpflichtet: Er war ja auch an dem Rechtsgeschäft zwischen dem Anweisenden und dem Anweisungsempfänger nicht beteiligt (auch hier also kein Vertrag zu Lasten Dritter!). Vielmehr bedeutet die Anweisung für den Angewiesenen bloß eine **Ermächtigung**, für Rechnung des Anweisenden (also mit Rückgriff gegen diesen) an den Anweisungsempfänger zu leisten, § 783 a. E. Diese Ermächtigung kann der Anweisende zunächst regelmäßig noch widerrufen, § 790. Die Rechtslage ändert sich erst durch die **schriftliche Annahme** der Anweisung durch den Angewiesenen: Jetzt hat der Anweisungsempfänger eine Forderung gegen den Angewiesenen, § 784. Zur Annahme verpflichtet ist der Angewiesene nach § 787 II aber nicht schon deshalb, weil er dem Anweisenden etwas schuldet: Diese Schuld verpflichtet ihn eben nur zur Leistung des geschuldeten Gegenstandes an seinen Gläubiger, aber nicht zur Annahme einer entsprechenden Anweisung dieses Gläubigers. Durch besondere Vereinbarung kann freilich auch eine eigene Verpflichtung zur Annahme von Anweisungen begründet werden (so im Sonderfall des Wechsels beim **Akzeptkredit:** Eine Bank verpflichtet sich, dadurch Kredit zu gewähren, dass sie Wechsel ihres Kunden akzeptiert).

Die durch die Annahme entstehende Verpflichtung des Angewiesenen gegenüber dem Anweisungsempfänger ist **selbständig:** Der Angewiesene kann insbesondere nicht mehr auf Einwendungen aus dem Deckungsverhältnis (also zwischen ihm und dem Anweisenden) zurückgreifen, § 784 I (z. B. das Konto des Anweisenden sei durch Abhebungen gemindert). Doch befreit diese Neuverpflichtung allein den Angewiesenen von seiner Schuld gegenüber dem Anweisenden noch nicht: Befreiend wirkt erst die Leistung an den Anweisungsempfänger, § 787 I. Zu dieser Leistung ist der Angewiesene nur gegen Aushändigung der Anweisungsurkunde verpflichtet (weshalb die Anweisung von der h. M. als Wertpapier verstanden wird). Gegenüber dem Anweisenden bleibt der Angewiesene zwar zunächst Schuldner. Doch kann er die Leistung verweigern, solange ihm noch die Inanspruchnahme aus der angenommenen Anweisung droht (vgl. AT Rn. 286).

2. Der Anweisungsempfänger erhält eine Forderung gegen den Angewiesenen erst **1075**
durch die Annahme, § 784 I. Vorher bedeutet die Anweisung für den Anweisungsempfänger nur die **Ermächtigung,** die Leistung bei dem Angewiesenen im eigenen Namen zu erheben, § 783. Aber auch durch die Annahme allein wird der Anweisende nicht von einer etwa gegenüber dem Anweisungsempfänger bestehenden Schuld befreit. Vielmehr tritt diese Befreiung erst durch die Leistung des Angewiesenen an den Anweisungsempfänger ein, § 788. Bei der Anweisung auf Schuld (nämlich des Angewiesenen gegenüber dem Anweisenden, also im Deckungsverhältnis) führt mithin die Leistung des Angewiesenen an den Anweisungsempfänger regelmäßig zu dem o. Rn. 1072 geschilderten Effekt einer doppelten Tilgung: Es erlischt sowohl die Schuld des Angewiesenen beim Anweisenden (Deckungsverhältnis) wie auch diejenige des Anweisenden beim Anweisungsempfänger (Valutaverhältnis).

Nach § 792 kann der Anweisungsempfänger **die Anweisung** regelmäßig (Ausnahme § 792 II) schriftlich auf einen Dritten (besser: Vierten) **übertragen.** Damit erwirbt dieser die Rechte des Anweisungsempfängers: also vor der Annahme die Ermächtigung nach § 783 und danach die Forderung gegen den Angewiesenen nach § 784 I. Für die Rechtsstellung des Angewiesenen ist bedeutsam, ob dieser die Annahme gegenüber dem ursprünglichen Anweisungsempfänger oder gegenüber dem Erwerber erklärt hat, § 792 III.

7. Teil. Typengemischte und typenfremde Verträge

§ 127. Übersicht

I. Der Ausgangspunkt

Das Schuldrecht insgesamt und insbesondere das Recht der Schuldverträge ist in der Regel nachgiebig (dispositiv). Die Parteien können also kraft ihrer Vertragsfreiheit (zu ihr vgl. AT Rn. 63 ff.) 1076

(1) unter Beibehaltung des Vertragstyps die gesetzliche Regelung nur in einzelnen Punkten durch abweichende Vereinbarungen ersetzen; oder

(2) Elemente aus verschiedenen Vertragstypen miteinander verbinden oder mischen; oder

(3) im Gesetz überhaupt nicht vorgesehene Verträge vereinbaren, also neue Verträge „erfinden".

Zu (1) entsteht die Frage, inwieweit gesetzliche Regeln ausnahmsweise zwingend sind und daher nicht abbedungen werden können. Dabei ist noch zu unterscheiden zwischen der Beständigkeit gegen Individualvereinbarungen und der enger zu verstehenden Beständigkeit gegen Allgemeine Geschäftsbedingungen. Hiervon war allgemein schon in AT Rn. 86 ff. die Rede; einzelne zwingende Gesetzesregeln sind jeweils bei den Typen behandelt worden.

Zu (2) kann zunächst fraglich werden, ob mehrere miteinander zusammenhängende Vereinbarungen eine Mehrheit von (womöglich rechtlich miteinander verbundenen) Verträgen bilden oder nur einen einzigen Vertrag. Das zeigt sich etwa bei der Miete eines Zimmers mit Halbpension: Soll man je einen Vertrag über das Zimmer (also im wesentlichen Miete) und über die Verpflegungsleistungen annehmen (regelmäßig Vertrag nach § 651)? Oder liegt bloß ein einziger Vertrag vor, aus dem beide Leistungen geschuldet werden? Vgl. u. Rn. 1077.

Wenn diese Frage im zweiten Sinn beantwortet wird, gelangt man zu einer weiteren: Welche der mehreren gesetzlichen Typenregelungen soll dann auf den einen Vertrag anwendbar sein? Denkbar ist ja zunächst, dass jede der kombinierten Leistungen nach dem Recht desjenigen Typs behandelt wird, dem sie angehört. Im Gegensatz dazu kann aber auch einer der Typen dominieren und das Recht der anderen beteiligten Typen mehr oder weniger verdrängen. Vgl. dazu u. Rn. 1078 ff.

Zu (3) endlich entstehen kaum Probleme, soweit die Parteien den „selbsterfundenen" Vertrag auch wirklich vollständig selbst geregelt und dabei nicht gegen zwingendes Recht (z. B. § 276 III) verstoßen haben. Eine solche umfassende Regelung findet sich etwa häufig beim Kauf ganzer Unternehmen oder im anglo-amerikanischen Rechtskreis. Solche Verträge umfassen oft einige hundert Seiten. Im Allgemeinen sind Verträge aber viel kürzer. Dann kommt für die von den Parteien nicht geregelten Fragen wenigstens das Allgemeine Schuldrecht in Betracht (z. B. insbesondere bei Nichtleistung oder Schlechtleistung). Doch können sich Anklänge an gesetzlich geregelte Vertragstypen finden; dann mögen auch diese Regelungen zur Lückenfüllung dienen. Zwingendes Recht wird sich bei ähnlichen „selbsterfundenen" Verträgen sogar gegen eine Parteivereinbarung durchsetzen. Vgl. dazu u. Rn. 1087 ff.

II. Die Einheit des Vertrages

1077 Einen aus verschiedenen Typen gemischten Vertrag kann man nur annehmen, wenn die Vereinbarungen der Parteien bloß einen einzigen Vertrag hervorgebracht haben. Daran fehlt es sicher bei Vereinbarungen zwischen jeweils **verschiedenen Personen**: Solche Vereinbarungen führen zu eine Mehrheit von Verträgen. Ein Beispiel dafür bildet der fremdfinanzierte Kauf: Bei ihm schließt der Käufer mit dem Verkäufer einen Kauf und mit dem Darlehensgeber ein Darlehen ab; dass dieses Darlehen zur Finanzierung des Kaufpreises bestimmt ist, führt lediglich zu einzelnen rechtlichen Verbindungen zwischen den beiden Geschäften (vgl. o. Rn. 597 und AT Rn. 585 ff., das sind sog. **verbundene Verträge,** §§ 358 f.).

In zeitlichem Abstand zwischen denselben Personen geschlossene Vereinbarungen bringen regelmäßig mehrere Geschäfte zustande. Das gilt selbst dann, wenn diese Geschäfte zu demselben Typ gehören (z. B. jemand kauft vom selben Verkäufer mehrfach nacheinander Waren). Ausnahmsweise anders kann es sich freilich verhalten, wenn die spätere Vereinbarung die frühere nur konkretisieren oder abändern will: Dann liegt womöglich bloß ein einziges Rechtsverhältnis vor (z. B. nachträglich wird der Gegenstand eines Kaufvertrags erweitert). Dagegen spricht es wieder für eine Mehrheit von Geschäften, wenn über gleichzeitig geschlossene Vereinbarungen **mehrere Urkunden** errichtet werden.

Übrig bleiben die gleichzeitig zwischen denselben Personen geschlossenen Vereinbarungen, über die auch nicht mehrere Urkunden errichtet worden sind. Hier findet sich als Kriterium für die Entscheidung darüber, ob es sich um einen Vertrag oder um mehrere Verträge handelt, nur noch der **Parteiwille:** Es kommt darauf an, ob die mehreren Leistungen gerade in ihrer Verbindung miteinander geschuldet werden, also ob die verschiedenen Verpflichtungen „miteinander stehen und fallen sollen". Das hängt ab von den in dem Vertrag durchgesetzten **Interessen:** Wenn der Gläubiger die mehreren Leistungen nur gemeinsam verwenden kann, wird er über sie regelmäßig nur einen einzigen Vertrag haben schließen wollen. Denn das Vorhandensein bloß eines einzigen Vertrages schützt ihn am sichersten dagegen, die eine Leistung nehmen und bezahlen zu müssen, obwohl er die andere nicht fordern kann.

So liegt es regelmäßig bei der o. Rn. 1076 als Beispiel erörterten Miete des Zimmers mit Halbpension: Oft wird dem Gläubiger die Verpflegung nichts oder nur erheblich weniger nutzen, wenn er die Unterkunft nicht erhält. Daher liegt hier im Zweifel nur ein einziger Vertrag über die mehreren typenverschiedenen Leistungen vor. Ähnlich beim Pferdeeinstellvertrag, (vgl. *Häublein,* NJW 2009, 2982).

§ 128. Gemischte Verträge

Literatur: *Boente/Riehm,* Besondere Vertriebsformen im BGB, Jura 2002, 222; *Charmatz,* Zur Geschichte und Konstruktion der Vertragstypen im Schuldrecht, mit besonderer Berücksichtigung der gemischten Verträge, 1937; *Dellios,* Zur Präzisierung der Rechtsfindungsmethode bei „gemischten" Verträgen, Diss. Regensburg, 1981; *Fritzemeyer,* Die rechtliche Einordnung von IT-Verträgen und deren Folgen, NJW 2011, 2918; *Geßner,* Rechtsanwendung beim doppeltypischen Vertrag am Beispiel der Werkdienstwohnung, AcP 186 (1986), 325; *Grigoleit,* Besondere Vertriebsformen im BGB, NJW 2002, 1151; *Hoeniger,*

Gemischte Verträge in ihren Grundformen (= Untersuchungen zum Problem der gemischten Verträge I), 1910; *Leenen,* Typus und Rechtsfindung, 1971; *Rahl,* Netzverträge, 1998; *Schlinker,* Sachmängelhaftung bei gemischter Schenkung ..., AcP 206 (2006), 28; *Silberschmidt,* Das partiarische Rechtsverhältnis in rechtsvergleichender und geschichtlicher Darstellung, ZHR 96 (1931), 267; *Stoffels,* Gesetzlich nicht geregelte Schuldverträge, 2001; vgl. auch die FG Schluep, 1988 mit dem Generaltitel „Innominatverträge" und *Larenz/Canaris,* SBT II 2, § 63.

Bei den Typenmischungen kann man verschiedene Arten unterscheiden. Über diese 1078
im BGB ganz ungeregelte Frage besteht in der Literatur naheliegenderweise keine Einigkeit.[1] Ich selbst wähle die folgende Dreiteilung (s. auch PdW Schuldrecht II **Fall 170**).

I. Typenkombinationsverträge

1. Begriff und Vorkommen

Beim Typenkombinationsvertrag sind auf einer Vertragsseite Leistungen, die zu ver- 1079
schiedenen Typen gehören, gehäuft. Ein Beispiel dafür bildet die schon o. Rn. 1076 angeführte Vermietung eines Zimmers mit Verpflegung: Hier hat der Geldschuldner eine Sachüberlassung (Miete), Dienstleistungen (das Aufräumen des Zimmers) und nach Kaufrecht zu beurteilende (§ 651) Lieferungen (die Verpflegung) zu fordern. Ähnlich verhält es sich beim „betreuten Wohnen".[2] Auch sonst begegnen Typenkombinationsverträge recht häufig. So wird beim Kino- oder Theatervertrag neben der Überlassung des Platzes (Miete) auch die Vorführung des Filmes oder Stückes (Werkvertrag) geschuldet. Verkäufer- und Unternehmerpflichten trafen früher auch zusammen beim Kauf mit Montageverpflichtung (dazu § 434 II, o. Rn. 92). Ein inzwischen gesetzlich geregeltes Beispiel für einen Typenkombinationsvertrag war auch der Reisevertrag (vgl. o. Rn. 803 ff.).

Entsprechende Häufungen sind sogar **innerhalb desselben Typs** möglich, etwa wenn Wohn- und Geschäftsräume in einem Vertrag vermietet werden: Dann stehen Vermieterleistungen, die dem Sonderrecht der Wohnungsmiete unterliegen (vgl. o. Rn. 508 ff.), neben solchen, für die das nicht zutrifft.

Nicht entscheidend ist für das Vorliegen eines Typenkombinationsvertrages, ob für die mehreren typenverschiedenen Leistungen nur eine gemeinsame Vergütung vereinbart worden ist, oder ob getrennte Preise verabredet sind. Allerdings lösen sich manche Fragen (etwa hinsichtlich von Teilrücktritt oder Teilminderung) bei Verabredung getrennter Preise leichter. Zudem kommt eine solche Vereinbarung als Indiz dafür in Betracht, dass überhaupt mehrere getrennte Verträge vorliegen sollen (vgl. o. Rn. 1077).

2. Rechtliche Behandlung

a) Beim Typenkombinationsvertrag ist regelmäßig jede der typenverschiedenen Leis- 1080
tungen nach dem Recht desjenigen Vertragstyps zu behandeln, dem sie angehört (sog. **Trennungstheorie**).[3] So richten sich bei der Vermietung mit Halbpension die

[1] Vgl. etwa *Larenz/Canaris,* SBT II 2, § 63; *Esser/Eike Schmidt,* Bd. I, Teilbd. 1, § 12 II 2; *Fikentscher/Heinemann,* § 67; *Looschelders,* BT Rn. 11 ff.

[2] Vgl. *BGH* NJW 2005, 2008.

[3] Vgl. BGHZ 173, 344 Tz. 19.

Zimmerüberlassung nach Mietrecht, die Dienstleistungen nach §§ 611 ff. und die Verpflegung nach § 651. Daher mindert sich bei Mängeln des Zimmers der für dieses geschuldete Teil der Gegenleistung von selbst, § 536 (vgl. o. Rn. 457).

1081 b) Jedoch können Störungen bei einem Leistungsteil auf die anderen Leistungsteile **ausstrahlen,** und das ist sogar ziemlich häufig.[4] So muss eine Kündigung hinsichtlich des Mietteils (etwa nach § 543) regelmäßig auch die anderen Teile betreffen. Denkbar ist aber z. B. auch, dass der Mieter bei Mängeln bloß der Verpflegung das Zimmer behält und nur wegen der Verpflegung kündigt oder zurücktritt. Ob eine Gesamtwirkung in die Wahl des Gläubigers der gestörten Leistung gestellt werden kann, lässt sich nicht allgemein entscheiden. Vielmehr muss für ihren Eintritt vor allem die Verteilung der Gewichte in dem jeweiligen Vertrag maßgeblich sein. Zudem sind die Interessen des Schuldners der gestörten Leistung zu berücksichtigen: Vielleicht ist es ihm nicht zumutbar, allein an dem ungestörten Vertragsteil festgehalten zu werden.

Besonderheiten können sich endlich noch ergeben, soweit für einen der kombinierten Vertragstypen **zwingendes Recht** gilt: Dann kann dieses auch die Leistungspflichten eines anderen Typs beeinflussen. Ein Beispiel dafür bildet die kombinierte Miete von Wohn- und Geschäftsräumen.[5] Wenn sich hier die Räume trennen lassen, kann man die Anwendung der Schutzvorschriften für den Wohnraummieter auf den die Wohnräume betreffenden Vertragsteil beschränken: Dann darf also der Vermieter etwa den Vertragsteil hinsichtlich der Geschäftsräume kündigen, während hinsichtlich der Wohnräume Kündigungsschutz besteht. Bei Untrennbarkeit dagegen (z. B. weil der Geschäftsraum ohne den Wohnraum nicht verwendet werden kann) wollen viele den dann einheitlich zu behandelnden Vertrag ganz dem Recht des überwiegenden Teils unterstellen. Dabei soll sich das Überwiegen aus dem **Vertragszweck** ergeben:[6] Es soll also z. B. für den ganzen Vertrag kein Mieterschutz gelten, wenn der Vertrag in erster Linie zu einem gewerblichen Zweck geschlossen worden ist. Doch kann das zwingende Recht auch einmal eine weiterreichende Geltung beanspruchen.

II. Typenverschmelzungsverträge

1. Begriff und Vorkommen

1082 Beim Typenverschmelzungsvertrag geht es – anders als beim Typenkombinationsvertrag (vgl. o. Rn. 1079) – nicht um mehrere Leistungen einer Partei. Vielmehr handelt es sich hier nur um **eine einzige Leistung**; diese ist aber so gestaltet, dass sie gewissermaßen zwischen zwei gesetzlich geregelten Typen steht. Das Gemeinte wird deutlich an der **gemischten Schenkung:** Es soll etwa eine Sache übereignet und dafür ein Preis bezahlt werden (Kauf). Dieser Preis wird aber so niedrig bemessen, dass er nach dem Parteiwillen den Wert der Sache nur zum Teil abgilt; für den übrigen Teil soll die Übereignung unentgeltlich bleiben (Schenkung). Ein anderer, gesetzlich geregelter Fall eines Typenverschmelzungsvertrages ist der Dienst- oder Werkvertrag mit Geschäftsbesorgungscharakter, § 675 I (vgl. o. Rn. 882 ff.).

[4] Vgl. *Larenz/Canaris*, SBT II 2, § 63 II 2–4.

[5] Etwa *BGH* ZIP 2008, 2221.

[6] Vgl. *BGH* NJW 1995, 324, 326.

Einen – ebenfalls häufiger vorkommenden – Spezialfall des Typenverschmelzungsvertrages bilden wohl auch die **partiarischen Verträge.**[7] Bei ihnen wird die Gegenleistung ganz oder teilweise nach dem Umsatz oder Gewinn bestimmt, den der Empfänger der Leistung mit dieser erzielt. Der Vertrag enthält damit Elemente einer BGB-Gesellschaft als Innengesellschaft (vgl. o. Rn. 974 ff., zur Abgrenzung *BGH* NJW 1995, 192). Das findet sich häufig insbesondere bei der Miete von Geschäftsräumen: Der Mietzins berechnet sich nach dem vom Mieter in diesen Räumen erzielten Umsatz oder Gewinn. Damit wird vordergründig das regelmäßig allein beim Mieter liegende Verwendungsrisiko teilweise vom Vermieter übernommen; hintergründig wird der Mietzins zum Ausgleich der Geldentwertung dynamisiert (vgl. AT Rn. 195). Wegen der Risikoverschiebung liegt es nahe, dem Vermieter in solchen Fällen gewisse Kontroll- oder Mitspracherechte über das Geschäftsgebaren des Mieters einzuräumen (vgl. § 716).

2. Rechtliche Behandlung

a) Die für den Typenkombinationsvertrag geltende Regel, jede der typenverschiedenen Leistungen nach dem Recht ihres Vertragstyps zu behandeln (vgl. o. Rn. 1080), passt für den Typenverschmelzungsvertrag nicht: Bei ihm geht es ja nur um eine einzige Leistung. Man kann aber versuchen, auf diese Leistung eine **Mischung aus dem Recht der verschmolzenen Typen** anzuwenden. Dementsprechend schreibt auch § 675 I eine Ergänzung des Dienst- oder Werkvertragsrechts durch einige Auftragsnormen vor. Oder man kann bei der partiarischen Miete die §§ 535 ff. durch das gesellschaftsrechtliche Kontrollrecht nach § 716 **ergänzen,** so dass sich der Vermieter über Umsatz oder Gewinn seines Mieters zu informieren vermag. 1083

b) Sehr häufig scheitert eine solche Kombination der Normen der zwei einschlägigen Typen aber daran, dass sich diese **Normen widersprechen.** So lässt sich bei der gemischten Schenkung die Schenkungsform von § 518 I nicht mit der für den Mobiliarkauf geltenden Formfreiheit vereinbaren. Nicht auszugleichende Unterschiede bestehen auch hinsichtlich des Haftungsmaßstabs (§§ 276 I 1, 434, 438 ff. beim Kauf, §§ 521 ff. bei der Schenkung). Oder: Das Recht des Schenkers zum Widerruf wegen groben Undanks (§§ 530 ff.) passt nicht zur Regelung des Kaufs, bei dem es für keine Partei (für welche auch?) eine Dankespflicht gibt; folglich kommt auch kein Widerrufsrecht bei deren Verletzung in Betracht. 1084

Hier sollte man zunächst im Sinne der sog. **Trennungstheorie** versuchen, das einheitliche Geschäft wenigstens wertmäßig zu teilen. So kann man die gemischte Schenkung eines teilbaren Gegenstandes (vgl. AT Rn. 835) zu demjenigen Teil als Schenkung behandeln, zu dem die Parteien Unentgeltlichkeit gewollt haben (z. B. 500 kg Zement sollen „halb geschenkt" sein, also für die Hälfte des als angemessen angesehenen Preises verkauft werden: Bei grobem Undank mag dann die Schenkung von 250 kg nach § 530 widerrufen werden).

Dies führt aber für manche Vorschriften zu wenig sinnvollen Ergebnissen: Soll z. B. nach § 518 I bloß die Schenkung eines Teils zu beurkunden sein, wenn die Parteien doch Schenkung und Kauf als einheitliches Geschäft wollen? Vollends versagt die Trennungstheorie bei den (häufigen) **unteilbaren Leistungen.** Dann wird man zu-

[7] Vgl. *Larenz/Canaris,* SBT II, 2 § 63 III 2.

nächst auf den **Zweck** der in Betracht kommenden **zwingenden Normen** abzustellen haben. So ist § 518 wegen des mit ihm bezweckten Übereilungsschutzes schon immer dann anzuwenden, wenn nicht der entgeltliche Charakter des Geschäfts eindeutig überwiegt.[8] In gleichem Umfang dürften auch die Schenkverbote eingreifen (etwa §§ 1641, 2113 II). Beim Widerrufsrecht des Schenkers nach §§ 530 f. ist zu unterscheiden: Bei Überwiegen des Schenkungscharakters muss der Beschenkte das Geschenk selbst gegen Rückzahlung des gezahlten Preises herausgeben;[9] bei Überwiegen des Kaufcharakters dagegen kann er diesen Gegenstand behalten und braucht nur den Betrag zu zahlen, zu dem Schenkung vorliegen sollte. Für den Haftungsmaßstab (§ 276 I 1 oder § 521) wollen *Larenz/Canaris,* SBT II 2, § 63 III 1 c nur für denjenigen Teil des Schadens nach dem Maßstab von § 276 I 1 haften lassen, der dem entgeltlichen Teil des Geschäfts entspricht.

III. Verträge mit anderstypischer Gegenleistung

1. Begriff und Vorkommen

1085 Bei Typenkombinationsverträgen und Typenverschmelzungsverträgen lag die Komplikation darin begründet, dass sich die Leistung des einen Vertragsteils nicht eindeutig einem einzigen Vertragstyp zuordnen ließ. Demgegenüber folgt die Problematik der jetzt noch zu behandelnden Verträge aus dem **Verhältnis zwischen Leistung und Gegenleistung:** Die Gegenleistung gehört zu einem anderen Vertragstyp als die Leistung. Ein Beispiel bilden die Verträge auf Überlassung einer Wohnung gegen Dienstleistungen: z. B. als Hausmeister, zur Pflege von Hund und Garten oder einfach zur Bewachung. Hier sind sozusagen ein Mietvertrag und ein Dienstvertrag derart ineinandergeschoben, dass sich die beiden Geldzahlungspflichten (des Mieters und des Dienstgläubigers) ganz oder teilweise gegeneinander aufheben.

Derart können auch alle anderen Leistungen zu einem gegenseitigen Vertrag miteinander verbunden werden: Jemand erhält das Eigentum an einem Grundstück für vieljährige Pflegedienste (Kauf mit Dienstvertrag) oder ein Maler streicht den Neubau seines Nachbarn an, während dieser die Installationen im Neubau des Malers besorgt (sozusagen ein „Tausch" von Werkleistungen).

2. Rechtliche Behandlung

1086 Bei solchen Verträgen mit anderstypischer Gegenleistung ist auf jede Leistung grundsätzlich das Recht desjenigen Vertragstyps anzuwenden, dem sie angehört. So richten sich die Pflichten des Hausmeisters nach den §§ 611 ff. und diejenigen seines wie ein Vermieter auftretenden Vertragspartners nach den §§ 535 ff. Probleme entstehen aber bei der Auflösung des Vertrages etwa durch Rücktritt oder Kündigung, soweit sich die einschlägigen Vorschriften bei den beteiligten Typen unterscheiden. Ein solcher Unterschied findet sich etwa bei den Kündigungsregeln für den Dienstvertrag (oder Arbeitsvertrag) und für die Wohnungsmiete. Hier hat man grundsätzlich von den Normen desjenigen Typs auszugehen, der den Charakter des Vertrages überwiegend bestimmt. Ein solches Überwiegen kommt insbesondere für eine Leistung in Betracht, die teilweise in Geld (und damit typgerecht) vergütet wird. So möge der

[8] Vgl. ähnlich *Larenz/Canaris,* SBT II 2, § 63 III 1 b; *Schlechtriem,* SBT, Rn. 176.

[9] BGHZ 30, 120.

Hausmeister für seine Dienste außer der Wohnung noch Geld zu fordern haben: Dann überwiegt der Dienst- den Mietvertragscharakter. Doch finden sich gerade für die Verbindung von Wohnraumüberlassung und Dienstleistungen Sondervorschriften in den §§ 576–576 b, die aus der Beendigung des Dienstverhältnisses Kündigungsgründe für die nebenher laufende Miete herleiten. S. dazu auch PdW Schuldrecht II **Fall 171**.

§ 129. Leasing, Factoring, Franchising

Literatur: *Dietrich,* Entwicklung und rechtliche Behandlung moderner Vertragstypen im Zivilrecht, Jura 2011, 803; *Stoffels,* Gesetzlich nicht geregelte Schuldverträge, 2001.

I. Typenfremde Verträge und Typenverträge

1. Im Rahmen der Vertragsfreiheit können die Parteien neue, im BGB nicht vorgesehene Schuldverträge „erfinden" (vgl. o. Rn. 1076). Solche Verträge kann man, wenn sie keinem der Typen des BGB entsprechen, als „typenfremd" bezeichnen. Doch berücksichtigen diese Typen fast alle Lebensbedürfnisse. Daher lässt sich ein völlig neuer Vertrag, der keinerlei Ähnlichkeit mit einem der im BGB vorgesehenen Typen hat, kaum vorstellen. Insofern gibt es zwischen den noch als typenfremd zu bezeichnenden Verträgen und denjenigen, in denen unter Wahrung des Typs bloß von einigen dispositiven Gesetzesregeln abgewichen wird, **keine scharfe Grenze.** Abweichendes kann aber für neu aufgetauchte Möglichkeiten oder Bedürfnisse gelten, etwa für den sog. Access-Provider-Vertrag über den Zugang zum Internet (vgl. *BGH* NJW 2005, 2076) oder für den Internetsystemvertrag (vgl. BGHZ 184, 345), s. dazu bei Rn. 15. 1087

In diesem Buch wurde im Zusammenhang mit einzelnen Typenverträgen des BGB bereits erwähnt insbesondere der **Garantievertrag** (o. Rn. 207), der **Krediteröffnungsvertrag** (o. Rn. 588), der **Dienstverschaffungsvertrag** (o. Rn. 622), der **Baubetreuungsvertrag** (o. Rn. 797), der **Bauträgervertrag** (o. Rn. 799) und die **Patronatserklärung** (o. Rn. 1029); nicht glatt einem gesetzlichen Typ entsprechen auch die **unbenannten Zuwendungen** vor allem unter Ehegatten (o. Rn. 409).

2. Seit mehreren Jahrzehnten zeigt sich die Tendenz, häufiger verwendete Verträge nicht aus dem BGB herzuleiten, sondern sie sozusagen gesetzesunabhängig zu entwickeln. Das beginnt schon bei der Benennung mit angloamerikanischen Ausdrücken, die (anders als z. B. das früher gebräuchliche Wort „Mietkauf", s. dazu aber o. Rn. 606) keine Anklänge an die Terminologie des BGB erkennen lassen. 1088

Über die so benannten Typen werden inzwischen sehr hohe Beträge abgewickelt. So geht es im Leasing insgesamt um einige 100 Milliarden EUR. Das zeigt die hohe wirtschaftliche Bedeutung dieser Vertragsart.

Der Grund für diese Attraktivität liegt darin, dass die neuen Geschäfte besonders gut auf moderne wirtschaftliche Bedürfnisse und teils auch auf steuerliche Gesichtspunkte abgestimmt sind (vgl. u. Rn. 1089). Daher müssen die wichtigsten dieser Geschäfte im Folgenden kurz dargestellt werden. Dabei ist auch auf die Frage nach der Verwandtschaft zu einzelnen Typenverträgen des BGB zurückzukommen. Denn aus einer solchen Verwandtschaft können sich Folgen etwa für die Beurteilung von AGB ergeben: Insbesondere § 307 II Nr. 1 stellt ja auf die „wesentlichen Grundgedanken der gesetzlichen Regelung" ab; dem kann man natürlich nicht durch die Wahl einer neuartigen Vertragsbezeichnung entgehen. Ähnlich muss der Verbraucherschutz bei allen Arten des Verbraucherkredits eine Rolle spielen, vgl. § 506 I.

II. Leasing

Literatur: Für Studenten besonders geeignet: *Martinek,* Moderne Vertragstypen, Bd. I: Leasing und Factoring, 1991; Bd. II: Franchising, Know-How, Management und Consulting-Verträge, 1992; Bd. III: Computerverträge, Kreditkartenverträge sowie sonstige moderne Vertragstypen, 1993, dazu die Rezension durch *von Olshausen,* ZHR 159 (1995), 513; vgl. außerdem die Beiträge in der Sonderausgabe „Grundfragen des Finanzierungsleasing" von AcP 1990, Heft 3/4 (S. 204, vor allem *Canaris,* ebenda, 410) sowie *Emmerich,* Grundprobleme des Leasing, JuS 1990, 1. Zudem *Beckmann,* Finanzierungsleasing, 3. Aufl., 2006; *Berger,* Typus und Rechtsnatur des Herstellerleasing, 1988; *Bernstein,* Der Finanzierungs-Leasing-Vertrag unter besonderer Berücksichtigung des privaten Pkw-Leasing, DB 1987, 1236; *Bethäuser,* Die aktuelle Rechtsprechung zum Pkw-Leasing, DAR 1999, 481; *Brunotte,* Der Finanzierungsleasingvertrag – ein Beispiel richterlicher Rechtsfortbildung im Schuldrecht, DRiZ 1990, 396; *Büschgen,* Praxishandbuch Leasing, 1998; *Canaris,* Grundprobleme des Finanzierungsleasing im Lichte des VerbrKrG, ZIP 1993, 401; *Coester-Waltjen,* Die Grundstruktur des Leasing-Vertrages, Jura 1980, 123; *dies.,* Leasing-Vertrag und moderne Rechtsschutzgesetzgebung, Jura 1980, 186; *Engel/Paul,* Kraftfahrzeug-Leasing (2000); *Flume,* Das Rechtsverhältnis des Leasing in zivilrechtlicher und steuerrechtlicher Sicht, 1972; *ders.,* Die Rechtsfigur des Finanzierungsleasing, DB 1991, 265; *Gabele/Kroll,* Grundlagen des Immobilien-Leasing, DB 1991, 241; *Giger,* Der Leasingvertrag, 1977; *Habersack, Lübbe, Masuch* und *Timann,* in: Finanzierungsleasing und Verbrauchergeschäfte, Schüler-Symposion für Peter Ulmer, Beilage zu BB 2003 Heft 35; *Hansen/Heye u. a.,* der Leasingvertrag, 6. Auflage 2010; *Hohloch,* Schadensersatzprobleme bei Unfällen mit Leasingfahrzeugen, NZV 1992, 1; *Knops,* Die rechtliche Bindung des Leasinggebers an Zusagen des Lieferanten, BB 1994, 947; *Lieb,* Das Leitbild des Finanzierungs-Leasing im Spannungsfeld von Vertragsfreiheit und Inhaltskontrolle, DB 1988, 946 (dazu kritisch *Graf von Westphalen,* BB 1988, 1829); *ders.,* Gewährleistung beim reinen Finanzierungsleasing, DB 1988, 2495; *ders.,* § 9 VerbrKrG und Finanzierungsleasing, WM 1991, 1533; *ders.,* Zur Risikoverteilung bei Finanzierungsleasingverträgen, insbes. mit Kaufleuten, WM 1992 Sonderbeilage 6; *Löhning/Gietl,* Grundfälle zum Finanzierungsleasing, JuS 2009, 491; *Michalski/Schmitt,* Der Kfz-Leasingvertrag, 1995; *Omlor/Spies,* Leasingrecht im Dreieck von Gewährleistungs-, Verbraucherschutz-, und Aufsichtsrecht, JuS 2011, 305; *Papastolou,* Die Risikoverteilung beim Finanzierungsleasingvertrag über bewegliche Sachen, 1987; *Paschke,* Zivil- und wettbewerbsrechtliche Probleme des Null-Leasing, BB 1987, 1193 (dazu *Ope,* BB 1987, 1835 f.); *ders.,* Leasingverträge und VerbrKrG, WM 1992, 1797; *Reinicke/Tiedtke,* Finanzierungsleasing und Sachmängelhaftung, BB 1982, 1142; *dies.,* Die Verpflichtung zur Zahlung der Leasingraten vor Beendigung des Wandlungsprozesses, DB 1985, 2085; *dies.,* Insolvenzrisiko im Finanzierungsleasing, DB 1986, 575; *Reinking,* Auswirkungen der geänderten Sachmängelhaftung auf den Leasingvertrag, ZGS 2002, 229; *Rickmers,* Die Vollamortisation im Pflichtengefüge des Finanzierungsleasingsvertrages, ZGS 2011, 212; *A. Schröder,* Rückabwicklung des Leasingvertrages bei entfallener Geschäftsgrundlage ..., JZ 1989, 717; *Seifert,* VerbrKrG und Finanzierungsleasing, BB 1991 Beilage 11, S. 12; *Strunz,* Das Immobilienleasing, BauR 1988, 413; *ders.,* Leasing und Konkurs, BB 1988, 218; *Tiedtke,* Zur Sachmängelhaftung des Leasinggebers, JZ 1991, 907; *P. Ulmer/H. Schmidt,* Zur AGB-Inhaltskontrolle von Kfz-Leasingverträgen, DB 1983, 2558; 2615; *J. Weber,* Die Entwicklung des Leasingrechts 2001 bis Mitte 2003, NJW 2003, 2348; *ders.,* dito von Mitte 2003 bis Mitte 2005, NJW 2005, 2195; *Graf von Westphalen,* Der Leasingvertrag, 6. Aufl., 2008; *ders.,* Die rechtliche Qualifikation des Lieferanten des Leasingguts beim Finanzierungsleasing, BB 1984, 2093; *ders.,* Der Leasingnehmer als Nichtkaufmann, BB 1990, 1; *ders.,* Die Haftung des Leasinggebers beim sale-and-lease-back, BB 1991, 149; *ders.,* Leasing als sonstige Finanzierungshilfe gemäß § 1 II VerbrKrG, ZIP 1991, 639; *ders.,* Leasing: Die vernachlässigte Bedeutung des Einkaufsvertrages, DB 1993, 921; *ders.,* Die Auswirkungen der Schuldrechtsreform auf die „Abtretungskonstruktion" beim Leasing, ZIP 2001, 2249, weiter ZIP 2006, 1653; *V. Wolf,* Die Rechtsnatur des Finanzierungsleasings, JuS 2002, 335; *Zahn/Bahmann,* Kfz-Leasingvertrag (1999), auch *Larenz/ Canaris,* SBT II 2, § 66.

1. Arten und Funktionen

a) Mit dem Wort „Leasing" werden sehr verschiedenartige Verträge bezeichnet. Ihnen ist gemeinsam, dass eine Partei (der Leasinggeber, LG) der anderen (dem Leasingnehmer, LN) die Nutzung einer Sache oder Sachgesamtheit auf Zeit gegen Entgelt überlässt, nicht jedoch das Sacheigentum. Eine solche Konstellation lässt zunächst an Miete denken. Doch besteht zwischen der Miete und dem echten Leasing ein typologischer Unterschied: 1089

Der Vermieter hat eine Sache und will diese durch Überlassung an den Mieter nutzen. Dagegen hat der LG zunächst keine Sache, sondern Kapital: Dieses nutzt er, indem er damit eine vom LN gewünschte und regelmäßig auch ausgesuchte Sache anschafft und deren Nutzung dem LN entgeltlich überlässt. Es entsteht also ein **Dreiecksverhältnis** zwischen dem Verkäufer der Sache, dem LG und dem LN. Dabei besteht zwischen dem Verkäufer und dem LG ein Kauf (der LG wird Eigentümer und bezahlt den Kaufpreis); zwischen dem LG und dem LN besteht der Leasingvertrag. Zwischen dem Verkäufer und dem LN dagegen fehlt regelmäßig ein Vertrag, doch tritt gegenüber dem Verkäufer häufig der LN für den LG auf.

Wenn der LN die Sachnutzung für eine – bezogen auf die gewöhnliche Lebensdauer der Sache – lange Zeit erhält, ähnelt das Leasing mehr einem fremdfinanzierten Teilzahlungskauf als einer Miete. Dementsprechend dominiert beim echten Leasing die **Finanzierungsfunktion** (daher wird es als „Finanzierungsleasing" bezeichnet, vgl. § 500 a. F.): Der LN erhält die Sachnutzung ohne den Einsatz von Eigenkapital. Auch in seiner Bilanz taucht das Leasinggeschäft nicht auf: Weder das (dem LN ja nicht gehörende) Leasinggut noch die Verpflichtung zu den künftigen Leasingraten muss bilanziert werden. Endlich können sich auch steuerliche Vorteile ergeben: Die gezahlten Leasingraten mindern als Betriebsausgaben das steuerpflichtige Einkommen. Dabei können sich (wenigstens zunächst) höhere Beträge ergeben als bei Zinsen und Abschreibungen, die durch einen fremdfinanzierten Teilzahlungskauf entstünden. Auch bei der Gewerbesteuer kommen Vorteile in Betracht.[1] S. dazu auch PdW Schuldrecht II **Fall 173.**

Vor allem die Liquiditätsvorteile haben dazu geführt, dass Leasing bisweilen sogar auf Anlagevermögen erstreckt wird, das der (spätere) LN schon hat: Er veräußert dieses an den LG, um es dann von diesem „zurückzuleasen" (**sale und lease back**).[2] Dadurch erhält der LN nicht bloß den Kaufpreis, also Liquidität. Vielmehr können so auch stille Reserven offengelegt werden, was die Bilanz zusätzlich verbessert (der erzielte Kaufpreis tritt an die Stelle des niederen Buchwerts der verkauften Anlage). Allerdings gehört nach BGHZ 104, 129 eine solche Veräußerung an den LG nicht zum „ordnungsgemäßen Geschäftsbetrieb" (also zum gewöhnlichen Geschäftsgang beim verlängerten Eigentumsvorbehalt, vgl. o. Rn. 294). Auch die öffentliche Hand finanziert in steigendem Umfang Anlagen (z. B. Verwaltungsgebäude oder Kläranlagen) durch Leasing (sog. **Kommunalleasing**).

b) Der Hauptunterschied innerhalb der Leasingverträge ergibt sich aus der **Dauer der Überlassung:** Diese kann so bemessen sein, dass der LG durch die vom LN ins- 1090

[1] Vgl. aber *Meincke,* AcP 190 (1990), 358.

[2] Dazu *Schulze-Osterloh,* ZIP 2005, 1617.

gesamt zu zahlenden Raten seinen Aufwand (Kaufpreis, Zinsen, Verwaltungskosten) voll ersetzt erhält **(Vollamortisationsleasing).** Es kann aber auch wegen der kürzeren Überlassungszeit nur zu einem Teilersatz kommen **(Teilamortisationsleasing).** Bei dieser Form finden sich aber nicht selten Verlängerungsmöglichkeiten: sei es als Option des LN, sei es als solche des LG. Andererseits können auch für einen Vertrag mit längerer Laufzeit Kündigungsmöglichkeiten vorgesehen sein. Daran kann vor allem der LN ein Interesse haben, weil ihm die Kündigung das Überwechseln zu einer neuen Technik (etwa bei EDV-Anlagen) erleichtert.

1091 c) Eine Sonderform bildet das sog. **Herstellerleasing.** Dabei macht es wirtschaftlich (und im Ergebnis wohl auch rechtlich) keinen Unterschied, ob der Hersteller selbst oder eine Tochtergesellschaft als LG auftritt. Im ersten Fall reduziert sich das Dreipersonenverhältnis auch rechtlich auf zwei Personen: Die Beschaffung des Leasingguts wird zum Internum des LG; es gibt keinen Kauf mehr, sondern nur noch den Leasingvertrag.

Bei diesem Herstellerleasing besteht auch eine andere Interessenlage: Hier will der LG nicht mehr bloß sein Kapital nutzen, sondern primär seine Erzeugnisse absetzen. In der Praxis findet sich das besonders häufig bei **Kraftfahrzeugen.** Durch dieses Absatzinteresse des LG und auch deshalb, weil das Leasinggut von ihm selbst stammt, treten hier Verbindungen zu Kauf oder Miete deutlich hervor. Zugleich werden solche Verträge häufig mit einem nichtgewerblichen Verbraucher abgeschlossen **(Verbraucherleasing);** daraus folgt die Möglichkeit zur Anwendung des § 500.

2. Rechtliche Behandlung

1092 a) Die rechtliche Behandlung des Leasing muss sich in erster Linie aus den **Parteivereinbarungen** ergeben. Ein Rückgriff auf **Gesetzesrecht** ist nur in zwei Situationen nötig: erstens zur Inhaltskontrolle nach § 307 (der Leasingvertrag wird immer aus Allgemeinen Geschäftsbedingungen bestehen) und anderem zwingenden Gesetzesrecht. Und zweitens kommt man zum Gesetzesrecht bei Lücken der Parteivereinbarungen, die sich am ehesten für einen irregulären Ablauf (also für Fälle der Leistungsstörung) finden werden.

1093 b) Ein solcher häufig erörterter Störungsfall ergibt sich bei **Sachmängeln des Leasingguts.** Der LG pflegt eine eigene Haftung für solche Mängel (wie sie den §§ 437 ff. und auch den §§ 535, 536a entspräche) auszuschließen: Dem LN werden nur die Rechte abgetreten, die der LG wegen solcher Mängel gegen den Verkäufer hat (s. dazu im Zusammenhang mit dem Verbrauchsgüterkauf bereits o. Rn. 240; anders natürlich beim Herstellerleasing, vgl. o. Rn. 1091). Dies erkennt der *BGH* mit Recht an, obwohl er das Leasing in der Nähe der Miete sieht:[3] Da der LN die Sache ausgesucht hat, steht er deren Mängeln näher als der LG. Dennoch verlagert der *BGH* das Mängelrisiko weitgehend auf den LG: Wenn der LN im Verhältnis zum Verkäufer wegen des Mangels zurücktritt, soll der Leasingvertrag seine Geschäftsgrundlage (§ 313) verloren haben, und zwar rückwirkend auf den Zeitpunkt des Vertragsschlusses:[4] Der LN soll also die gezahlten Raten zurückverlangen können. Damit wird die Lehre von der Geschäftsgrundlage in einer ganz unüblichen Weise zu einer

[3] BGHZ 106, 304, 309.
[4] Etwa BGHZ 81, 298; 94, 44; 97, 135; 109, 139.

Korrektur des Vereinbarten verwendet: Diese zielt nicht auf den vermutlichen Parteiwillen, sondern auf die für gerecht gehaltene Lösung.

Für **Verbrauchergeschäfte** (vgl. o. Rn. 301 ff.) ergibt sich die Rechtslage aus § 506 II (früher § 500).[5] Dieser bestimmt für das Finanzierungsleasing die Anwendbarkeit einiger Vorschriften des Verbraucherrechts (vgl. o. Rn. 606). Zu ihnen gehört etwa das Widerrufsrecht. Zudem ist seit dem SMG klar, dass auch die §§ 358, 359 über **verbundene Verträge** entsprechend gelten sollen (§ 500 a. F.). Daher können im Verhältnis zwischen Unternehmer (als LG) und Verbraucher (als LN) Mängel des Leasingguts dem LG direkt entgegengehalten werden. Insoweit ist also der eben erwähnte, vom *BGH* eröffnete Weg über die Lehre von der Geschäftsgrundlage überflüssig geworden.

c) Nach BGHZ 107, 123 soll bei **nicht rechtzeitiger Rückgabe** des Leasingguts 1094
durch den LN § 546a anwendbar sein, so dass der LN die Leasingraten weiterzahlen muss; das soll sogar bei Vollamortisationsverträgen gelten (vgl. o. Rn. 1090). Doch dürfte der *BGH* hier durch seine mietrechtliche Grundeinstellung zu einem unrichtigen Ergebnis geführt worden sein.[6]

III. Factoring

Literatur: Für den Studenten vor allem *Martinek,* Moderne Vertragstypen, Bd. I, 1991. Außerdem etwa *Bette,* Das Factoring-Geschäft, 1973; *Blaurock,* Die Factoring-Zession, ZHR 142 (1978), 325; 143 (1979), 71; *Brink,* Rechtsprobleme des Factors in der Insolvenz seines Kunden, ZIP 1987, 817; *Canaris,* Bankvertragsrecht, 2. Aufl., 1981, Rn. 1652 ff.; *Karsten Schmidt,* Factoring-Globalzession und verlängerter Eigentumsvorbehalt, DB 1977, 65; *Serick,* Die Factoring-Zession, ZHR 143 (1979), 68; *ders.,* Neuere Entwicklungen beim Factoring-Geschäft, BB 1979, 845; *M. Wolf,* Die höchstrichterliche Rechtsprechung zum Factoring, WM 1979, 1374, auch *Larenz/Canaris,* SBT II 2, § 65.

1. Arten und Funktionen

Auch das Factoring bedeutet letztlich eine Art **Kreditgewährung:** Die eine Partei 1095
(der Factor) lässt sich (regelmäßig noch nicht fällige) Forderungen der anderen Partei (des Anschlusskunden) abtreten und bezahlt dafür sofort. Der Factor überlässt seinem Kunden also Liquidität. Dabei sind im einzelnen zwei Arten zu unterscheiden: Beim **echten Factoring** erhält der Kunde die Leistung des Factor endgültig, also auch wenn die abgetretenen Forderungen sich später als uneinbringlich erweisen. Hier übernimmt folglich der Factor das Risiko der Zahlungsunfähigkeit von Drittschuldnern (Delkredere-Funktion). Dagegen werden die Forderungen beim **unechten Factoring** bloß vorschussweise vergütet; wenn sich ihre Uneinbringlichkeit herausstellt, muss der Kunde die Vergütung zurückzahlen.

Über diese Kreditfunktion hinaus erfüllt das Factoring in seinen beiden Arten auch eine **Dienstleistungsfunktion:** Der Kunde wird von der Mühe des Eintreibens seiner Außenstände entlastet; das übernimmt der Factor. Mit dem Factoring werden jährlich Dutzende von Milliarden Euro umgesetzt. S. dazu auch PdW Schuldrecht II **Fall 172.**

[5] Vgl. *Graf von Westphalen,* NJW 1993, 3225.

[6] Vgl. *Fikentscher/Heinemann* Rn. 1077; *Tiedtke,* ZIP 1989, 1437.

2. Rechtliche Behandlung

1096 a) Regelmäßig schließt der Factor mit seinen Kunden eine Rahmenvereinbarung als **Dauerschuldverhältnis.** Darin wird außer der Art der Abrechnung insbesondere die Vergütung für den Factor vereinbart (die beim echten Factoring naturgemäß höher ist als beim unechten). Außerdem verpflichtet sich der Kunde, dem Factor alle Forderungen zu überlassen, und vollzieht das auch gleich durch eine **Globalzession.** Doch darf der Factor unter bestimmten Umständen dubiose Forderungen zurückweisen. Die Globalzession wird den Drittschuldnern regelmäßig so bald als möglich mitgeteilt, so dass diese befreiend nur noch an den Factor zahlen können.

1097 b) Rechtlich erscheint das echte Factoring auf den ersten Blick als **Forderungskauf**, und viele halten es auch dafür. Doch kann man das echte Factoring auch ebenso verstehen wie nach h. M. das unechte, nämlich als ein mit Dienstleistungen verbundenes **Darlehen.**[7] Das ergibt sich aus der Interessenlage und der Berechnung der dem Factor geschuldeten Gegenleistung. Doch wird das Darlehen beim echten Factoring allemal mit der abgetretenen Forderung zurückgezahlt; diese ist dem Factor also an Erfüllungs Statt überlassen (§§ 364 f.). Dagegen hat beim unechten Factoring der Factor die Forderung nur erfüllungshalber (vgl. § 364 II): Kann er sich aus ihr nicht befriedigen, so darf er auf seinen Darlehensanspruch gegen den Kunden zurückkommen.

1098 c) Die rechtlichen Probleme des Factoring ergeben sich überwiegend nicht aus dem Recht von Kauf oder Darlehen. Schwierigkeiten bereitet vielmehr die **Globalzession:** Diese kollidiert häufig mit anderen Zessionen, insbesondere mit der im **verlängerten Eigentumsvorbehalt** enthaltenen Vorauszession der Erlösforderung (vgl. o. Rn. 294).

Nach einer in den Einzelheiten sehr komplizierten und in der Begründung zweifelhaften Rechtsprechung des *BGH*[8] geht grundsätzlich eine solche Vorauszession einer (auch früher erfolgten) Globalzession vor.[9] Damit sollen die Interessen dessen gesichert werden, der unter verlängertem Eigentumsvorbehalt Ware geliefert hat. Beim echten Factoring sind diese Interessen aber nicht gefährdet: Der Kunde erhält ja von dem Factor regelmäßig eine Gegenleistung, die noch einen Teil der Gewinnspanne des Käufers enthält und daher mindestens so hoch ist wie die zu sichernde Forderung des Lieferanten. Daher steht der Lieferant beim **echten Factoring** im Ergebnis beinahe ebenso, als wenn der Kunde die Ware gegen Barzahlung verkauft hätte. Deshalb hat BGHZ 69, 254 die (echte) Factoring-Globalzession gegenüber einem späteren verlängerten Eigentumsvorbehalt für wirksam gehalten. Und nach BGHZ 72, 15 gilt Gleiches sogar dann, wenn das Factoring der Lieferung unter verlängertem Eigentumsvorbehalt nachfolgt. Anders behandelt BGHZ 75, 391 jedoch die Globalzession zur Sicherung eines Bankkredits: Hier sei eine nachfolgende Factoring-Zession unzulässig, weil die Bank regelmäßig an dem vollen Gegenwert der ihr zedierten Forderungen interessiert sei.

7 *Larenz/Canaris,* SBT II, 2 § 65 II 2 a.
8 Grundlegend BGHZ 30, 149.
9 Vgl. *Medicus/Petersen,* BR, Rn. 525 ff.; *Looschelders,* BT Rn. 231 ff.

IV. Franchising

Literatur: Grundlegend *Martinek,* Franchising, 1987; *ders.,* Moderne Vertragstypen, Bd. II, 1992; zudem *Bauder,* Zur Selbständigkeit des Franchise-Nehmers, NJW 1989, 78; *Dünisch/Zwecker,* Der Franchisevertrag, JA 1995, 817; *Ekkenga,* Die Inhaltskontrolle von Franchise-Verträgen, 1990; *Emmerich,* Franchising, JuS 1995, 761; *Escher,* Rechtliche Aspekte franchiseähnlicher Vertriebssysteme, BB 1998, 1269; *Flohr,* Franchisevertrag, 3. Aufl., 2006; *Forkel,* Der Franchisevertrag als Lizenz am Immaterialgut Unternehmen, ZHR 153 (1989), 511; *Giesler,* Die Prospekthaftung des Franchisegebers, ZIP 1999, 2131; *ders.,* Das Minderungsrecht des Franchisenehmers, ZIP 2000, 2098; *ders.,* Wieviel Know-how braucht Franchising?, ZIP 2003, 1025; *ders.,* Die Bedeutung der „Apollo"-Rechtsprechung für Franchiseverträge, ZIP 2004, 744 („Apollo" ist eine Optiker-Kette; die Rechtsprechung beschäftigt sich u. a. mit Preisbindungen, Einkaufsvorteilen und Rückvergütungen); *Giesler/Nützel,* Franchising: Aufklärungspflicht und kein Ende?, NJW 2007, 3099; *Giesler/Nauschütt,* Franchiserecht, 2002; *Groß/Skaupy,* Das Franchise-System, 1968; *Haager,* Die Entwicklung des Franchise-Rechtes in den Jahren 1997 und 1998, NJW 1998, 2081; *ders.,* Die Entwicklung des Franchiserechts in den Jahren 1999–2001, NJW 2002, 1463; weiter NJW 2005, 3394; *Joerges,* Franchise-Verträge und europäisches Wettbewerbsrecht, ZHR 151 (1987), 195; *Mack,* Neuere Vertragssysteme, Eine Studie zum Franchising (1975); *Mattießen,* Arbeits- und handelsvertreterrechtliche Ansätze eines Franchisenehmerschutzes, ZIP 1988, 1089; *C. Möller,* Der Franchisevertrag im Bürg. Recht, AcP 203 (2003), 399; *Prasse,* Entwicklungen im Recht des Franchisevertrages, ZGS 2005, 379; *K. Schreiber,* Grundlagen des Franchising, Jura 2009, 119; *Skaupy,* Franchising, Handbuch, 1987; *ders.,* Zu den Begriffen Franchise, Franchisevereinbarung und Franchising, NJW 1992, 1785; *Teubner,* Verbund, Verband oder Verkehr?, ZHR 154 (1990), 295; *Weltrich,* Zur Abgrenzung von Franchise- und Arbeitsvertrag, DB 1988, 806; *M. Wolf/Ungeheuer,* Vertragsrechtliche Probleme des Franchising, BB 1994, 1027

1. Arten und Vorkommen

Am Franchising ist zunächst schon der Name erklärungsbedürftig: Er stammt ur- **1099**
sprünglich aus dem Französischen und bedeutet dort unter anderem das hoheitlich gegen Gebühren erteilte Privileg, bestimmte Tätigkeiten ausüben zu dürfen. Im angloamerikanischen Sprachgebrauch ist das dann auf die privatrechtliche Erlaubnis zu kommerzieller Nutzung fremder Rechte übertragen worden.

Parteien des Franchise-Vertrages sind zwei voneinander unabhängige Unternehmer, nämlich der Franchisegeber und der Franchisenehmer. Von ihnen verfügt der Franchisegeber über eine Firma, eine Marke und Erfahrungswissen (know-how). Dem Franchisenehmer wird der Gebrauch dieser Dinge erlaubt; häufig erhält er auch Unterweisungen durch den Franchisegeber, und dieser sorgt überdies für Werbung. Als Gegenleistung zahlt der Franchisenehmer Geld. Im Einzelnen kann das Franchising betreffen den Vertrieb von Waren **(Produkt Distribution Franchising)** oder von Dienstleistungen **(Business Format Franchising).** Man hat von einer „glücklichen Symbiose zwischen einem klugen Kopf (dem Franchisegeber) und einem fleißigen Mittelständler" gesprochen.

Bekannte Beispiele aus dem deutschen Raum sind für den Warenvertrieb etwa Foto-Quelle, Eismann (Tiefkühlkost), Ring-Foto, „Ihr Platz"-Drogerien, die OBI-Bau- und Heimwerkermärkte; für Dienstleistungen Wienerwald, McDonald–s, die Hilton- und Sheraton-Hotels. Der Gesamtumsatz beträgt jährlich etwa 30 Milliarden Euro.

2. Funktion und rechtliche Einordnung

1100 Das Franchising dient – im Gegensatz zu Leasing und Factoring – typischerweise nicht der Kreditgewährung. Hauptsächlich soll es den **Vertrieb von Waren oder den Absatz von Dienstleistungen erleichtern,** indem den Franchisenehmern eine Marke, die Werbung und die Erfahrungen des Franchisegebers nutzbar gemacht werden. Insofern ähnelt es der **Rechtspacht.** Wenn ein gemeinsamer Einkauf für die Franchisenehmer hinzukommt, besteht funktionell (aber nicht organisatorisch) auch eine Verwandtschaft mit den Einkaufsgenossenschaften. Andererseits hat aber nicht selten auch der Franchisegeber Kontrollrechte gegenüber dem Franchisenehmer, schon damit nicht durch schlechte Leistungen eines einzelnen Franchisenehmers der gute Ruf des ganzen Vertriebssystems leidet (vgl. etwa den Fall von *BGH* DB 1985, 35: Nichteinhaltung der nötigen Grilltemperatur für „Hamburger"). Unter Umständen kann die Stellung des Franchisenehmers auch derjenigen eines Handelsvertreters angenähert sein.[10]

Rechtliche Schranken für das Franchising ergeben sich vor allem aus dem **Kartellrecht:** § 1 GWB verhindert regelmäßig eine Preisbindung durch den Franchisegeber. Zudem fällt eine Verpflichtung des Franchisenehmers zum wiederkehrenden Bezug von Waren unter § 510 I Nr. 3 (o. Rn. 607).[11] Dem Widerrufsrecht sollen aber nur die kreditähnlichen Vertragsteile unterliegen. Weiter wird bei starker Abhängigkeit des Franchisenehmers vom -geber unter dem Gesichtspunkt der sog. Scheinselbständigkeit die Qualifikation als **Arbeitsverhältnis** diskutiert mit der Folge der massenhaften Anwendbarkeit von zwingendem Recht.[12]

V. Weitere Geschäftsarten

1101 Neben Leasing, Factoring und Franchising gibt es noch weitere neue Geschäftsarten. Seit 1996 gesetzlich geregelt ist das sog. **Time-Sharing,** eine Teilzeit-Miete insbesondere für Ferienimmobilien (**Teilzeit-Wohnrechtegesetz,** erlassen aufgrund einer EG-Richtlinie); diese Regelung steht jetzt in den §§ 481–487 (als Verbraucherrecht einseitig zwingend, § 487), dazu *Reinkenhoff,* Jura 1998, 561. Zwischen Kauf, Miete und Werkvertrag stehen die **Software-Überlassungsverträge** (dazu BGHZ 102, 135 sowie *Marly* [4. Aufl., 2004]; *Bartl,* BB 1988, 2122; *Junker,* NJW 1993, 824). Ganz eigenartige Gestaltungen stehen hinter dem sog. **Sponsoring** (dazu *Weiand/Poser,* Sponsoringvertrag, 3. Aufl., 2005). Weiter kann man an **Kombinationsfinanzierungen** denken (dazu *Knops,* AcP 206 [2006], 867 ff.).

[10] Vgl. *Martinek,* ZIP 1988, 1362; *Köhler,* NJW 1990, 1689; *Bodewig,* BB 1997, 637.
[11] BGHZ 128, 156.
[12] Vgl. etwa *Horn/Henssler,* ZIP 1998, 589, auch *BAG* ZIP 1997, 1714; 1998, 612.

8. Teil. Geschäftsführung ohne Auftrag

Literatur: *Bamberger,* Grundfälle zum Recht der GoA im öffentlichen Recht, JuS 1998, 706; *Berg,* Hauptprobleme der GoA, JuS 1975, 681; *Beuthien,* Die unberechtigte GoA im bürgerlichrechtlichen Anspruchssystem, FS Söllner, 2000, S. 125; *Beuthien/Weber,* Ungerechtfertigte Bereicherung und GoA (Juristischer Studienkurs) 2. Aufl., 1986; *Deutsch,* Die Selbstaufopferung im Straßenverkehr, AcP 165 (1965), 193; *Diederichsen,* Auftragslose Geschäftsführung des Minderjährigen als Problem der juristischen Methode, MDR 1964, 889; *Dietrich,* Auftragslose Hilfeleistung in gefährlichen Situationen, JZ 1974, 535; *Falk,* Von Titelhändlern und Erbensuchern – Die GoA-Rechtsprechung am Scheideweg, JuS 2003, 833; *Fleck,* Vertrag, unerlaubte Eigengeschäftsführung und Anspruchsverjährung, ZIP 1991, 1269; *Frank,* Die Selbstaufopferung des Kraftfahrers im Straßenverkehr, JZ 1982, 737; *Freund,* Zur Rechtsproblematik einer GoA im öffentlichen Recht, JZ 1975, 513; *Gehrlein,* Ansprüche eines Nothelfers in Rettungsfällen, VersR 1998, 1330; *Griebe,* Der Aufwendungsersatzanspruch des Geschäftsführers ohne Auftrag (1996); *Gursky,* Die Ausweitung des Anwendungsbereichs der GoA in der neueren Rechtsprechung, Jura 1969, 35; *ders.,* Die Haftung des Notgeschäftsführers, JuS 1972, 637; *ders.,* Der Tatbestand der GoA, AcP 185 (1985), 13; *Hader,* Die GoA als Anspruchsgrundlage bei gescheiterten Verträgen, 2006; *Hauß,* Ein strapaziertes Rechtsinstitut, Zur Eingrenzung der GoA, FS Weitnauer, 1980, S. 333; *Henssler,* Grundfälle zu den Anspruchsgrundlagen im Recht der GoA, JuS 1991, 924; *Isele,* Geschäftsbesorgung, 1935; *Kischel,* Handle und liquidiere? Keine GoA im öffentlichen Recht, Verwaltungsarchiv 1999, 391; *Köndgen,* Die GoA im Wandel der Zeiten: Versuch einer Ehrenrettung, in: Rechtsgeschichte und Privatrechtsdogmatik, 1999, S. 371; *Laufs,* Mehrere Geschäftsherrn bei der negotiorum gestio, NJW 1967, 2294; *B. Oppermann,* Konstruktion und Rechtspraxis der GoA, AcP 193 (1993), 497; *Otto,* Ausgleichsansprüche des Geschäftsführers bei berechtigter GoA, JuS 1984, 684; *Reichard,* Negotium alienum und ungerechtfertigte Bereicherung, AcP 193 (1993), 567; *B. Schmidt,* Der Anwendungsbereich der berechtigten GoA, JuS 2004, 862; *Schoch,* GoA im öffentlichen Recht, Jura 1994, 241; *Schreiber,* Die Anwendbarkeit der Regeln der GoA bei zugleich eigenem und fremdem Geschäft, DB 1979, 1379; *ders.,* Das „auch-fremde" Geschäft bei der GoA, Jura 1991, 155; *R. Schröder/F. G. Bär,* GoA, Eigentümer-Besitzerverhältnis und Bereicherungsrecht bei der Abwicklung nichtiger Werkverträge, Jura 1996, 449; *Schroth,* Die berechtigte GoA als Rechtfertigungsgrund im Strafrecht, JuS 1992, 476; *Schubert,* Der Tatbestand der GoA, AcP 178 (1978), 425; *ders.,* Grenzen der GoA, NJW 1978, 687; *Schwark,* Der Fremdgeschäftsführungwille bei der GoA, JuS 1984, 321; *Seiler,* Über die Vergütung von Dienstleistungen des Geschäftsführers ohne Auftrag, FS Hübner, 1984, S. 239; *ders.,* Grundfälle zum Recht der GoA, JuS 1987, 368 mit Fortsetzungen; *Stamm,* Die Rückführung der sog. „auch-fremden Geschäfte" von der GoA auf die Gesamtschuld, Jura 2002, 730; *Tachau,* Berechtigte GoA als unbestellte Leistung?, Jura 2006, 889; *Wenckstern,* Die Geschäftsanmaßung als Delikt, AcP 200 (2000) 240; *M. Wolf,* Zur Anwendung der GoA neben Leistungsbeziehungen, FS Mühl, 1981, S. 703; *Wittmann,* Begriff und Funktion der GoA, 1981; *Wollschläger,* Die GoA, 1976; *ders.,* Grundzüge der GoA, JA 1979, 57; 126; 182.

§ 130. Charakteristik und Abgrenzung

I. Die Arten der Geschäftsführung

1. Eigene Geschäfte

Wenn jemand z. B. sein eigenes Auto repariert oder reparieren lässt, treffen ihn selbst 1102
die dabei entstehenden Kosten. Andererseits kommt ihm auch der durch die Reparatur geschaffene Nutzen ohne Weiteres zugute. Kosten und Nutzen beruhen dann auf der Entscheidung dessen, den sie treffen, nämlich des nach § 903 „zuständigen" Eigentümers. Daher braucht die Rechtsordnung bei einer solchen Besorgung eigener Geschäfte regelmäßig nicht korrigierend einzugreifen.

2. Fremde Geschäfte

1103 Anders liegt es, wenn jemand z. B. ein fremdes Auto repariert. Denn dann trifft der Aufwand regelmäßig den Handelnden und der Nutzen den Eigentümer. Daher muss ein Ausgleich erwogen werden. Dabei sind zwei Fallgruppen zu unterscheiden.

a) Der Handelnde kann deshalb tätig geworden sein, weil er die fremde Sache irrig als sein Eigentum angesehen hat; allgemeiner ausgedrückt: Er hat das fremde Geschäft **für sein eigenes gehalten.** So liegt es z. B. bei dem redlichen Eigenbesitzer (§§ 987 ff.) und dem redlichen Erbschaftsbesitzer (§§ 2018 ff.): Beide meinen ja, Eigentümer oder Erbe zu sein, und wissen daher nichts von der Beteiligung einer anderen Person. Dann gelten die in den genannten Vorschriften enthaltenen Sonderregeln über den Verwendungsersatz und die Nutzungsherausgabe. Unter Umständen kommt auch ein Bereicherungsanspruch in Betracht, aber nur als Nichtleistungskondiktion: Eine Leistung fehlt in solchen Fällen, weil der Handelnde nicht bewusst fremdes Vermögen mehrt (vgl. u. Rn. 1127). Endlich ist auch an Schadensersatzansprüche zu denken, wenn der Handelnde in dem fremden Geschäftskreis Schäden anrichtet (z. B. aus §§ 823 ff., 989 ff.). Nur das **Recht der GoA ist unanwendbar,** wenn der Handelnde in seinem eigenen Zuständigkeitsbereich zu handeln glaubt, § 687 I.

1104 b) Der Handelnde kann aber auch **in Kenntnis von der Fremdheit** des Geschäfts tätig geworden sein. Dann ist weiter zu unterscheiden.

aa) Regelmäßig will der ein fremdes Geschäft Besorgende das **für denjenigen** tun, **der für das Geschäft zuständig ist:** Es soll also z. B. das Auto für den Eigentümer repariert werden. Meist geschieht das, weil der Handelnde zu der Geschäftsführung durch Vertrag oder Gesetz verpflichtet ist: Er hat z. B. die Reparatur durch Werkvertrag übernommen. Eine gesetzliche Verpflichtung kommt etwa nach § 1626 I in Betracht, wenn Eltern für das Vermögen ihres minderjährigen Kindes sorgen. Dann regelt sich der nötige Ausgleich nach diesem Rechtsverhältnis; z. B. entgilt der Werklohn dem Unternehmer seinen Aufwand.

Wenn dieses **Rechtsverhältnis nichtig** ist, müssen die zu seiner Ausführung erbrachten Leistungen nach Bereicherungsrecht aus § 812 zurückverlangt („kondiziert") werden, vgl. u. Rn. 1124 ff. So kann z. B. bei Nichtigkeit des Werkvertrages der Besteller den gezahlten Werklohn zurückfordern, regelmäßig freilich nur nach Verrechnung gegen den Wert (§ 818 II) der schon ausgeführten Reparatur.

Zwischen der durch wirksamen Vertrag oder ein spezielles gesetzliches Rechtsverhältnis vermittelten Abwicklung einerseits und derjenigen nach Bereicherungsrecht andererseits gibt es noch eine dritte Art: Das ist die **Abwicklung über die GoA,** §§ 677 ff. Sie gewährt dem Handelnden im günstigsten Fall die Stellung eines Beauftragten, §§ 683, 681 S. 2; vgl. dazu u. Rn. 1108 ff.

1105 bb) Ausnahmsweise kommt es aber auch vor, dass jemand ein Geschäft als fremd erkennt und es dennoch **als eigenes betreiben will:** Der Dieb etwa lässt den gestohlenen Wagen umlackieren und verkauft ihn, obwohl – wie er weiß – beides nur der Eigentümer dürfte. Bei einer solchen **Geschäftsanmaßung** sollen also nach dem Willen des Handelnden Nutzen und Lasten der Geschäftsführung nicht an den für das Geschäft Zuständigen gelangen; vielmehr will der Handelnde beides für sich selbst.

In solchen Fällen hat der Zuständige regelmäßig Ansprüche aus dem Eigentümer-Besitzer-Verhältnis (§§ 987 ff.) oder dem Deliktsrecht (§§ 823 ff.). Bei wirksamen Verfügungen treten Ansprüche aus § 816 hinzu (vgl. u. Rn. 1190 ff.), bei anderen Eingriffen aus der allgemeinen Eingriffskondiktion (vgl. u. Rn. 1200 ff.). Dazu bietet § 687 II dem Zuständigen noch eine weitere Möglichkeit: Er kann den (meist unredlichen) Geschäftsanmaßer so stellen, als habe dieser das Geschäft redlich für den Zuständigen führen wollen: Der Unredliche soll also wenigstens leisten müssen, was er bei Redlichkeit zu leisten hätte (vgl. u. Rn. 1123).

II. Die Zuständigkeit für Geschäfte

Das eben dargestellte System beruht auf der Unterscheidung zwischen eigenen und fremden Geschäften (vgl. o. Rn. 1102 und 1103 ff.). Das setzt voraus, dass man die Zuständigkeit für Geschäfte bestimmen kann.[1] 1106

1. Objektive Zuweisungen

Vielfach ergibt sich die Zuständigkeit aus objektiven Merkmalen: Nach § 903 ist für eine Sache regelmäßig deren Eigentümer zuständig; die Zuständigkeit zu Verfügungen über eine Forderung und für deren Einziehung liegt meist beim Gläubiger; zur Sorge für minderjährige Kinder sind die Eltern zuständig, Art. 6 II GG, § 1626 BGB.

Diese Zuständigkeit kann regelmäßig durch Rechtsgeschäfte verändert werden. So kann der Eigentümer nicht bloß sein Eigentum im Ganzen übertragen, sondern auch beschränkte Befugnisse Dritter begründen, etwa durch eine Verfügungsermächtigung (§ 185 I) oder durch eine Verpfändung oder Vermietung der Sache. Dabei können auch konkurrierende Zuständigkeiten entstehen: So darf der Eigentümer V, der sein Haus an M vermietet hat, dieses nicht mehr einem Dritten zur Nutzung überlassen; andererseits braucht aber regelmäßig auch der zum unmittelbaren Besitz berechtigte M zur Untervermietung eine Erlaubnis des V (§ 540, vgl. o. Rn. 482).

2. Subjektive Zuweisungen

Für andere Geschäfte fehlt dagegen eine an objektive Umstände anknüpfende Bestimmung der Zuständigkeit. So darf insbesondere jeder einen Vertrag über den Erwerb einer Sache schließen; man spricht hier von **objektiv neutralen Geschäften**. Sie können einem anderen als dem Handelnden nur subjektiv zugewiesen werden, nämlich durch dessen Willen: Wenn der Handelnde die Sache für einen anderen erwerben wollte, liegt es nahe, dass der andere das Geschäft auch rechtlich soll an sich ziehen können. Das gelingt über die Annahme, das Geschäft sei für den Handelnden subjektiv fremd und falle daher unter § 677. 1107

[1] Vgl. ausführlich *Peukert*, Güterzuordnung als Rechtsprinzip, 2008, S. 473 ff.

§ 131. Einzelheiten der Geschäftsführung ohne Auftrag

Literatur: Vgl. die Angaben o. vor Rn. 1102.

I. Voraussetzungen

1108 Nach §§ 677, 687 I liegt GoA vor, wenn jemand – der Geschäftsführer – ein fremdes Geschäft für einen anderen – den Geschäftsherrn – besorgt, ohne von ihm beauftragt oder ihm gegenüber sonst dazu berechtigt zu sein.

1. Geschäftsbesorgung

1109 Das hier begegnende Tatbestandsmerkmal „Geschäftsbesorgung" wird ebenso weit verstanden wie beim Auftrag (vgl. o. Rn. 847). Geschäftsbesorgung umfasst also jede Tätigkeit, gleich ob rechtsgeschäftlich oder nicht. Auch genügt ein ganz kurzzeitiges Handeln wie ein Herumreißen des Lenkrades.[1]

2. Fremdheit des Geschäfts

1110 Weiter muss es sich um ein fremdes Geschäft handeln, weil die Folgen aus eigenen Geschäften des Geschäftsführers nicht auf einen anderen abgewälzt zu werden brauchen (vgl. o. Rn. 1102). Die Fremdheit des Geschäfts ergibt sich entweder objektiv oder bei objektiv neutralen Geschäften subjektiv (vgl. o. Rn. 1106 f.).

3. Fremdgeschäftsführungswille

1111 Das Geschäft muss für einen anderen geführt worden sein; man spricht hier von einem Fremdgeschäftsführungswillen. Seine Notwendigkeit ergibt sich nicht bloß aus § 677, sondern auch aus § 687: Will der Handelnde das Geschäft als eigenes führen, sollen ja die Rechtsfolgen der GoA wenigstens nicht ohne Weiteres eintreten.

a) Bei **objektiv neutralen Geschäften** ist dieser Fremdgeschäftsführungswille schon nötig, um das Geschäft überhaupt zum fremden zu machen (vgl. o. Rn. 1107). Er muss in diesem Fall unstr. irgendwie erkennbar geworden sein. Wer z. B. Karten für ein Fußballspiel besorgt (objektiv neutrales Geschäft!), tut das regelmäßig für sich selbst. Wenn er nicht irgendwie deutlich macht, die Karten sollten für einen anderen bestimmt sein, kann auch kein anderer nach §§ 681 S. 2, 667 die Karten von ihm herausverlangen; umgekehrt gibt es auch keinen Anspruch gegen einen anderen auf Ersatz des Aufwands für den Erwerb.

Freilich muss man hier unterscheiden: Will der Handelnde die Karten schon im Außenverhältnis bloß als Vertreter eines anderen erwerben, so muss er das gerade beim Vertragsabschluss deutlich machen, nämlich in fremdem Namen abschließen, § 164. Für eine GoA, die bloß eine mittelbare Stellvertretung bedeutet, genügt dagegen schon ein Vertragsschluss im eigenen Namen, wenn nur der Fremdgeschäftsführungswille irgendwie – auch außerhalb des Vertragsschlusses und nicht notwendigerweise gegenüber dem Geschäftspartner – hervortritt.

1112 b) Bei **objektiv fremden Geschäften** vermutet eine ganz h. M. den Fremdgeschäftsführungswillen; dieser soll also nicht nach außen hervorzutreten brauchen. Wer z. B. den Brand in einem fremden Haus bekämpft, tut das im Zweifel für den Eigentümer

[1] BGHZ 38, 270, 275.

und die Bewohner des brennenden Hauses. Diese Ansicht ist unbedenklich, soweit das Geschäft wirklich bloß ein fremdes ist. Dagegen bestehen bei gemischt fremd-eigenen Geschäften gegen diesen vermuteten Fremdgeschäftsführungswillen erhebliche Bedenken, z. B. wenn der Brand von der Feuerwehr bekämpft wird (deren Sache das schließlich ist). Darauf ist u. Rn. 1122 noch zurückzukommen.

c) Unerheblich ist nach § 686 ein **Irrtum über die Person des Geschäftsherrn:** Die 1113
Geschäftsführung berechtigt und verpflichtet den wahren Geschäftsherrn, nicht den irrig angenommenen. Wenn also z. B. jemand glaubt, das brennende Haus gehöre seinem Freund, und es gerade für diesen retten will, dann entsteht doch das gesetzliche Schuldverhältnis der GoA nur zu dem neuen Eigentümer, an den der Freund inzwischen veräußert hat. Dass der Handelnde für den neuen Eigentümer nicht hatte tätig werden wollen, bleibt gleich.

4. Ohne Auftrag oder sonstige Berechtigung

Schließlich darf der Handelnde weder von dem Geschäftsherrn zu der Geschäftsfüh- 1114
rung beauftragt noch diesem gegenüber sonst dazu berechtigt sein, § 677. Die GoA ist also **subsidiär:** Ihre Folgen sollen nur eintreten, wenn die Beteiligten das Rechtsverhältnis zwischen ihnen nicht selbst vertraglich geregelt haben und wenn auch keine spezielle gesetzliche Regelung vorliegt. Die §§ 677 ff. werden danach durch jeden Vertrag (nicht notwendig einen Auftrag) und durch gesetzliche Sonderregeln (z. B. über die Vormundschaft) ausgeschlossen. Die Bezeichnung als Geschäftsführung „ohne Auftrag" ist also zu eng.

Zweifelhaft ist die Rechtslage, wenn zwar ein **anderes Rechtsverhältnis** besteht, dieses aber **nichtig** ist oder seine Grenzen überschritten worden sind. Die Rechtsprechung wendet hier die §§ 677 ff. an.[2] Doch halte ich schon einen Fremdgeschäftsführungswillen für fraglich (vgl. o. Rn. 1111 ff.), wo der Handelnde nur eine vermeintlich eigene Verpflichtung erfüllen will. Zumindest wird aber bei nichtigen Rechtsverhältnissen das Recht der Leistungskondiktion als das vorrangige Mittel zur Rückabwicklung anzusehen sein. Sonst könnten nämlich mit der GoA die Beschränkungen des Bereicherungsanspruchs (etwa §§ 814, 817 S. 2) ausgeschaltet werden. Entgegen der Rechtsprechung sind hier also die §§ 677 ff. nicht anzuwenden.[3] S. dazu auch PdW Schuldrecht II **Fall 164**.

II. Rechtsfolgen

Die Rechtsfolgen der GoA sind nicht einheitlich. Vielmehr unterscheiden hauptsäch- 1115
lich die §§ 683 und 684 zwei verschiedene Arten der Geschäftsführung.

1. Die Unterscheidungskriterien

a) Die genannte Unterscheidung beruht darauf, dass die Führung fremder Geschäfte zwei sehr verschiedene Gestalten haben kann. Der Geschäftsführer mag sorgsam und

[2] Z. B. BGHZ 37, 258 (Sanierung auf Grund nichtigen Vertrages), BGHZ 39, 87 (Vermögensverwaltung zur Steuerhinterziehung), *BGH* NJW 1997, 47 (sittenwidriger Erwerb eines Adelstitels, dazu *Einsele,* JuS 1998, 401), BGHZ 157, 168, 175 ff. (Vertretung ohne Vertretungsmacht).

[3] Vgl. MünchKomm/*Seiler,* § 677 Rn. 47 f.; auch *Wendtlandt,* NJW 2004, 985.

uneigennützig die Interessen des Geschäftsherrn in dessen Sinn wahrnehmen wollen; ein Vertrag über die Geschäftsbesorgung wird hier oft nur deshalb fehlen, weil der Geschäftsherr nicht erreichbar war. So liegt es etwa, wenn für den verreisten Nachbarn ein Wasserrohrbruch behoben oder wenn ein Bewusstloser ärztlich behandelt wird. Andererseits kann sich der Geschäftsführer aber auch besserwisserisch in fremde Angelegenheiten drängen und dem Geschäftsherrn seinen Willen aufzwingen wollen: So wenn jemand die Hecke seines nur kurze Zeit abwesenden Nachbarn schneidet, damit dessen Garten „ordentlich" aussieht, oder für diesen ungebeten eine Heckenschere bestellt.

Offenbar verdient hier der Geschäftsführer nur bei den Fällen der ersten Art Rechtsschutz durch die Gewährung von Ansprüchen. Dagegen muss es bei den Fällen der zweiten Art eher um die Abwehr solcher unerwünschter Eingriffe in fremde Zuständigkeit gehen.

1116 b) Für die genaue Abgrenzung zwischen den beiden Arten der Geschäftsführung stellt § 683 S. 1 darauf ab, ob deren Übernahme „dem **Interesse und dem wirklichen oder dem mutmaßlichen Willen** des Geschäftsherrn" entspricht. Danach scheint es, als stünden Interesse und Willen gleichberechtigt nebeneinander. Doch trifft das nach richtiger Ansicht nicht zu (aber str.). Denn weil der Geschäftsherr für das Geschäft zuständig ist, muss in einem von der Privatautonomie bestimmten Privatrecht **in erster Linie sein Wille** über die Geschäftsführung entscheiden. Regelmäßig ist dieser Wille auch da zu respektieren, wo er dem objektiven Interesse des Geschäftsherrn widerspricht. So muss der Grundstückseigentümer selbst darüber entscheiden können, wie sein Garten aussehen soll, auch wenn eine andere Gestaltung den Wert erhöhen würde.

Damit ist zunächst der – irgendwie erkennbar gewordene – **wirkliche Wille** gemeint. Dieser geht also regelmäßig (Ausnahme § 679, vgl. u. Rn. 1117) allen anderen Kriterien vor. Wenn ein solcher wirklicher Wille fehlt, kommt es auf den **mutmaßlichen** an. Für dessen Ermittlung bildet das **Interesse** ein wesentliches Indiz. Doch können ausnahmsweise die Umstände – etwa das frühere Verhalten des Geschäftsherrn oder seine bekannte Überzeugung – einen unvernünftigen (interessewidrigen) Willen als mutmaßlich ergeben. Dann ist dieser mit Rang vor dem objektiven Interesse zu beachten.

Die genannte Rangfolge gilt nach h. M. regelmäßig ohne Rücksicht auf das, was gerade **dem Geschäftsführer erkennbar** ist.[4] Dieser hat also insbesondere nicht die Rechte aus § 683 S. 1, wenn die Übernahme der Geschäftsführung dem für ihn unerkennbaren wirklichen Willen des Geschäftsherrn widerspricht. Insofern ist jeder auftragslose Geschäftsführer mit einem erheblichen Risiko belastet. Umstritten ist lediglich, ob dem Geschäftsführer insoweit der Grundgedanke der Haftungsmilderung aus § 680 (keine Haftung bei leichter Fahrlässigkeit) zugute kommt, wenn die Übernahme der Geschäftsführung „die Abwendung einer dem Geschäftsherrn drohenden dringenden Gefahr bezweckt": Kann also z. B. die Kosten eines Transports ins Krankenhaus ersetzt verlangen, wer einen bloß Betrunkenen leicht fahrlässig für behandlungsbedürftig gehalten hat? Das wird von manchen bejaht. Dem steht die Ansicht gegenüber, eine bloß irrtümlich angenommene Gefahr genüge nicht. Wieder andere

[4] Etwa MünchKomm/*Seiler,* § 683 Rn. 12.

wollen wenigstens eine schuldlos bejahte Gefahr ausreichen lassen. Ich neige der Ansicht zu, die für den Verwendungsersatz eine wirklich vorliegende Gefahr verlangt; noch anders (§ 829 analog) *Stoll*, FG Weitnauer, 1980, S. 411.

c) Nach § 679 ist der Wille des Geschäftsherrn ausnahmsweise unerheblich, wenn es 1117
um eine **im öffentlichen Interesse** zu erfüllende Pflicht oder um eine **gesetzliche Unterhaltspflicht** geht. Dabei paßt die erste Alternative vor allem für Verkehrssicherungspflichten des Geschäftsherrn, z. B. die Beseitigung der von ihm zu verantwortenden Verkehrshindernisse: Wer nachts ein unbeleuchtetes Auto von der Fahrbahn schiebt, braucht sich um einen entgegenstehenden Willen des Fahrers oder Halters nicht zu kümmern. Dagegen passt § 679 nicht für die Bezahlung fremder Steuerschulden: Der nicht pünktliche Eingang einer einzigen Steuerzahlung beeinträchtigt das Gemeinwohl nicht spürbar.

Sehr zweifelhaft ist die Behandlung von Versuchen zur **Rettung eines Selbstmörders.** Es gibt ja keine im **öffentlichen Interesse** liegende Pflicht, am Leben zu bleiben. Um trotzdem § 679 anwenden zu können, wollen daher Viele die Vorschrift auf den Fall erweitern, dass der Wille des Geschäftsherrn gegen ein gesetzliches Verbot oder die guten Sitten verstößt. Indessen gibt es auch kein gesetzliches Verbot des Selbstmords, und ein Sittenverstoß ließe sich nur von Fall zu Fall bejahen. Daher kommt man solchen Fällen mit § 679 auch nach dessen Erweiterung kaum bei.[5] Mir leuchtet am ehesten die folgende deliktsrechtliche Lösung ein: Durch einen sichtbaren Selbstmordversuch wird ein Eingreifen von Rettern schon wegen § 323 c StGB **herausgefordert.** Daher muss der Selbstmörder oder dessen Erbe dem Retter dessen adäquate Gesundheits- oder Eigentumsschäden nach § 823 I ersetzen (vgl. AT Rn. 642), wenn der Selbstmörder diese voraussehen konnte.[6] Bloße primäre Vermögensschäden (z. B. der Zeitverlust bei dem Rettungsversuch) bleiben so unersetzt. Überdies genießt der Retter nach § 2 I Nr. 13 SGB VII den Schutz der gesetzlichen Unfallversicherung: Die schlimmsten Schäden sind dadurch ohnehin gedeckt, und die Frage nach der Haftung des Lebensmüden betrifft insoweit nur den Rückgriff des Versicherungsträgers.[7] S. dazu auch PdW Schuldrecht II **Fall 165**.

2. Rechtsfolgen der berechtigten GoA

Soweit eine Geschäftsführung demjenigen Willen des Geschäftsherrn entspricht, der 1118
nach dem o. Rn. 1116 f. Gesagten beachtlich ist, nennt man sie berechtigt. Die rechtliche Regelung gleicht im Wesentlichen dem Auftragsrecht; Geschäftsherr und Geschäftsführer stehen also fast ebenso wie bei Vorliegen eines Auftrags.

a) **Der Geschäftsherr** muss nach §§ 683, 670 dem Geschäftsführer diejenigen **Aufwendungen ersetzen,** die dieser nach den Umständen für erforderlich halten durfte. Hier gilt das o. Rn. 868 ff. zum Auftrag Gesagte, insbesondere auch zum Ersatz willenswidrig erlittener Nachteile (Schäden), s. dazu auch PdW Schuldrecht II **Fall 166**. Bei einer Schenkungsabsicht des Geschäftsführers scheidet nach § 685 der Ersatzanspruch aus. Im öffentlichen Recht (KonsularG § 5) gibt es freilich eine Sondervorschrift über den Ersatz staatlicher Leistungen zur Befreiung von Geiseln (*BVerwG* NJW 2009, 2905).

[5] Ebenso *Larenz,* SBT II 1, § 57 I a (S. 445); MünchKomm/*Seiler,* § 679 Rn. 13.

[6] Vgl. *Larenz,* SBT II 1, § 57a Ia (Fn. 34).

[7] Den Rückgriff mit Recht einschränkend BGHZ 92, 270.

Anders als beim Auftrag (o. Rn. 870 f.) ist die Interessenlage jedoch hinsichtlich einer **Vergütung** der vom Geschäftsführer geleisteten Tätigkeit. Denn im Unterschied zum Beauftragten schließt der auftragslose Geschäftsführer ja keinen Vertrag, in dem er eine etwa gewünschte Vergütung vereinbaren könnte. Deshalb wendet die h. M. bei der GoA § 1835 III mit besseren Gründen als beim Auftrag entsprechend an: Der Geschäftsführer soll wenigstens diejenigen Tätigkeiten vergütet erhalten, die zu seinem Gewerbe oder Beruf gehören (z. B. ein Abschleppunternehmen macht die Fahrbahn frei; ein Arzt versorgt einen Bewusstlosen). Doch sind die Einzelheiten str.[8]

1119 b) **Der Geschäftsführer** muss nach § 677 das Geschäft so führen, „wie das Interesse des Geschäftsherrn mit Rücksicht auf dessen wirklichen oder mutmaßlichen Willen es erfordert". Hier erscheinen also wieder die schon bei der Übernahme der Geschäftsführung zu beachtenden Kriterien (vgl. o. Rn. 1116), und sie sind auch ebenso zu verstehen wie in § 683 S. 1: Über die Ausführung des Geschäfts bestimmt also der Wille des Geschäftsherrn ebenso, wie er für die Übernahme maßgeblich ist. Weicht der Geschäftsführer hiervon ab, so haftet er nach allgemeinen Regeln auf Schadensersatz, also insbesondere wegen zu vertretender Pflichtverletzung. Allerdings ist die Haftung bei Notgeschäftsführung nach § 680 gemildert (vgl. o. Rn. 1116). Zudem beschränkt § 682 die Haftung des nicht voll geschäftsfähigen Geschäftsführers: Er soll nur nach Deliktsrecht (§§ 827 ff.!) und Bereicherungsrecht haften (Rechtsgrundverweisung nach *Hassold*, JR 1989, 358). Nach richtiger Ansicht kann man aber aus § 682 nicht folgern, umgekehrt seien auch Ansprüche eines nicht voll geschäftsfähigen Geschäftsführers gegen den Geschäftsherrn nach §§ 104 ff. beschränkt.[9] Zur Haftung eines zufällig bei einem Unfall anwesenden Arztes, der sich auch als solcher zu erkennen gibt, vgl. einschränkend *OLG München* NJW 2006, 1883 mit *Herb. Roth*, ebda., 2814.

Überdies hat der Geschäftsführer nach § 681 auch Nebenpflichten ähnlich einem Beauftragten: Er muss den Geschäftsherrn benachrichtigen und nach Möglichkeit dessen Entscheidung abwarten, § 681 S. 1; er muss dem Geschäftsherrn gebührendes Geld, das er für sich verwendet hat, verzinsen, §§ 681 S. 2, 668; vor allem muss er das durch die Geschäftsführung Erlangte an den Geschäftsherrn herausgeben, §§ 681 S. 2, 667.

S. dazu auch PdW Schuldrecht II **Fälle 162, 163**.

3. Rechtsfolgen der nichtberechtigten GoA

1120 Wenn die Übernahme einer Geschäftsführung nicht durch den maßgeblichen Willen des Geschäftsherrn gedeckt ist (vgl. o. Rn. 1116), nennt man sie nichtberechtigt. Dann kann der Geschäftsherr sie nachträglich **genehmigen** und damit die Rechtsfolgen der berechtigten Geschäftsführung herbeiführen, § 684 S. 2 (wo das freilich nur unvollständig ausgedrückt ist). Meist aber wird der Geschäftsherr auch nachträglich nicht wollen, was ursprünglich seinem Willen nicht entsprach, und daher von einer Genehmigung absehen. Dann gilt folgendes.

8 Vgl. *Medicus/Petersen*, BR, Rn. 430.
9 Vgl. MünchKomm/*Seiler*, § 682 Rn. 3.

a) **Der Geschäftsherr** muss nach § 684 S. 1 das durch die Geschäftsführung Erlangte dem Geschäftsführer nach Bereicherungsrecht (§§ 818, 819) herausgeben. Diese Pflicht erklärt sich daraus, dass der Geschäftsherr ja keinerlei Aufwendungsersatz schuldet: Dann soll er auch nicht behalten dürfen, was er auf fremde Kosten erlangt hat. Wo es aber – wie häufig bei der unberechtigten Geschäftsführung – an einer Bereicherung fehlt, schuldet der Geschäftsherr nichts. Das gilt auch für einen Erwerb, der gerade dem Geschäftsherrn keinen Nutzen bringt und der auch nicht in Natur herausgegeben werden kann (z. B. die Verschönerung des Gartens von o. Rn. 1115). Der Geschäftsherr soll auch hier nicht gezwungen sein, den objektiven Wert einer ihm unerwünschten „aufgedrängten Bereicherung" zu bezahlen (vgl. u. Rn. 1170; 1173).

b) **Der Geschäftsführer** schuldet vor allem Schadensersatz. Dafür genügt nach § 678 1121
schon ein Verschulden bei der Übernahme der Geschäftsführung: Der nichtberechtigte Geschäftsführer haftet dann ähnlich einem Schuldner im Verzug (§ 287 S. 2, vgl. AT Rn. 472) unabhängig von einem weiteren Verschulden für jeden aus der Geschäftsführung entstehenden Schaden. Doch gilt das Haftungsprivileg aus § 682 auch hier (vgl. o. Rn. 1119 sowie PdW Schuldrecht II **Fall 167**). Wo es um die Abwehr einer wirklichen Gefahr geht, greift zudem § 680 ein (*BGH* NJW 1972, 475, vgl. o. Rn. 1116).

Außerdem wird man auch dem unberechtigten Geschäftsführer die zusätzlichen Pflichten aus § 681 auferlegen müssen.[10] Nur ist, wie § 684 S. 1 ergibt, entgegen §§ 681 S. 2, 667 das aus der Geschäftsführung Erlangte nicht herauszugeben (es kann ja auch umgekehrt kein Aufwendungsersatz verlangt werden).

III. Einzelfragen

1. Der einem Dritten oder kraft Amtes verpflichtete Geschäftsführer

Nicht selten fehlt zwar zwischen dem Geschäftsherrn und dem Geschäftsführer ein 1122
die Geschäftsführung tragendes Rechtsverhältnis, so dass insoweit Raum für GoA wäre; der Geschäftsführer ist aber zu seiner Tätigkeit kraft Amtes oder aus einem Vertrag mit einem Dritten verpflichtet: Die Feuerwehr etwa löscht einen Brand und besorgt damit zugleich ein Geschäft des Brandstifters wie auch des Eigentümers der brennenden Sache.[11] Oder der Verkehrssicherungspflichtige reinigt eine Straße von dem Schmutz aus einer Bimsgrube und erledigt damit auch ein Geschäft des gleichfalls beseitigungspflichtigen Grubenunternehmers.[12] Oder jemand repariert auf Grund eines Vertrages die Sache eines Dritten. Die (freilich nicht ganz einheitliche) Rechtsprechung hat hier häufig gesagt, bei einem solchen „auch-fremden" Geschäft sei der Fremdgeschäftsführungswille ebenso wie bei einem objektiv völlig fremden zu vermuten (vgl. o. Rn. 1112). So ist in solchen Fällen, bei entgegenstehendem Willen des Geschäftsherrn auch über § 679, ein Anspruch des Geschäftsführers auf Aufwendungsersatz begründet worden. Freilich werden auch Ausnahmen anerkannt.[13] *BGH* NJW 2000, 72 verneint zutreffend für einen gewerblichen **Erbensucher** (das gibt

[10] MünchKomm/*Seiler,* § 681 Rn. 2 f., str.
[11] BGHZ 40, 28.
[12] BGHZ 65, 354.
[13] Etwa BGHZ 140, 102, 109 ff.; vgl. *Weißhaupt,* NJW 2000, 1002.

es!) einen Vergütungsanspruch aus GoA: Selbst wenn die Suche nach dem Erben ein Geschäft auch des Erben bedeute, dürfe doch die allgemein geltende Verteilung des Risikos für das Gelingen eines Vertragsschlusses nicht unterlaufen werden.[14] Ähnlich verhält es sich bei einem Mieter, der nicht geschuldete Schönheitsreparaturen ausführt, weil er irrtümlich eine entsprechende Klausel des Mietvertrages für wirksam hält: Ihm fehlt der Fremdgeschäftsführungswille; ein Ersatz kommt nur nach Bereicherungsrecht in Betracht, vgl. Rn. 433.[15]

Ich halte die Bejahung von GoA durch jemanden, der einem Dritten ohnehin verpflichtet ist, nach wie vor (BürgR Rn. 410 ff., 414, dort ausführlicher) für unrichtig: Inwieweit staatliches Handeln gebührenfrei oder von dem Begünstigten zu bezahlen ist, muss das öffentliche Recht ergeben (so auch für polizeiliche Gefahrenabwehr BGHZ 156, 394, 398 f.). Mit der GoA allein könnte man ja auch begründen, dass der Bestohlene die Kosten der polizeilichen Verfolgung des Diebes tragen muss (was sicher nicht stimmt). Zudem passt die GoA für hoheitliches Handeln auch deshalb nicht, weil dieses im Gegensatz zu den §§ 677, 681 nicht dem Willen des „Geschäftsherrn" untergeordnet wird. Und wenn der Handelnde einem Dritten vertraglich verpflichtet ist, muss er sich mit seinen Gegenansprüchen aus diesem Vertrag begnügen. Denn ein zusätzlicher Anspruch gegen den begünstigten „Geschäftsherrn" bedeutete eine Wiederbelebung der gemeinrechtlichen Versionsklage, die das BGB gerade nicht hat übernehmen wollen.

2. Exkurs: Die Verweisung in § 687 II 2

1123 Die Geschäftsanmaßung unterfällt zwar regelmäßig nicht den §§ 677 ff., weil dem Handelnden der Fremdgeschäftsführungswille fehlt (vgl. o. Rn. 1111). Nach § 687 II 1 kann aber der Geschäftsherr den Handelnden gemäß den §§ 677, 678, 681, 682 in Anspruch nehmen, also von ihm insbesondere nach §§ 681 S. 2, 667 die Herausgabe des durch die Geschäftsführung Erlangten fordern. Der unredliche Geschäftsführer soll sich also wie ein redlicher behandeln lassen müssen. § 687 II 2 fährt dann jedoch fort, bei Geltendmachung dieser Ansprüche sei der Geschäftsherr dem Geschäftsführer nach § 684 S. 1 verpflichtet. S. dazu PdW Schuldrecht II **Fall 168**.

Diese Verweisung enthält einen evidenten Fehler. Denn nach § 684 S. 1 müsste der Geschäftsherr dem Geschäftsführer das durch die Geschäftsführung Erlangte herausgeben, das er doch seinerseits gerade nach §§ 681 S. 2, 667 bekommen hat: Das Erlangte würde also hin- und hergeschoben. Diese Sinnlosigkeit muss man vermeiden und daher den § 687 II 2 anders verstehen: Er meint nicht das Geschäftsführungsergebnis, sondern die Aufwendungen des Geschäftsführers. Diese sollen ihm nämlich nach Bereicherungsrecht zu ersetzen sein, wenn er das durch die Geschäftsführung Erlangte herausgeben muss.

[14] Dazu *G. Schulze,* JZ 2000, 523.
[15] BGHZ 181, 188 Tz. 19 ff.; dazu *K.W. Lange*, ZGS 2009, 442; *S. Lorenz,* NJW 2009, 2576.

9. Teil. Ungerechtfertigte Bereicherung

Literatur: Am ausführlichsten *Reuter/Martinek,* Ungerechtfertigte Bereicherung, 1983 (dazu *Schlechtriem,* ZHR 149, 327), rechtsvergleichend *Schäfer,* Das Bereicherungsrecht in Europa, 2001; *Schlechtriem,* Restitution und Bereicherungsausgleich in Europa (2 Bände), 2000/2002; *R. Zimmermann* (Hrsg.), Grundstrukturen eines europäischen Bereicherungsrechts, 2005; methodenkritisch *Gödicke,* Bereicherungsrecht und Dogmatik, 2000, wichtig *Flume,* Studien zur Lehre von der ungerechtfertigten Bereicherung, 2003 (Sammlung früherer Aufsätze). Zudem mit vorwiegend didaktischer Tendenz: *Beuthien/Weber,* Ungerechtfertigte Bereicherung und GoA, 2. Aufl., 1987; *Giesen,* Grundsätze der Konfliktlösung im Besonderen Schuldrecht: Die ungerechtfertigte Bereicherung I: Die Leistungskondiktion, Jura 1995, 169; Fortsetzungen 234 (Nichtleistungskondiktionen); 281 (Bereicherungsumfang); *Koppensteiner/Kramer,* Ungerechtfertigte Bereicherung, 2. Aufl., 1988; *Loewenheim,* Bereicherungsrecht, 3. Aufl., 2007; *Reeb,* Grundprobleme des Bereicherungsrechts, 1975; *P. Schwerdtner,* Ungerechtfertigte Bereicherung, Jura 1982, 192; 255; 309; *Wieling,* Bereicherungsrecht, 4. Aufl., 2006 und jetzt vor allem *Larenz/Canaris,* SBT II 2, §§ 67–74.

Die übrige sehr umfangreiche Literatur beschäftigt sich hauptsächlich mit dem Bereicherungsausgleich in Mehrpersonenverhältnissen; vgl. u. vor Rn. 1215. Im übrigen seien genannt *Barnstedt,* Das Merkmal der Rechtsgrundlosigkeit in der ungerechtfertigten Bereicherung, 1940; *von Caemmerer,* Bereicherung und unerlaubte Handlung, FS Rabel I, 1954, S. 333 = Ges. Schriften I 209; *Costede,* Dogmatische und methodologische Überlegungen zum Verständnis des Bereicherungsrechts, 1977; *Crezelius,* Bereicherungshaftung der BGB-Gesellschafter, JuS 1986, 685; *Deutsch,* Das Recht der ungerechtfertigten Bereicherung … nach 100 Jahren, VersR 1996, 1309; *Fournier,* Bereicherungsausgleich bei Verstößen gegen das UWG, 1999; *Gerlach,* Ungerechtfertigte Zwangsvollstreckung und ungerechtfertigte Bereicherung, 1986; *Grigoleit/Auer,* Schuldrecht III: Bereicherungsrecht, 2009; *Hadding,* Der Bereicherungsausgleich beim Vertrag zu Rechten Dritter, 1970; *Hellwege,* Die Abwicklung gegenseitiger Verträge als einheitliches Problem, 2004; *H. H. Jakobs,* Eingriffserwerb und Vermögensverschiebung …, 1964; *Joerges,* Bereicherungsrecht als Wirtschaftsrecht, 1977 (dazu *Weitnauer,* ZHR 142, 398); *Joost,* Zuwendungen unter Ehegatten und Bereicherungsausgleich nach der Scheidung, JZ 1985, 10; *Kaehler,* Bereicherungsrecht und Vindikation, 1972; *Kamionka,* Der Leistungsbegriff im Bereicherungsrecht, JuS 1992, 845; 929; *Kellmann,* Grundsätze der Gewinnhaftung, 1969; *Kleinheyer,* Rechtsgutverwendung und Bereicherungsausgleich, JZ 1970, 471; *Köndgen,* Wandlungen im Bereicherungsrecht, FS Esser, 1975, S. 55; *König,* Ungerechtfertigte Bereicherung, 1985 (dazu *Reuter,* AcP 187 [1987], 484); Ungerechtfertigte Bereicherung: Grundlagen, Tendenzen, Perspektiven. Symposium Heidelberg zum Gedenken an Detlef König, 1984; *Kötter,* Zur Rechtsnatur der Leistungskondiktion, AcP 153 (1954), 193; *Kohler,* Kondiktion der Leistung eines rechtlichen Nullum, VersR 1988, 563; *Kowalski,* Zur Bereicherungshaftung in Gesellschaften bürgerlichen Rechts, NJW 1991, 3183; *Kupisch,* Die Leistungskondiktion bei Zweckverfehlung, JZ 1985, 101; 163 (dazu *Weitnauer,* JZ 1985, 555); *ders.,* Zum Rechtsgrund (§ 812) bei Erfüllung, NJW 1985, 2370; *ders.,* Rechtspositivismus im Bereicherungsrecht, JZ 1997, 213; *Lieb,* Werner Flume und das Bereicherungsrecht, AcP 209 (2009) 164; *von Lübtow,* Beiträge zur Lehre von der condictio nach römischen. und geltendem Recht (1952); *Mazza,* Kausale Schuldverträge, Rechtsgrund und Kondizierbarkeit, 2002 (dazu *Bork,* JZ 2002, 656); *Medicus,* Typen der Rückabwicklung von Leistungen, JuS 1990, 689; *ders.,* Leistungskondiktion und Gesamtschuld, 2. FS W. Lorenz, 2001, S. 229; *Neuhof/Richrath,* Rückabwicklung nichtiger Kreditsicherungsverträge nach der Lehre von der Doppelcausa, NJW 1996, 2894; *F. Peters,* Die Erstattung rechtsgrundloser Zuwendungen, AcP 205 (2005), 159; *Pinger,* Was leistet der Leistungsbegriff im Bereicherungsrecht?, AcP 179 (1979), 301; *Reimer,* Die aufgedrängte Bereicherung, 1990; *Rothoeft,* Vermögensverlust und Bereicherungsausgleich, AcP 163 (1964), 215; *Rümker,* Das Tatbestandsmerkmal „ohne rechtlichen Grund" im Bereich der Eingriffskondiktion, 1972; *Schall,* Leistungskondiktion und „Sonstige Kondiktion" auf der Grundlage des einheitlichen gesetzlichen Kondiktionsprinzips, 2003; *Schildt,* Konkurrenzprobleme im Bereicherungsrecht, JuS 1995, 953; *Schlechtriem,* Rechtsprechungsübersicht zum Bereicherungsrecht, JZ 1984, 509; 555; 1988, 854; 1993, 24; 128; 185; *Schnauder,* Leistung ohne Bereicherung? Zu Grundlagen und Grenzen des finalen Leistungsbegriffs, AcP 187 (1987), 142; *Schoch,* Der öffentlichrechtliche Erstattungsanspruch, Jura 1994, 82; *F. Schulz,* System der Rechte auf den Eingriffserwerb, AcP 105 (1909), 1; *Schwintowski,* Das Unternehmen im Bereicherungsausgleich, JZ 1987, 588; *Stangl,* Der öffentlichrechtliche Erstattungsanspruch, JABl. 1998, 48; *Stathopoulos,* Der Bereicherungsanspruch: Generaltatbestand oder einzelne Kondiktionen? Rechtsvergleichende Bemerkungen, KritV 2008, 284; *H. Weber,* Der öffentlichrechtliche Erstattungsanspruch, JuS 1986, 29; *M. Weber,* Bereicherungsansprüche wegen enttäuschter Erwartung?, JZ 1989, 25; *Weitnauer,* Die Leistung, FS von Caemmerer, 1978 S. 255; *Welker,* Bereicherungsausgleich wegen Zweckverfehlung?, 1974; *H. P. Westermann,* Die causa im französischen und deutschen Zivilrecht, 1967; *ders.,* Inhalt, Umfang und Entwicklung des Bereicherungsanspruchs in den „Principles of European Law", FS Picker, 2010, 819; *Wilburg,* Die Lehre von der ungerechtfertigten Bereicherung nach österreichischen und deutschem Recht, 1934; *Wilhelm,* Rechtsverletzung und Vermögensentscheidung als Grundlagen und Grenzen des Anspruchs aus ungerechtfertigter Bereicherung, 1973; *J. Wolf,* Der Stand der Bereicherungslehre und ihre Neubegründung, 1980. Zugleich de lege ferenda *König,* in: Gutachten und Vorschläge zur Überarbeitung des Schuldrechts, herausgegeben vom BMJ, 1981, II 1515. – Hohen Wert haben auch die Kommentierungen des Bereicherungsrechts durch *S. Lorenz* bei Staudinger (Neubearbeitung 2007) und *M. Schwab* im MünchKomm, 5. Aufl. 2008.

§ 132. Typen der ungerechtfertigten Bereicherung

I. Einheitstheorie oder Unterscheidungen?

1124 Wohl über keinen anderen Teil des Zivilrechts ist in den letzten Jahrzehnten literarisch so heftig gestritten worden wie über die ungerechtfertigte Bereicherung. Dabei geht es gar nicht so sehr um die Ergebnisse – über diese besteht weithin Einigkeit – als vielmehr um deren Begründung. Dieser Streit beginnt schon bei der Frage danach, ob man alle Fallgruppen mit einem einheitlichen Bereicherungstatbestand erfassen kann, oder ob Unterscheidungen nötig oder wenigstens zweckmäßig sind.

Ansatzpunkt dieses Streits ist der Wortlaut von **§ 812 I 1**: Dort wird zwar zunächst zwischen dem Erlangen „durch Leistung eines anderen" und „in sonstiger Weise" unterschieden. Aber hinsichtlich der weiteren Tatbestandsmerkmale wie auch hinsichtlich der Rechtsfolge scheint die Vorschrift dann keinen Unterschied mehr zu machen. Der Tatbestand scheint also schematisch so auszusehen:

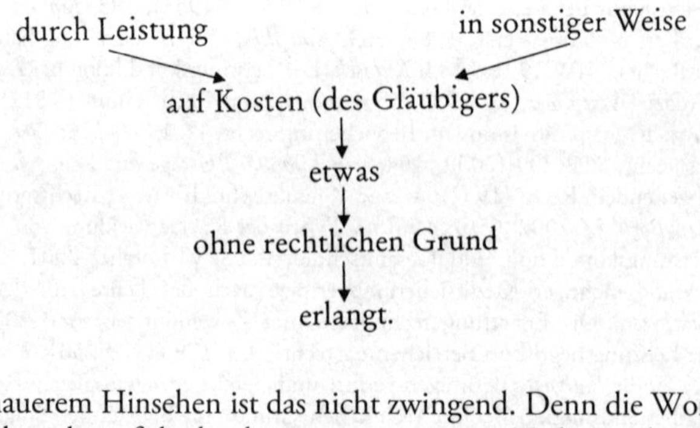

Aber bei genauerem Hinsehen ist das nicht zwingend. Denn die Worte **„auf Kosten"** brauchen sich nicht auf die beiden zuvor genannten Tatbestandsmerkmale zu beziehen. Vielmehr können sie auch bloß die direkt davor stehende (Bereicherung) „in sonstiger Weise" zu meinen. Dann sieht § 812 I schematisch folgendermaßen aus:

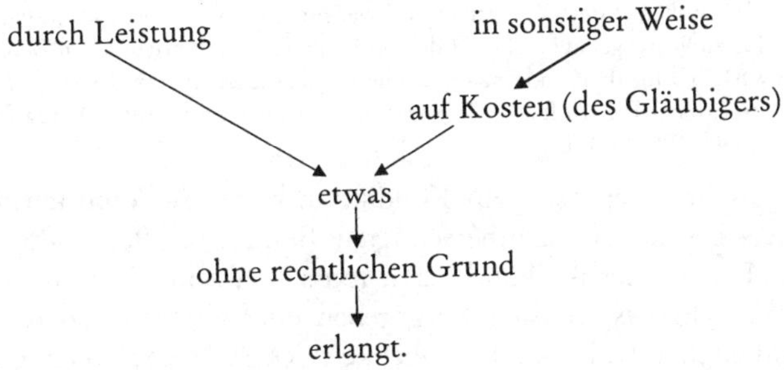

Die Verfechter der **Einheitstheorie** verstehen den § 812 I in der zuerst genannten Weise. Sie wollen daher die Tatbestandsmerkmale „auf Kosten“, „etwas“, „ohne rechtlichen Grund“ und „erlangt“ so beschreiben, dass jeder denkbare Bereicherungsfall erfasst wird.

Dagegen und folglich für eine **Trennungstheorie** sprechen aber außer der sprachlichen Mehrdeutigkeit des § 812 I noch zwei weitere Gründe: Erstens nehmen die §§ 813, 814, 815, 817, 819 II und 820 I ausdrücklich auf eine „Leistung“ Bezug; sie enthalten also **Sonderregeln für die Leistungskondiktion.** Und zweitens betrifft die ungerechtfertigte Bereicherung äußerlich ganz verschiedene Tatbestände: Einerseits geht es etwa um die Rückabwicklung von Leistungen, die auf Grund eines unerkannt nichtigen Vertrages ausgetauscht worden sind; z. B. beim nichtigen Kauf will der Käufer den gezahlten Preis und der Verkäufer die übereignete Sache zurückhaben. Andererseits geht es aber z. B. auch um Verfügungen über fremde Sachen, etwa wenn der Entleiher die entliehene Sache an einen redlichen Dritten veräußert (§§ 929, 932): Welche Rechte soll dann derjenige haben, der dabei sein Eigentum verliert (§ 816 I)? Eine Darstellung, die alle diese verschiedenen Fälle zugleich ins Auge fasst, müsste hoch abstrakt bleiben. Schon um das zu vermeiden, soll hier mit der h. M. zwischen verschiedenen Bereicherungstypen unterschieden werden.[1] Hinzugefügt sei aber, dass ich eine solche Unterscheidung auch aus sachlichen Gründen für geboten halte: Sie bewährt sich insbesondere schon bei der Ermittlung der Rechtsgrundlosigkeit (vgl. u. Rn. 1128). S. dazu auch PdW Schuldrecht II **Fall 189**.

II. Die Leistungskondiktion

1. Die erste Fallgruppe erfasst den in § 812 I 1 als erste Alternative genannten Fall, 1125
nämlich dass jemand **„durch die Leistung eines anderen“ etwas erlangt** hat. Den auf die Herausgabe eines solchen Erwerbs gerichteten Bereicherungsanspruch nennt man die Leistungskondiktion.

Dabei stammt die Bezeichnung *condictio* von lat. *condicere* = ansagen. Im römischen Recht war nämlich die *legis actio per condictionem* eine Klageart, bei der ein Verhandlungstermin auf den 30. Tag angesetzt wurde (*Kaser/Hackl,* Das römische Zivilprozeßrecht, 2. Aufl., 1996, § 16 I). Der Name bezeichnete also ursprünglich nur eine eigenartige Verfahrenseinleitung und nicht bestimmte Klagegründe. Im Formularprozess wird die condictio dann zu einer strengrechtlichen (also bestimmten materiellrechtlichen Regeln gehorchenden) Klage auf eine bestimmte Geldsumme oder Sache. Dabei nennt die Klageformel keinen Verpflichtungsgrund. Deshalb hat sich die Klage für viele Anwendungsfälle geeignet; die dem § 812 am

[1] Ebenso etwa *Larenz/Canaris,* SBT II 2, § 67 I 2; II; *Fikentscher/Heinemann,* Rn. 1421 ff; auch *Looschelders,* BT Rn. 1013.

ehesten entsprechende „unberechtigte Vorenthaltung" war nur einer von ihnen. Doch hat diese *condictio* des römischen Rechts zunächst gerade nicht auf den Umfang der noch vorhandenen Bereicherung abgestellt, wie es nach § 818 III für den modernen Bereicherungsanspruch charakteristisch ist. Vgl. dazu *Kaser,* Das römische Privatrecht I, 2. Aufl., 1971, § 139 und für die weitere Entwicklung *Jansen,* Savigny-Zeitschrift Rom. Abteilg. 120 (2003), 106 ff.

Den terminologischen Gegensatz zur Kondiktion bildet die **Vindikation** als Klage des Eigentümers gegen den nichtberechtigten Besitzer, §§ 985, 986. Vindizieren kann also, wer Eigentümer ist; kondizieren muss, wer sein Eigentum verloren hat: entweder weil er selbst es wirksam weggegeben oder weil ein anderer es sonstwie wirksam erworben hat (z. B. kraft Redlichkeit, §§ 892, 932, oder originär nach §§ 946 ff.). Allein die Kondiktion bleibt auch da, wo es nicht um bestimmte Sachen geht, wie regelmäßig bei Geld.

1126 **2. Schlüsselbegriff** der Leistungskondiktion ist die **Leistung**. Sie wird üblicherweise verstanden als die bewusste und zweckgerichtete Mehrung fremden Vermögens.[2] Das bedeutet im einzelnen:

a) **Mehrung fremden Vermögens** ist nicht bloß die Zuwendung eines geldwerten Vorteils; „Vermögen" darf hier also nicht im Sinne von „in Geld schätzbar" verstanden werden. Vielmehr können mit der Leistungskondiktion auch nicht geldwerte Dinge zurückverlangt werden wie z. B. Liebesbriefe, aber auch der bloße Besitz (sog. *condictio possessionis)* oder ein unrichtiger Grundbucheintrag. § 812 I 1 drückt diese denkbare Mannigfaltigkeit aus, indem er das Erlangte ganz farblos als „etwas" bezeichnet.

1127 b) Diese Zuwendung muss **bewusst** erfolgen, also von einem Willen getragen sein, fremdes Vermögen zu mehren. Für die Leistungskondiktion genügt es demnach beispielsweise nicht, wenn jemand auf eine fremde Sache, die er irrig für seine eigene hält, Verwendungen macht (z. B. sie ausbessert): Hier weiß der Handelnde ja nicht, dass sein Tun fremdem Vermögen zugute kommt (vgl. u. Rn. 1130).

1128 c) Endlich gehört zur Leistung im Sinne des Bereicherungsrechts auch eine **Zweckrichtung**: Der Leistende muss einen bestimmten Zweck verfolgen. Das ist bei einer Zuwendung auch regelmäßig zu erwarten: Diese bedeutet ja ein Opfer, und ein solches bringt man fast immer bloß, um damit etwas zu erreichen. Dabei braucht der Zweck nicht im Erlangen eines materiellen Gegenwerts zu bestehen (z. B. der Befreiung von einer Schuld); vielmehr kommt auch eine Schenkung in Betracht.

Wird dieser Zweck erreicht, so besteht regelmäßig (Ausnahme § 817 S. 1, vgl. u. Rn. 1137) kein Anlass, die Leistung rückgängig zu machen; sie ist also „kondiktionsfest". Dagegen ist bei Nichterreichung des Zwecks das Opfer vergeblich gewesen; dann muss die Rechtsordnung eine Rückgängigmachung in Betracht ziehen. Zu Einzelheiten vgl. u. Rn. 1133 ff.

III. Die Nichtleistungskondiktionen

1129 Gegenbegriff zum Erlangen „durch Leistung" ist in § 812 I 1 das Erlangen **„in sonstiger Weise"**. Die hieraus folgenden Kondiktionen werden also bloß negativ dadurch umschrieben, dass sie nicht auf einer Leistung beruhen. Deshalb spricht man von

[2] So schon in BGHZ 58, 184, 188 als „nunmehr gefestigte Rechtsprechung" bezeichnet, später etwa *BGH* NJW 1999, 1393, 1394.

Nichtleistungskondiktionen. Ein solcher Erwerb anders als durch Leistung kann auf sehr verschiedenen Gründen beruhen:

1. Zunächst kann **der Erwerber selbst in fremdes Vermögen eingegriffen** haben: Ihm wird nicht geleistet, sondern er nimmt sich etwas. Hierhin gehört z. B., dass der Dieb die gestohlene Sache verbraucht oder mit gestohlenem Geld seine Schulden bezahlt (vgl. §§ 935 II, 932, 816 I 1). Ähnlich verhält es sich, wenn ein nichtberechtigter Besitzer durch Verarbeitung Eigentum erwirbt (§§ 950, 951, 812), oder wenn nach einer Abtretung der Forderung der Altgläubiger noch die Leistung des Schuldners annimmt und diesen damit nach § 407 dem Neugläubiger gegenüber befreit (§ 816 II). Die hier überall zum Ausgleich dienende Kondiktion nennt man **Eingriffskondiktion.** Vgl. dazu im einzelnen u. Rn. 1189–1206.

2. Ein Erwerb ist aber auch ohne Leistung und ohne Eingriff denkbar. So liegt es 1130
beispielsweise, wenn der sich selbst für den Eigentümer haltende Besitzer die fremde Sache verbessert: Für eine Leistung fehlt hier die bewusste Mehrung fremden Vermögens (vgl. o. Rn. 1126), und der durch die Verbesserung begünstigte Sacheigentümer hat sich auch selbst nichts aus fremdem Vermögen genommen. Zum Ausgleich solcher Verwendungserfolge bedarf es daher einer eigenen Kondiktion, der sog. **Ver- oder Aufwendungskondiktion.** Vgl. u. Rn. 1209 f.

Leistung und Eingriff fehlen auch, wenn eine Schuldbefreiung als Reflex von Vorgängen zwischen anderen Personen eintritt: Es möge etwa ein zum Schadensersatz Verpflichteter an den Geschädigten leisten und damit zugleich einen Dritten befreien, der denselben Schaden zu ersetzen hatte. Dann ist ein Bereicherungsanspruch des Schuldners gegen den Dritten als **Rückgriffskondiktion** denkbar (ihre Notwendigkeit verneint *Schall* nach Lit.-Verz. S. 88 ff.). Vgl. u. Rn. 1214.

Das Hauptproblem dieser beiden Kondiktionsarten ergibt sich daraus, dass Verwendungen und Rückgriff durch viele Sondervorschriften geregelt sind. So gelten für die Verwendungen des nichtberechtigten Besitzers im Eigentümer-Besitzer-Verhältnis die §§ 994 ff., und der Rückgriff unter Gesamtschuldnern richtet sich nach § 426. Deshalb ist fraglich, wieviel Raum daneben für Bereicherungsansprüche bleibt.

1. Abschnitt. Die Leistungskondiktion

§ 133. Die Leistungskondiktion in Zweipersonenverhältnissen

Literatur: Vgl. o. vor Rn. 1214, für Mehrpersonenverhältnisse u. vor Rn. 1215.

I. Problemübersicht

Bei der Leistungskondiktion sind im wesentlichen zwei Fragenkreise problematisch: 1131

Erstens geht es um die **Ermittlung des rechtlich maßgeblichen Leistungszwecks**. Denn dessen Erreichung entscheidet ja darüber, ob die Leistung kondiktionsfest ist; die Zweckerreichung bildet den „rechtlichen Grund" (vgl. o. Rn. 1128). Das ist im Folgenden zu erörtern.

Zweitens wird die Leistungskondiktion kompliziert, wenn von der Leistung **nicht bloß zwei Personen betroffen** sind: Der Schuldner zahlt z. B. nicht an seinen Gläubiger, sondern auf dessen Weisung an einen Dritten. Oder der Schuldner zahlt nicht mit eigenem Geld, sondern unberechtigt mit dem Geld eines Dritten. Diese Komplikationen werden u. in Rn. 1215 ff. zu behandeln sein.

II. Die Mannigfaltigkeit der Leistungszwecke

1. Primärer Zweck und weitere Zwecke

1132 Mit einer Leistung werden häufig verschiedene Ziele verfolgt: Der Käufer eines Kraftwagens etwa zahlt den Kaufpreis zunächst deshalb, weil er sich dazu verpflichtet hat. Weiter will der Käufer aber auch den Verkäufer veranlassen, den Wagen zu liefern; die Zahlung soll also die Einrede des Verkäufers aus § 320 ausräumen. Wenn der Wagen schon geliefert ist, soll der Verkäufer gehindert werden, den Wagen nach §§ 323, 346 wieder zurückzufordern. Den Wagen wiederum will der Käufer etwa haben, um seinen weit entfernten Arbeitsplatz bequemer zu erreichen. Dafür können mannigfache Erwartungen maßgeblich sein: etwa dass der Käufer seine Wohnung und seinen Arbeitsplatz behält, dass er alsbald die Fahrerlaubnis erwirbt oder sie nicht wieder einbüßt, dass er den Kaufpreisbetrag nicht dringender für andere Zwecke braucht, und so weiter.

Die Erreichung aller dieser Ziele und der Eintritt aller dieser Erwartungen mögen für den Käufer wichtig sein. Sie dürfen aber gewiss nicht alle für die Kondiktionsfestigkeit der Kaufpreiszahlung Bedeutung haben: Sonst könnte der Käufer über § 812 Fehlplanungen korrigieren, die als bloße Motivirrtümer nicht zu einer Anfechtung des Kaufvertrags berechtigen. Auch vom Ergebnis her wäre es anstößig, wenn der Käufer die aus seiner Sphäre stammenden Risiken etwa hinsichtlich Wohnung, Arbeitsplatz und Fahrerlaubnis auf den Verkäufer abwälzen könnte. Daher darf maßgeblich immer nur der **primär mit der Leistung verfolgte Zweck** sein.

2. Typenbildung

1133 Die §§ 812 ff. unterscheiden im Anschluss an die römischrechtliche Tradition wie folgt:

a) Bei **Leistungen auf Schuld** *(solvendi causa)* entscheidet allein der mit der Leistung bezweckte **Tilgungserfolg** (vgl. u. Rn. 1143, abweichend *Kupisch* NJW 1985, 2370). Für die Verfehlung dieses Erfolges kommen mehrere Gründe in Betracht.

aa) Die Erfüllung kann daran scheitern, dass die zu erfüllende **Forderung überhaupt nicht besteht** (z. B. weil der sie begründende Vertrag nichtig ist). Oder die Forderung besteht zwar, aber **zwischen anderen Personen** (z. B. der eine Fensterscheibe ersetzende Vater glaubt irrtümlich, sein Kind habe diese Scheibe zerschlagen, während es in Wahrheit ein fremdes war). Oder endlich die Forderung besteht **mit einem anderen Inhalt,** so dass sie mit der Leistung nicht erfüllt werden kann (z. B. der Verkäufer liefert versehentlich einen anderen als den verkauften Gegenstand). Hier überall verfehlt die Leistung regelmäßig (Ausnahmen nach Wahl des Gläubigers gemäß §§ 434 III, 633 II 3) den Erfüllungserfolg und kann daher zurückverlangt werden. Das Mittel hierzu ist die in § 812 I 1 Alt. 1 geregelte *condictio indebiti* (also: „des Nichtgeschuldeten").

bb) Die durch die Leistung zu erfüllende Forderung kann auch zunächst bestanden haben, aber **später weggefallen** sein. Die Erfüllung hat dann zwar zunächst ihren Zweck erreicht, doch ist ihr Grund später entfallen. Dann gewährt § 812 I 2 Alt. 1 die *condictio ob causam finitam* („wegen des Endes der *causa*"), nämlich „wenn der rechtliche Grund später wegfällt". Diese Kondiktion soll also ein Opfer rückgängig machen, das nachträglich unnötig geworden ist. Zu den Anwendungsfällen vgl. u. Rn. 1138 ff. 1134

cc) Die durch die Leistung zu erfüllende Forderung kann zwar bestehen und auch nicht wieder wegfallen, aber **mit einer dauernden Einrede behaftet** sein. Hier hätte der Schuldner also von Anfang an nicht zu leisten brauchen, sondern sich mit der Einrede schützen können. Wenn er das irrtümlich unterlassen hat, gewährt § 813 I 1 ihm eine Kondiktion. Solche dauernden Einreden bestehen etwa, wenn der Gläubiger die Forderung ohne rechtlichen Grund (§ 821) oder durch unerlaubte Handlung (§ 853) erworben hatte oder wenn der Schuldner als Erbe seine Haftung beschränken konnte (§§ 1973, 1975, 1990). 1135

Eine dauernde Einrede entsteht an sich auch durch die **Verjährung,** § 214 I. Hier bestimmt jedoch § 214 II den Ausschluss der Rückforderung des trotz der Einrede Geleisteten, und § 813 I 2 verweist darauf noch ausdrücklich. Diese Besonderheit der Verjährungseinrede erklärt sich nicht schon allein daraus, dass die verjährte Schuld als Ehrenschuld noch soll erfüllt werden können: Der Kondiktionsausschluss gilt ja gerade auch dann, wenn der Schuldner in Unkenntnis der Verjährung geleistet hat, also wenn eine bewusste Entscheidung gegen das Geltendmachen der Einrede fehlt. Ausschlaggebend ist vielmehr, dass die Verjährung **Rechtsfrieden** schaffen soll: Diesem Ziel widerspräche es, wenn nach einer (wie auch immer motivierten) Leistung noch erneut um die Rückforderung gestritten werden könnte.

b) Von den **Leistungen** auf Schuld sind die Leistungen **zu einem anderen Zweck** *(ob rem)* zu unterscheiden. Das meint § 812 I 2 Alt. 2: „Der mit einer Leistung nach dem Inhalte des Rechtsgeschäfts bezweckte Erfolg" tritt nicht ein. Auch hier ist das in der Leistung liegende Opfer vergeblich und soll daher rückgängig gemacht werden können: Das bewirkt die *condictio ob rem* (wobei *res* hier soviel wie „Erfolg" bedeutet). 1136

Solche Leistungen zu einem anderen Zweck kommen erstens beim **Bargeschäft** vor, wo also noch keine Verpflichtung besteht, sondern der Rechtsgrund erst mit der Leistung geschaffen werden soll. So möge jemand in einem Laden 10 EUR für eine bestimmte Ware zahlen, von der sich jedoch herausstellt, dass sie nicht vorrätig ist: Dann kann das Geld mit der *condictio ob rem* zurückverlangt werden. Zweitens kommen solche Leistungen auch dann vor, wenn der bezweckte Erfolg nicht oder nur unter besonderen Schwierigkeiten **wirksam versprochen werden kann.** Das erste trifft z. B. für eine Eheschließung zu (vgl. § 1297), das zweite für eine Erbeinsetzung (vgl. §§ 2302, aber 2274 ff.). Zur Abgrenzung vgl. u. Rn. 1144 sowie PdW Schuldrecht II **Fälle 200–202.**

c) Ein besonderer Kondiktionstatbestand findet sich schließlich noch in § 817 S. 1: Der Zweck einer Leistung war so bestimmt, „dass der Empfänger durch die Annahme gegen ein **gesetzliches Verbot** oder gegen die **guten Sitten** verstoßen hat". Das betrifft nicht den häufigeren Fall, dass auch der Leistende gegen Gesetz oder gute Sitten verstößt: Dann ist die Kondiktion nach § 817 S. 2 gerade ausgeschlossen (vgl. 1137

u. Rn. 1151 ff.). So bleibt für § 817 S. 1 – die *condictio ob turpem vel iniustam causam* – bloß ein schmaler Anwendungsbereich. Als Schulbeispiel dient meist die einfache Beamtenbestechung (Vorteilsannahme nach § 331 StGB), durch die sich nur der den Vorteil annehmende Beamte strafbar macht. Doch mag in solchen Fällen der Leistende wenigstens gegen die guten Sitten verstoßen haben. Deutlicher trifft § 817 S. 1 wohl die erpreßte Zahlung von „Schutzgeldern".

Die theoretische Besonderheit des § 817 S. 1 besteht darin, dass hier eine Kondiktion trotz Erreichens des erstrebten Erfolges gewährt wird. Dabei greift § 817 S. 1 selbst dann ein, wenn auf eine erkanntermaßen unwirksame Verpflichtung geleistet worden und daher die *condictio indebiti* nach § 814 ausgeschlossen ist (vgl. u. Rn. 1148). Den Grund bildet die rechtliche Missbilligung des Zwecks: Leistungen zu einem gesetz- oder sittenwidrigen Zweck des Empfängers sollen eben selbst dann keinen Bestand haben, wenn ihre Rückforderung nach allgemeinem Bereicherungsrecht nicht möglich wäre. S. dazu auch PdW Schuldrecht II **Fall 202**.

III. Insbesondere der Wegfall des Rechtsgrundes

1138 Dass „der rechtliche Grund später wegfällt" (§ 812 I 2 Alt. 1) und folglich die *condictio ob causam finitam* in Betracht kommt (o. Rn. 1134), ist seltener, als man auf den ersten Blick annehmen mag.

1. Durch Anfechtung (nach den §§ 119, 120, 123) wird das angefochtene Geschäft rückwirkend nichtig, § 142. Die auf Ansprüche aus einem solchen Geschäft erbrachten Leistungen verlieren ihren Rechtsgrund also rückwirkend. Daher ist die *condictio indebiti* (§ 812 I 1 Alt. 1) zuständig.

1139 **2.** Als Anwendungsfall der *condictio ob causam finitam* wird häufig der **Eintritt einer auflösenden Bedingung** in dem anspruchsbegründenden Rechtsgeschäft genannt. Dem Bedingungseintritt fehlt in der Tat eine echte Rückwirkung, und selbst wo eine solche gewollt ist, bestimmt § 159 nur obligatorische Ausgleichspflichten. Doch ist die Anwendbarkeit der *condictio ob causam finitam* aus einem anderen Grund fraglich: Wenn die Parteien eine auflösende Bedingung vereinbaren, sehen sie auch die Möglichkeit eines späteren Wegfalls des Geschäfts voraus. Daher kann man schon durch ergänzende Vertragsauslegung eine Rückgewährpflicht als für diesen Fall gewollt ansehen.[1] Dann bedarf es keines Bereicherungsanspruchs mehr. Das gilt insbesondere für Verträge über nicht akzessorische Sicherheiten, etwa für die Einräumung von Sicherungseigentum: Dass die (unbedingt) sicherungshalber übereignete Sache bei Erledigung des Sicherungszwecks (also bei Kreditrückzahlung) zurückzuübereignen ist, dürfte sich schon durch Auslegung des Sicherungsvertrags ergeben, wenn es dort nicht sogar ausdrücklich steht.

1140 **3.** Bisweilen ist die *condictio ob causam finitam* auf **Leistungen zwischen Ehegatten** angewendet worden: Bei einem vorzeitigen Ende der Ehe (insbesondere durch Scheidung) sollten diese Leistungen dann kondiziert werden können. So hatte im Fall von *BGH* JZ 1968, 381 (mit Anm. *W. Lorenz*) ein Ehemann mit eigenen Mitteln auf einem seiner Frau gehörenden Grundstück ein Haus als Familienwohnung errichtet. Als die Ehe wenig später geschieden wurde, verlangte der Mann Ersatz. Der *BGH*

[1] So *Flume*, AT II, § 40, 2 d; *Larenz*, AT, § 25 IV S. 507.

hat die Ehe als Rechtsgrund der Leistungen des Mannes und folglich die Scheidung als Kondiktionsgrund angesehen. Doch ist das unrichtig:[2] Mit dem aus der Ehe folgenden Unterhaltsanspruch konnte die Frau ja nicht die Zuwendung eines Hauses verlangen. Daher bildete die Ehe allenfalls das Motiv und nicht den Rechtsgrund für die Zuwendung. Auch der *BGH* hat wenig später die Behandlung solcher Fälle nach Bereicherungsrecht (und dem Recht der Störung der Geschäftsgrundlage) aufgegeben,[3] doch ist er neuestens darauf wieder zurückgekommen.[4]

4. Nicht gebraucht wird § 812 I 2 Alt. 1 auch beim **Rücktritt** (gleiches gilt wegen 1141
§ 357 I 1 für den **verbraucherschützenden Widerruf**). Denn durch diesen entsteht nach § 346 I ein Rückgewährschuldverhältnis mit eigenen Rückgewähransprüchen (vgl. AT Rn. 563 ff.). Diese beruhen auch dann nicht auf § 812, wenn für ihre Erfüllung nur nach Bereicherungsrecht gehaftet wird (wie nach § 346 III 2, vgl. AT Rn. 575 und u. Rn. 1163).

5. Anwendbar ist die *condictio ob causam finitam* dagegen etwa in dem Fall von 1142
BGHZ 29, 171: Dort hatte der Schuldner für fünf Jahre **im Voraus geleistet**, doch endete der Vertrag vorzeitig durch außerordentliche Kündigung. Zu denken ist auch an die Rückforderung einer Versicherungssumme, wenn der Versicherte die gestohlene Sache zurückerlangt hat.[5]

IV. Insbesondere der Nichteintritt des bezweckten Erfolges

1. Bei der *condictio ob rem* nennt § 812 I 2 Alt. 2 als Kondiktionsgrund die Nicht- 1143
erreichung des „mit einer Leistung nach dem Inhalt des Rechtsgeschäfts bezweckten Erfolges". Die meisten Leistungen werden zur Tilgung einer Schuld erbracht *(solvendi causa).* Dass dieser **Tilgungserfolg** ausbleibt, wird aber schon mit der *condictio indebiti* nach § 812 I 1 Alt. 1 berücksichtigt. Daher muss der Erfolg bei § 812 I 2 Alt. 2 ein anderer als die Schuldtilgung sein. Hierüber besteht Einigkeit.

Streitig ist dagegen, ob für die Vorschrift **ein über die Erfüllung hinausreichender Erfolg** genügen kann: K möge ein Grundstück in der erklärten Absicht kaufen, dort ein Haus zu bauen; darf K den Kaufpreis kondizieren, wenn das Grundstück unbebaubar war oder geworden ist? Nach richtiger und heute h. M.[6] muss man das verneinen: Andernfalls käme man zu ganz unkontrollierbaren Einbrüchen in die Rechtsgeschäftslehre. Eine Leistung auf Schuld kann also niemals nach § 812 I 2 Alt. 2 kondiziert werden, wenn sie diese Schuld getilgt hat. Das Nichterreichen von über die Tilgung hinausreichenden Zwecken muss also mit anderen Mitteln geltend gemacht werden: etwa mit den Mängelbehelfen des Kaufrechts (§§ 434, 438 ff., z. B. weil die Kaufsache sich nicht „für die nach dem Vertrag vorausgesetzte Verwendung

[2] *Lieb,* Die Ehegattenmitarbeit 1970 S. 118 ff.

[3] Etwa NJW 1982, 2236.

[4] BGHZ 177, 193 Tz. 29 ff.; Vgl. zu solchen Leistungen zwischen Ehegatten (und den Partnern nichtehelicher Lebensgemeinschaften) schon o. Rn. 409 mit Belegen sowie Staudinger/*S. Lorenz* (2007), § 812 Rz. 100 f.; zu Leistungen der Schwiegereltern BGHZ 184, 190 Tz. 22 ff. (gewöhnliche Schenkung), 25 ff. (Grundlagenstörung), sowie 47 ff. (§812 I 2 Alt. 2); ferner *BGH* NJW 2010, 2884; vgl. weiter *Sörge,* JZ 2011, 660; *Leitmeier,* NJW 2010, 2006.

[5] RGZ 108, 110.

[6] Etwa *Larenz/Canaris,* SBT II 2, § 68 I 3 d; Staudinger/*S. Lorenz* (2007), § 812 Rn. 106, auch *BGH* NJW 1992, 2690.

eignet", § 434 I 2 Nr. 1), mit der Irrtumsanfechtung (§§ 119 ff.: Sie führt nach Beseitigung des Geschäfts zur *condictio indebiti*) oder mit der Lehre von Fehlen oder Wegfall der Geschäftsgrundlage (§ 313, vgl. *Medicus,* BGB AT, Rn. 857 ff.). Wenn diese Mittel versagen, bleiben die Nachteile aus der Nichterreichung des Erfolgs beim Leistenden; die weiteren Zwecke stellen bloß rechtlich unerhebliche Motive dar (vgl. o. Rn. 1132).

1144 **2. Ob auf Schuld geleistet** werden soll, kann bisweilen zweifelhaft sein. Das zeigt sich etwa, wenn jemand unentgeltlich oder gegen ein unüblich geringes Entgelt Arbeit in der **Erwartung** leistet, er werde den Empfänger **beerben oder heiraten.** Vor allem das *BAG* bejaht in solchen Fällen einen Vertrag über die Arbeitsleistung und lässt die Vergütungspflicht aus § 612 folgen (vgl. o. Rn. 639).[7] Aber diese Konstruktion stösst schon bei der Verjährung auf Schwierigkeiten: Ein solcher vertraglicher Vergütungsanspruch verjährt nämlich nach §§ 195, 199 I in drei Jahren seit seiner Entstehung (der Gläubiger kannte den Anspruch ja!), und diese Frist ist häufig schon abgelaufen, wenn sich die Enttäuschung der Erwartung herausstellt. Das *BAG*[8] hilft dann mit der etwas künstlichen Annahme einer Stundung, derentwegen die Verjährung nach § 205 gehemmt sein soll. Vor allem jedoch passt die Herleitung eines Vergütungsanspruchs aus § 612 nicht, wenn die Parteien die Unentgeltlichkeit oder die niedrige Entlohnung der Arbeitsleistung vereinbart haben: § 612 soll bloß eine Lücke in den Parteivereinbarungen füllen, aber nicht wirklich Vereinbartes verdrängen. Daher dürfte in solchen Fällen eine Kondiktion des Wertes der geleisteten Arbeit (§ 818 II) wenigstens dann vorzuziehen sein, wenn keine Verpflichtung zu der Arbeitsleistung begründet werden sollte.[9]

1145 **3.** Nach § 812 I 2 Alt. 1 muss der Erfolg, dessen Nichteintritt den Kondiktionsgrund bildet, **nach dem Inhalt des Rechtsgeschäfts bezweckt** gewesen sein. Das liegt in den Fällen deutlich vor, bei denen die *condictio ob rem* in der Praxis am häufigsten erscheint: Es wird auf einen erkanntermaßen nichtigen Vertrag geleistet in der Erwartung, dieser werde später gültig.[10] Ein wichtiger Anwendungsfall ist der sog. **Schwarzkauf:** In dem notariellen Kaufvertrag über ein Grundstück wird der Kaufpreis zu niedrig angegeben, um Steuern und Kosten zu sparen: Wird hier in der (vergeblichen) Hoffnung auf den Erhalt der Gegenleistung gezahlt, so kann die Leistung nach § 812 I 2 Alt. 2 zurückverlangt werden.[11] Nicht ausreichen würde beispielsweise dagegen die bloß einseitige Hoffnung des schlecht bezahlte Arbeit Leistenden, später einmal die Tochter seines Arbeitgebers heiraten zu können.

V. Zusammenfassung

1146 Nach dem Gesagten lassen sich die Voraussetzungen der Leistungskondiktion im Zweipersonenverhältnis so zusammenfassen (s. dazu auch PdW Schuldrecht II **Fälle 190–192**):

1. Der Kondiktionsschuldner muss **etwas erlangt** haben (wobei „etwas" ganz weit zu verstehen ist, vgl. o. Rn. 1126, u. Rn. 1164 ff.).

[7] Vgl. etwa *BAG* NJW 1963, 2188; 1970, 1701; 1978, 444.
[8] Vgl. etwa *BAG* NJW 1963, 2188.
[9] Vgl. Staudinger/*S. Lorenz* (2007), § 812 Rn. 107.
[10] Vgl. Staudinger/*S. Lorenz* (2007), § 812 Rn. 110.
[11] Vgl. *Keim,* JuS 2001, 636.

2. Das muss **durch Leistung** des Kondiktionsgläubigers geschehen sein, also mit dessen Willen und auf dessen Zweckbestimmung hin (vgl. o. Rn. 1126 f.).

3. Ob die Leistung noch zusätzlich **auf Kosten** des Kondiktionsgläubigers erfolgt sein muss, ist nach dem Wortlaut des § 812 I nicht sicher (vgl. o. Rn. 1124). Die Frage darf aber hier noch offenbleiben, weil bei der einstweilen noch zugrunde gelegten Beschränkung auf Zweipersonenverhältnisse definitionsgemäß ein Dritter fehlt, auf dessen Kosten die Leistung erlangt worden sein könnte.

4. Die Leistung muss **rechtsgrundlos** gewesen oder geworden sein. Dabei bedeutet Rechtsgrundlosigkeit regelmäßig, dass der Leistende den mit der Leistung verfolgten Zweck nicht oder nicht dauerhaft erreicht hat. Diesen Zweck bildet aber bei einer Leistung auf Schuld bloß die Schuldtilgung; der Nichteintritt weiterer Erfolge spielt keine Rolle (vgl. o. Rn. 1132; 1143). Nur bei Leistungen zu einem anderen Zweck ist dieser maßgeblich, doch muss er zum Inhalt des Rechtsgeschäfts geworden sein (vgl. o. Rn. 1145).

Eine **Ausnahme** gegenüber dem Gesagten bildet bloß der fast bedeutungslose § 817 S. 1: Dort ist Kondiktionsgrund nicht die Verfehlung des Leistungszwecks, sondern dessen Missbilligung durch die Rechts- oder Sittenordnung (o. Rn. 1137).

5. Endlich darf die Kondiktion **nicht ausgeschlossen** oder durch den Wegfall der Bereicherung erloschen sein; davon ist noch zu sprechen: u. Rn. 1147 ff.; 1171 ff.

§ 134. Der Ausschluss der Leistungskondiktion

Literatur: *Dauner,* Der Kondiktionsausschluß gemäß § 817 S. 2, JZ 1980, 495; *Fabricius,* Einschränkung der Anwendung des § 817 S. 2 durch den Zweck des Verbotsgesetzes, JZ 1963, 85; *Heck,* Die Ausdehnung des § 817 S. 2 auf alle Bereicherungsansprüche, AcP 124 (1925), 1; *H. Honsell,* Die Rückabwicklung sittenwidriger oder verbotener Geschäfte, 1974; *ders.,* § 817 S. 2 BGB – eine „Drehkrankheit des Rechtsempfindens"?, in: Rechtsgeschichte und Privatrechtsdogmatik, 1999, S. 473; *Klöhn,* Die Kondiktionssperre gem. § 817 S. 2 BGB…, AcP 210 (2010) 804; *Kohte,* Die Kondiktionssperre von § 814 1. Alt. BGB…, BB 1988, 633; *Mayer-Maly,* Rechtsirrtum und Bereicherung, FS Heinr. Lange, 1970, S. 294; *Medicus,* Vergütungspflicht des Bewucherten, GS Dietz, 1973, S. 61; *ders.,* Der Rückforderungsausschluß nach § 817 S. 2 BGB im Konkurs des Leistenden, Jura 1989, 349; *Michalski,* Die analoge Anwendbarkeit des § 817 S. 2 außerhalb des § 817 S. 1 BGB, Jura 1994, 113; *Niederländer,* Nemo turpitudinem suam allegans auditur, FG Gutzwiller, 1959, S. 621; *Schmidt-Recla,* Von Schneebällen und Drehkrankheiten – Zu § 817 S. 2 BGB, JZ 2008, 60; *Wambach,* Die bereicherungsrechtliche Rückabwicklung gesetzes- oder sittenwidriger Verträge, 2004; *Wazlawik,* § 817 S. 2 BGB – Eine systemwidrige Vorschrift, ZGS 2007, 336; *H. P. Westermann,* Die Bewährung des § 817 S. 2 BGB, in: Rechtsgeschichte und Privatrechtsdogmatik, 1999, 485.

Die §§ 813 II–815, 817 S. 2 enthalten einige besondere Gründe für den Ausschluss der Leistungskondiktion. Darunter findet sich mit § 817 S. 2 eine der umstrittensten Regelungen des BGB überhaupt.

I. Die §§ 813 Abs. 2, 814, 815

1. § 813 II bezieht sich auf den vorangehenden Abs. 1 (vgl. o. Rn. 1135): Abs. 2 1147
behandelt die Leistung auf eine betagte (also schon entstandene, aber noch nicht fällige) Forderung. Eine solche Leistung soll nicht nach Abs. 1 zurückverlangt werden können. Damit wird klargestellt, dass die Einrede des Fehlens der Fälligkeit

(also regelmäßig die Einrede der Stundung) keine dauernde im Sinne des Abs. 1 darstellt.

Dagegen bezieht § 813 II sich nicht auf die aufschiebend befristete Forderung (vgl. §§ 163, 158 I): Diese ist vor Eintritt der Frist ebensowenig entstanden wie eine aufschiebend bedingte Forderung vor Eintritt der Bedingung. Aufschiebend befristet sind z. B. die Mietzinsraten für die künftigen Zahlungsperioden. Daher kann, wer den Mietzins monatlich schuldet und trotzdem irrtümlich für ein ganzes Jahr im Voraus bezahlt hat, die Beträge für die folgenden Monate zurückverlangen.

1148 **2. § 814** betrifft mit zwei verschiedenen Tatbeständen die Leistung auf Schuld (vgl. o. Rn. 1133).

a) Erstens soll die Rückforderung einer solchen Leistung ausgeschlossen sein, wenn der Leistende das **Fehlen seiner Verpflichtung gekannt** hat. Diese Kenntnis bezieht sich auf den Zeitpunkt der Leistung, nicht auf einen späteren Wegfall. Daher nennt § 814 Alt. 1 nur die *condictio indebiti,* nicht auch die *condictio ob causam finitam* (vgl. o. Rn. 1134): Die Rückforderung ist also nicht ausgeschlossen, wenn der Leistende bloß weiß, dass seine Verpflichtung später wegfallen kann; das ändert ja auch nichts daran, dass er *jetzt* leisten muss. Unanwendbar ist § 814 auch auf die *condictio ob rem* (vgl. o. Rn. 1136). Daher sind z. B. Leistungen kondizierbar, die auf einen erkanntermaßen formnichtigen oder schwebend unwirksamen Vertrag in der Hoffnung gemacht worden sind, der Formmangel werde geheilt oder die fehlende Genehmigung erteilt werden.[1]

Grund des § 814 Alt. 1 ist das **Verbot widersprüchlichen Verhaltens**.[2] Daher ist die Vorschrift unanwendbar auf Leistungen unter dem Vorbehalt der Rückforderung (nicht genügend dagegen wohl „ohne Anerkennung einer Rechtspflicht"): Hier verhält sich der Leistende mit seiner Rückforderung nicht widersprüchlich. Auch Leistungen unter dem Druck einer drohenden Zwangsvollstreckung oder erklärtermaßen zur Vermeidung eines empfindlichen Übels bleiben bei Fehlen einer Verpflichtung rückforderbar.[3]

1149 b) Zweitens ist nach § 814 eine Rückforderung ausgeschlossen, wenn die **Leistung einer sittlichen Pflicht oder einer auf den Anstand zu nehmenden Rücksicht** entsprach. Als Schulbeispiel dient der Fall, dass jemand irrtümlich (vgl. §§ 1601, 1589) eine Unterhaltspflicht zwischen Geschwistern annimmt und deshalb seinem Bruder Unterhalt zahlt. Doch spielt dieser Fall anscheinend praktisch keine Rolle mehr:[4] Heute glaubt man eher an eine Eintrittspflicht des Sozialstaates.

1150 **3. § 815** überträgt das Verbot widersprüchlichen Verhaltens auf die *condictio ob rem* (vgl. o. Rn. 1136): Der Leistende soll nicht zurückfordern können, wenn er gewusst hat, der mit der Leistung bezweckte Erfolg könne nicht eintreten, oder wenn er dessen Eintritt selbst gegen Treu und Glauben verhindert hat. Diese zweite Alternative ist auf § 1301 analog anzuwenden:[5] Danach kann derjenige Verlobte die Geschenke nicht zurückverlangen, der das Zustandekommen der Ehe treuwidrig verhindert hat.

1 MünchKomm/*M. Schwab,* § 814 Rn. 4.
2 *Larenz/Canaris,* SBT II 2, § 68 III 1 a.
3 BGHZ 152, 233.
4 MünchKomm/*M. Schwab,* § 814 Rn. 18.
5 BGHZ 45, 258, 262 ff., str.

Abzulehnen ist dagegen die umstrittene entsprechende Anwendung des § 815 auf die *condictio ob causam finitam* (vgl. o. Rn. 1134).[6] Denn wer leistet, solange die *causa* noch besteht, tut nur das, wozu er verpflichtet ist. Daher passt die 1. Alt. des § 815 nicht. Und für eine entsprechende Anwendung der 2. Alt. sehe ich keinen geeigneten Fall.

II. § 817 S. 2 BGB

Bei weitem die größten Schwierigkeiten bereitet der Kondiktionsausschluss nach 1151
§ 817 S. 2: Diese Vorschrift ist in ihrer Fassung missglückt, in ihrem Zweck fraglich und in ihren Auswirkungen rechtspolitisch zweifelhaft.

1. Erweiterungen

Im Wesentlichen **Einigkeit** besteht über zwei nötige Erweiterungen der Vorschrift.

a) Systematisch bezieht sich § 817 S. 2 nur auf den vorangehenden Satz 1, also auf die fast bedeutungslose *condictio ob turpem vel iniustam causam* (vgl. o. Rn. 1137). Der Kondiktionsausschluss muss jedoch auch für die *condictio indebiti* nach § 812 I 1 Alt. 1 gelten, also auch für die Leistung auf ein Rechtsgeschäft, das nach **§§ 134 oder 138** nichtig ist. Sonst verlöre § 817 S. 2 nämlich fast alle Bedeutung.

b) Nach seinem Wortlaut („gleichfalls") betrifft § 817 S. 2 nur den **beiderseitigen** 1152
Gesetzes- oder Sittenverstoß, also den Verstoß sowohl des Empfängers wie auch des Leistenden. Darüber hinaus muss die Vorschrift aber erst recht auch dann gelten, wenn **nur der Leistende** gegen Gesetz oder gute Sitten verstoßen hat (z. B. der Wucherer). Denn in solchen Fällen darf der *Leistende* nicht deshalb besser stehen – nämlich zurückfordern können –, weil sich der *Empfänger* einwandfrei verhalten hat. S. dazu auch PdW Schuldrecht II **Fall 202**.

2. Begrenzung auf die Leistung

Im Gegensatz zu den eben geschilderten Erweiterungen ist andererseits auch eine 1153
präzisierende Einschränkung des § 817 S. 2 überwiegend anerkannt. Sie zeigt sich besonders deutlich beim **Wucherdarlehen**: Dort könnte man aus dem Kondiktionsausschluss ableiten wollen, der Wucherer dürfe das Darlehen überhaupt nicht zurückverlangen. Doch besteht bei wirtschaftlicher Betrachtung die Leistung des Darlehensgebers (im Gegensatz zu einem Schenker) nicht schlechthin in der Übereignung von Geld, sondern nur in der **Überlassung auf Zeit.** Daher ist man seit RGZ 161, 52 im wesentlichen einig: § 817 S. 2 bedeutet beim Darlehen (und bei ähnlichen Überlassungen auf Zeit) keinen Ausschluss der Rückforderung schlechthin. Vielmehr kann der Geber bloß für die vereinbarte Dauer der Überlassung nicht zurückfordern: Nur das entspricht nämlich seiner Leistung. War die Dauer der Überlassung unbestimmt, so wird man eine Kündigung durch den Geber zulassen müssen, als ob der Vertrag gültig wäre (z. B. nach § 488 III).

[6] Vgl. MünchKomm/*M. Schwab,* § 815 Rn. 3.

3. Wirkungen des Kondiktionsausschlusses

1154 Ehe die Frage nach dem Zweck des § 817 S. 2 gestellt werden kann, müssen zunächst die Auswirkungen der Vorschrift bedacht werden. Diese unterscheiden sich je nachdem, ob der Gesetzes- oder Sittenverstoß auf beiden Seiten (also bei Leistendem und Empfänger) oder nur beim Leistenden vorliegt (beim Verstoß bloß des Empfängers dagegen ist die Kondiktion keineswegs ausgeschlossen, sondern sie wird durch § 817 S. 1 sogar noch zusätzlich ermöglicht).

a) Schulbeispiel für beiderseitig sittenwidrige Verträge waren lange Zeit die auf **Erwerb oder Betrieb eines Bordells** gerichteten Geschäfte. Zwar hält man solche Geschäfte heute nicht mehr allemal für sittenwidrig, insbesondere nach dem Gesetz zur Regelung der Rechtsverhältnisse der Prostituierten vom 20. 12. 2001, das einen Vergütungsanspruch der Prostituierten bejaht (aber keineswegs einen Leistungsanspruch des anderen Teils; der Vertrag ist also nicht etwa wirksam!). Doch sollte bei Hilfsgeschäften Sittenwidrigkeit nach wie vor anzunehmen sein, wenn sich der Zweck in einem besonders hohen Entgelt niederschlägt.[7] Zweifellose Beispiele für gesetzwidrige Geschäfte liefert etwa der **Handel mit Rauschgiften oder Waffen;** zur Teilnahme an einem sog. **Schenkkreis** vgl. u. Rn. 1159.

Hier bewirken die §§ 134, 138 I die Nichtigkeit des Vertrages; keine Partei kann also auf Erfüllung klagen. § 817 S. 2 ergänzt das dadurch, dass auch die schon erbrachten Leistungen nicht sollen zurückgefordert werden können. Das benachteiligt denjenigen, der vorgeleistet hat: Er verliert seine Leistung, ohne die Gegenleistung verlangen zu können. Bei komplizierteren Bordellverträgen, bei denen etwa eine Restkaufgeldhypothek im Spiel ist, können sich daraus ganz seltsame Folgerungen ergeben.

1155 b) Hauptfall des einseitig sittenwidrigen Geschäfts ist das **Wucherdarlehen.** Hier schließt § 138 II alle Vertragsansprüche des Wucherers aus: Dieser kann aus Vertrag weder die vereinbarten Zinsen noch die Rückzahlung des Darlehens verlangen. § 817 S. 2 ergänzt das, indem die Darlehenssumme vorzeitig auch nicht aus § 812 zurückgefordert werden kann (vgl. o. Rn. 1151; 1153). Der Bewucherte behält diese also vorerst, ohne die wucherischen Zinsen zahlen zu müssen.

4. Zwecke des Kondiktionsausschlusses

1156 a) Der Zweck des § 817 S. 2 wurde vielfach und wird bisweilen auch heute noch in einer **Bestrafung** des gesetz- oder sittenwidrig Handelnden gesehen. Aber wenn das zuträfe, wäre § 817 S. 2 eine ganz misslungene Norm. Denn die Strafe fließt ja in die Tasche des anderen Vertragsteils, der gerade im unmittelbaren Anwendungsbereich des § 817 S. 2 „gleichfalls" gesetz- oder sittenwidrig gehandelt hat: Warum sollte z. B. der Bordellverkäufer den im voraus bezahlten Kaufpreis oder umgekehrt der Rauschgiftkäufer das Gift ohne Gegenleistung behalten dürfen? Aber auch bei Geschäften mit anstößigem Handeln bloß des Leistenden (vgl. o. Rn. 1155) will eine Begünstigung des Empfängers durch die „Strafe" nicht recht einleuchten: Wodurch sollte z. B. der Bewucherte eine „Belohnung" verdienen?

1157 b) Wenn § 817 S. 2 überhaupt einen guten Sinn erhalten soll, muss man also einen anderen Normzweck suchen. Er folgt aus dem alten Satz, dass man sich **zur Anspruchsbegründung nicht auf eigene Unlauterkeit soll berufen dürfen**: *Nemo tur-*

[7] BGHZ 63, 365.

pitudinem suam allegans auditur. Dabei ist im einzelnen wohl zwischen den beiden o. Rn. 1154 f. genannten Typen des gesetz- oder sittenwidrigen Geschäfts zu unterscheiden:

Bei **beiderseitigem** Gesetz- oder Sittenverstoß verschärft § 817 S. 2 die Folgen der in § 138 I bestimmten Nichtigkeit: Die Rechtsordnung versagt ihre Hilfe nicht nur bei der Erfüllung solcher Geschäfte, sondern auch bei der Rückführung der Leistungen in ihre Ausgangslage. Damit wird das Risiko erhöht, sich auf solche Geschäfte einzulassen, wenigstens wenn sie nicht einfach Zug um Zug ausgeführt werden können. In diesem Sinn formuliert BGHZ 41, 341, 344, „dass, wer außerhalb der Rechts- oder Sittenordnung Geschäfte macht, dies gemäß § 817 S. 2 auf eigenes Risiko tut". Ähnlich sagt *BGH* NJW 1997, 2381, 2383: Bei der Rückabwicklung dürfe Rechtsschutz nicht in Anspruch nehmen, wer sich selbst durch gesetzes- oder sittenwidriges Handeln außerhalb der Rechtsordnung stelle. Ob § 817 S. 2 in dieser an sich sinnvollen Richtung sehr wirksam ist, muss freilich bezweifelt werden: Wenn beide Parteien das Geschäft wollen, wird ja dessen freiwillige Durchführung nicht gehindert.

c) Beim Gesetz- oder Sittenverstoß **bloß des Leistenden** kommt noch ein weiterer **1158**
Zweck hinzu, dem § 817 S. 2 auch gut entspricht: Dem Bewucherten etwa ist ja allein mit der in § 138 bestimmten Nichtigkeit noch nicht hinreichend gedient. Denn diese schützt ihn zwar vor der Pflicht zur Zahlung der wucherischen Zinsen; aber sie verschafft ihm kein Recht zum Behalten des Darlehens auf Zeit, auf das er doch typischerweise nötig angewiesen war. Dieses Recht bringt vielmehr erst § 817 S. 2: Der Bewucherte braucht das Darlehen erst dann zurückzuzahlen, wenn er es auch bei Vertragswirksamkeit hätte zurückzahlen müssen.

5. Weitere Probleme

Das eben zum Normzweck des § 817 S. 2 Gesagte hilft bei der Beantwortung einiger **1159**
weiterer Fragen.

a) Zunächst versteht sich aus der verhältnismäßig schwachen Motivation des § 817 S. 2 in den Fällen der beiderseitigen Unlauterkeit eine **Einschränkung:** Der Kondiktionsausschluss kann nicht gelten, wenn er sinnwidrig einem gesetz- oder sittenwidrigen Zustand Dauer verleihen würde. So darf eine sittenwidrige Bordellpacht nicht dadurch beständig werden, dass § 817 S. 2 eine Rückforderung durch den Verpächter ausschließt.[8]

Ein neuerer Anwendungsfall ist die Teilnahme an einem sog. **Schenkkreis.** Das ist ein pyramidenförmiges Verfahren, nach dem jeder Teilnehmer eine Geldsumme schenken und zugleich weitere Schenker werben soll, die dann an ihn schenken (sog. Schneeballsystem). Hier darf § 817 S. 2 nicht dazu führen, dass die Teilnehmer der jeweils höheren Ebene die ihnen „geschenkten" Beträge behalten können.[9]

b) Heftig umstritten ist die Frage, ob § 817 S. 2 außer allen Bereicherungsansprü- **1160**
chen (vgl. o. Rn. 1151) auch **noch andere Ansprüche** ausschließt.[10] Dabei geht es insbesondere um Ansprüche aus dem Eigentum (§§ 894, 985 ff.): Darf etwa der-

[8] BGHZ 41, 341, 343 f., vgl. auch *BGH* NJW 1997, 2381, 2383.
[9] *BGH* NJW 2006, 45, 46; vgl. *Möller,* NJW 2006, 268; *Armgardt,* ebda., 2070.
[10] Vgl. MünchKomm/*M. Schwab,* § 817 Rn. 14 ff.; *Larenz/Canaris,* SBT II, 2 § 68 III 3 e.

jenige, dem § 817 S. 2 einen Bereicherungsanspruch abschneidet, seine Leistung noch vindizieren?

Die Möglichkeit hierzu kann freilich schon wegen des **Abstraktionsprinzips** fehlen: Dass die zu erfüllende Forderung nach §§ 134, 138 nicht entstanden ist, beeinträchtigt ja prinzipiell (Ausnahme § 138 II „oder sich gewähren lässt") die Wirksamkeit der zu ihrer Erfüllung dienenden Übereignung nicht. Anders wäre es bei **Fehleridentität,** also wenn der dem obligatorischen Geschäft anhaftende Fehler auch das dingliche Geschäft ergreift.[11] Ob solche Identität vorliegt, hängt bei Gesetzesverstößen von der Fassung des Verbotsgesetzes ab: Verbietet dieses (wie häufig) auch das Erfüllungsgeschäft? Und bei Sittenwidrigkeit gelangt man zu der von der h. M. bejahten Frage, ob das Erfüllungsgeschäft (insbesondere eine Geldzahlung) „sittlich neutral" ist und daher nicht an der Sittenwidrigkeit der Verpflichtung teilhat.

Beispielsweise möge K von V Rauschgift gekauft und den Kaufpreis im Voraus bezahlt haben. Dieser Kauf ist nach § 134 (in Verbindung mit dem Gesetz über den Verkehr mit Betäubungsmitteln i. d. F. v. 1. 3. 1994) und auch nach § 138 I nichtig. Daher kann K das Rauschgift nicht verlangen (zudem hätte jeder Richter die Akte über eine solche Klage sofort an die Staatsanwaltschaft weiterzuschicken). § 817 S. 2 hindert dann den K an der Kondiktion des Kaufpreises. Aber bleibt ihm wenigstens die Vindikation, wenn das Geld ausnahmsweise noch unvermengt vorhanden ist? Hierfür stellt sich zunächst die Vorfrage nach der Gesetz- oder Sittenwidrigkeit der Übereignung des Geldes. Sie kann man verneinen, weil die Zahlung als solche unbedenklich sei. Man kann die Frage aber auch bejahen, weil diese Zahlung den V zur Lieferung des Rauschgifts veranlassen und so dem unlauteren Zweck dienen sollte. Entscheidet man hier gegen die Sittenwidrigkeit der Zahlung, so ist das Geld in das Eigentum des V gelangt, und eine Vindikation des K scheidet schon deshalb aus. Die Folgefrage nach dem Ausschluss einer Vindikation durch § 817 S. 2 ergibt sich also nur dann, wenn man die Übereignung des Geldes nichtig sein lässt.

Nach meiner Ansicht kann man **die Nichtigkeit** von Erfüllungsgeschäften nur da annehmen, wo **diese den sittenwidrigen Zustand bessert.** Das kommt insbesondere da in Betracht, wo durch sittenwidrige Manipulationen die Gläubiger eines Geschäftspartners geschädigt werden sollten: Hier bewahrt die Nichtigkeit den Zugriff dieser Gläubiger auf den verschobenen Gegenstand. Dagegen ist es beim Rauschgiftkauf (und regelmäßig auch sonst) unter dem Gesichtspunkt der Sittenwidrigkeit ganz gleichgültig, wem das als Kaufpreis gezahlte Geld und wem das Rauschgift gehören. Hier bleibt also die Sittenwidrigkeit auf das obligatorische Geschäft beschränkt. Daher fehlt eine Vindikation des Leistenden, die an § 817 S. 2 scheitern könnte.

Trotzdem taucht die Frage nach dem Ausschluss dinglicher Ansprüche durch § 817 S. 2 bisweilen auf, nämlich etwa wenn ein Verbotsgesetz auch das dingliche Geschäft betrifft. Weiter ergibt sich die Frage auch dann, wenn die Leistung nur den Besitz umfassen soll und der Leistende schon deshalb Eigentümer bleibt, wie bei sittenwidrigen Vermietungen und Verpachtungen. Hier muss man § 817 S. 2 **auf die dinglichen Ansprüche erstrecken**, wenn man den o. Rn. 1158 genannten Schutzzweck anerkennt: Bei der Wuchermiete etwa darf der zu schützende Mieter auch durch § 985 nicht um den Besitz gebracht werden können; zu einem anderen Ergebnis als

[11] Vgl. *Medicus,* BGB AT, Rn. 231 ff.

beim Wucherdarlehen bestünde keinerlei Anlass.[12] Aber auch sonst scheint mir eine Erweiterung des § 817 S. 2 auf dingliche Ansprüche regelmäßig angemessen: Der die Rechtsschutzverweigerung tragende Gedanke, niemand solle Ansprüche aus der eigenen Unlauterkeit herleiten können (vgl. o. Rn. 1157), passt auch hier. Anders entscheidet insoweit freilich die Rspr., s. dazu auch PdW Schuldrecht II **Fall 202**. Dass § 817 S. 2 auf Schadensersatzansprüche aus § 826 unanwendbar sein soll,[13] ist dagegen unbedenklich.

c) Zweifeln kann man, ob beim Wucher der Bewucherte die **Leistung ganz ohne** 1161 **Vergütung behalten** darf: Braucht z. B. der bewucherte Darlehensnehmer nicht einmal den üblichen Zins zu bezahlen? Die h. M. verneint eine solche Pflicht,[14] verleiht aber damit dem § 817 S. 2 doch den verfehlten (vgl. o. Rn. 1156) Strafcharakter. Andere wollen schon im Rahmen des § 138 das sittenwidrig hohe Entgelt auf den gerade noch sittengemäßen Betrag reduzieren, also nur den Überschuß nichtig sein lassen.[15] Doch bringt das den Richter in die Verlegenheit, diesen gerade noch sittengemäßen Betrag ermitteln zu müssen. Daher bevorzuge ich eine auf den Marktwert der Leistung **begrenzte Vergütungspflicht**.[16] Diese Pflicht ergibt sich aus § 818 II. Man kann den Wertersatz jedoch nach § 818 III versagen, wenn sich der Empfänger den Marktwert nicht zunutze gemacht hat.

d) Nach dem (fast bedeutungslosen) zweiten Teil des § 817 S. 2 soll das Rückforde- 1162 rungsverbot nicht eingreifen, wenn die Leistung in der **Eingehung einer Verbindlichkeit** bestand. Dabei wird an das abstrakte Schuldversprechen nach § 780 gedacht (vgl. o. Rn. 1143 ff.). Dieses wird also vom Gesetz trotz der Nichtigkeit des Grundgeschäfts als wirksam behandelt. Da es aber soll kondiziert werden dürfen, kann der Gläubiger im Ergebnis die Leistung doch nicht verlangen: Der Schuldner hat die Einrede der ungerechtfertigten Bereicherung (§ 821). Das rechtfertigt sich aus der Gesetz- oder Sittenwidrigkeit des Grundgeschäfts. Doch soll andererseits der Schuldner das etwa schon auf das abstrakte Schuldversprechen Geleistete nicht zurückverlangen können: Auch hier bleibt das Geschäft also in dem schon durch endgültige Leistungen erreichten Zustand stecken (vgl. o. Rn. 1157).

§ 135. Der Inhalt der Leistungskondiktion

Literatur: *von Caemmerer*, „Mortuus redhibetur", FS Larenz, 1973, S. 621; *Canaris*, Der Bereicherungsausgleich bei Bestellung einer Sicherheit an einer rechtsgrundlos erlangten oder fremden Sache, NJW 1991, 2513; *Eidenmüller*, Wertersatz für rechtsgrundlos erbrachte Bauleistungen, JZ 1996, 889; *Flessner*, Wegfall der Bereicherung, 1970; *Flume* (gesammelt in: Studien zur Lehre von der ungerechtfertigten Bereicherung, 2003): Der Wegfall der Bereicherung in der Entwicklung vom römischen zum geltenden Recht, FS Niedermeyer, 1953, S. 103; *ders.*, Die ungerechtfertigte Bereicherung eine Rechtsfigur der Bereicherung, in: 50 Jahre BGH, FG aus der Wissenschaft, Bd. I, 2005, S. 525; *ders.*, Zur Anwendbarkeit der Saldotheorie im Falle der Nichtigkeit eines Grundstücks-Kaufvertrages …, ZIP 2001, 1621; *ders.*, Die Rückabwicklung nichtiger Kaufverträge nach Bereicherungsrecht, JZ 2002, 321; *Frank*, Anwendbar-

[12] Ebenso im Ergebnis MünchKomm/*M. Schwab*, § 817 Rn. 19; *Larenz/Canaris*, SBT II 2, § 68 III 3 e.

[13] So *BGH* NJW 1992, 310.

[14] *BGH* NJW 1983, 1420, 1423.

[15] Vgl. MünchKomm/*M. Schwab*, § 817 Rn. 37.

[16] GS Dietz, 1973, 61 ff.; ebenso etwa *Larenz*, SBT (12. Aufl., 1981), § 69 III b Fn. 3 (S. 562); Staudinger/*S. Lorenz* (2007), § 817 Rn. 12 und im Ergebnis auch BGHZ 63, 365, 368 über §§ 990, 987; anders aber die h. M., etwa *Larenz/Canaris*, SBT II 2, § 68 III 3 c, auch *Reifner*, JZ 1984, 637.

keit des § 281 BGB auf den verschärft haftenden Bereicherungsschuldner – BGHZ 75, 203, JuS 1981, 102; *Frieser,* Der Bereicherungswegfall in Parallele zur hypothetischen Schadensentwicklung, 1987 (dazu *Kohler,* WM 1988, 885); *Goetzke,* Subjektiver Wertbegriff im Bereicherungsrecht, AcP 173 (1973), 289; *Grunsky,* Ersparnisgedanke und Reserveursache im Bereicherungsrecht, JR 1972, 279; *Hagen,* Funktionale und dogmatische Zusammenhänge zwischen Schadens- und Bereicherungsrecht, 1. FS Larenz, 1973, 867; *H. H. Jakobs,* Lucrum ex negotiatione, 1993 (dazu *Wollschläger* AcP 194 [1994], 408); *Konzen,* Schuldrechtsreform, Rücktritt und Wegfall der Bereicherung bei gescheitertem Austauschverhältnis, FS Canaris, 2007, Bd. 1 605; *Kellmann,* Bereicherungsausgleich bei Nutzung fremder Rechtsgüter, NJW 1971, 862; *Knütel,* § 822 BGB und die Schwächen unentgeltlichen Erwerbs, NJW 1989, 2504; *König,* Gewinnhaftung, FS von Caemmerer, 1978, 179; *Kohler,* Erforderliche und klare Worte zum Entreicherungseinwand, NJW 1992, 3145; *Kulms,* Herausgaberegeln, Haftungsnormen und unentziehbare Rechte im Bereicherungsrecht, JZ 1998, 430; *Herm. Lange,* Verzugshaftung des Bereicherungsschuldners und des Besitzers, JZ 1964, 640; *Larenz,* Zur Bedeutung des „Wertersatzes" im Bereicherungsrecht, FS von Caemmerer, 1978, 209; *Lieb,* Nutzungsmöglichkeit als Gegenstand von Bereicherungsansprüchen, NJW 1971, 1289; *W. Lorenz,* Der Schutz vor aufgedrängter Bereicherung – Eine vergleichende Betrachtung des deutschen und englischen Rechts, 1. FS Medicus, 1999, 367; *Medicus,* Die verschärfte Haftung des Bereicherungsschuldners, JuS 1993, 705; *Rengier,* Wegfall der Bereicherung, AcP 177 (1977), 418 (dazu *Schermaier,* Savigny-Zeitschr. für Rechtsgeschichte Rom. Abtlg. 115, 548); *Schilken,* Zur Bedeutung des § 822 BGB, JR 1989, 363; *Schöne,* Das rechtsgrundlos erlangte Unternehmen – Herausgabe oder Wertersatz?, ZGR 29 (2000), 86.

1163 Auf den Inhalt der Leistungskondiktion (und weithin auch der übrigen Kondiktionsarten) beziehen sich die §§ 818–822. Die Bedeutung dieser Vorschriften reicht aber weit über das Bereicherungsrecht hinaus. Denn an zahlreichen anderen Stellen des BGB finden sich **Verweisungen auf das Bereicherungsrecht.**[1] So heißt es etwa, das Geleistete könne „nach den Vorschriften über die Herausgabe einer ungerechtfertigten Bereicherung zurückgefordert werden" (so im Schuldrecht etwa §§ 516 II 3, 527 II, 528 I 1, 531 II, 628 I 3, 682, 684 S. 1, 852, ebenso §§ 346 III 2, 347 II 2). Diese Verweisungen sollen überwiegend den **Schuldner** gegenüber den allgemeinen Vorschriften **besser stellen.** Sie werden daher regelmäßig als Rechtsfolgeverweisungen verstanden, so dass sie gerade die §§ 818 ff. betreffen. Abweichendes gilt aber für § 951, vgl. u. Rn. 1226.

I. Das Erlangte

1164 **1.** Mit der Leistungskondiktion herauszugeben ist nach § 812 I 1 regelmäßig das durch die Leistung rechtsgrundlos Erlangte. Zwar hat man vor allem früher häufig formuliert, die Kondiktion gehe auf „die Bereicherung".[2] Aber das entspricht nicht dem Wortlaut des § 812 I 1. Zudem ist es auch sachlich missverständlich, weil selbst der redliche Bereicherungsschuldner nicht immer ganz ohne Nachteil bleibt (vgl. u. Rn. 1174).

1165 **2.** Als „erlangt" kommt zunächst alles in Betracht, was **gegenständlich fassbar** ist; der Vermögenswert spielt dabei keine Rolle. So kann erlangt sein vor allem das Eigentum (das ja wegen des Abstraktionsprinzips auch bei Fehlen eines wirksamen Rechtsgrundes überzugehen vermag): Die Herausgabe bedeutet dann (anders als bei § 985) eine Rückübereignung. Ebenso sind kondiktionsfähig andere dingliche Rechte, der Besitz (hier spricht man von der *condictio possessionis*), eine unrichtige Eintragung im Grundbuch oder der Erlass (dieser wird „herausgegeben" durch Wieder-

[1] Dazu *Hadding,* FS Mühl, 1981, S. 225 ff.
[2] Vgl. etwa RGZ 54, 137, 141.

begründung der erlassenen Forderung). Eine rechtsgrundlos übertragene Forderung wird durch Zession nach § 398 „herausgegeben".

§ 812 II stellt noch zusätzlich klar, dass Leistungsgegenstand auch vertragliche positive oder negative **Anerkenntnisse** sind: Wegen ihrer Abstraktheit müssen sie bei Fehlen eines Rechtsgrundes kondiziert werden können. Vgl. zum positiven Anerkenntnis (§ 781), das dem Schuldversprechen nahesteht, *BGH* NJW 2000, 2501 und o. Rn. 1146 ff. und zum negativen Anerkenntnis (§ 397 II) AT Rn. 322 f., zudem *Gursky,* JR 2000, 45.

3. „Erlangt" sein können aber auch **gegenständlich nicht fassbare Vorteile** wie vor allem Dienstleistungen (z. B. Unterricht) oder unkörperliche Nutzungen (z. B. der Gebrauch eines Kraftfahrzeugs).[3] Nur können solche Vorteile nicht herausgegeben werden; hier bleibt daher bloß der Wertersatz nach § 818 II (vgl. u. Rn. 1169 f. sowie PdW Schuldrecht II **Fall 216**). 1166

II. Nutzungen und Surrogate, § 818 I

Die auf das „Erlangte" gerichtete Herausgabepflicht nach § 812 I 1 wird durch § 818 I in doppelter Hinsicht erweitert: 1167

1. Herauszugeben sind auch die vom Empfänger aus dem Erlangten **gezogenen Nutzungen** (vgl. § 100). Wer rechtsgrundlos erhaltenes Geld verzinslich angelegt hat, muss also auch die Zinsen herausgeben; bei einem Hausgrundstück wird auch der eingezogene Mietzins geschuldet. Zudem kommen hier wie bei o. Rn. 1165 gegenständlich nicht fassbare Vorteile in Betracht, für die nach § 818 II der Wert zu vergüten ist: so wenn jemand ein rechtsgrundlos erhaltenes Auto selbst gefahren oder ein Hausgrundstück selbst bewohnt hat.[4] Für ein rechtsgrundlos erhaltenes Darlehen sind nach § 818 II die üblichen Zinsen zu entrichten.[5]

Eine Pflicht zum Ersatz schuldhaft nicht gezogener Nutzungen besteht nach § 818 I nicht. Sie kann sich aber für den verklagten oder unredlichen Bereicherungsschuldner gemäß §§ 818 IV, 819 ergeben; vgl. u. Rn. 1180.

2. Herauszugeben sind nach § 818 I weiter **bestimmte Surrogate** des Erlangten. Dabei geht es in erster Linie um den Erwerb, den der Empfänger „auf Grund eines erlangten Rechts" macht: Eine Forderung wird eingezogen, eine Sicherung wird verwertet. Zweitens nennt § 818 I auch dasjenige, was der Empfänger als Ersatz für die Zerstörung, Beschädigung oder Entziehung des erlangten Gegenstandes erwirbt. Dahin gehören z. B. Schadensersatzansprüche gegen dritte Schädiger oder Versicherungsansprüche. 1168

Nicht unter § 818 I fällt dagegen nach h. M., was der Empfänger durch Verkauf des Erlangten erlöst hat.[6] Das ist das sog. (oft falsch geschriebene) *commodum ex negotiatione* (von lat. *commodum* = Vorteil, *negotiari* = Handel treiben). Dass dieser Vorteil nicht herauszugeben sei, wird oft mit dem Gesetzeswortlaut begründet: § 818 I

[3] Vgl. MünchKomm/*M. Schwab,* § 818 Rn. 20 ff.
[4] Zur Berechnung *BGH* NJW 1996, 250.
[5] RGZ 151, 123, 127.
[6] Etwa *Larenz/Canaris,* SBT II 2, § 72 I 1 c.

nenne im Gegensatz etwa zu § 2111 I 1 (ähnlich §§ 1418 II Nr. 3, 1473, 2041) nicht auch das „durch Rechtsgeschäft mit Mitteln des Erlangten Erworbene". Freilich wird auch § 285 I auf den rechtsgeschäftlichen Erlös erstreckt, obwohl sich dort gleichfalls keine dem § 2111 I 1 entsprechende Formulierung findet (vgl. AT Rn. 432). Der Versuch von *Canaris,*[7] diesen Unterschied zu rechtfertigen, hat mich nicht voll überzeugt. Nach meiner Ansicht ist daher der Unterschied im Umfang der Surrogation nach § 285 und § 818 I noch nicht überzeugend begründet worden. Vgl. auch u. Rn. 1197 zu § 816 I 1 sowie PdW Schuldrecht II **Fall 218**.

III. Wertersatz, § 818 II

1169 **1.** Nach § 818 II hat der Empfänger in zwei Fällen den Wert zu ersetzen: Erstens, wenn die **Herausgabe „**wegen der Beschaffenheit des Erlangten" **nicht möglich** ist. Darunter fallen insbesondere die o. Rn. 1166 f. genannten gegenständlich nicht fassbaren Vorteile wie Dienstleistungen oder Gebrauchsvorteile. Und zweitens wird Wertersatz geschuldet, wenn der Empfänger „aus einem anderen Grund" **zur Herausgabe außerstande** ist: Das rechtsgrundlos gelieferte Baumaterial ist etwa von dem Empfänger verbaut worden. Wenn der Vorteil ersatzlos weggefallen ist, kommt aber § 818 III in Betracht, vgl. u. Rn. 1171 ff.

1170 **2.** Streit herrscht darüber, wie der **Betrag des Wertes** zu ermitteln ist: als objektiv bestimmter **Marktwert oder** als subjektiver **Nutzen** für den Empfänger. Es möge etwa einem Minderjährigen rechtsgrundlos Fahrunterricht erteilt worden sein: Dann kann man den Wert dieses Unterrichts mit der üblichen Vergütung gleichsetzen (vgl. § 612 II) oder danach fragen, welchen Vorteil die Fahrerlaubnis dem konkreten Ausgebildeten bringt (vielleicht vorerst gar keinen, weil dieser sich kein Fahrzeug anzuschaffen vermag).

Entgegen einer früher h. M. hat vor allem *Koppensteiner* die subjektive Bewertung vertreten.[8] Durch sie soll insbesondere verhindert werden, dass der Schutzzweck von Nichtigkeitsnormen durch den Wertersatzanspruch beeinträchtigt wird: Die Nichtigkeit des Fahrschulvertrages etwa scheint ja dem Minderjährigen nichts zu nützen, wenn der von diesem geschuldete Wertersatz nach der üblichen Vergütung zu berechnen ist. Zudem soll der subjektive Wertbegriff auch die Abschöpfung besonderer Vorteile ermöglichen, die gerade der Empfänger aus dem Erlangten gezogen hat.

Gegen diese Subjektivierung des Wertbegriffs bei § 818 II hat sich vor allem *Larenz* gewendet:[9] Die Subjektivierung widerspreche dem Willen des Gesetzgebers und lasse sich nicht ohne unklare Ausnahmen durchführen. Vorzuziehen sei es daher, die persönlichen Verhältnisse des Empfängers erst im Rahmen des § 818 III zu berücksichtigen. Dort sei also dem nachträglichen **Wegfall der Bereicherung** („soweit der Empfänger nicht mehr bereichert ist") deren **ursprüngliches Fehlen** gleichzustellen. Auch ein vom Empfänger gemachter besonderer Gewinn dürfe jedenfalls nicht über die Subjektivierung des Wertbegriffs erfasst werden. Mich hat das überzeugt (vgl. u. Rn. 1173, ebenso *Larenz/Canaris,* SBT II 2 § 72 III 2 d). Insbesondere hinsichtlich eines solchen Gewinns wäre es widersinnig, ihn zunächst bei § 818 I auszuschließen

[7] Larenz/Canaris, SPT II 2, § 72 I 1 c.
[8] *Koppensteiner,* NJW 1971, 588 ff.; 1769 ff.
[9] *Larenz,* FS von Caemmerer, 1978, 209, 215 ff.

(vgl. o. Rn. 1168), um ihn dann über die Wertberechnung doch noch zu erfassen. Nach dem Verkehrswert bestimmt das Herauszugebende etwa auch BGHZ 132, 198, 207.

IV. Das Abstellen auf die Bereicherung, § 818 III

1. Der Grundgedanke

1171 Nach § 818 III soll die Verpflichtung zu Herausgabe oder Wertersatz ausgeschlossen sein, „soweit der Empfänger nicht mehr bereichert ist". Diese – nach dem o. Rn. 1170 Gesagten auf das ursprüngliche Fehlen einer Bereicherung zu erweiternde – Vorschrift bildet das eigentliche **Charakteristikum der Bereicherungshaftung.** Insbesondere unterscheidet es diese von der Rücktrittshaftung nach §§ 346, 347: Wenn kein Grund zu einer verschärften Haftung vorliegt (vgl. u. Rn. 1177 ff.), soll der Empfänger regelmäßig nur herausgeben oder ersetzen müssen, was in seinem Vermögen noch zuviel ist. Der Bereicherungsanspruch erscheint so als Gegenstück zum Schadensersatzanspruch: Dieser geht ja nicht auf das, was beim Schuldner zuviel, sondern auf das, was beim Gläubiger zuwenig ist.

2. Das Fehlen der Bereicherung

1172 a) Erstens fehlt eine Bereicherung, soweit der zunächst erlangte gegenständliche Vorteil (vgl. o. Rn. 1165) später **ersatzlos wegfällt**: Das erlangte Geld wird gestohlen, der erlangte Hund stirbt, der erlangte Wein wird getrunken. Doch ist in solchen Fällen stets zu fragen, ob der Empfänger nicht den Verbrauch oder sonstigen Verlust anderer Sachen erspart hat. So mag ihm der Diebstahl anderer Scheine erspart geblieben sein, nur weil er zufällig die rechtsgrundlos erlangten dabei hatte; oder er mag anderen Wein durch den Verbrauch des rechtsgrundlos erlangten behalten haben. In solchen Fällen bleibt der Empfänger um den Wert des Ersparten bereichert (nicht aber muss er dieses selbst herausgeben, also etwa den nicht getrunkenen Wein: Den hat er ja nicht rechtsgrundlos erhalten). Man kann dann von einer **Ersparnisbereicherung** sprechen.

Keinen Wegfall der Bereicherung bedeutet insbesondere die **wirtschaftlich sinnvolle Verwendung** des Erlangten: Wer z. B. mit rechtsgrundlos erhaltenem Geld eigene Schulden zahlt, bleibt um den Geldbetrag auch dann bereichert, wenn er die Schulden ohne den rechtsgrundlosen Erwerb unbezahlt gelassen hätte.[10] Zudem umfasst die Bereicherung die etwa ersparten Zinsen.[11] Dagegen fällt bei einer Veräußerung des Erlangten die Bereicherung weg, soweit das Entgelt den Wert nicht deckt.

1173 b) Zweitens kann die Bereicherung von Anfang an fehlen oder später wegfallen, weil das Erlangte, das nicht gegenständlich herausgegeben werden kann (vgl. o. Rn. 1166), **für den Empfänger wertlos** ist oder wird. Hierhin gehört etwa der Fahrunterricht für jemanden, der dann von der Fahrerlaubnis keinen Gebrauch machen kann (vgl. o. Rn. 1170). Häufig findet sich solche Wertlosigkeit insbesondere bei der sog. **„aufgedrängten Bereicherung"**, vor allem im Rahmen der Verwendungskondiktion: Jemand errichtet z. B. unberechtigt auf einem fremden Grundstück Bauten,

[10] Vgl. *BGH* NJW 1996, 926.
[11] BGHZ 138, 160.

die dem Eigentümer nur im Wege sind. Soweit hier die §§ 994 ff. überhaupt Raum für eine Verwendungskondiktion des Erbauers lassen,[12] ist nach § 818 III die beschränkte Brauchbarkeit für den konkreten Eigentümer zu berücksichtigen (s. dazu auch PdW Schuldrecht II **Fall 224**).

1174 c) Drittens endlich kann die Bereicherung auch **durch Nachteile gemindert** werden, die der Empfänger an seinem sonstigen Vermögen erleidet: so wenn in dem Schulfall der rechtsgrundlos erlangte Hund einen Teppich des Empfängers zerbeißt (Bereicherungswegfall hier str., s. auch PdW Schuldrecht II **Fall 220**). Realistischere Beispiele ergeben sich, wenn der Empfänger Frachtkosten, Zölle, Steuern, Lager- oder Reparaturkosten für die rechtsgrundlos erlangte Sache aufgewendet hat. In Betracht kommt etwa auch, dass jemand aus Freude über den erhaltenen Wein nun seinen schon früher erworbenen austrinkt, was er ohne den „Nachschub" nicht getan hätte. Nicht zu den anrechenbaren Nachteilen wird freilich der Kaufpreis gerechnet, den der Empfänger für den im Verhältnis zum Berechtigten rechtsgrundlos erworbenen Gegenstand an einen Nichtberechtigten gezahlt hat (vgl. u. Rn. 1198); auf die Leistungskondiktion erweitert das vorsichtig *BGH* NJW 1995, 3315, 3317.

3. Einschränkungen bei der Berücksichtigung des Bereicherungswegfalls?

1175 a) Der soeben geschilderte § 818 III entlastet den Empfänger weithin von den Risiken, die mit dem rechtsgrundlos erlangten Vorteil zusammenhängen: Diese **Risiken werden** auf den Leistenden **zurückgewälzt,** obwohl er sie zunächst durch seine Leistung von sich abgewendet hatte. Das bedeutet z. B. hinsichtlich des rechtsgrundlos erlangten Hundes: Der Empfänger hat zunächst Eigentum erworben und trägt damit die Sachgefahr *(casum sentit dominus).* Auch ist er Tierhalter geworden und haftet damit Dritten aus § 833. Aber die Sachgefahr fällt an den Leistenden zurück, wenn dieser durch den Tod des Hundes seinen Bereicherungsanspruch verliert. Und das Tierhalterrisiko belastet seinen Bereicherungsanspruch insofern, als der Empfänger wegen des Betrages, den er einem Dritten als Schadensersatz schuldig geworden ist, den Hund zurückbehalten darf.[13]

1176 b) Diese Risikoverlagerung ist **auf Kritik gestoßen.** Das hat bei der Rückabwicklung gegenseitiger Verträge zur Saldotheorie und ihren Nachfolgern geführt (vgl. u. Rn. 1184 ff.). Doch wird die Verlagerung auch bei einseitigen Schuldverhältnissen kritisiert. Besonders plastisch geschieht das mit dem von *Flume* (nach Lit.-Verz.) geprägten Terminus der „vermögensmäßigen Entscheidung": Wer sich etwa dazu entschlossen habe, einen Hund zu erwerben, solle an den Risiken aus dem Haben und Halten eines Hundes festgehalten werden. Freilich kann diese Überlegung kaum gelten, wenn die Entscheidung nicht auf einem rechtlich fehlerfreien Willen beruht. So kann mit den Risiken eines Hundes nicht belastet werden, wer zu dessen Erwerb erst durch arglistige Täuschung über dessen Bösartigkeit bestimmt worden ist. Aber wenn die Geschäftsnichtigkeit auf einem Willensmangel bloß des Leistenden beruht, bestehen vom Schutzzweck der Nichtigkeitsnorm her keine Bedenken dagegen, den Empfänger an den mit seiner Entscheidung verbundenen Risiken festzuhalten.

Daneben gibt es noch weitere Ansätze zu einer Beschränkung des § 818 III. Sie laufen insbesondere darauf hinaus, einzelne Zurechnungsgründe des Schadensersatz-

[12] Vgl. *Medicus/Petersen,* BR, Rn. 895 ff.
[13] Vgl. Staudinger/*S. Lorenz* (2007), § 818 Rn. 40.

rechts ins Bereicherungsrecht zu übertragen.[14] Einigermaßen allgemein anerkannt sind diese Einschränkungen des § 818 III jedoch bisher noch nicht, soweit sie nicht die Gegenleistung in gegenseitigen Verträgen betreffen (vgl. u. Rn. 1184 ff.).

V. Die verschärfte Haftung nach den allgemeinen Vorschriften

1. Voraussetzungen

Die Haftungserleichterung für den Bereicherungsschuldner beruht im Wesentlichen 1177
darauf, dass er seine Herausgabepflicht typischerweise zunächst nicht kennt: Er glaubt regelmäßig ebenso wie der Leistende (sonst für diesen § 814!) an das Vorliegen des Rechtsgrundes. Daher soll der Empfänger in seinem Vertrauen darauf geschützt werden, das Erlangte behalten zu dürfen. Aus einem ähnlichen Grund wird übrigens auch der Besitzer gegen den Eigentümer durch die §§ 987 ff. geschützt (vgl. u. Rn. 1278 ff.). Dieses Vertrauen kann aber fehlen oder schutzunwürdig sein: Dann soll der Empfänger nach den „allgemeinen Vorschriften" haften (vgl. u. Rn. 1180 f.).

a) Das gilt nach § 818 IV seit dem **Eintritt der Rechtshängigkeit.** Diese wird nach § 261 I ZPO durch die Erhebung der Klage (auf Herausgabe des Erlangten oder auf Wertersatz) begründet. Die Klageerhebung wiederum erfordert nach § 253 I ZPO die Zustellung der Klageschrift an den Beklagten. Dann weiß dieser, dass sich der Kläger eines Herausgabeanspruchs berühmt; der Beklagte soll daher mit seiner Herausgabepflicht rechnen und folglich auf die Bewahrung des Erlangten achten müssen (soweit das noch rechtlich möglich ist, BGHZ 132, 198, 210 ff.). Nicht für § 818 IV genügen soll nach BGHZ 93, 183 dagegen die Rechtshängigkeit einer Klage auf Feststellung, dass keine Verbindlichkeit bestehe (negative Feststellungsklage).[15]

b) Der Rechtshängigkeit steht nach § 819 I die **Kenntnis des Empfängers** vom 1178
Mangel des Rechtsgrundes gleich. Dabei genügt – anders als nach § 990 I beim Eigentümer-Besitzer-Verhältnis – nicht schon grobe Fahrlässigkeit beim Empfang. BGHZ 133, 246 lässt es jedoch genügen, dass der Empfänger die für den Mangel des Rechtsgrundes maßgebenden Tatsachen kennt und sich der daraus folgenden Einsicht in den Mangel bewusst verschließt.[16] Auch steht nach § 142 II eine Kenntnis der Anfechtbarkeit dem Kennen der Nichtigkeit gleich. Kenntnis setzt nach zutreffender Ansicht[17] analog §§ 104 ff. **Geschäftsfähigkeit** des Empfängers oder die Kenntnis des gesetzlichen Vertreters voraus (s. dazu auch PdW Schuldrecht II **Fall 217**).[18] Entsprechend gilt § 819 I beim **Darlehen:** Der Empfänger weiß ja, dass er zurückzahlen muss, und darf daher den Verlust des Empfangenen nicht anspruchsmindernd geltend machen.[19]

BGHZ 72, 9, 14 will „je nach den eigentümlichen Verhältnissen der jeweiligen Rechtsbeziehungen" eine Pflicht des Empfängers annehmen, den Rechtsgrund eines ihm zugeflossenen Vorteils zu prüfen. Dann könnte schon eine fahrlässige Verletzung dieser Pflicht aus § 280 ersatzpflichtig machen. Doch kommt eine solche Annahme –

[14] Vgl. MünchKomm/*M. Schwab,* § 818 Rn. 125 ff., kritisch etwa *Larenz/Canaris,* SBT II 2, § 73 I 6.
[15] Vgl. auch BGHZ 118, 383, 390 f.
[16] Dazu *Probst,* AcP 196 (1996), 225; *Martinek,* JZ 1996, 1099; *Otte,* JuS 1998, 305.
[17] *Larenz/Canaris,* SBT II 2, § 73 II 2 a.
[18] Vgl. *KG* NJW 1998, 2911; *S. G. Müller,* JuS 1995, L 81 ff.
[19] *BGH* NJW 1999, 1636.

wenn überhaupt – bloß ganz ausnahmsweise in Betracht[20] (in dem Fall des *BGH* lag immerhin ein wirksamer Girovertrag vor).

1179 c) **Weitere Gründe** für eine verschärfte Haftung des Bereicherungsschuldners finden sich in den §§ 819 II, 820: Hier ist der Empfänger entweder wegen eines Gesetzes- oder Sittenverstoßes nicht schutzwürdig, oder er musste nach dem Inhalt des Rechtsgeschäfts von vornherein mit einer Rückgewährpflicht rechnen. Für den zweiten Fall bestimmt aber § 820 II wegen der Zinsen und anderer Nutzungen eine Erleichterung.

2. Haftungsumfang

1180 a) Der Umfang der verschärften Haftung wird oft mit der Formulierung umschrieben, der **Empfänger** könne sich abweichend von § 818 III nicht auf einen Wegfall der Bereicherung berufen. Doch ist das ungenau. § 818 IV bestimmt nämlich nicht etwa eine Garantiehaftung, sondern nur eine **Haftung „nach den allgemeinen Vorschriften“.** Das sind vor allem die seit Rechtshängigkeit geltenden §§ 291 (Verzinsung einer Geldschuld) und 292. Dabei verweist § 292 auf die §§ 987 ff. Das bedeutet regelmäßig eine Verschuldenshaftung (§§ 987 II, 989). Der Schuldner kann also auch bei der verschärften Haftung noch durch einen Wegfall der Bereicherung befreit werden. Abweichendes gilt freilich, wenn er diesen Wegfall verschuldet hat, oder wenn der Wegfall während des Schuldnerverzugs eingetreten ist: Dann wird nach §§ 990 II, 287 S. 2 sogar für eine zufällige Unmöglichkeit der Herausgabe gehaftet, wenn nicht der Schaden auch bei rechtzeitiger Rückgabe eingetreten wäre (vgl. AT Rn. 472).

Soweit der Bereicherungsschuldner danach wegen Verschuldens oder im Verzug haftet, schuldet er nicht bloß (wie nach § 818 II) den objektiven Leistungswert. Vielmehr umfasst diese Haftung als **Schadensersatzpflicht** auch die Folgeschäden im Vermögen des individuellen Gläubigers.

1181 b) Neben den §§ 291, 292 werden aber bisweilen **auch andere Vorschriften** aus den §§ 275 ff. angewendet.[21] So will etwa BGHZ 83, 293, 298 f. den Bereicherungsschuldner, der Geld erlangt hat, nach § 279 a. F. (jetzt § 276 I 1 „Übernahme eines Beschaffungsrisikos“) schlechthin haften lassen. Aber hierfür muss es sich wirklich um eine Geldschuld (und nicht bloß um die Verpflichtung zur Herausgabe bestimmter Geldzeichen oder -surrogate) handeln. Das kann gerade bei Bereicherungsansprüchen zu verneinen sein.[22] S. dazu auch PdW Schuldrecht II **Fall 223**.

VI. Die Dritthaftung nach § 822

1182 **1.** Ein Wegfall der Bereicherung kommt insbesondere in Betracht, wenn der Empfänger das Erlangte **unentgeltlich einem Dritten zugewendet** hat: Dann entfällt nach § 818 III die Herausgabepflicht des Gebers, wenn dieser nicht schon nach §§ 818 IV, 819 verschärft haftet und auch keine Ausgaben erspart hat (weil er nämlich dem Dritten jedenfalls etwas geschenkt hätte). Hier stellt § 822 die Interessen

[20] Vgl. MünchKomm/*M. Schwab,* § 819 Rn. 3.
[21] Zur Problematik *Medicus,* JuS 1993, 705.
[22] Vgl. *J. Wilhelm,* AcP 183 (1983), 1; *Häsemeyer,* JuS 1984, 176; *Wandt,* MDR 1984, 535.

des unentgeltlichen Erwerbers hinter die Interessen desjenigen zurück, dem nach § 818 III der Verlust seines Bereicherungsanspruchs droht: Der Erwerber soll einer Bereicherungshaftung unterliegen (sog. Durchgriffskondiktion).[23] Derselbe Gedanke findet sich im Bereicherungsrecht noch in § 816 I 2 (vgl. u. Rn. 1194). Nach BGHZ 158, 63 soll der beschenkte Dritte freilich primär nur auf Wertersatz haften (s. dazu PdW Schuldrecht II **Fall 225**).

2. Allerdings beschränkt sich § 822 auf den Fall, dass wegen der unentgeltlichen Weitergabe die eigene Verpflichtung des Weitergebenden nach § 818 III erlischt. Die Haftung des unentgeltlichen Erwerbers ist also **subsidiär** gegenüber derjenigen des ersten Empfängers. Das führt zu einer seltsamen Konsequenz: A möge eine Sache rechtsgrundlos an B leisten; dieser möge sie, ohne andere Aufwendungen zu ersparen, an C weiterschenken. Dann hängt die Stellung des C von der Redlichkeit des B ab: Nur wenn dieser unredlich war und daher dem A nach §§ 819 I, 818 IV weiterhaftet, ist C vor einem Anspruch des A aus § 822 sicher. Dagegen ist C bei Redlichkeit seines Vormanns B diesem Anspruch ausgesetzt. C steht also besser, wenn er von einem Unredlichen beschenkt worden ist. **1183**

Das kann man hinnehmen, wenn A seinen Anspruch gegen den unredlichen B wirklich durchzusetzen vermag. Aber wenn dies – etwa wegen Vermögenslosigkeit des B – nicht gelingt, ist schwer einzusehen, warum dem C die Unredlichkeit des B zu Lasten des A nützen soll. Der *BGH* und die h. M. nehmen diese Härte trotzdem hin.[24] Dagegen vertreten andere vorzugswürdig eine einschränkende Auslegung der Subsidiaritätsklausel des § 822: Der Anspruch gegen den Drittbeschenkten soll nur durch einen *durchsetzbaren* Anspruch gegen den Erstempfänger ausgeschlossen werden.[25]

§ 136. Die Saldotheorie und ihre Korrekturen

Literatur: Grundlegend *Weintraud,* Die Saldotheorie, 1931, und zum Gegenstandpunkt *Canaris,* Die Gegenleistungskondiktion, 1. FS W. Lorenz, 1991, 19; weiter *Beuthien,* Das Rätsel Saldotheorie, Jura 1979, 532; *Büdenbender,* Die Berücksichtigung der Gegenleistung bei der Rückabwicklung gegenseitiger Verträge, AcP 200 (2000), 627; *Canaris,* Der Vorrang außerbereicherungsrechtlicher, insbesondere dinglicher Wertungen gegenüber der Saldotheorie und dem Subsidiaritätsdogma, JZ 1992, 1114; *Conrad,* Die bereicherungsrechtliche Rückabwicklung nach Anfechtung wegen arglistiger Täuschung, JuS 2009, 397; *Diesselhorst,* Die Natur der Sache, verfolgt an der Rechtsprechung zur Saldotheorie, 1968; *Finkenauer,* Das faktische Synallagma und die Lehre von der Gesamtabrechnung, JuS 1998, 986; *ders.,* Vindikation, Saldotheorie und Arglisteinwand, NJW 2004, 1704; *Flume,* Die Saldotheorie und die ungerechtfertigte Bereicherung, AcP 194 (1994), 423; *ders.,* Aufwendungen und Erträge bei der Rückabwicklung nichtiger gegenseitiger Verträge, GS Knobbe-Keuk, 1997, S. 111, weiter die drei Aufsätze vom Lit.-Verz. o. vor Rn. 1163 und in: Studien zur Lehre von der ungerechtfertigten Bereicherung, 2003; *Hoffmann,* Die Saldotheorie im Bereicherungsrecht, Jura 1997, 416; *Konzen,* Schuldrechtsreform, Rücktritt und Wegfall der Bereicherung bei gesichertem Austauschverhältnis, FS Canaris, 2007, Bd. 1 605; *Leser,* Der Rücktritt vom Vertrag, 1975, 110; *ders.,* Von der Saldotheorie zum faktischen Synallagma, Diss. Freiburg, 1956; *Lieb,* Werner Flume und das Bereicherungsrecht, AcP 209 (2009), 164, 171; *W. Lorenz,* Die bereicherungsrechtliche Rückabwicklung gegenseitiger Verträge, FS Canaris, 2007, Bd. 1 793; *Mossler,* Bereicherung aus Leistung und Gegenleistung, 2006; *Thier,* Grundprobleme der bereicherungsrechtlichen Abwicklung gegenseitiger Verträge, JuS-L 1999, 9.

[23] Vgl. *Bockholdt,* Die Haftung des unentgeltlichen Erwerbers, 2004.

[24] *BGH* NJW 1969, 605; 1999, 1026; ebenso etwa *Looschelders,* BT Rn. 1094.

[25] So etwa *Larenz/Canaris,* SBT II 2, § 69 IV 1 a; weiter Nachweise bei MünchKomm/*M. Schwab,* § 822 Rn. 16 f.

I. Zweikondiktionen- und Saldotheorie

1184 **1.** Die Probleme der von § 818 III bewirkten Risikoverschiebung (vgl. o. Rn. 1176) werden **beim gegenseitigen Vertrag** besonders deutlich: Es möge etwa bei einem nichtigen Kauf der Verkäufer die Kaufsache übereignet und der Käufer den Preis gezahlt haben. Dann kann nach § 812 I 1 Alt. 1 der Verkäufer vom Käufer diese Sache und der Käufer vom Verkäufer den Geldbetrag zurückverlangen. Da beide Forderungen auf demselben nichtigen Vertrag und damit auf „demselben rechtlichen Verhältnis" beruhen, sind sie nach §§ 273, 274 Zug um Zug zu erfüllen (vgl. AT Rn. 234). Insoweit ist also jede Partei hinsichtlich ihres Anspruchs durch ihr Zurückbehaltungsrecht an der Gegenleistung gesichert, wenn sie das Zurückbehaltungsrecht durch Einrede geltend macht. Man hat eine „schwache" Form der Saldotheorie dazu verwendet, aus dem Zurückbehaltungsrecht einen von selbst wirkenden Abzug zu machen.[1]

Die Sicherung durch § 273 versagt aber, wenn der Gegenstand einer **Leistung** – etwa die Kaufsache – **ersatzlos wegfällt**. Denn damit erlischt regelmäßig nach § 818 III die Herausgabepflicht des Empfängers dieser Leistung, also hier des Käufers: Der Verkäufer müsste aber trotzdem den Kaufpreis zurückzahlen. Dieses Ergebnis entspricht der **Zweikondiktionentheorie**, die den beiden Vertragspartnern zwei in ihrem Bestand voneinander unabhängige Kondiktionen gibt (genauer: die Kondiktion der einen Partei von der Kondiktion der anderen Partei unabhängig macht).

1185 **2.** Im Gegensatz dazu will die **Saldotheorie beide Kondiktionen in ihrem rechtlichen Schicksal** (und nicht bloß wie § 273 in der Geltendmachung) **miteinander verbinden.** Danach soll nicht bloß eine Saldierung (= gesetzliche Verrechnung) gleichartiger Leistungen stattfinden, die wechselseitig geschuldet werden, und bei ungleichartigen Leistungen soll der Bereicherungsgläubiger die Rückgewähr Zug um Zug anbieten müssen.[2] Vielmehr soll darüber hinaus der Gläubiger denjenigen Betrag, um den der Schuldner nach § 818 III entreichert ist (und für den § 273 also nicht wirkt), von seiner Bereicherungsverbindlichkeit abziehen dürfen, also nur einen fiktiven Saldo schulden. Wenn etwa in dem Kaufbeispiel die Sache untergegangen ist, darf der Verkäufer deren Wert von dem zurückzuzahlenden Kaufpreis abziehen. Sofern die Kaufsache – wie regelmäßig – „ihren Preis wert" war, braucht der Verkäufer also nichts zurückzuzahlen, s. dazu auch PdW Schuldrecht II **Fall 221**.

Doch soll die Saldotheorie nach h. M. immer **nur einen Abzug** begründen können und keinen selbständigen Anspruch: Der Verkäufer darf also vom Käufer nicht etwa denjenigen Betrag verlangen, um den der Wert der Kaufsache den Kaufpreis überstiegen hat. Und bei **Vorleistungen** versagt die Saldotheorie völlig: Hatte z. B. der Verkäufer den Kaufpreis gestundet, so kann er diesen nicht nach Bereicherungsrecht trotz Nichtigkeit des Kaufs verlangen, wenn die schon gelieferte Kaufsache beim Käufer ersatzlos untergegangen ist und daher nicht mehr zurückgegeben werden muss.

Im Ergebnis bedeutet die Saldotheorie eine **Einschränkung des § 818 III.** Erreicht wird das, indem der dem Leistungsaustausch zugrundeliegende Vertrag trotz seiner Nichtigkeit bestimmte Wirkungen entfaltet: Soweit das durch einen Abzug von dem

[1] Vgl. *Flume,* JZ 2002, 321, 323 mit RGZ 54, 137.
[2] *BGH* NJW 1988, 3011.

auf Rückgewähr der Gegenleistung gerichteten Bereicherungsanspruch möglich ist, soll die Gefahr ebenso verteilt werden wie bei Gültigkeit des Vertrages. Für das Kaufbeispiel bedeutet das: Da die mit der Kaufsache zusammenhängenden Risiken seit der Lieferung vom Käufer zu tragen sind (vgl. § 446), hat dieser sie auch bei der bereicherungsrechtlichen Rückabwicklung zu übernehmen.

II. Das Für und Wider der Saldotheorie

1. Während die Saldotheorie lange Zeit als gesicherte h. M.[3] oder gar als Gewohnheitsrecht angesehen wurde, ist sie in jüngerer Zeit mehr und mehr angegriffen worden. Dabei geht sie manchen nicht weit genug, weil sie bei Vorleistungen versagt (vgl. o. Rn. 1185). Umgekehrt fordern andere Kritiker weitreichende **Einschränkungen.** 1186

a) Jede Kritik der Saldotheorie muss von der folgenden Frage ausgehen: Welcher Besonderheit soll diese Theorie Rechnung tragen? Da sie sich auf **gegenseitige Verträge** beschränkt, muss die Antwort offenbar mit der Verbindung von Leistung und Gegenleistung zusammenhängen.

Das zeigt ein Vergleich eines Beschenkten mit einem Käufer: Solange der Beschenkte die Schenkung für wirksam hält, glaubt er, den geschenkten Gegenstand auf Dauer behalten und daher auch nach Belieben mit ihm verfahren zu dürfen. Deshalb schützt § 818 III dieses Vertrauen ohne Einschränkung. Anders verhält es sich dagegen beim Käufer: Auch er glaubt zwar, die Kaufsache bei Wirksamkeit des Kaufs dauernd behalten zu dürfen. Aber solange er den Kauf für wirksam hält, glaubt er doch zugleich, den Kaufpreis zahlen zu müssen. Dagegen kann er nicht glauben, er dürfe die Sache ohne eigenes Vermögensopfer behalten. Umgekehrt will der Verkäufer den Verlust der Sache nur für den Fall hinnehmen, dass er auch den Preis erhält. Dieser Bewusstseinslage muss § 818 III Rechnung tragen.

b) Von diesem Ansatzpunkt her ist die **Saldotheorie** einerseits **zu eng.** Denn sie berücksichtigt nur den schon gezahlten Kaufpreis als Abzugsposten. Aber auch vor der Kaufpreiszahlung darf der an einen wirksamen Kauf glaubende Käufer nicht annehmen, er werde die schon gelieferte Kaufsache ohne Preiszahlung behalten dürfen. Daher genügt es nicht, dass die Saldotheorie nur dann funktioniert, wenn der Käufer den schon gezahlten Kaufpreis zurückfordert (indem dann nämlich der Wert der nicht mehr vorhandenen Kaufsache abgezogen wird). Vielmehr muss der Käufer, der die Ware nicht zurückgeben kann, prinzipiell auch dann einen Ausgleich schulden, wenn er den Preis noch nicht gezahlt hat. 1187

c) Andererseits **reicht** die Saldotheorie aber auch **zu weit.** Denn sie lässt den Grund außer acht, auf dem die Norm beruht, die zu der Unwirksamkeit des Kausalgeschäfts führt. Am deutlichsten zeigt sich das beim Minderjährigenschutz durch die §§ 104 ff.: Dieser soll den Minderjährigen vor den Folgen seines eigenen Willens schützen. Daher darf für ihn nicht gelten, dass er trotz Unwirksamkeit des Kaufs den Preis bis zum Wert des Kaufgegenstandes soll zahlen müssen, auch wenn er diesen nicht mehr zurückgeben kann. Vielmehr werden hier die aus der Unwirksamkeit des Kaufs folgenden Risiken allein dem Verkäufer zugewiesen: Er hat insbesondere auch

[3] Zuletzt etwa *BGH* NJW 1995, 2627; 1999, 1181.

damit zu rechnen, dass er den Kaufpreis zurückzahlen muss, obwohl die Kaufsache nicht mehr vorhanden ist und ihm auch sonst nicht ersetzt wird.[4] Ähnlich werden etwa der arglistig Getäuschte und der rechtswidrig Bedrohte (§ 123) zu schützen sein, deren Willen ja gleichfalls fehlerhaft gebildet worden ist (s. dazu auch PdW Schuldrecht II **Fall 222**). *BGH* NJW 2005, 884, 887 will die Saldotheorie auch in der Insolvenz des Schuldners einschränken: Bereicherungsansprüche dürften in der Insolvenz nicht stärker wirken als Ansprüche aus einem wirksamen Vertrag.

1188 **2.** Insgesamt wird damit die **Saldotheorie** weitgehend verändert; daher kann man erwägen, sie **aufzugeben:** Es handelt sich eben nicht bloß um die Bildung eines Saldos. Dementsprechend redet *Canaris*[5] von einer besonderen **Gegenleistungskondiktion.**

Vereinfachend lässt sich das Ergebnis so zusammenfassen: § 818 III muss beim unwirksamen gegenseitigen Vertrag durch die Erwägung eingeschränkt werden, aus dem Glauben an die Wirksamkeit des Vertrages folge nicht nur das Vertrauen darauf, die empfangene Leistung behalten zu dürfen. Vielmehr folgt daraus zugleich die Annahme des Empfängers, er müsse die Gegenleistung erbringen. Wer die Leistung nicht mehr zurückgeben und auch sonst nicht vergüten muss (§ 818 III), ist daher bis zur „Opfergrenze" des Wertes dieser Leistung nicht schutzbedürftig. Rechtstechnisch lässt sich das nach einem Gedanken von *Canaris* durch eine Haftung analog §§ 819 I, 818 IV verwirklichen (vgl. o. Rn. 1180 f.):[6] Der Empfänger ist bis zu der genannten Opfergrenze so zu behandeln, als hätte er das Fehlen des Rechtsgrundes gekannt. Er schuldet also trotz des Verlustes der empfangenen Leistung regelmäßig Ersatz. Das gilt aber nicht, wenn der Normzweck derjenigen Vorschrift entgegensteht, die das Kausalgeschäft unwirksam sein lässt: Daher ist § 818 III z. B. zu Lasten des Minderjährigen nicht zu korrigieren. Zudem ist die Verrechnung nicht insolvenzfest.

2. Abschnitt. Nichtleistungskondiktionen

Literatur: Mit didaktischer Tendenz *Hüffer,* Die Eingriffskondiktion, JuS 1981, 263, zudem aus den o. vor Rn. 1124 genannten Werken vor allem diejenigen von *von Caemmerer, Fourier, Giesen* II, *H. H. Jakobs, Kaehler, Kellmann, Kleinheyer, Koendgen, Rothoeft, Rümker, Schulz, Wilburg, Wilhelm, J. Wolf* und *König,* auch *Schlechtriem* in dem Heidelberger Symposium für König, 1984, S. 57; *Schneider,* Rückgriffskonditkion (2008); Zu Spezialfragen *Büsching,* Der Anwendungsbereich der Eingriffskondiktion im Wettbewerbsrecht, 1992; *Ebert,* Das Recht auf Eingriffserwerb, ZIP 2002, 2296; *Elger,* Bereicherung durch Eingriff, 2002; *Habermeier,* AcP 193 (1993) 364 (Berechtigung mehrerer am Eingriffsgegenstand); *Kaiser,* GRUR 1988, 501 (Warenzeichenverletzung); *Petersen,* Die Verfügung eines Nichtberechtigten, Jura 2006, 752; *ders.*, Die Leistung an den Nichtberechtigten, Jura 2010, 281;*Plambeck,* JuS 1987, 793 (Kommissionsfälle); *Schürer,* Der Schutzbereich der Eingriffskondiktion, Diss. Tübingen, 2000.

1189 Bei den Nichtleistungskondiktionen unterscheidet man die Eingriffskondiktion (u. Rn. 1190 ff.) von einigen anderen, viel seltener vorkommenden Arten (u. Rn. 1207 ff.). Dabei erscheint die *Eingriffskondiktion* im BGB vor allem an drei Stellen: Erstens regelt § 816 die speziellen Fälle des Eingriffs durch wirksame Verfügung

[4] So auch BGHZ 126, 105; *BGH* NJW 2000, 3562.

[5] *Canaris,* 1. FS W. Lorenz, 1991, S. 19 ff. und *Larenz/Canaris,* SBT II 2, § 73 III 2 ff.; vermittelnd *Looschelders,* BT Rn. 1131.

[6] *Canaris,* 1. FS W. Lorenz, 1991, S. 45.

oder Leistungsannahme. Zweitens enthält § 812 I 1 Alt. 2 mit der Erwähnung der Nichtleistungskondiktionen („in sonstiger Weise“) zugleich eine allgemeine Regelung der Eingriffskondiktion. Und drittens verweist § 951 I 1 denjenigen, der durch Verbindung, Vermischung oder Verarbeitung ein Recht verloren hat, auf einen Bereicherungsanspruch. S. dazu auch PdW Schuldrecht II **Fall 203**.

§ 137. Die besondere Eingriffskondiktion nach § 816 BGB

I. Zum Verständnis des § 816

§ 816 behandelt den Fall, dass ein Berechtigter durch einen Nichtberechtigten einen Rechtsverlust erleidet: in Abs. 1 durch eine wirksame Verfügung (vor allem Veräußerung und Belastung), in Abs. 2 durch die Annahme der geschuldeten Leistung. Da es sich hier um Eingriffe in das fremde Recht handelt, wird § 816 überwiegend als Spezialfall der Eingriffskondiktion angesehen: Das beeinträchtigte Recht wirkt in dem Bereicherungsanspruch fort (der daher auch **Rechtsfortwirkungsanspruch** genannt wird). 1190

II. Die Verfügung nach Abs. 1

1. Voraussetzungen

a) § 816 I verlangt zunächst eine **Verfügung des Nichtberechtigten**. Verfügungen sind die (rechtsgeschäftliche) Veräußerung, Belastung, Inhaltsänderung oder Aufgabe eines Rechts: Sie alle kommen für § 816 in Betracht, sofern der Verfügende oder unentgeltlich ein Dritter durch sie etwas erwirbt. 1191

b) Diese Verfügung muss gegenüber dem Berechtigten **wirksam** sein. Solche Wirksamkeit kann sich aus verschiedenen Gründen ergeben: 1192

aa) In erster Linie kommen die Vorschriften über den **redlichen Erwerb** vom Nichtberechtigten in Betracht. Das sind vor allem die §§ 932 ff., 1207 (Mobilien), 892 f., 1138, 1155 (Grundstücke und Grundstücksrechte), 2366 (Erwerb von dem durch Erbschein Ausgewiesenen), zudem § 366 HGB. S. dazu auch PdW Schuldrecht II **Fall 209**.

bb) Dass ein solcher Erwerb nur unter besonderen Voraussetzungen möglich ist und vor allem an einer Unredlichkeit des Erwerbers und bei Mobilien auch am Abhandenkommen (§ 935) scheitert, **soll den Eigentümer schützen:** Er soll seine Vindikation (§ 985) gegen jeden dritten Erwerber behalten. Dieser Schutz kann aber auch zur Last werden: Der vermögenslose D möge einen ganzen Lastkraftwagen mit Oberhemden des E gestohlen und diese über den Hehler H an das Warenhaus W verkauft haben; W möge dann die Hemden durch seine Filialen abgesetzt haben. Hier sind zwar alle Veräußerungen wegen § 935 I wirkungslos. Praktisch nützt das dem E aber fast nichts. Denn eine Vindikation der Hemden bei den Warenhauskunden wird schon daran scheitern, dass diese oder die anderen derzeitigen Besitzer der Hemden sich gar nicht ermitteln lassen. Zudem ist dem E regelmäßig an getragenen Hemden nichts gelegen. 1193

In solchen Fällen kommt die ganz h. M. dem Berechtigten in dreierlei Hinsicht entgegen:

Erstens gestattet sie es dem Berechtigten (also im Bsp. dem E), die zu seinem Schutz unwirksamen Veräußerungen durch **Genehmigung** nachträglich wirksam zu machen (§ 185 II 1 Alt. 1). Dann kann E aus § 816 I 1 gegen den Veräußerer vorgehen. Für diese Vorschrift genügt also, dass die Verfügung nachträglich wirksam wird.[1] S. dazu auch PdW Schuldrecht II **Fall 211**.

Zweitens soll der Berechtigte bei einer **Kette von Veräußerungen** (wie im Bsp.) sich diejenige Veräußerung aussuchen dürfen, die er genehmigt.[2] Dabei wird er sich vor allem an der Zahlungsfähigkeit des Veräußerers und an der Höhe des von diesem erzielten Erlöses orientieren (vgl. u. Rn. 1197). So wird im Bsp. E die Veräußerungen des Warenhauses genehmigen und dann von diesem kondizieren.

Drittens endlich nimmt die h. M. dem Berechtigten auch noch **das mit der Genehmigung verbundene Risiko** ab: An sich müsste der Berechtigte ja zunächst die Genehmigung aussprechen und könnte erst danach gegen den Veräußerer aus § 816 I 1 vorgehen, weil dessen Tatbestand erst seit der Genehmigung erfüllt ist. Der Genehmigende hätte dann seine Vindikation verloren und würde womöglich erst zu spät feststellen, dass der Veräußerer zahlungsunfähig ist. Zur Abhilfe gibt es zwei (im Ergebnis fast gleichwertige) Konstruktionen: Die erste erlaubt dem Berechtigten eine durch Nichtzahlung auflösend bedingte Genehmigung, während die zweite eine Genehmigung Zug um Zug gegen Zahlung genügen lässt.[3] Jedenfalls verliert der Berechtigte sein Recht danach endgültig nur dann, wenn er den Erlös wirklich erhält.

2. Entgeltliche und unentgeltliche Verfügung

1194 a) § 816 I unterscheidet nach der Entgeltlichkeit der Verfügung: Bei entgeltlicher Verfügung richtet sich der Bereicherungsanspruch **gegen den Veräußerer**, bei unentgeltlicher **gegen den Erwerber**. Der Grund dafür ist offenbar, dass nach unentgeltlichen Verfügungen regelmäßig eine Bereicherung des Veräußerers fehlt. Die dann eintretende Haftung des Erwerbers entspricht dem schon in § 822 angetroffenen Prinzip (vgl. o. Rn. 1182): Das Interesse eines unentgeltlichen Erwerbers wird hinter dasjenige einer anderen Person zurückgesetzt, der sonst ein ersatzloser Rechtsverlust droht; s. dazu auch PdW Schuldrecht II **Fall 210**.

Dabei unterscheiden sich die **§§ 816 I 2, 822** vom Tatbestand her: § 816 I 2 betrifft Verfügungen eines Nichtberechtigten, dagegen § 822 solche eines Berechtigten, der aber obligatorisch nach § 812 zur Herausgabe an einen Dritten verpflichtet ist.

1195 b) Zur Unentgeltlichkeit bei § 816 I 2 gibt es zwei Zweifelsfragen.

aa) Die erste lautet, ob **rechtsgrundlose Verfügungen** – also solche aufgrund eines unwirksamen Kausalgeschäfts – den unentgeltlichen gleichzustellen sind. Diese Frage, die ganz ähnlich auch bei § 988 auftaucht,[4] wird heute mit Recht überwiegend

[1] Etwa BGHZ 56, 131; MünchKomm/*M. Schwab,* § 816 Rn. 33; *Larenz/Canaris,* SBT II 2, § 69 II 1 c.

[2] MünchKomm/*M. Schwab,* § 816 Rn. 36.

[3] Vgl. MünchKomm/*M. Schwab,* § 816 Rn. 34, ausführlich *Mehrle,* AcP 183 (1983), 81.

[4] Vgl. *Prütting,* § 48 Rn. 534.

verneint:[5] Der rechtsgrundlose Erwerber kann im Gegensatz zu dem unentgeltlichen für seinen Erwerb sehr wohl ein Opfer gebracht haben, nämlich eine – wenn auch kondizierbare – Gegenleistung. Diese Gegenleistung soll nur im Rahmen einer umfassenden Abrechnung zwischen den Parteien des unwirksamen Rechtsverhältnisses zurückgefordert werden (Zurückbehaltungsrechte, Saldotheorie oder ähnliches, vgl. o. Rn. 1184 ff.). Diese Abrechnung würde gestört, wenn nach § 816 I 2 ein Dritter den rechtsgrundlos erworbenen Gegenstand herausverlangen könnte, s. dazu PdW Schuldrecht II **Fall 213**.

§ 816 I 2 passt also für rechtsgrundlosen Erwerb nur dann entsprechend, wenn dieser **kein Opfer des Erwerbers** gefordert hat, insbesondere weil eine unentgeltliche Zuwendung beabsichtigt war.

bb) Die zweite Zweifelsfrage betrifft den Erwerb durch **gemischte Schenkung** (vgl. 1196
o. Rn. 406, 1082). *BGH* WM 1964, 614 stellt für die Entscheidung zwischen den beiden Sätzen des § 816 I darauf ab, ob der entgeltliche oder der unentgeltliche Charakter überwiegt. Dagegen schlägt MünchKomm/*Lieb* (4. Aufl.), § 816 Rn. 48 vor, dem Altberechtigten neben dem Anspruch aus § 816 I 1 gegen den Verfügenden noch einen Anspruch auf Ersatz des überschießenden Wertes gegen den Erwerber zu geben, den dieser aber durch Herausgabe des geschenkten Gegenstandes soll abwenden können.[6]

3. Inhalt des Anspruchs

a) Der Anspruch aus § 816 I 2 geht unstreitig auf den **unentgeltlich erlangten Ge-** 1197
genstand. Über den Inhalt des Anspruchs aus § 816 I 1 besteht jedoch Streit: Die h. M. und insbesondere die Rechtsprechung[7] versteht als das „durch die (entgeltliche) Verfügung Erlangte" denjenigen **Erlös**, den der Verfügende **aus dem Grundgeschäft** erhalten hat. Das ist bei einer kaufweisen Übereignung also der Kaufpreis. Demgegenüber lässt eine in der Literatur mehrfach vertretene Ansicht den Anspruch auf den **objektiven Wert des Verfügungsgegenstandes** gehen.[8]

Der Unterschied zwischen beiden Ansichten zeigt sich vor allem, wenn der Verfügende einen **höheren Erlös** erzielt als den objektiven Wert: Nach der ersten Ansicht muss er auch diesen Mehrwert herausgeben, nach der zweiten darf er ihn bereicherungsrechtlich behalten (und braucht ihn bloß bei wissentlichem Eingriff in fremden Rechtskreis nach §§ 687 II 1, 681 S. 2, 667 herauszugeben, vgl. o. Rn. 1105). Dagegen hat der Unterschied zwischen beiden Ansichten kaum Bedeutung, wenn der erzielte Veräußerungserlös **unter dem objektiven Wert** bleibt: Nach der h. M. braucht der Verfügende hier nur den geringeren Veräußerungserlös herauszugeben, haftet aber bei Unredlichkeit oder Verschulden auf Schadensersatz (§§ 990 I, 989, 823 I, vgl. u. Rn. 1278 ff.). Dagegen ist der redliche Veräußerer nach der zweiten Ansicht entlastet (§ 818 III), soweit der Veräußerungserlös den objektiven Wert nicht deckt; der unredliche Veräußerer haftet aber gleichfalls nach §§ 819, 818 IV, 292, 989.

[5] Etwa MünchKomm/*M. Schwab,*, § 816 Rn. 59, 68; *Larenz/Canaris,* SBT II 2, § 69 II 2 b; § 70 II 2 a, offenlassend aber BGHZ 47, 393.

[6] Zustimmend *Larenz/Canaris,* SBT II 2, § 69 II 2 c.

[7] Etwa BGHZ 29, 157; ebenso etwa *Looschelders,* BT Rn. 1084.

[8] Etwa Staudinger/*S. Lorenz* (2007), § 816 Rn. 25, differenzierend mit Angabe des Meinungsstandes *Larenz/Canaris,* SBT II 2, § 72 I.

Der Streit zwischen beiden Ansichten lässt sich aus dem Wortlaut des § 816 I 1 nicht entscheiden. Insbesondere spricht dieser nicht eindeutig für die h. M.: Beispielsweise bei der kaufweisen Veräußerung hat der Veräußerer ja den Kaufpreis nicht durch seine eigene Verfügung über die Kaufsache erlangt, sondern durch eine Verfügung des Käufers (Übereignung oder Überweisung). Eher spricht für die h. M. die **Unterscheidung des § 816 I** zwischen entgeltlichen und unentgeltlichen Verfügungen. Andererseits bildet aber § 816 nur einen **Spezialfall der allgemeinen Eingriffskondiktion,** und diese richtet sich anerkanntermaßen auf den Wert (vgl. u. Rn. 1206). Auch ergibt sich, wenn man den verschuldensunabhängigen Anspruch aus § 816 I 1 bloß auf den Wert gehen lässt, eine **sinnvolle Steigerung** zu dem Wissen erfordernden § 687 II 1 (vgl. o. Rn. 1105). Daher möchte ich selbst nach wie vor (BürgR Rn. 723, 726) an der auf den Wert abstellenden Mindermeinung festhalten. Doch wird man regelmäßig den erzielten Erlös als Anhaltspunkt für den objektiven Wert verwenden dürfen.

1198 b) Weithin Einigkeit besteht dagegen über einen praktisch viel wichtigeren Punkt: Der Verfügende darf von dem, was er nach § 816 I 1 herauszugeben hat, **nicht** nach § 818 III **denjenigen Betrag abziehen, den er selbst** für seinen (unwirksamen) Erwerb an seinen Vormann **bezahlt hat.**[9] Das wird erstens mit dem Argument begründet, der Verfügende hätte diesen Erwerbspreis auch der vor der Verfügung gegebenen Vindikation (§ 985) des Berechtigten nicht entgegenhalten dürfen. Und zweitens sprechen dafür Zumutbarkeitserwägungen: Der Verfügende hat wegen des von ihm bezahlten Kaufpreises Ansprüche aus Rechtsmängelhaftung (§§ 433 I, 437 ff.) gegen seinen – ihm regelmäßig bekannten – Vormann. Dagegen fiele demjenigen, der sein Recht durch die Verfügung verloren hat, die Suche nach einem Ersatzschuldner regelmäßig viel schwerer: Er kennt ja den Vormann des Verfügenden nicht.

III. Die Leistungsannahme nach § 816 Abs. 2

1199 Nach § 816 II soll zur Herausgabe verpflichtet sein, wer als Nichtberechtigter eine Leistung empfangen hat, die dem Berechtigten gegenüber wirksam ist, diesem also seine Forderung entzogen hat (s. dazu PdW Schuldrecht II **Fall 215**). Solche befreienden Leistungen an einen Nichtberechtigten kommen etwa bei §§ 370, 407 sowie dann vor, wenn der nichtberechtigte Leistungsempfänger durch ein Wertpapier legitimiert ist (vgl. o. Rn. 1053). Ein praktisch wichtiger Anwendungsfall begegnet weiter, wenn **eine stille und eine dem Schuldner angezeigte Zession aufeinanderfolgen:** Hier ist die stille Zession an den ersten Zessionar wirksam (vgl. AT Rn. 785). Dagegen ist die zweite Zession unwirksam, weil der Zedent seine Berechtigung schon mit der ersten Zession verloren hatte. Der Schuldner wird aber nach §§ 407 I, 408 I durch die Leistung an den nichtberechtigten Zweitzessionar gegenüber dem berechtigten Erstzessionar frei. Dieser kann dann den Leistungsgegenstand vom Zweitzessionar nach § 816 II herausverlangen. Auf Verschulden des Zweitzessionars (der ja von der ersten Zession nichts zu wissen brauchte) kommt es für § 816 II nicht an.

[9] BGHZ 14, 7; 55, 176.

§ 138. Die allgemeine Eingriffskondiktion

Literatur: Vgl. aus den o. vor Rn. 1124 genannten Arbeiten insbesondere *von Caemmerer, Giesen* II, *H. H. Jakobs, Kellmann, Kleinheyer, Rümker, F. Schulz, Wilburg* und *Wilhelm,* dazu *Elger,* Bereicherung durch Eingriff, 2002; *Hüffer,* Die Eingriffskondiktion, JuS 1981, 263, sowie *Schlechtriem* in dem Heidelberger Symposium für König, 1984, S. 57.

I. Der Anwendungsbereich

Dass ein Berechtigter durch die Verfügung eines Nichtberechtigten beeinträchtigt 1200
wird (§ 816 I) oder dass ein Gläubiger seine Forderung dadurch verliert, dass ein Nichtberechtigter die Leistung annimmt (§ 816 II), stellt nicht die einzigen denkbaren Fälle eines Eingriffs dar. Vielmehr kommen noch andere Möglichkeiten in Betracht. Für sie gibt es neben der besonderen Eingriffskondiktion von § 816 die allgemeine Eingriffskondiktion in § 812 I 1 Alt. 2 („in sonstiger Weise"), s. zu dieser auch PdW Schuldrecht II **Fall 204**.

1. Der Sachverbrauch

a) Der Verbrauch einer Sache stellt schon deshalb keine (unter § 816 I fallende) Ver- 1201
fügung über diese dar, weil er kein Rechtsgeschäft bildet (z. B. das Essen einer Semmel, das Verheizen von Kohle). Aber in der Wirkung ähneln sich Verbrauch und Verfügung: Beide entziehen die Sache dem Berechtigten und lassen deren Wert einem anderen zufließen. Auch beim Verbrauch bedarf es also eines Ausgleichs, wenn ein rechtlicher Grund für die Wertverschiebung fehlt: Der rechtsgrundlos „enteignete" Altberechtigte muss einen Bereicherungsanspruch erhalten (neben dem freilich auch andere Ansprüche in Betracht kommen, etwa aus Delikt).

b) Häufig wird derjenige, der eine Sache verbraucht, deren Besitzer sein. Die Ein- 1202
griffskondiktion kommt dann insbesondere bei nichtberechtigtem Besitz in Betracht, also etwa gegen den Erwerber einer gestohlenen beweglichen Sache, dem nach § 935 auch guter Glaube nichts nützt. Dann hat der Eigentümer gegen diesen Besitzer zunächst einen Herausgabeanspruch nach § 985 gehabt, mit anderen Worten: zwischen ihm und dem Besitzer hat eine sog. „Vindikationslage" bestanden. Unter dieser Voraussetzung gehen regelmäßig die Vorschriften des **Eigentümer- Besitzer-Verhältnisses** (§§ 987 ff.) dem allgemeinen Bereicherungsrecht vor. Ein ähnlicher Vorrang besteht für die Sonderregeln über den Erbschaftsanspruch (§§ 2018 ff.). Darauf ist im Deliktsrecht noch zurückzukommen (vgl. u. Rn. 1278 ff.).

Für den Sachverbrauch enthalten die §§ 987 ff. jedoch keine Regelung. Das wird besonders deutlich aus § 993 I: Dort wird schon wegen derjenigen Früchte, die „nach den Regeln einer ordnungsmäßigen Wirtschaft nicht als Ertrag der Sache anzusehen sind" (sog. **Übermaßfrüchte**), ein Bereicherungsanspruch gewährt. Umso weniger kann der Besitzer dann gegen Bereicherungsansprüche wegen des die Sache ganz aufzehrenden Verbrauchs geschützt sein: Die §§ 987 ff. berühren also die allgemeine Eingriffskondiktion wegen Sachverbrauchs nicht (s. dazu auch PdW Schuldrecht II **Fall 205**).

2. Die Fälle des § 951

1203 In einem weiteren Sinn gehören zum Sachverbrauch auch die Fälle des § 951: Jemand verliert sein Eigentum oder ein anderes Recht (§ 949) durch Verbindung (§§ 946, 947 II), Vermischung oder Vermengung (§§ 948, 947 II) oder Verarbeitung (§ 950). Dann verweist § 951 I 1 den Rechtsverlierer auf einen Bereicherungsanspruch, und das ist regelmäßig wieder die allgemeine Eingriffskondiktion. Komplikationen entstehen jedoch, wenn der Eingriff zugleich eine Leistung des Eingreifenden an einen Dritten bildet. So liegt es etwa, wenn unter Eigentumsvorbehalt geliefertes Baumaterial von einem Bauunternehmer auf Grund eines Bauvertrages in das Grundstück des Bestellers eingebaut wird: Dann erwirbt der Grundstückseigentümer das zunächst dem Lieferanten gehörende Material nach §§ 946, 93 f. Dieser Erwerb entspricht nur dem, was der Grundstückseigentümer nach dem Bauvertrag von dem Unternehmer verlangen kann; soll der Lieferant trotzdem Ansprüche gegen den Erwerber haben? Vgl. dazu u. Rn. 1226.

3. Die Nutzung von Sachen

1204 Auch die Nutzung von Sachen kann einen Eingriff in fremdes Recht bedeuten; auch auf diese Weise kann also „in sonstiger Weise etwas erlangt" werden. Freilich wird zu einer solchen Nutzung regelmäßig nur der Besitzer in der Lage sein, so dass zwischen dem unberechtigt Nutzenden und dem Eigentümer eine Vindikationslage bestehen kann. Für die Nutzung enthält das **Eigentümer-Besitzer-Verhältnis** in den §§ 987 ff. eine Sonderregelung (anders als für den Sachverbrauch, vgl. o. Rn. 1202). Daher bleibt wegen einer Nutzungsvergütung für den gewöhnlichen Bereicherungsanspruch vielfach kein Raum, und einen ähnlichen Vorrang genießt wieder der Erbschaftsanspruch. Die hiermit zusammenhängenden Probleme sollen – wie üblich – beim Deliktsanspruch ausführlicher behandelt werden (vgl. u. Rn. 1278 ff.).

4. Der Eingriff in andere Rechte

1205 Bisher ist über Eingriffe nur hinsichtlich von Sachen gesprochen worden. Die dadurch betroffenen Rechte sind also die an Sachen bestehenden, nämlich insbesondere das Eigentum. Daneben gibt es aber noch andere Rechte, die mit Sachen nichts zu tun haben, wie das Namens- und Firmenrecht, das Allgemeine Persönlichkeitsrecht, das Patent oder die Marke, usw. Außerdem gibt es rechtsähnliche Positionen wie den Besitz. Ob und unter welchen Voraussetzungen ein Eingriff in diese Rechte oder Rechtspositionen eine Eingriffskondiktion auslöst, ist vielfach fraglich.

Nach der zutreffenden h. M. darf man nicht einfach **aus der Rechtswidrigkeit** eines Eingriffs auf das Bestehen einer Eingriffskondiktion schließen. Dabei geht es um dasselbe Problem, das sich im Deliktsrecht für das „sonstige Recht" des § 823 I wiederfindet (vgl. u. Rn. 1302): Welche Rechtspositionen schützen den Inhaber nicht bloß gegen Eingriffe, sondern weisen ihm auch positiv bestimmte Befugnisse zu? Am deutlichsten ist diese Frage für den Besitz: Nach §§ 858 ff. wird der Besitzer zwar ziemlich umfassend gegen eigenmächtige Entziehung oder Störungen seines Besitzes gesichert. Dagegen hat der Besitzer als solcher – also abgesehen von einem Recht zum Besitz – keine bestimmten Befugnisse: Er darf die Sache weder nutzen noch auch nur für eine gewisse Zeit behalten. Denn die Sache kann ja jederzeit von einem Berechtigten aus § 985 oder sogar von einem qualifizierten Nichtberechtigten aus § 1007 herausgefordert werden.

Die eben umschriebene Eigenschaft einer Rechtsposition nennt man ihren **Zuweisungsgehalt** (s. dazu auch PdW Schuldrecht II **Fall 204**). Dieser entscheidet nach h. M.[1] darüber, ob der (nicht notwendig rechtswidrige) Eingriff in ein Recht oder eine rechtsähnliche Position eine Eingriffskondiktion auslöst: Soweit die beeinträchtigte Position keinen solchen Zuweisungsgehalt hat oder dieser durch den Eingriff nicht betroffen ist, gibt es keine Eingriffskondiktion. Positiv formuliert BGHZ 107, 117, 120: Der Schuldner müsse sich eine geschützte Rechtsposition des Gläubigers zu eigen machen, deren Nutzen ihm ohne Gestattung des Gläubigers in rechtmäßiger Weise nicht zukäme; nötig sei der „Eingriff in den Zuweisungsgehalt eines Rechtsguts, dessen wirtschaftliche Verwertung dem Gläubiger vorbehalten ist". Daher hat der Vermieter keine Eingriffskondiktion gegen den Mieter wegen **unberechtigter Untervermietung** (dazu o. Rn. 486): Zu dieser wäre der Vermieter selbst gleichfalls nicht berechtigt gewesen.[2] Entsprechendes gilt bei einer **Doppelvermietung**.[3]

Wie es mit dem Zuweisungsgehalt einzelner Rechte (z. B. Namen, allgemeines Persönlichkeitsrecht, Marke) oder Rechtspositionen (z. B. Besitz oder durch Schutzgesetz gesicherte Positionen) steht, kann sinnvoll nur im Zusammenhang mit der Behandlung dieser Rechte erörtert werden.

II. Inhalt

Als Inhalt der allgemeinen Eingriffskondiktion kommen in Betracht der durch den 1206
Eingriff erzielte Gewinn, die durch ihn erreichte Ersparnis oder der objektive Wert des durch den Eingriff Erlangten. Dabei bevorzugt die h. M. hier mit Recht, aber weithin in Widerspruch zu dem bei § 816 I für richtig Gehaltenen (vgl. o. Rn. 1197), den **objektiven Wert des Erlangten**.[4] Wenn dem Eingreifenden mehr als dieser Wert zugeflossen ist, kommt der Inhaber des beeinträchtigten Rechts an diesen Mehrwert also nur über § 687 II heran (vgl. o. Rn. 1105).

§ 139. Andere Nichtleistungskondiktionen

„In sonstiger Weise", mithin anders als durch Leistung, kann eine auszugleichende 1207
Vermögensverschiebung nicht bloß durch einen Eingriff erfolgen (dazu o. Rn. 1190–1206). Vielmehr kommen hierfür, wie schon o. Rn. 1130 gesagt, auch noch andere Gründe in Betracht (z. B. § 822).[1] Von ihnen sollen zwei häufig genannte im Folgenden kurz behandelt werden.

I. Aufwendungskondiktion

Literatur: *Willoweit,* Voraussetzungen der Aufwendungskondiktion, FS Wahl, 1973, S. 285; *M. Wolf,* Der Verwendungsersatzanspruch des Besitzers im Anspruchssystem, AcP 166 (1966), 188.

---

[1] Vgl. *Larenz/Canaris,* SBT II 2, § 69 IV.
[2] BGHZ 131, 297.
[3] BGHZ 167, 312 (zugleich zur Problematik des § 285, s. dazu o. Rn. 429).
[4] So etwa BGHZ 82, 299, 307 f.
[1] Vgl. *Larenz/Canaris,* SBT II 2, § 69 IV.

1208 **1.** Verwendungen auf eine fremde Sache (z. B. die Bebauung eines Grundstücks, die Reparatur eines Autos) bereichern regelmäßig den Sacheigentümer. Meist beruhen solche Verwendungen **auf einem Vertrag**, in den Beispielen einem Werkvertrag. Dann mehrt derjenige, der die Verwendungen macht, bewusst und zweckgerichtet fremdes Vermögen; er leistet also (vgl. o. Rn. 1126 ff.). Mithin muss bei Nichtigkeit des Vertrages die Rückabwicklung über die Leistungskondiktion erfolgen.

1209 **2.** An die Aufwendungskondiktion ist also nur bei **Fehlen einer Leistung** zu denken: insbesondere wenn der Verwendende nicht weiß, dass es sich um eine fremde Sache handelt, oder wenn er die Verwendung selbst nutzen will. Ein Beispiel für die erste Fallgruppe bildet der redliche Eigenbesitzer und für die zweite der Dieb: Beide wollen nicht fremdes Vermögen mehren.

Aber das Fehlen einer Leistung (und auch eines Eingriffs durch den Empfänger) schafft noch längst nicht ohne Weiteres Raum für eine Verwendungskondiktion. Vielmehr wird diese weithin durch eine Vielzahl von Sonderregeln ausgeschlossen.[2] Vor allem ist zu denken an die §§ 994 ff. des **Eigentümer-Besitzer-Verhältnisses:** Meist wird ja derjenige, der Verwendungen auf eine fremde Sache macht, deren Besitzer sein. Und wenn er kein Recht zu diesem Besitz hat, besteht zwischen ihm und dem Eigentümer eine Vindikationslage mit der Folge, dass die §§ 994 ff. anwendbar sind.

Allerdings ist überaus str., ob die §§ 994 ff. wirklich eine **abschließende Regelung** des Verwendungsersatzes darstellen. Die h. M.[3] bejaht das, und zwar selbst für über § 951 begründete Bereicherungsansprüche (etwa aus dem Bau auf fremdem Boden, vgl. § 946). Ich halte demgegenüber nach wie vor (vgl. BürgR Rn. 897 mit Streitstand) die Annahme konkurrierender Bereicherungsansprüche für richtig: Ich vermag nicht einzusehen, warum der verwendende Besitzer durch die Versagung von Bereicherungsansprüchen erheblich schlechter stehen soll als ein verwendender Nichtbesitzer. Freilich gelten für die Berechnung des Wertes der unerwünschten Verwendungen allemal die Regeln über die **aufgedrängte Bereicherung** (vgl. o. Rn. 1120; 1170; 1173): Der Verwendungsempfänger braucht nicht mehr zu ersetzen, als die Verwendungen gerade für ihn wert sind.

1210 **3.** Auch nach der h. M. bleiben als Anwendungsbereich der Aufwendungskondiktion aber Verwendungen eines Nichtbesitzers (s. dazu PdW Schuldrecht II **Fall 207**). Zudem ergibt sich eine Aufwendungskondiktion aus Folgendem: Die Aufwendungen umfassen außer den auf einen bestimmten Gegenstand (insbesondere eine Sache) gemachten Verwendungen noch weitere, nicht gegenstandsbezogene Vermögensopfer. Einen Aufwendungsersatz nach Bereicherungsrecht gewährt insbesondere der richtig verstandene (vgl. o. Rn. 1123) § 687 II 2. Insgesamt ist der Anwendungsbereich der Aufwendungskondiktion aber nur bescheiden.

Einen etwas anderen Ausgangspunkt hat die Verweisung auf das Bereicherungsrecht in **§ 684 S. 1** (vgl. o. Rn. 1120): Hier soll dem unberechtigten Geschäftsführer ja kein Aufwendungsersatz gewährt werden, sondern das, was er dem Geschäftsherrn durch die Geschäftsführung verschafft hat. Aber wenn das nicht in Natur herausgegeben werden kann, kommt man über § 818 II zu einer Wertberechnung, und für diese gelten wieder die Regeln der aufgedrängten Bereicherung (vgl. o. Rn. 1209).

[2] Vgl. *Medicus/Petersen,* BR, Rn. 886 ff.

[3] Etwa BGHZ 41, 157; 140, 275, 280, dagegen *Canaris,* JZ 1996, 344.

II. Rückgriffskondiktion

1. Die Rückgriffskondiktion, die man auch als Spezialfall der Aufwendungskondiktion behandeln kann, geht von **drei Personen** aus: Ein Dritter leistet an einen Gläubiger, so dass dessen Schuldner frei wird. Dann ist die Frage, ob der Dritte gegen den befreiten Schuldner aus einer Nichtleistungskondiktion Rückgriff (Regress) nehmen kann. Dabei gibt es für die Rückgriffskondiktion ein ähnliches Problem wie für die Aufwendungskondiktion: Auch der Anwendungsbereich der Rückgriffskondiktion wird durch mehrere andere Rechtsbehelfe erheblich eingeschränkt.[4] 1211

a) Eine überaus häufige Spezialregelung des Rückgriffs findet sich zunächst in den Vorschriften über die **Legalzession** (vgl. AT Rn. 726): Der Leistende erwirbt mit der Leistung (oder sogar schon mit seiner Leistungspflicht, so bei § 116 I SGB X) die Forderung des Gläubigers gegen den Schuldner. Dann kann der Leistende aus dieser auf ihn übergegangenen Forderung Rückgriff nehmen, ohne auf den schwachen (§ 818 III!) Bereicherungsanspruch angewiesen zu sein. Im Schuldrecht des BGB findet sich eine solche Legalzession für den Ablösungsberechtigten in § 268 III (vgl. AT Rn. 165), für den Gesamtschuldner in § 426 II (vgl. AT Rn. 851) und für den Bürgen in § 774 I (vgl. o. Rn. 1019). Außerhalb des BGB bilden wichtige Anwendungsfälle der Legalzession vor allem die Vorschriften für die endgültige Schadensverteilung nach Verkehrsunfällen (vgl. AT Rn. 740).

b) Außerdem findet sich vielfach ein **originärer Anspruch des Leistenden** gegen den befreiten Schuldner auf Ersatz des Geleisteten. Das bewirkt zwischen Gesamtschuldnern § 426 I (vgl. AT Rn. 850). Beruht die Leistung auf einem Auftrag des Befreiten, so schuldet dieser Aufwendungsersatz nach § 670 (vgl. o. Rn. 868 ff.). Gleiches gilt bei einer befreienden Leistung in berechtigter Geschäftsführung ohne Auftrag nach § 683 (vgl. o. Rn. 1118). 1212

c) Abzugrenzen ist die Rückgriffskondiktion endlich auch gegenüber der **Leistungskondiktion.** Dabei geht es um den Fall, dass der Leistende eine eigene Schuld tilgen will, weil er sich irrtümlich für verpflichtet hält. Eine solche Leistung befreit den wahren Schuldner nicht; da dieser nichts erlangt hat, kommt gegen ihn also auch keine Rückgriffskondiktion in Betracht. Vielmehr muss sich der Leistende mit der Leistungskondiktion an den vermeintlichen Gläubiger halten: Das ist die gewöhnliche *condictio indebiti* wegen der Leistung auf eine Nichtschuld (§ 812 I 1 Alt. 1). 1213

Str. ist freilich, ob der Leistende die **Tilgungsbestimmung** seiner Leistung nachträglich **ändern** und damit die Leistung auf die wirklich bestehende Schuld umdirigieren kann: Dann hätte die so geänderte Leistung diese Schuld getilgt, und der Leistende könnte sich mit der Rückgriffskondiktion an den befreiten Schuldner halten. Das bringt dem Leistenden insbesondere dann Vorteile, wenn der Gläubiger zahlungsunfähig ist, so dass die Leistungskondiktion gegen ihn erfolglos bliebe. Doch wird nach wohl h. M. ein solches Recht zur Änderung der Tilgungsbestimmung regelmäßig abzulehnen sein;[5] zumindest für Sonderfälle bejaht es jedoch *BGH* NJW 1986, 2700.[6]

[4] Vgl. *Medicus/Petersen,* BR, Rn. 945 ff; auch *Schneider*, Rückgriffskondiktion, 2008.
[5] vgl. *Medicus/Petersen,* BR, Rn. 951; ähnlich wohl *Looschelders,* BT Rn. 1103.
[6] Dazu *Denk,* JZ 1987, 127; *Stolte,* Jura 1988, 246.

Jedenfalls zu bejahen ist eine Anfechtbarkeit der Leistungsbestimmung wegen rechtserheblichen (§§ 119 ff.) Irrtums, wo ein solcher vorliegt.[7]

1214 **2.** Als Anwendungsbereich der Rückgriffskondiktion bleiben also die **Leistungen auf fremde Schuld**, und zwar auch in unberechtigter Geschäftsführung ohne Auftrag: § 684 S. 1 verweist ja auf Bereicherungsrecht (vgl. o. Rn. 1120). Da hier der Schuldner die Befreiung ohne oder gegen seinen Willen erhalten hat, stellt sich wieder die Frage nach der **aufgedrängten Bereicherung** (vgl. o. Rn. 1170; 1173): Soll sich jemand, indem er ungebeten fremde Schulden bezahlt, ohne Weiteres eine Rückgriffskondiktion gegen den durch die Zahlung befreiten Schuldner verschaffen können?

Regelmäßig ist das wohl zu bejahen: Wenn kein Abtretungsverbot vereinbart ist (§ 399 Alt. 2, vgl. AT Rn. 761), darf der Schuldner ja ohnehin nicht damit rechnen, seinen ursprünglichen Gläubiger zu behalten. Das kann für die Rückgriffskondiktion ebenso gelten wie im Zessionsrecht. Doch ist der Schuldner auch gegenüber der Rückgriffskondiktion analog dem Zessionsrecht nach §§ 404, 406 ff. zu schützen.[8] Entsprechend § 404 bleiben dem Schuldner also alle Einreden erhalten, die er dem ursprünglichen Gläubiger entgegenhalten konnte; gleiches gilt für die Aufrechnungsmöglichkeit (§ 406). Und wenn der Schuldner in Unkenntnis von der tilgenden Wirkung der Drittzahlung noch an den ursprünglichen Gläubiger geleistet hat, darf er sich damit entsprechend § 407 auch gegen die Rückgriffskondiktion verteidigen.

3. Abschnitt.

§ 140. Kondiktionen in Mehrpersonenverhältnissen

Literatur: Vgl. allgemein die Angaben o. vor Rn. 1124. Speziell mit Mehrpersonenverhältnissen beschäftigt sich grundlegend *Canaris,* Der Bereicherungsausgleich im Dreipersonenverhältnis, 1. FS Larenz, 1973, S. 799; dazu ergänzend *ders.,* Der Bereicherungsausgleich im bargeldlosen Zahlungsverkehr, WM 1980, 354, auch *ders.,* Der Bereicherungsausgleich bei Zahlung des Haftpflichtversicherers an einen Scheingläubiger, NJW 1992, 868 f., zusammenfassend *Larenz/Canaris,* SBT II 2, § 70; teils kritisch hierzu *Flume,* Der Bereicherungsausgleich in Mehrpersonenverhältnissen, AcP 199 (1999), 1 (in: Studien zur Lehre von der ungerechtfertigten Bereicherung, 2003, 165). – Zudem etwa noch *Bayer,* Bereicherungsausgleich nach Zession einer unwirksamen Forderung, JuS 1990, 883; *Beuthien,* Leistung und Aufwendungen im Dreiecksverhältnis, JuS 1987, 841; *Böckmann/Kluth,* Direktkondiktion bei irrtümlicher Doppelausführung eines Überweisungsauftrags?, ZIP 2003, 656; *Buciek,* Drittschuldnerzahlung und Bereicherungsausgleich, ZIP 1986, 890; *von Caemmerer,* Bereicherungsansprüche und Drittbeziehungen, JZ 1962, 385; *Dörner,* Kondiktion gegen den Zedenten oder gegen den Zessionar?, NJW 1990, 473; *Flume,* Banküberweisung und ungerechtfertigte Bereicherung, NJW 1987, 635; *ders.,* Zum Bereicherungsausgleich bei Zahlungen in Drei-Personen-Verhältnissen, NJW 1991, 2521; *Harke,* Zur Beweislastverteilung beim Bereicherungsausgleich im Dreiecksverhältnis, JZ 2002, 179; *Hassold,* Zur Leistung im Dreipersonenverhältnis, 1981 (dazu *Harder,* AcP 182 [1982], 372); *Häuser,* Der Widerruf des Überweisungsauftrags im Giroverhältnis, NJW 1994, 3121; *H. H. Jakobs,* Die Rückkehr der Praxis zur Regelanwendung und der Beruf der Theorie im Recht der Leistungskondiktion, NJW 1992, 2524 (dagegen *Martinek,* NJW 1992, 3141; *Canaris,* NJW 1992, 3143); *Joost-Dikomey,* Bereicherungsanspruch bei fehlgeleiteter Überweisung auf ein überschuldetes Konto des Gläubigers, JuS 1988, 104; *Kellmann,* Erfüllungsgehilfen kondizieren nicht, JR 1988, 97; *Koller,* Rechtsgrund und Nichtleistungskondiktion bei Werk- und Dienstleistungen in Mehrpersonenverhältnissen, Symposion Canaris, 1998, S. 151; *Koziol,* Die Rückabwicklung rechtsgrundloser Zahlungen eines Bürgen, ZBB 1989, 16; *Kupisch,* Gesetzespositi-

[7] BGHZ 106, 163; *Larenz/Canaris,* SBT II, 2 § 70 III 3 b.
[8] vgl. *Medicus/Petersen,* BR, Rn. 952.

vismus im Bereicherungsrecht, 1978 (zustimmend *Harder,* JuS 1979, 76); *ders.,* Einheitliche Voraussetzungen des Bereicherungsanspruchs – ein Mißgriff des Gesetzgebers?, FG von Lübtow, 1980, S. 501; *ders.,* „Normative Betrachtungsweise, als ob …" – Zur dogmatischen Fiktion im Kondiktionsrecht, FS Coing, Bd. II, 1982, S. 239; *ders.,* Rechtspositivismus im Bereicherungsrecht, JZ 1997, 213; *W. Lorenz,* Abtretung einer Forderung aus mangelhaftem Kausalverhältnis: Von wem kondiziert der Schuldner?, AcP 191 (1991), 279; *S. Lorenz,* Bereicherungsrechtliche Drittbeziehungen, JuS 2003, 729; *Martinek,* Der Bereicherungsausgleich bei veranlaßter Drittleistung auf fremde nichtbestehende Schuld, JZ 1991, 395; *Meyer-Cording,* Der Bereicherungsausgleich bei Gutschriften trotz Fehlen eines Überweisungsauftrages, NJW 1987, 940; *Mühl,* Wandlungen im Bereicherungsrecht und die Rechtsprechung des BGH, FG von Lübtow, 1980, S. 547; *von Reinersdorff,* Die Bestimmung des Anspruchsberechtigten bei der Leistungskondiktion, MDR 1981, 800; *Schall,* Leistungskondiktion und „Sonstige Kondiktionen" auf der Grundlage eines einheitlichen gesetzlichen Kondiktionsprinzips, 2003; *Schnauder,* Grundfragen zur Leistungskondiktion bei Drittbeziehungen, 1981; *ders.,* Zur Lehre von der Zweckvereinbarung bei der Giroüberweisung, JZ 1987, 68; *ders.,* Wider das Dogma vom Empfängerhorizont, NJW 1999, 2841; *K. Schreiber,* Der Bereicherungsausgleich im Mehrpersonenverhältnis, Jura 1986, 539; *Solomon,* Der Bereicherungsausgleich in Anweisungsfällen, 2004; *Thielmann,* Gegen das Subsidiaritätsdogma im Bereicherungsrecht, AcP 187 (1987), 23; *Tommaso/Weinbrenner,* Bereicherungsrechtliche Mehrpersonenverhältnisse bei § 822 BGB, Jura 2004, 649; *Wallmann,* Die Geltung des Subsidiaritätsprinzips im Bereicherungsrecht, Diss. Kiel, 1996; *A. Weber,* Der Bereicherungsausgleich nach irrtümlicher Eigenleistung auf fremde Schuld, 1992; *Wertheimer,* Bereicherungsanspruch des Haftpflichtversicherers wegen Zahlung an vermeintlichen Zessionar, JuS 1992, 284; *Wilhelm,* „Upon the cases" bei der Leistungskondiktion im Dreiecksverhältnis, JZ 1994, 585; *ders.,* Die Kondiktion der Zahlung des Bürgen …, NJW 1999, 3519.

I. Problematik

Bisher hatte ich versucht, den in der Theorie meistdiskutierten Fragenkreis des Bereicherungsrechts zu umgehen, nämlich die Probleme aus der Beteiligung von mehr als zwei Personen. Bisweilen sind hier Dreipersonenverhältnisse allerdings schon begegnet, so vor allem bei § 822 (vgl. o. Rn. 1182 f.) und § 816 (vgl. o. Rn. 1190 ff.). Aber in diesen Vorschriften ist die kritische Frage, zwischen welchen Personen die bereicherungsrechtliche Abwicklung zu erfolgen hat, bereits gesetzlich geregelt. So hat bei § 816 I der „enteignete" Altberechtigte den Bereicherungsanspruch regelmäßig gegen den nichtberechtigt Verfügenden und nur ausnahmsweise, nämlich bei Unentgeltlichkeit der Verfügung, gegen den Erwerber (§ 816 I 2). 1215

Wie schon angedeutet (o. Rn. 1203), begegnet die Beteiligung weiterer Personen aber auch in anderen Fallgruppen. Diese sind (mit Ausnahme der schon o. Rn. 1211 ff. behandelten Rückgriffskondiktion) jetzt zu erörtern. Dabei hat der *BGH* über lange Zeit eine allgemeine Festlegung vermieden. Denn es sollte sich bei der bereicherungsrechtlichen Behandlung von Vorgängen, an denen mehr als zwei Personen beteiligt sind, „jede schematische Lösung verbieten. Vielmehr sind in erster Linie die Besonderheiten des einzelnen Falles für die sachgerechte bereicherungsrechtliche Abwicklung zu beachten".[1] Anders aber für den XI. Zivilsenat dessen damaliger Vorsitzender *Nobbe* in: RWS Bank- und Kapitalmarktrecht 2004 S. 22 sowie etwa BGHZ 158, 1, 5 f.

In der Sache lassen sich **zwei Konstellationen** unterscheiden:

Erstens kann es sich nämlich um eine Mehrheit von Leistungsverhältnissen handeln. Diese können entweder zeitlich aufeinander folgen (sog. „Leistungskette") oder auch in der Durchführung miteinander verbunden sein (wie bei der Anweisung). Vgl. hierzu u. Rn. 1216 ff.

[1] So BGHZ 105, 365, 369; *BGH* NJW 1999, 1393, 1394.

Zweitens kann ein Erwerb durch Leistung mit einem Erwerb in sonstiger Weise (insbesondere durch Eingriff) zusammentreffen. Als Beispiel diene hier wieder § 816 I 1: Dort erhält der Erwerber den Gegenstand der Verfügung – etwa das Eigentum – regelmäßig als Leistung des Veräußerers, z. B. als Erfüllung einer Lieferungsschuld aus Kauf. Vom Altberechtigten her gesehen stellt die wirksame Verfügung dagegen einen Eingriff in sein Recht dar. Vgl. hierzu u. Rn. 1224 ff.

II. Mehrheit von Leistungsbeziehungen

1. Die Leistungskette

1216 Erörtert sei zunächst der einfachste Fall: Mehrere Leistungen folgen zeitlich aufeinander.

a) Mängel in einem Leistungsverhältnis

A möge eine Sache an B verkaufen und übereignen; dann möge B dieselbe Sache an C verkaufen und gleichfalls übereignen. Wenn sich jetzt der Verkauf B – C als nichtig erweist, hat B wegen der Sache unzweifelhaft die Leistungskondiktion gegen C; das (intakte) Verhältnis A – B bleibt unberührt. Ist dagegen der Verkauf A – B nichtig, so kann A sich unzweifelhaft nur an B halten: Ein Durchgriff des A auf C ist ja nach § 822 bloß unter sehr engen, hier nicht erfüllten Voraussetzungen möglich. Dass B die von A gelieferte Sache nicht mehr hat, wird nach § 818 II berücksichtigt: Weil B zur Herausgabe außerstande ist, hat er dem A den Wert der Sache zu ersetzen.

b) Allgemeine Regeln

1217 Vor allem *Canaris*[2] hat die Wertungen formuliert, die hinter der eben dargestellten Regelung stehen:[3]

(1) Jeder Partei eines fehlerhaften Kausalverhältnisses sollen ihre Einwendungen gegen die andere Partei erhalten bleiben. Insbesondere soll der wegen der Sache in Anspruch Genommene mit seinem Partner über den an diesen gezahlten Kaufpreis abrechnen können.

(2) Jede Partei soll vor Einwendungen geschützt werden, die aus dem Rechtsverhältnis ihres Partners zu einem Dritten stammen.

(3) Jede Partei soll das Risiko der Zahlungsunfähigkeit (Insolvenz) dessen tragen, den sie sich selbst als Partner ausgesucht hat. So soll der Käufer das Risiko tragen, dass sein Verkäufer zur Rückzahlung des Kaufpreises außerstande ist und in ein Insolvenzverfahren gerät.

c) Der Doppelmangel

1218 Die eben genannten Prinzipien gelten insbesondere auch beim sog. Doppelmangel: Sowohl der Kauf A – B wie auch derjenige B – C ist nichtig. Auch dann muss sich

[2] 1. FS Larenz, 802 f.

[3] Vgl. *Medicus/Petersen,* BR, Rn. 667 und *J. Hager,* 50 Jahre BGH, Festgabe aus der Wissenschaft, Bd. I, 2000 S. 777.

also A an B halten und darf nicht etwa auf C durchgreifen. Denn B muss dem A seine Einwendungen entgegenhalten können; auch soll A das Insolvenzrisiko bei B tragen, den er sich als Käufer ausgesucht hat (C ist ja erst von B ausgesucht worden).

Zweifelhaft kann hier nur sein, worauf sich der Anspruch des A gegen B richtet: Solange B noch die verkaufte Sache hatte, war sicher diese zurückzuübereignen. Wenn B die Sache rechtsgrundlos an C weitergegeben hat, scheint an ihre Stelle als Surrogat (§ 818 I) der Bereicherungsanspruch B – C auf Rückübereignung getreten zu sein. Daher ist früher fast allgemein angenommen worden, der Anspruch A – B richte sich auf Abtretung des Anspruchs B – C. Dies bedeutete also die Kondiktion eines Bereicherungsanspruchs **(Kondiktion der Kondiktion).** Doch passt diese Lösung nicht zu allen der o. Rn. 1217 genannten Prinzipien. Denn nach der Abtretung trüge A das Risiko einer Insolvenz des C, den er sich nicht ausgesucht hat. Auch müsste C entweder seine Einwendungen aus dem Verhältnis zu B verlieren oder sie dem A entgegenhalten können: Das erste verstieße gegen (1), das zweite gegen (2) der o. Rn. 1217 genannten Prinzipien.

Daher lässt eine zunehmende Ansicht[4] den A bei B nicht die Kondiktion B – C kondizieren, sondern den **Wert der Sache** (§ 818 II). Dieser Wert wird also durch die entgeltliche Weitergabe von B an C nicht deshalb berührt, weil B Schwierigkeiten haben mag, die Sache von C zurückzuerhalten. Problematisch ist hier die Vereinbarkeit mit § 818 III.

2. Dreiecksverhältnisse

Bei der Leistungskette folgen die Erfüllungsgeschäfte (Übereignungen) den Kausalgeschäften (Kaufverträgen), d. h. Verpflichtung und Erfüllung finden jeweils zwischen denselben Parteien statt (im Bsp. A – B und B – C). Das ist in den „Dreiecksverhältnissen“ anders: Hier „überspringt“ sozusagen die Erfüllung eine Person und geschieht – im Beispiel – direkt zwischen A und C. 1219

a) Dabei ist der **einfachste Fall** derjenige, dass der Weiterverkauf B – C schon abgeschlossen ist, bevor A an B geliefert hat: B möge dann den A anweisen, direkt an C zu liefern. Hier lässt sich zwar für bewegliche Sachen mit Hilfe des sog. **Geheißerwerbs**[5] noch konstruieren, das Eigentum gehe erst von A auf B und dann von diesem auf C über (die für § 929 S. 1 nötige Übergabe A – B wird hier als dadurch ersetzt angenommen, dass A auf Geheiß des B an C übergibt, und das soll auch die Übergabe B – C ersetzen). Dann wird das Eigentum ebenso wie in einer Leistungskette erworben (vgl. o. Rn. 1216). Aber diese Konstruktion versagt allemal bei Grundstücken, weil B ohne Eintragung nicht Zwischeneigentümer werden kann (§ 873). Auch bei nichtgegenständlichen Leistungen (z. B. Dienstleistungen) führt kein Weg an dem direkten Erwerb des C vorbei.

Dass A seine Leistung direkt an C erbringen soll, ändert aber an den für die Rückabwicklung maßgeblichen Gesichtspunkten (vgl. o. Rn. 1217) nichts. Daher muss auch hier A mit B und B mit C abrechnen; ein „Durchgriff“ des A auf C ist nur unter den besonderen Voraussetzungen des § 822 möglich.

[4] Vgl. *Larenz/Canaris,* SBT II 2, § 70 II 2 b.

[5] Vgl. etwa *Baur/Stürner,* § 51 Rn. 15; 17, kritisch *Flume,* FS Ernst Wolf, 1985, S. 61.

1220 b) Schwierigkeiten scheinen sich jedoch bei der **Anweisung im technischen Sinn** (§§ 783 ff., vgl. o. Rn. 1071) zu ergeben. Hier entspricht – in den bisher verwendeten Buchstaben ausgedrückt – A dem Angewiesenen, B dem Anweisenden und C dem Anweisungsempfänger. Die §§ 783 a. E., 784 I sprechen nun von einer Leistung des Angewiesenen an den Anweisungsempfänger, also von A an C. Nach der Annahme der Anweisung hat ja auch C einen Anspruch direkt gegen A (vgl. o. Rn. 1074); entsprechend wird von A an C übereignet. Hier scheint es also nahezuliegen, eine Leistung A – C und daher auch eine entsprechende Leistungskondiktion anzunehmen.

Für die **Leistung** mag man die Terminologie der §§ 783, 784 I übernehmen (obwohl ich diese für wenig glücklich halte). Aber die **Leistungskondiktion** muss zwischen A und B oder B und C erfolgen. Denn dass A sich zu einer Leistung bereitfindet, beruht bei der Anweisung allein auf seinem Verhältnis zu B (Deckungsverhältnis, vgl. o. Rn. 1070). Und dass B den A zu der Leistung anweist (und ihm für sein in dieser Leistung liegendes Opfer Deckung gewähren will), findet seinen Grund in dem Valutaverhältnis B – C. Daher lässt sich die Kondiktionsbeständigkeit der Vermögensverschiebung nur an diesen Grundverhältnissen und damit zwischen den an diesen beteiligten Personen bestimmen: Bei Fehlern im Deckungsverhältnis muss A von B kondizieren, bei Fehlern im Valutaverhältnis B von C.[6] Die Kondiktion verläuft also auch hier ebenso wie bei der Leistungskette (o. Rn. 1216 ff.).[7]

Entsprechendes gilt auch für **untechnische Anweisungsverhältnisse** (vgl. o. Rn. 1070). Hiernach sind vor allem die häufigen **Zahlungen durch Banküberweisung** zu behandeln: Hat die Bank keine Deckung auf dem Konto ihres Auftraggebers, so muss sie sich an diesen halten (Verhältnis B – A); den Zahlungsempfänger (C) geht das nichts an. Hat dagegen die Forderung des Zahlungsempfängers gegen den Auftraggeber nicht bestanden (C – B, Valutaverhältnis), die durch die Überweisung getilgt werden sollte, so bleibt das Verhältnis zwischen der Bank und dem Auftraggeber unberührt. Die Bank darf also das Konto des Auftraggebers belasten (o. Rn. 893) und hat mit keiner Kondiktion zu tun. Vielmehr muss – wie bei einer Barzahlung – der Auftraggeber vom Zahlungsempfänger kondizieren. Nur diese beiden Personen können ja auch sinnvoll darüber streiten, ob zwischen ihnen eine zu tilgende Forderung bestanden hat.

1221 c) Eine abweichende Rechtsfolge ergibt sich nach h. M.[8] ausnahmsweise bei **Fehlen einer wirksamen Anweisung.** Denn dann kann das, was der nur scheinbar angewiesene A getan hat, dem B in keiner Weise zugerechnet werden. Folglich muss B aus dieser Rückabwicklung herausgehalten werden: Die Kondiktion (freilich keine Leistungskondiktion[9]) findet direkt zwischen A und C statt.[10] Hat beispielsweise die Bank irrtümlich einen vom Aussteller nicht unterschriebenen Scheck eingelöst oder den Betrag an einen falschen Empfänger überwiesen, so darf sie das Konto ihres Kunden nicht belasten, sondern muss selbst beim Empfänger kondizieren (BGHZ 66, 362; 372), später etwa *BGH* NJW 1987, 185: Überweisung des zehnfachen Betrags der angewiesenen Summe, ebenso *BGHZ* 176, 234: Hier habe der Anweisende im-

[6] Etwa BGHZ 147, 269.
[7] Vgl. BGHZ 152, 307, 311 mit Belegen.
[8] Etwa *Larenz/Canaris,* SBT II 2, § 70 II 3 b, c mit IV.
[9] So richtig BGHZ 147, 145; 158, 1.
[10] Zuletzt BGHZ 167, 171, 172 f.

merhin einen Anlass für die Überweisung gegeben. Dass diese zu einem höheren Betrag erfolgt sei, betreffe nur das Deckungsverhältnis zwischen dem Anweisenden und der Bank und sei daher zwischen diesen beiden Personen zu korrigieren; den redlichen Empfänger gehe das nichts an. Daher dürfe die Bank nur bei dem Anweisenden kondizieren.[11] Eine Direktkondiktion ist zunächst nur gegeben worden, wenn der Empfänger die Unwirksamkeit der ihn begünstigenden Anweisung kannte.[12] Die klarste Darstellung der Problematik findet sich bei *Canaris,* JZ 1987, 201 und in *Larenz/Canaris,* SBT II 2 § 70 IV 2: Bei Fehlen einer Veranlassung durch den nur scheinbar Anweisenden sei dem Zahlenden allemal die Direktkondiktion gegen den Empfänger zu geben; es dürfe nicht darauf ankommen, ob dieser das Fehlen der Anweisung erkannt habe oder auch nur hätte erkennen können; für seinen Schutz genüge § 818 III. Das halte ich für richtig.[13] Zusätzlich bekräftigt BGHZ 152, 307, 313, 315: Bei der Scheinanweisung spielt es keine Rolle, ob der Zahlungsempfänger irrtümlich an eine Leistung seines Schuldners geglaubt hat: Ein solcher Anschein werde nicht geschützt.

Für Banküberweisungen im Rahmen von Zahlungsdiensten gelten seit dem 31. 10. 1221a
2009 die **§§ 675c ff.** Dort findet sich auf der Grundlage von EU-Recht eine umständlich in die Einzelheiten gehende, das Auftragsrecht ergänzende Sonderregelung. Diese kennt als Zentralbegriff den **Zahlungsdiensterahmenvertrag** (§ 675f). Dieser verpflichtet den Zahlungsdienstleister (die Bank), für den Zahlungsdienstnutzer (Bankkunden) „Zahlungsvorgänge auszuführen". Grundlage dafür ist ein „**Zahlungsauthentifizierungsinstrument**" (§§ 675uff.). Fehlt ein solches oder ist die Ausführung mangelhaft, muss die Bank die Belastung den Kundenkontos rückgängig machen (§ 675y). Folglich muss die Bank den überwiesenen Betrag vom Empfänger zurückfordern können. Eine Haftung des Kunden kommt nur bei der Verletzung bestimmter Pflichten oder Obliegenheiten in Betracht (§ 675v).[14] Der Pflichtfachstoff sollte aber keine vertieften Kenntnisse dieser wenig gelungenen Regelung fordern.

3. Andere Mehrpersonenverhältnisse

Außer der Leistungskette und den auf (technischen oder untechnischen) Anweisun- 1222
gen beruhenden Dreiecksverhältnissen gibt es noch weitere Mehrpersonenverhältnisse mit möglichen bereicherungsrechtlichen Komplikationen. Umstritten waren vor allem die Kondiktion einer Leistung nach Zession einer angeblichen Forderung und ähnliche Fälle. Hier haben für eine Kondiktion bei dem Scheinzedenten entschieden vor allem BGHZ 105, 365 und 122, 46, zuletzt *BGH* NJW 2005, 1369, 1370. Dagegen haben eine Kondiktion bei dem Zahlungsempfänger angenommen BGHZ 113, 62 und 151, 127 (für eine Pfändung).[15] Entgegen der h. M. vorzugswürdig dürfte diese Annahme einer Leistungskondiktion gegen den Zahlungsempfänger sein,

[11] Zuletzt *BGH* ZIP 2008, 1161 Tz. 12.; kritisch *S. Lorenz,* LMK 2008, 264831; *Hack/Thümmel,* JuS 2009, 46, 48 ff.; *Kienle,* VersR 2008, 1606 ff.

[12] BGHZ 87, 246; 89, 376, dazu *Canaris,* JZ 1984, 627, str.

[13] Ebenso später auch BGHZ 111, 382; 152, 307; 158, 1, 5.

[14] Vgl. dazu *Looschelders,* BT Rn. 825 am Ende und 826 ff.; *Einsele,* Bank- und Kapitalmarktrecht, 2. Auflage 2010, § 6 II 2, 3; dort speziell zu einer Kondiktion Rn. 159 ff.; *H. Jakobs,* JZ 2000, 641; *Belling/Belling,* JZ 2010, 708; *Rademacher,* NJW 2011, 2169.

[15] Aus der Literatur vgl. hierzu *Flume,* AcP 199 (1999), 1, 18 ff.; *Bayer, Dörner, W. Lorenz* und *Martinek* nach Lit.-Verz. sowie *Canaris,* NJW 1992, 868 und *Larenz/Canaris,* SBT II 2, § 70 V 1; *H. H. Jakobs,* ZIP 1994, 9, auch *Medicus/Petersen,* BürgR, Rn. 680 ff.

also bei der Abtretung gegen den Zessionar: Bei Bestehen der Forderung wäre er der neue Gläubiger gewesen, der die Zahlung des Schuldners verlangen konnte. Ihm gegenüber musste daher der Schuldner den Zweck verfolgen, von seiner Pflicht befreit zu werden. Das Nichtbestehen der vermeintlichen Forderung ändert an dieser die Leistung prägenden Zweckbestimmung nichts (das Nichtbestehen hat der Leistende ja nicht gekannt); vielmehr begründet sie nur das Fehlen eines Rechtsgrundes.

4. Zum Verständnis des § 812 I 1

1223 Ob eine Leistung rechtsgrundlos ist, kann nur nach dem Kausalverhältnis entschieden werden, dem die Leistung dienen soll. Bei Rechtsgrundlosigkeit ist es sinnvoll, die Leistung dann auch zwischen den an diesem Kausalverhältnis beteiligten Personen rückabzuwickeln. Eine Ausnahme gilt nur nach § 822. Daraus ergeben sich Bereicherungsgläubiger und -schuldner. Folglich ist das diese Rollen bestimmende Tatbestandsmerkmal „auf dessen Kosten" in § 812 I 1 für die Leistungskondiktion unnötig. Diese Vorschrift ist also so zu verstehen wie o. Rn. 1124 an zweiter Stelle beschrieben: „Auf dessen Kosten" bezieht sich nur auf das Erlangen „in sonstiger Weise", also auf die Nichtleistungskondiktionen.[16]

III. Leistung und Bereicherung in sonstiger Weise

1. Die Verfügung eines Nichtberechtigten

1224 Wie schon o. Rn. 1215 erwähnt, findet sich ein wichtiger Fall des Zusammentreffens von Leistung und Eingriff in § 816 I geregelt: Nach Satz 1 dieser Vorschrift hat der entgeltliche Erwerber nur mit seinem Veräußerer zu tun; er kann also seinen Erwerb behalten, wenn das diesem zugrundeliegende Kausalgeschäft (z. B. Kauf) wirksam ist. Dem enteigneten Altberechtigten bleibt dann nur eine Eingriffskondiktion gegen den Veräußerer. Oder, anders gesagt: Hinsichtlich des entgeltlich durch Leistung Erworbenen bestimmt das Grundverhältnis über die Kondizierbarkeit der Leistung. Damit wird insbesondere der im Sachenrecht (etwa §§ 892 f., 932 ff.) zugelassene redliche Erwerb vom Nichtberechtigten **kondiktionsrechtlich abgeschirmt:** Der „enteignete" Altberechtigte kann auch nicht obligatorisch verlangen, dass der dinglich vollzogene Erwerb wieder rückgängig gemacht werde. Andernfalls wären die dinglichen Erwerbsmöglichkeiten ja auch erheblich entwertet.

Diese Entwertung findet sich erst in § 816 I 2 für den **unentgeltlichen Erwerb.** Auch hier erwirbt der Redliche zwar dinglich Eigentum. Aber der enteignete Altberechtigte hat – ähnlich wie nach § 822 – einen obligatorischen Durchgriff auf diesen Erwerb: Das unentgeltlich Erworbene muss, soweit der Empfänger noch bereichert ist, auf denjenigen zurückübertragen werden, zu dessen Lasten der Erwerb sich vollzogen hat.

2. Andere Konkurrenzfälle

1225 Die Regelung des § 816 I ist eben noch einmal ausführlich dargestellt worden, weil sie den Schlüssel für die Entscheidung anderer Konkurrenzfragen liefern kann.[17]

[16] Ebenso etwa *Larenz/Canaris,* SBT II 2, § 67 II.

[17] Kritisch aber *Thielmann,* AcP 187 (1987), 23.

a) **Beim Verbrauch fremder Sachen** (vgl. o. Rn. 1201 f.) wird die Eingriffskondiktion des Altberechtigten nicht durch ein Leistungsverhältnis zwischen dem Verbrauchenden und einem Dritten gehindert. Wer eine – auch im guten Glauben erworbene – gestohlene Sache verbraucht hat, ist also wegen § 935 I der Eingriffskondiktion des bestohlenen Eigentümers ausgesetzt.[18] Denn wenn der Verbrauchende nicht schon vor dem Verbrauch Eigentümer geworden ist (etwa nach §§ 932, 929), hat er das Eigentum und damit die Berechtigung zu dem Verbrauch gerade nicht durch Leistung erworben. Entsprechend liegt es, wenn jemand eine fremde Sache verbindet, vermischt, verarbeitet oder nutzt.

b) Anders verhält es sich dagegen vor allem, wenn an dem **Einbau ein Dritter beteiligt** ist: Ein Bauunternehmer möge ihm nicht gehörendes (insbesondere noch unter einem Eigentumsvorbehalt des Lieferanten stehendes) Baumaterial auf Grund eines Werkvertrages in das Grundstück eines Dritten (des Bestellers) einbauen (vgl. o. Rn. 1203). Dann erwirbt dieser nach §§ 946, 93 f. Eigentum. Da die Rechtsänderung also zugunsten des Bestellers eingetreten ist, scheint sich der Bereicherungsanspruch des Rechtsverlierers nach §§ 951 I 1, 812 I 1 (§ 951 ist nach h. M. Rechtsgrundverweisung!) eben gegen den Besteller zu richten. Das passt aber nicht zu § 816 I. Denn statt das Material sofort einzubauen, hätte der Unternehmer es auch zunächst dem Besteller rechtsgeschäftlich übereignen können. Dann hätte dieser bei Redlichkeit an nicht abhandengekommenem (§ 935) Material nach §§ 932, 929 Eigentum erworben. Das wäre ein entgeltlicher (der Besteller schuldet ja den Werklohn!), nach § 816 I 1 kondiktionsfester Erwerb. Bei Einbau ohne voraufgegangene Übereignung kondiktionsrechtlich anders zu entscheiden ist wenig sinnvoll: Oft lässt sich nämlich kaum feststellen, ob an die Baustelle geliefertes Material zunächst übereignet (z. B. weil der Bauherr gerade anwesend war) oder gleich eingebaut worden ist. Auch sollten solche mehr zufälligen Unterschiede das Ergebnis nicht verändern; s. dazu PdW Schuldrecht II **Fall 206**. 1226

Daher muss man sagen: Zwar hat die Eingriffskondiktion allemal derjenige, in dessen Recht eingegriffen worden ist: „Auf dessen Kosten" hat ein anderer etwas erlangt. Aber dieser andere ist nicht allemal der Erwerber, sondern der Eingreifende, und dieser ist nach der Regelung des § 816 I zu bestimmen. Danach ist statt des Erwerbers Eingreifender (und damit Schuldner der Eingriffskondiktion), wer den Erwerb eines anderen durch seine entgeltliche Leistung bewirkt hat. Dies wird häufig als **„Vorrang (Primat) der Leistung gegenüber der Eingriffskondiktion"** bezeichnet (s. dazu auch PdW Schuldrecht II **Fall 206**).[19] Doch stimmt diese allgemeinere Formulierung nur als Faustregel.[20] Sie gilt beispielsweise nicht, wenn einem Unredlichen durch Leistung nach §§ 946, 93 f. Eigentum verschafft wird, oder wenn abhanden gekommenes Material eingebaut worden ist. Denn dann wäre ein rechtsgeschäftlicher Erwerb nach §§ 932 II, 935 nicht möglich, und daher braucht auch der gesetzliche Erwerb nach § 946 nicht kondiktionsfest zu sein.

[18] BGHZ 55, 176 „Jungbullen", dazu *Hornbrecher,* Jura 2003, 333.

[19] Etwa *BGH* NJW 2005, 60.

[20] Noch zurückhaltender *Larenz/Canaris,* SBT II 2, § 70 VI 2 b; undeutlich *Fikentscher/Heinemann,* Rn. 1464.

10. Teil. Schuldverhältnisse auf Schadensersatzleistungen

Literatur: Umfassend rechtsvergleichend *von Bar,* Gemeineuropäisches Deliktsrecht, Bd. I, 1996; Bd. II, 1999; zum US-amerikanischen Haftungsrecht 2001 bis 2005 *Hirte/Willamowski,* VersR 2007, 143; Zudem *Adams,* Ökonomische Analyse der Gefährdungs- und Verschuldenshaftung, 1985 (dazu *Blaschczok,* ZHR 150, 374); *Blaschczok,* Gefährdungshaftung und Risikozuweisung, 1993; *Brüggemeier,* Gesellschaftliche Schadensverteilung und Deliktsrecht, AcP 182 (1982), 385; *ders.,* Deliktsrecht, 1986; *ders.,* Judizielle Schutzpolitik de lege lata, JZ 1986, 969; *Buchner/G. Roth,* Unerlaubte Handlung einschl. des Anspruchs aus dem Eigentümer-Besitzer-Verhältnis und aus rechtmäßiger Schädigung (Juristischen Studienkurs), 2. Aufl., 1984; *Budewig/Gehrlein/Leipold,* Der Unfall im Straßenverkehr, 2008; *Burmann/Heß/Jahnke/Janker,* Straßenverkehrsrecht, 21. Auflage 2010; *von Caemmerer,* Bereicherung und unerlaubte Handlung, FS Rabel, Bd. I, 1954, S. 333 = Ges. Schriften 1209; *Canaris,* Schutzgesetze – Verkehrspflichten – Schutzpflichten, 2. FS Larenz, 1983, S. 27; *ders.,* Grundstrukturen des deutschen Deliktsrechts, VersR 2005, 577; *Deutsch,* Allgemeines Haftungsrecht, 2. Aufl., 1996; *ders.,* Die neuere Entwicklung der Rechtsprechung zum Haftungsrecht, JZ 1984, 308, Fortsetzung JZ 1990, 733; *ders.,* Zivilrechtliche Verantwortlichkeit psychiatrischer Sachverständiger, VersR 1987, 113; *ders.,* Das Recht der ... unerlaubten Handlungen nach 100 Jahren, VersR 1996, 1309; *ders.,* Zurechnungszusammenhang, Rechtswidrigkeit und Verschulden, 1. FS Medicus, 1999, S. 77; *Deutsch/Ahrens,* Deliktsrecht, 6. Aufl., 2009; *Garbe-Hagedorn,* Die zivilrechtliche Haftung beim Verkehrsunfall, JuS 2004, 286; *Engel,* Zivilrecht als Fortsetzung des Wirtschaftsrechts mit anderen Mitteln, JZ 1995, 213; *Fuchs,* Versicherungsschutz und Versicherbarkeit als Argumente bei der Schadensverteilung, AcP 191 (1991) 318; *ders.,* Deliktsrecht, 7. Aufl., 2009; *Geigel,* Der Haftpflichtprozess, 26. Aufl., 2011; *v. Gerlach,* Die Rechtsprechung des *BGH* zum Haftpflichtrecht, DAR 2000, 241; *Groß,* Die Entwicklung der höchstrichterlichen Rechtsprechung im Haftungs- und Schadensrecht, VersR 1996, 675; *Hilgers,* Schadensverantwortung und Unternehmensorganisation, 2002; *E. Hofmann,* Haftpflichtrecht für die Praxis, 1989; *U. Hübner,* Haftungsprobleme der technischen Kontrolle, NJW 1988, 441; *Jansen,* Die Struktur des Haftungsrechts, 2003; *D. Kaiser,* Schadensersatz wegen fahrlässiger Rechtsanmaßung, FS Canaris, 2007, Bd. 1 531; *Körner,* Die Aufgabe des Haftungsrechts ..., NJW 2000, 241; *Kötz/Wagner,* Deliktsrecht 11. Aufl., 2010 (zu einer Voraufl. *von Bar,* AcP 203 [2003], 859); *Kötz,* Ziele des Haftungsrechts, FS Steindorff, 1990, S. 643; *Kupisch/Krüger,* Deliktsrecht, 1983; *Laufs,* Deliktische Haftung ohne Verschulden, FS Gernhuber, 1993, S. 245; *Lepa,* Auffälligkeiten des Haftpflichtprozesses ..., VersR 2002, 265; *Leser,* Zu den Instrumenten des Rechtsgüterschutzes im Delikts- und Gefährdungshaftungsrecht, AcP 183 (1983), 568; *Lukes,* Das Schadensausgleichsrecht – Funktionen und Faktoren im Zeitalter der Technik, VersR 1983, 697; *Marburger,* Die haftungs- und versicherungsrechtliche Bedeutung technischer Regeln, VersR 1983, 597; *ders.,* Grundsatzfragen des Haftungsrechts unter dem Einfluß der gesetzlichen Regelungen zur Produzenten- und zur Umwelthaftung, AcP 192 (1992), 1; *Rohe,* Gründe und Grenzen der deliktischen Haftung, AcP 201 (2001), 117; *Schiemann,* Das allgemeine Schädigungsverbot: ‚alterum non laedere', JuS 1989, 345; *K. Schreiber,* Die zivilrechtliche Haftung von Prozeßbeteiligten, ZZP 105 (1992), 129; *Schwarz,* Unfallregulierung im europäischen Ausland, NJW 1991, 2058; *P. Schwerdtner,* Recht der unerlaubten Handlungen, Jura 1981, 414; 484; *Stoll,* Richterliche Fortbildung und gesetzliche Überarbeitung des Deliktsrechts, 1984; *Stürner,* Zur Gerechtigkeit richterlicher Schadenszuweisung, VersR 1984, 297; *Taupitz,* Ökonomische Analyse und Haftungsrecht – Eine Zwischenbilanz, AcP 196 (1996), 114; *G. Wagner,* Die Aufgabe des Haftungsrechts – eine Untersuchung am Beispiel der Umwelthaftungsrechts-Reform, JZ 1991, 175; *Wilhelmi,* Risikozuweisung durch Privatrecht, 2009; *Wurmnest,* Grundzüge eines europäischen Haftungsrechts, 2003; *Wussow,* Unfallpflichtrecht, 15. Aufl., 2002; *Zeuner,* Zum Verhältnis zwischen Fremd- und Eigenverantwortlichkeit im Haftungsrecht, 1. FS Medicus, 1999, S. 693.

§ 141. Übersicht

I. Sekundäre und primäre Schadensersatzansprüche

1227 Alle Forderungen können ihren Inhalt dahin ändern, dass statt oder neben der primär geschuldeten Leistung eine Schadensersatzpflicht entsteht. Diese Änderung vollzieht sich als Folge von Leistungsstörungen (vgl. AT Rn. 332 – 553). Der Schadensersatz erscheint hier als Sekundärleistung.

Daneben gibt es aber auch – praktisch sehr wichtige – Forderungen, die von vornherein auf Schadensersatz gerichtet sind. Im BGB steht ihre Regelung am Ende des Besonderen Schuldrechts, nämlich im 27. Titel (§§ 823–853). Dazu kommen noch viele weitere Vorschriften in Spezialgesetzen, vor allem über die Gefährdungshaftung.

II. Unterscheidung nach Anspruchsgründen

1228 **1.** Der eben erwähnte 27. Titel des 2. Buchs des BGB heißt „Unerlaubte Handlungen“. Anspruchsgrund ist hier demnach, dass der Schuldner **etwas Unerlaubtes** (also Verbotenes, Rechtswidriges) getan hat. Dazu muss dann nach dem das BGB beherrschenden Verschuldensprinzip (vgl. AT Rn. 357) noch Verschulden treten. Gehaftet wird hier also für rechtswidriges schuldhaftes Verhalten. Das ist die unerlaubte Handlung im engeren Sinn; vgl. zu ihr u. Rn. 1231–1362.

1229 **2.** Die Haftungsvoraussetzung des verbotenen Tuns passt aber schon für den in § 833 S. 1 geregelten Normalfall der Tierhalterhaftung nicht (vgl. u. Rn. 1365 ff.). Denn das Halten eines Tieres ist ja nicht rechtswidrig. Nicht rechtswidrig ist aber nach h. M. auch die (von keinem Menschen veranlasste) Schädigung durch das Tier, weil die Rechtsordnung ihre Ge- und Verbote nur an Menschen und nicht an Tiere richtet. Rechtswidrig könnte also bloß eine mangelhafte Beaufsichtigung des Tieres durch den Halter sein; hierauf kommt es jedoch für die Haftung aus § 833 S. 1 gerade nicht an. Diese Haftung stammt also nicht aus einer unerlaubten Handlung im engeren Sinn. Haftungsgrund ist hier vielmehr die **Gefährdung.** Andere Gefährdungshaftungen beruhen insbesondere auf der Verursachung oder Beherrschung technischer Risiken (vgl. AT Rn. 397). Hier überall bleibt also die Rechtswidrigkeit eines Verhaltens unerheblich. Folglich kommt es auch auf ein Verschulden nicht an, das ja eine Pflichtwidrigkeit voraussetzt (vgl. AT Rn. 336 f.). Häufig werden aber auch die Fälle dieser Gruppe noch unter einen weiteren Begriff der unerlaubten Handlung gezogen; vgl. zu ihnen u. Rn. 1364–1401.

1230 **3.** Eine eigene Stellung sollte schließlich die **Staatshaftung** einnehmen. Bei ihr sollten sich nämlich nach der Neuregelung durch ein Staatshaftungsgesetz von 1981 Elemente der Haftung für verschuldete Rechtswidrigkeit mit der Haftung für Gefährdung verbinden. Diese Neuregelung ist jedoch verfassungsrechtlich gescheitert (vgl. u. Rn. 1405). Daher bleibt es einstweilen bei der Verschuldenshaftung nach § 839 (vgl. u. Rn. 1406 ff.).

1. Abschnitt. Unerlaubte Handlungen im engeren Sinn

§ 142. Generalklausel oder beschränkte Tatbestände

Literatur: *Benöhr,* Die Redaktion der §§ 823, 826 BGB, in: Rechtsgeschichte und Privatrechtsdogmatik, 1999, S. 499; *Jansen,* Das Problem der Rechtswidrigkeit bei § 823 I BGB, AcP 202 (2002), 517; *Katzenmeier,* Zur neueren dogmengeschichtlichen Entwicklung der Deliktstatbestände, AcP 203 (2003), 79.

I. „Große" Generalklauseln

1. Der 1. Entwurf des BGB wollte an den Anfang des Deliktrechts folgenden 1231
§ 704 I stellen: „Hat jemand durch eine aus Vorsatz oder Fahrlässigkeit begangene widerrechtliche Handlung ... einem anderen einen Schaden zugefügt, ... so ist er dem anderen zum Ersatz des durch die Handlung verursachten Schadens verpflichtet". Diese „große" deliktische Generalklausel hatte ein (freilich mehr äußerliches, vgl. *Stoll* nach Lit.-Verz. vor Rn. 1227 S. 27 ff.) Vorbild in art. 1382 des französischen code civil von 1803: *„Tout fait quelconque de l'homme, qui cause à autrui un dommage, oblige celui par la faute duquel il est arrivé, à le réparer."* Und in jüngerer Zeit hatte § 330 des ZGB der DDR (v. 19. 6. 1975) formuliert: „Ein Bürger oder Betrieb, der unter Verletzung ihm obliegender Pflichten rechtswidrig einen Schaden verursacht, ist zum Ersatz dieses Schadens verpflichtet." § 333 ZGB ließ die Ersatzpflicht freilich entfallen, wenn den Verursacher kein Verschulden traf.

2. Solche umfassenden deliktischen Generalklauseln scheinen sich als einfache Rege- 1232
lung für jede Art von rechtswidriger und schuldhafter Schadenszufügung anzubieten. Doch zeigen sich bei näherem Hinsehen zwei gewichtige **Nachteile.**

a) Erstens bedarf bei einer solchen Generalklausel das **Merkmal der Rechtswidrigkeit** einer Präzisierung. Denn man kann nicht einfach davon ausgehen, jede Schädigung eines anderen sei rechtswidrig: Wer etwa in eine Parklücke fährt, nimmt sie damit einem anderen weg, tut aber sicher nichts Verbotenes: Hier wäre ja auch eine Ersatzpflicht sinnlos. Ähnlich bedeutet im Geschäftsleben jede Konkurrenz eine Schädigung der Wettbewerber; auch sie kann aber nicht ohne Weiteres verboten sein. Die Einfachheit einer umfassenden Schadensersatznorm wird also mit der Notwendigkeit bezahlt, durch weitere Verhaltensnormen das Verbotene von dem Erlaubten zu trennen.

b) Zweitens führt eine große deliktische Generalklausel aber auch bei der **Bestim-** 1233
mung des Anspruchsberechtigten zu Schwierigkeiten. Denn häufig verursacht eine Verletzungshandlung Schäden bei einer Vielzahl von Personen; der zunächst nur bei einer Person entstandene Schaden breitet sich gleichsam aus.

Das zeigt sich etwa bei der **Verletzung eines Arbeitnehmers:** Diese schädigt mittelbar auch den Arbeitgeber, der bis zur Wiedergenesung des Verletzten den Anspruch auf die Arbeitsleistung verliert (und trotzdem regelmäßig für sechs Wochen den Verdienst fortzahlen muss). Daraus können sich Schäden für noch andere Personen ergeben: etwa für die Arbeitskollegen des Verletzten, die dessen Pensum miterledigen müssen; oder für einen Auftraggeber des Arbeitgebers, dessen Auftrag nun verspätet erledigt wird.

Ähnlich liegt es bei der **Tötung eines Menschen:** Auch wenn dieser – etwa als Rentner – nicht mehr gearbeitet hat, war er ja trotzdem Kunde bei Geschäftsleuten, etwa beim Fleischer, bei Gastwirten und beim Elektrizitätswerk. Ihnen allen entgeht jetzt durch den Verlust des Kunden Umsatz (und im Zweifel auch Gewinn).

Eine weit verstandene große deliktische Generalklausel käme auch allen solchen nur **mittelbar geschädigten** Personen zugute. Das würde aber zu einer ganz unpraktischen Häufung von Ansprüchen führen, von denen viele nur auf kleine Beträge gingen, deren Berechnung zudem höchst zweifelhaft wäre. Daher müssen Rechtsordnungen mit großer deliktischer Generalklausel diese Ansprüche beschränken. So sollte nach § 332 des ZGB der DDR ein mittelbar Geschädigter Ansprüche nur haben, wenn das gesetzlich bestimmt oder ausnahmsweise nach Billigkeitskriterien gerechtfertigt war. Damit aber wird die einfache Generalklausel durch eine weittragende und undeutliche Ausnahme kompliziert.

II. Die Entscheidung des BGB

1234 **1.** Um den eben genannten Schwierigkeiten auszuweichen, ist das BGB einen anderen Weg gegangen: § 823 I gewährt Schadensersatzansprüche nur demjenigen, der selbst an bestimmten Lebensgütern oder Rechten verletzt worden ist (Leben, Körper, Gesundheit, Freiheit, Eigentum). Auf diesen **unmittelbar Verletzten** wird die Ersatzberechtigung also konzentriert. Dagegen erhalten andere Personen, die durch eine solche Verletzung nur mittelbar an ihrem Vermögen betroffen sind, regelmäßig keine eigenen Ansprüche. Das gilt etwa für die Geschäftsleute, denen durch die Tötung ihres Kunden Gewinn entgangen ist. Und auch der Arbeitgeber, der durch die Verletzung seines Arbeitnehmers dessen Arbeitsleistung einbüßt, erhält keinen eigenen Anspruch. Die diesen Personen zugefügte bloße Vermögensschädigung bedeutet also nicht ohne Weiteres ein Delikt.

1235 **2.** Freilich kommt auch unser Rechtssystem nicht an dem Umstand vorbei, dass sich ein Schaden vielfach verlagert, weil er dem Verletzten zunächst von anderen Personen als dem Verletzer abgenommen wird. So erleidet der Arbeitnehmer für die Zeit der Lohnfortzahlung keinen Verdienstausfall (vgl. AT Rn. 688 ff.). Könnte er gleichwohl vom Schädiger Ersatz eines fiktiven Verdienstausfalls fordern, würde er also bereichert. Unser Rechtssystem vermeidet das, indem es vielfach die **Leistung des Verletzers schließlich an den mittelbar Geschädigten gelangen lässt** (vgl. AT Rn. 739 ff.). Das geschieht meist durch Legalzession: Der Anspruch des Verletzten gegen den Verletzer wird kraft Gesetzes auf den mittelbar Geschädigten übergeleitet.

So bei Verletzungen eines Arbeiters: Der Arbeitgeber muss nach § 3 EFZG trotz der Arbeitsunfähigkeit den Lohn fortzahlen. Nach § 6 EFZG erwirbt er aber den Anspruch, den der Arbeiter wegen des fiktiven Lohnausfalls gegen den Schädiger hat (vgl. AT Rn. 740). Dieser durch Legalzession erworbene fremde Anspruch unterscheidet sich jedoch wesentlich von einem eigenen Schadensersatzanspruch des Arbeitgebers: Mit dem abgeleiteten Anspruch kann nämlich nur der Schaden des ursprünglichen Gläubigers ersetzt verlangt werden, also der (fiktive) Lohnausfall des Arbeitnehmers. Dagegen spielt für diesen Anspruch dasjenige keine Rolle, was für einen eigenen Ersatzanspruch des Arbeitgebers erheblich wäre, nämlich welchen Produktionsausfall der Arbeitgeber erlitten hat oder was er etwa für eine Ersatzkraft oder für Überstunden anderer Arbeitnehmer aufwenden musste.

Für den Verletzer bedeutet das: Die interne Schadensabwälzung zwischen Arbeiter und Arbeitgeber ändert zwar durch Legalzession den Gläubiger des Ersatzanspruchs, nicht aber den Anspruchsinhalt.

III. „Kleine" Generalklauseln

Ganz ohne generalisierende Formulierungen kommt aber auch das BGB nicht aus. 1236
Daher enthält es mehrere „kleine" Generalklauseln.

1. Schon **§ 823 I** nennt neben den „bestimmten" Rechtsgütern und Rechten noch das **„sonstige Recht"**.[1] Bei der Auslegung dieses Begriffs (hierzu vgl. u. Rn. 1288 ff.; 1308 ff.) ist aber stets die Absage des BGB an die große deliktische Generalklausel zu bedenken. Daher kann das Vermögen kein „sonstiges Recht" darstellen.

2. § 823 II knüpft eine Schadensersatzpflicht an die schuldhafte **Verletzung eines** 1237
Schutzgesetzes. Damit werden diese Gesetze, sofern sie nicht schon selbst eine Ersatzpflicht anordnen, mit einer zusätzlichen Rechtsfolge ausgestattet. Die generalklauselartige Weite des § 823 II folgt insbesondere daraus, dass die Schutzgesetze nicht zum Privatrecht zu gehören brauchen: Schutzgesetze sind z. B. auch viele Vorschriften des StGB, der StVO und der StVZO. Vgl. im einzelnen u. Rn. 1316 ff.

3. Eine dritte Generalklausel findet sich in § 826: Jede **vorsätzliche sittenwidrige** 1238
Schädigung soll zum Ersatz verpflichten. Hier kommt es also nicht auf die Art des verletzten Rechtsguts an, sondern auf die Art der Schadenszufügung. Vgl. im einzelnen u. Rn. 1329 ff. S. dazu auch PdW Schuldrecht II **Fall 227**.

4. Eine letzte Generalklausel ist von Literatur und Rechtsprechung entwickelt wor- 1239
den: In § 823 I hat man den Begriff des „Verletzens" (von Leben, Körper usw.) durch die Entwicklung von **Verkehrspflichten** (z. B. zum Streuen bei Glatteis oder zur Beleuchtung von Zugängen) erweitert. Dies bildet die wohl wichtigste Fortbildung des Deliktsrechts überhaupt (vgl. u. Rn. 1242 ff.).

§ 143. Allgemeine Voraussetzungen der Verschuldenshaftung, Billigkeitshaftung

I. Bemerkungen zum Aufbau

Literatur: *Deutsch,* Allgemeines Haftungsrecht, 2. Aufl., 1996, S. 31 ff. mit weit. Angaben.

Bei den unerlaubten Handlungen im engeren Sinn (vgl. o. Rn. 1228) unterschei- 1240
det man Tatbestandsmäßigkeit, Rechtswidrigkeit und Schuld (vgl. schon AT Rn. 336 ff.). Das ist der traditionelle Aufbau, der lange Zeit auch im Strafrecht gegolten hat (und womöglich noch heute gilt). Die Bestrebungen mancher Strafrechtler, den Vorsatz schon in den Tatbestand zu ziehen, spielen im Zivilrecht keine Rolle. Denn der Versuch (§§ 22–23 StGB), dessentwegen der Vorsatz schon an früherer Stelle erörtert werden soll, hat für das Schadensersatzrecht keine Bedeutung: Wenn

[1] Dazu *Coester-Waltjen,* Jura 1992, 209.

eine unerlaubte Handlung nicht über das Versuchsstadium hinausgelangt, entsteht regelmäßig kein Schaden.

Von den drei genannten Elementen ist der **objektive Tatbestand** der einzelnen Ersatznormen verschieden; diese Tatbestände werden getrennt u. in den Rn. 1270–1276 behandelt. Dagegen lassen sich über **Rechtswidrigkeit und Schuld** allgemeine Aussagen machen. Sie sollen hier gleichsam „vor der Klammer" stehen.

II. Die Rechtswidrigkeit

Literatur: *von Bar,* Verkehrspflichten, 1980; *ders.;* Zur Bedeutung des Beweglichen Systems für die Dogmatik der Verkehrspflichten, in: *Bydlinski* u. a., Das Bewegliche System im geltenden und künftigen Recht, 1986, 63 ff.; *ders.,* Entwicklungen und Entwicklungstendenzen im Recht der Verkehrs(sicherungs)pflichten, JuS 1988, 169; *Bernhard,* Das rechtsverletzende Handeln als Grundlage der deliktischen Haftung in § 823 I…, FS Picker, 2010, 83; *Brüggemeier,* Organisationshaftung, AcP 191 (1991), 33; *Damm,* Entwicklungstendenzen der Expertenhaftung, JZ 1991, 373; *Deckert,* Die Verkehrspflichten, Jura 1996, 348; *Dunz,* Verhalten als Zurechnungskriterium in der neueren Rspr. des *BGH,* in: 25 Jahre Karlsruher Forum, 1983, 97; *Eberstein,* Einführung in die Grundsätze des sicherheitstechnischen Rechts, 1987; *Edenfeld,* Grenzen der Verkehrssicherungspflicht, VersR 2002, 272; *Hager,* Zum Begriff der Rechtswidrigkeit im Zivilrecht, FS Ernst Wolf, 1985, 133; *Heckhausen,* Die Rechtsprechung des Reichsgerichts zur Frage der Haftung aus Verkehrseröffnung, 1935; *Hirte,* Berufshaftung, 1996; *Jansen,* Das Problem der Rechtswidrigkeit bei § 823 I BGB, AcP 203 (2003), 79; *Jaun,* Der Gefahrensatz – Gefahr oder Chance, ZBernJV 139 (2003) 141 (zum schweizerischen Recht); *Köhler/Marburger/Sonnenberger,* Rechtsfragen der technischen Normung, BB 1985 Heft 6 Beilage 4; *Kothe,* Die rechtfertigende Einwilligung, AcP 185 (1985), 105; *V. Lang,* Einmal mehr: Berufsrecht, Berufspflichten und Berufshaftung, AcP 201 (2001), 451; *Larenz,* Rechtswidrigkeit und Handlungsbegriff im Zivilrecht, FS Dölle, Bd. I, 1963, S. 169; *ders.,* Die Prinzipien der Schadenszurechnung, JuS 1965, 373; *Littbarski,* Die Berufshaftung – eine unerschöpfliche Quelle richterlicher Rechtsfortbildung?, NJW 1984, 1667; *W. Lorenz,* Verkehrspflichten zum Schutze fremden Vermögens?, in: 25 Jahre Karlsruher Forum, 1983, 48; *Marburger,* Die Regeln der Technik im Recht, 1979; *Mertens,* Deliktsrecht und Sonderprivatrecht – Zur Rechtsfortbildung des deliktischen Schutzes von Vermögensinteressen, AcP 178, (1978), 227; *ders.,* Verkehrspflichten und Deliktsrecht, VersR 1980, 397; *Möllers,* Rechtsgüterschutz im Umwelt- und Haftungsrecht, 1997; *ders.,* Verkehrspflichten des Händlers beim Vertrieb von gefährlichen Produkten, JZ 1999, 24; *Münzberg,* Verhalten und Erfolg als Grundlagen der Rechtswidrigkeit und Haftung, 1966; *Nicklisch,* Funktion und Bedeutung technischer Standards in der Rechtsordnung, BB 1983, 261; *Nipperdey,* Rechtswidrigkeit, Sozialadäquanz, Fahrlässigkeit, Schuld im Zivilrecht, NJW 1957, 1777; *Pieper,* Die Regeln der Technik im Zivilprozeß, BB 1987, 273; *Raab,* Die Bedeutung der Verkehrspflichten und ihre systematische Stellung im Deliktsrecht, JuS 2002, 1041; *Rogge,* Selbständige Verkehrspflichten bei Tätigkeiten im Interesse Dritter, 1997; *Schlund,* Streupflicht als Verkehrssicherungspflicht, DAR 1988, 6; *Schmid,* Der Umfang der Räum- und Streupflicht auf öffentlichen Straßen und Wegen, NJW 1988, 3177; *K. Schreiber,* Die Rechtfertigungsgründe des BGB, Jura 1997, 29; *Schünemann,* Bergsteigen im Schutz von Verkehrs(sicherungs-)pflichten?, NJW 1985, 1514; *Steffen,* Verkehrspflichten im Spannungsfeld von Bestandsschutz und Handlungsfreiheit, VersR 1980, 409; *Stoll,* Zum Rechtfertigungsgrund des verkehrsrichtigen Verhaltens, JZ 1958, 137; *ders.,* Unrechtstypen bei Verletzung absoluter Rechte, AcP 162 (1963), 203; *ders.,* wie Lit.-Verz. vor Rn. 1227; *Graf von Westphalen,* Die allgemeine Verkehrssicherungspflicht und die Beleuchtungspflicht auf öffentlichen Straßen, DB 1987 Heft 21 Beilage 11; *Wiethölter,* Der Rechtfertigungsgrund des verkehrsrichtigen Verhaltens, 1960; *Wussow,* Verkehrssicherungspflichten bei der Durchführung von Sonderveranstaltungen, VersR 2005, 903; *Zeuner,* Bemerkungen zum Problem der Rechtswidrigkeit aus zivilrechtlicher Sicht, JZ 1961, 41; *ders.,* Gedanken über Bedeutung und Stellung des Verschuldens im Zivilrecht, JZ 1966, 1.

1. Indizierte und besonders zu begründende Rechtswidrigkeit

a) Hinsichtlich der Rechtswidrigkeit kann man zunächst zwei Bereiche unterscheiden:

Im ersten Bereich ist die Verwirklichung des objektiven Tatbestandes **regelmäßig rechtswidrig.** Denn schon dieser Tatbestand bezeichnet hinreichend bestimmt eine Handlung, die regelmäßig verboten ist: etwa einen Menschen zu töten oder zu verletzten oder eine fremde Sache zu beschädigen (§ 823 I). Hier wird die Rechtswidrigkeit durch die Tatbestandsmäßigkeit „indiziert" (Lehre vom **Erfolgsunrecht**). Zu prüfen bleibt dann nur, ob die Richtigkeit dieser Indikation nicht ausnahmsweise durch besondere Rechtfertigungsgründe (vgl. u. Rn. 1250 ff.) widerlegt wird. 1241

Im zweiten Bereich dagegen ist der objektive Tatbestand so unbestimmt, dass man aus seiner Erfüllung **nicht einmal ein Indiz für die Rechtswidrigkeit** gewinnen kann. Das trifft insbesondere für zwei bei den „sonstigen Rechten" des § 823 I angesiedelte Positionen zu, nämlich für das Recht am eingerichteten und ausgeübten Gewerbebetrieb und für das allgemeine Persönlichkeitsrecht. Beide Positionen haben keine klaren Konturen. Sie bezeichnen sozusagen nur einen Rahmen, weshalb sie auch *„Rahmenrechte"* genannt werden. Bei ihrer Verletzung ist die Rechtswidrigkeit erst durch eine Abwägung insbesondere gegenüber den Rechten anderer Personen zu begründen (Lehre vom **Handlungsunrecht**). Vgl. u. Rn. 1308 sowie PdW Schuldrecht II **Fall 229**.

b) Leider aber beschränkt sich die Notwendigkeit zu einer solchen besonderen Begründung der Rechtswidrigkeit nicht auf die genannten Rahmenrechte. Vielmehr kann auch bei anderen Tatbeständen, die „klassische" Rechtsgüter oder Rechte wie Leben, Körper oder Eigentum schützen, die Rechtswidrigkeit eigens zu begründen sein. Das ergibt sich aus der **Unbestimmtheit des Begriffs „verletzen":** Zwar ist meist klar, ob ein Verletzungserfolg an Leben, Körper oder Eigentum eingetreten ist. Aber unklar kann sein, auf dem Verhalten welches Menschen diese Verletzung im Rechtssinn beruht: Hat z. B. schon derjenige den Körper eines anderen rechtswidrig verletzt, der bloß seinen Hauseingang schlecht beleuchtet hat, so dass der andere bei Dunkelheit gestürzt ist und sich ein Bein gebrochen hat? Oder am Beispiel der Produzentenhaftung (vgl. o. Rn. 338 ff.): Wenn ein mangelhaftes Produkt zu einem Eigentumsschaden bei dem Endabnehmer führt, ist das eine rechtswidrige Verletzung durch den Hersteller? Oder durch einen Zulieferer des Herstellers? Oder bei Herstellung im Ausland durch den Importeur? Oder durch denjenigen Händler, der das Produkt schließlich dem Geschädigten verkauft hat? Oder auch durch einen Schenker? Oder durch alle Beteiligten zusammen? 1242

Diese Fragen wären einfach zu beantworten (nämlich sämtlich zu bejahen), wenn man „rechtswidrig verletzen" verstehen dürfte als „eine Ursache für den Verletzungserfolg setzen": Das haben alle genannten Personen gewiss getan. Aber ein derart weites Verständnis des Verletzungsbegriffs wäre juristisch unbrauchbar. Das zeigt sich besonders deutlich bei **Unterlassungen,** etwa bei der unterlassenen Beleuchtung des Hauseingangs: Diesen zu beleuchten hat ja nicht nur der Hauseigentümer unterlassen, sondern jedermann. Es hätte aber keinen Sinn, wenn hieraus für jedermann die Rechtswidrigkeit indiziert sein sollte und erst nach einem Rechtfertigungsgrund gesucht werden müsste (etwa dass der Betreffende mit dem Haus nichts zu tun hatte). Vielmehr kann man hier den Verletzungserfolg von vornherein nur denjenigen Personen zurechnen, die verpflichtet waren, sich um die Abwendung zu bemühen.

c) Danach kann man **zusammenfassen:** Die Indikation der Rechtswidrigkeit durch die Erfüllung des objektiven Deliktstatbestandes beschränkt sich bei § 823 I auf die 1243

direkte Verletzung eines der klassischen Rechtsgüter. „Direkt" meint dabei, dass der Verletzungserfolg derart im Handlungsablauf liegt, dass die Zurechnung zu der handelnden Person deutlich ist. Daran fehlt es bei **Unterlassungen** sowie dann, wenn die Verletzung erst eine entferntere Folge des Handelns der Person darstellt (**mittelbare Verletzung**).[1] Hier hat der Verursacher zunächst nur die **Gefahr einer Verletzung** geschaffen; ob diese sich verwirklicht, liegt dann nicht mehr in seiner Hand. Beispiele hierfür sind etwa alle Anwendungsfälle der Produzentenhaftung: Bei ihr tritt der Verletzungserfolg in oft beträchtlichem räumlichen und zeitlichen Abstand von dem Produktionsvorgang ein; nötig ist insbesondere die Nutzung des Produkts durch eine andere Person.

Soweit danach die Rechtswidrigkeit nicht indiziert ist, muss sie **aus der Verletzung einer Pflicht hergeleitet** werden. Solche Pflichten, kraft derer sich jemand um die Verhinderung von Verletzungen anderer bemühen muss, nennt man **Verkehrs(sicherungs)pflichten.** Dabei hat die vollere Wortform sachlich keine allgemein anerkannte andere Bedeutung als die kürzere.

2. Die Verkehrspflichten

1244 a) Für die Annahme von Verkehrspflichten gibt es eine Reihe von **Gründen** (s. dazu auch PdW Schuldrecht II **Fall 240**).[2]

aa) Der am frühesten erkannte Grund ist die **Eröffnung eines Verkehrs:** Wer einen Verkehr eröffnet, muss sich darum bemühen, die mit diesem zusammenhängenden Gefahren möglichst gering zu halten. Das gilt etwa für Straßen, Kaufhäuser, Wirtschaften usw.

1245 bb) Ähnlich verhält es sich bei der **Einwirkung auf einen schon bestehenden Verkehr.** Diese Einwirkung kann bereits in der bloßen Teilnahme liegen. Insbesondere für den Straßenverkehr sind die hieraus stammenden Sicherungspflichten weithin in der StVO geregelt. In Betracht kommen aber auch andere Arten der Einwirkung, etwa durch Bauarbeiten an einer Straße: Auch hier sind die Gefahren gering zu halten, z. B. durch Warntafeln, Absperrungen usw. Dringend zu wünschen ist, dass sich eine weitere Forderung durchsetzt: Solche gefahrbringenden Arbeiten müssen **möglichst schnell** erledigt werden. Man kann ja immer wieder beobachten, dass auf riesigen den Verkehr behindernden und daher gefährlichen Baustellen offenbar niemand tätig ist, so dass die Gefahr viel länger als nötig andauert.

1246 cc) Ein weiterer Grund für Verkehrspflichten ist die **Herrschaft über gefährliche Sachen.** Im BGB geregelte Fälle sind die Herrschaft über Erwerbshaustiere (§ 833 S. 2) und über Bauwerke (§§ 836–838); nicht im BGB geregelte Pflichten bestehen etwa für den Besitzer von Waffen[3] oder Giftstoffen.

1247 dd) Außerdem gehören zu den Verkehrspflichten die Pflichten zur **Aufsicht über bestimmte Personen** (§§ 831, 832).

1248 ee) Auch die **Ausübung eines Berufs oder Gewerbes** kann Verkehrspflichten schaffen, nämlich wenn andere auf die korrekte Ausübung vertrauen und es daher an eige-

[1] Vgl. *Larenz/Canaris,* SBT II 2, § 76 III 1 c.
[2] Vgl. etwa MünchKomm/*Wagner,* § 823 Rn. 220 ff.; 407 ff.
[3] Dazu *BGH* VersR 1990, 1289.

ner Sorgfalt fehlen lassen. Letztlich nur einen Unterfall dieser Gruppe bedeuten die Verkehrspflichten des Produzenten (vgl. o. Rn. 338 ff.). Freilich wird der Berufs- und Gewerbetreibende regelmäßig aufgrund eines Vertrages tätig. Die Einordnung der Berufshaftpflichten nicht nur als Vertrags-, sondern auch als Verkehrspflichten begründet dann eine Haftung gegenüber Personen, die nicht an dem Vertrag beteiligt sind (etwa gegenüber dem Hauseigentümer, dessen Eigentum durch die Vertragsverletzung eines Untermieters beeinträchtigt worden ist, zudem nach §§ 844 f.). So wird die Annahme einer Schutzwirkung für Dritte überflüssig, wenn in die durch § 823 I geschützten Güter (und nicht bloß in das Vermögen) eingegriffen worden ist. Daher findet sich die Schutzwirkungskonstruktion vor allem bei Vermögensschäden, etwa durch falsche Auskunft (vgl. AT Rn. 820).

b) Die **Intensität** der Verkehrspflichten lässt sich nicht allgemein bestimmen. Entscheidend sind vielmehr die Umstände der konkreten Situation, insbesondere das Maß des bei anderen erweckten Vertrauens und der so geschaffenen Gefahren. Danach gelten etwa für Autobahnen andere Regeln als für erkennbar holprige Waldwege. Andererseits spielen auch wirtschaftliche Erwägungen eine Rolle, vor allem die Kosten. Gesteigerte Pflichten gelten insbesondere, wo Kinder gefährdet sind, von denen eigene Vorsicht nicht erwartet werden kann. Neue Erkenntnisse oder Möglichkeiten müssen ggf. zur Nachrüstung führen.[4] 1249

3. Rechtfertigungsgründe

Die Indikation der Rechtswidrigkeit bei direkten Eingriffen in die klassischen Rechtsgüter des § 823 I kann widerlegt werden. Dazu dienen die Rechtfertigungsgründe. Dagegen wird es für die aus der Verletzung von Verkehrspflichten abgeleitete Rechtswidrigkeit kaum einmal auf diese Gründe ankommen: Ihr Vorliegen dürfte regelmäßig schon die Annahme der Verkehrspflichten ausschließen oder einschränken. Auch bei Rahmenrechten werden diese Gründe vielfach bereits in den die Rechtswidrigkeit begründenden Abwägungsprozess eingehen. Im einzelnen kann man folgende Gründe unterscheiden. 1250

a) Nicht rechtswidrig ist die **Notwehr**, §§ 227 BGB, 32 StGB. Sie wird im Allgemeinen Teil[5] und im Strafrecht erörtert.

b) Entsprechendes gilt für den **rechtfertigenden Notstand**, und zwar sowohl für den defensiven (§ 228) wie den offensiven (§ 904). Auch der früher „übergesetzlich" genannte, jetzt aber in § 34 StGB geregelte Notstandsfall gehört hierher.[6] 1251

c) Im Allgemeinen Teil außerhalb des Schuldrechts steht schließlich auch das rechtfertigende **Selbsthilferecht** nach §§ 229 ff.[7] Ein Sonderfall, nämlich das Selbsthilferecht des Grundstücksvermieters (-verpächters) zum Schutz seines Pfandrechts, war in den §§ 562 b, 581 II begegnet (vgl. o. Rn. 493). 1252

d) Einen aus dem Schuldrecht selbst stammenden Rechtfertigungsgrund bildet dagegen die **berechtigte**, also dem maßgeblichen Willen des Geschäftsherrn entsprechende **Geschäftsführung ohne Auftrag** (§ 683, vgl. o. Rn. 1115 ff.). Dass der Geschäfts- 1253

---

[4] Vgl. *BGH* NJW 2010, 1967.
[5] Etwa *Köhler*, § 19 Rn. 6 ff.; *Medicus*, BGB AT, Rn. 151 ff.
[6] Vgl. etwa *Köhler*, § 19 Rn. 11 ff.; *Medicus*, BGB AT, Rn. 162 ff.
[7] Vgl. *Köhler*, § 19 Rn. 19 ff.; *Medicus*, BGB AT, Rn. 168 ff.

führer hier gerechtfertigt ist, steht zwar nicht ausdrücklich im Gesetz, ergibt sich aber aus dessen Sinn: Wenn § 683 S. 1 den Geschäftsführer im Wesentlichen nach Auftragsrecht behandelt, billigt es auch seine Tätigkeit. Darum ist z. B. regelmäßig ein Arzt gerechtfertigt, der einem Bewusstlosen sachgerecht die nötige Versorgung zukommen lässt (nicht aber auch, wenn er die Gelegenheit zur Vornahme eines aufschiebbaren Eingriffs benutzt).

1254 e) Besondere Rechtfertigungsgründe für **Ehrverletzungen** ergeben die §§ 824 II BGB (str., vgl. u. Rn. 1296), 193 StGB.

1255 f) Einen speziell für das Deliktsrecht gedachten Rechtfertigungsgrund hat BGHZ 24, 21, 26 entwickelt: denjenigen des **verkehrsrichtigen Verhaltens.** In dem dort zu entscheidenden Fall wurde eine Straßenbahngesellschaft aus § 831 wegen eines Versagens ihrer Verrichtungsgehilfen in Anspruch genommen. Die Gesellschaft behauptete aber, diese hätten sich verkehrsrichtig verhalten. Der *BGH* hätte hier einfach argumentieren können: Richtiges Verhalten der Gehilfen widerlege jedenfalls die Vermutung eines Zusammenhangs zwischen der schlechten Auswahl des Gehilfen und dem Schaden. Denn besser als richtig hätte sich auch ein ordentlich ausgesuchter Gehilfe nicht verhalten können.

Der *BGH* hat aber nicht diese schon dem RG geläufige Argumentation verwendet, sondern er ist in die Tiefen der Theorie der Rechtswidrigkeit gestiegen: Der Gesetzgeber ordne, so sagt die Entscheidung, bestimmte Bereiche des Verkehrs durch umfassende Verhaltensvorschriften (etwa StVO und StVZO). Dann könne bei Beachtung dieser Vorschriften die Schadenshaftung nicht erst wegen des Fehlens einer Schuld verneint werden:

„Indem die Rechtsordnung den gefahrvollen Verkehr zuläßt und den Teilnehmern an diesem Verkehr im einzelnen vorschreibt, wie sie ihr Verhalten einzurichten haben, spricht sie auch aus, dass sich ein Verhalten unter Beachtung dieser Vorschriften im Rahmen des Rechts hält. Es geht nicht an, ein Verkehrsverhalten, das den Ge- und Verboten der Verkehrsordnung voll Rechnung trägt, trotzdem mit dem negativen Werturteil der Rechtswidrigkeit zu versehen. Hierfür gibt der eingetretene Erfolg keinen ausreichenden Grund her, da das Urteil der Rechtswidrigkeit im Sinne der Bestimmungen des BGB über unerlaubte Handlungen die zum Erfolg führende Handlung nicht unberücksichtigt lassen kann. Es ist daher der Satz aufzustellen, dass bei verkehrsrichtigem (ordnungsgemäßem) Verhalten eines Teilnehmers am Straßen- oder Eisenbahnverkehr eine rechtswidrige Schädigung nicht vorliegt."

Diese Entscheidung war zwar als richtungweisend gedacht, ist aber **fast ohne praktische Wirkungen** geblieben. *BGH* NJW 1981, 570, 571 sagt von ihr bloß, sie sei „bisher ausdrücklich noch nie aufgegeben". Das war jedenfalls für das Deliktsrecht auch unnötig, weil die Entscheidung praktische Folgen allenfalls bei Normen von der Art des § 1004 haben kann, bei denen neben der Rechtswidrigkeit nicht auch noch Verschulden nötig ist. Auf die Frage ist daher hier nicht weiter einzugehen.

1256 g) Weitere, dem öffentlichen Recht angehörende Rechtfertigungsgründe ergeben sich aus **staatlichen Eingriffsrechten,** z. B. für die Polizei. Zu der Frage, inwieweit der Zweck der Verkehrsberuhigung das Schaffen von Verkehrshindernissen (z. B. Blumenkübel auf der Fahrbahn) rechtfertigt, vgl. *Stollenwerk,* VersR 1995, 21.

1257 h) Endlich bleibt derjenige Rechtfertigungsgrund, der im Deliktsrecht zu den meisten Zweifeln geführt hat, nämlich die **Einwilligung des Verletzten**. Von ihr muss ausführlicher gesprochen werden.

4. Insbesondere die Einwilligung

a) Nach ganz h. M. ist die Einwilligung **kein Rechtsgeschäft**, so dass die Regeln der Rechtsgeschäftslehre (§§ 104 ff.) wenigstens nicht direkt gelten. Das betrifft insbesondere auch die Anfechtungs- und Nichtigkeitsgründe. Darum stellt § 228 StGB korrekt nicht auf die Sittenwidrigkeit der Einwilligung des Verletzten ab, sondern darauf, ob „die Tat trotz der Einwilligung gegen die guten Sitten verstößt". Immerhin sind hier ähnliche Erwägungen anzustellen wie bei § 138. 1258

Unnötig ist auch **Geschäftsfähigkeit.** Doch verlangt BGHZ 29, 33, 36 mit Recht, dass der Einwilligende „nach seiner geistigen und sittlichen Reife die Bedeutung des Eingriffs und seiner Gestattung zu ermessen vermag". Bei wesentlichen Eingriffen in wichtige Rechtsgüter wie Körper und Gesundheit werden diese Voraussetzungen regelmäßig nur für voll Geschäftsfähige zu bejahen sein. Denn wenn die Rechtsordnung jemandem auch das kleinste Rechtsgeschäft nicht zutraut, kann sie ihm kaum die Einwilligung in eine Amputation überlassen.

b) Die für eine wirksame Einwilligung nötige Einsicht in die Bedeutung des Eingriffs erfordert für ärztliche Eingriffe regelmäßig eine **Aufklärung des Patienten.** Diese Problematik liegt im Deliktsrecht ebenso wie im Vertragsrecht; vgl. daher o. Rn. 676. 1259

c) Die meisten Schwierigkeiten ergeben sich bei der nicht ausdrücklich erklärten, sondern bloß aus dem Verhalten des Rechtsträgers gefolgerten Einwilligung. Eine solche Einwilligung ist früher vielfach als **Handeln auf eigene Gefahr** gewertet worden, nämlich wenn der später Verletzte sich bewusst in die zur Verletzung führende Gefahr begeben hatte. Solche Situationen kommen im Straßenverkehr häufig vor: Man setzt sich zu einem erkennbar angetrunkenen oder übermüdeten Fahrer; man fährt mit jemandem, von dem man weiß, dass er keine Fahrerlaubnis hat. Ähnlich liegt es bei der Teilnahme an gefährlichen Sportarten.[8] 1260

BGHZ 34, 355 hat jedoch für die meisten derartigen Fälle der Annahme einer Einwilligung mit Recht widersprochen: Das Einverständnis mit der *Gefährdung* bedeute regelmäßig keine Einwilligung in die *Verletzung*. Denn auch der sich bewusst Gefährdende hoffe, dass nichts passieren werde. Eine Einwilligung wird nur bei der Teilnahme an bestimmten besonders gefährlichen Sportarten für möglich gehalten.[9] Als Beispiele erscheinen gefährliche Autorennen, waghalsige Felskletterei, Box- und Ringkämpfe. In der Regel jedoch **unterfällt die Selbstgefährdung dem § 254:** Dieser führt dann meist zu einer Schadensteilung.

Wieder anders beurteilt BGHZ 63, 140 den **Mannschaftssport** (konkret: Fußball): In Verletzungen, die auch bei regelgerechtem Spiel nicht zu vermeiden seien, willige der Spieler zwar nicht ein, doch nehme er sie in Kauf. Er sei sich nämlich bewusst, dass die auch von ihm selbst geschaffene Lage zu Verletzungen führen könne. Daher sei es ein unzulässiger Selbstwiderspruch *(venire contra factum proprium),* wenn „der Geschädigte den beklagten Schädiger in Anspruch nimmt, obwohl er ebenso gut in die Lage hätte kommen können, in der sich nun der Beklagte befindet".[10] Zudem soll der Geschädigte einen etwa vorgefallenen Regelverstoß, für den der Anspruchsausschluss nicht gilt, beweisen müssen. Diese Risikoverteilung soll selbst beim Ein-

[8] Dazu *Füllgraf,* VersR 1983, 705.
[9] BGHZ 34, 355, 363; 63, 140, 144.
[10] BGHZ 63, 140, 144 f.

tritt schwerer Verletzungen gelten.[11] Zudem sollen geringfügige Regelverletzungen für eine Haftung überhaupt nicht genügen.[12]

Übrigens stellt sich die Frage nach einem Handeln auf eigene Gefahr auch bei **Schadensersatzklagen von Rauchern** gegen Zigarettenproduzenten: Steht solchen Klagen nicht entgegen, dass die Raucher inzwischen ihre Gefährdung sehr wohl kennen?[13]

III. Schuld

1261 Die für die Ersatzpflicht aus unerlaubten Handlungen regelmäßig nötige Schuld setzt zweierlei voraus: Die Verschuldensfähigkeit des Täters und das Vorliegen der in dem konkreten Tatbestand geforderten Verschuldensform, also nur Vorsatz oder auch Fahrlässigkeit. S. dazu auch PdW Schuldrecht II **Fall 231**.

1. Verschuldensfähigkeit

Die Verschuldensfähigkeit ist als Deliktsfähigkeit in den §§ 827, 828 geregelt. Da aber § 276 I 3 auf diese Vorschriften verweist, gelten sie auch als Voraussetzung für die Verschuldenshaftung in Sonderverbindungen. Daher sind sie schon in AT Rn. 361 ff. behandelt worden. Freilich hat das *OLG Celle*[14] die Verfassungsmäßigkeit des § 828 III bezweifelt, soweit diese Vorschrift zu unbeschränkter Haftung von Jugendlichen schon bei leichter Fahrlässigkeit führt.[15] *BVerfG* NJW 1998, 3557 hat eine Sachentscheidung abgelehnt, weil § 828 vorkonstitutionelles Recht sei.[16]

Seit dem 1. 8. 2002 lässt § 828 II **Kinder zwischen dem vollendeten 7. und dem 10. Lebensjahr** nicht mehr für bestimmte fahrlässig verursachte Schäden haften, nämlich aus Unfällen „mit einem Kraftfahrzeug, einer Schienenbahn oder einer Schwebebahn".[17] Allerdings kann man kaum annehmen, dass ein Neunjähriger eine Schienenbahn betreibt. Bedeutung hat die Vorschrift aber für § 254, wo die §§ 827, 828 entsprechend gelten: Dem Kind wird ein eigenes Fehlverhalten bei der Schadensentstehung (z. B. das unvorsichtige Laufen auf die Fahrbahn) nicht als Mitverschulden angerechnet. Doch soll sich nach BGHZ 161, 180 § 828 II auf den *fließenden* Verkehr beschränken; die Beschädigung eines ordnungsgemäß geparkten Autos wird also nicht erfasst, s. dazu BGHZ 172, 83 und AT Rn. 362.

2. Vorsatz und Fahrlässigkeit

1262 Für Vorsatz und Fahrlässigkeit gilt im Deliktsrecht regelmäßig dasselbe wie im Allgemeinen Schuldrecht. Daher kann auf das in AT Rn. 366 ff. Gesagte verwiesen werden. Eine Besonderheit besteht nur bei § 823 II: Wenn dort als Schutzgesetz eine

---

[11] BGHZ 63, 140, 146.

[12] *BGH* JZ 2004, 92 mit Anm. *Möller:* Autorennen.

[13] Vgl. *Steffen,* NJW 1996, 3062; *Hirte,* VersR 1997, 550; *Kullmann,* ZLR 2001, 231.

[14] VersR 1989, 709 mit Anm. *E. Lorenz,* ähnlich *LG Dessau* VersR 1997, 242; dazu aber *Ahrens,* VersR 1997, 1064.

[15] Noch weiter geht *Canaris,* JZ 1987, 993; 1990, 679, vgl. auch *ders.,* Grundrechte und Privatrecht, 1999, S. 51 ff., anders aber *Medicus,* AcP 192 (1992), 35, 65 ff.

[16] Dazu *Looschelders,* VersR 1999, 141.

[17] Dazu etwa *Kilian,* ZGS 2003, 168.

Norm des Strafrechts angewendet wird, müssen die subjektiven Voraussetzungen für die strafrechtliche Verantwortlichkeit erfüllt sein, die strenger sind als diejenigen für die zivilrechtliche (vgl. u. Rn. 1324).

IV. Die Billigkeitshaftung nach § 829

Literatur: *Deutsch,* Zurechnungsfähigkeit und Verschulden, JZ 1964, 86; *Geilen,* Beschränkte Deliktsfähigkeit, Verschulden und Billigkeitshaftung, FamRZ 1965, 401; *Lehnertz,* Die Bedeutung des Bestehens einer Haftpflichtversicherung für den Billigkeitsanspruch ..., VersR 1974, 940; *E. Lorenz,* Einfluß der Haftpflichtversicherungen auf die Billigkeitshaftung nach § 829 BGB, 1. FS Medicus, 1999, S. 353; *Pienitz,* Der Minderjährige im Haftpflichtrecht, 2. Aufl., 1960; *Waibel,* Die Verschuldensfähigkeit des Minderjährigen im Zivilrecht, 1970.

Auch wer nach §§ 827, 828 deliktsunfähig ist, kann Vermögen haben und sich im 1263
Verkehr frei bewegen. Daher kann es als unbillig erscheinen, dass er für den Schaden, den er anderen zufügt, allemal ohne Haftung davonkommen soll. Diese Lücke schließt § 829.

1. Voraussetzungen

a) Zunächst muss derjenige, der nach §§ 827, 828 nicht verantwortlich ist, einem 1264
anderen einen **Schaden zugefügt** haben. Zwar verweist § 829 nur auf die §§ 823–826. Doch genügen für die Haftung auch Delikte nach §§ 830 ff., soweit diese auf den Tatbeständen der §§ 823–826 aufbauen. Nötig ist aber stets Rechtswidrigkeit der Schädigung.

b) Fraglich ist, inwieweit der nicht Verantwortliche wenigstens in **einem untech-** 1265
nischen (natürlichen) Sinn schuldhaft gehandelt haben muss. Regelmäßig ist das sicher erforderlich: Wenn z. B. ein jugendlicher Radfahrer trotz Einhaltung der verkehrserforderlichen Sorgfalt Anlass zu einem Verkehrsunfall gibt, haftet er für die Folgen auch nicht nach § 829. Denn andernfalls stünde er ungünstiger als ein voll Verantwortlicher, der ja ohne Fahrlässigkeit gleichfalls nicht haftet.

Anders dürfte aber insbesondere dann zu entscheiden sein, wenn die Handlung eines zunächst Verantwortlichen in eine Zeit fortwirkt, in der die Verantwortlichkeit beendet ist: Ein Kraftfahrer etwa erleidet plötzlich eine Gehirnblutung; das steuerlose Auto fährt in eine Menschengruppe. Hier fehlt im Zeitpunkt der Verletzung nicht bloß die Verantwortlichkeit, sondern überhaupt ein menschliches Handeln als Ansatzpunkt für die Annahme auch nur natürlichen Verschuldens. Trotzdem hat BGHZ 23, 90 in einem solchen Fall die (analoge) Anwendung von § 829 (neben § 7 StVG) bejaht, mit Recht: Die Billigkeit kann auch verlangen, dass ein zunächst Verantwortlicher für spätere Wirkungen seines Handelns haftet (zumal wenn dafür ein Haftpflichtversicherer einzutreten hat). S. dazu auch PdW Schuldrecht II **Fall 228.**

c) Schadensersatz darf nicht von einem aufsichtspflichtigen Dritten zu erlangen sein, 1266
etwa von den Eltern des schadenstiftenden Kindes (nach § 832, vgl. u. Rn. 1355): Die Haftung aus **§ 829** ist also nur **subsidiär**. Dabei bleibt aber gleich, ob der Dritte aus Rechtsgründen nicht haftet (z. B. weil er seine Aufsichtspflicht erfüllt hat) oder ob ihm nur das nötige Leistungsvermögen fehlt.

d) Schließlich muss die **Billigkeit** eine Schadloshaltung erfordern. § 829 selbst nennt 1267
als Elemente dieses Billigkeitsurteils die „Verhältnisse der Beteiligten". Insbesondere

sollen dem Schädiger nicht die Mittel entzogen werden dürfen, die er für seinen eigenen angemessenen Unterhalt und zur Erfüllung seiner gesetzlichen Unterhaltspflichten benötigt.

Vordergründig scheint es dabei um den **Unterschied zwischen arm und reich** zu gehen: Der Millionär, der dem Arbeiter ein Auge ausgeschlagen hat, haftet trotz Geisteskrankheit (§ 827 S. 1). Doch liegen die modernen Probleme anderswo, nämlich bei der sich immer mehr ausbreitenden Einbettung in **Versicherungs- und Versorgungsverhältnisse:** Wird ein Schädiger dadurch leistungsfähig, dass ein Haftpflichtversicherer für ihn eintritt? Und bedarf umgekehrt ein Geschädigter keines Ersatzes, weil er seinen Schaden auf einen Sozial- oder privaten Unfallversicherer abwälzen kann? Beide Fragen sind sehr zweifelhaft.[18]

1268 e) **Entsprechend angewendet** worden ist § 829 in einem Fall, in dem die Haftung nicht schon an §§ 827, 828 scheiterte, sondern deshalb, weil an den Täter wegen seines geringen Alters nur mindere Sorgfaltsanforderungen zu stellen waren (vgl. AT Rn. 369). Im Fall von BGHZ 39, 281 hatten Kinder ein „Ritterspiel" gespielt: Eine Partei sollte eine Burg erstürmen, die von der anderen Partei verteidigt wurde. Der Kläger, der zu den Verteidigern gehörte, lief nach einem Überraschungsangriff der anderen Partei mit abgewandtem Gesicht davon. Der Beklagte – einer der Angreifer – warf einen Zweig nach dem Kläger. Während der Zweig bereits durch die Luft flog, drehte sich der Kläger plötzlich um und wurde von dem Zweig im Auge getroffen. Hier war nach den gerichtlichen Feststellungen der 12 jährige Beklagte zwar nach § 828 II generell verantwortlich: Die Verabredung von Spielregeln zeige, dass die Gefährlichkeit des Werfens erkannt worden sei. Doch habe der Beklagte nicht fahrlässig gehandelt, da er wegen seines geringen Alters glauben durfte, die Einhaltung der Regeln (niemandem etwas ins Gesicht zu werfen) vermeide die Gefahr. Die Haftung ergab sich dann analog aus § 829.

2. Rechtsfolgen

1269 Im Rahmen der Billigkeit kann die Haftung aus § 829 bis zum Ersatz des vollen Schadens einschließlich eines Schmerzensgeldes (§ 253 II) reichen. Doch vermag die Billigkeit hier auch zu einer Schadensteilung zu führen.

§ 144. Verletzungen von Leben, Körper, Gesundheit, Freiheit

I. Allgemeines

1270 Leben, Körper, Gesundheit und Freiheit werden nicht als subjektive Rechte aufgefasst. Denn von einem Recht spricht man nur, wenn man einen Träger (das Rechtssubjekt) von einem Gegenstand (dem Rechtsobjekt) unterscheiden kann: so z. B. bei dem in § 823 I weiter genannten Eigentum den Eigentümer und die Sache, auf die sich das Eigentum bezieht. Das gelingt aber bei Leben, Körper usw. nicht: Dies sind Eigenschaften des Menschen, die von diesem nicht getrennt werden können. Daher redet man hier von **Persönlichkeits- oder Lebensgütern.** Hinsichtlich des delikti-

[18] Vgl. *BGH* NJW 1995, 452; 2008, 1591 ff.; MünchKomm/*Wagner,* § 829 Rn. 18 ff.; *Fuchs,* AcP 191 (1991), 318, 324; *E. Lorenz,* 1. FS Medicus, 1999, S. 353.

schen Schutzes durch Schadensersatzansprüche besteht aber zu den absoluten Rechten (wie dem Eigentum) kein Unterschied.

II. Einzelheiten

1. Leben

Die Verletzung des Lebens bedeutet Tötung. Der Betroffene (also der Getötete) 1271
selbst kann hier keine Ansprüche mehr haben. Doch kommen Ansprüche der Erben und der hinterbliebenen Angehörigen in Betracht; hiervon war schon in AT Rn. 701 ff. die Rede.

2. Körper und Gesundheit

a) Die **Verletzung des Körpers** wird ebenso wie im Strafrecht als physischer Eingriff 1272
in die körperliche Unversehrtheit verstanden. Manche rechnen hierhin auch Eingriffe in die inneren Lebensvorgänge (z. B. durch Giftbeibringung). Ich möchte dann eher eine Gesundheitsverletzung annehmen. Doch spielt die Abgrenzung bei § 823 I keine Rolle, weil die Vorschrift beides gleich behandelt. Sehr extensiv wertet BGHZ 124, 52 auch die Vernichtung einer Sperma-Konserve als Körperverletzung.[1] Zu Besonderheiten der Sportverletzung vgl. o. Rn. 1260. Jedenfalls nicht ausreichend ist die Verletzung eines Eislaufpartners durch einen Dritten, so dass der unverletzte Partner nicht mehr den gewünschten Paarlauf betreiben kann.[2]

b) **Gesundheitsverletzung**[3] bedeutet Krankmachen. Das kann z. B. durch Anste- 1273
ckung geschehen,[4] aber etwa auch durch Lärm, der Schlafstörungen verursacht, oder durch üble Gerüche von einer Kläranlage. Lärm kann sogar einen Hörsturz verursachen.[5] Bei AIDS genügt schon die bloße Infektion vor Ausbruch der Krankheit.[6] Wenn man die Schwelle der Gesundheitsverletzung niedrig ansetzt (was noch nicht ausdiskutiert ist[7]), kann § 823 I wirkungsvoll gegen **Schädigungen aus der Umwelt** eingesetzt werden. Weiter gehört zur Gesundheitsverletzung der Schockschaden, z. B. durch die Nachricht vom Tod des Ehemannes:[8] Dabei haftet dann meist nicht der Überbringer der Nachricht, sondern der für den Tod Verantwortliche (vgl. AT Rn. 642). Auch dass Ärzte einen Patienten mehr als 20 Jahre unnötig mit Krebsangst leben lassen, um Schadensersatzpflichten zu entgehen (unglaublicher Fall!), gehört unter § 823 I.[9] Nicht ausreichend ist dagegen die regelmäßig eintretende psychische Beeinträchtigung durch den Tod naher Angehöriger.[10]

---

1 Dazu *Laufs/Reiling,* NJW 1994, 775; *Rohe,* JZ 1994, 830; *Taupitz,* NJW 1995, 745.
2 *BGH* NJW 2003, 1040.
3 Vgl. *Deutsch* in: 25 Jahre Karlsruhr Forum, 1983, S. 93.
4 Dazu *Deutsch,* NJW 1986, 757; *ders.,* VersR 1997, 905.
5 Vgl. *BGH* ZIP 2001, 931: Rockkonzert; *OLG Frankfurt a. M.* NJW 2004, 2833: Knall einer Schreckschußpistole im Theater.
6 BGHZ 114, 284.
7 Vgl. aber immerhin BGHZ 91, 20, 28 ff.
8 BGHZ 56, 163.
9 *OLG Karlsruhe* VersR 1988, 1134.
10 *BGH* NJW 1989, 2317.

1274 c) Körper- oder Gesundheitsverletzung werden nicht dadurch ausgeschlossen, dass der verletzende Eingriff **in guter Absicht** erfolgt. Daher fällt nach h. M. auch die einen Verletzungserfolg bewirkende ärztliche Behandlung unter den Tatbestand des § 823 I; sie muss also durch eine Einwilligung oder berechtigte Geschäftsführung ohne Auftrag gerechtfertigt werden (vgl. o. Rn. 1253; 1257 ff.). Diese befremdliche Einordnung des ärztlichen Eingriffs ist wohl unvermeidlich, solange es kein Verbot (§ 823 II!) der eigenmächtigen Heilbehandlung gibt.

1275 d) Nicht nötig ist es für eine Gesundheitsverletzung, dass der Geschädigte bei der Vornahme der Verletzungshandlung **schon geboren oder auch nur gezeugt** war. So kann einem krank geborenen Kind haften, wer dessen Krankheit durch eine (auch psychische) Verletzung der Schwangeren[11] oder durch die Transfusion luetischen Blutes auf die Mutter noch vor der Empfängnis[12] zu verantworten hat. Hier scheitern Ersatzansprüche des Kindes auch nicht daran, dass dieses nie gesund gewesen ist: Der unverletzte (gesunde) Zustand des Menschen ist von der Natur vorgezeichnet und braucht daher nicht real bestanden zu haben, um „verletzt" werden zu können.[13] S. dazu auch PdW Schuldrecht II **Fall 232**.

Abzulehnen sind dagegen wenigstens regelmäßig Sorgfaltspflichten der Eltern, die Erzeugung erbkranker Kinder zu unterlassen. Ersatzansprüchen der kranken Kinder gegen die Eltern dürfte zudem häufig entgegenstehen, dass das Kind ohne die „Pflichtverletzung" überhaupt nicht am Leben wäre.[14]

3. Freiheit

1276 „Freiheit" hat in § 823 I nicht den weiten Sinn der „freien Persönlichkeitsentfaltung" von Art. 2 I GG.[15] Vielmehr sind bei einer Verletzung solcher weit verstandener Freiheiten Spezialvorschriften maßgeblich, die meist auch zugleich die Grenzen der Freiheit bestimmen. So wird etwa die freie gewerbliche Betätigung vor allem durch das UWG und das GWB geregelt; Ersatzansprüche ergeben sich aus diesen Vorschriften, die – soweit sie keine eigene Anspruchsgrundlage enthalten – mit § 823 II zu verbinden sind (vgl. u. Rn. 1316 ff.). Und Verletzungen persönlicher Freiheitsrechte kommen bei Fehlen speziellerer Vorschriften als Verletzung des allgemeinen Persönlichkeitsrechts in Betracht (vgl. u. Rn. 1309 ff.).

Damit bleibt für § 823 I vor allem die **Freiheit der körperlichen Fortbewegung**.[16] Diese wird verletzt durch Einsperrung. In Betracht kommt hier insbesondere auch die Veranlassung einer behördlichen Freiheitsentziehung, z. B. durch eine falsche Strafanzeige oder ein unrichtiges Sachverständigengutachten. Doch ist bei einem gerichtlich bestellten Sachverständigen mindestens grobe Fahrlässigkeit nötig, insbesondere damit die Rechtskraft des die Freiheitsentziehung anordnenden Urteils nicht allzu leicht durch Ersatzprozesse gegen den Sachverständigen ausgehöhlt wird. Seit

---

[11] BGHZ 58, 48; 93, 351.
[12] BGHZ 8, 243.
[13] Vgl. insbesondere *Selb,* Schädigung des Menschen vor Geburt – ein Problem der Rechtsfähigkeit?, AcP 166 (1966), 76.
[14] Vgl. (für eine andere Fallgruppe) BGHZ 86, 240, 254.
[15] Vgl. dazu *Deutsch,* Freiheit und Freiheitsverletzung im Haftungsrecht, FS Hauß, 1978, S. 43, auch *Eckert,* JuS 1994, 625.
[16] Ebenso *Larenz/Canaris,* SBT II 2, § 76 II 2 a.

dem 1. 8. 2002 steht das jetzt ausdrücklich in dem neuen § 839a.[17] Freiheitsbeschränkungen durch den Einschluss in einem **Verkehrsstau** werden regelmäßig die Erheblichkeitsgrenze nicht überschreiten und daher als Teil des allgemeinen Lebensrisikos sanktionslos bleiben.[18] Doch sind Ausnahmen denkbar.

Bisweilen wird unter der „Freiheit" des § 823 I auch die Freiheit von nötigenden Eingriffen in die Willensbestimmung durch Drohung, Zwang oder Täuschung verstanden.[19] Doch genügen insoweit wohl die spezielleren Vorschriften, nötigenfalls in Verbindung mit § 823 II.

§ 145. Eigentumsverletzungen

Literatur: *von Bar,* Probleme der Haftpflicht für deliktsrechtliche Eigentumsverletzungen, 1992; *Boecken,* Deliktsrechtlicher Eigentumsschutz gegen reine Nutzungsbeeinträchtigungen, 1995; *Derleder/Meyer,* Deliktshaftung für Werkmängel, AcP 195 (1995), 137; *Deutsch,* Das Eigentum als absolutes Recht und als Schutzgegenstand der Haftung, MDR 1988, 441; *Foerste,* Deliktische Haftung für Fehlinvestitionen, NJW 1998, 2877; *Glückert,* Schadensersatzansprüche der Stromabnehmer bei Stromleitungsbeschädigungen, AcP 166 (1966), 311; *Gsell,* Substanzverletzung und Herstellung, 2003 (dazu *Schlechtriem,* AcP 204 [2004], 300); *Grunewald,* Eigentumsverletzungen im Zusammenhang mit fehlerhaften Werkleistungen, JZ 1987, 1098; *Kempny,* Zum Verständnis und zur Prüfung des § 992 BGB, JuS 2008, 888; *Möschel,* Der Schutzbereich des Eigentums nach § 823 I BGB, JuS 1977, 1; *K. Müller,* Deliktsrechtliche Haftung im Eigentümer-Besitzer-Verhältnis, JuS 1983, 516; *Plum,* Zur Abgrenzung des Eigentums- vom Vermögensschaden, AcP 181 (1981), 68; *Rosenbach,* Eigentumsverletzung durch Umweltveränderung, 1997 (dazu *Deutsch,* NJW 1998, 967); *Zeuner,* Störungen des Verhältnisses zwischen Sache und Umwelt als Eigentumsverletzung, FS Flume, I, 1978, S. 775.

Außer Leben, Körper, Gesundheit und Freiheit (vgl. o. Rn. 1271 ff.) nennt § 823 I 1277
ausdrücklich noch das Eigentum. Insoweit ergeben sich zwei zusätzliche Probleme: Erstens wird der deliktische Ersatzanspruch wegen Eigentumsverletzungen weithin durch konkurrierende Vorschriften ausgeschlossen, und zweitens ist der Tatbestand der Eigentumsverletzung besonders unscharf.

I. Die Verdrängung des § 823 I

1. Eigentümer-Besitzer-Verhältnis

Nach § 992 haftet der Besitzer dem Eigentümer nur unter besonderen Voraussetzun- 1278
gen wegen einer unerlaubten Handlung auf Schadensersatz, und nach dem letzten Halbsatz des § 993 I ist der Besitzer „im übrigen" nicht zum Schadensersatz verpflichtet. Daraus folgert die ganz h. M. den Vorrang der §§ 989 ff. vor § 823 I (und auch § 823 II in Verbindung mit Gesetzen zum Schutz des Eigentums): Der redliche Besitzer soll weithin gegen Deliktsansprüche geschützt sein (vgl. schon o. Rn. 1202; 1204 zur Eingriffskondiktion). Diese h. M. entspricht dem Willen des historischen Gesetzgebers;[1] sie lässt sich auch ohne weitreichende Korrekturen durchhalten. Daher lege ich sie im Folgenden zugrunde.[2]

[17] Dazu *Kilian,* VersR 2003, 683; *ders.,* ZGS 2004, 220 sowie *Thole,* Die Haftung des gerichtlichen Sachverständigen nach § 839a BGB, 2004.

[18] Vgl. *Larenz/Canaris,* SBT II 2, § 76 II 3 c unter dem Gesichtspunkt der Eigentumsverletzung.

[19] Vgl. RGZ 58, 24, 28.

[1] Vgl. Mot. III 394 = *Mugdan* III 219.

[2] Vgl. schon *Medicus/Petersen,* BR, Rn. 574.

Im Einzelnen haften danach aus § 823 I wegen Eigentumsverletzungen nur die folgenden Personen (Gleiches gilt jeweils für die Haftung nach § 823 II):

1279 a) Erstens der **Nichtbesitzer** (genauer: derjenige, der die Sache im Zeitpunkt der Verletzung weder im unmittelbaren noch im mittelbaren Besitz hatte): Auf ihn treffen ja die §§ 985 ff. von vornherein nicht zu: Er braucht die Sache nicht herauszugeben, weil er sie nicht hat (also keine „Vindikationslage").

1280 b) Zweitens haftet nach Deliktsrecht der **rechtmäßige Fremdbesitzer,** weil der Eigentümer wegen § 986 die Sache auch von ihm nicht nach § 985 herausverlangen kann. Freilich kommt eine Deliktshaftung des rechtmäßigen Fremdbesitzers nur in Betracht, wenn dieser die Grenzen seines Besitzrechts überschreitet (sich im Exzess befindet), z. B. wenn der Mieter die Mietsache mehr als nach § 538 erlaubt verschlechtert: Andernfalls fehlt es an der Rechtswidrigkeit der Eigentumsverletzung.

1281 c) Drittens haftet nach § 823 I auch der **unrechtmäßige Fremdbesitzer,** der die Grenzen seines vermeintlichen Besitzrechts überschreitet (sich **im Exzess** befindet). Das ist für einen Spezialfall (Wirksamkeit des Besitzmittlungsverhältnisses zu einem Dritten) in § 991 II angedeutet, gilt aber nach dem Gesetzeszweck allgemein (also auch bei Unwirksamkeit eines Besitzmittlungsverhältnisses): Wer einen Schaden zufügt, den er sogar bei Bestehen des vermeintlichen Besitzrechts ersetzen müsste, braucht durch die §§ 989 ff. nicht gegen Deliktsansprüche geschützt zu werden.

1282 d) Viertens endlich haften nach Deliktsrecht die beiden in § 992 bezeichneten, gleichfalls als schutzunwürdig gewerteten Besitzer: nämlich wer sich den **Besitz durch** (die h. M. ergänzt: schuldhaft) **verbotene Eigenmacht** (§ 858) oder durch eine gegen das Eigentum gerichtete **Straftat verschafft** hat.

2. Erbschaftsbesitz

1283 Die §§ 2018 ff. enthalten für das Verhältnis des Erben zu dem unrechtmäßigen Erbschaftsbesitzer eine ähnliche Regelung wie die §§ 985 ff. für das Verhältnis des Eigentümers zum unrechtmäßigen Besitzer. Dabei steht für die §§ 2018 ff. dem Erbschaftsbesitzer derjenige gleich, der die Erbschaft durch Vertrag von diesem erworben hat, § 2030. Und dem Erben entspricht derjenige, der zu Unrecht für tot erklärt worden ist und jetzt sein Vermögen herausverlangt, § 2031. Einzelheiten kann ich hier nicht darstellen.[3] Jedenfalls aber schließen auch die §§ 2018 ff. in erheblichem Umfang (vgl. § 2025) Deliktsansprüche wegen Eigentumsverletzung aus.

3. Konsequenzen für den Aufbau

1284 Für die Lösung von Fällen (gleich ob schriftlich oder mündlich) ergibt sich aus dem Gesagten als zweckmäßig: Vor Deliktsansprüchen wegen Eigentumsverletzung, insbesondere aus § 823 I, sind die §§ 985 ff., 2018 ff. zu bedenken. Denn erst hieraus ergibt sich, ob der Weg zum Deliktsrecht frei ist. Andererseits hängt häufig die Berechtigung eines Besitzes (und damit die Ausschaltung der Vindikation durch § 986) von den zwischen den Beteiligten bestehenden Verträgen und – einem Vertrag weithin gleichstehend – einer berechtigten Geschäftsführung ohne Auftrag ab. Deshalb

[3] Vgl. *Medicus/Petersen,* BR, Rn. 574 a ff.; 603 a ff.

sind Vertrag und Geschäftsführung ohne Auftrag noch vor den §§ 985 ff., 2018 ff. zu prüfen. Insgesamt ergibt sich also als zweckmäßiger Aufbau:[4]

(1) **Vertrag** (mit Verschulden bei Vertragsverhandlungen);

(2) **Geschäftsführung ohne Auftrag;**

(3) **dingliche Ansprüche** mit ihren Folgeansprüchen, insbesondere die §§ 985 ff., 2018 ff.;

(4) **Delikt und Gefährdungshaftung;** und endlich

(5) **ungerechtfertigte Bereicherung** (auch für sie sind Vertrag und Geschäftsführung ohne Auftrag vorgreiflich, weil diese Sonderverbindungen über das Vorliegen eines Rechtsgrundes bestimmen, und auch Bereicherungsansprüche können durch die §§ 985 ff., 2018 ff. ausgeschlossen sein).

II. Tatbestand der Eigentumsverletzung

Eigentum bedeutet nach § 903 das Recht, mit einer Sache nach Belieben zu verfahren und andere von jeder Einwirkung auszuschließen. Danach kommen verschiedene Arten einer Eigentumsverletzung in Betracht (s. dazu auch PdW Schuldrecht II **Fall 233**). 1285

1. Eingriffe in das Eigentumsrecht

Zunächst kann eine Eigentumsverletzung darin liegen, dass in das Eigentums*recht* eingegriffen wird: Der Verletzer entzieht das Eigentum oder belastet es mit einem fremden Recht. Das sind die auch von § 816 I erfassten Fälle der wirksamen Verfügung eines Nichtberechtigten (vgl. o. Rn. 1191 ff.): Dieser veräußert die Sache an einen redlichen Dritten oder verpfändet sie wirksam. Nach § 816 I kann hier der „enteignete" oder durch das Pfandrecht beschränkte Altberechtigte das durch die Verfügung Erlangte fordern. Zusätzlich gewährt § 823 I bei Verschulden des Eingreifenden auch den Ersatz weiteren Schadens. Freilich wird gerade in solchen „Verfügungsfällen" § 823 I häufig durch die §§ 989 ff. ausgeschlossen sein (vgl. o. Rn. 1278 ff.): Eine nach §§ 932 ff., 1207 wirksame Verfügung muss ja von einem Besitzer ausgehen. Ebenso wird der redliche Erwerber nach dem Sinn der §§ 932 ff. vor Deliktsansprüchen geschützt.

2. Eingriffe in die Sachsubstanz

Weiter liegt eine Eigentumsverletzung unzweifelhaft in jedem Eingriff in die Substanz derjenigen Sache, an der das Eigentum besteht: Diese Sache wird zerstört oder beschädigt. Das ist die mit Abstand häufigste Art der Eigentumsverletzung; man denke vor allem an die Sachschäden aus Verkehrsunfällen. Hier sind die §§ 989 ff. dem § 823 I insbesondere dann nicht im Wege, wenn die Verletzung durch einen Nichtbesitzer erfolgt (vgl. o. Rn. 1278 f.). 1286

[4] Vgl. im Einzelnen *Medicus/Petersen*, BR, Rn. 7 ff.

3. Entziehung oder Vorenthaltung der Sache

1287 Regelmäßig kann der Eigentümer mit seiner Sache nur dann nach Belieben verfahren (§ 903), wenn er den Besitz hat. Daher wird es als Eigentumsverletzung verstanden, wenn jemand dem Eigentümer den Besitz entzieht oder vorenthält. Doch erlangt oder hat der Verletzer hier oft eigenen Besitz, so dass die §§ 989 ff. vorrangig sind.

4. Andere Störungen der Sachnutzung

1288 a) Während die bisher genannten drei Fallgruppen im wesentlichen unstreitig sind, ist die vierte überaus problematisch. Es geht bei ihr um Störungen der Sachnutzung, die **weniger intensiv sind als die Entziehung oder Vorenthaltung;** regelmäßig ist der Störer hier auch nicht Besitzer, sondern oft weit von der Sache entfernt. In der Rechtsprechung sind etwa die folgenden Fälle erörtert worden:[5] Durch Bauarbeiten wird ein (dem Elektrizitätsversorgungsunternehmen gehörendes) **Stromkabel zerstört,** so dass die angeschlossenen Personen ihre elektrischen Geräte nicht mehr nutzen können (BGHZ 29, 65; 41, 123 und öfter, vgl. *O. Schulze,* VersR 1998, 12). Oder durch den Einsturz einer Kanalböschung wird ein **Binnenschiff** in einem Fleet **„eingesperrt";** andere Schiffe, die sich vor der unpassierbaren Stelle befinden, können ihr Ziel nicht erreichen (BGHZ 55, 153). Oder wegen eines Brandes wird die **Zufahrt zu einem anderen Grundstück unmöglich** oder sogar dessen Räumung polizeilich angeordnet (*BGH* NJW 1977, 2264). Oder durch Bauarbeiten vor einer Garage wird das in dieser stehende **Auto an der Ausfahrt gehindert** (vgl. BGHZ 63, 203, 206; *BGH* NJW 1993, 1793; *Grüneberg,* NJW 1992, 945). Oder dem Fahrzeughalter wird der **Führerschein entzogen,** so dass er sein Auto nicht mehr benutzen darf (BGHZ 63, 203). Oder eine Sache wird **fehlerhaft repariert** (BGHZ 55, 392). Oder an einem Rohbau wird **fehlerhafter Verputz** angebracht (*BGH* NJW 1978, 1051). Oder der Rohbau wird **mit einem mangelhaften Dach gedeckt,** das wieder entfernt werden muss (*OLG München* NJW 1977, 438). Oder ungeeignete Blumenerde **hemmt das Wachstum** von Primeln (*BGH* VersR 1993, 1367). Oder durch die **Lieferung mangelhafter Teile** wird die daraus und aus anderen, mangelfreien Teilen hergestellte Gesamtsache unbrauchbar (*BGH* NJW 1998, 1942). Oder wegen der vom Architekten verschuldeten **mangelhaften Isolierung** verderben Sachen des Mieters (*BGH* NJW 1991, 562). Oder durch die Lieferung von Viehfutter, das Antibiotika enthält, kommt es zu einem **Verkaufsverbot** gegen den Tierzüchter (BGHZ 105, 346). Oder endlich die Verwendung eines nicht geruchs- und geschmacksfreien Gewindeschneidemittels **beeinträchtigt die Verwendung** von Wasserleitungsrohren (*BGH* NJW 1994, 517).[6]

1289 b) Für Störungen der Sachnutzung sind zwei allgemeinere Fragen erörtert worden.

aa) Sehr häufig betrifft die Nutzungsstörung einen **Gewerbebetrieb.** Dann kann man zweifeln, ob als Gegenstand der Verletzung das Eigentum an einzelnen Sachen (z. B. dem Betriebsgrundstück) oder das Recht am Gewerbebetrieb im ganzen (vgl. u. Rn. 1312 ff.) anzusehen ist. Die neuere Rechtsprechung neigt der ersten Ansicht zu: Sie hält die Verletzung des Rechts am Gewerbebetrieb nur für einen subsidiären Auffangtatbestand.[7]

---

[5] Umfassendere Übersicht bei *Plum,* AcP 181 (1981), 68, 92 ff.

[6] Vgl. hierzu auch die Systembildung bei *Gsell* (nach Lit.-Verz.) S. 243 ff.; 260 ff. mit S. 5 ff. für die fehlerhafte Verarbeitung, die das Material oder das Endprodukt verderben kann.

[7] Etwa BGHZ 55, 153, 158; 105, 346, 350, kritisch *Zeuner* nach Lit.-Verz.

Ich halte das Abstellen auf die Eigentumsverletzung für vorzugswürdig. Denn die entgegengesetzte Entscheidung fände bei nicht gewerblich genutzten Sachen keine Grundlage für einen Schadensersatzanspruch. Eine solche Vorzugsbehandlung des gewerblich genutzten Eigentums ist aber weder durch das BGB geboten noch überhaupt sachlich angemessen (vgl. u. Rn. 1312 ff.).

bb) Damit gelangt man zu der zweiten Frage. Sie betrifft die **Voraussetzungen,** unter 1290
denen eine Eigentumsverletzung im Sinne von § 823 I zu bejahen ist. In der Rechtsprechung zeichnen sich hierzu zwei allgemeinere Lösungsgesichtspunkte ab.

Erstens soll § 823 I nur angewendet werden, wenn die Nutzungsstörung **die zu nutzende Sache** und nicht die Person des nutzungswilligen Eigentümers betrifft; die Nutzung muss also für jedermann und nicht bloß für den Eigentümer beeinträchtigt sein.[8] Daher ist § 823 I bei der Entziehung des Führerscheins verneint worden, weil eine andere Person das Auto noch hätte nutzen können; dagegen hätte der *BGH* § 823 I bei der Vorenthaltung des Kraftfahrzeugscheins wohl bejahen wollen. Diese Unterscheidung halte ich für brauchbar.

Und zweitens verlangt der *BGH,* dass die **Nutzung wenigstens vorübergehend ganz aufgehoben** und nicht bloß eingeschränkt sein muss. Daher hat BGHZ 55, 153 zwar Schadensersatz wegen des eingesperrten Schiffes zuerkannt, das praktisch bewegungsunfähig war, aber nicht wegen der ausgesperrten Schiffe, die nur ein bestimmtes Ziel nicht erreichen konnten.[9] Diese Unterscheidung ist jedoch so allgemein mit den §§ 903, 1004 kaum zu vereinbaren: Der Eigentümer darf eben auch Störungen abwehren, die seine Nutzungsmöglichkeit nur beschränken (freilich nicht die Benutzung fremder Sachen verlangen, also z. B. des Fleets). Zudem hält der *BGH* seine Unterscheidung selbst nicht durch. Denn bei den Unterbrechungen der Stromzufuhr hat er deliktische Schadensersatzansprüche nur wegen der dadurch *zerstörten* Sachen gewährt.[10] Dagegen ist Ersatz des Nutzungsausfalls wegen einer Verletzung des Eigentums an den elektrischen Geräten abgelehnt worden. Dabei lässt sich kaum bestreiten, dass man z. B. eine Glühbirne ohne Strom überhaupt nicht nutzen kann. So hat wohl der *BGH* die Frage, ob und nach welchen Kriterien die Intensität einer Nutzungsstörung über deren Charakter als Eigentumsverletzung zu entscheiden vermag, bisher noch nicht befriedigend gelöst. *Larenz/Canaris,* SBT II 2 § 76 II 3 c argumentieren, der Gebrauchsschaden liege sehr nahe bei einem reinen Vermögensschaden (der nicht unter § 823 I fällt). Aber das erklärt nicht, warum ein solcher Schaden bisweilen ersetzt werden soll und bisweilen nicht.

Sehr ausführlich hat sich *Boecken* (nach Lit.-Verz. vor Rn. 1277) mit dem Problem beschäftigt. Auch er begründet vor allem von § 903 her, dass alle Nutzungsbeeinträchtigungen die Befugnisse des Eigentümers und damit das Eigentum verletzen. Doch will er ähnlich wie bei § 906 Duldungspflichten des Eigentümers begründen, in deren Geltungsbereich die Rechtswidrigkeit der Verletzung ausgeschlossen sein soll. Vor allem dieser letzte Vorschlag bedarf noch der Diskussion.[11]

---

[8] BGHZ 63, 203, 206.

[9] Zustimmend *Möschel* nach Lit.-Verz. und *Larenz/Canaris,* SBT II 2, § 76 II 3 c.

[10] BGHZ 41, 123: Bruteier waren verdorben.

[11] Vgl. *Medicus,* JZ 1997, 403.

§ 146. Verletzungen der persönlichen und geschäftlichen Ehre

Literatur: *Aßmann/Kübler,* Testhaftung und Testwerbung, ZHR 142 (1978), 413; *Baston/Vogt,* Der sachliche Schutzbereich des zivilrechtlichen allgemeinen Persönlichkeitsrechts, 1997; *Beater,* Deliktischer Äußerungsschutz als Rechts- und Erkenntnisquelle des Medienrechts, JZ 2004, 889; *Beuthien/Schmölz,* Persönlichkeitsschutz durch Persönlichkeitsgüterrechte, 1999 *Brinkmann,* Gewerbekritik zwischen freier Meinungsäußerung und Warentest, NJW 1987, 2721; *Bund,* Das Äußerungsrisiko des Wissenschaftlers, FS von Caemmerer, 1978, 297; *Deutsch,* Abwertende Medienkritik, FS Klingmüller, 1974, 49; *Eidenmüller,* Der unliebsame Kritiker: Theaterkritik und Schmähkritik, NJW 1991, 1439; *von Gamm,* Persönlichkeits- und Ehrverletzung durch Medienkritik, 1969; *ders.,* Persönlichkeitsschutz und Massenmedien, NJW 1979, 513; *Grimm,* Die Meinungsfreiheit in der Rechtsprechung des BVerfG, NJW 1995, 1697; *J. Hager,* Der Schutz der Ehre im Zivilrecht, AcP 196 (1996) 168; *Helle,* Der Schutz der Persönlichkeit, der Ehre und des wirtschaftlichen Rufes im Privatrecht, 2. Aufl., 1969; *Kiesel,* Die Liquidierung des Ehrenschutzes durch das BVerfG, NVwZ 1992, 1129; *Klüber,* Persönlichkeitsschutz und Prominente (2007); *Kübler,* Öffentliche Kritik an gewerblichen Erzeugnissen und beruflichen Leistungen, AcP 172 (1972), 177; *ders.,* Öffentlichkeit als Tribunal? Zum Konflikt zwischen Medienfreiheit und Ehrenschutz, JZ 1984, 541; *ders.,* Ehrenschutz, Selbstbestimmung und Demokratie, NJW 1999, 1281; *Messer,* Der Anspruch auf Geldersatz bei Kreditgefährdung …, FS Steffen, 1995, 347; *Ossenbühl,* Medien zwischen Macht und Recht, JZ 1995, 633; *Otto,* Ehrenschutz und Meinungsfreiheit, Jura 1997, 139; *Pärn,* Tatsachenmitteilung und Tatsachenbehauptung, NJW 1979, 2544; *Paschke/Busch,* Medienrechtliche Rückrufansprüche, NJW 2004, 2620; *B. Peters,* Die publizistische Sorgfalt, NJW 1997, 1334; *Reinhardt,* Zivilrechtlicher Schutz des Ansehens und berechtigte Interessenwahrung, FS Heinrich Lange, 1970, 195; *Richert,* Unternehmensschutz und Pressefreiheit, 1989; *E. Schmidt,* Wahrnehmung berechtigter Interessen ein Rechtfertigungsgrund?, JZ 1970, 8; *Schricker,* Öffentliche Kritik an gewerblichen Erzeugnissen und beruflichen Leistungen, AcP 172 (1972), 203; *Sendler,* Kann man Liberalität übertreiben?, ZRP 1994, 343; *Siebrecht,* Der Schutz der Ehre im Zivilrecht, JuS 2001, 337; *Siemes,* Gewinnabschöpfung bei Zwangskommerzialisierung der Persönlichkeit durch die Presse, AcP 201 (2001), 202; *Soehring,* Die Entwicklung des Presse- und Äußerungsrechts 1994–1996, NJW 1997, 360; *Soehring/Seelmann-Eggebert,* Die Entwicklung des Presse- und Äußerungsrechts in den Jahren 2000 bis 2004, NJW 2005, 571; *Steffen,* Wahrheit und Wertung in der Pressekritik, AfP 1979, 284; *Steinmeyer,* Bürgerinitiativen und Unternehmensschutz, JZ 1989, 781; *Stender-Vorwachs,* Bildberichterstattung über Prominente, NJW 2009, 334; *Stürner,* Die verlorene Ehre des Bundesbürgers – Bessere Spielregeln für die öffentliche Meinungsbildung?, JZ 1994, 865; *Tettinger,* Der Schutz der persönlichen Ehre im freien Meinungskampf, JZ 1983, 317; *ders.,* Das Recht der persönlichen Ehre in der Wertordnung des GG, JuS 1997, 769; *Tilmann,* Haftungsbegrenzung im Äußerungsdeliktsrecht, NJW 1975, 758; *G. Wagner,* Prominente und Normalbürger im Recht der Persönlichkeitsverletzungen, VersR 2001, 1305; *Walter,* Ehrenschutz gegen Parteivorbringen im Zivilprozeß, JZ 1986, 614; *Wenzel,* Recht der Wort- und Bildberichterstattung, 4. Aufl., 1994.

1291 In § 823 I erscheint – abweichend von einigen Entwürfen zum BGB – als Schutzgut weder die persönliche noch die geschäftliche Ehre. Trotzdem genießen beide einen gewissen Schutz durch deliktsrechtliche Schadensersatzansprüche.

I. Persönliche Ehre

1. Geschlechtsehre

Einen Spezialfall der Verletzung der Geschlechtsehre der Frau hatte die (kaum praktisch gewordene) Sondervorschrift des § 825 a. F. behandelt.[1] Seit dem 1. 8. 2002 ist diese Vorschrift geschlechtsneutral gefasst und auch in der Sache erweitert worden (unzulässige Bestimmung zur Vornahme oder Duldung sexueller Handlungen). Hier kommt nach § 253 II (Verletzung der sexuellen Selbstbestimmung) zugleich ein Schmerzensgeld in Betracht.

[1] Dazu *Strätz,* JZ 2003, 448; *L. Jaeger,* VersR 2003, 1372.

2. Strafvorschriften mit § 823 Abs. 2

Erheblich wichtiger ist § 823 II in Verbindung mit den Strafvorschriften zum Schutz der Ehre (§§ 185 ff. StGB). Da diese Fälle aber in § 253 II nicht genannt sind, kommt ihretwegen eine Geldentschädigung für Nichtvermögensschäden nicht in Betracht. Auch die früher bestehende Möglichkeit, dem Verletzten im Strafprozess eine Buße zuzusprechen, ist 1974 durch Art. 7 EGStGB beseitigt worden. Einen gewissen Ausgleich bildet jetzt die Rechtsprechung zum allgemeinen Persönlichkeitsrecht (vgl. u. Rn. 1311). 1292

Außer dem Ersatz des Vermögensschadens (etwa der Kosten für die Ermittlung eines anonymen Briefschreibers) bleibt dem Verletzten also nur der **Herstellungsanspruch** nach § 249 I. Dieser Anspruch besteht als **Beseitigungsanspruch** sogar unabhängig von einem Verschulden des Verletzers (vgl. u. Rn. 1439). Herstellung oder Beseitigung bestünden nach allgemeinen Regeln im **Widerruf.** Dieser bedeutet bei Tatsachenbehauptungen deren Berichtigung. Doch verlangt BGHZ 37, 187 hierfür die Feststellung der Unwahrheit, so dass Zweifel zu Lasten des Verletzten gehen.[2]

Noch ungünstiger steht der Verletzte gegenüber kränkenden **Werturteilen:** Diese „stehen grundsätzlich ohne Rücksicht auf ihre Qualität, insbesondere ihre Richtigkeit, unter dem Schutz von Art. 5 I GG und dürfen nur in eng begrenzten Ausnahmefällen ... untersagt werden" (BGHZ 139, 95, 101 zur Stasi-Vergangenheit von Stolpe: Diese dürfe als Tatsache behauptet werden, wenn es sich um die Wahrnehmung berechtigter Interessen handele, *BGH* S. 105, anders aber *BVerfG* NJW 2006, 207, dazu *Hochhut,* NJW 2006, 189). Dagegen soll ein Widerruf (oder eine Abbitte) überhaupt nicht verlangt werden können, weil sonst „das Recht auf freie Meinungsäußerung (Art. 5 GG) in unerträglichem Maße gefährdet" wäre.[3] Das ist zweifelhaft wegen Art. 5 II GG, der ausdrücklich das „Recht der persönlichen Ehre" vorgehen lässt, entspricht aber einer leider vom BVerfG verfolgten Tendenz.[4] Diese Tendenz ist besonders deutlich in dem vieldiskutierten „Soldatenbeschluss" des *BVerfG*[5] zum Ausdruck gelangt.[6] In Betracht kommt also bloß nach § 200 StGB die öffentliche Bekanntgabe der strafgerichtlichen Verurteilung. Doch hat das BVerfG sich in einzelnen Urteilen eher zurückgehalten.[7]

Wenig wirksam ist schließlich auch der in den Landespressegesetzen geregelte **presserechtliche Gegendarstellungsanspruch**:[8] Der durch eine Darstellung in der Presse Verletzte kann verlangen, dass in gleicher Form wie der Angriff auch seine Gegendarstellung veröffentlicht wird. Diese Veröffentlichung wird grundsätzlich ohne Rücksicht darauf geschuldet, welche der Darstellungen richtig ist. Doch werden solche Gegendarstellungen nicht selten (m. E. rechtswidrig) durch redaktionelle Zusätze derart entwertet, dass sie dem Verletzten eher weiteren Schaden zufügen als Nutzen bringen.[9]

[2] Sehr zweifelhaft, dazu ausführlich *Larenz/Canaris,* SBT II 2, § 88 II.
[3] *BGH* NJW 1978, 751; *OLG München* NJW 1997, 62.
[4] Etwa *BVerfG* NJW 1992, 2073, 2074 sub I 2 b, vermittelnd *Grimm,* NJW 1995, 1697.
[5] NJW 1994, 2943.
[6] Dagegen *Kriele,* NJW 1994, 1897; *Benda,* NJW 1995, 429; *Stark,* JuS 1995, 689; *Otto,* Jura 1997, 139, anders *Soehring,* NJW 1994, 2926.
[7] *BVerfG* NJW 1996, 1592, zustimmend *Seitz,* ebenda 1518, anders aber wieder *BVerfG* NJW 2000, 199.
[8] Dazu *J. Petersen,* Medienrecht, 4. Aufl., 2008, § 7.
[9] Mit Recht streng aber *BGH* VersR 1995, 305, 308.

3. Allgemeines Persönlichkeitsrecht

1293 Die eben geschilderten Unzulänglichkeiten im Schutz der persönlichen Ehre haben wesentlich dazu beigetragen, dass durch die Anerkennung eines allgemeinen Persönlichkeitsrechts weitere Ansprüche geschaffen worden sind; zu ihnen vgl. u. Rn. 1309 ff.

II. Geschäftliche Ehre

1294 Anders als bei der persönlichen Ehre geht es bei Verletzungen der geschäftlichen Ehre regelmäßig um **Vermögensschäden**. Diese können sogar sehr hohe Beträge erreichen: Dass einem Unternehmer wegen eines Gerüchts Kredite gekündigt werden oder dass seine Waren wegen einer schlechten Testbewertung keine Käufer mehr finden, kann die Insolvenz bedeuten. Die rechtliche Regelung unterscheidet hier noch deutlicher als bei der persönlichen Ehre zwischen der Verletzung durch Tatsachenbehauptungen und derjenigen durch Werturteile.[10] BGHZ 154, 54, 60 spricht geradezu von einer „weichenstellenden Bedeutung" der Unterscheidung Tatsache – Meinung. Verboten ist aber die sog. **Schmähkritik**.[11]

1. Tatsachenbehauptungen

1295 a) Für Tatsachenbehauptungen, welche die Geschäftsehre (den Kredit) gefährden, findet sich eine Spezialregelung in **§ 824.** Diese Vorschrift bestimmt in **Abs. 1** eine Schadensersatzpflicht bei Unwahrheit der Behauptung schon wegen jeder Fahrlässigkeit. Ersatzpflichtig ist dabei nicht bloß, wer die Tatsache selbst behauptet, sondern auch, wer sie als fremde Behauptung verbreitet hat.

Eine **Tatsachenbehauptung** (im **Gegensatz zum Werturteil**) wird angenommen, wenn eine Äußerung dem Beweis als richtig oder unrichtig zugänglich ist. Das hängt weitgehend davon ab, inwieweit die Äußerung substantiiert ist, also nachprüfbare Einzelheiten nennt. So sind als bloße Werturteile angesehen worden der Vorwurf, es handle sich um eine der größten Kurpfuscher- und Schwindelfirmen Deutschlands[12] oder die Bezeichnung der Ware als „billiger Schmarrn".[13] Dagegen soll eine Tatsachenbehauptung vorliegen, wenn von einer Teppichkehrmaschine gesagt wird, sie zerpflücke jeden Teppich.[14] S. dazu auch PdW Schuldrecht II **Fall 237**.

BGHZ 90, 113[15] hat den Anwendungsbereich des § 824 noch **weiter eingeschränkt:** Die Bundesbahn hatte gegen objektiv unwahre Behauptungen eines Vereins geklagt, der sich gegen die geplante Schnellbahntrasse Stuttgart-Mannheim wandte. Nach Ansicht des *BGH* erfasst § 824 jedoch nur Störungen der Beziehungen zu einem *Geschäftspartner,* nicht aber zur Öffentlichkeit und den Genehmigungsbehörden. Eine Störung dieser Beziehungen komme zwar als Eingriff in den Gewerbe-

---

[10] Vgl. *Benedikt/Jansen,* AfP 1987, 669; *BVerfG* NJW 1992, 1439; 1993, 1845; 1994, 1779; *BGH* NJW 1994, 2615 mit deutlicher Tendenz zur Bejahung eines Werturteils.

[11] Vgl. *BVerfG* NJW 2005, 3274; 2009, 3016 Tz. 28 (dort: Bezeichnung eines Staatsanwalts als „durchgeknallt").

[12] RGZ 154, 117, 124.

[13] *BGH* NJW 1965, 36.

[14] *BGH* NJW 1966, 2010, anders *Looschelders,* BT Rn. 1308.

[15] Dazu *P. Schwerdtner,* JZ 1984, 1103 ff.

betrieb in Betracht. Doch fehle insoweit die Rechtswidrigkeit, solange der Behauptende hinsichtlich der Richtigkeit seiner Angaben redlich sei (zweifelhaft).

b) Während nach Abs. 1 des § 824 für jede Fahrlässigkeit und damit ebenso scharf 1296
wie nach § 823 I gehaftet wird, bringt **Abs. 2** eine sehr wesentliche Einschränkung: Wenn dem Mitteilenden die Unwahrheit der Behauptung unbekannt ist, soll er nicht haften, „wenn er oder der Empfänger der Mitteilung an ihr ein berechtigtes Interesse hat". Das wird von der wohl h. M. als Rechtfertigungsgrund verstanden.[16] Freilich wirkt dieser nur, solange der Glaube an die Richtigkeit der Mitteilung dauert: Wird die Unrichtigkeit nachgewiesen, so darf auch die Behauptung nicht mehr aufgestellt oder verbreitet werden; die fortdauernden Folgen sind zu beseitigen (im einzelnen vieles str.).

Das eigentliche Problem des § 824 II aber wird im Wortlaut der Vorschrift allenfalls angedeutet: Es folgt daraus, dass dort ein **„berechtigtes" Interesse** gefordert wird. Und ein solches Interesse kann an ungeprüften (und daher mit einiger Wahrscheinlichkeit unrichtigen) Behauptungen weder der Mitteilende noch der Empfänger haben; auch das Grundrecht der Meinungsfreiheit deckt solche Behauptungen nicht.[17] Die Frage lautet also, **welches Maß an Sorgfalt von dem Mitteilenden zu verlangen ist, damit die von ihm verfolgten Interessen berechtigt sind.**

Das lässt sich nicht allgemein formelhaft beantworten.[18] Vielmehr lassen sich nur **Kriterien** angeben, die gegeneinander abzuwägen sind: Für die Forderung nach einem höheren Maß an Sorgfalt spricht, dass die Behauptung weit verbreitet wird; dass der Mitteilende hohes Vertrauen genießt (beide Kriterien treffen regelmäßig für Presse, Funk und Fernsehen zu); dass der Inhalt der Mitteilung großen Schaden bringen kann. Gegen ein hohes Sorgfaltsmaß sprechen andererseits die Dringlichkeit der Mitteilung und ein starkes Informationsinteresse insbesondere der Öffentlichkeit. Unter diesen beiden eben genannten Gesichtspunkten braucht eine Warnung vor einem für lebensgefährlich gehaltenen Medikament weniger sorgfältig überprüft zu werden als ein Bericht über das Sexualleben fremder Monarchen (dort Schädlichkeit unterstellt). Als konkretes Bsp. vgl. etwa *BGH* DB 1986, 689 (Sorgfaltsanforderungen an die Stiftung Warentest bei der Veröffentlichung von Preisvergleichen) und *BGH* NJW 2009, 3030 (Abwägung zwischen Privatheit und Pressefreiheit: "So lässt sich der Professor nieder" über den zurücktretenden Joschka Fischer).

Jedenfalls aber wird zur Rechtfertigung in aller Regel wenigstens der **Versuch einer Überprüfung** zu verlangen sein.[19] Dafür bietet sich als Minimum insbesondere eine Nachfrage bei demjenigen an, den die mitzuteilende Tatsache betrifft. BGHZ 132, 13, 23 ff. spricht in diesem Zusammenhang von „pressegemäßer Sorgfalt".

2. Werturteile

Werturteile fallen also nicht unter § 824. Zu solchen Urteilen rechnet BGHZ 65, 1297
325, 329 regelmäßig auch die Veröffentlichung von **Warentests:** Bei ihnen überwiege das Gewicht der Testergebnisse („nicht zufriedenstellend" o. ä.) gegenüber den

[16] Vgl. MünchKomm/*Wagner,* § 824 Rn. 41, vgl. auch BGHZ 3, 270, 280 f.
[17] *BGH* VersR 1985, 592, 593.
[18] Ebenso BGHZ 132, 13, 24.
[19] So auch der *EGMR* NJW 2000, 1015 (Ls. 4).

einzelnen mitgeteilten Tatsachen. Insoweit kommen Ersatzansprüche aus § 823 I wegen einer Verletzung des Rechts am eingerichteten und ausgeübten Gewerbebetrieb in Betracht; dazu u. Rn. 1315. Doch können Warentests auch Tatsachenbehauptungen enthalten: *BGH* DB 1989, 1023; insoweit kann dann ein Widerruf verlangt werden.

§ 147. Verletzung sonstiger Rechte

Literatur: *Becker,* Schutz von Forderungen durch das Deliktsrecht?, AcP 196 (1996), 439; *Canaris,* Die Verdinglichung obligatorischer Rechte, FS Flume, 1978, 1371; *ders.,* Der Schutz obligatorischer Forderungen nach § 823 I BGB, FS Steffen, 1995, 85; *Deutsch,* Das sonstige Recht des Sportlers aus der Vereinsmitgliedschaft, VersR 1991, 837; *ders.,* Familienrechte als Haftungsgrund, VersR 1993, 1 (= FS Gernhuber, 1994, 581); *Fabricius,* Zur Dogmatik des „sonstigen Rechts" gemäß § 823 I BGB, AcP 160 (1961), 273; *Faust,* Der Schutz vor reinen Vermögensschäden, illustriert am Beispiel der Expertenhaftung, AcP 210 (2010) 555; *Habersack,* Die Mitgliedschaft – subjektives und sonstiges – Recht, 1996; *Hammen,* Die Forderung als sonstiges Recht nach § 823 I BGB?, AcP 199 (1999) 591; *Helms,* Schadensersatzansprüche wegen Beeinträchtigung der Vereinsmitgliedschaft, 1998; *Th. Honsell,* Schadensersatz nach verbotener Besitzentziehung, JZ 1983, 531; *Jayme,* Die Familie im Recht der unerlaubten Handlungen, 1971; *Krasser,* Der Schutz vertraglicher Rechte gegen Eingriffe Dritter, 1971; *Löwisch,* Der Deliktsschutz relativer Rechte, 1970; *Medicus,* Besitzschutz durch Ansprüche auf Schadensersatz, AcP 165 (1965), 115; *ders.,* Die Forderung als „sonstiges Recht" nach § 823 I BGB?, FS Steffen, 1995, 333; *Mincke,* Forderungsrechte als „sonstige Rechte" i. S. des § 823 Abs. 1 BGB, JZ 1984, 862; *Otte,* Schadensersatz nach § 823 I BGB wegen Verletzung der „Forderungszuständigkeit"?, JZ 1969, 253; *Pieper,* Besitzrecht und Schadensersatz bei der eigenmächtigen Wegnahme von Sicherungsgut, FS OLG Zweibrücken, 1969, 231; *Rieger,* Grenzen des Schutzes des räumlich-gegenständlichen Bereichs der Ehe, NJW 1989, 2798; *Smid,* Zur Dogmatik der Klage auf Schutz des „räumlich-gegenständlichen Bereichs" der Ehe, 1983; *Wanckel,* Auf dem Weg zum „Recht am Bild der eigenen Sache", NJW 2011, 1179; *Wieser,* Der Schadensersatzanspruch des Besitzers aus § 823 BGB – *BGH* JZ 1954, 613, JuS 1970, 557.

1298 Außer den konkret benannten Lebensgütern und dem Eigentum enthält § 823 I noch die „kleine Generalklausel" (vgl. o. Rn. 1236) der „sonstigen Rechte". Dabei geht es um mehrere verschiedene Fragenkreise. Von ihnen sollen die sog. „Rahmenrechte" wegen ihrer Besonderheiten an eigener Stelle (u. Rn. 1308 ff.) besprochen werden. Im übrigen unterscheide ich nach dem Meinungsstand die folgenden drei Bereiche.

I. Sichere Anwendungsfälle

1. Beschränkte dingliche Rechte

1299 Mit Sicherheit anwendbar ist § 823 I auf die beschränkten dinglichen Rechte, also insbesondere auf **Dienstbarkeiten und Sachpfandrechte.** Doch ist dabei der gegenüber dem Eigentum weniger umfassende Inhalt dieser Rechte zu bedenken: Daher braucht manches, was eine Eigentumsverletzung darstellt, nicht auch diese beschränkten Rechte zu verletzen. So berühren Eingriffe in den Besitz die Hypothek regelmäßig nicht, weil diese nicht zum Besitz berechtigt. Oder: Abbrucharbeiten auf einem mit einer Hypothek belasteten Grundstück können diese zwar verletzen (BGHZ 65, 211: Ersatzansprüche auch gegen den Architekten; das Einverständnis des Eigentümers beseitigt die Rechtswidrigkeit gegenüber dem Hypothekengläubiger nicht!). Doch gilt das nur, wenn die Hypothek nicht schon durch den Wert des „nackten" Grundstücks ausreichend gesichert ist.

Die Verletzung beschränkter Sachenrechte durch einen Dritten verletzt oft auch das **Eigentum:** Wenn etwa jemand das Abbrennen eines Hauses verschuldet, betrifft das den Eigentümer, den Nießbraucher und u. U. auch die Gläubiger von Hypotheken oder Grundschulden. Alle diese Verletzten haben also aus § 823 I Ersatzansprüche gegen den Schädiger. Wenn dieser Ersatz durch den Wiederaufbau des Hauses leistet, also nach § 249 I, werden zugleich auch alle diese Ansprüche erfüllt. Dagegen bestünde bei Geldzahlungen (etwa nach § 249 II) an einen Verletzten die Gefahr, dass dieser das Geld nicht zur Wiederherstellung verwendet, so dass der Schaden der anderen Verletzten nicht behoben wird. Das dürfte analog § 1281 zu vermeiden sein: Der Schädiger schuldet die Leistung an alle Verletzten gemeinsam; die Verteilung oder Verwendung des Betrages ist dann Sache des Innenverhältnisses zwischen den mehreren Verletzten. Denn dem Schädiger kann ebensowenig wie dem Schuldner bei § 1281 zugemutet werden, dieses Innenverhältnis von sich aus auf eigenes Risiko zu beurteilen.

2. Aneignungsrechte

Kraft eines Aneignungsrechts kann der Berechtigte sich eine herrenlose Sache aneignen, § 958 II. Zu solchen Rechten gehören vor allem die Jagd- und Fischereirechte hinsichtlich der ihnen unterfallenden Tiere und anderen Sachen (z. B. Abwurfstangen). Wilderei kann also Ersatzansprüche aus § 823 I nicht wegen Verletzung des Eigentums erzeugen (das hat der Jagdberechtigte ja noch nicht), sondern wegen Verletzung des Aneignungsrechts. 1300

3. Weitere absolute Positionen

Außerdem kommen für § 823 I bestimmte Rechtspositionen in Betracht, die einem dinglichen Recht zumindest ähneln. Dabei ist zu denken an Anwartschaftsrechte[1] (vgl. auch o. Rn. 287 sowie PdW Schuldrecht II **Fall 236**) sowie an dinglich wirkende Ablösungs- und Zurückbehaltungsrechte. Überdies unterfallen der Vorschrift sicher Urheber-, Patent- und gewerbliche Schutzrechte sowie spezielle Persönlichkeitsrechte (Namensrecht, Recht am eigenen Bild). Genannt werden weiter Mitgliedschaftsrechte.[2] Doch soll die Mitgliedschaft nicht schon durch nachteilhafte Einwirkungen auf das Vermögen der Gesellschaft oder des Vereins verletzt werden, an denen die Mitgliedschaft besteht.[3] Mir ist ein deliktsrechtlicher Schutz der Mitgliedschaft nach § 823 I überhaupt zweifelhaft. 1301

II. Zweifelhafte Anwendungsfälle

1. Besitz

Beim Besitz ist schon str., inwieweit er überhaupt ein Recht darstellt. Aber selbst wenn man die Anwendung des § 823 I nicht bereits an diesen Zweifeln scheitern lässt, stößt man bei der Schadensberechnung auf kaum überwindliche Schwierigkei- 1302

[1] Vgl. BGHZ 114, 161.

[2] Etwa BGHZ 110, 323, 327, 334, dazu *K. Schmidt*, JZ 1991, 157; *Hadding*, FS Kellermann, 1991, 91; *Larenz/Canaris*, SBT II 2, § 76 II 4 c; *Götz/Götz*, JuS 1995, 106: Nichtzulassung des Mitglieds zu einer Segelregatta, vor allem *Habersack* und *Helms* nach Lit.-Verz.

[3] Vgl. MünchKomm/*Wagner*, § 823 Rn. 172.

ten: Dem Besitzer als solchem (z. B. dem Dieb) sind eben keine geldwerten Befugnisse zugewiesen (vgl. schon o. Rn. 1205), so dass § 823 I nicht passt.[4] Vermögensrechtliche Konturen gewinnt der Besitz regelmäßig erst durch ein ihn stützendes (dingliches oder obligatorisches) Recht. Da aber die dinglichen Rechte ohnehin unter § 823 I fallen (vgl. o. Rn. 1299), besteht die wesentliche **Bedeutung des Besitzes darin, obligatorische Rechte mit einem Schutz gegen Dritte auszustatten:** Dadurch werden sie dem Eigentum so ähnlich, dass § 823 I passt. Hierbei kann man zweifeln, ob man als Schutzgegenstand das durch den Besitz „verdinglichte" obligatorische Recht oder (wohl vorzugswürdig) den Besitz selbst ansehen soll (s. dazu auch PdW Schuldrecht II **Fall 234**).

Insbesondere hat der **Mieter**, der die Mieträume bereits bezogen hat, aus § 823 I Schadensersatzansprüche gegen einen Dritten, der diese beschädigt.[5] Die dann entstehende Konkurrenz mit den Ersatzansprüchen des Eigentümers ist ebenso zu lösen wie bei beschränkten dinglichen Rechten (vgl. o. Rn. 1299). Hat der Mieter dagegen noch keinen Besitz, so kann er sich bloß an seinen Vermieter halten.

Außer dem berechtigten Besitzer muss man wohl ausnahmsweise auch dem **nichtberechtigten Besitzer** Ersatzansprüche gewähren, solange dieser unverklagt und redlich ist sowie entgeltlich erworben hat: Ein solcher Besitzer darf nämlich nach §§ 987, 990, 993 I sogar im Verhältnis zum Eigentümer die Nutzungen behalten (a. A. zweifelnd BGHZ 79, 232, 238). Geschützt ist auch der **Mitbesitzer** etwa im Streit zwischen Mietern um die Benutzung gemeinsamer Einrichtungen (BGHZ 62, 243). Dagegen ist der **mittelbare Besitzer i**m Verhältnis zum unmittelbaren nicht geschützt (BGHZ 32, 194).

2. Familienrechte

1303 a) Sehr zweifelhaft ist die Einordnung der **Ehe** bei § 823 I: Kann bei einer Verletzung der Pflicht zur ehelichen Treue der eine Ehegatte Ersatzansprüche gegen den untreuen anderen oder gegen den in die Ehe eingedrungenen Dritten erheben? Der *BGH* hat zwar den „räumlich-gegenständlichen Bereich der Ehe" (also im wesentlichen die Ehewohnung) durch Beseitigungs- und Unterlassungsansprüche geschützt,[6] dagegen Schadensersatzansprüche wegen Ehebruchs bisher stets abgelehnt:[7] Die eheliche Treue falle nicht in den Schutzbereich des Deliktsrechts; die familienrechtliche Regelung sei abschließend. Ich halte diese Begründung hinsichtlich des die Ehe störenden Dritten nicht für überzeugend.[8]

1304 b) Dagegen rechnet auch die Rechtsprechung unter § 823 I das **Recht der elterlichen Sorge** für minderjährige Kinder (§§ 1626 ff.) einschließlich des Rechts zur Bestimmung des Umgangs (§ 1632 II, vgl. *OLG Frankfurt* NJW 1979, 2052, noch zur alten Gesetzesfassung). So kann der sorgeberechtigte Elternteil die Detektivkosten ersetzt verlangen, die er aufwenden musste, um das von dem anderen Teil mitgenommene Kind wiederzufinden.[9]

---

[4] Vgl. BGHZ 79, 232.

[5] Dazu *Haas*, BB 1986, 1446.

[6] BGHZ 6, 360, vgl. *Smid*, NJW 1990, 1344.

[7] Etwa BGHZ 23, 215: Ehegatte; 279: Dritter; BGHZ JZ 1973, 668.

[8] *Medicus/Petersen*, BR, Rn. 616 ff.; differenzierend etwa ausführlich *Gernhuber/Coester-Waltjen*, FamR § 17 Rn. 13 ff., Ansprüche ablehnend MünchKomm/*Wagner*, § 823 Rn. 167 ff.

[9] BGHZ 111, 168.

III. Ausgeschlossenes

1. Die Forderung

Die Forderung bindet nur den Schuldner, nicht auch jeden Dritten. Daher fällt ihre Verletzung selbst dann nicht unter § 823 I, wenn diese auf einer Verletzung des Schuldners oder des Forderungsgegenstandes beruht. Folglich hat der Arbeitgeber, dessen Arbeitnehmer von einem Dritten arbeitsunfähig verletzt wird, keinen Anspruch aus § 823 I gegen den Verletzer (vgl. o. Rn. 1235). Daher kann auch der Mieter ohne Besitz von einem Dritten, der die Sache zerstört, keinen Ersatz fordern, vgl. *BGH* NJW 2001, 971 mit o. Rn. 1302. 1305

Dagegen wollen manche § 823 I insoweit anwenden, als es um die **Verletzung der Forderungszuständigkeit** geht, z. B. durch unberechtigte, aber gegenüber dem Gläubiger wirksame Annahme der Leistung.[10] Allerdings ist hier ein deliktischer Schutz neben dem verschuldensunabhängig anwendbaren § 816 II (vgl. o. Rn. 1199) meist unnötig:[11] *Canaris* verweist zwar auf die unberechtigte Einziehung einer Forderung durch den Geschäftsführer einer insolventen GmbH: Dessen persönliche Haftung lasse sich nur über § 823 I begründen.[12] Doch hat mich dieser Hinweis nicht überzeugt.[13]

2. Das Vermögen

Sicher nicht unter § 823 I fällt das Vermögen als Summe der geldwerten Gegenstände einer Person. Denn andernfalls wäre man bei der „großen deliktischen Generalklausel" angelangt, die das BGB mit gutem Grund abgelehnt hat (vgl. o. Rn. 1231 ff.). Daher gehört es insbesondere nicht unter § 823 I, wenn jemand zu einer sein eigenes Vermögen mindernden Verfügung veranlasst wird, z. B. durch Täuschung (dann aber u. U. § 823 II, vgl. u. Rn. 1316 ff.) oder durch falsche Auskünfte (zu § 826 vgl. u. Rn. 1331). 1306

3. Der Arbeitsplatz

Kein sonstiges Recht begründet auch das Verhältnis des Arbeitnehmers zu seinem Arbeitsplatz.[14] Denn den Arbeitsplatz hat der Arbeitnehmer nur auf Grund seines obligatorischen Vertrages mit dem Arbeitgeber; irgendeine über § 826 hinausgehende Vorschrift über eine Sicherung gegen Dritte fehlt und wäre auch kaum denkbar. Einen Schutz gegen **Mobbing** gewähren schon das Allgemeine Persönlichkeitsrecht und das AGG. 1307

[10] Etwa *Larenz/Canaris,* SBT II 2, § 76 II 4 g; *Mincke,* JZ 1984, 862, vgl. auch Lit.-Verz. vor Rn. 805; sowie *Picker,* FS Canaris, 2007, Bd. 1 1001.

[11] So *BAG* NJW 2007, 2573; *Otte,* JZ 1969, 253; MünchKomm/*Wagner,* § 823 Rn. 161.

[12] *Larenz/Canaris,* SBT II 2, § 76 II 4 g.

[13] Vgl. *Medicus,* FS Steffen, 1995, S. 333, im Ergebnis ebenso *Hammen,* AcP 199 (1999), 591.

[14] *OLG Koblenz* NJW 2002, 1673; *Schaub,* EWiR § 823 BGB 1/03, S. 267.

§ 148. Insbesondere Verletzungen von „Rahmenrechten"

Literatur: Zum allgemeinen Persönlichkeitsrecht vgl. insbesondere *Baston/Vogt,* Der sachliche Schutzbereich des zivilrechtlichen allgemeinen Persönlichkeitsrechts, 1997; *Beuthien,* Was ist vermögenswert, die Persönlichkeit oder ihr Image?, NJW 2003, 1220; *Degenhart,* Das allgemeine Persönlichkeitsrecht, Art. 2 I i. V. mit Art. 1 I GG, JuS 1992, 361; *A. Diederichsen,* Der deliktsrechtliche Schutz des Persönlichkeitsrechts, Jura 2008, 1; *Ehmann,* Zur Struktur des Allgemeinen Persönlichkeitsrechts, JuS 1997, 193; *ders.*, Das Allgemeine Persönlichkeitsrecht, Jura 2011, 437; *Forkel,* Zur systematischen Erfassung und Abgrenzung des Persönlichkeitsrechts auf Individualität, FS Hubmann, 1985, S. 93; *ders.*, Allgemeines Persönlichkeitsrecht und „wirtschaftliches Persönlichkeitsrecht", FS Neumayer, 1986, 229; *Geis,* Der Kernbereich des Persönlichkeitsrechts, JZ 1991, 112; *Götting,* Persönlichkeitsrechte als Vermögensrechte, 1995; *J. Hager,* Persönlichkeitsschutz gegenüber Medien, Jura 1995, 566; *Hubmann,* Das Persönlichkeitsrecht, 2. Aufl., 1967; *K. W. Lange,* Schutz des allgemeinen Persönlichkeitsrechts durch zivilrechtliche Prävention?, VersR 1999, 274; *Gerda Müller,* Möglichkeiten und Grenzen des Persönlichkeitsrechts, VersR 2000, 797; *R. Reinhardt,* Das Persönlichkeitsrecht in der geltenden Rechtsordnung, 1931; *Schaub,* Äußerungsfreiheit und Haftung, JZ 2007, 548; *P. Schwerdtner,* Das Persönlichkeitsrecht in der deutschen Zivilrechtsordnung, 1977; *Seyfahrth,* Der Einfluß des Verfassungsrechts auf zivilrechtliche Ehrenschutzklagen, NJW 1999, 1287; *Simon,* Das allgemeine Persönlichkeitsrecht und seine gewerblichen Erscheinungsformen (1981); *Westermann,* Geldentschädigung bei Persönlichkeitsverletzung, Symposion Canaris, 1998, S. 125; *Wiese,* Bewertungsportale und allgemeines Persönlichkeitsrecht, JZ 2011, 608 ff.; *Wittreck,* Esra, Mephisto und Salomo, Jura 2009, 128; überdies die Angaben zum Schutz der persönlichen Ehre o. vor Rn. 1291. Zum **Recht am Gewerbebetrieb** vgl. insbesondere *Brinkmann,* Der äußerungsrechtliche Unternehmensschutz in der Rechtsprechung des *BGH,* GRUR 1988, 516; *Buchner,* Die Bedeutung des Rechts am eingerichteten und ausgeübten Gewerbebetrieb für den deliktsrechtlichen Unternehmensschutz, 1971; *Katzenberger,* Recht am Unternehmen und unlauterer Wettbewerb, 1967; *Preusche,* Unternehmensschutz und Haftungsbeschränkung im Deliktsrecht, 1974; *Richardi,* Die Bedeutung des zivilrechtlichen Haftungssystems für den Arbeitskampf, ZfA 1985, 101; *Richert,* Unternehmerschutz und Pressefreiheit, 1989; *Sack,* Das Recht am Gewerbebetrieb, 2007 (dazu *Medicus,* JZ 2007, 457); *Schippel,* Das Recht am eingerichteten und ausgeübten Gewerbebetrieb, 1956; *Schlechtriem,* Eingriff in den Gewerbebetrieb und vertragliche Erfüllung, FS Deutsch, 1999, S. 317; *Schrauder,* Wettbewerbsverstöße als Eingriffe in das Recht am Gewerbebetrieb, 1970; *Schwitanski,* Deliktsrecht, Unternehmensschutz und Arbeitskampfrecht, 1986; *Sibben,* Die Rechtmäßigkeit des streikbedingten Eingriffs in das Recht am eingerichteten und ausgeübten Gewerbebetrieb, NZA 1989, 453; *Stadtmüller,* Schutzbereich und Schutzgegenstände des Rechts am Unternehmen, 1985; *Vieweg,* Verbraucherschutz durch technische Normen und vergleichende Warentests, NJW 1987, 2726; *Wilhelm,* Das Recht am eingerichteten und ausgeübten Gewerbebetrieb und das UWG, FS Canaris, 2007, Bd. 1 1293; *Zeuner,* Linien der Entwicklung des Rechts am Gewerbebetrieb, des allgemeinen Persönlichkeitsrechts und der Verkehrssicherungspflichten, in: 25 Jahre Karlsruher Forum, 1983, 196.

I. Die Besonderheit der Rahmenrechte

1308 Die in § 823 I namentlich bezeichneten Schutzgüter wie Leben, Körper, Eigentum usw. haben so deutliche Grenzen, dass deren Überschreitung regelmäßig die Rechtswidrigkeit indizieren kann (vgl. o. Rn. 1241). Ähnliches gilt für die eigentumsähnlichen sonstigen Rechte (vgl. o. Rn. 1299 ff.), für durch den Besitz verstärkte obligatorische Rechte sowie für bestimmte Familienrechte (vgl. o. Rn. 1303 f.). Endlich lässt sich auch bei schädigenden unwahren Tatsachenbehauptungen das Unerlaubte vielfach noch einigermaßen genau bestimmen; immerhin zeigte sich hier aber bei § 824 II schon die Notwendigkeit einer **Interessenabwägung** (vgl. o. Rn. 1296).

Diese Notwendigkeit nun besteht bei zwei weiteren Rechtspositionen in noch höherem Maß, nämlich beim allgemeinen Persönlichkeitsrecht und beim Recht am eingerichteten und ausgeübten Gewerbebetrieb. Beide Positionen werden zwar unter die „sonstigen Rechte" des § 823 I eingereiht. Doch weisen sie dort mehrere Besonderheiten auf. Insbesondere fehlen ihnen die klaren Grenzen, so dass die Rechtswidrigkeit durch die Überschreitung einer solchen Grenzlinie nicht einmal indiziert werden kann. Vielmehr lässt sich überhaupt nur durch eine Abwägung der Interessen des Rechtsträgers mit denen des Eingreifers ermitteln, wer von beiden im Recht ist. BGHZ 24, 72, 80 hat das sehr deutlich formuliert: „Bei den Konfliktsmöglichkeiten, die sich daraus ergeben, dass das allgemeine Persönlichkeitsrecht eines jeden mit dem eines jeden anderen gleichen Rang hat und die freie Entfaltung der Persönlichkeit gerade in dem Hinausstreben des einzelnen über sich selbst besteht ..., bedarf es im Streitfalle einer Abgrenzung, für die das Prinzip der Güter- und Interessenabwägung maßgebend sein muss." Persönlichkeitsrecht und Recht am Gewerbebetrieb liefern für diese Abwägung gleichsam nur einen Rahmen; für sie passt daher auch unter diesem Gesichtspunkt die im Anschluss an *Fikentscher* (SchuldR Rn. 1216) üblich gewordene Bezeichnung „Rahmenrechte".[1] Zweifelhaft (und wohl zu verneinen) ist die Annahme eines Rechts auf **ungestörte Familienplanung**.[2] Dagegen zu bejahen ist ein **Recht an Datenbeständen**.[3]

II. Das allgemeine Persönlichkeitsrecht

1. Anerkennung

1309 Die Unzulänglichkeit des durch § 823 II gebotenen Schutzes der persönlichen Ehre ist schon o. Rn. 1292 erwähnt worden. Sie wurden seit 1949 wegen der grundgesetzlichen Betonung der Menschenwürde (Art. 1 I GG) und des Rechts auf freie Entfaltung der Persönlichkeit (Art. 2 I GG) verstärkt empfunden. Daher musste es als anstößig erscheinen, dass zwar das Namensrecht und das Recht am eigenen Bild Deliktsschutz genossen (vgl. o. Rn. 1301), aber nicht auch andere Attribute der Persönlichkeit. Da diese sich einzeln schwerlich vollständig erfassen lassen, hat sich die Sammelbezeichnung „allgemeines Persönlichkeitsrecht" herausgebildet: Auch unter diesem Blickwinkel handelt es sich wieder um einen Rahmen, nämlich für eine Vielzahl von Einzelrechten. Wesentliche Entscheidungen, in denen sich die Durchsetzung des allgemeinen Persönlichkeitsrechts widerspiegelt, sind vor allem BGHZ 13, 334 (Leserbrief), 26, 349 (Herrenreiter), 35, 363 (Ginsengwurzel); vgl. dazu sofort.

2. Der Inhalt des allgemeinen Persönlichkeitsrechts

1310 Der Inhalt des allgemeinen Persönlichkeitsrechts lässt sich nicht formelhaft umschreiben. Mir scheinen außer dem **Schutz der persönlichen Ehre** vor allem noch zwei Fallgruppen wichtig:[4]

In der ersten Gruppe geht es um den Schutz dagegen, dass von einer Person in der Öffentlichkeit **ein falsches Bild gezeichnet** wird: z. B. wird einem Anwalt etwas als eigene Meinung unterstellt, was er anwaltlich für seinen Mandanten geäußert hat (BGHZ 13, 334); von einem Brauereibesitzer wird der Anschein erweckt, er „reite für Okasa" (BGHZ 26, 349, 353); Catarina Valente wird mit künstlichen Zähnen (BGHZ 30, 7) oder ein Professor des Völker- und Kirchenrechts mit der potenzför-

[1] Skeptisch allerdings *Larenz/Canaris,* SBT II 2, § 80 III 2.
[2] Dazu *A. Voß,* VersR 1999, 545.
[3] Vgl. *K. Meier/Wehlau,* NJW 1998, 1585, 1588 f. und das Bundesdatenschutzgesetz.
[4] Vgl. *Medicus,* BGB AT, Rn. 1079 ff.

dernden Wirkung der Ginsengwurzel in Verbindung gebracht (BGHZ 35, 363). In solchen Fällen braucht nicht notwendig die Ehre verletzt zu sein; es genügt schon, dass jemand wesentlich anders dargestellt wird, als er wirklich ist. Hierhin gehört auch die Veröffentlichung eines erfundenen Interviews (etwa BGHZ 128, 1 Caroline von Monaco).[5]

Bei der zweiten Fallgruppe geht es um das **Eindringen in eine fremde Intimsphäre:** Hier wird nicht ein falsches Bild gezeichnet, sondern es wird in das Recht einer Person eingegriffen zu bestimmen, ob ihre Intima intim bleiben sollen. Das gilt prinzipiell auch für sog. Personen der Zeitgeschichte, BGHZ 131, 332 (abermals Caroline von Monaco bzw. Hannover: Paparazzi-Photos).[6] Praktisch handelt es sich hier vor allem um das Sexualleben, aber etwa auch um den Fall von BGHZ 73, 120: Der „stern" veröffentlicht ein rechtswidrig abgehörtes Telephongespräch zwischen zwei Politikern. S. dazu auch PdW Schuldrecht II **Fall 239**.

Zwischen diesen beiden Fallgruppen steht die (nicht diskriminierende) **Verwendung eines fremden Bildes** für die eigene Werbung. Hier wird als Ausgleich vielfach derjenige Betrag gefordert, den der Abgebildete für eine Erlaubnis als Lizenzgebühr hätte verlangen können. Dabei zeigt sich bisweilen eine erstaunliche Selbsteinschätzung (z. B. Oskar Lafontaine 250.000 DM, abgelehnt von BGHZ 169, 340; Joschka Fischer mindestens 250.000 EUR, großenteils zugesprochen von *LG Hamburg* NJW 2007, 691,[7] zudem *BGH* NJW 2009, 3032 Günter Jauch, mindestens 100.000 EUR).

3. Folgen der Rechtsverletzung

1311 Eine schuldhafte Verletzung des allgemeinen Persönlichkeitsrechts verpflichtet zum Ersatz des **Vermögensschadens,** z. B. der für die nötige Abwehr entstandenen Kosten. Hinsichtlich des **Nichtvermögensschadens** kommt jedenfalls **Herstellung** nach § 249 I in Betracht (vgl. aber o. Rn. 1292); für die Zukunft kann bei Begehungsgefahr allemal Unterlassung gefordert werden (vgl. u. Rn. 1438).

Darüber hinaus hat die Rechtsprechung seit BGHZ 26, 349 jenseits des Wortlauts von § 847 a. F. (jetzt: § 253 II) auch eine Art Schmerzensgeld gewährt, nämlich einen Geldbetrag als **Genugtuung** für den erlittenen Nichtvermögensschaden (zum Inhalt vgl. AT Rn. 699 am Ende). BGHZ 35, 363 hat das damit gerechtfertigt, der entgegenstehende § 253 a. F. (jetzt: § 253 I) sei durch die abweichenden Wertungen des GG verdrängt. Das war nie ganz überzeugend, ist aber von *BVerfG* 34, 269 gebilligt worden. Im Einzelnen ist diese Rechtsprechung überdies unklar: Zunächst war zutreffend gefordert worden, es müsse ein schwerer, anders nicht auszugleichender Eingriff und auch ein erhebliches Verschulden vorliegen. *BGH* NJW 1982, 635 *(Böll/Walden)* hat diese letzte Voraussetzung jedoch in einer mir unverständlichen Weise fallen lassen: Dem Verletzer ist hier sogar das Risiko eines Irrtums aufgebürdet worden, den derselbe Senat in derselben Sache zuvor (in *BGH* NJW 1978, 1797) gleichfalls begangen hatte. Ich halte die spätere Entscheidung für evident unrichtig. Dagegen kommt etwa *BGHZ* 183, 227 wieder auf das Erfordernis eines schweren, anders nicht auszugleichenden Eingriffs zurück.

[5] Zu den Sorgfaltspflichten der Presse in solchen Fällen vgl. treffend *BGH* VersR 1988, 405 f.

[6] Dazu *Forkel,* JZ 1997, 43, auch *EGMR* NJW 2004, 2647 und *Tettinger,* JZ 2004, 1144; *Hoffmann-Riem,* NJW 2009, 20; *Looschelders,* BT Rn. 1240 ff.

[7] Vgl. dazu *Balthasar,* NJW 2007, 664.

Seit dem 1. 8. 2002 hat der Gesetzgeber den Geldersatz immaterieller Schäden unter Streichung von § 847 in § 253 II erweitert. Dabei ist jedoch eine Verletzung des Allgemeinen Persönlichkeitsrechts nicht als Anwendungsfall genannt worden. Daraus könnte man nach methodologischen Regeln schließen, jetzt solle die Genugtuung entfallen. Doch war das schwerlich beabsichtigt. Daher wird man annehmen müssen, die **Genugtuung sei kein Schmerzensgeld,** so dass sich die Sperrwirkung von § 253 I nicht auf sie beziehe. Dazu passt auch die von BGHZ 128, 1 geforderte Berücksichtigung der Prävention bei der Genugtuung (vgl. AT Rn. 699).

III. Das Recht am Gewerbebetrieb

1. Grund und Problematik des Rechts

a) Das Unternehmen – nach älterer Terminologie, die auch heute noch weithin gebraucht wird, der eingerichtete und ausgeübte Gewerbebetrieb – ist in mehrfacher Hinsicht durch **Schadensersatzansprüche** geschützt: etwa nach § 823 I gegen die Verletzung der dem Unternehmer zu Eigentum oder Besitz gehörenden Sachen; nach § 824 gegen Schädigungen seines geschäftlichen Rufs durch unwahre Tatsachenmitteilungen; nach §§ 9 f., 3 ff. UWG gegen unlauteren Wettbewerb; nach § 33 GWB gegen bestimmte Beschränkungen des Wettbewerbs; endlich nach § 823 II in Verbindung mit mehreren anderen Einzelvorschriften. 1312

b) Jede der genannten Bestimmungen gewährt aber nur einen **beschränkten Schutz.** 1313
Um die verbleibenden Lücken zu füllen, ist schon bald nach 1900 das Recht am Gewerbebetrieb als „sonstiges Recht“ im Sinne von § 823 I BGB entwickelt worden. Es stellt ein generalklauselartiges Rahmenrecht dar. Sein Schutzobjekt ist die unternehmerische Tätigkeit; insbesondere bezweckt es den Schutz des Unternehmers gegen Störungen von außen. Doch stehen ihm **zwei Bedenken** entgegen; ihretwegen wollen *Larenz/Canaris,* SBT II 2 § 81 II–IV das Recht am Gewerbebetrieb sogar ganz verneinen:[8]

Erstens ist der Begriff des „Rechts“ **zu statisch,** um ein Unternehmen zu erfassen. Denn wesentlich ist ja nicht, dass das Unternehmen existiert, sondern dass es dynamisch funktioniert, also Umsatz und Gewinn erzielt. Beides aber muss der Unternehmer im Wettbewerb mit anderen stets neu bewirken: Umsatz und Gewinn sind ihm nicht rechtlich garantiert; in Betracht kommt immer nur ein Schutz gegen bestimmte Störungen.

Und zweitens birgt die Annahme eines Rechts am Unternehmen die **Gefahr einer ziemlich unbegrenzten Haftung** schon bei leichter Fahrlässigkeit. So könnten auch fahrlässige Verletzungen eines Arbeitnehmers[9] oder Unterbrechungen eines Stromkabels als Grund von Ersatzansprüchen erscheinen. Oder die Schranken des § 824 II gegenüber einer Ersatzpflicht für unwahre Tatsachenmitteilungen (vgl. o. Rn. 1296) könnten für geschäftsschädigende Werturteile wirkungslos sein.

2. Korrekturen

a) Um den eben geschilderten Gefahren zu begegnen, hat die Rechtsprechung die 1314
Ersatzpflicht wegen Verletzungen des Rechts am Gewerbebetrieb durch einige ziem-

[8] Im Ergebnis ebenso *Sack* nach Lit.-Verz.
[9] Vgl. *BGH* NJW 2009, 355.

lich allgemeine und unbestimmte Formulierungen **eingeschränkt:** Der Schutz des Gewerbebetriebs bilde bloß „einen Auffangtatbestand, der nur zur Anwendung kommen soll, wenn andere Schutzvorschriften nicht durchgreifen"; er betreffe nur „unmittelbare" oder „**betriebsbezogene**" Eingriffe.[10] Die Betriebsbezogenheit soll sich aus der Tendenz des Eingriffs ergeben können, nämlich wenn eine Beeinträchtigung des Betriebs der Willensrichtung des Verletzers entspreche.[11] An der Betriebsbezogenheit hinsichtlich der Zuckerhersteller und -händler soll es etwa fehlen, wenn ein Verbraucherverband Zucker als „Schadstoff" bezeichnet (*OLG Hamburg* NJW 1988, 3211; zweifelhaft). Zudem soll der Eingriff „über eine bloße Belästigung oder sozial übliche Behinderung hinausgehen" müssen, *BGH* NJW 1999, 279, 281. Insbesondere für Eingriffe im Wettbewerb sollen in aller Regel bloß die wettbewerbsrechtlichen Spezialregeln gelten.[12]

Beispiele für rechtswidrige Eingriffe in das Recht am Gewerbebetrieb sind etwa die Blockade des Springer-Verlags, um die Auslieferung der Bild-Zeitung zu verhindern (BGHZ 59, 30, vgl. auch *BAG* NJW 1989, 57; 61), oder der Bummelstreik der Fluglotsen von 1973 (BGHZ 69, 128), oder ein rechtswidriger Sympathiestreik (*BAG* DB 1985, 1695), oder die gegen den Vermieter gerichtete Aufforderung einer Zeitung an die Mieter eines Wohnungsunternehmens, eine Monatsmiete auf ein Sperrkonto zu zahlen (*BGH* NJW 1985, 1620, bestätigend *BVerfG* NJW 1989, 381),[13] sogar ein unverlangtes Werbe-Email an ein Unternehmen (*BGH* NJW 2009, 2958 Tz. 12). Keinen rechtswidrigen Eingriff bilden dagegen nicht genehmigte Fernsehaufnahmen in der Appartement-Anlage eines Reiseunternehmens, *BGH* NJW 1998, 2141. Zur unberechtigten Schutzrechtsverwarnung *BGH* ZIP 2004, 1919 mit *Wagner,* ZIP 2005, 49, *Sack* NJW 2009, 1642, sowie BGHZ (GS) 164, 1 (§ 823 I bejahend). BGHZ 165, 311 gewährt Ersatz sogar, wenn sich die Verwarnung nicht an den Unternehmer richtet, sondern an einen seiner Abnehmer. Umgekehrt erwägt *BAG* NJW 2010, 631 mit zutreffend abl. Anm. *Brötzmann* wegen Art. 9 III GG sogar die Zulässigkeit organisierter Betriebsbehinderungen in Kaufhäusern (sog. Flash-Mob).

1315 b) Eine besonders wichtige Fallgruppe betrifft den Schutz des Gewerbebetriebs gegen die von § 824 nicht erfassten **schädigenden Werturteile.** Für solche Kritik hatte BGHZ 3, 270, 280 ff. (Constanze I) die Wahl des schonendsten Mittels verlangt: Der geschäftsschädigenden Kritik blieb damit nur geringer Spielraum. Das ist aber später aufgegeben worden (BGHZ 45, 296, 307 f., „Höllenfeuer"; lesenswert!): Die Vermutung streite für die Zulässigkeit der freien Rede, „wenn es sich um einen Beitrag zum geistigen Meinungskampf in einer die Öffentlichkeit wesentlich berührenden Frage durch einen dazu Legitimierten handelt".

Insbesondere der **Stiftung Warentest** ist ein erheblicher Spielraum gewährt worden. Der *BGH* hat nämlich nur gefordert, Warentests müssten *neutral* vorgenommen (was bei der Stiftung regelmäßig gewährleistet ist) und *sachkundig* durchgeführt werden; endlich müsse die Untersuchung *objektiv* sein, doch sei dafür nicht objektive Richtigkeit des Ergebnisses nötig, sondern es genüge schon das Bemühen darum

[10] BGHZ 69, 128, 138 f.; MünchKomm/*Wagner,* § 823 Rn. 184 ff.

[11] BGHZ 59, 30, 35.

[12] Etwa BGHZ 36, 252, 257; 38, 200, 204.

[13] Zur Rechtswidrigkeit von Boykottaufrufen unter Berufung auf den Umweltschutz (Brent Spar) vgl. *Möllers,* NJW 1996, 1374, allgemeiner *Beisenwenger,* Der nichtwettbewerbliche Boykott, 1998.

(BGHZ 65, 325, 334). Unter Berufung hierauf hat der *BGH* a. a. O. es z. B. zugelassen, dass die Stiftung nur ein einziges Exemplar der negativ bewerteten Skibindungen geprüft hatte. Auch soll die Stiftung u. U. strengere Anforderungen stellen dürfen als eine einschlägige DIN-Norm (*BGH* DB 1987, 1343). Vgl. auch o. Rn. 1295 zu BGHZ 90, 113 („Redlichkeit" bei gewerbeschädigenden Behauptungen soll die Rechtswidrigkeit ausschließen).

§ 149. Der Verstoß gegen Schutzgesetze

Literatur: *Canaris* (vor § 141); *Dörner,* Zur Dogmatik der Schutzgesetzverletzung, JuS 1987, 522; *Karollus,* Funktion und Dogmatik der Haftung aus Schutzgesetzverletzung (1992, dazu *von Bar,* AcP 192 [1992], 441); *Knöpfle,* Zur Problematik der Beurteilung einer Norm als Schutzgesetz im Sinne des § 823 II BGB, NJW 1967, 697; *Maier-Reimer,* Schutzgesetze, Verhaltensnormen, Sanktionen und ihr Adressat, NJW 2007, 3157; *von Olshausen,* Über die Verwendung strafrechtlicher Normen im Zivilrecht, insbesondere ... (bei) § 823 II BGB, FS Bemmann, 1997, 125; *F. Peters,* Zur Gesetzestechnik des § 823 Abs. 2 BGB, JZ 1983, 913; *Rödig,* Erfüllung des Tatbestandes des § 823 I BGB durch Schutzgesetzverstoß, 1973; *Schmiedel,* Deliktsobligationen nach deutschem Kartellrecht I, 1974; *K. Schmidt,* Deliktsschutz durch Verwaltungshandeln, FS Zeuner, 1994, S. 279; *Wiethölter,* § 823 II BGB und die Schuldtheorie, JZ 1963, 205.

I. Die Bedeutung des § 823 II

In einer zweiten „kleinen" deliktischen Generalklausel (vgl. o. Rn. 1237) knüpft **1316**
§ 823 II eine Schadensersatzpflicht an den Verstoß gegen Schutzgesetze. Die Bedeutung des § 823 II hängt von der Art des Schutzgesetzes ab, mit dem sich die Vorschrift im Einzelfall verbindet.

1. Erfolgsbezogene Schutzgesetze im Anwendungsbereich des § 823 I

Manche Schutzgesetze betreffen die Verletzung der deliktsrechtlich ohnehin schon durch § 823 I umfassend geschützten Güter wie Leben, Körper, Freiheit oder Eigentum (vgl. o. Rn. 1270–1290). Schutzgesetze dieser Art sind etwa die Vorschriften über Straftaten gegen das Leben (§§ 211 ff. StGB), den Körper (§§ 223 ff. StGB), die Freiheit (§§ 234 ff. StGB) und das Eigentum (§§ 242 ff., 303 ff. StGB).

In Verbindung mit solchen Schutzgesetzen kann § 823 II keine Ansprüche begründen, die sich nicht schon aus § 823 I ergeben. Vielmehr wird der Schutz aus § 823 II hier sogar hinter demjenigen aus § 823 I zurückbleiben, weil das Strafrecht oft strengere Anforderungen insbesondere an den subjektiven Tatbestand stellt: So verlangen etwa die §§ 303 ff. StGB für die Sachbeschädigung Vorsatz, während § 823 I Fahrlässigkeit genügen lässt. Zudem ist der objektive Fahrlässigkeitsbegriff des Zivilrechts (vgl. AT Rn. 368) strenger als derjenige des Strafrechts. Endlich setzt die Schuldfähigkeit im Zivilrecht (§ 828) schon früher ein als im Strafrecht (§ 19 StGB).

Trotzdem gewährt § 823 II auch in diesem Bereich einen selbständigen Anspruch (vgl. AT Rn. 407 f.), soweit die Erfordernisse des Schutzgesetzes erfüllt sind. In Übungsarbeiten wird man einen solchen Anspruch aus § 823 II neben demjenigen aus § 823 I aber vergleichsweise kurz behandeln dürfen. Nur lasse man sich durch diese Kürze nicht, wie es immer wieder geschieht, zu elementaren Fehlern bei der Anwendung des Strafrechts verleiten (Bejahung von § 303 StGB bei bloßer Fahrlässigkeit und Ähnlichem!).

2. Verhaltensbezogene Schutzgesetze

1317 Andere Schutzgesetze verbieten ein bestimmtes gefährliches Verhalten und nicht erst die Herbeiführung eines Verletzungserfolges. Hierher gehören etwa viele Vorschriften der StVO und StVZO. So ist z. B. die Überschreitung von Höchstgeschwindigkeiten unabhängig davon verboten, ob es zu einem Unfall kommt. Zwar dienen auch diese Vorschriften vielfach dem Schutz der schon in § 823 I genannten Rechtsgüter, insbesondere von Leben, Körper und Eigentum. Trotzdem erlangt § 823 II in Verbindung mit solchen verhaltensbezogenen Schutzgesetzen eine **selbständige Bedeutung:** Hier braucht sich das Verschulden nämlich regelmäßig bloß auf den Verstoß gegen das Schutzgesetz zu beziehen und – anders als bei § 823 I (vgl. AT Rn. 375) – nicht auf die Rechtsgutverletzung. Wer z. B. entgegen § 21 StVG ein Kraftfahrzeug ohne die erforderliche Fahrerlaubnis führt, braucht nur insoweit vorsätzlich oder fahrlässig zu handeln, nicht aber auch hinsichtlich der Verletzung eines Menschen durch diese Fahrt.

Freilich wiegt der Unterschied letztlich doch nicht so schwer, wie es auf den ersten Blick scheinen mag. Denn einerseits bestimmen die Schutzgesetze auch das Maß der bei § 823 I zu beachtenden verkehrserforderlichen Sorgfalt (§ 276 II). So wird in aller Regel auch hinsichtlich einer Körperverletzung fahrlässig handeln, wer diese durch eine Fahrt ohne die nötige Fahrerlaubnis herbeigeführt hat. Und andererseits bedarf es auch für § 823 II der haftungsbegründenden adäquaten Kausalität (vgl. AT Rn. 638). Diese dürfte fehlen, wenn selbst ein guter Fahrer mit Fahrerlaubnis die konkrete Verletzung nicht hätte verhindern können. Immerhin bringt der Weg über § 823 II nicht selten Beweisvorteile für den Geschädigten.[1]

3. Gesetze zum Schutz des Vermögens

1318 Eine dritte Gruppe von Schutzgesetzen endlich betrifft von § 823 I nicht erfasste Rechtsgüter, insbesondere das Vermögen. Hierhin gehören etwa die §§ 263 ff. StGB über Betrug und Untreue (nicht aber § 267 StGB, Urkundenfälschung: BGHZ 100, 13). Für solche Schutzgesetze erlangt § 823 II seine **größte Bedeutung:** Mit ihnen können Schadensersatzansprüche begründet werden, die sich aus § 823 I nicht herleiten lassen. Zwar wird hier häufig § 826 konkurrieren. Doch lässt sich der Verstoß gegen das Schutzgesetz oft überzeugender begründen als die Sittenwidrigkeit der Schadenszufügung.

Ähnlich groß ist die Bedeutung von § 823 II, soweit Rechtsgüter durch § 823 I nur als „**Rahmenrechte**" geschützt sind (vgl. o. Rn. 1308 ff.). Dieser allgemeine Schutz ist nämlich regelmäßig unanwendbar, soweit bestimmte Beeinträchtigungen sondergesetzlich geregelt sind. So soll sich der Schutz des eingerichteten und ausgeübten Gewerbebetriebs gegen Handeln im Wettbewerb nur nach den Vorschriften des Wettbewerbsrechts richten (vor allem UWG und GWB).[2] Soweit diese Vorschriften nicht schon selbst einen Schadensersatzanspruch gewähren, kann ein solcher dann bloß über § 823 II begründet werden.

[1] Etwa BGHZ 95, 212 für § 186 StGB.
[2] BGHZ 36, 252, 256.

II. Der Verstoß gegen ein Schutzgesetz

Voraussetzung für einen Ersatzanspruch aus § 823 II ist, dass der anspruchsbegründende Vorgang unter ein Schutzgesetz fällt (s. dazu auch PdW Schuldrecht II **Fall 244**). 1319

1. Vorliegen eines Schutzgesetzes

a) Für § 823 II muss erstens das anzuwendende Gesetz überhaupt ein Schutzgesetz sein.[3] Dazu hat man vielfach definiert, Schutzgesetz sei jede Rechtsnorm (Art. 2 EGBGB), die wenigstens auch die Interessen des Einzelnen schützen solle.[4] Den Gegensatz dazu sollen die bloß dem Schutz der Allgemeinheit dienenden Normen bilden, selbst wenn diese reflexartig auch private Interessen begünstigen.

b) Diese Unterscheidung ist aber oft wenig ergiebig. Denn sie bleibt insofern unbe- 1320
stimmt, als sich der **Schutzzweck einer Norm** häufig nicht sicher ermitteln lässt: Bei älteren Gesetzen ist oft schon der Wille des historischen Gesetzgebers schwer festzustellen. Und selbst wenn man ihn kennt, fragt sich weiter, ob dieser Wille auch heute noch zugrunde gelegt werden kann. Zudem gibt es bei neueren Gesetzen nicht selten voneinander abweichende Äußerungen der am Gesetzgebungsverfahren Beteiligten; dann ist fraglich, welche davon maßgebend sein soll.

Eine weitere Schwäche der genannten Definition besteht darin, dass sie zu undifferenziert auf den Schutzzweck schlechthin abstellt: Für § 823 II kommt es ja nur auf den **Schutz gerade durch Schadensersatzansprüche** an, während ein Schutz einzelner Personen auch auf andere Weise denkbar ist. So kann etwa eine Gemeinde statt durch drohende Schadensersatzansprüche auch durch die Kommunalaufsicht davon abgehalten werden, privaten Unternehmern durch eigene Wirtschaftsbetriebe Konkurrenz zu machen.[5]

Von diesen beiden Schwierigkeiten ist die erste (Ermittlung des maßgeblichen Normzwecks) allgemeiner Natur; sie kann hier nicht weiter behandelt werden. Wegen der zweiten Schwierigkeit wird man die genannte Definition jedoch zu ergänzen haben: Aus dem „Umfeld" der als Schutzgesetz zu qualifizierenden Norm muss sich ergeben, dass deren Schutzzweck gerade (auch) durch privatrechtliche Schadensersatzansprüche erreicht werden soll.[6] *Canaris* bringt weitere einschränkende Kriterien.[7] Allgemein formuliert *BGH* ZIP 2010, 1433 Tz. 26: Zu prüfen sei „in umfassender Würdigung des umfasssenden Regelungszusammenhangs…, ob es in der Tendenz des Gesetzgebers liegen konnte, an die Verletzung des geschützten Interesses die Haftung gem. § 823 II mit allen den damit verbundenen Haftungs- und Beweiserleichterungen zu knüpfen (st. Rspr. des erkennenden Senats)". Eine umfangreiche Aufstellung von Schutzgesetzen findet sich etwa bei MünchKomm/*Wagner,* § 823 Rn. 367 ff., für § 323 c StGB bejahend jetzt auch *OLG Karlsruhe* NJW 2004, 3640.

---

[3] Hierüber grundlegend *Canaris,* 2. FS Larenz, 1983, S. 27, 45 und *Larenz/Canaris,* SBT II 2, § 77 II.
[4] Etwa BGHZ 46, 17, 23; *BGH* NJW 2004, 356, 357.
[5] Vgl. etwa *BGH* JZ 1962, 217 zur Abgabe von Blockeis durch einen städtischen Schlachthof, und weiter BGHZ 150, 343 mit Anm. *Dreher* in ZIP 2002, 1648 (kritisch) sowie *Ehlers* in JZ 2003, 318; *Warneke,* JuS 2003, 958.
[6] Ähnlich *BGH* NJW 1980, 1792, dazu *H. Schlosser,* JuS 1982, 657.
[7] 2. FS Larenz, 1983, 27, 75 ff.; auch *Larenz/Canaris,* SBT II 2, § 77 II.

2. Schutzbereich der Norm

1321 Dass eine Norm überhaupt ein Schutzgesetz ist, genügt aber zur Begründung konkreter Ersatzansprüche noch nicht. Vielmehr muss sich der einzelne Schadensfall auch gerade im Schutzbereich der Vorschrift befinden. Das umfasst dreierlei:

a) Erstens haben die meisten Schutzgesetze nur einen beschränkten **persönlichen Schutzbereich,** d. h. sie wollen bloß bestimmte Personen schützen. So kann etwa ein Halteverbot zwar andere Verkehrsteilnehmer schützen sollen, nicht aber das Vermögen eines Bauunternehmers, der an der Zufahrt zu einer Baustelle gehindert wird.[8] Ähnlich schützt § 21 S. 2 StVZO (TÜV) nicht das Vermögen eines künftigen, den Mangel nicht kennenden Käufers.[9]

1322 b) An dem eben gebrachten Beispiel lassen sich auch die Unterschiede im **sachlichen Schutzbereich** zeigen. Dabei geht es um die Frage, ob das Schutzgesetz gerade dem verletzten Rechtsgut dienen soll. So bezweckt das Halteverbot sicher nicht einen Vermögensschutz, sondern die Unversehrtheit von Leben und Körper. Doch scheiden damit nicht auch *sekundäre* Gesundheitsschäden aus dem Schutzbereich aus, die adäquate Folgen einer primären Verletzung anderer Schutzgüter darstellen: Die um ihre Ersparnisse betrogene Witwe möge sich über den Verlust derart aufregen, dass sie einen Herzinfarkt erleidet. Hier hat der Betrüger nach §§ 823 II BGB, 263 StGB auch für den Herzinfarkt einzustehen, selbst wenn sich sein Verschulden nicht auf diesen erstreckt (so dass die Haftung nicht schon aus § 823 I eintritt).

1323 c) Drittens endlich muss die geschützte Person mit ihrem geschützten Rechtsgut auch **gerade vor Schädigungen nach Art der eingetretenen** geschützt werden sollen. So will etwa das Verbot, Fahrzeuge nachts unbeleuchtet auf der Fahrbahn abzustellen, andere Verkehrsteilnehmer an Leben, Körper und Eigentum schützen. Doch beschränkt sich dieser Schutzzweck auf Verletzungen durch Auffahren oder zu starkes Bremsen. Verletzt sich dagegen jemand bei dem Versuch, das gefährliche Fahrzeug von der Straße zu schieben, so trifft der Schutzbereich der genannten Vorschrift nicht mehr zu (doch kommen hier Ersatzansprüche nach §§ 683, 679, 670 in Betracht, vgl. o. Rn. 1118). S. dazu auch PdW Schuldrecht II **Fall 245**.

3. Verstoß gegen das Schutzgesetz

1324 Gegen das für die konkrete Schädigung passende Schutzgesetz muss verstoßen werden, d. h. es muss dessen voller objektiver und subjektiver Tatbestand erfüllt sein. Soweit **Strafgesetze** Vorsatz verlangen, muss also auch dieser vorliegen. Überhaupt sind bei Strafgesetzen die strafrechtlichen Erfordernisse maßgeblich, etwa hinsichtlich der Schuld oder der Fahrlässigkeit; auch gilt die strafrechtliche Irrtumslehre.[10] Nur auf einen für die Bestrafung nötigen Strafantrag ist im Rahmen des § 823 II zu verzichten: Man sollte den Geschädigten nicht bloß deshalb zu einem von ihm nicht gewollten Strafantrag veranlassen, damit er nicht die zivilrechtlichen Ersatzansprüche verliert.

---

[8] *BGH* NJW 2004, 356.
[9] *BGH* ZIP 2004, 2243.
[10] *BGH* VersR 1984, 1071 f.

4. Verschulden

Nach § 823 II 2 soll, wenn nicht schon der Verstoß gegen das Schutzgesetz ein Verschulden erfordert, für die zivilrechtliche Ersatzpflicht ein Verschulden (also mindestens Fahrlässigkeit nach § 276 II) nötig sein. Das entspricht dem im BGB regelmäßig geltenden Verschuldensprinzip (vgl. AT Rn. 357). 1325

III. Einzelfragen

Die meisten Einzelfragen zu § 823 II betreffen den Charakter bestimmter Normen oder Normengruppen als Schutzgesetze (vgl. o. Rn. 1319 f.). Hierfür sind die Kommentare zu vergleichen; nur drei Punkte seien hier herausgegriffen. 1326

1. Die Unfallverhütungsvorschriften der Berufsgenossenschaften werden überwiegend nicht als Schutzgesetze angesehen.[11] Allerdings sind die Argumente hierfür wenig überzeugend. Aber auch wenn man anders entschiede, könnte der verletzte Arbeitnehmer regelmäßig nicht etwa aus § 823 II Schadensersatzansprüche gegen den Arbeitgeber oder einen Arbeitskollegen wegen eines schuldhaften Verstoßes gegen diese Vorschriften herleiten: Dem steht der gesetzliche Haftungsausschluss nach §§ 104 ff. SGB VII entgegen (vgl. o. Rn. 654).

2. Das Verbot der Eigenmacht (§ 858) mag zwar als Schutzgesetz für den Besitzer verstanden werden (so die meisten Kommentare). Doch darf man auch auf diesem Weg nicht die Beschränkungen ausschalten, die für einen Schadensersatzanspruch des Besitzers aus § 823 I bestehen: vgl. o. Rn. 1302 und BGHZ 79, 232; 114, 305, 310 f. 1327

3. Wegen der Umweltschäden von großer Bedeutung ist die Frage, ob **§ 5 BImSchG** über die Pflichten des Betreibers einer genehmigten Industrieanlage ein Schutzgesetz für Dritte (z. B. die Eigentümer beeinträchtigter Waldgrundstücke) darstellt. Die Frage dürfte zu verneinen sein, wenn das Unternehmen die ihm gemachten Auflagen einhält, mögen diese auch nicht genügen (dafür kommt allenfalls eine Amtshaftung in Betracht, die aber seinerzeit verneint worden ist, etwa BGHZ 102, 350 und *BVerfG* NJW 1998, 3264, dazu *von Hippel,* ebenda 3254): vgl. *Marburger,* Die Regeln der Technik im Recht (1979), S. 482 ff., hierzu die Haftung nach dem UmweltHG (vgl. u. Rn. 1394 ff.). 1328

§ 150. Die vorsätzliche sittenwidrige Schädigung

Literatur: *Braun,* Rechtskraft und Restitution I: Der Rechtsbehelf gem. § 826 BGB gegen rechtskräftige Urteile, 1979; *Deutsch,* Entwicklung und Entwicklungsfunktion der Deliktstatbestände, JZ 1963, 385; *Koller,* Sittenwidrigkeit der Gläubigergefährdung und Gläubigerbenachteiligung, JZ 1985, 1013; *Klados,* § 826 BGB – Ein legitimes Mittel zur Durchbrechung der Rechtskraft? JuS 1997, 705; *H. Köhler,* Die „Beteiligung an fremdem Vertragsbruch" – eine unerlaubte Handlung?, FS Canaris (2007) Bd. 1 591; *Krasser,* Der Schutz vertraglicher Rechte gegen Eingriffe Dritter, 1971; *Lammel,* Zur Auskunftshaftung, AcP 179 (1979), 337; *Looschelders,* Schadensersatz bei „einseitiger" Durchkreuzung der Familienplanung durch den kinderwilligen (Ehe-)Partner?, Jura 2000, 169; *Mertens,* Deliktsrecht und Sonderprivatrecht – Zur Rechtsfortbildung des deliktischen Schutzes von Vermögensinteressen, AcP 178 (1978), 227; *ders.,* Zur Bankenhaftung wegen Gläubigerbenachteiligung, ZHR 143 (1979), 174; *Sack,* Der subjektive Tat-

[11] Vgl. MünchKomm/*Wagner,* § 823 Rn. 334 f.

bestand von § 826 BGB, NJW 2006, 945; *Schricker,* Gesetzesverletzung und Sittenverstoß, 1970; *Wieacker,* Rechtsprechung und Sittengesetz, JZ 1961, 337; *M. Wolf,* Der Ersatzberechtigte bei Tatbeständen sittenwidriger Schädigung, NJW 1967, 709.

Die dritte „kleine Generalklausel" im Deliktsrecht des BGB, nämlich § 826, lässt ohne Rücksicht auf die Art des verletzten Rechtsguts aus der vorsätzlichen sittenwidrigen Schädigung auf Ersatz haften.

I. Die Bedeutung des § 826

1329 Für die Bedeutung des § 826 kann man **zwei Bereiche** unterscheiden.

1. Wenn sich eine vorsätzliche Schädigung gegen eines der **Lebensgüter oder Rechte des § 823 I** richtet, ergibt sich ein Ersatzanspruch schon aus dieser Vorschrift. Auch kann eine vorsätzliche Schädigung gegen ein Schutzgesetz – etwa ein Strafgesetz – verstoßen; dann kommt ein Ersatzanspruch aus **§ 823 II** in Betracht. Soweit die Beteiligten in einem Vertrag verbunden sind, wird die vorsätzliche Schädigung diesen verletzen und daher eine **Vertragshaftung** auslösen.

Daneben kann jeweils noch der Anspruch aus § 826 bestehen; diese Vorschrift ist also keineswegs bloß subsidiär. Aber in der Praxis und stärker noch bei Übungsfällen wird man doch das Hauptgewicht auf die Anspruchsbegründung aus § 823 oder aus Vertrag legen. Diese Ansprüche sind zudem für den Gläubiger günstiger: Sie umfassen nämlich auch alle adäquaten Folgeschäden, während diese bei § 826 vom Vorsatz des Täters mitumfasst sein müssen (vgl. u. Rn. 1332).

1330 **2.** Daneben gibt es aber auch einen weiten Bereich, in dem **allein § 826** in Betracht kommt. Dabei geht es vor allem um **Vermögensverletzungen,** die ohne Verstoß gegen ein Schutzgesetz zugefügt worden sind. Doch kann die wiederholte Bewertung bestimmter Verletzungen als sittenwidrig zur Bildung konkreter Regeln führen. Diese werden dann bisweilen vom Gesetzgeber aufgenommen und als Schutzgesetze formuliert. So ist ein Teil der Normen des UWG und des GWB (Missbrauch wirtschaftlicher Macht) aus der Rechtsprechung zu § 826 entstanden. Dadurch hat § 826 partiell an Bedeutung verloren. Dem steht aber ein Bedeutungszuwachs an anderen Stellen gegenüber, weil die Änderung der sozialen Bewertung ständig weitere Verhaltensweisen als sittenwidrig erscheinen (und auch umgekehrt andere Verhaltensweisen aus dem Bereich der Sittenwidrigkeit herausfallen) lässt.

II. Die Anspruchsvoraussetzungen

1. Schadenszufügung

1331 Erste Voraussetzung für einen Anspruch aus § 826 ist eine Schadenszufügung. Dabei kommt es – anders als bei § 823 I – nicht darauf an, welches Rechtsgut primär verletzt worden ist; insbesondere genügt auch eine primäre Vermögensschädigung. Und im Gegensatz zu § 823 II ist die Art der Schadenszufügung nicht durch den Verstoß gegen ein gesetzliches Verbot bestimmt. Ausreichend ist auch ein Nichtvermögensschaden (z. B. die Ehrenkränkung durch die Verweigerung der Aufnahme in einen Verein).

2. Vorsatz

Derjenige Schaden, dessen Ersatz verlangt wird, muss vorsätzlich zugefügt worden sein. Zudem muss der Vorsatz nach h. M. diejenigen Umstände umfassen, aus denen sich die Bewertung der Schädigung als sittenwidrig ergibt. Dagegen braucht der Täter diese Bewertung selbst weder zu kennen noch auch bloß laienhaft nachzuempfinden: Dem Geschädigten könnten sonst unüberwindliche Beweisschwierigkeiten entstehen; auch sollen dem Täter seine eigenen laxen Vorstellungen nicht nutzen. 1332

Ausreichend ist **bedingter Vorsatz,** der den Schadenseintritt als möglich voraussieht und ihn billigend in Kauf nimmt (vgl. AT Rn. 366). Zudem brauchen hinsichtlich des Schadens nicht die Einzelheiten vorausgesehen worden zu sein, sondern nur Art und Richtung des Schadensverlaufs.[1] Wer z. B. seinem wegen Untreue ausscheidenden Arbeitnehmer ein täuschend günstiges Führungszeugnis gibt (vgl. o. Rn. 656 ff.), braucht sich nicht konkret vorzustellen, wann und um welchen Betrag dieser Arbeitnehmer welchen neuen Arbeitgeber schädigen wird: Es genügt die allgemeine Vorstellung, das täuschende Zeugnis könne die Gelegenheit zu einer Schädigung schaffen.[2] S. dazu auch PdW Schuldrecht II **Fall 246.**

Vereinzelt ist formuliert worden, bisweilen genüge schon grobe Fahrlässigkeit in Form der **Rücksichtslosigkeit oder Leichtfertigkeit.**[3] Doch ist das so mit § 826 nicht vereinbar; Rücksichtslosigkeit und Leichtfertigkeit sind eher für die Sittenwidrigkeit erheblich.[4] Im Übrigen können sie nur ein Indiz für einen bedingten Schädigungsvorsatz bilden.[5] Es möge etwa ein Sachverständiger gutachtlich die Echtheit eines Kunstwerks bescheinigen, das er nie gesehen hat. Dann liegt der Schluss auf einen Eventualvorsatz hinsichtlich der Unrichtigkeit des Gutachtens und der daraus zu erwartenden Schäden nahe.

3. Sittenwidrigkeit

Endlich muss die Schadenszufügung gegen die guten Sitten verstoßen, womit sie dann zugleich als unerlaubte Handlung (mithin als rechtswidrig) erkannt wird. Diese Sittenwidrigkeit ist an sich die gleiche wie diejenige, die nach § 138 über die Nichtigkeit von Rechtsgeschäften entscheidet.[6] Doch sind die Rechtsfolgen verschieden: Während § 138 nur Rechtsschutz versagt, gewährt § 826 solchen Schutz (im Sinne der alten *actio de dolo*). Im Einzelnen dürften bei § 826 zwei Bereiche zu unterscheiden sein. 1333

a) Wer **ein besonderes Recht** hat, kann dieses regelmäßig auch dann ausüben, wenn das anderen schadet: Das Recht gewährt eben eine Vorzugsstellung gegenüber anderen. So darf der Gläubiger seine Forderung ausüben; der Eigentümer darf andere von seiner Sache fernhalten (wenn nicht im Rahmen der Eigentumsbindung nach Art. 14 II GG Abweichendes gesetzlich bestimmt ist); wer ein rechtskräftiges Urteil erstritten hat, darf dieses vollstrecken. Ein Verstoß gegen die guten Sitten kommt hier allenfalls unter ganz besonderen Voraussetzungen in Betracht, etwa wenn der Schadenseintritt nicht durch ein gerechtfertigtes Interesse gedeckt wird (so formuliert BGHZ 129, 136, 172). 1334

1 MünchKomm/*Wagner,* § 826 Rn. 24 f.
2 Vgl. auch *BGH* ZIP 2004, 1699; NJW 2004, 3423.
3 Etwa *BGH* NJW 1992, 3167.
4 *Larenz/Canaris,* SBT II 2, § 78 II 2b.
5 Vgl. etwa *BGH* NJW 1991, 634, 636; BGHZ 129, 136, 177.
6 Vgl. etwa *Köhler,* § 17 Rn. 18 ff.; *Medicus,* BGB AT, Rn. 681 ff.

1335 b) Den Gegensatz dazu bilden Schadenszufügungen, für die sich der Täter bloß auf seine **allgemeine Handlungsfreiheit** berufen kann: Diese deckt vorsätzliche Schädigungen anderer regelmäßig nicht. So darf man nicht andere durch wissentlich falsche Auskünfte schädigen. Hier indiziert also der Schädigungsvorsatz geradezu die Sittenwidrigkeit. Anders verhält es sich nur, wo die Rechtsordnung ihre Verhaltensanforderungen auf bestimmte Personen beschränkt (vgl. u. Rn. 1336).

III. Einzelne Anwendungsfälle

1336 Der Anwendungsbereich des § 826 reicht ebenso weit wie die menschliche Bosheit. Das riesenhafte Material anzuführen muss Sache der Kommentare sein. Dabei betreffen übrigens manche bei § 826 genannte ältere Entscheidungen Fälle, die inzwischen durch Spezialgesetze geregelt und jetzt nicht mehr in erster Linie nach § 826 zu entscheiden sind (vgl. o. Rn. 1330). Hier sollen nur drei Anwendungsbereiche kurz behandelt werden (die sog. „Existenzvernichtungshaftung" gehört ins Gesellschaftsrecht, vgl. etwa *BGHZ* 173, 246 und *Dauner-Lieb,* ZGR 2008, 34).

1. Mitwirkung an fremder Vertragsverletzung

Ein Schuldvertrag (wie überhaupt jedes Schuldverhältnis, auch das einseitige, *BGH* NJW 1992, 2152) bindet nur die daran Beteiligten, nicht aber Dritte. Darum braucht sich z. B. derjenige, der eine Sache kaufen will, grundsätzlich nicht darum zu kümmern, ob der Verkäufer diese schon einem Dritten versprochen hat. Selbst wenn der Käufer das positiv weiß, bedeutet die Annahme der Sache keine Sittenwidrigkeit. Diese kann sich vielmehr erst daraus ergeben, dass er den Verkäufer mit besonderen Mitteln zum Vertragsbruch bestimmt hat, z. B. durch das Versprechen, den Verkäufer von Schadensersatzansprüchen des Erstkäufers freizustellen.[7]

2. Gläubigertäuschung

1337 Die Relativität von Schuldverhältnissen liefert auch den Ausgangspunkt für diejenigen Probleme, die sich bei der Konkurrenz mehrerer Gläubiger ergeben: Grundsätzlich kann jeder Gläubiger die Befriedigung seiner Forderung ohne Rücksicht auf die übrigen Gläubiger betreiben, also auch wenn das Schuldnervermögen für diese übrigen dann nicht mehr genügt. Dieses sog. Präventionsprinzip endet erst bei der Eröffnung eines Insolvenzverfahrens: Danach werden regelmäßig alle Gläubiger gleichbehandelt, selbst diejenigen, deren Forderungen erst später fällig sind.

Sittenwidrigkeit kommt aber dann in Betracht, wenn ein Gläubiger sich bei diesem Wettlauf mit den anderen unlautere Vorteile zu verschaffen sucht. Dazu gehört die **Übersicherung:** Der Gläubiger nimmt zu seiner Sicherung einen erheblich größeren Teil des Schuldnervermögens als nötig in Anspruch (so nicht selten bei Globalzessionen). Doch braucht man hier § 826 nicht, weil schon § 138 hilft: Die Sicherungsgeschäfte sind nichtig, so dass ein nach § 826 zu ersetzender Schaden der übrigen Gläubiger von vornherein vermieden bleibt. Anders liegt es bei der **Gläubigertäuschung**: Ein Gläubiger, der um seine Forderung fürchtet, führt dem Schuldner kurzfristig weitere Mittel zu, um diesen gegenüber Dritten als kreditwürdig erscheinen zu

7 Etwa *BGH* NJW 1981, 2185, dort übrigens sittenwidriges Verhalten der Bundesbahn; ähnlich *BGH* NJW 1994, 128.

lassen. Die derart Getäuschten gewähren dann dem Schuldner Kredit, und aus diesem wird der erste Gläubiger befriedigt: Hier hilft § 138 nicht sicher; wohl aber haben die Getäuschten gegen den ersten Gläubiger Ersatzansprüche aus § 826. Ein Grenzfall der Gläubigertäuschung ist die **Konkurs-** (jetzt **Insolvenz)verschleppung.**[8]

3. Ausnutzung eines unrichtigen Urteils

Ein Erbe möge auf Rückzahlung eines an seinen Erblasser gegebenen Darlehens ver- 1338
klagt und auch verurteilt werden. Dann möge der Erbe einen Zeugen für die Rückzahlung oder eine vom Kläger ausgestellte Quittung über diese finden: Kann er jetzt die Vollstreckung des Urteils mit § 826 abwehren oder aus dieser Vorschrift das schon auf das Urteil Gezahlte zurückverlangen?[9]

Die §§ 578 ff. ZPO regeln die Wiederaufnahme von durch rechtskräftiges Urteil abgeschlossenen Verfahren. Hierfür gibt es bei schwersten Verfahrensfehlern die Nichtigkeitsklage (§ 579 ZPO) und bei bestimmten Fehlern in der tatsächlichen Urteilsgrundlage die Restitutionsklage (§ 580 ZPO). Die Frage nach der Anwendbarkeit des § 826 ergibt sich nur, wo diese speziellen Rechtsbehelfe nicht ausreichen. Dabei gelangt man zunächst zu der Vorfrage, ob nicht die §§ 578 ff. ZPO eine abschließende Regelung darstellen. Ich möchte das aus mehreren prozessrechtlichen Gründen bejahen, die aber hier nicht auszubreiten sind (es geht vor allem um die Rechtskraft des angeblich falschen Urteils). Der *BGH* ist jedoch anderer Ansicht.[10] Immerhin verlangt er aber für die Anwendung von § 826 gegen rechtskräftige Urteile „einen besonders schwerwiegenden Fall sittenwidrigen Verhaltens"; die Unrichtigkeit des Urteils dürfe nicht auf eigener mangelhafter Prozessführung des Schuldners beruhen.[11] Es müsse „mit dem Gerechtigkeitsgedanken schlechthin unvereinbar sein, dass der Titelgläubiger seine formelle Rechtsstellung unter Missachtung der materiellen Rechtslage zu Lasten des Schuldners ausnutzt".[12] Doch bleiben Entscheidungen zu dieser Frage schwer voraussehbar.[13] Heftig umstritten war beispielsweise, ob rechtskräftige Titel über Darlehensrückzahlungen (insbesondere Vollstreckungsbescheide aus dem Mahnverfahren ohne Schlüssigkeitsprüfung) noch vollstreckt werden dürfen, die aus der Zeit vor der erweiterten Anwendung des § 138 auf überhöhte Zinsen stammen.[14] Fraglich ist allgemein die Angreifbarkeit rechtskräftiger, aber später als unrichtig erkannter Versäumnisurteile.[15] Die Ausnützung eines erst später als unrichtig erkennbaren Feststellungsurteils fällt nicht unter § 826.[16]

---

[8] Vgl. etwa BGHZ 96, 231 (Beton- und Monierbau).

[9] Vgl. dazu umfassend *Prütting/Werth,* Rechtskraftdurchbrechung bei unrichtigen Titeln, 2. Aufl., 1994.

[10] Etwa BGHZ 50, 115 mit Darstellung des Streitstands, zustimmend MünchKomm/*Wagner,* § 826 Rn. 155 ff.

[11] Etwa *BGH* NJW 1979, 1046, 1047 f.

[12] *BGH* NJW 1999, 1257, 1258.

[13] Vgl. etwa *BGH* NJW 1983, 2317.

[14] Vgl. dazu etwa BGHZ 101, 380; 103, 44; *BGH* NJW 1998, 2818 sowie *Kothe,* NJW 1985, 2217; *Münzberg,* NJW 1986, 361; *Grunsky,* ZIP 1986, 1361; *ders.,* ZIP 1987, 1021; *Deneke/Stoll,* JuS 1989, 796; *Höhn,* Jura 1989, 240, auch *BVerfG* NJW 1993, 1125.

[15] Dazu *Funk,* NJW 1991, 2001; *Grün,* NJW 1991, 2401.

[16] *OLG Hamm* NJW 1998, 1800.

§ 151. Die Haftung aus vermutetem Verschulden

Literatur: *Coester-Waltjen,* Beweiserleichterungen und Gefährdungshaftung, Jura 1996, 608; *Medicus,* Verschuldensabwägung bei Beweislastumkehr, FS U. Huber, 2006, 437; *Musielak,* Die Beweislast, JuS 1983, 198; 368; 526; 609 (dort weit. Angaben); *Oberheim,* Beweiserleichterungen im Zivilprozeß, JuS 1996, 636; 729; 918; 1111; 1997, 61; 358; *Stück,* Der Anscheinsbeweis, JuS 1996, 153.

I. Die Bedeutung der Beweislast

1. Das regelmäßige Risiko des Geschädigten

1339 Für einen Anspruch aus § 823 I (und den meisten anderen Deliktsvorschriften) liegt die Beweislast beim Kläger, also beim Geschädigten. Dieser muss also nicht nur beweisen, dass der Beklagte ihn verletzt hat und dass daraus derjenige Schaden entstanden ist, dessen Ersatz mit der Klage begehrt wird. Vielmehr gehören zur Beweislast des Klägers auch das Verschulden des Beklagten und der Kausalzusammenhang zwischen diesem Verschulden und der Verletzung. Wer also z. B. von einem Radfahrer Schadensersatz verlangt, weil dieser ihn angefahren und verletzt habe, muss auch beweisen, dass das Anfahren auf einem Verschulden des Radfahrers beruht.

Dieser Beweis ist regelmäßig allenfalls bei einfachen (direkten) Verletzungsvorgängen möglich, deren äußerer Ablauf dem Geschädigten sichtbar war. Doch nutzt auch die Sichtbarkeit nichts, wenn die Schädigung in einer Tötung besteht. Ganz unübersichtlich sind für den Geschädigten die schon bei den Verkehrspflichten behandelten mittelbaren Verletzungen (vgl. o. Rn. 1243): Warum ein Produkt misslungen, ein fremdes Gebäude eingestürzt oder eine Kuh aus der Weide ausgebrochen ist, kann der Geschädigte regelmäßig gar nicht wissen.

2. Hilfen für den Geschädigten

1340 Gegenüber diesen Schwierigkeiten kann dem Geschädigten in verschiedener Weise geholfen werden.

a) Am wenigsten weit reicht der richterrechtlich geschaffene **Beweis des ersten Anscheins** (*prima facie*-Beweis): Es wird davon ausgegangen, dass sich ein Vorgang so abgespielt hat, wie er sich nach der Erfahrung abzuspielen pflegt. So beruht ein Auffahrunfall regelmäßig auf einem Verschulden des Auffahrenden; dieses braucht der Geschädigte dann zunächst nicht zu beweisen. Doch wird der Beweis wieder nötig, wenn der Schädiger seinerseits die ernsthafte Möglichkeit eines untypischen Ablaufs dartut, z. B. weil seine Bremsen versagt haben.[1] Der Anscheinsbeweis beschränkt sich überhaupt auf typische Vorgänge; er versagt z. B. bei Abbrechen eines Zahns (*BGH* NJW 2006, 2262).

1341 b) Weiter reicht die Verlagerung der Beweisführungslast **(subjektiven Beweislast).** Dabei geht es um die Frage, wer Beweis antreten muss (also Urkunden vorlegen, Zeugen benennen usw.). Die Unterlassung von Beweisantritten führt regelmäßig dazu, dass die zu beweisende Frage zum Nachteil der mit der Beweisführung belasteten Partei entschieden wird.

[1] Vgl. etwa *BGH* NJW 1996, 1828; *OLG Frankfurt a. M.* NJW 2007, 82.

c) Von der Beweisführungslast ist zu unterscheiden die **objektive Beweislast:** Sie regelt die Rechtsfolgen für den Fall, dass der Richter nach Erhebung aller angebotenen Beweise zu keiner bestimmten Überzeugung gelangt ist. Dann wird diejenige Alternative angenommen, die der beweisbelasteten Partei ungünstig ist; diese trägt also das Risiko der Beweislosigkeit. 1342

3. Die gesetzlichen Beweislastumkehrungen im Deliktsrecht

Die im Folgenden zu behandelnden Beweislastumkehrungen der §§ 831 ff. BGB, 18 StVG betreffen die subjektive und die objektive Beweislast: Etwa bei § 831 muss also der Geschäftsherr nicht bloß die Beweise für seine Sorgfalt oder das Fehlen der Kausalität anbieten (vgl. u. Rn. 1348). Vielmehr werden auch seine Schuld und die Kausalität bejaht, wenn die Beweise den Richter nicht vom Gegenteil überzeugt haben. Das ist eine sehr wirksame Hilfe für den Geschädigten. 1343

Der **Grund** für diese Hilfe liegt vor allem darin, dass der Geschädigte denjenigen Haftungsvoraussetzungen, für die ihm die Beweislast abgenommen wird, ganz fernsteht: Der von einem Verrichtungsgehilfen Geschädigte etwa kann ja regelmäßig gar nicht wissen, wie der Gehilfe angestellt und überwacht worden ist. Aufklärung hierüber vermag nur der Geschäftsherr zu geben; darum überträgt das Gesetz ihm die subjektive Beweislast. Zudem kann nur er auch die Beweismittel sichern. Deshalb ist es sachgerecht, ihn zugleich das Risiko der Beweislosigkeit – also die objektive Beweislast – tragen zu lassen.

II. Haftung für Verrichtungsgehilfen

Literatur: *F. Baur,* Zur dogmatischen Einordnung der Haftung für „Verrichtungsgehilfen", Karlsruher Forum (Beiheft zum VersR) 1962, 14 ff.; *Erdsiek,* Die Problematik des § 831 BGB ..., Juristen-Jahrbuch 8 (1967/68) 36; *Helm,* Rechtsfortbildung und Reform bei der Haftung für Verrichtungsgehilfen, AcP 166 (1966), 389; *Kupisch,* Die Haftung für Verrichtungsgehilfen, JuS 1984, 250; *Landwehr,* Die Haftung der juristischen Person für körperschaftliche Organisationsmängel, AcP 164 (1964), 482; *Seiler,* Die deliktische Gehilfenhaftung in historischer Sicht, JZ 1967, 525; *Sellert,* Zur Anwendung der §§ 831, 31 BGB auf die Gesellschaft bürgerlichen Rechts, AcP 175 (1975), 77; *Steindorff,* Repräsentanten- und Gehilfenversagen und Qualitätsregelungen in der Industrie, AcP 170 (1970), 93.

Die Haftung nach § 831 für Verrichtungsgehilfen ist schon in AT Rn. 384 als Gegensatz zur Haftung für Erfüllungsgehilfen (§ 278) erwähnt worden: Anders als § 278 begründet § 831 keine Haftung für fremdes Verschulden. Vielmehr haftet der Geschäftsherr aus § 831 für eigenes Verschulden. Dieses und die Kausalität für den Schadenseintritt werden aber widerleglich vermutet (d. h. die Beweislast ist umgekehrt, vgl. o. Rn. 1343). Danach muss man unterscheiden zwischen den Voraussetzungen der Vermutung (also der Vermutungsbasis) und dieser selbst. 1344

1. Voraussetzungen der Vermutung

a) Der Verrichtungsgehilfe muss von einem anderen – dem Geschäftsherrn – **zu einer Verrichtung bestellt** worden sein, § 831 I 1. Nötig ist hier die Abgrenzung eines solchen Gehilfen von den – wenigstens regelmäßig nicht unter § 831 fallenden – selbständigen Unternehmern. So ist etwa zwar der Maurer Verrichtungsgehilfe des Bauunternehmers, aber nicht auch dieser Verrichtungsgehilfe des Bauherrn. Der Grund dieser Unterscheidung ist wohl letztlich, dass der Geschädigte regelmäßig nur 1345 bei einem selbständigen Unternehmer und nicht auch bei einem unselbständigen Gehilfen eine ausreichende Haftungsmasse (oder eine Versicherung) vorfindet. Wenn ihm schon der Bauunternehmer haftet, braucht er daher typischerweise nicht auch noch die Haftung des Bauherrn.

Man hat das hier maßgebliche Abgrenzungskriterium früher als „soziale Abhängigkeit" des Verrichtungsgehilfen bezeichnet. Doch ist genauer die Eingliederung des Gehilfen in die Organisationssphäre des Geschäftsherrn sowie das Unterworfensein unter dessen Weisungen zu verlangen.[2] Mangels solcher Eingliederung ist z. B. der Taxifahrer nicht Verrichtungsgehilfe des Fahrgasts, auch wenn er sich dessen Anweisungen für die Fahrt unterworfen hat. Doch kann auch ein angestellter „Testesser" Verrichtungsgehilfe sein, dessen Tätigkeit nicht im räumlichen Bereich seines Auftraggebers stattfindet.[3]

Nach *BGH* ZIP 1989, 830, 833 soll freilich ausnahmsweise auch ein **selbständiger Unternehmer** Verrichtungsgehilfe sein können, nämlich wenn er „im Einflußbereich des Geschäftsherrn steht und sich in einer gewissen Abhängigkeit zu ihm befindet" (zweifelhaft). Jedenfalls scheitert die Anwendung von § 831 nicht schon deshalb, weil der Geschäftsherr den Gehilfen wegen dessen überlegener Sachkunde gar nicht kontrollieren kann (*OLG Bamberg* VersR 1994, 813, 815).

1346 b) Der Gehilfe muss **einem Dritten widerrechtlich Schaden zugefügt** haben, § 831 I 1. Nötig ist dazu die rechtswidrige Verwirklichung eines objektiven Tatbestandes der §§ 823 ff. Unnötig ist dagegen Verschulden. Hat sich der Gehilfe aber verkehrsrichtig verhalten, kommt man entweder zu dem Rechtfertigungsgrund von BGHZ 24, 21, oder das Verhalten des Gehilfen geht nicht auf einen Auswahlfehler des Geschäftsherrn zurück (vgl. o. Rn. 1255; u. Rn. 1350).

1347 c) Endlich muss der Gehilfe den Schaden **in Ausführung der Verrichtung** zugefügt haben. Das ist entsprechend zu verstehen wie das Tatbestandsmerkmal „bei Erfüllung" in § 278: Es genügt, dass die übertragene Tätigkeit dem Gehilfen die Schadenszufügung wesentlich erleichtert hat (vgl. AT Rn. 399 f.).[4] So hat BGHZ 11, 151 im Ergebnis mit Recht, wenn auch auf einem Umweg in der Begründung, eine Haftung des Abbruchunternehmers für möglich gehalten, wenn seine Arbeiter Abbruchmaterial stehlen.[5] S. dazu auch PdW Schuldrecht II **Fall 247**.

2. Die Vermutung

1348 a) Vermutet wird zunächst ein eigenes Verschulden des Geschäftsherrn. Dabei setzt § 831 I 2 die schuldhaft verletzte Pflicht voraus: Der Geschäftsherr muss zumindest bei der **Auswahl des Gehilfen** die im Verkehr erforderliche Sorgfalt beachten. Der Geschäftsherr muss sich also darum kümmern, dass der Gehilfe die ihm zu übertragende Tätigkeit voraussichtlich ohne eine Schädigung Dritter wird durchführen können. Dabei hängt der Umfang der vom Geschäftsherrn anzuwendenden Sorgfalt von der Gefährlichkeit der zu übertragenden Tätigkeit ab: Der Fahrer eines schweren Baukrans muss nach anderen Gesichtspunkten ausgewählt werden als ein Bürogehilfe.

Das Urteil über die Auswahl wird aber nicht auf den (vielleicht lange zurückliegenden) Zeitpunkt der Anstellung des Gehilfen bezogen. Vielmehr stellt die h. M. auf

[2] Vgl. BGHZ 45, 311, auch BGHZ 103, 298, 303; MünchKomm/*Wagner*, § 831 Rn. 10 ff.
[3] *BGH* NJW-RR 1998, 250.
[4] Ähnlich *Larenz/Canaris*, SBT II 2, § 79 III 2 d, str.
[5] Ähnlich *OLG Hamburg* VersR 1983, 352.

den **Zeitpunkt der Schadenszufügung** ab: Entscheidend ist, ob der Gehilfe zu diesem Zeitpunkt hätte eingestellt werden dürfen. Danach gilt als sorgsam ausgewählt, wer sich über längere Zeit bewährt hat, mag er auch zunächst ohne Sorgfalt angestellt worden sein. Umgekehrt kann sich der Geschäftsherr trotz zunächst sorgfältiger Auswahl nicht für einen Gehilfen entlasten, der sich danach als unzuverlässig erwiesen hat. So wird hier auch ein **Überwachungsverschulden** erheblich.

b) **Weitere Pflichten des Geschäftsherrn** sind durch § 831 I 2 nur als möglich an- 1349
gedeutet. Der Geschäftsherr kann „Vorrichtungen oder Gerätschaften zu beschaffen oder die Ausführung der Verrichtung zu leiten" haben. Das sind Spezialfälle von Verkehrspflichten (vgl. o. Rn. 1244 ff.), die nur unter besonderen, vom Geschädigten zu beweisenden Umständen bestehen. Wenn danach die Pflichten vorliegen, wird auch ihre schuldhafte Verletzung durch den Geschäftsherrn vermutet.

c) Vermutet wird nach § 831 I 2 endlich der **haftungsbegründende Kausalzusam-** 1350
menhang zwischen dem Verschulden des Geschäftsherrn und der Schädigung durch den Gehilfen.

3. Die Widerlegung der Vermutung

a) Der Geschäftsherr kann die gegen ihn gerichteten Vermutungen auf **zwei Arten** 1351
widerlegen: Entweder er beweist, dass der Gehilfe nach dem o. Rn. 1348 f. Gesagten ordentlich ausgewählt und ggf. auch ausgestattet und überwacht worden ist. Oder er beweist, dass ein etwa vorgefallenes Verschulden keine Bedeutung für die Schadenszufügung hatte (o. Rn. 1350). Beides heißt **Entlastungsbeweis (Exkulpation).**

Bei Studenten trifft man häufig die Ansicht, diese Exkulpation gelinge fast immer. Unter Berufung hierauf werden dann Ansprüche aus § 831 entweder überhaupt nicht oder nur höchst flüchtig geprüft. Aber die Richtigkeit der genannten Ansicht ist schon tatsächlich sehr zweifelhaft (Beispiele für das Misslingen der Exkulpation: *BGH* NJW 2003, 288, 289 f.; *OLG Köln* VersR 1992, 115, 117 f.; vgl. auch 1997, 847). Zudem widerspricht sie der Tendenz des § 831: Nach den dort aufgestellten Vermutungen ist die Haftung des Geschäftsherrn gerade die Regel!

b) Bei **Großunternehmen** gibt es für die Anstellung von Personal regelmäßig meh- 1352
rere Stufen: Der Vorstand etwa bestellt den Leiter des Personalwesens, dieser sucht die Abteilungsleiter aus, und diese stellen dann erst das untergeordnete Personal an. Hier hatte BGHZ 4, 1 den sog. **dezentralisierten Entlastungsbeweis** angenommen: Danach braucht sich das Unternehmen, handelnd durch seinen Vorstand als Organ (§ 31), bloß für den von diesem direkt angestellten Leiter des Personalwesens zu entlasten. Das bedeutet eine haftungsrechtlich ungerechte Bevorzugung von Großunternehmen; im Ergebnis wird diese Art der Entlastung auch nicht mehr praktiziert:[6] Ihr steht entgegen, dass Verkehrspflichten weithin nicht haftungsbefreiend übertragen werden können (vgl. sogleich sowie PdW Schuldrecht II **Fall 248**).

c) Vielmehr hat die neuere Rechtsprechung gerade umgekehrt nach Wegen gesucht, 1353
die **Entlastungsmöglichkeit aus § 831 I 2 auszuschalten:**

Erstens werden vielfach **Sonderverbindungen** angenommen, die zu einer Haftung nach § 278 führen (Verschulden bei Vertragsverhandlungen, Vertrag mit Schutzwirkung für Dritte).

---

[6] Vgl. MünchKomm/*Wagner*, § 831 Rn. 38 ff.

Zweitens werden strenge Anforderungen an die betriebliche Organisation des Geschäftsherrn gestellt, insbesondere hinsichtlich der Anleitung und Überwachung des Personals (z. B. *OLG Hamm* NJW 2009, 2685). Ein dabei unterlaufenes **Organisationsverschulden** wird dann auf der Ebene der Organhaftung angesiedelt (§ 31), wo es keine Exkulpation gibt.

Und drittens gilt, wo es um die **Erfüllung von Verkehrspflichten** geht, nicht allein § 831. Der Sicherungspflichtige erfüllt seine Pflicht nicht schon dadurch, dass er eine sorgsam ausgesuchte Person mit der Erfüllung beauftragt. Vielmehr soll sich die Verkehrspflicht durch eine solche Beauftragung bloß in eine Pflicht zur Beaufsichtigung des Beauftragten verwandeln. Diese **allgemeine Aufsichtspflicht** gilt auch bei der Einschaltung selbständiger Unternehmer. Für eine Verletzung der Pflicht haftet der Sicherungspflichtige nicht nach § 831, sondern nach § 823.

4. Vertragliche Übernahme der Geschäftsherrnpflichten

1354 Nach § 831 II haftet neben dem Geschäftsherrn, wer die Erfüllung von Pflichten des Geschäftsherrn von diesem durch Vertrag übernommen hat. Diese Vorschrift könnte an sich weit (nämlich auf die meisten Vorgesetzten) angewendet werden. Die Praxis hält sich aber zutreffend zurück.[7] Entscheidend sollte sein, ob die Übernahme eine Gefahr für Dritte geschaffen oder erhöht hat.[8]

III. Aufsichtspflicht über Personen

Literatur: *Foerste,* Haftet die Gesellschaft für Erziehungsfehler?, NJW 1995, 2605; *Fuchs,* Die deliktsrechtliche Verantwortung der Eltern für Schäden von und an Kindern im Straßenverkehr, NZV 1998, 7; *Haberstroh,* Haftungsrisiko Kind – Eigenhaftung des Kindes und elterliche Aufsichtspflicht, VersR 2000, 806; *C. Hartmann,* „Unmittelbare" und „mittelbare" Aufsichtspflicht in § 832 BGB ..., VersR 1998, 22; *Rauscher,* Haftung der Eltern für ihre Kinder, JuS 1985, 757; *Schmid,* Die Aufsichtspflicht nach § 832 BGB, VersR 1982, 822; *Martin Wolf,* Billigkeitshaftung statt überzogener elterlicher Aufsichtspflicht, VersR 1998, 812.

1355 Ganz nach dem Muster des § 831 ist auch § 832 gebaut. Die Vorschrift regelt die Haftung desjenigen, der kraft Gesetzes (Abs. 1) oder vertraglicher Übernahme (Abs. 2) zur Aufsicht über eine Person verpflichtet ist, „die wegen Minderjährigkeit oder wegen ihres geistigen oder körperlichen Zustands der Beaufsichtigung bedarf". Eine gesetzliche Aufsichtspflicht trifft über **Kinder insbesondere die Eltern** (§§ 1626 I, 1631 I), den Vormund (§§ 1793, 1800) und den Ausbilder in der Berufsausbildung, etwa den Lehrherrn. Schullehrer sind zwar gleichfalls aufsichtspflichtig, doch haften sie dem Verletzten nicht selbst, sondern für sie wird nach § 839, Art. 34 GG gehaftet.

Anschläge und Schilder (z. B. an Baustellen: „Eltern haften für ihre Kinder") ändern an dieser gesetzlichen Haftungsverteilung selbstverständlich nichts.

Das – im Gesetzeswortlaut nicht angesprochene – **Hauptproblem** des § 832 besteht in der Frage, welche Sorgfalt Eltern bei der Aufsicht über ihre Kinder anwenden müssen. Für die Einzelheiten ist hier auf die Kommentare zu verweisen.[9] Im Ganzen

[7] Vgl. MünchKomm/*Wagner,* § 831 Rn. 50 f..
[8] Vgl. *Medicus,* FS Deutsch, 1999, S. 291.
[9] Etwa MünchKomm/*Wagner,* § 832 Rn. 24 ff.; aus der Rechtsprechung etwas *BGH* NJW 2009, 1952; 1954;

sind die Gerichte gegenüber den Eltern eher streng, insbesondere wenn schon Anzeichen für kindlichen Ungehorsam vorliegen (z. B. verbotenes Spiel mit Streichhölzern).[10] Andererseits lässt der *BGH* in neuerer Zeit auch die Neigung erkennen, den Eltern eine gewisse Freiheit zum erzieherischen Wagnis einzuräumen[11] und die Beschränktheit des elterlichen Einflusses auf fast Volljährige zu berücksichtigen.[12] So sagt *BGH* NJW 1993, 1003: „Je älter das Kind wird und je weiter es in seiner Entwicklung fortschreitet, desto weniger kann selbst bei voller Berücksichtigung des Schutzinteresses Dritter den Eltern eine aufsichtsführende Begleitung auf Schritt und Tritt zugemutet werden …". Auch hält es BGHZ 111, 282 für unzumutbar, einen noch nicht Siebenjährigen über komplizierte Zusammenhänge zu belehren (hier: über das Verbotensein des psychischen Beistandleistens bei gefährlichem Spiel mit Streichhölzern). S. dazu auch PdW Schuldrecht II **Fall 249**.

Ein Dritter, der einem Kind unkontrolliert Streichhölzer überlässt, wird dadurch nicht im Sinne von § 832 aufsichtspflichtig. Er haftet aber für den daraus entstehenden Brandschaden nach § 823 I.[13] Auch kommt beim Unterlassen von Warnungen eine Haftung des Herstellers in Betracht.[14]

IV. Aufsichtspflicht über Tiere

Literatur: Vgl. u. bei § 152.

Die Haftung für Tötung, Körperverletzung oder Sachbeschädigung durch Tiere geht 1356
aus von einer Gefährdungshaftung des Halters, § 833 S. 1 (vgl. u. Rn. 1364 ff.). Daneben stehen aber – und allein davon ist hier zu handeln – zwei Haftungen für vermutetes Aufsichtsverschulden. Betroffen sind gewisse Halter (§ 833 S. 2) und die Tierhüter (§ 834).

1. Die Halterhaftung

Nach § 833 S. 2 kann sich der Halter (vgl. u. Rn. 1366) entlasten, wenn der Schaden von einem Haustier stammt, das dem Beruf, der Erwerbstätigkeit oder dem Unterhalt des Tierhalters zu dienen bestimmt ist. Unter diesen Voraussetzungen ist der Tierhalter also gegenüber der sonst für ihn geltenden Gefährdungshaftung privilegiert (zu den Gründen vgl. u. Rn. 1364). Dabei kommen als **Haustiere** nur zahme Tiere in Betracht wie Hunde, Katzen, Pferde, Rinder, Schweine usw., nicht auch gezähmte wilde Tiere wie z. B. ein Rehbock. Nicht zu den Haustieren werden auch die Bienen gerechnet, weil es bei ihnen an der Beherrschbarkeit fehlt.[15]

Diese Haustiere müssen **der Berufstätigkeit, dem Erwerb oder dem Unterhalt dienen.** Dahin gehören etwa die Jagdhunde der Berufsjäger, Polizeihunde, das Vieh des Bauern, auch der Blindenhund. Bei Wachhunden wird (mich nicht überzeugend) danach unterschieden, ob sie eine Wohnung oder einen Betrieb bewachen sollen; nur im zweiten Fall wird § 833 S. 2 angenommen.

[10] Vgl. etwa *BGH* NJW 1983, 2821; 1984, 2574; 1996, 1094; *OLG Koblenz* NJW 2004, 3047, auch *BGH* NJW 1995, 3385 für ein verhaltensgestörtes Kind.
[11] *BGH* NJW 1976, 1684, vgl. auch *OLG Düsseldorf* VersR 1988, 56.
[12] *BGH* NJW 1980, 1044.
[13] *OLG Stuttgart* NJW 1984, 182), zudem BGHZ 139, 43; 79.
[14] BGHZ 139, 79 (Feuerwerkskörper).
[15] RGZ 141, 406.

2. Die Tierhüterhaftung

1357 Wer die Führung eines Tieres vertraglich vom Halter übernimmt, haftet nach § 834 gleichfalls aus vermutetem Verschulden mit der Möglichkeit eines Entlastungsbeweises. Für diese Haftung selbst gibt es keinen Unterschied zwischen Luxus- und den übrigen Tieren. Doch kann dieser Unterschied Bedeutung für die Frage haben, ob neben dem Hüter auch der Halter haftet: Bei Luxustieren trifft das stets zu; bei den übrigen Tieren dagegen kann der Halter den Nachweis unternehmen, er habe durch die Beauftragung des Tierhüters seine eigene Aufsichtspflicht erfüllt. Als Tierhüter wird auch angesehen, wer ein gemietetes Pferd selbständig ausreitet (das macht noch nicht zum Tierhalter).[16]

V. Aufsichtspflicht über Bauwerke

1358 Die §§ 836–838 regeln die Haftung für Tötung, Körperverletzung oder Sachbeschädigung aus dem Einsturz von Bauwerken: Auch hier soll sich der für das Bauwerk Zuständige entlasten müssen, weil der Verletzte die Gründe für den Einsturz regelmäßig nicht kennen kann.

1. Der Haftungsgrund

a) Zunächst ist für die Haftung nötig ein Schaden aus einem **Gebäude oder einem „anderen mit einem Grundstück verbundenen Werk".** Unter diesen zweiten Begriff gehören etwa Zäune, Gerüste, Masten, Brücken, Grabsteine, Baugruben, Kanäle und Schächte, auch Öltanks. Nötig ist aber allemal eine technische Veränderung des Grundstücks; für Pflanzen oder den natürlichen Zustand (z. B. eine zu Rutschungen neigende Hanglage) wird nicht nach §§ 836 ff. gehaftet.

1359 b) Der zu ersetzende Schaden muss entstanden sein durch den **Einsturz oder die Ablösung** von Teilen. Dabei braucht die Verletzung nicht darauf zu beruhen, dass der Geschädigte unter die Trümmer geraten ist; es genügt z. B. auch ein Mitabstürzen. Als „Ablösung" wird über den Wortsinn hinaus auch eine Lockerung des Gesamtgefüges verstanden, z. B. das Undichtwerden eines Rohres.[17] Keine Gebäudeteile sind Eiszapfen oder Dachlawinen; Blumenkästen sind es nur bei einigermaßen fester und dauerhafter Verbindung mit dem Bauwerk.

1360 c) Schließlich müssen der Einsturz oder die Ablösung auf **fehlerhafte Errichtung oder mangelhafte Unterhaltung** des Bauwerks zurückgehen, § 836 I 1. Damit hängt zusammen, was der Haftpflichtige nach § 836 I 2 zu seiner Entlastung nachweisen muss: Er hat sich zunächst bei der Errichtung um ordentliche Ausführung zu bemühen (regelmäßig durch die Beauftragung geeigneter Dritter; hier liegt bei „Schwarzarbeit" eine Haftungsgefahr!). Außerdem muss er das Bauwerk auch unterhalten, also auf Mängel überprüfen und diese beseitigen lassen. Das dazu Nötige ist im einzelnen nach der Verkehrsanschauung zu bestimmen.[18]

---

[16] *BGH* NJW 1987, 949.
[17] BGHZ 55, 229.
[18] Vgl. *BGH* NJW 1993, 1782.

2. Der Haftpflichtige

Die Bauwerkshaftung trifft nach § 836 I, III in erster Linie den **Eigenbesitzer** (Definition: § 872) des Grundstücks. Statt seiner haftet nach § 837 derjenige Fremdbesitzer des Bauwerks, der dieses in Ausübung eines Rechts besitzt: Das sind etwa der Erbbauberechtigte, der Dienstbarkeitsberechtigte und bei § 95 I auch Mieter oder Pächter, für den Grabstein der Inhaber der Grabstelle. Schließlich haftet nach § 838 auch, wer die Unterhaltung des Bauwerks übernommen oder kraft eigenen Nutzungsrechts auszuführen hat. Diese Haftung aus § 838 tritt regelmäßig neben diejenige aus den §§ 836, 837. 1361

Bei der Beendigung des haftungsbegründenden Besitzes dauert die Haftung nach § 836 II unter Umständen noch ein Jahr lang fort.

VI. Die Fahrerhaftung

Ein weiterer wichtiger, aber oft übersehener Fall der Haftung aus vermutetem Verschulden findet sich in § 18 StVG: Der Fahrer („Führer") eines Kraftfahrzeugs, für das der Halter nach § 7 I StVG zu haften hat, muss Schadensersatz leisten, wenn er nicht seine Schuldlosigkeit nachweist. Diese Haftung ist aber nach §§ 8 ff. StVG beschränkt, also insbesondere durch die Höchstbeträge von § 12 StVG (vgl. u. Rn. 1377). Daher bleibt neben dieser Haftung aus vermutetem Verschulden (§ 18 StVG) noch die solchen Beschränkungen nicht unterliegende Haftung aus nachgewiesenem Verschulden (§ 823 I) von Bedeutung. Wenn der Halter das Fahrzeug selbst fährt, reicht also die Haftung aus § 18 StVG nicht über die ohnehin bestehende Halterhaftung nach § 7 StVG hinaus; sie ist daher überflüssig. Dagegen soll sich umgekehrt ein Fahrer, der nicht auch Halter ist, die Betriebsgefahr des Fahrzeugs nur bei Verschulden zurechnen lassen müssen, *BGH* NJW 2010, 927, 930. 1362

2. Abschnitt. Haftung aus Gefährdung

Literatur: Vgl. die Angaben bei AT vor Rn. 396, zudem *Adams,* Ökonomische Analyse der Gefährdungs- und Verschuldenshaftung, 1985 (dazu *Blaschczok,* ZHR 150, 347); *Blaschczok,* Gefährdungshaftung und Risikozuweisung, 1993; *Bürge,* Die Entstehung und Begründung der Gefährdungshaftung im 19. Jahrhundert, FS Canaris (2007) Bd. 1 59; *Canaris,* Die Gefährdungshaftung im Lichte der neueren Rechtsentwicklung, Jur. Blätter 1995, 2; *Coester-Waltjen,* Beweiserleichterungen und Gefährdungshaftung, Jura 1996, 608; *Deutsch,* Das Recht der Gefährdungshaftung, Jura 1983, 617; *Kötz,* Haftung für besondere Gefahr, AcP 170 (1970), 1; *Medicus,* Gedanken zum „Wissenschaftsrisiko", FS Zeuner, 1994, 243; *ders.,* Gefährdungshaftung im Zivilrecht, Jura 1996, 561; *Stark,* Einige Gedanken zur Entwicklung des Haftpflichtrechts, in: 25 Jahre Karlsruher Forum, 1983, 66; *Stoll,* Richterliche Fortbildung und gesetzliche Überarbeitung des Deliktsrechts, 1984.

Auch für die Haftung aus Gefährdung (vgl. o. Rn. 1229) fehlt ebenso wie für die Haftung aus unerlaubter Handlung (vgl. o. Rn. 1228) eine umfassende **Generalklausel.** Vielmehr bestimmen das BGB und die Spezialgesetze abschließend jeweils umgrenzte Haftungsgründe (s. dazu auch PdW Schuldrecht II **Fall 259**). Deren Auswahl leuchtet freilich nicht immer ein. So gibt es eine Gefährdungshaftung für Tiere und Arzneimittel, aber nicht für Schußwaffen und Gifte. Die Rechtsprechung lehnt eine Ausdehnung der gesetzlichen Einzeltatbestände durch Analogie ab. De lege 1363 ferenda wird eine mehr oder weniger weite Generalklausel erwogen. Bis es zu deren Einführung kommen sollte (was mir zweifelhaft scheint), scheitert eine weitreichende Analogie praktisch schon daran, dass sich die gesetzlich geregelten Fälle in Einzelheiten unterscheiden: Es lässt sich nicht angeben, welche dieser Regelungen das Vorbild für eine Verallgemeinerung bilden sollte.

Ein Beispiel für die Ablehnung einer allgemeinen Gefährdungshaftung aus neuerer Zeit bildet *OLG Hamburg* VersR 1982, 561: Dort war ein Jagdgast bei der Benutzung eines Hochsitzes verunglückt, dessen Tür schadhaft war. Er verlangte von dem haftpflichtversicherten Jagdpächter Schadensersatz. Das ist mangels eines gesetzlichen Tatbestandes für eine Gefährdungshaftung mit Recht abgelehnt worden. *OLG Karlsruhe* VersR 2003, 752 bedauert das Fehlen einer Gefährdungshaftung für schnelle Binnenschiffe. Anderswo hat die Rechtsprechung allerdings durch übermäßige Verschärfung der Sorgfaltsanforderungen der Sache nach selbst eine Gefährdungshaftung installiert, vgl. *OLG Schleswig* VersR 1995, 103 (Schießkugelschreiber!).

§ 152. Die Tierhalterhaftung

Literatur: *Baumgärtel,* Neue Tendenzen der Beweislastverteilung bei der Tierhalterhaftung, in: 25 Jahre Karlsruher Forum, 1983, 85; *Deutsch,* Der Reiter auf dem Pferd und der Fußgänger unter dem Pferd, NJW 1978, 1998; *ders.,* Die Haftung des Tierhalters, JuS 1987, 674; *Dunz,* Reiter wider Pferd oder Versuch einer Ehrenrettung des Handelns auf eigene Gefahr, JZ 1987, 63; *Eberl-Borges,* Die Tierhalterhaftung des Diebes, des Erben und des Minderjährigen, VersR 1996, 1070; *Knütel,* Tierhalterhaftung gegenüber dem Vertragspartner?, NJW 1978, 297; *Kraft,* Die Haftungsvoraussetzung „durch ein Tier" bei der Tierhalterhaftung, in: 25 Jahre Karlsruher Forum, 1983, 153; *Schlund,* Zur Tierhalterhaftung nach § 833 BGB, FS K. Schäfer, 1980, 223; *Schmid,* Zur sachgerechten Eingrenzung der Tierhalterhaftung, JR 1976, 274; *Seiler,* Tierhalterhaftung, Tiergefahr und Rechtswidrigkeit, FS Zeuner, 1994, 279; *Staudinger/Rüdiger Schmidt,* „Gutes Reiten, schlechtes Reiten …", Jura 2000, 347; *Terbille,* Der Schutzbereich der Tierhalterhaftung, VersR 1994, 1151.

I. Entstehungsgeschichte

1364 Die Tierhalterhaftung nach § 833 ist die einzige echte Gefährdungshaftung im Rahmen der §§ 823 ff. BGB. Doch ist sie keineswegs geradlinig entstanden, sondern gewissermaßen im Zickzack: Die Entwürfe zum BGB hatten zunächst nur eine Verschuldenshaftung vorgesehen. Die – einschränkungslose – Gefährdungshaftung ist erst durch einen Reichstagsbeschluss ins BGB gelangt. Diese Haftung wurde dann aber vor allem von der Landwirtschaft als zu hart kritisiert. Daher ist 1908 dem § 833 der Satz 2 beigefügt worden, der bei der Schädigung durch Haustiere unter gewissen Voraussetzungen eine Exkulpation zulässt. Seitdem handelt es sich also im Bereich des § 833 S. 2 um eine Haftung aus vermutetem Verschulden und vermuteter Kausalität. Da von dieser Haftung schon o. Rn. 1356 ff. die Rede war, bleiben hier nur die von Satz 2 nicht erfassten Fälle zu besprechen.

Die Plötzlichkeit, mit der die Tierhalterhaftung im Reichstag zur Gefährdungshaftung geworden ist, zeigte sich noch bis vor kurzem in **zwei Anomalien:** Erstens war dies bis zum 30. 7. 2002 beinahe (vgl. u. Rn. 1386) die einzige Gefährdungshaftung, bei der auch ein Schmerzensgeld geschuldet wurde. Und zweitens kennt die Tierhalterhaftung auch jetzt noch im Gegensatz zu den meisten anderen Gefährdungshaftungen (vgl. etwa u. Rn. 1377 zu § 12 StVG) keine Höchstbeträge. Rechtspolitisch lässt sich diese besondere Schärfe der Tierhalterhaftung kaum begründen, zumal von ihr häufig kleine Leute getroffen werden (insbesondere die

Hunde- und Katzenhalter in Großstädten), für die auch keine Haftpflichtversicherung vorgeschrieben ist.

II. Voraussetzungen der Tierhalterhaftung

1. Der Tierbegriff

§ 833 enthält keine eigene Definition des „Tieres" und scheint also auf den allgemei- 1365
nen Sprachgebrauch zu verweisen. Damit fiele unter die Vorschrift jedes Lebewesen, das weder Mensch noch Pflanze ist. Dieser weite Anwendungsbereich ist nicht unzweifelhaft für ganz kleine Tiere (etwa Ungeziefer) und für Mikroorganismen (etwa Bakterien). Die wohl h. M. bejaht § 833 für die ersteren und verneint ihn für die letzteren. Doch dürfte auch für Mikroorganismen nach § 833 zu haften sein.[1] *BGH* NJW 1989, 2947 stützt eine Haftung freilich nur auf § 823 I.[2] Eine unangemessene Haftungsausweitung (z. B. auf den Grippekranken, der schuldlos seine Umwelt infiziert) würde bei § 833 vom Halterbegriff her vermieden (vgl. u. Rn. 1366).

2. Der Tierhalter

Tierhalter ist gewöhnlich der Eigentümer. Doch gibt es Abweichungen, weil die Hal- 1366
tereigenschaft entscheidend von der tatsächlichen Herrschaft über das Tier und von dem Nutzen aus dessen Verwendung abhängt. So kommt als Halter in Betracht, wer ein Tier gestohlen, gefunden und dann behalten oder für längere Zeit gemietet oder entliehen hat.[3] Auch juristische Personen können Halter sein, z. B. ein Reiterverein oder eine Stadtgemeinde für die Tiere ihres Zoos. Mehrere Personen (z. B. ein Ehepaar) kommen nebeneinander als Halter in Betracht.

Zum Halter wird aber nur, wer das Tier **willentlich annimmt.** Daher ist der Erkrankte nicht Halter der Bakterien oder Viren, die ihn befallen haben; für solche Mikroorganismen kann eine Halterhaftung also höchstens diejenigen Personen treffen, die diese züchten. Auch ist ein Hausbesitzer nicht Halter der in seinem Dach wohnenden Wespen. Überhaupt werden wild lebende Tiere von niemandem gehalten; für sie kommen daher bloß andere Haftungsgrundlagen in Betracht (wichtig bei Wildschaden, vgl. u. Rn. 1393).

Zweifelhaft ist, ob für die Begründung der Haltereigenschaft durch **nicht voll Geschäftsfähige** die §§ 104 ff.[4] oder die §§ 827 ff. entsprechend gelten.[5] Ich neige der zweiten Ansicht zu; s. dazu auch PdW Schuldrecht II **Fall 262**.

3. Die Tiergefahr

Die meisten anderen Vorschriften über die Gefährdungshaftung lassen nur für die 1367
Gefahren **aus dem Betrieb** der gefährlichen Sache haften (vgl. etwa u. Rn. 1375 zu § 7 I StVG). Im Wortlaut des § 833 findet sich zwar keine entsprechende Einschränkung, doch ist sie mit der allgemeinen Ansicht zu ergänzen: Der Halter haftet nur

---

[1] *Deutsch,* NJW 1976, 1137 ff., auch NJW 1990, 751, anders *Larenz/Canaris,* SBT II 2, § 84 II 2.
[2] Dazu *Abeltshauser,* JuS 1991, 366.
[3] *BGH* VersR 1988, 609.
[4] So *Canaris,* NJW 1964, 1987, 1990 und *Larenz/Canaris,* SBT II 2, § 84 I 2 g.
[5] So MünchKomm/*Wagner,* § 833 Rn. 33.

für die Tiergefahr. Abzulehnen ist aber die bisweilen verwendete Formulierung, die Verletzung müsse eine Folge der tierischen Unberechenbarkeit sein: Der Tierhalter hat gerade auch für das einzustehen, womit man bei solchen Tieren zu rechnen hat.[6] Auch eine Unterscheidung zwischen willkürlichem und natürlichem Tierverhalten ist wenig hilfreich. Unnötig ist endlich, dass die Verletzung unmittelbar auf eine Bewegung des Tieres (z. B. Beißen) zurückgeht: Dass sich Tiere in den Weg legen und so als Stolperstein dienen, gehört gleichfalls zur Tiergefahr.[7] Insgesamt entlastet das zusätzliche Erfordernis, es müsse sich die Tiergefahr verwirklicht haben, den Tierhalter also nur selten (z. B. RGZ 80, 237 Krankheitsübertragung durch Beschnüffeln, aber auch das ist fraglich). Für unrichtig halte ich *OLG Braunschweig* VersR 1983, 347, 348: Dort wird die Tiergefahr verneint, wenn ein Reiter dadurch Verletzungen erleidet, dass er unter ein stürzendes Pferd gerät: Hier gehört schon das Stürzen (und nicht erst die Masse) des Pferdes zur Tiergefahr. S. dazu auch PdW Schuldrecht II **Fall 261**.

4. Haftungsausschluss gegenüber dem Benutzer?

1368 Manche wollen die Tierhalterhaftung gegenüber demjenigen ausschließen, der das Tier selbst benutzt[8] (insbesondere gegenüber dem Reiter auf fremdem Pferd); anders der *BGH*.[9] Doch gibt es gute Gründe gegen den Haftungsausschluss: Insbesondere wenn der Halter – wie häufig – haftpflichtversichert ist, kann sich die Gefälligkeit auch auf die Zuwendung von Ersatzansprüchen erstrecken. Jedenfalls überschritten ist der Schutzbereich des § 833 aber gegenüber jemandem, der auf fremdem Pferd seine eigenen Reitkünste vorführen will: *BGH* NJW 1974, 234.[10]

Stets möglich ist freilich ein **rechtsgeschäftlicher Haftungsausschluss,** der auch **konkludent** vereinbart werden kann. Zudem kommen eigene Unvorsichtigkeit des Benutzers oder dessen Ungeschick als Mitverschulden nach § 254 in Betracht. Dabei ist nach der Art des Benutzers zu unterscheiden: Ein Tierarzt muss mehr Vorsicht und Geschick zeigen als ein Reitschüler.

III. Haftungsfolge

1369 § 833 führt zur vollen, nicht ziffernmäßig beschränkten Deliktshaftung. Der Grund dieser rechtspolitisch fragwürdigen Regelung ist schon o. Rn. 1364 genannt worden.

§ 153. Die Haftung des Kraftfahrzeughalters

Literatur: *Böhme/Biela/Becker,* Kraftverkehrshaftpflichtschäden – Handbuch für die Praxis, 24. Aufl., 2009; *Coester-Waltjen,* Die Haftung nach § 7 StVG, Jura 2004, 173 ff.; *Geigel,* Der Haftpflichtprozess mit Einschluß des materiellen Haftpflichtrechts, 26. Aufl., 2011; *Greger,* Haftungsrecht des Straßenverkehrs, 4. Aufl., 2007; *Hentschel/König/Dauer,* Straßenverkehrsrecht, 40. Aufl., 2009; *Himmelreich/Klimke,* Kfz-Schadensregulierung, 1979 ff.; *Kunschert,* Die Haftung des Kfz-Halters gegenüber seinem Partner und seinem Kind als Insassen, NJW 2003, 950 f.; *Müller,* Zur Schwarzfahrt in der Kraftfahrtversiche-

[6] MünchKomm/*Wagner,* § 833 Rn. 9 f..
[7] So auch *Larenz/Canaris,* SBT II 2, § 84 II 1 c; MünchKomm/*Wagner,* § 833 Rn. 15.
[8] Etwa *Deutsch,* NJW 1978, 1998; *Larenz/Canaris,* SBT II 2, § 84 II 1 e.
[9] Etwa *BGH* NJW 1986, 2883; 1992, 907; 2474; VersR 1993, 369; 1999, 3119.
[10] Vgl. auch *OLG Frankfurt a.M.* VersR 1985, 670.

rung, NJW 1986, 962 ff.; *dies.*, Besonderheiten der Gefährdungshaftung nach dem StVG, VersR 1995, 489 ff.; *C. Vogel*, „Höhere Gewalt" und Haftungsbeschränkungen im StVG nach der Schadensersatzrechtsreform, ZGS 2002, 400 ff.; *Wussow u. a.*, Unfallhaftpflichtrecht, 16. Aufl., 2008. Vgl. auch zum öffentlichen Recht *Steiner*, Straßenrecht und Straßenverkehrsrecht, JuS 1984, 1 ff.

Die praktisch wichtigste Gefährdungshaftung ist diejenige des Kfz-Halters. Denn sie spielt bei den täglich vielhundertfach vorkommenden Verkehrsunfällen die beherrschende Rolle. Diese Haftung geht zurück auf das Gesetz über den Verkehr mit Kraftfahrzeugen vom 3. 5. 1909; sie findet sich heute in den §§ 7 ff. StVG.

I. Die Haftungsvoraussetzungen

1. Das Kraftfahrzeug

Nicht jedes durch Motorkraft angetriebene, nicht schienengebundene (sonst gilt § 1 1370
HPflG, vgl. u. Rn. 1382) Fahrzeug löst die Gefährdungshaftung aus, zudem seit dem 1. 8. 2002 auch der **Anhänger.** Vielmehr muss nach § 8 StVG die auf ebener Bahn mögliche (nicht bloß die zulässige) Geschwindigkeit mehr als 20 km/h betragen. Langsamere Fahrzeuge werden als relativ ungefährlich angesehen. Die Richtigkeit dieser Bewertung ist allerdings zweifelhaft: Gerade die langsamen Fahrzeuge bilden in dem schneller fließenden Straßenverkehr oft gefährliche Hindernisse. Nutznießer dieser wenig zeitgemäßen Ausnahme[1] sind heute im wesentlichen die Land- und die Bauwirtschaft.

2. Der Haftpflichtige

a) Haftpflichtig ist nach § 7 I StVG in erster Linie der **Halter des Fahrzeugs.** Dabei 1371
wird der Halterbegriff ähnlich bestimmt wie bei § 833 (vgl. o. Rn. 1366): Halter ist, wer das Fahrzeug für eigene Rechnung gebraucht und die für den Gebrauch erforderliche tatsächliche Verfügungsgewalt hat.[2] Das ist regelmäßig der in den Kfz-Brief und -Schein eingetragene Eigentümer (vgl. §§ 24 ff. StVZO). Bei einer länger dauernden Überlassung an einen anderen, der die Betriebskosten übernimmt, wird dieser zum Halter,[3] ebenso bei längerdauerndem Verlust der Verfügungsgewalt.[4] Doch sollte man bei den üblichen Fahrzeugmieten für wenige Tage oder Wochen nur den Vermieter als Halter ansehen.[5] Halter können auch mehrere Personen sein, die das Fahrzeug abwechselnd benutzen und jeweils einen Teil der Kosten tragen. S. dazu PdW Schuldrecht II **Fall 263**.

b) Ausnahmsweise ist nach § 7 III 1 StVG auch der **Benutzer** aus Gefährdung 1372
haftpflichtig, nämlich derjenige, der das Fahrzeug ohne Wissen und Willen des Halters benutzt. Ein solcher **Schwarzfahrer** haftet neben dem Halter, wenn dieser die Benutzung schuldhaft ermöglicht hat, z. B. durch unsorgsame Verwahrung der Fahrzeugschlüssel oder durch Nichtverschließen des abgestellten Fahrzeugs. Fehlt dagegen ein solches Verschulden, so haftet der Schwarzfahrer allein. Nach § 7 III 2 StVG gilt das jedoch nicht, wenn der Benutzer vom Halter für den Betrieb des Fahrzeugs

[1] Vgl. *Medicus*, DAR 2000, 442.
[2] BGHZ 13, 351, 354.
[3] Vgl. *Larenz/Canaris*, SBT II 2, § 84 III 1 b
[4] *BGH* NJW 1997, 660.
[5] Vgl. BGHZ 32, 331; 116, 200.

angestellt ist oder wenn ihm das Fahrzeug vom Halter überlassen worden ist: Für Schwarzfahrten seiner angestellten Fahrer und für einen Missbrauch des Fahrzeugs durch den Entleiher ist der Halter also jedenfalls verantwortlich.

3. Der Ersatzberechtigte

1373 Als ersatzberechtigt kommt regelmäßig jeder in Betracht, der beim Betrieb des Fahrzeugs in bestimmter Weise verletzt worden ist (vgl. u. Rn. 1374 ff.). Ausgenommen wird jedoch durch § 8 Nr. 2 StVG der beim Betrieb des Fahrzeugs Tätige, also vor allem **der Fahrer**. Dagegen gilt nach dem neuen § 8a StVG die Halterhaftung auch gegenüber Mitfahrern und Fahrgästen; bei entgeltlicher, geschäftsmäßiger Personenbeförderung kann sie nicht einmal durch Vertrag ausgeschlossen oder beschränkt werden (s. dazu PdW Schuldrecht II **Fall 265**). Für durch das Fahrzeug beförderte Sachen gilt die Gefährdungshaftung nach § 8a I 2 StVG nur, wenn ein Fahrgast sie an sich trägt (insbesondere Kleidung) oder mit sich führt (insbesondere Reisegepäck).

4. Der ersatzpflichtbegründende Umstand

1374 Begründet wird die Ersatzpflicht, wenn bestimmte Verletzungen beim Betrieb des Kfz eingetreten sind und keine höhere Gewalt vorliegt.

a) Die Verletzung muss nach § 7 I StVG darin bestehen, dass ein **Mensch getötet, der Körper oder die Gesundheit** eines Menschen **verletzt, oder eine Sache beschädigt** (auch zerstört) wird. Für den Fall der Tötung oder Verletzung eines Menschen treffen die §§ 10, 11, 13 StVG eine Regelung, die im wesentlichen den §§ 842–844 entspricht. Seit dem 1. 8. 2002 gibt es hier auch ein **Schmerzensgeld,** § 11 S. 2 StVG.

Insgesamt schützt § 7 StVG im wesentlichen dieselben Rechtsgüter wie § 823 I. Primäre Vermögensschäden aus dem Betrieb eines Kraftfahrzeugs werden auch nach dem StVG nicht ersetzt, z. B. wenn jemand in einem Stau aufgehalten wird und dadurch einen Geschäftsabschluss versäumt.

1375 b) Diese Verletzung muss **beim Betrieb des Kraftfahrzeugs** eingetreten sein, also mit dessen besonderer Gefährlichkeit zusammenhängen. Das wird ganz weit verstanden. Vor allem braucht nämlich das Fahrzeug bei dem Unfall nicht durch seinen Motor angetrieben zu sein; das entspricht dem **verkehrstechnischen** (im Gegensatz zum maschinentechnischen) **Betriebsbegriff.** Das Fahrzeug braucht sich sogar überhaupt nicht in Bewegung zu befinden: Der Betrieb dauert z. B. beim Entladen fort, wenn sich das Fahrzeug noch im öffentlichen Verkehrsraum befindet.[6] Selbst ein längerer Stillstand wegen einer Panne kann noch zum Betrieb gehören.[7] Das ist richtig, weil gerade ein stehendes Fahrzeug eine erhebliche Gefahr darstellen kann. Unnötig ist auch eine körperliche Berührung des Fahrzeugs mit dem Verletzten. So hat *BGH* NJW 1973, 44 die Gefährdungshaftung gegenüber einem Fußgänger bejaht, der einem Auto auswich und dabei stürzte.[8] Sehr weit geht BGHZ 37, 311: Dort ist die Halterhaftung sogar für die Benutzung eines Autos als Mordwaffe angenommen worden.[9] S. dazu auch PdW Schuldrecht II **Fall 264**.

[6] Vgl. *Tschernitschek,* NJW 1980, 205, aber auch *OLG Köln* VersR 1984, 273.
[7] BGHZ 29, 163.
[8] Vgl. auch *BGH* NJW 2005, 2081; 2011, 292.
[9] Aber m. E. zutreffend, vgl. *Medicus/Petersen,* BürgR Rn. 635; *Looschelders,* BT Rn. 1452; allgemeiner *Filthaut,* NZV 1998, 89.

Zum Betrieb gehört das Entladen freilich nicht schon deshalb, weil dazu der Motor verwendet wird (z. B. zum Pumpen von Heizöl[10]). Dagegen fallen Schäden durch den Auswurf von Streugut aus Streufahrzeugen regelmäßig unter § 7 StVG.[11]

c) Endlich wurde die Gefährdungshaftung bis zum 31. 7. 2002 durch § 7 II StVG 1376
beschränkt. Danach trat die Haftung allemal nur ein, wenn der Unfall auf einem **„Fehler in der Beschaffenheit des Fahrzeugs"** oder einem **„Versagen seiner Verrichtungen"** beruhte. Im Übrigen dagegen war die Gefährdungshaftung ausgeschlossen, wenn der Unfall auf einem **unabwendbaren Ereignis** beruhte. Ein solches Ereignis lag nach § 7 II 2 StVG insbesondere dann vor, wenn der Unfall auf das Verhalten des Verletzten oder eines Dritten zurückzuführen ist und Halter sowie Fahrer jede nach den Umständen gebotene Sorgfalt beachtet haben. Seit dem 1. 8. 2002 ist die **Halterhaftung** jedoch **verschärft** worden: Sie soll jetzt nur noch durch **höhere Gewalt** ausgeschlossen werden. Diese erfordert ebenso wie nach § 1 II 1 HPflG (vgl. u. Rn. 1383) ein von außen kommendes, ungewöhnliches Ereignis, das derart betriebsfremd ist, dass es kalkulatorisch nicht berücksichtigt werden kann. Solche Ereignisse sind überaus selten.

II. Der Haftungsumfang

1. Höchstbeträge

Wie schon o. Rn. 1374 gesagt, entspricht der Umfang des ersatzfähigen Schadens 1377
nach den §§ 10, 11, 13 StVG im Wesentlichen dem allgemeinen Deliktsrecht nach §§ 842–844; nur § 845 findet im StVG keine Entsprechung. Eine Besonderheit ergibt sich jedoch aus § 12 StVG. Danach gelten nämlich für die Haftung nach dem StVG bestimmte Höchstbeträge. Sie sind zum Ausgleich der Geldentwertung mehrfach geändert worden. Derzeit betragen sie bei Tötung oder Verletzung eines Menschen 600.000 EUR, bei mehreren Menschen regelmäßig insgesamt nur 5 Mio. EUR; für Sachschäden liegt der Höchstbetrag bei 1 Mio. EUR. Der wirkliche Schaden kann unter Umständen erheblich höher sein, z. B. wenn durch einen Unfall mehrere junge Vorstandsmitglieder einer Großbank erwerbsunfähig werden. Für die Beförderung gefährlicher Güter bestimmt der neue § 12a StVG höhere Haftungsgrenzen, wenn der Schaden auf der besonderen Gefährlichkeit dieser Güter beruht. Nach der derzeitigen Gesetzeslage kann jenseits dieser Höchstbeträge nur die Verschuldenshaftung nach dem BGB helfen (vgl. u. Rn. 1380 f.). Rechtspolitisch sollte sogar eine Aufhebung der Höchstbeträge erwogen werden; durch die Pflicht des Halters zum Abschluss einer Haftpflichtversicherung (vgl. AT Rn. 729) werden diese jedenfalls nicht gerechtfertigt.

2. Mitwirkung des Geschädigten

Für die Mitwirkung des Geschädigten an der Schadensentstehung verweist § 9 StVG 1378
auf § 254 BGB; als Besonderheit wird nur die Verantwortlichkeit des Geschädigten für seine „Sachbewahrungsgehilfen" klargestellt (vgl. AT Rn. 724). § 17 I 2 StVG ergibt zudem, dass bei der Abwägung außer einer verschuldeten Mitwirkung auch eine mitwirkende Betriebsgefahr des Geschädigten zu berücksichtigen ist. § 17 IV StVG

[10] BGHZ 71, 212.
[11] BGHZ 105, 65.

endlich erstreckt das auf die Gefährlichkeit einer Eisenbahn oder eines Tieres, wenn diese an dem Unfall mitgewirkt haben, sowie auch auf Anhänger. § 17 III StVG kommt für den Innenausgleich unter den Haltern auf das „unabwendbare Ereignis" des alten § 8 II StVG zurück (vgl. o. Rn. 1376).

Es mögen also z. B. auf einem unvorhersehbar vereisten Fahrbahnstück ein Auto und ein Motorrad zusammenstoßen und beide beschädigt werden. Dann hat, wenn ein Verschulden ausscheidet, aber auch keine höhere Gewalt vorliegt, jeder der beiden Halter Ersatzansprüche nach § 7 StVG gegen den anderen. Doch muss sich nach § 17 I 2 StVG jeder Halter die Betriebsgefahr seines Fahrzeugs mindernd anrechnen lassen. Dabei wird in einem Fall wie dem geschilderten die wirksam gewordene Betriebsgefahr des Motorrades häufig höher liegen, weil Zweiräder eher zum Schleudern neigen und deren Fahrer auch verletzungsempfindlicher sind. So kann etwa der Autohalter ein Viertel des Schadens an dem Motorrad und der Motorradhalter drei Viertel des Schadens an dem Auto ersetzen müssen. Entsprechendes gilt wohl noch eher für etwa eingetretene Personenschäden.

3. Obliegenheit zur Anzeige

1379 § 15 StVG bestimmt eine über das allgemeine Deliktsrecht hinausgehende Anzeigeobliegenheit: Der Geschädigte muss dem Ersatzpflichtigen den Schaden binnen zwei Monaten seit Kenntnis von Schaden und Schädiger anzeigen. Die schuldhafte Versäumung dieser Frist führt zum Verlust der Ansprüche nach dem StVG, wenn der Ersatzpflichtige nicht inzwischen auf andere Weise von dem Unfall erfahren hat.

III. Konkurrenzen

1380 Nach § 16 StVG bleiben weiterreichende Ersatzansprüche insbesondere nach dem BGB unberührt. Diese Ansprüche sind vor allem aus drei Gründen wichtig: Erstens unterliegen sie nicht den Höchstbeträgen von § 12 StVG; zweitens können sie auch Ersatzleistungen nach § 845 ergeben; drittens werden sie nicht nach § 15 StVG verwirkt. Herleiten lassen sich solche Ansprüche insbesondere aus folgendem.

1. Der Halter als solcher (d. h. unabhängig davon, ob er das Fahrzeug auch gelenkt hat) kann haften

a) **aus § 823 I** wegen eines Verschuldens an dem Unfall, z. B. durch schuldhafte Vernachlässigung des Fahrzeugs, die den Unfall voraussehbar mitbewirkt hat;

b) **aus § 823 II** wegen der schuldhaften Verletzung eines Schutzgesetzes, das Unfälle nach Art des eingetretenen verhindern sollte. In Betracht kommen hier insbesondere mehrere Vorschriften der StVZO über den geforderten Zustand des Fahrzeugs oder § 21 I Nr. 2 StVG (Verbot der Überlassung des Fahrzeugs an jemanden ohne Fahrerlaubnis);

c) **aus § 831** für ein Verschulden bei Auswahl oder Überwachung des Fahrers, wenn dieser den Unfall durch verkehrswidriges Verhalten herbeigeführt hat.

1381 **2. Der Fahrer** – auch wenn er mit dem Halter identisch ist – kann haften (außer nach § 18 StVG, vgl. o. Rn. 1362)

a) **aus § 823 I** wegen schuldhafter Verletzung von Leben, Körper usw.;

b) **aus § 823 II** wegen schuldhafter Verletzung eines gegen derartige Unfälle gerichteten Schutzgesetzes, z. B. einer Vorschrift der StVO über das Verhalten im Straßenverkehr.

§ 154. Die Haftung für andere technische Risiken

Nach der ausführlichen Behandlung der Haftung für Kraftfahrzeuge (o. Rn. 1370 ff.) soll im folgenden die Haftung für andere technische Risiken nur noch kurz dargestellt werden.

I. Die Haftung des Bahnbetriebsunternehmers

Die Gefährdungshaftung für den Betrieb einer Eisenbahn (zunächst nur für Perso- 1382
nenschäden) ist nach landesrechtlichen Vorläufern schon durch das ReichshaftpflichtG von 1871 geregelt worden. Heute steht die Regelung zusammen mit derjenigen für Sachschäden in den §§ 1, 4 ff. HPflG.[1]

1. Dem Grunde nach ergibt sich die Haftung aus dem Betrieb einer Schienenbahn (gleich ob Eisenbahn oder Straßenbahn, vgl. die berühmte Definition in RGZ 1, 247, 252) oder Schwebebahn (einschließlich der Sessellifte). Werden die Unterhaltung des Schienennetzes und der Bahnbetrieb von verschiedenen Unternehmen wahrgenommen, so kann das Betriebsunternehmen gegen den Netzbetreiber Ansprüche aus § 1 HPflG haben.[2] Die heftig diskutierte Erweiterung der Haftung auf Schlepplifte ist problematisch, weil bei diesen der Benutzer aktiv mitzuwirken hat: Daraus folgen Gefahren, die nicht ohne Weiteres dem Liftunternehmer zugeordnet werden können.

Die **Betriebsgefahr** ist bei Bahnen noch weiter auszulegen als bei Kraftfahrzeugen (vgl. o. Rn. 1375): Es geht dort ja nicht um den Betrieb eines einzelnen Fahrzeugs, sondern um den Bahnbetrieb im ganzen. Dahin gehören z. B. der Zugang zu und der Abgang von den Zügen. Auch das Umsteigen dürfte jedenfalls dann zum Betrieb zu rechnen sein, wenn die durch den Bahnbetrieb bedingte Eile gefahrerhöhend wirkt.[3] Nicht zum „Betrieb" sollen dagegen die bloßen Anlagen des Verkehrsunternehmens gehören.[4]

2. Ausgeschlossen ist die Haftung regelmäßig nur bei **höherer Gewalt,** § 1 II 1 1383
HPflG. Dies ist strenger als das nach dem alten § 7 II StVG maßgebliche „unabwendbare Ereignis" von § 7 II StVG (vgl. o. Rn. 1376): Für die „höhere Gewalt" genügt nicht, dass das Ereignis selbst durch äußerste Sorgfalt nicht abzuwenden war. Vielmehr muss es auch außergewöhnlich und daher derart betriebsfremd sein, dass man es nicht mehr zum (kalkulatorisch noch aufzufangenden) Betriebsrisiko der Bahn rechnen kann. Höhere Gewalt mag z. B. vorliegen, wenn ein Zug durch ein Attentat oder einen nicht vorhersehbaren Erdrutsch entgleist. Dagegen ist für Ent-

---

[1] Dazu Kommentar von *Filthaut,* 8. Aufl., 2009, auch *ders.,* VersR 2003, 1512; zur neueren Rechtsprechung *ders.,* NZV 1990, 178; 1992, 177; 1994, 173; 1996, 181; 1998, 211; 2000, 353.

[2] BGHZ 158, 130.

[3] Vgl. *OLG Hamburg* VersR 1984, 544.

[4] *OLG Hamm* NZV 1998, 14: Sturz eines Radfahrers wegen der Straßenbahnschienen.

gleisungen wegen einer Verwerfung der Schienen bei großer Hitze oder wegen eines Fehlers des Bahnpersonals allemal zu haften.

1384 **3. Im übrigen** ähnelt die Regelung für Eisenbahnen derjenigen für Kraftfahrzeuge: Erfasst werden Tötung, Körper- und Gesundheitsverletzung (einschließlich Schmerzensgeld, § 6 HaftpflG) sowie Sachbeschädigung (hier mit der Ausnahme nach § 1 III HPflG). Im Unterschied zu § 8 StVG besteht auch keine Ausnahme für die beim Betrieb Beschäftigten, doch greifen seit der Einführung der gesetzlichen Unfallversicherung deren Haftungsausschlüsse ein. Durch Rechtsgeschäft kann die Haftung regelmäßig nicht eingeschränkt werden, § 7 HPflG. Andererseits gelten für sie aber (den wirklichen Schaden nicht allemal deckende) Höchstbeträge, §§ 9, 10 HPflG. Bei Vorliegen eines Verschuldens konkurrieren nach § 12 HPflG die ziffernmäßig unbeschränkten Ansprüche nach dem BGB.

II. Die Haftung für Energieanlagen oder -leitungen

1385 Die Haftung für Eisenbahnen ist 1943 und dann nochmals 1978 durch § 2 HPflG auf andere technische Risiken erweitert worden: Eine Gefährdungshaftung trifft seitdem auch den Inhaber einer Anlage zur Abgabe oder Fortleitung von Elektrizität, Gasen, Dämpfen und Flüssigkeiten. Dabei werden zwei Fallgruppen unterschieden:

In der ersten entsteht der **Schaden durch die Wirkung von Elektrizität, Gasen usw.:** Jemand erleidet durch einen herabhängenden Draht einen Stromschlag; durch den Bruch einer Gasleitung entsteht ein Gas-Luft-Gemisch, dessen Explosion ein Haus zerstört. Hier haftet der Inhaber der Anlage regelmäßig mit Ausnahme bloß des Vorliegens höherer Gewalt. Sogar für diese ist nach § 2 III Nr. 3 HPflG einzustehen, wenn der Schaden auf das Herabfallen von Leitungsdrähten zurückzuführen ist (diese Gefahr ist wegen der Brüchigkeit der Isolatoren aus Porzellan als besonders groß angesehen worden, doch behandelt BGHZ 105, 135 in gleicher Weise das Umfallen von Masten mitsamt den Drähten).[5] Zweifelhaft ist die Rechtslage für Schäden, die sich daraus ergeben, dass eine Abwasserleitung (Kanalisation) unzureichend dimensioniert ist.[6] Jedenfalls umfasst die Haftung nicht eine Verletzung durch Regenwasser, das erst gar nicht in die Rohrleitung gekommen ist, sondern sich davor gestaut hat.[7] Ebenfalls nicht erfasst werden Schäden durch Wasser, das am Ende des Rohres in einen Straßengraben geleitet worden und dort versickert ist.[8]

In der zweiten Fallgruppe dagegen ist der **Schaden** zwar „auf das **Vorhandensein einer solchen Anlage** zurückzuführen, ohne (aber) auf den Wirkungen der Elektrizität usw. zu beruhen" (sog. „Zustandshaftung"): Es bricht z. B. ein in der Fahrbahn verlegtes Dampfrohr und jemand erleidet dadurch Schaden, dass er in die derart entstandene Vertiefung hineinfährt. Hier haftet der Inhaber nicht bis zur Grenze der höheren Gewalt, sondern dafür, dass sich die Anlage „zur Zeit der Schadenszufügung in ordnungsmäßigem Zustand befand", nämlich „den anerkannten Regeln der Technik entspricht und unversehrt ist", § 2 I 2, 3 HPflG. Für den Schaden aus dem Rohrbruch würde danach gehaftet, weil das Rohr nach dem Bruch nicht mehr unversehrt ist.

[5] Vgl. zu dieser „Wirkungshaftung" *Filthaut,* NJW 1983, 2687.
[6] Vgl. BGHZ 88, 85; 109, 8, 12 ff.; 159, 19 („Jahrhundertregen").
[7] BGHZ 114, 380; 125, 19, 25 f.
[8] *BGH* NJW 1996, 3208.

III. Die Haftung für Luftfahrzeuge

Für Luftfahrzeuge, also insbesondere für Flugzeuge, haftet nach § 33 LuftVG der Halter oder der unbefugte Benutzer (bei Schwarzflug). Diese Haftung **gegenüber Außenstehenden** kennt überhaupt keine Ausnahme; sie gilt also selbst bei höherer Gewalt. Dagegen gibt es hier wieder Höchstbeträge (§ 37 LuftVG), die sich nach der „Höchstabflugmasse" des Luftfahrzeugs unterscheiden. Auch hier können die Höchstbeträge wieder wesentlich unter dem wirklich entstandenen Schaden bleiben,[9] und zwar gerade auch bei Sachschäden: Ein abstürzendes Flugzeug vermag ja ganze Häuserblocks zu vernichten oder in ein Flammenmeer zu verwandeln. Immerhin konkurriert hier wieder – wie auch sonst bei ziffernmäßig begrenzter Haftung – die weiterreichende Verschuldenshaftung nach dem BGB, § 42 LuftVG. 1386

Erheblich günstiger ist die Position dessen, der durch ein **militärisches Luftfahrzeug** verletzt worden ist: Für ihn gilt nach § 53 I LuftVG die Gefährdungshaftung ohne ziffernmäßige Beschränkung. Haftungsrechtlich steht das Militärflugzeug also dem Luxustier gleich (vgl. o. Rn. 1364).

Wesentlich ungünstiger ist dagegen die Lage der **Fluggäste (und des Bedienungspersonals):** Ihnen gegenüber haftet der Luftfrachtführer unbeschränkt nach §§ 44, 45 LuftVG bloß aus widerleglich vermutetem Verschulden.

IV. Die Haftung für Schäden aus der Kernenergie

Bei der Haftung für Kernenergieschäden sind zwei Arten zu unterscheiden: Die erste meint sozusagen das „große" Atomrisiko, nämlich Schäden aus einer Kernenergieanlage (insbesondere Kernreaktoren), während die zweite die übrigen Fälle betrifft. Diese Haftung der zweiten Art (§§ 25 ff. AtomG) ist ähnlich der Haftung für Kraftfahrzeuge nach dem alten § 7 StVG gestaltet (vgl. o. Rn. 1376) teils als reine Gefährdungshaftung, teils als Haftung für äußerste Sorgfalt. Ausgenommen sind freilich u. a. Schäden aus der ärztlichen Behandlung mit radioaktiven Stoffen. 1387

Dagegen weist die Haftung der ersten Art zahlreiche Eigenheiten auf. Dazu gehört schon, dass für sie als Rechtsquelle außer den §§ 25 ff. AtomG auch ein internationales Abkommen gilt, nämlich das **Pariser Atomhaftungs-Übereinkommen** (BGBl. 1976 II S. 310): Solche großen Schäden können eben die nationalen Grenzen überspringen, und die Vorsorge muss das wenigstens für die an dem Übereinkommen beteiligten Staaten gleichfalls tun. Haftungsgrund ist ein „nukleares Ereignis" ohne Rücksicht auf seine Ursache; nach deutschem Recht gilt nicht einmal für bewaffnete Konflikte oder „schwere Naturkatastrophen außergewöhnlicher Art" eine Ausnahme. Im Interesse einer besseren Versicherbarkeit ist die Haftung auf den Inhaber der Kernanlage konzentriert; andere Personen (z. B. der Hersteller der fehlerhaften Anlage) haften also nicht. Eine solche Haftungskonzentration wird (mit einem wahrhaft grässlichen Ausdruck) als **„rechtliche Kanalisierung"** bezeichnet. Für die Deckung dieser Haftung hat der verantwortliche Inhaber der Kernanlage diejenige Vorsorge zu treffen, die ihm in der behördlichen Betriebsgenehmigung vorgeschrieben wird. Für den Höchstbetrag der Haftung gibt es in § 31 AtomG eine kompli-

[9] Vgl. *van Randenborgh,* ZRP 1989, 361.

zierte Regelung; meist wird unbegrenzt gehaftet. Ergänzt wird das durch Freistellungsverpflichtungen (§ 34 AtomG) und unter Umständen einen Rückgriff (§ 37 AtomG). Zu einem atomrechtlichen Ausgleich bei ausländischen Nuklearunfällen (Tschernobyl!) vgl. etwa *Pelzer,* NJW 1986, 1664.

§ 155. Weitere Haftungsfälle

1388 Außer der Tierhalterhaftung und der Haftung für technische Risiken gibt es noch einige weitere Fallgruppen, in denen unabhängig von einer Sonderverbindung verschuldensunabhängig gehaftet wird. Dafür sind unterschiedliche Gründe maßgebend. Hier muss ein kurzer Überblick genügen (zur Produkthaftung nach dem ProdHaftG vgl. o. Rn. 348 ff.).

I. Haftung für Arzneimittel

1389 Das Gesetz zur Neuordnung des Arzneimittelrechts[1] hat in den §§ 84 ff. eine Haftung für Schäden an Leben, Körper und Gesundheit „infolge der Anwendung eines zum Gebrauch bei Menschen bestimmten Arzneimittels" eingeführt. Haftbar ist „der pharmazeutische Unternehmer, der das Arzneimittel im Geltungsbereich dieses Gesetzes in den Verkehr gebracht hat". Die Haftung gilt also auch für im Ausland produzierte Arzneimittel. Sie erfasst aber – rechtspolitisch richtig – sachlich **nur einen Teil der Risiken.** Gehaftet wird nämlich nach § 84 I AMG nur, wenn die schädlichen Wirkungen über ein nach den Erkenntnissen der medizinischen Wissenschaft vertretbares Maß hinausgehen, oder wenn der Schaden auf eine „nicht den Erkenntnissen der medizinischen Wissenschaft entsprechende Kennzeichnung oder Gebrauchsinformation" zurückgeht. In beiden Fällen sind also die Erkenntnisse der Wissenschaft nicht ausreichend beachtet worden; man befindet sich damit schon in der Nähe einer objektiven Fahrlässigkeit (vgl. AT Rn. 368). Das Risiko aus dem noch nicht genügenden Stand der Wissenschaft jedoch trägt der Verwender des Arzneimittels. Zudem muss seit 2002 der pharmazeutische Unternehmer nach § 84 III AMG nachweisen, dass die schädlichen Wirkungen ihre Ursache nicht im Bereich der Entwicklung und Herstellung haben. § 84 II AMG enthält überdies eine Kausalitätsvermutung, und § 84a AMG gewährt dem Geschädigten Auskunftsansprüche.[2]

Dem Betrage nach ist die Haftung des Unternehmers hinsichtlich eines einzigen Verletzten ähnlich begrenzt wie nach § 12 I Nr. 1 StVG, § 88 Nr. 1 AMG. § 88 Nr. 2 AMG berücksichtigt dann aber den Umstand, dass ein Arzneimittel sehr viele Menschen schädigen kann: Für diesen Fall ist der insgesamt zu leistende Kapitalbetrag auf 120 Mio. EUR begrenzt.

II. Haftungen in Bezug auf das Wasser

1390 Nachteilige Veränderungen des Wassers betrifft das WHG von 1957 in der Fassung vom 12.11. 1996 (BGBl. I S. 1696, Kommentar von *Czychowski/Reinhardt,* 10. Aufl., 2010). Dieses enthält in § 22 zwei Haftungstatbestände: Abs. 1 bestimmt

[1] BGBl. 1976 I S. 2445, dazu *Deutsch,* 2. FS Larenz, 1983, 111 ff., zudem zur Fortentwicklung JZ 2002, 588, 592 f.

[2] Vgl. dazu *G. Wagner,* VersR 2001, 1334 ff.

eine **Handlungshaftung** und Abs. 2 eine **Anlagenhaftung,** nämlich für Anlagen mit dem Zweck, „Stoffe herzustellen, zu verarbeiten, zu lagern, abzulagern, zu befördern oder wegzuleiten". Dabei ist die Anlagenhaftung (sie trifft z. B. jeden Inhaber eines Heizöltanks oder einer Jauchegrube) – nach dem zweifelhaften Gesetzeswortlaut dagegen nicht die Handlungshaftung – bei höherer Gewalt ausgeschlossen. Die höhere Gewalt wird hier als außergewöhnliches, betriebsfremdes Ereignis definiert, „das nach menschlicher Einsicht und Erfahrung nicht vorhersehbar ist und mit wirtschaftlich erträglichen Mitteln auch durch die äußerste, vernünftigerweise zu erwartende Sorgfalt nicht verhütet oder unschädlich gemacht werden kann".[3]

Beide Haftungen sind dem Betrage nach unbegrenzt. Zudem erfassen sie – was noch über die Tierhalterhaftung hinausgeht – sogar primäre Vermögensschäden. Erfasst werden also etwa die Kosten für die Suche nach einer anderen, unverschmutzten Quelle oder für Wasseruntersuchungen,[4] ebenso die zusätzlichen Kosten für die Ableitung von verunreinigtem Grundwasser.[5] Ein Schmerzensgeldanspruch ist hier dagegen nicht vorgesehen, doch mag § 253 II auch ohne eine solche Anordnung anwendbar sein.[6]

Ein Beispiel für die Handlungshaftung bildet der Fall, dass jemand einem Fluss so viel Wasser entnimmt, dass die später eingeleiteten Giftstoffe nicht mehr hinreichend verdünnt werden und dadurch Forellen sterben.[7] Nach *BGH* VersR 2003, 254 soll gleichfalls haften, wer durch eine Kläranlage dem Wasser den nötigen Sauerstoff entzieht. *BGH* NJW 1986, 2312, 2314 lässt auch ein Unterlassen durch Verletzung einer Verkehrssicherungspflicht genügen. Diese Haftung kann außerordentlich weit gehen. Sie sollte daher **eng interpretiert** werden: Die Handlung soll sich objektiv- und subjektiv-final auf das Wasser richten müssen.[8] Die objektive Finalität fehlt z. B., wenn Brunnenwasser durch das winterliche Salzstreuen auf einer benachbarten Straße verunreinigt wird.[9] Auch muss die Anlagenhaftung auf die typischen Betriebsgefahren beschränkt werden.[10] Im ganzen erscheint mir § 22 WHG als eine die Rechtstradition missachtende, schlecht bedachte Überreaktion eines allzu sehr nach der öffentlichen Meinung schielenden Gesetzgebers (anders *Larenz/Canaris,* SBT II 2, § 84 V bei Fn. 93, doch muss auch *Canaris* die Handlungshaftung teils tadeln und zudem eng interpretieren, um sie erträglich zu machen).

III. Die Haftung zum Ausgleich von Duldungspflichten

In mehreren Fallgruppen erhält eine Person einen Ersatzanspruch zum Ausgleich dafür, dass sie eine dem Ersatzverpflichteten zugerechnete Einwirkung dulden muss, die nach allgemeinen Regeln verhindert werden könnte. Hier bildet der Ersatzanspruch gleichsam den Preis für die (erzwungene) Opferung des Verbietungsrechts; daher stammt der Name **„Aufopferungsansprüche"**.[11] **1391**

[3] *BGH* NJW 1986, 2312, 2313.
[4] BGHZ 103, 129.
[5] *BGH* NJW 1999, 3203.
[6] *Däubler,* JuS 2002, 625, 626.
[7] *BGH* VersR 1984, 541.
[8] BGHZ 124, 394.
[9] So BGHZ 124, 394.
[10] *BGH* VersR 1983, 248.
[11] Vgl. *Schmitt/Kammler,* JuS 1995, 473; *Brüning,* JuS 2003, 2 und AT Rn. 397.

1. Die allgemeinste Vorschrift dieser Art ist **§ 904:** Der Eigentümer (und ebenso der Besitzer) einer Sache muss Einwirkungen auf diese dulden, die zur Abwendung eines drohenden unverhältnismäßig großen Schadens notwendig sind. So muss der Eigentümer sein Boot zur Verfügung stellen, wenn damit ein Ertrinkender gerettet werden soll, oder der Eigentümer des Ufergrundstücks darf nicht verbieten, dass die Retter sein Grundstück betreten und dort womöglich auch Schaden anrichten. Doch hat er nach § 904 S. 2 einen Schadensersatzanspruch, der schon deshalb kein Verschulden erfordern kann, weil die Retter ja rechtmäßig handeln. Str. ist allerdings, ob sich der Anspruch gegen den Eingreifenden oder gegen den Begünstigten richtet; ich ziehe die erste Alternative vor.

1392 **2.** Praktisch ungeheuer wichtig ist **§ 14 BImSchG:** Der durch Immissionen aus einem genehmigten Gewerbebetrieb Beeinträchtigte kann nicht die Einstellung des störenden Betriebs verlangen, was nach § 1004 an sich möglich wäre. Statt dessen hat der Beeinträchtigte gegen den Inhaber des Betriebs einen Entschädigungsanspruch.[12] Einen ähnlich begründeten Anspruch gewährt bei Immissionen, die wegen ihrer Ortsüblichkeit schon nach dem Zivilrecht zu dulden sind, **§ 906 II 2.** Gleiches gilt, wenn aus sonstigen Gründen Störungen nicht abgewehrt werden konnten.[13]

Insbesondere kommen ergänzende Ausgleichsansprüche nach § 906 II 2 auch in Betracht, wenn zwar ein Anwendungsfall des § 2 HPflG vorliegt (Wasserrohrbruch), aber der dort geltende Höchstbetrag überschritten wird.[14] Das soll jedoch nicht zu einem allgemeinen Schutz der Mieter tiefer liegender Wohnungen gegen den Mieter einer höher liegenden Wohnung führen.[15] Im ganzen ähnelt der Anspruch aus § 906 II 2 dem Anspruch aus enteignungsgleichem Eingriff.[16]

1393 **3.** Größere Bedeutung hat in dieser Gruppe endlich noch die ursprünglich in § 835 BGB und jetzt im BJagdG geregelte **Wildschadenhaftung:** Nach § 26 BJagdG darf der Grundstückseigentümer bestimmte Arten von Wild bloß von seinem Grundstück verscheuchen, aber nicht gefährden oder verletzen. Da ein solches Verscheuchen oft unwirksam bleibt, mutet diese Regelung dem Eigentümer (vor allem den Landwirten) bisweilen erhebliche Schäden zu. Hierfür bestimmen die §§ 29 ff. BJagdG eine besonders ausgestaltete Ersatzpflicht (vgl. BGHZ 184, 345 Tz. 12).

IV. Haftung für Umwelteinwirkungen

1394 Eine weitere wichtige Gefährdungshaftung gilt seit dem 1. 1. 1991 durch das UmweltHG.[17]

1. Haftungsgrund ist eine Verletzung von Leben, Körper oder Gesundheit sowie eine Sachbeschädigung „durch eine Umwelteinwirkung", § 1 UmweltHG. Schutzobjekt ist also nicht die Umwelt schlechthin. Geschützt werden vielmehr die wichtigs-

[12] Vgl. *Baur/Stürner,* SaR § 25 Rn. 30 ff.

[13] BGHZ 147, 45.

[14] BGHZ 155, 99.

[15] BGHZ 157, 188 mit vorzüglicher Anm. *Herb. Roth,* JZ 2004, 918.

[16] Vgl. BGHZ 158, 263; eine Anwendung in *BGH* NJW 2009, 3787 („Silvesterrakete").

[17] Dazu Kommentare von *Landsberg/Lülling* und *Schmidt-Salzer* (beide 1991); *Salje/Peter,* 2. Aufl., 2005, zudem etwa *G. Hager,* NJW 1991, 134; *Reuter,* BB 1991, 145; *Nicklisch,* VersR 1991, 1093; *Michalski,* Jura 1995, 617.

ten Rechtsgüter des § 823 I gegen Verletzungen, die durch die Umwelt vermittelt werden, nämlich durch die Ausbreitung von Störungen in Boden, Luft oder Wasser, § 3 I UmweltHG. Ein wirklicher „Ökoschaden" – also ein Schaden nicht an individuellen Rechtsgütern, sondern an der eigentumsfreien Umwelt – wird nur nach § 16 UmweltHG ersetzt: Nach dieser Vorschrift sollen hohe Aufwendungen des Geschädigten für die Wiederherstellung von Natur oder Landschaft nicht ohne Weiteres unverhältnismäßig im Sinne von § 251 II 1 sein. Doch ist der Ersatz dieser Aufwendungen hier an die Beschädigung einer im individuellen Eigentum stehenden Sache geknüpft.

2. Schuldner sind die Inhaber bestimmter Anlagen (§ 3 II, III UmweltHG), die auf 1395
die Umwelt wirken, § 1 UmweltHG. Diese haftungsauslösenden Anlagen werden in einem Anhang 1 zum UmweltHG aufgeführt. Die Liste umfasst z. B. größere Kraftwerke und Feuerungsanlagen, Zementwerke, Hochöfen, Chemiebetriebe sowie große landwirtschaftliche Zuchtbetriebe (etwa ab 50 000 Hennenplätzen, Nr. 64 a). Die Haftung kann auch durch erst im Bau befindliche oder schon stillgelegte Anlagen begründet werden, § 2 UmweltHG. Nicht genannt werden dagegen Verkehrsanlagen, z. B. Flugplätze, sowie Kleinemittenten (z. B. Kraftfahrzeuge und Gebäudeheizungen).

3. Das Hauptproblem bei Schadenszufügungen aus der Umwelt bildet der (nach allge- 1396
meinen Regeln dem Geschädigten obliegende) **Nachweis der haftungsbegründenden Kausalität.** Zur Erleichterung dienen Auskunftsansprüche des Geschädigten gegen die Inhaber von möglicherweise ursächlichen Anlagen (§ 8 UmweltHG) und gegen Aufsichtsbehörden (§ 9 UmweltHG). Darüber hinaus gehen die §§ 6, 7 UmweltHG:

§ 6 UmweltHG begründet eine **Ursächlichkeitsvermutung** hinsichtlich der zur Schadensherbeiführung geeigneten Anlagen. Diese Vermutung gilt freilich nicht, wenn (was der Inhaber beweisen muss) die Anlage nur bestimmungsgemäß betrieben wurde: Dafür müssen alle besonderen Betriebspflichten (etwa behördliche Auflagen) eingehalten worden sein, und es darf keine Störung vorgelegen haben, § 6 II UmweltHG.

§ 7 I UmweltHG behandelt den häufigen Fall, dass **mehrere Anlagen** als Verursacher des eingetretenen Schadens in Betracht kommen. Hier erwartet man eine Regelung der summierten Immission (vgl. AT Rn. 643): Sind die mehreren Emittenten Gesamt- oder Teilschuldner (nach Maßgabe ihrer Emissionsanteile)? Aber eine solche Regelung fehlt. Statt dessen sagt die Vorschrift nur, die Vermutung des § 6 gelte nicht, wenn der Schaden auch durch einen anderen Umstand verursacht worden sein könnte. Die Fassung dieser Vorschrift ist wenig gelungen. Dem Sinne nach soll die Ursächlichkeitsvermutung nicht dadurch außer Kraft treten, dass mehrere unter den Anhang 1 fallende Anlagen als Verursacher in Betracht kommen.

4. Ausgeschlossen wird die Haftung durch höhere Gewalt, § 4 UmweltHG. Bei 1397
Sachschäden sind zudem unwesentliche oder nach den örtlichen Verhältnissen zumutbare Beeinträchtigungen vom Ersatz ausgeschlossen, § 5 UmweltHG.

5. Hinsichtlich der **Einzelheiten der Haftung** (§§ 11–17 UmweltHG) gelten gegen- 1398
über dem BGB nur wenige Besonderheiten. Die Einschränkung des § 251 II 1 durch § 16 UmweltHG ist schon o. Rn. 1394 erwähnt worden. Ein Schmerzensgeldanspruch ergibt sich jetzt aus § 13 UmweltHG.

§ 15 UmweltHG sieht für Schäden „aus einer einheitlichen Umwelteinwirkung" Haftungshöchstgrenzen vor, und zwar 85 Mio. EUR für Körperschäden einerseits und für Sachschäden andererseits. Insoweit kommt daneben aber die unbegrenzte BGB-Haftung in Betracht, § 18 I UmweltHG.

1399 **6.** In einem Anhang 2 zum UmweltHG werden Anlagen aufgeführt, die anscheinend für besonders schadensträchtig gehalten werden. Deren Inhaber sind nach § 19 UmweltHG zu einer **Deckungsvorsorge** verpflichtet, die Sicherheit für die Erfüllung von Schadensersatzpflichten gewährt. Hierfür kommt vor allem der Abschluss einer Haftpflichtversicherung in Betracht.

V. Gentechnik

1400 Nach § 32 des GentechnikG in der Fassung vom 16. 12. 1993 (dazu etwa *Luttermann,* JZ 1998, 174) sind Betreiber einer gentechnischen Anlage (zu denen auch gehört, wer gentechnisch veränderte Produkte erstmals in den Verkehr bringt) einer besonders scharfen Haftung ausgesetzt: Sie gilt für Verletzungen, die infolge von Eigenschaften eines Organismus eintreten, „die auf gentechnischen Arbeiten beruhen". Eine Ausnahme für höhere Gewalt gibt es hier nicht. Der Haftungshöchstbetrag liegt bei 85 Mio. EUR (§ 33 GentechnikG). Auch gibt es eine Ursächlichkeitsvermutung (§ 34 GentechnikG). Endlich kann von dem Betreiber eine Deckungsvorsorge verlangt werden (§ 36 GentechnikG). Die Strenge dieser Haftung beruht wohl darauf, dass man über die Gefahren der Gentechnik noch keine klaren Vorstellungen und zudem den Gedanken an ihren möglichen Nutzen fast völlig verdrängt hatte.

VI. Handlungshaftungen

1401 Endlich gibt es noch einige Fälle der verschuldensunabhängigen Handlungshaftung: Wer eine gefährliche Handlung vornimmt, soll für die daraus entstehenden Schäden ohne Weiteres einstehen müssen. Als Anwendungsfälle waren in AT Rn. 397 schon die unberechtigte **Selbsthilfe** (§ 231) und die Zwangsvollstreckung aus einer noch nicht endgültigen und später wieder aufgehobenen Entscheidung (§§ 302 IV 3, 600 II, 717 II, 945, 1065 II 2 ZPO) genannt worden. Doch unterscheiden sich beide Fälle etwas: Im ersten ist das Handeln rechtswidrig, im zweiten dagegen rechtmäßig. Daher kann man den zweiten Fall auch bei o. Rn. 1391 ff. einordnen: Der verurteilte Schuldner muss die Zwangsvollstreckung schon vor Rechtskraft dulden, erhält aber als Ausgleich dafür den Ersatzanspruch.

3. Abschnitt. Die Staatshaftung

Literatur: *Bender,* Staatshaftungsrecht, 3. Aufl., 1981; *ders.,* Die Rechtsprechung des *BGH* zum Staatshaftungsrecht 1984/5, JZ 1986, 838; 888; *Brüning,* Staatshaftung bei überlanger Dauer von Gerichtsverfahren, NJW 2007, 1094; *Coester-Waltjen,* Die Anspruchsgrundlagen und Abgrenzungen bei Amtshaftung und Organhaftung, Jura 1995, 368; *Detterbeck/ Windthorst/Sproll,* Staatshaftungsrecht, 2000; *Ehlers,* Die Weiterentwicklung des Staatshaftungsrechts durch europäisches Gemeinschaftsrecht, JZ 1996, 776; *Engelhardt,* Staatshaftung, Primärrechtsschutz, Verjährung, VersR 1989, 1221; *Futter,* Die

Subsidiarität der Amtshaftung, 1974; *Gagel,* Das Verhältnis von zivilrechtlichem Schadensersatzanspruch und öffentlichrechtlichem Erstattungsanspruch, NJW 1985, 1872; *Haug,* Die Amtshaftung des Notars, 1989; *Heidenhain,* Amtshaftung und Entschädigung aus enteignungsgleichem Eingriff, 1965; *Herdegen/Rensmann,* Die neuen Konturen der gemeinschaftsrechtlichen Staatshaftung, ZHR 161 (1997), 522; *Krohn,* Enteignung, Entschädigung, Staatshaftung, 1993; *Lang,* Die Haftung der öffentlichen Hand bei Verkehrsunfällen, VersR 1988, 324; 996; *Lembke/Ende,* Konkurrenz von Amtshaftungsanspruch und positiver Forderungsverletzung verwaltungsrechtlicher Sonderverhältnisse?, BB 1997, 1267 f.; *Lochte/Handjery,* Das Verschulden im Rahmen des Amtshaftungsanspruchs ..., JuS 2001, 1186; *Meister,* Die Rechtspraxis zum Amtshaftungsrecht – eine Fehlentwicklung, Anwaltsblatt 1986, 431; *Meysen,* Der haftungsrechtliche Beamtenbegriff am Ziel?, JuS 1998, 404; *Michaelis,* Zur Rechtswidrigkeit als Haftungsgrund bei der Amtshaftung und beim sog. enteignungsgleichen Eingriff, 1. FS Larenz, 1973, S. 927; *Motsch,* Gedanken zur Staatshaftung aus zivilrechtlicher Sicht, JZ 1986, 1082; *Nissen,* Amtshaftung im Bereich der Finanzverwaltung, BB 1995, 649; *Ossenbühl,* Staatshaftungsrecht, 5. Aufl., 1998; *ders.,* Zur Staatshaftung bei behördlichen Warnungen vor Lebensmitteln, ZHR 155 (1991), 329; *Otto,* Die Verkehrssicherungspflicht und Haftung für geschützte Bäume, NJW 1996, 356; *Papier,* Wirtschaftsaufsicht und Staatshaftung, JuS 1980, 265; *Pfab,* Staatshaftung in Deutschland, 1997; *Saenger,* Staatshaftung wegen Verletzung europäischen Gemeinschaftsrechts, JuS 1997, 865; *Schlick,* Die Rechtsprechung des BGH zu öffentlich-rechtlichen Ersatzleistungen II: Amtshaftung, NJW 2009, 3487; *Scholz/Tremml,* Staatshaftungs- und Entschädigungsrecht, 5. Aufl., 1994; *Schwarzenegger,* Staatshaftung – Gemeinschaftsrechtliche Vorgaben und ihre Auswirkungen auf nationales Recht, 2001; *Stoll,* Zur richterlichen Fortbildung der Staatshaftung für Unfallschäden, FS Hauss, 1978, S. 349; *Streinz/Leible,* Staatshaftung wegen verspäteter Umsetzung der EG-Pauschalreise-Richtlinie, ZIP 1996, 1931; *Stuht,* Staatshaftung oder Entschädigung, 1990; *Wagner,* Amts- oder Fiskalhaftung?, JZ 1968, 245; *Luber,* Der Amtshaftungsprozeß, 3. Auflage 2009; *Tremml/Luber,* Amtshaftungsansprüche wegen rechtswidriger Produktinformation, NJW 2005, 1745; *Windthorst,* Staatshaftungsrecht, JuS 1995, 791 mit Fortsetzungen bis JuS 1996, 894; *Windhorst,* Staatshaftungsrecht, 2. Auflage 2012. – Vgl. weiter die Kommentare zu Art. 34 GG und zur Rechtslage in den neuen Bundesländern *Ossenbühl,* NJW 1991, 1201; *Sträßer* ebenda 2467. Vgl. weiter *Dinski,* VersR 1999, 804 zur Haftung für Tumultschäden.

§ 156. Die Entstehungsgeschichte

Nirgendwo sonst im Deliktsrecht ist die Gesetzeslage so unübersichtlich wie bei der Staatshaftung. Dieser Zustand lässt sich nur durch einen Blick auf die Entstehungsgeschichte verstehen.

I. Die Entwicklung bis zum StaatshaftungsG

Es wäre denkbar, auch den hoheitlich handelnden Staat nach allgemeinem Delikts- 1402
recht haften zu lassen: nach §§ 31, 823 ff. für seine Organe und nach § 831 für seine übrigen Gehilfen; daneben stünde dann die Eigenhaftung der Handelnden nach §§ 823 ff. Doch ist die Rechtsentwicklung einen anderen Weg gegangen.

1. Die Beamtenhaftung

In Deutschland hat es – anders als etwa in England („The King can do no wrong") – keinen Haftungsausschluss für staatliches Handeln gegeben. Wohl aber hat man die Haftung zunächst auf den rechtswidrig handelnden Beamten beschränkt: Dieser repräsentiere bei rechtswidrigem Handeln den Staat nicht mehr *(si excessit, privatus est),* so dass auch der Staat nicht für den Beamten verantwortlich sei.

Diese Eigenhaftung war für den Geschädigten unbefriedigend, weil er Gefahr lief, nur einen Schuldner mit unzulänglicher Haftungsmasse zu erhalten. Zudem war die

Geltendmachung der Beamtenhaftung vielfach an eine Zulassung in einem Verwaltungsvorverfahren gebunden, in dem die Rechtswidrigkeit des Amtshandelns festgestellt werden musste. Aber auch für den Beamten konnte die Eigenhaftung wegen des oft erheblichen Schadenspotentials aus seiner Amtstätigkeit zu Unbilligkeiten führen. Daher wurden schon im 19. Jahrhundert die Übernahme der Haftung auf den Staat und eine Beschränkung des Rückgriffs gegen den Beamten erwogen. Doch enthält das BGB in § 839 noch die reine Beamtenhaftung; die Übernahme dieser Haftung auf den Staat blieb nach Art. 77 EGBGB dem Landesrecht vorbehalten. Nur der Fiskus, also der privatrechtlich auftretende Staat, sollte nach § 89 für seine Organe haften.

2. Die mittelbare Staatshaftung

1403 Für den Bereich des hoheitlichen Handelns haben viele deutsche Länder alsbald die Beamtenhaftung auf den Staat übernommen: so Baden, Bayern und Württemberg schon in ihren Ausführungsgesetzen zum BGB und 1909 auch Preußen. Das Reich ist dann durch das ReichsbeamtenhaftungsG von 1910 in die Haftung für seine Beamten eingetreten.

An dieser **mittelbaren** (weil an die Eigenhaftung des Beamten geknüpften) **Staatshaftung** hat auch **Art. 131 WRV** festgehalten. Denn dort wurde bloß bestimmt, die Verantwortlichkeit aus einer Amtspflichtverletzung treffe „grundsätzlich den Staat oder die Körperschaft, in deren Dienst der Beamte steht". Diese Verantwortlichkeit selbst ergab sich nach wie vor aus § 839. Doch wurden jetzt die landesrechtlichen Einschränkungen der Beamten- (und damit der Staats)haftung infolge der Notwendigkeit von Vorverfahren beseitigt. Auch ist der Beamtenbegriff durch Auslegung erweitert worden.

3. Art. 34 GG

1404 Der mit Art. 131 WRV erreichte Zustand ist im Wesentlichen von Art. 34 GG übernommen worden: Auch diese Vorschrift ist keine eigenständige Haftungsnorm, sondern sie bedeutet nur die Übernahme der in § 839 bestimmten Beamtenhaftung. Freilich gibt Art. 34 GG im Gegensatz zu Art. 131 WRV die Bindung an den Beamtenbegriff ausdrücklich auf („Verletzt *jemand* in Ausübung eines ihm anvertrauten öffentlichen Amtes …"). Auch wird jetzt der Rückgriff gegen den Handelnden auf Vorsatz und grobe Fahrlässigkeit beschränkt.

II. Das StaatshaftungsG

1405 Das Nebeneinander von Art. 34 GG und § 839 war kompliziert und in manchem auch vom Ergebnis her unbefriedigend (vgl. etwa u. Rn. 1413). Daher ist spätestens seit einem Beschluss des 47. DJT von 1968 eine Reform betrieben worden. Diese hat 1973 zu einem Kommissionsbericht mit dem Entwurf eines StaatshaftungsG (StHG) geführt. Damit sollte die Staatshaftung von der Beamtenhaftung gelöst, also eine unmittelbare Staatshaftung begründet werden. Diese sollte weitgehend verschuldensunabhängig sein. Andererseits sollte der Schaden nicht allemal voll ersetzt werden. Auch sollten über die Amtshaftung regelmäßig die Verwaltungsgerichte entscheiden. Aus diesem Kommissionsentwurf ist 1976 ein ähnlicher Referentenentwurf hervorgegangen.

Das derart konzipierte StHG hat jedoch in den folgenden Verhandlungen zwischen Bund und Ländern viele Änderungen erfahren. Insbesondere erwies es sich als unmöglich, für den Rechtsweg zu den Verwaltungsgerichten die nötige Mehrheit (Art. 79 GG) zur Änderung des entgegenstehenden Art. 34 S. 3 GG („ordentlicher Rechtsweg") zu finden.

Schließlich ist das geänderte StHG am 26. 6. 1981 im BGBl. I S. 553 verkündet worden. Es sollte am 1. 1. 1982 in Kraft treten. Nachdem schon der Bundespräsident Zweifel an der Verfassungsmäßigkeit geäußert hatte, haben dann mehrere Bundesländer ein Normenkontrollverfahren beim **Bundesverfassungsgericht** in Gang gebracht. Dieses hat durch Urteil vom 19. 10. 1982 die **Verfassungswidrigkeit** des StHG festgestellt (NJW 1983, 25): Eine primäre Staatshaftung, wie sie das StHG einführen wolle, gehöre zum öffentlichen Recht. Und für dieses fehle dem Bund insoweit nach Art. 73 ff. GG die Gesetzgebungsbefugnis.

Nach diesem Scheitern des StHG gilt die Regelung von § 839 mit Art. 34 GG weiter.[1] Rechtspolitisch ist eine Neuregelung auch jetzt noch dringend erwünscht; inzwischen schafft der neue Art. 74 I Nr. 25 GG hierfür eine Zuständigkeit des Bundes. Allerdings sollte die immer noch ausstehende Normierung manche Schwächen des StHG vermeiden.

§ 157. Die Haftung wegen Amtspflichtverletzung

Literatur: Vgl. o. vor Rn. 1402.

Die Haftung wegen Amtspflichtverletzung wird gekennzeichnet durch das Nebeneinander von § 839 und Art. 34 GG (vgl. o. Rn. 1404). Daher ist zunächst die Haftung nach § 839 (u. Rn. 1407 ff.) und dann deren Übernahme auf den Staat durch Art. 34 GG zu erörtern (u. Rn. 1417 f.). Doch muss Art. 34 GG auch bei § 839 schon mitberücksichtigt werden: Art. 34 GG hat als jüngere und zudem höherrangige Norm den § 839 ändern können. 1406

I. Die Haftung nach § 839

1. Die haftungsauslösende Person

a) § 839 I 1 spricht von einem **Beamten**. Maßgeblich ist jedoch die weitere Formulierung von Art. 34 GG: dort heißt es einfach „jemand", der freilich „in Ausübung eines ihm anvertrauten öffentlichen Amtes" handeln muss. Danach kommt es auf die staats- oder arbeitsrechtliche Qualifikation dessen, dem das öffentliche Amt anvertraut ist, nicht an: Er kann Beamter, Angestellter oder Arbeiter sein. Es kann sogar ein Anstellungsverhältnis zum Staat ganz fehlen: Auch ein Privater vermag als **Beliehener** (z. B. Kapitän, anerkannte Privatschule) oder als Verwaltungshelfer (z. B. Schülerlotse, str.) ein öffentliches Amt auszuüben. Sogar die Schädigung durch einen 1407

[1] Vgl. *Krohn,* VersR 1991, 1085.

Zivildienstleistenden bei Wahrnehmung privatrechtlicher Aufgaben soll eine Amtshaftung auslösen können.[1]

Man kann § 839 mit Art. 34 GG harmonisieren, indem man in § 839 einen eigenen, alle eben genannten Personen umfassenden **haftungsrechtlichen Beamtenbegriff** annimmt. Doch müsste man diesen ohnehin wohl überstrapazierten Begriff bei der privatrechtlichen Eigenhaftung des Beamten (vgl. u. Rn. 1421 f.) wieder aufgeben. Daher spreche ich bei § 839, Art. 34 GG lieber vom „Amtsträger".

1408 b) **Ausübung eines öffentlichen Amtes** liegt zunächst überall da vor, wo der Staat die ihm eigenen Machtmittel einsetzt; das ist die **obrigkeitlich-hoheitliche** oder Eingriffsverwaltung. Hierhin gehören z. B. eine Pfändung durch den Gerichtsvollzieher, eine polizeiliche Festnahme oder Verkehrsregelung, der Erlass eines Steuerbescheides, die Aufstellung eines Bebauungsplans und ähnliches.

Weiter wird zur Ausübung eines öffentlichen Amtes aber auch die sog. **schlicht-hoheitliche** oder Leistungsverwaltung gerechnet. Sie umfasst außer der Sozialverwaltung insbesondere auch die Bereitstellung öffentlicher Einrichtungen (z. B. Schulen, auch ohne Schulzwang; Universitäten; Schwimmbäder). Doch ist hier die Abgrenzung zum privaten Verwaltungshandeln, für das keine Staatshaftung besteht, sondern bloß die privatrechtliche Fiskalhaftung (vgl. u. Rn. 1421 f.), oft schwierig. Auch hat hier der öffentlich-rechtliche Träger nach h. M. ein Wahlrecht, ob er das Benutzungsverhältnis öffentlich-rechtlich oder privatrechtlich gestalten will.[2] Endlich kann die Organisation des Leistungsträgers geändert werden wie bei der Überleitung der Bundespost in das Privatrecht.[3] Im ganzen ist dies ziemlich unklar.

Besonders wichtig ist die **Einordnung der Verkehrssicherungspflichten.** Diese wurden ursprünglich dem Privatrecht zugeordnet, so dass ihre Verletzung nach § 823 haftbar machte (vgl. o. Rn. 1241 ff.). Diese Einordnung hat aber eine schwer präzisierbare Abgrenzung von der öffentlich-rechtlichen Verkehrsregelung nötig gemacht: Wohin gehört z. B. das Aufstellen von Warnzeichen oder die Sorge dafür, dass ein Zebrastreifen deutlich sichtbar bleibt? Daher (und wegen § 839 I 2, vgl. u. Rn. 1413) ist vielfach durch Landesgesetz bestimmt worden, die Verkehrssicherungspflicht solle „als Amtspflicht in Ausübung öffentlicher Gewalt" wahrgenommen werden: so § 67 StraßenG Baden-Württemberg, Art. 72 Bayerisches Straßen- und WegeG, § 9a LandesstraßenG Nordrhein-Westfalen. Damit richtet sich die Haftung dann nach § 839 BGB, Art. 34 GG.

1409 c) Für die Frage, ob Ausübung eines öffentlichen Amtes vorliegt, darf eine Tätigkeit regelmäßig **nicht in verschiedene Abschnitte zerlegt** werden. Vielmehr entscheidet, „ob die eigentliche Zielsetzung, in deren Sinn die Person tätig wurde, dem Bereich hoheitlicher Betätigung zuzurechnen ist und ob bejahendenfalls zwischen dieser Zielsetzung und der schädigenden Handlung ein solcher Zusammenhang besteht, dass letztere ebenfalls noch als dem Bereich hoheitlicher Betätigung angehörend angesehen werden muss".[4] Danach kann z. B. auch die Teilnahme am allgemeinen Straßenverkehr zur hoheitlichen Betätigung gehören, wenn sie der Fahrt zu oder von einer Amtstätigkeit dient. Doch kann das auch anders liegen: Ein Professor, der zu seiner

[1] *BGH* NJW 1977, 2109.
[2] Vgl. MünchKomm/*Papier*, § 839 Rn. 150.
[3] Vgl. *Allgaier*, VersR 1991, 636.
[4] BGHZ 42, 176.

Vorlesung fährt, handelt schwerlich hoheitlich, weil sich seine Amtspflichten nicht auf den Straßenverkehr erstrecken.

2. Die haftungsauslösende Handlung

a) Der soeben bezeichnete Amtsträger muss eine **Amtspflicht verletzt** haben, 1410
§ 839 I 1, Art. 34 GG. Amtspflichten sind die persönlichen Verhaltenspflichten des Amtsträgers in Bezug auf seine Amtsführung. Diese Pflichten umfassen jedenfalls die Beachtung der **allgemeinen deliktsrechtlichen Eingriffsverbote.** Eine nach Deliktsrecht (§§ 823 ff.) unerlaubte Handlung bedeutet also zugleich eine Amtspflichtverletzung (z. B. die Verletzung eines Menschen, die Beschädigung fremder Sachen), wenn nicht dem Amtsträger ein Rechtfertigungsgrund insbesondere des öffentlichen Rechts zur Seite steht (z. B. erlaubter Waffengebrauch).

Gerade im sozialen Leistungsstaat reichen die Amtspflichten aber weit über das nach allgemeinem Deliktsrecht Gebotene hinaus. Insbesondere umfassen sie oft eine **aktive Fürsorge** für fremde Rechtsgüter. So muss der Amtsarzt fremde Gesundheit schützen; die Versicherungs- und Bankenaufsicht umfasst vielfach sogar den Schutz fremder Vermögensinteressen.[5] Allgemein darf ein Amtsträger „nicht sehenden Auges zulassen, dass der bei ihm vorsprechende Bürger einen Schaden erleidet, den der Beamte durch einen kurzen Hinweis … zu vermeiden in der Lage ist".[6] Und nach *BGH* VersR 1985, 1186 muss eine Auskunft „richtig, klar, unmissverständlich und vollständig (sein), so dass der Empfänger der Auskunft entsprechend disponieren kann".

b) Die verletzte Amtspflicht muss dem Amtsträger **gerade dem geschädigten Dritten gegenüber** obliegen, § 839 I 1, Art. 34 GG; dieser Dritte muss sich also im Schutzbereich der Amtspflicht befinden. Das entspricht der Rechtslage beim Schutzbereich eines Schutzgesetzes bei § 823 II (vgl. o. Rn. 1321 ff.). Dabei genügt es, „dass die Amtspflicht neben der Erfüllung allgemeiner Interessen und der Verfolgung öffentlicher Zwecke *auch* den Zweck verfolgt, die Interessen des Einzelnen wahrzunehmen, selbst wenn dieser keinen Rechtsanspruch auf die Vornahme der Amtshandlung hat".[7] Bei der viel diskutierten **Überplanung von Altlasten**[8] bejaht der *BGH* Amtspflichten gegenüber den Erwerbern der belasteten Grundstücke, und zwar auch wegen bloßer Vermögensschäden.[9] Dagegen sollen Vermögensschäden durch die Belastung bloß von Nachbargrundstücken nicht genügen.[10] Die Amtspflichten des Deutschen Wetterdienstes gelten nicht für die Eigentümer landender oder abgestellter Flugzeuge.[11] Die Amtspflicht der Staatsanwaltschaft zur Verfolgung strafbarer Handlungen soll regelmäßig überhaupt nur den öffentlichen Interessen dienen.[12] *OLG Karlsruhe* NJW 2002, 445 mit Anm. *Ullenbruch* bejaht dagegen eine Dritte berührende Pflichtverletzung auch durch eine Lockerung des Strafvollzugs, die eine weitere Straftat ermöglicht hat.

1411

[5] BGHZ 74, 144; 75, 120, aber einschränkend 90, 310 und dann auch § 6 III KreditwesenG für die Bankenaufsicht, vgl. *EuGH* ZIP 2004, 2039; *BGH* NJW 2005, 742.

[6] *BGH* NJW 1965, 1226, 1227.

[7] BGHZ 68, 142, 145.

[8] Dazu *Ossenbühl*, JZ 1990, 649; *Stangl*, JuS 1993, 280; *Gisberts*, DB 1996, 361.

[9] BGHZ 106, 323; 108, 224.

[10] BGHZ 109, 380, 389 f., ähnlich *BGH* NJW 1993, 933.

[11] BGHZ 129, 17; 23.

[12] *BGH* NJW 1996, 2372.

Ähnlich wie bei § 823 II hat die Rechtsprechung neben diesem persönlichen Schutzbereich der Amtspflicht auch einen sachlichen herausgearbeitet.[13] Dieser Schutzbereich soll z. B. bei der hoheitlich wahrgenommenen Verkehrssicherungspflicht (vgl. o. Rn. 1408) primäre Vermögensschäden nicht umfassen.[14] Auch soll die Pflicht zur Kennzeichnung einer Altlast nicht vor Aufwendungen für den Abtransport des Deponieguts schützen.[15] Andererseits soll die Amtspflicht, eine beantragte Trauung nicht zu verzögern, auch dem Interesse an der Erlangung einer Hinterbliebenenrente dienen.[16]

1412 c) Die Amtspflichtverletzung muss **vorsätzlich oder fahrlässig** sein, § 839 I 1 (in Art. 34 GG nicht erwähnt, aber auch dort geltend). Die derzeitige Rechtslage kennt also – im Gegensatz zu der durch das StHG geplanten Regelung (vgl. o. Rn. 1405) – **keine öffentlich-rechtliche Gefährdungshaftung** (z. B. für eine versagende Verkehrsampel, doch vgl. für das Landesrecht BGHZ 99, 249, weitergehend *OLG Karlsruhe* NJW 1992, 1402). Dabei genügt für den Vorsatz schon das Wissen und Wollen der Amtspflichtwidrigkeit; unnötig ist ein Wille hinsichtlich des Schadenseintritts. Ein Irrtum über die Amtspflicht schließt den Vorsatz aus.

Für die Fahrlässigkeit[17] wird nicht selten die **Bedeutung von Gerichtsentscheidungen** fraglich: Kann man eine unrichtige Beurteilung der Rechtslage durch den Amtsträger noch für fahrlässig halten, wenn ein Gericht diese Beurteilung gebilligt hat (etwa die erste Instanz im Amtshaftungsprozess)? Das wird regelmäßig verneint, wenn es sich um ein mit mehreren Rechtskundigen besetztes Kollegialgericht handelt.[18] Ausnahmen werden aber etwa gemacht für „grundsätzliche Maßnahmen zentraler Dienststellen" (*BGH* NJW 1977, 1184; die müssen also besser überlegt sein!) oder bei „handgreiflich falscher Auslegung einer eindeutigen Bestimmung".[19]

3. Haftungsausschlüsse

1413 Für die Haftung wegen Amtspflichtverletzung gelten mehrere eigenartige Haftungsausschlüsse.

a) Nach § 839 I 2 haftet der bloß fahrlässige Beamte nur dann, wenn der Verletzte **nicht auf andere Weise Ersatz zu erlangen** vermag. Erheblich ist danach nicht schon, dass der Verletzte einen Anspruch gegen einen Dritten hat. Vielmehr muss der Anspruch auch durchsetzbar sein, was insbesondere auch an der Zahlungsunfähigkeit des Dritten scheitern kann.

Diese Subsidiarität der Haftung war im BGB auf den selbst haftenden Beamten gemünzt: Dessen Risiko sollte schon deshalb gemindert werden, um seine Entschlussfreudigkeit zu fördern. Mit der Haftungsübernahme auf den Staat (vgl. o. Rn. 1403) war dieser Grund jedoch weggefallen. Folgerichtig hat das StHG die Subsidiaritätsklausel abschaffen wollen (vgl. o. Rn. 1405). Schon seit langem hatte die Rechtsprechung unter dem Gesichtspunkt der „vermögensrechtlichen Einheit der öffentlichen

[13] Etwa *BGH* VersR 2001, 1107.
[14] Z. B. BGHZ 66, 398 Verlust des Schadensfreiheitsrabatts.
[15] BGHZ 113, 367, dazu *Ossenbühl,* JZ 1991, 922.
[16] *BGH* NJW 1990, 505.
[17] Zu ihr BGHZ 119, 365, 369 f.
[18] Etwa *BGH* NJW 1977, 1148; VersR 1984, 870, kritisch *B. Schmidt,* NJW 1993, 1630.
[19] BGHZ 27, 338, 343.

Hand" die Subsidiarität verneint, wenn eine haftende Körperschaft auf die Haftung einer anderen verweisen wollte.[20] Weiter hat der *BGH* die zum Staatsprivileg gewordene Subsidiarität schon im Vorgriff auf die geplante Neuregelung eingeschränkt:[21] Einerseits werden bestimmte Sozialleistungen nicht als andere Ersatzmöglichkeit angesehen, so die Lohnfortzahlung durch den Arbeitgeber (BGHZ 62, 380); auch nicht Leistungen aus der gesetzlichen Unfall- und Rentenversicherung (*BGH* NJW 1983, 2191) oder einer Kaskoversicherung (BGHZ 85, 230), wohl aber aus der Haftpflichtversicherung eines anderen Unfallbeteiligten (BGHZ 91, 48). Und andererseits soll die Subsidiarität für bestimmte Haftungsbereiche regelmäßig überhaupt nicht gelten, so für die Teilnahme am allgemeinen Straßenverkehr (BGHZ 68, 217) und die Verletzung hoheitlich ausgestalteter Straßenverkehrssicherungspflichten (BGHZ 75, 134; 118, 368, 370). Nach BGHZ 85, 225 soll dagegen für eine Dienstfahrt nur subsidiär gehaftet werden, wenn die Sonderrechte nach § 35 I StVO in Anspruch genommen worden sind (Funkstreifenwagen, ebenso *BGH* NJW 1991, 1171 Straßenunterhaltung). Dasselbe soll gelten, wenn ein Polizeibeamter Funktionsstörungen einer Ampelanlage nicht weitermeldet (BGHZ 91, 48). – Im Ganzen ist die Rechtslage bei § 839 I 2 derzeit unübersichtlich; ein Eingreifen des Gesetzgebers wäre wenigstens hier dringend geboten.

b) Einen anderen Zweck als § 839 I 2 verfolgt das sog. **Urteilsprivileg** nach § 839 **1414**
II.[22] Danach soll eine Amtspflichtverletzung bei einem Urteil in einer Rechtssache (gleich stehen die sog. urteilsvertretenden Beschlüsse) nur bei Vorliegen einer Straftat (insbesondere Rechtsbeugung) zu einer Haftung führen: Die Richtigkeit eines rechtskräftigen Urteils soll nämlich nur ausnahmsweise in einem Amtshaftungsprozess in Zweifel gezogen werden können.

c) Nach § 839 III tritt die Ersatzpflicht auch dann nicht ein, wenn der Verletzte es **1415**
schuldhaft unterlassen hat, den Schaden durch ein **Rechtsmittel** abzuwenden. Dabei soll „Rechtsmittel" nach *BGH* NJW 1974, 639 auch die formlose Erinnerung umfassen (zweifelhaft). Wenigstens aber sollte ein Verschulden des Verletzten nicht leicht bejaht werden: Man darf von diesem kaum erwarten, dass er die Rechtslage richtiger beurteilt als die Behörde; dagegen kann er die maßgeblichen Tatsachen oft besser kennen.

Für den Spezialfall des Rechtsmittelgebrauchs ist § 839 III eine den elastischeren (Schadensteilung!) § 254 verdrängende Sonderregelung. Dagegen bleibt § 254 im Übrigen für die unterlassene Schadensminderung anwendbar.

d) Schließlich kann die Haftung auch **sondergesetzlich ausgeschlossen** sein. Solche **1416**
Ausschlüsse betreffen aber vielfach nur die Übernahme auf den Staat (vgl. u. Rn. 1418), so dass die Eigenhaftung des Amtsträgers unberührt bleibt (was häufig einen Anachronismus darstellt). Einen besonders großen (und rechtspolitisch unerfreulichen) Bereich umfassten die Haftungsausschlüsse der (in bestimmten Bereichen hoheitlich handelnden) **Bundespost.** Im Ausmaß der Unterstellung des Postbetriebs unter das Privatrecht sind diese Haftungsausschlüsse jedoch zurückgegangen.

[20] Etwa *BGH* VersR 2003, 1036, 1038.

[21] Vgl. *Nüßgens,* FS Geiger, 1989, S. 456; *Lörler,* JuS 1990, 544.

[22] Dazu *Smid,* Jura 1990, 225; sowie *BGH* NJW 2011, 1072 zur Verfahrensverzögerung durch Richter.

II. Die Haftungsübernahme nach Art. 34 GG

1. Die Regel

1417 Der Tradition folgend (vgl. o. Rn. 1403), übernimmt Art. 34 GG die Haftung des Amtsträgers „grundsätzlich (auf) den Staat oder die Körperschaft, in deren Dienst er steht". Das ist eine befreiende Haftungsübernahme, so dass in deren Umfang eine Eigenhaftung des Amtsträgers gegenüber dem Verletzten nicht einmal bei Vorsatz besteht.

Nach Art. 34 GG haftet nach BGHZ 53, 217, 219 diejenige Körperschaft, die „dem Amtsträger das Amt, bei dessen Ausübung er fehlsam gehandelt hat, anvertraut hat, wer mit anderen Worten dem Amtsträger die Aufgaben, bei deren Wahrnehmung die Amtspflichtverletzung vorgekommen ist, übertragen hat". Das ist regelmäßig die sog. **Anstellungskörperschaft,** „in deren Dienst" (Art. 34 GG) der Amtsträger steht. Doch versagt das Kriterium der Anstellung, wenn der Amtsträger keinen Dienstherrn hat (wie der beliehene Unternehmer, vgl. o. Rn. 1407). Dann muss haften, wer dem Amtsträger das Amt anvertraut hat.

2. Ausnahmen

1418 Art. 34 GG lässt den Staat nur „grundsätzlich" haften. Daher lässt die h. M. die im ReichsbeamtenhaftungsG von 1910 (vgl. o. Rn. 1403) vorgesehenen Ausnahmen fortgelten. Diese betreffen Amtspflichtverletzungen der sog. **Gebührenbeamten** (die keine Besoldung erhalten, sondern von den eingenommenen Gebühren leben, wie Bezirksschornsteinfegermeister).[23]

III. Randfragen

1. Konkurrenzen

1419 Für Amtspflichtverletzungen ist die allgemeine Deliktshaftung sowohl des Staates wie auch des Amtsträgers ausgeschlossen. Unberührt bleibt jedoch die **Gefährdungshaftung,** insbesondere die Halterhaftung nach § 7 StVG. Das Land haftet also z. B. für seine Polizeifahrzeuge nicht nur nach § 839, Art. 34 GG, sondern zugleich verschuldensunabhängig nach § 7 StVG.

Seinerseits verdrängt wird § 839 (und folglich auch Art. 34 GG) dagegen von der **Sonderregelung für Notare** in § 19 BNotO: Danach haftet allein der (gegen Haftpflicht versicherte, vgl. o. Rn. 1040) Notar selbst (der im Übrigen einem Gebührenbeamten ähnelt, vgl. o. Rn. 1418). Eine Amtshaftung kommt nur bei Aufsichtsmängeln in Betracht.[24]

2. Der Rückgriff gegen den Amtsträger

1420 Nach Art. 34 S. 2 GG bleibt „bei Vorsatz und grober Fahrlässigkeit (des Amtsträgers) der Rückgriff vorbehalten". Damit ist der Amtsträger bei leichter Fahrlässigkeit gegen den Rückgriff verfassungskräftig geschützt. Die Rückgriffsnormen selbst finden sich anderswo, insbesondere im Beamtenrecht.

[23] Vgl. zu den Einzelheiten MünchKomm/*Papier,* § 839 Rn. 341.
[24] BGHZ 135, 354.

3. Die privatrechtliche Staats- und Beamtenhaftung

a) **Art. 34 GG** gilt nur bei der Ausübung eines öffentlichen Amtes, also insbesondere nicht bei privatrechtlichem Fiskalhandeln. Bei diesem gelten folglich für die Staatshaftung die allgemeinen Vorschriften: Bei der Verletzung privatrechtlicher Verträge haftet der Fiskus für seine Erfüllungsgehilfen nach § 278. Bei Delikten wird für Organe nach §§ 89, 31, 823 ff. und für Gehilfen nach § 831 gehaftet; die Eigenhaftung des Handelnden bleibt hier unberührt. 1421

b) Dagegen kennt **§ 839** die Beschränkung auf die Ausübung eines öffentlichen Amtes nicht. Daher haftet der Beamte im staatsrechtlichen Sinn dem Verletzten persönlich aus § 839, wenn er diesem gegenüber eine Amtspflicht schuldhaft verletzt hat (z. B. der beamtete Chefarzt eines Universitätskrankenhauses bei stationärer Behandlung[25]). 1422

4. Abschnitt. Randfragen

§ 158. Mehrheit von Schädigern

Literatur: *R. Adam,* § 830 Abs. 1 S. 2 BGB und die Gefährdungshaftung, VersR 1995, 1291; *Ahrens,* Störerhaftung als Beteiligungsform im Deliktsrecht, FS Canaris, 2007, Bd. 1 3 ff.; *Benicke,* Deliktische Haftung mehrerer nach § 830 BGB, Jura 1996, 127; *Brambring,* Mittäter, Nebentäter, Beteiligte, 1973; *F. Bydlinski,* Mittäterschaft im Schadensrecht, AcP 158 (1959/60), 410; *ders.,* Probleme der Schadensverursachung, 1964; *ders.,* Aktuelle Streitfragen um die alternative Kausalität, FS Beitzke, 1979, S. 3; *Deubner,* Zur Haftung bei alternativer Kausalität, JZ 1962, 383; *Deutsch,* Das Verhältnis von Mittäterschaft und Alternativtäterschaft im Zivilrecht, JZ 1972, 105; *Eberl-Borges,* § 830 BGB und die Gefährdungshaftung, AcP 196 (1996), 491; *Gernhuber,* Haftung bei alternativer Kausalität, JZ 1961, 148; *von Hein,* Neutrale Beihilfe im Zivilrecht, AcP 204 (2004), 761; *Heinze,* Zur dogmatischen Struktur des § 830 I 2 BGB, VersR 1973, 1081; *Hildebrandt,* Zur Handlungseinheit und Handlungsmehrheit im Zivilrecht, 1966; *Keuk,* Die Solidarhaftung der Nebentäter, AcP 168 (1968), 175; *Köndgen,* Haftung aus § 830 I 2 BGB trotz feststehender Ersatzpflicht?, NJW 1971, 871; *Kollhosser,* Haftung für Demonstrationsschäden, JuS 1969, 510; *Kruse,* Haftung bei alternativer Kausalität nach § 830 BGB, ZGS 2007, 135; *T. Müller,* Haftung von Erst- und Zweitschädiger bei ungeklärtem Kausalverlauf, NJW 2002, 2841; *Ries,* Zur Haftung des Nebentäters nach § 830 und § 840 BGB, AcP 177 (1977), 543; *Schantl,* Zum Anwendungsbereich des § 830 I 2 BGB, VersR 1981, 105; *Weckerle,* Die deliktische Verantwortung mehrerer, 1974.

I. Problemübersicht

Wenn an einem Delikt mehrere Personen als Schädiger beteiligt sind, ergeben sich drei (nicht immer hinreichend voneinander unterschiedene) Fragen: 1423

(1) Für welche Schadensteile ist der einzelne Schädiger verantwortlich? Dazu § 830 mit u. Rn. 1424 ff.

(2) Soweit gegenüber dem Geschädigten mehrere Personen für denselben Schaden verantwortlich sind, in welcher Form der Schuldnermehrheit haften sie? Dazu § 840 I mit u. Rn. 1428.

(3) Wie wird der Schaden, dessen Ersatz der Geschädigte im Außenverhältnis verlangen kann, im Innenverhältnis unter die mehreren Schädiger verteilt? Dazu §§ 426,

[25] BGHZ 85, 393; *BGH* NJW 2003, 2309, 2311, vgl. *BGH* VersR 1984, 460, 461; NJW 1986, 2883.

254, 840 II, III, 841 mit u. Rn. 1429. S. dazu auch PdW Schuldrecht II **Fälle 250–252.**

II. Verantwortlichkeit mehrerer, § 830

1424 Nach allgemeinen Regeln ist von mehreren Schädigern jeder für denjenigen Schadensteil verantwortlich, den er zurechenbar verursacht hat. Doch könnte der Geschädigte in schlimme Beweisschwierigkeiten kommen, wenn es hierbei bliebe. Man denke etwa an Verletzungen aus einer Rauferei oder mehreren kurz aufeinanderfolgenden Auffahrunfällen: Welche Person hier welchen Schaden angerichtet hat, wird sich oft nicht beweisen lassen. Zudem kann es unbillig sein, dass sich ein Beteiligter mit dem Tatbeitrag eines anderen soll entlasten können. Daher schafft § 830 in zwei Fallgruppen Erleichterungen.

1. Der „strafrechtliche" Teil des § 830

1425 In Abs. 1 S. 1 stellt § 830 auf die **gemeinschaftliche Begehung** einer unerlaubten Handlung ab und in Abs. 2 auf **Anstiftung und Beihilfe.** Das sind Begriffe des Strafrechts (§§ 25 II, 26, 27 StGB). Daher interpretiert die h. M. die genannten Begriffe auch in § 830 strafrechtlich.[1] Hier muss also Vorsatz gegeben sein. Doch genügen vorsätzliche unerlaubte Handlungen auch dann, wenn sie keine Straftaten darstellen (z. B. Schädigungen nach § 826). Für die Beihilfe ist – wie im Strafrecht – schon die psychische Unterstützung der Haupttäter ausreichend.[2]

Die Folge solcher strafrechtlicher Beteiligung besteht darin, dass es auf deren Kausalität für den Schaden nicht ankommt:[3] Der Mittäter, Anstifter oder Gehilfe kann sich hier also von der Haftung nicht einmal durch den Nachweis entlasten, der Schaden wäre auch ohne sein Zutun durch die anderen Beteiligten herbeigeführt worden. Die Zurechnung des ganzen Schadens an jeden Beteiligten ohne Rücksicht auf die Kausalität beruht hier auf dem **Willen zur Teilnahme**:[4] Wer eine unerlaubte Handlung will und sich an der Begehung beteiligt, soll für den Schaden ohne Weiteres einstehen müssen. Freilich macht BGHZ 89, 383 eine wesentliche Einschränkung: Die Zurechnung soll nicht auch Schäden umfassen, die an weit entfernten Stellen eintreten (s. dazu auch PdW Schuldrecht II **Fall 243**).[5]

2. Der zivilrechtliche Teil des § 830

1426 Weniger streng sind die Erfordernisse des „zivilrechtlichen" Teils von § 830, nämlich des Abs. 1 S. 2 (zur Sonderregelung für Schädigungen „durch eine Umwelteinwirkung" vgl. schon o. Rn. 1396).

a) Vorausgesetzt wird dort nur, dass **mehrere an einer unerlaubten Handlung beteiligt** waren. Hier ist also kein bewusstes und gewolltes Zusammenwirken und damit kein Vorsatz nötig. Vielmehr genügen unerlaubte Handlungen aller Art. Die

[1] Etwa BGHZ 8, 288, 292; 63, 124, 126; 137, 89, 102.
[2] BGHZ 63, 124.
[3] Undeutlich insoweit aber BGHZ 137, 89, 102.
[4] BGHZ 63, 124.
[5] Zweifelhaft, vgl. auch *OLG Hamm* NJW 1985, 203. Zu den gewalttätigen Demonstrationen in Grohnde vgl. *Stürner,* JZ 1984, 525; *Kornblum,* JuS 1986, 600.

Rechtsprechung hat das sogar auf Personen erstreckt, die nur aus Gefährdung[6] oder aus § 906 II 2 haften.[7] Auch genügen nach BGHZ 55, 86 Handlungen mit einem gewissen zeitlichen und räumlichen Abstand voneinander, wenn sie „noch im Rahmen eines tatsächlich zusammenhängenden einheitlichen Vorgangs" liegen. Das trifft etwa zu, wenn eine auf der Fahrbahn liegende Person nacheinander von mehreren Fahrzeugen überfahren wird. Dagegen kann auch § 830 I 2 nicht Zweifel überwinden, die nicht bloß die Schadensverursachung betreffen, sondern schon die Beteiligung des Beklagten an der schadensursächlichen unerlaubten Handlung.[8]

b) Angesichts der weniger strengen Voraussetzungen ist auch die **Rechtsfolge** von 1427
§ 830 I 2 milder. Denn es wird nicht ohne Weiteres jedem Beteiligten der ganze Schaden zugerechnet, sondern nur, „wenn sich nicht ermitteln lässt, wer ... den Schaden durch seine Handlung verursacht hat". § 830 I 2 will also nur diese Beweisnot des Geschädigten beseitigen: Die Ungewissheit über die Verursachung soll nicht den Geschädigten treffen, sondern die Schädiger. Daraus folgt zugleich: Wenn schon ein Beteiligter allein für den vollen Schaden haftet, ist § 830 I 2 gegen andere Beteiligte nicht mehr anwendbar.[9]

Es möge z. B. A den G bei einem Unfall zurechenbar derart verletzt haben, dass G auf der Fahrbahn liegenbleibt; dann möge auch noch B den G verletzen; welche Verletzungen auf A oder B zurückgehen, möge nicht zu ermitteln sein. In einem solchen Fall haftet B nicht nach § 830 I 2, sondern nur für den von ihm nachweisbar verursachten Schaden. Denn für den vollen Schaden haftet ja schon A: Dass G noch von einem weiteren Fahrzeug verletzt worden ist, ergab sich adäquat aus der von A zu verantwortenden hilflosen Lage des G auf der Fahrbahn.

Ebenso ist § 830 I 2 auf Schäden unanwendbar, die möglicherweise von dem Geschädigten selbst stammen können,[10] nach richtiger Ansicht auch auf Schäden, die womöglich anders als durch ein Delikt oder eine Vertragsverletzung entstanden sind.[11]

III. Die Art der Außenhaftung, § 840 Abs. 1

Soweit nach dem eben Gesagten § 830 eingreift, sind mehrere für denselben Schaden 1428
verantwortlich. Eine solche Verantwortlichkeit tritt noch weit häufiger ein, wenn mehrere aus feststehender Verursachung haften, etwa als Geschäftsherr (§ 831) und Verrichtungsgehilfe (§ 823). Da Schadensersatzansprüche meist auf Geld gehen (so nach §§ 249 II, 251, 253 II), könnte man wegen der Teilbarkeit des Leistungsgegenstandes eine Teilschuld nach § 420 annehmen (vgl. AT Rn. 855). Dann trüge der Geschädigte zu einem Teil das Risiko der Zahlungsunfähigkeit jedes der Schädiger.

Hier greift zugunsten des Geschädigten § 840 I ein: Die mehreren Verantwortlichen sollen **als Gesamtschuldner** haften. Das hat die in §§ 421 ff. geregelten Folgen (vgl. AT Rn. 846 ff.): Insbesondere kann der Geschädigte gegen jeden Schädiger seinen vollen Schaden geltend machen ohne Rücksicht darauf, wie dieser Schaden im

[6] BGHZ 55, 96; *BGH* NJW 1969, 2136, anders *Adam* und *Eberl-Borges* nach Lit.-Verz. vor Rn. 1423.
[7] BGHZ 101, 106.
[8] BGHZ 89, 383, insoweit sicher zutreffend.
[9] BGHZ 72, 355 gegen abweichende frühere Entscheidungen, aber noch str.
[10] BGHZ 60, 177.
[11] *Eberl-Borges,* NJW 2002, 949 gegen *BGH* NJW 2001, 2538, auch *T. Müller,* JuS 2002, 432.

Innenverhältnis zwischen den Schädigern zu verteilen ist (vgl. u. Rn. 1429). Der Geschädigte erhält danach vollen Ersatz, soweit auch nur einer der Schädiger zahlungsfähig ist.

Entsprechende Gesamtschuldanordnungen finden sich bisweilen auch, wo Ansprüche aus unerlaubter Handlung neben solchen aus anderem Rechtsgrund stehen, z. B. in § 3 Nr. 2 PflVersG. Doch gilt das über solche Sondervorschriften hinaus auch allgemein: Wenn ein Schuldner aus Vertrag und ein anderer aus unerlaubter Handlung für denselben Schaden haften, sind sie Gesamtschuldner.

IV. Die Schadensverteilung im Innenverhältnis

1429 Bei Fehlen weiterer Vorschriften wäre der Schaden nach § 426 I 1 den mehreren Schädigern als Gesamtschuldnern mit gleichen Anteilen anzulasten. Aber wie schon in AT Rn. 848 ausgeführt, wird bei Schäden der analog anzuwendende **§ 254 als spezielle Verteilungsregel** angesehen: Jeder Schädiger soll einen Anteil tragen, der verhältnismäßig seiner Mitwirkung und seinem Verschulden an der Schädigung entspricht. Danach kann z. B. den Täter eine höhere Quote treffen als den bloßen Gehilfen. Dieselbe Regel findet sich – unter Mitberücksichtigung der Betriebsgefahr – noch in vielen Einzelvorschriften, so in §§ 17 StVG, 13 HPflG, 41, 53 LuftVG. Insbesondere bei Verkehrsunfällen kommt es danach, wenn kein Verschulden im Spiel ist, auf die Gefährlichkeit der beteiligten Fahrzeuge an.

Abweichend hiervon, also ohne Rücksicht auf den individuellen Ursachen- und Verantwortungsanteil, soll jedoch nach §§ 840 II, III, 841 einer der Schädiger **den Schaden allein tragen**: Regelmäßig soll nämlich, wenn eine Person wegen der Schadenszufügung und die andere nur wegen mangelhafter Aufsicht über diesen Schädiger haftet, dieser Schädiger im Innenverhältnis allein belastet werden. Eine Ausnahme sieht § 840 II nur für § 829 vor, wo ja der Schädiger nicht verantwortlich ist (vgl. o. Rn. 1263 ff.). Eine vom Wortlaut des § 840 II nicht gedeckte, weitaus wichtigere Ausnahme ergibt sich aus den arbeitsrechtlichen Regeln über die **Schadensverteilung zwischen Arbeitgeber und Arbeitnehmer**:[12] Der Arbeitnehmer hat gegen seinen Arbeitgeber unter Umständen einen Anspruch auf Freistellung von der Haftung gegenüber einem Dritten. Hier muss also im Innenverhältnis der Arbeitgeber einen Schaden tragen, für den er nach außen nur aus der Verletzung einer Aufsichtspflicht (§ 831) oder auch gar nicht haftet (wenn die Exkulpation bei § 831 gelingt).

§ 159. Verjährung

Literatur: *Büning,* Die Verjährung der Ansprüche aus unerlaubten Handlungen, 1964; *Jahnke,* Verjährung und Verwirkung im Schadensersatzrecht, VersR 1998, 1343; 1473.

I. Die abgekürzte Verjährung

1430 Deliktsansprüche (zum Umfang vgl. u. Rn. 1433) unterlagen vor dem SMG nicht der allgemeinen Verjährung nach §§ 195, 198. Vielmehr enthielt § 852 eine praktisch sehr wichtige Sonderregelung.

[12] Vgl. *Zöllner/Loritz/Hergenröder,* ArbR, § 20 II.

1. Die Fristen und ihr Beginn

Diese Rechtslage ist durch das SMG wesentlich geändert worden: Dieses hat § 852 I und II gestrichen. Für Dauer und Beginn der Verjährung gilt jetzt also das allgemeine Verjährungsrecht (§§ 195 ff.). Danach beträgt die Frist drei Jahre, beginnend mit dem Ende des Jahres, in dem der Anspruch entstanden ist und der Geschädigte die anspruchsbegründenden Umstände sowie die Person des Schädigers erfahren hat oder ohne grobe Fahrlässigkeit hätte erfahren können (§§ 195, 199 I). Neben dieser subjektiv bestimmten Frist gibt es aber nach den Absätzen 2 und 3 von § 199 noch eine objektiv bestimmte. Diese beträgt nach § 199 II bei Verletzungen von Leben, Körper, Gesundheit oder Freiheit (vgl. § 823 I) 30 Jahre seit der Begehung des Delikts. In allen anderen Fällen gilt nach § 199 III die kürzere von zwei Fristen: zehn Jahre seit der Entstehung des Anspruchs (also dem Schadenseintritt) oder 30 Jahre seit der Begehung des Delikts. 1431

2. Hemmung der Verjährung

Zu besonderen Härten könnte die Dreijahresfrist von § 199 I führen, wenn der Geschädigte deshalb nicht rechtzeitig Klage erhoben hatte, weil er noch auf eine gütliche Einigung mit dem Schädiger vertrauen durfte. Daher bestimmte seit 1977 nach dem Vorbild von Spezialgesetzen § 852 II a. F. eine Hemmung der Verjährung (Wirkung: § 209) für die Dauer von Verhandlungen. Jetzt steht diese Regelung nicht mehr im Deliktsrecht, sondern allgemein in § 203. Für die Hemmung genügt jeder Meinungsaustausch, der den Geschädigten zu der Ansicht bringen kann, der Schädiger lehne Leistungen nicht endgültig ab. 1432

II. Ausnahmen

In zwei Fällen gelten Ausnahmen von der deliktischen Verjährung.

1. Bereicherung des Schädigers

Eine unerlaubte Handlung soll nicht zu einer unkorrigierbaren Bereicherung des Schädigers führen können. Daher erhielt § 852 III a. F. den Deliktsanspruch unverjährt aufrecht, soweit der Schädiger durch das Delikt etwas auf Kosten des Verletzten erlangt hat: Insoweit sollte der Schädiger nach Bereicherungsregeln (Rechtsfolgeverweisung: BGHZ 71, 86, 98 ff.) weiterhaften, also nach §§ 818, 819. Das ist jetzt der einzige Inhalt des neuen § 852. 1433

2. Möglichkeit zur Erfüllungsverweigerung

Auf einem ähnlichen Gedanken wie § 852 beruht auch § 853: Wer durch unerlaubte Handlung (z. B. Betrug, Erpressung) eine Forderung gegen den Verletzten erlangt hat, soll an der Geltendmachung auch dann durch eine Einrede gehindert werden können, wenn der Deliktsanspruch auf Aufhebung dieser Forderung (§ 249 I) verjährt ist. § 853 wird gegen deliktisch erlangte Forderungen auf andere Fälle der Fristversäumung entsprechend angewendet (z. B. bei § 124, vgl. BGHZ 42, 37, 42). 1434

III. Geltungsbereich

1435 Die für die unerlaubten Handlungen geltenden Verjährungsvorschriften des BGB werden noch in einigen anderen Gesetzen für **entsprechend anwendbar** erklärt, etwa in den §§ 14 StVG, 11 HPflG, 39, 47, 53, 54 LuftVG, 17 UmweltHG; zudem hat die Rechtsprechung noch weitere Anwendungsfälle entwickelt (z. B. § 22 WHG). Das ist seit dem SMG auf die §§ 195, 199 zu beziehen. Soweit die Voraussetzungen der §§ 852, 853 vorliegen, sind aber auch diese Vorschriften anwendbar.

§ 160. Unterlassungs- und Beseitigungsansprüche

Literatur: *von Bar,* Vorbeugender Rechtsschutz vor Verkehrspflichtverletzungen, in: 25 Jahre Karlsruher Forum, 1983, S. 80; *F. Baur,* Der Beseitigungsanspruch nach § 1004 BGB, AcP 160 (1961), 465; *ders.,* Zu der Terminologie und einigen Sachproblemen der „vorbeugenden Unterlassungsklage", JZ 1966, 381; *Damm/Rehbock,* Widerruf, Unterlassung und Schadenersatz in den Medien, 3. Auflage 2008; *Fritzsche,* Unterlassungsanspruch und Unterlassungsklage, 2000; *Henckel,* Vorbeugender Rechtsschutz im Zivilrecht, AcP 174 (1974), 97; mit gleichem Titel *Kötz* (rechtsvergleichend), ebenda 145; *Hohloch,* Die negatorischen Ansprüche und ihre Beziehungen zum Schadensersatzrecht, 1976; *Mertens,* Zum Inhalt des Beseitigungsanspruchs aus § 1004 BGB, NJW 1972, 1783; *Münzberg,* Bemerkungen zum Haftungsgrund der Unterlassungsklage, JZ 1967, 689; *Picker,* Der negatorische Beseitigungsanspruch, 1972; *Ritter,* Zum Widerruf von Tatsachenbehauptungen, ZZP 84 (1971), 163; *K. Schmidt,* Deliktsschutz durch Verwaltungshandeln – Praxis und Dogmatik der „Schutzverwaltungsakte" im Rahmen des § 823 II BGB, FS Zeuner, 1994, 259; *E. Schneider,* Der Widerruf von Werturteilen, MDR 1978, 613; *Stiebler,* Vorbeugender Rechtsschutz und Verkehrspflichtverletzungen, 1986; *Zeuner,* Gedanken zur Unterlassungs- und negativen Feststellungsklage, FS Dölle, Bd. I, 1963, 295.

I. Das Problem

1436 **1.** Schadensersatzansprüche können nur den schon eingetretenen Schaden auf eine andere Person abwälzen; sie wirken damit bloß **repressiv.** Besser wäre es, den Schadenseintritt bereits **präventiv** zu verhindern. Solche Prävention mag bisweilen bereits durch die Androhung einer Ersatzpflicht erreicht werden. Man kann sich aber auch anderer Mittel bedienen: etwa des Strafrechts, wenn dieses schon die Gefährdung unter Strafe stellt; oder der Unfallverhütungsvorschriften der Berufsgenossenschaften; oder der Haftungsausschlüsse bei der Haftpflichtversicherung, die den Versicherten von bestimmten gefährlichen Verhaltensweisen abhalten wollen; oder des Verwaltungsrechts, das gefährliches Verhalten an Genehmigungserfordernisse oder Kontrollen bindet (etwa im Umweltrecht).

Beim Eigentum und anderen absoluten Rechten sowie einigen ähnlich geschützten Positionen sieht das BGB noch eine weitere Möglichkeit vor: Der Gefährdete kann **Unterlassung** verlangen (und diesen Anspruch durch Klage oder einstweilige Verfügung geltend machen): so § 1004 I 2 für das Eigentum (sog. *actio negatoria*), §§ 1027, 1065, 1090 II für die Dienstbarkeiten, § 1227 für das Mobiliarpfandrecht; weiter § 12 für den Namen und §§ 862, 1029, 1090 II für den Besitz. Auch andere Gesetze gewähren Unterlassungsansprüche, wie § 37 II HGB (Firma) und §§ 14 V, 15 IV MarkenG (Marken und geschäftliche Bezeichnungen). Demgegenüber fehlen entsprechende Vorschriften insbesondere für die in § 823 I genannten Lebensgüter Leben, Körper, Gesundheit und Freiheit (vgl. o. Rn. 1270 ff.), für die meisten sonstigen Rechte, für die in § 824 geschützte Geschäftsehre (vgl. o. Rn. 1291 ff.) und für die durch Schutzgesetze gesicherten Interessen (vgl. o. Rn. 1316 ff.). Es liegt nahe, dies als eine durch Analogie zu füllende Gesetzeslücke aufzufassen.

2. Die meisten der eben für den Unterlassungsanspruch genannten Vorschriften gewähren zugleich einen Anspruch auf **Beseitigung** der Beeinträchtigung (etwa § 1004 I 1). Wenn man den Unterlassungsanspruch erweitert, liegt es nahe, das auch für den Beseitigungsanspruch zu tun. 1437

II. Der Unterlassungsanspruch

Die o. Rn. 1436 angedeutete Ausweitung des Unterlassungsanspruchs ist bald nach Inkrafttreten des BGB vollzogen und spätestens seit RGZ 60, 6 (von 1905) durch die Rechtsprechung anerkannt worden. Man kann dann von einem (die gesetzlich geregelten Fälle) **ergänzenden Unterlassungsanspruch** sprechen. Verlangt werden kann damit etwa die Unterlassung ehrverletzender Behauptungen oder von Eingriffen in die Intimsphäre (vgl. o. Rn. 1308 ff.). S. dazu auch PdW Schuldrecht II **Fall 256.** 1438

Voraussetzung des Anspruchs ist, dass eine Verletzung droht, die bei ihrem Eintreten rechtswidrig wäre (str.). Man nennt das am treffendsten die **Begehungsgefahr.** Manche gesetzlichen Vorschriften (etwa § 1004 I 2) sprechen allerdings von der Gefahr „weiterer" Beeinträchtigungen. Das erweckt den Anschein, als müsse schon eine Beeinträchtigung wirklich vorgefallen sein, und folglich spricht man statt von „Begehungsgefahr" auch vielfach von „Wiederholungsgefahr". Richtig ist daran aber nur, dass sich aus einem schon stattgefundenen Eingriff meist die Gefahr künftiger Eingriffe besonders deutlich ergibt. Doch kann diese Gefahr – darüber ist man sich jetzt fast einig – auch anders bewiesen werden; der Unterlassungsanspruch richtet sich also schon gegen den ersten Eingriff. Im Gegensatz zur früheren Rechtsprechung wird der Anspruch heute auch dann gewährt, wenn der Eingriff strafbar wäre (z. B. als Verleumdung): Der Bedrohte muss sich auch gegen solche meist besonders schwerwiegenden Bedrohungen zivilrechtlich wehren können.

Unnötig ist dagegen, dass der drohende Eingriff auch schuldhaft sein würde: Die gesetzlichen Vorbilder des Unterlassungsanspruchs fordern ja gleichfalls kein Verschulden (vgl. o. Rn. 1436).

Lange ist str. gewesen, ob der Unterlassungsklage ein materiellrechtlicher Anspruch zugrunde liegt. Doch hat sich inzwischen die zutreffende Ansicht durchgesetzt, die einen solchen Anspruch bejaht.[1]

III. Der Beseitigungsanspruch

1. Ebenso wie der Unterlassungsanspruch wird heute von der ganz h. M. (vgl. schon RGZ 60, 12) auch der Beseitigungsanspruch über die gesetzlich geregelten Fälle hinaus verallgemeinert: Das ist dann der **ergänzende Beseitigungsanspruch.** Er schützt insbesondere die Lebensgüter des § 823 I, die Ehre und die durch Schutzgesetz gesicherten Interessen. Im Unterschied zum Unterlassungsanspruch muss für den 1439

[1] Vgl. *Larenz/Canaris,* SBT II 2, § 87 I 2; weiter etwa *Knoche,* FS Canaris, 2007, Bd. 1 571 ff.; *Krüger,* AcP 208, 2008, 699 (706).

Beseitigungsanspruch jedoch bereits ein beseitigungsfähiger Verletzungserfolg vorliegen. Auch die ergänzenden Beseitigungsansprüche erfordern ebensowenig wie ihre gesetzlichen Vorbilder ein Verschulden des Handelnden (s. dazu auch PdW Schuldrecht II **Fall 257**).

1440 **2.** Daraus ergibt sich nun aber ein nach meiner Ansicht bis heute nicht überzeugend gelöstes Problem, das übrigens in gleicher Weise auch bei den gesetzlich geregelten Beseitigungsansprüchen auftritt: Wenn man nicht zu einer verschuldensunabhängigen Verursachungshaftung auf Schadensersatz gelangen will, muss die verschuldensunabhängig zu fordernde Beseitigung hinter dem verschuldensabhängigen **Schadensersatzanspruch** zurückbleiben: Könnte z. B. die Reparatur einer beschädigten Sache schon als „Beseitigung der Beeinträchtigung" verlangt werden (§ 1004 I 1), so wäre praktisch das Verschuldenserfordernis von § 823 I ausgeschaltet.

Die h. M. beschränkt den Beseitigungsanspruch auf solche Beeinträchtigungen, die für den Betroffenen eine **stetig sich erneuernde Quelle von Verletzungen** bilden (RGZ 170, 317, 320, vgl. schon RGZ 60, 12, 20). Damit soll die Beseitigung im Gegensatz zum Schadensersatz nicht vergangene Beeinträchtigungen ausgleichen, sondern künftige verhindern.[2] Beseitigung und Unterlassung haben also das gleiche Ziel, nämlich einen beeinträchtigungsfreien Zustand in der Zukunft. In den Fällen der Beseitigung liegt aber bereits ein Zustand vor, aus dem sich künftige Beeinträchtigungen ohne weiteres Handeln ergeben können: Der Kläger ist z. B. bereits in eine Liste unzuverlässiger Schuldner aufgenommen worden.

Diese Abgrenzung ist gedanklich sehr einleuchtend. Sie deckt z. B. auch mühelos die Verpflichtung zur Tilgung des Namens einer Person, die zu Unrecht als zahlungsunfähig genannt wird, oder zur Beseitigung von Plakaten mit unlauterer Werbung. Doch geht die derart abgegrenzte Beseitigung immer noch sehr weit: Etwa auch aus einer eingeschlagenen Fensterscheibe oder aus einer Körperverletzung drohen ja weitere Beeinträchtigungen, nämlich indem es hereinregnet oder die Wunde eitert. Trotzdem dürften hier die neue Scheibe oder die Heilung der Verletzung erst zum Schadensersatz gehören.[3]

1441 **3.** Für den **Widerruf ehrenkränkender Äußerungen,** der als Beseitigung in Betracht kommt, entstehen die gleichen Probleme wie bei dem als Schadensersatz geschuldeten Widerruf (vgl. o. Rn. 1292). Auch die Abgrenzung gegenüber der presserechtlichen Gegendarstellung ist hier die gleiche wie dort. *BVerfG* NJW 1997, 2589 billigt es, dass derjenige, gegen den die Presse einen Verdacht geäußert hat, eine ergänzende Mitteilung über den für ihn günstigen Ausgang eines Strafverfahrens verlangen kann.

---

[2] Ähnlich *Larenz/Canaris,* SBT II 2, § 86 VI 1 a: Beseitigung der primären Störungsquelle; *Looschelders,* BT Rn. 1434 ff.

[3] Vgl. *Larenz/Canaris,* SBT II 2, § 86 VI 1 b.

Gesetzesverzeichnis

Die Angaben verweisen auf die Randnummern. Hauptfundstellen sind **fett** gesetzt.

Stichwortverzeichnis

Die Ziffern bezeichnen die Randnummern im Text. Hauptfundstellen sind *kursiv* gesetzt.